KB077076

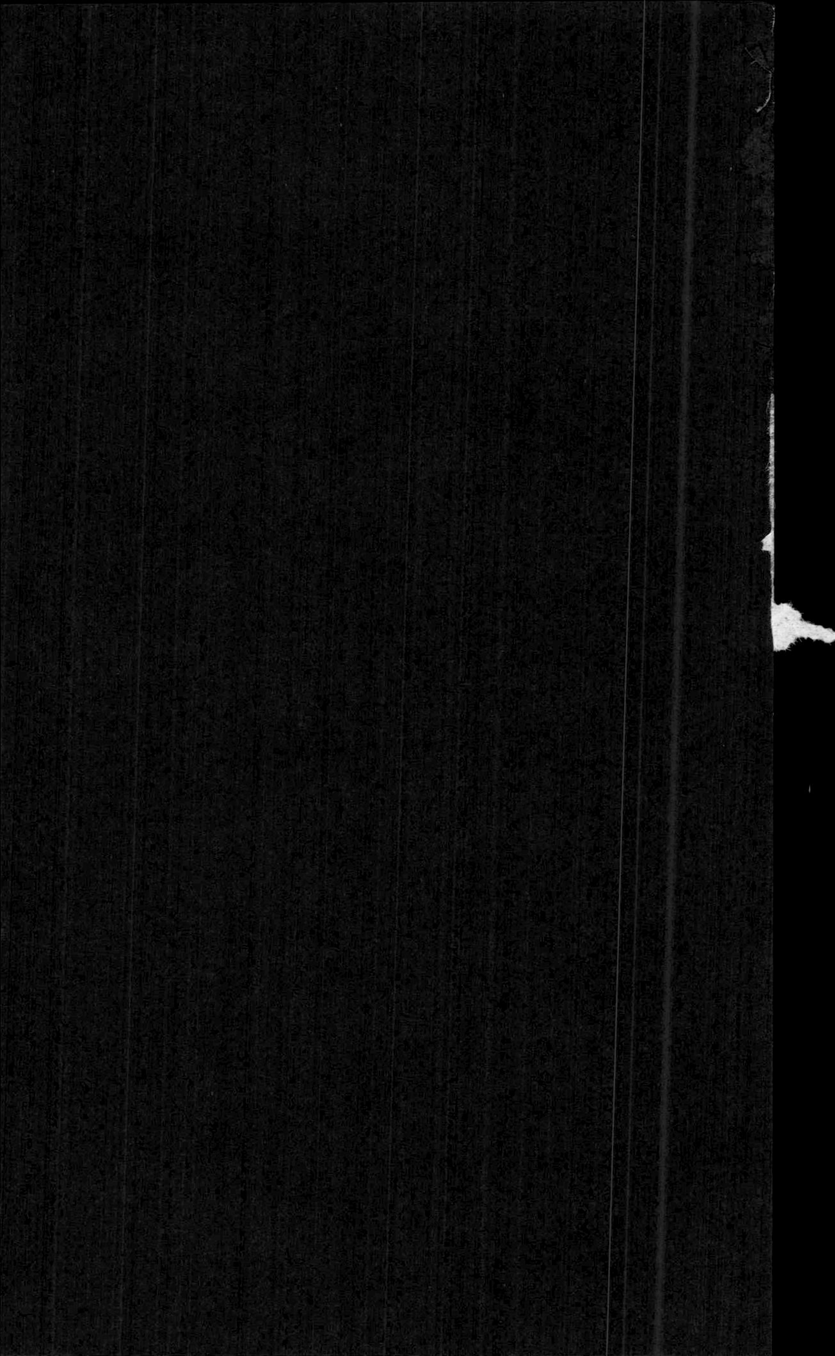

HITCHCOCK

히치콕

HITCHCOCK

패트릭 맥길리건 지음

윤철희 옮김

그책

히치콕

초　판 1쇄 발행 2006년 2월 28일
개정판 1쇄 발행 2016년 9월 6일
개정판 2쇄 발행 2016년 10월 6일

지은이 | 패트릭 맥길리건
옮긴이 | 윤철희
펴낸이 | 정상준
펴낸곳 | 그책
편집 | 이민정 김민채 황유정
디자인 | 김기연
관리 | 김정숙

출판등록 | 2008년 7월 2일 제322-2008-000143호
주소 | (04003)서울시 마포구 동교로13길 34
전화 | 02-333-3705
팩스 | 02-333-3745
facebook.com/thatbook.kr
openhousebooks.com

ISBN 978-89-94040-90-5 03680

그책은 (주)오픈하우스의 문학 · 예술 브랜드입니다.

* 잘못된 책은 구입처에서 바꾸어 드립니다.
* 값은 뒤표지에 있습니다.

이 도서의 국립중앙도서관 출판예정도서목록(CIP)은 서지정보유통지원시스템홈페이지
(http://seoji.nl.go.kr)와 국가자료공동목록시스템(http://www.nl.go.kr/kolisnet)에서
이용하실 수 있습니다.(CIP제어번호: CIP2016020484)

일러두기

1. 주석 중 옮긴이 주는 '옮긴이'로 표기했으며, 그 외 주석은 원서의 주다.
2. 책, 잡지, 신문은 『 』, 영화, TV 프로그램은 < >로 표기했다.
3. 이 책은 2006년에 출간된 『히치콕: 서스펜스의 거장』을 다시 펴내는 것으로
   추천사와 옮긴이의 말 등 본문 내용 일부를 수정 및 보강하였다.

그를 추종하는 어느 프랑스인이
그의 작품들에 담긴 심오한 논리에 대해
진지하게 물어오자, 거장은 어깨를 으쓱하며 말했다.
"관객들에게 체험을 시키는 겁니다."

"The Man Behind the Body", Holiday, September 1964

내가 히치콕의 어떤 작품을 보는 동안 영화감독이 되기로 마음먹었다는 이야기는 벌써 여기저기서 많이 했다. 그때 함께 영화를 보면서 처음 만난 여자와 결혼까지 했으니 말 다했지. 〈현기증〉은 내 운명의 영화 넘버원이다. 훗날 히치의 그늘에서 벗어나 보려고 노력도 해봤다. 그에 관해 질문을 받았을 때 배우들에게서 생동감을 박탈했다고, 형식주의자라고, 이야기에 억지가 많다고 세 번 부인했다. 그러나 그러면 뭐하나, 어느 나라에서나 비평가들은 다 내 영화를 놓고 히치콕의 영향을 거론한다. 인정하기 싫지만 모두 그렇다니 그런가보지. 그래서 〈친절한 금자씨〉에서는 아예 내놓고 〈새〉의 특정 장면의 아이디어를 훔쳐다 쓰기까지 했던 것이다.

도널드 스포토의 전기밖에 모르던 나로서는 이 책을 읽고 커다란 충격을 받지 않을 수 없었다. 정설로 굳어진 많은 견해를 부인하고 있고 놀라운 사실들을 처음으로 소개하고 있으며 믿어지지 않을 만큼 꼼꼼하게 묘사하고 있기 때문이다. 지레짐작이나 과잉해석, 감상주의를 완벽하게 제거하고 지독한 자료조사에 의지한다는 점에서 이 작가는 히치콕 자신이 영화를 만들 때 가졌던 태도를 정확하게 본받아 따르고 있다. 이 극도로 자세한 전기의 안내를 받아 히치콕의 인생을 샅샅이 뒤지면서 나는, 타인의 사생활을 너무 깊이 들여다보고 있다는 꺼림칙한 기분을 맛보아야만 했다. 세상을 떠난 지 30년도 채 되지 않은 인물의 침실과 화장실까지 엿보는 듯한, 위대한 거장의 창조력의 비밀까지도 언뜻 들여다본 것 같은 이 관음증적 쾌감은 불가피하게 죄의식을 불러일으킨다. 그러므로 나는, 만약 히치콕이 환생하여 다시 영화감독이 된다면 —달리 무엇이 되었겠나— 분명 당장 이 책의 판권을 구매하고 바로 영화화했으리라고 믿는다. 이 책에는 히치콕이 영화 속에 집어넣기를 좋아했던 요소들이 잔뜩 있다. 자신의 높은 기준에 부합하는 영화를 만들려는 끔찍한 노력과 묵묵히 따라와 목덜미를 잡아채는 시간의 동시적 전개, 이는 그의 거의 모든 작품을 관통하는 이중 추격구조에 해당한다. 가지가지 살인사건과 수많은 금발미녀가 있다. 게다가 앨프레드 히치콕은 〈사이코〉처럼 어두운 욕망과 〈북북서로 진로를 돌려라〉처럼 세련된 유머 센스를 다 갖춘 주인공이 아닌가. 캐리 그랜트형의 미남 배우가 연기할 수 있을 정도로 외모에 약간의 수정을 가하는 건 일도 아니다. 여기에 극히 소량의 상상력을 보태, 극중 발기불능 영화감독이 자기의 금발미녀 여배우를 교살한 다음 똑같이 생긴 여자를 구해 대역을 시키는 사소한 에피소드 몇 장면쯤을 만들어 넣는 것 또한 뭐가 어렵겠나.

박찬욱(영화감독)

2006년 2월, "세상의 모든 히치콕 전기의 결정판"이라는 띠지를 건 『히치콕: 서스펜스의 거장』을 출판사로부터 건네받았다. 책을 받아들 때 가장 먼저 든 생각은 "히치콕 영화에 흉기로 등장해도 괜찮겠다"는 거였다. 자기 영화에 무기로 등장시켜도 무방할 정도로 두꺼운 전기를 낳은 인물이라는 점에서, 앨프레드 히치콕은 과연 '히치콕스러운 인물'이라는 생각이 들었다.
그책의 정상준 대표에게서 『히치콕』을 새 판본으로 낼 계획이라는 얘기를 들은 건 그로부터 10년이 흐른 뒤였다. 옮긴이 입장에서야 예전에 번역한 책을 새로 단장해 독자들에게 선보인다는 계획을 마다할 이유가 전혀 없지만, 책을 읽는 독자 입장에서는 새 판본 출판에 대한 이런저런 의문이 들었다.
『히치콕』 번역본이 처음 나온 후로 강산도 변한다는 10년이 흘렀다. 그런데 지난 10년간 변한 것이 어디 강산뿐이겠는가? 그 사이 스마트폰이 등장하면서 세상은 완전히 달라졌다. 이제 세상사람 대부분은 동영상을 찍을 수 있는 휴대폰을 갖고 다닌다. 작품 전체를 휴대폰으로만 촬영한 영화들이 만들어지고 상영됐다. 지하철과 버스의 승객들이 자기들 폰에만 눈길을 고정시키고 있는 흔한 모습에서 알 수 있듯, 종이책은 심각한 위기에 처해있다. 그런데 종이책이 위기에 처한 지금, 10년 전에 나온 책을, 더구나 치명적으로 두꺼운 책을 새 판본으로 내놓는 것은 과연 의미 있는 일일까?

나는 10년 전 판본을 위해 쓴 "옮긴이의 말"에서 『히치콕』을 "'영화감독 히치콕'과 '프로젝트 매니저 히치콕', '인간 히치콕'을 생생하고 입체적으로 보여주는" 책이라고 썼다. 그 생각은 시간이 흐른 지금도 변치 않았다.

우선 '영화감독 히치콕'은 영화사를 통틀어 몇 손가락 안에 들어갈 인물이다. 50년 넘게 꾸준히 작품 활동을 한 감독은 영화사(史)에 몇 되지 않는다. 그런데 그중에서 히치콕처럼 작품성의 수준을 일정 수준 이상으로 유지한 감독은 손에 꼽을 정도로 드물다. 꾸준한 생산성과 지구력 면에서 탁월한 모습을 보여준 '영화감독 히치콕'은 이전에 그의 인생을 접하지 못했던 독자들을 만날 가치가 있는 인물이고, 새 판본의 의미는 바로 그 점에서 찾을 수 있다.

내가 그 글에서 특히 강조한 것은 '프로젝트 매니저 히치콕'을 높이 평가해야 한다는 거였다. 나는 히치콕의 그런 면모가 디지털과 모바일이 장악한 지금도 여전히 '아날로그 시대의 작가'인 히치콕의 전기를 읽어야 하는 중요한 이유라고 본다. 히치콕은 자기 이름을 내건 TV시리즈 말고도 50편이 넘는 장편영화를 만들었다. 이 책은 그가 작품 활동 과정에서 직면한 온갖 어려움과 갈등들을, 그리고 그 어려움을 극복하고 갈등을 조율하며 적절한 의사결정들을 내리면서 작품을 완성하는 과정을 자세히 보여준다. 앞서 얘기한 것처럼, 요즘 세상에 스마트폰을 가진 사람은 누구나 동영상 파일의 생산자가 될 수 있다. 하지만 동영상 파일이 반드시 작품성을 가진 작품이 되는 것은 아니다. '작품'이 무엇인지 정의하는 건 쉽지 않지만, 내가 하려는 말이 무엇인지는 다들 짐작할 것이다. 그렇다면 '작품'을 만들려는 사람은 어떤 과정을 거쳐야만 하는가? 작품을 만들려고 할 때 고려해야 하는 요소들은 무엇이고 직면할 수 있는 어려움은 무엇인가? SNS에 올릴 '동영상 파일'의 생산자에 머물지 않고 많은 이들로부터 인정받는 '작품'을 만들고 싶은 사람이라면 이 책을 주의 깊게 읽어보고 깊이 생각하며 이런저런 교훈을 얻어야 한다고, 거기에 이 책의 의의가 있다고 생각한다.

또한 이 책은 '인간 히치콕'이야말로 그의 작품에 등장하는 캐릭터들만큼이나 심리적으로 뒤틀린 인물이었음을, 어떤 면에서 그가 다룬 인물들은 그 자신이 품고 있던 욕망과 감정을 대변한 인물들이었음을 보여준다. 이 책은 자기 자신의 모습을 대변하는 캐릭터들이 등장하는 작품을 창작하는 작가의 모습을 그려냈다. 그리고 나는 바로 이런 점들 때문에 히치콕의 새 판본 출판은 여전히 나름의 의미가 있는 작업이라는 결론에 도달하게 됐다.

10년 전 글에서 감사인사를 드린 바 있던, 번역에 도움을 준 많은 분들께 품은 고마움은 시간이 흘렀어도 변치 않았음을 밝힌다. 『히치콕』의 새 판본을 출판한다는 만만치 않은 결단을 내리고 고된 작업 끝에 좋은 책으로 만들어 준 그책의 임직원 여러분께도 감사드린다.

2016년 8월

윤철희

1980년에 세상을 떠난 히치콕은 생전에도 중요한 인물이었다. 그런데 그가 사망한 지 반세기가 지난 지금에도 그에 대한 신비감이 더욱 고조되는 이유는 무엇일까? 그의 작품들이 영화역사의 지난 100년을 빛낸 그 어떤 감독의 작품들보다도 더 사람들을 즐겁게 해주는 이유는 무엇이며, 그가 세계적으로 가장 유명한 영화감독인 이유는 무엇일까? 영화팬들에게 있어 히치콕은, 현재 최고의 영화감독인 스티븐 스필버그보다도 더 유명한 감독임에 틀림없다(스필버그는 히치콕으로부터 지대한 영향을 받았다). 많은 사람들의 뇌리에 각인된 뿌루퉁한 얼굴과 작고 통통한 체형, 영국식의 느릿한 말투조차도 히치콕에게는 약점이 아니라 장점으로 작용한다.

히치콕이라는 이름이 영화평론가들이 공공연히 인정하는 형용사가 된 이유는 무엇이고, 메리엄-웹스터 사전이나 대중적으로 사용되는 다른 사전들에 인용된 이유는 무엇일까? '히치콕 스타일의(Hitchcockian)'라는 형용사는 공포와 서스펜스를 앨프레드 히치콕이 했던 방식으로 빼어나게 다뤘다는 것을 뜻한다. 더 폭넓게 보면 '탁월한 영화연출'이라는 말과 동의어이기도 하다. 여러분이 원한다면 '걸출함을 상징하는 트레이드마크'라는 뜻으로 사용할 수도 있다.

히치콕은 모순적인 인물이었다. 단순하면서도 복잡한 사람이었다. 전통을 존중하고 준수하려고 한 인물이었을 뿐만 아니라 현대적인 사고방식으로 생각하고 활동하는 모더니스트였고, 짓궂은 장난을 즐기는 장난꾸러기였지만 도덕을 중시하는 윤리적인 인물이었다. 공인(公人)이면서 사적인 비밀이 많았던 사람이었고, 지역색이 짙은 인물이었지만 세계 어느 곳에서나 통할 수 있는 인물이기도 했다.

히치콕이 영국에서 만든 무성영화들을 보면 재능과 비전이 엿보인다. 그는 1930년대에 영국에서 걸작들을 뽐냈지만 그의 진정한 천재성을 개발해내기까지는 꽤 고된 작업과 많은 시간이 걸렸다. 뿐만 아니라 히치콕은 할리우드 감독들이 당연하게 여기는 '최종 편집권'이라는 권한을 획득하는 데에도 조금 시간이 걸렸다. 그가 거머쥔 '최종 편집권' 덕에 〈이창〉, 〈현기증〉, 〈북북서로 진로를 돌려라〉, 〈사이코〉, 〈새〉 같은 걸작들이 탄생할 수 있었다.

그가 보여준 생산성도 그의 위대성에 한몫 거들었다. 1950년대 무렵, 그와 동시대에 활동했던 감독들은 은퇴하거나 죽음을 눈앞에 두고 있었다. 젊었을 때보다도 훨씬 많은 에너지를 끌어낸 히치콕은 텔레비전 업계에 뛰어드는 한편 대표작들을 계속 발표했다. 영리한 그는 영화 관객들이 세계 전역에 포진해 있다는 것을 깨달았고, 그가 스크린에 펼쳐낸 선천적인 호기심은 국경과 검열의 장벽을 훌쩍 뛰어넘었다. 성공을 거두면서 권력을 움켜쥐게 된 그는 세계를 여행하면서 외국 관객들을 만났고, 그 만남을 통해 사고의 폭을 넓혔다.

1956년, 그리고 〈사이코〉의 개봉 직전인 2년 후에 도쿄, 홍콩, 싱가포르, 방콕 같은 아시아의 도시들을 장기간에 걸쳐 방문하기도 했다. 그의 사무실에서 기록한 업무일지에 한국을 방문했다는 기록은 적혀 있지 않지만, 그랬을 가능성은 있다. 따라서 이 책은 아마도 그 시절의 추억들을 불러일으킬지도 모른다.

오늘날 히치콕이 살아 있었다면, 분명 아시아 영화의 활력과 생기에 매혹됐을 것이다. 히치콕 자신이 헌신적인 영화팬이었을 뿐만 아니라, 미켈란젤로 안토니오니 같은 젊은 혁신가나 루이스 부뉴엘 같은 인습타파주의자에게 평생 동안 관심과 애정을 보여줬던 사람이었기 때문이다.

히치콕을 동경하면서 그를 능가해보려고 기를 쓸 수는 있으나 지금까지 리메이크된 그의 작품들을 보면 매우 실망스럽다. 이는 아무리 노력해도 그를 흉내낼 수 없다는 사실을 입증하는 것과 같다. 〈사이코〉를 숏-바이-숏으로 리메이크한 1998년 버전조차도 관객의 흥분을 이끌어내는 데 실패했다.

히치콕의 위대함이 어디에 뿌리를 내리고 있느냐에 대한 해답은 그의 생애와 경력에서, 독특한 경험에서, 어느 누구와도 다른 성격과 캐릭터에서 찾을 수 있다. 그가 이룬 업적의 특성은 그의 인생사와 분명 관련이 있다. 히치콕의 작품들에 대한 감상과 이해의 수준을 높이는 데 일조하겠다는 의도로 집필한 이 전기를 아무쪼록 한국의 독자 여러분이 즐겁게 읽어주기를 바란다.

미국 위스콘신 밀워키에서

패트릭 맥길리건

차례

1장

런던에서 배운 공포의 기쁨

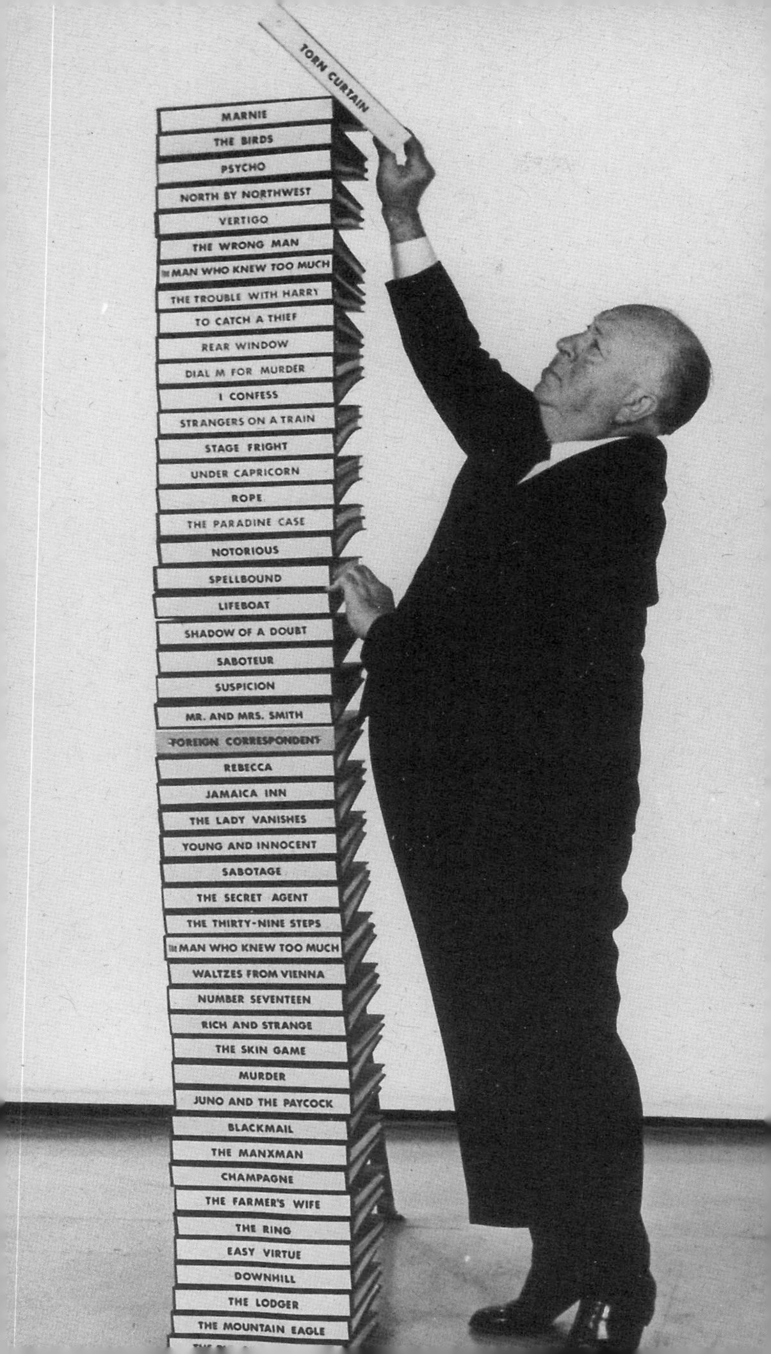

TORN CURTAIN
MARNIE
THE BIRDS
PSYCHO
NORTH BY NORTHWEST
VERTIGO
THE WRONG MAN
THE MAN WHO KNEW TOO MUCH
THE TROUBLE WITH HARRY
TO CATCH A THIEF
REAR WINDOW
DIAL M FOR MURDER
I CONFESS
STRANGERS ON A TRAIN
STAGE FRIGHT
UNDER CAPRICORN
ROPE
THE PARADINE CASE
NOTORIOUS
SPELLBOUND
LIFEBOAT
SHADOW OF A DOUBT
SABOTEUR
SUSPICION
MR. AND MRS. SMITH
FOREIGN CORRESPONDENT
REBECCA
JAMAICA INN
THE LADY VANISHES
YOUNG AND INNOCENT
SABOTAGE
THE SECRET AGENT
THE THIRTY-NINE STEPS
THE MAN WHO KNEW TOO MUCH
WALTZES FROM VIENNA
NUMBER SEVENTEEN
RICH AND STRANGE
THE SKIN GAME
MURDER
JUNO AND THE PAYCOCK
BLACKMAIL
THE MANXMAN
CHAMPAGNE
THE FARMER'S WIFE
THE RING
EASY VIRTUE
DOWNHILL
THE LODGER
THE MOUNTAIN EAGLE

1 청과상집 아들의 어린 시절

1899~1913

그가 좋아했던 실제 살인자들이 그랬던 것처럼, 그는 여자를 이등분해서 바라봤을지도 모른다. 아니면 지니고 있는 요술 지팡이를 흔들어, 들고 있는 영국신사 모자 속에서 새떼들을 불러냈을지도 모른다.

그가 부린 묘기는 여행스티커가 덕지덕지 붙은 여행가방, 다시 말해 그의 인생에 모두 담겨 있다. 여행가방 안에는 우산과 열쇠, 타이핀, 반지와 수갑, 독이 든 잔, 시한폭탄, 커다란 부엌칼과 다른 많은 반짝거리는 물건들이 있었다. 때때로 그는 몇 안 되는 물건만 갖고도 사람들에게 끝없이 최면을 걸 수 있도록 다양하게 변형한 곡예를 부리는 듯 보였다. 그가 가진 모든 것을 다 보여줬다고 사람들이 생각하는 순간, 그는 가방의 저 밑바닥에 손을 뻗어서 사람들에게 새로운 최면을 걸 수 있는 무엇인가를 찾아냈다.

앨프레드 조지프 히치콕은 관객들의 반응을 통해 그 자신의 출중한 솜씨를 확인하면서 기뻐한 영화계 최고의 마술사였다. 속으로는 기분 좋으면 서도 겉으로는 태연자약한 듯한 표정을 지은 그는 너 나 할 것 없이 한 몸이 된 관객들이 한숨을 쉬고 웃음을 터뜨리고 비명을 지르면서 객석에 오줌을 지렸을 때 너무나 행복해했다.

영국 분위기를 물씬 풍기는 그의 이름에 담긴 의미는 조금은 시시하다. '앨프레드(Alfred)'는 큰아버지의 이름을 따서 지은 것이다. 나사렛의 목수이며 마리아의 남편의 이름인 '조지프(Joseph)'는 어머니가 믿던 아일랜드 가톨릭 신앙에 대한 경의의 표시였다.

'히치(Hitch)'는 영국 플랜태저넷 왕가의 국왕들 중에서 가장 인기가 좋은 사자왕 리처드에서 파생되었다. 리처드는 여러 가지로 변형돼 왕국 곳곳에 퍼진 대중적인 이름으로, 딕(Dick), 릭(Rick), 힉(Hick) 등이 그런 사례다. 첫 글자인 R은 H로 적는 것이 일반적이었다. '콕(Cock)'은 '리처드의 아들'이나 '히치의 아들'처럼 '2세'나 '~의 아들'을 뜻했다.

히치 2세.

그는 친구나 다른 누군가에게 자신을 소개할 때 자기 이름을 짧게 줄였다. "히치라고 합니다." 그는 곧이어 튀어나올 덫에 대한 생각을 즐기며 느릿하게 자신을 소개했다. "콕(cock)[1]은 없습니다." 그의 롱맨(wrong-man)[2] 영화들에서 주인공의 정체성을 놓고 장난을 쳤던 것처럼, 히치콕은 생전에 자신의 정체성을 놓고 장난을 쳤다.

히치콕처럼 불굴의 의지로 자의식 강하게 자신의 경력을 착실히 쌓아나간 감독도 드물다. 그는 소년기부터 영화감독이라는 직업을 향해 천천히, 그렇지만 꾸준하게 다가갔다. 그의 꾸준함은 19세기 말엽에 가족들이 런던 도심에 펼쳐진 엄청난 기회를 향해, 이스트엔드 교외를 따라서 리 강의 하류로 꾸준히 옮겨간 것과 비슷했다.

히치콕이 태어난 리튼스톤은 템스의 북쪽이자, 테니슨이 "록슬리 홀*Locksley Hall*"을 쓸 때 살았던 에핑 숲의 남쪽에 있었다. 리튼에 속한 마을 리튼스톤은 한때 전원의 목초지와 습지대에 인접한 사유지에 으리으리한 저택들을 지은 부유한 상인의 영지였다. 부유함이 사라지고 난 후 방치된 대저택과 사유지는, 탐욕스러운 개발업자들이 19세기에 폭발적으로 증가한 도시노동자를 겨냥해서 지은 수많은 싸구려 주택에 자리를 내줬다. 20세기에 들어설 무렵, 이곳은 상업이 번창하여

1 남자의 성기를 가리키는 속어이기도 하다. — 옮긴이

2 누명쓴 사람, 오해받는 사람. — 옮긴이

가게와 교회, 학교가 급속히 늘어난 반면 시골의 특징은 빠르게 자취를 감췄다. 리튼스톤의 인구는 1861년 센서스 이후 4배로 늘어났다.

히치콕의 아버지 윌리엄이 태어난 스트랫퍼드와 히치콕의 어머니 에마 제인 웰런의 고향인 웨스트햄처럼, 리튼스톤은 런던 외곽에 있는 에식스 주의 일부였다. 에식스의 신흥도시들은 저렴한 '노동자 요금'으로 (리튼 역에서 10km가량 떨어진) 런던 도심까지 노동자들을 실어 나르는 그레이트이스턴 철도노선과 리 강에 인접한 지리적 특성으로 번영하고 있었다. 다양한 농산물이 리젠츠 운하로 이어지는 여러 개의 수문을 통해 리 강의 하류로 수송돼템스의 부두와 창고에 부려졌다. 히치콕의 가족은 급증하는 노동자와 철도, 선박, 리 강에 생계를 의지했다.

윌리엄 히치콕은 1862년에 스트랫퍼드의 '손꼽히는 청과상' 조지프 히치콕의 아들로 태어났다. 웨스트햄의 일부였던 스트랫퍼드는 리 강을 경계로 미들식스의 보우와 나뉘는데, 리 강 위에는 영국 최초의 석재교각인 보우브리지가 놓여 있었다. 조지프 히치콕은 히치콕 가문 중에서 청과업으로 성공한 두 번째 세대에 속했다. 조지프 히치콕은 윌리엄 외에도 (폴리로 알려진) 메리, 찰리, 앨프레드, 엘렌, 에마, 존 등 최소한 여섯 명의 자녀를 두고 있었다.

맏딸인 폴리는 하우와 결혼해서 자녀 둘을 낳았다. 맏아들인 찰스는 히치콕이 아주머니처럼 대하면서 끔찍이 좋아했던 사촌누나 테레사와 메리를 포함한 다섯 명의 자녀를 뒀다. 찰스의 아들 존은 가톨릭 사제가 되었는데, 사람들에게 존 신부로 알려져 있다. 그는 1929년부터 1944년까지 해로에 있는 캔터베리의 아우어레이디와 세인트토머스 교구의 교구장으로 일했다. 그 지역 사람들은 그를 성당의 규모를 두 배로 키우고 현대식 학교를 설립한 인물로 기억한다.

히치콕 감독에게 이름을 물려준 윌리엄의 형 앨프레드에 대해서는 가업을 철저히 계승했다는 것 외에는 알려진 것이 그리 많지 않다. 앨프레드는 템스의 바로 남쪽에 있는 런던의 번화가인 타워브리지 로드에서 생선가게를 운영했다.

엘렌은 코르크와 결혼한 후 셋째 아이를 낳다가 사망했다. 엘렌의 남편은 히치콕의 친척 중에서 처음으로 미국으로 이민을 가, 가족 사이에서 전설적인 존재가 됐다. 엘렌이 목숨을 잃으면서 출산한 딸의 이름도 역시 엘렌인데, 히치콕이 아직 어렸을 때 리튼스톤의 집에 잠시 동안 이사해온 적이 있다.

히치콕 집안은 항해와 결혼을 통해 넓은 세계, 특히 대영제국의 식민지에 대해 잘 알고 있었다. 에마는 막 스무 살이 된 1899년에 제임스 아서 로즈와 결혼하기 위해 남아프리카로 떠났다. 더반 항에서 (〈찢어진 커튼*Torn Curtain*〉의 클라이맥스에 등장한 것과 비슷한) 커다란 버들가지 광주리에 탄 채로 배에서 내린 에마는, 줄루 전사들의 등에 업혀서 안전한 육지까지 모셔졌다. 히치콕 집안의 다른 사람들과 마찬가지로 에마 고모는 독실한 가톨릭교도로, 대부분의 생애 동안 인력거를 타고 가서 미사에 참석했다. 가장 장수했고, 가장 먼 곳까지 다녀온 대담한 에마 고모는 어린 히치콕이 좋아하는 사람이 됐다.

막내인 존 피츠패트릭은 얼굴은 천사 같았지만, 두 눈은 악마처럼 번득이는 사람이었다. 불어나는 집안의 재산 덕에 그는 울햄튼에 있는 두아이 남학교에서 교육을 받았다. 학교를 운영하는 사제들은 존이 수도원에 들어오기를 희망했지만, 이재에 밝은 존은 노천시장 인근에 있는 가게들을 사들이면서 청과상으로 복귀했다. 그는 그 가게들을 포장도로를 바라보고 있는 생선가게로 탈바꿈시키고, 이후 생선-청과물로 연계된 가게들을 하나로 합쳐 존 히치콕 유한회사를 세웠다. 존 삼촌은 프랑스와 독일에서 영어를 가르친 교양 있는 언어학자와 결혼했다.

앨프레드 히치콕의 유년기의 상황에 대해, 다른 책에서는 디킨스 소설의 분위기로 묘사하지만, 진실은 프랭크 캐프라 감독이 만든 영화에 더 가깝다. 힘들게 일하는 것을 당연하게 여기고, 그런 일을 소중히 하는 분위기가 지배적이었지만, 일을 하면 그에 따른 보상이 있었다. 히치콕 집안은 재미있는 일이 넘쳐나는 명랑한 가족이었다. 존 삼촌은 세련된 몸놀림으로 사람들을 매혹시키는 재주가 있었고, 사람들에게 장난을 치는 것을 좋아했다. 히치콕 집안의 여자들은 '인물'들이어서 일부는 거친 욕설을 구사하기도 했다. 결혼 안 한 고모들은 히치콕의 작품들에 등장하는 꾸밈없이 속내를 털어놓는 많은 여자 캐릭터에 영감을 줬다. 가족들은 가십과 스캔들, 외설적인 이야기들과 코크니(Cockney)[3] 유머를 좋아했다. 가족들은 운동경기, 뮤직 홀, 콘서트, 연극은 물론이고 나중에는 활동사진도 보러 다녔다. 그들은 파티를 즐겼는데, 파티가 열리면 모두가 과음을 하고는 자리에서 일어나 히트한 유행가나, 길버트와 설리번의 쾌활한 오페라를 합창했다.

히치콕은 훗날 이렇게 회상했다. "가족들이 모이면, 나는 아무 말도 하지 않은 채 구석에 조용히 앉아 있곤 했습니다. 나는 아주 많은 것을 지켜보며 관찰했습니다. 나는 늘 그런 식으로 행동했죠."

히치콕 집안은 독실한 가톨릭교도였지만 가톨릭을 포함한 모든 것에 불경스러운 태도를 보였다. 히치콕 집안은 사제를 여러 명 배출했으나, 성직자들은 친척이건 아니건, 술 마시고 노래하고 웃어대고 사람들을 이간질시키며 집 안팎을 오갔다.

히치콕 가문은 하층계급이나 노동계급이 아니라 가게 소유주였으며, 재산은 계속 불어났다. 특히 존 삼촌의 집은 가족의 활동 중심지로, 침실이 다섯 개 달린 호화스러운 빅토리아식 3층 저택은 푸트니의 캠피언로드에 있었는데, 운전사, 하녀, 요리사, 파트타임 정원사를 두고 있었다. 축하해야 할 중요한 생일이나 명절이 되면 히치콕 집안 사람들은 모두 그곳에 모였다. 존 삼촌은 매년 여름에 남동부해안의 바닷가 마을인 클리프트튼빌에 가족들을 위해 방이 여러 개인 하숙집을 빌렸다. 히치콕은 유명해진 다음에도 명절이나 여름철에 존 삼촌을 만나러 왔고, 때로는 아내와 딸과 함께 이 지역 호텔에 투숙하기도 했다. 1963년에 클리프트튼빌을 위한 자선활동의 일환으로 단편영화를 만들었을 때, 히치콕은 내레이션을 통해 자신이 계급의식을 느낀 것은 리튼스톤에서가 아니라, 꼬마였던 그가 지역주민과 휴가객 사이의 불평 등에 충격을 받았던 바닷가 마을에서였다고 지적했다.

그에 관해 쓴 글들이 주장하는 바와는 정반대로, 히치콕은 사랑

3 런던 토박이. — 옮긴이

이 넘치는 대가족의 일원이었고 평생 가족들과 친밀한 관계를 유지했다. 히치콕의 대가족은 히치콕을 '앨프'나 '앨피'라고 불렀다.(영국에 살던 조카들은 그를 '앨프 삼촌'이라고 불렀다.) 그는 가족들이 스튜디오에 찾아오도록 권유했고, 특히 1920년대에는 나들이행사에 가족들을 초대하여, 그곳에서 왕족이나 유명인사와 어울리게 했다. 친척들은 처음에는 런던, 나중에는 캘리포니아에 있는 그의 집에 찾아와 몇 주씩 머물렀다. 그는 친척들의 여행경비를 대줬고, 그가 여행을 다닐 때는 멀리 있는 친척들을 만날 수 있도록 일정을 조정했다. 그는 항상 따스한 마음씨로 손님을 반기는 호인이었다. 아무리 바쁘더라도, 언론인이나 팬들이 아무리 방해하더라도, 친척들의 근황에 관심을 기울이는 가족적인 사람이었다. 유명인사 히치콕은 평범한 히치콕들에게 정기적으로 전화를 걸었으며, 품위 있는 장문의 편지와 정성 어린 크리스마스 선물, 필요한 경우에는 상당액의 돈을 보냈다.

기발한 생각을 잘해내는 존 삼촌은 조카에게 내재돼 있던 화려함을 깨워냈다. 히치콕의 아버지 윌리엄은 동생의 성공과 명성의 그늘에서 살았다. 윌리엄 히치콕은 습관적인 술꾼으로 그리 열심히 일하는 가게주인은 아니었다고 오랫동안 알려져 있는데, 아마도 그 말이 맞을 것이다. 그는 존 삼촌 덕분에 곤란한 지경을 벗어나는 적이 많았다.

하지만 윌리엄에게는 처복이 있어서 그의 아내는 그녀의 강점으로 남편의 약점을 보완했다. 윌리엄 부부가 나눈 우애와 동료의식은 히치콕에게 귀감이 되면서 결혼에 대한 히치콕의 감정을 강화했다. 히치콕의 어머니 에마 제인 웰런은 경찰의 딸로 아일랜드 이민 2세대 가톨릭 신자였으며, 글을 읽을 줄 알고 남편보다 한 살 어렸다. 히치콕은 어머니의 몸매가 '코티지 로프(cottage loaf)'[4] 같았다고 묘사한 적이 있는데, 나이를 먹어가면서 그녀의 몸매는 더욱 펑퍼짐해졌다. 그들은 윌리

4 두 부분으로 이뤄진 두툼한 빵으로, 가운데를 자르거나 뜯어먹게 돼 있다. 히치콕이 한 말은 가슴이 크고 엉덩이도 큰 어머니가 허리띠를 꽉 졸라맸다는 뜻이었을 것이다.

엄이 24살, 에마가 23살 때 결혼하여 스트랫퍼드에 있는 청과물가게를 맡았다.

에마 제인 웰런 히치콕은 말년에는 '말쑥하게 차려입은 점잖은 사람으로, 귀족적인 매너로 아주 조용하게 말하는 사람'으로 묘사됐다. 아일랜드 특유의 신랄한 유머감각이 있던 그녀는 수시로 독설을 퍼부어댔다. 그녀는 매우 영리해서 남편을 위해 장부를 기입하고, 타이밍과 신선도에 따라 성패가 좌우되는 사업을 위해 스케줄과 일정을 짰을 것이다.

결혼 3년째이던 1890년에 에마는 윌리엄 주니어라는 세례명을 받은 아들을 낳았고, 1892년에는 엘렌, 또는 넬리라는 이름을 지어준 딸을 낳았다. 번창하던 가족은 1896년에 리 강을 따라 북쪽으로 2마일도 채 안 되는 거리에 있는 리튼스톤으로 이사했다. 히치콕 집안은 그곳의 하이로드 517번지에서 청과물가게를 운영했다. 1899년 8월 13일에 가게 2층에 있는 살림집에서 앨프레드 조지프 히치콕이 태어났다.

바로 그해에 W. 히치콕은 『익스프레스 앤드 인디펜던트 연감』에 그의 가게가 취급하는 '영국산 및 외국산 과일'과 다양한 종류의 감자를 비롯한 여러 상품의 '두드러진 품질'을 역설하는 광고를 실었다. 광고는 고객의 '주문은 모두 세심한 정성 아래 처리되고 있으며' 고객은 '매일 신선한' 상품을 구할 수 있다고 보증했다.

세월이 흐르면 흐를수록 한 사람의 생애를 정확하게 재구성하기는 점점 어려워진다. 게다가 어린 히치콕이 하이로드 517번지에서 어떤 식의 삶을 살았는지에 대해서는 여러 가지 견해가 있다.

몇몇 출판물에 따르면, 히치콕의 아버지는 단호하고 무서운 모습을 보여주는 엄격한 원칙주의자였다. 어린 히치콕과 관련한 가장 유명한 에피소드는, 어린 아들에게 교훈을 가르치기로 마음먹은 윌리엄 히치콕이 앨프레드에게 이 아이는 못된 아이라고 적힌 메모를 들려 인근 파출소에 보낸 사건일 것이다. 경찰관은 아이를 유치장에 가두면서 "우리는 못된 아이들을 이렇게 다룬단다"라고 말했다. 히치콕은 '문이 철커덩하고 닫히는 소리'를 항상 기억하며, "그 소리와 잠긴 감방문과 빗

리튼스톤 하이로드 517번지에 있는 W. 히치콕 청과상 앞에서 기이한 차림새에 굳은 자세로 포즈를 취하고 있는 아버지 윌리엄 히치콕과 막내아들 앨프레드 조지프 히치콕. 1906년 7살 때 찍은 사진.

장의 육중한 형체는 깊은 인상을 남겼다"고 말했다. 몇 분 —5분이거나 그보다 조금 긴 시간일 것이다— 후에 그는 풀려났다.

히치콕의 누이가 히치콕의 공식 전기작가 존 러셀 테일러에게 이 사건을 확인해주기는 했지만, 이 사건을 직접 목격한 것은 아니었다. 그리고 히치콕이 수십 년 동안 인터뷰어에게 이 사건을 말할 때마다, 이야기는 부풀려지면서 여러 모로 변형됐다. 그가 저지른 일이 변했고 나이도 달라졌다. 어떤 때는 4살 때 그랬다고도 했고, 다른 때는 11살 때 그랬다고도 했다. "히치는 그 얘기를 자주 했습니다. 언론 입장에서는 써먹기 좋은 이야기였죠." 히치콕의 미국 시절 말년에 작업을 같이 한 프로덕션 디자이너 로버트 보일의 견해다. "아마도 그는 이 이야기를 사실처럼 믿게 됐을 겁니다."

그가 만든 영화들이 그 사건의 진실성을 믿고 있으며, 여러 차례에 걸쳐 여러 가지 방법으로 그 장면을 재연하고 있다는 것은 확실하다.

그런데 히치콕의 외할아버지가 경찰관이었다는 사실은 기억해둘 가치가 있다. 유년기 이야기의 하나에 등장하는 경찰은 집안의 친구였으며, 히치콕 가족에게 경찰은 사제와 마찬가지로 전혀 낯선 존재가 아니었다. 그럼에도 불구하고 히치콕은 이 사건이 그에게 평생토록 체포와 감옥과 경찰에 대한 공포를, 어른이 됐을 때 생긴 많은 일화를 통해 확인된 공포를 심어줬다고 늘 주장했다.

경찰이 히치콕의 무의식 속에 고통스러운 존재로 머무르기는 했지만, 단호하고 무서운 모습을 보여준 아버지의 인상은 히치콕이 받은 가정교육과는 상충되는 측면이 있다. 어린 앨프레드가 말을 너무나 잘 듣자, 아버지가 그를 '흠집 하나 없는 우리 어린 양'이라고 불렀다는 히치콕의 또 다른 일화는, 자애롭고 점잖은 윌리엄 히치콕의 모습을 보여준다.

윌리엄 히치콕은 쇼 비즈니스를 향한 소년의 조숙한 열정이 흠집 없는 양의 마음에 스며들도록 도왔다. 아버지는 집에서 가까운 하이로드 스트랫퍼드에 있는 보로극장으로 가족들을 데리고 갔다. 그레이터 런던[5]에서 가장 큰 극장 중 하나인 보로극장은 비어봄 트리, 헨리 어빙, 엘렌 테리 같은 배우들이 출연하는 프로그램을 공연하는 3,000석 규모의 호화로운 극장이었다. 브로드웨이에 있는 엠파이어극장도 순회공연을 무대에 올렸다. 배우이자 흥행업자인 찰스 딜론이 지은 샘웨이스로드에 있는 시어터로열은 일찍이 1897년부터 '활동사진'을 상영하기 시작했다.

히치콕이 기억하는 최초의 연극은 1905년경에 있었던 공연으로, 이 연극에 등장하는 악당은 불길한 음악과 함께 '유령 같은' 녹색 조명을 뒤집어 썼고 여주인공은 장밋빛 조명으로 물들었다. 어린 히치콕은 이런 시각효과에 깊은 인상을 받아, 훗날 영화를 연출하면서 등장인물에게 상징적인 색채의 옷과 조명을 부여했다. 〈현기증*Vertigo*〉에서 매들린의 색상의 세례를 받는 주디를 생각해보라.

가족들은 교향악단의 연주회에도 자주 참석했다. "일요일에는 앨버트홀에, 평일에는 퀸스홀에 다녔습니다." 언젠가 좋아하는 오케스트라 작품을 묻는 질문에 히치콕은 루셀, 엘가, 바그너, 도흐나니의 "동요를 주제로 한 변주곡*Variations on a Nursery Suite*"("그 작품은 데밀 감독의 웅장하고 거창하며 스펙터클한 영화처럼 시작됐다가, 그다음에는 경쾌한 피아노로 몸집을 축소시키기 때문입니다. 항상 내 유머감각에 어필하는 작품입니다")과 아르투르 루빈슈타인이 연주한 슈만의 "사육제*Carnaval*"를 열거했다.

부지런한 히치콕 가족은 오락거리를 매우 좋아했으며, 카니발과 서커스를 보면서는 특히 즐거워했다. 그들은 원스테드플래츠 인근에서 연례적으로 벌어지는 부활절 축제에 늘 참가했는데, 축제에는 마술사와 명사수 콘테스트, 놀이기구들이 있었다.

일요일 아침이면 윌리엄 히치콕은 가족들을 데리고 미사에 참가했고, 미사가 끝난 후에는 종종 에핑 숲으로 소풍을 갔는데, 어느 문헌에 따르면 어린 앨프레드는 '무릎까지 오는 반바지, 펑퍼짐한 레이스가 장식된 옷깃에 밀짚모자' 차림이었다. 가족들은 소풍이 끝난 후에는 인

5 런던을 포함하는 광역지역. — 옮긴이

집안의 수완 좋은 장사꾼이자 히치콕의 초기 후원자였던 작은아버지 존과 두 명의 에마 히치콕: 남아프리카 고모 에마(앉은 이)와 어머니.

근에 있는 그린맨에 들르기도 했다. 유래가 17세기까지 거슬러 올라가는 여인숙 겸 술집인 그린맨은 딕 터핀과 잭 셰퍼드 같은 전설적인 강도들이 은신처로 삼기도 했던 곳이다.

양친 모두 자애롭고 사랑이 넘치는 분들이었다. 히치콕은 어머니가 밤마다 어머니의 침대 옆에 서서 낮에 한 일들을 자세히 말하도록 했다고 회상했지만, 이런 행동을 부정적인 시각에서만 바라보는 것은 경솔한 일일 것이다. 이런 행동을 가톨릭 용어인 '저녁 고해'라고 부른 것은 히치콕의 유머감각이 발동한 결과가 아니었을까? 히치콕이 밤마다 행한 고해는 어머니의 변치 않는 자식사랑을 보여주는 증거나 다름없다. 〈의혹의 그림자*Shadow of a Doubt*〉에 등장하는 어머니는 치명적으로 망가진 찰리 삼촌(조지프 코튼)을 언급하면서 "식구들이 막내를 어떤 식으로 버릇없게 만드는지 알죠?"라고 말한다.

집안의 양서 중에는 손때 묻은 성경책뿐 아니라 빅토리아시대 삽화가들이 총애했던 『그림동화』도 있었던 것이 분명하다. 히치콕은 종종 소름끼치는 이야기로는 성경을 능가할 책은 없을 것이라고 말하곤 했다. 그는 감수성이 예민한 나이의 그를 폭력에 매혹되게 만든 잠자리 이야기로 『헨젤과 그레텔』과 『빨간 망토 소녀』를 꾸준히 인용했다.

윌리엄이나 에마 히치콕이 잠이 들려는 막내아들에게 책을 읽어주는 광경을 상상해보라. 아니면, 아버지나 어머니가 친근한 이야기를 과장되게 들려주는 입담 좋은 이야기꾼이었을 가능성을 고려해보라. 평생 끊임없이 이야기꾼 성향을 드러낸 히치콕은 영화감독이 하는 일을 어린 관객을 사로잡는 이야기꾼의 행동에 자주 비유했다.

히치콕은 언젠가 이렇게 설명했다. "무릎에 앉은 꼬마에게 『빨간 망토 소녀』 같은 것을 들려줄 때면 이야기가 실감나게 들리도록 해야 합니다." "나는 이야기를 들려주는 어머니를 둔 어린아이 입장에 나 자신을 세웁니다." 히치콕은 프랑수아 트뤼포와 가진, 책 한 권 분량의 인터뷰에서 이렇게 말했다. "어머니가 이야기를 잠시 멈추면, 아이들은 늘 이렇게 말하죠. '엄마, 그다음에는 어떻게 돼요?'" 그는 영화를 현실과 상상이 뒤섞이는 꿈, 즉 잠이 든 후에 악몽으로 이어지는 잠자리 이야기와 비슷한 꿈에 자주 비유했다. 프로덕션 디자이너 로버트 보일은 언젠가 이렇게 설명했다. "히치콕의 리얼리즘은 리얼리스틱한 환경을 배경으로 펼쳐지는 동화들로 구성됩니다."

그는 관객들이 인공적인 꿈에 사로잡혀 있다는 것을 교활하게 상기시키는 것으로 관객들을 괴롭혔다. 침실은 가게 위층에 있었는데, 불이 희미해지면 소년의 눈길은 문간과 어슴푸레한 계단 난간으로 날아가 꽂혔다. 〈영 앤 이노센트*Young and Innocent*〉에서 로버트(데릭 드 마니)는 "밤에는 늘 사물들이 커 보여요. 그렇지 않나요?"라며 에리카(노바 필빔)를 안심시킨다. 피터 콘래드가 저서 『히치콕 살인들*The Hitchcock Murders*』에 썼듯이, 히치콕 영화에서 계단은 종종 '파멸을 향해 올라가게' 이끌거나 소름 끼치는 지하실로 내려가는 '드라마의 원동력'이다.

왕족에서 평민에 이르기까지 당시 영국의 모든 가정은 강도를 막기 위해 개를 키웠다. 우리는 침대에 누운 어린 앨프레드가 잠자리 이야기에 귀를 기울이는 동안 충실한 사냥개가 마룻바닥에 누워 있는 광경을 상상할 수 있다. 자신의 개를 그림이나 에칭에 자주 등장시킨 호가스[6]처럼, 히치콕 영화에 자주 등장하는 개들은 히치콕 자신의 애완견이었다. 히치콕 영화의 개들은 한결같이 재미있고 용감하며, 주인이 느끼는 고뇌를 직감적으로 깨닫는다. 〈이창*Rear Window*〉에서처럼 개가 살해당했을 때에는 트뤼포의 표현에 따르면, '마치 아이들의 죽음과 관련된 양' 지독한 '색조와 비명'이 고조됐다.

"당신이 아는 것을 써라." 고색창연한 분위기를 확연하게 풍기는 이 말은 종종 어니스트 헤밍웨이의 말이라고 인용되는 오래된 격언이다. 히치콕은 그가 카메라로 글을 쓴다는 말을 하기를 좋아했는데, 여기에도 똑같은 논리가 적용된다. 그는 그에게 친숙한 것, 그가 잘 알거나 연구해본 것들을 영화로 만들었다. 그는 모르는 것에 대해서는 신뢰하지 않았고, 회피하는 경향이 있었다. 유치장 일화가 보여주는 것처럼, 그의 상상력은 친숙함의 토대 위에서 '향상'됐다.

도널드 스포토는 그가 쓴 히치콕의 '음울한' 전기에서 가족들이 '청과물이 담긴 나무상자와 선반들의 뒤와 위에서' 어떻게 살았는지를 강조하고 있다. "집둘레를 돌아 뒷골목을 통해서 조그만 뒷문으로 들어가는 경우가 아니라면, 가족들은 각자의 방에 가기 위해 가게를 통과해야만 했다. 좁다랗고 어두컴컴하며 보기 흉한 정원의 한복판에 가족들이 쓰는 화장실이 있었다. 프라이버시는 고요함이나 한결같은 햇볕보다도 훨씬 얻기 힘든 것이었다."

그러나 19세기 말에 부모가 가게를 운영할 경우 앞문으로 드나드는 것은 보편적인 일이었고, 부유한 사람들이나 호사스러운 실내 화장실을 자랑할 수 있었다. 스포토는 히치콕이 화장실에 집착한다고 거듭 밝혔는데, 그런 집착은 국가적인 현상이었으며 유머의 소재로 사용되는 경우도 잦았다. 피터 애크로이드는 『런던의 전기*London: Biography*』에서 "런던 사람들은 배설물에 매료된다"고 지적하면서, 토머스 모어 경은 '똥'을 가리키는 라틴어를 5가지나 안다고 자랑했다는 사실을 언급했다. 특히 1930년대와 1940년대에 미국으로 수출된 (히치

6 18세기 영국의 풍자화가. — 옮긴이

콕의 작품을 포함한) 많은 영국영화의 '화장실 유머'는 검열당국을 자극하기 일쑤였다.

이런 익숙한 영국적 삶의 맥락은 창의력의 원료가 되어 히치콕의 영화들은 화장실에 관한 터부를 이용하는 데서 기쁨을 찾는다. 피터 콘래드는 "히치콕에게 있어, 그곳에서 행해지는 일은 뭐가 됐건 수상쩍은 일이 될 자격이 있었다"고 썼다. 배신자와 범죄자들은 늘 화장실로 돌진하고, 거울 앞에서 옷을 벗는 여자들은 감시를 받으며, 피는 반짝거리는 물건 위에 떨어진다.

히치콕은 영화나 대화에 화장실을 등장시키는 재주가 확실히 남달랐다. 영화경력에서 마지막 시나리오를 작업하던 78살 때에도, 히치콕은 엡솜 다운스에서 경마가 열리던 날을 회상하는 것을 즐겼다. 어렸을 때 그는 그곳에서 기업가 정신이 남다른 아이들이 모여서 땅에 구멍을 파고 그 위에 텐트를 치고는 사람들을 상대로 '배설할 수 있는 권리'의 대가로 돈을 받는다는 사실을 알아챘다. 히치콕은 시나리오를 작업하다가 샛길로 빠지면서 코크니 말투로 12살짜리 계집애가 '1회 이용에 1페니, 1회 이용에 1페니'라고 광고하던 것과, 투박한 목소리의 사내아이가 '오줌 누고 똥 싸는 데 1페니'라고 외치며 똑같은 서비스로 손님을 끄는 모습을 흉내냈다.(히치콕은 작가 데이비드 프리먼에게 "상한 음식이 나왔을 때는 당연히 장사가 꽤 잘 됐어"라고 말했다.)

공식 전기를 쓴 존 러셀 테일러는 히치콕의 유년기에는 일반적으로 유쾌한 기억들만 남아 있다고 말했다. 가게를 소유하고 있다는 자긍심과 근면성, 한데 모인 가족, 영국식 크리스마스의 특징이라 할 탕헤르 오렌지와 호두로 불룩해진 크리스마스 양말들.

공식 전기는 가게를 덜 기분 나쁘고, 청과물 상자들이 길목을 차단하는 경향도 덜한 곳으로 그려낸다. 테일러는 『히치*Hitch*』에서 "집 바로 뒤에는 과일들을 쌓아놓는 창고가 있었다"고 썼다. "그리고 가스등의 열기로 익어가는 바나나의 모습과 냄새와 특유의 쉿쉿 하는 소리처럼, 그 안에서 경험한 광경은 어린 시절의 기억에 선명한 인상을 남겼다. 나이를 조금 더 먹은 후, 그는 에핑 지역에 있는 청과상들에게 과일과 채소를 배달해도 된다는 허락을 받았다. 에핑은 말이 끄는 수레로도 한나절을 돌아다녀야 할 만큼 넓은 곳이었다. 그를 매혹시킨 또 다른 일은 호두의 껍질을 벗기는 것이었는데, 가게 일꾼들은 보통 신선한 녹색 껍질에 덮인 채로 가게에 들어오는 호두를 손님들에게 팔기 위해 껍질을 벗겼다."

양쪽의 시각을 합친 것이 진실에 가까워 보인다. 히치콕은 시종일관 그늘에 덮여 있지도 않고 시종일관 햇볕에 드러나 있지도 않은 소년기를, 그렇지만 히치콕의 영화들처럼 그림자와 빛이 끊임없이 교차하는 소년기를 겪었을 것이다.

리튼스톤은 스릴 만점의 대변동을 겪는 중이었다. 히치콕 청과상은 메이웰과 사우스웰 그로브로드 사이에 있는 하이로드 블록 가운데에 있었다. 청과상에서 나오면 어느 쪽을 향하건 가족들이 운영하는 푸줏간, 빵집, 구둣방, 담배가게, 옷가게, 제과점, 포목상, 양품점과 또 다른 청과상과 생선가게가 있었다. 이웃에는 다른 히치콕 친척들이 살면서 일을 하고 있었다.

버스(나중에는 전차)는 결코 운행을 멈추지 않을 듯 보였고, 가까운 곳에는 기차역이 두 군데 있었다. 철도광은 영국인들 사이에 사회적 현상으로 퍼져나갔으며, 많은 히치콕 영화에서는 버스와 비행기, 배 위에서뿐만 아니라 기차에서도 —결국 어떤 형태가 됐건 운송수단 위에서— 로맨스와 죽음이 펼쳐진다.

하이로드에서 소년은 신문팔이들이 '인쇄기에서 금방 나온' 석간 헤드라인을 외치는 소리를 들었다. 〈하숙인*The Lodger*〉, 〈해외특파원*Foreign Correspondent*〉, 〈프렌지*Frenzy*〉에서 관객들이 듣는 것처럼 말이다. 손님들은 끔찍한 범죄에 대한 이야기를 나누면서 팔꿈치에 신문을 끼고 가게에 들어왔다. 그 시절의 영국에서 살인이 연속극처럼 공연되는 오락물이었다고 말하는 것은 결코 지나친 표현이 아니다.

히치콕은 조지 오웰을 즐겨 인용했다. 오웰은 "영국식 살인의 퇴보*The Decline of the English Murder*"라는 유명한 에세이에서 영국에서 일어나는 살인사건의 태반은 불륜에 얽힌 것이라고 결론지었다. 배우자를 죽이는 것은 이혼을 의미했다. 평판 높은 오웰을 인용하는 것은 히치콕 영화의 지저분한 소재에 회의적인 평론가에 맞서는 그의 방어책이었다. 그런데 히치콕의 영화들은 부부 간의 살인, 금전에 얽힌 살인, 정치적 살인 등 모든 종류의 살인을 깊이 파고든다.

그의 살인자들은 평범해 보이는 정신이상자인 경우가 많았는데, 히치콕은 이런 사실에 독특한 매력을 느꼈다. 리튼스톤 인근에 있는 화이트채플은 잭더리퍼가 1888년부터 여러 달 동안 5명에서 12명 사이의 여성희생자를 찌르고 절단하고 내장을 훼손하고 목을 벤 곳이다. 폭력은 미스터리하게 시작했다가 미스터리하게 끝이 났다. 범인의 정체는 오늘날까지도 밝혀지지 않았는데, 많은 사람은 〈사이코*Psycho*〉의 결말에서 노먼 베이츠가 맞았던 운명처럼 범인이 결국 정신병원의 비좁고 초라한 방에서 최후를 맞았을 것이라고 생각한다. 히치콕이 자라던 시절에도 주민들은 '화이트채플 살인자'에 대한 얘기를 여전히 속삭이고 있었으며, 그런 속삭임은 오늘날에도 계속되고 있다. 피터 애크로이드의 표현에 의하면, 리퍼는 '런던 신화의 영원한 일부분'이다.

히치콕이 태어나기 10년도 더 전인 1886년에 애들레이드 바틀릿은 남편을 클로로포름 용액으로 독살했다는 혐의를 받았지만, 재판 결과 무죄를 선고받았다. 히치콕은 이 스펙터클한 범죄에 대한 것을 모조리 알고 있었고, 상세한 내용을 이야기하면서 즐거워했다. 희생자인 에드윈 바틀릿이 청과상이었고, 그녀의 애인이 웨슬리교 목사였기 때문이었을 것이다.

집 근처에서 일어난 또 다른 충격적인 살인에도 청과상이 관련돼 있었다. 리튼에 사는 에드거 에드워즈는 1902년 어느 날, 작은 마을의 청과상을 방문해서 가게를 인수하는 데 관심이 있는 척하다가 주인 부부와 갓난아기를 죽이고 모두 토막 냈다. 그는 시체들을 가져다가 처치로드에 있는 그의 집 정원에 파묻었다. 두 번째 청과상—독특하게도 그는 이 직업에 집착했다—을 살해하려고 시도하던 에드워즈는 체포돼서 유죄 판결을 받았다. 정신적으로 불안정했던 그는 재판을 받을 때 무대에 오른 듯한 기분이 든다고 판사에게 말했다. 그는 교수형을 당하기 직전에 "나는 이 순간을 너무나 고대해왔어!"라고 외쳤을 만도 한데, 이것은 히치콕 특유의 유머감각이다.

유순한 치과의사 하울리 크리픈 박사는 부인의 목을 베고 살을 발라낸 후, 남장을 한 애인과 바다를 통해 스코틀랜드야드(*Scotland Yard*)[7]의 손아귀를 벗어나려고 시도했는데, 이 사건은 1910년에 헤드라인을 장식했다. 히치콕 가족은 영국의 많은 가족처럼 구운 쇠고기요리를 베어 먹는 저녁 식사를 즐겼다. 그런 자리에 리퍼, 애들레이드 바틀릿, 에드거 에드워즈, 크리픈 박사를 비롯한 다른 많은 무시무시한 살인자에 대한 얘기가 등장하면 즐거움은 배가 됐다. 여생 동안 히치콕은 실제 살인자에게 매혹됐고, 영화로 그들을 재현해내려고 노력했다.

저녁식탁에서 나누는 그런 얘기는, 〈비소와 낡은 레이스*Arsenic and Old Lace*〉를 제외한 프랭크 캐프라의 영화에는 물론 어울리지 않는 것이었다. 전반적으로 행복하고 안락한 소년기를 보냈음에도 불구하고, 히치콕은 살인으로부터 공포뿐 아니라 쾌락을, 아니면 그가 살인의 공포와 쾌감을 연결지어서 즐겨 표현했던 '공포의 기쁨'을 느끼면서, 살인에 매료되는 문화를 경험한 감수성이 예민한 청년이었다. 그는 종종 자신의 영화가 '기괴한 상황에 처한 보통사람들'에 대한 영화라고 말했는데, 히치콕 자신이 그런 사람의 전형이었다. 그는 잔혹한 상황에 처한 자기 자신을 상상하는 보통사람이었으며, 의심과 서스펜스, 공포와 욕망의 범주를 통해 자신의 판타지를 강화시켰다.

히치콕은 그의 혈통을 연구하는 지방신문 기자에게 1969년에 쓴 편지에서, 그가 리튼스톤에 대해 가진 유일하게 뚜렷한 기억은 1906년 12월의 혹독하게 추운 토요일 밤에 '첫 전차가 첫 운행을 개시하면서' 거리를 따라 내려가던 것이라고 밝혔다. 히치콕이 6살이었던 그때 이후 가족들은 리 강을 따라 내려가 스텝니 자치구에 있는 라임하우스의

7 런던경찰청의 별칭. — 옮긴이

새먼레인으로 이사했다. 집안에서 새먼레인 130번지와 175번지에 있는 기존의 가게 두 곳을 인수했던 것이다.

175번지는 생선가게가 됐고, 히치콕이 거주한 130번지는 피시 앤 칩스 가게[8]를 겸했다.(생선가게 주인이 이런 식당을 운영하는 것은 일반적인 일이었다. 신선도를 잃어가는 생선을 처리할 좋은 방편이기 때문이다.) 길거리의 반대편에 자리잡은 두 가게는 100미터가량 떨어져 있었는데, 마을회관과는 돌팔매질을 할 수 있을 정도로 가까웠다. 윌리엄 히치콕이 생선만 전문적으로 취급하기 시작하면서 청과물은 뒷전으로 밀려났다.

훗날 히치콕이 미국을 향해 자신의 경력을 쌓았던 것처럼, 그의 가업도 더 큰 시장을 향해 꾸준히 규모를 늘려나갔다. 이제 히치콕 가족은 생선가게 두 곳—신선한 생선과 생선튀김—만 운영하는 데서 그치지 않고 선박을 통한 물품유통과, 성장하는 존 히치콕 유한회사의 청과물과 (이제는 회사 소유의 양어장을 통해서 공급되는) 생선, 생선튀김 가게 체인도 책임졌다. 체인에는 상당수의 새장수, 게임딜러, 정육점, 얼음제조업자도 포함돼 있었다. 1925년 무렵, 존 히치콕 유한회사는 런던 지역에 소매상점 69곳을 가진 거대한 기업이 돼 있었다.

1907년에서 1915년에 이르는 성장기 동안 그는 창고와 부두의 그늘, 그리고 질척거리고 냄새나는 템스 강 옆에서 살았다. 유람선, 어선, 예인선, 바지선, 화물선이 끊임없이 강을 오르내렸다. 이웃의 풍경은 〈마니*Marnie*〉의 어머니가 살던 곳, 즉 선박이 어렴풋이 보이는 부두까지 빌딩이 빽빽하게 들어선 거리와 별반 다르지 않을 것이다. 초목은 땅이 갈라진 틈바구니에서야 볼 수 있었다. 어느 런던 연대기 작가가 지적했듯, 벽돌을 회반죽으로 이어붙인 건물들이 들어선 이곳에는 돌로 만든 사자상이나 공공기념탑이 하나도 없었다. 상점이 우글거리고 전차는 요란한 소리를 내며, 사람들로 넘쳐나는 거리와 강변으로 이어진 이 지역에서 보이는 색깔은 회색뿐이었다.

8 생선튀김과 감자튀김으로 이뤄진 영국의 대중적인 요리. — 옮긴이

색채는 사람들 속으로 배어들었다. 피시 앤 칩스는 영국 노동계급의 주식이었다. 라임하우스에서 히치콕은 코크니 문화를 직접 겪으며 호흡했고, 런던의 이스트엔드 거주자들 특유의 농담과 말투, 행동거지에 젖어들었다. 그런데 새먼레인은 이민 온 아일랜드인과 유대인, 중국인 주거지와 초기 단계의 공산주의자, 지구 곳곳에서 온 추방자와 망명자들을 이웃으로 둔 두드러지게 코스모폴리탄적인 곳이기도 했다.

런던의 악에 깊이 물들어 있던 이곳은 도시의 모든 지역과 가까운 곳에 있었다. 얼마 안 있어 히치콕은 전차에 중독돼 전차를 타고 온갖 곳을 돌아다녔다. 나중에 그는 8살이 됐을 무렵에 모든 노선의 종점에 가봤다고 자랑하면서, 정거장과 유명한 장소들을 기억해냈다.(훗날 할리우드에서24-1이라고 적힌 딱따기가 등장하자, 히치콕은 어린 시절에 24번 버스가 다니던 노선이었던 '햄스테드히스발 빅토리아행'이라고 중얼거렸다.) 히치콕은 루드게이트힐로 가는 버스에 올라타 올드베일리[9]를 방문해, 법정의 방청석 뒷줄에 앉아서 최근에 기소된 살인사건에 대한 재판이 진행되는 것을 지켜봤다. 올드베일리 인근에는 잭 더 리퍼의 밀랍인형과, 꾸준히 추가되는 전시물 중에 머지않아 크리픈 박사의 밀랍인형도 등장할 마담 투소의 박물관이있었다.

매력 있는 또 다른 동네는 극장과 색다른 가게들, 책을 뒤적거릴 수 있는 서점을 갖춘 웨스트엔드였다. 그가 직접 읽는 글이 잠자리 이야기들을 대체하기 시작했다. 월터 스콧(〈의혹의 그림자〉에 나오는 책벌레 딸은 스콧이 쓴 『아이반호』를 읽고 있다), G. K. 체스터턴, 아서 코난 도일, 윌키 콜린스, 존 골즈워디, 마리 벨록 론즈 여사, 존 버컨은 그가 자라면서 즐겨 읽은 작가들이었다. 그는 에드거 앨런 포의 영향도 받았는데, 포는 '독자들이 보기에 똑같은 일이 다음날 자신들에게도 생길 수 있다는 인상을 심어주는 매혹적인 논리를 통해…… 도무지 믿을 수 없는 이야기들'을 쓴 작가였다.

런던에서 뻔뻔스러운 '즐거운 전차 유람'을 다닌 그는 다른 대륙으

9 재판소가 있는 곳. ─ 옮긴이

로 떠나는 '가상의 항해' '시간표 짜기에 몰두'하기도 했다. 침실 벽에 세계지도를 건 소년은 『로이드 선박등록부*Lloyd's Resister*』와 『쿡의 대륙여행*Cook's Continental Tours*』을 사서 '시베리아 횡단열차를 타고 여행을 가는' 것처럼 꾸미기 시작했다. 그가 지도에 붙여놓은 색칠한 작은 깃발은 바다에서 배가 항해하는 코스를 나타냈는데, 소년은 날마다 항해 스케줄에 맞춰 깃발들을 이동시켰다. 히치콕은 레스터스퀘어에서 문학과 유머를 뒤섞은 잡지인 『라이프*Life*』와 『저지*Judge*』를 파는 서점을 찾아냈다. 그는 어렸을 때부터 이들 잡지와 다른 미국 출판물을 통해 미국을 탐험했다. 언젠가 히치콕은 "이런 말이 있는지는 모르겠지만, 나는 미국애호가였다고 말할 수 있습니다"라고 주장했다.

히치콕은 막내라 응석도 부리고 가게 일도 면제받았으므로 책을 읽을 시간이 많았다. 윌리엄 주니어는 상업에 종사하라는 목표를 부여받고, 얼마 안 있어 새먼레인에 있는 가게 하나를 운영하게 되었다. 히치콕의 형은 결국 타워브리지로드의 가게를 앨프레드 삼촌에게서 넘겨받았다. 히치콕은 형에 대한 애정과 존경심을 품고 있었지만, 10살에 가까운 나이차 때문에 형제는 가까워지기가 힘들었다. 언젠가 그는 오후에 형과 누나가 타는 자전거를 따라잡기에는 나이가 너무 어린 막내가 된 것에 대한 가슴 아픈 기억을 가지고 있다고 밝혔다.

그는 넬리와 가깝게 지내 이따금 무도회에 가는 누나를 에스코트했고, 누나가 연극이나 새로운 '활동사진'을 보러갈 때 따라가기도 했다. 히치콕이 태어났을 때 40초 정도였던 활동사진의 평균 러닝타임은 그가 새먼레인으로 이사 갔을 무렵에는 11분가량으로 늘어 있었다. 그 시점까지 히치콕 가족이 볼 수 있었던 것은 레뷔연극[10] 사이에 샌드위치처럼 등장하는 깜빡거리는 조잡한 이미지들 외에, 주로 장터와 교회 바자, 문 닫은 가게와 판자를 두른 공공목욕탕을 순회하면서 영사하는 영화였던 〈활동사진이라는 새로운 광전효과의 경이〉가 유일했다.

그런데 1907년 무렵, 영화관이 번성하면서 곳곳에 문을 열었다. 몇

10 촌극과 춤, 노래로 구성된 뮤지컬 코미디. — 옮긴이

년이 채 지나기도 전에 히치콕은 좋은 영화와 나쁜 영화를 구분할 수 있었다. 초창기에 그가 런던에서 보러 다닌 영화 중에서 그의 기억에 가장 선명하게 남아 있는 것들은, 그를 잊을 수 없는 여행에 데려간 영화, 공포와 욕망을 불러일으킨 영화, 논리를 무시하는 영화들이었다.

그는 〈유령열차〉를 흐뭇하게 회상했다. 꾸불꾸불한 터널을 통과하고 높은 산악지대를 올라가는 등, 경치 좋은 장소를 지나며 속도를 높여가는 기차의 앞머리에서 찍은 장면들을 보여주는 스펙터클한 영화였다. 그는 〈헤일의 여행과 세계의 풍경〉도 기억했다. 미국인 소방서장이 고안해낸 영화로, 관객을 가상의 객차에 태우고는 '승객들'이 진짜 열차를 타는 것처럼 느끼도록 객차가 이리저리 움직일 때마다 해당 장면을 영사하고 천연 음향을 내는 영화였다. 새먼레인으로 이사할 즈음에 〈헤일의 여행〉의 런던 상영관은 옥스퍼드 스트리트에 있었는데, 관객 모두에게 동일한 입장료인 6페니를 부과하는 것으로 업계의 관례를 깼다. 각각의 '기차 여행'은 무척이나 짧았고 —완전한 한 편을 만들어내기 위해서는 몇 편을 이어붙여야 했다— 사이사이에 코믹한 토막극이 끼어들었다. 〈헤일의 여행〉의 흥미로운 점 하나는 세계 곳곳의 명소와 기념물을 보여주는 영화이기는 했지만, 미국에서 만든 영화인 탓에 블랙힐스와 같은 미국적인 장소와 역사적 건물들을 방문하는 것이 가장 근사해 보였다는 것이다.

히치콕이 특정한 제목으로 회상해낸 또 다른 초기 영화는 〈폭주열차 탑승〉으로, 그가 9살이던 1908년 여름에 런던과 지방에서 상영됐다. 미국의 흥행사 리먼 하우가 제작한 시리즈 〈폭주열차 탑승〉도 산악 주변을 돌아가는 기관차 전면에 설치된 카메라를 자랑했지만, 영화역사가 찰스 무세의 표현에 따르면 이 영화는 카메라 크랭크가 돌아가는 속도를 늦춰서 '스크린에 영사된 움직임에 가속을 주도록' 촬영하는 영리한 방법을 썼다. 무세에 따르면, 폭주하는 열차는 '터널 속으로 돌진해 들어간 후, 기차가 부서졌다는 것을 암시하는 무시무시한 굉음과 함께' 파멸을 맞는다. 히치콕은 이것을 〈17번지*Number Seventeen*〉와 〈비밀첩보원*Secret Agent*〉에서 더욱 파괴적인 결말로 재현했다.

히치콕은 〈폭주열차 탑승〉을 회상할 때, 히치콕 특유의 상세한 이야기를 끼워넣는 것을 좋아했다. 관객들이 스릴 넘치는 영화를 보면서 너무 흥분한 탓에 오줌을 지렸는데, 젖은 좌석 수를 놓고 내기를 건 극장 종업원들이 상영이 끝난 후에 좌석 개수를 세어보곤 했다는 것이다. 수십 년의 세월이 흐른 후, 히치콕은 〈사이코〉와 〈새*The Birds*〉에 대한 소망을 내비치면서 이렇게 설명했다. "극장 전체에 마른 좌석이 하나도 없게 만드는 것이 목표입니다."

히치콕 영화에는 스릴 만점의 탑승 장면이 많이 등장하는데, 때로는 기관차 맨 앞에 카메라를 설치하기도 했다. 처음부터 관객의 숨을 멎게 만든 〈폭주열차 탑승〉의 카메라 조작과 뒤섞인 현실의 효과는 히치콕의 예술적 비전에 중요한 씨앗을 심었다.

"감독님 자신을 지그재그형 산악철도의 기관사로 보시는 건가요?" 언젠가 어느 인터뷰어가 물었다. "몇 가지 점에서 나는 그런 존재일 수 있습니다. 나는 그것(그의 작품 중 1편)을 만들어내는 동안 '첫 번째 내리막길을 얼마나 가파르게 만들 수 있을까?'라고 묻는 사람이니까요." 히치콕은 진지하게 대답했다. "내리막길을 너무 깊이 만들어놓으면, 차량 전체가 위기를 넘어서는 순간까지도 비명소리가 계속될 것이고, 결국에는 모두가 박살이 나고 말 겁니다. 그러니까 너무 멀리 가서는 안 돼요. 최루영화를 보고나온 여자가 '아름다운 영화야. 실컷 울었어'라고 말하는 것과 비슷하게, 승객들이 재미있어서 낄낄거리며 열차에서 하차하기를 바라기 때문이죠."

넬리가 옥스퍼드 스트리트에 있는 가게에 패션모델로 취직하면서, 남매는 둘이서 연극과 영화를 보러다니는 것을 중단했다. 성숙한 아가씨가 된 넬리는 맵시가 아주 좋았고, 외모에 대한 자의식이 강해 머리를 염색하고 곱슬머리로 말기도 했으며, 옷은 유행하는 것으로만 입었다. 넬리는 '꼬마'로 불렸지만, 키는 178㎝에 달했다. 어른이 된 후 그녀는 유명한 남동생과는 다른 행로를 밟았다. 넬리는 여행에 별 관심이 없었고, 영화나 미국에 대해서도 그리 열광적이지 않았다. 그녀의 첫 남편인 잭 리는 일찍이 1915년부터 새먼레인에서 800미터 떨어진 곳에

화이트하트라는 선술집을 운영하는 사람이었다. 그러나 넬리는 이른 첫 번째 결혼이 깨지고 두 번째 결혼도 실패하자, 시간이 흐를수록 신경쇠약 증세가 심해지면서 대하기 어려운 사람이 됐다.

히치콕은 소년시절에 남매를 제외하면 별다른 단짝친구가 없었다고 말하곤 했다. 그가 집과 학교 사이를 어떻게 오갔는지를 고려한다면, 아마 맞는 말일 것이다. 그가 11살 때부터 부모와 사는 집에서 외로이 지냈던 것은 분명하다. "부모님께서는 6시만 되면 나를 침대에 들게 하셨어요. 외출을 해서 레스토랑에서 외식을 하실 수 있게요." 그가 이탈리아 언론인 오리아나 팔라치에게 밝힌 내용이다. "8시에 잠에서 깨곤 했는데, 부모님은 계시지 않았죠. 있는 거라고는 희미한 빛과 빈집의 고요함뿐이었습니다."

활동사진은 도피처와 판타지를 제공했다. 11살 무렵에 그는 레스터 스퀘어의 단골 책가게에서 가져온 『바이오스코프』와 (짧게 줄여서 『키네』라고 부르는) 『키네마토그래프 앤 랜턴 위클리』 같은 런던의 영화업계 잡지를 읽었다. 그가 기억했듯이 '영화가 개봉하기 한참 전에' 최신작에 대한 기사를 읽는 것은 영화적 교양을 두텁게 쌓아주고, 영화에 심취하고 영화제작 기법을 독학하는 단계에 들어서는 첫 관문이 됐다.

그가 받은 공식 교육은 종교와 아주 밀접한 관계가 있었다. 어떤 사람들은 히치콕의 가톨릭 신앙이 신교도가 지배적인 영국에서 그를 고립된 존재로 만들었다고 추정했고, 자신도 그런 점이 그의 '유별난 특성'에 영향을 끼쳤을 수도 있다고 말했다. 그러나 영국 평균치를 상회하는 가톨릭 신자가 거주하고, 미사참석자가 영국 전체를 통틀어 가장 많은 에식스는 그에게는 편안한 곳이었다. 에식스에는 학교와 교회, 상점과 지역공동체 조직, 그리고 완전히 가톨릭 일색인 커다란 구역들이 있었다.

히치콕 집안은 보통 히치콕의 사촌인 존 신부가 미사를 집전하는 스트랫퍼드에서 일요 미사에 참석했다. 히치콕은 짧은 동안이지만 복사로 일하기도 했는데, 수십 년 후 〈나는 고백한다*I Confess*〉를 촬영할 때 라틴어 실력을 자랑하며 향로를 흔들던 일을 회상했다.

히치콕은 6살이나 7살 때 누나 넬리가 다니던 리튼스톤의 메이빌 로드 공립학교에 잠깐 동안 다녔던 것 같다. 학교는 하이로드에 있는 청과상과 꽤나 가까운 곳에 있었다. 그런데 여러 문헌에 의하면, 이 지역의 사제인 플래너건 신부는 어느 날 히치콕 부부를 불러 사내아이는 제대로 된 종교적 교육을 받아야 한다고 질책했고, 그 직후 히치콕은 인근의 포플라에 있는 호우라하우스로 전학을 갔다. 호우라하우스를 선택하면서 히치콕 부부에게는 폭넓은 가능성이 생겼다. 이 학교는 프랑스 선교사가 창립한 교단인 '예수님의 충실한 벗들(Faithful Companions of Jesus)'이 운영하는 사립 미션스쿨로, 넓은 공간과 쾌적한 정원을 갖춘 학교는 학업기준을 높이 설정하고 음악과 미술, 연극을 강조했다. 호우라하우스는 외국에서 온 학생을 기숙사에 받아들였고, 종교적 신념에 개의치 않는다고 홍보하면서 유대인 학생을 받아들이기도 했지만, 대부분의 학생은 중산층이었다. 호우라하우스에 남학생은 그리 많지 않았는데, 입학하는 여학생 수가 부족할 때에야 남학생을 입학시켰으며, 그중에서도 지역의 가톨릭을 믿는 가게 주인의 아들들을 더 선호했다.

가톨릭은 런던의 안개가 〈하숙인〉을 감싸는 식으로 히치콕의 소년기 주위를 맴돌았다. 평생 동안 미사에 참석했고 확고한 가톨릭 신자로 남아 있었음에도(사제들은 그의 촬영장뿐 아니라 집에도 찾아오는 환대받는 방문자였다), 그는 종교는 자신에게 그다지 많은 영향을 끼치지 못했다고 말하곤 했다. 그러나 가톨릭 신앙은 불경스럽고 우상 파괴주의라는 낙인이 찍히기는 했지만 그의 영화들에 스며들어, 캐릭터와 배경에, 사소한 얘깃거리와 커다란 줄거리의 흐름에, 상징과 주제에 영향을 미쳤다.

틈틈이 등장하면서 가끔씩은 쾌활한 모습을 보여주는 수녀와 신부들(〈39계단*The 39 Steps*〉에서는 신부가 여성용 속옷 세일즈맨의 건너편에 앉아 있다), 또는 많은 성당들(〈레베카*Rebecca*〉의 맨들리는 외관이 성당과 비슷하다)을 생각해보라. 총알을 막아내는 성가집(〈39계단〉의 로버트 도나트는 '나를 도운 찬송가'라고 낭랑하게 말한다)과 〈누명쓴 사나이*The Wrong Man*〉의 헨리 폰다의 묵주처럼, 의상에도 중요한 소품에도 담겨 있다.

가톨릭 신앙은 로맨스에도 확실히 담겨 있다. 히치콕의 영화들은 진실한 사랑과 결혼을 믿지만, 악마와 섹스하는 것을 경고하는 훈계성 영화이기도 하다. 히치콕의 악마는 다름 아닌 가톨릭적인 존재로, 세상 어디에나 존재하며 한데 갇힌 선과 영원한 투쟁을 벌인다. 흥미롭게도 그의 영화에 담긴 범죄와 징벌 사이의 긴장을 해결하는 사람은, 대부분 경찰이 아니라 범죄자다. 죄책감은 일반적으로는 고해하는 듯한 결말을, 종종은 자살로 끝맺는 결말을 이끌어낸다. 또한 거의 모든 히치콕 영화의 결말에는 일종의 용서, 또는 사면이 등장한다.

호우라하우스의 기록은 지금은 남아 있지 않지만, 히치콕은 2년가량 그곳에 다녔고, 역시 '충실한 벗들'이 교편을 잡았던 같은 지역의 워데스트리트 학교에도 잠시 다녔던 것으로 보인다. 새먼레인으로 이사한 후, 가족들은 배터시에 있는 예수회가 운영하는 기숙학교인 살레지안 사립 중등학교도 아들에게 꽤나 괜찮은 환경이라고 판단했지만, 일주일 정도밖에는 다니지 않았기 때문에 살레지안 중등학교에는 히치콕에 대한 기록이 전혀 남아 있지 않다. 아들의 불평을 들은 윌리엄 히치콕은 학교에서 주는 급식을 살펴본 후 아들을 즉시 자퇴시켰다. 음식만 수준 이하였던 것이 아니라 먹기 싫은 약이 들어 있는 차를 학생들이 정기적으로 마셔야만 했기 때문이었다.

아버지에게 물려받은 것인지는 모르겠지만, 히치콕은 좋아하는 음식에는 환호하고 싫어하는 음식에는 반발하는 미각을 발전시켰다. 예를 들어, 그의 아버지는 치즈와 달걀을 끔찍이 싫어했는데, 히치콕도 달걀을 싫어해서 영화에서 코믹한 효과를 연출하는 데 달걀을 이용했다.(〈사보타주*Sabotage*〉에서 데스몬드 테스터는 "수란(水卵)은 세계 최악의 음식이야"라고 말한다.) 한편, 그는 스테이크(생선이 넘쳐나는 집안에서는 먹어보기 힘들었을 것이다)와 도버해협에서 잡은 신선한 혀가자미(식당에서 일반적으로 파는 음식이었다)를 즐기는 법을 터득했다.

1910년 10월 5일, 히치콕은 세인트 이그나티우스 중등학교에 입학했다. 1894년에 예수회 신부들이 설립한 세인트 이그나티우스 중등학교는 스탬퍼드힐에 거주하는 '젊은 신사들'을 위한 주간학교였다. 윌리엄과 에마 히치콕의 11살짜리 아들은 수업 전에 열리는 미사에 참석하기 위해 날마다 오전 8시 45분 이전에 열차를 타야 했다. 라임하우스에서 시작되는 열차 여행은 상상력을 자극했다. "우리 학년 아이들은 가위와 칼로 무장하고 있었습니다. 의자와 짐 놓는 선반을 오려내기 위해서요." 히치콕의 회상이다.

히치콕이 '신입생'으로 입학하던 1910년 가을 무렵, 소규모 교육시설은 초등학교, 중등학교, 성당, 부속성당(여전히 공사중이었다)으로 확장되었고, 입학정원은 거의 250명으로 늘어나 있었다. 학생은 온갖 계층에서 온 아이들이었다. 히치콕 집안은 수업료를 낼 정도로 여유가 있었지만, 변호사와 의사의 아이들로 이뤄진 학교에 합류하는 사무원, 재단사, 회계원, 노동자의 아이들인 '수업료 면제대상'의 수는 점점 늘어났다.

학생들은 재킷과 타이 차림으로 수업을 들었으며, 어떤 아이들은 이튼칼라[11]를 달았다. 모두가 앞부분에 S.I.라는 글자가 새겨진 모자를 썼는데, 지역의 불량배들은 S.I.를 '멍청한 얼간이들(silly idiots)'로 풀이했다. 그러나 그들은 멍청한 얼간이가 아니었다. 세련되고 자유분방하게 중등교육을 베푼 세인트 이그나티우스는 일부 학생들을 고등교육의 세계로 이끄는 한편, 다른 학생들은 기술이나 상업의 세계로 안내했다. 이런 목표를 위해 학교는 과학, 물리, 수학, 영어와 문학, 현대어와 고전어를 강조하는 야심 찬 커리큘럼을 짰다. 라틴어는 필수였고 그리스어, 프랑스어, 독일어는 선택과목이었다. 롱펠로, 디포, 단테, 디킨스, 셰익스피어—철저히 암기해서 해마다 전편을 낭송했다—는 커리큘럼의 일부였다.

성직에 적합할 것 같은 아이는 누가 됐건 신학교에 보냈는데, 히치

11 웃옷의 깃에 다는 폭넓은 칼라. — 옮긴이

콕과 같이 재학한 학생 중에는 영국의 최고위급 가톨릭 성직자인 웨스트민스터 대주교가 된 존 C. 히넌이 있었다. 영국에서 성병 분야의 권위자로 해당분야에서 널리 쓰인 교재를 저술한 앰브로즈 킹과, 교사였다가 (오랜 시간이 흐른 후) IRA 암살자가 된 레지널드 던도 같이 학교에 다녔다. 휴 그레이는 에세이를 쓰고 취미로 시나리오를 쓰다가, 나중에는 앙드레 바쟁의 비평을 번역하기도 했다. 이들 중 히치콕이 생의 마지막 순간까지 계속 접촉한 그레이만이 히치콕의 친구로 꼽혔다. 히치콕이 세상을 떠날 때, 그레이는 캘리포니아 대학 로스앤젤레스분교(UCLA)에서 영화를 가르치고 있었다.

1905년부터 1914년까지 교육을 담당한 사람은 찰스 뉴디게이트 신부였다. 학교의 공식사료에 따르면, 뉴디게이트 신부는 대단히 친절하고 쾌활한 사람으로 학생들에게 '가장 훌륭한 모습을 기꺼이 보여줄 준비가 돼 있는 분'이었지만, '엄격한 교사가 되기에는 너무 준비가 많이 된듯한' 인물이었다.

체벌에 대한 예수회의 윤리는 모호한 교풍이었다. 히넌 대주교는 회고록에서 (대부분이 아직 사제가 되지 않은 젊은 예수회 수도사인) 교사들이 어떻게 교칙위반자들을 소집해서 손바닥에, 더 못된 짓을 했을 때는 손가락 관절에 '매질을' 했는지를 묘사했다. 납작한 자 같은 것이 매로 사용됐지만, "자보다는 더 무서워 보였다"고 히넌은 적었다. "나는 그것이 구타페르카[12]로 만든 것이라고, 그것에 맞으면 맞은 부위가 굉장히 고통스럽게 부어오를 것이라고 믿었다. 잘못한 아이는 3대, 6대, 9대, 12대, 지독히 나쁜 짓을 한 아이는 18대(9대씩 두 차례 때릴 수 있어서 나온 숫자일 것이다)를 맞으라는 지시를 받았다."

학생들에게 24시간을 주어 체벌임무를 담당하는 2명의 '유리구슬 교사(tolley masters)' 중에서 한 사람을 선택하도록 하는 것이 일반적이었다.[13] 히넌은 이 '빼어난 시스템'은 "체벌을 명령받은 교사가 집행자로 전락하는 것을 예방했다"고 썼다. 매질(가죽끈이나 나무지팡이로 집행할 수도 있었다)은성적이 나쁠 때에도 부과됐다. 그러나 히넌은 세인트 이그나티우스에 다닐 때 자신은 1년에 한 차례 정도만 체벌을 당했으며,

일과가 끝날 때쯤에는 학생들을 대사면하는 것이 일반적이었다고 밝혔다. 또한 대주교는 "당시에 멍청한 학생들은 모든 학교에서 일상적으로 매를 맞았다"는 것을 기억할 필요가 있다고도 덧붙였다. 히치콕은 종종 체벌로부터 육체적 영향보다는 심리적 영향을 더 많이 받았다고 말했다. 그는 좀처럼 규칙을 위반하지 않았는데, 드물게 규칙을 위반했을 때는 '유리구슬'을 놓고 괴로워했다.

도널드 스포토는 전기 『천재의 어두운 면*The Dark Side of Genius*』의 분위기를 규정하는 일화인 '위험천만한' 장난을 히치콕의 악명 높은 규칙위반 사례로 제시했다. 스포토가 밝힌 일화에 따르면, 히치콕과 다른 한 명이 로버트 굴드라는 후배를 붙잡아 보일러실로 끌고 가서는 '면밀하게 계획된 심리적 고문'을 가하기 위해 꼼짝 못하게 만들었다는 것이다. 이 사건은 두 사람이 굴드의 바지를 벗기고, 불붙은 폭죽뭉치를 속옷에 고정시키는 것으로 끝이 났다. 확실히 유리구슬을 대면해야 할 짓이었다.

굴드는 이 재미있는 이야기를 스포토를 비롯한 여러 사람들에게 몇 년씩이나 들려줬지만, 불행히도 그의 회상은 사실인 것 같지는 않다. 기록에 의하면 굴드는 히치콕이 세인트 이그나티우스를 떠난 한 학기 후에야 입학했기 때문이다. 이런 모순에 직면한 굴드는 1998년에 그가 "그 사건을 그 사람(히치콕)에게 잘못 뒤집어씌웠다"는 것을 깨달았다.

히치콕은 표준적인 체벌을 받기 위해 소환된 것이 딱 한 번이라고 기억했는데, 그는 체벌자로 선택한 '잘 따르던 신부님이자 친구'를 만나기 위해 무거운 발걸음으로 체벌실로 들어갔다. 그를 알아본 신부는 머리를 저으면서 "근사한 일은 아니구나, 그렇지?" 하고 말했다. "나는 '그래요, 신부님' 하고 말했습니다." 히치콕의 회상이다. "신부님은 내 손을 잡으시더니 매를 그냥 손 위에 떨어뜨리시더군요. 물론, 대단한

12 나무진을 말린 고무 같은 물질. — 옮긴이

13 히넌은 "'유리구슬'이 어디서 온 말인지는 모른다"고 썼다. "종 치는 횟수를 측정하는 종소리(toll)에서 파생됐을 거라고 짐작한다."

감동을 받았죠."

방 밖에서 순서를 기다리던 아이들은 방에서 나오는 아이의 표정을 뚫어지게 쳐다봤다. "그래요, 걔들이 바로 관음증 환자예요." 히치콕은 어느 인터뷰에서 이렇게 밝혔다. 학생은 아침 휴식시간, 점심시간, 오후, 일과 후 등 체벌받는 시간도 선택할 수 있었다. 히치콕은 훗날 '처형을 당하러 가는 것을 축소시켜 놓은 것'과 비슷한 체벌을 가급적 뒤로 미루는 행위를 통해 서스펜스의 위력을 일찌감치 배웠다고 평가했다.

1973년에 '자신을 지금도 종교적인 사람'으로 간주하는지를 묻는 세인트 이그나티우스 교지의 질문을 받은 그는 흥미로운 대답을 했다. "종교라는 단어는 지칭하는 폭이 꽤나 넓은 단어입니다. 그 질문은 한 사람의 행동 패턴을 묻는 것입니다. 종교적인 사람이 되라는 요구는 그 사람이 종교를 믿거나 말거나 전적으로 양심에 달려 있습니다. 내 내면에는 가톨릭의 사고방식이 심어져 있습니다. 무엇보다도 나는 가톨릭 신자로 태어났고, 가톨릭 학교에 다녔습니다. 그리고 지금 나에게는 믿음에 대한 시련을 두루 거친 양심이 있습니다."

세인트 이그나티우스의 엄격하고 차가운 가톨릭주의를 지나치게 과장해서는 안 된다. 기숙학교가 아니라는 부분적인 이유로 학교 분위기는 생기가 넘쳤고, 스포츠와 체육활동(격렬한 축구 라이벌, 다른 중등학교와 벌이는 크리켓 시합, 학생 전원이 참가하는 연례 테니스 토너먼트)은 학교의 어두운 분위기와는 대조적이었다. 학교는 전교적으로 시, 문학, 음악과 연극에 관심을 기울였다.(학생들은 해마다 오페레타를 공연했고, 올드 빅 극장을 비롯한 극장으로 교외활동을 다녔다.) 토튼햄타운홀에서 매년 열린 시상대회는 학생들에게는 특히 흥겨운 행사로, 웅변대회와 촌극공연이 펼쳐졌고 학부모들은 학생들과 나란히 서서 음악을 연주했다.

일일 미사와는 별개로 날마다 교리문답 교육이 행해졌으며, 금요일의 고해성사는 선택사항이었다. 매년 전교생을 대상으로 사흘간의 영적 묵상기간이 있었는데, 이것은 선택사항이 아니었다. 히치콕의 재학시절에 인기 있던 리처드 맹건 신부는 연례 묵상기간에, 학생들에게 남부끄럽지 않은 삶을 살았다면 자신의 죽음에 대해 두려워할 필요가 없다며, 죽음과 죽어가는 것을 곰곰이 생각하게 하는 기억에 남는 설교를 하기도 했다.

교실마다 꽃과 초가 놓인 성모 마리아를 위한 제단이 있었다. 교실은 두 줄로 나뉘어 로마인 대 카르타고인으로 불렸는데, 임명된 반장은 각 줄의 학업성적을 장부에 기입했다. 히치콕과 같은 시기에 학교를 다닌 앨버트 V. 엘리스 목사는 "이긴 쪽은 상으로 추가 자유시간을 받았다"고 회상했다.

학교의 커리큘럼은 결코 쉬운 것이 아니었지만 히치콕은 성적이 좋았다. 매일 밤 그리고 주말과 휴일에도 숙제를 해야 했다. 히치콕은 수십 년이 지난 후 가진 어느 인터뷰에서 그가 늘 반에서 2, 3등을 했다고 말했는데, 사실일 것이다. 그는 부정기적으로 발간되는 우수학생 명단에 두 차례 이름을 올렸으며, 1911년에는 수학에서 5명 중 1등이었다. 1913년에 그는 2등으로 기록됐는데, 과목명은 기재돼 있지 않다.

"우리는 우리 재량껏 공부할 수가 없었습니다." 히치콕의 회상이다. "때로는 선생님들이 지나치게 열심이었습니다. 명절에도 과제를 내줄 때는 특히요. 내가 꽤나 어렸을 때 —9살, 아니면 10살 때가 분명합니다— 우리는 명절 때 매콜리의 '호라티우스' 같은 것을 암기해오라는 숙제를 받았습니다."[14] "어떤 아이들은 신경도 쓰지 않았지만, 다른 아이들은 그렇지 않았습니다. 나는 신경이 예민한 아이였고, 그래서 방학이 끝날 때가 되면 작품을 암기하려고 애쓰면서 괴롭고 두려운 날들을 보냈습니다. 내가 기억하기로는, 학교에 돌아오면 선생님들은 그런 숙제를 내줬다는 것을 잊은 것 같았습니다. 정말로, 정말로 무자비한 짓이었습니다."

14 당시 영국의 많은 학생들이 빅토리아시대의 작가 토머스 배빙턴 매콜리가 지은 『고대 로마의 노래들』에 속한 4편의 장편담시 중 하나인 "호라티우스"를 암기했다.

세인트 이그나티우스는 학교에 그치지 않았다. 학부모들이 모이는 사교장, 벼룩시장, 성일(聖日) 축제장, 기금모금 바자, 정원에서 벌이는 파티, 명절음악회가 끊이지 않고 열리는 교구의 공동체였다. 그렇지만 히치콕 집안은 존 신부의 교구에 속해 있었기 때문에, 히치콕은 '열차로 통학하는 꼬마'로 자신의 지위를 규정했다. 이것은 그를 고립시켰고, 그가 대단히 사교적인 동시에 수줍음 많고 고독하며 관조적인 성격을 갖도록 만들었다.

히치콕이 세인트 이그나티우스의 연극부 주변을 맴돌거나 교지에 글을 기고했을 가능성도 있지만, 그런 증거는 남아 있지 않고 운동시합에 참여했다는 기록도 없다. 그는 여러 차례의 인터뷰에서 다른 사람들이 —신학생이나 신부들조차도 가운을 걷어올리고— 축구를 하는 동안에 운동장 한편에 앉아 있었다는 인상을 주었다.

히치콕과 같은 학년이었고 같은 열차를 타고 통학한 앰브로즈 킹은 히치콕의 고립에 동정적인 원인 하나를 제시했다. 킹은 히치콕이 열차에서 '구석에 앉은 덩치 큰 아이'였다고 회상했다. "입을 거의 열지 않는 그는 대화에도 쉽게 참여하지 않았습니다." 그러나 킹은 히치콕을 '괴상한 아이로 여겼기 때문에 조금은 지루한 대화의 소재'로 기억했다. 아버지의 직업이 무엇인지를 알았던 다른 동창생들은 아이들 특유의 잔인함을 발휘해서 히치콕을 '생선 웅덩이'(생선가게에 거주하는 사람들이 겪을 수 있는 진정한 직업적 위험)로 여겼다. 평생 동안 공개적으로는 자신을 소재로 한 농담을 해댔지만, 개인적으로는 사람들의 비웃음에 상처를 받았던 히치콕은 소문의 내용을 알고는 움츠러들었던 것이 확실하다.

세인트 이그나티우스에서 점심시간이 되면 학생들은 매점에서 스낵을 집어들거나, 집에서 가져온 도시락을 들고 리 강의 강변으로 내려가거나 운동장 주변으로 향했다. 두 친구는 운동장 외곽에 너무나 자주 모여서, 다른 아이들이 팀을 이뤄 시합하는 것을 지켜보며 샌드위치를 먹었다. 그들은 '앨피'와 '휴이'였다. 즉 히치콕과, 운동을 싫어하고 책을 좋아하며 어느 정도는 고독한 또 다른 아이 휴 그레이였다. 그레이는 히치콕이 벽에 기대서서 다른 아이들을 경멸조로 바라보던 모습을 늘 기억한다고 프랑수아 트뤼포에게 말했지만, 그런 주장은 그레이의 입장에서 일방적으로 히치콕에 대한 신화를 만들어내려는 것처럼 보인다. 그는 아내에게 두 사람이 돌 벤치에 처량하게 앉아 있곤 했다고 말했다.

텔레비전 사회자 딕 캐빗으로부터 어렸을 때 어떤 아이였냐는 질문을 받은 히치콕은 "말 잘 듣고, 아주 조용하고, 아주 귀티 나고, 알아서 규칙을 따르는 아이였습니다. 다른 아이들하고 싸운 적은 한 번도 없었어요. 아주 부지런한 아이였죠"라고 대답했다. 말 잘 듣고 과묵한 아이, 눈동자는 부드러운 갈색이고 머리칼은 수탉의 술 같은 토실토실한 꼬마, 돌 벤치에 앉아 점심을 먹으면서 다른 아이들이 노는 것을 지켜보는 아이를 제대로 판단하려면, 우리는 '클리셰를 피해야만 한다.' '클리셰 피하기'—친숙한 것을 인지하고는 그것을 놀라움의 소재로 활용하는 것—는 히치콕의 간결한 주문으로, 인터뷰에서 자주 언급된 그의 예술적 신조였다.

앨프레드 히치콕은 여러 가지 방법으로 자신의 이미지를 왜곡되게 전달한 사람이다. 히치콕의 '롱맨' 테마의 기원은 이른바 생선 웅덩이라고 불린, 돌 벤치 위에 앉은 통통한 소년에 들어 있다. 급우들의 눈에는 뚱뚱한 아이로 보였지만 그는 겉모습과는 달랐다. 겉모습이 사람을 기만한다는 것을 그는 인생의 아주 이른 시기에 배우는 행운을 누렸다. 자기 인식은 그의 특징에서 중요한 요소이며, 그의 영화는 사람들에게 내재된 심원한 성격이나 괴벽을 끈질기게 발견해낸다.

히치콕은 자신이 새먼레인에 사는 다른 아이들이나 세인트 이그나티우스의 다른 아이들과는 어울리지 못하는 아웃사이더라는 것을 일찌감치 깨달았다. 훗날 미국에서 명성이 확고해진 다음에도 그는 여전히 할리우드의 군중을 소원하게 여겼다. 말없이 관찰하고 거기에 열중하는 돌 벤치에 앉은 소년은 스스로 즐기는 법을 찾아냈다. 히치콕은 사람들이 당연히 그럴 것이라고 믿었던 것을 뛰어넘은 행동가였지만 아주 이른 나이 때부터 더할 나위 없이 훌륭한 관찰자이기도 했다. 그는 세상을 관찰하는 것을 너무나 즐겼다.

그는 관찰자와 행동가, 내부자와 아웃사이더, 이미지와 리얼리티라는 최소한 두 사람의 결합체다. 그는 땅딸하고 통통한 클리셰였지만, 언젠가 말했듯이 '지방 덩어리 갑옷' 안에 자리한 그는 상냥하고 감수성 예민하며 생기 있고 영민하며 강인했다. 세상은 힘겹고 거칠었지만 그는 삶을 헤쳐나갈 길을 찾을 때에는 엄청나게 강인해질 수 있었다. 갑옷 안에는 탐구의 여정에 오른 기사가 있었고, 그의 칼은 필름이라는 기다란 은빛 리본이 될 터이다.

2 유쾌한 직장인

1913~1921

히치콕은 인터뷰어의 물음에, 세인트 이그나티우스에서 '공포에 대한 강렬한 관념', '리얼리스틱해지는' 법, 그리고 '예수회의 위력적인 추리력' 등 중요한 것들을 배웠다고 말했다. 공포, 공상과 뒤섞인 리얼리즘, 추리력과 조리 있게 생각하는 훈련, 이것들이 그의 예술의 초석이었다. 무엇인가를 추론해내는 능력 면에서 그보다 더 많이 훈련하고 그보다 더 조리 있는 감독은 한 사람도 없었다. 별나다 싶을 정도로 꼼꼼한 연출 방법은 그의 영화와 성공, 그리고 캐릭터를 이해할 수 있는 실마리였다.

예수회의 추리력에는 고유한 모순이 있었다. 히치콕은 너무나 강력한 예수회의 추리력이 증명할 수 없는 것(예를 들어, 신의 존재)을 증명할 수도 있다는 것을 잘 알고 있었다. 히치콕은 그의 영화가 가진 결점을 비판하는 평론가들이 지적하는 '그럴 법하지 않은 것들'을 혐오했다. 그들은 히치콕의 내면 깊숙한 곳에 깃들어 있는 성격적 특성을 언급한 셈이다. 영화적 효과를 탐구하는 과정에서 논리와 믿음 사이에서 선택을 해야만 할 때, 그는 조금도 주저하지 않고 논리를 포기했다. 그는 어느 인터뷰에서 이렇게 주장했다. "영화는 논리보다 더 강력해야 합니다." 또는 오리아나 팔라치에게 말했듯, 방안에 폭탄이나 살인자가 있으면 "데카르트조차도 머리를 앞세우고 돌진할 겁니다."

그럴 법하지 않은 것들은 그저 이해되지 않는 것에 불과했다. 히치콕의 영화들은 영화에 내재된 그럴 법하지 않은 요소들을 한껏 즐긴다. 〈39계단〉에서 미스터 메모리는 수백 명의 관객을 앞에 둔 무대 위에서 극비사항인 공식을 낭독해야 할 처지에 놓인다. 〈이창〉에서 아내를 죽인 남자는 그녀를 토막낸 후, 사방에 창문이 있는 공용정원에 그녀의 머리를 파묻는다. 〈현기증〉의 줄거리 전체는 히치콕의 작품을 애호하는 사람들을 제외하면 도저히 믿기 어려운 내용이다.

당시 의무교육 연령은 12세까지에 불과했다. '앨피'는 14살이 되기 직전에 세인트 이그나티우스를 자퇴했다. 히치콕은 장래에 항해자가 되고 싶다고 어느 정도 마음을 굳힌 1913년 가을에 포플라의 하이스트리트에 있는, 런던 시의회가 설립한 공학 및 항해학교에 입학했다. 히치콕은 물리학과 화학 수업을 듣고, 온갖 직업훈련 실습에 참여하고, 항해와 전기와 관련한 수치를 계산하고, 자력과 힘, 운동의 법칙들을 공부했다. "가장 싫은 과목은 화학이었습니다." 그는 회상을 이어나갔다. "도대체가 이해가 되지 않았어요. 황산이 물건을 녹인다는 것, 세상에 그런 걸 신경 쓰는 사람이 어디 있습니까?"

수업을 통해 익힌 기술로 히치콕의 이력은 탄탄해졌으며, 입학한 지 1년 후인 1914년 11월에는 블롬필드스트리트에 있는 주도적인 전기케이블 생산회사이자 설치회사인 W. T. 헨리스전신회사에 채용됐다. 말단직원인 히치콕은 케이블의 사이즈와 전압을 계산하는 일을 담당하면서 아버지가 52세에 만성폐기종과 신장질환으로 타계한 12월 12일까지는 야간수업을 계속 들었다.

윌리엄 히치콕의 치명적 질환에 대해서는 그다지 알려져 있지 않다. 히치콕은 트뤼포에게 선친이 "약간은 신경질적인 분이었다"고 말했고, 존 러셀 테일러는 윌리엄 히치콕이 성질을 억누르느라 너무 고생하는 바람에 "종기나 등창 같은 여러 가지 심인성 질환으로 다양한 통증에 오랫동안 시달렸다"고 밝혔다. 그러나 무엇보다도 윌리엄은 술꾼이었다. 테일러에 따르면, 15살인 앨프레드는 학교에서 불려나가 형 윌리엄 주니어에게서 비보를 들은 후 함께 집으로 가기 위해 누나를 찾아갔다. 당시 넬리는 백화점에서 모델로 일하면서 혼자 살고 있었는데, 테일러는 히치콕의 누이가 동생을 묘하게 맞아들였다고 말했다. "동생한테 '너의 아버지가 죽었구나' 하고 상당히 공격적으로 말했는데, 히치콕은 초현실적인 분열감을 느꼈다." 윌리엄 주니어는 24살의 나이에 새먼레인에 있는 두 군데의 생선가게 운영을 떠맡게 되었다. 히치콕은 가게 위에서 한동안 어머니와 같이 살았다.

이보다 앞선 1914년 여름에 영국은 전쟁에 뛰어들었고, 런던은 공포와 소문으로 점점 숨이 막혀가고 있었다. 적군 잠수함이 아일랜드해에서 목격됐고, 폭탄을 소지한 독일인들이 런던에서 파괴행위를 벌일 계획을 꾸미고 있다는 말이 나돌았다. 사상자 명단은 길었지만 신문에는 낙관적인 전쟁 뉴스들이 가득했다. 히치콕은 18살이 되기 전까지는 징병대상이 아니었는데, 그가 병역의무를 면제받는 C3등급을 받은 것은 체중 때문이 아니라, 선천적인 몸 상태와 상대적으로 어린 나이, 아버지의 사망이 복합된 결과였을 가능성이 높다.

그러나 그가 제2차 세계대전 기간 동안 증명했듯, 히치콕은 육체적으로 부족한 부분을 애국심으로 벌충하기 위해 1917년에 영국 공병대의 사관후보생 연대에 들어갔다. 그와 동료들은 평일 저녁에는 모여서 이론을 공부하고 주말에는 훈련과 실습을 했지만, 실제 병역은 각반을 차고 하이드파크 주변을 행진하는 것으로 제한됐다. 히치콕은 자신은 각반을 한 번도 다리에 제대로 둘러찰 수가 없었다고 존 러셀 테일러에게 말했다. 나중에 히치콕은 그와 친구가 토스트에 반숙한 계란을 올려서 먹기 위해 자리를 옮기곤 했다고 말했다. "아하! 감독님은 계란을 먹지 않는다고 말했잖아요." 테일러가 끼어들었다. "그게 그러니까, 아주 어렸을 때는 계란 한두 개쯤은 먹었던 것 같아요." 히치콕이 시인했다.

언젠가 그는 프랑스 인터뷰어에게 자신이 처음으로 —공포의 기쁨과는 반대되는— 진정한 공포를 느낀 순간은 런던에 폭탄이 떨어졌을 때였다고 말했다. 그는 다른 식구들과 같이 집안에 있었는데, 사람들은 모두 마룻바닥에 엎드렸다. 테이블 아래를 피신처로 삼은 어머니는 몸을 웅크린 채로 중얼거리며 기도를 드렸다. 그런데 이 섬뜩한 장면에는 히치콕 특유의 코믹한 요소가 있었다. 히치콕은 어머니와 다른 친척들이 했던 행동을 그대로 흉내내면서 자세히 설명했다. 일촉즉발의 위험에도 불구하고 사람들은 차를 대접받고 있었는데, 어머니는 기도를 잠시 멈추고는 "설탕 한 숟가락만 줘!" 하고 말했다.

체펠린비행선의 공습을 알리는 요란한 경고 사이렌이 울리는 가운데 새먼레인에 있는 집으로 돌아온 적도 있다고 히치콕은 기억했다.(체펠린비행선의 공격이 가장 격렬했던 1915년이나 1916년 초반이었을 것이다.) 그는 이렇게 회상했다. "집 전체가 야단법석이었습니다. 그런데 엘자 맥스웰처럼 키 작고 포동포동한 우리 불쌍한 어머니는 블루머[15]를 입으려고 기를 쓰고 있었어요. 바짓가랑이 하나에 두 다리를 집어넣으려고 애쓰면서도 기도를 드렸는데, 창문 밖에서는 탐조등에 포착된 체펠린비행선 주변에서 유산탄이 터지고 있었죠. 색다른 이미지였어요!"

제1차 세계대전에 대한 그의 기억은 그의 영화와 사뭇 비슷하게 공포와 코미디가 혼합돼 있다. 그런데 한창 성장할 나이에 전시를 겪은 경험은 미쳐 날뛰는 암살자들과 스파이, 무고한 사람들을 해치는 폭탄, 독일 억양이 있는 영어를 구사하는 악당들로 꽉 찬 작품들에 깊은 영향을 끼쳤으며, 그 어린 나이에 이미 삶을 연약하고 덧없는 것으로 이해하게 만들었다. 히치콕이 처음으로 직업을 가진 시점에 찾아온 전쟁과 아버지의 너무 이른 죽음은, 그가 가업과 단절되는 계기가 되었으며 소년기에 냉혹한 인장을 찍었다.

윌리엄 토머스 헨리가 1837년에 창립한 헨리스전신회사는 초기에는 전기도금 기계와 절연 도체를 생산했지만 이후 전신케이블과 전기케이블까지 영역을 넓힌 제조업체였다. 대서양 양안을 잇는 해저케이블과 페르시아만 해저케이블도 이 회사 제품이었다. 얼마 전 회사는 전신케이블에서 조명용 케이블과 발전용 케이블로 주력상품을 옮겼고, 모든 종류의 전기 배전장비도 제조했다. 헨리스는 국내에서만 주문을 받은 것이 아니라 유럽, 동인도, 중국, 오스트레일리아, 남아프리카를 포함하

15 여성용 짧은 바지. — 옮긴이

서드베리 수문으로 선상유람 야유회를 간 헨리스 임직원들.

는 지구 전역의 해외지점을 통해 계약주문도 받았다.

히치콕은 판매부서로 빠르게 자리를 옮겨 설계와 제도솜씨를 갈고닦았으며, 그곳에서 메모와 초안, 수차례의 수정과정을 거쳐 공들여 작업계획을 짜는 특유의 성향을 키우고 다양한 홍보와 판매촉진 수단도 터득했다. 히치콕이 헨리스에서 했던 것보다 영화를 만드는 기초교육을 차근차근 잘 배운 사람은 없을 것이다. 일을 통해 그는 기술적·예술적·상업적 훈련을 받았다.

헨리스는 대기업으로, 블롬필드스트리트 사무실 블록 한 군데에만 종업원이 수백 명이었다. 회사는 영화 스튜디오처럼 사업체였을 뿐 아니라, 그 자체로 하나의 조그만 세계인 외부와 고립된 사교장이기도 했다. 회사의 지원을 받는 직원을 위한 이벤트의 연중행사표는 운동경기와 연극, 레크리에이션 클럽, 술자리, 강여행, 피크닉파티와 다른 친목회 등으로 꽉 차 있었다.

'히치'라는 별칭으로 사람들에게 인기가 좋았던 히치콕이 모자를 쓰고 담배를 든 날렵한 모습으로 오른쪽에 서 있다. 맨 왼쪽에 있는 남자가 히치콕이 헨리스에서 모시던 상사이자, 브리티시 페이머스 플레이어스-래스키를 위해 첫 자막 카드를 의뢰받았을 때 남몰래 일을 도와주었던 W. A. 무어이다.

히치콕은 젊었을 때 자신은 부끄럼 많고 외로운 사람이었다고 말했지만, 회사에서 단체소풍을 갔을 때 찍은 사진 속의 그는 희색이 만면하다. 그는 자기가 뚱보 청년이었다고 말하기를 즐겼지만, 그의 몸무게는 들쭉날쭉했다. 몇몇 사진 속의 그는 쾌활한 모습의 모나지 않고 서글서글한 젊은이처럼 보인다. 머리는 아직 빠지지 않았고 코밑수염을 길렀으며 때로는 나비넥타이를 맸고 종종 챙이 좁은 중절모자를 썼다.

세인트 이그나티우스와는 달리 히치콕이 헨리스에 잘 적응하여 상당히 유명하고 인기가 좋았다는 것에는 의문의 여지가 없다. 히치콕은 친구이자 제작파트너 시드니 번스타인에게 보낸 편지에 이렇게 썼다. "중요한 유일한 문제는 내가 하루하루 같이 일할 사람이 누구냐 하는 거네." 이 말은 영화계에 관한 것이었지만, 일할 때 동료의식이 중요하다는 것을 처음으로 터득한 헨리스에서도 마찬가지였을 것이다. 어렸을 때 본성이 어땠건 헨리스에서 그는 외톨이와는 정반대로 영감이 풍부한 리더이자 사람들에게 의욕을 부여하는 인물이 됐다.

전쟁 내내 히치콕은 판매부서에서 일하면서 자신이 엔지니어가 되고 싶어 하지 않는다는 것을 차츰 깨달았다. 스스로 의욕을 불러일으키는 특성을 가진 그는 런던대학의 유명하고 진취적인 분교인 골드스미스칼리지의 미술학과에 입학했다. 교수들은 다양한 사람들을 스케치해오라면서 그를 기차역으로 보냈다. 그가 들은 수업 중에는 삽화가 E. J. 설리번이 맡은 매혹적인 강의도 있었는데, 설리번은 신문, 잡지, 단행본에 실리는 선화(線畵)의 상세묘사와 예술성으로 유명했다.

히치콕은 골드스미스에서 미술의 역사, 구도, 시계(視界)의 깊이, 색채 활용, 그림자와 빛 등의 원리에 처음으로 관심을 기울이기 시작했다. 그는 갤러리와 박물관을 자주 들락거리면서 당대의 프랑스 미술에 특히 넋을 잃었다. 미술 수업으로 인해 연극과 영화에 대한 히치콕의 관심은 뚜렷해져 그는 이제 상습적인 '개막일 관객'이 됐다. 영화계에 투신하기 전 몇 년 동안, 그리고 1920년대에 웨스트엔드에서 본 연극들에서 받은 인상은 그의 뇌리에 영원히 남았다.

그는 1916년에 〈하숙인〉의 무대공연을 봤고, 존 글래스워시의 〈스킨게임〉은 몇 년 후에 봤다. 그는 〈명랑한 수병〉의 줄거리에 들어 있던 서스펜스 넘치는 폭탄을 늘 기억했는데, 극장에 있던 사람들은 폭탄이 터질까봐 안절부절못했다. 위층 관람석에 있던 여자는 자리에서 일어나 배우들에게 외쳤다. "폭탄을 조심해요!" 히치콕의 영화 중에는 "폭탄을 조심해요!"라는 카피를 써도 무방한 작품이 여러 편 있다. 또한 1920년에 그는 제임스 M. 배리가 쓴 연극 〈메리로즈*Mary Rose*〉에 매혹됐다. 유령이 출몰하는 영국식장원과 불가사의한 섬을 배경으로 한 감상적인 유령 이야기로, 그는 주연배우 페이 콤턴의 감동적인 연기를 결코 잊지 않았고 여생 동안 그 연극의 영화화를 꿈꿨다.

그는 혼자서 연극을 보는 경우가 잦았으며, 어머니나 누이가 '사진들(pictures)'(그는 생애의 대부분 동안 고집스럽게도 영화를 이렇게 불렀다)에 그만큼 매료되지는 않았기 때문에 많은 영화들도 혼자서 보러 갔다. 훗날 그는 인터뷰어들에게 이렇게 자랑했다. "단 한 편도 놓치지 않았습니다."

제1차 세계대전 동안 열악해진 영국영화산업이 활력을 되찾는 데는 10년 가까이 걸렸다. 미국영화와 스타들이 히치콕의 일정표를 장악했고, 나중에는 그의 기억도 접수했다. 영화에 등장하는 가장 위대한 추적 장면을 꼽아달라는 요청을 받은 히치콕은, D. W. 그리피스의 1920년 영화 〈동쪽으로 가는 길〉에서 릴리언 기시가 등장하는 유빙(流氷) 시퀀스와 함께, 그리피스의 〈국가의 탄생〉(두건 쓴 남자들이 말 달리는 장면)과 〈인톨러런스〉(교수대로부터 남자를 구하기 위해 벌이는 추격전)를 연속으로 인용했다. 채플린을 좋아해서 나중에 개인적인 친분을 쌓기도 한 그는 채플린의 〈순례자〉(1923)를 본 지 50년이 지난 후에도 특정 장면을 숏별로 묘사할 수 있을 정도였다.

그는 미국영화의 '기술적 우수성'에 감탄했다. 카메라워크와 화면의 수준에 대해 처음으로 생각해본 그는 다음과 같은 사실을 알게 됐다. "영국영화가 원경과 전경이 한데 뭉뚱그려진 평평한 이미지만 보여준 반면, 미국영화는 배후조명을 써서 전경에 있는 사람이나 캐릭터들을 원경보다 확연히 도드라져 보이게 만들었습니다."

히치콕은 연극과 영화를 주기적으로 오가면서, 자신의 내면에서 야심찬 포부와 개인적인 미적 가치관이 꿈틀거리는 것을 처음 느꼈다. 그는 연극을 보러 가서는 영화에 대해 생각했고 영화를 보러 가서는 연극에 대해 생각했다. 연극을 흠모했고 영화경력을 쌓으면서 여러 편의 연극을 아주 훌륭한 영화로 각색해내기는 했지만, 히치콕은 영화는 아주 별개의 경험, 즉 거의 '반(反)연극'이 돼야 한다고 느끼기 시작했다.

대부분의 영화감독은 마스터 숏과 디졸브에 심하게 의존하지만, 히치콕은 그런 것이 막이 올라가고 내려가는 것과 비슷한 무대라는 틀에 얽매인 기법이라고 느꼈다. 그는 이야기를 시각적으로 전달할 수 있는 방법, 그가 '하얀 직사각형'이라고 부른 곳을 채울 수 있는 방법에 대한 그만의 아이디어를 개발하기 시작했다. 심지어 그는 나름의 음악적 언어까지 가지고 있었다. 감정이 고조된 숏은 트레몰로[16]와 비슷했고, 재빨리 뛰어드는 빠른 숏은 스타카토[17] 템포였다. 인물의 클로즈업(또는 그가 즐겨 사용했던 용어인 '큰 머리')은 강한 충격이나 감정 고조를 위한

16 같은 음이 빠르게 반복되어 떨리듯이 들리는 음. — 옮긴이

17 한 음표씩 끊어서 연주하는 것. — 옮긴이

기법으로, 금관악기가 들려주는 요란한 음색이었다.

그가 살던 시대에서는 보기 드물게, 히치콕은 '카메라의 포착범위'에 거의 의존하지 않았다. 그는 전경 형태의 화면으로 장면을 시작해서 미디엄숏으로 옮겨간 후 클로즈업으로 편집해 들어가는 식의 안전한 관례를 거부하고 시점을 통제하고 싶어 했다. 그는 큰 머리로 장면을 시작해서 마스터 숏으로 장면을 끝내는 것을 선호했다. 그리고 그의 카메라는 그가 공중을 맴도는 듯, 마치 그가 배우들과 함께 무대에 올라 그들의 목덜미에 숨결을 쏟아내는 듯 머리 위를 맴돌았다.

연극은 재미있는 대사와 음악에 의존하는 반면 영화는 무성이며 이미지—재미있는 사진들—에 의존했다. 미술을 수련하고 공부하는 동안 연극과 영화를 관람하면서, 그는 자신이 영화에 대해, 그리고 사진들을 어떻게 결합시키면 이야기를 전달할 수 있을지에 대해 더욱 더 많이 생각하고 있다는 것을 알게 됐다.

어머니를 잘 모셔야 한다는 책임은 변치 않았지만, 17살이나 18살 즈음에 히치콕은 새먼레인에서 런던에 있는 삼촌 소유의 플랫[18]으로 이사했다. 제1차 세계대전이 끝날 무렵 19살의 그는 헨리스의 판매부서에서 4년째 일을 하고 있었다. 히치콕은 맡은 일을 잘해내기는 했지만, 헨리스의 광고부서 부서장 W. A. 무어에 의하면, '둥그런 구멍에 박힌 약간 모난 말뚝' 같은 사람이 돼 있었다.

40년 후에 피터 보그다노비치와 가진 인터뷰에서 히치콕도 그것을 인정했다. "난 게을렀습니다. 그래서 난 그것들(견적서 요청 공문)을 내 책상에 쌓아 놓았는데, 큰 무더기가 되더군요. 툭하면 '어휴, 이것들을 해치워야 하겠군' 하고 말하면서 일들을 재빨리 마무리지었습니다. 내가 날을 잡아서 해치운 경이적인 작업량 때문에 칭찬을 듣곤 했죠. 이런 행태는 회신 지연에 대한 불만이 접수되기 전까지 계속됐습니다. 나는 일에 대해서는 지금도 그런 식으로 느낍니다. 어떤 작가들은 매

18 아파트. — 옮긴이

일 매시간을 일하고 싶어 합니다. 글을 빨리 쓰는 사람들이죠. 나는 그렇게는 못합니다. 나는 '대여섯 시간 쉬자고. 놀자니까' 하고 말하고 싶습니다."

'모난 말뚝'과 친해진 무어는 다른 부서로 옮기고 싶다는 히치콕의 탄원에 귀를 기울였다. "판에 박힌 사무는 결코 그의 특기가 아니었습니다." 무어의 지적이다. "미술과 강렬한 상상력이 필요한 일—창조적 작업—이 그의 본성과 조화를 이루었죠." 1917년 후반이나 1918년 초반에, 히치콕은 희망에 따라 광고부서로 옮겨갔다. 헨리스 제품들을 위한 광고물과 브로셔를 디자인하고 구도를 잡고 풀칠하는 새로운 일은 더욱 이미지 지향적이었다.

항상 신나는 일만 하지는 않았지만 배울 만한 것들은 있었다. 히치콕은 훗날 가진 인터뷰에서 이렇게 회상했다. "광고를 많이 보다 보면 이미지가 글과 대위를 이룬다는 것을 인식하게 될 겁니다. 전원을 질주하는 기관차의 이미지를 보면, 그게 페이스 크림의 광고라는 것을 알게 되죠. '당신 피부 위의 매끄러운 여행.'"

게다가 개인적인 능력을 발휘할 기회도 있었다. 존 러셀 테일러는 이렇게 설명했다." 그의 독창성을 보여주는 한 가지 사례는 예배당이나 다른 역사적 건물을 위해, 오래된 돌 위에 놓아도 거의 눈에 띄지 않게 특수 제작된 납으로 포장된 전선의 브로셔다. 수직으로 된 관 모양의 브로셔였는데, 히치콕은 대형 황동촛대 두 개가 놓인 제단의 앞부분을 표지의 밑바닥에 그려넣고, 그 위에 뭉뚝한 고딕서체로 '예배당 조명'이라는 문구를 집어넣는 식으로 디자인했다. 전기에 대해서는 언급하지 않았고, 전선에 대한 암시도 없었다. 조심스러움을 강조하는 것이 판매의 역점이었으니까."

히치콕은 광고부서에서 처음으로 자신이 미술가들과 작가들에 둘러싸여 살고 있다는 것을 알게 됐다. 이후로 벌어진 일들은 히치콕이 괴팍한 외톨이—평범한 활동을 경멸하는, 남들에게 무관심한 뚱보 소년—라는 통설이 잘못임을 증명한다. 아직 약관이 안 된 히치콕은 리더로, 동지를 끌어들이고 팀워크에 박차를 가하며 공동의 목표를 추구하도록 사람들을 단결시키는 젊은이로 떠올랐다.

그가 부서를 옮기고 1년이 채 지나기도 전에 헨리스가 사내소식과 가십 외에도, 만화, 단편소설, 시, 기행문, 에세이 등으로 구성된 '기고 — 근심 또는 명랑' 꼭지를 담은 새로운 사보를 발간한 것은 우연이 아니었다. 정가가 6펜스('우편구독 8펜스')였던 『헨리텔레그래프』는 직원들로부터 사랑을 받았을 뿐 아니라 사외에서도 인정을 받았다. 런던의 경제지 『오거나이저』는 런던에서 발간되는 사보 중에서'가장 글이 좋고, 가장 편집이 잘 됐으며, 가장 잘 만들어진' 잡지 중 하나라고 평가했다. 무어에 따르면, 히치콕은 창간 편집자였을 뿐 아니라 '수석 경리사원을 절망시킬 정도로 너무나 열심히 일하는' 사업 매니저였다. 또한 그는『텔레그래프』의 으뜸가는 다작 기고자이기도 했다.

세인트 이그나티우스에도 교지는 있었다. 당시에 발간된 몇 년간의 교지가 남아 있지는 않지만, 히치콕이 직접 쓴 작품을 거기에 기고했을 수도 있다. 그는 명예롭게 죽어가는 법에 대해 기억에 남는 훈계를 했던 바로 그 리처드 맹건 신부로부터 작문과 문학을 배웠다. 맹건은 플라톤과 초서의 연극적 문학의 원칙을 강조하는 영어 커리큘럼을 맡았는데, 수업시간에는 논리, 구조, 내적인 균형과 통일된 아이디어, 골즈워디가 『포사이트가 이야기』에서 '의미심장한 하찮은 것'—'한 신, 한 장소, 또는 한 사람의 전체 특징을 구현한 사소한 것'—이라고 불렀던 것, 그리고 가능할 때면 인간의 본질과 행동에 대한 보편적 관심 등을 강조했다.

인기 좋은 연극교사였던 맹건 신부는 뛰어난 셰익스피어 연구로도 유명했으며, 두드러진 랭커셔 억양으로 맥베스의 유명한 대사 "눈앞에 보이는 이것은 비수인가?"를 매혹적으로 낭송하는 것으로 학생들을 기쁘게 해줬다.

그는 딱딱한 에세이뿐 아니라 전통과는 대조되는 유머 넘치는 에세이도 쓸 것을 권했고, 두 가지가 뒤섞였을 때에도 개의치 않았다. 1919년 6월에 나온 『헨리 텔레그래프』 제1권 제1호인 창간호에 데뷔 작품을 게재하기 시작한 히치콕도 음흉한 유머를 드라마에 뒤섞었다.

가스GAS

그녀는 파리의 이 지역에는 한 번도 와본 적이 없었다. 뒤뱅의 소설에서만 이곳에 대해 읽었거나, 아니면 그랑기뇰[19]에서 봤을 뿐이었다. 그렇다면 여기는 몽마르트일까? 밤의 장막 아래 위험이 잠복하고 있는 곳, 순진한 영혼들이 경고도 없이 죽음을 맞는 곳, 최후의 심판이 경솔한 이들과 맞닥뜨리는 곳, 파리의 깡패들이 흥청거리는 곳이라는 생각에 몸서리를 쳤다.

그녀는 자신의 발걸음을 따라올지도 모르는 보이지 않는 위험이 있나 보려고 살그머니 뒤를 바라보면서 높다란 담벼락의 그림자 안에서 조심스럽게 움직였다. 갑작스레 그녀의 눈길이 골목길을 향해 날아갔다. 조심스러운 눈초리로 골목이 이어지는 곳을 바라보면서 그녀는 손으로 더듬어 칠흑 같은 어둠 속에서 길을 찾았다. 이 행보를 그만둬야 한다는 한 가지 생각이 — 길을 걸을 때에 — 그녀의 마음속에서 확고히 자리를 잡았다. 오! 이 길은 언제쯤 끝날까?

그러더니 불빛이 흘러나오는 문간이 눈에 들어왔다. 여기일까? 다른 곳일까? 그녀는 생각했다.

문은 계단의 끝부분에 서 있었다. 그녀가 살금살금 계단을 내려가려고 노력할 때, 오래된 계단이 삐걱댔다. 그런 다음 그녀는 술에 취한 웃음소리와 몸서리치는 소리를 들었다. 이게 확실해. 아냐, 그게 아냐! 결코 그게 아냐!

계단 밑부분에 다다른 그녀에게 악취가 나는 와인바가 보였다. 남자와 여자들이 한동안 얼큰한 주연에 탐닉한 듯 난장판이었다. 그리고 그들은 그녀를, 놀랄 만큼 청순한 아름다운 여자를 봤다. 대여섯 명의 남자들이 나머지 사람들의 부추기는 소리가 터져나오는 가운데 그녀를 향해 달려왔다. 그녀는 붙잡혔다. 그녀는 겁에 질려 비명을 질렀다. 그들이 방을 가로질러 그녀를 거칠게 끌고 가는 동안, 그녀는 추적자에게 잡히는 편이 더 나았을 텐데 하고 잠시 생각했다. 악마들은 그녀의 운명을 결정하는 데 조금의 시간도 허비하지 않았다. 그들은 그녀의 소지품을 나눠가졌다. 그리고 그녀는.

19 19세기 프랑스에서 유행한 잔혹한 내용을 다룬 연극. — 옮긴이

뭐야! 여기는 몽마르트의 한복판이 아니었나? 그녀는 가야만 했다. 무뢰한들은 잔치를 벌여야만 했다. 그러자 그들은 그녀를 결박하고는 어두운 통로 아래로 그녀를 운반했다. 계단을 오르자 강기슭이었다. 쥐들도 잔치를 벌여야지 하고 그들이 말했다. 그러고는, 그러고는 그녀의 결박된 몸을 앞뒤로 흔들다가 어둡게 소용돌이치는 물속으로 첨벙하고 떨어뜨렸다. 아래로, 그녀는 가라앉았다. 아래로, 아래로. 숨이 막힌다는 감각만, 이것이 죽음이구나 하는 생각만 자각하면서.

— 그러고는 —

"끝났습니다, 부인." 치과의사가 말했다. "치료비는 반 크라운 되겠습니다."

그랑기뇰 분위기와 위험에 처한 아름다운 여인이라는 특징을 보이는 이 작품은 의심할 나위 없이 '히치'의 인장이 찍혀 있다. 그는 첫 히치콕의 작품과 그가 『텔레그래프』에 기고했던 나머지 작품들에 '히치'라고 서명했다. 공포에 흠뻑 젖은 여성의 얼굴 클로즈업은 히치콕이 만드는 영화마다 짓궂게도 되풀이한 이미지 중 하나가 됐다. 그의 최초의 대중적 성공작인 〈하숙인〉을 여는 첫 이미지는 비명을 지르는 여자였다.(늘 여자여야만 했던 것은 아니었다. 〈로프*Rope*〉의 오프닝 숏에서는 남자가 똑같은 대접을 받았다.)

"가스"는 히치콕을 다루는 다른 저서들에도 실렸다. 『천재의 어두운 면』에서 도널드 스포토는 이 이야기를 어설프게 포를 흉내낸 작품으로 봤다. 히치콕 특유의 '사디즘 이미지'(와 '물에 던져지는 여자'의 이미지)의 노골적인 징표인 이 작품은 감독을 그린 스포토의 음울한 초상화에 없어서는 안 될 요소였다. 그렇지만 히치콕의 경력을 분석하는 동안 여러 차례 그랬듯이, 스포토는 유머라는 요소를 간과했다. 독자들의 기대를 완전히 뒤집어버리는 뒤틀린 결말로 인해 사디즘의 위력은 현저히 줄어든다.

영국인에 대한 클리셰 중 하나가 치과에 가는 것을 꺼린다는 것이다. 히치콕 역시 상하고 비뚤어진 이와 심한 입냄새로 악명이 높았다. 치과의사에 대한 그의 대단히 영국적인 공포는 "가스"의 코믹한 효과를 위해 활용됐고, 그의 영화들에도 거듭 활용됐다.

처음으로 출판된 히치콕의 '반전' 이야기의 한 가지 사례인 "가스"는 가학적인 분위기보다 코믹한 분위기가 훨씬 더 강하다. 여자는 실제 위험에 직면한 것이 아니라 마취가 유발한 환각에 시달리고 있다는 것이 밝혀진다. 히치콕은 그의 영화에서 '마음이 불러일으킨 환상'이라고 불렀던 온갖 유형, 즉 최면, 외부충격에 의한 환상, 현기증, 꿈 등을 시각화하는 데 관심이 많았다. 그런데 이 경우에 특정 마취제는 또 다른 차원의 의미를 덧붙인다. 당시에 치과의사들이 일반적으로 사용한 마취제는 일산화질소로, 환각을 수반하는 들뜬 기분을 일으킨다고 알려진 일명 '폭소 가스'였다.

"가스"는 그 자체만으로는 '사디즘 이미지'를 보여줄 수도 있지만, 이 책을 위한 조사 과정에서 처음으로 빛을 본, 히치콕이 『텔레그래프』를 위해 집필했던 일련의 다른 작품들은 더욱 인도적이고 쾌활하며 익살스러운 감수성을 드러낸다. 히치콕은 헨리스에서 일하던 기간 내내 발간된 『텔레그래프』의 모든 호에 글을 기고했다. W. A. 무어는 "그는 늘 기발하고 별난 글을 썼다"면서 그 글들이 '그의 성격을 반영'했다고 말했다.

1919년9월에 나온 제2호에 실린 기고문은 특히 영화적으로, 관음적인 강박관념, 복잡한 내러티브 구조, 심리적으로 주관적인 시점 등이 특징인 히치콕 영화의 조짐을 특히 확연하게 보여준다.

여자의 역할*The Woman's Part*

뒈져버려! — 위니, 이 악마 같은 년 — 내가 —

"흥!" 그는 그녀를 거칠게 흔들었고, 그녀는 쓰러지면서 그의 발치에 축 늘어졌다. 로이 플레밍은 그 광경을 모두 지켜봤다 — 따라서 그의 아내가 잔인무도한 사내에게 당하는 모습을 지켜본 셈이다 —. 한 시간쯤 전, 그의 아내는 그들의 삶의 핵심이라 할 아이가 요람에서 단잠을 자는 귀여운 모습을 즐겁게 바라보다가 그에게 키스를 해줬다. 그게 채 한 시간도 되지 않았다. 그리고 이제 그는 그녀를 보고 있다. 다른 남자의 비웃음 속에 힘없이 엎드린 여자를. 악당의 야비한 열정에 버림받은 노리개를.

그녀는 무릎을 세워 일어났다. 그러면서 그녀를 팽개친 남자를 향해 갈망하고 애원하는 듯 가냘픈 팔을 뻗었다.

"아널드, 이해하지 못하겠어요? 당신은 그녀를 조금도 좋아하지 않아요. 그건 잠깐 홀렸던 것뿐이에요. 그렇게 혹한 기분은 금세 없어질 거예요. 당신이 사랑하는 건 나예요. 파리에서 보낸 날들을 생각해봐요. 우리가 같이 외출했던 때를 기억하나요, 아널드? 당신과 내가 함께했던 그 모든 것을 잊었나요? 우리가 어떻게 강가로 갔는지를요. 평화로운 초원을 가로지르는 은빛 고리처럼, 흐르는 길을 찾으며 흘러가던 그 강 말이에요. 오, 그날 아침 피어난 산사나무와 라일락의 향기! 새들의 지저귐, 우리 앞에 펼쳐진 강물을 빠르게 가로지르는 제비들을 보는 즐거움. 아널드, 잊지는 않았겠죠? 그때가 당신이 저한테 처음 키스를 한 날이에요. — 물결치며 출렁이는 햇살만이 푸르른 녹색 개울 위를 움직여가던 그 감미로운 보금자리에 숨어서 나눴던 키스를. 아널드, 당신은 잊지 않았어요!"

남자는 방을 가로질렀다. 그러고는 그녀가 웅크리고 있는 곳에서 그리 멀지 않은 테이블에 몸을 기대고는 그녀를 주눅 들게 만드는 눈빛으로 그녀를 내려다봤다.

"잊지 않았지." 그가 잔혹하게 말했다. "한시도 잊은 적이 없어!"

여전히 무릎을 꿇은 채로, 그녀는 조금 더 가까운 곳으로 몸을 옮겼다. 그리고는 그의 무릎에 떨리는 손을 올려놓았다. "아널드, 이해 못하겠어요? 나는 당장 영국을 떠나야만 해요. 어딘가 숨을 만한 곳으로 가야만 한다고요. 어디가 됐건, 여기서 멀리 떨어진 곳으로요. 난 그녀를 죽였어요, 아널드, 당신을 위해서요. 그녀가 내게서 당신을 앗아갔기 때문에 그녀를 죽였어요. 사람들은 이걸 살인이라고 부를 거예요. 그렇지만 당신이 나와 함께 가준다면, 나는 상관없어요. 새 나라에서 우리는 모든 것을 다시 시작할 수 있을 거예요. 당신과 나, 우리가 함께요." 로이 플레밍은 모든 걸 보고 들었다. 이 버림받은 살인자는 죽음이 그들을 갈라놓기 전까지 그를 사랑하고 공경하겠다고 맹세한 여자였다. 따라서 이것은 — 그래, 그것보다 더 심한 일이지. 그렇지만 로이는 미동도 하지 않았다.

그는 의연한 걸까? 사건에 따른 공포에 대경실색한 걸까?

아니면 그는 자신의 무력함을 깨달은 걸까?

그녀가 아널드라고 부른 남자가 갑자기 그녀를 일으켜 세웠다. 그러고는 격정적으로 그녀를 끌어당겨 품에 안았다.

"당신의 눈에는 뭔가가 있어." 그가 사나운 목소리로 말했다." 대부분의 남자들을 쫓아버리는 눈빛이지. 지금도 그렇군. 그런데 나는 그것 때문에 당신을 원하게 돼. 당신이 맞아, 위니. 난 준비가 돼 있어. 이른 아침 배로 오스텐드[20]로 가자. 그리고 거기서 숨을 곳을 찾는 거야."

그녀는 그의 몸속으로 파고들었다. 그리고 그들의 입술이 만나면서 흐느껴 우는 듯한 긴 키스가 이어졌다. 그때까지도 로이 플레밍은 아무런 몸짓도 보이지 않았다. 아내의 명예를 지키기 위해 손을 들지도 않았고, 비난의 말 한마디도 꺼내지 않았으며, 그녀의 애정을 훔쳐간 남자를 향해 복수할 방법도 구하지 않았다. 그가 그녀를 사랑하지 않아서였을까? 아니다. 전혀 그렇지 않다. 깨닫지 못하겠는가? 그는 1층 특별석(stalls)의 둘째 줄에 앉아 있다.

이 글에는 '히치&컴퍼니(Hitch&Co.)'라는 서명이 돼 있다. 히치콕이 가까운 동료들과 팀을 이뤘다는 첫 번째 기록인데, 이런 관행은 훗날 그의 영화의 표준적인 관례가 됐다. 처음 읽을 때는 독자를 약간 어리둥절하게 만드는 글이지만, 배우인 아내가 무대에서 연기하는 모습을 지켜보는 남편의 시점에서 쓰인 글이라는 것이 명확해지고 나면 "여자의 역할"은 이해가 된다. 'stalls'는 2층에 있는 값이 싼 'circle'과는 달리 극장의 1층 정면에 있는 좌석이다. 남편은 여자의 과장된 연기를 지켜보면서 아내에 대한 생각을 하며 "여자의 역할"을 이해한다. 히치콕이 그의 영화들에서 카메라에 여자의 시점을 채택하면서 "여자의 역할"을 이해했던 것처럼 말이다.

20 벨기에의 항구. — 옮긴이

남편은 무대 위에서 바람을 피운 살인자 역할을 연기하고 있는 아내의 변신에 스스로 매혹됐다는 것을 알게 됐음에도, 아내가 연기를 하기 전에 집에서 모성애 넘치는 눈빛으로 아이를 바라봤던 것을 기억하고 있다. 남편은 비록 전적으로 무대라는 테두리 안에서 벌어진 살인이기는 하지만, 아내가 최초의 히치콕 살인을 고백하는 것을 지켜보면서, 그의 감정이 이상할 정도로 분열되고 들떠 있다는 것을 알게 된다.

"나는 개인적 주관을 믿습니다. 그러니까, 특정 신을 개인의 시점으로만 연기하는 것을 믿는 것입니다." 훗날의 인터뷰에서 히치콕은 이렇게 밝혔다. 주관성은 관객이 감정을 이입하는 것을 돕는데, 그가 프랑수아 트뤼포에게 밝혔듯이, '관객들에게 체험을 시키는것(putting the audience through it)'은 그의 원초적 신조였다. 히치콕은 집필과 제작준비, 리허설, 그리고 결국에는 연출을 하면서 항상 자신이 그 누구보다 먼저 체험해야 했다는 말을 덧붙였을지도 모른다. 영화에 대한 그의 장악력은 늘 막강했고, 그가 캐릭터나 배우에게 감정이입을 할 경우에는 관객을 더욱 확실하게 장악했다. 이 초창기 이야기의 관점에서 보면, 예를 들어 〈오명*Notorious*〉에서 앨리시아 후버만(잉그리드 버그먼)이 세바스티안 모자를 만나며 나치의 소굴이라는 위험지대로 들어갈 때 동원되는 히치콕의 일인칭 카메라는 거리가 그리 멀지 않다.

"여자의 역할"의 구조—아이디어 내의 아이디어, 이야기 안의 이야기—는 꽤나 독창적이다. 가장 빼어난 히치콕 영화들의 전형을 들자면, 앤드류 새리스의 평가처럼 '히치콕은 여러 층위에서 활동'하는 것일지도 모른다. 그의 영화들은 표면적으로는 —클리셰라고 하더라도— 단순함과 명확함을 목표로 하지만, 클리셰를 은연중에 훼손하는 대비와 대위법, 그리고 깊숙이 감춰져 있는 사소하면서도 정교한 요소들이 담겨 있다. "가스"처럼 "여자의 역할"은 괴롭힘과 놀라움, 그리고 감춰진 사건의 층위들이 복잡하게 엮여 있다. 새리스가 히치콕의 영화에 내린 평가대로다. "쇳덩어리가 벨벳에 담겨 있다. 쇳덩어리는 단순하지만 그 단순함이 너무 많은 층위에 놓여 있기 때문에 총체적인 효과는 현기증이 날 정도로 복잡하다."

"여자의 역할"의 메인 테마는 감독이 여배우에 대한 진실과 거짓말을 가지고 노는 〈살인*Murder*〉, 〈무대공포증*Stage Fright*〉, 〈나는 비밀을 안다*The Man Who Knew Too Much*〉 같은 훗날의 히치콕 영화들에서 볼 수 있다. 이 작품은 무대에 올려진 환상이 음침한 진실을 숨기고 있는 〈39계단〉이나 〈사보타주〉 같은 영화를 예견하고, 라이카 카메라를 가진 남자가 먼 거리에서 알쏭달쏭한 사건을 응시하는 〈이창〉을 앞서 보여준다. 1920년 2월호에 실린 세 번째 『텔레그래프』 소설은 뒤틀린 익살을 보여주는 또 다른 작품이다.

더러운*Sordid*

"그건 판매용이 아닙니다, 손님."

영국과 일본의 뛰어난 골동품 컬렉션을 소장하고 있으면서 열심히 골동품을 수집하는 첼시의 일본인 상인에 대해 친구에게서 들은 나는 정성들인 소장품을 감상하기 위해 그의 가게를 찾았다.

돋을새김한 칼날에 칼자루가 정교한, 멋지고 육중한 칼은 그리 오래되지는 않은 것으로, 아마도 20년가량 된 것 같았다. 그렇지만 나는 그 칼에 마음이 끌렸다.

"값을 후하게 쳐주겠소."

"죄송합니다만, 팔고 싶지 않습니다."

칼에 범상치 않은 뭔가가 있는 게 확실했다. 그래서 나는 그 칼에 더욱 매료됐고, 칼을 손에 넣어야겠다고 결심했다. 꽤나 많이 충고도 하고 항의도 하던 그는 가까운 시일 내에 다른 물건도 구입하겠다고 약속한 후에야 칼을 파는 데 동의했다.

"이 칼에는 뭔가 사연이 있겠죠, 그렇지 않소?" 내가 물었다.

"예, 그렇습니다. 손님의 시간이 되신다면, 말씀해 드리겠습니다."

러일전쟁 시기, 그의 아들 기오수마는 일본 황군의 패기만만한 대위였다.

한번은 우연히 기오수마에게 고향 인근에 있는 일본 내 목적지로 서류들을 급히 가져가야 하는 임무가 부여됐다. 여행길에 오른 그는 두 러시아 스파이가 미행하고 있다는 것을 깨닫지 못했다.

고향은 그가 가야 할 목적지에서 대략 한 시간 거리밖에 안 됐다. 그래서 그는 집에 먼저 들르기로 결정했다.

기차에서 내렸을 때, 그는 부모님을 방문해서 놀라게 해드려야겠다는 생각으로 기쁨에 휩싸여 있었다. 그는 그 너머에 부모님이 살고 있는 작은 촌락의 언덕을 오르고 있었는데, 그가 갈 길은 숲을 가로질러 나 있었다. 그는 잠시 후 있을 일에 짜릿해하며 걸음을 재촉했다. 그런데 집이 보일 무렵에 그는 뒤에서 발소리를 들었다. 몸을 돌린 그는 치켜올려진 팔을 봤고, 그다음 일은 기억이 나지 않았다.

그는 밤에야 의식을 되찾았다. 몸을 일으키려고 용을 쓰면서 그는 멍한 생각을 수습하려고 노력했다.

그러자 기억이 났다. 서류!

어떻게 해야 하나? 서류들이 없어졌는데!

그는 집으로, 나무들을 통해 불빛을 식별할 수 있는 곳으로 비틀거리며 다가갔다.

그리고 아버지와 마주쳤다.

"오, 아들아, 어디서 오는 게냐?"

기오수마는 어렵사리 전후사정을 설명했다.

안색이 어두워진 아버지는 눈을 찌푸렸다. 아버지의 표정은 가면처럼 변해갔다.

"아아, 부끄러운 놈! 네 놈은 대일제국의 신망을 저버렸구나. 네 명예는 이제 어디로 가버렸느냐?"

"그렇지만 아버님, 그 놈들은 암호를 모릅니다."

"변명을 하려 들다니! 칼을 들어라. 네가 해야 할 일을 알겠지?"

천천히 그러나 두려움 없이 기오수마는 그의 방으로 향했다. 그는 바닥에 흰 천을 깔았다. 그러고는 천의 모퉁이마다 초를 놓았다. 그러고는 흰색 기모노를 입고는 무릎을 꿇고 높은 곳을 바라봤다.

그는 칼을 들었다. 자신의 심장을 겨누고는……

칼을 집으로 가져간 나는 난롯불 옆에서 낮에 들은 기이한 이야기를 곰곰이 생각하면서 내가 산 물건을 계속 점검했다.

칼자루가 약간 헐겁다는 것을 깨달았다. 나사를 풀 수 있을 것 같았다. 시도는 성공해서 나는 칼을 분해했다.

난롯불을 향해 칼을 낮추고 나는 윤기가 나지 않는 표면을 살피면서 읽었다.

독일산, 1914년!

이 작품에는 (히치콕의 유명한 좌우명인) '이건 단지 이야기일 뿐'이라는 부제를 붙일 수도 있다. 그의 영화들처럼, 그가 『텔레그래프』에 쓴 작품들에는 충격과 코미디가 뒤섞이면서 스며들어 있다. 그가 쓴 7편 가운데 5편이 결말에서 반전을 보여준다. 코미디가 담기지 않은 작품은 두 편뿐이다. 히치콕의 억누를 수 없는 유머감각은 사보를 채웠는데, 헨리스의 사보는 완전히 그의 재담, 재치 있는 삽화 설명문, 그리고 "더러운" 같은 말장난(즉, 발음이 비슷한 '칼에 찔린Sworded')으로 온통 뒤덮였다.

영화계에 입문하기 전, 히치콕은 헨리스에서 이미 '타고난 유머작가이자 익살꾼'으로 유명했다고 W. A. 무어는 밝혔다. "그는 재치가 번득였습니다." 무어의 평가다. "그렇지만 아픈 구석을 찔린 사람들이 눈물을 흘리게 된 것은 그가 한 말 때문만은 아니었습니다. 그가 했던 자연스럽고 예상치 못한 행동 때문이기도 했습니다. 야유회를 갈 때마다 그는 유쾌한 장난을 치며 들떴고, 우리는 한참을 웃다가 집으로 돌아갔습니다."

히치콕은 『텔레그래프』의 운영을 도왔을 뿐 아니라, 믿을 수 없겠지만 헨리스의 오락 활동들도 계획했다. 그는 당구 토너먼트에 출전했고, 헨리스 축구클럽을 조직했으며, 복싱, 테니스, 경마, 축구를 보러 다녔다. 수십 년 후 할리우드에서 그는 웨스트햄 클럽들의 시합결과를 확인하는 것이 런던에서 발행되는 신문을 구독하는 부분적 이유라고

테니스를 열심히 치던 시절 콧수염을 기른 히치콕(훗날, 작가 찰스 베넷은 히치콕이 한곳에 자리를 잡고는 자기 앞으로 곧장 날아오는 공을 치는 것 외에는 움직이려 들지 않았다고 투덜거렸다).

동료들에게 말했다.

히치콕은 여러 시즌 동안 헨리스의 축구팀을 감독했다. 그가 장부 기입을 극도로 싫어하는 경향이 이미 확고했다는 점을 놓고 보면, 그 자신에게는 경제적으로 손해였을 것이다. "그는 돈에 대한 관념이 거의 없는 편이었습니다. 장부에 기록을 남기느라 마음고생을 하는 대신, 항상 자기 주머니에서 꺼낸 돈을 지불하곤 했죠." 무어의 기억이다.

여자와 제대로 된 데이트를 해본 적이 한 번도 없다고 고백(이를 의심할 만한 증거는 거의 없다)하기는 했지만, 히치콕은 회사가 주최하는 행사에서는 여사원들과 자유롭게 교제했다. 이 행사에는 강의, 오락, 강습을 위한 소규모 회관인 골든레인 인근의 크리플게이트 회관에서 보낸 밤들도 포함된다. 그는 크리플게이트에서 헨리스가 후원하는 왈츠와 볼룸댄스 수업을 들었다. 그때부터 평생 히치콕은 놀랄 만큼 민첩한 춤꾼이 되었으며, 그의 영화들을 기억에 남을 만한 댄스와 볼룸 시퀀스로 풍부하게 만들었다.

댄스 레슨을 맡은 사람은 윌리엄 그레이던이라는 남자였는데, 미래의 영화감독은 이 사람과의 친분에서 지대한 영향을 받았다. 그레이던 집안은 한때 리튼스톤에서 히치콕 집안과 꽤나 가까운 곳에 살았다. 가톨릭을 믿는 데다 연극을 즐기던 두 집안은 크리플게이트 이전에도 서로 알고 지냈을 가능성이 있다. 그레이던은 에디스 톰프슨의 아버지로, 에디스는 여동생 에이비스와 함께 이따금 크리플게이트의 수업을 거들기도 했다. 에디스는 런던의 아마추어 연극에도 출연했는데, 히치콕의 무대에 대한 관심을 가정하면 그 연극을 관람했을 가능성이 크다. 기록에 남아 있는 이상은 결코 인정하지 않았지만, 히치콕이 에디스와 알고 지냈던 것은 확실하다. 그러나 그는 주로 그녀의 아버지에 대해서만 얘기했다.

에디스 톰프슨은 1923년, 남편 살해를 공모한 죄로 유죄판결을 받은 후 애인 프레데릭 바이워터스와 함께 교수형당했다. 실제 살인을 한 것은 바이워터스였지만, 톰프슨은 범죄를 부추겼다는 혐의를 받았다. 논란 많은 재판과 처형은 이 사건을 1920년대에 영국에서 가장 큰 물의를 일으킨 사건 중 하나로 만들면서, 여러 달 동안 헤드라인을 장식한 대중적 논쟁거리가 됐다. 많은 사람이 오심의 희생자라고 믿었던 이 젊은 여자와 맺은 가까운 인연은 히치콕에게 영향을 주었으며, 범죄와 처벌에 대한 그의 관점에 큰 영향을 끼쳤을 것이다. 히치콕의 많은 이야기에서 흔히 살인의 희생자인 여자들이 명확한 살인자인 경우는 매우 드물다.

1960년대에 히치콕은 범죄에 대해 일가견이 있다고 자부하는 영국 언론인과 에디스 톰프슨 사건을 논의했다. 두 사람 모두 온갖 자료를 섭렵했다는 사실을 자랑했다. 히치콕은 유명한 범죄를 다룬 1934년작 실화소설 『핍쇼를 보기 위한 바늘구멍*A Pin to See the Peepshow*』을 읽고, 사건에 기초한 연극 〈우리 같은 사람*People Like Us*〉을 관람했다고 밝혔다.(그는 희곡작가 프랭크 보스퍼를 알았다. 보스퍼는 〈비엔나의 왈츠*Waltzes from Vienna*〉와 〈나는 비밀을 안다〉에 출연했다.) 히치콕과 언론인 모두 처형과 관련한 내밀한 지식을 가지고 있다고 공언했다.

언론인은 처형이 가까워짐에 따라 톰프슨이 너무나 히스테리를 부리는 바람에 교도관들이 그녀의 목에 올가미를 두르기 전 작은 나무의자에 묶어두었다고 주장했다.

"오, 아니네, 여보게." 히치콕이 눈빛을 반짝이며 끼어들었다. "그런 식으로 된 게 아니야. 그녀는 갑판장 의자에서 교수형당했어." "그게 뭡니까, 히치콕 감독님?" 뭔지 짐작은 하면서도 언론인이 물었다.(사전에는 선원들이 높은 곳이나 배의 측면에서 일할 때 앉기 위해 사용되는, 로프로 달아 올린 나무판이라고 묘사돼 있다.) 설명을 하기 위해 히치콕은 오른팔을 들어서는 왼쪽 팔꿈치 안쪽으로 가로지르고 거기에서 깍지를 꼈다. 그러고는 상대편이 앉아 있는 쪽으로 몸을 기울여서는 상대의 오른팔을 붙잡고 같은 식으로 가로지른 후, 팔들을 연결해서 임시로 '의자'를 만들어내기 위해 상대를 가까이 끌어당겼다. 감독이 시범을 보이면서 언론인을 시범의 일부로 끌어들인 셈이었다. "여보게." 히치콕이 냉담하게 말했다. "이게 갑판장 의자일세." 그렇지만 감독은 톰프슨을 개인적으로 아는지에 대해서는 결코 밝히지 않았다.

그렇지만 이 주제는 그에게는 너무 민감한 것이었다. 50년 후, 존 러셀 테일러가 쓴 공식 전기의 초고를 읽은 히치콕은 두 가지 사소한 사항을 삭제해달라고 요청했는데, 그 하나는 그레이던과 면식이 있다는 테일러의 언급이었다. 히치콕은 영국에 살고 있는 누나 넬리가 에디스 톰프슨의 동생인 에이비스와 여전히 친분이 있다고 설명했다. 히치콕은 에이비스와 카드를 주고받으며, 영국에 갔을 때는 가끔씩 그녀와 마주치기도 한다고 말했다. 그는 우울한 과거는 두 사람 사이에서 결코 화제로 오르는 일이 없으며, 그가 그런 사실은 기억하지 못하는 체하는 것이 그들의 인연의 일부분이라고 설명했다. 감독은 에이비스가 그 책으로 인해 난처해지는 것을 바라지 않았다.

1920년 9월에 또 다른 『텔레그래프』가 출간됐다. 거기에는 검열당국을 상대로 장난을 치는 듯한 소재를 채택하는 그의 성향을 보여주는 특히나 공들인 히치콕의 단편이 실려 있었다.

로버트 셔우드는 "싫증이 났다." 그 점에 있어서는 의심의 여지가 조금도 없었다. 여흥거리가 바닥이 난 그가 처음 출발한 곳인 클럽으로 되돌아오는 동안, 시간은 묵직하게 매달려 있었다. 그는 다음에 할 일이 무엇인지 몰랐다. 만사가 너무 단조로워 보였다. 이 며칠간의 휴식을 그는 얼마나 고대해 왔던가! 이제, 정말로 그때가 됐다! 그런데 그는 지금 싫증이 났다!

그가 현재 상황을 곰곰이 생각하는 사이, 친구 짐이 어슬렁어슬렁 다가왔다. 이제 짐은 유부남이다. 따라서 그는 자신을 동정할 만한 처지에 있는 것이다. 잘 들으시라. 짐의 인생을 건 계약은 극도로 현대적인 종류의 결혼 — 후회하면서 결국에는 천천히 이혼하게 되는 그런 결혼은 아니었다. 짐은 어쩌다 보니 운이 좋았고, 따라서 그는 만족스러웠다.

"안녕, 밥!"

"안녕, 짐!"

"안색이 좋아 보이지 않는데. 뭐 잘못 됐어?"

"아니, 피곤해서. 그리고 싫증이 나!" 밥은 자기의 소소한 이야기를 설명했다.

"이런, 난 해답을 알아. 자네는 여자가 필요한 거야!"

"여자?"

"그래. 근사하고 젊은 여자. 자네의 작은 기쁨과 슬픔, 그리고 돈까지도 모두 나눌 수 있는 사람 말이야!"

밥은 고개를 저었다. "아냐, 그건 좋지 않아. 나는 그렇게 자라지는 않았어. 게다가 나는 아는 여자도 없어."

"내 말 들어봐. 자네가 해야 할 일은 교외로 나가는 거야. 예를 들어 풀햄 같은 데로. 그러고는 눈 크게 뜨고 계속해서 멋있는 집들을 둘러보라고. 그러다가 마음에 드는 집이 있으면, 그냥 그 집으로 가는 거야. 그러고는, 그러니까, 자네도 무슨 말을 해야 하는지 알지! 그냥 시간이나 같이 보내시죠 등등 말이야."

밥은 자리에서 일어났다.

"생각해보겠어. 누구한테 해줄 일은 아니고, 어떤 경우가 됐건 한 시간 정도는 보낼 수 있겠지."

"잘 생각했어!" 짐이 소리쳤다. "일이 어떻게 됐는지 나한테 알려줘야 해."

세차게 비가 내렸다. 그 때문에 밥은 욕지거리를 내뱉었다. (노인네들과 초라한 친척을 포함한 모든) 친척들과 의무적인 방문을 그는 특히 싫어했다. 후자는 현재 상황이 요구하는 것이었고, 따라서 그는 시련을 극복하기 위해 서둘렀다. 그렇지만 빗줄기는 억수같이 퍼부었고, 그는 우산이 없었기 때문에 가까이 있는 문간으로 미끄러져 들어갔다. 외투를 입은 사람이 정원으로 난 길을 가로질러서 피난민을 향해 다가온 것은 비가 그칠 기미를 보이지 않는 가운데 몇 분이 흐른 다음이었다.

"어머!" 새로 온 사람이 깜짝 놀라 소리를 질렀다.

"실례합니다." 밥이 말했다. "비를 피하고 있는 중입니다. 폐가 되지 않았으면 좋겠군요."

"전혀요." 자물쇠에 열쇠를 밀어넣으면서 여자가 대답했다. "이런, 세상에." 그녀는 난감해했다. "열쇠를 돌릴 수가 없어요."

"제가 해볼까요?" 로버트가 나섰다. 허락을 받은 그는 계속 힘을 써봤지만, 역시 성공하지는 못했다". 유일한 방법은 힘으로 문을 밀어붙이는 겁니다." 그가 말했다.

"어머, 다른 방법은 없나요?"

"유감입니다만, 그게 유일한 해결책입니다. 열쇠 홈 하나가 부서져 나간 것을 찾아냈습니다. 열쇠를 떨어뜨리셨죠?"

"그랬어요. 오늘 오후에 문을 잠근 후에요. 이런, 힘을 쓰는 도리밖에 없다니. 해주실 수 있겠어요?"

몇 차례 어깨로 밀어붙이는 것으로도 문은 활짝 열렸다.

"정말 감사해요." 그녀가 말했다. "선생님의 친절에 대한 보답으로, 안에 들어오셔서 비가 그칠 때까지 앉아계셔 달라고 요청하고 싶은데요."

밥은 잠시 머뭇거렸다. 그러다가 짐의 충고를 떠올리고는, 그렇게 하기로 하고 감사를 표했다. 일단 집안에 들어간 그는 곧장 여자와 친해졌다. 그리고 30분이 지날 즈음, 두 사람은 서로에게 강렬한 흥미를 느끼고 있었다. (밥은 생각했다) 짐, 그 영리한 친구가 나한테 이런 재주를 부리게 만들다니. 아무리 해도 이 고마움에는 결코 보답을 할 수가 없을 거야! 내가 해낸 일을 들으면 그 친구도 기뻐하겠지.

1시간이 흘렀을 때, 그는 일에 너무나 열중해 있었다. 그때 집 앞 길에서 다가오는 발소리가 들렸다.

"우리 남편이에요." 그녀가 놀라 헐떡거렸다. "어떻게 하지? 당신은 창문 밖으로 나가야 해요. 아니 숨어요. 아니면 뭐든 해요. 빨리요!"

"이런, 젠장!" 불쌍한 로미오가 투덜거렸다. "이 방법을 써 봐요!" 그가 빠르게 그녀에게 말했다. "불을 꺼요. 그러면 남편이 들어올 때 내가 슬그머니 빠져나갈게요!"

그녀는 스위치를 향해 튀어나갔고, 방에는 순식간에 어둠이 깔렸다.

그렇지만 거의 그와 동시에 그녀의 남편이 문을 열고 불을 켰다가 발치에서 도망 나갈 준비를 하고 있는 밥을 발견했다.

"밥!"

"짐!"

"이 염병할 머저리!" 그가 고함을 쳤다. "내가 풀햄이랬잖아, 페컴이 아니고!"

이것은 히치콕 최초의 서스펜스 넘치는 '삼각관계'이자, 희극적인 의미 함축의 개가이기도 했다. "그는 곧장 여자와 친해졌다. 그리고 30분이 지날 즈음, 두 사람은 서로에게 강렬한 흥미를 느끼고 있었다." 이것이 난폭한 장면으로 검열당국의 머리를 복잡하게 만드는 한편, 성적인 농담으로 장난을 치곤 했던 감독에게서 나온 문구다.

히치콕의 『텔레그래프』 작품 몇 편은 연극무대와 관련돼 있다. 무대가 그의 영화연출에 끼친 영향력은 정확하게 평가된 적이 한 번도 없지만, 그의 작품들에는 연극적 스타일과 효과—대담한 스타일과 특수효과—가 가득하다.

히치콕이 성장기에 어떤 식으로든 아마추어 극단 활동에 관여한 적이 있을까? 헨리스는 직원들이 웨스트엔드의 연극을 관람할 수 있도록 배려했으며, 1920년부터 드라마 클럽을 만들기도 했는데, 클럽은 공연 준비를 위해 크리플게이트 회관에서 모임을 가졌다. 히치콕은 그런 모임에 관여했다고 주장한 적이 한 번도 없지만, 이런 초기 저작들에는 다른 사람들이 연기하는 모습을 지켜보면서 또 다른 리얼리티를 꿈꾸는 사람의 느낌이 묻어난다.

그의 서명이 달린 다섯 번째 작품인 "누가 뭐야?"를 보면, 히치콕이 그런 집단 가운데에서 나름대로 유리한 입장에서 글을 쓰고 있다는 추측을 할 수 있다. 1920년 12월에 발표된 이 작품은 히치콕 본인의 영화경력을 힘들게 했던 문제 중 하나를 예견하는데, 그에게나 다른 많은 감독에게나 골칫거리가 될 수도 있는 제작자들을 놀리는 내용이다.

누가 뭐야?*What's Who?*

"지금 내가 내놓으려고 하는 제안은 정말 참신한 거야!" 짐이 말했다.

우리는 하품을 했다.

여러분도 아시겠지만, 짐은 우리 아마추어 지방극단의 제작자다. 그리고 짐에 대해 그 정도 이상의 얘기를 할 수 있는 권한이 내게는 없다. 짐은 나보다 덩치가 2배는 크다.

"다음 공연에서 자네들 세 사람이 각각 상대방 흉내를 내는 거야!" 그가 말을 이었다.

숨이 막혔다.

"이제 빌 자네는 저 친구가 되는 거야." 그가 내게 말했다.— 시드를 가리키고는

"시드는 톰이 되고, 톰은 자네가 되고. 그러고는-"

"잠깐만요." 톰이 끼어들었다. "확실하게 하자고요. 이제 나는 시드가-"

"아니, 네가 아냐, 너는 나야!"

"그럼, 누가 너지?"

"자네들 모두 감을 전혀 못 잡고 있잖아. 내가 더 설명을 해줄게." 짐이 말했다.

"더 설명할 필요 없어요." 내가 대꾸했다. "톰만큼이나 명확하니까요-"

"무슨 뜻이야?" 그가 말을 끊었다. "네가 개인적인 감정을 여기 끌어들이겠다면, 나는 시작하기 전에 네 노릇 하는 것을 그만두겠어."

"그럼 좋아, 너는 시드가 돼라. 그러면 내가 네가 될게."

"그렇지만!" 시드가 소리를 질렀다. "너는 네가 나라고 말했잖아!"

"그래, 나도 마찬가지야."

"너는 아니지, 너는 저 친구잖아!"

"이봐." 톰이 말을 끊고 들어왔다. "저 친구가 자네가 되게 해줘. 그리고 자네는 내가 되고, 그러면 내가 저 친구가 될게."

"조용히 좀 해!" 짐이 우레 같은 고함을 질렀다. "내가 처음 했던 배정에 모두들 충실해주게."

"그래요, 그럼." 톰이 입을 열었다. "내가 시드가 되죠."

"아냐, 너는 그럴 수 없어. 내가 시드가 되는 거야."

"그렇지만 지금 너는 네가 나라고 말했잖아."

"닥쳐. 그는 너야."

"그럼, 누가 나지?"

"나도 몰라."

"그야, 물론 시드지." 짐이 거들었다. "이제는 시작하자고."

"그때가-"

"잠깐." 톰이 말했다. "나는 저 친구 노릇 못하겠어요. 저 친구는 평판이 안 좋아요."

"누가 평판이 안 좋다는 거야?"

"너지, 이 멍청아!"

"네 놈 코를 납작하게 해주겠어!"

"싸우지들 마-"

"그럼, 저놈이-"

"여기 좀 봐-"

"내가 아냐, 이 바보야-"

짐은 맥이 풀렸다.

'히치'는 1920년 12월호 『텔레그래프』에 두 번 등장했다. 첫 작품이 애보트와 코스텔로[21]의 〈누가 먼저지?〉의 익살을 시대에 앞서 보여준 작품이라면, 두 번째는 '완두콩 먹기'에 대한 굉장히 경박하면서도 재미난 연구로, 청과상의 아들이 아니면 꿈도 꾸기 힘든 작품이다. 이 이야기는 식사와 음주행위에 중점을 둔 히치콕 영화의 많은 장면을 예견한다. 그런 장면들은 이야기 전개에 중요한 정보들을 드러내는 경우도 종종 있었고, "완두콩 먹기의 역사"에서처럼 코믹한 분위기로 관객들의 긴장을 풀어주기도 했다.

완두콩 먹기의 역사*The History of Pea Eating*

공동체의 삶에 심대한 영향을 끼치는 현대과학도 아직까지는 세계를 한층 더 진보시킬 수 있는 문제를 해결하지 못했다. 바로 완두콩 먹기 문제다. 문명의 초기부터 많은 이들이 완두콩을 먹는 방법에 대해 심각하게 고민해 왔다. 우리는 선사시대 사람들이 완두콩 접시에 얼굴을 파묻는 단순한 방법으로, 손을 전혀 쓰지 않고서도 콩을 완전히 먹어치우겠다는 환상에 사로잡힌 방법을 실행했다는 사실을 책에서 읽는다.

그렇지만 우리는 이런 방법이 세련되지 못한 것이라는 점을 인정해야만 한다. 오늘날의 뚱뚱한 신사가 동일한 묘기를 시도하는 모습을 도무지 상상할 수 없기 때문이다. 얼굴이 접시에 닿기도 전에 과도한 '복부 지방'이 마룻바닥에 먼저 닿을 위험이 있는 탓이다.

중세 초기에 로저 다시 경이 이 문제에 조금의 난점도 없다는 것을 발견했다는 얘기가 있다. 그가 했던 일이라고는 갑옷의 투구에 고무 끈 두 개를 새총 형태로 부착한 게 전부였다. 그는 고무 끈 사이에 붙어 있는 가죽에 콩 조각을 올려놓고는 벌어진 입을 조준했다. 그러나 이 방법에도 불편이 따랐다. 제대로 조준을 하지 못하는 신사들이 많았고, 퍼시 경이 방 건너편에 있는 에드거 남작의 부인을 맞추면서 결투가 벌어지기도 했기 때문이

21 미국의 코미디 콤비. — 옮긴이

다. 그래서 면허증 없이는 이런 방법을 쓰지 못하게 금지하고, 이 대단히 독창적인 섭식 스타일을 사용하려면 허가를 받기 위해 시험을 통과해야 한다고 규정하는 법률이 제정됐을 것이다.

이런 규제로 인해 완두콩의 인기는 떨어졌고, 한참이 지난 후에는 사실상 식용작물 대접을 받지 못하게 됐다. 그러나 많은 세월이 흐른 후, 완두콩이 부활하면서 지금은 유명한 완두콩 먹기 대회에 엄청난 관심이 쏟아졌고, 대회에서는 더 향상된 완두콩 먹는 법이 선을 보였다. 각각의 선수는 정해진 개수의 완두콩을 칼날 위에 균형 잡히게 올려놓고는, 콩을 하나도 떨어뜨리지 않고 먹어야 했다. 물론 분위기가 굉장히 격앙된 시합이었기 때문에 참가자들이 입과 얼굴을 베는 경우가 잦았다. 칼 삼키기 묘기는 이 묘기에서 발전된 것이며, 오늘날 입이 굉장히 큰 사람들은 그 시기 챔피언들의 직계 후손인 것으로 보인다.

잘 알려져 있다시피, 사회적으로 존경받는 많은 사람이 소규모로나마 아직까지도 이 방법을 쓰고 있다.

최근에는 더 발전된 먹는 방법이 시도됐다. 요즘 소년들이 쓰는 콩알총은 주인님의 입을 향해 완두콩을 쏘는 일을 했던 시종의 일자리를 연상시킨다. 물론 조준을 잘못하면 시종에게는 암울한 결과가 기다리고 있었다.

우리는 아직까지도 대단히 쓸모 있고 흡족한 완두콩 먹기 방법을 개발해내지 못한 상태다. 최근 어떤 발명가는 파이프를 입 안에 위치시키고는 공기압에 의해 완두콩을 입에 밀어넣는 방법을 개발했다. 그렇지만 불행히도 시험 과정에서 발명가가 전원을 반대 방향으로 넣는 바람에, 지금은 희생자의 혀가 시험 이전보다 훨씬 길어지는 결과를 얻었다.

전기를 이용해서 자동적으로 콩을 밀어넣을 수도 있을 것이라고 제안한 사람도 있는데, 이 아이디어는 너무나 충격적이라서 고려 대상이 되지 않고 있다.

현재 실험단계에 있는 가장 현명한 방법 중 하나는 유명한 과수원 경영자의 주목을 받고 있다. 그는 완두콩이 칼날 아래에서 튕겨나가면서 생기는 사람을 무안하게 만드는 성질을 제거하기 위해 네모난 완두콩을 재배하려고 노력하고 있다. 실험이 성공하기를 바란다.

이 지극히 중요한 과학적 발전을 돕기 위해 우리는 독자들이 제안하는 방법들을 환영하며, 그 제안들을 적절한 관계당국에 전달할 예정이다. 『헨리 텔레그래프』의 편집장에게 제안을 보내시면 된다.

수입 짭짤한 일자리에서 창조적으로 일에 몰두하는 젊은 광고인은 웨스트엔드의 호화스러운 레스토랑에서 긴 점심을 먹고, 사업가나 변호사들이 입는 옷을 입으며, 시가를 만지작거리면서 『타임스』를 느긋하게 읽는 것으로 대중 앞에서 그의 새로운 페르소나를 실습했다.

1920년에 그는 투표를 할 수 있는 21살이 됐다. 영국의 젊은이가 정식으로 성인이 되고, 그에 따라 '현관 열쇠'를 받을 수 있는 나이였다. 점심을 먹는 시간이 길어졌다. 헨리스에 재직한 지 6년이 된 히치콕은 따분하고 불안해졌다. 상사는 젊은 부하가 광고가 됐건 이외의 부서가 됐건, 시간이 많이 걸리는 따분한 일에는 적응하지 못한다는 것을 눈치 챘다.

"광고부 조직에 필수적인 세부사항에 대한 그의 무관심한 부주의로 나는 무척이나 걱정을 많이 했습니다"라고 상사였던 W. A. 무어는 기억했다. "인쇄물 뭉치를 발송하고는 기록을 하지 않았습니다. 누군가 그것들을 다시 찾을 때에는 어디에 있는지 아는 사람이 없었어요. 기록이라는 것은 그에게는 딴 세상 일이었습니다. 너무나 사소해서 귀찮게 신경 쓸 문제가 아니었죠."

훗날, 제작비 삭감이나 검열의 위협에 대비하여 영화 속 장면의 대체 버전을 교묘히 작업한 것처럼, 히치콕은 헨리스에서 창조력을 발휘할 수 있는 선택적 일들을 교묘히 작업했다. "우리는 언제든 다른 인쇄물을 얻을 수 있습니다. 다른 것을 구할 만한 시간이 없으면 다른 걸 보내면 됐죠." 무어가 회상한 히치콕의 작업철학이다. "나는 그 점에서 '히치'가 얼마나 내 속을 태웠는지를 그는 결코 깨닫지 못할 것이라고 생각합니다. 그는 늘 너무 낙천적이었습니다."

실제로 일어난 일은 히치콕이 활동사진의 매력에 완전히 빠져들었다는 것이다. 활동사진은 그의 기술적 솜씨와 디자인 솜씨를, 그의 말

재주와 이미지 묘사 능력을, 그의 장사꾼 기질과 리더십을 결합시킬 수 있는 분야였다. 무어는 부하가 남몰래 영화계 간행물의 페이지를 넘기는 것을 여러 차례 목격했다. 그리고 여가시간에(그는 이때에는 감추는 게 없었다) 히치콕은 도심과 교외에 있는 영화 스튜디오 주위를 어슬렁거리면서, 제작현장의 주위를 맴돌며 관찰했다.

어쩌면 21살 청년은 언젠가 그와 결혼할 여자를 이미 봤을지도 모른다. 첫눈에 반하는 것은 그의 영화에 심심치 않게 등장하는 클리셰다. 촬영장에서 바쁘게 일하는 알마 레빌을 본 것이 헨리스를 떠나야겠다는 청년의 커져가는 결심을 더욱 굳어지게 했을 수도 있다. 그는 뭔가 말을 할 필요가 없었다. 그는 시간을 호령하는 사람이었으니까. 언젠가 히치콕 여사는 남편이 그녀의 존재를 처음 인식하고 그녀에게 말을 걸기까지 여러 해가 걸렸다고 어느 언론인에게 밝혔다. "영국 남자들 입장에서 자기보다 더 중요한 일을 하는 여자를 받아들인다는 것은 상상도 할 수 없는 일이었으니까요." 알마의 설명이었다. "히치는 그의 직위가 나보다 높아지기 전까지, 나에게 말을 걸 수 있게 될 때까지 기다렸어요."

1921년 3월에 발간된 『텔레그래프』에 실린 히치콕이 쓴 마지막 작품은 짧고 어쩌면 가장 알쏭달쏭한 기고문이었지만 세부적인 사항은 꽤나 명확하다. 예를 들어, 히치콕은 강둑, 도심 한복판의 지하철역, 강변에 인접한 분주한 거리, 경찰이 여성을 위해 교통을 통제하는 일이 드문 장소에 특히 매력을 느꼈다. 그리고 이 작품에서 언급하는 연극은 히치콕이 1916년에 초연을 관람했던 극작가 해럴드 브릭하우스의 〈홉슨의 선택〉인 것으로 보인다. 이 연극은 까막눈인 구두 직공이 마음에 든 상사의 노처녀 딸이 석판에 글을 베껴 적으면서 읽는 법을 가르치는데 나중에 그 남자가 실업계 거물이 된다는 줄거리로, 1954년에 데이비드 린에 의해 영화로 만들어졌다. 그런데 히치콕의 짧은 이야기에 등장하는 신비로운 여인은 누구일까? 실마리는 하나도 없다.

페도라*Fedora*

1, 2년 전에 본 연극은 세속적인 성공이라는 목표를 추구하는 보잘것없는 남자가 처한 상황을 보여준다. 관객들이 만족감을 느끼며 귀가할 수 있도록, 작가는 주인공이 목표를 달성하게 허락한다. 그렇지만 위인들치고 평범한 장애만 경험한 사람은 없다. 그가 초창기에 기울인 노력에는 독학도 포함돼 있다. 나는 그가 글씨 연습을 할 때 모범으로 삼았던 문구를 뚜렷이 기억할 수 있다. 그것은 "위대한 일은 자그마한 것에서 시작된다"였다. 나는 이 명백한 경구가 전체 플롯, 그리고 우리 모두의 플롯의 요점이라고 믿는다. 모든 사람이 각자의 플롯을[천명(天命)을 뜻하는 게 아니다] 가지고 있기 때문이며, 모든 플롯은 동일하기 때문이다.

여러분은 폭풍우 내리는 들판에 홀로 있는 허약한 암컷 염소를 본 적이 있는지 모르겠다. 만약 있다면, 여러분은 페도라를 본 셈이다. 페도라는 이 글의 여주인공이다. 그녀는 작고 순박하고 겸손하며 말이 없다. 그러나 그녀는 만사에 의미심장한 애정을 베푼다. 사람들은 그녀를 주시하기 위해 걸음을 멈춘다. 그리고 나는 강둑에서 교통정리 근무를 하던 경찰관 한 사람이 페도라를 위해 교통을 통제했다는 기록이 있을 거라고 믿는다. 사람들은 그녀가 아름다울 거라고 생각할 것이다. 아니, 절대 그렇지 않다. 내가 계속 소망을 품고 있기 때문에, 나는 절대로 그렇지 않다고 말한다. 그녀의 생김새는 이렇다. 안내책자의 표현을 따르자면, '머리에서부터 시작된' 풍성한 흑갈색 머리칼이 두 개의 녹갈색 눈동자, (이런 경우에는 일반적인) 매부리코, 그리고 빛바랜 장미꽃 봉오리 같은 입술로 이뤄진 활기 넘치는 조그만 얼굴이 나타날 때까지 나 있다. 그녀의 작은 덩치가 건방 떠는 일이 없는 다리들의 도움을 받아 걸을 때면, 또는 일반인의 눈길을 끄는 부자연스러운 면이라고는 하나도 없이 걸어갈 때면 젊은이 특유의 활력이 풍긴다. "위대한 여성 노동 지도자는 맹렬히 비난하기를……" 이게 가능할까? 나는 이보다 더하기를 바라지, 못하기를 바라지는 않는다. 아마도 여배우? 나는 어려 보이는 무기력한 주인공의 얼굴에서 폭풍 같은 감정이 분출해 나오는 것을 볼 수 있다…… 경멸하는 듯한 여자의 공포를. 그러면 그녀의 희생자를 제외한 모두가 요란한 박수갈채를 터뜨린다. 그의 기분은 어떨까? 그는 아마도 그녀의 눈부신 매력에 압도될 수도 있다. 그가 감히 그녀에게 요청할 수 있을까? 자기의…… 잠깐. 만약 우리의 페도라가 결혼을 한다면, 그녀는 이상적인 아내, 여성다운 매력과 우아함을 지닌 훌륭한 부인이 될 것이다. 이것은 물론 내 희망이 실현되느냐 여부에 달려 있다. 시장의 부인을 떠올려보자. 그녀는 말하자면, 막후의 실력자일 것이다. "사랑하는 조지, 요즘 전차 서비스는 정나미가 떨어져요. 당신이 그걸 봐야만……"

"그러지, 내 사랑, 내가 말을 해서……" 행사장에서 그녀는 그 지방 도급업자의 딸로부터 꽃다발을 받는 사람이 될 것이다.

나는 때때로 그녀가 멋진 소설, 심오한 에세이, 박학다식한 작품들을 쓸 거라고 상상한다. 그러나 그것은 모두 내 입장에서 한 어림짐작일 뿐이다. 뭐가 됐건…… 그렇지만 나는 예언자가 아니다. 그녀도 마찬가지다. 시간이 말해줄 것이다.

"페도라"가 발표되기 직전 히치콕은 영화업계지에 난 공고를 읽었다. 파라마운트 픽처스의 제작부문 지사인 페이머스 플레이어스-래스키가 런던에 스튜디오 분점을 열 예정이라는 공고였다. 미국인 임원들은 영국인 지원자들에게 수많은 일자리를 약속했는데, 그중에는 공석이 된 '자막 담당자' 자리도 있었다. 자막 담당자는 무성영화에 목소리를 부여하는 설명적인 중간자막을 쓰고 그리는 일을 하는 사람이었다.

페이머스 플레이어스-래스키 브리티시 프로듀서 유한회사가 영국에서 전편을 제작하는 최초의 작품은 인기 소설가 마리 코렐리의 작품을 원작으로 한 〈사탄의 비애*The Sorrows of Satan*〉가 될 것이라고 영화업계지는 보도했다. 히치콕은 〈사탄의 비애〉를 즉시 구입해서 처음부터 끝까지 독파했다. W. A. 무어는 히치콕이 디자인 포트폴리오를 준비하는 것을 도왔다. 포트폴리오에는 그가 미술 수업을 들을 때 그린 스케치, 헨리스에서 기획한 샘플들, 그리고 코렐리 소설의 콘티를 레이아웃으로 만든 자막 카드들(히치콕은 "범죄자가 중산모를 쓴 사탄을 유혹하는 것을 그려넣었습니다"라고 회상했다)이 들어 있었다. 광고부서의 다른 직원들이 열심히 일을 하는 동안, 무어는 히치콕의 작업을 못 본 척했다.

포트폴리오('제목이 인쇄된 커다랗고 검은, 종이표지가 있는 보드')를 제출한 히치콕은 업계의 실상을 배우게 됐다. 〈사탄의 비애〉는 한없이 연기됐다. 그렇지만 시나리오 전체에 해당하는 자막 카드를 준비한 히치콕의 헌신에 깊은 인상을 받은 담당자는 연락을 계속하자며 젊은 지원자를 격려했다. 연극 〈최후의 심판날*The Great Day*〉을 원작으로 한 영화의 제작이 발표됐을 때, 히치콕은 또 다른 자막 카드들을 준비해서 페이머스 플레이어스-래스키에 '눈에 띄는 고집'에 대한 인상을 심어주었다. 그후 잠시 동안 히치콕은 헨리스에서 일을 계속하면서, 자막 아티스트를 부업으로 삼았다. 부업으로 번 수입의 일부는 상사이자 공모자인 무어에게 상납했다. 브리티시 페이머스 플레이어스-래스키가 영구직을 제안하자 히치콕은 그날로 회사를 그만뒀다.

"내게 약간은 사이코 같은 구석이 있었던 게 확실합니다." 수십 년이 지난 후의 회상이다. "회사에서는 주급 7파운드를 제안했는데, 나는 그건 너무 많다고 주장하면서, 그보다 적게 달라고 요청하고는 내가 일을 잘하고 나면 그때 더 많은 돈을 달라고 말했으니까요." 영화에 처음 입문하던 순간부터 경력의 대부분 동안 히치콕은 보수는 조금 받으면서 부수적인 일은 더 많이 하겠다고 약속했다. 일이 좋아서였다.

그가 헨리스에서 보낸 마지막 날은 1921년 4월 27일이었다. 멋진 젊은이의 기고문이 실리지 않은 첫 『텔레그래프』에는 히치콕의 이직과 관련한 사고가 실렸다. 그의 새 직장의 현황에 대한 약간은 과장된 사고였지만, 회사에서 거의 7년을 재직하는 동안 그가 사귄 많은 친구들이 그를 그리워할 것이라고 칭찬하기도 했다. "그는 영화계로 떠났습니다. 여러분이 쉽게 상상하듯, 영화배우가 돼서는 아닙니다." 아마도 무어가 썼을 것으로 보이는 서운함을 나타내는 따뜻한 글은 이렇게 이어진다. "영국과 미국이 합작으로 세운 대형영화사 중 한 곳의 자막 미술부서를 책임지기 위해서입니다. 우리는 여러 가지 점에서 그를 그리워할 것입니다. 그리고 우리는 그의 성공을 기원합니다."

3 영화계 입문과 감독 데뷔
1921~1925

영화역사가 더글러스 고메리의 표현에 의하면, 파라마운트의 페이머스 플레이어스-래스키는 당시의 주도적인 영화제작사로, '이전과 이후 그 어떤 회사도 하지 못했던 정도로' 업계를 장악했다. 따라서 브리티시 페이머스 플레이어스-래스키 유한회사가 1919년 4월에 설립됐을 때, 영화업계에서는 흥분하는 사람이 엄청나게 많았다. 언론에 공표한 바에 따르면, 회사의 공식 사업목표는 '영국 예술가들의 개성, 영국 작가들의 천재성, 영국의 풍광과 환경의 아름다움과 분위기'를 적극 활용하면서, 제1차 세계대전을 평화롭게 겪으면서 '더할 나위 없는 예외적 기회를 누린 미국 카메라맨의 기술적 지식이라는 이점을 결합시킨' 영화를 제작하는 것이었다.

할리우드와 비교해볼 때, 자매산업이라 할 영국의 영화산업은 오랫동안 침체기를 겪었다. 영국영화는 편수도 적었고 질적 수준도 일반적으로 열등한 편으로 간주됐으며 제작 장비와 제작비도 2류급이었다. 영국의 영화제작을 홍보하는 『바이오스코프』지조차도 그들이 취재하는 영화들은 '장점이 없다'고 투덜거리는 경우가 잦았다. 명백한 장점을 보여주는 영국영화라도 살아남기는 힘들었다. 영국의 극장업자나 배급업자 상당수가 자국의 영화산업에는 냉담한 반응을 보이면서, 미국인 스타들이 나오는 미국영화들을 극장에 거는 것을 선호했다. 게다가 시설 좋은 대형 영화관들은 미국회사 소유였으며, 영국영화는 세계 최대의 시장인 미국에 좀처럼 진출하지 못하고 있었다. 할리우드는 영국에 가외수입을 의존하고 있었음에도 불구하고, 미국시장에서 영국영화를 상영하는 보답은 하지 않았다. 미국인들은 구어체 대사와, 대서양 건너편에서는 무명에 가까운 '스타들'이 등장하는 영국영화를 '너무 영국적'이라고 봤다.

그러므로 영국의 영화산업은 할리우드와 맺은 애증관계를 감내하고 있었다. 영국의 일급 인재들은 늘 할리우드로 도망가버렸고, 그런 이주가 꾸준히 이어지자 익살맞은 사람들은 그런 도망자들을 바짝 마른 문화권을 헤매다니는 '실종된 부대(Lost Legion)'라고 불렀다. 불공평한 관계는 공정한 관계를 이뤄내려는 끝없는 시도로 이어졌으며, 거듭 발표된 합작 계획은 불공평함을 시정하려고 노력했다. 브리티시 페이머스 플레이어스-래스키는 할리우드 노하우의 대지에 런던의 교각을 지으려는 의도로 맺어진 협력사업의 일환이었다.

1919년 10월에 브리티시 페이머스 플레이어스-래스키의 새로운 스튜디오의 입지로 이즐링턴이 결정됐다. 카날브리지 가까운 곳에서 뉴노스로드와 갈라지는 소박한 풀스트리트는 빈민가에 둘러싸인 불결하고 무너져가는 빌딩이 서 있는 곳이었다. 원래 런던 지하철의 발전소였다가 최근에 텐트와 방수용 천 공장으로 쓰인 이 유리지붕 덮인 큼지막한 구조물은 리노베이션의 대상이었다. 회사측은 노동계급 주민들이 덜 거주하는 지역을 택했을지도 모르지만, 보도자료에서는 이즐링턴이 웨스트엔드에서 대중교통으로 15분 거리밖에 되지 않는다는 점을 강조했다.

회사는 이 건물을 28년 동안 임대하는 낙관적인 계약에 서명하고 건축 기사들과 공사장 일꾼들에게 건물을 넘겨줬다. 그들은 영국 최대 규모라고 홍보된 거대한 방음 스튜디오 2곳, 수중촬영을 위한 깊숙한 우물형 물탱크, 사무실과 작업실, 그리고 웨스트엔드 스타일의 음식을 적당한 가격으로 제공하는 60석 규모의 레스토랑을 만들어냈다. 공사는 1919년 10월에 시작되어 첫 제작이 시작된 1920년 늦봄 무렵에 개조가 끝났다. 모든 설비는 할리우드 최고수준의 장비와 대등한 현대식이었고 카메라와 조명도 대부분 값비싼 최신설비인 데다 필름은 코닥이었다. 기술자들이 장비와 함께 미국에서 건너왔다.

영국적이라고 홍보하기는 했지만, 모든 것에 미국적 분위기가 가미돼 있었다. 더군다나 브리티시 페이머스 플레이어스-래스키가 처음 제작한 영화의 첫 장면은 이즐링턴이 아니라 대륙에서 촬영됐다. 영국의 제작자들은 안개 자욱하고 축축한 분위기를 피해 습관적으로 대륙으로 도망을 치곤 했다. 영국영화는 이미 도버해협 건너편의 나라들, 그중에서도 스위스, 프랑스, 스페인, 이탈리아와는 장기간의 (어느 영화역사가는 '강박적'이라고 표현했다) 관계를 맺고 있었다. 악명 높은 '런던의 명물(particular)[22]'이 대낮에도 어둠을 만들어내는 런던과 달리, 그 나라들의 기후는 믿음직한 편이었다.

화창한 그림 같은 로케이션을 위해 대륙으로 떠나는 태도는 영국 문화와 히치콕의 감수성에 깊이 파고들었다. 젊었을 때부터 그는 늘 여행에 매료됐는데, 이제 로케이션을 떠나는 것은 히치콕의 영화연출 접근법에도 필수적인 요소가 됐다. 영화는 사방으로 돌아다녀야만 했다. 스튜디오는 히치콕의 실험실이었다. 그러나 히치콕은 로케이션 촬영을 통해, 스튜디오에서 만들어낸 초현실적인 화면에 약간의 리얼리티를 가미해서 초현실성의 농도를 묽게 만들 수 있었다.

1920년 5월 말에 브리티시 페이머스 플레이어스-래스키의 첫 작품 〈최후의 심판날〉의 막을 열기 위해 이즐링턴에서 스위스로 건너간 사람은 미국인 휴 포드였다. 포드는 무대와 뉴욕에서 인정을 받은 인물이었는데, 뉴욕에서는 56번가에 있는 페이머스 플레이어스-래스키 U.S.의 스튜디오를 관리했으며, 할리우드에서 D. W. 그리피스의 회사를 위해 연출을 하기도 했다. 이즐링턴의 고위층 임원의 대부분은 런던사람이었지만, 작품 제작과 관련된 핵심임원은 미국인이거나 귀국한 '실종된 부

22 안개. — 옮긴이

대원'이었다.

특히, 감독들은 할리우드와 페이머스 플레이어스-래스키 U.S. 출신이었다. 처음 배치된 인력은 도널드 크리스프(자신을 스코틀랜드인이라고 떠벌리고 다닌 런던 토박이로, 그리피스 사단의 일원이었다), 존 S. 로버트슨(영화 초창기의 제작사인 바이타그래프의 베테랑으로, 영국의 런던이 아니라 캐나다 온타리오에 있는 런던 출신이다), 조지 피츠모리스(파리 출신), 폴 파웰(릴리언 기시, 더글러 스페어뱅크스, 메리 픽퍼드를 감독했던 미국인) 등이었다.

시나리오 부서의 최고 책임자 역시 할리우드에서 건너왔다. 톰 게라티는 『뉴욕헤럴드』 기자 출신으로, 더스틴 파넘, 월러스 레이드, 더글러스 페어뱅크스가 출연하는 영화들의 시나리오를 집필했다. 그의 조수는 영국인 모던트 홀로, 훗날 미국으로 이주해서 『뉴욕타임스』에 실명으로 영화평론을 쓴 최초의 인물이 됐다. 이즐링턴이 영국의 소설을 구입하고 영화로 만드는 곳이 되기는 했지만, 스튜디오의 시나리오 작가들은 보통 할리우드 출신으로 상당수는 여성이었다. 히치콕은 이즐링턴을 호령하던 '중년의 미국인 여자들'로부터 배운 시나리오 철학에 깊이 빠져들게 됐다고 여러 차례 밝힌 바 있다.

엘지 퍼거슨, 마거리트 클라크, 메리 픽퍼드 같은 여배우들을 위해 100여 편의 시나리오를 쓴 편집자이자 시나리오작가 이브 운셀은 이즐링턴에 도착한 최초의 중요 작가였다. 소설가이자 극작가이며 많은 시나리오를 쓴 마거릿 턴불이 1920년대 후반에 그녀의 뒤를 이었다. 스코틀랜드에서 태어난 (그녀는 2살 때 부모와 함께 배를 타고 미국으로 건너갔다) 턴불은 운셀에게서 수석 콘티작가 자리를 넘겨받았다. 1921년 4월에는 (파웰과 같이 일했던) 메리 오코너, 세실 B. 데밀의 가까운 동료인 유명한 지니 맥퍼슨이 합류했다.

히치콕이 읽고 제작을 도왔던 최초의 시나리오들은 할리우드 여성이 할리우드 방식으로 집필한 것들이었다. 미국영화는 아름다운 여주인공을 위기나 위급한 상황에 몰아넣는 줄거리의 매혹적인 스타 시스템에 중점을 맞추는 경향이 영국보다 심했다. 여주인공의 구체적인 캐릭터 구축을 돕기 위해, 그리고 여성 관객에게 특히 어필할 것이라고 생각되는 정서적 뉘앙스를 시나리오에 부여하기 위해 흔히 여성 시나리오작가가 고용됐다. 히치콕은 영화경력의 처음부터 여배우에게 초점을 맞추고, 여성 캐릭터를 강조하며, 그들의 연기를 부각시키고, 그들의 외모를 돋보이게 만들라고 배웠다. 그리고 그는 그런 목표를 수행하기 위해서는 여성들의 도움을 받아야 한다는 것을 일찌감치 터득했다.

크레디트를 확실히 신뢰하기는 어렵지만, 히치콕은 첫 2년 동안 최소한 8편의 영화의 자막과 삽화를 책임진 것으로 보인다. 〈최후의 심판날〉(휴 포드 연출, 1920), 〈젊은이의 사명*The Call of Youth*〉(포드, 1920), 〈상황*Appearances*〉(도널드 크리스프, 1920), 〈뉴욕의 공주*The Princess of New York*〉(크리스프, 1921), 〈보니 브리어 부시 옆에서*Beside the Bonnie Brier Bush*〉(크리스프, 1921), 〈미스터리 로드*The Mystery Road*〉(폴 파웰, 1921), 〈위험한 거짓말*Dangerous Lies*〉(파웰, 1921), 〈퍼피츄아*Perpetua*〉(존 S. 로버트슨, 1921) 등이 그 작품들이다.

헨리스의 광고부 직원은 글을 쓰는 것뿐 아니라 그림도 그려야 했다. 그것은 작가와 스케치 아티스트가 결합된 '자막 담당자'가 할 일이었다. 히치콕이 어느 인터뷰에서 회상했듯, 그가 이즐링턴에서 만든 자막 카드들은 '날아다니는 새들, 부서진 하트들, 녹아내리는 양초들'을 등장시켰다. "존의 아내는 남편의 생활방식을 염려한다"고 적힌 카드에는 양쪽 모퉁이에 옆으로 쓰러진 초가 불타는 모습을 그려넣었다.

히치콕은 이즐링턴의 미술부문 총책임자이자 그를 고용한 노먼 그레고리 아널드로부터 지시를 받았다. 노먼 아널드의 동생 찰스 윌프레드 아널드는 히치콕의 친구가 된 또 다른 미술감독이었다. 카메라부서의 책임자 클로드 맥도넬은 기진맥진한 듯한 외모로 진짜 능력을 은폐한 인물이었다. 히치콕은 이 세 사람에게서 영화제작과 관련한 기본원칙을 모두 배웠다. 그는 배우는 속도가 빨랐다. 히치콕이 원숙한 감독이 된 몇 년 후, 세 사람—아널드 형제와 맥도넬—은 모두 히치콕에게서 지시를 받게 됐다.

자막 카드를 스케치하는 것은 무대장치와 세트를 스케치하는 일을 하는 미술감독에게는 좋은 훈련이었다. 히치콕이 뛰어난 스케치 아티스트였는지는 약간의 논란이 있다. 그는 영화역사가 찰스 토머스 새뮤얼스에게 이렇게 밝혔다. “마음만 먹었다면, 나는 완성된 영화의 모든 프레임을 그릴 수도 있었습니다.” 영화경력 초기에 히치콕은 카메라맨을 위해 숏을 그렸고, 그의 그림들은 표현이 풍부했지만 결국 그는 소규모 아티스트들을 고용했다. 또한 1960년대에 히치콕의 이런 측면을 가끔씩 목격한 매트 전문가 앨버트 휘틀록은 이렇게 주장했다. “히치는 진정한 데생 화가는 아니었습니다. 스케치하려는 시도도 거의 하지 않았고요.”

1921년 중반, 히치콕은 승진의 사다리를 타고 위로 올라갔다. 그가 미술감독으로 참가한 첫 영화는 〈살아 있는 세 유령들*Three Live Ghosts*〉이었을 것이다. 조지 피츠모리스가 1921년에 감독하고, 클레어 그릿과 시릴 채드윅이 출연한 코미디였다. 피츠모리스는 오우이다 버제르의 남편이었는데, 전직 무대 에이전트이자 여배우였던 버제르는 원 릴러(one reeler)[23] 시대부터 영화 일을 한 시나리오작가였다. 버제르는 작가 이상의 존재였으며 피츠모리스의 뮤즈였다. 그녀는 남편이 영화를 만들 때면 어느 단계에서건 몸을 사리지 않고 일했다. 심지어는 편집실에서 남편 곁에 앉아 있기까지 했다.

피츠모리스가 총애한 카메라맨은 미국인 아서 C. 밀러로, 그는 이즐링턴의 진취적이고 젊은 미술감독이던 히치콕을 만난 것을 회상했다. “나는 그가 약간 허름한 집에 가는 것을 동행했습니다. 그는 주인 여자와 그 집의 낡은 가구를 전부 새 것으로 교체해주는 문제를 흥정하면서 시간을 보냈습니다.” 밀러의 회상이다. “그는 스튜디오에 그가 디자인한 세트를 장식하는 데 그녀의 가구를 썼습니다.”

“우리 조사의 성공을 위해!” 〈살인〉에서 탐정 노릇을 하는 존 경(허버트 마셜)은 그렇게 외친다. 조사는 히치콕이 탐정처럼 해치운 일이었

23 러닝타임이 필름 한 통 길이인 15분 이내의 영화. — 옮긴이

고 이미 그의 방법론의 핵심 요소였다. 히치콕은 프리프로덕션 단계에서 현실세계의 배경과 캐릭터와 아주 닮은 실생활의 인물들을 찾아다니면서 '스스로 체험하는' 과정을 즐겼다. 그는 사실성을 위해(히치콕은 트뤼포에게 "나는 배경과 가구설비의 사실성에 굉장히 신경을 씁니다"라고 밝혔다), 상상력의 도약대로 삼기 위해 문서와 스케치와 사진들을 수집했다. 그는 늘 리얼리티를 만지작거렸다.

〈살아 있는 세 유령들〉 이후 히치콕은 1921년 후반에 촬영된 〈고향에서 온 남자*The Man from Home*〉(피츠모리스와 버제르가 만든 또 다른 영화)와 〈스페인의 비취*The Spanish Jade*〉(로버트슨 연출)의 미술을 모두 감독했다. 〈스페인의 비취〉를 위해 출연진과 스태프는 스페인으로 여행을 갔고, 〈고향에서 온 남자〉를 위해 히치콕은 프랑스와 이탈리아를 방문했다. 그가 일찍이 헨리스에서 휴가를 받았을 때 이 나라들을 조사했을 수도 있지만, 아무튼 이즐링턴 시절에 해외여행은 일상사가 됐다.

히치콕은 첫 영화의 미술을 감독하는 한편 스토리부서가 소유한 중편소설을 투기적인 관점에서 각색하는 시나리오 집필을 처음으로 시도했다. 이즐링턴의 소위 '북적대는 시절'에 그는 엑스트라들의 얼굴을 포착하는 식으로 몇몇 장면을 연출하기도 했고 때로는 "기묘하게 생긴 조그만 출입구를 찍기 위해 실외로 나가는 이상야릇한 일을 지시받았다."

히치콕은 그 당시는 미술감독 신분이었지만 세트뿐 아니라 카메라 앵글까지 디자인하면서 이미 감독 노릇을 하고 있었다고 훗날 말했다. "나는 꽤나 독단적이었습니다." 히치콕의 회상이다. "무슨 뜻이냐면, 세트를 지어놓고는 감독에게 '카메라를 둘 곳은 여기입니다'라고 말하곤 했습니다." 영화 역사를 통틀어 볼 때, 프로덕션 디자이너 출신으로 감독이 된 사람은 극히 소수에 불과하다. 미술감독이라는 발판으로 인해 히치콕은 영화를 구상할 때 확실한 이점을 누렸다. 처음부터 —인물과 장소의— '제대로 된 모습'은 그의 비전에 필수적인 요소였다.

히치콕은 일생의 동반자도 이즐링턴에서 찾았다. 그녀는 미국인 천지인 곳에 있는 영국여성으로, 그 어떤 사람보다도 그의 영화에 많은 기여를 했다. 알마 레빌은 히치콕보다 하루 늦은 1899년 8월 14일에 영국 중부 노팅엄에서 태어났다. 노팅엄은 레이스 제조로 유명했으며, 알마의 아버지는 지방 레이스 회사의 런던 판매대리인으로 일했다. 알마의 집안은 부족한 것 없는 중산층으로, 알마는 사립여학교에서 교육을 받았다.

알마는 10대 시절에 '세인트 비투스의 춤'이라고도 알려진 무도병을 앓았는데, 이 병은 류머티즘성 열병이 합병증으로 따라오는 경우가 잦은 신경장애다.[24] 그녀는 학교를 2년가량 빠져야 했던 사실을 평생 아쉬워했다. 건강을 되찾은 알마는 유년기 질환에 대한 반작용으로 말괄량이가 됐다. 그녀는 늘 남편보다 강건했고, 운동이나 육체적 활동에 더 적극적이었다. 알마의 어머니는 가능한 한 자주, 주말과 휴일에는 특히 건강을 회복하고 있는 딸을 데리고 영화관을 찾았다. 건강을 회복했을 무렵 레빌 집안은 런던의 서쪽에 있는 트위큰햄으로 이사했다. 그곳에서 그녀는 자전거를 타고 트위큰햄 스튜디오를 찾아가서, 런던필름컴퍼니가 스케이트 링크를 개조해서 만든 스튜디오에서 영화를 촬영하는 것을 지켜봤다.

1915년에 16살의 알마는 미래의 남편보다 5년 앞서 영화계에 입문했다. 아버지와 아는 사이였던 제작자 해럴드 쇼는 런던필름컴퍼니의 편집실에 그녀의 일자리를 마련했다. 언젠가 그녀는 '무경험자도 일할 수 있는 유일한 곳이었기 때문'이라고 설명했다. 그 시절에 편집자는 '필름 조이너(film joiner)'라고 불렸다. 그때까지도 '감독'과 '제작자'는 서로 맞바꿔서 쓸 수 있는 직함이었고, '가위질(cutting)'이라고 불리던 편집을 감독이 직접하는 경우도 잦았다. 편집실 조수는 감독이 촬영필름을 배열하는 것을 도우면서 '콘티'를 배웠으며, 알마 레빌 같은 '콘티 조수'는 타자와 정리, 보관, 속기를 할 줄 알아야 했다.

24 시데남무도병으로, 유전성 불치병인 헌팅턴무도병과는 다르다.

그녀는 편집실에서 일을 돕는 외에도 촬영중에는 스크립트를 담당했고, 숏을 녹음하거나 시나리오가 수정됐을 때에는 배우에게 대사를 알려줄 준비도 해야 했다. 급할 때에는 사소한 시나리오 집필 작업도 맡아야 했는데, 더 많이 더 자주 쓰면서 그녀는 경험을 쌓아갔다. 알마가 경력 초기에 받은 관례적인 '콘티' 크레디트는, 사실상 그녀가 편집기사와 시나리오 편집자를 겸하는 일을 했다는 것을 가리킨다. 이는 무성영화 시대에 영화계에서 일하는 여성에게는 일상적인 경로였다.

당시 트위큰햄은 분주한 스튜디오여서 알마는 많은 영화에 참여했다. 그녀는 미국인 조지 론 터커 감독이 연출한 사치스러운 〈젠다의 죄수〉(1915)에 편집자로 참여했다. 그녀가 고생한 또 다른 영화는, 그녀의 딸 팻 히치콕의 의견에 따르면 트위큰햄 근처에서 트위큰햄 인력을 활용해서 일부를 촬영한 D. W. 그리피스의 〈세계의 중심〉(1918)이었다. 1920년 무렵에 알마는 영국 무성영화의 선구자 중 한 사람인 모리스 엘비의 '현장비서', 또는 제1조감독으로 자리를 굳혔다. 원기왕성하고 수완이 비상하다는 것을 입증한 그녀는 엘비의 〈데이비드 로이드 조지의 생애〉(1918)에서 전시 국무총리의 딸을 연기하는 것으로 카메라 앞에 서면서, 최초의 '히치콕 카메오'라 일컬을 수 있는 일을 했다.

알마는 1921년 초반에 이즐링턴으로 자리를 옮기기 전까지 엘비의 가까운 파트너로 일하면서 몇 년을 보낸 후 배우-감독 도널드 크리스프의 현장비서가 됐다. 그녀가 미래의 남편에게 처음으로 눈길을 던진 1921년 중반의 어느 시점에, 히치콕은 그의 표현에 따르자면 '편집실의 말단 심부름꾼'에 불과했지만, 알마는 편집기사, 콘티 작가, 프로덕션 매니저로 안정된 자리를 차지하고 있었다.

그들의 첫 만남은 인상적인 구석이라곤 조금도 없었다. "업계에 들어오는 신참들은 누구나 할 것 없이 두려워하고 어리둥절해하는 반응을 보였는데, 이 사람은 달랐어요." 알마의 회상이다. "무표정한 얼굴로 세트를 어슬렁어슬렁 가로지르다가 내 앞에 멈추더니 제작사무실이 어디냐고 물었어요. 빌딩을 가리켰더니, 그는 무뚝뚝한 표정으로 한 마디 말도 하지 않고 사라져버리더군요." 그녀는 그의 차분한 표정과 자신감에 주목했지만, 그들의 이어진 만남도 별것이 없었다. 알마는 이렇게 회상했다. "내가 그이를 처음 만나던 시절에 대해 기억할 수 있는 건, 늘 팔에 커다란 스케치 뭉치를 끼고는 스튜디오를 걸어다니던 모습과 약간 우중충한 회색 외투 차림이 전부예요."

히치콕 입장에서 침묵은 전략적인 것으로, 신중해 보이려는 술책이었다. 편집실의 심부름꾼은 차분한 표정으로 지켜보며 기다렸다. 훗날 히치콕은 처음에 알마가 "나에게는 약간 거만하게 굴었다"고 밝혔다. "나는 알마만 보면 열을 받았습니다. 그래서 그녀를 알아보지 못할 도리가 없었습니다." 그는 키는 152㎝밖에 안 되지만 단발의 불그스레한 금발에 눈동자가 엷은 갈색인 맵시 좋은 그녀를 알아보지 못할 도리가 없었다. 알마는 머리색을 제외하면 그가 "페도라"에서 묘사한 이상적인 여인이었지만, 그녀는 그의 상급자였으므로 그녀에게 다시 말을 붙이기까지 3, 4년을 흘려보내야 했다.

브리티시 페이머스 플레이어스-래스키는 애석하게도 그리 오래 가지 못했다. 1922년 여름 무렵에 실험은 중지됐고, 미국의 동업회사가 영국에서의 영화 제작을 포기했다는 소문이 퍼지기 시작했다. 파라마운트가 완성된 영화 몇 편을 자랑스러워했음에도 이즐링턴의 작품들은 영국인과 미국인 그 어느 쪽도 흡족해하지 않는 잡종영화로 간주됐다. 더군다나 페이머스 플레이어스는 이즐링턴과 거의 동시에 롱아일랜드에도 새로운 스튜디오를 지으면서 규모를 지나치게 확장했다. 회사는 봄베이에 추가 건물을 짓겠다는 웅장한 계획에서 뒷걸음질을 치고 있었다. 런던을 방문한 회사 설립자 제시 L. 래스키는 이즐링턴의 폐쇄는 일시적인 것이라고 주장하며, 편수는 적지만 수준은 더 높은 영화들을 만들겠다는 결심을 밝혔다.

몇 달이 지나면서 이즐링턴에서는 계획성 없이 닥치는 대로 일이 처리됐다. 인력이 정리됐고 알마 레빌도 떠나야 할 사람 중 한 명이 되었다. 히치콕도 틀림없이 자신의 미래를 고민했겠지만, 어찌어찌하여 최소한의 스태프의 일원으로 이즐링턴에 남을 수 있었다. 그리고 특유의 개성대로, 그는 불안정한 상황에서 기회를 감지해서 자신을 필수불가결한 존재로 만들었다. 더 적은 급여를 받고 더 오랜 시간 일하면서 그는 성공할 수 있었다.

앨프레드 히치콕이 연출로 처음 선회한 것은 스튜디오가 아수라장이었을 때였다. 〈항상 부인에게 말하세요*Always Tell Your Wife*〉는 덕망 있는 배우-흥행업자 세이무어 힉스의 단편 희곡에 기초한 투 릴러(two-reeler)였다. 바람기 있는 남편, 의심 많은 아내, 공갈을 치는 정부에 관한 코미디인 이 이야기는 1914년에도 힉스를 주인공으로 해서 영화로 만들어진 적이 있었다. 1923년 1월에 휴 크로이즈 감독은 또다시 힉스를 출연시킨 새로운 버전을 만들기 위해 이즐링턴의 촬영공간을 임대했다. 크로이즈가 병이 나자 힉스는 절박한 눈빛으로 사방을 둘러봤다. 힉스의 회상에 따르면, 그의 눈길은 '소품실을 책임지고 있는 뚱뚱한 청년'에게 떨어졌다. 그 젊은 친구는 "엄청나게 열심이었으며, 몹시도 제작을 하고 싶어 했다."

지금 〈항상 부인에게 말하세요〉는 런던 소재 영국영화협회에 한 릴만 남아 있다. 그 필름에는 영화의 스타이자 작가이고 제작자인 힉스의 인장이 두드러지게 찍혀 있다. 카메라는 고정돼 있고 코미디는 과장돼 있지만, 한 가지 사소한 사항 하나는 히치콕 팬들에게 확실한 흥미의 대상이다. 이 최초의 '준 히치콕 영화'는 새장에 갇혀 퍼덕이는 새의 숏을 강조한다. 영화가 완성됐는지, 또는 개봉됐는지 여부는 불확실하지만, 아마 그렇지 못한 것으로 보인다. 완성작이 개봉되지 않았다면 같은 기간에 촬영했지만 세상에는 알려지지 않은 〈13호*Number Thirteen*〉가 젊은 열성감독의 진정한 데뷔작일 것이다. 히치콕은 〈피바디 여사*Mrs. Peabody*〉라는 제목으로도 알려진 〈13호〉를 1922년 말이나 1923년 초에 연출했다. 미국인 은행가-자선가 조지 피바디가 런던 빈민들에게 적절한 숙소를 제공하기 위해 설립한 피바디 재단의 자금으로 지어진 빌딩에 거주하는 저소득층 주민들에 대한 이야기였다.

〈13호〉를 쓴 사람은 이즐링턴에 고용된 여자였는데, 예전에 찰리 채플린과 일을 해본 적이 있다는 막연한 배경을 제외하고는 정확한 신원은 알려져 있지 않다. 히치콕은 연출과 제작을 맡았다. 주연배우는 클레어 그릿으로, 유명한 배우-흥행업자 존 그릿과 그의 아내 파니의 딸이었다.[25] 그릿은 〈살아 있는 세 유령들〉 때부터 히치콕과 친분이 있었다. 인기 좋은 장년의 성격파 배우인 그녀가 무대에 처음 오른 것은 히치콕이 태어나기도 전이었다. 〈13호〉에 관한 가장 주목할 만한 점은 히치콕의 삼촌 존이 영화에 투자를 했다는 것이다. 돈이 바닥나자 그릿도 돈을 투자했지만 촬영은 겨우 두 릴을 완성하고는 중단됐다. 〈13호〉와 관련해서 남아 있는 것이라고는 스틸 몇 장이 전부다. 이 영화는 영화관계자 누구나 '실전(失傳)된' 중요영화 명단의 상단에 올려놓는 영화가 되었다.

〈13호〉의 실패—그리고 삼촌의 투자 손실—는 히치콕이 가슴 깊이 느낀 '얼마간 세상을 겪고 강해지는 경험'이었다. 이후 수십 년 동안 철저한 준비와 프리프로덕션은 그의 방법론에서 그 무엇보다도 중요한 요인이 되었고, 스토리보드 작성—촬영에 앞서 모든 장면을 스케치하는 것—은 표준적인 방침이 됐다. 그는 제작비 예산에 맞춰 효율적으로 영화를 만들어야 할 책임감을 뼈저리게 느꼈으며, 자신이 제작자에게 확실한 수익을 안겨주는 '흥행' 감독이라는 사실을 자랑스러워했다.

그릿의 관대한 태도는 그가 결코 잊을 수 없는 또 다른 행위였다. 히치콕은 한때 무대를 휩쓸던 주연여배우를 좋아하게 됐고, 이후로 그녀에게 별난 조연 역할을 종종 맡겼다. 그릿은 이후의 히치콕 영화들에 그 어떤 연기자보다도 더 많이 모습을 비췄다.[26]

브리티시 페이머스 플레이어스-래스키가 없었더라도 오늘날의 앨프레드 히치콕이라는 영화감독이 존재했을 것이라는 데에는 의심의 여지가 없지만, 그는 이즐링턴이라는 도가니에서 감독으로 벼려졌다. 갓 싹이 튼 재능과 낙천성, 자신감은 그를 독보적인 존재로 만들었고,

25 1929년에 기사 작위를 받은 존 그릿은 극단을 데리고 영국 전역, 특히 학생들이 있는 곳을 끊임없이 순회하면서 셰익스피어와 다른 영국의 고전들을 공연했다.

26 클레어 그릿은 〈13호〉 외에 〈링〉, 〈맨 섬의 사나이〉, 〈살인〉, 〈나는 비밀을 안다〉, 〈사보타주〉, 〈자마이카 인〉, 그리고 히치콕이 제작한 〈캠버 경의 여인들〉에 출연했다.

히치콕 특유의 아이디어와 기법들—장기간에 걸쳐 지속되는 인간관계는 말할 것도 없고—은 그의 첫 영화 일에 기원을 두고 있다. 이즐링턴에서 겪은 온갖 고초를 통해 히치콕은 스튜디오의 한복판에 스스로 영리하게 둥지를 틀 수 있었다.

브리티시 페이머스 플레이어스-래스키에 닥친 일은 별개로 치더라도, 몇몇 스튜디오가 엄청난 손실을 기록하면서 파산 위기에 몰릴 정도로 흔들렸던 1920년대 초엽은 영국영화사에서 위험한 상황이 계속 이어진 시기로 구분된다. 영국은 대규모 자본, 국내 관객 수, 세계적인 마케팅 조직 등의 수치 면에서 할리우드의 상대가 되지 못했지만, 위기의 순간은 늘 용감무쌍한 젊은 피를 매혹시키는 시기인 법이다. 히치콕의 앞날에 중대한 영향을 끼칠 몇몇 인물이 1923년 봄에 이즐링턴에 도착했다.

필름 임대업을 했던 마이클 밸컨과 빅터 사빌은 버밍엄에서 인정을 받은 사람들이었다. D. W. 그리피스의 서사영화 〈국가의 탄생〉과 〈인톨러런스〉의 미들랜즈 매매를 담당했던 사빌은 제1차 세계대전 후 찰스와 허버트 윌콕스 형제가 운영하는 영화예약 합작회사에 합류했다. 이후 사빌과 밸컨은 광고영화를 제작하는 회사를 차리고 장래가 유망한 신예 극장운영자 시드니 번스타인과 함께 그들의 첫 단편을 공동제작했다.

허버트 윌콕스의 친구 중 한 사람이 D. W. 그리피스의 또 다른 프로모터인 뉴캐슬어폰타인의 극장운영자 잭 그레이엄 커츠였다. 1919년에 영화제작에 뛰어든 윌콕스는 그의 첫 영화 〈놀라운 이야기〉의 감독으로 커츠를 고용했다. 빅터 사빌은 운 좋게도 C. M. 울프의 조카와 결혼했는데, 울프는 영국 최대의 임대회사인 W&F(울프와 동업자 존M. 프리드먼의 이름을 땄다)의 소유주였다. 윌콕스와 커츠가 갈라섰을 때, 밸컨과 사빌, 잭 프리드먼—존 M.의 아들—은 새로운 회사를 설립하고 커츠를 그들의 간판 감독으로 영입했다.

사빌과 밸컨은 교육을 잘 받은 총명한 사람들이었다. 히치콕은 시간이 지남에 따라 사빌에게 친근감을 느꼈다. 히치콕과 비슷하게 재기 넘치고 예술가적 기질이 있는 사빌은 얼마 안 있어 연출로 선회하여, 영국과 할리우드에서 과소평가된 일련의 작품들을 연출했다. 밸컨은 1923년 이즐링턴부터 1963년의 마지막 작품까지 훌륭한 영화경력을 보여준 타고난 프로듀서였다.(논쟁의 여지는 있지만, 영국영화사에서 마이클 코르다의 뒤를 잇는 가장 중요한 인물이다.) 침착하고 기민한 밸컨은 세속적인 이윤 추구의 정신이 그의 건실한 영국적(마이클 파웰은 '편협한'이라고 말했다) 감수성과 불화를 일으키는 경우가 잦은 뛰어난 사업가였다. 세월이 흐르면서 관계가 삐거덕거리는 경우도 많았지만, 히치콕은 밸컨에게 영원토록 갚지 못할 신세를 졌다.

밸컨-사빌-프리드먼은 영국 내에서 그들에게 필요한 돈줄을 찾아냈을 뿐 아니라, 루이스 셀즈닉이 경영하는 셀렉트 오거나이제이션과 미국 배급계약을 위해 미국으로 여행을 가기도 했다. 제1차 세계대전 이전에 미국 동부해안에서 영화제작과 배급분야의 공격적인 개척자로 활동한 셀즈닉은 1920년대 초반부터 힘든 시기를 겪기 시작했는데, 당시에는 사업을 재건하려고 애쓰고 있었다. 영화제작에 관심이 있던 셀렉트는 미국 동부의 소형 극장체인을 통해 저렴한 영국영화들을 기꺼이 배급했다.

셀즈닉은 수완 좋은 아들을 둘 뒀는데, 그중 동생인 데이비드는 훗날 일급 제작자가 되어 히치콕과 미국에서 첫 계약을 맺었다. 그런데 감독의 미래에 더 중요한 인물은 형 마이런이었다. 아버지의 런던 주재 비공식 대표로 일한 마이런은 일찍이 1921년12월의 방문에서 히치콕과 처음 악수를 했고, 훗날 할리우드에서 히치콕의 첫 에이전트가 됐다.

밸컨-사빌-프리드먼이 이즐링턴의 임차인이 됐을 때, 밸컨은 '눈에 띄는 정력가', 무슨 일이건 잘하는 재주꾼, 일을 더 많이 하려고 드는 데생 화가인 히치콕을 만났다. 초짜 프로듀서는 신생 영화사의 처녀작으로 꼽힌 1921년도 연극 〈여자 대 여자*Woman to Woman*〉에 히치콕을 커츠의 조감독으로 들여보냈다. 밸컨은 이렇게 회상했다. "초창기에 한번은 내가 그에게 괜찮은 시나리오작가를 아느냐고 물었습니다. 희곡을 시나리오 형태로 바꾸지 못할 무렵이었거든요. 히치가 즉각 '예, 접니다'라고 대답하더군요. 나는 그에게 시나리오를 쓴 적이 있느냐고 물었습니다. 그는 영화로 만들어진 적이 없는 시나리오를 보여줬습니다. 나는 그것을 읽고는 히치를 즉각 일에 투입했습니다."

히치콕의 표현에 따르면, 〈여자 대 여자〉는 '파리에 애인을 둔 남자가 머리에 충격을 받은 후에 기억을 잃고는 다른 여자와 관계를 시작하는데, 애인이 그의 아이를 낳는다는 이야기'였다. 그는 그런 이야기를 창작해내느라 상상력을 한껏 발휘해야 했는데, 나중에 밝힌 바로는 23살의 히치콕은 여전히 숫총각이었기 때문이다. 그는 데이트를 한 적이 한 번도 없었고, '섹스의 메커니즘'에 대해서는 무지했다. "여자랑 같이 있었던 적이 한 번도 없었습니다." 히치콕은 어느 인터뷰에서 회상했다. "여자가 어떻게 아이를 갖는지에 대해서는 짐작도 하지 못했습니다. 남자가 파리에서 애인과 있을 때, 또는 그의 아이를 낳은 다른 여자와 있을 때 무슨 일을 하는지에 대해서도 도무지 아이디어가 없었습니다."

그러나 그도 개괄적인 아이디어는 틀림없이 가지고 있었다. 그에게는 탄탄한 희곡을 각색한다는 이점이 있었고, 그 희곡을 쓴 극작가 마이클 모턴과 공동 작업할 기회도 있었기 때문이다. 모턴은 런던에 거주하는 보스턴 출신의 전직 배우로, 유명한 브로드웨이 극작가 마사 모턴의 오빠였다. 런던과 뉴욕에서 20년에 걸쳐 중요한 연극 히트작을 쓴 59살의 모턴은 히치콕의 아버지뻘이었지만, 그런 그가 이제는 젊은이에게 드라마투르기의 법칙을 가르치는 일에 착수했다.

모턴의 희곡은 젊은 영국군 공병이 제1차 세계대전이 발발하기 직전 파리에서 물랑루즈 댄서와 벌이는 연애에 대한 내용이다. 그가 전쟁터로 떠난 후 댄서는 사생아 아들을 낳지만, 그는 부상을 당해 기억상실증에 걸린다. 새로운 신분을 얻은 그는 붙임성 좋은 바람둥이와 결혼하지만, 여자는 그의 유일한 소원인 아이를 가지려 하지 않는다. 몇 년이 지난 후, 그는 런던에서 중병에 걸린 댄서를 만난다. 영화제목은 정점에 달한 아내와 댄서의 대치에서 비롯됐다. 예전의 코러스 걸은 남자의 아내에게 자식을 맡기겠다고 점잖게 제안한 후, 목숨을 위태롭게 만들 댄서 일을 계속한다. 연극(그리고 영화)의 결말부에 등장하는 댄스-자살은 특히나 파격적이고 감동적인 장면으로 간주됐다. 이 장면은 히치콕 영화의 결말을 짓는 놀랄 만큼 많은 '자살들'의 첫 사례였다.[27]

〈여자 대 여자〉를 위해서는 파리로 조사 여행을 가야만 했다. 존 러셀 테일러에 의하면, 히치콕은 커츠와 함께 잠깐 동안 헌팅을 갔는데, 파리는 이미 안방과도 같은 곳이었다. 히치콕은 전시회(미술전시회뿐 아니라 악행박물관), 레스토랑, 길거리의 삶, 외설적인 나이트클럽들을 무척이나 좋아했다.

테일러에 따르면, 히치콕이 도착한 후 처음 한 일은 마들린성당의 미사에 참석한 것이다. 그의 다음 행보 역시, 짐작대로 가톨릭과 관련된 것이다. 그는 몽마르트를 돌아본 후 물랑루즈를 방문했다. 히치콕의 표현에 따르자면, 향락적 분위기를 이해하고 유명한 카바레를 '정확하게 복제'해내기 위해서였다. 출장을 즐기기는 했지만 그는 머릿속으로 일도하고 있었다. "연상하게 만드는 것이 보여주는 것보다 항상 효과가 큽니다." 그는 훗날의 인터뷰에서 섹스어필에 대한 이론을 내놓으면서 이렇게 밝혔다. "캉캉을 추는 여자들을 보세요. 어렴풋이 도발적으로 보여주는 두 살갗을 제외하면, 나머지는 모두 천으로 덮여 있습니다."

이 무렵, 히치콕은 공식적으로 〈여자 대 여자〉의 조감독이자 공동 시나리오작가였지만, 미술감독으로 있던 사람이 그만두자 그 일도 자기가 맡겠다고 밸컨에게 말했다. 책임질 일이 늘어나자 그는 어쩔 수 없이 스태프를 고용하기로 했다. 알마 레빌은 전화를 받고는 약간 놀랐다. 그는 그녀의 존재를 이때쯤에야 겨우 인정한 셈이었다. 그는 자신이 새 영화를 같이 할 사람들을 고용하고 있다고 밝혔다. 알마가 편집기사로 일할 수 있을까?

두 사람 모두 이즐링턴에서 일했지만, 같은 작품에서 호흡을 맞추

27 피터 애크로이드는 『런던의 전기』에서 런던이 유럽의 '자살의 수도'로 유명하다는 것을 지적하는 것으로 런던이 자살에 매료됐다는 주장을 입증한다.

는 것은 이번이 처음이었다. 그들의 평생에 걸친 멋진 파트너십은 그레이엄 커츠의 작품 다섯 편을 같이 작업하면서 굳어졌다.

낭만적인 영국인 클라이브 브룩이 기억상실증 환자를 연기하기로 했다. 그런데 루이스 셀즈닉은 주연여배우로 미국인, 즉 세계 전역의 박스오피스를 보증하는 할리우드 스타를 쓰자고 주장했다. 빅터 사빌이 베티 콤슨을 캐스팅하기 위해 할리우드로 갔다. 그녀는 보드빌 코미디에서 활동하다 진지한 드라마 역할로 변신한 친근한 모습의 금발 여배우였다. 그 정도 수준의 스타에게는 '영국 스튜디오라는 불분명한 곳으로 뛰어드는 것이 실수'가 아니라는 것을 납득시킬 필요가 있었다고 사빌은 회고록에 썼다. "나는 시나리오를 팔아야 했을 뿐 아니라, 기술적인 것들도 팔아야 했다. 스튜디오는 벨&하웰 카메라를 사용하는가? 카메라맨은 경력이 훌륭한가? 메이크업 담당자는 경험이 얼마나 많은가? 의상담당의 능력에 이르기까지 갖가지 것들을 팔아야 했다."

1923년 5월에 런던에 도착한 콤슨은 사보이에서 열린 언론 초빙 파티에서 호사스러운 환영을 받았다. 히치콕은 그 자리에서 미국 여배우를 만났고, 두 사람은 빠르게 친해졌다. 그는 이런 대형스타가 변변치 않은 젊은이의 영화에 출연해줬다는 것을 고마워하여, 여배우와 연락을 계속했다. 17년 후, 그녀가 배우조합의 연금과 혜택을 받을 자격을 얻기 위해 일자리가 필요했을 때, 그는 그녀의 마지막 배역 중 하나가 된 코미디 〈스미스 부부*Mr. and Mrs. Smith*〉의 단역인 거티 역을 맡기는 것으로 그녀에게 보답했다.

히치콕은 무엇인가 쓸모가 있는 것을 찾아내면, 그것을 기억해뒀다가 계속 진척시켜 나가곤 했다. 베티 콤슨—그가 연출을 도운 최초의 완성작의 스타—에게서 그는 최초의 히치콕 블론드를 발견했다.

"여성 스타를 촬영할 때는 어떤 고생도 마다하지 않았습니다." 사빌의 회상이다. "이목구비를 뚜렷하게 보이게 만들고, 분장으로도 감출 수 없는 주름이 눈에 띄지 않게 하기 위해 얼굴 일부에 조명을 비추느라 수많은 램프를 설치하고, 그 빛으로 솜씨 좋게 그늘을 만드는 데만 최소한 한 시간, 종종은 그 이상의 시간이 들었습니다." 카메라 렌즈 앞에는 늘 가제조각이 붙어 있었다. 사빌의 표현에 의하면, 콤슨은 '겉모습이 예쁘고 완벽한 미녀'로 보이도록 촬영됐다.

촬영의 대부분은 1923년 5월에 이즐링턴에서 진행됐으며, 제작진은 프랑스 주앙빌에 있는 파라마운트 지국으로도 짧은 여행을 떠났다. 히치콕은 카지노 드 파리의 모든 죄악과 휘황찬란함을 그곳에 재현했다. 제작진은 공연 중인 쇼에서 카지노 댄서들을 임대해왔으며, 리드댄서 역의 콤슨은 대역을 썼다. 토요일 밤의 마지막 공연이 끝난 후, 스튜디오로 수송돼온 댄서들은 일요일 낮 공연에 맞추기 위해 파리로 되돌아가기 전까지 밤새도록 카메라 앞에서 고생을 했다.

히치콕은 노출이 심한 카지노 의상을 그대로 재현할 것을 요구했지만, 〈여자 대 여자〉는 그가 영화경력 내내 치열한 전투를 벌인 상대인 청교도적 검열당국과 마찰을 빚은 첫 작품이 됐다. 물론 그가 패배했다. 사빌은 이렇게 기억했다. "코러스에게 브래지어를 입히기 위해 침모를 여러 명 고용해야만 했습니다. 영국이나 미국의 스크린에 프랑스의 젖가슴을 드러낼 수는 없었으니까요."

할리우드 스타를 영국으로 데려오려면 상당한 비용을 들여야 했기 때문에, 그들은 2편의 영화에 연달아 출연하는 것이 표준적인 관례였다. 첫 영화의 촬영이 종료되자마자, 밸컨-사빌-프리드먼은 '〈여자 대 여자〉와 똑같은 스타, 제작자, 작가, 주인공, 카메라맨, 미술감독, 스태프, 스튜디오, 배급업자'를 대서특필하는 광고를 내면서, 다음 영화를 서둘러 '조립'했다. 그레이엄 커츠가 다시 감독하고 베티 콤슨이 (쌍둥이로) 주연을 맡았으며, 클로드 맥도넬이 다시 카메라 뒤에 섰고, 배경은 다시 파리였다. 앨프레드 히치콕은 또다시 조감독, '미술감독', 그리고 출간되지 않은 마이클 모턴의 소설에 기초한 시나리오를 모턴과 함께 쓴 공동 시나리오작가가 됐다.

소설의 제목은 『우연의 아이들』이었다. 어느 문헌은 모턴의 이야기를 감질나게 요약했다. "방탕한 여자가 그녀의 목숨을 구하기 위해 죽은 쌍둥이의 영혼에 홀리게 된다."

〈여자 대 여자〉는 1923년 늦가을에 업계 관계자와 언론을 상대로 상영되어 갈채를 받았고, 루이스 셀즈닉은 미국 및 해외 판권을 위해 기록적인 금액을 지불했다. 밸컨-사빌-프리드먼의 첫 작품은 실질적으로 런던에 앞서 뉴욕에서 프리미어를 가졌으며, 미국 극장에서 상업적 성공을 거둔 드문 영국영화가 됐다. 이후 영화는 셀렉트에 의해 독일에 배급됐는데, 독일은 전후의 정치적 반감으로 영국영화가 너무나 오랫동안 손해를 봐온 곳이었다. 따라서 『바이오스코프』에 의하면, 〈여자 대 여자〉가 독일 박스오피스에 오르고 '전쟁 이후 독일에서 수익을 올리면서 상영된 최초의 영국영화가 됐다는 영예'를 자랑한 것은 기적과 같은 일이었다.

영국 평론가들은 영화의 의미심장한 분위기와 독창적인 카메라워크, 그리고 당시 명성이 하늘을 찌르던 커츠의 믿음직한 연출력을 칭찬했다. 리뷰들은 탄탄한 시나리오에 대해서도 논평했다. 이 시나리오는 미국에서 『극영화 대표작 분석』에 훌륭한 시나리오 집필 사례의 하나로 거론됐다.

그러나 〈여자 대 여자〉의 뒤를 이어 재빨리 개봉한 『우연의 아이들』을 영화화한 〈하얀 그림자*The White Shadow*〉는 진짜 재앙과도 같은 영화가 되었다. 비평가도 관객도 영화를 싫어했다. 왜? 많은 세월이 지난 지금은 이유를 알 도리가 없지만, 1923년과 1924년에 최초 개봉된 이래, 오랫동안 실전된 이 영화들을 한 편이라도 봤다고 주장할 수 있는 사람은 세상에 없을 것이다.

이유가 무엇이든 〈하얀 그림자〉의 실패로 재앙의 강도가 세졌다. 셀렉트 오거나이제이션은 파산해서 법정관리 상태가 됐지만, 셀즈닉의 고초는 그가 취급했던 몇 편 안 되는 영국영화들과는 조금도 관계가 없었다. 그가 밸컨과 체결한 영리한 계약은 미국과 독일에서 얻는 수익을 전액 셀렉트의 몫으로 규정했다. 그런데 〈하얀 그림자〉가 실패한 후, 영국 국내 배급을 좌지우지한 극장계의 거물 C. M. 울프는 스튜디오를 향해 치명타를 날렸다.

모피상 출신으로 타잔 영화들과 해럴드 로이드의 코미디들을 배급하면서 돈을 번 울프는 그가 상당액을 투자한 영화사들에게 그의 취향을 강요하면서 영화계 경력을 보냈다. 그는 '예술적인 영화의 제작'을 질색했고, 〈하얀 그림자〉가 너무 '예술적'이라서 실패했다고 비난했다. 그가 밸컨-사빌-프리드먼에서 자금을 회수하자 회사는 해산할 수밖에 없었다.

영국의 영화산업에서 파산은 종종 예기치 못한 열매를 맺기도 했다. 밸컨은 급히 새로운 후원세력을 끌어들이면서 다른 경영자 아래 사람들을 다시 규합해서 게인스버러 프로덕션을 설립했다. 회사의 이름은 18세기에 초상화와 풍경화를 그렸던 영국화가 토머스 게인스버러에서 따왔다. 밸컨의 경영 아래에서, 주름장식이 있는 18세기 의상을 입고 깃털 장식된 모자를 쓴 미소 짓는 '게인스버러 레이디'는 영국영화의 훌륭한 풍미와 세련된 엔터테인먼트를 상징하는, 영화역사의 빛나는 트레이드마크 중 하나가 됐다.

1924년 봄 게인스버러는 첫 작품으로 〈열정적 모험*The Passionate Adventure*〉을 제작할 것이라고 발표했다. 그레이엄 커츠가 감독으로 복귀했고, 히치콕은 미술감독, 공동 시나리오작가, 조감독으로 돌아왔다. 이번 작품의 원작은 프랭크 스테이턴의 소설로, 이전에 연극으로 공연된 적이 있었다. 이번에도 마이클 모턴이 히치콕과 함께 일했다.

클라이브 브룩이 상류층 런더너인 주인공을 연기했다. 주인공은 주말이면 갑갑한 구속복을 벗어던지고 대저택과 아내를 팽개친 채, 이스트엔드의 아파트에서 불가사의한 이중생활을 한다. 이 신사는 빈민가 주민 사이에서 친구(릴리언 홀-데이비스)와 적(빅터 맥러글런)을 불러 모으고, 스코틀랜드야드의 고위급 경찰관(존 해밀턴)은 그의 이중생활에 의혹을 품는다.

〈열정적 모험〉은 1924년 7월의 프리미어를 위해 빠르게 촬영되고 편집됐다. 이 작품은 〈항상 부인에게 말하세요〉와 더불어 지금도 아카이브에 남아 있는 준히치콕 영화로, 미술은 인상적이다.(히치콕은 이즐링턴 스튜디오에 운하를 실감나게 재현했다.) 그러나 시나리오에 담겨 있는 위기에 처한 여자와 롱맨의 줄거리는 더욱 뚜렷한 히치콕 특유의 요소이고, 클라이맥스도 마찬가지다.

스테이턴의 소설에는 이렇게 적혀 있다. "비키는 비명을 질렀다. 그리고는 자신이 무슨 짓을 하고 있는지 도무지 알지 못한 채, 그녀는 해리스에게 몸을 던지면서 그의 어깨뼈 아래로 칼을 쑤셔넣었다. 그의 손가락이 풀어졌다. 그는 쿨럭거리다가 테이블과 침대 사이의 마룻바닥으로 자빠졌다."

히치콕은 이미 그의 스토리텔링의 철학을 온전히 그 나름의 언어를 동원하여 발전시키고 있었다. 그는 이야기 출처의 '도약대 상황', '시각적으로 흥미로울지도 모르는', 비주얼을 통해 강조할 수 있는 '역동적 상황'을 찾으려 노력했다. 그는 영화를 만사가 '여유 있는 속도'인 알레그로[28]나 안단테[29] 시퀀스로 시작하는 것을 좋아한다고 말했다. 그리고는 관객에게 갑작스럽게 충격을 주고, '크레셴도[30]'나 '하이라이트'를 구축하기 위해 일련의 충격을 그 뒤에 덧붙였다. 이야기를 끝맺는 것은 조용하고 모호한 코다[31]였다.

지금도 남아 있는 이 초창기 히치콕 영화는 그가 영화경력 내내 추구했던 센세이셔널한 크레셴도의 유형을 보여주는 잘 알려진 첫 사례다. 격렬하게 싸우는 사이 아파트의 착한 아가씨 릴리언 홀-데이비스의 손에 번득이는 칼이 잡히고, 위기에 처한 여주인공은 남자주인공을 구하기 위해 빅터 맥러글런에게 칼을 꽂는다. 이 전형적인 히치콕 이미지는 소설과 연극에서 곧장 도입됐다. 훌륭한 독자였던 만큼이나 훌륭한 관찰자였던 히치콕은 의미를 전달하는 요소들, 그의 독특하고 매력적인 이야기들을 사람들에게 전해야겠다는 강박관념에 가장 잘

28 빠르게. — 옮긴이

29 느리게. — 옮긴이

30 점점 세게. — 옮긴이

31 악곡의 끝부분. — 옮긴이

이바지하는 극적인 요소들을 늘 낚아챘다. 그런 다음 그는 정서적 충격을 확대할 역동적인 상황을 극대화할 수 있는 방법을 찾아냈다.

히치콕에게 이즐링턴의 조감독생활은 테크닉의 위력을 확고히 굳혀줬다. 이 시기는 50여 년의 경력에 두드러진 잔상을 남긴 아이디어와 영감, 강박관념을 확립한 시기이기도 했다.

〈열정적 모험〉의 출연진 중 비중이 떨어지는 두 사람은 미국에서 건너왔다. 한 사람은 부자의 배우자를 연기한 앨리스 조이스로, 아주 유명하지는 않은 여배우였고, 다른 사람은 그녀의 가장 친한 친구를 연기한 매력적인 마조리 도였다. 더글러스 페어뱅크스 영화들에 출연했던 도는 할리우드의 A. 에드워드 서덜런드와 결혼한 상태였는데, 아버지가 파산한 후 유럽에 있는 연줄을 어떻게든 유지하려던 마이런 셀즈닉은 그녀를 유혹하고 있었다. 마이런은 도를 그 역할에 적극 천거했고, 베렝가리아호를 타고 촬영을 위해 런던으로 오는 여행길에 그녀와 동반했다.

마이런은 작은 키에 넓은 가슴을 가진 남자로, 만성적인 술꾼이었다가 나중에는 알코올 중독자로 발전했다. 그러나 셀즈닉 가문 사람 모두가 그런 것처럼, 그는 정신력과 추진력이 있었고 성격도 매력적이었다. 마이런은 일을 성사시키는 법을 알았다. 〈열정적 모험〉의 촬영장에서 그는 히치콕과 착실히 친분을 쌓기 시작했다.

한편, 마이클 밸컨은 영국 바깥의 시장들을 계속 갈망하고 있었다. 그는 독일 최대의 스튜디오로, 우파(Ufa)로 알려진 베를린의 우니베르숨필름 악티엔게젤샤프트와 낙관적인 계약을 체결했다. 밸컨이 어렵게 성사시킨 합의에 따르면, 우파-게인스버러 합작은 영어권 지역에서는 밸컨이 소유권과 배급권을 갖고, 독일과 유럽에서의 권리는 우파가 보유하게 돼 있었다.

〈열정적 모험〉 프리미어가 열린 직후, 마이런 셀즈닉과 마조리 도는 우파-게인스버러 협력관계를 매끄럽게 만들기 위해 밸컨과 동행하여 베를린으로 갔다. 그레이엄 커츠와 히치콕, 알마 레빌과 제2조감독은 새로운 협력관계 아래 만들어지는 첫 영화를 준비하기 위해 9월에 베를린에 도착했다. 커츠는 캐스팅을 하느라 분주했고, 히치콕은 미술감독 일과 레이먼드 페이턴의 소설 『불량배*The Blackguard*』에 기초한 그의 첫 단독 시나리오에 전념했다. 줄거리는 파리와 러시아를 배경으로 인정 많은 아티스트와 친구가 된 학대받은 소년의 이력을 맴돈다. 소년은 바이올린의 신동이 되고, 그의 예전 음악교사가 이끈 혁명으로부터 그가 구해낸 공주와 사랑에 빠진다.

게인스버러-우파의 첫 합작영화는 게인스버러의 영화라기보다는 우파의 영화로, 파리의 풍광, 심포니 객석 장면, 그리고 천국이 등장하는 흥미로운 꿈 시퀀스를 포함한 웅장한 세트(히치콕 영화에서 되풀이된 특징이 이미 선을 보였다)를 자랑하는 '초대작'이었다. 이 모든 것이 세계적으로 유명한, 베를린 변두리에 있는 몇 에이커의 수풀지대에 펼쳐진 광대한 노이바벨스베르크 스튜디오의 촬영장에 세워졌다.

히치콕은 우파 카메라맨 테오도레 슈파쿨과 가까이 일했다. 히치콕은 훗날 슈파쿨이 하포 마르크스와 닮았다고 말했다. 한때 에른스트 루비치와 일했던 슈파쿨은 히치콕이 독일어를 아는 정도밖에 영어를 하지 못했으므로 두 사람은 주로 스케치와 몸짓으로 의사소통을 했다.

독일의 걸출한 프로듀서 에리히 포머가 이 영화의 명목적인 감독자 노릇을 했다. 독일 배우 발터 릴라가 바이올리니스트로 캐스팅됐고, 윌리엄 S. 하트와 해럴드 로이드와 공연했던 고상한 금발의 할리우드 여배우 제인 노박이 러시아 공주를 연기하기 위해 대서양을 건너왔다.

다른 출연진으로는 자선사업가 역에 영국의 프랭크 스탠모어, 음악교사 역에 독일의 성격파 배우 베른하르트 괴츠케 등이 있었다. 히치콕은 괴츠케가 프리츠 랑의 〈운명〉에서 맡았던 사신(死神) 역할과, 프리츠 랑의 2부작 서사영화 〈도박사 마부제 박사〉에서 대형범죄자 마부제를 추적하는 민완형사 역할에 감탄한 나머지 경이적인 괴츠케를 반드시 찾아내서 그와의 연분을 서서히 쌓아가기로 마음먹었다.

1924년 가을은 독일 무성영화가 최고조에 오른 영광스러운 시기였다. 런던에서 외국영화를 보는 것은 쉬운 일이 아니었고 외국영화가 대규모로 상영되는 경우도 드물었지만, 히치콕은 프리츠 랑, F. W. 무르나우, G. W. 파프스트, E. A. 두폰트의 초기 걸작들을 감상하기 위해 비상한 노력을 기울였다. 그는 독일 표현주의의 지배적인 스타일과 회화 같은 무드에 압도됐다. 그는 우파의 유명한 노이바벨스베르크 스튜디오를 어슬렁거리며 돌아다녔다.(촬영을 막 끝마친 랑은 미국으로 첫 여행을 떠났다.) 히치콕이 디자인한 〈불량배〉의 한 장면을 찍기 위해서는 〈지그프리트〉(〈니벨룽겐〉의 1부)를 위해 만든 거대한 나무들을 부숴야만 했다. 존 러셀 테일러에 따르면, 히치콕이 고집을 부리자 우파의 미술부서는 '눈물을 머금고' 요청에 따랐다.

히치콕은 독일 최고의 거장 중 한 사람인 무르나우가 에밀 야닝스가 출연하는 〈마지막 웃음〉의 한 장면을 구도를 복잡하게 조정해서 촬영하는 것을 지켜볼 수 있었다. 초점 심도가 복잡하게 얽혀 있는 장면으로, 철도역 플랫폼에는 실제 열차가 설치돼 있었고, 먼 뒤편에는 가짜 열차가 희미하게 보였다. 촬영장 저편 보일락 말락 한 곳에는 또 다른 실제 열차가 있었는데, 진짜 승객들이 열차를 오르내렸다. '강제원근법'으로 빚어낸 통제된 환영에 히치콕은 깊은 인상을 받았다. 여러 문헌에 따르면, 히치콕은 무르나우와 대화를 해봤거나, 그가 다른 사람에게 하는 얘기를 듣게 됐다. "사람들이 촬영장에서 보는 것은 중요치 않아. 사람들이 스크린에서 보는 것이 중요하지."

히치콕은 기회가 있을 때마다 이 견해를 인용했고, 자신의 접근법의 초석으로 삼았다. 환영이 효과적이라면, 리얼리티는 중요하지 않다. 그는 〈불량배〉의 군중장면에서 인위적 원근감을 창출해내기 위해 난쟁이 무리를 고용해서 카메라에서 멀리 떨어진 곳에 세워놓는 것으로 무르나우를 모방했다.

〈마지막 웃음〉의 작가 카를 마이어는, 히치콕에 따르면 역사상 '최고의 시나리오 작가 중 한 사람'이었다. 마이어가 글을 쓴 것이 아니라, 무르나우의 시각적 천재성에 부합하는 화면을 썼기 때문이었다. 〈마지막 웃음〉에는 사실상 자막 화면이 없다. '처음부터 끝까지 비주얼로 이야기를 전달하는' 이 작품은 '줄거리의 아이디어를 시각적으로 표현한 최고의 사례'였다.

히치콕은 미국인들에게 배운 가르침에 이제는 독일인들의 시각적 영향력을 덧붙일 수 있었다. 독일영화는 더욱 구성적이었고, 더욱 공들여 설계됐으며, 영화의 분위기에 더 많은 관심을 기울였다. 독일인들은 스타가 아니라 세트를 촬영했으며, 스타를 촬영할 때면 스타를 눈과 입과 손으로 분해해서 촬영했다. 독일인들은 그림자와 섬광, 기괴한 앵글, 극단적인 클로즈업, 유동적인 카메라워크를 좋아했다. 히치콕의 트레이드마크가 된 '부유하는 카메라'는 원래 무르나우의 특기였다. 독일 감독들은 배우들을 꼭두각시처럼 취급하면서 조종하고, 배우들의 사소한 경련까지 일일이 연기를 지시하는 것으로 악명이 높았다. 프리츠 랑의 영화에는 즉석에서 만들어낸 요소가 하나도 없었고, F. W. 무르나우는 의도하지 않은 것은 허용하지 않았다.

히치콕은 다른 영화와 감독들에게 미친 듯이 빠져들었다. 그는 공개적으로는 자신은 다른 감독들이 작업하는 모습을 지켜본 적이 한 번도 없다고 주장했다.[32](사적인 자리에서 그는 다른 감독들이 그가 작업하는 것을 보러 오지 않는다고 투덜댔다.) 그는 다른 감독이나 영화에 대한 질문이 나오면 다른 쪽으로 말을 돌리곤 했지만, 그가 남긴 기록들은 그가 최고의 작품과 감독들에 대해 잘 알고 있었다는 것을 보여준다. 사실 히치콕처럼 지독하리만치 영화에 열중한 감독도 없을 것이다. 그는 초창기의 활동사진에서부터 죽음을 맞기 몇 달 전의 시사회에 이르기까지, 시간이 허용하는 한 가급적 많은 영화를 감상했다.

히치콕은 그에게 영향을 준 사람들에 대해 확실하게 밝힌 적은 없지만, 질문을 받으면 〈칼리가리 박사의 밀실〉, 무르나우, 랑, 심지어는 루비치를 언급하곤 했다. 스타일 면에서 선배가 누구냐는 막연한 질문

32 예외가 딱 한 번 있는데, 히치콕은 어느 인터뷰에서 할리우드를 처음 방문했을 때 스튜디오를 견학하는 동안 감독 한 사람을 보게 됐다고 밝혔다. 히치콕은 이 감독—묘사를 바탕으로 판단해볼 때, 세실 B. 데밀이 틀림없다—이 확성기를 사용하며 일한다는 것을 알고는 깜짝 놀랐다고 말했다. 그는 이후의 인터뷰에서 영화에 담긴 모든 드라마가 세트에서만 촬영되는 듯했다고 비웃듯 말했다.

깔끔하게 면도하고는…… 새에게 둘러싸인 〈불량배〉의 시나리오작가이자 미술감독이자 조감독인 히치콕이 게인스버러-우파의 합작영화 주인공인 제인 노박과 함께 베를린에서 찍은 사진. 노박은 최초의 히치콕 블론드 중 한 사람으로 그들은 평생 동안 친구로 남았다.

을 들으면, 그는 단호하게 대답했다. "독일사람들. 독일사람들이오."

1924년의 독일은 선거와 길거리 싸움으로 나타나는 파벌화와 술집과 만찬식탁에서 벌이는 정치적 논쟁 등으로 극심하게 분열된 나라였다. 나치즘은 아직 먼 훗날의 일이었고, 히틀러는 뮌헨 감옥에 앉아서 루돌프 헤스에게 『나의 투쟁』을 받아 적게 했다. 베를린은 사치와 너저분함, 퇴폐와 악행의 중심지였다.

베를린은 스릴이 넘쳤다. 여행할 때면 늘 그랬듯, 히치콕은 공무와 개인적인 오락을 뒤섞었다. 그는 일을 하지 않을 때면 관광을 했는데, 어떤 면에서는 그것도 역시 일이었다. 늘 머릿속에 풍광을 기록해 넣고 있었기 때문이다. 그는 카바레, 콘서트, 연극, 박물관 전람회, 아트갤러리 전시회에 참석했고, 최고급 레스토랑에서 식사를 했다. 작가와 배우들과 만날 때면 흥미로운 명망가들을 반드시 합석시키려고 했고, 에이전트와 프로듀서들을 순회하며 만나고 다녔다. 알마와 관광을 나갈 때가 아니면, 그는 성공가도에 들어서면서 베를린에서 영화를 찍고 있던 미국인 액션 스타 에디 폴로, 두 번째 히치콕 블론드인 제인 노박과 친하게 어울렸다. 그는 폴로가 1961년 사망할 때까지 친구로 지냈고, 노박에게도 헌신적이어서 50년 후에도 여전히 메모장에 그녀의 생일을 적어넣었다.

히치콕을 아는 일부 사람들은 그를 자신의 섹슈얼리티 때문에 갈등을 겪은 인물, 타고난 본능은 호색적이었지만 행동에서는 그런 본능을 억누른 사내라고 생각한다. 그러나 행동가가 아닌 순전히 관찰자로서 그는 베를린을 포함해서 가는 곳 어디서나 이상야릇한 체험들을 약삭빠르게 기록해뒀다. 어쩌다가 그런 경험에 말려드는 행운은 너무나 흔치 않은 일이었기 때문에, 단지 행운으로만 묵과할 수는 없었다.

히치콕은 베를린에서 어느 날 밤 동성애자로 인기가 높았던 나이트클럽에 그레이엄 커츠와 우파의 대표를 따라갔던 일을 회상했다. 그곳에서 만난 두 여자는 영국인들을 쾌락이 약속되는 사설 파티에 데려갔다. 호텔에서 멈춘 그들은 위층에 있는 방으로 올라갔다. 코냑 잔

장난스러운 홍보사진: 쇼어햄에서 휴가를 즐기는 동안 영화잡지를 읽고 있는 모습. 왼쪽부터 잭 커츠, '조지'로 알려진 남자, 히치, 그리고 사실인지 알 수 없지만 스스로를 '커츠 부인'이라고 부른 에이다.

이 돌고, 존 러셀 테일러의 표현에 따르면 여자들은 '다양한 제안'을 했는데, "운 좋게도 겁에 질린 히치콕은 여자들의 제안을 정확하게는 이해하지 못했다." 히치콕이 프랑수아 트뤼포에게 밝힌 바에 따르면, 그가 "아뇨, 아뇨"를 반복하면서 제안을 거부하자, 두 여자는 침대로 들어가서 사람들이 보는 앞에서 애무를 시작했다. 테일러는 "히치는 놀랐지만, 상황을 제대로 이해하지는 못했다"고 썼다. 일행 중 한 사람인 우파 임원의 젊은 딸은 상황을 더 잘 보기 위해 안경을 꺼내 썼다. 히치콕은 "그 밤은 즐거운 독일식 가정의 밤이었습니다"라고 트뤼포에게 냉담하게 얘기했다.

테일러는 "이 흥미롭고 색다른 경험이 아주 깊은 효과를 가져온 것 같지는 않아 보인다"고 추측했지만, 그는 히치콕의 꾸며낸 순진함에 대해서는 언급하지 않아 이 사건을 과소평가한 셈이 됐다. 히치콕 영화들은 이성애, 동성애, 그 사이에 위치한 섹슈얼리티 등 모든 종류의 섹슈얼리티에 대해 일시적인 호기심 이상의 관심을 표명한다.(그는 알마를 만나지 않았다면 '호모'가 됐을지도 모른다고 언젠가 테일러에게 밝혔다.) 그의 심중에 있는 예수회의 심성은 터부에 매혹됐고 죄악에 매료됐으며, 섹스는 가톨릭의 죄악의 만신전에서 높은 자리를 차지하고 있다.

트뤼포가 지적했듯, 히치콕이 연출한 첫 영화 〈쾌락의 정원*The Pleasure Garden*〉에서는 '실제로는 부부처럼 보이는' 두 여자친구가 '한 사람은 파자마를 입고 다른 사람은 나이트가운을 걸친' 장면을 보여주는 것에서 동성애의 뉘앙스를 감지할 수 있다.(히치콕은 트뤼포에게 그 장면은 베를린 사건에서 '영감을 받았다'고 밝혔다.) 레베카와 댄버스 부인 사이의 레즈비언 정서는 그의 첫 할리우드 진출작이 보여주는 가장 뻔뻔한 착상이다. 그리고 바지를 입은 여성들은 다른 히치콕 영화에도 정기적으로 등장한다.

그러나 그 많은 유혹과 매력에도 불구하고, 히치콕의 베를린 출장은 완전히 즐겁기만 한 것은 아니었다. 히치콕과 그레이엄 커츠는 그때까지는 꽤나 절친한 사이여서 휴가를 함께 갔고, 가끔은 테니스도 같이 쳤지만, 이제 감독과 만능 조감독 사이에 알력이 생겨나고 있었다.

출세한 커츠는 술꾼에다 돈 잘 쓰는 난봉꾼으로 변했다. 존 러셀 테일러에 따르면, "점심시간 동안 분장실에 두 자매를 끌어들이는 위업을 세운 것으로 유명했다." 베를린에서 커츠는 에스토니아 출신 댄서에게 푹 빠져 있으면서 임대 아파트에서 동거하는 다른 여자에게는 그 로맨스를 비밀로 감추려고 애를 쓰고 있었다.(커츠는 그 다른 여자가 아내라고 항상 주장했지만, 히치콕은 그렇지 않을 거라고 의심했다.)

히치콕은 커츠의 '엉뚱하고 예측 못할' 처신이 작업에 영향을 끼칠 때에만 그런 행동에 신경을 썼다. 바람피우는 것과 관련한 가십을 좋아하기는 했지만, 히치콕이 실제 삶에서나 영화에서나 불륜에 대해 도덕적 판단을 내리는 경우는 드물었다. 불행히도 (거실 소파에서 자는) 히치콕과 (조그만 침실에서 자는) 알마는 '커츠 부부'와 동거를 하고 있었기 때문에 윗사람이 저지르는 사소한 잘못을 거들면서 감싸주어야만 했다. 커츠가 에스토니아인 여자친구와 만나도록 일정을 짜면 히치콕과 알마는 '커츠 부인'에게 알리바이를 내놔야 했다. 시내에서 밤 시간을 질질 끌고 난 후 네 사람은 우르르 차에 올라서 집으로 향했는데, 커츠가 여자친구의 거처에 '잠깐 들르기만' 하겠다고 주장했다. 커츠와 에스토니아 애인이 위층으로 사라진 후 히치콕과 알마는 차 안에서 —기다리고— 기다렸다. 마침내 커츠가 나타났고, 그들은 서둘러서 '커츠 부인이 마련한 아주 성대한 영국식 성찬(스테이크 앤 키드니 푸딩 등) 자리에 아주 늦은 시간에' 돌아갔다. 테일러에 따르면, "물론 그들은 의심을 받지 않기 위해 식사를 거절할 수가 없었다. 그래서 히치는 기회만 되면 양해를 구하고 주기적으로 식탁에서 뛰어나가 구토를 하고, 나머지 시련을 겪기 위해 식탁으로 돌아왔다."

이런 속임수들은 히치콕과 커츠 사이의 인간관계에 긴장을 부여하기도 했지만, 그와 알마 사이의 커져가는 사랑을 굳히는 계기가 되기도 했다. 제1조감독과 제2조감독 사이의 이심전심의 유대관계, 그리고 공포와 즐거움이 뒤엉킨 그들의 눈길은 〈영 앤 이노센트〉에서 둘만 아는 비밀이라는 임무를 공유하며 술래잡기의 덫에 걸린 로버트(데릭 드 마니)와 에리카(노바 필빔)의 그것들과 비슷했다. 히치콕이 다른 사람에게 느끼는 동질성을 요약할 만한 것이 있다면, 그것은 이런 이심전심의 교감, 함께 모험을 한다는 데서 비롯된 즐거움과 공포일 것이다.

커츠와 관련된 일들은 더욱 나빠져, 감독은 몇 장면을 상당히 돋보이는 조감독에게 남겨두고는 에스토니아인 애인과 함께 베를린에서 도망쳐버렸다. 〈불량배〉는 12월 초순까지 완성되지 못했다. 이 작품은 또 하나의 준히치콕 영화로 간주할 수도 있다. 요즘에 보더라도, 북적대는 군중장면, 멋들어진 세트, 베른하르트 괴츠케의 열정적인 연기를 갖춘 이 영화는 우파 초대작의 규모와 풍미를 갖추고 있다.

커츠가 도망친 직후 런던으로 돌아온 히치콕은 그가 프랑스 해변의 칼레에 숨어 지낸다는 것을 알게 됐다. 커츠는 영국에 입국하는 데 필요한 서류를 갖추지 못한 에스토니아인과 함께 그곳에서 오도 가도 못하고 있었다. 히치콕은 작업 중인 시나리오—게인스버러의 차기작으로 계획된 〈숙녀의 타락*The Prude's Fall*〉으로, 루돌프 베시어와 메이 에드긴턴의 희곡이 원작이다—를 칼레로 보냈다. 신작은 1924~1925년의 겨울에 촬영할 예정이었고, 제인 노박은 급여를 받으며 머무르고 있었다.

커츠는 촬영일정을 앞당기기 위해, 시나리오 작업이 끝나지 않았음에도 불구하고 유럽대륙에서 야외촬영을 하기로 결정했다. 영국영화계에서 흔하던 이런 관행은 히치콕의 영화경력에서도 너무나 일상적인 일이 됐다. 커츠는 (히치콕, 알마 레빌, 제인 노박을 포함한) 소규모 촬영진을 이끌고 우선 이탈리아에 가서 코모 호수와 베니스 주변의 풍경을 찍고, 그다음에는 스위스의 생모리츠로 이동했다. 그런데 그들이 가는 곳마다 날씨가 좋지 않자 에스토니아인은 신경질을 부렸고, 커츠는 연애문제에 정신을 빼앗겨 쓸 만한 촬영을 거의 하지 못한 채 여행을 끝냈다. 제작진의 유쾌하던 분위기는 냉랭해져 불편한 심기를 지닌 채 영국으로 돌아왔다. 커츠는 가급적 빨리 에스토니아인 없이 이즐링턴에서 〈숙녀의 타락〉을 촬영해야 했다.

〈불량배〉의 다음 작품인 〈숙녀의 타락〉은 실망스러운 수준이었다. 지리멸렬한 스토리라인과 실내 스튜디오에서 서둘러 조립한 듯 보이는 장면들을 보여준 커츠-히치콕의 마지막 작품은 굴곡 많은 영화의 사연을 그대로 반영하고 있다.

그런 장면의 배후에 감도는 불화는 팀이 붕괴했음을 알리고 있었다. 히치콕보다 14살 많은 커츠는 히치콕을 점점 라이벌로 바라보면서, 히치콕의 등 뒤에서 건방진 녀석에 대해 험담을 했다. 세월이 흐른 후 알마는 커츠가 "사실 유쾌한 사람은 아니었어요. 아는 것도 별로 없는 사람이라서, 우리는 말 그대로 그를 모시고 다녔어요"라고 말했다. 히치콕도 그 시절에 자신이 "감독조차도 지휘하고 있었다"고 증언하면서 "나는 그의 귀에 속삭이곤 했죠. 내 생각을 주장할 때는 신중하게 처신했습니다"라고 덧붙였다.

그러나 히치콕은 늘 그들 사이의 긴장 따위는 염두에 두지 않았다고 주장했다. 세월이 흐른 후 한때 유명했으나 운이 다한 커츠는 〈39계단〉의 보충작업을 맡겠다고 지원했고, 이즈음 영국영화계의 주도적 인물이었던 히치콕은 커츠가 영화의 스타 로버트 도나트의 클로즈업을 찍도록 조용히 일을 처리해주었다. 그후 그는 커츠의 딸에게 〈북북서로 진로를 돌려라*North by Northwest*〉의 크레디트에는 오르지 않은 단역을 맡기기도 했다.

그러나 1924년에 커츠는 여전히 거물이었다. 우파와의 거래는 실패로 끝났지만 마이클 밸컨은 솔로몬의 해법을 찾아내 성공시켰다. 밸컨은 우파의 경쟁자로 뮌헨에 기반을 둔 에멜카와 게인스버러 사이의 협상을 멋지게 마무리지었다. 밸컨은 히치콕을 진짜 감독 신분으로 독일로 파견하고, 게인스버러-에멜카의 첫 합작영화를 이끄는 인물로 그를 선택했다.

히치콕은 항상 의식 있고 단호하게 일했고, 부분적으로나마 몇 편의 영화를 이미 연출했으며, 1924년 무렵에 "나는 연출하겠다는 생각을 이미 장난삼아 하고 있었습니다"라고 언젠가 인정한 바 있기는 했지만, 이 인생의 전환점은 순전히 밸컨의 덕으로 돌렸다. "밸컨은 히치콕을 만들어낸 사람입니다." 히치콕이 피터 보그다노비치에게 한 말이다. "시나리오를 쓰고 디자인하면서 보낸 그 시절이 나는 상당히 만족스러웠습니다." 이후 오랜 세월 동안 두 사람 사이에 있었던 강한 의견충돌과 오해를 감안하면, 너무나 관대한 견해로 보인다.

뮌헤너 리흐츠필쿤스트는 우파와 비슷하게, 이니셜을 그대로 발음한 '에멜카(Emelka)'로 알려져 있다. 독일 영화계를 지배하는 베를린 세력에 대한 대안으로 바이에른을 기반으로 1918년에 설립된 에멜카는 산악영화, 독일배경 영화(Heimat), 범죄영화(Krimis), 그리고 다른 노골적인 상업적 장르의 주도적인 지지자로, 예술적 성향을 공공연히 드러낸 우파와 비교됐다. 마이클 밸컨이 다섯 작품을 계약한 것은 에멜카가 독일 내외에서 우파를 능가하도록 돕겠다는 의도에서 비롯됐다.

게인스버러-에멜카의 첫 합작영화는 마거리트 플로렌스 바클리가 올리버 샌디스라는 필명으로 쓴 1923년 소설을 원작으로 한 〈쾌락의 정원〉이었다. 나이트클럽 댄서들의 우정과 숙명을 다룬 이야기로, 코러스 걸 한 사람이 성공과 결혼으로 인해 타락하는 반면, 다른 코러스 걸은 해외에서 원주민 애인과 이중인생을 사는 남편에게 배신을 당한다.

마이클 밸컨의 표현에 따르면, 이 영화에는 주목할 만한 스타, "대중이 익히 아는 이름이 필요했는데, 이것은 당시로서는 할리우드에서 활약하는 스타를 뜻했다." 이번에 그 이름은 버지니아 발리였다. 폭스와 유니버설에서 스타덤에 오르기 전, 1915년에 시카고의 유서 깊은 에사네이 스튜디오에서 영화경력을 시작한 그녀는 바람피우는 남편을 둔 코러스 걸을 맡았다. 또 다른 미국 배우 카멜리타 게라티—전 이즐링턴 스토리에디터 톰 게라티의 딸—는 그녀의 천진난만한 친구 역을 맡았다. 영국인 마일스 맨더는 발리의 파렴치한 남편으로 캐스팅됐다. 단역들은 로케이션 현지에서 충원할 예정이었는데, 국적이 혼합된 이런 캐스팅은 히치콕의 또 다른 트레이드마크가 됐다.

시나리오는 엘리엇 스태너드가 썼는데, 그는 히치콕의 무성영화 시대의 나머지 기간 동안 막후의 중요한 동료로 남았다. 카메라맨은 가에타노 벤티미글리아 남작으로, 이탈리아 귀족의 피를 물려받은 시실리 사람이다. 그는 영화계에 투신하기 전에는 미국에서 AP통신과 『뉴욕타임스』에서 일하기도 했으며, 할리우드, 베를린, 니스에서 영화를 찍었고, 최근에는 이즐링턴에서 활동했다.

히치콕의 관점에서, 1924년의 늦봄에 런던에서 뮌헨까지 여행을 다니는 소규모 촬영진의 핵심 멤버는 알마 레빌이었다. 그녀의 공식직함은 편집자 겸 조감독이었지만, 실제 역할은 훨씬 더 중요했다. 그들이 같이 일했던 짧은 기간 동안, 히치콕과 그의 조수는 호흡이 척척 들어맞는 즐거움을 누렸다. 그들은 음식과 미술과 음악과 연극을 좋아했고, 유머감각도 비슷했다. 알마는 스토리텔링과 연기와 세트에 대한 히치콕의 아이디어를 보완해줬으며, 오랜 시간 동안 그의 말에 기꺼이 귀 기울이고, 종종은 계속 이어지는 그의 문장들을 끝맺었다. 알마는 이미 그의 뮤즈였다.

에멜카와 맺은 협정에는 실내장면은 뮌헨 외곽의 수풀 지대에 있는 삼림개척지 50에이커에 들어선 가이젤가스타이크 스튜디오의 30~40개의 영구 실외세트에서 촬영하는 것으로 명문화돼 있었다. 주된 줄거리는 영국이 배경이었지만, 폭력적인 클라이맥스는 아프리카 식민지가 배경이었다. 나이트클럽과 다른 세트들을 가이젤가스타이크에 짓는 동안, 이탈리아에서 실외 장면을 먼저 촬영했다.

촬영은 이탈리아의 리비에라 해안에 있는 제노바의 항구에서 시작됐다. 알마는 아퀴타니아호 편으로 도착하는 두 미국인 발리와 게라티를 데려오기 위해 셰르부르로 여행을 떠났다. 그녀는 그들을 파리까지 수행하고 왔는데, 파리에 온 스타들은 예산을 초과하여 샹젤리제에 있는 클래리지 호텔에 투숙하겠다고 고집을 부렸다. 알마는 여자들을 파리의 상점으로 데려가서 각자 입을 드레스를 고르고 머리를 손질하게 했다.

히치콕의 1928년 작품 〈농부의 아내*The Farmer's Wife*〉에서, 가정부와 결혼하기로 결심한 농부는 그녀가 즉시 헤어스타일도 바꾸고 옷도 새 옷을 입어야 한다고 주장한다. 농부는 단언한다. "변했다는 것을 세상에 보여주기 위해, 당신은 바로 이 순간 만개한 모습으로 변신해야만 해요!" 영화경력의 시초에서부터 히치콕의 여배우들은 주연으로 변신했다는 것을 세상에 보여주기 위해 '만개한 모습'이 돼야만 했다.

의상과 헤어스타일 분야에 관한 그의 확고한 생각이 어디에서 비롯됐는지는 알 수 없다. 미술 수업을 받을 때나 헨리스에서 모델들을 상대했을 때였을 수도 있고, 모델이었던 누나 넬리로부터 뭔가를 배웠을지도 모른다. 아무튼 주연여배우의 외모를 머리끝에서 발끝까지 뜯어고치는 것은 관객보다 앞서 '스스로 체험하는 것'을 통해 각성하는 과정의 일부였다. 그리고 알마도 〈쾌락의 정원〉을 시작하면서 그가 여성적 아름다움에 대한 미의식을 형성하는 것을 거들었다.

히치콕의 첫 영화는 불구덩이 같은 시련의 연속으로, 너무나 많은 일이 잘못된 덕에 그는 미래에 당할 재앙들을 대비하는 경험을 했다. 그는 당시의 일화를 지겹지도 않은 듯 되풀이해 들려줬다.

무성영화 시대의 삶은 얼마나 단순했는가. 감독과 일행들은 얼마나 명랑하게 여행을 다녔는가! 히치콕은 그가 뮌헨에서 이탈리아로 떠난 시간을 정확하게 기억하고 있었다. ('어느 토요일 저녁 7시 40분.') 동행은 마일스 맨더(히치콕은 처음부터 그를 싫어했다고 훗날 인정했다), 벤티미글리아 남작, 그리고 선상장면을 뉴스릴 스타일로도 찍기 위해 초빙한 '뉴스릴 맨'이었다.(주요 촬영진과는 독립적인, 기민하고 융통성 있으며 인건비 싼 뉴스릴 인력을 동원해서 상세한 지시에 따라 여백 보충용 장면을 찍게 하는 것도 히치콕 특유의 기법이 됐다.)

메인카메라 외에도 일행은 약간의 장비를 가지고 갔다. "필름 1만 피트를 제외하면 조명기구도, 반사판도, 그 외에 어떤 것도 없었습니다." 그들이 기차로 이탈리아로 가는 동안, 알마는 여전히 파리에 있었다. 히치콕에 따르면, 벤티미글리아는 브레너패스에 도착했을 때 필름을 세관에 신고하지 않으면 세금을 절약할 수 있다고 제안했다. 그러나 세관원들은 필름을 찾아내서 '압수'하고 벌금을 부과했다. 히치콕은 월요일 아침에 제노바에 도착했지만 "필름이 없는 상태에서 화요일 정오에 쾌속선이 항구를 떠나는 것을 찍어야만 했다"고 회상했다. 새 필름을 구하기 위해 밀라노로 사람을 보냈다.

불길한 분위기였지만, 촬영은 1925년 5월의 마지막 주에 시작됐다. 맨더의 애인을 연기하는 젊은 독일 여배우는 꽤나 중요한 장면에서 물에 들어갈 수가 없다고 히치콕에게 알리는 바람에 다른 사람으로 교체됐다. 그녀는 "Heute darf ich nicht ins Wasser gehen"이라고 말했다. 통역("오늘 나는 물에 들어가서는 안 돼요")을 들은 히치콕은 당황했을 것이다. 이런! 그는 훗날 인터뷰어에게 자신은 월경에 대해 들어본 적이 없었다고 주장했다! 다급히 대체할 배우를 찾아나선 감독은 결국 그 지역 호텔의 웨이트리스를 채용했지만, 그 웨이트리스는 너무 통통해서 맨더가 그녀를 바다로 끌고 가는 장면에서 거듭해서 리테이크를 해야만 했다.

파리에서의 예산 초과로 인해 제작비는 이미 부담을 안았고 거기다가 필름 비용까지 덧붙여졌다. 위기가 고조되자 히치콕은 런던에 그의 개인 자금을 보내달라고 편지를 쓰기도 했고, 얼마 후에는 지갑까지도 도둑맞았다. 히치콕은 가장 싫어하는 오락거리인 장부를 기입하느라고 바빴다. 그는 "마르크를 파운드로 환산한 후 다시 리라로 환산하면서 저녁시간의 대부분을 보냈습니다"라고 회상했다. 그는 재력이 있는 스타들에게 약간의 금액을 빌렸다.("그리 후한 사람들이 아니었습니다"라고 히치콕은 밝혔다.) 기차로 베오그라드, 빈, 취리히를 거쳐 돌아오면서, 그들은 식비를 아껴야 했다. 할리우드 여배우들의 초과 화물에 대한 부가세와, 취리히 기차역에서 사고로 깨트린 창문에 대한 벌금을 지불한 후, 히치콕은 주머니에 딱 1페니히만 남은 상태로 뮌헨에 돌아왔다고 주장했다. "가장 작은 독일 동전인데, 거의 가치가 없었습니다."

그는 그의 뮤즈 없이는 난관을 헤쳐나오지 못했을 것이다. 알마 레빌은 그림 같은 허니문 장면을 촬영한 장소인 코모 호수의 호반에 있는 빌라데스테에서 그들과 합류했다. 초보 감독 히치콕은 유명한 버지니아 발리를 바라볼 때 '식은땀'을 흘리기도 했다. "그녀에게 연기를 지시할 때는 너무 겁이 났습니다. 내 미래의 아내에게 내가 제대로 하고 있는지 물은 것이 몇 번이었는지도 모르겠습니다."

알마는 히치콕이 로케이션에서 찍는 모든 숏마다, 그리고 나중에 스튜디오에서 촬영할 때에도 견고한 요새처럼 히치콕의 곁을 지켰다. 매 테이크를 촬영한 후에, 히치콕은 그녀에게 고개를 돌리고는 물었다. "전부 괜찮았죠?" 알마가 흡족하게 고개를 끄덕이면, 그는 다음 테이크로 나아갈 수 있었다.

7월 마지막 주에 뮌헨으로 돌아온 그들은 글래스하우스(유리지붕 덮인 스튜디오)에서 견뎌낼 수 없는 무더운 여름의 열기 아래 나이트클럽 댄스 장면을 찍었다. 댄스 시퀀스는 복잡한 무대연출과 끝없는 리테이크를 필요로 했다. 이제 히치콕은 독일어를 약간이나마 알아들을 정도는 됐지만, (이후 그가 우파에서 처음 관찰했던 천재들을 풍자하는 다채로운 문장을 내뱉기에는 충분한 정도였다.) 독일의 업계지는 영국인이 정확한 기술적 지시를 내리기 위해 통역을 필요로 했다고 지적했다.

영국영화의 긴축상황으로 어렸을 때 주입받은 예산과 일정에 대한 감수성을 더욱 강화시킨 히치콕은 8월 말에 촬영을 끝마쳤다. 첫 시사를 위해 뮌헨에 온 마이클 밸컨은 젊은 감독의 데뷔작에서 '미국적 색채'가 보인다고 자랑스럽게 선언했다. 영화가 국제적으로 통할 가능성을 얻기 위해 게인스버러와 에멜카가 절실히 필요로 하는 것이 바로 그 색채였다. 오늘날에 〈쾌락의 정원〉을 보는 사람은 누구나(필립 켐프의 표현에 따르면, '재기 넘치는 앵글들과 카메라 움직임'으로 가득한) 영화의 '독일적 색채'도 못지않게 심하다고 여길 것이다.

그사이 마이클 밸컨은 브리티시 페이머스 플레이어스-래스키로부터 이즐링턴을 인수할 자금을 마련하느라 정신이 없었다. 여행 경험이 풍부한 영국인으로 저널리스트와 할리우드의 에이전트로도 일했고 이후로는 런던에서 골드윈 회사의 홍보담당자로 일했던 찰스 랩워스가 편집담당이사로 게인스버러에 합류했다. 게인스버러는 랩워스가 쓴 소설 "하느님의 두려움*Fear o'God*"이 게인스버러-에멜카의 두 번째 작품이자 앨프레드 히치콕의 두 번째 연출작이 될 것이라고 발표했다. 촬영개시까지는 2달밖에 여유가 없었다. 히치콕과 알마는 랩워스의 소설에서 시나리오를 뽑아내고 있는 엘리엇 스태너드와 협의하기 위해 런던으로 돌아갔다.

"하느님의 두려움"은 소유욕 강한 치안판사로부터 처음에는 구애를 받다가 나중에는 괴롭힘을 당하는 산골마을 선생님에 관한 내용이다. 그녀는 판사 때문에 신비로운 은둔자의 품에 안기게 된다. 영국인 맬컴 킨이 '하느님의 두려움'이라고 불리는 은둔자를 연기할 예정이었고, 히치콕이 〈불량배〉 촬영장에서 친해진 베른하르트 괴츠케는 판사를 연기하기로 동의했다. 세실 B. 데밀의 〈십계〉에서 섹시한 요부를, 〈혈과 사〉에서 루돌프 발렌티노를 상대하는 요부를 연기했던 니타 날디가 선생님을 연기하기로 했다. 영국, 독일, 미국의 세 시장을 겨냥한 캐스팅이었다.

감독은 시나리오를 완성하는 동안 먼저 실외장면을 찍기 위해 11월 초에 뮌헨으로 돌아왔다. 히치콕의 회상에 따르면, '뒤로는 눈 덮인 산들이 앞으로는 멋진 나무들이 보이고 현대적인 물건은 보이지 않는 초가집들이 있는 근사한 마을'이 필요했던 감독은, 이탈리아 국경 근처의 티롤알프스에 있는 그림 같은 오베르구르글을 그린 엽서를 발견했다. 인스부르크까지 오랜 시간 기차를 탄 후, 또다시 자동차를 타고 장시간 이동해 오베르구르글에 도착한 히치콕은 완벽한 배경이라고 단언하며

눈 덮인 알프스에서 〈산 독수리〉(1926)의 장면을 촬영하기 위해 고생스럽게 일하는 히치콕. 알마가 다시 한 번 성실하게 콘티를 모니터하고 있다.

흐뭇한 기분으로 침대에 들었다. 그러나 그날 밤 폭설이 쏟아져 히치콕과 스태프들이 일어났을 때, 오베르구르굴은 흰눈에 덮여 있었다. 그들은 인근에 있는 움하우스로 촬영지를 바꿨으나 이번에는 움하우스에 눈이 내렸다. 감독은 자신의 설득력—그리고 쥐꼬리만 한 예산에서 빼낸 별도의 수고비—을 총동원해서 지역의 소방관들에게 소방용 호스로 눈을 씻어내려 달라고 부탁했다.

1, 2주 동안 야외촬영을 한 후 히치콕은 할리우드에서 도착할 주연 여배우를 맞이하기 위해 서둘러서 뮌헨으로 돌아왔다. 그의 회상에 따르면 니타 날디가 기차에서 내렸을 때, '뮌헨이 숨막혀하는 소리가 귀에 들릴 정도'였다. 여주인공은 '얌전한' 선생님으로 설정됐지만, 히치콕에 따르면 매력적인 날디는 "까무잡잡한 라틴계인 데다 풍만하며 위엄이 있었고, 몸놀림은 나긋나긋했습니다. 비스듬한 눈에 10㎝ 높이 힐을 신고,[33] 중국 여자들처럼 손톱을 길렀더군요. 그리고 검정 드레스

33 위엄 있는 모습을 보여주려면 날디는 그런 힐을 신을 필요가 있었을 것이다. 보도 자료가 신뢰할 만하다면, 날디의 키는 163cm였다.

에 어울리는 검정개를 데리고 있었습니다." 그녀는 아버지뻘로 보이는 나이든 신사와 같이 왔는데, 그 신사를 '파파'(히치콕은 미심쩍어했지만)라고 소개했다.

이 매력적인 미녀를 어떻게 소박한 산골 여인으로 둔갑시킬 것인가? 물론 하이힐과 긴 손톱, 관능적인 메이크업, 그리고 헤어스타일을 모두 없애버려야 했다. "니타는 오늘날의 그녀를 만들어준 용모를 지키기 위해 격렬하게 저항했습니다." 히치콕의 회상이다. 그녀는 새로운 헤어스타일, 지정된 메이크업과 의상을 놓고 싸움을 벌였지만, 감독에게 번번이 무릎을 꿇었다. 히치콕은 알마가 스타를 데리고 "가게를 돌아다니면서, 실크 앞치마 대신 면 앞치마를 사게 만들고, 새틴 드레스 대신 모직 의상을 골라야만 하는 분위기를 조성했다"고 설명했다.

실내장면은 역시 뮌헨에 있는 오르비스 스튜디오에서 촬영했다. 산골마을을 복제한 세트를 설계하고 지은 것은 빌리 라이베르로, 〈쾌락의 정원〉의 런던 배경을 만든 사람이었다. 그런데 시나리오를 수정하면서 다른 작업을 연기해야만 하는 귀찮은 상황이 벌어졌다. 히치콕은 그런 문제들을 침착하고 이성적으로 다루는 법을 배웠다. "하느님의 두려움"을 개명한 〈산독수리*The Mountain Eagle*〉, 또는 같은 뜻의 독일 제목 〈*Der Bergadler*〉는 1925년 크리스마스까지는 촬영을 끝낼 계획이었지만 1월에야 종료됐다.

에멜카 영화사의 위기상황에도 불구하고 히치콕은 더할 나위 없이 즐거운 시간을 보냈다. 영화 연출보다 즐거운 일은 없었으며 위기상황은 그의 기운을 북돋는 듯했다. 사람들의 회의적인 시각에도 불구하고 날디는 얼마나 많은 테이크를 찍든 상관없이 히치콕이 요청하는 것은 무엇이건 행하는 '훌륭한 사람', 타고난 연기자임을 보여줬다. 킨과 괴츠케 역시 프로페셔널이었으며, 마찬가지로 훌륭했다.

〈산 독수리〉는 열등한 영화일지도 모른다.(히치콕은 트뤼포에게 '너무나 형편없는 영화'라고 단호하게 말했다.) 그러나 그 시절에 대한 감독의 기억은 흐뭇한 추억만 남아 있었다. 이후로 여러 해 동안 히치콕 부부는 코모 호수와 생모리츠, 뮌헨으로 돌아갔다. 이곳들은 그와 알마가

처음으로 영화를 만든 곳이었고, 그들이 사랑에 빠진 곳이었다.[34]

촬영이 끝나고 영국으로 돌아온 히치콕에게는 자긍심으로 한껏 달아오를 만한 이유가 있었다. 헨리스의 상사 W. A. 무어는 "이 청년의 성공은 중세의 기사 이야기처럼 읽혀집니다"라고 자랑했다. 헨리스의 광고부서를 떠난 지 4년밖에 안 된 26살의 히치콕은 이제 연출작이 2편이나 되는 영화감독이었다. 그는 카메라 앞에 서는 것을 제외하면, 카메라 뒤에서 해야 할 일은 거의 모든 것을 해본 상태였다.(물론 얼마 안 있어 카메라 앞에도 서게 된다.)

〈산 독수리〉는 직업적인 면에서뿐 아니라 개인적인 면에서도 중요한 사건이었다. 히치콕은 런던에서 남몰래 골라놓은 반지를 갖다 달라고 맬컴킨을 설득했다. 그와 알마가 뮌헨을 떠날 즈음에 히치콕에게는 미리 짜놓은 시나리오가 있었다.

영국으로 귀국하는 여행은 보기 드문 험난한 항해였다. 거센 폭풍이 배를 뒤흔들고, 바람은 울부짖듯 불었으며 파도는 높이 치솟았다. 지독한 뱃멀미를 하게 된 알마는 침대에 누워 있었다. "내가 병상에서 발작적으로 이리 흔들리고 저리 흔들릴 때, 객실 문을 노크하는 소리가 들리더니 히치가 들어왔어요." 알마의 기억은 이렇게 이어진다. "정신나간 듯 흐트러진 그의 모습을 본 것은 그게 처음이었어요. 그리고 마지막이기도 했죠. 머리는 바람에 날려 헝클어졌고, 옷은 바닷물에 흠뻑 젖었더군요."

타고난 세일즈맨이자 이야기꾼인 히치콕은 타고난 연기자이기도 했다. 그는 몇 줄 안 되는 대사를 머리에 집어넣고는 이 순간의 리허설을 해왔다. "나와 결혼해 주겠어요?" "나는 너무 아파서 머리를 들 수도 없었어요." 알마의 회상이다. "그렇지만 그러겠다는 몸짓을 하지도 못할 만큼 아프지는 않았죠." "당신이 거절하지 못할 정도로 약해져 있을 때 당신을 붙들어야겠다고 생각했어요." 히치콕이 그녀에게 한 말이다.

34 〈구명선〉의 빌리처럼, 히치콕은 그가 좋아하던 뮌헨의 레스토랑에서 먹던 포트로스트를 점점 더 그리워하게 됐다.

이 일화는 세월이 흐르면서 여러 가지 버전이 전해져 내려왔는데, 세부적인 내용은 조금씩 다르다. "내가 연출해낸 가장 위대한 장면 중 하나입니다. 대사가 좀 약하기는 했지만, 과장된 연기는 조금도 펼치지 않은 아름답게 연출된 장면입니다." 언젠가 히치콕은 이렇게 뽐냈다. "알마가 수락한 것은 내 성공이 완결됐음을 뜻했습니다. 나는 우선 영화감독이, 다음에는 알마의 남편이 되고 싶었습니다. 확실한 것은 이것이 감정적인 선호도로 매겨진 순서는 아니라는 것입니다. 나는 첫 성공에 내재해 있는 협상력이 두 번째 성공을 거두는 데 필수적이라고 느꼈던 것뿐입니다."

반면에 알마가 청혼을 유도했을 가능성도 있다. 다른 자리에서 히치콕은 오리아나 팔라치에게 이렇게 말했다. "내가 그녀랑 결혼한 것은 그녀가 나에게 결혼을 요구했기 때문입니다. 우리는 여러 해 동안 같이 여행을 다니면서 일하고 있었지만, 그녀에게는 손가락 하나 까딱하지 않았습니다." 이것은 선상 약혼이 등장하는 히치콕의 1928년 무성영화 〈샴페인*Champagne*〉에서 베티 밸푸어가 술에 취한 장 브라댕에게 쓴 수법이다.

〈해외특파원〉과 〈구명선*Lifeboat*〉 역시 바다 위에서의 청혼이 등장하고, 〈리치 앤 스트레인지*Rich and Strange*〉와 〈찢어진 커튼〉에도 선상 로맨스가 등장한다. 히치콕은 사적인 이야기를 가장 많이 다룬 감독에 속하고, 약간씩 변형을 준 자전적인 이야기들은 전형적인 히치콕의 스토리라인에 주요한 요소가 되었다. 심지어 알마의 뱃멀미조차도 스크린으로 오르는 길을 찾아냈다. "나는 항상 뱃멀미를 해요." 잉그리드 버그먼은 〈오명〉에서 이렇게 투덜거린다. 게다가 〈구명선〉은 뱃멀미 영화의 결정판 아닌가?

이즐링턴을 인수한 게인스버러는 중역으로 복귀한 거물 극장업자 C. M. 울프가 새로운 자본을 투입하겠다고 약속하면서, 1926년에 9편을 제작하겠다는 야심 찬 계획을 발표했다. 미국의 관계자들이 다시 활력을 찾은 회사에 의미심장한 관심을 기울인다는 보도가 나왔고, 마이클 밸컨과 찰스 랩워스는 배급문제를 확실히하기 위해 뉴욕으로 출장을 갔다. 그럼에도 불구하고, 게인스버러의 홍보담당자는 스튜디오의 프로그램이 '미국의 남녀배우를 각각 1명씩 출연시킨다는 것을 제외하면 모든 면에서 영국적'이 될 것이라는 점을 강조했다.

의회는 할리우드의 극악한 영향력을 제한하고, 영국산 영화제작에 활력을 불어넣어 줄 '쿼터 법안'을 놓고 논쟁중이었다. 1927년의 논란 많은 영화법은 1930년대 내내 여러 가지 형태로 시행되어, 미국 스타들의 촬영일수와 합작영화의 상영일수가 제한됐다. 이것은 이후 10년이 히치콕의 '가장 영국적'인 시기로 알려지게 된 원인 중 하나였다.

그러나 앨프레드 히치콕은 그 당시에는 영국에서 가장 독일적인 감독이었다. 에멜카 영화들이 개봉되기 전, 그는 이즐링턴이라는 작은 영역의 외부에서는 여전히 상대적으로 무명감독이었고, 오히려 알마 레빌의 명성이 더 높았다. 일찍이 1925년 10월에 영화업계지의 (사진이 딸린) 기사는 "그녀는 그레이엄 커츠의 대작들의 완성에 상당한 역할을 했다"고 선언하면서 "영리하고 경험 많다"고 묘사하는 것으로 그녀를 추켜세웠다. 1925년 12월에 『픽처고어』지에는 알마의 전면 프로필이 실렸다.

히치콕은 여전히 그의 이미지를 실험하고 있었으며, 독일에서 개가를 거두고 막 돌아온 젊은 영국 감독으로서 게인스버러의 1926년도 최고급 프로젝트 중 하나를 확보했다. 1925년 12월 초순에 영화업계지는 다음과 같은 기사를 실었다. "히치콕은 귀국하기 무섭게 게인스버러의 세 번째 영화인 벨록 론즈 여사의 작품 〈하숙인〉의 메가폰을 잡게 될 것이다."

4 성공 가도에 오르다
1925~1929

독일에서 히치콕은 표현주의에 흠뻑 빠졌다. 영국으로 돌아온 그는 부분적으로는 새로 결성된 런던영화협회를 통해 점차 소련 영화와 지가 베르토프, 레프 쿨레쇼프, 세르게이 에이젠슈타인, V. I. 푸도프킨의 이론에도 주의를 기울이게 됐다. 푸도프킨은 이렇게 썼다. "영화예술은 감독이 다양한 필름 조각들을 결합시키고 이어붙이는 순간부터 시작된다." 또는 히치콕이 즐겨 말했듯, "이론적으로 영화는 음표가 멜로디를 만들어내는 것과 유사하게, 한데 이어진 상호보완적인 필름 조각들이다."

그는 푸도프킨이 묘사한 쿨레쇼프의 편집실험에 정통했다. 히치콕은 무대의 미남배우를 써서 행한 쿨레쇼프의 유명한 실험을 정확하게 묘사할 수 있었다. 쿨레쇼프는 배우의 멍한 얼굴에 뜨거운 스프 사발, 관에 담긴 여인의 시체, 곰 인형을 가지고 노는 소녀 등을 삽입하여 각각의 새로운 조합으로부터 관객의 상이한 반응을 얻었다. 히치콕은 실험에 대해 너무나 잘 알고 있어서, 인터뷰어를 상대로 배우의 이름 이반 모주킨(Ivan Mozhukin)[35]을 발음하면서 철자를 정확하게 불러줄 수 있었다. 심지어 그는 1965년에 방영된 텔레비전 프로그램에서 쿨레쇼프의 아이디어를 실제로 선보이기까지 했는데, 자신의 암시적인 미소

35 프랑스에서 그는 'Mosjoukine'이라는 스펠링을 사용하여 굉장한 성공을 거뒀다.

를 보여주고, 먼저는 어머니와 아기의 다정한 장면을 삽입하고 다음에는 섹시한 비키니 차림의 미녀를 삽입해서, 이미지의 순서와 배열—편집—이 메시지를 확연하게 바꿔놓는다는 것을 입증했다.

영화협회가 첫 공식 이벤트를 개최하던 1925년 10월에 히치콕은 여전히 뮌헨에 있었다. 프로그램은 사회규범을 무시하는 에이드리언 브루넬이 만든 코미디단편들, '브롱코빌리' 앤더슨이 만든 서부영화, 발터루트만의 실험적 작품인 2편의 유명한 독일 영화, 그리고 폴 레니가 만든 3부작 〈밀랍인형〉으로 구성돼 있었다.

영화협회의 주요 상영작은 독일영화와 러시아영화였다. 외국영화 외에도 일요일 오후에는 간과된 미국영화, 정부의 검열관들에게 지적당한 논쟁적인 영국작품, 영화업계로부터 경멸당하는 아방가르드영화를 뉴갤러리와 (나중에) 티볼리에서 상영했다. 영화협회는 이로 인해 반상업적이고, 예술적으로는 지식인인 척하며, 어렴풋이나마 공산주의적인 조직으로 간주됐다.

히치콕은 최초 행사를 놓치기는 했지만 영화협회에 열광적으로 참여했고, 발기인과 주도자들 모두를 알게 됐다. 이들 인사 중에는 『스펙테이터』의 영화평론가 아이리스 배리, 『이브닝 스탠더드』의 편집자이며 평론가인 월터 마이크로프트, 유망한 영화제작자 에이드리언 브루넬과 아이버 몬터규, (〈숙녀의 타락〉에 출연했던) 배우 휴 밀러, 조각가 프랭크 도브슨, 가족이 운영하는 극장 체인을 관리하고 있던 시드니 번스타인 등이 있었다. 노엘 카워드와 조지 버나드 쇼도 빛나는 이름을 제공했다.

은행가 스웨이슬링 경의 아들인 몬터규는 에이젠슈타인과 푸도프킨의 번역자로, 조직을 선두에서 이끄는 풍족하고 박식한 전형적인 인물이었다. 히치콕은 개인적으로나 직업적으로나 케임브리지나 옥스퍼드에서 교육받은 영국인 타입과 어울리는 것을 좋아했다.(히치콕이 케임브리지에 가장 가깝게 접근한 것은 〈다이얼 M을 돌려라*Dial M for Murder*〉에서 동창회 사진에 그의 얼굴을 넣은 것이었다. 이는 그의 최고의 카메오 중 하

그 어느 작가보다도 많은 히치콕 영화를 작업했던 엘리엇 스태너드. 〈블랙메일〉 이전까지 히치콕이 만든 모든 무성영화의 전편 혹은 일부를 집필했다.

나였다.)

히치콕은 몬터규, 그리고 몬터규로부터 『옵서버』의 영화평론가 자리를 잠시 넘겨받은 빨강머리 스코틀랜드인 앵거스 맥페일과 협력하면서 덕을 많이 봤다. T. E. B. 클라크의 표현에 따르면, '키 크고 말랐으며 근시인' 맥페일에게서는 "학자 분위기가 났다. 대학 학장으로 오해받는 경우도 많았을 것이다." 영화계에 합류하고 싶어한 맥페일은 〈하숙인〉의 촬영장을 출입하기 시작했고, 스크린 위에서나 밖에서나 30년 동안 히치콕의 곁에 남아 있었다. 잘생기고 말쑥한 번스타인은 평생을 같이한 또 다른 친구였다. 히치콕은 친밀함의 정도는 달랐지만, 마이크로프트와 브루넬과도 일을 하게 됐다. 그들이 히치콕이 합류했던 소집단의 구성원 전부였다. 그들은 시사회가 끝난 후 브루넬의 아파트에 모여 방금 본 영화를 비평하는 일명 '혐오파티'를 개최했다.

영화협회와 혐오파티의 또 다른 고정회원은 약간은 나이가 많은 작가 엘리엇 스태너드였다. 1888년생인 스태너드는 소설가 헨리에타 윈터(필명 존 스트레인지 윈터)의 아들이었다. 꼭 껴안고 싶어지는 스태너드의 별명 '부틀스'는 윈터의 아동소설 『부틀의 아기』에서 유래했다. 스태너드가 한때 연극계에서 일을 했는지, 아니면 플릿스트리트[36]에서 일한 언론인이었는지는 확실치 않다. 마이클 파웰은 그를 '가무잡잡하고 야성미 있는 단정치 못한 미남'이라고 묘사했다. 히치콕의 또 다른 동료 시드니 질리엇은 '성공하지 못한 순회극단의 배우 같은 사나운 눈매와 장발'이라고 그를 표현했다.

스태너드는 1915년에 〈승객용 마차의 미스터리〉의 시나리오작가로 영화계에 입문했다. 그가 〈차선책은 패디〉—브리티시 페이머스 플레이어스-래스키의 해체와 〈여자 대 여자〉의 사이에서 샌드위치가 된 그레이엄 커츠의 영화—의 작가로 이즐링턴에 모습을 나타낸 1915년과 1922년 사이에 스태너드는 대략 20여 편의 시나리오를 쓴 상태였다. 이들 작품에는 희곡들과, 존 글래스워시, 아서 윙 피네로, 헨리 필딩, 윌리엄 새커리, 찰스 디킨스, 로버트 루이스 스티븐슨의 소설들을 고상하게 각색한 작품과, 그가 창작한 많은 작품이 포함돼 있었다. 스태너드는 영화감독 모리스 엘비와 오랫동안 협력관계에 있었고, 알마 레빌도 엘비의 영화들에서 스태너드와 일을 했었다. 스태너드를 히치콕과 마이클 밸컨에게 소개한 사람도 아마 알마였을 것이다.

베스트셀러와 웨스트엔드 히트작들이 박스오피스 보증수표로 간주되던 시기에, 문학계와 연극계에서 활동했던 스태너드는 영화 제작자들이 사들이는 소설과 희곡을 대부분 알고 있었다. 침착한 성품, 자기를 내세우지 않는 칭찬할 만한 초연함, 끊임없는 체념의 분위기로 알려진 스태너드는 여러 가지 작품을 기꺼이 떠맡아서 빠른 속도로 시나리오로 탈바꿈시키는 것으로도 인정을 받았다. 아이버 몬터규의 표현에 의하면, '그가 쓴 방법'은 "자리에 앉아서 머리에 떠오르는 대로 타자기를 계속 두드리는 것이었는데, 그 결과물을 수정하거나 지우거나 하지 않았다." 히치콕에게 더욱 중요한 것은 스태너드가 달변가이기도 했다는 것이다. 스태너드는 "주옥같은 말들을 영원토록 들려줄 수 있

36 언론사가 모여 있는 런던의 거리. — 옮긴이

었다"고 마이클 파웰은 회상했다.

〈쾌락의 정원〉에서 히치콕과 함께 일을 했을 무렵, 스태너드의 명성은 이미 확고했다. 헨리스에서 W. A. 무어가, 그리고 직전에 마이클 모턴이 했던 것처럼 스태너드는 히치콕에게 연장자의 지혜를 베풀었다. 에멜카에서 만든 두 작품 외에도 스태너드는 히치콕의 무성영화 시대에 다른 7편의 영화의 시나리오를 작업했다. 그는 사실상 히치콕이 만든 무성영화 전편의 시나리오를 최소한 일부라도 집필했다. 스태너드 이후로는 그 어떤 시나리오 작가도 —점잖게 표현하더라도— 작가들에게 지나친 요구를 하는 경향이 심한 감독과 그렇게 오래 작업을 하지 못했다.

히치콕은 집필 파트너들과 가까워지는 것을 즐겼으며, 절친한 창작 동료들에게 호감을 느꼈다. 어떤 의미에서 그와 그에게 배당된 작가는 정해진 프로젝트가 진행되는 동안에는 '결혼'한 상태나 마찬가지여서, 한나절을 일하면서 함께 보냈고, 저녁과 주말에도 함께했다. 그러나 그가 처음부터 가장 신뢰했던 작가, 가장 호감을 느꼈던 작가는 그가 결혼한 여자 알마 레빌이었다. 그녀는 시나리오 집필 회의에 꾸준히, 약간은 불가사의하게 참석했고, 입을 열 때면 중요한 얘기를 내놨지만 거의 입을 열지 않는 경우가 많았다. 히치콕은 당구에서처럼 '삼각형' 토론을 하는 것이, 방 안에 '히치콕 3인조'가 있는 것이 참석자 모두에게 도움이 된다고 느꼈다.

히치콕은 훗날 인터뷰에서 〈하숙인〉이 그가 스튜디오의 활용 가능한 작품들 중에서 직접 고른 최초의 작품이라고 밝혔다.('활용 가능한 작품들 중에서' 최선의 선택을 한다는 이 표현은 그가 줄거리 선택에 대해 이야기할 때 종종 들먹이던 표현이었다.) 그런데 〈하숙인〉은 히치콕 본인도 좋아한다고 공언한 소설이기도 했다. 런던을 활보하는 연쇄살인범에 대한 이 소설은 히치콕의 깊은 취향을 건드리는 소재에 속했다. 그는 후기의 작품들에서 자신의 필요에 맞게 이야기를 수정하면서 소설들을 과감하게 바꿔 영화로 만드는 경우가 잦았지만, 중요한 첫 작품에서는 가급적이면 원작에 충실하려고 노력했다.

1913년에 출판된 마리 벨록 론즈 여사의 소설은 하숙집 주인으로부터 '어벤저(Avenger)'[37]라는 의심을 받는 이상한 하숙생을 다룬 이야기이다. 어벤저는 런던에서 일련의 '기괴하고 잔혹한 살인'을 저지른 잭 더 리퍼 스타일의 살인자다. 소설은 베스트셀러가 됐고 1916년에는 무대에 올려져 호평을 받았는데, 히치콕도 이 공연을 봤다. 코미디가 가미된 희곡은 책과는 사뭇 달랐다. 희곡은 밤에 노숙자들을 찾아 돌아다니는 하숙인이 노숙자들에게 금덩이가 감춰져 있는 빵을 선물하는데, 스코틀랜드야드가 이 행동을 오해한다는 아이디어를 도입했다.

영화가 소설에서 출발해야 하는 나름의 이유는 있었다. 감독이 소설을 너무나 좋아했기 때문에, 히치콕 3인조는 처음부터 최종 시나리오의 독특함과 개성을 결정지을 두 가지 이슈에 직면했다. 두 문제 다 전도유망한 스타 아이버 노벨로와 관련이 있었다. 노벨로는 전시에 인기 있는 노래들을 작곡해서 스타덤에 오른 영국의 신동이었다.

마이클 밸컨은 웨일스 출신의 미남 배우가 게인스버러와 계약을 맺게 만드는 대성공을 거뒀다. 노벨로는 D. W. 그리피스의 미국영화 1편을 포함해서 영화경력은 몇 편 되지 않았고, 대체적으로 뮤지컬 코미디를 연기했다. 노벨로의 웃음이 천진난만하고 머리카락에는 윤기가 흐른다는 점에서, 우리는 노벨로의 캐스팅을 히치콕이 '카운터캐스팅' 또는 배우의 고정 이미지에 반하는 캐스팅을 활용한 첫 사례로 보게 된다. 감독은 친숙한 페르소나를 가진 배우를 활용해서 관객의 기대를 배반할 수 있는 귀중한 기회를 처음으로 잡은 것이다. 노벨로는 히치콕의 위세당당한 첫 살인자가 될 수도 있었다.

그러나 히치콕은, 그 뒤로도 계속 벌어진 일이지만, 영화가 끝날 무렵이면 노벨로는 모든 악행에서 결백하다는 게 입증돼야만 한다는 수뇌부의 결정 때문에 상처를 받았다. 〈하숙인〉의 성공 여부가 노벨로의 여성 팬들의 손에 달려 있는데, 노벨로가 잔인한 복수자로 판명이

37 복수자. — 옮긴이

날 경우 여성 팬들이 불쾌해할지도 모른다고 주장한 소심한 C. M. 울프 때문이었다. "아이버의 많은 팬의 입장에서는 그가 흉악한 짓을 할 수 있다는 것은 상상도 못할 일이었다." 노벨로의 전기작가 제임스 하딩이 쓴 글이다.

이것은 히치콕이 소중히 여긴 책과는 정반대되는 결론이었다. 책에서 하숙인은 살인자이자 심각한 광신적 성향으로 인해 고통받는 미치광이라는 사실이 드러난다. 론즈 여사의 소설의 말미에서, 하숙인은 경찰에게서 도망치기까지 한다. 경찰이 —히치콕 특유의 세계관처럼— 명백한 범인인 그에게 '조금이라도 관심'을 갖게 되기까지는 오랜 시간이 걸리고, 어벤저는 잭 더 리퍼와 비슷하게 대중의 시야에서 사라져 그의 최종 운명은 아무도 모르게 된다.

히치콕은 영화감독이 되지 않았다면 변호사가 됐을 것이라고 여러 차례 밝혔듯이 뛰어난 협상가였다. 그는 영화를 만들면서 캐스팅과 검열당국, 그리고 그가 내놓는 영리한 타협안에 저항하는 영화사 수뇌부로 구성된 지뢰밭을 헤쳐나갈 길을 찾아내면서 영화경력의 대부분을 보냈다. 그가 〈하숙인〉의 아이버 노벨로 문제를 해결한 방법은 나머지 영화경력의 대부분에 적용할 수 있는 —완벽하지는 않지만— 신뢰할 만한 청사진이 됐다.

우선 히치콕 3인조는 하숙집 주인의 딸인 젊은 데이지 번팅의 비중을 확대한다는 효과적인 결정을 내렸다. 론즈 여사의 소설에서 데이지는 소설의 4분의 3이 지날 때까지도 하숙인과 만나지 않으며, 이야기는 전적으로 번팅 부인의 시점에서 진행된다. 히치콕의 영화에서 데이지는 하숙인과 비중이 엇비슷한 주인공 캐릭터가 됐다.

책은 데이지를 금발로 묘사하지만, 영화에서는 '곱슬곱슬한 블론드'가 됐다. 곱슬머리 블론드는 복수자의 피에 대한 갈망을 불러일으킨다는 얘기가 있기 때문에, 이것은 그녀를 서스펜스와 긴밀하게 연관짓는 더욱 상세한 세부묘사였다. 책에서는 다양한 사람들이 희생자가 되지만 영화에서 어벤저의 희생자는 모두 '곱슬머리 블론드'였다. 이것은 히치콕 영화에서 블론드에 집착한 첫 사례인데, 전적으로 그가 짜낸 아이디어였다.

차갑고 격조 높은 히치콕 블론드는 아니었지만 —사실 그녀는 일상에서 흔히 볼 수 있는 약간 감미로운 스타일이다— 데이지에게는 그녀의 연약한 면모를 더욱 두드러지게 만드는 섹슈얼리티가 가득했다. 한 장면에서 히치콕은 데이지의 남자친구인 운 나쁜 경찰 조로 하여금 장난삼아 그녀에게 고통스러운 수갑을 채우게 만든다. 히치콕이 프랑수아 트뤼포에게 인정했듯, '페티시즘'에 대한 힌트를 주려는 장난이었다. 그는 프랑스 동료 감독에게 수갑의 명확한 '성적함의'를 지적할 기회를 한껏 이용했다. "파리의 악행 박물관에 갔을 때, 나는 속박을 통해 성적인 일탈을 할 수 있다는 증거가 그곳에 상당히 많다는 것을 깨달았습니다. 당신도 언제 한번 꼭 거기에 가보세요. 물론 거기에는 칼과 단두대를 포함한 온갖 종류의 자료들도 있습니다."

론즈 여사의 버전에 수갑은 등장하지 않는다. 데이지의 창백한 피부가 생기가 도는 것처럼 빛을 발하는, 데이지가 목욕을 하기 위해 옷을 벗는 장면도 마찬가지다.(히치콕의 미녀들은 누군가 지켜보고 있다는 사실을 모른 채로 속옷을 벗을 때가 가장 아름답다.)

데이지가 비누거품을 즐기는 사이, 위층 방에서 잠자코 있던 하숙인은 욕실 창문 바깥으로 김이 솟는 것을 보게 된다. 데이지에 대한 생각으로 흥분한(확실히, 관객들은 그가 그녀의 목을 움켜쥐고 황금빛 곱슬머리를 쓰다듬고 싶어 한다고 생각한다) 하숙인은 계단을 살금살금 내려와 욕실의 손잡이를 조심스럽게 돌려본다. 이것은 30년 후 〈사이코〉에서 재닛 리가 욕실에 발을 들여놓는 장면을 예견한 놀랄 만한 장면이다. 이 시점까지만 해도 관객들은 하숙인이 어벤저라고 믿도록 유도됐다. 히치콕이 노벨로가 문을 열게 만들었다면 더욱 그랬겠지만 1926년에 문은 잠겨 있었다.

히치콕 3인조는 책에 있는 많은 것을 바꿨다. 론즈 여사의 책에는 번팅 부인이 희생자 중 한 사람을 검시하는 자리에 참석하는 것과, 경찰과 하숙인이 마담 투소 박물관의 공포의 방에서 우연히 마주치는 긴 장면들이 들어 있었다. 이들은 감독이 즐거이 영화에 담을 만한 장면이었지만 그는 검시 장면과 유명한 박물관 장면을 다른 영화들에 삽입했다.

그런데 노벨로가 무죄임을 입증하는 것은 정말로 내키지 않는 일이었다. 노벨로의 역할은 히치콕의 수많은 롱맨 주인공 중 첫 번째 주인공으로 바뀌었다. 작가들이 내놓은 결말은 하숙인을 추적한 군중이 그를 거의 죽기 직전까지 린치한다는 것이었다. 하숙인은 다리를 기어 내려가려고 하지만 붙잡혀서 구타를 당하고, 수갑이 창살 끝에 걸리면서 다리에 매달리게 된다.[38] 진짜 어벤저가 그 사이에 다른 곳에 출현했다는 것을 깨달은 경찰이 그를 구하기 위해 도착했을 때 등장한, 하숙인이 했던 미심쩍은 행동에 대한 해명은 상당히 어리숙했다. 그는 스스로를 착한 '어벤저'라고 부르면서 나쁜 어벤저를 몰래 추적하고 있었다는 것이다. 플래시백을 통해 밝혀지듯, 진짜 어벤저는 최초의 곱슬머리 블론드희생자의 한명인하숙인의 누이를 살해했다.

엘리엇 스태너드는 귀에 대고 아이디어를 속삭이는 감독과 함께 1926년의 첫 2달 동안 시나리오를 썼다. 히치콕은 마지막으로 시나리오를 검토한 후, 시나리오를 수백 개의 마스터 신으로 쪼개고, 각 장면의 카메라 위치를 지시하는 노트와 작은 스케치들을 작성했는데, 그의 표현에 따르면, "각각의 스케치는 캐릭터들이 모이는 형태와 행위, 그리고 카메라의 위치를 정확하게 지정했다." 시나리오는 늘 마음속에서 이미지를 흘려보내는 방식으로 집필됐으며, 스토리보드 작성은 마지막 수정작업이었다. 스태너드에게 비주얼 아이디어를 내달라는 요구를 하기도 했지만, 이번에도 역시 더 중요한 기여자는 콘티와 편집 분야의 전문가인 알마였다.

노벨로의 캐릭터가 무고하다는 것으로 판명되는지에 관심을 가진 수뇌부는 시나리오를 흡족해했으나 두 번째 이슈는 남아 있었다. 노벨

38 맞다. 의도적으로 만든 그리스도를 닮은 이미지다. 히치콕은 인터뷰어에게 후회하는 듯한 말투로 인정했다. 그러나 그는 이것은 소소한 암시이고, 어쩌면 작은 응석에 불과하다고 덧붙였다.

최초의 영화 〈쾌락의 정원〉(1926)에서 "액션!"을 외치고 있는 히치콕. 스크립트를 든 알마가 주의 깊게 지켜보며 옆에 서 있다.

로는 뻣뻣하고 틀에 박힌 연기를 펼치는 배우로, 연기 기법은 지겨운 '꽃미남' 포즈의 레퍼토리에만 심하게 의존했다. 이것은 연출과정에서 처리해야 할 난제였으나, 일찌감치 이 문제를 예견한 히치콕은 콘티 작성 단계에서 노벨로의 단점을 덮어버릴 비주얼을 꼼꼼하게 설계했다.

히치콕이 7달 전에 완성한 〈쾌락의 정원〉이 1926년 3월에 시사회를 가지고 호평을 받았다. 『데일리 엑스프레스』의 표현에 의하면, '걸출한 영화'였다. 히치콕의 데뷔작은 오늘날에 보더라도 여전히 인상적인 작품이다.

영화의 첫 장면에서 쇼걸들은 플레저가든 극장의 무대를 향해 나선형 계단을 미끄러지듯 내려오고, 앞줄에 앉아 있는 나이 먹은 사내들은 오페라글라스를 눈에서 떼지 못하고 몸을 앞으로 기울이며 추파를 던진다. 영화의 오프닝 숏에는 모든 것이 담겨 있는데, 히치콕 특유의 비법에 따라 혼합된 쇼 비즈니스와 관음증이 자리잡고 있다.

〈쾌락의 정원〉은 도발적으로 연출된 히치콕의 첫 살인을 뽐내는 영화다. 마일스 맨더에게는 이미 단물을 다 뽑아먹은 애인이 있다.[39]

그들은 바다로 걸어 들어간다. 남자는 세례를 주듯이 여자의 머리를 뒤로 기울이다가 목을 졸라 익사시킨다. 그리고 이 영화는 앨프레드 J. 히치콕이라는 이름이 —말 그대로 흘려 쓴 자필로— 처음으로 서명된 영화다. 이것은 그가 많은 고심 끝에 결정한 공식 서명이었다.

〈쾌락의 정원〉이 열광적인 호응을 얻자 히치콕의 새로운 프로젝트에 대한 관심이 더욱 커졌다. 케임브리지 서클의 일원으로, 지금은 게인스버러의 신임 홍보책임자인 세드릭 벨프리지가 〈하숙인〉과 관련한 홍보 아이템을 마구 쏟아내고 있다는 사실도 평판에 부정적으로 작용하지 않았다.

〈하숙인〉의 촬영은 1926년 3월에 시작됐다. 벤티미글리아 남작이 카메라맨으로 돌아와서, C. 윌프레드 아널드가 디자인한 (복층 하숙집을 포함한) 넉넉한 세트에서 카메라를 잡았고, 알마는 조감독 겸 편집자로 참여했다. 히치콕은 또 다른 중추적 역할인 데이지의 남자친구 조 역에 맬컴 킨을 캐스팅했다. 조는 살인자의 뒤를 쫓는 너무 명랑하지만은 않은 경찰관이다.(데이지가 하숙인과 맺은 관계에 대한 조의 질투는 영화가 독창적으로 만들어낸 또 다른 '삼각형'이었다.) 별난 임차인 때문에 신경을 곤두세우는 하숙집 주인인 데이지의 부모 역은 마리 올트와 아서 체스니가 맡았다. 체스니는 배우 에드먼드 그웬의 형이었다.(체스니와 그웬은 "콩깍지 안의 콩들처럼 꼭 닮았다"고 히치콕은 말했다.)

곱슬머리 블론드 데이지를 연기한 것은 준 하워드-트립이라는 예명을 쓴 댄서이자 뮤지컬 코미디의 인기스타 준으로, 아이버 노벨로가 그녀를 추천했을 가능성이 크다. 몇 년 전 그는 준과 같이 스크린 테스트를 했고, 무대에도 함께 올랐다. 그러나 개성 있는 새로운 배우를 영화에 끌어들일 기회를 찾으려는 히치콕이 카운터캐스팅을 한 또 다른 사례일 수도 있다. 준은 아마도 노벨로처럼 시나리오가 완성되기

39 필모그래피에 니타 날디로 잘못 기록되는 경우가 잦은데, 이 애인은 로케이션 현장에서 급하게 배역을 맡긴 뚱뚱한 호텔 웨이트리스다.

전에 캐스팅된 상태였을 것이다. 데이지는 금발에 혼기에 찬 듯한 준의 용모에 맞춰 만들어낸 역할이다.

히치콕은 그가 블론드에 집착한다는 세간의 평에 대해 퉁명스러운 반응을 보이곤 했다. 그는 BBC와 가진 인터뷰에서 이렇게 밝혔다. "내가 블론드에 끌려서 그런 것이 아닙니다. 나는 그걸 관례라고 생각합니다. 영화가 만들어진 이후로 메리 픽퍼드에서 시작된 관례 말입니다." 그는 다른 인터뷰에서 픽퍼드 이후 블론드 미녀는 '여주인공의 심벌'이 됐다고 밝혔다. 아니면 이따금 그가 언급한 문구처럼 블론드는 '동일시의 확장'이 됐다. 그는 자신의 입장을 정당화하는 방편으로, 블론드 미녀들을 촬영했을 때 콘트라스트가 더욱 뚜렷해지며, 흑백영화에서는 특히 그렇다고도 지적했다.

그는 다른 자리에서는 자신이 블론드 미녀를 선호한다는 것을 인정했다. 그는 선호하는 주연여배우의 특성에 대해 설명한 적이 여러 차례 있는데, 변치 않고 언급한 것은 주연여배우는 그 무엇보다도 귀부인다운 품위가 있어야만 한다는 것이었다. 영국에서 보낸 영화경력의 절반 동안, 그는 자신의 이상형을 작은 덩치에 맵시 있는 여배우라고 묘사했다. "왜소함은 명확한 자산입니다." 그는 1931년 글에서 이렇게 썼다.(미국에서는 여배우의 덩치가 커졌다.) 만약 여배우가 블론드라면, 그녀는 눈으로 덮인 화산을 연상시키는, 내면에 섹슈얼리티를 억누르고 있는 싸늘한 느낌의 블론드여야만 한다. 잠복 중인 불길을 자극해서 끌어내는 것은 영화와 감독의 몫이었다.

"섹슈얼리티에 대한 내 생각은 얼마간은 북유럽 여성에 바탕을 두고 있습니다." 그가 밝힌 속내다. "독일북부사람, 스칸디나비아인과 영국인은 겉보기에는 그렇게 보이지 않지만, 훨씬 남쪽에 사는 스페인사람이나 이탈리아사람보다 훨씬 섹시하다고 생각합니다. 사람들이 도발적인 여성의 전형이라고 생각하는 프랑스 여자들조차도 프렌치 섹스를 축약한 존재가 아닙니다. 시골에 사는 아가씨, 일요일에는 검정 옷을 입고 부모의 감시 아래 식구들에게 둘러싸여 있는 아가씨, 그게 바로 사람들이 생각하는 프랑스 여성의 전형이죠. 그런데 그런 모습은 그들이 관광객에게 주는 인상과는 조금도 관련이 없습니다."

블론드에 대한 의견을 되풀이해서 말한 것은 인터뷰를 편하게 만들기 위한 방책이었다. 사실, 히치콕의 블론드들은 의외로 편차가 심하고, 그는 흥미로운 검은머리 배우들을 상당수 캐스팅하기도 했다. 준은 금발이었는데, 곱슬머리는 히치콕의 아이디어였다.

어쨌든 노벨로가 남성 캐릭터의 틀을 만드는 것을 도운 것처럼 준은 히치콕이 여성 캐릭터의 틀을 만드는 것을 도왔다. 히치콕의 남성 캐릭터도 특정한 타입을 따르는 편으로, 대부분은 노벨로처럼 검은 눈동자에 새까만 머리칼, 이상적인 치열을 자랑하는 마르고 호리호리한 별난 남자였다. 이런 캐릭터들이 무대와 스크린의 관례였던 것은 확실하지만, 한편으로는 키 작고 뚱뚱하며 머리숱이 적고 시원치 않은 이에 입냄새까지 풍기는 감독의 소망이 투영된 것이기도 하다. "갈대처럼 가냘펐으면 하는 꿈을 늘 꿔왔습니다." 히치콕이 언젠가 밝힌 소망이다. 위대한 감독들은 하나같이 그들의 주인공 역할이 되는 꿈을 꾼다.

게인스버러의 홍보팀은 〈하숙인〉의 매혹적인 스타들을 세상에 자랑했고, 영화 자체는 아름다운 카메라워크를 찬양했다. 히치콕은 마음이 맞는 노벨로를 좋아하기는 했지만, 그에 대한 경계심을 풀지는 않았다. 노벨로의 연기에 한계가 있었기 때문이기도 했고, 주변사람들에게는 비밀도 아니었지만 그를 추앙하는 여성 팬들에게는 감춰져 있던 동성애 기질 때문이기도 했다. 히치콕은 노벨로—그리고 준—를 촬영하면서 이런 두 가지 난제를 처리해나가느라 고생했다.

영화에서 가장 유명한 몇몇 이미지는 소설에 있는 내용을 충실하게 옮긴 것이었다. 그중에는 노벨로가 하숙집 현관에 '소매 없는 망토와 구닥다리 스타일의 중산모 차림으로' '어둡고 신경질적이며 여위고 모난 얼굴'로 '길고 가느다란 그림자를 드리우면서' 노스페라투 같은 모습으로 불쑥 나타나는 장면도 포함된다. 그러나 히치콕은 가능할 때면 빛이나 그림자를 격자무늬로 이용하여 두 스타를 신체 부위로 분해해서 보여주는 편을 택했다. 이것은 히치콕이 마음속으로 그려오던 그림으로, 영화로 옮기기 이전에 시나리오에 옮겨 적은 것이었다. 〈하숙인〉

은 내미는 손, 붙잡는 손, 거대한 입술, 눈빛이 날카로운 커다란 눈, 입체파 그림에 나오는 귀, 내딛는 발과 맨발로 가득 차 있다.

히치콕의 카메라는 배우들을 분해하고 있지 않을 때면 계단 위로 욕실 안으로 쉬지 않고 미끄러져 들어가고, 카메라가 천국에 자리잡아 하느님도 같이 관찰하고 계시다는 것을 관객들에게 상기시키는 것처럼 서까래에서 맴돌거나 심지어는 그 높은 곳으로 솟구치기까지 한다.(히치콕처럼 끈질기고 효과적으로 오버헤드 숏에 의지한 감독도 드물다.)

준은 이렇게 회상했다. "베를린에서 막 돌아온 히치는 드라마틱한 서스펜스를 창조하고 유지하는 평범하지 않은 카메라 앵글과 조명효과의 가치에 너무나 빠져 있어서, 스크린 위에서는 3분도 채 상영되지 않는 장면을 촬영하는 데 아침나절이 걸리기도 했어요." 한 번은 그녀가 '아침식사가 담긴 철제트레이를 기다란 계단 위로' 운반하는 장면을 찍었는데, '내 얼굴에 감도는 공포심과 빛과 그림자가 만들어내는 분위기가 흡족할 때까지' 대략 스무 번은 테이크를 가야 했다고 밝혔다.

영화에서 가장 대담하고 화려한 시퀀스 —하숙집 주인들이 머리 위에 있는 하숙인이 방을 앞뒤로 오가는 발소리에 걱정스럽게 귀를 기울이는 시퀀스— 역시 책에서 바로 뽑아낸 장면으로, 감독의 능수능란한 계획과 실행이 돋보인다. 하숙인은 아래쪽에서 포착되는데, 카메라는 유리로 된 마룻바닥을 통해 위를 바라보고 있다. 불이 나가버리자 집주인들은 속을 끓이고, 최면을 거는 듯한 발소리는 점점 크게 들려온다. 이 시퀀스의 명백한 스타는 노벨로의 발이었다. 론즈 여사의 표현에 의하면, 노벨로의 발은 '밑창이 닳아버린 고무창 구두'를 신고 "거실을 조심스럽게 쉬지 않고 걸어다닌다." 그러나 진정한 스타는 앨프레드 히치콕이었다.

히치콕이 주석이 달린 시나리오로부터 수많은 숏과 앵글을 꼼꼼하게 수집해나가는 동안, 촬영은 6주 만에 완료됐고, 편집은 촬영과 동시에 진행됐다. 5월 즈음에 영화업계지의 칼럼들은 〈하숙인〉의 시사를 본 스튜디오 관계자가 걸작이 될 것이라고 말했다고 보도했는데, 그것은 세드릭 벨프리지가 홍보용으로 퍼뜨린 의견이었다. 모두가 예상했던 것보다 훨씬 스타일리시하고 신랄한 것으로 드러난 영화에 대한 의견은 게인스버러 내부에서 극도로 엇갈렸다.

그레이엄 커츠—히치콕의 옛 친구였지만, 이제는 고집불통의 반대자였다—는 한때의 조감독에 대한 험담을 계속 퍼뜨렸다. 마이클 밸컨은 커츠가 〈하숙인〉의 초기 시사를 본 후 "귀 기울이는 사람 누구에게나 우리가 재앙거리를 가지고 있다고 말하고 다녔다"고 밝혔다.

또 다른 완고한 반대자는 여전히 〈하얀 그림자〉가 실패한 것에 히치콕이 부분적으로 책임이 있다고 간주하고 있는 C. M. 울프였다. 그는 히치콕을 감독으로 승격시키는 것을 반대했다. '예술적인' 영화는 영국 극장의 스크린을 최대한 확보하면서 개봉하기가 쉽지 않을 것이라는 피해망상에 걸린 울프는 고위급 인사들을 위한 시사회를 개최했다. 히치콕과 알마는 "스튜디오에서 결과를 알기 위해 기다리는 것을 견딜 수가 없었습니다. 그래서 우리는 1시간 반 동안 런던 거리를 쏘다녔습니다." 택시를 타고 스튜디오로 돌아온 그들은 울프가 〈하숙인〉의 개봉을 무기 연기하겠다고 선언하면서 시사실을 걸어나갔다는 것을 알게 됐다. 극장 예약은 취소됐다.

울프와 밸컨 사이에는 슬프게도 권한을 놓고 충돌하는 불유쾌한 회색지대가 존재했다. 밸컨이 자기주장을 털어놓지 않고 얼버무리는 사이 시간은 흘러갔고 밸컨은 아이버 몬터규에게 도움을 청했다. 영화협회의 사실상의 지도자로 간주된 몬터규는 당시까지는 히치콕과 절친한 사이는 아니었다.

몬터규는 〈하숙인〉은 "영화업계의 용어로 말하자면 지식인들에게나 먹힐 언어도 단의 재앙으로 간주됐습니다"라고 회상했다. "사실 배급업자들은 다음과 같은 파멸적인 실수 때문에 히치콕을 수상쩍어했습니다. 그는 예술학교에서 교육을 받지도 않았고, 자막으로 쓸 글자들과 사소한 장식용 그림을 그리는 것으로 영화계에 입문하지 않았습니까?"

스튜디오는 몬터규를 위한 전용 시사회를 따로 개최했는데, 몬터

이 사진은 아이버 노벨로가 〈하숙인〉에 처음 등장하는 장면으로, 히치콕이 즐겨 읽었던 벨록 론즈 여사의 소설에서 그대로 가져온 이미지이다. 히치콕은 영화사 수뇌부와 모든 문제를 놓고 싸워가면서 〈하숙인〉을 평단과 대중을 상대로 한 그의 위대한 첫 승리작으로 만들어냈다.

규는 괴로운 처지에 놓여 있던 영화와 '열광적인 사랑에 빠졌다.' "지금 보면 플롯 구성이 진부하고 캐릭터 구축이 약하기 때문에 유치한 영화로 보일 겁니다." 50년 후 몬터규의 회상이다. "당시에는 선배나 동년배의 작품과는 대조적인 히치콕만의 특별한 특성, 그러니까 내러티브 솜씨, 이야기를 전달하고 그에 걸맞은 그래픽을 짝지어서 긴장을 자아내는 능력, 런던을 배경으로 한 장면과 캐릭터에 대한 느낌 같은 것이 아직까지는 세련된 상태가 아니었습니다."

몬터규는 작업에 착수하여, 영화에 너무 많은 —'350에서 500 사이'[40]— 자막화면부터 쳐나갔다. 몬터규는 영화협회의 또 다른 열성회원으로 영국의 포스터아트에 몰아닥친 혁명에 일조한 미국인 E. 맥나이트 카우퍼를 메인타이틀 화면과 자막화면 디자인에 끌어들였다. 카우퍼가 채택한 노이랜드 볼드체의 서체는 영화의 독일식 분위기를 한층 강화했다.[41]

40 이것은 기억의 오류로, 지나치게 과장된 수치임에 틀림없다.

흥분한 군중이 런던의 길거리를 지나며 하숙인을 쫓아가고, 하숙인이 궁지에 몰려서 죽을 정도로 구타를 당하다가 다리에서 떨어져 수갑에 매달리는 마지막 시퀀스는 소련의 영향을 많이 받은 장면이었지만, 몬터규는 시퀀스가 제대로 구축되지 않았다고 판단했다. 소련을 방문해서 에이젠슈타인과 편집과 관련한 아이디어를 논의했던 몽타주 전문가인 몬터규는 열광적인 효과를 강화하기 위해 히치콕이 몇몇 새로운 장면을 추가로 촬영해야 한다고 생각했다.

자기 이름을 내건 영화라고는 한 편도 없는 풋내기가 내놓은 비판에 맞닥뜨렸을 때 —몬터규의 표현에 의하면, '나보다 5살이 많고, 이미 연출작이 3편이나 있는'— 히치콕은 무슨 행동을, 또는 무슨 말을 할까? 그러나 히치콕의 '이건 그저 영화일 뿐'이라는 격언은 영리한 경구 이상의 금언으로 그의 마음속 저 밑바닥에 뿌리를 내린 영화철학의 표현이었다.

몬터규로서는 놀랍게도, 히치콕은 "그의 작품을 혹시 요행으로라도 더 만족스럽게 만들지도 모르는 것이라면, 무엇이든 흔쾌하고 따스한 태도로 열심히 들어줬다." 재촬영은 8월에 진행됐고 재편집된 군중 장면은 더 나아졌다. 9월 중순에는 모두가 만족스러워하여, 게인스버러는 언론과 업계 관계자들을 대상으로 시사회를 가졌다.

난관을 돌파하게 해주는 시사회였다. 『메일』에 합류한 아이리스 배리는 〈하숙인〉을 '훌륭하다'고 평했다. 영화를 너무나 마음에 들어한 『바이오스코프』는 〈하숙인〉이 '영화역사상 가장 훌륭한 영국영화'일지도 모른다고 찬사를 보냈다.

영화는 개봉 당시에는 매혹적이어서, 등골이 오싹한 긴장감과 간헐적으로 등장해서 충격을 주는 폭력은 완벽한 효과를 끌어낸 듯했다. 감독이 개인적으로는 경멸한 줄거리의 결함들—잘못된 손가락질, 데이지와 하숙인이 결혼하는 달콤한 결말—을 대부부의 평론가는 간

41 카우퍼는 영화의 포스터도 디자인했는데, 울프는 '지나치게 예술적'이라며 결국에는 퇴짜를 놨다.

과하고 지나갔다. 4달 후인 1927년1월, 〈하숙인〉이 대중에게 공개되자 노벨로의 열광적인 추종자들로 인해 영화는 영국 전역에서 히트했다. 울프의 불길한 예측은 완전히 빗나갔다.

〈쾌락의 정원〉과 〈하숙인〉으로 재능을 완전히 만개한 히치콕은 26살이라는 조심스러운 나이에 다다랐으며, 영국영화계의 신동으로 찬사를 받았다. 준의 표현에 의하면, 영화업계의 열등감과 콤플렉스까지 가세하여 그는 '걸출한 기대주'로 지나치게 과대평가를 받기도 했다. 히치콕은 영국영화계를 성숙하게 만들어줄 인재로 성장할 가능성이 높은, 영화산업 전체를 '시대에 뒤떨어진 헝겊 포대기'에서 끌어내서 '긴 바지'를 입힐 가능성이 높은 신동이었다.

〈하숙인〉으로 히치콕은 서스펜스 외의 다른 것에도 초기단계의 숙달된 솜씨를 보여줬다. 그는 언론과 친해지는 데도 능숙했으며, 그가 언론인·평론가들과 맺은 관계는 몇 단계를 거치며 발전했다. 영화경력의 전반기 동안, 그러니까 1939년까지 히치콕에 관한 언론 보도의 대부분은 그의 작업과 영화에 초점을 맞췄다. 할리우드 진출 전에는, 데이비드 O. 셀즈닉에게서 홍보와 관련한 지혜를 배우기 전에는, 그가 미국에서 텔레비전 시리즈를 시작하기 전에는, 히치콕 개인을 향한 숭배는 없었다. 영국에서 그를 대상으로 한 홍보의 강도는 중요한 감독들이 받는 평균적인 수준이었다.

더군다나 이 초창기 시절에 히치콕은 언론의 주목을 받을 만큼 심하게 매력적이지도 않았고, 주목을 받으려고 애쓰지도 않았다. 홍보 책임자 세드릭 벨프리지에 따르면, 게인스버러의 홍보부서는 일 못하기로 악명이 자자했으며 주목을 받는 것은 대부분 스타들이었다. 벨프리지는 출간되지 않은 회고록의 주석에서 이렇게 회상했다. 〈하숙인〉의 경우 히치콕은 "내 노력의 결과로 노벨로가 그보다 더 많은 신문지면을 차지할 때, 그런 상황에 개의치 않았다. 감독은 인위적인 홍보의 필요성을 느끼지 않았고, 그 점에서 그의 태도는 옳았다."

영국에서(그리고 훗날 미국에서) 영화담당 기자들은 영화계 사람들을 밀접하게 사귀면서, 플릿스트리트와 스튜디오의 기사거리 사이를 오갔다. 히치콕의 친구들 중에는 언론인과 평론가들이 많았는데, 이것이 그가 일반적으로 언론을 편하게 대한 이유 중 하나였다.

예를 들어, 벨프리지는 게인스버러 홍보책임자 역할을 하지 않을 때면, 영화잡지에 '앨프레드 대왕'을 격찬하는 기사를 그의 이름을 달고 내보내기도 했다. 런던에서 가장 권세 좋은 평론가 아이리스 배리와, 『옵서버』의 또 다른 여성평론가 C. A. 레준은 히치콕의 집에서 환영받는 손님이었다. (배리와 레준을 포함한) 친구들을 사귀는 것은 그들이 그의 영화를 싫어할 수 없게 만들었다는 데서 그치지 않았다. 평론가들과 친구로 지내면서 히치콕은 그들의 의견에서 신비함이나 편견을 제거할 수 있었다.

히치콕의 생기 넘치는 성격은 언론을 상대하는 데 유용한 자산이었다. (그의 작품을 집요하게 싫어한 소수처럼) 소수의 언론인과 평론가들이 그를 싫어하기는 했지만, 대부분은 그를 그의 영화만큼이나 재미있고 흥미로운 사람으로 봤다. 히치콕과 함께하는 술자리와 저녁식사, 대화는 더할 나위 없이 좋았다. 그는 쇼 비즈니스에 대한 가십과 허접한 이야기들을 좋아했으며, 평론가와 언론인을 그의 아이디어에 대한 공명판으로 바라봤다. 일반적으로 그들은 영화에 대해 박식했고, 늘 나름대로의 가십과 뉴스를 가지고 왔다.

히치콕의 발전 과정에서 자기홍보는 중요한 단계였다. 그가 〈하숙인〉에서 처음으로 스크린에 등장한 것은 자신을 유명인사로 만들려는 시도라기보다는 언론을 향해 윙크를 하기 위함이었다. 그것은 소규모 동아리를 위한 자기홍보의 순간이었다.

히치콕이 〈하숙인〉에 처음으로 카메오 출연을 했을 때, 그가 2번 등장한 것인지에 대해 몇 차례 논쟁이 있었다. 우선, 영화 초반부에 편집실에 모인 기자 사이에 있는 히치콕의 모습이 보인다. 일부 사람들은 영화의 끝부분에서 하숙인이 죽을 정도로 린치를 당하는 것을 지켜보는 구경꾼 가운데에도 시골뜨기로 출연한 감독의 모습을 볼 수 있다고 주장한다. "언젠가 그는 '맞아, 그건 나야' 하고 말했습니다." 히치콕 최후의 실현되지 않은 프로젝트 〈짧은 밤〉을 작업한 작가 데이비드 프리먼의 회상이다. "다른 자리에서는 '아냐, 그건 내가 아닐세' 하고 말했고요."

히치콕은 몇몇 인터뷰어에게 이 첫 카메오는 배우를 대신하여 일정과 비용을 절약하겠다는 의도에서 비롯된 것이라고 밝혔지만, 아이버 몬터규에 따르면, 히치콕은 에이드리언 브루넬의 혐오파티에서 이와는 다른 설명을 내놨다. 감독은 그의 '번개 같은 찰나의 출연'이 초창기 작품들에서 단역을 맡았던 D. W. 그리피스에 대한 동경과, 〈파리의 여인〉의 채플린의 카메오에서 영감을 받았다고 주장했다. 히치콕에게 그리피스와 채플린은 걸작영화의 시금석으로 늘 남아 있었다.

〈하숙인〉이 개봉된 지 얼마 되지 않은 어느 날 밤, 영화협회의 단골회원들이 브루넬의 아파트에 모였을 때 누군가 물었다. "우리는 주로 누구를 위해서 영화를 만드는 걸까? 즐겁게 해줘야 할 가장 중요한 존재는 누구일까?" 몬터규는 히치콕이 명백히 '대중'이라고 답할 것이라고 생각했다고 회상했다. 가장 불만스러운 것은 역시 스튜디오의 '수뇌부'라는 대답이었다. 몬터규는 이렇게 말했다. "히치의 대답은 둘 중 어느 쪽도 아니었습니다."

어떤 사람들은 〈하숙인〉의 개봉을 지연시킨 C. M. 울프의 염려를 언급하면서 즐겁게 해줘야 할 적절한 무리는 '배급업자들'이라고 생각했다. 몬터규의 말에 따르면, "그들의 생각이 타당하다는 것을 인정할 만한 근거는, 배급업자가 영화를 좋아하지 않고 밀어주지 않으면, 수뇌부의 지원을 받는다 하더라도 대중은 제대로 된 박스오피스 반응을 보일 기회를 결코 찾지 못하리라는 것이었습니다."

그 모든 답변에 대해 히치콕은 고개를 저었다. 몬터규의 회상에 의하면, "히치의 정말로 심오한 대답은, 사람들은 언론을 위해 영화를 만든다는 것이었습니다." "그는 꽤나 솔직하게 설명했는데, 이것이야말로 '히치콕 터치'—평론가들이 뽑아내서 코멘트를 하게 될 참신한 숏들—와 그의 영화의 트레이드마크가 된 카메오 출연이 있게 된 이유였습니다. 그는 그 문제를 계속 설명했는데, 만약 어떤 사람이 대중적으로 유명한 감독이 된다면 —그리고 이것은 영화 연출과 관련해서 언론에 언급되는 기회를 통해서만 얻을 수 있는 것이었는데— 그것이야말로 자기가 원하는 작품이라면 무엇이든 자유로이 할 수 있게 되는 유일한 방법이라는 얘기였습니다."

"이름이 대중에게 알려지면, 어쩌다가 일하게 된 현재의 상황에 사로잡히는 신세를 벗어나서 운신할 수 있는 여지를 가질 것입니다. (당시의 영국에 많았던) 신생 영화사들은 설립취지서에 내세울 자산으로서 그 이름을 환영할 것입니다. 기존 회사도 라이벌을 누르기 위해서 그 감독과 서명하고 싶어 할 것입니다." 이런 고백에 일부 참석자들은 깜짝 놀랐다. 그러나 절친한 영화협회 친구들은 먼 미래를 내다보며 현명하게 언론을 다루는 히치콕의 별난 진실을 인정했다.

"우리 모두는 이게 옳은 얘기라는 것을 알았다." 몬터규가 쓴 글이다. "성공이 안겨주는 명성과 재력은 그에게 유쾌한 부산물이지, 으뜸가는 행동동기도 아니고 행동동기일 수도 없다는 것을 그가 충분히 숙지하고 있다는 사실을 우리 모두는 알았다. 그는 영화를 만들기 위해 살았다. 더 나은 영화를 만드는 것은 그가 자유로워지기 위해 사용하는 힘이었다. 그러나 우리 모두는 그가 이것을 결코 인정하지 않을 것임도 알았다. 그는 냉담하게 비꼬는 투로 냉소적으로 귀찮은 듯이 말을 했지만, 내심을 아는 우리는 개의치 않았다. 그는 우리 중에서 자신의 목표를 달성할 가능성이 있는 유일한 사람이었다."

그럼에도 불구하고 기쁨은 영화를 만드는 과정—타협하는 과정—에 있었다. 영화는 비논리적일 수도 있지만 무엇보다도 먼저 그 자신을, 평론가들과 관객들을 여전히 기쁘게 해줬다. 롱맨 테마는 〈하숙인〉의 시나리오와 캐스팅의 딜레마에 대한 현실적인 해법의 일환으로 처음 제기되기는 했지만, 잠재적으로는 강력한 테마였다. 스타들은 감독의 상상력에는 늘 미치지 못했다.

히치콕은 결코 완벽주의자가 아니었다. 1954년에 앙드레 바쟁은 〈나는 결백하다*To Catch a Thief*〉의 촬영장에서 히치콕을 인터뷰하면서 영화를 만들면서 추구하는 이상이 무엇인지 물었다. 히치콕은 이렇게 대답했다. "불완전한 우수작입니다." '이 약간은 수수께끼 같은 문장'에 당황한 바쟁은 나중에 이렇게 썼다. "통역과 히치콕과 나는 이 문제를 놓고 15분가량을 보냈다…… 그러나 내 생각은 결코 명료해지지 않았다." 바쟁은 히치콕이 농담을 하는 것이라고 생각했지만 히치콕은 이보다 더 진지한 적이 없었다.

첫 영화에서부터 그는 수뇌부의 의견을 재치 있게 받아넘기는 법을, 강요된 캐스팅과 검열당국에 대처하는 법을, 결말을 이리 다듬고 저리 다듬는 법을, 상이한 관객들을 위한 상이한 버전의 히치콕 영화들을 만드는 법을 배웠다.

그러나 그는 〈하숙인〉의 불완전함을 쾌활하게 받아들인 만큼, 그 영화의 미흡한 측면에 분개했다. 일부 평론가들은 그가 이 작품을 이런저런 방식으로 타협 없이 리메이크하기 위해 노력하면서 영화경력의 대부분을 보냈다고 생각하지만, 그는 타협의 값어치를 인정한 만큼이나 결과를 예단하는 것을 질색하며 싫어했다. 그의 첫 주요작품을 쓰레기통에 처박으려고 했던 C. M. 울프와, 중요한 순간에 머뭇거린 마이클 밸컨이 남긴 불안정한 결과였다.

영화경력에서 몇 번이나 되풀이된 일이지만, 히치콕은 수월한 길에서 벗어나서 위험하고 독립적인 길을 향해 용감한 발걸음을 내딛곤 했다. 그는 중요한 행위를 할 때면 늘 저항과 반대에 맞닥뜨렸다. 〈하숙인〉의 성공은 그가 불과 3편을 연출한 후에 찾아왔으나 그의 자신감은 이미 강했다. 그는 어느 스튜디오의 설립취지서에서든 자신의 이름이 뭔가 의미를 가지리라는 것을 깨닫고 게인스버러와 결별하려고 노력했다.

여름에 〈하숙인〉을 재촬영하고 재편집하는 동안, '재기 넘치는 젊은 영국 감독'이 새로운 제작사인 브리티시 내셔널 픽처스 유한회사와 계약했다는 깜짝 놀랄 만한 기사가 나왔다. 히치콕은 게인스버러와의 계약기간이 아직 6개월이나 남아 있었지만, 그 이후에 엘스트리 변두리의 50에이커 부지에 건축 중인 새 스튜디오로 옮길 예정이라는 것이 보도의 내용이었다. 파라마운트와 미국 배급계약을 맺었다는 것을 제외하면, 새 스튜디오에 대해서 알려진 것은 그리 많지 않았다.

자신의 직업과 관련한 내부정보에 정통하다고 자부하는 히치콕은 게인스버러가 점점 혼란스러워지고 있으며, 세드릭 벨프리지의 표현에 의하면 '실제로 누가 책임을 져야 할지가 모호해지는 지점까지 꾸준히 회사를 몰고 가는 일련의 불행한 합작들을 통해' 돈을 잃고 있다는 것을 깨달았다. 찰스 랩워스가 이사회를 떠났고, 후임으로 배우 칼라일 블랙웰(다이아몬드 재벌과 결혼한)이 자금조달 포트폴리오를 가지고 합류했다. 스튜디오의 장기적 자금 안정은 성공적인 영화들을 통해서만 획득할 수 있는데도, 울프와 밸컨은 제작 통제권을 놓고 여전히 다투고 있었다.

히치콕은 게인스버러를 상대로 인상적인 권력투쟁을 벌였다. 스튜디오는 그의 차기 연출 프로젝트가 블랙웰이 출연하는 〈말 없는 전사〉가 될 것이라고 발표했으나, 히치콕은 프로젝트를 거부했다. 그 영화는 그레이엄 커츠에게 맡겨졌다. 히치콕은 그의 앞날은 브리티시 내셔널에 있다는 것을 업계에 상기시키는 기사거리를 언론에 흘렸다. 그러자 '업계 내부에 떠도는' 히치콕의 프로젝트와 계약 불이행과 관련한 '소문들'을 파헤친 또 다른 기이한 기사들이 실렸다. 예산 한 푼 없는 게인스버러에 대한 노골적인 거절의 의사표시로, 히치콕은 그가 4편의 야심 찬 차기작을 구상하고 있으며, 그중 2편은 '영국외부에서 대규모로케이션을 필요로 하는' 작품이라고 발표했다.

〈하숙인〉의 의기양양한 언론 시사가 있은 후 3달이 지났지만, 영국에서 가장 인기 좋은 감독은 아무런 행동도 취하지 않았다. 히치콕은 계약이 만기가 될 때까지 가만있기로 작정했다.

그에게는 다른 일에 몰두할 만한 개인적인 사정도 있었다. 알마 레빌은 가톨릭 교육을 받고 있었고, 그들은 12월 초에 결혼할 예정이었다. 그와 알마는 거의 4년 동안을 함께 여행하면서 일해 왔으며, 이제 떼려야 뗄 수가 없는 사이가 됐다. 아침이면 그들은 함께 스튜디오로 갔고, 밤이

1926년 12월 2일에 한 기쁜 결혼.

되면 레스토랑, 시사회, 나이트클럽, 갤러리 개막식에 함께 갔다. 그들은 크고 작은 방식으로 서로를 보완했다. 그녀는 운전을 했고, 그는 지도를 읽었다. 그녀는 예산을 꼼꼼히 확인했고, 그는 예산을 덤벙덤벙 써버렸다. 그들은 중요한 일에 있어서는 절대로 의견을 달리하지 않았다.

이제 결혼은 히치콕의 러브스토리를 공식화했다. 그들은 1926년 12월 2일에 런던에서 가장 현대적인 예배당인 나이츠브리지에 있는 브롬튼성당에서 결혼서약을 했다. 히치콕의 형 윌리엄이 신랑의 들러리를 섰고, 알마의 여동생 에바가 신부의 들러리를 섰다.

식이 치러지기 전에 가톨릭으로 개종을 해야만 한다는 '시어머니의 강권'에 의해 알마가 개종을 했다는 추측이 있지만, 그것은 사실이 아니다. 결혼식이 거행된 성당의 기록이 'Dispensatione obtenta super impedimentum mixtae religionis'[42]라고 불명확하게 밝힌 그대로였다. 알마는 결혼식 때는 아직 가톨릭 세례를 받지 않은 상태였다. 그녀는 결국 세례를 받았지만, 히치콕의 사적인 편지에 의하면 세월이 흐름에 따라 가톨릭은 '그녀 안에서 자리를 잡는 데' 실패했다.

42 '혼성 종교의 장애를 넘어 얻은 하느님의 섭리에 의해'.

신혼부부는 허니문을 위해 영국을 떠나는 것으로, 대부분의 해마다 크리스마스 직후에 떠난 '연례 여행'의 첫 테이프를 끊었다. 그들은 먼저 파리에 머무르면서 나이 많은 신사 친구와 그곳에 살고 있던 니타 날디와 하루를 보내고 코모 호수와 생모리츠로 여행을 계속했다.

런던으로 돌아온 신혼부부는 빅토리아 앨버트 미술관의 서쪽에 최신유행 스타일로 지어진 저택들이 늘어선 크롬웰로드 153번지의 벽돌로 지은 높은 조지왕조풍 저택의 맨 위 두 층을 보금자리로 삼았다. 아파트는 지하철 노선에서 가까웠다. 마이클 파웰의 표현에 따르면, "낭떠러지 같았어요. 지하철이 지나가면서 나는 요란한 소리들이 샌드게이트 해변의 자갈에 부딪치는 파도처럼 멀리서 들려왔죠."

달력은 이제 1927년을 가리키고 있었지만, 시간이 흐를수록 브리티시 내셔널은 성장할 가능성이 보이지 않았다. 새 스튜디오의 정력적인 경영자 J. D. 윌리엄스는 수백 군데 극장으로 구성된 퍼스트내셔널 극장 체인을 워너브러더스에 팔아넘기면서 큰돈을 벌었다. 윌리엄스는 허버트 윌콕스가 연출할 브리티시 내셔널의 첫 3편의 영화에 D. W. 그리피스의 스타 도로시 기시를 출연시키기로 계약했다. 그런데 윌리엄스는 독단적인 의사결정과 호사스러운 라이프스타일로 얼마 안 있어 동업자들과 소원해져, 계약 체결 건으로 미국에 출장을 갔다가 돌아온 직후인 12월에 해고됐고, 널리 홍보되던 기시의 영화들은 취소됐다. 회사 설립 파트너인 윌콕스는 자신의 스튜디오를 결성하기 위해 회사를 떠났고, 브리티시 내셔널이 사망선고만 기다리고 있다는 소문이 퍼졌다. 브리티시 내셔널은 필사적으로 시간을 벌기 위해 히치콕을 게인스버러에 임대하면서 되돌려 보냈다.

12월 초순에 게인스버러가 신작 〈몰락*Downhill*〉의 제작을 발표했을 때, 영화를 맡을 감독은 정해지지 않은 상태였지만 연말에 히치콕이 유력한 후보로 떠올랐다. 신동이 신혼여행에서 돌아온 1월에 일 없이 노는 것보다는 아이버 노벨로의 폭발적 인기를 이용하는 또 다른 영화로 〈하숙인〉의 여세를 몰아가는 것이 합리적이라고 히치콕을 납득시키는 것은 어려운 일이 아니었다. 노벨로는 〈몰락〉의 원작이 된 히트 연극의 희곡을 —콘스탄스 콜리어와 함께— 집필한 작가이기도 했다.(두 사람은 다비드 레스트랑주라는 필명을 썼다.)[43]

노벨로는 그가 웨스트엔드에서 맡았던, 소녀를 임신시킨 성직자의 아들인 친구가 짊어져야 할 책임을 대신 떠맡은 사립학교의 럭비 영웅 역할을 재현하기로 했다. 망신을 당하며 시달리던 주인공은 (불가피하게) 프랑스에서 경주 드라이버가 되고 더욱 전락한다.

별다른 선택의 여지가 없던 히치콕은, 트뤼포에게 밝혔듯 '꽤나 빈약한 희곡'을 영화로 만드는 일에 만족하기로 했다. 그러나 그는 자신이 게인스버러가 그를 빌려가는 대가로, 세드릭 벨프리지에 의하면, '그가 예전에 받던 것보다 정확히 6배'되는 금액을 받을 수 있는 거물이 됐다는 사실에서 만족감을 느낄 수 있었다. 그의 예전 급여와 임대 급여의 차액은 그가 아니라 브리티시 내셔널이 취했지만 —감독이 데이비드 O. 셀즈닉과 할리우드를 만나기 전까지 시달렸던 영화업계 전반의 불공정 관행이었다— 히치콕은 작품 착수 보너스는 두둑하게 받았다.

촬영은 가급적 빨리 1월 17일에 시작됐다. 이제는 히치콕 여사가 된 알마가 다시 조감독을 맡았고, 클로드 맥도넬이 카메라를 잡았다. 할리 그린빌바커의 극단에서 주연으로 활동했던 여배우 이사벨 진스와, 히치콕의 영화에서 맡은 3개의 역할 중 첫 역할을 맡은 이안 헌터를 포함한 출연진은, 노벨로를 제외하면 모두 영국인이었다.

엘리엇 스태너드는 이제는 게인스버러의 스토리 부서의 수장이 된 앵거스 맥페일과 가까이 일하면서, 원작을 척척 각색해내는 수완을 발휘했다. 히치콕이 시나리오 작업에 기여하는 것은 막판의 시나리오 수정작업과 '시각화'였다.(그런데 시나리오에 비밀리에 풍미를 더하는 듯, 그는 학교에서 쫓겨난 노벨로가 얼간이처럼 내뱉는 한탄을 인용하기를 즐겼다.

43 〈몰락*Down Hill*〉이라는 제목은 희곡에서는 두 단어였고, 영화에서는 한 단어(Downhill)였다. 말장난을 즐겼던 히치콕은 원작과 원작을 각색한 영화를 차별화하기 위해 제목이나 캐릭터의 이름을 미묘하거나 '내부적으로' 변경시키곤 했다.

"이게 앞으로는 제가 동문시합에 뛸 수 없다는 뜻입니까, 선생님?")

노벨로는 이미 30대에 들어섰지만, 영화 초반에서는 ―무대에서는 훨씬 더 잘 위장할 수 있는― 10대 청년을 연기해야 했다. 히치콕은 영화 전체를 심각하게 생각하지 않았다. "끔찍해!" 그는 〈몰락〉에 대해서, 노벨로가 집에서 아버지에게 쫓겨난 후 지하철로 '내려가는' 에스컬레이터로 향하는 장면의 서툴기 짝이 없는 이미지를 지적하면서 늘 이렇게 투덜댔다. 장황한 드라마를 떠맡았을 때 종종 그랬듯, 감독은 히치콕식 코미디로 분위기를 화사하게 만들려고 노력했다. 그가 연출한 어느 장면―가짜 드잡이―을 그는 훗날 '시대를 앞선 장면'이라고 회상했지만, 역시 그렇다고 생각한 스튜디오는 다른 코미디 장식품들과 함께 그 장면을 잘라낼 것을 강요했다.

히치콕은 어떤 영화에 대해 최종작품보다는 그 영화를 만드는 과정에 대한 추억에 더 많은 애정을 표현하는 경우가 많았다. '내려가는' 시퀀스는 막차가 떠난 후인 한밤중에 촬영해야 했다고 히치콕은 회상했다. "우리는 먼저 극장에 갔습니다." 감독의 회상이다. "당시에 우리는 흰색 타이에 연미복, 오페라해트[44] 차림으로 연극 개막일에 참석하곤 했습니다. 그래서 공연이 끝난 후 나는 이 장면을 흰색 타이에 실크해트 차림으로 연출했습니다. 내가 가장 격조 높게 연출한 순간입니다."

그렇지만 그는 늘 능력을 한껏 발휘했다. 히치콕은 비인간적인 스튜디오 프로젝트가 더 야심차고 가치 있는 영화들을 만들기 위해 신망을 쌓아가는 행보가 될 수 있다는 것을 인식할 만큼 현명했다. 게다가 〈몰락〉은 보잘것없는 것과는 거리가 멀었으며, 연달아 등장하는 장면들은 상상력 풍부한 연출, 표현력 넘치는 조명과 구도, 그리고 비범한 카메라워크로 인해 힘을 받았다.

특히 독창적인 어느 시퀀스는 이브닝드레스를 입은 남자의 클로즈업으로 시작된다. 멋쟁이로 보이는 이 사람은 카메라가 뒤로 빠지면서 웨이터라는 게 드러난다. 근처에 있는 커플이 활기차게 춤을 추기 시작

44 접을 수 있는 실크해트. ― 옮긴이

하면 웨이터는 그 춤에 동참하는 듯 보인다. 카메라가 급히 솟구치며 뒤로 멀리 빠져나가면 이 모든 것이 나이트클럽 관객들을 위해 연출된 뮤지컬 코미디의 일부였음이 드러난다. 히치콕 특유의 이런 속임수, 존 러셀 테일러의 표현에 따르면 '환각 안에 또 다른 환각을 집어넣은 일종의 중국식상자'는 메인 플롯과는 아무런 관련도 없이, 그저 흥미로운 무엇인가를 해보려는 기회에 불과했다.

이야기꾼 히치콕에게 수단은 늘 목표만큼이나 중요했다. 감독은 시도해볼 만한 가치가 있는 트릭이라면, 어떤 장면이 제대로 작동하지 않는다고 해도 개의치 않았다. "재미있어야만 합니다." 사람들은 그가 신동시절에 했던 말을 기억한다. "재미말이에요!" 재미만 있다면야.

히치콕은 트릭을 자기 것으로 소화해낼 수 있다는 것을, 그리고 훗날 더 나은 영화에 다시 쓰기 위해 테크닉을 갈고닦을 수 있다는 것을 알고 있었다. 영화적 실험은 쉬지 않고 팽팽 돌아가는 감독의 머리가 낳은 필수적인 부산물이었다.

히치콕은 잠시도 쉬지 않고 연달아 작업을 하고 있었다. 1927년 3월의 마지막 주 무렵에 그는 게인스버러에서 만들 노엘 카워드의 〈행실 나쁜 여자*Easy Virtue*〉를 각색한 차기작을 위해 이미 니스와 리비에라에서 로케이션 작업을 했다. 프랑스에서 그는 새로운 프로젝트를 위해 배경과 야외풍경을 촬영하는 한편, 아이버 노벨로에게 프랑스 호텔의 옥상에 설치한 영국 배경 앞에서 과장된 연기를 펼치게 만들면서 〈몰락〉의 마지막 숏들을 해치우고 있었다.

노엘 카워드의 희곡은 '다비드 레스트랑주'의 작품보다는 수준 높고 품격이 있는 작품이라는 것을 자동적으로 보증했다. 연예계에서 이미 귀한 대우를 받고 있던 카워드는 〈몰락〉을 만들고 있는 히치콕과 협의하기 위해 이즐링턴에 들렀다. 그렇게 시작된 두 사람의 우정은 개인적이라기보다는 직업적인 것이지만, 이후 몇 십 년 동안 지속됐다. 그럼에도 불구하고, 카워드는 히치콕의 영화와는 조금도, 심하게 얘기하면 아무런 관계도 없었다. 엘리엇 스태너드가 다시 1925년작 희곡을 각색했고 아이버 몬터규와 앵거스 맥페일도 시나리오에 대한 의견을 내놨다.

〈몰락〉에 출연했던 주요한 배우 네 사람이 이 작품에도 출연했다. 이사벨 진스는 이혼소송 중에 두 차례나 헤드라인에 오르면서 사회적 위선에 괴롭힘을 당하는 희생자를 연기했고, 이안 헌터는 변호사로, 로빈 어빈과 바이올렛 페어브라더는 귀족 계급의 소송자 모자로 출연했다.

히치콕은 이혼에 대한 맹목적인 재판과 관습적인 태도를 고발하는 희곡의 테마를 편안하게 느꼈을 것이다. 그렇지만 〈행실 나쁜 여자〉는 무성영화였기 때문에 카워드의 다루기 까다로운 대사들은 간혹 등장하는 자막화면에 국한될 수밖에 없었고, 결국 영화는 오리지널 희곡의 깡마른 그림자가 되고 말았다.

그렇지만, 히치콕의 솜씨는 영화가 참담한 영화가 되지 않게 만들었다. 감독은 프랑수아 트뤼포에게 이 영화에는 자신이 집필한 자막화면 중에 최악의 것이 담겨 있다고 밝혔다. 황색신문이 자신을 다루는 방식에 상처를 입은 이사벨 진스는 카메라를 들고 있는 기자들을 볼 때마다 깜짝 놀라서 움츠러든다. 두 번째 이혼을 취재하는 사진기자들에게 던지는 그녀의 마지막 대사는 이렇다. "찍으세요(Shoot)[45]. 더 이상 죽일 만한 거리도 남아 있지 않아요."(히치콕은 이 대사가 잊히지 않게 만들기 위해 교활하게 언급하고 있다.)

히치콕에게 렌즈가 관련된 게임은 매우 위험하거나 단순한 게임에 불과했다. 히치콕이 〈행실 나쁜 여자〉에서 강조한 또 다른 것이 외알 안경을 통해 고소인 변호사를 응시하는 이혼법정 판사의 상반신이다. 이 시각적 이미지 뒤에는 그에 어울리는 클로즈업 화면이 자연스럽게 따라붙는데, 영화의 초창기에는 구현이 불가능한 특수효과였다. "근접한 거리 내에서도 초점이 맞도록 특대형 외알 안경을 제작했습니다." 히치콕이 훗날에 한 설명이다. "그러고는 유리 대신에 그 안경을 거울에 부착했죠. 그러고서 변호사 캐릭터를 카메라 뒤에 세웠습니다.

45 '사진을 찍는다'와 '총을 쏘다'의 뜻이 모두 담겨 있다. — 옮긴이

롱숏으로 찍을 그의 대역도 세워뒀고요. 그렇게 해서 외알 안경이 카메라 앞으로 다가오면 별도의 컷 없이도 그 남자를 클로즈업으로 찍을 수 있게 됐습니다."

히치콕은 그렇듯 비범한 카메라 묘기를 꿈꾸는 데 그치지 않고, 특수효과 전문가들이 행하기도 전에 그런 묘기를 실행에 옮기는 법을 해결하는 데서 기쁨을 찾았다. 그는 오케스트라에 속한 모든 악기의 연주법을 일일이 알고 있다는 것을 자랑스러워하는 재기 넘치는 심포니 지휘자와 비슷했다.

이 시점에서 이미 히치콕은 대부분의 감독이 평생에 걸쳐 쌓아야 할 기술적 노하우보다 더 많은 것을 뽐낼 수 있었다. 클로드 맥도넬이 〈행실 나쁜 여자〉를 촬영하던 중에 병으로 눕자, 히치콕은 기쁜 마음으로 그 자리를 떠맡고서는 조명과 카메라 위치를 직접 감독했다. 무성영화 시대에 영국이 낳은 신동은 카메라맨이 앓아누웠을 때 렌즈의 뒷자리를 차지한 만능 재주꾼이기도 했다. 그는 그런 이유로 시간을 빼앗긴 적이 한 번도 없었다.

5월에 완성된 〈행실 나쁜 여자〉는 히치콕이 게인스버러에서 만든 마지막 작품이었다. 6월에 감독은 새로 조직되면서 회사 이름을 바꾼 브리티시 인터내셔널 픽처스에 합류했으며, 다작의 해인 1927년의 첫 6개월 동안 그가 만든 세 번째 영화에 착수했다.

재정적인 붕괴를 겪을 뻔했던 브리티시 내셔널은 구세주처럼 나타난 존 맥스웰을 환영했다. 스코틀랜드 출신의 변호사였던 맥스웰은 1912년부터 전람회 사업에 뛰어들어 규모가 커지는 전람회장 체인을 운영하고 있었다. 극장업에 진출한 그는 C. M. 울프의 제국에 라이벌로 등장한 워다우어필름스를 창설했다. J. D. 윌리엄스가 브리티시 내셔널의 이사회에서 쫓겨난 후, 맥스웰은 워다우어와 합병하고 신생회사 브리티시 인터내셔널 픽처스(BIP)의 회장이 됐다.

여기서 'I'는 중요한 글자다. 게인스버러의 비용 절감을 고심 중이던 마이클 밸컨은 『바이오스코프』의 연말호에 '제작비용 삭감'이라는 글을 기고했고, 같은 호에 맥스웰은 '다국적 영화'라는 글을 썼다. 밸컨은 모든 면에서 국제주의자였으나 맥스웰은 해외시장에서 틈새시장을 개척해내겠다는 파릇파릇한 허세와 야심을 품고 있었다. 해가 바뀌기도 전에, BIP는 독일시장에 진입하는 발판으로 에멜카가 가지고 있던 체인을 사들였고, 동유럽에 배급을 하기 위해 오스트리아의 사샤 필름스와 계약을 했으며, 프랑스의 파테와도 계약을 했다. BIP가 새로운 회사를 통해 미국에 배급을 한다는 발표가 뒤를 이었는데, 새 회사의 우두머리는 다름 아닌 J. D. 윌리엄스였다.

애초에 BIP는 제작에 더 많은 자금을 투입하고 싶어 했고, 맥스웰은 전속감독들이 창조적인 자유를 누릴 것이라고 약속했다. 엘스트리 역 인근의 보어햄우드에 있는 새로운 BIP 스튜디오는 2채의 거대한 실내촬영소를 포함한 현대화된 설비를 자랑했다. 이 모든 것들이 인상된 급여만큼이나 히치콕을 마이클 밸컨과 게인스버러에게서 멀어지게 했다.

'히치콕이라는 인기 있는 이름.' 〈몰락〉을 만들던 중에도 어느 영화업계지가 이런 기사를 퍼뜨렸다. 그의 여섯 번째 연출작—그리고 브리티시 인터내셔널 픽처스의 창립작—은 1927년 4월에 업계에서 처음 언급됐다. 이때 감독은 그가 기획하고 있는 대형 권투드라마 〈링*The Ring*〉에 대해 『바이오스코프』에 털어놨다. 시나리오의 초고는 이 무렵 이미 완성된 상태였고, 엘리엇 스태너드가 작가로 보도됐다. 스태너드의 이름은 촬영개시 일주일 전에 느지막이 다시 언급됐으나 히치콕과 스태너드의 사이가 틀어지면서, 『이브닝 스탠더드』에서 일하는 신문기자(이면서 영화협회의 또 다른 열성회원)인 월터 마이크로프트가 시나리오를 수정하고 권투 시퀀스에 기술적 조언을 해주기 위해 합류했다. 감독도 권투에는 해박해서 권투의 룰과 권투선수 양쪽에 대해 술술 얘기할 수 있었다. 그는 축구와 테니스뿐 아니라 권투도 정기적으로 보러 다녔다.[46]

46 탁구도 마찬가지였다. 아이버 몬터규가 사람들을 열심히 경기장으로 끌고 가는 탁구광이기 때문이었다.

다른 모든 것도 그랬지만, 권투는 이야기의 좋은 소재였다. 히치콕은 학자들처럼 권투를 관찰하고 참고할 만한 것들을 축적했다. 1937년 영화 〈영앤 이노센트〉에서, 에리카(노바 필빔)는 그녀의 서투른 응급치료 방법에 대해 권투선수의 탈의실에서 (자세하지는 않게) 배웠기 때문이라고 설명한다. 〈링〉을 만든 지 40년 후, 〈마니〉의 마지막 시퀀스—마니 모녀가 과거를 다시 찾아가는 정서적으로 지쳐버린 신—를 연출하던 히치콕은 이 시퀀스의 느낌은 무승부로 끝난 시합을 했던 두 권투선수와 비슷하다고 티피 헤드런에게 말했다. 헤드런은 "감독님은 늘 기억에서 얘깃거리를 끄집어냈어요"라고 회상했다.

히치콕이 결국에는 오리지널 스토리와 시나리오의 단독 작가로 크레디트를 받은 것—그의 경력에서 유일무이한 크레디트다—은, 그가 게인스버러를 떠나서 〈링〉을 혼자서 만들어냈다는 자부심을 더욱 두드러지게 만들었다.

〈링〉의 1막의 배경은 서커스가 열리는 장터다. 이곳에서 아마추어 권투선수 '1라운드' 잭은 희망하는 사람들 모두와 시합을 한다. 말쑥하게 차려입은 낯선 사내가 미모의 입장권 수취인 메이벨에게 수작을 걸다가 잭과 싸우기로 결심한다. 메이벨은 남자친구인 잭을 응원하지만, 잭은 차림새 근사한 신출내기에게 얻어맞는다. 승자는 오스트레일리아 헤비급 챔피언 밥 코비로 밝혀진다. 메이벨에게 마음이 있는 밥은 자신의 스파링파트너로 일하면서 전문적으로 권투 훈련을 받으라며 잭을 초빙한다.

이야기는 히치콕 나름의 연극무대로 옮겨간다. 프로 데뷔전에서 승리한 잭은 메이벨과 결혼하고 운도 확 트이지만, 화끈한 파티에서 밥이 그의 아내에게 적극적으로 구애를 하는 광경을 목격하는 순간, 그의 자존심은 꺾이고 만다. 잭은 질투로 인해 밥과 충돌하고 메이벨과는 격렬히 대립한다. 결국 그와 밥이 챔피언 벨트를 놓고 한 판 시합을 벌이게 되면서, 메이벨은 잭의 곁을 떠난다. 최후의 대결이 있는 날 밤, 메이벨은 군중 가운데 있다. 관중은 누가 승리할지를 알기 위해 기다려야 한다.

새로운 스튜디오에서 촬영에 착수한 히치콕은 캐스팅에 더 많은 권한을 행사할 수 있었다. 그는 주연여배우로 릴리언 홀-데이비스를 골랐는데, 일찍이 〈열정적 모험〉 때부터 탄복하며 바라보던 배우였다. ("굉장한 여자입니다." 그는 언젠가 그녀에 대해 이렇게 말했다. "그녀는 촬영장에서는 심하게 수줍어했습니다." 그렇지만 사생활에서는 "성격이 굉장히 좋았고 대단히 활달했습니다.") 심성 착하고 세상의 소금 같은 캐릭터를 연기하는 검은머리의 릴리언은 그의 규범에는 반하는 배우였다.

감독은 1라운드 잭 역에는 덴마크 미들급 챔피언에서 뮤지컬 코미디 엔터테이너로 변신한 카를 브리송을 캐스팅했다. 브리송은 이 영화 전까지는 시시한 덴마크 영화에 딱 한 번 출연한 배우였다. 따라서 히치콕이 실질적으로 브리송을 영화에 데뷔시켰다고 할 수 있는데, 이것은 브리송이 히치콕을 위해 연기했던 2번의 주인공 중 더 매력적인 역할이었다.

〈몰락〉과 〈행실 나쁜 여자〉에 출연했던 이안 헌터가 오스트레일리아 헤비급 챔피언 밥 코비를 연기할 배우로 선택됐고, 1902년에 무대 프롬프터[47]로 기나긴 경력을 시작한 고든 하커가 막판까지 잭의 친구로 남는 트레이너로 변신했다. 유명한 무대미술가 조지프 C. 하커의 아들인 고든 하커는 보우 벨스[48]의 종소리가 들리는 지역 내에서 태어난 진짜 코크니였다. 그는 에드거 월러스의 희곡들에서 건방진 코크니를 연기하곤 했는데, 히치콕이 BIP에서 만든 영화 몇 편에서도 유사한 역할을 맡았다.

클로드 맥도넬이 병상에 눕기 전에 〈링〉의 촬영감독 후보였다는 말은 진위 여부를 알 수 없다. 급여 문제에 불만을 품은 맥도넬이 마지막 순간에 영화를 떠났을 가능성도 있다. 감독이 피터 보그다노비치에게 밝힌 것과는 달리, 히치콕이 막판 교체된 촬영감독—'잭'으로 불린

47 배우에게 대사를 가르쳐주는 사람. — 옮긴이

48 Bow Bells, 칩사이드에 있는 세인트메리-르-보우에서 울리던 종으로, 1941년에 폭격으로 파괴됐다.

존 제프레이 콕스—에게 촬영을 '가르쳤다'거나, 콕스가 〈링〉 이전에는 '차석' 카메라맨이었다는 것은 사실이 아니다.

1913년부터 영화계에서 일한 잭 콕스는 1920년대 초반 5년 동안 모리스엘비의 수석카메라맨으로 일했다. 『브리티시 시네마토그래퍼』의 덩컨 페트리에 따르면, 이 기간 동안 그는 이미 '최초의 중요한 영국 촬영감독 중 한 사람'이 될 징조를 보여줬다. 알마는 엘비와 일하는 동안 콕스를 알게 됐을 것이며, 그녀가 그를 추천했을 가능성이 높다. 어찌됐건 콕스는 벤티미 글리아 남작과 클로드 맥도넬의 뒤를 이었는데, 이것은 촬영 부문에서 히치콕이 게인스버러에서 만든 영화들과 BIP에서 만든 영화들 사이를 가르는 분명한 차이점이었다.

페트리의 표현에 따르면, 콕스는 '흐릿한 이미지, 오버레이, 디졸브와 이중노출'에 전문적인 솜씨를 지닌, '특수효과'에 재주를 보인 카메라맨이었다.(업계지에 오래도록 실린 그의 광고에는 '트릭작업 등의 경험이 풍부함'이라고 적혀 있다.) 히치콕에게는 그런 효과가 화면구도를 짜고 조명을 배치하는 재주보다 더욱 중요했다. 히치콕은 화면구도와 관련한 조언 같은 것은 절대로 필요치 않았다. 프레임을 어떻게 구성할 것인지는 언제나 그의 마음속에 강하게 자리잡고 있었으며, 시나리오에 주석으로 달아놓았다. 히치콕이 원한 것은 도전정신을 지닌 카메라맨이었다. 콕스 같은 베테랑도 때로는 도발과 요구에 갈팡질팡했다.

히치콕은 콕스에게 장터의 천막 안에서 벌어지는 영화의 첫 시합 장면을, 통상적으로 설치하는 촬영용 아크등을 제거하고 링 위에 걸린 전구 하나의 불빛만으로 멀리서 촬영해야 한다고 주장했다. 그는 거기서 그치지 않고, 카메라의 시점—천막 밖에서 틈을 통해 들여다보는 메이벨의 주관적 시점—이 심하게 가로막히기를 원했다. 앞부분에는 시합을 지켜보는 군중의 그림자가 자리를 잡았다. 영화 관객은 메이벨처럼 애타게 보고 싶은 액션을 구멍을 통해 들여다보는 듯한 기분을 느껴야 했다.

히치콕은 콕스에게 촬영을 가르치지는 않았지만, 참신한 트릭을 가르치기는 했다. 촬영감독은 히치콕의 본능을 믿게 됐다. 그는 카메라

위치를 정했을 뿐 아니라, 미술 교육으로 습득한 솜씨를 발휘해서 스케치북을 꺼내 들고는 그림을 그리고 초점을 맞출 곳을 자세히 설명했다.

"히치콕은 놀랄 정도로 그림을 그렸습니다." 당시 콕스의 조수였던 브라이언 랭글리의 회상이다. "그러고는 '나는 당신이 50㎜렌즈를 쓰기를 원합니다'라거나 35㎜ 렌즈나 3인치 렌즈를 쓰기를 원한다는 말을 했습니다. 그는 원근법도 끌어들였는데, 그를 통해 원경과 전경은 제대로 관련이 지어졌습니다. 나는 그런 것과 비슷한 흉내를 내는 사람조차 본 적이 없습니다. 카메라가 볼 수 있는 것을 그려내는 히치콕의 능력은 신기할 정도였습니다. 그것은 그가 카메라맨에게 '이런 장면을 찍을 수 있다면, 나는 카메라를 들여다볼 필요도 없소'라고 말하는 것과 비슷했습니다."

"(히치콕에 관한) 많은 이야기가 수십 년 동안 전해져왔습니다. 나중에 히치콕에게서 그림을 넘겨받은 어느 카메라맨이 화면구도와 전경은 제대로 찍었지만, (히치콕이 지정한 것과는) 다른 렌즈를 쓰는 바람에 원경이 두 배로 커졌거나 아니면 절반 크기로 줄어들어버렸습니다. 그 카메라맨은 곧바로 잘렸다는 얘기를 들었습니다."

〈링〉부터 히치콕과 작업을 시작한 콕스는 다작을 내놓은 1927년과 1932년 사이에 히치콕이 BIP에서 만든 10편의 영화를 전부 촬영했다. 그러고는 몇 년의 휴식기를 거친 후 두 사람은 〈사라진 여인*The Lady Vanishes*〉에서 재결합했다. 히치콕 영화를 11편 촬영한 콕스보다 더 많이 작업한 카메라맨은, 히치콕이 미국의 워너브러더스에서 발견한 또 다른 거장 촬영감독 로버트 벅스뿐이었다.

촬영은 1927년 7월과 8월에 이뤄졌다. 풍부한 제작비 덕분에 엘스트리 촬영소에 영화의 중요한 시퀀스를 위한 실제 크기의 장터를 포함한 호화스러운 세트를 세울 수 있었다. 엑스트라 수백 명이 고용됐다. 회전 놀이기구, 이유도 없이 짜증을 내는 저속한 사람들, 사행성 게임들을 보여주는 꿈결 같은 서커스 장면을 만들어냈다. 소련식 소용돌이 속에서 독일적인 이미지들이 흘러갔다. 사람과 사물의 기괴한 클로즈업이 가끔 등장했고, 이미지들은 종종 너무나 극단적으로 왜곡되는 바람에 모더니스트의 추상화처럼 보였다.(그는 이 기법을 영화경력 내내 활용했다. 〈현기증〉 도입부에 등장하는 사다리 가로대의 오랜 클로즈업을 떠올려보라.)

이 기간 동안 신동 자신은 겉으로 잘 드러나지 않는 활약을 보였지만, 동료들은 히치콕의 끊임없는 활동, 한없는 에너지, 일을 향한 열정에 깊은 인상을 받았다. 마이클 파웰은 히치콕이 그 누구보다도 앞서 계단을 뛰어다녔다고 회상했다. 다음은 히치콕이 〈링〉의 클라이맥스를 연출하는 모습을 보기 위해 촬영장에들른어느저널리스트가쓴글이다. "그가 연초부터(스튜디오의) 마룻바닥에 서 있었으며 실질적으로 매일같이 일을 해왔다는 것을 감안하면, 일에 대한 에너지와 열성을 유지하는 그의 수완은 경이적이다."

영화의 클라이맥스인 앨버트홀에서 벌어지는 시합은 얼마 전에 개발된 쉬프탄 프로세스에 빚진 환각의 개가였다. 쉬프탄 프로세스는 프리츠 랑이 〈메트로폴리스〉에서 처음 활용한 기법으로, 히치콕은 독일에서 귀국할 때 가장 값진 기념품으로 이 기법을 가져왔다. 미니어처, 사진, 또는 그림으로 그린 배경과 그 앞에서 실제로 펼치는 연기를 조화시킬 수 있는 이 새로운 기법 덕분에 히치콕은 공공장소에서 실제로 촬영하는 비용(또는 허가)을 들이지 않고도 공공장소를 배경으로 한 장면을 연출할 수 있었다. 히치콕의 가장 유명한 특수효과의 대부분이 실제의 배경을 가공해낸 배경과 뒤섞는 쉬프탄 스타일의 합성물이었다.

연기와 섬광, 물과 거울에 반사된 이미지, 기묘하게 기울어진 프레임, 화면분할 연출, 슈퍼임포지션(중첩)이 영화에 담긴 또 다른 독일풍 장식물이었다. 어느 초현실적인 시퀀스는 술 취한 잔치꾼, 기이하게 늘어난 피아노 건반, 그리고 최면을 걸 듯 회전하는 LP음반을 이리저리 오간다. 평론가 조너선 로젠바움이 말했듯, 〈링〉은 "히치콕의 무성영화 중에서 가장 독일적인 스타일을 보여주는 영화"다. 스토리 면에서 드라마는 관습적이지만, 촬영은 빼곡한 실험적 스타일로 이뤄졌다. 〈링〉은 규모 면에서나 테마 면에서나 〈메트로폴리스〉만큼 압도적이지는 않지만, 프리츠 랑의 서사영화처럼 음울하고 부드러운 영화다.

권투의 모든 제식과 훌륭하게 관찰된 세세한 측면들을 모두 담은 일급 권투 무용담인 이 영화는 대단히 짜임새 있는 영화이기도 하다. 랑(그리고 다른 독일인들)과 달리, 히치콕은 우연히 생겨나는 유머(교회의 결혼식에 참석한 서커스 단원들은 〈파괴공작원*Saboteur*〉에 나오는 기형 서커스단원들을 위한 유쾌한 리허설이다)와 인간적 따스함에 정통했다. 이것이 젊고 거칠 것 없는 히치콕이었다. 그는 캐릭터들을 향해 대단한 호기심과 감정을 보여줬다. 신혼이던 그는 정절을 놓고 피어나는 긴장에 민감했다. 이것은 살인의 희생자, 롱맨, 또는 섹스나 폭력을 두려워하며 살아가는 여성이 한 사람도 등장하지 않는 드문 히치콕 영화이기도 하다.

당시의 특징적인 영화제작 속도에 따라 촬영은 여름 끝 무렵에 종료됐고, 촬영된 필름들은 9월 초에 한데 모아졌다. 완성된 영화는 그 달 말에 상영됐다. 그 즉시 『옵서버』는 히치콕의 신작을 또 다른 '걸작'이라며 찬사를 보냈고, 『데일리메일』의 아이리스 배리는 영국의 '영화 역사상 가장 위대한 영화'라고 칭찬했다. 『이브닝 스탠더드』는 "히치콕 씨는 영국영화를 위해 의회가 제정한 법률 10여 개보다 더 많은 일을 해냈다"는 의견을 내놨다.

『바이오스코프』는 특별 사설에서 히치콕에 대해 혜안을 가진 듯한 주장을 폈다. "우리의 첫 소망은 당신이 이 나라에서 앞으로 오랫동안 계속 영화를 만드는 겁니다. 당신의 재능이 없다면 —당신에게 신세를 지고 있는— 영화제작업의 형편은 나빠질 테니까요."

히치콕이 독일에서 가져온 또 다른 기념품은 그의 페르소나가 된 쾌활한 포학성이었다. 대단히 독일적인 특성인 포학성은 히치콕의 아주 고요한 특성인 쾌활함과 뒤섞였다. 1920년대 후반 엘스트리에서는 히치콕이 종종 히틀러처럼 촬영장을 지배한다는 목격담이 처음으로 등장했다. 그가 어둠과 빛을 이뤄내기 위해 필름을 다루는 방식처럼 심기에 따라 사람들과 분위기를 조종한다는 얘기였다.

히치콕은 원하는 영화를 얻어내기 위해 독재자나 서커스의 광대처럼 행동하기도 했는데, 그의 오만함에 대한 다른 일화처럼 이런 이야기는 세월이 흐르면서 확대되고 과장됐다. 만사를 정교하게 해내려는 경향과 때로는 아슬아슬하고 추잡한 짓궂은 장난들이 이 시기 동안 널리 퍼졌다. 히치콕은 BIP에서(또는 나중에는 고몽에서) 유일한 익살꾼은 아니었으며, 그런 경향은 업계에 만연해 있었다. 예를 들어, 사람들은 몬타 벨—감독으로 변신하기 전에 채플린의 〈파리의 여인〉의 '시나리오 편집자'였던 미국인—이 촬영장에 있으면 광기가 촬영장을 뒤덮는다고 말했다.

히치콕의 '기행'은 때로는 그저 좋은 홍보거리였다. 예를 들어, 티타임은 점심시간 휴식기에서 소중한 시간이었다. 따라서 히치콕이 차를 마신 후에 "일하러 돌아가자!"는 신호로 어깨 너머로 찻잔을 던지는 것은 칼럼니스트들에게는 좋은 기사거리였다. "나는 기분이 좋을 때면 늘 그 짓을 합니다." 언젠가 히치콕이 설명했다. "카메라가 있는 높은 곳에 올라가서 쟁반을 뒤집는 것도 좋아합니다. 또 강단의 끝으로 컵들을 밀어버리는 것도 좋아하죠. 그냥 손을 펼쳐서 모든 것을 떨어뜨리는 것도 좋아합니다. 당신은 안 그런가요?"

히치콕은 그가 그런 행동을 처음 했을 때 좋아하던 스태프들이 포복절도하며 웃어댔다고 언론에 밝혔다. 그런 행동을 되풀이해달라는 확실한 초대장이었던 셈이다. 얼마 안 있어 사람들은 그가 찻잔을 모조리 부술 거라고 예상했다. 그런 기행은 사람들의 원기를 북돋웠고, 지루한 날에는 작업의 조미료 역할을 했으며, 스태프들은 그것을 즐겼다. 그런 행동은 그것이 가져올 효과를 잘 알고서 행한 수법이었다.

히치콕은 촬영장에 불청객이 보이는 것을 싫어했고, 특별대우를 받으며 스튜디오를 견학하는 일반인들은 특히 싫어했다.(영화역사상 가장 짭짤한 스튜디오 견학업체인 유니버설 스튜디오와 말년에 같이 일했던 것을 감안하면 아이러니한 일이다.) 따라서 그런 관광객이 눈에 들어오면 히치콕은 독일어로 욕설과 음담을 내뱉었고, 방문객이 신학생들을 데리고 온 성직자일 경우에는 더욱 노골적인 태도를 보였다.

모든 음식이 푸른 색깔을 띠는 공식 만찬 주최하기, 지루한 손님의 등 뒤에 소리 나는 쿠션 놔두기, 근엄한 사람에게 독한 술을 강권하고는 사람들이 풀어지는 것을 지켜보기 등, 그의 장난 대부분은 악의가 없었다. 희생자가 좋아하는 자동차 범퍼에 훈제 청어 여러 마리 묶어두기, 누군가의 현관 문지방에 석탄무더기를 쏟아달라고 주문하기 등, 몇몇 장난은 품도 많이 들고 돈도 많이 들었다.

그러나 짓궂은 장난들은 남들보다 선수를 치는 문제이기도 했다. 히치콕은 어떤 대가를 치르더라도 이 게임에서 이겨야만 했다. 보조 촬영감독 앨프레드 루메는 그의 폭스바겐 크기의 멋진 자동차 오스틴-힐리에 히치콕이 친 장난을 회상했다. 어느 날 감독은 현장 매니저 리처드 '디키' 베빌과 회의를 하겠다면서 루메의 차를 요청했다. 둘 다 몸무게가 만만치 않았던 히치콕과 베빌은 자동차에 억지로 몸을 밀어넣어 소중한 애마에 다른 사람을 태울 수 없다고 생각하던 루메를 노골적으로 약올렸다. 창고에서 연기 나는 단지를 찾아온 루메는 오스틴-힐리 밑에 단지를 놓고 도화선에 불을 붙였다. "뚱뚱한 두 남자가 그보다 빨리 차에서 튀어나오는 것은 결코 본 적이 없습니다." 루메의 회상이다. "히치는 나에게는 다시는 장난을 치지 않았습니다. 그는 반격을 하는 사람은 존중했습니다. 그렇지 않으면 또 다른 장난을 쳤죠."

그의 장난 몇 가지는 사람들을 불안하게 만들기도 했다. 특히 그가 좋아하지 않은 배우들, 또는 '겉만 번지르르하다'고 간주한 배우들은 빈정거림과 장난의 특별 표적이었다. 1972년의 TV 인터뷰에서 히치콕은 누군가를 해치거나 헐뜯으려는 의도는 조금도 없었다고 변명했지만, 영화가 제대로 만들어지지 않고 있다고 느낄 때면 그가 최악의 장난을 쳤다는 것은 모두가 알고 있었다.

"오, 우리 아들이 살인자일 리가 없어요"라고 〈스트레인저*Strangers on a Train*〉에서 브루노의 어머니(마리언 론)는 외친다. 그다음 대사는 일과 관련한 그의 장난이 어떤 것인지를 보여준다. "때때로 그 애가 좀 지나칠 때가 있기는 하죠." 그녀는 한숨을 짓는다.

사람들은 디키 베빌의 경우를 계속해서 인용한다. 베빌은 늘 히치콕의 최악의, 가장 굴욕적인 학대에 시달렸던 것 같다. 어느 악명 높은 사건에서 히치콕은 베빌이 수갑을 차고 하룻밤을 버티지 못할 것이라고 내기를 걸었다. 그런데 히치콕은 수갑을 채우기 전에, 베빌을 속여 독한 변비약이 든 커피를 마시게 만들었다. 이 일화에는 여러 가지 버전이 있지만 —수갑만이 일관되게 언급되는 유일한 요소다— 많은 사람이 이 이야기를 영국영화의 연대기에 존재했던 진실로 받아들인다. 가엾은 베빌은 잔인한 히치콕 덕에 설사를 하며 밤을 지새웠다고 전해진다.[49]

그런데 (독일 감독들뿐 아니라) 많은 감독이 촬영장에 어릿광대를 두는 것을 즐겼다. 〈링〉의 촬영감독 보조였던 앨프레드 루메는 훗날 베빌과 다른 하급 스태프들이 '히치콕 파'에 합류하는 것을 즐거워했다는 '사실'을 알고 있다고 주장했다. 루메는 베빌이 기꺼이 '호구' 행세를 했고, 감독의 총애를 받는 애완동물 역할을 하는 고초를 겪은 대가로 보너스를 받고 승진도 했다고 말했다. 히치콕은 그를 친구로 여겼다. 40년 후, 할리우드의 유니버설에 편안한 자리를 차지한 그는 감상적이게도 그가 받은 중요한 상패와 유명인사들과 찍은 사진들 가운데에 베빌의 작은 사진을 책상에 올려놓고 있었다.

알마는 그의 장난을 부드럽게 만들기 위해 절반 정도의 노력만 기울였다. 집에서 그녀는 그의 최고의 관객이었고, 가끔씩 내뱉는 "오, 히치!"만이 유일한 불평이었다. 그런데 그가 BIP에서 보낸 시절 동안 가장 견고한 동지 겸 신뢰할 만한 조연은 거드름 피우는 것을 히치콕만큼이나 싫어한 카메라맨 잭 콕스였다. 콕스는 복잡한 인물이었다. 그는 천하태평하고 변화무쌍한 술꾼이었으며, 세련된 드레서인데다 바람둥이였다. 그 역시 히치콕처럼 못된 짓을 하는 코크니 기질이 있었다. 그들은 촬영장에서 끊임없이 농담을 주고받았고, 많은 장난을 공모했다. 최악의 장난, 너무나 불쾌한 짓들이 실행에 옮겨졌을 때, 그 자리

49 좀 더 심한 다른 버전은 촬영감독 잭 카디프가 자서전에 쓴 이야기다. 여기서 상대의 이름은 해리이고, 변비약은 맥주에 들어 있다. 해리가 알딸딸해져서 망가졌을 때, 히치콕은 '외딴 곳에서' 그를 차에서 밀어냈다. 해리는 '탈옥수라는 의심을 받고' 체포되기에 이른다.

에는 콕스와 히치콕 두 사람만 남아 낄낄대고 있는 경우가 잦았다.

1927년 연말에 임신을 한 알마는 점점 스튜디오에서 멀어져갔다. 감독의 신임 비서 겸 스크립트 담당자로 젊은 여성—영리하고 매력적인 르네파젠터—이 고용됐다. 아널드 형제들은 히치콕의 미술감독으로 계속 일했고, 에밀 드 루엘은 편집을 감독했다. 이 사람들은 콕스와 더불어 게인스버러 팀을 대신한 그룹의 핵심이었다.

그런데 히치콕과 그의 스태프가 〈링〉에 대한 찬사를 읽은 것은 런던에서가 아니었다. 놀랍게도 감독은 이미 그 해에 만든 그의 네 번째 영화에 빠져 있었다. 그는 홀아비가 된 농부가 지역사람들 가운데서 배필을 찾아나서는 목가적인 코미디 〈농부의 아내〉의 야외장면을 촬영하러 데번 해안으로 갔다. 에덴 필포츠가 쓴 이 희곡은 1924년에 롱런했고, 1928년에 리바이벌돼서 인기를 얻었다. 엘리엇 스태너드의 각색은 희곡에 꽤 충실했는데, 너무나 충실했기 때문에 히치콕은 의견을 개진할 필요를 느끼지 않았다. 그는 피터 보그다노비치에게 이렇게 밝혔다. "대사 대신에 많은 자막화면을 집어넣어야 하는 연극을 촬영하는 판에 박힌 일이었습니다."

이것은 히치콕이 그의 '촬영된 연극들'을 묘사하는 방법이었다. 그러나 〈농부의 아내〉는 판에 박힌 일보다는 훨씬 나은 작품이었다. 재치 있는 코미디, 정교한 카메라워크, 뛰어난 연기로 이 영화는 그의 무성영화 중에서 가장 히치콕답지 않으면서도 가장 재미있는 영화가 됐다.

영화업계지는 히치콕의 대담한 캐스팅을 주목했다. 제목에 등장하는 시골 농부를 연기할 배우로 선택된 호리호리하고 말수가 적은 제임슨 토머스는 무대 버전과는 조금도 관련이 없었다.(무대에서와 같은 역할을 연기한 유일한 출연자는 모드 길이었다.) 릴리언 홀-데이비스가 다시 상냥하기 그지없는 가정부로, 홀아비의 마음을 파고드는 인정 많은 인물을 연기했다. 고든 하커는 무뚝뚝한 잡역부 처들스 애시로 출연하여 등장장면에서 단연 돋보이는 연기를 펼쳤다.

홀아비는 연애 문제에는 통 시원치가 않았던 히치콕을 대변하는 인물로 볼 수도 있고, 어느 장면에서인가 "결혼한 사람들에게는 뭔가 신비로운 일이 있어"라고 밝히는 가정부는 완벽한 내조자이며 모범적인 아내인 히치콕 여사를 이상적으로 그려낸 것으로 간주할 수 있다. 코미디가 때때로 슬랩스틱(파티에서 농부가 테이블 주위를 돌며 쫓아가는 순진한 노처녀는 그녀가 운반하는 젤라틴 틀처럼 부르르 떤다)에 가까워지기는 했지만, 진정한 사랑과 결혼을 뻔뻔스럽게 찬양하는 영화는 달콤하고 재미있다.

이 얼마나 성공적인 해인가. 히치콕은 1927년에 4편을 연출했는데, 그 모두가 성공작이었다.[50] 흥행사 감각이 있는 그와 알마는 그들의 첫 명절카드를 '히치콕 부부'라는 이름으로 발송하면서, 크리스마스와 더불어 결혼 1주년을 축하했다. 카드는 조그만 나무퍼즐로 디자인됐는데, 퍼즐을 맞추면 사람들에게 점점 더 친숙해져가는 '히치'의 얼굴 윤곽이 드러났다.

BIP가 그들의 일급 감독에게 새로 책정한 급여를 주겠다고 발표한 것은 그리 대단한 뉴스는 아니었다. 향후 3년 동안 12편을 연출하는 조건으로 매년 1만 7,000파운드를 주겠다는 것이었지만, 그 액수는 과장된 수치였다. 젊은 시나리오작가 시드니 질리엇은 1927년 연말에 히치콕과 스튜디오 임원 J. A. 소프와 같이 택시를 탔던 일을 회상했다. 소프는 목소리를 낮추면서, 히치콕에게 스튜디오의 홍보정책에 따르는 것이 좋으며, 그렇지 않으면 세무서에서 부풀려진 액수에 대한 세금을 징수하려 들 것이라고 경고했다. 히치콕이 '상당히 많은 돈'을 벌고 있었다는 데에는 의심의 여지가 없지만, "최상급의 급여이기는 해도 아찔할 정도로 많은 돈은 아니었다"고 질리엇은 밝혔다.

그러나 대중의 신임 덕에 히치콕은 야심 찬 미래를 그려볼 장밋빛 기회를 잠시 동안이라도 가질 수 있었다. 기운이 넘칠 때면, 또는 연출을 하다가 잠깐 짬이 날 때면, 그는 전형적이지 않은 히치콕 프로젝트

50 〈농부의 아내〉는 1928년에 개봉됐다.

들—더 넓은 캔버스를 향해 철저히 이탈할 수 있게 해주는 주제들—을, 공상 속에서는 그의 넋을 잃게 하지만 현실에서는 그를 회피해나가는 웅장한 아이디어들을 꿈꿨다.

BIP가 입장을 발표하는 동안, 히치콕은 '영국의 상선과 철도를 다루는 서사영화 2편'을 포함한 다양한 프로젝트를 심중에 그리고 있었다. 히치콕이 영국의 1926년도 총파업—열흘 동안 영국 전체가 활동을 멈춰버린 사건으로, 영국 노동계급이 역사적 기회를 잡았지만 참담한 패배를 당한 것으로 간주된다—을, 그의 표현에 따르자면 '파업 노동자와 대학생 사이의 주먹다짐, 피켓, 당시 상황에서 실제로 있었던 드라마 모두'를 묘사하는 영화로 찍어 연대기로 담는다는 내용의 얘기가 오가기도 했다.

BIP에 따르면, 히치콕이 월터 마이크로프트와 공동으로 집필한 〈런던〉이라는 제목의 실험적인 '필름 심포니'가 이미 프리프로덕션 단계에 들어가 있었다. 이 별난 프로젝트는 발터 루트만이 1927년에 만든 눈부신 영화 〈베를린: 거대도시의 심포니〉에서 영감을 받았다는 얘기가 있지만, 『바이오스코프』에 따르면 히치콕의 영화는 단순히 '기계적인 영화'에 그치지 않고 인간적인 면모를 많이 담아낼 계획이었다.

그러나 이런 실험적이고 포퓰리즘적인 영화는 또는 평상적이지 않은 히치콕 영화는, 그 어느 것도 만들어지지 않았다. 감독이 BIP와 맺은 실제 계약에는 그가 1927년에 만들어냈던 작품들의 높은 수준을 유지하는 한편으로, 감독의 능력에 따라 1년에 BIP 영화 4편을 만들어낼 수도 있다는 선택조항이 들어 있었다. 히치콕의 작업속도가 빠르기는 했지만, 그 속도를 따라잡기에는 무리였다. 또한 히치콕은 스튜디오에 더 많은 시간과 비용을 들이는 영화들을 찍고 싶었다.

다른 요인들도 그에게 불리했다. BIP가 유럽과 유대관계를 강화하기는 했지만, 영국영화에 대한 거부감은 여전히 유럽에 자리를 잡고 있었다. 존 맥스웰은 미국에서 수익을 내겠다는 희망을 포기하는 대신 국내 체인의 수를 늘리고 국내시장에 전력을 쏟기로 결심했다.

맥스웰이 진정으로 하고 싶었던 것은 그리 멀지 않은 미래에 영국 관객을 통합해내는 것이었다. 그가 히치콕과 3년에 12편의 계약을 맺은 것은 총체적인 능률 제고의 일환이었고, 스튜디오의 방침은 스튜디오의 일반경비를 타당한 비용으로 만들 수 있게 더 많은 —더 저렴한— 영화들을 요구했다. 영국의 희곡과 소설을 영국 연기자를 출연시켜 촬영한다는 수뇌부의 보수적 입장은 히치콕의 숭고한 염원 따위는 무시했다. 따라서 1928년부터 1932년까지 엘스트리에서 보낸 몇 년은 히치콕의 경력에서는 가장 분주했던 시절이 됐을 뿐 아니라, 히치콕의 개성이 가장 적게 구현된 때이기도 했다.

스튜디오가 생산성을 제고할 수 있었던 열쇠 중 하나가 히치콕 본인이 BIP에 고용을 권했던 인물인 월터 마이크로프트였다. 키가 작은 곱사등이인 마이크로프트는 1927년 연말에 기자 일을 그만두고는 스토리 부서의 책임자로 엘스트리에 합류했다. 영화협회의 창립회원 중 한 사람인 마이크로프트는 시나리오 편집 경험은 없었지만, 진지하고 지적인 인물로 평판이 나 있었다. 히치콕의 다음 프로젝트를 위한 영감을 제안한 사람이 바로 마이크로프트였다. 새 인생을 출발하는 데 이 영화의 제목 〈샴페인〉만큼 좋은 것도 없었다.

히치콕은 영화계에 들어오기 전까지는 알코올을 한 방울도 마시지 않았다고 주장했지만, 이제 히치콕은 다른 모든 술을 좋아했던 만큼이나 샴페인을 끔찍이 좋아했다. 샴페인, 브랜디, 럼, 와인(〈의혹의 그림자〉에서 세인트폴은 와인으로 만족스럽게 인용된다)은 히치콕의 영화들에 강물처럼 흐른다.

샴페인은 이미 〈링〉에서도 스포트라이트를 받았다. 1라운드 잭과 아가씨가 결혼할 때 샴페인을 대접하지만, 나중에 결혼생활이 따분해질 때 잔에 든 샴페인의 거품은 —솜씨 좋은 디졸브를 통해— 천천히 빠져버린다. 그러다가 잭이 챔피언과 벌이는 마지막 대결에서 상황이 특히 좋지 않아 보일 때, 샴페인 한 잔이 그의 기운을 되살려낸다.

이제 마이크로프트는 샴페인을 소재로 영화를 찍고 싶어 했는데, 그 문제를 놓고 고민한 히치콕은 "해봅시다. 안 될 거 뭐 있소?"라고 말했다. 이 영화는 히치콕에게는 거부하기 힘든 도전에 속했다. 그와 작가 엘리엇 스태너드는 의미심장한 방향으로 아이디어를 끌고가려고 노력했다. 그들은 '랭스(프랑스의 샴페인 주산지)의 포도주 저장소에서 일하는 아가씨'에 대한 진지한 이야기를 만들어냈다. "아가씨는 샴페인을 수송하는 기차가 떠나는 모습을 늘 지켜본다. 그녀는 도시를 동경하다가 매춘부가 되어 고된 경험을 하고 난 후, 결국에는 원래 일자리로 돌아온다. 그러고는 샴페인이 실려 가는 것을 볼 때마다 '저런, 누군가에게 뭔가 문제를 일으키러 가는군' 하고 생각한다."

그런데 존 맥스웰은 일을 진행시키면서 누구에게도 뒤지지 않는 영국 본토 스타와 계약을 했다. 베티 밸푸어는 재능 있는 메리 픽퍼드 스타일의 명랑한 여배우였다. 밸푸어가 주연을 맡게 되면서, 스튜디오는 완전히 거품으로 넘쳐나는 〈샴페인〉을 만들 것을 고집했다. 부분적으로는 마이크로프트와의 우정 때문에, 부분적으로는 새로운 규정 아래서는 별다른 선택을 할 수 없었기 때문에, 히치콕은 재빨리 시나리오를 수정해서 진지한 드라마를 태평스러운 코미디로 개조하기로 합의했다.

일은 너무 빨리 진행됐다. 촬영개시가 2월 말로 연기되었지만 히치콕과 스태너드는 이야기의 전체 옷감에서 뭔가 새로운 것을 뽑아내기 위해 일을 서둘렀다. 보조 카메라맨 앨프레드 루메에 따르면, 촬영이 시작됐을 때 "그들에게는 완성된 시나리오도 없었다." "그들은 스튜디오로 출근하는 길에 봉투의 뒷면에 시나리오를 썼습니다. 일이 어떻게 돌아가는지는 아무도 몰랐죠. 끝날 때가 돼서야 그런 모양새가 되더군요. 영화에는 아무런 의미도 담기지 않았습니다."

밸푸어는 남자친구(장 브라댕)와 함께 정기 여객선을 타고 파리로 도망을 가는 월스트리트의 여자 상속인을 연기했다. 버릇없는 젊은 여상속인에게 교훈을 가르치기 위해 부자 아버지(고든 하커)가 고용한 미스터리의 사나이 테오 반 앨텐이 밸푸어의 뒤를 쫓는다. 실제 인생의 함정에 대한 논평을 하는 대신, 영화에는 근사하고 덧없기만 한 샴페인에 대한 언급이 가득했다. 그러나 샴페인 잔을 통해 촬영된 오프닝과 클로징의 이미지는 히치콕의 가장 유명한 효과 중 하나가 됐다.

"잔의 밑바닥을 통해서 초점을 맞춰야만 했습니다." 보조 카메라맨 루메의 회상이다. "히치는 커다란 샴페인 잔의 밑바닥에 렌즈를 집어넣은 잔을 유리 제조업자에게 특별 주문했습니다. 그렇게 밑바닥을 통해 촬영해서, 우리는 방의 다른 쪽 끝에서 벌어지는 일들을 깨끗한 화면으로 잡아낼 수 있었습니다. 우리 모두는 제대로 나오지 않을 거라고 생각했고, 대부분의 사람들이 히치의 아이디어에 대해 그런 얘기를 했는데, 결과를 놓고 보면 히치의 아이디어는 대부분 제대로 효과를 발휘했습니다."

히치콕이 〈샴페인〉에서 얻은 것 한 가지는 마이클 파웰이라는 젊은 사진작가와 인연을 맺은 것이었다. 파웰은 렉스 잉그럼(니스에 스튜디오를 가지고 있었다), 해리 래크먼(히치콕 부부가 탄복한, 이미지가 빼어난 감독)과 함께 영화에 입문한 초심자였다. BIP에 스틸사진작가로 고용된 파웰은 자신의 직업을 〈하숙인〉과 〈링〉의 저명한 감독을 가까이서 관찰할 수 있는 기회로 봤다.

파웰에 따르면, 밸푸어를 캐스팅한 것이 못마땅한 히치콕은 파웰이건 누구건 그녀의 스틸을 찍지 못하게 막았다.(어느 날 파웰은 히치콕이 밸푸어를 '도시 변두리에 있는 음탕한 것'이라고 지칭하는 것을 우연히 들었다.) 히치콕이 애초에 염두에 두고 있던 주연여배우가 있었던 것도 부분적인 이유라고 파웰은 생각했다. 히치콕의 마음에 있던 금발의 애니 온드라는 베를린 카바레와 독일과 체코 영화계에서 이름을 날리던 배우였다.

파웰은 이렇게 회상했다. 스튜디오의 예전 스틸사진작가들이 히치콕의 촬영장에 과감히 들어와서 연기하는 사진을 찍으려고 노력할 때마다, 잭 콕스는 "침입자를 내동댕이쳐버려!" 하고 고함을 질렀고, 그러면 불이 나갔다. 그리고 갑자기 감독은 "더듬거리면서 다루기 힘든 8×10 스틸카메라의 삼각대를 걷어찼습니다. 카메라가 폭삭 내려앉는 거죠. 한 달가량 이런 일이 계속됐습니다. 어떻게 해야 할지 아는 사람은 전혀 없었고요."

그 일을 하기로 결심한 파웰은 삼각대를 들고는 촬영장으로 '약간 요란스럽게 입장'했다. "매니저 사무실 장면이었습니다. 베티 밸푸어가 취직을 하려고 지원하는 장면이었죠. 히치를 포함해서 모두가 나를 쳐다봤습니다. 감독 의자에 앉은 히치콕은 지루해서인지 엄지를 빙빙 돌리고 있었습니다. 그는 내가 본 중에 가장 뚱뚱한 젊은이였습니다. 혈색이 좋고 생기가 넘쳤으며, 윤기 나는 검은 머리를 뒤로 넘겼고, 양복 조끼에 회중시계의 쇠줄이 늘어져 있는 정장 차림이었습니다. 부드러운 모자도 썼더군요. 그는 두툼한 볼에 파묻힌 큰 눈의 한구석으로 나를 관찰했습니다. 그 큰 눈으로 세상을 보면 놓칠 게 많지 않았습니다."

신참은 히치콕의 '충성스럽고 단결된 소규모 부대'로부터 그리 많은 격려를 받지 못했다. 오후가 지나면서 감독은 두 차례나 촬영을 중단할 핑계를 만들어서 사진을 찍으라고 스틸사진가를 불렀지만, 젊은 사진가는 두 차례 고개를 저었다. 촬영장의 설정은 그가 필요로 하는 것과는 맞지 않았다. 히치콕과 콕스는 두 차례 음흉한 눈빛을 주고받았다. 티타임 무렵, 몇 가지 매력적인 연기를 발견한 파웰은 스틸 몇 장을 찍을 기회를 달라고 요청했다. 콕스는 히치콕을 쳐다봤고, 히치콕은 고개를 끄덕였다. 파웰은 카메라를 설치하면서 아크등의 불빛을 낮추는 식으로 조명을 바꿔도 되겠느냐고 물어봤다. 사람들은 그의 대담함에 놀랐다.

"콕스 씨." 히치콕이 냉담하게 물었다. "스틸작가가 당신의 조명 몇 군데를 죽여도 개의치 않으시렵니까?"

파웰의 설명에 따르면, 아크등은 영화촬영을 위해서는 훌륭했지만, 정적인 사진을 위해서는 필요치 않았다. 히치콕이 졸린 듯이 고개를 끄덕이자 파웰은 배경조명을 깔고 부드러운 필터를 설치해달라고 요청했다. 주위사람들의 눈이 휘둥그레졌고, 콕스와 히치콕의 눈썹이 추켜올라갔다. 파웰은 배우들에게 다가가서 그들이 리허설하는 속도대로 연기를 하다가 그가 소리를 치면 움직임을 멈춰달라고 말했다. 그들은 그렇게 했고, 파웰은 사진을 한 장 한 장 찍어나갔다. "한 장 더 찍어도 될까요, 히치콕 감독님?" 그는 계속 물어댔다.

"아주 좋습니다. 파웰 씨." 히치콕은 주위 깊게 지켜보면서 대꾸했

1920년대 말엽에 브리티시 인터내셔널 픽처스의 관계자들이 찍은 단체사진. 왼쪽부터 히치콕, (스튜디오 책임자) J. 그로스먼, (〈샴페인〉의 스타) 베티 밸푸어, 신원이 확실치 않은 두 사람, 카를 브리송(〈링〉과 〈맨 섬의 사나이〉의 스타), 스튜디오 우두머리 존 맥스웰, 또 다른 신원미상의 인물, 동료 전속감독 몬티 뱅크스와 E. A. 두폰트.

다.(파웰의 기억으로는 "그는 처음부터 내가 누구인지를 잘 알고 있었습니다. 내가 그를 과소평가한 셈이죠.") 하루 일과가 끝나자 감독은 의자에서 몸을 일으키고는 젊은 스틸작가에게 다가왔다. "파웰 씨, 콕스 씨와 내가 맥주를 마시러 가는 데 같이 가시겠습니까?" 히치콕이 파웰에게 '이 지독한 영화의 작가'라고 소개한 엘리엇 스태너드까지 합세한 그들은 기차역 옆의 술집에 가서 맥주를 양껏 마셨다.

40년 후, 〈샴페인〉에 대한 히치콕의 견해는 그리 달갑지 않았다. "끔찍한 영화라고 생각합니다." 밸푸어 영화에 대해 그는 종종 이렇게 말했지만, 이 고급 여객선 코미디는 재미있었다. 항해 장면은 나중 영화들을 위한 유용한 리허설이었고, 파리의 나이트클럽 장면에는 보통이 넘는 에너지와 열정이 투입됐다. 〈샴페인〉은 나쁜 영화가 아니다. 누구나 예상할 수 있듯, 관객의 놀라움을 보람으로 삼는 감독으로 인해 약간 시큼한 뒷맛을 남기는 영화다.

감독은 히치콕 부부의 첫 아이가 태어나던 1928년 7월에 〈샴페인〉 작업을 마쳤다. 히치콕 여사가 7월 7일에 해산에 들어가자, 남편은 그의 성격에 어울리지 않게 패닉 증세에 시달렸다.(그의 행동은 그가 살던 시대의 영국 젊은이로서는 그리 이상한 것은 아니었다.) 그는 그 상황에 대한 이야기를 하곤 했는데, 그 이야기는 드물게 출판된 글에서 그의 아내를 통해 입증됐다.

"당시 대부분의 영국 여자들이 그랬던 것처럼, 나는 집에서 출산을 했어요." 알마가 1964년에 한 회상이다. "아침에 몸을 풀 수 있을 것 같았는데, 아무 일도 생기지 않은 채로 몇 시간이 지났어요. 히치는 닫힌 아파트에서 혼자 서성거렸죠. 그런데 그가 갑자기 확 나가버리더니 오후 늦게까지 모습을 보이지 않았어요. 그이가 돌아왔을 즈음에, 나는 그에게 딸을 안겨줬고 그는 아주 근사한 팔찌를 내게 선물했어요. 그이 말로는 걷고 또 걷다가 보니 자기가 본드스트리트에 있는 보석상 앞에 서 있더래요."

크롬웰로드에 있는 집으로 돌아온 히치콕은 뉘우치는 투로 말했다. "나는 당신한테 언젠가는 멋진 팔찌를 사줘야지 하고 생각하고 있었소.(그의 영화는 이런 의미심장한 소품들로 가득하다.)" 알마는 "그것은 사실 중요한 시기에 나를 내버리고 나간 것을 만회하려는 화해의 선물이었어요"라고 회상했다.

아이는 딸이었다. 부모는 아이에게 패트리샤 알마 히치콕이라는 세례명을 지어줬다. '팻'은 부부의 유일한 자식이었다. 히치콕 여사는가끔씩 영화 일을 하기는 했지만(그녀는 독일 감독 헨릭 갈린이 연출하는 또 다른 엘스트리 영화 〈평결 이후〉의 시나리오를 완성한 직후였다), 어머니가 된 이후 집에 머무는 시간이 늘어났다. 남편은 그녀를 잃을지도 모른다는 생각을 두려워했을 것이다. 세월이 흐른 후, 주연여배우들이 남편 때문에 히치콕 영화를 내팽개칠 때마다 이때의 기억은 경고의 종소리를 울리곤 했다. 그리고 몇 편의 히치콕 영화들—〈레베카〉, 〈구명선〉, 〈스트레인저〉, 〈나는 고백한다〉—은 좋지 않은 상황에서 임신하거나 아이로 인해 빚어지는 위기에 관한 이야기를 보여주고 있다.

7월은 어떤 여자가 사생아를 낳으면서 벌어지는 복잡한 사건을 다룬 드라마 〈맨 섬의 사나이*The Manxman*〉의 출연진을 BIP가 발표한 달이기도 하다. 홀 케인 경의 유명한 소설인 『맨 섬의 사나이』는 맨 섬의 어느 어부와, 뛰어난 변호사가 된 후 맨섬의 '재판관'이 된 죽마고우에 대한 이야기이다. 어부는 술집주인의 딸과 사랑에 빠지지만, 변호사 역시 그 젊은 아가씨와 밀애를 하고, 두 사람의 밀애는 사생아의 탄생으로 이어진다.

소설의 배경이 아이리시 해에 있는 (독특한 사투리를 쓰는 곳인) 맨 섬이기는 하지만 섬에는 잠깐 여행을 다녀온 게 전부였고, 로케이션 촬영의 대부분은 콘월 해안의 절벽 옆에 있는 좁다란 길거리에서 이뤄졌다. 히치콕은 지나치게 공들인(그는 트뤼포에게 '진부한'이라고 말했다) 플롯을 보완하기 위해 바람에 노출된 멋들어진 로케이션에 의존했다. 카를 브리송(어부), 맬컴 킨(변호사), 애니 온드라(아가씨)가 너무나 파괴적으로 운명이 교차하는 캐릭터를 연기했다.

출연진과 스태프는 9월 초순에 런던을 떠나 27일 무렵 런던에 돌아왔다. 이 날은 워너브러더스가 앨 존슨이 출연하는 〈재즈싱어〉와, 당대의 어느 기사에 따르면 '영화를 보고 있다는 사실을 잊어버릴 만큼 자연스러운 방식으로' 짤막한 대사를 연기하는 아티스트들이 등장하는 개봉예정작의 예고편을 포함한 토키 단편영화를 특별 개봉한 날이었다.(예고편은 존슨의 영화와 같은 정도의 하이라이트를 받았다.) '토키'는 미국에서는 1927년에 나왔지만, 영국은 새로운 포맷으로 변신하는 문제에 여전히 회의적이었다. 1928년 8월 말에 BIP 회장 존 맥스웰은 유성영화를 '일시적 유행'으로 치부했다.

히치콕은 피카디리 극장을 가득 메우고 스크린에서 나오는 대사가 들리지 않을 정도로 박수를 쳐댄 정부 고위인사와 쇼 비즈니스의 유명인 사이에 있었을 것이다. 영국에서 으뜸가는 감독은 무슨 생각을 하고 있었을까? 그의 반응은 무엇이었을까? 그는 아무 기록도 남기지 않았다.

공교롭게도 히치콕의 차기작이 토키였다. 그러나 그가 1928년에 영화계를 떠났다고 하더라도 그는 여전히 화려한 업적을 남긴 감독으로 기억됐을 것이다. 〈하숙인〉과 〈링〉은 그가 가장 찬사를 많이 받은 무성영화였다. 그러나 요즘의 평론가들은 1925년부터 1928년 사이에 히치콕이 만들어낸 다른 영화 8편을 평가할 때, 수준이 떨어지는 영화에서도 장점을 찾아낸다. 평론가들은 〈쾌락의 정원〉에는 그리피스와 폰 슈트로하임의 분위기가 너무 짙게 배어 있다고 보며, 〈농부의 아내〉는 그의 '가장 저평가된 작품'으로, 문제가 있는 〈행실 나쁜 여자〉조차도 '독창적이고 영화적'이라고 칭찬한다.

1928년 연말, 신동은 더 이상 천진난만한 소년이 아니었다. 30대에 접어든 그는 유부남이자 초보 아버지였다. 1924년 이후 무성영화 9편을 연출한 그는 직업적으로도 성숙해 있었으며, 이후 50년 동안 유성영화 44편을 연출할 터였다.

히치콕은 인터뷰어에게 사운드의 도입으로 영화 매체의 시적인 측면이 고초를 겪었다고 자주 밝혔다. 그는 이후 만들어진 너무나 많은 영화가 이야기를 전개하는 화면이 아니라, 사람들이 말을 주고받는 화면으로 구성됐다고 투덜대면서, 사운드보다 화면을 선호하는 성향을 결코 버리지 않았다.

이후 발표된 거의 모든 히치콕 영화에서, 가장 유명한 시퀀스들—하이라이트로 기억되는 장면들—은 무성영화의 한 장면이라고 봐도 무방하다. 그 장면에 소리가 있다면, 그것은 음악이나 자연적인 소음, 또는 비명소리이다.(그는 '관객이 보고 있는 장면을 확인해주는 데 불과한' '암시성 음악'을 싫어했다.) 그 장면에 대사가 있다면, 그것은 중요치 않은 심지어는 이해하기 어려운 대사였다.

〈나는 비밀을 안다〉에 나오는 앨버트홀의 암살 시도, 〈파괴공작원〉에서 자유의 여신상 꼭대기에서 넘어진 노먼 로이드, 〈스트레인저〉에서 테니스 결승전에 뒤이은 서커스 시퀀스에서 회전목마가 부서지는 클라이맥스, 〈로프〉에서 다른 사람에게는 주의를 기울이지 않으면서 트렁크를 치우는 에디스 에반슨을 말없이 관찰하는 카메라, 〈북북서로 진로를 돌려라〉에서 농약 살포 비행기를 날래게 피해 다니는 캐리 그랜트, 샤워하는 재닛 리, 〈프렌지〉의 계단 살인.

그 시기에 솜씨를 갈고 닦은 많은 감독에게, 무성영화는 항상 잃어버린 순수한 시절의 심벌이었다. 많은 감독이 사운드의 도래를 안타까워했다. 히치콕의 표현에 따르면, 무성영화에서 연기와 시나리오는 더욱 "본질적이었고, 뉘앙스나 대사는 전혀 관심의 대상이 아니었다." 3인조 오케스트라(바이올린, 첼로, 피아노)가 분위기를 고조시키기 위해 상주했던 촬영장에는 늘 느긋하고 명랑한 분위기가 감돌았다. 모든 게 단순하고 손쉬웠고 더욱 재미있었다.

그러나 그 세대에 속한 감독 중에서 시대의 조류에 결코 굴복하지 않겠다고 결심한 사람은 소수에 불과했다. 히치콕은 그들 중 한 사람이었다. 그는 화면 속에서 완강하게 꿈을 꾸는 극단주의자로 남았다.

2장

히치콕 스타일의 전성기

TORN CURTAIN

MARNIE

THE BIRDS

PSYCHO

NORTH BY NORTHWEST

VERTIGO

THE WRONG MAN

THE MAN WHO KNEW TOO MUCH

THE TROUBLE WITH HARRY

TO CATCH A THIEF

REAR WINDOW

DIAL M FOR MURDER

I CONFESS

STRANGERS ON A TRAIN

STAGE FRIGHT

UNDER CAPRICORN

ROPE

THE PARADINE CASE

NOTORIOUS

SPELLBOUND

LIFEBOAT

SHADOW OF A DOUBT

SABOTEUR

SUSPICION

MR. AND MRS. SMITH

FOREIGN CORRESPONDENT

REBECCA

JAMAICA INN

THE LADY VANISHES

YOUNG AND INNOCENT

SABOTAGE

THE SECRET AGENT

THE THIRTY-NINE STEPS

THE MAN WHO KNEW TOO MUCH

WALTZES FROM VIENNA

NUMBER SEVENTEEN

RICH AND STRANGE

THE SKIN GAME

MURDER

JUNO AND THE PAYCOCK

BLACKMAIL

THE MANXMAN

CHAMPAGNE

THE FARMER'S WIFE

THE RING

EASY VIRTUE

DOWNHILL

THE LODGER

THE MOUNTAIN EAGLE

THE PLEASURE GARDEN

5 사운드, 히치콕의 새 장난감

1929~1933

자신에게 운이 따른다고 믿는 상습적 도박꾼 히치콕은 기술적인 도전에 늘 마음이 이끌렸다. 그는 '토키'에 대한 반감에도 불구하고, 토키에 열성적으로 도전했다. 미국을 위협한 사운드 혁명은 영국 입장에서는 더욱 위협적이었다. 녹음 시스템은 서로 달랐고, 스튜디오와 극장 설비를 토키에 적합하게 개비하는 데에는 엄청난 비용이 들 것이다. 따라서 영국영화산업의 주도적인 아티스트, 제작자, 극장업자는 공포에 질린 단결된 모습을 유난히 오랫동안 보여줬다.

그런데 1928년 9월 〈재즈싱어〉의 특별상영 후 거부감은 갑자기 사라져버리고, 주요 신문의 사설은 토키시대가 도래했음을 알렸다. 『바이오스코프』조차도 공개 시사회를 역사적 사건이라고 선언했다. "확실한 결론을 내리는 것이 필수적이다." 영화업계지는 이전에 표명했던 견해를 뒤집으면서 이렇게 주장했다. "사운드가 화면과 하나가 됐다. 그리고 둘의 결합은 우애결혼[1]이 아니라 영구적인 결합이다. 신기술은 영화 제작을 더 어렵게 만들겠지만 잘 만들어진 영화의 정서적·드라마적 매력을 엄청나게 증대시키기도 할 것이다."

최소한 한 군데의 런던 스튜디오는 이미 '소리 나는' 단편영화를 만들고 있었고, 다른 스튜디오는 완성된 무성영화에 짤막한 대사 장면이

1 이혼이 자유로운 시험적 결혼. — 옮긴이

나 배경음악을 덧붙이는 작업을 서둘렀다. 브리티시 인터내셔널 픽처스의 수장 존 맥스웰은 공개적인 자리에서 표명한 주장과는 정반대로, 영상과 사운드 일치할 수 있도록 전환하는 작업을 가급적 신속하게 추진하기 위해 파테와드 포리스트 포노필름과의 관계를 진척시켜 나갔다. 엘스트리는 방음이 되도록 개조작업을 시작했다.

히치콕은 차기작에 사운드가 들어갈지는 분명하지 않았지만, 바로 그 순간부터 만약의 경우에 대비해 계획을 세웠다. 감독의 차기 프로젝트의 보조 카메라맨 로널드 님은 "히치콕은 훨씬 앞서가는 사람이었습니다. 그는 소리를 활용한다는 아이디어를 좋아했습니다"라고 말했다.

〈재즈싱어〉 상영 직후, 브리티시 인터내셔널 픽처스와 계약을 막 체결한 작가 가넷 웨스턴이 런던에 도착했다. 캐나다에서 태어난 웨스턴은 서스펜스 전문가로 간주됐다.(훗날 그는 미스터리 소설가가 됐다.) 브리티시 인터내셔널은 할리우드에서 세실 B. 데밀과 같이 작업한 웨스턴이, 〈블랙메일*Blackmail*〉을 각색해서 만드는 영화에서 히치콕과 일할 것이라고 발표했다. 탈룰라 뱅크헤드가 출연한 찰스 베넷의 연극 〈블랙메일〉은 1928년에 글로브 극장에서 센세이션을 일으킨 작품이었다.

히치콕의 무성영화 전부를 공동 작업했던 엘리엇 스태너드는 제대로 된 형식도 갖추지 못한 채 쫓겨났다. 히치콕과 스태너드가 다시 다툰 것인지, 아니면 작가가 너무 구태의연(동료 감독 조지 피어슨은 스태너드에게는 마스터 숏을 '그들의 심기, 기쁨, 슬픔, 미심쩍은 감정 등에 대한 암시'로 제목을 다는 기이한 습관이 있었다고 기억했다)하다고 여긴 것인지 알 수는 없지만, 이것은 〈블랙메일〉이 과거와는 단절된 작품이라는 것을 알리는 신호탄이었다.

스태너드는 시나리오를 계속 썼지만, 히치콕과 갈라선 후 한때 눈부시게 발휘했던 재능을 상실했다. 그는 1944년에도 줄담배를 피우는 그 분야의 원로가 되어 고몽을 위해 여전히 시나리오를 쓰고 있었다. 어느 동료는 그가 "히치콕이 〈링〉의 집필과 관련한 크레디트를 모두 가져갔지만, 중요한 아이디어의 최소한 50퍼센트는 내 것이었다"며 심하게 불만을 토로했다고 회상했다. 스태너드는 그해에 사망했다.

'영국 최초의 토키'라는 〈블랙메일〉의 제작과 관련한 공인된 역사는 〈라쇼몽〉처럼 여러 설명이 상충된다. 〈맨 섬의 사나이〉는 9월에 완성됐지만, 히치콕은 1929년 2월 말까지 차기작의 촬영에 들어가지 못했다. 히치콕은 가장 중요한 영화들을 위해 제작 속도를 늦추고 있었다. 엘스트리가 사운드를 향해 걸음마를 떼고 있었기 때문에, 그는 시간을 벌어야 할 충분한 이유가 있었다.

히치콕은 무슨 일을 하건, 그 일을 각각의 단계와 구성요소로 분석했다. 히치콕은 특히 영국에서 각각의 단계마다 풍부한 지원을 받지 못했을 경우, 이야기의 핵심이나 메인 아이디어의 관통선, 또는 내러티브의 줄거리를 기술한 50~75단어 정도를 가지고 작업을 시작하는 것을 좋아했다. 이것은 할리우드에서는 기다란 '비엔나소시지'[2]라는 은어로 알려져 있다.

소시지 다음으로는 60~100페이지 정도의 긴 산문 트리트먼트를 작성했다. 히치콕은 실제 시나리오 집필에 착수하기 전에 이런 산문 형식의 이야기를 읽는 것을 즐겼다. 그에 따르면 트리트먼트는 '대사 없이 장면과 장면, 행위와 행위가 이어지는 것'이었다. "내가 이런 아웃라인을 가장 잘 묘사할 수 있는 방법이었습니다. 소리는 나지 않게 만든 영화를 보는 것과 비슷합니다."

시나리오를 써나가는 모든 단계에서 히치콕은 이야기를 하고 또 하는 것을 좋아했고, 같이 작업을 하는 작가의 입을 통해 그 이야기를 거듭해서 들었다. 이것은 작가가 핵심 장면을 시각화하고 잠복해 있는 문제점을 식별하며, 이야기를 그 자신의 이야기로 바꿔가면서 수정할 사항을 제시하는 것을 돕는 정신적 리허설이었다.

트리트먼트를 시나리오로 탈바꿈시키는 과정에서도 이야기는 계속해서 읽혀졌다. "나는 작가들을 영화 쪽 방향으로 데려가고 있습니다." 언젠가 히치콕이 했던 설명이다. "내가 그 이야기를 어떻게 연출할

2 그가 BIP에서 만든 〈블랙메일〉과 몇 편의 영화처럼, 히치콕이 상연된 희곡의 틀을 엄격하게 따라야겠다고 마음먹었을 때는 제작과정의 소시지 단계는 필요성이 떨어졌다.

것인지에 대해 그에게 알려주는 거죠." 따라서 히치콕의 시나리오는 단계별로 서서히 발전해나갔는데, 각각의 단계는 이전 작가들이 기여한 바에 분명히 빚을 지고 있었다. 각 단계마다 히치콕은 그의 비전을 투영시켜나갔다. "오, 나는 그것(영화)을 시나리오를 쓰기 전에 완성합니다." 그는 어느 인터뷰어에게 이렇게 말했다. "시나리오는 두 번째 단계지요."

특히 그의 초기 유성영화에서 많이 사용됐고 할리우드 시절에는 내내 사용된 이 방법에서, 그가 좋아한 청취자는 일반적으로 최초로 작성한 긴 트리트먼트의 작가이기도 한 히치콕 여사였다. 이 무렵 알마는 엘리엇 스태너드의 교체요원이 되어 있었다.

히치콕은 〈블랙메일〉을 그가 이미 〈하숙인〉을 비롯한 다른 영화에서 자신의 영역으로 표시해놓았던 섹스와 폭력이 원초적으로 뒤섞인 영역을 탐구하기 위한 현란한 핑계거리로 봤다. 플롯은 서로 간의 오해에서 비롯된 삼각관계를 다룬다. 어느 젊은 여성이 성적으로 다가서는 화가를 막아서는 과정에서 충동적으로 남자를 칼로 찌르고, 사악한 목격자는 여자를 협박하려 든다. 형사인 여자의 남자친구는 직업적 본분과 사랑에 대한 헌신 사이에서 갈등하다가 공갈범에게 살인 누명을 씌우는 일에 가세한다.

찰스 베넷의 희곡은 기초가 탄탄했지만, 히치콕은 영화를 위해 배경을 자유롭게 바꾸고 액션을 가미하고 '3막'을 교체하는 등 중요한 변화를 꾀했다. 〈블랙메일〉의 첫 '히치콕 3인조'에 낀 가넷 웨스턴은 프로젝트를 떠나기 전까지 트리트먼트에 기여했다. 이전에 보여줬던 직업적 헌신보다 못하다는 이유로 작가들이 히치콕 프로젝트를 떠나는 경우도 있었지만, 때로는 3인조의 호흡이 맞지 않아서 떠나기도 했다. 1929년 1월 웨스턴은 다른 BIP 임무에 배치됐고, 히치콕은 새 작가를 찾아 스튜디오를 돌아다녔다.

그가 원하는 당대의 감수성을 영화에 채워넣고자 젊은 목소리를 찾아 나선 히치콕은 그리 먼 곳을 쳐다볼 필요가 없었다. 재능 있는 젊은이를 찾아내는 타고난 본능을 발동시킨 그는 젊은 스틸작가 마이클 파웰을 기억해냈다. 1929년에 (나중에 〈분홍신〉과 히치콕 스타일의 〈피핑톰〉을 비롯한 다른 일급 영화들을 연출한) 파웰의 눈부신 경력을 예견하기란 쉬운 일이 아니었지만, 23살의 파웰은 영리하고 생각이 깊었으며 말을 잘하고 듣기도 잘했다. 히치콕은 그를 좋아했고, 히치콕 여사도 마찬가지였다.

히치콕 부부와 친해진 파웰은 섐리그린에 초대됐다. 서리 지역의 수풀과 골목길 가운데 있는 마을인 섐리그린에는 부부가 주말에 크롬웰로드에서 탈출하기 위해 마련한, 절반을 통나무로 지은 작은 별장이 있었다. 감독은 그곳에서 화단을 가꿨고(그는 열성적인 원예가였다), 그들은 전원을 오랫동안 산책했다.

"부부는 제게 친절했습니다." 파웰의 회상이다. "나는 나같이 침울하고 말없는 사람에게서 그들이 무엇을 본 것인지 결코 이해할 수가 없었습니다. 내가 위대한 인물들(렉스 잉그럼과 해리 래크먼)이나 걸작영화들과 인연이 있어서 그랬을 거라고 생각합니다. 그리 깊이 생각하지는 않았던 것 같아요. 나처럼 히치는 영화를 아주 좋아했고, 포부도 원대했습니다. 나처럼 그는 발버둥치는 영국영화계에 돈을 대면서도 나라 바깥을 내다보는 대신 나라 안에만 눈길을 던지는 사람들을 견뎌내지 못했습니다."

〈맨 섬의 사나이〉를 촬영하는 도중에 히치콕은 파웰에게 찰스 베넷의 희곡 사본을 건네면서, 〈블랙메일〉은 빈약한 3막 이전까지는 솜씨 좋게 잘 씌어진 작품이라고 말했다. 히치콕은 3막이 불꽃놀이처럼 되는 것을 좋아했다. 여기서 불꽃놀이는 이전에 등장했던 모든 것을 압도해버리는, 그가 말한 '크레셴도'와 같은 극적인 부분을 가리킨다.

히치콕은 희곡에 대해 어떤 생각이 드는지 확인하고, 어떻게 하면 더 나은 영화로 만들어낼 수 있는지를 알려달라고 파웰에게 요청했다. 이런 의견은 히치콕이 종종 소규모 테스트라고 부른 것인데, 파웰은 거침없이 시험을 통과했다. 히치콕에게 돌아온 그는 자신의 생각도 히치콕과 같다고 말했다. 〈블랙메일〉은 '멋진 영화'가 될 수 있는 작품이었다. 히치콕이 '취약한' 3막에 대해 물었을 때, 파웰은 "3막 따위는 집어치우죠. 우리, 3막을 추격전으로 만듭시다"라고 말했다.

새로운 히치콕 3인조가 작업을 해나가면서 애초에 1월로 잡혀 있던 촬영개시는 몇 차례 연기됐다. 이 시점에서 애니 온드라는 이미 화가-색마를 찌르는 앨리스를 연기할 배우로 선택돼 있었다. 〈맨 섬의 사나이〉에서 히치콕의 지도 아래 빛을 발한 바 있던 온드라는 잉그리드 버그먼, 그레이스 켈리, 티피 헤드런 등 히치콕을 기쁘게 해줬던 뛰어난 여배우들의 긴 계보에서 앞자리를 차지하는 배우였다. 히치콕의 성공비법 한 가지—그가 이런 이점을 항상 누리지는 못했지만—는 그가 원하는 스타들과 가급적 일찍 계약해서, 시나리오뿐 아니라 영화 전체를 그 스타의 특성에 어울리게 만드는 것이었다.

시나리오 집필 팀이 일을 계속함에 따라 파웰은 긴 산책을 나갈 수 있게 됐고, 히치콕 부부의 손님이 되어 섐리그린을 주기적으로 방문한 온드라와도 안면을 트게 됐다. 파웰은 집필을 하는 외에도, '숲속에서 그녀의 매력적인 얼굴과 몸을 낭만적인 스틸사진'으로 찍었다. 히치콕은 이런 숲속 여행에 종종 합류해서 '뚱한 표정으로' 두 사람을 관찰했다. "내가 온드라를 원했던 것만큼이나 히치콕도 그녀를 원했다고 나는 확신한다." 파웰은 『영화 속의 삶』에서 이렇게 말했다.

파웰의 회상에 따르면, 히치콕은 촬영장 밖에서도 촬영장에서와 마찬가지로 사람들을 '감독'하려고 드는 까다로운 사람이었다. 그의 경찰 앞잡이 기질은 결코 느슨해지지 않았다. "애니의 단독사진만 찍고 싶지는 않지" 어느 순간 히치콕이 파웰에게 충고했다. "그녀와 함께 건초 더미에 들어갈 사내를 구하고 싶은 거잖아. 그녀가 가랑이 사이로 남자의 물건을 느낄 만큼 그녀를 거세게 밀어붙일 사내 말이야."("그는 음담패설을 좋아했다." 파웰의 기억이다. "큼지막하고 볼품없는 체구를 음담패설이 보충했다.")

시나리오는 섐리그린에서부터 크롬웰로드로 진척돼 나갔다. 런던에서 히치콕은 범죄영화 관람, 스코틀랜드야드 방문, 형사 면담, 법정과 교도소 방문, 세간의 여론과 입소문 수집 등으로 구성된 '조사활동'을 즐겼다.

영화의 프롤로그는 팀의 시나리오회의와 조사를 통해 커나갔다. 프롤로그는 런던의 거리를 내달리는 기동경찰대, 체포, 심문, '범인 확인을 위한 용의자 줄 세우기', 지문 채취, 용의자의 구금을 보여준다.(이 시퀀스는 경찰서 세면실을 잠깐 방문하는 진정한 히치콕다운 장면과 함께 끝난다.)

이제는 표준화된 감독의 작업 절차의 일환으로, 히치콕과 파웰은 캐릭터들이 거주하고 일할 일련의 전형적인 장소를 방문하기도 했다. 파웰은 이스트엔드에 친숙한 감독이 '템플바 동쪽'에 있는 사람들과 장소에 '색다르고 매혹적인' 관점을 표명하는 것에 깊은 인상을 받았다. 반면 '웨스트엔드를 향하면서' 히치콕은 '더욱 관습적인 접근법'에 의존하는 듯했다. "왜냐하면, 그에게 이곳은 값비싼 레스토랑에서 근사하게 식사를 하는 것, 또는 히트작을 만든 남자배우나 여자배우를 보러 극장에 가는 것만을 의미했기 때문이다. 그러나 우리 영화에 나오는 중하층 런더너, 가게주인, 물건 파는 꼬마, 행상인, 성냥팔이 소녀, 옷 장수를 쫓아다니는 식객, 경찰, 형사, 기자, 경찰 끄나풀, 도둑과 소매치기에 대해 그는, 그들에 대한 방대한 지식과 예리한 관찰력으로 계속해서 나를 매우 즐겁게 해줬다."

히치콕은 가려운 곳을 긁어주는 작가들을 잘 다뤘다. 파웰에 따르면, 어느 시나리오회의에서 감독은 "내가 한동안 익숙하게 다뤘던 아이디어를 끄집어냈다." 파웰은 〈블랙메일〉이 '그 자체만으로도 즐겁기 그지없는 기괴한 장소'에서 벌어지는 정교한 추격전으로 끝나야만 한다고 제안했다. "그게 무슨 말인가?" 히치콕이 눈썹을 추켜세우며 물었다. "마이클이 하는 말이 무슨 뜻이라고 생각해요, 알마?" 그 순간 히치콕 여사는 파웰을 향해 격려하듯 고개를 끄덕였다.

파웰은 어렸을 때 유리돔이 덮여 있던 신성한 건물인 대영박물관의 열람실을 찾아가곤 했던 일을 생각하고 있었다. "그(경찰에게 쫓기는 공갈범)를 밤중에 대영박물관에 집어넣는 겁니다." 파웰이 제안했다. "이집트 미라와 파르테논 신전의 대리석이 가득한 전시실을 통해 추격전을 벌이다가 높은 곳으로 탈출하게 만드는 겁니다. 궁지에 몰린 그를 열람실의 유리돔을 통해 떨어뜨려서 목을 부러뜨리는 거죠."

히치콕 부부의 눈이 반짝였다. 파웰은 수십 년 후에 쓴 자서전에서 히치콕은 '대영박물관의 열람실 근처에도 가보지 않았을 것'이라고 비꼬았는데, 이것이 파웰이 자신이야말로 '〈블랙메일〉의 추격전을 통해 세상에 드러난 히치콕의 클라이맥스, 관객 모두를 끌고 흥겨운 춤판에서 타워브리지와 러시모어 산으로, 자유의 여신상과 그 외의 모든 곳으로 끌고 간 그 클라이맥스의 창안자임을 조심스럽게 주장할' 자격이 있다고 느끼는 이유였다. 파웰이 간과한 것은 히치콕 부부가 그를 자신들과 비슷한 사람이라고 느꼈기 때문에 고용했다는 점이다. 짧게 말해, 그는 그 일을 맡을 정도로 충분히 '히치콕적'이었고, 그런 아이디어들을 내놓을 만한 부류의 작가였다.[3]

대영박물관 추격전과 공갈범의 추락사는 시나리오의 주요한 창작 아이디어였지만, 앨리스의 궁극적 운명도 희곡과 다른 차이점이었다. 〈블랙메일〉의 무대 버전은 뒤틀린 발견으로 끝을 맺는다. 결국 화가는 앨리스에게 살해당한 것이 아니라 겉으로 드러나지 않은 심장마비로 쓰러진 것이다.(영화역사가 존 벨턴이 찰스 베넷의 작품을 연구한 결과에 따르면, 출판된 희곡조차도 상연된 희곡과 달랐다. 탈룰라 뱅크헤드가 앨리스를 경찰에 자수시키자고 주장했기 때문이다.)

히치콕은 프롤로그를 그대로 반영하는 결말을 낼 수 있기 때문에 뱅크 헤드의 버전을 지켜내려고 노력했다. 공갈범이 떨어져 죽은 후 형사인 남자친구는 여자친구를 체포해서 지문을 채취하는 처지가 되지만, 그 역시 공범이기 때문에 앨리스와 아는 사이임을 감히 털어놓지 못한다. 이후 그가 경찰서를 떠날 때, 다른 경찰이 묻는다. "어이, 오늘 밤에는 스케줄이 어때. 여자친구랑 데이트하나?" 그러면 그는 차가운 목소리로 대답한다. "아니, 오늘밤은 아냐."

그러나 영화사는 또다시 히치콕을 방해했다. BIP는 영화의 결말에 여주인공이 살인죄로 체포되는 것을 반대했다. 게인스버러가 아이버

3 파웰은 〈하숙인〉의 결말부 추격전과 〈링〉의 앨버트홀 피날레도 과소평가했다.

노벨로가 잭 더 리퍼로 인식되는 것을 원치 않았던 만큼이나, 그들은 애니 온드라가 창살 뒤에 갇히는 결말을 원하지 않았다. 히치콕은 그들이 이 결말이 "너무 침울하다"고 말했다고 트뤼포에게 밝혔다.

따라서 히치콕 3인조는 급하게 결말을 수정했다. 경찰은 여전히 대영박물관 지붕으로 공갈범을 몰아넣고, 공갈범은 거기서 떨어져 죽는다. 공갈범에게 전과가 있다는 것을 알아낸 경찰은 기쁜 마음으로 화가 살인사건의 수사를 마감하지만, 죄책감에 시달리는 앨리스는 경찰서에 모습을 나타낸다. 그녀가 막 고백하려는 순간 —히치콕의 영화에서 죄를 지은 사람들은 어쩔 수 없이 고백하는 듯 보인다— 형사 남자친구가 끼어들면서 그녀를 급히 내보낸다.

배우들의 고뇌에 찬 표정이 전달하듯, 이것은 해피엔드와는 거리가 멀다. 형사는 정의를 방해하고 앨리스는 죄책감의 굴레를 쓴다. 히치콕은 세월이 흐른 뒤에도 여전히 그것이 당의정을 입힌 결말이라고 생각했다. "내 인생은 타협으로 꽉 차 있습니다." 수십 년 후에 피터 보그다노비치에게 영화와 관련한 무용담을 들려주는 자리에서 히치콕은 한숨을 내쉬었다.

1929년 2월에 〈블랙메일〉의 촬영에는, 이즐링턴의 노먼과 찰스 윌프레드 아널드 형제가 미술감독을 공동으로 맡았고, 잭 콕스는 카메라를 책임졌다. 훤칠하고 잘생긴 존 롱든이 형사 남자친구 프랭크 역을 맡았고, 키 작고 좀 덜 잘생긴 도널드 캘스럽이 공갈범을 연기했다.(히치콕이 몇 차례 기용할 정도로 좋아했던 성격파 배우 캘스럽은 〈엘스트리 콜링〉, 〈살인〉과 〈17번지〉에도 출연했다. 감독은 언젠가 캘스럽을 "커다란 음부터 부드러운 음까지 사이의 모든 음을 연주할 수 있는 불리처 오르간에 비교할 수 있다"고 밝혔다.) 오스트레일리아 출신의 기품 있는 뮤지컬 배우 시릴 리처드는 배우의 개성과는 정반대로 악운을 맞는 화가-색마 역으로 캐스팅됐고, 더블린 연극계의 비극의 여왕인 아일랜드 출신 여배우 새러 올굿과 뮤직홀의 베테랑 찰스 패튼이 앨리스의 부모를 연기했다.

이때까지도 관계자 모두는 〈블랙메일〉이 무성영화가 될 것이라고 생각했으며, 스튜디오도 히치콕에게 그렇게 말했는데, 히치콕은 나중에 "지독히도 실망스러웠다"고 밝혔다. 이 영화의 보조 카메라맨이자 훗날 탁월한 감독이 된 로널드 님은 어느 인터뷰에서 온드라를 캐스팅한 것은 히치콕이 〈블랙메일〉을 무성영화라고 예상했다는 증거라고 진술했다. "애니는 체코슬로바키아 사람인데 그녀가 맡은 역할이 런던 아가씨였기 때문에, 유성영화였다면 그녀를 캐스팅하지 않았을 겁니다. 그녀는 억양이 강했어요. 당시는 더빙 같은 게 없었던 때고요. 그가 유성영화라는 것을 알았다면 그런 문제에 빠지지는 않았을 것이라고 생각합니다."

그러나 히치콕은 해결할 수 없는 문제를 향해 마술지팡이를 휘두르는 것을 좋아한 사람이다. 그는 경력 내내 그가 원하는 조건대로 문제를 해결해나가는 한편, 중요한 문제들은 뒤로 미뤄버리는 것으로 스튜디오를 속였다.

그의 나머지 경력 동안, 심지어는 할리우드의 엄격한 제약 속에서도 그가 계속해서 지켜나간 영국영화의 혼란스러운 전통에 따라, 히치콕은 시나리오가 완성되기도 전에 보조촬영진—그리고 주연 중에 유일하게 필요한 배우인 존 롱든—을 시켜서 프롤로그를 촬영했다. 오늘날의 관점에서 보면 경찰과 관련된 장면이 좀 지나치다 싶지만, 그 장면은 처음부터 당시의 관객들을 매료시켰는데, 히치콕이 내놓은 애초의 결말이 허용됐다면 수미쌍관의 효과를 거뒀을 것이다. 사운드 없이 촬영된 프롤로그는 여전히 무성으로 남았는데, 영국영화역사가 톰 리얼의 표현에 따르면, 그것은 '무성영화 예술의 요약본'이었다.

또한 히치콕은 시나리오가 완성되기도 전에 보조촬영진과 촬영을 시작하는 경우가 잦았기 때문에, 세심한 계획을 자랑하는 감독의 입장에서는 촬영 도중에 신경써야 할 일이 매우 많았다. 〈블랙메일〉의 막후에 자리한 또 다른 젊은이가 〈아라비아의 로렌스〉와 〈닥터 지바고〉의 빛나는 촬영감독이 된 프레디 영이었다. 히치콕은 영에게 사소한 몽타주 작업을 맡겼다. 영은 히치콕의 지시가 언제든지 바뀔 수 있었다는 점에서 고생스러웠다고 회상했다.

요즘에는 몽타주의 각 숏을 개별적으로 촬영한 후 전체 숏을 디지털 편집 시스템으로 포개서 시퀀스를 만들어내지만, 무성영화 시대에 디졸브 효과는 하나같이 카메라 내부에서 창출해내야만 했다. 카메라맨은 촬영을 시작하기 전에 각 이미지별로 필름 몇 피트를 노출시켜야 하는지, 그리고 이미지의 순서가 어떻게 되는지를 정확히 알고 있어야만 했다. "촬영하는 도중에 카메라 안에서 필름을 앞이나 뒤로 감아야 할 필요가 종종 있었다." 영의 설명이다. "그 짓을 할 때마다 카메라 안에서 필름이 긁힐지도 모르는 위험을 감수해야만 했다. 하나라도 일이 잘못되면 전체가 망가졌고, 그러면 모든 걸 처음부터 다시 시작해야만 했다."

히치콕은 영에게 "걷고 있는 발의 숏, 먹구름, 기차, 질주하는 말들—정확한 순서는 잊었다—을 지시하는" 〈블랙메일〉 시나리오 한 페이지를 건넸다. 영은 정해진 시퀀스를 만들어내기 위해 착실하게 일을 해나갔다. 영은 자서전에서 이렇게 회고했다. "일을 마친 나는 영사실에서 그에게 작업한 것을 보여줬다. 그는 '잘했어, 프레디. 그런데 내가 생각을 바꿨어. 자네가 기차로 시작해서, 발과 말들의 상처자국으로, 그러고는 구름으로 끝을 냈으면 좋겠네' 하고 말했다." 그래서 그는 처음부터 다시 시작해야만 했다.

〈블랙메일〉의 주요 장면은 2월에서 3월 사이에 바로 그런 식으로 촬영됐다. 인내를 요하는 촬영이었다. 앨리스가 화가-색마를 막아서다가 결국에는 그를 찔러 죽이는 내용의 1막의 클라이맥스는 특히 대담한 시퀀스였다. 이것은 희곡에서 들여온 하이라이트였는데, 히치콕은 이 장면을 순전히 영화적인 장면으로, 관객의 스릴을 노골적으로 자극하게 조직된 필름뭉치로 다시 연출해냈다.

이 장면에서 앨리스는 형사 남자친구와 말다툼을 하다가 화가와 플라토닉한 밀회를 가지기 위해 살짝 빠져나간다. 그들의 데이트는 화가가 그의 작품을 보여주겠다며 앨리스를 아파트로 초대하는 것으로 끝이 난다. 그들이 아파트 건물에 들어설 때, 빚을 받기 위해 숨어 있던 비열한 트레이시(도널드 캘스럽)가 그들을 지켜본다.

아파트 2층에서 앨리스는 화가의 말에 넘어가 모델들이 입는 발레용 스커트를 걸치고, 경박한 개똥벌레처럼 춤을 추며 돌아다니다가 화가가 입술을 훔치려 하자 차갑게 얼어붙는다. 그녀는 떠나려 하지만 여전히 기분이 들떠 있는 화가는 그녀의 외출복을 감추고 그녀를 붙든다.

밝았던 분위기가 암울해지고, 둘의 다툼은 심각해진다. 심하게 비틀거리면서 돌아다니던 그들은 커튼 뒤로 미끄러져 들어간다. 무슨 일이 벌어졌는지는 알기 어렵다. 히치콕은 늘 관객을 위험에 동참시켰고, 관객의 상상력으로 그 사이의 간극을 메우게 만들었다.

몸싸움을 벌이는 그림자. 들썩거리는 커튼. 앨리스의 손이 커튼 뒤에서 나온다. 미친 듯이 더듬어대던 그녀의 손가락이 마침내는 커다란 탁상용 칼을 거머쥔다. 칼이 커튼 안으로 끌려 들어가고, 격렬한 몸싸움이 벌어지다가 잠시 후 모든 움직임이 멈춘다. 화가의 팔이 커튼을 비집고 나와서 죽은 듯이 축 늘어진다.

모든 것은 아주 간단하게 이뤄졌다. 더욱 복잡하고 값비싼 대영박물관 클라이맥스와 대조되는 이 장면은 확실히 독일적인 하이라이트다. 박물관 측이 출연진과 스태프 전체가 박물관에 들어오는 것을 허용하지 않았기 때문에(그리고 로케이션 촬영을 할 정도로 제작비가 여유 있지 않았기 때문에), 히치콕은 스튜디오의 특수효과 마술사들의 재능과 쉬프탄 프로세스가 필요했다. 히치콕에 따르면, 스튜디오는 쉬프탄 프로세스에 대해서는 '하나도' 몰랐고 임원들은 "반대만 하기 일쑤였기 때문에, 나는 그들에게 알리지 않고 이 장면을 작업했습니다."

〈링〉에서처럼 유명한 배경이 먼저 촬영됐고, 배우들은 배경과는 별개로 걸음을 걸었다. 관객이 보는 것은 둘을 합성한 화면이었다. 세월이 흐른 후에도 감독은 이 업적에 여전히 즐거워하면서, 기술적 도전을 정확하게 묘사했다. "45도 각도로 거울을 설치해야 합니다." 히치콕의 회상이다. "그러고는 대영박물관의 전체 화면을 반사시킵니다. 나는 30분 동안 노출시켜서 사진 몇 장을 찍었습니다 ―그중 9장은 박물관의 여러 전시실을 찍은 거였죠―. 그러고는 그 사진 후면에서 조명을 비출 수 있도록 사진을 투명하게 만들었습니다. 그러면 밋밋한 사진보다는 더욱 빛나게 보입니다. 사진은 12×14인치 크기 정도의 커다란 환등기용 슬라이드와 비슷합니다. 그러고는 도망치는 남자가 보이기를 원하는 부분에 있는 은만 거울에서 긁어내고 그 긁어낸 부분들을 촬영장에 지었죠. 예를 들어, 어느 방은 이집트 전시실이었는데, 거기에는 유리 상자들이 있었습니다. 우리가 만든 것이라고는 이 방에서 저 방으로 이어진 문틀이 전부였습니다. 심지어 남자는 상자 안을 들여다보기도 하는데, 그의 눈은 촬영소에서는 아무것도 보지 못했습니다. 나는 이런 식으로 9숏을 작업했습니다."

특수효과 시퀀스를 정확하게 연출하려면 항상 시간이 많이 들었지만, 히치콕은 촬영 중에는 늘 빈둥거리는 듯 보였다. 존 맥스웰은 〈블랙메일〉의 느린 작업을 확인하기 위해 여러 차례 촬영장에 들렀다. 히치콕과 그의 공범자인 카메라맨은 BIP 보스를 맞을 준비가 돼 있었다. 그들은 인근에 있는 스튜디오에 가짜 카메라와 조명을 설치하고, 감독의 표현에 따르면 '인서트에 쓸 글자'를 촬영하는 척했다. 맥스웰이 갑자기 나타날 때마다 그들은 인서트를 촬영하고 있었고, 따분해진 스튜디오의 우두머리는 자리를 떴다.

3월 말 날씨가 좋아지자 그들은 실외로 나가는 모험을 감행했다. 어느 날 밤, 영화칼럼니스트 한 사람은 웨스트엔드의 유명한 레스토랑인 라이온스 코너 하우스에서 있었던 촬영 현장을 지켜봤다. 경찰은 '귀가하는 극장 관객'을 막느라 진땀을 뺐지만, 토요일 밤의 군중은 비켜가는 것을 거부하고, 히치콕이 저녁을 먹으며 다투는 앨리스와 프랭크가 등장하는 첫 신을 야외에서 찍는 것을 지켜봤다. 영화에 군중으로 동원된 엑스트라 속에 구경꾼이 몰려들어왔다. "히치콕과 잭 콕스가 결과에 만족스러워한 것은 일요일 새벽 무렵이었다"고 칼럼니스트는 적었다. 사람들은 공식적으로는 여전히 〈블랙메일〉을 무성영화로 알고 있었다.

BIP가 임시 방음스튜디오를 완공했다는 뉴스가 4월 초에 나왔다. 커다란 영구시설은 한여름까지 준비되지 않았지만, 존 맥스웰은 1928~1929

년 사이에 15~20편의 유성영화를 만들겠다는 야심 찬 계획을 발표할 정도로 자신감이 넘쳤다. 영화업계지에 따르면, 그중 첫 작품이 히치콕과 벤 레비가 급하게 집필한 대사들을 넣은, 새롭게 계획된 '토키 버전' 〈블랙메일〉이었다. 옥스퍼드에서 교육받은 젊은 극작가 레비는 할리우드에서 토키영화의 시나리오를 쓴 후 막 돌아온 참이었다.(얼마 안 있어 그는 유명한 미국 여배우 콘스탄스 커밍스와 결혼했다.) 대사의 필요성을 예견한 히치콕은 봄부터 레비를 만나기 시작했는데, 그때는 4월 중순 무렵에야 레비의 시나리오가 준비될 정도로 이른 시기였다.

맥스웰은 이미 촬영된 장면에 '제한된' 사운드를 덧붙이는 것만을 허가했다. 이런 비용을 의식한 접근법을 미리 예상한 히치콕은 그 장면들을 대체할 것을 염두에 두고 핵심 장면들을 촬영했고, 영화에 넣거나 빼게 될, 그의 표현에 따르면 '나중에 사운드를 덧붙일 수 있는' 무성장면들을 이미 정해놓고 있었다. 〈블랙메일〉의 두 버전 모두를 비교한 영국 영화역사가 찰스 바에 따르면, "히치콕은 맥스웰이 인가한 영화의 무성장면을 촬영하는 한편, 영화의 사운드 버전에 필요한 네거티브를 마련하기 위해 각각의 숏마다 별도의 테이크를 찍고 있었다." 히치콕은 프랑수아 트뤼포에게 이렇게 밝혔다. "프로듀서들이 마음을 바꿔서 결국에는 100퍼센트 유성영화를 원할 수도 있다고 의심하고 있었기 때문에, 나는 그런 식으로 일을 해나갔습니다."

애니 온드라는 제일 까다로운 문제로 드러났다. 히치콕은 그녀를 아주 좋아했고, 모두가 그녀를 좋아했다. 그녀는 사랑스러울 뿐 아니라, 재미있고 영리했으며 사람들과 잘 어울렸다. 감독은 장난의 대상으로 삼을 수 있는 주연여배우를 선호했는데, 그중에서도 장난을 맞받아치는 여배우들은 감독과 더 잘 어울렸다. 온드라는 장난기가 있었으며 참된 친구이기도 했다.(나중에 히치콕은 독일을 지나칠 때면 늘 그녀를 방문했다.) 억양이 세건 약하건, 그는 온드라를 고집했다.

그러나 억센 체코슬로바키아 억양을 구사하는 온드라는 전형적인 영국인 신문판매상의 딸을 연기할 여배우로는 적합하지 않았다. 히치콕은 늘 잠재적인 해법을 마음속에 품고 있었지만, 먼저 온드라의 사운드 테스트를 계획하는 수고를 했다. 테스트 결과 그녀의 억양에 문제가 있는 것이 분명해지자 그녀는 히치콕의 딜레마를 이해할 수 있었다.

날짜가 적혀 있지 않은 테스트 촬영필름이 영국영화협회 아카이브에 남아 있고, 테스트에 쓴 대본은 히치콕을 다룬 책과 다큐멘터리에 실려 있다. 온드라 옆에 선 그는 그녀를 안심시키며 그녀에게 말을 하도록 부추기는 한편, 무자비하게 그녀를 들볶는다.

히치콕: 자, 온드라 양, 우리는 사운드 테스트를 할 거예요. 당신이 원하던 일 아니었나요? 이쪽으로 와 봐요.

온드라: 무슨 말을 해야 할지 모르겠어요. 너무 겁이 나요.

히치콕: 당신은 착한 아가씨였던 적이 있나요?

온드라: (웃음) 아뇨.

히치콕: 아니라고요? 남자랑 자봤죠?

온드라: 아뇨!

히치콕: 아니라고요!?

온드라: 오, 히치, 나를 너무 창피하게 만드는군요!(어쩔 수 없다는 듯 낄낄거린다.)

히치콕: 이제 이쪽으로 와봐요. 그 자리에 가만히 서요. 안 그러면 제대로 나오지 않을 거예요. 아가씨가 군인한테 말하듯이요.

(애니 온드라가 폭소를 터뜨린다.)

히치콕: (히죽거리면서) 컷!

히치콕과 함께 일했던 사람에 의하면, 히치콕은 카메라 테스트를 할 때 음탕한 질문을 던지는 것이 보통이었다. 그는 여배우에게 "누군가랑 자본 적 있어요?" 하고 고함을 치는 것을 좋아했는데, 당시로서는 굉장히 괴상한 질문이었다. 주연여배우가 누구랑 잤는지를 열심히 알고 싶어 한 것 외에도, 히치콕은 무의식적인 반응, 표정, 또는 표현을 이끌어낼 기회를 즐겼다. 직업이라는 가면 뒤에서 남들의 비밀을 살짝

〈블랙메일〉의 촬영장에서 (이어폰을 낀) 히치와 애니 온드라가 사운드 작업을 하고 있다. "카메라에서 멀리 떨어지시오."

엿보는 셈이었다.

온드라의 목소리 테스트는 히치콕이 찍은 〈블랙메일〉의 '홈 무비'와 더불어, 그녀와 감독이 따스하고 쾌활한 공감대를 형성했다는 것을 입증한다. 히치콕이 그녀의 드레스를 들어올리고 그녀의 속옷을 붙잡는 장면, 그녀가 커다란 웃음소리로 그를 쫓아버리는 장면을 찍은 필름이 있다. 히치콕의 남자 주연들도 거의 비슷한 대접을 받았다. 예를 들어 배우 헨리 켄달은 〈리치 앤 스트레인지〉 테스트를 받을 때를 떠올렸다. 히치콕은 "카메라 뒤에서 내게 말을 했는데, 평소 방식대로라면 이력이 어떻게 되느냐, 영화경력을 상세히 얘기해 달라는 등의 질문을 받았을 겁니다. 그런데 이번에는 야비하고 우스꽝스러운 대화를 하게 됐습니다. 그가 나를 얼마나 웃겼는지, 나는 몸을 뒤트느라 카메라 앞에 서 있을 수 없을 정도였습니다."

온드라는 테스트 결과에 수긍했다. 대성공이었다! 히치콕은 염두에 두고 있던 왕립 극예술아카데미에서 훈련을 받아 발성법이 세련된 젊은 영국 여배우 조앤 배리를 데려왔다. 온드라는 배리가 카메라의 프레임 밖에 서서 앨리스의 대사를 말하는 동안 그녀의 대사에 맞춰 입을 벙긋거렸다.(배리의 상류층 억양이 캐릭터에 전혀 어울리지 않는다는 사실은 무시하라.) 히치콕의 해법은 모든 면에서 압박감이 심했다. 해당 장면의 정확한 타이밍을 잡아야 하는 세 사람은 촬영이 끝나면 밤마다 다음날 촬영을 준비하기 위해 리허설을 했다.

그녀의 최고의 장면이 '목소리 대역'이 없는 무성장면—살인이 일어난 후에 그녀가 정신적 충격을 받았다는 것을 보여주는 장면—이기는 했지만, 온드라를 향한 감독의 충심은 성공을 거뒀다. 그러나 온드라를 향한 히치콕의 애정도, (그가 좋아했던 또 다른 여배우 릴리언 홀—데이비스에게 그랬던 것처럼) 그가 원하는 괴로운 연기를 펼칠 때까지 그녀를 괴롭혀서 눈물을 흘리게 만드는 것까지 막지는 못했다.

히치콕 작품의 정수라 할 영화 한 편, 캐릭터 하나, 여배우 한 명을 고르라면, 그것은 〈블랙메일〉의 애니 온드라다. 히치콕의 남자주인공들은 영화의 끝부분에서는, 죄책감과 수치심을 제외하면 일반적으로 아무 문제도 없다. 그의 여자주인공들은 살해당하거나 죽거나 창피를 당하거나, 아니면 도망 중인 무력한 남자와 실망스러운 로맨스를 견뎌내야만 한다. 아름다운 여성들은 어떻게 해서든 늘 고초를 겪는다.

〈블랙메일〉은 엘스트리의 방음설비를 덧대서 만든 BIP의 새 임시 방음 스튜디오로 입주했다.[4] 스튜디오의 벽에는 담요를 달았고, 물결모양의 철제지붕에는 그 모양에 맞게 펠트를 끼워넣었다. 유성영화의 카메라는 전동기로 작동했는데, 전동기에서는 주기적으로 소음이 났으므로, 카메라를 공중전화 부스와 비슷한 바퀴 달린 키오스크에 집어넣어야만 했다. 부스 전체를 촬영장 이곳저곳으로 이동시키지 않고는 카메라로 트래킹을 하거나 돌리는 작업을 할 수가 없었다. 기본적으로 —이미 히치콕의 트레이드마크였던— 카메라의 움직임은 멈춰버렸다.

표준형 탄소봉 아크 램프는 쉬지 않고 윙윙거리고 탁탁거렸으므로, 카메라맨들은 5킬로와트와 10킬로와트 백열등을 실험해보기 시작했다. 백열등은 조명에서는 제몫을 해냈지만, 촬영장 내부에 숨이 막힐 것 같은 열기를 만들어내기도 했다. 프레디 영은 "제과점에 있는 것 같았다"고 회상했다. "촬영과 촬영 사이에 배우들은 바닥에 축 늘어졌다. 찌는 듯한 열기 속에서 할 수 있는 것이라고는 기껏해야 선잠을 자는 게 전부였다."

협소한 폐쇄공간인 카메라 부스는 지옥 같아서, 체벌용 사우나보다 더 심했다. 부스의 앞면에는 두꺼운 유리 패널이 덮여 있었는데, 계속해서 알코올로 닦아줘야만 했다. 스태프들은 티 브레이크도 부스 안에서 가졌다. "기사는 안에 갇혔다." 다른 BIP 토키(임시 방음시설을 〈블랙메일〉보다 먼저 사용한 영화다)에 카메라맨 보조로 참여했던 영의 회상이다. "그는 테이크가 끝날 때까지 거기 머물러 있었다. 촬영이 끝나면 땀을 비 오듯 흘리고 숨을 헐떡거리면서 비틀거리며 밖으로 나왔다."

"내가 받은 첫 인상은 촬영장이 엄청나게 많은 허접한 것들로 꽉 찬 약간 큰 방이라는 것이었습니다." 촬영을 보러 들렀던 BIP 카메라맨 아서 그레이엄의 회상이다. "플랫[5]이 어디에나 있었고, 케이블은 뱀처럼 마루 전체에 깔려 있었으며, 램프 스탠드는 정글을 이루면서 마룻바닥을 덮고 있었습니다."

히치콕은 대부분의 촬영시간 동안 따로 떨어진 녹음 부스에 머물렀는데, 질식할 것처럼 후덥지근한 그곳에서 그는 음향상태를 체크하기 위해 특대형 이어폰을 끼고 있었다. 그레이엄은 '완전히 난장판'이라고 생각했다. 이런 상황에서는 감독이 제작진 모두를 위해 자신감을 표출해야만 했는데, 히치콕은 그의 명함에 '권위와 자신감'이라고 새겨 넣어도 무방했을 정도로 그런 자신감이 바닥난 적이 없었다. 다른 영국 감독들이 신형 장비를 놓고는 어쩔 줄 몰라 한 반면, 히치콕은 시나리오에 핵심 대사뿐 아니라, 부가 음악과 음향효과까지 침착하게 덧

4 연장된 촬영계획으로 가장 큰 피해를 입은 것은 "칼! 칼! 칼!"이라고 떠드는 수다스러운 이웃을 연기한 필리스 콘스탐이었다. 콘스탐은 촬영 이전에 맺었던 무대 출연계약을 이행해야 했기 때문에, 필리스 몬크먼이 그녀의 역할을 넘겨받아서 사운드가 있는 장면을 재촬영했다. 크레디트 문제를 간단히 해결하기 위한 방편으로 두 배우 중 어느 쪽도 크레디트에 오르지 않았다. 찰스 바가 지적했듯, 토키 〈블랙메일〉의 광고물에는 '목소리 없는' 콘스탐이 출연한다고 실렸다.

5 나무틀에 끼운 배경. — 옮긴이

붙여 넣었다. 효과전문가들은 옆에서 촬영을 지켜보다가 고함소리와 웃음소리를 내고, 문 닫히는 소리, 경적소리, 새소리를 내면서 영화에 소음을 채워넣었다.

감독은 피아노 앞에 시릴 리처드를 앉히고, 칼에 찔려 죽기 직전에 대중가요를 잠깐 부르게 만들었다. 존 롱든이 단서를 찾으며 방안을 어슬렁거리는 다른 장면에서, 감독은 배우에게 "소니 보이"를 휘파람으로 불라고 지시했다. 그것은 여전히 영국 극장가에서 맹위를 떨치고 있는 최초의 미국 토키 〈재즈싱어〉에 나온 노래였다. 롱든은 그것을 가장 뻔뻔한 히치콕의 솜씨라고 생각했다.

짧은 시간 내에, 히치콕은 사운드를 이미지를 참신한 방식으로 연결시킬 수 있는 또 다른 편집수단으로 보게 됐다. 앨리스가 거리에서 노숙자의 손이 뻗어나온 것을 보는 장면에서, 화가의 툭 튀어나온 뻣뻣한 손을 발견한 하숙집 여주인이 비명을 지르는 장면으로 곧장 넘어가는 장면 같은 경우가 그랬다.

그는 고의적으로 사운드를 왜곡시키기도 했는데, 가장 대담한 사례는 살인이 있은 후에 등장한다. 넋을 잃은 앨리스는 부모와 함께 아침 식탁에 앉아 있지만, 비밀은 그녀의 마음을 무겁게 짓누른다. 집안에서 운영하는 신문가게에 선 이웃집 여자가 커다란 목소리로 살인에 대해 주절거린다. 그는 누군가를 칼로 찌르는 것은 대단히 '영국적이지 않은' 방법이라고 투덜거린다. "나 같으면 벽돌을 사용했지, 칼은 절대로 쓰지 않았을 거예요. 칼은 끔찍한 물건이에요. 칼은 지저분하고 무시무시하고……" 신경 쓰이는 그 단어는 거듭 사용됨에 따라 점점 증폭되고 과장되면서, 히치콕의 표현에 따르면, '착란을 일으키는 모호한 소음'으로 발전한다.

히치콕은 이 몹시 재미있는 '칼' 리듬에다 죄책감으로 눈동자를 이리저리 돌리는 앨리스의 클로즈업 화면을 대조적으로 덧붙인다. 앨리스의 아버지가 빵 한 조각을 달라고 하면서 긴장이 구축되고, 앨리스의 손은 빵 써는 칼을 향해 천천히 움직인다. 그러다가 마지막으로 그녀를 날카롭게 책망하는 '칼'이라는 단어가 들리고, 깜짝 놀란 그녀는 칼을 식탁에서 떨어뜨린다.

방음설비가 된 촬영장으로 엑스트라들을 다시 소집하거나 전체 세트를 다시 지을 만한 예산이 없었기 때문에, 앞서 계획했던 이야기의 도입부에서 프랭크와 앨리스가 저녁을 같이 먹는 코너 하우스 장면을 위해, 이제 히치콕은 카메라가 두 주연배우에만 초점을 맞추고 테이블 한 곳에만 화면을 집중했다. 프랭크가 때때로 바쁘게 프레임 밖으로 벗어나면, 히치콕은 무성영화 버전에서 가져온 다른 식당 손님들의 숏을 이어붙였다. 효과 전문가들은 식당의 왁자지껄한 소리를 제공했다.

그들의 익살맞은 대사에 관객들은 자신들이 영화를 보고 있다는 것을 떠올렸다. 히치콕의 캐릭터들은 영화를 보러 가고 영화에 대해 얘기한다. 〈로프〉에서는 다른 히치콕 영화를 홍보하기까지 하는데, 이것은 감독의 중국식 상자의 특징 중 하나였다.

이 장면에서 프랭크는 앨리스를 (관객들이 지금 보고 있는 것과 별반 다르지 않은) 신작 범죄영화의 시사회에 초대한다. 그런데 프랭크가 스코틀랜드야드를 들먹이자, 앨리스는 하품을 꾹 참으면서 말한다. "에드가 월러스가 아니었으면, 거기(야드)에 대해서 들은 사람은 아무도 없었을 거예요." 프랭크는 영화가 재미있을 거라면서, "그렇지만 영화의 세부적인 것들은 모조리 틀렸어요"라고 말하며 웃는다. 히치콕 본인의 재주를 향한 조롱이다! 다른 사람들이 사운드를 놓고 깊은 고민에 빠져 있는 사이, 히치콕은 사운드로 재미를 보고 있었다.

사운드는 히치콕이 갓 장만한 장난감이었다. 자신의 영리함에 너무나 기분이 좋아진 히치콕은 로널드 닐에게 16㎜ 카메라를 건네면서 〈블랙메일〉의 촬영과 관련한 무대 뒤쪽의 '홈 무비'를 만들라고 지시했다. 인위적인 것과 리얼리티 사이의 경계선을 가지고 노는 특유의 성향을 발휘한 히치콕은 앨리스가 화가를 찌르는 장면에서 닐을 커튼 뒤에 배치하고는, 칼에 피를 칠하는 소품담당자를 많이 찍으라고 지시했다.

영국 전체가 역사적인 순간을 감지했다. 요크 공작 부부(훗날의 조지 6세와 대비)가 5월에 〈블랙메일〉 촬영장을 방문했는데, 활동사진의 팬으로 알려진 공작부인은 토키를 만드는 과정을 보고 싶어 했다. "그분을 카메라부스 중 한 곳으로 모신 기억이 납니다." 히치콕의 회상이다. "너무 비좁은 곳이라서 지독히도 복잡했죠."(그녀는 히치콕과 카메라맨, 포커스 보이와 함께 부스 안으로 비집고 들어갔다—"거의 불경죄를 범하는 수준이었죠.") 그후 공작부인은 사운드 부스를 방문했다. 히치콕은 왕실 손님들에게 뭔가를 해보라고 부추겼는데, 모자를 벗고 이어폰을 끼는 것은 전통적으로 왕족들은 결코 하지 않는 일이었지만, 공작부인은 그렇게 해보았다.

영국 최초의 토키라는 칭호를 놓고 경쟁하는 라이벌을 제압하기 위해 히치콕은, 낮은 예산과 빠른 속도로 사운드 촬영분을 무성영화 촬영분과 적절히 이어붙여서 완성작을 만들어내야만 했다. 그럼에도 불구하고, 일부 결벽주의자와 증인들은 〈블랙메일〉은 사실 영국 최초의 토키가 아니라고 주장한다.

앞서 기술했듯, 프레디 영은 방음설비가 된 건물에서 〈흰색 화물〉이라는 영화의 '대사' 몇 장면을 히치콕에 앞서 이미 촬영했다. 영은 회고록에서 〈흰색 화물〉이 '영국영화로서는 처음 촬영된 사운드 시퀀스'임을 뽐낼 만한 영화라고 주장했다. 다른 영국감독 토머스 벤틀리는 〈거리의 남자〉라는 '유성' 투 릴러를 이미 완성한 상태였는데, 그는 여러 인터뷰에서 〈블랙메일〉은 '절반만 유성'이라고 빈정댔다. 일부 사람들은 빅터 사빌의 〈키티〉가 영국 최초의 토키라고 치켜세우는데, 그것이 사실일 수도 있다. 이 영화는 마지막 릴만 '말을 했고(나머지 릴에는 음악이 담겼다)' 사운드 시퀀스는 뉴욕에 있는 RCA 소유의 시험용 스튜디오에서 덧붙여졌다.[6]

다른 영국 토키들보다 촬영은 뒤졌지만, 히치콕의 뛰어난 계획은 후반 작업 과정에서 속도와 능률로 발휘됐다. 방음건물에서의 촬영은 5월 말에 종료됐고, 토키 〈블랙메일〉은 6월 21일에 영화계 관계자들을 대상으로 상영됐다. 그 외에도 언급해야 할 것은 최초의 토키를 놓고 경쟁한 라이벌들은 사람들의 뇌리에서 잊혔지만, 〈블랙메일〉은 획기적인 사건으로 남아 있다는 것이다. 〈블랙메일〉은 사운드의 선봉에 선

〈블랙메일〉에서 히치콕이 한 카메오: 첫 카메오는 아니지만 코미디로는 처음 시도된 장면으로, 인상적인 카메오 패턴을 창출했다.

영화일 뿐 아니라, 주제와 스타일 면에서 시대를 앞서간 영화이기도 하다. 논쟁의 여지는 있지만 이 영화는 히치콕의 첫 번째 서스펜스 걸작이었다.

1929년 7월 〈블랙메일〉이 몇 군데 극장에서 특별 상영됐을 때, 런던의 영화평론가들은 만장일치의 갈채를 보냈다. 『데일리메일』은 히치콕의 신작을 '역사상 최고의 유성영화인 데다, 영국작품'이라고 일컬었고, 『키네위클리』는 '100퍼센트 토키 오락영화의 눈부신 본보기'라고 묘사했다. 『버라이어티』의 런던 주재 평론가는 "무성영화였다고 해도 이 작품은 대단히 훌륭한 영화였을 것이다. 토키인 이 영화는 거의 기념비적인 작품이다"라고 언급했다.

한편 〈블랙메일〉은 무성영화로도 만들어졌다. 소리가 없는 버전은 약간 뒤에 개봉됐는데, 토키를 상영할 설비를 아직 갖추지 못했던 수백 군데의 영국 극장에서 엄청난 관객을 끌어모았다. 1993년에 무성

6 공교롭게도 〈키티〉의 대사를 쓴 사람은 벤 레비였다. 히치콕이 그를 고용한 것은 이 때문이었을 것이다.

버전을 복원한 영국영화협회는 조너선 로이드에게 영화음악을 의뢰해 월드 투어에 나섰고, 그 덕분에 이 시대 평론가들은 '다른' 〈블랙메일〉을 볼 기회를 가졌다. 평론가 대부분은 여전히 뛰어난 영화라는 데 의견을 모았다.

히치콕은 〈하숙인〉과 (테니스 코트 근처를 어슬렁거리는 사람으로) 〈행실 나쁜 여자〉에 출연한 바 있는데, 〈블랙메일〉에는 그가 화면에 가장 오래 등장한 카메오가 담겨 있다. 어느 장면에서 앨리스와 프랭크는 지하철을 타는데, 감독은 승객 가운데 한 사람으로 책 읽는 데 골몰해 있다. 의자 너머의 꼬마가 히치콕의 모자를 쿡 찌르고 두드린다. 그는 보복을 하지만, 약간 움츠러들었던 꼬마는 그에게 다시 접근하고, 장면은 페이드아웃된다. 무성으로 촬영된 이 카메오는 조금도 손상되지 않은 채 두 버전 모두에 사운드 없이 남았다.

히치콕은 1929년 여름 무렵에는 이미 유명인사였다. 그에게는 세상 꼭대기에 선 듯한 기분을 느낄 만한 이유가 있었지만, 그것은 영국영화계라는 좁은 세상 안에서의 일이었다. 게다가 그는 영국영화계의 상황과 부침을 끊임없이 직접 보여주는 증인이었다. 8월 말에 그는 불쾌한 신호를 받았다.

BIP는 사전경고도 없이 대규모 인력을 정리한다고 발표했다. 전체 인력의 약 20퍼센트에 해당하는 100명에 가까운 인력을 해고한다는 것이었다. 스튜디오는 경비를 심하게 축소해 집행했고, 제작과 관련한 비용도 긴축한다는 방침을 세웠다. 충격파는 업계 전체로 퍼져나갔고, 인력 정리와 경비 삭감은 다른 스튜디오에도 번졌다.

엘스트리의 분위기는 비통했다. 회계장부는 계속 이익을 기록하고 있었지만, 어느 업계지의 표현에 따르면, 존 맥스웰은 막대한 자본을 투입해서 만든 '대사가 딸린 유성영화와 무성영화 완성작들을 차가운 창고에 너무 많이 보관 중'이었다. 그 영화들을 상영할 영국의 극장 수가 제한돼 있다는 점을 감안하면, BIP의 값비싼 토키들은 해외시장을 공략하지 않고는 투자액을 회수할 수 없었다. 미국은 최고의 영국영화들도 뚫지 못하는 시장이었는데, 〈블랙메일〉도 이런 현상의 쓰라린 사례가 됐다. 영화역사가 폴 로사에 따르면, 최초의 영국 토키는 '동시대 미국의 대사 딸린 영화들보다 더할 나위 없이 훌륭했음에도' 미국 배급을 철저히 거절당했다. 핑곗거리는 많고 짜증스러웠지만 결국 미국인들은 영국식 억양을 알아들을 수가 없었던 것이다.

로사에 따르면, 히치콕 토키가 미국을 비롯한 영국 외부에서 전반적으로 실패한 것은 스튜디오에는 '커다란 타격'으로 받아들여졌다. 로사는 〈블랙메일〉이 "영연방 자치령에서도 냉대를 받았다"고 썼다. "오스트레일리아의 검열 당국은 처음에는 영화의 상영을 금지했다"가 나중에야 철회했다.

맥스웰은 갑자기 싹튼 위기를 작품 결정에 개인적으로 더 많이 관여할 구실로 삼고, 허리띠를 졸라매는 새로운 조치를 공표했다. 영화들은 더 싸고 빠르게 만들어야 하고, 이제는 그 어느 때보다도 영국 관객을 가장 먼저 염두에 둬야만 한다. 외국 스타들은 투자액에 걸맞은 역할을 해내지 못했다.[7] 이미 간접경비로 장부상에 잡혀 있는 스튜디오 촬영을 위해, 비용이 많이 들고 모험적인 로케이션 촬영은 줄여야 할 것이다.

히치콕이 처음으로 위대한 승리를 거둔 순간에 갑자기 히치콕의 경력에 음침한 장막이 덮인 셈이었다. 〈블랙메일〉이 영국 최초의 토키인가와는 상관없이, 그가 영화를 만드는 데 너무 많은 시간과 돈을 썼다는 평결이 내려졌다. 미국은 그의 성취에 별다른 감명을 받지 않았고, 검열당국은 영국 자치령에서의 사업전망에 상처를 입혔다. 신뢰할 만한 당시의 박스오피스 기록은 지금은 없지만, 어찌됐건 영화가 거둔 수익은 그리 많지 않았다.

새로이 싹튼 그의 작업비법이 일종의 반대세력을 만들어내고 있다는 것도 BIP에서의 처지에 도움이 되지 않았다. 그의 험담을 퍼뜨리는

7 히치콕이 다시는 같이 작업하지 못했던 외국 스타가 애니 온드라였다. 그녀는 〈블랙메일〉 직후 독일로 돌아갔다. 권투선수 막스 슈멜링과 결혼한 그녀는 나중에 영화계를 떠났다.

사람들은 이미 '반히치콕' 클럽을 결성하고 있었다. 초창기 평론가들은 그의 주제보다는 반복되는 비주얼 아이디어를 비난했다. 『바이오스코프』의 평론가는 부드러운 영화인 〈농부의 아내〉에 대해 우호적인 평론을 쓰면서도, '멋진' 화면의 효력이 '환상적인 촬영 앵글'을 향한 히치콕의 성향으로 약화됐다고 불평했다. 『버라이어티』의 런던 통신원은 〈블랙메일〉을 칭찬하면서도, 감독의 친숙한 '계단 콤플렉스'가 확장일로에 있다고 투덜거렸다.(세월이 흐른 후 감독은 찰스 토머스 새뮤얼스와 가진 인터뷰에서 '계단은 촬영에 대단히 적합한 곳'이라고 스스로를 옹호했다.)

히치콕은 8월의 학살에서는 살아남았지만, 존 맥스웰은 그에게 경고를 보냈다. 그는 생산성을 더욱 높이고, 소재를 다양화하며, 상업적으로 매력적인 영화들을 연출할 필요가 있었다. 뮤지컬—토키를 위한 완벽한 전시장—의 인기가 대단히 좋았으므로, 영국에서 가장 중요한 감독은 8월 말에 '100퍼센트 대사와 노래와 춤으로 이뤄진' 〈천국의 하모니〉의 완성을 거들라는 지시를 급하게 받았다. 히치콕이 그 영화의 제작에 2, 3일 관여했을 수는 있지만 그보다 더 긴 시간 관여했을 것 같지는 않다.

10월에 나온 발표를 통해 〈천국의 하모니〉는 다른 감독으로 교체됐고, 히치콕은 숀 오케이시의 희곡 〈주노와 공작*Juno and the Paycock*〉을 스크린으로 옮기는 데 동의했다. 그 이후, 감독은 클레멘스 데인—헬렌 심슨의 소설 『존 경이 착수하다』를 직접 각색한 또 다른 —탐정 분위기가 많이 가미된— 범죄이야기를 영화로 만들 예정이었다.

이렇게 활발한 활동은 맥스웰을 만족시키기에 충분했다. 게다가 〈주노와 공작〉의 시나리오는 신성불가침의 영역이었기 때문에, 히치콕은 촬영을 하는 동안 『존 경이 착수하다』의 시나리오를 준비하는 데 더 많은 시간을 보냈다. 희곡을 직접 각색한 작품과, 『바이오스코프』의 기사에 따르면 더욱 독창적이고 '순전히 영화적인' 작품을 번갈아 오가는 감독의 경향을 언론은 이미 감지하고 있었다. 희곡은 영화로 만들기가 용이했으므로, 히치콕은 그런 희곡을 더욱 독창적이고 값비싸며 위험성이 높은 소재들 사이에서 '쉬어가는 작품'으로 간주했다.

숀 오케이시의 〈주노와 공작〉은 1924년에 더블린의 애비 극장에서 초연되었고, 1년 후에는 런던에서 공연됐는데, 지방으로 순회공연을 나서기 전까지 200회 이상을 공연했다. 히치콕은 이 작품을 대여섯 번 봤으며, 피터 보그다노비치에게 '내가 좋아하는 희곡 중 한 편'이라고 밝히기도 했다.

갈채를 받은 〈주노와 공작〉은 흔히 저급한 코미디와 심각한 불행이 뒤섞인 작품으로 묘사된다. 작품의 주된 배경은 보일 가족의 집인 더블린의 빈민가 아파트다. 보일 선장은 술에 취해 거드름을 피우는 '공작'으로, 한때 리버풀에서 더블린으로 석탄을 실어나르던 뱃일을 한 것을 자랑스러워한다. 주노(Juno)—오케이시는 이 이름을 로마의 여신에서 따온 것이 아니라 6월(June)에 벌어졌던 사건들로 인해 캐릭터의 삶이 형성되는 방식에서 따온 것이라고 항상 말했다—는 보일의 아내로, 실질적인 가장이다. 그녀는 아일랜드의 어머니상이라 할 고상한 어머니로, 사랑하는 자식들을 위해 어떤 모욕도 견뎌낸다. 메리는 사랑스럽고 헌신적인 딸이고, 아들 조니는 아일랜드 정치 때문에 불구가 된 희생자로, 어두운 치욕을 감추고 있다.

보일 선장은 뜻밖에 잊고 지내던 친척의 유산을 물려받을 상속자로 지정된다. 보일이 받은 유산의 부침은 익살극에 가까운 분위기를 빚어내고, 조니의 운명은 비극적 분위기를 제공한다. 오케이시는 1921년의 아일랜드 남북 분리, 그리고 공화주의자와 자유국가론자 사이의 숙원의 해소라는 배경에서 작품을 전개한다. 조니가 옛 동료를 '밀고'해서 죽음에 이르게 만들었다는 사실이 드러나고, 유산 상속과 함께 과오가 밝혀지면서 불행이 구축된다. 임신한 메리는 남자친구(유언을 다루는 법원 서기)에게서 버림받고, 보복을 하기 위해 투사들이 도착한다.

〈주노와 공작〉은 BIP 입장에서 히트작이 될 것이 확실한 희곡이었고, 감독에게는 정치가 역사를 어떻게 오염시켰는지를 탐구할 첫 기회였다. 히치콕의 영화에서는 사보타주와 간첩활동, 암살이 두드러진 비중을 차지한다. 이런 이야기에 등장하는 악당들은 이념적 광신자에서 반역자나 테러리스트로 변신하는 경향이 있다.

히치콕이 (조지 오웰의 표현대로 하자면) '결혼 살인자들'을 다룰 때 현실세계의 특정 사례들에 사로잡힌 것처럼, 감독의 정치적 영화들은 레지 던의 실화가 드리운 그림자에 덮여 있다. 던은 누명을 쓴 '롱맨'이 아니라 확신에 찬 살인자로, 감독이 직접 아는 악명 높은 또 다른 범죄자였다. 세인트이그나티우스에 다니던 동안 던은 학교에서 가장 인기 좋고 운동 잘하는 아이 중 하나였지만, 제1차 세계대전 후 영국 정부의 아일랜드 정책에 점차로 격분하게 됐다. IRA[8]에 입대한 그는 암살자가 되겠다고 자원했으며, IRA 동료 한 명과 함께 1922년 런던에서 영국군 참모총장을 역임한 육군원수 헨리 윌슨 경을 총으로 살해했다. 에디스 톰프슨이 남편 살해를 계획했다고 고발당한 것과 같은 해의 일이었다. 던 역시 톰프슨처럼 체포돼서 처형됐다.(그녀와 달리 그는 자신의 죄를 자랑스럽게 인정했다.)

조니의 캐릭터는 던의 대역이었다. 〈주노와 공작〉은 훗날의 작품에까지 영향을 끼친, 이상주의를 왜곡하고 순수함을 파괴하는 확산돼가는 오점으로서의 이념적 극단주의라는 테마를 확립한 첫 히치콕 영화가 되었다. 이것은 오케이시의 테마이기도 했으므로, (절반은 아일랜드의 피를 물려받았고, 히치콕 집안의 주노라고 할 친어머니를 둔) 감독은 희곡작가가 아니라 희곡에 완전히 공감하고 있었다.

히치콕이 숀 오케이시에게 경의를 표할 기회는 여러 차례 있었다. 오케이시는 애비 극장에서 소요가 벌어진 후 스스로 아일랜드에서 망명 의사를 밝힌 인물로, 이후 세인트존스우드의 워런조우로드에 살고 있었다. 매우 독단적인 연극인인 오케이시는 영화를 저급한 오락물이라고 생각했는데, 아무리 뛰어난 영화도 '하찮은 것을 찬양'하고, 한편으로 최악의 영화는 '지독히도 커다란 상처딱지 위에 자리잡은 끔찍한 장식품'이라고 느꼈다. 그런데 오케이시의 표현에 따르면, '영화에 더욱 지적으로 열광하는' 에이드리언 브루넬과 아이버 몬터규는 시나리오를 써

8 아일랜드 공화국군. — 옮긴이

달라며 극작가를 쫓아다녔고, 하루는 그를 엘스트리로 불러들이는 데 성공했다. 그는 거기서 히치콕을 처음 만났다. 존 러셀 테일러는 이 만남이 〈블랙메일〉의 촬영장에서 있었다고 밝혔지만, 오케이시의 기억에 따르면 둘은 그보다 거의 1년 전인 〈샴페인〉을 촬영하는 동안 만난 적이 있었다.

"매우 급한 분위기와 격조 높은 장엄함이 그곳 어디에서나 느껴졌다." 오케이시의 회상이다. "프로듀서, 남녀 배우, 기술자와 동료들은 자신들이 신세계를 창조하는 하느님이나 된 것처럼 행동했다. 커다란 문짝들이 널찍하고 훌륭한 계단을 향해 열려 있었는데, 계단을 내려가면 고관귀족들이 산해진미를 즐기기 위해 모습을 드러내는 훌륭한 방이 있었다. 베티 밸푸어가 이 계단을 따라 내려왔고, 남자들이 드럼과 트럼펫의 소리에 맞춰 그녀를 호위했다. 베티 밸푸어가 너무 일찍 왼발을 떼거나 오른발을 너무 늦게 내딛을 때면 이 모든 것이 처음부터 반복됐다. 베티 밸푸어가 계단을 근사하게 내려오게 만들기 위해 수백 파운드가 허비되고 있었다. 나는 그날 하루 보는 것만으로도 물렸다. 그것은 너무나 소란스럽고 거짓된 짓이었다."

'소란스럽고 거짓된' 〈샴페인〉은 〈주노와 공작〉에서 오케이시가 히치콕과 의미 있는 공동작업을 할 것이라는 전망을 보여주지는 못했지만, 그들은 이후로도 대여섯 번 만났고, 처음에는 사이좋게 지내는 듯 보였다. 영향력 있는 극작가는 희곡을 충실하게 각색한다고 명시한 계약조항을 관철시켰다. 그런데 오케이시는 영화를 위해 소요와 총격전의 뒤에 이어지는 술집에서 벌어지는 짧은 도입부를 새로 써달라는 요청을 받았다. 새 장면은 이전까지만 해도 배경이 하나밖에 없었던 희곡에 다채로운 분위기를 부여하게 도움을 줬고, 히치콕은 바텐더로 카메오 출연한 기회를 얻었다.[9]

9 『픽처고어』에 실린 홍보용 사진은 감독이 술집을 관리하는 모습을 보여주지만, 유명한 희곡에 너무 무리하게 집어넣은 카메오라고 생각한 히치콕은 아쉽게도 완성작에서 이 카메오를 잘라냈다.

브루넬과 몬터규의 권유로 오케이시는 히치콕을 위해 오리지널 시나리오를 쓰려는 생각까지 하면서, 〈녹색 대문들〉이라는 가제를 붙인 이야기를 구상하기도 했다. 런던 도심의 하이드파크에서 벌어지는 일상생활을 폭넓은 캔버스에 담아낼 영화로, '살아 움직이는 캐릭터들의 감정을 그들 나름의 패턴과 공원의 패턴 위에 투사하는 작품'이라는 것이 오케이시의 전기를 쓴 게 리 오코너의 표현이다. 오케이시가 쓴 바에 따르면, "영화는 문들이 열리는 새벽에 시작해서, 멀리 있는 빅벤이 부드러운 종소리를 12번 치는 것에 맞춰 문이 닫히는 한밤중에 끝난다."

히치콕이 늘 영화로 만들고자 꿈꿨던 삶의 단면을 다룬 드라마, 휴머니티를 지엽적이지만 폭넓게 드러내는 영화에 딱 맞는 작품이었다. 그래서 그와 알마는 워런조우로드로 저녁을 먹으러 갔다.(알마는 〈주노와 공작〉을 각색하고 있었는데, 이것은 그녀가 공식적으로 시나리오 크레디트를 받은 첫 히치콕 영화가 됐다.) 오케이시는 그의 표현에 따르면, '특별한 행사를 위해 보관해놓은' 가장 좋은 식기와 식탁보를 베풀어놓고는 거만하게 굴었다. "숀과 에일린(그의 아내)은 이 자리에서 나올 대화가 돈 걱정을 해결해줄지도 모른다는 은밀한 희망을 품고 있었다."[10]

이 여름날의 모임에 대한 오케이시의 기억은 그 뒤에 이어진 사건에 대한 실망으로 독기를 내뿜었다. "덩치가 큰 히치콕이 걷는 모습은 꼴사나웠다. 밑에 깔린 단단한 땅바닥을 움켜쥘 수가 없는 탓에 여기저기 미끄러져 다니는 살찐 바다표범처럼, 그는 매번 움직일 때마다 자신의 몸을 들어올려야만 하는 것처럼 보였다." 오케이시가 훗날 쓴 글이다. "테이블에 앉으면 움직임은 얌전해졌지만 끊임없이 말을 지껄여댔다. 반면 히치콕 여사는 몸을 웅크리고 말 한마디 없이 조용히 앉아 있었지만, 그녀의 몸짓 하나하나 단어 하나하나는 진중한 인상을 줬다. 단추 부분이 팽팽한 그의 수수한 신사복은 제갈 길을 가고 싶어 하는 듯한 반면, 그녀의 화사한 드레스는 저녁에 나눈 시험적인 대화로부터

10 오케이시는 히치콕의 방문을 설명하면서 자신을 제3자로 언급했다.

받은 인상을 잘 보존하려는 듯 그녀의 몸을 단단하게 감싼 듯 보였다."

"히치콕은 숀이 내놓는 제안을 모두 좋아했다." 그의 설명이 계속된다. "그러나 숀은 히치콕의 아내가 에일린이 그녀에게 던지는 한두 가지 질문에 조용히 대답하는 것 외에는 죽은 듯 조용하다는 것을 깨달았다. 히치콕은, 카메라는 천국으로 지상으로 땅 밑에 있는 바다로 침투할 수 있다, 카메라의 큰 눈을 벗어날 수 있는 것은 아무것도 없다는 등 카메라의 위력을 설명하면서 열을 냈다. 그러나 숀은 카메라가 할 수 있는 일은 극히 적다는 것을 깨달았다. 카메라가 표방하는 계속된 움직임은 앵무새 경찰관과 비슷했다. 카메라는 무대에서 하는 것처럼 숨을 돌리기 위해 잠시 쉬는 일을 할 수 없다."

하이드파크 소재에 대한 '시험적 대화'를 나눈 밤이 지난 후, 감독은 '흥분에 넘쳐' 떠나면서 '히치콕 여사를 통해 연락을 드릴 테니 다음 주에 저녁을 드시러 오라는 따스한 초대'를 남겼다. 그러나 히치콕 여사는 결코 연락을 주지 않았고, 그녀의 남편도 〈녹색 대문들〉의 후속 작업에 결코 착수하지 않았다. 나중에 〈녹색 대문들〉을 희곡으로 탈바꿈시킨 오케이시는 히치콕의 침묵을 감독의 '미소를 머금고 말이 없는' 부인의 거부권 탓으로 돌렸다.

히치콕은 워런조우로드를 떠난 후, 스튜디오의 제약이 심했던 그 시절에는 〈녹색 대문들〉을 만들려는 희망조차도 품을 수 없다는 것을 깨달았던 것일까? 흥분에 넘쳤던 것은 그저 예의를 차린 것이었을까? 아니면 영화에 대해 너무 완고한 남자에 대해 알마가 경고를 한 것일까?

〈주노와 공작〉의 출연진은 스튜디오 전속배우와 연극무대에서 친숙한 배우들이 혼합돼 있었다. 히치콕은 주노 역에 오리지널 무대에 섰던 더블린의 여배우 새러 올굿(그녀는 〈블랙메일〉의 베테랑이기도 했다)을 캐스팅했고, 보일 선장과 어울리는 건달 족서를 연기할 배우로는 전형적인 인물이라 할 전직 아일랜드 배우 시드니 모건을 확보했다. 오케이시가 오리지널 공작이었던 배리 피츠제럴드와 끊임없이 충돌했기 때문에, 히치콕은 나중에 많은 할리우드 영화에서 아일랜드인의 전형이 된 피츠제럴드를 포기하는 대신, 오케이시가 쓴 새로운 오프닝 장면에 길거리 웅변가로 잠깐 모습을 나타내는 단역을 맡겼다.

히치콕은 아서 싱클레어를 보일 선장으로 출연시키려고 노력했으나, 런던에서 공작을 연기했던 그가 순회공연 계약에 묶여 있었으므로, 에드워드 채프먼에게 주연을 맡겼다. 요크셔 출신으로 무대에서 활동했던 채프먼은 이것이 스크린 데뷔작이었다. 존 롱든을 메리 보일(캐슬린 오리건)을 유혹하는 법원 서기, 스코틀랜드인 존 로리를 불운한 조니로 캐스팅하여 출연진 구성을 마무리했다.

줄거리의 대부분은 연극무대를 그대로 복제한 원룸 배경에서 벌어졌기 때문에, 히치콕은 1929년 11월과 12월에 매끄럽고 저렴하게 촬영을 할 수 있었다. 히치콕은 희곡에 충실하고 빠듯한 제작비를 넘겨쓰지 않으려 하면서, 갑갑한 세트를 기꺼이 받아들이는 법, 그리고 그런 것들로부터 자극을 받는 법을 터득했다.

어느 장면에서 보일 가족은 논의를 하고 있고, 배경에서는 녹음된 소리가 들린다. 장례행렬이 집밖으로 지나가고, 기관총 총소리가 끼어든다. 히치콕은 이 모든 것을 단 한 번의 카메라 움직임으로 포착하고 싶다는 아이디어를 떠올렸다. 컷을 한 번도 허용하지 않으면서 그 모든 대사와 음향효과를 단일 롱 테이크로 담아내고 싶었던 것이다. 그때까지도 기술이 발달하지 않아 대사와 음악과 부수적 효과음은 동시에 녹음했는데, 각각의 소리는 그러면서도 어느 정도는 뚜렷하게 알아들을 수 있어야 했다.

히치콕은 훗날 그 장면을 촬영하는 날 엘스트리의 촬영장은 발 디딜 틈이 없었다고 자랑스레 회상했다. 히치콕은 그가 원하던 음향을 정확하게 녹음할 수가 없었다. 카메라 밖에서는 소규모 오케스트라가 "아일랜드인이라면, 방으로 들어오라*If You're Irish, Come into the Parlot*"를 연주했고, 한편에서는 음향담당자가 코맹맹이 소리를 내기 위해 코에 빨래집게를 집고는 노래를 불렀다. 한 무리의 사람들이 세트 한쪽을 행진하면서 찬송가를 불렀고, 한편에서는 효과담당자가 총소리를 내기 위해 지팡이 두 개로 소파를 두드렸다. 배우들이 대사를 내뱉을 때, 카메라는 공포에 짓눌린 조니의 클로즈업을 위해 천천히 나아간다. 스크린에서는 이 모든 것이 별다른 흔적 없이 고르게 표현됐다. 젊은 감독치고는 대담한 곡예였고, 미래의 유사한 카메라워크를 위한 시험적 시도이기도 했다.

화려한 출연진과 눈부신 화면이라는 강점을 지닌 〈주노와 공작〉은 1930년 봄에 개봉되자마자 열렬한 환영을 받았다. 『태틀러』의 제임스 아게이트는 오케이시의 각색영화를 "내게 있어서는 거의 걸작에 가깝다. 브라보, 히치콕 씨!"라고 선언했다. 그렇지만 오늘날, 히치콕의 첫 '100퍼센트 유성영화'의 평판은 한결같지는 않다. 강렬하고 볼만한 가치가 있는 부분도 있지만, 수다스럽다는 반응도 있다. 히치콕은 훗날 "굉장한 평가를 받았을 때 약간은 창피했다"고 말하면서 겸손해했다.

격분한 오케이시는 히치콕의 영화를 본 적이 한 번도 없다고 주장했지만, 그런 사실도 그가 히치콕의 여생 동안 닥치는 대로 비난을 가하는 것을 막지는 못했다. 히치콕은 공개적인 대응을 하지는 않았지만, 존 러셀 테일러에 따르면 오케이시에 대한 히치콕의 기억은 "적대감의 영향을 받지 않은 것은 아니었다." 그리고 다루기 힘든 극작가 오케이시는 '〈새〉에서 곧 들이닥칠 세상의 종말을 예언하는 나이든 부랑자 캐릭터'에 영감을 줬다.

그런데도 히치콕은 그가 만든 〈주노와 공작〉에 대한 애정을 한 순간도 잃지 않았다. "그 영화를 만들면서 지겨웠나요?" 피터 보그다노비치가 오케이시의 희곡에 충실해야만 했던 의무를 거론하면서 물었다. "아뇨" 히치콕은 미끼로 던진 질문에 잽싸게 대답했다. "캐릭터들이 너무나 흥미로웠거든요."

최초의 영국 토키가 결실을 맺을 수 있게 조종간을 잡은 남자에게 1929년은 두드러진 해로 흘러가는 것이 순리에 맞았겠지만, 오히려 이 해는 굴곡과 반전이 있는 롤러코스터 같았다.

히치콕은 경영진과 우호적인 관계를 유지하려고 최선을 다했다. 그는 1929년 연말에 10분짜리 단편 〈융통성 있는 일*An Elastic Affair*〉을 연출했다. 이 영화는 연기로 학위를 따고 스튜디오와 계약을 맺으려는 두 젊은 지원자를 소개하는 영화였다. 크리스마스가 가까워졌을 때, 그는 에이드리언 브루넬이 제작하고 있는 다양한 작품을 뷔페식으로 보여주는 〈엘스트리 콜링*Elstree Calling*〉을 돕는 일에도 신경을 썼다. 히치콕에게 뮤지컬을 만들도록 압박하는 한편, 히치콕의 크레디트에 1929년의 세 번째 영화를 추가하려는 수뇌부는, 최소한 그가 보여준 제스처에는 만족해했다. 갑작스레 비용 효율성에 매달리는 스튜디오의 입장에서 이것은 하찮은 일이 아니었다.

스토리부서의 수장 월터 마이크로프트와 전속작가 발 발렌타인은 보드빌과 라디오에서 활약하는 유명인사의 잘 알려진 연기에 스포트라이트를 맞춰 이야기를 만들어내려는 브루넬의 일을 거들었다. 라디오 스타 토미 핸들리, 뮤직홀 스타 릴리 모리스, 뮤지컬 코미디 스타 시슬리 코트니지와 잭 헐버트, 그리고 존 롱든, 제임슨 토머스, 도널드 캘스럽, 고든 하커를 포함한 히치콕에게 친숙한 소수의 정통 연기자들이 출연진에 포함됐다.

크리스마스 전주에 촬영을 시작한 〈엘스트리 콜링〉은 촬영 계획이 12일밖에 잡혀 있지 않은 저예산영화였다. 처음에 히치콕은 뮤지컬이 아닌 부분만 지휘했는데, 이 부분에서 하커와 한나 존스는 원시적인 텔레비전 세트의 채널을 맞추려 노력하는 부부를 연기했다. 그들은 이웃에서 들려오는 소리를 통해 프로그램 소리를 간접적으로 듣게 된다.

브루넬은 화사하고 풍자적인 수준의 작품을 만들어내려고 노력하고 있었는데, 시사실에서 편집된 러프필름을 본 존 맥스웰은 〈엘스트리 콜링〉이 지독히도 따분한 영화라는 것을 알게 됐다. 브루넬은 유머의 일부분은 괜찮은 수준이며 최종 편집단계에서는 모든 것이 뚜렷해질 것이라고 주장했지만, 맥스웰은 "모든 숏들은 그 자체로 재미있어야만 한다"고 단언하고는 다시 촬영하라고 지시했다. 브루넬은 마이크로프트를 자기편으로 끌어들이려고 노력했지만, 마이크로프트는 자신은 브루넬과 같이 있는 모습을 보여서는 안 된다고 말했다. 또한 편집증환자처럼 스튜디오의 스파이들이 맥스웰에게 자신의 동태를 보고할 것이라고 주장했기 때문에 그들은 비밀리에 만남을 가졌다. 히치콕을 포함한 많은 사람이 마이크로프트가 스파이의 우두머리라고 생각하기 시작했다.

결국, 마이크로프트는 맥스웰의 편에 섰고, 브루넬은 맡은 일에서 밀려났다. 스튜디오는 재촬영과 재편집을 지시했으며, 히치콕은 다시 이 일에 불려 와서 다른 감독들이 해놓은 부분을 수정했다. 그는 캘스럽과 안나 메이 웡이 출연하는 브루넬의 해학적인 〈말괄량이 길들이기〉와, 질투심 많은 남편(제임슨 토머스)이 아파트에 침입해서 엉뚱한 연인에게 총질을 하는 코믹한 촌극(히치콕이 헨리스에 있을 때 썼던 단편소설 "그리고 무지개는 없었다"와 유사한 이야기다)을 재촬영했다.

히치콕은 하루 온종일 영화를 작업했다고 했지만, 재촬영은 그보다 더 시간을 필요로 했을 것이다. 히치콕은 라디오와 뮤직홀의 팬이기는 했지만, 이 영화를 자신의 작품으로 여기지는 않았다. 그는 마지막 작품 〈가족음모*Family Plot*〉를 그의 53번째 영화라고 홍보할 때도 이 영화는 셈에 넣지 않았다. 프랑수아 트뤼포가 〈엘스트리 콜링〉에 대해 물었을 때, 히치콕은 "어찌됐건 관심이 없습니다"라며 더 이상의 논의를 중단했다.

월터 마이크로프트는 히치콕 부부가 『존 경이 착수하다』를 각색하는 것도 도왔는데, 이것은 그가 어떤 식으로건 '히치콕 3인조'로 봉사한 마지막 사례였다. 1930년경, 마이크로프트의 지위는 당당해졌다. 그는 스토리부서의 수장일 뿐 아니라 최고경영자 존 맥스웰에게만 책임을 지는 사실상의 제작 총책임자가 되었다. 그의 거만함만이 중요한 지위를 능가할 수 있었다. 사람들은 변덕 심한 경영자요 폭군인 그를 점점 더 싫어하게 됐고, 히치콕과 다른 사람들은 그를 촬영장에서 쫓아내는 업무와 관련한 지독한 농담의 대상으로 삼았다. 마이크로프트의 비정상적인 등을 암시하면서 히치콕은 심술궂게 지껄였다. "마이크로프트의 등을 쪼개면, 안에서 초콜릿을 볼 수 있을 거야. 독이 든 초콜릿을."

『존 경이 착수하다』는 클레멘스 데인(윈프레드 애슈턴의 필명)과 헬렌 심슨이 공동집필한 소설이다. 데인은 여배우에서 극작가로 변신한 인물로 1921년에 쓴 히트 희곡 〈이혼조서〉로 잘 알려져 있고, 심슨은 오스트레일리아 시드니 출신의 다재다능한 작가로 수녀원과 옥스퍼드에서 교육을 받았다. 심슨의 가장 유명한 소설 『부메랑』은 아직 집필되기 전이었지만, 그녀는 이미 로맨틱한 역사, 심리적 범죄, 미스터리를 다루는 (때때로 데인과 공동작업을 하는) 1급 소설가로 간주되고 있었다. 히치콕은 나중에 〈사보타주〉에서 심슨과 같이 작업했고, 1949년에는 그녀의 소설 『염소좌 아래서』를 영화로 만들었다.

『존 경이 착수하다』는 젊은 여배우의 아파트에서 발견된 여인의 시체를 다룬다. 피 묻은 부지깽이를 들고 충격을 받은 채 희생자를 쳐다보고 있던 여배우는 현장에서 체포되는데, 희생자와 살인자임이 분명한 용의자는 모두 극단의 단원이다. 상황이 너무나 명백하고 용의자로 의심되는 다른 사람도 없었으므로 배심원은 여인에게 유죄를 선고하는데, 여인은 무슨 일이 일어났는지 정확하게 기억할 수 없다고 주장한다. 그녀의 처형날짜가 정해진다. 사건을 의아하게 여기는, 그리고 자신의 레퍼토리 앙상블에 피고인을 받아들이는 것을 거절한 적이 있어서 죄책감을 느끼는 배심원 중 한 명—존 경, 벤 그릿 타입의 연극계의 용사—은 아마추어 탐정으로 변신해서, 극단 단원 두 사람의 도움을 받아 진짜 살인자를 찾아내는 작업에 착수한다.

책을 각색하는 작업은 히치콕에게 재치와 사견을 발휘할 여지를 더 많이 허용했다. 프로듀서들은 연극은 반드시 관람하고 기억했지만, 소설은 절대로 읽지 않는 사람들이었다. 따라서 영국에서 활동하던 시기 중 가급적 이른 1930년대 초반에, 히치콕은 『존 경이 착수하다』 같은 소설들을 변환시키기 위해서 희곡을 각색하는 작업에서 벗어났다. 이 영화에서 가장 히치콕적인 장면들은, 놀랄 일도 아니지만 책에는 전혀 없는 장면들이다.

히치콕이 발휘한 첫 솜씨의 결과는 영화 도입부에서 시체가 발견되고 살인과 관련한 상황들이 확증된 후에 드러난다. 경찰은 무대 뒤로 꽤 오랜 여행에 나서 등장을 준비하는 극단의 배우들을 심문하려고 든다. 배우들은 경찰에게 심문을 당하는 동안은 이런 얼굴을 보였다가, 문장 중간에 말을 끊고는 자신들이 맡은 역할로 변신해서 무대로 뛰어나가며 분열된 모습을 보여준다. 무대 옆에서 연극이 보이고 대사가 들려올 때, 관객은 즐거운 웃음을 터뜨리고, 남아 있는 경찰들은 머리를 긁적거린다.

영화의 인상적인 3막도 책에는 없는 내용이다. 소설에서 존 경은 탐정 활동을 통해 한때 앙상블의 단원이었던 헨델 페인에게 다가간다. 페인은 그가 '영국인과 인도인의 피가 섞인 혼혈아'라는 것을 감추기 위해 우발적으로 살인을 저질렀다. 우선, 히치콕은 페인을 놓고 작업을 했다. 책에 등장하는 페인은 뮤직홀 광대를 겸하는 공중그네 곡예사다. 뮤직홀로 꽉 찬 영화를 막 끝낸 참이었지만, 히치콕은 자신이 했던 작업을 반복하는 대신 또 다른 인기 장소인 서커스로 배경을 교체했다. 그는 세계를 순회하던 텍사스 출신의 공중그네 곡예사 반더 바벳에게서 영감을 받았는데, 바벳은 여자 옷을 입고 연기를 한 후 자신이 남자라는 것을 밝히는 것으로 연기를 끝냈다. 만 레이는 바벳을 카메라에 담았고, 그를 〈시인의 피〉에 출연시킨 장 콕토는 그에게 샤넬 가운을 입히고는 자살로 끝을 맺는 카드 게임에 갈채를 보내도록 만들었다.

히치콕 영화의 마지막 막에서, 페인은 대중과 공명할 수 있는 곳이어서 감독이 좋아하는 공간 중 하나인 서커스에서 추적을 당한다. 페인은 밤마다 여장을 하고 높이 걸린 줄을 타면서 목숨을 걸고 있다.(BIP의 비용 삭감 정신에 따라, 이 영화의 서커스는 〈링〉의 사치스러운 서커스에 비해 규모도 작고 초라하다.)

그런데 영화의 크레센도는 다름 아닌 초라함이었다. 책에서 페인은 체포됐다가 도망쳐서 궁극적인 운명을 공중에 맡기지만, 이야기는 히치콕의 손 안에서 더욱 선정적인 반전을 취한다. 발각됐다—체포될 운명이다—는 것을 깨달은 페인은 저녁 공연을 위해 높은 곳에 자리를 잡는다. 기다란 무성영화 스타일의 시퀀스에서 고동치는 서커스 음악의 후원을 받은 카메라는 공중그네를 따라 오락가락한다. 현기증 나는 효과를 위해 다양한 이미지들이 중첩된다. 페인은 갑자기 연기를 멈추고 무아지경에 빠진 듯 천천히 로프를 잡아서 목에다 매듭을 묶는다. 군중과 오케스트라는 침묵에 잠기지만, 페인이 높은 곳에서 몸을 던지자 비명이 터져 나온다.

히치콕 영화에서 악당의 죽음은 늘 고해의 분위기를 보여주는데, 이것은 초창기 독일 거장들의 표현주의에 비할 만한 히치콕의 가장 스릴 넘치는 장면 중 하나다.

〈살인〉(『존 경이 착수하다』의 바뀐 제목)의 촬영은 원래 1930년 1월에 시작될 계획이었지만, BIP가 최신 돈벌이 계획에 추가할 영화를 준비하는 동안 몇 달 연기됐다. 존 맥스웰이 포기하지 않은 유일한 해외 시장이 독일이었는데, 그는 〈살인〉을 영어 영화로 만드는 동시에 독일어 버전도 연출하라고 히치콕을 설득했다. 스튜디오는 그들이 '바이링구얼(bilinguals)'[11]이라 부른 외국어 영화들을 열광적으로 제작하고 있었다. 따라서 히치콕은 BIP의 새로운 독일 파트너인 쉬드필름의 대표들을 만나기 위해 급히 베를린으로 출장을 갔다. 거기서 그는 독일 주연배우들을 캐스팅하는 문제를 상의했고, (런던에서 태어난 작가로, 베를린에서 주류 표현주의 시나리오작가로 활동하던) 헤르베르트 유트케와, 유트케와 빈번하게 공동집필하던 게오르그 C. 클라렌을 만났다. 유트케와 클라렌은 시나리오를 '독일화'하려고 시도했다. "그들은 나에게 많은 변화를 제안했는데, 나는 그것을 거절했습니다." 히치콕이 훗날 한 회상이다. "공교롭게도 내가 틀렸습니다."

영국 출연진은 이미 결정된 상태였다. 영국과 미국의 히트 연극에서 다정다감한 주인공으로 명성을 굳힌 허버트 마셜은 존 경 역할로 토키에 데뷔했다. 한편 감독은 이전에는 앤서니 애스퀴스의 〈다트무어의 별장〉(1928)의 스타로 잘 알려진 노라 베어링을 누명을 쓴 살인자로 선택했다. 〈주노와 공작〉에 출연했던 에드워드 채프먼과 〈블랙메일〉의 사운드 버전에서 누락된 필리스 콘스탐이 존 경의 수사를 지원하는 생

11 이중 언어. — 옮긴이

기 넘치는 마크햄 부부로 캐스팅됐다. 마일스 맨더와 도널드 캘스럽도 수상한 캐릭터들로 히치콕 영화에 복귀했다.

당시의 감독들은 하나같이 스타들을 데뷔시켰다는 것을 자랑했다. 히치콕은 그가 '부수적인 캐스팅'이라고 즐겨 불렀던 것까지도 자랑했는데, 이것은 비범한 조연배우들—종종은 연극배우들—을 찾아내서 특이한 역할이나 악역에 캐스팅하는 것을 가리켰다. 그는 어느 인터뷰에서 주연배우들은 '관객이 재빨리 식별해낼 수 있는 단순하고 눈에 즉시 띄는 캐릭터들'이라고 설명했다. "부수적인 캐스팅은 복잡한 개성을 가진 성격파 배우들입니다. 나는 관객뿐 아니라 남녀 주연들이 신비감을 느끼도록, 친숙하지 않은 연기자들을 이런 조역에 선택했습니다."

〈살인〉에서 가장 좋은 사례는 에즈메 퍼시였다. 브뤼셀의 예술학교에서, 그리고 파리에서는 사라 베르나르 밑에서 연기를 배운 그는 조지 버나드 쇼의 작품에 출연한 배우였다. 그의 영화 데뷔작 〈살인〉에서 퍼시는 자신의 혼혈 혈통을 수치스러워하는 복장도착자 헨델 페인의 캐릭터에 신랄함과 동정이 느껴지는 성격을 모두 불어넣었다. 히치콕이 처음으로 스케치한 이 캐릭터는 훗날 〈사이코〉에서 노먼 베이츠로 구현됐다.

마침내 3월에 카메라 앞에 선 영화는 분열된 성격을 드러냈다. 〈*Sir John greift ein!*〉(잠정적인 독일 제목)의 독일 출연진은 영국 배우들이 〈살인〉의 역할을 연기하는 것을 마치면, 곧장 뛰어나가서 자신들의 역할을 연기할 태세를 갖추고는 촬영장 옆에서 기다리고 있었다. 독일의 존 경은 프리츠 랑의 〈메트로폴리스〉에서 주연을 맡았던 알프레드 아벨이었다. 모스크바 예술무대의 베테랑으로 F. W. 무르나우의 〈보겔러드 성〉에 출연했던 올가 체초바가 노라 베어링의 복사본이었다. 웬만큼 독일어를 할 줄 아는 영국 배우들은 단역으로 채용됐다. 영국의 주요 배우 가운데서는 마일스 맨더가 유일하게 피살자의 남편으로 양쪽 버전 모두에 출연했다.

찰스 랜드스톤은 독일어를 할 줄 아는 영국인 중 한 명으로 〈*Sir*

John greift ein!〉에 출연했는데, 아츠 시어터 클럽에서 공연한 독일어 연극에 단역으로 출연했다 캐스팅된 런던의 극장운영자이자 극작가였다. 스튜디오의 캐스팅부서에서는 그의 에이전트에게 전화를 해서 그가 바이링구얼로 부업을 할 의향이 있는지를 물었다. 확신을 갖지 못한 —그는 전업배우가 아니었다— 랜드스톤은 엘스트리로 향했고, 독일어 문장 몇 개를 말해본 후에 배심원의 일원으로 출연하게 됐다. 랜드스톤의 회고록은 촬영과정, 그리고 촬영장을 통치하는 젊은 히치콕의 모습을 관찰할 기회를 제공한다.

랜드스톤은 배심원 장면은 "진지한 논의로 가득했다"고 썼다. "배심원 각자는 —살인 혐의로 재판을 받고 있는 노라 베어링에 대한— 견해를 내놔야 했다. 히치콕은 배심원 각자의 단독 화면을 촬영하는 것으로 그들에게 개성을 심어주겠다는 아이디어를 가지고 있었다. 내가 맡은 역할의 영국 배우는 케네스 코브로, 당시 꽤 잘 알려진 배우이자 유명한 알드위치 소극(笑劇) 팀의 단원이었다. 나는 그를 모방하면 성공할지도 모른다는 생각에서 그가 촬영장에서 하는 행동을 조심스레 지켜봤다. 내 차례가 됐을 때, 나는 그가 했던 연기를 모조리 따라했다. 다른 몇 사람이 해고됐는데도, 나는 해고되지 않았다. 히치콕이 나를 보고 알겠다는 듯한 미소를 짓는 것을 봤다. 그는 속아 넘어가지는 않았지만, 신경을 쓰지도 않았다. 배심원 장면이 촬영된 12일 동안 나는 코브가 하는 짓을 모조리 흉내내면서 똑같은 과정을 거쳤다. 아무도 모르는 것 같았다. 심지어 코브조차도."

히치콕이 촬영장에서 때때로 하는 행동은 랜드스톤에게는 미친 짓으로 보였다. 그는 감독이 숏과 숏 사이마다 끊임없이 '장난을 쳤고', 기회가 있을 때마다 두 가지 언어가 사용되는 상황을 웃음거리로 활용했다고 기억했다. "딱따기를 치는 해럴드라는 스태프가 있었는데, 히치콕은 그를 어릿광대로 캐스팅했다. 그는 '해러-얼드!'라고 고함을 쳤다. 해럴드가 호통에 따라 충실하게 그에게 다가오면, 바보 같은 심부름을 계속 시켰다. 그는 '해러-얼드'에게 그가 들려주는 독일어 문장을 암기하게 만들고는 노라 베어링의 역할을 맡은 젊은 독일 여배우에게 가서 암송해주라고 시켰다. 정확한 문장은 잊어버렸지만 오늘날의 시나리오에서도 간신히 허용할 만한 표현으로, 1930년대에는 모욕적인 언사였다. '해러-얼드'는 충실하게 그것을 암송했다. 아가씨는 깜짝 놀랐고, '해러-얼드'는 말을 더듬었다. '감독님이 저한테 말하라고 시켰어요.' 여배우는 머리가 떨어져나가라 웃고 있는 히치콕을 보고는 경고의 뜻으로 그에게 손가락질을 했다."

그러나 히치콕의 미친 짓에도 나름의 논리가 있다는 것을 랜드스톤은 깨달았다. 감독은 자신의 유머감각에 공감하지 않는 꽉 막힌 알프레드 아벨을 싫어하는 것이 분명했다. 예를 들어, 아벨은 그가 생각하는 체통 있는 차림과는 어울리지 않는다는 이유에서 영국 스타 허버트 마셜이 입는 것과 꼭 같은 트위드 레인코트를 입는 것을 거부했다. 게다가 그는 침대에 누워 차를 홀짝거리면서 긴장을 풀려고 노력하는 존 경의 몸 위를 집주인의 아이들이 기어오르는 장면에서 히치콕이 내리는 지시에 따르는 것도 거부했다. 이 장면은 〈살인〉의 막간을 즐겁게 해주는 인상적인 장면(히치콕은 이 장면에서 아기를 내내 울리면서 오버래핑 사운드를 실험했다)이었지만, 아벨과 〈*Sir John greift ein!*〉을 위해 새롭게 연출했다. 히치콕은 훗날 이렇게 밝혔다. "영국인 생각에는 재미있는 일이 독일인에게는 전혀 재미가 없었습니다."

아벨이 마셜을 위한 전용 안락의자를 못마땅해하면서 마침내 히치콕의 조준경 안에 들어섰다. 독일인 주연에게는 그런 특권이 전혀 제공되지 않았다. 랜드스톤은 다음과 같이 썼다. "히치콕은 마셜이 1914~1918년에 전상을 입어서 의족을 하고 있다고 설명하려는 수고조차 하지 않고, 독일 배우가 숏과 숏 사이에 휴식을 취할 수 있게 안락의자가 마련될 것이라고 간단하게 대꾸했다. 그는 해러-얼드에게 지시를 내렸고, 점심이 지난 후 마셜의 안락의자보다 훨씬 값나가게 보이는 멋들어진 안락의자가 촬영장 옆에 등장했다. 의자에는 아벨의 이름이 붙어 있었고, 아벨은 히치콕에게 너무나 감사해했다. 그런데 감독의 개구쟁이 같은 웃음을 감지한 독일인은 의자에 다가가서 손가락으로 조심스럽게 의자를 만졌다. 그러자 의자가 땅바닥으로 철퍽 무너져내렸다. 히치콕의 웃음소리가 스튜디오를 가득 채웠다."

이중 촬영은 5월까지 지루하게 계속됐고, 이중 편집은 여름의 대부분을 잡아먹었다. 나중에 히치콕은 이 프로젝트는 자신이 도를 넘어서면서 실패하게 됐음을 인정했다. "나는 독일어를 할 줄은 알았지만, 독일어의 리듬에 대해서는 몰랐습니다. 게다가 나는 촬영장에서 어찌해야 할지를 몰랐습니다. 배우들이 하는 말은 나에게는 일상적인 말처럼 들렸지만, 사실 나는 그들이 말하고 있는 내용을 이해할 수 없었습니다."

그는 바이링구얼 영화를 실험하면서 보기 드물게 즉흥연기를 하라고 배우들을 부추기기도 했다. "나는 그 장면의 의미를 배우들에게 설명하고는 그들에게 자신들의 대사를 만들어내라고 제안했습니다. 결과는 좋지 않았지요. 더듬거리는 모습이 너무 많이 나왔거든요."

결국 영화는 복합적인 운명에 시달렸다. 〈*Sir John greift ein!*〉이라는 독일어 구어체 제목은 의미를 제대로 전달하지 못했다. 심지어는 기소된 살인자의 이름도 다이애나에서 메리로 바꿔야만 했는데, 결국에는 이 이름이 영화의 독일어 제목이 됐다. 페인의 살인 동기의 비밀도 너무 영국적이었기 때문에, 바이링구얼에서 페인은 '혼혈' 혈통 때문이 아니라 도망 중인 탈옥수라는 사실을 감추기 위해서 살인을 했다. 바뀐 부분이 너무나 많은 탓에 바이링구얼은 히치콕의 영화라는 사실을 알아보기가 힘들 지경이었다. 결국 〈메리〉는 독일의 제한된 극장에서만 개봉되고 말았다.

〈살인〉은 1930년 가을에 런던에서 상영됐을 때는 더 나은 반응을 얻었다.(히치콕은 트뤼포에게 "지방에서 상영하기에는 너무 도시적"인 영화였다고 밝혔다.) 런던 평론가들은 강렬하고 재미있는 개선된 토키라며 히치콕의 신작을 환영했다. 〈블랙메일〉에 대부분의 뿌리를 두고 있는 감독의 카메라는 자유롭게 움직이면서 미치광이처럼 돌진하며 요동을 쳤다. 청각적 실험도 끊이지를 않아서, 배우들의 대사는 서로 겹치고 독백이 있으며 배경에서는 꾸준히 소음이 들리고 음악은 시종일관 울려퍼졌다.

요즘 〈살인〉은 '연극무대를 담은 또 다른 영화'[12]라는 불공평한 평판을 듣는다. 물론 이 작품은 부분적으로는 시대에 뒤떨어지고 과장된 면이 있다. 위압감을 느낀 마크햄 부부가 존 경의 카펫 위를 초현실적으로 걸어다닐 때처럼, 히치콕의 실험은 이따금 너무 눈에 띈다. 그러나 이 영화는 히치콕의 작품세계의 핵심적인 두 아이디어를 특징으로 하는, 스타일과 지적인 분위기를 갖춘 영화이기도 하다. 첫 아이디어는 재판이라는 제도를 항상 신뢰할 수만은 없다는 것이다. 그의 또 다른 모습이라 할 —마지막까지 타협을 거부하는 배심원— 존 경처럼, 히치콕은 그토록 아름다운 여인이 살인범이 될 수 있다는 아이디어에 결코 찬성할 수 없었다.

클레멘스 데인-헬렌 심슨의 이야기에 감독이 첨가한 종결부는 두 번째 견해를 강조한다. 히치콕의 훌륭한 클라이맥스에는 〈나는 비밀을 안다〉의 결말에서 부르는 도리스 데이의 노래처럼 '짜릿한 저녁을 향한 편안한 종결부'가 종종 뒤따른다. 존 경과 다이애나는 서로를 위로하는 대화에 빠져든다. 카메라가 뒤로 빠지면 무대의 아치가 드러나고, 관객은 연극의 마지막 부분을 관람하고 있다. 배우들이 자신들의 대사를 연기하고 나면, 연기—그리고 영화—는 끝이 난다.

또 다른 중국식상자, 쇼 비즈니스를 향한 또 다른 찬가, 관음증에 대한 또 다른 논평. 이것들이 히치콕의 소중한 아이디어 세트다. 그는 영화경력 내내 인터뷰와 영화를 통해 이것을 말하고 또 말했다. 흉내낸 세계는 진짜 세계와는 별개의 세계다. 연극과 영화는 현실에서 도피할 수 있는 공간을 제공한다. 그리고 때때로 최고의 연극과 영화는 그 현실을 통찰력 넘치게 비평한다.

짧은 8월 휴가를 다녀온 후, 히치콕은 다시 일에 복귀하면서 존 골즈워디의 〈스킨게임〉의 영화화를 준비했다. 스튜디오는 히치콕의 오리지

12 〈살인〉은 종종 연극에 기초한 영화로 언급된다. 그러나 찰스 바가 『영국의 히치콕』에서 지적했듯, 이 작품은 무대를 위해 집필되기는 했지만 무대에 올려진 적은 한 번도 없었다.

널보다는 연극을 선호했으나, 정말로 골즈워디를 좋아한 히치콕은 그의 소설을 하나도 빼놓지 않고 읽었고, 그의 연극도 결코 놓치지 않았다. 그는 골즈워디를 버컨 만큼이나 자신에게 영향을 준 인물이라고 말하곤 했다. 골즈워디가 1926년에 발표한 드라마로 자신의 무죄를 주장하는 탈옥수를 그린 〈탈출〉은 사실상 히치콕의 롱맨 영화의 원판이었다. 그는 〈스킨게임〉의 1920년 오리지널 공연을 봤고, 리바이벌도 관람했으며, 1920년에 네덜란드에서 만든 영국-네덜란드 버전 무성영화 〈Hard tegen hard〉 또한 감상했다.

숀 오케이시처럼 골즈워디는 근본적으로 영화를 부가적 수익원으로 간주하면서, 영화매체의 '속임수의 위력'을 그리 대단치 않게 생각했다. 영화를 호의적으로 봤을 때도 그는 토키를 '망가진 무성영화'라고 비웃으면서 무성영화를 더 선호했다.

히치콕과 골즈워디는 1930년 9월에 햄스테드에 있는 그로브로지에서, 나중에는 서식스에 있는 베리하우스라는 극작가의 웅장한 대저택에서 만나 공통분모를 도출해내려고 시도했다. 두 사람의 중개인 구실을 한 사람은 레온 M. 라이언으로, 연극무대를 호흡하며 살았던 마지막 배우-흥행업자 중 한 사람이었다. 골즈워디는 자신의 희곡 몇 편에 출연하기도 하고 제작하기도 했던 라이언을 좋아하고 존경했지만, 히치콕은 귀찮은 존재로 여겼다.

히치콕은 베리하우스를 찾았던 어느 인상적인 방문 덕에 '내가 참석했던 중에 가장 교양 있는 만찬 테이블'에 앉게 됐다고 회상했다. 골즈워디가 기사도정신을 가진 영주 역할을 하며 주최한 이 만찬에서, 골즈워디는 매번 새로운 화젯거리를 내놓았다. "우리, 단어에 대해 얘기해봅시다." 골즈워디는 이번에는 이런 주제를 던졌다. "단어와 그 단어가 가진 뜻에 대해, 그리고 단어와 그 단어의 발음 사이의 관계에 대해서 말이오."

"한 손님은 '연약한(fragile)'이 서술적인 단어라는 의견을 내놨습니다." 히치콕의 기억이 이어진다. "다른 손님은 '연약한'이라는 프랑스어는 발음이 더욱 미묘하다며 의견을 발전시켰고, 세 번째 손님은 '황혼의(crepuscular)'라는 단어에는 '어스름의 뉘앙스가 가득하다'고 강조했습니다. 손님들이 단어에 대한 음향감각을 가지고 있다는 것을 느낀 나는 경탄하며 앉아 있었습니다."

오케이시처럼 골즈워디도 '내가 쓰고 인정한 대사를 제외한 대사를 사용하는 것을 금지하고, 작품의 완결성을 손상시키는 것을 막는' 계약을 BIP와 맺었다. 히치콕은 〈주노와 공작〉보다는 〈스킨게임〉이 더 불편했다. 시각적으로 풍성하게 영화를 열려는 작업을 하기는 했지만, 그는 연극에 아주 충실했으며, 대부분의 장면을 사운드트랙이 흐르는 가운데 ("당시에는 사운드를 편집할 수가 없었다") 여러 대의 카메라를 써서 촬영했다.

골즈워디는 캐스팅에 강한 관심을 보였다. 계약상 그는 이 문제에 대해서는 발언권이 없었지만, 히치콕에게 자신이 선호하는 배우들의 명단을 보여주기도 했다. 그렇지만 결국 주연으로 선택된 배우들에게 극작가는 만족했을 것이다. 에드먼드 그웬은 오리지널 연극에 혼블로워로 출연한 적이 있었다. 사업가인 신흥부호 혼블로워는 술수를 써서 귀족적인 집안과 벼락부자 집안이 땅을 놓고 다툼을 벌이게 만든다. 무성영화에서도 혼블로워를 연기했던 그웬은 히치콕을 위해 그의 유명한 역할을 반복할 것이다. 영국-네덜란드 무성영화에 출연했던 또 다른 오리지널 출연자 헬렌 헤이는 속물인 힐크리스트 여사 역할로 돌아왔다.

나머지 출연진에는 히치콕의 영화에 자주 출연했던 배우들과 스튜디오 전속배우들이 섞여 있었다. 존 롱든은 혼블로워의 아들 찰스를 연기했고, 필리스 콘스탐은 귀족가문인 힐크리스트 집안에 의해 천박했던 과거를 이용당하는 그의 아내 클로에를 연기했다. 에드워드 채프먼은 힐크리스트 집안의 고문인 도커로 캐스팅됐다. C. V. 프랑스가 힐크리스트를 연기했고, (당시 로렌스 올리비에의 아내였던) 질 에스먼드는 힐크리스트의 인정 많은 딸 질을 연기했다. 프랭크 로턴은 질에게 홀딱 반했지만 집안간의 반목으로 우울해하는 롤프 혼블로워를 맡았다.

1930년 11월과 12월에 있었던 촬영의 대부분은 BIP 스튜디오에서 진행됐다. 대사의 비중이 높은 시나리오는 감독의 재능보다는 연기자의 재능을 보여주는 전시장이었지만, 히치콕은 그가 들었던 명성보다도 훨씬 더 배우들을 잘 다뤘다. 그는 훗날 "사실 배우들은 가축이 아니다"라는 제목의 1940년대의 홍보자료[13]에서 설명했던 배우들에 대한 강한 철학을 개발하는 데 시간이 좀 걸렸다고 인정했다.

그는 그 글에서 한때는 그가 배우들을 얕잡아봤을지도 모르지만, "나는 배우들에게서 나오는 반응을 점점 더 값진 것으로 평가하게 됐고, 그런 반응을 추구했으며, 그것을 염두에 두고 캐스팅을 하고, 그것을 키워냈다"고 썼다.

"할리우드에서 벌어지는 논쟁 중에서 가장 멍청한 것은, 배우는 감독의 '천재성'을 역할에 집어넣는 순전히 꼭두각시에 불과하다는 믿음을 주장하는 무리와, 연기자를 자기 마음대로 어슬렁거리고 자유롭게 돌아다니면서 영감을 구체화시키는 존재로 보고 '자연스러운 연기'를 주장하는 어리석은 무리 사이에서 벌어지는 논쟁이다."

그는 영화를 '고민하고 스케치하고 준비하면서' 보내는 모든 시간은 '효과적인 영화적 틀을 만들기 위한 시도, 그 틀 안에 지독히도 어려운 임무를 부여받은 연기자들을 돕게 될 인위적인 보조 장치들—세트, 조명, 타이밍, 카메라 앵글, 의상, 헤어스타일—을 모조리 뒤집어씌우기 위한' 시도의 일부라고 주장했다.

그는 배우들 가운데 '지독히도 미운 배우들'이 있다는 사실을 인정했다. "촬영하는 도중에 의상, 헤어스타일, 카메라 앵글을 고민하는 여배우들. 전문가들은 그녀를 위해 그것들을 고민하고 있는데." "감독의 연기 지시를 예의바르고 주의 깊게 듣고는 해당 장면의 연기를 자기 방식대로 해버리는 배우들." "감정은 모조리 내다버리고는 카메라 앞에서 서투른 연기를 목소리가 갈라질 때까지 해대는 여배우들." "카메라 앞에 서면 모든 감정이 증발돼버리는 배우들." "온종일 어설픈 연기만 보여주다가, 제대로 된 연기가 나올 때쯤에 장면의 분위기는 어떻게 되

13 다른 사람이 집필한 자료이기는 했지만, 히치콕의 발언을 '녹취'했기 때문에 히치콕 본인의 견해로 볼 수 있다.

건 상관없이 6시 정각에 퇴근하는 권리를 행사하는 배우들.”

그는 배우들을 다루는 전략적 무기들을 열거하고, 위대한 감독은 누구든 ‘완벽한 캐스팅’을 최선의 방어전선으로 꼽을 것이라고 고백했다. 시간과 공간이 적절한 경우에는 여배우—‘특히 젊고 예쁜 여배우’—에게 ‘이 늙어빠진 쌍년’이라고 소리를 질러대는 것도 좋은 방법이었다.(히치콕은 여배우가 이런 모욕이 ‘온화한 심성에서 비롯된 가짜’라는 것을 일단 깨닫고 나면 이 방법은 가치가 떨어질 것이라고 인정했다.) 아무 방법도 효과가 없다면, 물론 그 배우를 그저 미워할 수밖에 없다.

그러나 히치콕은 에드먼드 그웬을 좋아했고, 그웬을 그의 작품에 계속해서 캐스팅했다. 나중에 괴짜 노인 역할의 전문가로 알려진 그웬은 사회적으로 부당한 취급을 당하는 남자로 출연한 〈스킨게임〉에서 굉장히 인상적인 연기를 펼쳤으며, 그를 돕는 앙상블도 마찬가지로 뛰어난 연기를 보여줬다.

〈스킨게임〉은 여러 가지 차원에서 놀라운 영화다. 오늘날에 보면, 〈스킨게임〉은 〈주노와 공작〉보다 더욱 다면적이고 매력적이고 응집력 있으며, 궁극적으로는 더욱 개인적인 히치콕 영화처럼 보인다. 히치콕은 숀 오케이시의 아일랜드적인 문제들보다 영국의 계급적 위선을 다루는 것이 더욱 편안했던 것 같다. 영화가 끝날 즈음 낙담한 클로에는 자살하고, 힐크리스트는 “이 싸움을 시작했을 때 우리 손은 깨끗했소. 우리 손은 지금도 깨끗하오? 뜨거운 불길을 이겨낼 수 없다면 상류층이라는 것이 무슨 소용이 있겠소?”라는 말로 아내에게 창피를 준다. 막이 내리기 전에 등장하는 골즈워디의 유명한 대사는 감독 자신의 열렬한 호소가 됐다.

각색에 융통성을 발휘할 수는 없었지만, 감독은 시각적으로 관객을 자극할 기회를 포착했다. 양쪽 집안의 대리인이 두 집안이 탐내는 땅의 낙찰가를 불러대는 시골 경매장은 오리지널 희곡에 있었으나, 영화의 시퀀스는 히치콕 특유의 농담으로 시작된다. 경매인은 웅얼거리는 목소리로 부동산을 칭찬하는데, 그 소리가 너무나 변변치 않아서 아무도 그의 말을 알아듣지 못한다. 그런데 경매가 시작되자 카메라는 군중 가운데에서 돌진하고 팬하고 편집해 나가면서 미친 듯한 경매의 메아리가 된다. 결과는 완벽하지 않았지만, 히치콕은 경매장면을 좋아해서 〈39계단〉, 〈파괴공작원〉, 〈북북서로 진로를 돌려라〉에서 경매 아이디어를 다듬었다.

〈스킨게임〉을 끝내기도 전인 1931년 1월에, 히치콕은 희곡이라는 구속복에서 벗어나고 싶은 생각이 간절했다. 그는 더욱 야심차고 더욱 히치콕다운 차기작을 원했으며, 스튜디오에서 벗어나 카메라를 먼 곳의 로케이션으로 가져가고 싶었다.

스튜디오를 벗어난다는 것은, 우선 월터 마이크로프트와 존 맥스웰을 피할 수 있는 집에서 더 많은 시간을 보낸다는 것을 의미했다. 그는 스튜디오에서 정해진 시간을 보냈지만, 몰래 집으로 빠져나가기도 했다. 집에서는 작업을 하다가 자유롭게 낮잠을 자고 파티를 하고 산책을 나갈 수 있었다. 집은 히치콕의 오리지널이 자라나는 곳이었다. 차기작 〈리치 앤 스트레인지〉는 〈샴페인〉 이후 그가 처음 작업하는 전적으로 독창적인 프로젝트가 될 것이다.

1930년 연말과 1931년 연초에 크롬웰로드에서 많은 시간을 보낸 사람은 오스트레일리아 출신 소설가이자 여행작가인 데일 콜린스였다. 새로 결성된 히치콕 3인조는 바다에서 펼쳐지는 로맨스와 불상사를 다룬 불한당 이야기를 천천히 만들어냈다.

〈리치 앤 스트레인지〉는 공식적으로는 콜린스가 내놓은 '테마에 기초한' 영화였다. 콜린스의 책들은 여행길에서 파괴적인 폭풍, 난파, 해적 등과 마주치는 여행자들이 등장하는 장거리 항해를 다뤘다. 콜린스의 대중적인 소설 『시련』은 연극과 영화로 극화됐고, 『항구』 역시 영화로 만들어졌다. 항해와 책 집필 사이에 취미 삼아 시나리오를 쓴 콜린스는 런던에 거주하는 동안 히치콕 부부의 친구가 됐다.(그는 감독이 친 장난의 특히 마음씨 고운 희생자였다.)

그 자신도 —공상 속에서나 실제로나— 항해에 열광적이었던 히치콕은 콜린스의 이야기에 열중했다. 꽤 많은 돈을 상속받은 런던의 젊은 부부가 멀리 있는 곳을 향한 방랑벽에 충실하면서 여행길에서 극적인 운명의 반전을 경험한다는 이야기였다. 〈리치 앤 스트레인지〉는 먼저 콜린스에 의해 기다란 트리트먼트로 발전했다. 그는 1930년에 이 트리트먼트를 소설로 탈바꿈시켰는데, 책은 영화가 개봉할 무렵에 출판됐다. 트리트먼트가 나온 후, 유머작가이자 작사가이며 재주 많은 작가인 발 발렌타인이 콜린스의 자리를 차지하면서 히치콕 부부와 함께 이야기를 시나리오 형태로 발전시켰다.

히치콕 부부가 1931년 연초에 〈스킨게임〉의 긴장을 풀려고 떠난 겨울철 크루즈에는 콜린스가 동행했을 가능성이 대단히 크다. 감독은 작가들을 식구로 삼아서 브레인스토밍하기에 더 좋은, 일하는 휴가에 데려가는 것을 좋아했다. 히치콕 부부는 4살짜리 팻을 데리고 서아프리카 해안을 따라 내려가다가, 대서양을 가로질러 가까운 서인도제도의 섬들로 향했다. 영국으로 돌아오는 길에 감비아의 배서스트에 들렀는데, 그곳에서 사제로 활동하기도 하는 안내자는 그들을 정글에 있는 선교원으로 데려갔다. 히치콕은 그 여행이 그가 '모두 점잖은 크루즈 멤버들이 비좁은 배에서 갇혀 지낸 후 얼마나 빠르게 서로를 싫어하게 되는지를 더욱 생생하게 이해하는' 데 도움을 줬다고 존 러셀 테일러에게 밝혔다.(영화에 실제로 등장하지는 않았지만, 인상적인 의견이다.)

히치콕 부부는 파리 여행도 떠났는데, 파리에서 그들은 하찮은 핑계를 대며 이리저리 서성대는 것을 즐겼다. 신작에 파리의 야경을 등장시킬 계획을 짜고 있던 감독은 새로운 조사활동을 열심히 벌였다. 폴리베르제르[14]에 간 그는 진짜 배꼽춤을 보려면 어디로 가야 하는지를 알아봤다. 그는 '여주인공이 바라보고 있는 배꼽이 돌고 돌다가 마침내는 나선형의 회전운동으로 디졸브되는 것'을 보여주려는 아이디어를 가지고 있었다고 프랑수아 트뤼포에게 말했다.("〈현기증〉의 메인 타이틀처럼요?" 하고 트뤼포가 묻자, 히치콕은 "맞아요, 그거예요"라고 대답했다.)

택시를 탄 부부는 어두운 거리에 있는 낯선 곳에 도착했는데, 히

14 파리의 뮤직홀. — 옮긴이

치콕에 따르면 건물 안에 들어서서야 자신들이 매음굴에 도착했다는 것을 깨달았다. "우리 처지는 영화 속 부부의 처지와 비슷했습니다." 히치콕은 훗날 BBC와 가진 인터뷰에서 밝혔다. "우리는 천진난만한 두 외국인이었습니다." 모든 이에게 샴페인을 한 잔씩 대접한 후, 방으로 모셔진 그들은 '두 여자가 섹스를 하는 광경'을 봤다. 이후 히치콕 부부는 도망치듯 그곳을 빠져나왔다. 〈리치 앤 스트레인지〉는 이 일화를 유순하게 만든 버전을 등장시키는데, 여행을 시작한 젊은 부부는 파리의 퇴폐성에 깜짝 놀란다.

이런 개인적 모험 덕에 활력을 찾은 히치콕의 시나리오 작업은 잘 진행됐지만, 스튜디오를 만족시키기에 충분할 정도는 아니었다. 그래서 히치콕은 봄에 최소한의 스태프로 구성된 보조촬영진을 파견하면서, 몇 명의 배우와 대역배우들과 함께 마르세유에서 홍해와 인도양으로 항해를 하면서 지역의 풍광을 촬영하라는 지시를 내렸다. 보조촬영진의 작업은 BIP를 안심시키려는 의도가 컸다. 4월이 됐는데도 감독은 주요 촬영을 시작할 준비가 되어 있지 않았고, 이전에 한 모든 작업의 출발점 노릇을 했던 시나리오는 여전히 만족스럽지 않았다.

맥스웰과 마이크로프트는 히치콕이 일을 지체시키고 있다고 확신했다. 스튜디오는 토키 혁명으로 무력해졌는데, 히치콕은 스튜디오에서 가장 많은 급여를 받는 감독이었다. 시나리오가 '거의 완성단계'에 있다고 영화업계지가 보도했음에도 불구하고, 최신 시나리오를 검토한 마이크로프트는 장면을 손질하고 삭제하라고 요구했다. 히치콕은 양보했다. 〈리치 앤 스트레인지〉는 카메라가 돌기도 전에 공격을 당하고 있었다.

5월에 캐스팅이 완료됐다. 〈블랙메일〉에서 애니 온드라의 '목소리 대역'을 맡았던 조앤 배리가 그 일에 대한 보답으로 젊은 아내 역할을 받았다. 그녀는 막 개봉한 해리 래크먼의 〈아웃사이더〉로 호평을 받고 있었는데, 그 영화의 시나리오작가 중 한 사람이 바로 히치콕 여사였다. 중량감은 덜하지만 매력적인 배우로 간주되는 웨스트엔드의 주연배우 헨리 켄달이 그녀의 남편을 연기할 배우로 선정됐다. 전형적인 영국신사로 자주 캐스팅되는 베테랑 퍼시 마몬트는 항해 도중에 배리에게 구애하는 승객 역할로 그가 출연한 히치콕 영화 3편 중의 첫 역할을 따냈고, 베티 에이먼은 켄달을 유혹하는 가짜 공주로 캐스팅됐다. 뮤직홀 엔터테이너 엘지 랜돌프가 배에 탄 참견꾼으로 캐스팅되면서, 주요 출연진의 선정이 완료됐다. 6월에 히치콕은 6개월에 걸친 시나리오 집필과 기획을 끝마쳤다.

히치콕은 이전 작품으로도 추격과 모험에 재능이 있음을 이미 보여줬지만, 〈리치 앤 스트레인지〉는 〈39계단〉과 〈북북서로 진로를 돌려라〉의 진정한 시조였다.

영화의 제목은 〈템페스트〉에 나오는 "그 무엇도 그를 시들게 할 수 없네. / 그러나 조수의 변화에 시달리면 / 뭔가 풍성하고 색다른(rich and strange) 것으로 변하네"라는 문장에서 따왔다. 교외에서 지루한 생활을 하던 에밀리와 프레드 부부가 상속받은 재산을 펑펑 써가며 세계여행에 나선다는 이야기였다. 우선 파리로 향한 그들은 마르세유에서 호화스러운 여객선에 오르지만, 얼마 안 있어 프레드는 뱃멀미를 한다. 에밀리는 고든 사령관과 플라토닉한 관계에 빠지고, 건강을 되찾은 프레드는 공주에게 홀딱 반한다.

그들이 탄 배는 지중해를 통해 이집트의 포트사이드로, 수에즈운하를 통해 스리랑카의 최대항구 콜롬보로 향한다. 각자의 연애행각이 주는 긴장감 아래, 프레드와 에밀리의 결혼생활은 망가지기 시작하지만, 두 사람은 싱가포르에서 정신을 차린다. 에밀리는 고든 사령관을 단념하고, 자신이 반한 여자가 공주가 아니라 베를린의 상점주인의 딸이며, 그녀가 그들이 가진 돈을 몽땅 가지고 도망쳤다는 것을 알게 된 프레드에게 돌아간다.

빈털터리가 된 부부는 집으로 돌아가기 위해 증기선을 타는데, 어느 날 밤 배가 폭발하면서 부서진다.(히치콕 영화에 처음 등장한 해상 재난이다.) 객실에 갇혀 배가 침몰한다는 공포에 빠져 서로를 꽉 부둥켜안은 채로 잠이 든 그들은 아침에 눈을 떠서 자신들이 여전히 살아 있다는 것을, 그리고 뒤집힌 배가 표류하고 있다는 것을 알게 된다. 그들을 구조한 중국 해적들은 그들을 난폭하게 다루다가는 마침내 항구에 떨어뜨리는데, 부부는 이 항구에서 런던으로 돌아온다. 런던에서 안도의 한숨을 쉰 그들은 안락한 생활을 되찾는다.

처음에 히치콕은 출연진과 스태프를 이끌고 가까운 항구로 촬영을 떠나거나, 최소한 파리에서 하이라이트 몇 장면만이라도 촬영할 수 있기를 바랐다. 〈샴페인〉 이후로는 영국 외부에서 촬영을 한 적이 없던 그는 그림으로 그린 풍경과 쉬프탄 스타일의 합성화면이 지겨웠지만, 그것은 오산이었다. 월터 마이크로프트는 여행경비를 승인하지 않았을 뿐 아니라, 프리프로덕션 기간 내내 히치콕이 계획한 규모를 야금야금 깎아버렸다.

결국 예산은 런더너들이 휴가를 가는 에식스에 있는 염가 리조트 클랙튼-온-시에서 하루 로케이션할 비용밖에 책정되지 않았다. "수에즈에서 수영을 하는 장면이었습니다." 주인공을 연기한 헨리 켄달의 회상이다. 문제의 수영 장면은 '지독히도 추운' 아침에 촬영됐다고 배우는 기억한다. "나는 수영복을 입고는 발발 떨었는데, 너무 추워서 몸이 새파래졌습니다. 그렇게 얻은 장면은 홍해에서 즐겁게 물장구치는 장면과는 너무나 거리가 멀었기 때문에 영화에서 잘려나갔습니다."

켄달은 1931년 여름에 수수께끼 같은 병을 앓고 있었는데, 이로 인해 촬영도 고초를 겪었다. '패혈증'과 비슷한 그의 병은 언론에 보도될 정도로 심각해서, 수술을 몇 차례 받고 요양센터에서 장시간의 회복기를 가져야 했다.(자서전에서 켄달은 병명을 '등창'이라고 밝혔다.) 거의 2달 동안, 히치콕은 남자주인공이 등장하지 않는 모든 장면을 촬영했다. 켄달이 돌아올 무렵, 배리와 마몬트는 영화 출연 전에 맺은 계약 때문에 촬영장을 떠났고, 히치콕은 켄달 혼자만 놓고 마지막 테이크를 촬영해야 했다. 촬영은 결국 8월 말에 끝이 났다.

히치콕이 이 오리지널 이야기를 짜내고 촬영하는 데 걸린 기간은 9개월로, BIP로서는 기존의 연극을 각색하는 쪽을 선호하기에 충분한 긴 기간이었다. 히치콕은 보조촬영진이 촬영한 분량을 가급적 많이 영화에 채워넣을 방법을 궁리하고 있었기 때문에, 후반작업도 역시 지루하게 계속됐다. 결국 〈리치 앤 스트레인지〉는 1931년 12월에 개봉됐는데, 평론가들의 반응은 한 단어로 요약할 수 있었다. "재미있다." 훗날—자신에게 가장 가혹한 평론가였던— 히치콕은 이 영화가 그토록 재미있는지 확신이 서지 않았다고 밝혔다.

이 영화에는 간간이 매력적인 장면이 등장하지만, 그런 장면이 영화의 근본적인 단점을 능가하지는 못했다. 히치콕은 나중에 스타들 사이의 화학작용이 정말 시원치 않았다고 투덜댔다. 조앤 배리는 활달했지만, 켄달은 멋이 없었다. 나중에 감독은 켄달을 여자에게는 성적으로 흥분하지 못하는 '너무나 확연한 동성애자'(존 러셀 테일러가 쓴 표현이다)라면서 무자비하게 비난했다.

호기심을 자아내는 몇 장면은 잘려나갔다. 히치콕은 프랑수아 트뤼포에게 물탱크에서 찍은 시퀀스에 대해 들려줬다. 헨리 켄달이 조앤 배리와 수영을 하고 있었는데, 그녀는 다리를 크게 벌리고 서서 남편에게 자기 다리 사이로 헤엄쳐보라고 부추긴다. 잠수한 그가 "그녀의 다리 사이를 지나는 순간, 그녀가 갑자기 두 다리로 그의 머리를 조릅니다. 그의 입에서 거품이 솟아나는 모습이 보이죠. 결국 그녀는 그를 놓아주는데, 물 위로 나온 그는 숨을 헐떡거리면서 소리를 칩니다. '당신 좀 전에 나를 죽일 뻔했어.' 그러면 그녀가 대답합니다. '아름다운 죽음이 아닐까요'"

이 장면은 러닝타임이나 검열 때문에 삭제됐을 것이다. 히치콕은 피터 보그다노비치에게 영화의 끝부분에 있던 '재미있는 시퀀스'에 대해 말했다. "그들이 타고 가던 화물선이 남중국해에서 좌초돼 표류합니다. 중국식 정크선에 탄 도적들이 그들을 구하죠. 그러고는 모든 상황이 종료된 후, 그들은 라운지에서 나를 만납니다. 이것은 내가 출연한 영화 중에서 가장 훌륭한 모습이었어요. 그들은 자신들의 사연을 내게 말하고, 나는 '안 되겠군요. 그 이야기를 영화로 만들 수는 없을 것 같습니다'라고 말합니다. 그런데 그 장면은 영화로 만들어지지 않았죠."

히치콕이 깜짝 출연하는 이 '재미있는 시퀀스'는 데일 콜린스의 소설에 뿌리를 두고 있다. 소설의 끝부분에서 부부가 만나는 '작은 땅딸보'는 실제로는 저자인데, 이 카메오는 막판에 잘려나갔다. 〈리치 앤 스트레인지〉를 둘러싼 불가사의한 징크스의 희생자가 돼버린 감독은 자신의 얼굴을 편집실 바닥에 떨어뜨렸다.

요즘의 평론가들은 이 영화를 재평가하려는 움직임을 보여왔다. 도널드 스포토는 〈리치 앤 스트레인지〉를 매혹적으로 '암호화된 자서전'이라고 명명했고, 영국의 영화역사가 로이 아르메스는 '동료들을 향한 히치콕의 비전의 복잡성'을 강조하는 '주요 작품'이라고 찬사를 보냈다. 그러나 히치콕은 만사를 자서전적인 요소로 암호화했다. 그리고 〈리치 앤 스트레인지〉에서 터득한 교훈을 바탕으로 만들어진 훗날의 걸작영화들과 비교해보면, 이 영화는 돈에 쪼들려서 활기를 잃은 영화처럼 보인다.

월터 마이크로프트는 지시에 순종하거나, 아니면 속이거나, 또는 무시해버려야만 하는 존재였다. 히치콕은 아마도 세 가지 전략 모두를 구사했을 것이다. 전속작가 발 게스트에 따르면, 1931년경에 많은 사람이 마이크로프트를 보잘 것 없는 독재자라며 싫어했다.

하루는 제작 총책임자가 엘스트리의 화장실에 칠을 새로 하라고 지시했는데, 칠이 끝난 후 남자화장실 벽에 "마이크로프트는 지겨운 놈이다"라는 문장이 씌어 있는 것이 발견됐다. 사람들은 항상 히치콕이 범인일 거라고 의심했지만, 세월이 흐른 후 그는 자신이나 동료들이 한 짓이 아니라고 게스트에게 맹세했다.(히치콕은 "우리가 그 문장의 내용에 동의하지 않는 것은 아니다"라고 덧붙였다.)

〈리치 앤 스트레인지〉를 편집하는 동안, 마이크로프트는 히치콕에게 신작 프로젝트에 착수하라고 지시했다. 그와 젊은 극작가 로드니 애클랜드는 웨스트엔드에서 성공을 거둔 화이트칼라의 러브스토리인 존 반 드루텐의 〈런던 성벽〉을 각색하라는 임무를 받았다. 히치콕이 소재에 분명한 관심을 보이자, 마이크로프트는 반항기 다분한 부하의 콧대를 꺾기로 결심했다. 그는 〈런던 성벽〉을 BIP의 다른 감독 토머스 벤틀리(그는 반 드루텐의 희곡을 〈업무시간 후〉라는 영화로 만들었다)에게 넘기고는, 히치콕에게는 〈17번지〉를 새로 맡겼다. BIP 전속작가(이자 훗날 〈사라진 여인〉의 공동작가가 된) 프랭크 론더는 '다른 가능성도 있다'고 밝혔다. "〈17번지〉가 마음에 든 히치가 〈업무시간 후〉를 만들고 싶다고 말해서, 마이크로프트가 그에게 〈17번지〉를 맡기도록 속였을 가능성도 있죠."

J. 제퍼슨 파전의 희곡은 최소한 표면적으로는 히치콕의 기질에 더 잘 맞는 듯 보였다. 현관에 '17번지'라는 주소가 박힌 폐가를 배경으로 한 코믹스릴러 연극에 평론가들은 일반적으로 비판을 가했지만, 이 연극은 1925년 시즌에 기적 같은 히트작이 됐다. 〈17번지〉는 몇 차례 리바이벌됐고, 관련 소설이 시리즈로 출판됐으며, 〈스킨게임〉처럼 1928년 독일에서 게자 폰 볼바리 감독이 연출한 무성영화 버전으로 만들어졌다.

빈약한 플롯은 여러 가지 엇갈린 목적을 가지고 17번지에 들어서는 불가사의한 일련의 인물들의 뒤를 쫓는다. 주인공 중 한 사람인 벤이라는 코크니는 부도덕하고 과장된 캐릭터로, 히치콕이 존 골즈워디와 작업할 때 곤란을 겪게 만든 중개인인 레온 M. 라이언이 무대에서뿐 아니라 독일 무성영화에서도 연기한 역할이었다. 히치콕에게 연극은 쓰디쓴 약이 아니었지만, 미운 털이 박힌 라이언은 그랬다. 그러나 오리지널 연극 공연의 제작자이자 스타였던 라이언은 연극과 역할을 너무나 대표하는 인물이라서 프로젝트에 밀접하게 따라다닐 수밖에 없는 존재였다. 히치콕은 라이언을 '지독한 늙은이'라고 생각했다. 그는 훗날의 인터뷰에서 이 연극에 특별한 애정은 품지 않았다고 주장했다.

반면, 히치콕에게는 레온 M. 라이언과 월터 마이크로프트를 타도한다는 것이 매력적이었을 것이다. 히치콕과 함께 〈17번지〉로 자리를 옮긴 작가 로드니 애클랜드에 따르면, 이제 히치콕은 '윗사람들 괴롭히기' 계략을 추진했다. 애클랜드는 이렇게 회상했다. 히치콕은 대중적인 파전의 연극을 일부러 "스릴의 요소를 모두 갖춘 익살극으로 탈바꿈시키는 작업을 벌였는데, 너무나 솜씨가 교묘했기 때문에 엘스트리에 있는 그 누구도 원작이 조롱당하고 있다는 사실을 깨닫지 못했습니다."

히치콕은 오리지널에 들어 있는 모든 사건과 장치를 심하게 과장할 수 있을 것이라고 생각했다. 멍청한 여주인공은 말 그대로 벙어리였다. 그리고 애클랜드는 "스릴러의 클라이맥스는 반드시 추격전(이 시대에는 일반적으로 자동차와 기차 사이의 추격전이었다)이었기 때문에, 〈17번지〉의 클라이맥스는 모든 추격전의 종지부를 찍는 추격전이 돼야만 했습니다. 디테일이 너무나 비상식적이었기 때문에, 관객이 느껴야 할 흥분은 폭소의 도가니에게 자리를 내주고 말았습니다"라고 회상했다.

크롬웰로드에 처박혀서 가진 '몹시 재미있는' 시나리오회의의 "분위기는 스튜디오에서 갖는 회의보다도 훨씬 더 활기찼다"고 애클랜드는 기억했다. 저녁 회의는 보통 히치콕이 좋아하는 칵테일을 한 잔 돌리는 것으로 시작했는데, 그가 좋아하는 칵테일은 작품마다 바뀌는 듯했다. 〈17번지〉 때에는 진, 계란 흰자, 말랑말랑한 크림, 가는 설탕을 섞은 맛있는 화이트 레이디였다. 낮이건 밤이건, 클리셰를 비틀어버릴 방법에 대한 아이디어는 화이트 레이디의 영감을 받아 '매순간' 떠올랐다고 애클랜드는 회상했다.

엘스트리에 묶여 있는 참담한 신세를 감안하면, 히치콕이 시나리오 집필은 진정으로 고된 일이지만 정말로 재미있는 영화 제작과정이기도 하다고 주장한 것은 놀랄 일이 아니다. 그에게 가장 적절한 집필 환경은 친구로 삼을 만한 작가들과 사랑하는 아내와 함께 집에서 집필하는 것이었다. 많은 인터뷰에서 허풍을 떨었던 것처럼, 히치콕이 시나리오가 일단 완성되고 나면 연출은 지루하기 그지없는 허드렛일에 불과하다는 태도를 보이기 시작한 것도 놀랄 일이 아니다.

히치콕 3인조는 그런 재미를 5, 6개월 정도로 연장했고, 그들의 신작 시나리오는 1931~1932년 겨울에 촬영을 하기 위해 스튜디오에 제출됐다. 오리지널 출연진에서 건너온 유일한 배우인 라이언 외에도, 앙상블에는 앤 그레이(여자), 히치콕의 베테랑인 존 스튜어트(탐정)와 도널드 캘스럽(다시 그늘진 캐릭터를 연기했다)이 포함돼 있었다.

히치콕은 라이언의 과장된 표정을 잡은 클로즈업을 많이 찍었지만, 그가 빛을 발할 기회는 조금도 주지 않았다. 마찬가지로 그는 과장된 특수효과와 지나치게 많이 움직이는 카메라워크를 작품에 잔뜩 집어넣었다. 히치콕은 캐릭터들과 불가사의한 저택을 소개하는 희곡의 유명한 오프닝을, 멍청하면서도 음산한 음악과 소름 끼치는 그림자들과 주위를 돌아다니다가 섬뜩한 표현으로 관객을 얼어붙게 만들려는 듯 계단을 뛰어오르는 카메라로 연출한 그랑기뇰 스타일의 풍자로 바꿔버렸다.

영화의 엔딩은 무대와 가장 크게 달라진 점이었다. 히치콕 3인조는 버스를 강탈한 형사들에게 쫓기는 폭주기관차를 등장시키는 시퀀스를 고안해내고는, 기관차가 항해를 준비 중이던 해협횡단 페리와 충돌하는 것으로 끝을 맺었다. 공인된 미니어처의 대가인 히치콕은 모형과 인형들을 동원해서 그 장면을 싸게 연출해낼 수 있다는 아이디어를 마이크로프트에게 내놨다. 그러나 그가 일부러 그 장면을 싸구려로 보이도록 과격한 크레센도를 연출했다고 생각하는 사람들도 있다.

스튜디오에 진저리가 난 감독은 배수진을 치기로 결심했다. 잭 콕스의 동료였던 카메라맨 브라이언 랭글리는 제작비가 너무나 빠듯했기 때문에, 감독이 자신은 '경영진에도 불구하고' 좋은 영화들을 만들고 있다고 불평을 하고 돌아다녔다고 회상했다. 〈17번지〉에서 그는 희곡을 갈가리 찢어서 색종이처럼 허공에 뿌려버렸다. 세월이 흐른 후, 히치콕은 그 결과로 나온 영화가 '스크린쿼터를 맞추기 위해 급조해 만든 영화보다 조금 나은 정도'였다고 순순히 인정했다. 요즘 평론가들의 일부가 이 영화를 상쾌한 패러디('스릴러의 메커니즘을 정교하게 해체한 영화')로 보기는 하지만, 대부분의 평론가는 히치콕이 BIP를 위해 만든 마지막 작품을 수준이 가장 낮은 작품 중 하나로, 감독이 심술궂게 어깨를 으쓱해버린 작품으로, 그리고 경영진을 겨냥해서 쳐댄 커다란 장난으로 평가한다.

1932년 3월에 〈리치 앤 스트레인지〉는 극장에 걸린 지 얼마 안 된 영화였고, 〈17번지〉는 아직 개봉되지 않은 상태였다. 이때, 히치콕이 1933

년에 스튜디오를 위해 '여러 편'의 제작을 감독할 것이라는 BIP의 발표에 많은 사람이 놀라움을 표명했다. BIP 홍보담당자에 따르면 '젊은 신인감독들이 이 영화들을 만들 것인데, 우리가 보유한 가장 솜씨 좋은 장인의 지도와 통제 아래 신인감독들이 자신들의 재능을 갈고닦을 수 있을 것이라는 의도에서 이뤄진' 발표였다.

겉으로만 보면 승진이었지만, 제작을 감독하는 지위는 사실은 히치콕을 복종시키고, 그의 매혹적인 이름을 단 별도의 영화 몇 편을 뽑아먹으려는 제작진의 필사적인 노력의 결과였다. 히치콕 입장에서, 이 발표는 자신이 회사에 충실한 사람이라는 것을 입증할 마지막 기회였다.

히치콕은 H. A. 바셸의 희곡인 범죄 드라마 〈캠버 경의 여인들 *Lord Camber's Ladies*〉에 기초한 첫 프로젝트를 〈블랙메일〉 사운드 버전의 작가인 벤 레비가 연출할 수 있게 해달라고 간청했다. 배우-흥행업자 제럴드 뒤모리에("세계 최고의 배우라고 생각합니다"라고 히치콕은 트뤼포에게 밝혔다)와 더불어, 불가사의하게도 독살된 그의 아내 역에 거트루드 로렌스를 출연시킨 것이 영화의 장점이었다. 히치콕은 레비의 연출 데뷔작을 지도하고 지원할 것이라는 기대를 받았다.

히치콕과 뒤모리에는 오랜 친구였고, 막상막하의 짓궂은 장난꾸러기였다. 언젠가 감독이 세인트 제임스 극장에 있는 뒤모리에의 분장실에 마차 끄는 말을 집어넣었던 일은 유명했다. 그러나 〈캠버 경의 여인들〉은 두 사람 모두의 경력에서 낮은 위치를 차지한 영화가 되었고, 두 사람은 멍청한 장난으로 스스로를 이겨냈다. "영화가 완성됐다는 사실 자체가 경이로운 일이었다." 배우의 조카딸인 소설가 다프네 뒤모리에가 쓴 글이다. "짓궂은 장난꾼들이 자신들의 지독한 시도에 스스로 지쳐 나가떨어질 때까지는 거짓 전보가 도착하고, 가짜 메시지가 전해지고, 허위로 전화벨이 울리는 일이 벌어지지 않는 순간을 찾기가 힘들었다."

짓궂은 장난의 도가 지나치다고 느낀 레비는 히치콕이 내놓는 제안에 완강한 반응을 보였다. 1932년 여름에 있었던 촬영 내내 두 사람은 언쟁을 벌였고, 이후로 한동안은 말도 하지 않았다. 히치콕은 트뤼포에게 이렇게 밝혔다. "레비에게 연출기회를 제공한 내 후한 행위로 인해 나는 망신만 톡톡히 당하고 말았습니다."

히치콕은 짧은 동안 스튜디오를 위해 다른 프로젝트 2편을 보살폈다. 그중 1편은 1년에 걸친 길거리 생활을 야심차게 영화로 담아내려는 프로젝트로 존 반 드루텐에게 제안됐는데, 그는 이해하기 힘든 이유로 감독 자리에서 밀려났다. 〈캠버 경의 여인들〉이 실패하면서, 히치콕과 브리티시 인터내셔널 픽처스와 관계는 끝이 나고 말았다. 월터 마이크로프트는 계약을 종료했고, 영국에서 가장 인정받고 가장 유명한 영화감독은 갑자기 실업자 신세가 된 자신의 처지를 깨달았다.

히치콕은 보도된 것보다는 이른 시기인 1932년 여름에 이미 미국을 꿈꾸고 있었다. 〈열정적 모험〉에 출연했던 여배우 앨리스 조이스에게는 프랭크 조이스라는 남동생이 있었는데, 캔자스시티에서 보드빌 배우로 활동한 적이 있는 그는 누나의 돈 문제를 관리하기 위해 할리우드로 옮겨오기 전까지 뉴욕과 플로리다에서 여관업으로 떼돈을 번 인물이었다. 1924년에 만들어진 그 영화에 출연했던 또 다른 할리우드 여배우 마조리 도는 촬영이 끝난 직후 이혼하고 마이런 셀즈닉과 결혼했다. 그후, 프랭크 조이스와 마이런 셀즈닉은 조이스-셀즈닉 에이전시를 만들었는데, 이 회사는 영화계 고객들에게 초점을 맞춘 최초의 탤런트 에이전시에 속했다.

1930년대 초입에 루스 채터턴, 윌리엄 파웰, 케이 프랜시스를 파라마운트에서 끌어내서 워너브러더스에 팔아넘긴 조이스-셀즈닉 에이전시는 그 즉시 유력업체로 발돋움했다. 오래지 않아 그들은 할리우드에서 가장 매력적이고 몸값 높은 유명인사들을 대표하게 됐다. 마이런 셀즈닉은 런던을 제 집처럼 들락거렸는데, 런던에는 한때 이즐링턴 영화사에서 배우로 활동했던 캐나다 출신의 해리 햄이 운영하는 에이전시의 지사가 있었다. 햄의 도움을 받은 셀즈닉은 히치콕을 끌어들이려 했다. 〈캠버 경의 여인들〉이 좋지 않은 성과를 거둔 후 낙담한 감독은 귀를 기울이기 시작했다.

히치콕은 에이전트나 홍보담당자, 또는 제작과 제작 사이의 기간에 스태프를 거느린 적이 한 번도 없었으며, 있다면 아내와 비서 노릇도 겸하는 정규직 어시스턴트뿐이었다. 그의 사업 관리자 J. G. 손더스는 계약과 투자, 사업협상에 관해서 조언을 해줬다. 할리우드의 계약에 비하면 영국의 계약은 상대적으로 간단했기 때문에 히치콕은 조이스-셀즈닉이라는 대표자가 필요하다는 사실을 즉각적으로 납득하지는 않았지만, 에이전시가 미국의 프로듀서들에게 그의 이름을 퍼뜨리고 다니는 것은 허용했다.

독립 프로듀서 샘 골드윈, 유니버설 회장 칼 래믈 주니어가 처음으로 관심을 표명했다. 히치콕이 즐겨 표현한 바에 따르면, 몇몇 스튜디오는 카르티에 같은 명품인 반면, 다른 곳들은 저렴한 슈퍼마켓 울워스와 비슷했다. 그는 '문짝이 삐걱거리는 영화나 괴수영화를 찍어야 하는' 울워스 타입의 스튜디오보다는 —오락과 예술적 가치를 결합시키는 것으로 이미 정평이 나 있던 1급 프로듀서— 골드윈에게 '가고 싶은 마음이 더욱 간절했다.' 그런데 적극적인 쪽은 래믈이었고, 조이스-셀즈닉은 그에게 제안을 하라고 부추겼다. 래믈은 외국 감독을 미국으로 데려오는 것을 자랑스러워했다. 히치콕은 래믈 집안의 뿌리인 독일에 특히 관심이 많았고, 래믈은 영국-독일 합작영화를 만들어본 그의 경험을 높이 평가했다.

래믈이 자세한 조건을 상의하고 싶어 한다는 전보를 마이런 셀즈닉이 보내자, 히치콕은 그가 기분 좋게 느낄 수 있는 최저급여는 주급 1,750달러에 영화 1편당 8주를 보장하는 데다 왕복 교통비를 얹어주는 것이라고 답장을 보냈지만, 그가 진짜로 원한 것은 20주 동안 영화 2편을 만들면서 주급 2,500달러를 받는 것이었다. 히치콕은 2편 계약을 맺어야 미국에서 확고히 자리를 굳힐 수 있을 것이라고 판단했다. 첫 작품은 스튜디오의 프로젝트인 반면, 두 번째 작품은 히치콕의 오리지널로 활용할 수 있을 것이라는 계산에서였다.

그러나 1932년에 이것은 여전히 이상적인 생각이었고, 히치콕은 타이밍 면에서 운이 나빴다. 대공황의 처음 몇 년을 사실상 무사하게 통과한 할리우드는 이제 호된 슬럼프로 접어들고 있었다. 히치콕이 요구한 액수는 업계 정상급 감독의 급여에 해당했는데, 영국영화가 미국에서 올린 박스오피스 기록은 유니버설이 재정적 위험을 감수해야 할 근거로는 미약했다.

유니버설의 회장은 이 문제를 다시 고민하고 히치콕과 논의한 후 그의 계획을 바꿨지만, 자신이 '그를 훗날 분명히 염두에 둘 것'이라는 내용의 편지를 조이스-셀즈닉 에이전시에게 썼다. 예언적인 문장이었다. 히치콕을 얻으려 했던 최초의 할리우드 스튜디오는 30년 후에 영화경력의 막바지 단계에 들어선 그가 결국 도착한 곳이었다.

상황은 더 악화됐다. 히치콕은 1931년에 고몽에서 일하고 있던 헝가리 출신의 진취적인 알렉산더 코르다—아직은 알렉산더 '경'이 아니었다—와 손을 잡으려고 노력했다. 히치콕은 독립 프로듀서였던 코르다와 계약을 체결했는데, 코르다는 〈정글 상공의 날개들〉이라는 가제를 단 독일영화의 영어 버전을 만들어내려고 노력하고 있었다. 그들은 기획에만 거의 1년을 보냈지만 —심지어는 홍보용 사진을 찍기까지 했지만—성공하지는 못했다. "내 잘못은 아니었습니다." 히치콕의 회상이다. "정확히 말하자면 코르다를 욕할 수도 없는 노릇이었고요. 그건 그렇고 그런 일들 중 하나였어요." 이 프로젝트는 나중에 〈강가의 샌더스〉(1935)로 발전했는데, 히치콕은 '약간의 준비 작업'을 제외하고는 이 영화와 아무런 관련이 없었다.

이후 유명한 연극 흥행업자로 영화계에 발을 들여놓으려던 톰 아널드가 히치콕에게 접근했다. 아널드는 작곡가 요한 슈트라우스와 그의 아들 요한 주니어의 낭만적인 삶을 다룬 달콤한 연극이 원작인 〈비엔나의 왈츠〉를 연출해달라며 히치콕을 고용했다.

유쾌한 연극이었던 데다, 히치콕은 너무 오랫동안 일을 놓고 있었다. 다른 사람들은 이것을 필사적인 선택으로 볼 수도 있지만, 히치콕의 생각은 달랐다. "자부심과는 조금도 관련이 없는 일이었습니다." 그는 프랑수아 트뤼포에게 밝혔다. "그냥 내가 영화감독이었다는 것을 나 자신이 확신하고 싶었던 것뿐입니다. '넌 끝났어, 네 경력은 저 밑바닥에 처박혔어'라고 혼잣말을 했던 적은 없습니다. 그렇지만 다른 사람들에게는 내가 그렇게 보였을 겁니다."

〈비엔나의 왈츠〉는 이즐링턴에서 촬영할 예정이었다. 아널드는 게인스버러에게 스튜디오 공간을 빌렸는데, 몇 가지 원인이 복합적으로 작용해서 모양새 좋지 않은 고향방문이 되었다. 우선, 히치콕은 일찌감치 출연이 결정된 영화의 스타 제시 매튜스와 사이가 좋지 않았다. 영국 뮤지컬 코미디의 여왕인 매튜스는 요한 주니어가 미친 듯이 빠져드는 제빵사로 캐스팅돼 있었다. 히치콕은 그녀와 잘 지내려고 열심히 노력했다. 매튜스는 그가 즐겼던 타입의 뮤지컬에서 정기적으로 주연을 맡은 배우였고, 그가 좋아했던 코크니 농담과 속어들에도 정통했다. 사실, 그녀는 발성법을 배워 발음을 바꾸기 전까지는 코크니 억양을 구사했었다.

그러나 매튜스는 그럴 듯한 외모 아래에 코크니 과거를 깊이 파묻고는, 그녀나 영화에 대한 히치콕의 유머감각에 공감을 표하지 않았다. 히치콕은 처음으로 시나리오를 낭독하는 자리에서 자존심 강한 스타가 더욱 아이러니컬한 해석을 하도록 만드는 결코 해서는 안 될 실수를 저질렀다. 매튜스에 따르면, 히치콕은 '뮤지컬에 대해서는 아는 것이 하나도 없는 건방진 젊은이'였다. "그가 내게 점잔빼는 오페레타 스타일을 적용하려 드는 순간에 나는 낙담했다. 그는 깊이가 없었는데, 그는 나에게 이런저런 지시를 하는 것으로 자신이 많이 알고 있다는 것을 보여주려고 했다."

알마와 함께 가이 볼턴의 희곡을 각색한 '건방진 젊은이'는 이 소재를 세련된 접근방식을 만방에 보여줄 수 있는 기회로 생각했다. 연극 출연진 중(요한 주니어 역으로) 영화에도 모습을 나타낸 유일한 배우인 에즈먼드 나이트는 이렇게 회상했다. '희곡의 낭만적이고 약간은 진지한 이야기 대신에' 히치콕은 '이야기 전체를 경쾌한 코미디'로 바꾸려고 노력했고, "많은 시퀀스에 대한 그의 아이디어는 시나리오상에서는 정말로 재미있었다."

주연여배우가 그와 필사적으로 싸우고 있다는 것도 도움이 안 됐다. 에즈먼드에 따르면, 히치콕은 '리허설 도중에 배우를 모욕하는' 수단을 동원했지만, 매튜스에게는 먹혀들지 않았다. 매튜스는 "그는 나를 '쿼터용 영화의 여왕'이라고 불러대면서 잔인하게 조롱했다"고 회상했다. 매튜스는 감독이 그녀에게 하려는 '기분 나쁜 짓궂은 장난을 늘 예상하고 있었기' 때문에 촬영할 때 최고의 연기를 펼칠 수가 없었다고 말했다.

나이트는 일부 배우들은 '웃으면서 재미있게 지냈다'고 인정했지만, 자신은 그렇지 않았다고 밝혔다. 매튜스처럼 나이트는 '계속해서 나를 대상으로 할 장난들을 경계했는데, 그 생각만 하면 자동적으로 신경이 곤두서는 것을' 느꼈다. "웃음을 터뜨리는 사람 중 한 명이 백작부인 역을 맡은 페이 콤턴이었다. 히치콕은 〈메리로즈〉의 무대에 섰던 그녀를 좋아했다. 그는 슈트라우스 시니어를 연기하는 에드먼드 그웬의 착한 심성도 신뢰했다."

그에게 협조하지 않은 배우들은 카메라워크를 통해 왜소한 모습으로 스크린에 등장하게 될 친숙한 위험을 감수해야 했다. 훗날 『타임스』의 평론가는 제시 매튜스가 노골적으로 '영화 전체에서 그리 중요하지 않은 배역'으로 보이고 말았다고 지적했다. 영화학자 찰스 바는 백작부인의 저택이 배경인 장면을 지적하며, 히치콕이 '롱 테이크의 가능성'을 확장시키기 위한 영리한 연출을 했다고 밝혔다. 그런데 이 장면은 주연여배우의 등장시간을 단축시키는 역할도 했다.

"그녀의 남편이 침대에서 나오면 카메라는 그와 함께 긴 복도를 물러나고, 그는 그녀가 쓴 도발적인 연시의 가사를 읽고는 그녀를 만나러 그녀의 방으로 간다. 스크린 왼쪽에서 벗어나 있는 닫힌 문의 뒤에서 그녀는 '이 시구를 다뉴브 강을 위해 썼어요'라고 대답한다. 사실 그녀의 이 시구는 샤니(슈트라우스 주니어)에게 바치는 것이었지만, 아무튼 그의 마음이 누그러진다. 그의 시종이 목욕 준비가 됐다고 알려주러 스크린 오른쪽에서 등장하고, 그녀의 하녀가 스크린 왼쪽에서 나타난다. 그리고 몇 가지 부차적인 사건이 벌어진 후, 남편이 복도를 가로질러 욕실로 가는 동안 카메라는 오른쪽으로 팬한다."

"잠시 후에 시종이 등장하고, 그가 하녀와 만나는 동안 카메라는 왼쪽으로 팬을 한다. 이것은 두 하인의 모습을 가깝게 잡은 긴 장면으로 발전하는데, 그 사이 그들은 이제는 각기 스크린에 모습을 나타내지 못한 채로 남아 있는 남편과 아내 사이의 대화를 중계한다. 그녀는 하녀에게 질문을 던지고, 하녀는 시종에게 다가가서 그 질문을 전달한다. 시종은 남편에게 질문을 전달하고, 그런 식으로 하다가 키스를 한다. 이 테이크는 2분 50초 동안 지속된다."

〈비엔나의 왈츠〉가 1934년 2월에 개봉했을 때, 히치콕의 최신작이 최악의 실패작이라는 의견이 지배적이었다. 오늘날에 이 작품은 비디오로도 구하기 힘든 히치콕의 희귀작에 속하며, 너무 끔찍한 영화다. 독일의 경쾌한 뮤지컬을 솜씨 좋고 빛나게 모방한 이 영화는 〈17번지〉보다 더 많은 실소를 이끌어냈다.

히치콕의 이즐링턴 귀향은 또 다른 이유로도 모양새가 좋지 않았다. 그는 이제 막 고몽을 책임지는 자리에 오른 옛 친구 마이클 밸컨을 공손한 태도로 만났다. 고몽은 형제 은행가인 모리스와 이시도어 오스트리가 통제하는 신생 스튜디오로, 형제는 게인스버러와 C. M. 울프의 극장회사의 지분을 상당량 획득했다. 고몽이 이즐링턴을 인수하기는 했지만, 회사의 본사는 셰퍼즈 부시의 라임그로브에 있었다. 1914년에 지어진 본사는 최근에 최신식 복합단지로 탈바꿈했다. 1931년에 문을 연 신축 메인빌딩은 27미터 높이의 지붕이 평평한 흰색 기둥형 건물이었다. 스튜디오는 촬영장 5곳, 현상실, 극장 3곳, 오케스트라 녹음을 위한 홀, 그리고 600석 규모의 레스토랑을 자랑했다.

밸컨은 표면적으로는 제시 매튜스의 기획영화를 자주 촬영한 카메라맨 글렌 맥윌리엄스를 격려하기 위해 〈비엔나의 왈츠〉의 촬영장을 방문했다. 맥윌리엄스가 영화의 감독이 누구인지를 알려주면서 둘의 만남이 성사됐다. 히치콕은 편치 않은 심정으로 밸컨과 악수했으나 짤막한 대화를 하는 동안 둘은 서로를 점차 따뜻하게 여기게 됐다. 밸컨은 옛 친구에게 차기작이 무엇인지 물었고, 히치콕은 상냥하게 대답했다. "아직은 없습니다."

히치콕은 BIP에 있는 동안 〈블랙메일〉의 작가 찰스 베넷과 공동으로 개발하기 시작한 시나리오에 대해 밸컨에게 말했다. 허먼 시릴 맥닐(일명 '사퍼'[15])이 쓴 불독 드러먼드 소설에 기초한 시나리오였다. BIP는 소설과 소설의 많은 속편, 그리고 사퍼가 만든 캐릭터에 대한 권리를 보유하고 있었다. 그들이 쓴 최초의 트리트먼트에는 전쟁영웅 출신의 쾌활한 탐정 드러먼드가 스위스로 휴가를 떠났다가 국제 스파이 조직과 우연히 엮이게 되는데, 스파이들은 드러먼드의 입을 막기 위해 그의 아이를 유괴한다. 따라서 그들이 붙인 가제는 "불독 드러먼드의 아이"였다.

존 맥스웰은 그들의 시나리오가 제작비가 너무 많이 든다며 프로젝트를 덮어버렸지만, 밸컨은 호기심이 일었다. 히치콕이 권리를 획득할 수 있을까? 히치콕은 그럴 수 있을 거라고 생각하여, "불독 드러먼드의 아이"의 권리를 250파운드에 사들인 후 2배를 받고 밸컨에게 다시 팔았다. 히치콕은 훗날 이렇게 인정했다. "100퍼센트 이익을 남겼다는 게 너무 창피했습니다. 그래서 그 돈으로 밸컨의 흉상을 만들어달라고 조각가 제이콥 엡스타인에게 의뢰했습니다."[16]

밸컨은 그에게 첫 연출 기회를 제공했는데, 이제는 그를 난처한 프리랜서 처지에서 구해냈다. 히치콕은 영원토록 밸컨에게 고마워했다. "원래 내가 감독으로 출발할 수 있었던 것은 모두 마이클 밸컨 덕이었습니다." 그는 프랑수아 트뤼포에게 말했다. "그리고 나중에 그는 내게 두 번째 기회를 줬습니다."

낙관적인 전망에 힘을 얻은 감독은 여러 편의 연출 계약을 맺고

15 공병. - 옮긴이

16 뉴욕 출신의 유대인 조각가 제이콥 엡스타인은 평생 동안 거장 대우를 받았지만, 경력의 초창기에는 영국 미술계의 위협이라는 중상모략을 받았다. 엡스타인에게 밸컨의 흉상을 의뢰한 것은 히치콕의 관대함을 잘 보여주는 제스처이면서 히치콕의 미술적 감수성을 보여주는 사례이기도 했다. 훗날, 히치콕은 엡스타인에게 딸 팻의 조각을 만들어달라고 의뢰했다.

라임그로브에 새로운 사무실을 잡았다. 고몽을 위해 일한 1933년부터 1938년까지, 그는 그 어느 때보다도 자유로웠다. 밸컨은 이야기, 캐스팅, 제작비에 대한 승인권을 여전히 가지고 있었지만, 이제 그들의 관계는 영국에서 가장 탁월한 감독이라는 히치콕의 명성에 의해 새로운 모양새를 갖췄다. 밸컨은 여전히 사업과 관련한 중요한 의사결정을 내렸지만, 창조적인 부분에 있어서는 히치콕을 간섭하지 않았다.

6 영화 연출의 비밀을 아는 사나이

1933~1937

히치콕 3인조의 세 번째 인물 중에서 가장 위대한 인물이라는 평가를 받는 찰스 베넷이 합류했다. 히치콕이 서스펜스의 거장인 것은 확실하지만, 베넷도 서스펜스가 그의 장기라고 자랑하는 것을 좋아했다.

히치콕과 같은 해 같은 달에 서식스의 쇼어햄바이시에서 태어난 베넷은 여배우 릴리언 랭그리시 베넷의 아들이었다. 그 자신도 연기를 했던 —그는 주연배우 스타일의 매력적인 미남이었다— 베넷은 1927년에 극작가로 변신했는데, 〈귀환〉은 처음 제작된 그의 희곡이었고, 〈블랙메일〉은 두 번째 작품이었다.

베넷은 히치콕이 만든 〈블랙메일〉과는 거의 관련이 없었지만, 제작기간 중에 만난 두 사람은 친구가 됐다. 쾌활하고 명랑하며 총명한 베넷은 재담꾼이자 술꾼인 재미있는 술친구였다. 1930년대 초엽에 웨스트엔드의 극장들이 베넷의 표현대로 '차례차례 쓰러지기' 시작하자, 베넷은 적대세력이던 영화계에 합류했다.

히치콕과 같은 시기에 BIP에 전속된 베넷은 종종 조지 킹 감독을 위해 주로 저예산 스릴러를 집필했다. 그의 장점은 전임자 마이클 모턴과 엘리엇 스태너드처럼 서스펜스의 인과관계를 잘 조율하고, 드라마를 조리에 맞게 탄탄하게 묶어내는 것이었다. 한때 영화 프로젝트에 몰입한 히치콕이 빠져든 영화 제작과정의 첫 단계는 매우 유용하다고 생각하는 산문 트리트먼트 형태로 콘티를 짜는 것이었다. 전후관계를 덧붙이고, 캐릭터들을 다듬고, 제대로 된 시나리오를 만들어내는 것은 나중 일이었다.

히치콕은 작품의 구조에 전문성을 지닌 극작가나 소설가들이 시나리오의 —히치콕 오리지널의 경우에는 특히— 최초의 인상적인 매력을 가장 잘 전달한다고 말하곤 했다. 그는 전업 시나리오작가는 트리트먼트나 초고가 완성된 후 스크린의 관습에 어울리게 집필하는 과정에서 더 유용하다고 느꼈다. 히치콕은 전업 시나리오작가를 애정이 담겨 있기는 하지만 조롱조로 '꼭두각시 작가들'이라고 불렀다. 베넷은 둘 다에 속해 있었다. 그는 극작가였지만, 1933년 무렵에는 영화 경험이 많은 '꼭두각시'이기도 했다. 히치콕은 그를 '세계 최고의 꼭두각시'로 부르게 됐다.

그럼에도 불구하고 그들의 관계는 히치콕의 강력한 명성에 의해, 그리고 그가 고몽에서 처음 표명한 시나리오 집필 태도의 미묘한 변화에 의해 영향을 받았다. 그때까지 히치콕은 그의 작품 대부분의 시나리오 크레디트를 공유해오고 있었으나, 그 이후로는 위기에 몰렸을 때나 중요한 장면에서만 집필을 했고, 다시는 시나리오 크레디트를 받지 않았다. 그는 연출이 집필보다 우월하다고 점차 믿게 됐으며, 대부분의 영화경력 동안 프로듀서들과는 타협을 했지만, 같이 일하는 작가에게는 지배력을 발휘하기 위해 항상 고집을 부렸다.

히치콕은 1967년에 소유권 크레디트(possessory credit)[17]를 둘러싸고 작가조합과 분쟁을 벌이는 미국감독조합을 지원하기 위해 제출한 흔치 않은 조서에서 이렇게 설명했다. "기초적인 이야기 소재나 시나리오의 작가들이 기여하는 공헌도의 중요성을 어떤 식으로건 훼손시키지 않고 이야기하자면, 시나리오 집필은 영화를 제작하는 데 단일요소에 불과합니다. 완전한 영화를 만들어내고 다양한 요소들이 완벽하게 결합할 수 있는 방식으로 편집을 하는 주된 책임을 지는 사람은 감독입니다." "이것은 때로는 '창조적 마술'이라고 불려왔지만, 사실 평범한

17 〈앨프레드 히치콕의 새〉처럼 감독의 이름이 제목에 따라붙는 크레디트. — 옮긴이

스태너드 이후 〈나는 비밀을 안다〉부터 히치콕의 최고작 7편을 집필한 '세계 최고의 꼭두각시' 찰스 베넷과 함께.

용어로 말하자면, 마술이 아니라 영화를 만들어내는 감독이 쏟아붓는 엄청나게 고된 작업과 노력입니다."

잭 더 리퍼가 히치콕 영화에 등장하는 많은 사이코 살인자들에게 영감을 준 것처럼, 제1차 세계대전—그리고 그 전쟁의 역사적인 도플갱어인 제2차 세계대전—은 그의 정치적 영화들에 그림자를 드리웠다.

히치콕이 고몽에 합류한 그해 1월에 아돌프 히틀러가 독일 수상이 됐고, 한 달 후 독일의회는 의문스러운 화염에 휩싸이면서 히틀러에게 독재 권력을 부여하는 수권법(授權法)으로 가는 길을 닦았다. 세계는 증오와 폭력으로 불타오를 듯 보였으며, 이런 분위기는 미국에까지도 퍼졌다. 독일의회에 화재가 난 같은 달에 미치광이 사내가 마이애미에서 연설을 하는 프랭클린 델라노 루즈벨트 대통령을 암살하려다가, 표적을 놓치면서 시카고 시장을 살해했다.

〈나는 비밀을 안다〉는 이런 사건의 영향력 아래에서 집필됐다. 히치콕은 라임그로브로 옮겨간 후, 찰스 베넷과 "불독 드러먼드의 아이"의 수정 작업에 착수했다. 그들이 처음으로 한 일은 시나리오에서 불독 드러먼드('사퍼'의 허구의 영웅에 대한 권리는 여전히 BIP가 가지고 있었다)와 아이를 제거하는 것이었다.[18]

히치콕은 운전을 좋아하지 않았으므로, 대부분의 아침에 베넷이 모는 차를 타고 스튜디오로 갔다. 그들은 늘 사소한 이야기를 나누었다고 베넷은 회상했다. 때로는 스튜디오 이발사가 차에 타기도 했는데, 이발사는 히치콕에게 면도를 해주고 점점 숱이 없어져 가는 머리를 잘라줬다. "그러고는 점심을 먹기 전까지는 진행되는 일이 그리 많지 않았습니다." 12시 30분에 두 사람은 점심을 먹기 위해 메이플라워 호텔로 자리를 옮겼다. 베넷에 따르면, 히치콕은 점심을 먹고 스튜디오로 돌아오면 낮잠을 자는 것이 보통이었다. 감독이 잠에서 깨면 두 사람은 더 많은 얘기를 나눴다. 5시 즈음에 그들은 크롬웰로드로 갔다.

베넷은 그 모든 것이 태평한 대화처럼, 진짜 시나리오 집필은 그의 몫으로만 남겨진 것처럼 들리는 것을 좋아했으나, 히치콕의 입장에서 공동작업은 늘 매력적이었고, 작업의 목표는 생산성 높은 결합이었다. 히치콕은 태평한 이야기처럼 보이는 분위기를 조성했는데, 이런 분위기는 작가의 방어 수위를 낮추는 효과를 가져왔다. 그는 여담과 가십, 농담으로 작가들을 유혹했다. 그는 베넷이 고개를 저을 터무니없는 이야기를 내놨고, 완벽하게 사리에 맞는 이야기는 퇴짜를 놨으며, 새로운 아이디어를 마치 다면체나 되는 것처럼 끊임없이 다양한 각도에서 검토했다. 그는 작가들에게 '벽걸이 융단을 채워넣으라고' 강요했다.

베넷은 아이디어가 넘치는 사람이었고, 아이디어를 위해 싸움을 마다하지 않았는데, 젊고 공격적인 히치콕은 어느 정도까지는 그런 모습을 좋아했다. "히치는 (베넷 때문에) 늘 너무나 격분해서 어떤 경우에는 맞받아치러 나설 정도로 행동에 자극을 받았습니다." 스토리 편집자 앵거스 맥페일의 회상이다. "그를 때리고, 세게 한 방 먹이고, 헐뜯

18 "불독 드러먼드의 아이"의 트리트먼트에서 '아이'는 5살짜리 사내아이이다. 〈나는 비밀을 안다〉에서 '아이'는 감독의 친딸 팻과 나이나 성격 면에서 비슷한 사춘기 직전의 여자아이가 됐다. — 옮긴이

었습니다. 그러면 그(베넷)는 미소를 지었습니다."

스튜디오에 있는 사람들 모두가 아이디어가 넘치는 듯 보였다. 히치콕은 작가들과 상호작용하는 것을 좋아했고, 상호작용이 많을수록 더 유쾌해했다. 그는 귀를 기울이는 사람이면 누가 됐건 그의 영화의 줄거리를 들려주고 또 들려줬고, 나중에 써먹기 위해 그들의 반응을 정리해서 보관했다. 이제 그는 라임그로브에서 옛 친구인 아이버 몬터규, 앵거스 맥페일과 재결합했는데, 그들의 개입은 이후 몇 년 동안의 히치콕 영화의 스타일과 수준에 없어서는 안 될 요소가 됐다.

BIP에서 그는 몬터규의 세련되고 건설적인 비판을 몹시도 그리워했다. 몬터규는 게인스버러를 떠난 후 할리우드로 건너가 파라마운트에서 소련 영화감독 세르게이 에이젠슈타인과 작업을 하며 시간을 보냈으나 그들의 프로젝트는 그다지 구체화되지 않았다. 영국으로 돌아온 몬터규는 영화업계에 염증을 느끼면서 멀리 떨어져 지내고 싶어 했으나, 밸컨은 그를 회유하여 히치콕을 감독하는 프로듀서로 고몽에 데려왔다.

맥페일은 여전히 마이클 밸컨의 스토리 부문 책임자였으며, 히치콕은 맥페일의 전문적 지식을 신뢰했다. 작가 T. E. B. 클라크에 따르면, 맥페일의 '영화지식은 백과사전처럼 방대했고, 기억력이 너무나 뛰어나서 제기되는 거의 모든 이야기 상황마다 그와 비슷한 사례들을 끄집어낼 수 있기'는 했지만, '이런 점들로 인해 작가로서의 그는 영화의 클리셰에 너무 의존하는 경향이 있었기 때문에' 훌륭한 시나리오작가는 될 수 없었다. 하지만 "그런 점들은 우수한 시나리오 편집자가 되는 데에는 필요한 성향이었습니다." 개인적으로 히치콕과 맥페일은 성격이 거의 비슷해서, 맥페일도 수준 낮은 뮤직홀과 고상한 무대의 애호가였고 제멋대로인 데다 악명 높은 익살꾼이었다. 그는 위대한 히치콕이 겸손한 태도를 취했던 몇 안 되는 사람 중 하나이기도 했는데, 히치콕은 멍청한 작품인 〈몰락〉의 자막 화면들로 만든 크리스마스카드로 1년에 한 번씩 그에게 자신의 존재를 상기시키곤 했다.

히치콕과 베넷은 스튜디오에서는 언성을 높였지만, 〈나는 비밀을 안다〉의 빼어난 아이디어의 일부는 감독이 친구와 동료들을 불러서 비공식적인 영화협회를 주재한 크롬웰로드에서 보낸 밤에 나왔다. 베넷과 몬터규, 맥페일 외에도 파티의 안주인인 히치콕 여사가 이런 저녁모임에 정기적으로 참여한 사람들이었으며, 잠시 들렀다 간 사람들도 많았다. 저녁이 대접됐고, 술은 넘쳐흘렀다.

크롬웰로드에서 보낸 밤은 굉장히 재미있었다. 몬터규의 말에 따르면, '낱말 맞추기 문제를 내고 그것을 풀어내는 과정으로 구성된 상상력과 논쟁의 향연'이었다. 밑바닥에 깔린 목표는 중요한 것일 수도 있지만, 특정한 목적을 향한 어릿광대짓은 창조성의 톱니바퀴에 기름을 칠했다. 히치콕은 음담패설을 하고, 그가 좋아하는 음반을 틀었다.(베넷은 1930년대 초기에 감독이 헝가리 음악에 빠져 있었다고 회고하면서, 사람들이 '연주하라, 집시여, 연주하라*Play, Gypsy, Play*'를 끝없이 듣게 만들었다고 회상했다.)[19] 사람들은 음악에 맞춰 합창을 하거나 자리에서 일어나 춤을 췄다.

시나리오 집필을 위한 집단 역학은 히치콕이 이즐링턴이나 BIP에서 만들었던 영화들보다 더욱 시사적인 문제에 집중됐고, 더욱 자유분방한 데다 암시로 가득 차 있었다. 몬터규는 "줄거리 전개는 우리 모두가 내놓는 제안을 통해 세련돼져갔다"고 기억했다. "의견은 뭐가 됐건 늘 환영을 받았습니다. 모두가 늘 거기에 동의한 것은 아니었지만요. 다른 사람들과 마찬가지로, 히치도 어떤 아이디어가 나오면 그것에 반대했다가 잠자리에서 그 문제를 고민한 후 이튿날 아침에 그 나름의 아이디어를 가지고 돌아오는 경우가 많았습니다. 어떤 아이디어가 됐건 그의 머릿속에서 적합하다고 여길 만큼 조정된 후에야 이야기에 통합될 수 있었기 때문에, 그가 그렇게 내놓은 아이디어는 당연히 이야기에 첨가됐습니다."

여기에 결정적인 철학이 있었다면, 그것은 히치콕이 자랑하던 『플

19 히치콕은 이 집시 스타일의 헝가리 아코디언 음악을 아껴뒀다가, 〈로프〉에서 브랜든(존댈)이 손님들을 위해 '무드용 음악'으로 트는 배경음악으로 사용했다.

로토*Plotto*』라는 작은 책자로 상징화된다. 이 책은 호환성이 있는 갈등과 상황을 갖춘 마스터 플롯들을 정리해놓은 명세서였다. "나는 개연성에 대해서는 신경을 쓰지 않습니다." 히치콕은 이렇게 자랑하는 것을 좋아했다. "그건 제일 손쉬운 부분입니다. 그런데 왜 근심을 하나요?" 다른 경우에는 이렇게 말했다. "사람 사는 게 논리적이지 않은 마당에, 영화는 논리적이어야 하나요?"

일간지는 꾸준히 영감을 제공하는 원천이었다. 히치콕은 정치적 입장을 표명하는 것을 꺼려했지만, 그가 어울린 동아리는 철저히 사회주의자와 파시즘반대론자였고, 심지어는 몬터규 같은 공산주의자도 있었다.(몬터규와 시드니 번스타인은 '독일 파시즘의 희생자를 위한 영국위원회'의 초창기 창립자에 속했다.) 이 집단은 그가 고몽에서 만든 영화들에 담긴 매우 날카로운 세계관에 영향력을 행사했다. 신문은 헤드라인만 훌륭한 것이 아니어서, 모든 분야의 토막뉴스들도 꾸준히 공급했다. "우리는 아이디어를 찾아서 책과 연극을, 길거리의 기묘한 광경들을 뒤졌습니다. 그냥 그대로 모방하려는 게 아니라, 아이디어를 자극하는 아이디어를 찾는 게 보통이었습니다." 몬터규의 회상이다.

베넷이 메인 플롯라인을 책임지고, 크롬웰로드의 친구들이 기여를 한 "불독 드러먼드의 아이"는 히치콕이 이전에 만들었던 그 어떤 작품보다도 규모가 방대하고 정치적인 분위기가 더욱 짙은 액션 가득한 스릴러 영화 〈나는 비밀을 안다〉로 발전했다.

줄거리는 위태로운 세계정세를 그대로 반영했는데, 히치콕은 부활하는 독일에 대한 영국인의 공포를 이런저런 방식으로 활용했다. 제목에 등장하는 캐릭터—아이를 유괴당한 심란한 아버지—는 암호화된 메시지를 듣게 되면서 탐정과 영웅의 역할로 떠밀려 들어가는데, 이 메시지는 영국에 주재하는 외국 고위인사를 암살하려는 계획을 드러낸다.(어느 예리한 장면에서, 영국 내무부의 대리인은 1914년 6월의 사라예보를 언급하면서 주인공이 활약을 펼치지 않았을 때 얻을 결과를 상기시킨다.)

엿들은 메시지는 영화의 맥거핀(Macguffin)—맥페일이 고안한 개념은 아니지만, 맥페일이 신성시하던 스토리텔링 장치—이다. 이 영화를 비롯한 여러 작품에서 맥거핀이라는 개념을 매우 즐겁게 채택한 히치콕은 프랑수아 트뤼포에게 맥거핀을 다음과 같이 탁월하게 설명했다. "스코틀랜드행 기차에 앉은 두 남자가 있습니다. 한 남자가 다른 사람에게 묻습니다. '죄송합니다만, 선생님 머리 위에 화물용 선반에 있는 이상한 꾸러미는 뭔가요' 다른 사람이 대답합니다. '아하, 그건 맥거핀입니다.' 먼저 사람이 묻습니다. '그런데, 맥거핀이 뭡니까?' 다른 사람이 대답합니다. '스코틀랜드의 산악지방에서 사자를 잡는 장치입니다.' 먼저 사람이 묻죠. '그렇지만, 스코틀랜드 산악지방에는 사자가 없지 않습니까.' 그러면 다른 사람이 대답합니다. '그렇다면, 저건 맥거핀이 아닙니다.'"

히치콕 영화의 맥거핀은 몬터규가 설명했듯 '줄거리 기획이 완료되기 전까지는 딱 꼬집어 선택할 필요가 없는 알려지지 않은 플롯의 목표'를 가리킨다. 〈39계단〉에서 미스터 메모리가 죽기 직전에 하는 마지막 설명, 그게 맥거핀이다. 〈오명〉의 와인병에는 무엇이 감춰져 있는가? 그것이 맥거핀이다. 다른 스파이영화들은 의도하지 않았지만 우스꽝스러운 플롯 목표를 가지고 있다. 히치콕 영화에서 맥거핀은 암살이나 (제1차 세계대전의 반향인) 은밀한 동맹, 또는 흔히 극비 무기로 밝혀지는데, 영화에서 맥거핀이 명확해질 무렵에 맥거핀 자체는 부조리한 존재가 되고, 고의적으로 주된 강조점에서 밀려난다.

그러나 〈나는 비밀을 안다〉의 첫 맥거핀을 부화시킨 사람, 또는 히치콕의 고몽 영화들의 특별한 요인을 고안해낸 사람이 누구인지는 —크롬웰로드와 훗날의 할리우드에서— 히치콕이 가진 창조적 과정의 복잡한 의견 교환을 감안하면, 정확하게 집어내기가 어렵다.

히치콕은 전에도 앨버트홀을 클라이맥스의 배경으로 선택했지만, 이제는 런더너들이 콘서트와 자선 무도회, 전시회, 심지어 저 옛날에는 권투시합을 즐기는 곳으로 사랑하는 그 커다란 건물을 암살 시도의 배경으로 생각했다. 표적이 된 외국 관리가 런던 심포니의 연주회에 참석하는 것이 어떻겠냐는 의견을 누군가 내놓자, 총 쏘는 소리가 드럼이나 심벌즈의 굉음에 파묻히는 것이 어떻겠냐는 의견이 나왔다. 그들은 모두 유머잡지 『펀치』의 열렬한 팬이었는데, 히치콕은 이 유머잡지를 영인본으로 수집했고, 잡지의 스태프로 일했던 작가들을 여러 차례 시나리오작가로 고용하기도 했다. 동아리 중한 사람이 1921년 과월호에 실린 H. M. 베이트먼의 "1음표 사나이" 이야기를 꺼냈다. 저녁의 오케스트라 프로그램에서 호른으로 한 음을 연주하기 위해 온종일 연주 준비를 하는 음악가를 다룬 만화였다.

히치콕이 활력 넘치는 아이디어를 내놓는 데는 이것으로 충분했다. 1음표 음악가가 연주하는 심벌즈 소리로 클라이맥스에 도달하는 오리지널 합창곡을 중심으로 구축한 시퀀스를 상상하면 됐다. 그는 숨어 있는 암살자, 외국 고관, (범인을 가려내고 경고를 할 위치에 자리잡은) 유괴된 아이의 어머니, 연주할 시간을 기다리는 심벌즈 연주자 사이를 오가는 교차편집으로 구성될 초조하기 이를 데 없는 시퀀스를 기쁜 마음으로 창작했다.

그 크레셴도의 뒤에는 그보다 더 충격이 큰 크레셴도가 뒤따르는 것이 히치콕의 관례였다. 감독은 유괴된 딸을 구출하는 짜릿한 시퀀스로 앨버트홀 시퀀스를 능가해야만 했다. 누군가 유괴범과 경찰 사이의 총격전을 제안하자, 다른 사람이 1911년에 헤드라인을 장식했던 사건을 언급했다. 히치콕은 어렸을 때 벌어졌던 시드니스트리트 포위 사건을 떠올렸다. 내무부장관 윈스턴 처칠이 건물을 점거한 볼셰비키 아나키스트 집단에게 총격을 가하라고 경찰에게 지시한 사건이었다.

다른 감독이 그런 총격전을 영화로 재연했다면 그 사건을 형식적으로 들먹거리는 데서 그쳤겠지만, 히치콕은 시드니스트리트와 관련한 모든 자료에서 영감을 받았다. 그는 광포하다고 생각될 정도로 액션을 구축하면서 매순간과 시퀀스의 모든 숏을 열심히 계획했고, 그다음에는 히치콕 최고작의 시나리오의 전형에 필적할 만한 솜씨를 발휘해서 시퀀스를 마무리지었다. 총격전이 한창일 무렵, 유괴된 아이는 유괴범의 손에서 탈출해서 높은 지붕을 가로지르며 도망치고, 영화 앞부분에 등장한 표적 사격에서 어머니를 능가하는 솜씨를 보였던 바로 그 악당이 아이를 뒤쫓는다. 경찰 저격수의 솜씨가 시원치 않자, 라이플을 거머쥔 어머니는 침착하게 남자를 쏴 죽인다.

아이디어는 전방위에서 쏟아져나왔겠지만, 그 아이디어들을 '영화에 통합해내는 일'을 책임진 사람이 누구인지에 대해서는 의문의 여지가 없다. 1933~1934년 겨울 동안 〈나는 비밀을 안다〉의 시나리오가 사실상의 '합의에 의해' 개발된 후, 몬터규에 따르면 "각각의 신들은 물론 히치의 손에 의해 완성됐고, 그다음으로 그가 말한 내용들이 작가(베넷)의 노트에서 복제돼 나왔습니다."

그런데 이런 종류의 집단 집필은 협동뿐 아니라 경쟁을 조장하기도 했다. 무성영화 시대 이후, 히치콕은 새로운 프로젝트를 진행할 때마다 작가들을 계속 교체했으며, 작가들은 앞선 작가가 한 일을 발전시키고 개선할 것을 요구받았다. 이것은 전형적인 프로듀서의 접근방식이었는데, 히치콕은 사실상 자신의 프로듀서 노릇을 이미 하기 시작했으며, 작가들을 능란하게 다루기도 했다.

히치콕은 '세계 최고의 꼭두각시' 베넷을 기본적으로 목수로 봤는데, 베넷이 한 기초 작업과 틀 잡는 작업에는 사포질을 하고 장식을 해야 할 필요가 있었다. 이런 히치콕의 시각은 태평스럽던 고몽 시대에는 나중에 그랬던 것만큼 베넷을 귀찮게 하지는 않았으나, 히치콕을 위해 일하는 작가들은 감독의 유혹이 끝나는 시점에서 늘 실망해야 했다. 놀랄 만큼 많은 작가가 스튜디오나 크롬웰로드에 들러서, 〈나는 비밀을 안다〉에 뉘앙스를 첨가하는 무리에 합류했다. 왕립 오페라칼리지에서 공부한 오스트레일리아 작곡가 아서 벤저민은 앨버트홀 시퀀스를 위한 오리지널 칸타타를 작곡해달라는 의뢰를 받았다. 『런던 데일리 익스프레스』에 이따금 '백인 부두 부랑자' 칼럼을 기고하는 유명한 풍자작가 D. B. '비번' 윈덤-루이스 역시 칸타타 가사를 포함한 시나리오의 몇몇 장면에 글을 썼다.

케임브리지 출신의 극작가 아서 리처드 롤린슨과 배우-작가 에드윈 그린우드는 '부가적인 대사'를 위해 고용됐다. 감독의 친한 친구인 그린우드는 히치콕 부부가 사귀기를 좋아하는 '다재다능한' 사람 중 하나였다. 무성영화 시대에 영화감독으로 활약했던 그린우드는 이제

성격파 배우이자 영국적 분위기로 호평받는 유쾌한 범죄소설가로 바쁘게 활동하고 있었다.[20]

촬영이 시작되려는 순간에도 시나리오 수정은 계속되어, 앵거스 맥페일은 웨일스 출신의 배우 겸 극작가 에믈린 윌리엄스에게 몇 장면에 '활력'을 불어넣어줄 수 있느냐고 묻는 전화를 걸었다. 윌리엄스는 요청에 따랐지만 히치콕을 한 번도 만나지 못했다. 감독은 그런 정도로 맥페일을 신뢰했다.

코메디 프랑세즈[21] 무대에 섰고 마르셀 파뇰 영화(그리고 훗날에 장 르누아르의 〈위대한 환상〉의 유명한 역할)에 출연한 것으로 잘 알려진 프랑스 배우 피에르 프레네는 아내 이본 프렝탕과 함께 런던 무대에 출연하고 있었다. 개막일 밤에 연극을 관람하러 간 히치콕은 영화의 플롯을 밀고나가는 살인사건에서 피살되는 비밀요원이라는 단역을 프레네에게 맡겼다. 그런데 감독은 훗날 프랑수아 트뤼포에게 이렇게 주장했다. "내가 딱히 프랑스인을 원한 것은 아니었습니다. 나는 그 캐스팅은 프로듀서 쪽에서 진행한 일이라 믿습니다."[22]

유명한 배우(겸 극작가) 프랭크 보스퍼는 수다스러운 암살자 라몽으로 캐스팅됐고, 휴 웨이크필드는 아버지의 동료로 캐스팅돼서 영화의 '플로토' 코미디—기분 나쁜 치과 방문[23]과, 이후의 태양신 숭배교로 의심되는 교회의 방문—에 모습을 보인다.

20 그린우드의 작품으로는 『프랑스식 익살극』, 『응접실의 기적』, 『정중한 악마』, 『치명적인 귀부인』, 『심술쟁이 영감』이 있는데, 마지막 작품은 '좋은 영화의 좋은 감독, 좋은 물건의 좋은 감식가, 좋은 친구인 앨프레드 히치콕('히치')에게' 헌정됐다.

21 프랑스 국립극장. — 옮긴이

22 따라서 사람들은 히치콕이 리메이크를 만들면서 왜 다른 프랑스인 다니엘 겔랭을 선택했는지 의아해한다.

23 원래 히치콕은 이 장면을 이발소에서 찍고 싶었다. 그러나 그것은 그가 좋아하는 영화로 자주 인용한 머빈 르로이가 할리우드에서 폴 무니를 출연시켜 만든 〈나는 탈옥수다〉(1932)를 보기 전의 일이었다. 〈탈옥수〉에는 이발소에서 "그와 비슷한 장면이 있었고, 그래서 나는 치과로 배경을 바꿨습니다."

불독 드러먼드 캐릭터는 기세 좋은 인물에서 평범한 아버지로 격하된 반면, 그의 아내는 더욱 여주인공답게 발전됐다. 오랜 영화경력의 초입에 있던 레슬리 뱅크스(히치콕은 그에 대해 "과묵하고 교양 있는 데다 매력적인 그는 등장하는 장면을 감독이 걱정하지 않을 정도로 수월하게 연기합니다"라고 말했다)와, 허버트 마셜과 결혼한 훌륭한 여배우 에드나 베스트가 유괴된 아이의 부모를 연기했다.

고몽은 유괴된 딸 역에 나이 어린 전속배우 노바 필빔을 제안했다. 필빔은 흥미로운 영화 〈어린 친구〉를 막 마친 매력적인 14살짜리 배우로, 그 영화에서 부모의 이혼으로 인해 자살로 내몰리는 소녀를 연기했다. 영국 전역에서 박스오피스 기록(과 관객의 심금)을 깨버린 〈어린 친구〉와 〈나는 비밀을 안다〉의 조합으로 필빔은 영국에서 가장 걸출한 아역스타가 됐다. 히치콕은 필빔에 대해 "그 나이에도 완전히 성숙한 여성의 지혜를 갖추고 있었습니다. 그녀는 자신감도 많았고, 그녀 나름의 아이디어도 풍부했습니다"라고 말했다.

그러나 —시나리오의 정치적 함의를 굳힌— 가장 성공적인 캐스팅이 헝가리 출신의 피터 로르를 정부전복 계획자의 우두머리로 캐스팅한 것이라는 데에는 의문의 여지가 없다. 브레히트의 연극과 프리츠 랑의 〈M〉에서 아동 살인자 역할로 급격히 명성을 얻은 로르는 1933년에 히틀러를 피해 베를린에서 도망쳤다. 그는 빈과 파리에 잠시 머물렀는데, 1933년 9월에 파리에서 곤궁에 처한 그의 소식을 들은 아이버 몬터규는 그를 런던으로 데려오기 위해 마이클 밸컨, 시드니 번스타인과 힘을 합쳤다. 런던에 도착한 로르는 번스타인의 아파트에 머물렀다.

로르의 전기를 쓴 스티븐 D. 영킨에 따르면, 로르는 히치콕 영화에서 '후보배우'였고, 원래는 앨버트홀 암살을 책임진 암살자 라몽 역으로 캐스팅됐다. 히치콕과 몬터규가 런던의 메이페어 호텔에서 로르를 만났을 때, 피난 온 배우가 할 줄 아는 영어라고는 '예스'와 '노'가 전부였지만, 그는 영리하게도 모든 질문에 '예스'라고 답했다. 로르는 이렇게 회상했다. "그(히치콕)가 말하는 것을 좋아한다는 얘기를 미리 들은 나는 그를 예리하게 관찰했습니다. 그가 줄거리의 하이라이트를 이제

막 떠들기 시작했다는 생각이 드는 순간, 나는 앉은 의자에서 떨어져 나갈 것처럼 폭소를 터뜨렸습니다."

〈M〉의 주인공에게 홀딱 반한 히치콕은 로르가 범죄의 주모자 애보트 역에 더 훌륭할 것이라고 결정했다. 시나리오에 따르면, 애보트는 극악무도한 목표를 달성하기 위해서는 무슨 일이든 저지르는 '입담 좋지만 치명적인' 인물이었는데, 시나리오 수정작업이 계속되면서 로르의 역할은 확대됐다. 심지어 히치콕은 프리츠 랑 영화를 미묘하게 암시하는 장면을 집어넣기까지 했다. 영화에 처음 등장한 로르가 노바 필빔에게 노래하는 시계를 보여주면, 사람들 가운데서 혼자인 소녀는 그의 불쾌한 모습을 발견한다. 로르의 연기에 탄복한 감독은 촬영을 하는 내내 그의 역할을 계속 키워나갔다. 로르의 이름은 크레디트에 두 번째로 등장했지만, '세계의 공적 1호'라는 카피와 함께 포스터를 장식한 것은 로르의 얼굴이었다.

히치콕과 오랫동안 같이 작업한 조감독 프랭크 밀스, 편집기사 에밀 드 루엘, 미술감독 노먼과 찰스 윌프레드 아널드, 카메라맨 잭 콕스는 BIP와 계약에 묶여 있어서 그곳에 남아 있었다. 이제 고몽에 발을 디딘 히치콕은 —스튜디오를 전전한 오랜 영화경력에서 종종 그랬던 것처럼— 새로운 팀을 짜야만 했다.

마이클 밸컨은 히치콕의 새 조감독으로 이튼과 옥스퍼드를 졸업한 약관의 펜로스 테니슨을 제안했다. 한때 신동으로 불렸던 히치콕은 이제는 젊은 사람들의 멘토르(mentor) 역할을 하는 데서 기쁨을 느끼기 시작했다. 그는 '펜'을 휘하에 거두고는, 때때로 제기하는 질문에 대한 견해뿐 아니라 영화연출과 관련한 더욱 보편적인 이론까지 참을성 있게 설명했다. 그가 가르친 일군의 젊은 영국인들은 스스로를 '히치의 아이들'이라고 불렀는데, 아이들 중에서 훗날 감독으로 발돋움한 사람은 테니슨만이 아니었다.

한편, 밸컨은 독일에서 도망쳐온 모든 영화계 피난민이 런던을 매력적인 곳으로 보도록 힘쓰고 있었다. 그가 계약을 맺은 많은 망명자는 1930년대 히치콕 영화가 풍긴 독일적인 풍미에 기여했다. (우파에서 E. A. 두폰트의 〈밀랍인형〉의 미술을 맡았고, 두폰트와 함께 영국으로 이주한) 미술감독 알프레드 융에, (두폰트의 〈버라이어티〉의 미술작업을 했고, 이전에 히치콕의 〈17번지〉도 작업했던) 오스트리아 출신의 오스카 베른도르프, (파프스트를 위해 〈판도라의 상자〉를 촬영했던) 카메라맨 귄터 크람프, (프리츠 랑의 〈달의 여인〉을 공동으로 촬영했던) 체코 출신의 오토 칸투루크와 쿠르트 코우란트가 이런 인물에 속했다. 융에는 〈나는 비밀을 안다〉의 미술감독이 됐고, 코우란트는 카메라맨이 됐다.

히치콕은 편집기사로는 쉽게 의사소통할 수 있는 토박이 영국인을 원했다. 그는 편집실에 몸소 5분 이상 머무는 경우가 좀처럼 없었지만, 편집기사와는 늘 긴밀하게 의사소통을 했다. 히치콕은 일부 장면에는 일부러 몇 가지 편집 옵션을 남겨놨지만 나머지 장면은 믿음직한 스토리보드에 그려진 바와는 무관하게 다양한 화면을 촬영했는데, 시사회 직전의 마지막 순간까지도 이 화면들을 이리저리 끼워 맞춰보면서 논쟁을 벌이는 것이 일반적이었다. 그는 몽타주를 위해 별도의 숏들을 포함시키는 작업을 확실하게 해두는 게 보통이었는데, 그가 처음 선택한 결말이 흡족하지 않았을 경우에 사용할 대안적인 결말부에 대해서는 말할 것도 없었다.

밸컨은 젊은 편집기사 휴 스튜어트를 배정했다. 23살의 초보 편집기사는 우선 히치콕이 설정해놓은 기준을 넘어서야만 했지만, 그 기준은 편집 능력과는 관계가 거의 없었다. 편집기사로 뽑힌 후 스튜어트는 크롬웰로드로 오라는 부름을 받았고, 그곳에서 벌어진 파티에 합류한 그는 색깔이나 맛이 오렌지에이드와 비슷한 음료수가 든 잔을 건네받았다. 음료수에는 진이 들어 있었는데, 스튜어트는 음료수를 엄청나게 들이켜서 미친 사람처럼 행동하기 전까지는 그 사실을 미처 깨닫지 못했고, 결국 완전히 나가떨어졌다. 이튿날 아침, 젊은 편집기사가 흐릿한 눈빛으로 촬영장에 나타나자, 히치콕은 잠시 멈추라는 신호를 보내고는 큰소리로 외쳤다. "모두, 멈춰! 이 친구한테 조명을 비추게. 어젯밤에 이 젊은 친구가 나를 망신시켰어!" 스튜어트는 기죽지 않고 상황을 견뎌냈고, 그렇게 해서 시험을 통과했다. 편집 일을 계속한 스튜어트는 데뷔하는 자신에게 신뢰를 보여준 히치콕을 늘 고마워했다. 또 다른 '히치의 아이들'이 된 그는 결국 프로듀서가 됐다.

못지않게 중요한 것은 감독에게 영리하고 대단히 일 잘하는 개인 비서가 필요하다는 사실이었는데, 당시의 업계 관행에 따르면 그 자리는 매력적인 젊은 여성이 맡는 것이 보통이었다. BIP에서 이 일은 르네 파젠터가 맡고 있었는데, 히치콕이 고몽에 합류한 직후 결혼한 파젠터는 회사를 떠났다. 히치콕은 『데일리 텔레그래프』와 다른 간행물에 '영화 프로듀서가 프랑스어와 독일어를 유창하게 말하고 읽고 쓸 수 있는 최고학력의 젊은 여성'을 찾는다는 광고를 실었다.

26살의 조앤 해리슨이 광고를 보고 지원했다. 해리슨은 세인트 휴스와 소르본을 졸업했으면서도, 이력서에는 영화평론가로서 대학물을 조금 먹었고 런던의 옷가게에서 판매직으로 일해본 적이 있다고 겸손하게 자신을 소개했다. 어머니의 충고에 따라 모자를 쓰고 면접장에 온 해리슨은 기다란 대기행렬의 끄트머리에 서 있다가 점심 무렵이 돼서야 히치콕의 사무실에서 부름을 받았다. 그녀를 잠깐 바라본 감독은 모자를 벗어달라고 요청했는데, 그녀는 감독이 찾고 있던 행실 좋은 젊은 여성이 틀림없었다.

하얀 기운이 감도는 블론드에다 반짝이는 푸른 눈동자에 몸집은 작지만 맵시 있는 —그리고 늘 깔끔하게 차려입는— 해리슨은 주연배우가 되고도 남을 정도로 아름다웠다. 쿠르트 코우란트는 그녀를 처음 만났을 때, 그녀가 시나리오를 들고 촬영장 옆에 서 있을 것이 아니라 영화에 출연해야 한다고 생각했다. 카메라맨은 히치콕에게 그녀를 스크린 테스트해보자고 얘기했다.(히치콕은 설득하기에 힘든 사람은 아니었다. "해리슨 양, 누구랑 자 봤나요?") 그 일은 거기까지가 다였다.

해리슨은 독일어를 할 줄 알았을까? 히치콕은 자신과 미술감독, 카메라맨 사이의 단절된 의사소통에 그녀가 다리 노릇을 해주기를 바랐지만, 그녀는 독일어를 못한다고 인정했다. 그렇지만 프랑스어 실력은 나쁘지 않았다.(찰스 베넷에 따르면, 그녀는 소르본에서 '성적이 우수했다.’) 이런! 히치콕은 한숨을 쉬었지만 그의 독일어 실력으로도 충분했다고 생각했다. 어찌됐든 그는 무척이나 배가 고픈데 해리슨이 식사를 같이할 수 있다면 채용하겠다고 말했다.

점심 자리에서 두 사람은 편안하게 이야기를 주고받았다. 해리슨의 삼촌 해럴드 해리슨은 올드베일리의 공무원으로, 사건을 재판부에 배정하는 관리였다. 그녀는 혼자서 재판을 찾아다녔으며, 특정 사건과 관련한 연속된 재판을 생생하게 기억해내면서 흥미진진하게 이야기를 펼쳤다. 언젠가 해리슨은 해리 삼촌을 ‘어린 여자애들이 잘 따르는 사람’이었다고 회상했다. “점심을 사주러 데려갔을 뿐 아니라, 너무나 충격적인 범죄를 소름 끼칠 정도로 상세하고 알고 있는 분이었어요. 오랫동안 나는 관심이 가는 흥미로운 재판과 관련한 재판 기록은 모조리 읽을 수 있었어요.”

그녀는 쇼 비즈니스면 뭐가 됐건 열광하는 팬이기도 했는데, 그녀의 대학 동창 리타 랜데일은 해리슨이 “늘 희곡을 읽고 있었다”고 회상했다. 그녀는 배우들에 대해서는 걸어다니는 백과사전이었다. 영화와 관련된 경력이라고는 대학 다닐 때와, 그녀의 아버지가 서리의 길포드에서 발간하는 격주간지 『애드버타이저』에 기고(“그 덕분에 어린 나이에도 극장에 들어갈 수 있었어요”)한 몇 편의 리뷰에 국한돼 있었지만, 그녀는 열성적이고 영화지식이 풍부한 영화 팬이었다.

그래서 해리슨은 히치콕의 조수로 채용되어 비공식적으로 시놉시스와 트리트먼트 작업을 도우면서 히치콕 여사와 비슷한 역량을 발휘하게 됐다. 그녀는 일을 시작하자마자 가망이 있어 보이는 희곡과 소설을 넘겨받으면서, 하찮은 것을 솎아내고 줄거리를 시나리오로 각색할 수 있도록 요약하라는 지시를 받았다. 그녀는 채용이 되기 무섭게 ‘콘티’ 작성법을 배우기 시작했다.

〈나는 비밀을 안다〉로 영화계에 입문할 때부터 해리슨은 대가급 교수에게서 영화산업의 모든 측면에 관한 집중강의를 받았다. 처음에는 팀에서 가장 수준 낮은 팀원이었던 해리슨은 재빨리 높은 곳으로 뛰어올라갔다. 결국 그녀는 히치콕의 영화경력에서 히치콕 여사만큼이나 중요한 인물이 됐다.

언젠가 히치콕은 이렇게 말했다. "여러분은 제 영화경력이 진정으로 시작된 작품이 〈나는 비밀을 안다〉라는 것을 알 것이라고 생각합니다." 맞는 말이다. 히치콕은 이 영화 덕분에 궁지에서 벗어났고, 결국에는 이 영화 덕에 그의 위대함을 확고히 다져낼 수 있었다.

1934년 6월의 촬영 첫날 촬영장에 도착한 히치콕이 시나리오를 책상에 철퍼덕 내던진 후에 "이건 확실한 성공작이야!"라고 큰소리를 치면서 쇼를 했다는 사실을 휴 스튜어트는 항상 기억했다. 이 순간은 자신감을 되찾고 정상으로 복귀한 순간이었고, 카메라가 돌기 훨씬 전에 자신의 일은 이미 끝나 있다는, 그가 대중에게 공개한 신조가 기록으로 남은 첫 사례였다.

신조는 계속 지속됐지만 주로 대외과시용이었는데, 할리우드에서 그의 개인비서로 오래 일한 페기 로버트슨은 이렇게 설명했다. "그런 주장을 반대하는 근거 중 하나는 촬영을 시작하기 전에 완성된 시나리오를 가지고 있던 적이 손에 꼽을 정도였다는 거예요. 우리는 늘 결말 때문에 골머리를 싸맸어요. '어떻게 해야 하지? 어떻게 끝을 내야 하나?' 우리는 미세한 카메라 움직임까지 세밀하게 스케치를 했어요. 그런데 전체 시퀀스는 어떻게 끝내야 하는 걸까요? 그는 그에 대한 답을 몰랐어요."

"그는 사전에 꼼꼼하게 계획했던 결과를 얻어내는 고수였습니다." 동료였던 조지 쿠커가 어느 인터뷰에서 조심스럽게 밝힌 의견이지만, 모든 결과가 시나리오나 스토리보드에 분명하게 드러나 있던 것은 아니었다. 그 자신도 '배우를 연출 잘하는 감독'으로 유명했던 조지 쿠커는 개인적으로 친분이 있던 히치콕을 직업적인 이유로도 존경했는데, 히치콕이 종종 뽑아내는 배우들의 빼어난 연기를 다른 무엇보다도 더 존경했다. 그렇지만 "그가 (사전에 만사를 세심하게 계획하고 있었다는 것과 관련한) 완벽한 진실을 말하고 있었는지는 확신이 서지 않습니다. 그는 때때로 즉흥적인 연기를 뽑아냈던 것이 확실합니다…… (그리고) 그는 사람들에게 무엇인가를 감추고 있었습니다. 그는 작업하는 방식이나 원하던 결과를 얻어내는 방식에 대해서는 밝히지 않았습니다. 모든 것이 시나리오에 계획돼 있고 나머지는 기계적인 일에 불과하다고 말하는 편이 훨씬 수월했겠죠."

"불독 드러먼드의 아이"가 〈나는 비밀을 안다〉가 됐을 때에도 바뀌지 않은 것 중 하나가 생모리츠를 배경으로 한 오프닝이었다. 히치콕은 관객들이 허구적인 안도감을 느끼도록 유도하기 위해 그런 오프닝 신을 사용하는 버릇이 있었다. 그는 오프닝의 배경을 설정하기 위해 그가 그림엽서나 관광 클리셰라고 부른 것들을 선택하곤 했다. 그는 '특정지역의 지방색을 보여주는 광경'에 대해 이렇게 말했다. 네덜란드를 생각해보라고 하면 사람들은 풍차를 연상한다. 스위스를 생각해보라고 하면 무엇을 떠올리는가? 스키와 겨울스포츠다.

이번에 히치콕은 야외시합이 벌어지는 고급 호텔에 투숙한 손님들로 영화를 시작했다. 에드나 베스트는 스키트 사격을 하던 중에 조숙한 딸 노바 필빔 때문에 정신이 산란해진 아름다운 명사수다. 관객들은 어머니가 총을 다루는 솜씨를 기억해놓는 편이 좋을 것이다. 그날 밤 멋진 피에르 프레네는 호텔의 볼룸에서 베스트를 댄스플로어로 데리고 나가는데, 이 경쾌한 시퀀스는 베스트의 삐지기 잘하는 남편 레슬리 뱅크스가 옷에 꽂아둔 실타래에 두 사람이 얽혀들면서 시작된다. 보이지 않는 적이 프레네를 쐈을 때, 총소리는 음악에 묻혀버린다. 멋있는 프랑스인은 베스트의 품에서 죽어가면서 맥거핀을 속삭인다. 그런 식으로 영화를 시작한 것은 '죽음은 거의 예상치 못한 순간에 찾아온다는 것을 보여주기 위해서'라고 감독은 언젠가 설명했다. 빛이 어둠으로 바뀌고, 진정한 히치콕의 춤이 시작된다.

존 맥스웰이 제작비를 의식하면서 "불독 드러먼드의 아이"를 반대했던 것을 감안한다면, 아이러니컬하게도 고몽에서 만든 영화들은 히치콕이 가장 싸게 만든 영화에 속한다. 히치콕이 감독으로서 가진 미덕 중에서 그다지 알려지지 않은 것 중 하나가 제한된 조건 아래서 호사스럽다는 환상을 창조해내면서도 돈을 아끼는 절묘한 재주였다.

1930년대 중반에 영국 외부로 로케이션 여행을 떠나는 스태프는 정말 소규모였으므로, 히치콕은 소중히 여겼던 스위스 풍경을, 그가 계약을 맺을 때 까다롭게 요구했던 보조촬영진이 촬영해온 분량을 이리저리 짜맞추고 그림으로 그려낸 배경막 몇 개를 활용해서 마술처럼 재현해냈다. 사치스럽게 보이는 앨버트홀과 시드니스트리트 하이라이트 역시 빠듯한 예산을 들여서 영리하게 꾸며낸 환영들이었다.

히치콕은 첫 클라이맥스를 위해 〈링〉과 〈블랙메일〉에서 사용했던 쉬프탄 프로세스를 다시 활용했다. 고몽은 엑스트라 수백 명을 고용할 만한 여력이 없었고 앨버트홀로부터 장기간 촬영을 허락받지도 못했기 때문에, 히치콕은 다양한 각도에서 극장을 향해 필름을 장기간 노출시키고는 그 필름을 특대형 슬라이드로 확대했다. 런던의 일급 정기간행물에 자주 기고를 했던 이탈리아 출신 아티스트 포르투니노 마타니아가 각각의 슬라이드에 실감나는 그림으로 관객을 그려넣었다. "우리는 앨버트홀로 돌아가서 오리지널 사진을 촬영했던 정확히 그 자리에 쉬프탄 카메라를 설치했습니다." 히치콕은 피터 보그다노비치에게 자랑스레 설명했다. "그다음에는 관객이 가득한 이 작은 슬라이드를 거울에 반사했고, 우리는 출입구 주변의 특등석과 오케스트라 같은 이곳저곳의 은박을 긁어내고는 특등석에 프로그램을 들춰보는 진짜 여자와 다른 사람들을 앉혔습니다. 그렇게 하면 관객의 시선은 즉각적으로 그런 움직임에 집중되거든요. 그 외의 것은 모두 고정된 것이었습니다."

앨버트홀 장면은 잊을 수 없는 모자이크로, 영화사에서 가장 위대한 시퀀스만 모아놓은 하이라이트 모음에 너끈히 들어갈 장면으로 남아 있다. 칸타타가 시작되고 어머니가 사방을 살피며 도착할 때, 히치콕의 카메라는 관객의 얼굴과 오케스트라에서 움직임을 시작한다. 잊히지 않는 음악이 고조되면 카메라는 어머니에게 돌아가고, 그녀의 절망은 점점 깊어만 간다. 그는 어머니로부터 커튼 뒤에서 천천히 튀어나오는 총신으로 컷한다. 처음에 이 이미지는 현대미술에서 튀어나온 추상화처럼 보이지만, 총이 카메라—와 총의 표적—를 향해 천천히 방향을 바꾸면서 이 불안스러운 이미지는 총격과 어머니의 비명으로 녹아든다.

히치콕의 걸작에서는 늘 그랬던 것처럼, 그는 그가 좋아하던 배우, 보통은 가장 순수한 캐릭터나 가장 저열한 캐릭터를 연기한 배우를 위해 특별한 순간을 따로 챙겨두었다. 감독은 필빔을 애지중지했는데, 이야기의 희생양(나이 어린 유괴된 딸)을 향한 애정은 영화의 본질적인 잔혹성 밑에서 고동치는 핵심이었다.

그를 매혹시킨 다른 배우는 냉소적인 둥근 얼굴의 피터 로르였는데, 무엇보다도 두 사람 모두 심술궂은 유머감각을 가지고 있었다. 감독은 로르의 발음을 흉내내면서 그의 첫 대사 "우리 유모에게 물어보는 게 더 나아"를 거듭해서 연기하게 만들었다.("뭐? 우리 유모에게 무러보는 게 더나?!" 히치콕은 카메라 뒤에서 미심쩍은 듯 흉내를 냈다.) 그들의 장난은 영어와 독일어 속어들을 오갔다. "그것도 약간은 히치콕 분위기였을 겁니다." 편집기사 휴 스튜어트의 의견이다. "로르를 제외하고는 아무도 히치콕의 말을 알아듣지 못했으니까요."

히치콕은 로르를 '걸어다니는 오버코트'라고 불렀는데, 그가 평소 입고 다니는 구두까지 늘어진 긴 코트 때문이었다. 로르와 (촬영 중에 결혼한) 여배우 셀리아 로프스키는 밤 시간과 주말에 다른 제작진과 함께 크롬웰로드를 찾는 단골손님이 됐다. 히치콕 부부는 촬영 중에 스타들과 제작진의 말단 스태프들을 포함하는 손님을 교대로 초대하는 파티를 열성적으로 개최했다. 그런 파티들은 장기간의 지루한 촬영기간 동안 늘어질 가능성이 있는 촬영장의 동료의식을 북돋는 데 기여했다.

시간이 흘러 분위기가 충분히 자유로워지면, 〈나는 비밀을 안다〉의 감독은 조금의 거리낌도 없이 가장 악명 높은 개인기를 보여줬다. 셔츠를 벗은 파티의 주인은 어깨에 숄을 두르고 음악과 히스테리컬한 박수소리에 맞춰 커다란 가슴을 출렁여대는 섹시한 벨리댄서가 됐다. 로르의 웃음소리는 손님들 중에서도 가장 컸다.

노골적인 주인공보다도 더 히치콕을 따분하게 만든 유일한 요소는 독기 없는 악당이었다. 그의 악당들은 주인공만큼 잘 생기고 무기력했으며, 그중 최고의 악당은 관객의 연민을 불러일으키기도 했다. 스크린 밖의 로르는 고통에 몸부림친 인물로, 나이를 먹어갈수록 악화되는 약물복용 습관으로 이미 괴로움을 겪고 있었다. 그가 〈나는 비밀을 안다〉에서 연기하는 레지 던 캐릭터는 영화에서 가장 매력적인 존재이자 가장 인간적인 존재이기도 했다. 던은 브루노 앤서니나 노먼 베이츠보다 앞선 히치콕 최초의 위대한 악당이었다.

시드니스트리트 스타일의 포위 장면은 짤막한 경찰 장면이 연속해서 등장하는 것으로 시작한다. 초과근무를 해야 할 것 같다고 떠벌린 ("나한테는 밤샘 근무처럼 보여!") 어느 경관은 범인 은신처의 현관으로 파견되자마자 총탄에 쓰러진다. 구경꾼에게 뽐내려고 비슷하게 잘난 체하던 다른 경관은 총격으로부터 자신을 보호할 매트리스를 창문 정면에 세우려다가 예측 가능한 운명을 맞는다. 그러면서 거리와 빌딩의 여러 부분에서 액션이 펼쳐진다.

앨버트홀 시퀀스와 마찬가지로 포위 장면은 감독의 솜씨를 잘 보여주는 훌륭한 몽타주이자, 영화에 너무나 중대한 자산이라는 것을 입증한 로르 덕분에 위력을 발휘한 장면이기도 하다. 그의 마지막 장면은 〈나는 비밀을 안다〉의 웅대함에 마침표를 찍는다. 이 장면은 웃음 짓는 로르와 말상 얼굴의 부하('유모' 시슬리 오츠)의 투 숏으로 시작되는데, 직후에 그녀는 총알 세례를 받는다. 그녀의 죽음에 대한 그의 반응은 (그녀가 레즈비언일 가능성이 농후하다는 힌트에도 불구하고) 그가 얼마나 그녀를 사랑했는지를 보여준다. 그의 무자비한 면모는 산산이 부서져내리고, 우리는 잠깐 동안이나마 그에게 공감을 느낀다. 그런 후 분노에 휩싸인 로르는 마침내 총을 잡고 총격전에 합류한다.

로르는 혼란스러운 총격전에서 살아남은 유일한 갱 멤버다. 우리는 경찰이 방을 향해 천천히 전진해올 때 문 뒤에 숨어 있는 그를 보지는 못하는데, 이것은 히치콕의 사소하지만 빼어난 손길을 보여주는 좋은 장면이다. (영화 내내 중요한 순간마다 들리던) 시계에서 나는 소리는 그가 부리는 마지막 허세이자 자기 파괴행각의 신호다.

그런데 히치콕은 해피엔드를 싫어했기 때문에, 재결합한 가족의 마지막 장면은 아주 기분 좋은 모습은 아니다. 표적을 명중시킨 직후의 어머니의 모습을 마지막으로 잡은 장면은 자신이 저지른 일에 대한 깨달음으로 일그러진 얼굴을 보여준다. 아버지에게는 부상의 흉터가 남을 것이고 어린 딸은 여생 동안 정신과 치료를 받아야 할 것이다.

영화는 너무나 불온했기 때문에, 스튜디오의 임원들은 처음에는 이 작품이 걸작이라는 사실을 뚜렷하게 인식할 수 없었다. 고몽의 이사회를 주재하는 은행가 형제 모리스와 이시도어 오스트러에게 〈나는 비밀을 안다〉를 시사한 히치콕은 그들의 반응에 당황했다. 불이 켜진 후 오스트러 형제는 예의상 건네는 말 한마디 없이 쏜살같이 시사실을 나가버렸다. 편집기사 휴 스튜어트와 단둘이 앉아 있던 히치콕은 주름살이 패일 정도로 얼굴을 찌푸렸다. "저 사람들 늘 저런 식이었나" 그가 묻자 스튜어트는 외교적으로 대답했다. "저 사람들은 무슨 말을 해야 할지 몰라서 그랬을 거라고 생각합니다."

오스트러 형제는 〈나는 비밀을 안다〉가 '너무 예술적'이라고 생각했다. 그들은 너무 예술적인 영화에 정통한 전문가에게 의견을 청했는데, 히치콕의 숙적으로 고몽의 이사회에 여전히 둥지를 틀고 있는 C. M. 울프였다. 공교롭게도 마이클 밸컨이 배급 계약과 배우수급 계약을 맺기 위해 미국으로 출장 가서 연락이 안 되는 동안, 울프는 사실상 스튜디오의 책임자였다. 히치콕의 영화를 관람한 울프는 감독을 호출해서 지독히 쓰레기 같은 영화라고 말하고, 모리스 엘비에게 온건한 새 장면들을 촬영해서 영화에 삽입하라고 지시했다. 존 러셀 테일러는 이렇게 썼다. "히치는 거의 자살 직전이었다. 그는 울프 앞에 무릎을 꿇고는 영화를 촬영한 그대로 상영할 수 있도록 해달라고 애걸했다."

"히치와 나의 개인적인 조바심은 며칠간 계속됐습니다." 찰스 베넷의 기억이다. 히치콕은 베넷에게 난국을 타개할 때까지는 차기 프로젝트인 〈39계단〉을 제쳐놓는 편이 나을 것 같다고 밝혔고, 베넷은 '우유값은 돼줄 것이 확실하다고 생각하던 싸구려 오리지널의' 집필에 착수했다.

무척이나 미심쩍어하던 울프는 히치콕의 차기작 시나리오를 보여달라고 요구하더니, 〈39계단〉의 싹도 자르려고 들었다. 히치콕과 아이버 몬터규는 불려가서 질타를 받았다. 울프는 새로운 시나리오가 '또 다른 쓰레기'를 낳을 뿐인 '지적이기만 한 작품'이라고 진단하면서, 감독과 프로듀서에게 시나리오를 발전시키거나, 묻어버리거나 할 시간으로 한 달을 줬다. 한 술 더 떠 울프는 히치콕에게 세기 전환기의 히트작 〈플로라도라*Floradora*〉로 유명한 뮤직홀 작곡가 레슬리 스튜어트의 생애에 기초한 뮤지컬을 개발하라고 명령했다. 울프는 그 영화야말로 영국 관객들이 극장으로 몰려올 영국영화에 속한다고 단언했다.

그사이, 히치콕은 마이클 밸컨에게 연락을 하려고 혼신의 노력을 다하고 있었는데, 그가 보낸 긴급전보가 결국에는 밸컨에게 전달되어 운 좋게도 제때에 울프의 전횡을 막을 수 있었다. 밸컨은 후반작업에서 이런 식으로 간섭하는 일은 결코 다시는 일어나지 않을 것이라고 맹세했고, 그는 고몽을 책임지는 동안에는 그 약속을 지켰다. 〈나는 비밀을 안다〉의 개봉 스케줄이 잡혔고, 〈39계단〉은 진행을 허락받았다. 크리스마스에 히치콕 부부는 베넷, 조앤 해리슨과 함께 생모리츠로 떠나 시나리오 작업을 하면서 너무나 간절했던 휴가를 즐겼다.

〈나는 비밀을 안다〉는 런던에서 매우 좋은 평가를 받았고 (『키네마토그래프 위클리』는 '훌륭한 멜로드라마'이며 '장대한 규모로 연출된 자연스러운 픽션'이라고 격찬했다), 영국에서 엄청난 인기를 얻었을 뿐 아니라 미국의 평론가—와 관객—를 매료시킨 최초의 히치콕 영화가 됐다. 세계 곳곳에서 영화가 상영될 때마다, 사람들은 이 영화를 1934년에 만들어진 그 어떤 작품보다도 재미있는 영화로 봤다.

C. M. 울프는 히치콕에 관해서는 결코 마음을 누그러뜨리지 않고, 〈나는 비밀을 안다〉를 일상적인 할리우드 A급영화를 거드는 B급영화로 그가 소유한 극장 체인에 걸자고 고집했다. 몬터규의 표현에 따르면, 히치콕 영화가 '상영되는 거의 모든 극장에서 관객동원 기록을 깨고' 있었음에도 불구하고, 입장수입의 일부는 A급영화의 몫이었고, 따라서 영화는 고만고만한 돈만 벌어들였다. 히치콕을 관객 동원력이 없는 인물로 간주한 울프는 그의 영화도 역시 그런 영화로 기록에 남겼다.

할리우드 제작비 수준에서는 —총제작비가 약 4만 파운드로— 'B급'영화인 〈나는 비밀을 안다〉는 시간이 흐름에 따라 꽤 많은 돈을 벌었고, 지금도 박물관에서, 특별상영전에서, 텔레비전에서 폭넓게 상영되고 있다. 그러나 단기적으로 보면, 히치콕은 이 영화의 체험을 통해 배급업자에게 너무 끌려다니는 시스템에 의존할 경우의 위험성을 마침내 터득했다. 울프를 멀리하는 것은 단기간의 미봉책일 뿐이다. 1935년 초 히치콕은 조이스-셀즈닉 에이전시에 관심을 보이면서, 에이전시의 런던 대리인 해리 햄에게 미국 스튜디오의 의향을 다시 타진해볼 수 있겠느냐고 요청했지만, 이런 움직임을 눈치챈 밸컨은 햄에게 히치콕은 고몽과 계약관계에 있다고 경고했다. 대형 투자자에 맞서 히치콕을 옹호했던 밸컨은 히치콕을 내줄 의향이 조금도 없었다.

영국 비평가들은 〈나는 비밀을 안다〉를 참신한 히치콕 변종으로, 굉장히 오락적인 영화를 만들기 위해 그가 평소 하던 미학적 실험을 최소화하면서 코미디와 서스펜스를 혼합시킨 정치적으로 시기적절한 영화라면서 반겼다. "마침내 그는 이루 말할 수 없이 버릇없는 제스처를 보여주며 평론가들과 지식인들을 내팽개쳤다"고 『옵서버』의 C. A. 레준은 단언했다. "그러고는 대중을 위한 영화를 만들기로 결심했다."

그건 사실이었다. 영화경력의 각각의 단계에서, 그는 좋아하는 친숙한 아이디어의 변종을 만들어내는 데 뛰어났다. 사실 스파이-파괴활동 영화는 〈나는 비밀을 안다〉 이전에는 히치콕의 전문분야는 아니었지만, 갑자기 그는 그 장르가 제2의 피부처럼 그에게 어울리는 장르라는 것을 알게 됐다. 제1차 세계대전을 배경으로 하는 존 버컨의 소설이 원작인 〈39계단〉은 장르를 더 깊이 탐구할 수 있는 기회를 제공했다.

스코틀랜드의 변호사이자 쾌활한 신사들이 주인공으로 등장하는 모험소설을 쓰는 작가로 평판이 높던 버컨의 작품들을 히치콕은 젊었을 때 탐독했다고 밝혀왔다. 버컨은 자신의 소설들을 '자극적 소설(shockers)'이라고 언급하기를 즐겼는데, 이 용어는 〈살인〉에서 허버트 마셜이 그의 범죄희곡을 묘사할 때 쓴 단어이고, 히치콕이 인터뷰에서 자신의 영화의 특징을 묘사할 때 채택한 단어다. 히치콕은 '대단히 드라마틱한 아이디어를 절제 있게 표현'하는 버컨의 스타일에 공감한다고 밝혔고, 프랑수아 트뤼포에게는 "버컨은 〈39계단〉에 착수하기 오래전부터 나에게 강한 영향을 끼쳤습니다"라고 말했다.

사실, 히치콕은 아마도 〈39계단〉의 속편인 〈녹색망토〉를 더 좋아했을 것이다. 〈녹색망토〉는 주인공 리처드 해니가 제1차 세계대전 동안 수행하는 비밀 임무를 따라가는 소설이다.[24] 히치콕과 찰스 베넷은 〈39계단〉을 선택하기 이전에 〈녹색망토〉를 각색하는 문제를 논의했는데, 부분적으로는 현실적인 이유 때문이었다. 〈39계단〉은 전적으로 영국이 배경인, 히치콕의 표현에 따르면 '소소한 소재'지만, 〈녹색망토〉는 독일과 터키 풍광을 요구하는 작품이었다. 이와는 대조적으로 〈39계단〉은 라임그로브에서 거의 전편을 촬영할 수 있었다.

그러나 우연을 남발하고 영화에 어울리지 않는 요소로 가득한 1915년에 출판된 버컨의 스릴러 소설을 프로젝트로 삼기 위해 1930년대에 다시 읽어본 히치콕은 이 작품에 묘한 흥미를 느꼈다. 그는 훗날 이렇게 밝혔다. "소설을 다시 읽은 나는 충격을 받았습니다." 그가 처음으로 소설을 읽은 이후 "보낸 15년 남짓한 시간 동안 나는 영화연출에 대해 많은 것을 배웠습니다." "내가 처음에 소설에 열광한 이유—소설에는 액션이 그득했습니다—를 여전히 잘 알고 있었지만, 이 작품 자체로는 스크린에 조금도 적합하지 않다고 생각하게 됐습니다." 〈나는 비밀을 안다〉를 촬영하는 동안 새로운 트리트먼트에 착수한 그와 베넷은 1934~1935년 겨울에 초고를 완성했다.

자신이 원하는 것을 자유로이 뽑아내고 그 외의 나머지 것들은 서슴없이 내던질 수 있는 책을 선택했을 때 보여주는 히치콕 특유의 허풍에 도움이 되는 영화가 있다면, 그가 좋아한다고 주장한 애독서 〈39계단〉이 그런 경우에 해당한다. 그리고 그는 〈39계단〉을 논쟁의 여지가 있기는 하지만, 고몽에서 만든 그의 가장 중요한 작품으로 탈바

24 소설의 출판 제목과 영화의 제목은 약간씩 다른데, 이것은 히치콕이 즐기던 말장난이었다. 버컨의 소설은 『삼십구계단*The Thirty-nine Steps*』인데, 히치콕의 영화는 〈39계단 *The 39 Steps*〉이다.

꿈시켰다.

그는 〈39계단〉을 소설과 거의 유사성이 없는 히치콕 영화로 뜯어고쳤다. 현대화된 줄거리는 로맨스로 둔갑했으며, 버컨의 장면들은 제외됐고 히치콕의 장면들이 삽입됐다. 평소 그랬던 것처럼, 감독은 플롯과 캐릭터에 중요한 요소뿐 아니라 자잘하면서도 매혹적인 손길들을 영화 내내 덧붙였다. 또다시 시나리오 작업은 스튜디오와 크롬웰로드로 분리됐다. 알마와 찰스 베넷이 주요 작가이기는 했지만, 다른 영화와 소설, 신문으로부터 무엇이든 유용한 아이디어를 가져오는 것을 돕기 위해 비공식 집단이 다시 소집됐다.

소설가는 자신의 작품을 각색한 영화에 대한 통제권을 희곡작가만큼 행사하는 경우가 결코 없었다. 한동안 히치콕은 희곡과는 관계를 끊고 있었는데, 웨스트엔드는 최악의 슬럼프에 빠져 있어 어떤 식으로건 활용 가능한 소재가 드물었다. 그런데 더욱 중요한 것은 히치콕이 이제는 더 강력한 힘을 가지고 있었고, 소설을 작업하면서 누리는 자유를 더 선호했다는 것이었다.

소설과 영화 사이의 차이점은 제목의 의미에 담긴 미묘한 차이에서 시작됐다. 소설의 '삼십구계단'은 독일 스파이조직의 본거지에서 바다로 이어지는 계단을 가리키지만, 영화에는 그런 계단이 없다. 영화의 제목은 '외국스파이들을 위해 첩보활동을 하는' 스파이조직 그 자체를 가리킨다.

버컨의 '이중 추격'에는 경찰로부터 도망치는 한편 외국인의 음모를 저지하기 위해 시간에 쫓기는 롱맨이 관련돼 있는데, 소설에서 넘어온 것은 그 정도가 다였다. 또한 버컨의 소설에는 러브스토리, 즉 파멜라(매들린 캐럴)를 조금이나마 닮은 캐릭터가 전혀 없었다. 처음에는 해니를 경찰에 신고하는 열차 승객으로, 그후에는 우연히 함께 수갑을 차는 바람에 해니의 도주에 합류하면서 그와 사랑에 빠지는 캐릭터인 파멜라는 히치콕이 영화에 덧붙인 중요한 첨가요소였다.

의심 많은 소작농과 그의 매력적인 젊은 아내가 해니에게 은신처를 제공하는 외딴 농장에서의 잊히지 않는 막간극과, 미스터 메모리가

—자신의 명예를 위해— '39계단'의 비밀을 낭송하면서 죽음을 향해 나아가는 뮤직홀 피날레 등, 영화에서 가장 유명한 두 시퀀스 역시 영화에만 있는 것이었다.

존 러셀 테일러는 소작농 장면이 '욕정 넘치는 아내와 경계심 많은 남편, 여행객과 치킨 파이에 관한 약간 아슬아슬한 이야기'에서 의식적으로 끌어낸 장면이라고 말했다. 여러 차례의 인터뷰에서 감독은 영감을 준 또 다른 작품을 언급했는데, 권위주의적인 남아프리카 보어인과 섹스에 굶주린 젊은 아내, 그리고 둘 사이에 끼어드는 잘생긴 감독관을 다룬 클로드와 앨리스 애스큐의 소설 『슐람미트*The Shulamite*』였다. 히치콕은 이렇게 둘 이상의 출처에서 차용해 연관을 맺은 아이디어를 한데 이어붙이고, 아이디어 전체를 분위기만을 남겨둔 채 독창적인 영감에서 비롯된 완전히 새로운 것으로 섞어내는 방식으로 작업하는 경우가 잦았다.

찰스 베넷은 훗날 가진 인터뷰에서 미스터 메모리, 즉 히치콕의 표현에 따르면 '스스로의 의무감 때문에 파멸을 맞는' 인물을 생각해낸 사람은 바로 자신이었다고 주장했지만, 미스터 메모리에게는 실존 모델이 있었다. '메모리 맨'이라는 별명을 가진 데이터스는 기억력 공연으로 영국에서 유명했으며, 어렸을 때 그의 공연을 보러 갔던 일을 즐겨 회상하던 히치콕도 잘 알고 있는 인물이었다. "그는 항상 성 금요일[25]이 목요일이었던 적이 언제인지를 묻는 꼭두각시를 등장시키는 것으로 공연을 끝내곤 했습니다." 히치콕의 회상이다. "그러고는 '성 금요일'이라는 경주마가 목요일인 1874년 6월 2일에 있었던 경주에서 넘어졌다고 대답하곤 했습니다." 크롬웰로드 그룹은 데이터스의 자서전 사본을 돌려 읽었는데, 자서전 202페이지에 소개된, 그의 공연을 끝맺는 유명한 결말은 결국 영화의 클라이맥스에서 미스터 메모리가 죽음을 당하는 에피소드에 영감을 줬다.[26]

물론 아이디어를 떠올린 것이 누구였든, 결국 그 아이디어를 영화

25 그리스도의 수난일. — 옮긴이

에 사용할지를 결정하는 것은 히치콕이었다. 베넷이 하는 일은 〈플로토〉의 조각들을 이어붙여서 글로 옮긴 다음, 조리 있는 원고로 탈바꿈시키는 것이었다. 그러고는 —이즈음에는 히치콕의 관례로 확립된— 다이아몬드에 윤을 내는 작업을 돕기 위해 다른 작가들이 참여했다.

〈39계단〉에서 크레디트에 오른 다른 작가는 이안 헤이(이안 헤이 베이스의 필명) 딱 1명이었다. 헤이는 영국적인 삶을 재치 있고 날카롭게 비판한 소설과 희곡들로 좋은 평판을 받은 쾌활한 유머작가로, 이상야릇한 캐릭터와 생기 넘치는 대사가 그의 장기였다. 이것은 (베넷을 포함한) 모든 이들과 친하게 지낸 헤이가 촬영이 시작되기 전에 히치콕의 시나리오를 최종적으로 수정한 3번의 사례 중 첫 사례였다.

카메라맨 쿠르트 코우란트가 〈나는 비밀을 안다〉의 특정 장면을 위해 정확히 어떤 사이즈의 렌즈를 써야 하는지에 대한 히치콕의 지시를 따르지 않았을 때는 한바탕 소동이 벌어졌다. 그 날의 촬영분량을 검토하다가 변한 것이 있다는 사실을 감지한 히치콕은 노발대발했다. "그의 독자적인 생각을 적용해본 결과는 이야기가 원하는 장면을 정확히 충족시키지 못했습니다." 히치콕의 회상이다. "그래서 명랑하기는 하지만 말을 더듬는 독일인에게 나는 몇 가지 얘기를 했습니다."

〈39계단〉을 위해 더 고분고분한 카메라맨을 원한 그는 일찍이 1923년부터 알고 지내던 버나드 놀스를 선택했는데, 당시 놀스는 그레이엄 커츠 감독의 〈열정의 불꽃〉에서 클로드 맥도넬의 보조로 있었다. 1920년대 후반 이래, 매끄러운 카메라워크와 분위기 있는 조명으로 명성을 얻으며 훌륭하게 성장한 카메라맨인 놀스는 히치콕을 위해 〈39계단〉, 〈비밀첩보원〉, 〈사보타주〉, 〈영 앤 이노센트〉, (해리 스트래들링과 공동으로) 〈자마이카 인*Jamaica Inn*〉을 촬영했다. 휴 스튜어트가 자리

26 『데이터스: 인간의 기억』에는 이렇게 적혀 있다. "그 말은 크리스마스 선물의 날(Boxing Day)인 1899년 12월 26일 화요일에 울버햄튼의 소니크로프트 스티플체이스의 울타리에서 넘어져 다리가 부러져 경주로에서 총에 맞아 명이 끊겼다."

수갑으로 한데 묶인 두 명은 도망자와 그의 무죄를 의심하는 아름다운 금발 여인. 지금도 영국영화사의 걸작으로 꼽히는 〈39계단〉(1935)의 촬영장에 선 히치콕과 그의 완벽한 주연배우 로버트 도나트와 매들린 캐럴.

를 옮기자 히치콕은 스튜디오 소속의 또 다른 젊은 편집기사 데렉 N. 트위스트를 찾아냈다.(그 역시 훗날 유명한 감독 겸 제작자가 됐다.)

캐스팅은 시종일관 히치콕 스타일이어서, 그는 영화 초반부에 뮤직홀에서 소동과 총격전이 벌어지는 동안 해니를 따라다니는 이국적인 스파이를 연기할 배우로 베를린 출신의 루시 만하임을 선택했다. 해니는 그녀가 밤중에 그의 아파트에서 (약간은 말이 안 되는 방식으로) 암살자의 칼에 찔리기 전까지는 외국 정보요원의 비밀 네트워크에 대한 그녀의 이야기를 비웃는다. 히치콕 세대는 이 캐스팅에 담긴 뉘앙스를 감지할 수 있었다. 독일에서 뛰어난 배우-연출자로 활동했던 만하임은 히틀러를 피해 피신한 이후 맡은 첫 일자리에서 영국을 구하려고 노력하는 캐릭터를 연기했다. 〈39계단〉은 만하임에게 영국영화계에서 제2의 경력을 개척할 수 있게 해줬다.

무성영화시대에 로미오를 연기하는 등 한때 인기 있는 미남배우였던 고드프리 티얼은 고유의 이미지와는 반대로, '백 가지 얼굴을 보여줄 수 있지만' 잘려나간 '새끼손가락의 첫 마디'는 감출 수 없는 〈39계단〉의 사악한 스파이 우두머리로 캐스팅됐고, 와일리 왓슨은 오류를 모르는 미스터 메모리였다. 존 로리가 스코틀랜드 소작인으로 캐스팅됐고, 밤이면 존 길구드의 극단이 공연하는 〈로미오와 줄리엣〉에서 길구드의 상대역 줄리엣을 연기하던 페기 애슈크로프트는 그녀가 맡은 드문 스크린 역할인 소작인의 아내 역을 수락했다. 그녀의 전기작가 게리 오코너에 따르면, 히치콕은 "그녀의 주요한 무대 연기는 모조리 관람했고, 그녀를 한없이 좋아했다."

히치콕은 존 버컨의 신사적인 모험가를 현실에서 재현할 특정 배우를 처음부터 심중에 담고 있었다. 그는 잘생기고 매력적인 로버트 도나트가 쇼의 〈성녀 장〉의 공연에서 뒤누아를 연기하는 모습과, 제임스 브라이디의 〈잠자는 성직자〉에서 도나트가 결핵에 걸린 의대생과 영웅적인 의사로 유명한 1인 2역의 연기를 펼치는 것을 관람한 적이 있다. 그는 도나트에게는 '결단력과 불확실성이 기묘하게 결합'돼 있다는 것을 깨달았다. 근래에 알렉산더 코르다와 계약을 맺은 도나트는 〈헨리 8세의 사생활〉로 스크린에 진출했는데, 이 영화는 영국영화로는 유례가 없을 정도로 미국에서 성공을 거뒀다. 이후 도나트는 〈몽테크리스토 백작〉으로 할리우드에서도 좋은 활약을 펼쳤다.

히치콕은 코르다, 도나트와 합의를 한 후, 외모와 매력 면에서 도나트와 쌍벽을 이룰 만한 주연여배우를 찾기 위해 사방을 둘러봤다. 그가 처음에 선택한 배우는 〈충실한 요정〉을 막 끝낸 독일 출신의 품위 있는 영국 여배우 제인 백스터였지만, 백스터가 출연을 '구두 약속'한 연극의 공연일자가 촬영일자와 겹치는 바람에 히치콕은 다음 후보로 매들린 캐럴을 떠올렸다.

일부 평론가들은 캐럴의 연기력에 의문을 제기했지만, 차가운 블론드의 아름다움—아이버 몬터규는 히치콕이 캐럴의 외모가 "겉만 번지르르하다"고 "정확하게 빈정댔다"고 적었다—으로 인해 그녀는 영국 박스오피스의 정상급 배우 중 한 사람이 됐다. 감독은 1920년대 후반부터 그녀를 알고 있었는데, 당시 캐럴은 히치콕이 메이저 작품을 찍고 있는 벽 반대쪽에서 촬영하는 수준 낮은 BIP 영화에서 작은 역할을 연기하는 전도가 유망한 배우였다. 히치콕의 표현에 따르면, 그는 캐럴이 '엄청난 삶의 기쁨'의 소유자라는 것을 개인적으로 알고 있었다. 그녀는 재미있고 꾸밈이 없었으나, 스크린 위에서 표출된 페르소나는 쌀쌀맞고 거리감이 느껴졌다. 캐럴이 약속자리에 나타났을 때 히치콕은 그런 이미지의 불일치를 지적하면서, 그녀에게 그가 좋아하는 연기에 관한 조언인 "본연의 모습이 되라"는 조언을 던졌다.(물론 양식 있는 조언이었지만, 배우들이 이 조언에 어리둥절해하는 경우도 잦았다. 본연의 모습이 된다면 연기는 어디에 존재하는가?)

첫 번째 덫이 놓여졌다. 도나트와 캐럴은 안면이 없었는데, 히치콕은 1935년 봄에 스튜디오에서 처음으로 촬영하기 전까지 그들을 인사시키지 않았다. 두 사람이 악수를 하자마자, 히치콕은 황무지 장면을 위해 한 자리에 모인 두 사람의 팔에 수갑을 채웠다. 짤막하면서도 별다를 게 없는 이 장면은 촬영 첫날에 찍을 장면으로는 이상한 선택이었다. 몇 테이크를 찍은 후, 히치콕은 수갑 열쇠를 잃어버렸다고 밝혔다. "열쇠를 찾아야 하는데." 그는 중얼거리면서 촬영장을 떠난 후 몇십 분—일부 설명에 따르면 몇 시간—이 흐르고 나서야 돌아왔다.

수갑은 히치콕이 좋아한 소품이었다. 벨록 론즈 여사의 이야기에 수갑이 들어간 것과 똑같은 이유로, 버컨의 이야기에도 수갑이 첨가됐다. 프로이트는 크롬웰로드에서 인기 있는 화제였고, 히치콕은 사도-마조히즘적인 함의에 의존했다. 수갑은 "(관객의) 마음에서 온갖 종류의 생각을 끌어냅니다." 히치콕이 어느 인터뷰에서 한 설명이다. "예를 들어, '그들은 화장실에 가서 어떻게 할까'하는 의문이 떠오르는 것은 자연스러운 일입니다. 그리고 두 사람을 하나로 이어놓는 것은 내 생각에는 무엇보다도 섹스와 관련돼 있습니다."

공모자인 디키 베빌이 히치콕을 찾는 척하고 나가버리자, 스타들은 안절부절못하다가 점점 신경이 날카로워졌으며, 히치콕이 상상했던 바로 그 문제가 터져나왔다. 화장실에는 어떻게 갈 것인가. 그들은 히치콕에게 약이 올랐고 상대방에게도 화가 났지만, 오래지 않아 그들이 연기하는 캐릭터와 별반 다르지 않게 행동했다.

"딱히 할 일이 없었습니다. 그래서 우리는 둘 다 알고 있는 친구들에 대해, 포부에 대해, 관심 있는 영화들에 대해서 얘기를 하게 됐습니다." 도나트가 훗날한 회상이다. "우리가 경험을 교환하는 동안 우리 사이의 벽은 차츰 무너져내렸습니다. 우리가 잘 어울리는 모습을 본 히치는 조끼 주머니에서 '잃어버린' 열쇠를 꺼내서 우리를 풀어주고는 만족스러운 웃음을 지으며 말했습니다. '이제 당신들 두 사람이 서로를 잘 알게 됐으니 우리도 일을 해나갈 수 있겠군.'"

더 많은 덫이 설치됐다. 캐럴의 아버지는 버밍엄대학의 저명한 프랑스어 교수였는데, 히치콕은 얼마 안 있어 "버밍엄 날라리를 데려와!" 하고 소리를 질러댔다. 감독은 스크린 위에서 품위 없게 행동해야 하는 그녀의 연기를 준비시키기 위해 그녀의 체면을 깎아내리는 데 최선을 다했다. "우리는 그녀가 등장하는 저속한 수갑 장면, 그리고 물에 빠진 생쥐꼴로 폭포에서 끌려나오는 장면을 일부러 시나리오에 써넣었습니다." 아이버 몬터규의 회상이다.

이야기가 캐릭터에게 요구하는 그대로 배우들을 대하는 태도를 채택하기. 이것이야말로 히치콕이 좀처럼 상세히 밝힌 적이 없는 전략이었지만, 무의식적으로 택한 듯한 이런 태도는 효과가 있었다. 파멜라의 싸늘한 갑옷을 부숴버리는 것은 캐럴이 '본연의 모습이 되게' 만드는 한 가지 방법이었다. 캐럴은 수갑 때문에 몇 군데 멍이 들었고, 멍을 소재로 한 농담과 빈정거림의 대상이 되었지만, 그녀는 "모든 것을 점잖게 받아들였다"고 도나트는 회상했다. 히치콕은 촬영장에서 그녀의 역할을 구축해나갔는데, 그렇기 때문에 "그녀의 역할은 결국에는 우리가 애초에 의도했던 것보다도 더 중요한 역할로 끝이 났습니다."

주연 남자배우를 거칠게 다룬 적은 많지 않았던 히치콕은 도나트를 상당히 자유롭게 방치했다. 그런데 도나트에게는 광대 기질이 조금 있어서, 히치콕은 소작농 장면에서 도나트와 페기 애슈크로프트가 낄낄거리고 웃음을 터뜨리던 어느 순간에 거칠게 브레이크를 밟아야만 했다. 몇 차례 상황을 수습하려 시도한 감독은 분노를 터뜨리면서 스튜디오 램프의 전구를 향해 주먹을 날렸고, 감독의 분노에 깜짝 놀란 사람들은 정신을 가다듬었다.

언제든지 휘둘러질 준비를 마치고 잠복해 있는 철권이 늘 거기 있었다. 그러나 그 모든 사건에도 불구하고, 집안에 갇혀 살아야 하는 농부의 젊은 아내를 비참하게 포착한 소작농 막간극은 특히 빼어나게 연출됐다. 도망치는 도나트를 따라와서 문간에 서 있다가 회한을 가득 안고 등을 돌려 집으로 들어가는 애슈크로프트의 마지막 장면은 필름에 담긴 가장 가슴 아픈 장면이었다. 원기 왕성한 영화의 나머지 장면과는 확연히 분위기가 다른 소작농 부분은 〈39계단〉을, 그의 표현에 따르면 각각 '그 자체로 짧은 영화인' 반전과 급격한 변화를 연속적으로 급하게 몰아치는 '에피소드들로 구성된 영화'로 만들겠다고 공언한 감독의 야심에 꽤나 근접한 성과물이었다.

〈39계단〉의 마지막 장면은 인상적인데, 화면구도가 특히 치밀하다. 무대 뒤에서 죽어가는 미스터 메모리는 경찰을 상대로 마지막 공연을 펼치고, (의심의 여지없는 프로세스 숏으로 찍힌) 원경의 무대에서는 코러스 걸들이 발을 치켜들면서 춤을 추고, 뒤쪽에서 부분적으로 화면에 잡히는 해니와 파멜라는 죽어가는 남자를 내려다보고 있다. 화면이 페이드되면서 카메라가 접근하면 두 사람은 손을 뻗어 서로의 손을 잡는데, 해니의 수갑은 아직도 팔목에서 달랑거리고 있다. 히치콕은 원래 해니와 파멜라가 결혼한 후 택시로 향하는 다른 피날레를 구상하고 그 장면을 촬영했지만, 마지막 순간 넣지 않기로 결정했다.

두 스타가 그들이 연기한 캐릭터처럼 촬영 중에 사랑에 빠졌다고 주장하는 사람들도 있지만, 지금으로서는 확인하기 불가능한 소문이다. 그런데 히치콕은 영화를 찍는 동안이건 그가 주최한 파티 도중이건, 그가 보는 앞에서 사랑에 빠진 사람들을 지켜보는 것을 즐겼다. 그는 짝을 지어주는 능력이 탁월했으며, 그가 보기에 어울리지 않는 짝이라고 생각될 경우에는 잔인하리만치 간섭했다.

로버트 도나트와 매들린 캐럴은 카메라 앞에서는 확실히 사랑에 빠졌고, 한복판에 격렬한 서스펜스 스토리가 자리잡고 있는 〈39계단〉은 완벽하게 구현된 로맨스로도 통한다. 감독은 인터뷰에서 "진정한 히치콕 타입의 첫 블론드는 매들린 캐럴이었습니다"라고 말하며, 이 영화이전에는 결코 빛을 발하지 못했던 캐럴에게 종종 찬사를 보냈다. 그는 그녀를 섹스심벌로 만들어낸 '대단한 공로'가 있었다.

전기작가 J. C. 트레윈에 따르면, 〈39계단〉에서 '영화 스튜디오에서 보낸 가장 행복한 몇 달'을 보낸 도나트 역시 새로운 스타로 발돋움했다. 히치콕을 겪은 그는 대중적인 인기를 모으며, C. A. 레준에 따르면 '클라크 게이블이나 로널드 콜먼에 비견되는, 순전히 영국적인 분위기로 연기하는 영국배우'로 추앙됐다.

심지어 존 버컨조차도 흡족해했다. 런던 시사회에 이어 열린 연회에 귀한 손님으로 참석한 버컨은 히치콕의 영화가 자신의 소설보다 훨씬 뛰어나다고 단언했다. 두 사람은 서로를 존경했다. (캐나다의 신임 총독으로 임명된) 버컨과 히치콕은 가끔씩 점심을 같이 했고, 이후 40년 동안 감독은 다른 버컨의 소설을 각색하면서 즐거워했다.

〈39계단〉이 개봉되자 히치콕의 신작을 보기 위해 관객이 몰려들었다. 우선은 영국에서, 다음은 미국(앙드레 센월드는 『뉴욕타임스』에서 '올해 가장 매혹적인 영화 중 한 편'이라고 열광했다)에서, 평론가들은 당시까지 히치콕의 최고걸작이자 가장 재미있는 영화에 갈채를 보냈다.

할리우드의 관심은 여전히 뜨거웠으며, 히치콕은 조이스-셀즈닉 에이전시(도나트도 그들의 고객이었다)와 계속해서 접촉하고 있었지만, 고몽은 그에게 들어오는 몇몇 일자리를 그가 소식을 채 듣기도 전에 거절했다. 미국의 제안을 "(마이클) 밸컨은 수완 좋게 받아넘겼다"고 존 러셀 테일러는 썼다. "자기 아랫사람에 대한 이해할 만한 소유욕을 느끼고 있었던 그는 자신이 히치콕의 프로듀서이자 친구일 뿐 아니라 사실상 그의 에이전트라는 인상을 주고 싶어 했으며, 히치콕을 영국에 잡아두기 위해 전력을 다했다."

여전히 떼돈을 벌고 있지는 않았지만, 1935년에 맺은 고몽 계약으로 부자가 된 히치콕은 미술품 컬렉션을 축적하고 집도 두 채 샀다. 크롬웰로드는 히치콕 여사가 남편의 가장 가까운 동료이자 가장 가혹한 평론가—그가 즐겨 말했듯, 의견을 두려워했던 유일한 평론가—로 계속

활동하는 재택 사무실이었고, 샘리그린은 친구들과 대식구—히치콕의 어머니, 종종은 남매들도—가 주말에 모이는 곳이었다.

모두가 착하면서도 조숙한 아이라고 생각한 팻 히치콕은 〈39계단〉이 제작되던 해에 7살이 됐다. 유치원을 마친 팻은 메이필드에 있는 가톨릭 기숙학교에 입학했다. 팻을 학교에 보낸 히치콕 여사는 예전처럼 스튜디오에서 시간을 보낼 수는 없었지만 남편의 영화에 더 몰두할 수 있었다.

부부는 영화와 영화 사이에는 늘 휴식과 여행을 위한 시간을 챙겨뒀는데, 파리와 남프랑스는 주기적으로 찾았고, 종종은 이탈리아에도 갔다. 〈39계단〉을 끝낸 후 가족은 로마로 여행을 갔는데, 히치콕이 로마에서 한 가장 중요한 일은 교황을 개인적으로 알현한 일이었다. 가족여행에는 히치콕의 어머니가 자주 동행했고, 히치콕이 좋아한 친척인 넬리와 테레사도 때때로 동행했다. 또 다른 단골손님은 조앤 해리슨으로, 이제 감독의 비서가 된 해리슨은 점차 가족 같은 대접을 받았다. 동료들은 히치콕이 여자의 무리를 좋아했다고 밝혔는데, 여자들은 그를에워싸고 직업적으로 보조하면서 격리시켰다.

히치콕과 다른 많은 감독 사이의 차이점 하나는 히치콕이 견실하고 가정적인 사람이었다는 것이다. 살인과 악행에 집착한 남자의 이미지와는 모순된 성격이다. 그의 영화들, 특히 영화경력의 전반부에 만든 영화들에서는 참된 사랑과 결혼과 가정을 보호해야 한다는 관념이 놀랄 만큼 많이 등장한다. 또 다른 차이점은 이 시대의 감독들은 여배우에게 성적인 요구를 하는 것으로 악명이 높았지만, 그가 남긴 기록에 공백이 있고 기록이 모호하기는 하지만 히치콕은 그렇지 않았다는 점이다. 그도 때로는 의뭉스러운 짓을 하기도 했지만 말이다.

알마가 자리에 없는 파티에서 너무 많이 취했을 때, 그는 여자들을 거칠게 다루거나 뒤에서 끌어안기도 했다. 그가 쓰던 수법 중 하나는 여자들에게 환영키스나 작별키스를 하다가 입에 혀를 집어넣어 놀라게 만드는 것이었다. 그가 젊은 여배우들에게 반하지 않은 것은 아니었지만, 상대가 유명 여배우였던 적은 한 번도 없었다. 가끔 그는 홀딱 반한 여배우를 아버지 같은 모습으로 수행하고 스튜디오를 돌아다니면서 기다리며 지켜봤다. 영원토록 기다리며 지켜봤다. 히치콕이 제대로 바람을 피웠는지에 대한 증거는 없지만, 그가 성불능자였다는 사실을 놓고 볼 때 난잡한 사람이었다는 상상은 확실히 의심스럽다.

매스터스와 존슨의 선구적인 『인간의 성적 반응』이 출간된 1966년 이전에, 성불능—또는 그들이 '성기 오류'라고 부른 것—은 사람들이 거의 이해하지 못한 질환이었다. 오늘날에는 이에 대한 심리적이고 육체적인 다양한 원인들이 훨씬 잘 알려져 있는데, 혈액순환 장애에서부터 알코올 섭취에 이르기까지 다양한 환경이 성불능을 유발시킬 수 있다. 매스터스와 존슨은 '단조로운 반복적 성관계'와 '직업이나 경제적인 추구를 위한 몰입'도 가능한 원인으로 조심스럽게 언급했다.

이런 가능성은 어떤 식으로 조합해도 히치콕에게는 맞아떨어지는데, 과식과 과음으로 더욱 늘어난 몸무게는 특히 그렇다. 그가 살던 시대에 사람들을 당황하게 만드는 소재였던 성불능은 널리 진단되거나 논의되는 주제는 아니었다. 매스터스와 존슨이 연구결과—히치콕이 인쇄가 끝나기도 전에 미리 구해봤음직한 종류의 책—를 출간할 무렵, 히치콕은 인터뷰어에게 성불능에 대한 힌트를 공개적으로 내비치기 시작했다. 그는 〈새〉를 만들던 무렵 그가 오랫동안 "순결했다"고 털어놨다. 그는 팻을 가지기 위해 딱 한 번 섹스를 해봤으며, 임신을 하기 위한 절차가 재미없다는 것을 알게 됐다고 즐겨 말했다. "나는 너무 살이 쪄서 우리 딸아이를 만년필로 임신시켰어!"는 그가 즐겨 던지던, 특히 알마 앞에서 즐겨 던지던 농담이었다.

〈마니*Marnie*〉를 만들 때 히치콕과 가까워진 작가 제이 프레슨 앨런은 이렇게 밝혔다. "히치가 기능적으로 불능이었다고 알고 있습니다. 그가 나에게 들려준 모든 얘기 때문이죠. 그가 그 문제를 놓고 그리 많은 고민을 했다고는 생각하지 않습니다. 그는 그 문제를 자기 영화에 이용했을 겁니다. 그와 관련된 만사가 작품으로 흘러들어갔으니까요."

프랑수아 트뤼포가 히치콕에게 그의 러브신이 친밀함과 열정으로 너무나 충만한 이유를 묻자, 감독은 질문을 무시했다. 그는 "나 자신은 그런 장면이 특별히 재미있거나 하지 않습니다"라고 대꾸했다. "나는 말입니다, 금욕주의자예요. 그런 것에 반감이 있거나 하지는 않지만, 그런 것을 굉장히 많이 생각하지도 않습니다." "그렇군요. 그렇지만 감독님 영화에는 그런 것들이 가득한데요." 트뤼포는 계속 물고 늘어졌다. "그게 욕망의 배출구일지도 모르죠, 그렇잖아요?"

순결과 금욕주의는 그의 영화들에서 쌍안경과 창문과 열쇠구멍을 통해 훔쳐보는 모든 관음증 남자에게 신랄한 서브텍스트를 부여하는 암호였다. 히치콕은 때때로 바람을 피우면서 겉으로는 행복한 결혼생활을 하는 듯이 보인 감독은 아니지만, 자신의 외모가 괴상하다는 것을 느낀 아마도 치유가 불가능한 성불능자였을 것이다. 상황이 완벽해야 하는데, 그런 상황은 좀처럼 생겨나지 않았다. 그는 치맛자락을 좇아다니는 사람이 아니라 관찰하고 기다리는 사람이었다.

1930년대에 그는 운좋게 그런 상황에 처했다. 크롬웰로드에서 아마도 〈39계단〉 직후에 명절 모임을 가진 후였다. 약소한 선물들을 주고받은 후 술에 취한 손님들은 다른 파티에 가기 위해 택시로 몰려들었다. 피곤했던 히치콕 여사는 집에 머물렀고, 그 사이 감독은 장난감 양철 트럼펫을 선물로 준 젊은 여배우 옆에 편안하게 앉는 기회를 얻었다. 그들은 트럼펫을 주고받으면서 트럼펫으로 소리를 내려고 애를 썼지만, 얼굴이 발개져서는 웃음을 터뜨리던 히치콕은 소리를 낼 수가 없었다. 여배우는 굉장히 쉬운 일이라고, 오럴섹스를 제대로 하는 것과 비슷하다고 말했다. 그렇다면 어떻게 하면 오럴섹스를 제대로 할 수 있는가? 순진한 사내가 캐물으면서 웃음소리가 더욱 커졌다. 그 물음에 여배우는 무릎을 꿇고는 시범을 보였다.

히치콕이 드문 순간에 개인적으로만 밝혔던 이 일화를 믿는 사람은 극히 일부지만, 이 일화는 종종 공개적으로 밝혔던 버전을 떠올리게 만들기는 한다. "학교 선생님처럼 보이는 영국여자가 당신과 택시에 오르면, 그녀는 남자의 바지를 벗기는 것으로 당신을 놀라게 하는 경향이 있습니다." 훗날 잉그리드 버그먼과 관련된 유사한 이야기를 믿는 사람도 극히 일부다. 그러나 출판된 많은 인터뷰가 보여주듯, 히치콕은 상대적으로 진실한 사람이었다. 허풍을 자주 떨어서 그렇지, 거짓말은 거의 하지 않았다. 따라서 이 일화도 사실일 가능성이 아주 높다.

〈39계단〉의 거의 모든 장면은 라임그로브 지역 내에서 촬영됐다. 한 가지 예외는 에든버러 바로 북쪽에 있는 포스브리지에 2.5㎞에 걸쳐 뻗어 있는 북동철도라는 것을 영국 관객들이 인지할 수 있는 기찻길에서, 해니가 속도를 높이는 기차에서 추적자들을 피해 뛰어내리는 장면이다. 그 장면을 찍을 하루나 이틀 정도의 로케이션이 제작비가 감당할 수 있는 전부였다.

고몽 시절이 호사스럽지는 않았지만, 히치콕이 스튜디오에서 가장 행복했던 시절이었다는 데는 의심의 여지가 없다. 라임그로브는 영민한 학생들과 젊은 교수들이 돌아다니는 대학교 교정처럼 활력이 넘쳤고, 일은 히치콕에게는 산소와 같았다. 그는 항상 한 작품을 마무리하면서 차기작에 착수했는데, 〈39계단〉이 극장에 걸릴 즈음, 몇 차례 잘못된 출발을 거친 차기 프로젝트 〈비밀첩보원〉의 시나리오는 진행 준비를 거의 마친 상태였다.

표면적으로 —책으로 출간된 서머싯 몸의 일련의 연관된 단편소설이 원작인— 신작은 히치콕에게는 연속 세 번을 다루는 스파이-파괴공작 이야기였다. 그러나 신작은 관객을 다른 길로 데려갈 터였다. 감독의 인생에서 성공과 안정은 그의 작품에서 어둠과 심연으로 그를 몰고 가는 길이었다.

"역적"과 "대머리 멕시코인"은 몸의 『아셴덴, 또는 영국 정보원』에 취합된 이야기 중 일부였다. 고몽은 책에 대한 권리뿐 아니라 『데일리 텔레그래프』 소속 평론가 캠벨 딕슨이 쓴 아셴덴 희곡에 대한 권리 역시 보유하고 있었다.

또다시 히치콕은 소설을 주로 도약대로 활용하여, 그와 —여전히 으뜸 시나리오 구성자인— 찰스 베넷은 중요한 캐릭터 두 사람(아셴덴과 대머리 멕시코인), 배경(편리하게도 히치콕이 좋아하는 장소인 스위스), "대머리 멕시코인"의 줄거리(외국 정보원을 암살하라는 지시를 받은 아셴덴이 엉뚱한 사람을 죽인다)를 빌려왔다.

시나리오 집필은 때때로 전투와 같았다. 베넷은 집필 팀이 아이디어를 짜내려 애쓸 때 긴장을 덜어주기 위해 히치콕이 정신을 산란하게 만드는 수법을 다양하게 구사한다는 것을 깨달았다. 히치콕은 작품과 무관한 가십이나 학생들이 주고받는 장황한 농담과 같은 무미건조한 주문으로 베넷의 작업을 방해했다. 한 번은 일을 잠시 멈추고 크로이든 공항의 옥상으로 자리를 옮기자고 고집을 부렸고, 다른 경우에는 리비에라행 기차로, 또 한 번은 바르셀로나의 투우장으로 가자고 주장했다.

〈39계단〉을 집필하는 동안 베넷은 히치콕이 조앤 해리슨에게 증기선을 빌린 후 '우리 세 사람만을 위해서' 오케스트라를 배에 태우라고 지시했다고 회상했다. 템스에서 떠난 배는 승객 세 사람만을 태운 채 그리니치로 운항했다가 돌아왔다. 베넷은 "시나리오회의라고 생각하겠지만, 조금도 그렇지 않았습니다. 작품과 관련한 피비린내 나는 단어는 조금도 등장하지 않았거든요"라고 밝혔다. 그럼에도 불구하고 그들은 기분전환을 했다고 느끼면서 돌아왔다.

히치콕과 베넷은 훌륭한 한 쌍이었으며, 베넷은 히치콕 일파 중에서 가장 뛰어난 사람이었다. 두 사람은 함께 긴 드라이브에 나서서, 눈을 부릅뜨고는 길가에 있는 '괴상한 것은 무엇이건' 찾아봤다. 베넷의 말로는, 히치콕이 '정상적인 것에서 벗어난 것에 늘 매료됐기 때문'이었다. 언젠가 철도 교각을 지나던 두 사람은 차에서 내려 아래로 난 계단을 내려가서 버려진 기차역을 탐험했다. 다른 경우에 그들은 옥스퍼드스트리트에 있는, 한때 유명한 배우 찰스 킨의 런던 본거지였지만 몇 세대 동안이나 폐쇄된 상태였던 프린세스시어터에 몰래 숨어들어갔다. 그들은 으스스한 분위기를 말없이 빨아들이고 있는 광대한 객석을 앞에 둔 무대에 함께 섰다. 베넷은 히치콕이 언젠가 미래에 이용하기 위해 이 모든 것을 뇌 속에 저장하고 있다는 사실을 조금도 의심하지 않았다.

또 다른 경우에, 두 사람은 차를 몰고 가면서 이야기를 주고받다가 결국에는 콘월의 오지 어딘가에 있는 술집에 자리를 잡았다. 그들은 편하게 앉아서 술을 마시다가 옆방에서 소피 터커의 윤기 흐르는 목소리가 퍼져나오는 것을 들었다. 그들은 축음기에서 나는 소리일 거라고 생각했지만, 잠시 후 '레드 핫 마마'로 알려진 소피 터커가 피아노에 혼자 앉아서 노래를 부르고 있음을 깨닫고, 일을 해야 한다는 생각 따위는 내팽개쳤다. 베넷은 출판되지 않은 자서전에서 이렇게 회상했다. "그녀는 우리를 보고도 노래를 계속했다. 관객 2명을 앞에 둔 아름다운 여성 독창회였다."

히치콕과 그의 충실한 작가는 멀리 떨어진 시골의 호텔에 가명으로 투숙한 적도 여러 차례 있었다. 그들은 욕실을 같이 쓰는 별도의 방을 얻었다. 베넷은 '호텔 종업원 차림으로 목욕 준비가 끝났습니다, 손님이라고 한없이 공손하게 아뢰는' 히치콕이 아침에 그를 깨울 때마다 감동을 받으며 즐거워했다. 그것은 사실이었다. 히치콕이 손수 옷을 차려입고 목욕물이 적당한 온도가 되도록 준비한 것이었다.

그들은 (히치콕이 좋아했던) 가짜 '자유형 레슬링'쇼, (감독이 역시 좋아했지만, 훌륭한 공연 내내 정장 차림으로 코를 골아댔던 바그너의 〈뉘른베르크의 마이스터징거〉)[27] 오페라, 그리고 윔블던의 센터코트를 함께 찾아다녔다. 그들은 휴식시간에 테니스를 치기도 했는데, 히치콕과 조앤 해리슨이 팀을 이뤄 히치콕 여사와 베넷을 상대했다." 그렇지만 히치가 공을 쫓아다니는 것은 한번도 못 봤습니다." 베넷의 회상이다. "땅딸막한 남자는 그냥 거기에 서서 공이 자기 앞으로 직접 날아올 때까지 멍하니 기다리고 있었죠. 시합이 썩 훌륭했던 경우는 결코 없었습니다."

〈비밀첩보원〉을 집필하는 동안 골머리를 앓던 히치콕과 베넷은 아이버 몬터규가 휴가를 즐기고 있던 스위스 바젤로 날아가서 휴양지에서 몬터규를 찾아내 라우테르브루넨 밸리로 가서는 숲과 폭포를 헤집고다녔다. "아이디어와 로케이션을 찾으면서 보낸 즐거운 날들이었죠." 베넷의 회상이다. 이야기의 커다란 뼈대를 해결하고 난 후, 히치콕은

27 그는 선잠 자는 것으로 악명이 높았다. 심지어는 그가 투자한 연극의 공연 중에도 잠을 잤다. 예를 들어, 휴 월폴의 소설 『노부인』을 로드니 애클랜드가 각색하고 존 길구드가 출연한 연극에서도 그랬다. 알마는 언젠가 이렇게 설명했다. "아주 보고 싶어 하던 연극이었는데도 그는 잠에 빠졌다가는 나한테 중간에 어떻게 됐는지 물어보곤 했어요."

스위스에서 혼자 기차를 타고 발칸 반도로 갔다. 아셴덴과 '대머리 멕시코인'이 마침내 기차에서 그들의 표적을 궁지에 몰아넣는 —몸의 소설에는 없는— 피날레를 어떻게 시각화할 것인가를 고민하기 위해서였다. 히치콕의 가장 자유분방한 기차장면 중 하나인 이 장면은 눈부신 충돌과 폭발로 끝을 맺는다.

그러나 작가와의 결합은 항상 편의상의 결합에 불과했다. 베넷이 일단 원고를 끝마치고 나면, 베넷이 점점 싫어하게 된 방식에 따라 다른 수정작가들이 뒤를 이어받아 베넷이 완성한 페이지를 다시 한 번 말끔하게 손봤다. 이 영화의 경우 크레디트에 오른 다른 작가는 솜씨가 한결같은 이안 헤이와 파라마운트 거물의 아들로 훗날 세실 B. 데밀을 위한 작품을 쓴 제시 래스키주니어였다.

촬영은 1936년 10월에 시작될 예정이었다. 히치콕의 카메라맨은 여전히 버나드 놀스였고, 찰스 프렌드가 편집기사로 합류했다. 프렌드는 〈캠버 경의 여인들〉의 편집실 말단조수였는데, (프로듀서였던) 히치콕은 어느 날 형편없이 편집된 시퀀스를 놓고 으르렁거리다가, 멍청한 풋뎅이 조수라도 이보다는 가위질을 잘할 것이라고 말했다. 임무를 넘겨받은 프렌드는 히치콕이 〈비엔나의 왈츠〉로 자리를 옮기자 용기를 내 히치콕에게 전화를 걸어 그의 편집기사가 될 수 있겠느냐고 물었다. 놀랍게도 히치콕은 젊은 편집기사를 기억하고 있었고, 술 한 잔 하자며 그를 크롬웰로드로 초대했다.

"자네가 영화를 편집하기에 충분할 만큼 경험을 쌓고 있다고 생각하는 근거가 뭔가?" 칵테일을 마시던 중에 히치콕이 프렌드에게 공격적으로 물었다. "글쎄요. 사실 그런 정도로 경험은 없죠." 프렌드도 인정했다. "그게 무슨 뜻인 줄 알지, 그렇지? 하루 일과가 끝나면, 피곤에 절어버린 내가 편집실로 가서 자네에게 일을 어떻게 하는지 보여줘야만 하겠군." "그렇습니다, 히치콕 감독님." "이런." 툴툴거리던 감독은 프렌드가 너무나도 긴 시간이라고 느낄 만큼 젊은 풋내기를 바라본 후에 말했다. "내가 아는 한, 자네는 일자리를 얻었네." "히치는 아주 친절하면서도 사려 깊게 행동할 줄을 알았습니다." 프렌드의 회상이다. "그는 열의있는 사람을 좋아했는데, 나는 확실히 열의로 꽉 차 있었거든요."

〈비엔나의 왈츠〉가 끝난 후 히치콕은 프렌드를 불러 다음 작품이 대기 중인지를 물었고, 프렌드는 아니라고 말했다. "자네는 여기(고몽)에 머물러야 할 거야." 히치콕은 충고했다. "가랑이 사이에 꼬랑지를 말고서 BIP로 돌아가고 싶지는 않겠지, 그렇지?" 그러고는 전화기를 들어서 마이클 밸컨의 동생인 S. C. '챈' 밸컨과 통화하는 모습을 보여줬다. 히치콕은 거품을 물고 말했다. "챈, BIP의 스테이플튼이 찰스 프렌드를 탐내고 있어요. 프렌드를 돌려받고 싶어 한다고요. 서두르지 않으면 그 친구를 뺏기게 될 거예요."

챈은 물어보지 않을 수 없었다. "찰리 누구요?" 그는 프렌드가 누구인지를 전혀 몰랐다. "내 편집기사, 찰리 프렌드말이에요." 히치콕은 술술 늘어놨다. "그 친구, BIP로 돌아가려고 하는데, 빨리 낚아채는 게 좋을 거예요." 그 결과 프렌드는 고몽과 확고한 계약을 맺었고, 즉시 제시 매튜스의 차기 뮤지컬에 투입됐다. 결국 프렌드는 〈비밀첩보원〉, 〈사보타주〉, 〈영 앤 이노센트〉 등 히치콕의 영화 3편을 편집했다. 비공식 클럽인 '히치의 아이들'의 또 다른 일원인 그는 편집기사로 몇 년을 보낸 후 일링에서 당찬 감독으로 발돋움했다.

오해로 표적이 됐다가 평범한 관광객인 것으로 판명되는 나이든 부부로 감독은 퍼시 마몬트(그의 두 번째 히치콕 영화다)와 플로렌스 칸을 캐스팅했다. 평론가이자 만화가, 수필가인 맥스 비어봄 경의 부인인 칸은 비어봄 여사로도 불렸다. 한때 리처드 맨스필드 극단의 주연배우로 명성을 날렸던 칸은 무대에서 완전히 은퇴한 상태였는데, 히치콕은 올드빅에서 공연된 〈페르귄트〉의 리바이벌 공연에서 그녀의 연기를 본 적이 있었다. 그는 그녀가 유일한 영화 출연작인 〈비밀첩보원〉에 출연하도록 그녀를 잘 구슬렸다.(히치콕은 그녀가 영화 스튜디오를 한 번도 방문한 적이 없었을 뿐 아니라 "평생 영화를 한 편도 본 적이 없었다"고 여러 인터뷰어들에게 자랑스럽게 밝혔다.)

로버트 영을 독일의 정보요원으로 캐스팅한 것은 의외의 선택이었는데, 이 다재다능한 미국 배우는 고몽 영화의 미국시장 배급에 배우의 이름이 도움이 되기를 바란 마이클 밸컨의 간청으로 바다를 건너왔다.(영은 '세련된 할리우드 배우의 전형'이라고 히치콕은 말했다. "영화계에서 오랫동안 훈련받은 배우라서 그를 다루기는 쉬웠습니다.")

〈나는 비밀을 안다〉 이후 콜럼비아의 〈죄와 벌〉과 MGM의 〈미친 사랑〉에서 특유의 광기를 뽐내면서 할리우드에 정착한 피터 로르가 돌아왔다. 멕시코인 장군은 영화에서 가장 중요한 배역으로, 몸은 그 캐릭터에 대해 "그는 불쾌하고 바보 같지만, 사람들은 그에게서 눈을 뗄 수가 없었다. 그의 이상한 면모에는 사람을 불길하게 끌어당기는 매력이 있었다"고 썼다. 히치콕은 처음부터 그 역할에 로르를 염두에 뒀고, 심지어는 작업 중인 시나리오에 캐릭터의 이름을 '피터'라고 적어넣기까지 했다.

그런데 로르는 멕시코인이 아니었으므로, 시나리오는 그 부분에 대해서 해명을 해야만 했다. 게다가 로르는 대머리도 아니어서 히치콕은 분장을 지시했다. 배우가 탄 런던행 배와 열차에 메이크업 아티스트가 동승해서 그의 머리에 기름을 발라 곱슬머리를 만들면서 로르의 캐릭터에 나르시스적인 아우라를 덧붙였다.

히치콕은 혼기에 접어든 약간은 오동통한 릴리 파머에게 그녀의 첫 중요 출연작 중 하나인 〈비밀첩보원〉의 배역을 줬다. 그녀는 멕시코인 장군이 선택하는 아가씨('릴리')를 연기하는데, 장군은 그녀의 옷에 초콜릿을 떨어뜨리고는 그녀를 이튿날 아침까지 호텔방에 묶어둔다. 릴리는 초콜릿 공장에서 일하는 남자친구 칼(하워드 마리온 크로포드)로 이어지는 연결고리다. 히치콕이 스위스를 대표하는 이미지로 본 초콜릿공장은 스파이 본부이기도 하다.

〈비밀첩보원〉에는 아센덴의 아내인 척하다가 그에게 미친 듯 빠져드는 여성요원이 등장한다. 몸의 소설에는 없는 이 캐릭터는 캠벨 딕슨의 희곡에 등장하는데, 시나리오에서 이 역할을 구축할 때 염두에 둔 배우는 인기절정의 여배우 매들린 캐럴이었다.

감독은 도나트를 완벽한 아센덴으로 보면서, 〈39계단〉의 두 스타인 캐럴과 로버트 도나트를 재결합시킬 계획이었지만, 도나트에게는 다른 계약이 있었으므로 이미 무대의 전설이 돼 있던 존 길구드에게 돌아섰다. 얼마 전 막을 내린 유명한 〈로미오와 줄리엣〉 공연에서 길구드는 로렌스 올리비에를 로미오로 연출하는 한편 그 자신도 머쿠쇼와 코러스로 1인 2역을 맡아 출연했다.

그때까지 길구드는 영화계에서는 활약이 미미했다. 그는 영화매체를 두려워했고, 조명과 카메라 설치를 하는 동안 한없이 기다려야 하는 것과, 표정연기와 대사가 뚝뚝 끊겨 단속적으로 촬영되는 과정을 싫어했다. 영화는 그의 연기를 심란하게 만들고 자신감을 날려버렸는데, 히치콕은 길구드에게 자신감을 심어주기 위해 찬사를 보내면서 연극배우를 부추겼다. 길구드의 전기를 쓴 로널드 헤이먼에 의하면, 히치콕은 아셴덴 배역을 '옷만 요즘 것을 걸쳤을 뿐인 또 다른 햄릿', '살인의 필요성을 스스로 납득할 수 없는 인물'이라고 묘사했다.

독보적인 셰익스피어 배우는 배역을 맡기로 허락했고, 심지어는 여러 배역에 어울리는 배우들을 추천하면서 캐스팅에 관여하기까지 했지만, 그럼에도 불구하고 촬영 첫날 라임그로브에 모습을 나타낸 길구드는 마음이 편치 않았다. 그의 공포심은 커져만 갔는데, 그가 출연하는 많은 장면이 로르와 함께하는 장면이었기 때문이었다. 로르가 리허설 동안에 보여준 천사 같은 태도는 일단 카메라가 돌기 시작하면 순식간에 자취를 감췄다. 악마가 활력을 되찾으면서 무대 곳곳으로 마성을 내뿜었는데(그가 뚜렷하게 들리지 않는 대사를 내뱉을 때 그의 입술 사이에는 담배가 아슬아슬하게 물려 있었다), 그 마성은 운 없게도 그와 같이 스크린에 등장하는 사람들로 향하는 관객의 시선을 빼앗아버렸다. 길구드는 당황했다.(연극을 하는 그에게 있어 시나리오는 곧 성경이었다.) 뭔가 도움을 받으려고 히치콕을 바라보면 돌같이 굳은 수수께끼 같은 얼굴만 보였다.

굳은 얼굴은 조금도 달갑지 않았다. 〈나는 비밀을 안다〉를 촬영할 때는 잠잠했던 로르의 모르핀 중독은 슬프게도 통제력을 벗어나버렸다. 로르는 미국에서 병원 신세를 진 적이 있었는데, 이제 런던에서 고몽은 그의 모르핀 투입을 거들어야만 했다. 고몽이 일을 제대로 처리하지 못한 적이 여러 차례 있었는데, 그때마다 로르는 금단증세를 해결하기 위해 촬영장 배치를 바꾸는 사이에 촬영장을 몰래 빠져나갔다.

다른 책들은 로르가 짓궂은 장난 측면에서는 히치콕과 쌍벽을 이뤘다는 이야기를 지지한다. 어느 때인가 로르는 크롬웰로드에 지저귀는 카나리아 50마리를 보내는 것으로 히치콕에게 복수를 했다. 로르의 전기를 쓴 스티븐 D. 영킨은 "이야기 버전이 다양한 만큼 배달된 새의 수도 들쑥날쑥했다"고 썼다. 로르의 장난과 괴벽은 〈나는 비밀을 안다〉 동안에는 재미있었지만, 〈비밀첩보원〉에서 그가 보인 행동은 자기파괴적이었고, 더욱 악화된 행동은 프로답지 못했다. 히치콕은 그의 괴상한 익살에 점점 '싫증을 냈다'고 영킨은 썼다. 어느 날 '갖가지 색깔이 알록달록하게 들어간 양복조끼'를 입고 스튜디오에 도착한 로르는 모두에게 옷을 자랑했다. 그런데 로르가 으쓱대면서 히치콕에게 다가가자, 화가 난 감독은 아무 말도 하지 않고는 조끼 전체에 커피를 부어버렸다.

히치콕은 길구드에게는 최소한 뜨거운 커피를 뿌리지는 않았지만, 전설적인 연극배우는 감독의 요구 때문에 시종일관 당혹스러웠다. 길구드는 배경에 영사된 코모 호수의 풍경 앞에서 몇 시간을 연기해야 했는데, 스모크 머신은 그의 얼굴에 연기를 뿌려댔다. 열차충돌 피날레에 삽입할 장면을 연기하기 위해서는 대들보와 파편 아래서 몇 시간을 누워 있어야 했다.

길구드가 축적하고 있던 직업적 지혜들은 현장에서는 소용이 없는 듯 보였고, "모든 것을 문질러 떼어내고 내면을 텅 비우기 시작하라"며 길구드에게 던지는 히치콕의 판에 박힌 충고는 눈곱만치도 도움이 안 됐다. "본연의 모습이 되라"는 조언은 완전히 다른 사람으로 변신하는 일을 해온 길구드에게는 조언이라고 할 수 없는 것이었다. "히치콕 때문에 나 자신이 젤리처럼 느껴진 적이 많았습니다." 길구드는 인터뷰어에게 이렇게 밝혔다. "나는 신경과민으로 앓아눕기 직전이었습니다."

〈비밀첩보원〉의 일정이 늦어졌으므로, 11월에 길구드와 올리비에는 〈로미오와 줄리엣〉 공연을 위해 무대로 복귀했다. 며칠 밤 동안 길구드는 무대를 떠나 한밤중에 스튜디오로 돌아와서는 남아 있는 장면들을 촬영했다.

히치콕이 캐스팅 과정에서 감행한 도박은 거의 오류가 없었지만, 결국 길구드는 영화가 요구하는 햄릿도 로미오도 아니었다. 그가 '아내'(캐럴)와 어울리는 장면—특히 '숙취' 장면—은 재미있지만, 두 사람이 등장하는 장면은 결코 의도했던 만큼 로맨틱하지는 않았다.(그보다 앞서 연기한 아이버 노벨로와 헨리 켄달처럼, 길구드는 미쳐 날뛰는 이성애자 역할로는 잘못된 캐스팅이었다.) 환멸을 느낀 길구드는 이후 20년 동안은 영화에 출연하지 않았다.

그러나 커다란 나무사발 주위로 동전을 굴리면서 음울하게 노래하는 민속 앙상블, (멀리 떨어진 눈 덮인 산꼭대기에서 망원경을 통해 무시무시하게 관찰되는) 오인된 상대를 죽이는 살인, 저렴한 제작비를 들여서 날카로운 소음과 연기, 왜곡된 앵글로 구현해낸 열차충돌 피날레 등, 〈비밀첩보원〉에는 히치콕의 팬들이 소중히 여기는 훌륭한 요소들이 있다. 영화에서 중요한 요소들은 그런 것이었다. 반짝거리는 〈39계단〉의 뒤를 이어 나온, 서머싯 몸을 각색한 히치콕의 영화는 관객에게나 평론가에게나 확실히 실망스러운 작품이었다.

히치콕은 자기 자신을 비난하는 태도를 견지한 드문 감독이었다. 나중에 히치콕은 여러 차례 자신이 영화의 소재를 결코 완벽하게 소화해내지 못하는 실수를 저질렀다고 인정했다. "나는 〈비밀첩보원〉을 꽤 좋아합니다." 히치콕은 이렇게 덧붙였다. "그 영화가 성공작이 아닌 게 유감입니다."

감독이 고몽에서처럼 지극히 효율적으로 일했던 적은 결코 없었다. 손발이 척척 맞는 동료 아티스트와, 그의 영화들이 소재와 스타일 면에서 두드러진 연속성을 유지할 수 있도록 이바지한 조력자들이 히치콕을 도왔다.

〈비밀첩보원〉이 극장에 걸릴 준비를 끝냈을 무렵, 히치콕과 찰스 베넷은 조지프 콘래드의 소설로, 〈나는 비밀을 안다〉와 〈39계단〉, 〈비밀첩보원〉 스타일의 또 다른 스파이-파괴공작 서스펜스 이야기인 『비밀첩보원』을 각색할 채비를 하고 있었다. 우연히 일치한 콘래드의 제목—과 줄거리의 상당부분—을 파기해야만 한다는 것을 처음부터 알고 있기는 했지만 히치콕에게는 자연스러운 선택이었다.

런던에서 활동하는 테러리스트 조직을 다룬 콘래드의 훈계조 이야기는 제1차 세계대전 이전인 1907년에 처음 출판됐지만, 히치콕은 존 버컨의 소설 『삼십구계단』처럼 소설의 줄거리를 1935년의 영국으로 수월하게 현대화할 수 있다는 것을 즉시 간파했다. 『아셴덴, 또는 영국정보원』이 몸의 범작이라면, 『비밀첩보원』은 콘래드의 걸작이었다.(어느 문학평론가의 말을 빌리자면, '심오함과 천재성 면에서 그의 걸작 중 하나로 꼽을 만한 작품'이었다.) 아무리 그렇더라도, 히치콕은 소재를 다룰 때 누리던 평소 수준의 자유를 행사할 수 있었다.

시나리오는 콘래드의 주요 캐릭터 세 사람(벨록 부부와, 벨록 부인의 동생 스티비)을 그대로 가져왔지만, 책에서는 중요하게 다뤘던 등장인물인 벨록 부인의 어머니는 제외시켰다. 시나리오는 줄거리의 핵심적인 상황—예기치 않은 폭발로 스티비가 죽으면서 벨록의 파멸이 앞당겨진다—도 그대로 받아들였다. 콘래드의 소설에서는 스티비가 나무에 부딪히면서 사망하고, 수사반장이 그 뉴스를 설명하는 식으로 돼 있지만, 역작을 계획하고 있던 히치콕은 스티비를 만원버스에 태우면서 사건의 심각성을 증대시켰다.

사실 히치콕은 시나리오가 완성되기 전인 1935년 11월에 런던시장 행진을 촬영하기 위해 보조촬영진을 파견했다. 런던시장이 취임선서를 하기 위해 왕립재판소로 향하는 연례 행진으로, 군중이 행렬을 이루는 행사였다. 이런 뉴스릴 스타일의 촬영분은 나중에 스티비가 겉으로는 아무런 문제가 없는 듯 보이지만, 실제로는 시한폭탄을 운반하는 벨록의 심부름을 하기 위해 달려가는 것으로 시작되는 시퀀스에 합쳐졌다.

배경 역시도 콘래드의 것이라기보다는 히치콕의 것이었다. 〈새〉를 찍기 오래전부터, 감독은 재앙의 전조로 갑자기 나타나는 날짐승들을 주기적으로 보여주는 것을 좋아했다. 콘래드를 각색한 영화에서, 히치콕은 폭탄을 제조하는 본거지가 조류를 전문으로 다루는 애완동물 가게로 가장하고 있다고 구상했다. 시한폭탄을 가져가기 위해 도착한 의심스러운 벨록은 새 한 쌍을 사는데, 폭탄 제조자는 즐거운 목소리로 이렇게 알려준다. "새들은 1시 45분에 울 겁니다!"

콘래드의 소설에 그런 애완동물가게는 등장하지 않으며, 런던동물원 수족관이라는 공공장소에서 벨록이 테러리스트와 접선하는 있을법하지 않은 배경도 책에는 없다. 영화에서 그들은 카메라를 등지고 서서, 커다란 바다생물들이 조명이 된 거대한 탱크를 헤엄치고 돌아다니는 것을 응시하면서 간신히 알아들을 수 있는 소리로 긴 얘기를 나눈다. 접선상대가 떠난 후, 벨록은 계속에서 물탱크를 바라본다. 히치콕은 물고기로부터 피카딜리 서커스의 분주한 교통으로 디졸브하고는 건물들이 상상 속의 폭발로 인해 부서지고 무너지는 것 같은 비전을 보여준다.

결정적으로, 벨록 부인과 지독한 사랑에 빠지는 테드라는 이름의 무기력한 비밀요원을 우리는 책의 어디에서도 만날 수 없다. 테드는 히치콕이 고안한 또 다른 캐릭터로, 감독이 여전히 갈망하고 있던 로버트 도나트 같은 주연급 배우를 유혹하기 위해 창조된 캐릭터였다.

벨록은 콘래드의 소설에서 기인한 캐릭터지만, 히치콕은 그의 직업을 노골적으로 바꿔버렸다. 콘래드의 벨록은 별다른 특징이 없는 잡화상의 주인이지만, 히치콕은 벨록을 런던 남동부에서 '너무 기괴한'(아마도 독일 표현주의) 영화들을 상영하는 극장의 주인으로 만들면서, 그를 히치콕 특유의 중국식 상자에 옮겨놓았다. 〈링〉의 릴리언 홀—데이비스처럼, 벨록 부인은 극장 입구에서 표를 받는다.(찰스 베넷의 말마따나, '히치콕 본인의 성장환경을 반영하는 것처럼' 비밀경찰이 극장 이웃에서 청과상으로 일한다.)

영화관 배경은 영화의 하이라이트 장면을 이끌어낸다. 벨록 부인이 스티비가 죽었다는 것을 알고 —남편이 그녀의 친동생을 포함한 무고한 사람을 폭탄으로 해치는 어리석은 파괴공작원이라는— 남편에 대한 진실을 깨달은 후에 시작되는 시퀀스다. 그녀는 비틀거리면서 주거공간 바로 바깥에 있는 극장 복도로 걸어간다. 객석을 가득 메운 관객은 본영화 상영 전에 트는 애니메이션을 넋을 놓고 보고 있다.(이 애니메이션은 히치콕이 좋아했던 영화감독 중 한 명인 월트 디즈니의 〈어리석은 교향악단〉이다. 그는 배우들의 연기가 마음에 들지 않으면 언제든지 지우개로 지워버릴 수 있는 디즈니야말로 가장 우수한 품종의 배우들을 거느리고 있다고 말하곤 했다.) 여전히 충격에서 헤어나지 못한 벨록 부인은 관객 속에 주저앉는데, 스크린을 슬쩍 쳐다본 그녀는 갑자기 킬킬대면서 폭소를 터뜨린다. 경박함이 우울함 속으로 침투해 들어가는 순간이다.

애니메이션의 큐피드가 화살로 콕 로빈을 해치우면서 "누가 콕 로빈을 죽였나"라는 상황에 적절한 노래 후렴이 등장한다. 깜짝 놀란 벨록 부인은 남편과 결판을 보기 위해 돌아가기로 마음을 추스르고, 그 결과 "칼, 칼, 칼!" 스타일의 또 다른 유명한 히치콕풍의 장면이 등장한다.

시나리오의 개발과정이 평탄치 않았던 것은 히치콕 3인조가 제대로 된 결말에 대한 합의를 도출해내지 못했기 때문이었다. 히치콕은 그가 구상한 엔딩을 놓고 고민을 거듭했다. 이전에 나왔던 모든 것을 제압할 수 있는 크레셴도가, 그래서 만사를 매끄럽게 만들면서도 모호한 '확실한 마무리'가 있어야 했다. 그는 그 무엇보다도 그가 '모자를 움켜쥐게 만드는 것'이라고 부른 종류의 엔딩을 피하고 싶었다. 그는 관객들이 복도로 몰려나가기 전까지 관객들의 마음을 붙들어두고 싶었다.

콘래드 소설의 결말에서 낙담하고 죄책감에 시달린 벨록 부인은 프랑스행 페리에서 몸을 던져 자살하지만, 히치콕은 그 결말이 불가능하다는 것을 알고 있었다. 스튜디오는 그렇게 하면 관객들에게 조금의 희망도 남겨줄 수 없기 때문이라는 그럴 듯한 핑계로 그런 결말을 절대로 용납하지 않을 것이다. 누군가 애완동물가게의 폭탄 하나가 극장을 박살낸다는 아이디어를 내놨다. 그렇다면 벨록 부인이 남편을 이미 살해했다는 사실은 어떻게 처리할 것인가?

수렁에 빠진 히치콕은 어쩔 수 없이 자신의 전작을 차용했다.("자기 표절도 스타일입니다." 그는 이렇게 빈정대는 논평으로 유명했다.) 이 경우에는 〈블랙메일〉에서 꽤나 노골적으로 빌려왔다. 〈사보타주*Sabotage*〉의 마지막 장면에서 경찰관 테드는 살인 사실을 고백하려는 벨록 부인을 필사적으로 만류한다.

그는 너무나 사랑하는 그녀를 정의의 심판대에 희생시킬 수가 없다. 그는 묻는다. "판사와 배심원의 생각이 당신 생각과 같을 가능성이 얼마나 될까요?"

그녀는 다른 경관에게 달려가지만, 그녀가 헐떡거리면서 "그이가 죽었어요!"라고 말하는 순간, 테드는 〈블랙메일〉에서 절망적인 사랑에 빠진 형사가 그랬던 것처럼 그녀의 말을 끊는데, 폭발이 극장을 뒤흔들면서 벨록과 애완동물가게 동지를 파묻는다. 제2의 경관은 그녀가 한 말을 생각하면서 고민에 잠긴다. "그녀가 폭발 전에 말했었나, 아니면 폭발 후에 말했었나? 기억이 나지를 않아." 그리고 폭발은 모든 증거를 날려버렸다. 훌륭한 솜씨였다.

베넷이 원고를 끝내자, 히치콕은 보강 작업에 착수했다. 촬영이 예정된 가을이 다가오는 동안 작가 이안 헤이, 헬렌 심슨과 다재다능한 E. V. H. '테드' 에밋이 장면들을 갈고닦았다.

미국 여배우 실비아 시드니를 만나기 전부터 히치콕은 그녀를 숭배했는데, 시드니는 위엄이 넘치는 고통으로 가득한 감성적인 연기를 펼치는 것으로 평판이 높았다. 사실 히치콕은 찰스 베넷과 오리지널 이야기를 '마조히스트적인 시드니'를 보여주는 쪽으로 다듬기 위해 의견을 나눴고, 베넷의 얘기에 따르면 (콘래드 영화에 새로 붙인 제목인) 〈사보타주〉를 시작하기 전부터 '모든 고초를 겪으면서도 인상적이고 폭발적인 강인함으로 대응하는' 그녀의 능력을 활용할 '실비아 시드니 프로젝트'를 위한 자료를 모으는 데 시간을 썼다.

마이클 밸컨은 할리우드 출장길에 MGM에서 프리츠 랑의 〈분노〉를 막 끝마친 작은 몸집의 검은머리 스타와 계약을 체결했다. 이 캐스팅 소식에 너무나 흥분한 히치콕은 대서양을 가로지르는 여객선에 타고 있는 시드니와 쌍방향 무선전화로 통화를 하는 예외적인 제스처를 보였다.(히치콕은 값비싼 국제전화로 장시간 통화를 하고 장문의 전보를 보내는 것을 즐겼다.)

벨록 부인의 동생 스티비 캐릭터에는 약간의 변화가 가해졌는데, 소설에서는 14살의 '정신없는 아이'였지만, 히치콕의 영화에서는 그저 '머슴아' 같기만 했다. 17살 나이보다 어려 보이는 영국의 곱슬머리 A급 아역배우 데스몬드 테스터가 역할을 맡았다.

히치콕이 피터 로르를 포기하지 않았다면, 벨록 역에는 로르가 제격이 었지만, 그는 런던을 경유하는 또 다른 망명자를 낚아챘다. 빈과 베를린에서 무대와 스크린을 경험한 베테랑 오스카 호몰카로, 그에게는 로르와 같이 음흉하고 유머러스한 분위기는 없었지만, 최소한 세상에 지쳐버린 듯한 분위기는 똑같이 발산했다.

히치콕은 로버트 도나트가 합류하지 못하자 크게 실망했다. 테드 역을 수락한 도나트는 1936년 봄에 영화에 출연하겠다고 공표했지만, 만성천식을 앓던 그가 심각한 기관지염에 걸리자 시드니의 도착과 빠듯한 일정에 쫓긴 히치콕은 도나트 없이 촬영을 진행해야만 했다. 히치콕은 도나트에게 나쁜 감정은 품지 않았다. 도나트가 건강을 회복하는 동안, 감독은 역겨운 냄새를 떠올리게 만드는 훈제청어 같은 장난스러운 선물들을 병원으로 보냈다. 세월이 흐르는 동안 두 사람은 따스하고 장난기 넘치는 편지를 주고받는 친구로 남았다. 편지의 주제가 다른 영화에서 다시 만나자는 내용을 중심으로 전개되는 경우도 잦았지만, 프로젝트의 불운한 타이밍과 도나트의 고질적인 우유부단함 때문에 그런 재회 계획은 성사되지 않았다.

막판에 몰린 히치콕과 제작진은 스튜디오에 전속된 키 크고 생기 있는 미남배우 존 로더를 위해 배역을 다시 써야만 했다. 로더는 1926년부터 영화 경험을 쌓은 배우였지만, 히치콕이 훗날 프랑수아 트뤼포에게 밝혔던 것처럼 테드 역에는 적합하지 않았다. 로더에게는 도나트의 뉘앙스—감정적인 패기—가 없었고, 그의 캐스팅으로 영화는 시종일관 엄숙한 분위기를 띠게 됐다. 히치콕은 영국에서 명성이 절정에 올랐을 때에도 주연배우의 캐스팅 문제는 종종 타협을 해야만 했다.

부적합한 배우들은 그들이 해낼 수 있을 것이라고 히치콕이 믿고 내리는 지시에 고분고분하게 따르기를 거부하는 배우들만큼 히치콕을 괴롭히지는 않았다. 실비아 시드니가 놀랄 정도로 고집이 세다는 것을 알았다면, 히치콕은 시드니에게 그토록 열광적일 수 없었을 것이다.

찰스 베넷에 따르면, 진짜 문제는 히치콕과 주연여배우가 만났을 때 두 사람이 잘 어울리지를 못했다는 것이다. "실비아는 히치콕의 타입이 아니었습니다." 베넷의 회상이다. 여배우가 마음에 들지 않는 것은 히치콕에게는 진짜 문제였는데, 그의 영화 중에서 가장 깊은 연민을 자아내는 캐릭터를 연기하게 될 여배우라면 특히 그랬다.

히치콕과 관련한 시드니의 문제는 이상한 형태를 취했다. 1929년부터 영화에 출연해왔기 때문에 상황을 더 잘 파악하고 있을 텐데도, 그녀는 숏과 앵글이 미리 예정돼 있는 영화제작 과정을 이해하지 못하는 듯, 여자 길구드처럼 행동했다. "그녀는 히치콕이 구현하고 싶어 하는 것에 대해서, 별도의 숏들의 의미와 그 숏들을 통해서 구축되는 장면이 어떨 것인지에 대해서 머릿속으로 조금도 완성해내지 못했습니다." 아이버 몬터규의 회상이다. "그녀는 늘 특정 장면을 처음부터 끝까지 연기했습니다. 그리고 가수가 키를 잡기 위해 음을 필요로 하는 것처럼, 그녀는 분위기를 끌어내기 위해서 늘 대사와 짧은 문장, 심지어는 긴 문장까지도 간절히 원했습니다."

"우리는 그녀의 연기에 만족했습니다. 그런데 그녀는 확신이 없어 안심하지 못했습니다. 할리우드의 거물 스타에게 어울리게, 그녀는 촬영 사이사이 호기심 어린 눈길을 피해 쉴 수 있게 셰퍼즈 부시 스튜디오의 바닥에 작은 텐트를 쳤습니다. 내가 사무실에서 불려간 적이 많았습니다. 급한 경우 최선을 다해 그녀를 다독이면서 편안하게 해주는 것이 AP(Associate Producer)[28]의 임무였으니까요."

28 공동 프로듀서. — 옮긴이

시드니와 관련된 사건은 거의 매일 생겼다. 그녀의 가장 중요한 장면은 디즈니 애니메이션 시퀀스 다음에 등장했다. 벨록의 폭탄이 남동생 스티비를 죽였다는 것을 알게 된 그녀가 저녁을 차리기 위해 거주 구역으로 돌아오는 장면에서였다. 이것은 히치콕이 콘래드의 소설에서 충실하게 뽑아낸 시퀀스였다.

"그녀는 테이블 모서리로 오른팔을 약간 뻗었다. 그녀가 소파를 향해 나아갈 때, 고기 써는 칼이 접시 귀퉁이에서 조그만 소리도 없이 사라졌다. 벨록은 마루의 판자가 삐걱거리는 소리를 들으면서 흡족해했다. 그는 기다렸다. 벨록 부인이 다가오고 있었다. 스티비의 집을 잃은 영혼이 안식처를 찾아 흐르듯 수호자이자 보호자인 누나의 가슴으로 곧장 다가오는 양, 걸음을 옮길 때마다 그녀의 얼굴에서 남동생과 닮은 기색이 점점 뚜렷이 드러났다. 아랫입술은 축 처지고, 눈동자는 약간 흔들리기까지 했다. 그러나 벨록은 그 모습을 보지 못했다. 드러누운 그는 천장을 바라보고 있었다. 그는 고기 써는 칼을 든 꽉 움켜쥔 손이 천장의 일부를 덮는 것을 봤다." "손이 위아래로 어른거렸다. 손이 여유롭게 움직였다."

소설에서 벨록은 소파에 누워 있지만, 감독은 이 장면을 벨록이 저녁을 기다리며 테이블에 앉아 있는 것으로 다시 연출했다. 벨록 부인은 그에게 음식접시를 갖다 주고는 구운 고기를 다루기 시작한다. 히치콕의 묘사에 따르면, 그녀가 들고 있는 칼은 '자석처럼' 움직이는 것으로 보인다. "마치 그녀의 손이 그녀의 의지와는 달리 칼을 움켜쥔 것 같다. 카메라는 그녀의 손을 다음에는 그녀의 눈을 잡는다. 그녀가 칼에 내재돼 있는 의미를 인지하게 됐다는 것을 그녀의 외양이 갑작스레 명백하게 보여주기 전까지 카메라는 둘 사이를 오간다."

몬터규의 표현에 따르면, '클로즈업과 인서트, 눈동자, 표정, 포크, 감자, 양배추'로 이뤄진 이 시퀀스는 순전히 히치콕의 시퀀스였지만 이 장면에서 시드니의 대사는 한마디도 필요치 않았다. 그런데 얼마 지나지 않아 이상한 기분을 느낀 성난 여배우가 눈물을 터뜨리면서 그만두겠다고 으름장을 놓았다. "러프 컷을 보시기 전까지 저희에게 몇 시간 여유를 주실 수 없겠습니까?" 몬터규는 간청했다.

서둘러서 시퀀스를 편집한 후, 히치콕과 몬터규, 편집기사 찰스 프렌드가 시드니와 함께 시사실에 앉았다. 러프 컷을 본 여배우는 어쩔 수 없이 깊은 인상을 받았다. 히치콕의 생애를 통틀어 가장 유명한 시퀀스 중의 하나가 될 운명을 가진 위력적인 몽타주였다. 여배우는 충격을 받은 채로 시사실을 떠났다. "할리우드가 이 소식을 들어야만 해!" 화가 풀린 그녀가 단언했다.

그러나 휴전은 오래 가지 않았다. 시드니는 히치콕의 유머감각과 히치콕이 어린 데스몬드 테스터를 촬영장으로 불러오는 방식에 화가 났다. "불알(testicle)은 어디 있어?"[29] 감독은 테스터를 골리는 것을 '출연진과 스태프들을 위한 오락거리'로 삼았는데, 그것은 '어린아이에게는 대단한 굴욕'이었다고 시드니는 훗날 밝혔다. 그러나 이 아이는 이미 17살이었고, 그가 연기하는 역할은 영화의 익살꾼이었다. 테스터 본인도 이후에 있은 인터뷰에서 히치콕이 '너무나 재미있고' '사랑스러운 짓궂은 장난'을 치기 때문에 히치콕과 일하는 것이 즐거웠다고 주장했다.

히치콕이 고기 칼 장면을 다시 찍어야겠다고 요구하면서 마침내 휴전이 끝이 났다. 그는 시드니의 손 클로즈업이 몇 장면 필요했다. 그녀는 리허설을 요구했고, 히치콕은 침착한 목소리로 시드니를 다독였다. "이 숏에서 리허설은 더 이상 필요없습니다. 달링, 당신은 이미 그 남자를 죽였어요!" 그러나 마음을 누그러뜨릴 수가 없던 그녀는 스타의 신분으로 감독을 내리누르려 들었다. 어찌됐건 그녀는 감독보다도 더 많은 급여를 받는(설령 사실이 그렇지 않았더라도, 그녀는 나중의 인터뷰에서 그렇다고 주장했다) 스타였다. "나는 프로듀서였던 총책임자 아무개(밸컨)에게 곧장 가서 말했어요. '이 사람은 구제불능이에요. 그 장면의 그 배역에 대한 기분에 젖어들지 못하면 나는 그 장면을 찍을 수 없어요. 나는 나를 겁에 질리게 만들 게 아무것도 없으면 겁에 질린 표정으로 내려다볼 수 없어요. 게다가 그는 내 손만 찍고 싶어 해요.' 총

29 '콕이 없는 히치'와 그리 거리가 먼 유머는 아니다.

책임자 아무개는 참을성 있게 듣더니 이렇게 말하더군요. '실비…… 그 사람을 믿어야만 해요…… 그는 자기가 하는 일이 뭔지를 알아요.' 내가 버는 돈이 얼마나 많은가와는 무관하게, 히치콕이나 프로듀서는 미동도 하지 않았어요. 그래서 나는 앞에 놓인 내 손을 내려다보게 됐죠."

장수한 시드니는 다른 인터뷰에서 히치콕을 비난했는데, 그녀의 비난은 히치콕이 배우들을 가축 대하듯 한다는 통념을 부채질했다. 히치콕은 감독의 입장에서 앙갚음을 했는데, 시드니는 손조차도 실망스러웠기 때문에 다른 여배우의 클로즈업을 찍는 속임수를 썼다고 주장했다. 그는 그녀의 얼굴에 '음영'을 드리우기가 어렵다는 것을 알게 됐다.(그가 그런 불평을 한 유일한 감독은 아니었다. 시드니를 영화 3편에 기용한 프리츠 랑은 언젠가 여배우 가까이에서 경고도 하지 않고 총을 발사했다. 판에 박힌 차분한 표정을 무너뜨리기 위한 필사적인 수법이었다.) 그러나 히치콕은 프랑수아 트뤼포에게 이렇게 인정하기도 했다. "한편으로 그녀는 절제된 연기를 썩 잘했습니다."

감내해야 했던 일상적인 문제들이 무엇이었든, 히치콕은 몇 년 동안 아이버 몬터규와 마이클 밸컨의 보호를 받았기 때문에 〈사보타주〉를 촬영하는 동안 견해차이 때문에 두 프로듀서와 불화가 생긴 것은 무척이나 슬픈 일이었다. 이 불화 —그리고 점증하는 스튜디오의 위기— 때문에 히치콕은 두 사람과 다시는 작업을 하지 못했다.

자신도 모르게 벨록의 시한폭탄을 운반하는 스티비가 거북이걸음을 하는 대중교통으로 밀려들어가는 장면을 위해 감독은 복제 전차를 요청했지만, 몬터규는 고몽의 악화돼가는 재정형편을 언급하면서 요청을 거절했다. 전차를 만들고 트랙을 깔면 제작비가 치솟을 텐데, 그 촬영분량은 스크린상에서는 1분도 채 되지 않을 것이라는 이유에서였다. 몬터규는 평범한 버스로도 괜찮은 결과를 얻어낼 수 있을 것이라고 판단했다.

히치콕은 전차는 미국 관객들에게 '런던'의 이미지를 전달할 수 있지만 평범한 버스는 그렇지 않을 것이라고 주장했다. 그는 몬터규의 의견을 꺾으려고 노력했지만, 밸컨은 몬터규의 견해를 지지했다. 여하튼 이 문제에 대해서 감독으로부터 존중을 받지 못했다고 느낀 몬터규는 히치콕의 팀에서 풀어줄 것을 요구했다. 수십 년 후 몬터규는 자신에게는 악감정은 없었고, 돌이켜보니 전차 문제에 대해서는 히치콕이 옳았을지도 모른다고 주장했다.

그러나 재정상황에 대해서는 몬터규가 옳았다. 〈사보타주〉의 촬영이 종료된 직후인 1936년 12월에 이시도어 오스트러는 비용 절감을 지시하는 명단을 가지고 라임그로브에 도착했는데, 해고는 몬터규와 밸컨 같은 급여가 높은 임원들부터 시작됐다. 밸컨은 오스트러 형제와 다퉈오고 있었지만, 몬터규는 별 저항 없는 희생자에 불과했다. 오스트러 형제는 제작을 과감히 축소한다고 발표했고, 고몽은 밸컨의 옛 조수인 에드워드 '테드' 블랙의 지휘 아래 조직을 재편했다.

히치콕은 오랜 세월 동안 밸컨과 따스한 마음을 간간이 주고받았고 제2차 세계대전이 끝난 후 영국에서 영화를 만들고 있을 때를 포함해서 몇 차례 몬터규를 만났다. 몬터규와 앵거스 맥페일은 클래리지 호텔에 있는 감독의 스위트룸에서 감독과 저녁을 먹었다. "그는 그 어느 때보다도 유머가 넘쳤고 상냥했으며 사근사근했습니다." 몬터규의 회상이다. "멋진 밤이었어요."

〈사보타주〉는 오늘날에는 걸작에 가까운 영화로 간주되지만, 1936년에 일부 평론가들은 길을 잘못 인도하는 암울한 정치적 비전을 가진 조지프 콘래드의 각색영화를 불쾌해했다.

『옵서버』의 평론가 C. A. 레준은 배신감을 느끼고는 시사회가 끝난 후 감독과 싸웠다.(히치콕에 따르면, "움켜쥔 주먹을 허공에 휘둘렀다.") 그리고 관객이 보는 앞에서 어린 스티비를 무정하게도 폭사시켰다고 히치콕을 비난했다. 레준이 나중에 어느 칼럼에서 밝혔듯, 그들은 "그 순간 아주 신랄한 얘기를 주고받았고, 24시간 정도는 상대에게 호감을 품지 않았다."

평론가들을 향한 히치콕의 태도는 복잡했다. 그는 평론가들 역시

해야 할 일이 있다고 인정하면서, 그들은 때때로 멍청한 글을 쓰지만 자신은 '내 평생 신문이나 잡지에 실린 혹평에 항의하는 편지'는 한 번도 쓰지 않았다는 사실을 자랑스러워했다. 물론 때때로 평론가들이 우호적인 글을 쓰면 그는 그 호평에 흡족해했다. 레준은 친구이자 크롬웰로드의 단골손님이었다. '가정적인 남자로서'그는 그녀의 논평을 개인적으로 받아들였고, '그 문제를 골똘히 생각했다'고 레준은 밝혔다. "나는 그 문제에 대한 그의 의견, 그리고 그의 아내와 비서의 의견을 들었다."

히치콕은 훗날 가진 인터뷰에서 '몇 장면을 제외하면' 〈사보타주〉가 '약간 산만한' 영화로 만들어진 것에 자부심을 느낀다고 밝혔다. 그는 종종 영화를 처음부터 다시 찍을 수 있다면 스티비의 죽음을 다르게, 충격적인 효과를 노리기보다는 서스펜스의 강도를 점차 높여가는 쪽으로 연출했을 것이라고 밝혔다. 그는 스티비의 죽음을 스크린 속에서 직접 보여주지 않는 편이 더 낫다는 사실을 인정했다.

아이러니컬하게도, 음울한 사회적 맥락이 덜 위협적인 —그리고 〈사보타주〉가 〈홀로된 여인*The Woman Alone*〉으로 제목을 바꾼— 미국에서 영화는 더 우호적인 평론가들을 찾아냈다. 약한 배급력과 검열 당국의 가위질, 또는 평론가들의 과소평가를 당하며 많은 세월을 보낸 히치콕은 마침내 미국영화계에 깊은 인상을 심어줬다. 그의 영화들은 여전히 외국어 영화나 '예술' 영화를 제공하는 극장에서 주로 상영됐지만 (『뉴욕커』는 히치콕 영화의 인기를 평가하면서 그런 인기가 맨해튼에 국한된 '지역적인 현상'이라고 단언했다)—〈나는 비밀을 안다〉, 〈39계단〉, 〈비밀첩보원〉의 뒤를 이은—〈홀로된 여인〉은 감독의 커져가는 명성을 확고히 다져주면서 평단의 찬사를 받은 그의 네 번째 고몽 영화가 됐다.

『뉴욕타임스』는 '1935년 영화 중에서 가장 독창적이고 지적이며 오락적인 멜로드라마'로 〈39계단〉과 '자웅을 겨룰 작품'이 있다면, 같은 해에 미국에서 개봉된 '〈나는 비밀을 안다〉가 될 것'이라고 썼다. 앙드레 센월드는 미국에서 가장 중요한 신문에, 히치콕을 '충격과 서스펜스, 차디찬 공포와 음흉하게 부조리한 재치의 거장'이라고 쓰면서 "그

(히치콕)는 카메라를 화가들이 붓을 사용하듯 사용하고, 시나리오작가들이 좀처럼 상상하지 못한 방식으로 이야기에 스타일과 가치관을 부여한다"고 덧붙였다.

가장 사려 깊은 미국 평론가 중 한 사람인 『뉴 리퍼블릭』의 오티스 퍼거슨은 〈비밀첩보원〉이 이 영국 감독을 세상에서 '가장 뛰어난' 감독의 반열에 올려놓았다고 선언했다. 『네이션』에 〈홀로된 여인〉의 리뷰를 쓴 마크 반 도렌은 그런 의견에 동의하면서, 영어권에서 '현재 절정의 솜씨를 보여주는 최고의 영화감독'이며 '가장 단순하고 심오하며 가장 용의주도한 상상력'을 지닌 '거장'이라고 히치콕을 격찬했다.

영국 평론가에게 그랬던 것처럼 영국 관객에게도 불쾌하게 받아들여진 〈사보타주〉는 영국 대중이 결코 따스하게 느끼지 않은 히치콕 영화였다. 오스트러 형제는 졸렬한 눈으로 영화의 실패를 지켜봤다. 감독은 고몽의 크리스마스 대학살에서 살아남았지만, 그것은 그가 스튜디오에 영화 2편을 찍어줘야 하기 때문이었다. 이미 파종단계에 들어간 ―그리고 이제는 테드 블랙의 지휘를 받는― 영화는 스코틀랜드 작가 조세핀 테이(엘리자베스 매킨토시의 필명)가 1936년에 쓴 미스터리 『양초를 살 1실링』을 각색한 작품이었다.

마이클 밸컨을 대신한 사람은 다행히도 모든 면에서 ―업계의 일부 사람들을 놀라게 한― 1급 프로듀서인 것으로 밝혀졌다. 런던 펄레디엄을 포함한 뮤직홀 체인을 운영한 형 조지보다는 덜 유명한 테드 블랙은, 1930년까지는 극장체인의 소유주이자 매니저로 일하다가 그해에 영화제작에 뛰어들었다. 그는 이즐링턴과 라임그로브에서 밸컨을 위해 스튜디오를 관리하는 일부터 시작했다.

밸컨이 전형적인 이미지의 프로듀서였다면, 블랙은 더욱 실용적이고 이상적인 존재였다. 오늘날에는 상대적으로 잊혔지만(그는 1948년에 사망했다), 게인스버러와 고몽에서 블랙 휘하의 전속작가로 영화 일을 시작한 발게스트는, 블랙은 '내가 같이 일했던 최고 수준의 프로듀서 중 한 사람'이라고 회상했다." 테드 블랙은 옹골차고 부지런한 프로듀서였습니다. 마이클 밸컨에게 문젯거리를 들고 가면, 마이클은 그 문제를 해결할 다른 사람에게 보내곤 했습니다. 문제를 푼 사람이 바로 테드였습니다."

밸컨이 엘리트와 친하게 지냈다면, 블랙은 격의 없고 마음에 맞는 친구였다. 게스트에 따르면블랙은 '우리 일당'이었는데, "반면에 미키 밸컨을 우리 일당이라고는 결코 부를 수 없었습니다." 밸컨은 화려한 홍보활동을 무척 즐긴 반면 세속적인 블랙은 파티와 잔치를 건너뛰고 언론을 피하며 지식인들에게 초라한 숙소를 제공하는 것으로 악명이 높았다.

밸컨이 코스모폴리턴임을 스스로 자랑스러워했다면, 블랙은 타고난 영국인이었고, 그 사실에 개의치 않았다. 그는 오스트러 형제로부터 영국 관객을 위한 영국적인 영화를 만들라는 명령을 받았다. 로버트 머피가 『게인스버러 영화들』에서 적은 바에 따르면, "형 조지가 런던 펄레디엄에서 했던 것처럼, 테드는 대중의 취향을 예측하는 자신의 능력에 대해 거의 미신에 가까운 신념을 가지고 있었고, 그 능력을 희석시킬지도 모르는 일에는 관여하지 않으려고 조심했다."

블랙은 할리우드의 유명배우를 열망하는 대신, 영국의 인재들에게 내기를 걸었다. 스타용 기획영화를 짜깁기하는 대신, 웰 메이드 영화의 기초인 탄탄한 시나리오를 활성화시켰다. 프랭크 론더의 말에 따르면, 블랙에게 시나리오는 '절대적인 존재'였다. 밸컨과 달리 블랙은 시나리오회의에 참가하는 것을 즐거워했고, 론더에 따르면 그런 회의에 '너무나' 열중해서는 평론가들과 어울리다가 아이디어가 거부되더라도 자존심을 강하게 드러내는 일이 없었다.

그중에서도 가장 좋았던 것은 블랙이 열광적인 히치콕 팬이었다는 것이다. 그들 형제는 모두 감독과 오래 알고 지내던 사이였는데, 이제 블랙은 히치콕에게 더욱 도움을 줬다. 그는 히치콕의 앞길에 놓인 장애물은 모조리 치워주고 가능할 경우에는 항상 제작비를 늘려주면서, 오스트러 형제가 가하는 충격을 완화시켜주는 히치콕의 버퍼 노릇을 떠맡았다. 히치콕이 블랙을 프로듀서로 해서 만든 영화 2편은 그의 영화 중 가장 유쾌한 영화에 속한다. 〈사보타주〉로 나름의 시스템을 구축한 히치콕은 이제 그의 가장 태평스러운 이야기를 내놓았다.

〈양초를 살 1실링〉 시나리오는 아이버 몬터규가 스튜디오를 떠나기 전에 내놓았던 아이디어와, 찰스 베넷이 잡은 초안에서 도움을 받았다. 히치콕 부부, 베넷, 조앤 해리슨은 1936년 크리스마스에 생모리츠로 스키와 브레인스토밍을 위해 휴가를 떠났다.(베넷과 조앤 해리슨, 알마는 스키를 타러 갔는데, 스키복을 잔뜩 껴입은 히치콕은 베란다에 앉아서 책만 읽었다.) 할리우드의 유니버설과 계약할 것을 제안한 마이런 셀즈닉의 전보를 받은 베넷이 프로젝트를 떠나기로 결정하자 히치콕은 환송파티를 개최했다.

그렇지만 시나리오는 완성과는 거리가 먼 상태여서 세계 최고의 꼭두각시를 잃은 히치콕은 어떻게든 그 자리를 벌충해 넣어야만 했다. 그는 특유의 방식으로 자리를 메웠는데, 친구 에드윈그린우드, 『펀치』의 유머작가 앤서니 암스트롱, 떠오르는 젊은 극작가 제럴드 세이버리를 포함한 다른 많은 꼭두각시로부터 원고와 기고를 받아서 점수를 매겼다. 작가들 행렬을 느슨하게나마 통솔한 사람은 여전히 고몽에서 일하고 있던 히치콕의 친구이자 스토리 편집자 앵거스 맥페일이었다. 몬터규와 베넷, 해리슨과 히치콕 부부까지 합하면 이 시나리오를 작업한 작가는 8명이나 9명이었는데, 그의 영화경력을 통틀어보면 예외적인 숫자는 아니었다.

테이의 소설은 바닷가에 밀려올라온 여자의 시체를 발견하는 것으로 시작되는데, 희생자는 유명한 여배우로, 살인과 관련한 유일한 실마리는 그녀의 머리카락에 걸려 있는 단추 하나다. 사망자와 알고 지내던 청년이 용의자로 의심을 받지만, 청년은 그의 방수외투에서 단추가 떨어진 경위를 설명하지 못한다. 체포에 항의하던 그는 경찰의 손아귀를 벗어나 자신의 결백을 증명하는 작업에 착수하는데, 그의 무죄를 믿는 형사의 딸이 그를 돕는다.

히치콕은 소설에 있던 해변의 시체(갈매기들이 잊기 힘든 슬로모션으로 시체의 머리 위를 잠깐 동안 맴돌고 있다), 도주 중인 청년(우습게도 '실직한 웨이터'에서 제작된 작품이 없는 시나리오작가로 직업이 바뀌었다), 경찰의 딸(그녀는 테이가 쓴 시리즈에 등장하는 형사인 스코틀랜드야드 소속 앨런 그랜트보다 더 중요한 캐릭터가 됐는데, 히치콕은 그랜트 캐릭터를 제거했다)을 그대로 남겨뒀다. 그 결과 정통 살인 미스터리로 시작된 영화는 추격전, 코미디, 로맨스가 뒤섞인 영화로 바뀌면서 애초의 범죄가 거의 무의미한 지경에 이르렀다.

결국 영화의 요지는 실종된 실마리나 미스터리의 해결이 아니라, 오해받은 남자와 경찰의 딸 사이의 거부할 수 없는 매력이었다.(두 캐릭터 사이의 낭만적인 결합에 대해서 책은 약간의 힌트만 준다.) 그리고 통상 그랬듯, 영화의 가장 빼어난 장면들—아이의 생일파티에서 하는 술래잡기(〈새〉에서 불길하게 반복된다)와 살인자의 정체가 밝혀지는 호텔 볼룸 크레셴도의 멋진연출—은 테이의 책에서는 찾아볼 수 없다. 결국, 소설이 너무나 심하게 각색되는 바람에 스튜디오는 히치콕 영화의 제목을 〈영 앤 이노센트〉로 바꿔 달았다.

버나드 놀스가 카메라맨으로 복귀했고, 찰스 프렌드가 다시 편집을 맡았다. 우파에서 함께 일했고, 〈나는 비밀을 안다〉 이후 다른 작업으로 분주했던 알프레드 융에가 화려한 세트(빠듯한 예산을 바탕으로 제작된 세트였기에 더욱 눈부셨다)를 감독하기 위해 돌아왔다. 융에가 올린 개가 중 하나는 커플이 유일한 목격자를 태우고 탈출하는 차 위로 무너져내리는 조립식 광산 환기갱이었다.

블랙의 방침에 따라 배우는 영국인을 기용했다. 이야기 자체가 에피소드 위주였고 배경도 다양했지만, 남자주인공과 여자주인공—도망중인 작가와 그를 따라다니다가 사랑에 빠지는 여자—은 거의 모든 장면에 혼자이거나 함께 모습을 나타냈다.

감독은 롱맨 역에 데릭 드 마니를 캐스팅했다. 새롭게 떠오르는 히치콕의 관례에 맞는 판에 박은 듯한 미남에다 가벼워 보이는 마니는 10대부터 무대에 올랐고 1928년 이후로는 영화에 출연해온 배우였다. 경찰의 딸 역을 맡을 영국 배우를 찾아내지 못한 히치콕은 18살이 돼 활짝 꽃이 핀 사랑스러운 노바 필빔을 다시 선택했다.

〈영 앤 이노센트〉에 신문기자로 출연한 히치콕의 카메오: 카메라를 휴대한 익살맞은 관음증환자로서 스스로를 웃음거리로 만든 그의 중국식상자 농담 중 하나다.

이 작품을 만들고 나면, 히치콕이 고몽과 맺은 계약은 딱 1편만 남게 돼 있었다. 〈영 앤 이노센트〉를 촬영하는 내내 그 생각은 히치콕의 머리를 떠나지 않았다.

사람들은 그가 영화경력 내내 견뎌내야 했던 장애물을 제대로 이해하지 못했다. 그의 첫 연출작은 자금 부족으로 중단됐고, 그는 1923년에 있었던 이즐링턴의 대규모 해고에서 살아남은 몇 안 되는 사람 중 하나였다. 〈하숙인〉은 후반작업을 하던 중에 그의 손을 떠났으며, BIP에서 그는 몇 주 안 되는 시간 안에 최초의 영국 토키라는 갈채를 받기 위해 노력하다가 또 다른 대량 해고 사태를 모면했다. 〈블랙메일〉을 찍던 몇 달 동안, 그는 사실상 '쿼터용 날림영화'를 찍고 있었고, 1930년대 초반에 명성이 절정에 올랐을 때도 영국에서 해고당하고 할리우드에서 냉대를 받아 프리랜서로서 불안정한 영화들을 찍어야 했다. 1937년 여름인 이제, 그의 여섯 번째 혹은 일곱 번째의 직업적 위기가 닥쳐왔다.

사람들은 그로테스크하게 늘어난 그의 몸무게를 통해 그 위기를 느꼈다. 그 위기는 감독이 촬영장에서 잠에 곯아 떨어졌다는 기사에서 한눈에 알 수 있었다. 데릭 드 마니는 히치콕이 테이크 사이사이에 선잠을 자고, 어느 장면에서 그와 공연배우를 ‘급행열차 속도’로 몰아붙였다고 조금도 주저하지 않고 언론에 밝혔다. 그런데 드 마니에 따르면, 히치콕은 테이크가 끝나면 시계를 보기 위해 ‘어렵사리’ 눈을 떴다. “너무 느려” 감독은 중얼거렸다. “이 장면이 30초가 될 거라고 예상했는데, 자네들은 50초나 걸렸잖아. 다시 찍어야겠어.”

위기는 이 몇 달 동안 히치콕이 특징적으로 보여준 행동인 급격히 늘어난 장난과 방어적인 빈정거림에서도 감지할 수 있었다. 드 마니는 감독이 배우들을 ‘무자비한 감옥’ 안에 가뒀다고 언론에 밝혔다. 출연진 전부는 아니었다. 히치콕이 고역을 면하게 해준 배우는 노바 필빔이었는데, 정말 영화제목처럼 젊고 순수한 여배우였던 그녀는 우연찮게도 (히치콕의 아내와 약간 닮은) 자동차 전문가인 (히치콕의 어머니와 약간 닮은) 경찰의 반항기 있는 딸을 연기했다. 히치콕은 ‘촬영장 안에서나 밖에서나’ 필빔과 함께 있으면 너무나 ‘공손해’ 보였다고 드 마니는 약간 화난 듯 말했다.

공손한 정도가 아니었다. 세월이 흐른 후, 필빔은 〈영 앤 이노센트〉를 여전히 ‘내가 참여했던 가장 낙천적인 영화’로 기억했다. 그녀는 “어떤 사람들은 이리저리 휘둘리고 지시에 따라 움직였지만, 나는 그(히치콕)를 굉장히 좋아했어요”라고 인정했다.

히치콕은 젊은 스타의 환심을 사기 위해 비상한 노력을 기울였다. 영화에서 그녀의 캐릭터는 애완견을 가지고 있었는데, 그녀와 감독 모두 그 개에 홀딱 반했다고 필빔은 회상했다. 개의 출연 장면 촬영이 끝났을 때, 조련사가 개를 데려가기 위해 촬영장 옆에 서 있었다. “우리 둘 다 너무 기분이 나빴어요.” 필빔이 밝힌 얘기다. “히치콕은 개를 위해 또 다른 시퀀스를 집필하기로 결정했어요. 그래서 우리는 개를 5, 6일인가 더 데리고 있었어요.”

히치콕은 상냥한 사람일 수도, 잔인한 사람일 수도 있었다. 그의 태도는 촬영하는 장면이 어떠냐에 따라서 달라졌다. 필빔은 로버트(드 마니)가 모는 차가 폐광의 바닥에 충돌한 후, 로버트와 부랑자 올드 윌

(에드워드 릭비)은 그럭저럭 안전하게 뛰어내리지만, 에리카(필빔)는 추락하는 자동차와 탄갱의 모서리 사이에 간신히 매달려 있는 장면을 회상했다. 그녀를 향해 기어간 로버트는 팔을 뻗어 그녀의 손을 움켜쥔다. "너무 겁이 났어요!" 필빔의 회상이다. "그런데 히치는 괴상한 유머 감각을 발휘하면서 이 장면을 거듭해서 찍었어요. 팔이 빠질 것 같았다니까요."[30]

광산 환기갱 시퀀스는 스릴 만점이었으나 영화의 뛰어난 마지막 크레센도는 그 시퀀스를 압도했다. 이 크로센도는 바닷가 호텔의 볼룸에서 열리는 북적거리는 다과회 겸 무도회가 배경으로, 이 시퀀스에서 에리카와 올드 윌은 볼룸을 감시하면서 달아난 살인자를 찾고 있다. 그들이 가진 단서는 딱 하나, 살인자는 눈에 경련이 일어나는 것을 통제하지 못한다는 것이다. 물론 책에는 들어 있지 않은 전형적인 히치콕의 설정이었다.

그들은 테이블에 앉아서 군중을 훑어나간다. 오프닝 크레디트에서 처음 들려오던 음악을 연주하는 밴드의 음악에 맞춰 커플들이 춤을 추고 있다. 노래의 후렴은 계속 우긴다. "그 사람이 여기 있어요. 그는 드러머예요……" 히치콕은 카메라워크를 통해 이 노래를 장면에 어울리게 만든다. 음악과 예리한 가사는 새미 러너, 앨 굿하트, 앨 호프먼[31] 등 영국에 살던 세 미국인의 작품이었다.

히치콕이 계획한 걸출한 숏에는 특수한 카메라 붐과 렌즈, 그리고 이틀 동안의 안무와 정교한 리허설을 마친 연기가 필요했다. 댄스플로어에서 멀리 떨어진 샹들리에 위에 높이 위치한 크레인에서 출발한 카

30 이 장면에서 필빔은 안심하고, (특정 장면에서 내밀한 정보를 배우들에게 유리하거나 불리하게 활용하는 것을 좋아했던) 히치콕은 즐거워했을 게 틀림없다.—실제로 여배우를 붙들어서 그녀가 추락하는 것을 막은—촬영된 손의 진짜 주인은 조감독 펜 테니슨이었다. 히치콕은 필빔이 펜에게 반했다는 것을 알고 있었고, 두 사람은 〈영 앤 이노센트〉를 만든 직후 결혼했다.

31 호프먼은 실제로도 보드빌과 나이트클럽 밴드에서 일하던 '드러머'였다. 한편 "나는 뱃사람 포파이*I'm Popeye the Sailor Man*"로 유명한 러너는 〈사라진 여인〉을 위해서도 비슷한 종류의 노래—민요를 대신할 수 있는 춤곡—를 썼다.

메라는 플로어로 내려간 후 몸을 돌리는 댄서들을 곡예를 부리듯 지나쳐서 천천히 연주단으로 다가간다. 얼굴이 검은 뮤지션들이 연주단에서 연주를 하고 있는 모습이 보인다. 얼굴들을 향해 가깝게 다가가던 카메라는 마침내 드러머의 눈동자 몇 센티미터 앞에서 멈춰 선다. 익스트림 클로즈업은 '드러머'—살인자—의 흰 눈동자가 미친 듯이 움직이며 경련을 일으킨다는 것을 보여준다.

30년 후에 히치콕은 프랑수아 트뤼포에게 밝혔다. "그 순간 나는 곧장 컷해서 여전히 방 반대편에 앉아 있는 노인과 아가씨에게 돌아갔습니다. 이제, 정보를 알게 된 관객은 의문을 품게 됩니다. 이 아가씨와 노인은 이 남자를 찾아내게 될까? 밖에 있던 경찰이 상관의 딸인 아가씨를 발견합니다. 그는 전화기로 걸어갑니다. 그러는 동안 밴드는 휴식을 위해 연주를 멈춥니다. 그리고 담배를 피기 위해 복도로 나간 드러머는 경찰관들이 호텔 뒷문으로 서둘러 들어오는 것을 보게 됩니다. 그는 죄를 지은 사람이라서 서둘러 자리를 피해 음악이 다시 연주되는 연주단으로 돌아갑니다."

"이제 신경이 극도로 예민해진 드러머는 경찰이 볼룸 반대편에 있는 부랑자와 아가씨에게 말을 거는 것을 봅니다. 그들이 자신을 찾고 있다고 생각한 그의 예민한 신경은 드럼비트에 반영돼서 밴드의 나머지 연주자들과 장단이 맞지 않고 리듬은 갈수록 형편없어집니다. 그러는 사이, 부랑자와 아가씨, 경찰은 연주단 근처에 있는 출구를 통해 나가려 합니다. 드러머는 위험에서 벗어났지만 그 사실을 모릅니다. 그에게 보이는 것이라고는 그를 향해 움직이는 제복뿐입니다. 깜빡거리는 눈은 그가 패닉 상태라는 것을 보여줍니다. 결국 그의 비트가 리듬에서 너무 벗어나는 바람에 밴드는 연주를 멈추고 댄서들은 춤을 멈춥니다. 사람들이 문으로 나가려는 순간, 그는 드럼 위로 요란하게 쓰러집니다."

"사람들은 어쩌다가 소동이 일어났는지 알아보려고 걸음을 멈추고, 아가씨와 부랑자는 의식을 잃은 남자를 향해 다가갑니다. 영화의 도입부에서 우리는 여주인공이 응급조치에 일가견이 있는 걸스카우트였다는 사실을 설정해뒀습니다. 사실 그녀와 남자주인공은 남자가 경찰서에서 기절했을 때 처음 만났고, 그녀는 그를 보살펴줬습니다. 이제 그녀는 의식을 잃은 드러머를 돕겠다고 자원합니다. 남자를 향해 몸을 기울인 그녀는 눈이 경련을 일으키고 있다는 것을 깨닫습니다. 그녀는 조용한 목소리로 말합니다. '이분 얼굴을 닦게 젖은 수건 좀 갖다 주세요.' 그러면서 부랑자에게 가까이 오라고 신호를 보냅니다. 웨이터가 타월을 건네면, 그녀는 남자의 얼굴에 묻은 검정 분장을 닦아내고 부랑자를 쳐다보고, 부랑자는 고개를 끄덕이면서 말합니다. '그래, 이 사람이야.'"

이 너무나 유명한 시퀀스의 뒤를 짤막하고도 다정한 종결부가 잇는다. 사건을 해결한 에리카는 영화 내내 쓸모도 없이 로버트를 추적했던 수사반장 아버지에게 다시 인사시키기 위해 로버트를 자랑스럽게 끌고간다. 경찰과 롱맨이 어색하게 악수를 하면, 카메라는 세 사람이 함께 서 있는 모습을 잡기 위해 뒤로 몇 센티미터 물러선다. 에리카는 아버지로부터 새로운 애인을 향해 반짝이는 눈길을 돌린다.

필빔이 이보다 더 용기 있는 모습을 보여준 적은 없었으며, 이렇듯 당당한 대접을 받은 히치콕의 여주인공은 없었다. 때때로 스크린에서 갈피를 잡지 못하는 듯 보이는 드 마니는 촬영장에서도 낭패감을 느꼈을 것이 분명하지만 그럼에도 불구하고 매력적이었다. 경찰들은 쐐기돌에 불과했고, 영화의 분위기는 거의 스크루볼 코미디에 가까웠다. 불확실한 미래를 응시하는 감독이 위기감을 느끼면서 만들어냈음에도 자신만만하고 투명한 보석 같은 히치콕 영화 〈영 앤 이노센트〉는 그런 기쁨으로 가득 차 있다.

7 할리우드로 가는 험한 길
1937~1939

1937년 중반에 MGM은 런던에서 새 스튜디오를 이끌 인물로 마이클 밸컨을 영입했다. 스튜디오를 운영하는 주된 목적은 미국 회사들이 영국영화 제작에 투자하도록 강제하는 영국의 '쿼터 법'을 준수하는 것이었다. 밸컨은 즉시 히치콕을 MGM-브리티시로 끌어오려는 노력에 착수하여, 히치콕에게 외관상으로는 2년간 여러 편의 영화를 보장하는 계약을 제안했다. 제안에는 대부분의 영화는 영국 국내에서 촬영하지만, 히치콕을 할리우드의 MGM에 임대할 가능성도 포함돼 있었다. 밸컨이 히치콕과 맺었던 오랜 기간의 유익한 협력관계를 감안할 때, 매력적인 제안을 한 MGM-브리티시는 계약 체결을 낙관했다.

그러나 미국의 유혹은 거부할 수 없는 정도가 됐다. 1936년 크리스마스 학살과 새로운 연쇄 파산이 영화계를 휩쓴 이후, 히치콕은 영국을 떠나기로 마음먹었다. 히치콕은 종종 런던의 음침한 날씨가 중요한 동기였다고 말하곤 했다. "하늘은 늘 잿빛이었어. 비도 잿빛이었고, 진창도 잿빛이었고, 나도 잿빛이었지." 그가 매트 아티스트 앨버트 휘틀록에게 밝힌 심정이다.(《해외특파원》에서 런던을 방문한 상냥한 늙은 외교관조차도 안개와 비에 대해 투덜댄다.)

1937년2월에 히치콕은 『뉴욕타임스』에 '영국에서 영화를 만드는 사람들이 직면한 가장 큰 난점은 날씨와 씨름하는 것'이라고 투덜대는 글을 썼다. 그는 어느 날 밤 〈사보타주〉의 야외장면을 촬영하기 위해 비가 그치고 하늘이 맑아질 때까지 기다리면서 느꼈던 낙담을 기술했다. 감독은 이렇게 썼다. "카메라에는 포장이 씌워졌고, 마이크는 덮개에 싸였다. 사람들이 상점 주위로 몰려들었다. 나는 임시 보금자리에 웅크리고 앉아 찍소리도 내지 않고 있었는데, 한기가 뼛속까지 파고들었다. 주연배우인 실비아 시드니와 존 로더는 꽁꽁 언 채 적막한 모습으로 문간에서 기다리고 있었다. 왜일까? 비라고는 내려본 적이 없던 것처럼 비가 쏟아지고 있었기 때문이다. 모자에서 떨어진 빗방울은 옷깃을 타고 흘러내렸다. 촬영을 방해받은 탓에 불편해진 우리 기분은 이후로 3일 밤 동안 풀리지 않았다."

날씨가 그의 불만에 기름을 부었지만, 영국영화산업의 끊임없는 재난도 그가 미국과 계약을 맺고 싶어 하는 근본적이고 중요한 원동력이었다. 미국에서는 10여 년간 상대적으로 무명이었지만, 그가 고몽에서 만든 영화들은 마침내 평단을 정복했고 할리우드 프로듀서들의 관심을 끌었다. 그러나 그의 영화들은 여전히 고만고만한 수익을 내고 있었고, 배급은 대도시의 몇몇 극장에 국한된 상태였다.

1937년 봄에 마이런 셀즈닉은 히치콕을 위해 강력한 로비활동을 재개했다. 1년간 투병생활을 하던 프랭크 조이스는 새로운 셀즈닉 에이전시—어느 업계지의 표현에 따르면, '할리우드에서 가장 큰 탤런트 에이전시'—를 전적으로 마이런의 휘하에 남겨두고는 1935년에 세상을 떠났다. 마이런은 월터 웨인저와 데이비드 O. 셀즈닉 등 독립 프로듀서 두 사람의 흥미를 끌었다.

유나이티드 아티스츠를 통해 자금을 조달하고 영화를 배급하던 웨인저는 파라마운트의 런던 소재 극장관리자로 영국에서 보낸 1920년대 초반부터 히치콕을 알고 있었다. 진지한 소재에 관심을 보이는 다재다능하고 훌륭한 프로듀서인 웨인저는 지도적 감독 중에서도 프랭크 캐프라, 루벤 마물리안, 프리츠 랑의 영화들을 관리했는데, 이제 히치콕을 만나서 조건만 괜찮다면 계약을 하고 싶다는 의향을 내비쳤다.

웨인저의 라이벌은 또 다른 훌륭한 프로듀서로, 셀즈닉 에이전시와 깨려야 깨기 힘든 관계를 맺고 있는 인물이었다. 마이런의 동생 데이비드 O. 셀즈닉은 막 MGM과 결별하고 자신의 회사인 셀즈닉 인터내셔널 픽처스를 설립한 참이었다. 30대 중반인 DOS(그는 이런 이니셜로 널리 알려졌다)는 여성관객을 겨냥한 화려한 영화에 관심이 많았는데, 고품격의 장인정신이 깃든 중산층 문학을 각색하는 경우가 잦았다. 웨인저와 DOS는 모두 자신들의 영화를 유능하게 팔 줄 아는 세일즈맨이었다.

그런데 DOS는 히치콕을 둘러싼 경쟁에 뛰어드는 순간부터 자신이 유리한 입장에 서야 한다고 주장했다. 마이런의 동생이라는 점 외에도, 그는 MGM의 제작 총책임자 루이스 B. 메이어의 딸 아이린 셀즈닉의 남편이기도 했다. DOS는 여러 군데 스튜디오에 연줄이 있었고, 그의 웅대한 야심을 수월하게 달성하게 해줄 뉴욕의 투자자들과도 친분이 깊었다. 1937년 봄 무렵, DOS는 히치콕을 할리우드에 데려오겠다는 의향을 공표하면서 웨인저를 밀어냈지만, 그것이 성취되기까지는 족히 2년이 걸렸다.

히치콕의 경제적 곤궁은 이전에 이해했던 것보다 훨씬 복잡했다. 그는 영주권 없는 외국인으로서 미국에 거주하고 일하면서 지불해야만 하는 세금을 상쇄할 높은 수준의 급여를 원했다. 셀즈닉 에이전시의 메모는 감독이 잠정적으로 연봉 5만 달러를 받을 경우 미국에 세금으로 최소한 9,000달러를, 또는 연봉 4만 달러를 수락할 경우에는 6,000달러를 약간 상회하는 세금을 납부해야 할 것이라고 추산했다.

이 시기에 히치콕은 영국에서 연봉 3만 5,000~4만 달러 안팎을 벌고 있었다.(예를 들어, 히치콕을 MGM-브리티시에 끌어들이려 할 때 밸컨이 제시한 연봉은 1만 5,000파운드였는데, 셀즈닉의 메모에 따르면 이 제안은 "터무니없이 낮다"며 거부감을 보인 급여조항 때문에 처음부터 거절했다.) 그럼에도 불구하고, 이 액수는 여전히 현기증 날 만큼 많은 돈은 아니었는데, 할리우드 기준으로 보면 특히 그랬다. 히치콕이 현재 급여에서 상당한 액수를 더 받아내지 못한다면, 이주비용과 미국 세금, 영국의 추징금을 지불한 후에는 실제로는 수입에서 손해를 보는 셈이었다.

히치콕과 할리우드 사이에 오간 모든 협상은 중요한 두 가지 고려사항에서 벗어나지 않았다. 우선은 급여 문제로, 히치콕과 에이전시는 영화 1편의 연출료로 납득할 수 있는 최소금액을 5만 달러로 결정했다. 이 액수는 할리우드의 다른 유명감독의 수입보다는 여전히 낮은 액수였지만, 히치콕은 자신이 아직까지는 프랭크 캐프라나 하워드 혹스가 미국 박스오피스에서 거둔 성적을 기록하지 못했다는 것을 인지하고 있었다.

더 까다로운 이슈는 히치콕이 1편 계약만으로는 영국을 떠나지 못하겠다고 결심한 것이었다. 그렇게 되지 않을 경우, 그는 임대감독으로 할리우드로 진출할 가능성이 열려 있던 MGM-브리티시의 제안을 받아들일 생각이었다. 그는 최소한 1편의 계약 영화를 만드는 것으로 미국 프로듀서에게 자신의 솜씨를 입증해야만 한다는 것을 알 정도로 현실적이었지만, 예술가 히치콕은 어떤 계약을 맺건 히치콕 오리지널을 만들 수 있는 그의 능력을 보호한다는 조항을 보장받으려고 노력했다.

우선 후원자와 긴밀하게 연관된 활동을 해야 한다는 것을 깨달은 히치콕이 진정으로 원한 것은, 미국 토양에서 2년 동안 기회를 보장받고 기회가 되면 계약에서 벗어나 자유롭게 일하는 것이었다. 웨인저나 DOS와 처음 의견을 주고받을 때부터, 히치콕은 단계적으로 급여를 인상하는 다작과 다년계약을 요청했다. 수입이나 직업적 처지에서 일시적인 손실이 생기더라도 그의 솜씨를 입증할 장기계약으로 그 손실을 상쇄하려는 것이었다.

그는 첫해에는 5만 달러를 받아들이겠지만, 2년째에는 7만 5,000 달러를 보장해야 한다고 밝히고, 처음부터 연출을 의뢰받은 작품, 아니면 프로듀서가 조율한 임대작품의 연출 여부를 승인할 수 있는 권한을 고집했다.

히치콕은 빈틈없는 협상가였다. 그는 이런 요구들—다작 계약, 단계적 급여 인상, 프로젝트별 비토 권한—이 그의 시장성을 떨어뜨리고 있다는 것을 이해했고, 그래서 그는 스스로를 위해 잠재적 구매자들이 군침을 삼킬 만한 조항을 주도적으로 만들어냈다.

초창기 협상부터 그는 아내이자 창조적 동반자인 알마가 별도의 급여 없이도 모든 히치콕 영화에서 작업할 것이라는 점을 강조하고,

저항할 수 없는 권력자와 요지부동인 인물: 데이비드 O. 셀즈닉과 앨프레드 히치콕.

감독의 전형적인 업무를 뛰어넘는 일을 하고 일반적인 근무시간을 벗어나서도 열심히 일하겠다고 밝혔다. 그는 시나리오 개발, 연구조사, 프리프로덕션 기간 중 모든 분야의 준비작업에 적극적으로 참여하겠다면서, 어느 에이전시 메모에 따르면 제작이 시작되기 직전의 8주까지는 별도의 급여 없이 일하겠다고 공표했다. 메모에 따르면, 이런 제안은 어떤 식으로건 '그 자신의 이야기를 직접 작업하고 집필하는 것'을 선호하는 히치콕에게는 그다지 큰 희생은 아니었다.

무료 시나리오작업에 대한 이 제안은 협상용으로는 실패했던 것 같다. 히치콕은 자신이 협상을 벌이고 있는 시스템은, 정책적으로 감독이 시나리오를 개발하는 것이 아니라 프로듀서의 확고한 통제권 안에서 시나리오를 개발하는 곳이라는 사실을 아직까지 이해하지 못하고 있었다.

〈홀로된 여인〉으로 제목을 바꿔 단 〈사보타주〉가 뉴욕에서 개봉됐고, 고몽은 재개봉관을 빌려 〈나는 비밀을 안다〉와 〈39계단〉, 〈비밀첩보원〉으로 이뤄진 소형 회고전을 열었다. 고몽은 영화를 홍보하기 위해 뉴욕 출장경비를 부담하기로 동의했고, 셀즈닉 에이전시는 감독에게 이 기회를 활용하라고 강권했다.

〈영 앤 이노센트〉가 완성된 직후, (9살짜리 팻을 포함한) 히치콕 가족과 조앤 해리슨은 미국행 퀸메리 호에 승선했다. 대서양 횡단에는 엿새가 걸렸는데, 히치콕은 항해에서 위안을 받았다. 그는 유쾌한 기분으로 갑판에서 빈둥거리면서 파도와 승객들을 기쁜 마음으로 지켜봤다. 완벽한 행복이 어떤 것인지 정의를 내려달라는 요청을 받을 때마다 히치콕은 이렇게 대답했다. 구름 한 점 없는 파란 하늘. 그는 1974년에 텔레비전 사회자 톰 슈나이더에게 이렇게 밝혔다. "선명한 수평선이어야 합니다. 사람 주먹크기보다 작은 구름들이 보이는 수평선이어서는 안 됩니다."

『라이프』에 실린 후속기사에 따르면, 영국인 감독은 '바다에서 보이는 모든 배의 목적지와 출발 및 도착 시간을 낭송하는 것'으로 승객들을 깜짝 놀라게 만들었다. 배우 세드릭 하드윅이 동승한 승객 중 한 사람이었는데, 히치콕은 그를 웨스트엔드 무대시절부터 좋아해왔다.(하드윅은 〈농부의 아내〉의 오리지널 공연에서 처들스 애시를 연기했다.) 항해 중에 하드윅은 히치콕 가 족과 친분이 돈독해졌는데, 나중에 히치콕은 〈서스피션*Suspicion*〉과 〈로프〉에서 그에게 핵심적인 역할을 맡기고 〈앨프레드 히치콕 극장〉에도 여러 차례 캐스팅했다.

수십 년 후 프랑수아 트뤼포와 얘기를 나누면서, 히치콕은 어린 시절부터 좋아하던 스포츠 팀처럼 추종하던 나라를 방문하는 데 왜 그렇게 오랜 시간을 기다려야 했는지 모르겠다고 의아해했다. "나는 미국인들을 늘 만나고 있었고, 뉴욕의 지도에 너무나 친숙했습니다. 나는 열차시간표를 모으러 다녔고 —그건 내 취미였습니다— 많은 시간표를 암기하고 있었습니다. 나는 이곳에 오기 오래전부터 극장이나 가게가 어디에 있는지를 사람들에게 설명할 수 있을 정도로 뉴욕을 잘 묘사할 수 있었습니다. 미국인들과 얘기를 하고 나면 그들은 내게 물었습니다. '마지막으로 미국에 왔던 게 언제였나요?' 그러면 난 대답했죠. '여기는 처음인데요.'"

표면상으로 히치콕 일행은 휴가 중이었고, 감독도 여러 인터뷰에서 그렇다고 주장했다. 그러나 새로운 프로젝트를 결정하고 싶은 마음이 너무나 간절했던 그와 아내, 조앤 해리슨은 여가시간을 이야기를 브레인스토밍하는 데 썼다. 히치콕은 그들이 〈영 앤 이노센트〉의 스타 노바 필빔을 염두에 두고 '그녀의 사기꾼 아버지와 알리바이'에 관련된 〈가짜 증인〉이라는 시나리오를 작업 중이라고 언론에 밝혔다. 그 작업이 잘 되지 않으면, 그는 '자신이 아끼는 주제에 기초한' 다른 영화도 심중에 있다고 말했다. 그는 자신이 '굉장히 온건한 상황 속에서 벌어지는 슬랩스틱의 효과를 실험하기 위해, 코믹한 상황을 갑자기 비극으로 돌변시키고 싶은 오랜 욕망'을 키워왔다고 말했다. 그는 '경찰관 대여섯 명이 터널에서 기어나오고 있는데, 몽둥이를 들고 입구에 서 있던 악당들이 경찰들이 나올 때마다 구타를 하는 것'으로 시작되는 영화를 상상했다. "피가 주루룩 흐르는 6번째 경찰관의 얼굴을 클로즈업으로 보여주다가 —코미디가 갑자기 엄숙한 분위기로 바뀌어서— 그가 당한 불행 때문에 괴로워하는 가족들의 사진으로 컷해 넘어가는 것도 재미있지 않을까요?"

물론 여행의 진짜 목적은 히치콕의 미국의 야심을 진전시키는 것이었다. 부두에서 히치콕 일행을 맞은 사람은 뉴욕에서 데이비드 O. 셀즈닉을 위해 일하는 눈매가 날카로운 문학 에이전트 캐서린 '케이' 브라운이었다.(브라운은 마거릿 미첼의 남북전쟁 서사소설 『바람과 함께 사라지다』를 셀즈닉에게 처음 추천한 인물이었다.) 히치콕이 고몽의 미국 홍보 책임자 앨버트 마골리스가 미리 잡아둔 〈홀로된 여인〉 홍보 인터뷰로 바쁜 사이, 셀즈닉 에이전시는 감독의 취업 인터뷰 일정을 잡았다.

데이비드 O. 셀즈닉의 동료들은 히치콕을 만나자마자 깊은 인상을 받았다. 히치콕 가족은 케이 브라운의 고향인 이스트햄튼의 바닷가에서 주말을 보냈는데, 브라운에게는 팻 또래의 딸이 있었다. 히치콕은 유서 깊은 집안의 자제로 스포츠맨이자 백만장자, 그리고 연예계 투자자인 존 헤이 '족' 휘트니와 오찬을 했다.

셀즈닉이 신뢰하는 조언자인 두 사람 다 개인적으로 히치콕을 마음에 들어 했다는 것은 좋은 일이었다. DOS는 캘리포니아에 머물며 그가 제작하는 가장 값비싼 작품인 마거릿 미첼의 소설을 영화화하는 계획에 여념이 없었다. 그러나 셀즈닉은 감독과 통화를 하면서 히치콕과 처음으로 개인적인 접촉을 가졌다. 역시 기획중인 영화 때문에 정신이 없던 웨인저도 히치콕과 통화를 했다.

그런데 히치콕이 셀즈닉과 처음 가진 대화는 감독이 바랐던 것에 딱 맞아떨어지지는 않았다. MGM-브리티시의 제안을 알고 있던 DOS는 MGM과 계약하라고 권고해서 히치콕을 깜짝 놀라게 만들었다. 히치콕이 MGM-브리티시와 계약을 맺으면, DOS가 관계를 유지하고 있는 MGM을 통해 임대하는 형식으로 여전히 그와 일할 수 있기 때문이다. 그렇게 하면 셀즈닉은 순전히 자신을 위해 히치콕을 데려오면서도 그에 따르는 위험과 비용에서는 벗어날 수 있었다. DOS는 히치콕의 급박한 필요와 욕망 따위는 안중에도 없는 듯했고, 특정 프로젝트에 관한 의견교환도 협상 시도도 하지 않았다.

마이런 셀즈닉의 스태프는 MGM과 셀즈닉 인터내셔널을 주무르는 일에 착수하면서, 임대 옵션을 구체화시키려고 노력했다. 할리우드 프로듀서들과 가진 논의는 대부분 비공식적인 것으로 남게 되겠지만, 고몽의 홍보담당자 앨버트 마골리스는 히치콕이 나머지 일정 동안 동부해안으로 떠나는 단체관광은 언론에 잘 보도될 것이라고 확신했다.

판에 박힌 관광유람은 히치콕의 여행스케줄에 반드시 포함돼 있었다. 히치콕 일행은 워싱턴 D.C.를 짧게 방문했는데, 이곳에서 그들은 미국 수도의 VIP 여행에 나섰다. 여유시간이 없던 그들은 〈스트레인저〉에서 팔리 그레인저가 그랬던 것처럼, 아니면 〈토파즈*Topaz*〉에서 소련 망명자가 그랬던 것처럼 리무진 창문을 통해 제퍼슨 기념관과 워싱턴 기념탑, 그리고 다른 유적들을 잠깐씩 볼 수 있었다.

영국인 방문객들은 뉴욕의 사라토가스프링스도 여행했다. 그곳에서 휘트니는 그들을 경마에 데려갔는데, 경마는 히치콕이 평생 동안 즐긴 오락이었다. 그들은 현관의 흔들의자에 앉아 상류층 온천과 휴양지를 멍하니 바라봤다. "나는 집사람에게 그것들을 가리켰어요." 히치콕이 나중에 저널리스트에게 한 말이다. "우리는 일어서서 그것들을 바라봤죠. 영국에서 흔들의자를 가지고 있었다면, 그건 그냥 진귀한 골동품이었을 거예요. 그런데 여기에서는 영화뿐 아니라 현실에서도 흔들의자를 쓰더군요."

〈파괴공작원〉을 떠올리기 훨씬 전인 이 시점에서 그들은 록펠러센터를 방문했다. 나중에 〈누명쓴 사나이〉에서 활용하게 되는 진짜 범죄의 세부사항에 대해 주의력을 발휘한 히치콕은 용의자를 식별해내기 위한 경찰서의 용의자 확인 대열에도 참가했다.

어느 저널리스트가 그를 권유해서 〈39계단〉을 상영하고 있는 극장으로 데려갔다. 『뉴욕타임스』는 자신이 만든 걸작이 상영되는 도중에 그가 잠을 잤다고 보도했지만, 실제로 그와 동행한 기자인 『뉴욕 월드—텔레그램』의 윌리엄 보넬은 감독이 상영시간 내내 서 있었으며 '그가 너무나 좋아하는 특정 장면이 잘려나갔기 때문에 투덜거리는' 논평을 딱 한 번 내뱉었다고 주장했다. 상영이 끝난 후 극장 밖에서 히치콕은 사인을 받기 위해 반질반질한 그의 사진을 들고 있는 한 무리의 영화 팬들을 만나는 뜻밖의 기쁨을 누렸다.

뉴욕에 있는 동안, 히치콕 가족은 5번가와 55번가가 교차하는 곳에 있는 멋들어진 세인트 레지스를 본거지로 삼았다. 히치콕은 여행을 할 때면 어디서건 고급 호텔에 묵었는데, 이후로는 집을 떠날 경우 세인트 레지스를 그의 뉴욕 저택으로 삼았다.

히치콕은 스위트룸에서 전화통화와 잡스러운 일 사이사이에 언론인들을 융숭하게 대접했다. (어느 언론의 설명에 따르면, '몸집이 작으면서도 맵시 있는 금발로, 저울에 오르더라도 눈금이 45kg을 넘지 않을 것처럼 보이는') 히치콕 여사는 심부름을 하느라 잽싸게 이리저리 돌아다녔고, ('예쁘게 고개를 숙이면서 앙증맞은 인사를 하는 착한 꼬마 여자애') 팻은 벽에다 공을 던지고는 튀어나오는 공을 잡으려고 애썼다. 마골리스는 『뉴욕타임스』 소속기자, 『뉴욕 선』의 에일린 크릴먼, 『픽처 퍼레이드』의 재닛 화이트를 포함한 인터뷰어들을 데려왔다. 감독은 처음으로 미국 라디오에 출연해서 〈할리우드의 거트루드〉 프로그램에서 레이디 해리스와 인터뷰를 했다.

평론가와 언론인들을 상대할 때 빈틈을 보이지 않는 히치콕은 미국적인 일 진행방식을 터득하고 있었다. 그는 언론과 함께할 때 개방적이고 편안해했으며, 때로는 너무 개방적이고 너무 편안해해서 결국에는 스스로에게 상처를 입히기도 했다.

이때쯤 히치콕의 경력에 대한 미국의 보도는 상당히 부족한 편으로, 기껏해야 뉴욕과 로스앤젤레스 신문들에 실리는 몇 차례 인터뷰와 짤막한 단신기사에 국한돼 있었다. 물론 영국에서 그에 대한 보도는 훨씬 많았지만, 영화연출 기법과 영화 자체에만 초점을 맞췄다. 영국은 할리우드의 유명인사에게 적용되던 유명인 가십(사실 감독에 대해서는 드문 관심이었지만)을 아직까지는 발전시키지 않고 있었다.

히치콕의 외모를 자세히 설명한다거나, 몸무게를 웃음거리로 만들거나 하는 일은 1937년의 영국 언론에서는 들어보지 못한 일이었지만, 미국에서는 그런 일이 일상적인 일로 재빨리 자리잡았다. 미국 언론은 이제 113kg에 육박한다고 보도된 그의 체중에 위압감을 느꼈다. 종종은 식사시간이나 술자리에서 인터뷰가 잡히곤 했는데, 미국 기자들은 그가 먹은 음식뿐 아니라, 그가 자신의 몸무게를 놓고 한 농담까지도 기사화했다. 어느 신문은 그가 '『에스콰이어』에 실린 만화에 나오는 유쾌한 술탄 중 한 사람'처럼 보인다고 묘사했고, 착실한 『뉴욕타임스』조차도 그를 '폴스타프[32] 스타일'이라고 봤다. "와인과 수탉요리, 최고급 쇠고기 요리와 넘쳐흐르는 에일 맥주, 아이스크림 두 그릇을 한없이 탐닉하는 철학을 가진 걸어다니는 기념비."

언론은 히치콕이 훌륭한 취재대상이라는 사실, 그리고 '인용할 만한 가치가 있는' 얘깃거리를 끝없이 내놓는다는 사실에 즐거워했다. 미국에서 가진 이 첫 인터뷰 순회에서 스타가 탄생하고 있다는 것은 명확한 일이었다. 그는 영화에 대한 얘기뿐 아니라, 대화에 등장하는 화제에 대한 것이면 무엇이든 의견을 장황하게 쏟아냈다. 그의 여행은 패

32 셰익스피어의 작품에 나오는 허풍쟁이 뚱보기사. — 옮긴이

배할 가능성이 높다고 여겨진 영국 웨일스 출신의 광부 토미 파와 미국인 조 루이스 사이의 헤비급 챔피언전이 열리는 시기와 일치했다. 파는 15회를 격렬하게 싸웠지만 결국 판정패했는데, 많은 이들이 부당한 판정이라고 생각했다. 〈링〉의 감독이 개인적으로 이 경기를 관전했는지 라디오로 들었는지 여부는 명확하지 않지만, 히치콕은 임시변통을 구사할 줄 아는 사람이었다. 어느 신문에 따르면, "지난 월요일 밤(시합일) 이전에 히치콕 감독은 파의 승산이 많다고는 생각하지않았다. 그는 '벼락스타가 된 선수입니다'라고 밝혔다. 월요일이 지난 후 그는 우리의 갈색 폭격기에 대해 그리 호의적으로 생각하지 않는다. 대신 파에 대한 견해는 몇 단계 상승했다."

히치콕은 복서에 대한 얘기를 꺼내면서, '방 안에 있던 어떤 사람이 버릇없게도 인간 팬케이크라고 부른' 전 영연방 헤비급 챔피언 조 베켓이 어딘가에서 술집을 경영하고 있고, 또 다른 전 챔피언인 폭격수 빌리 웰스("갈대 같은 선수, 빌리. 스타일은 뛰어나지만 배짱은 없죠. 상대를 멍청하게 다운시키고는 '이런, 이런! 내가 한 짓을 봐!'라고 말하는 것처럼 뒤로 물러서죠")는 〈링〉의 시합장면에 출연했다고 언급했다.[33]

부자들이 지식인들과 어울리는 곳인 웨스트 52번가의 '21'클럽이 히치콕이 저녁을 먹는 장소 겸 인터뷰를 하는 곳이었다. 그곳에서 『뉴욕 헤럴드 트리뷴』의 칼럼니스트 H. 앨런 스미스와 식사를 하면서, 히치콕은 클럽의 유명한 스테이크 세 접시를 먹고는 디저트로 나오는 유명한 바닐라 아이스크림 세 그릇, 그리고 유명하지 않은 영국식 차 한 주전자를 먹은 것으로 보도됐다.(이후 히치콕은 영국에서 하던 습관 그대로 차 주전자를 바닥에 내던지고 싶은 욕망이 간절했다고 밝혔다. 대신 감독은 '21'의 냉장고에 걸린 엄선된 고기를 검사하기 위해 헉헉거리면서 3층으로 올라갔다.)

33 조베켓은 1919년부터 1923년까지 영연방 헤비급 챔피언이었다. 1911년부터 1919년까지 영연방 헤비급 챔피언이었던 빌리 웰스도 영화에서 단역을 연기했고, 때로는 폭격수 빌리 웰스라는 크레디트를 받곤 했는데, 덧붙여 말하자면 랭크영화사 영화의 시작을 알리는 공을 울리는 사람이 바로 그였다.

스미스의 인터뷰는 별나게 기사화될 수도 있었다. 짓궂은 장난으로 유명한 스크루볼 신문기자인 그는 그가 주최하는 식사에 앨버트 아인슈타인이 참석하지 못하게 아인슈타인을 '납치'한 적도 있었다. 유머작가로서 그가 누리는 인기는 얼마 안 있어 친구인 제임스 서버와 로버트 벤틀리의 인기에 육박했다. 그러나 그는 이 뛰어난 감독을 진지한 얼굴로 만났고, 히치콕도 마찬가지였다.

부정적인 내용의 홍보활동은 아니었음에도 불구하고, 얼마 후 히치콕을 묘사한 첫 번째 캐리커처는 좋을 때나 궂을 때나 감독을 대표하는 유명한 얼굴이 됐다. 9월 첫 주에 조직 호를 타고 고국으로 향하면서 히치콕은 낙담했다. 할리우드 프로듀서들과 나눈 대화는 결론을 내지 못했고, '뚱보' 기사들은 그의 자존심에 상처를 입혔다. 『할리우드 리포터』는 런던의 소식통을 인용하면서, 히치콕이 '미국 언론이 그를 영국의 1급 감독으로 선전하는 대신 요리전문가로 선전한 것'에 '상당히 당혹스러워하면서' 귀국했다고 보도했다.

그러나 '경험에서 배우기'는 히치콕의 모토이기도 했다. 조만간 그는 그의 외모와 성격에 대한 미국인들의 매혹을 활용하면서, 그런 매혹을 엄청난 직업적 이점으로 전환시켰다. 1937년에 미국 언론에 상냥한 호기심을 보인 이 개구쟁이는, 조만간 역대 할리우드 감독들 중에서 가장 많은 인터뷰를 한, 프로필이 가장 많이 소개된, 그에 대한 글이 가장 많이 쓰이고 분석된 감독이 됐다.

그러나 그는 당장에는 미국에 둥지를 틀고 싶어 하는 외국인이었다. 셀즈닉 에이전시는 데이비드 O. 셀즈닉을 통해 할리우드로 확실하게 입장할 수 있도록 MGM-브리티시와 계약을 맺는 문제를 밸컨과 논의하기도 했지만, 히치콕은 본능적으로 이 제안을 거부했다. 밸컨은 "나에 대한 소유욕이 굉장히 강했습니다." 감독이 프랑수아 트뤼포에게 밝힌 견해다. "나중에 내가 할리우드로 떠났을 때 그가 엄청나게 화를 낸 이유가 그겁니다." 그러나 마이런 셀즈닉은 최소한 한 가지 중요한 점에서는 성공했는데, 그는 부지런한 사람이라는 인상을 히치콕에게 심어주어 결국 감독이 미국 에이전트의 공식 고객이 되겠다는 서류에 서명하게 만들었다.

앨프레드 히치콕은 어느 모로 보나 자수성가한 사람이지만, 그의 경력상 중요한 시점에서 한 단계 발돋움시켜주는 행복한 사건들의 도움을 받은 사람이기도 했다. 관련된 일화가 사실이라고 믿을 만하다면 마이클 밸컨이 〈쾌락의 정원〉의 감독으로 그를 지명한 것은 그런 운 좋은 사건 중 하나였다. 〈사라진 여인*The Lady Vanishes*〉은 또 다른 사례였다.

〈사라진 여인〉의 원작은 위기에 처한 여주인공들을 등장시키는 미스터리소설을 전문적으로 쓴 웨일스 작가 에델 리나 화이트가 1936년에 발표한 서스펜스 소설 『바퀴가 구른다』였다. 프로듀서 테드 블랙은 1936년에 영화화 권리를 구입해서 시나리오를 의뢰했다. 같은 해 8월에 미국인 감독 로이 윌리엄 닐의 지휘 아래 유고슬라비아 야외를 몇 장면 촬영한 것을 포함한 보조촬영진의 촬영이 시작됐지만, 여러 가지 난관에 부딪히면서 제작이 잠시 연기됐다.

소설은 유럽으로 휴가를 떠난 영국의 사교계 명사가 장거리 기차 여행을 하는 동안 나이 많은 영국인 지사 부인과 사귀는 내용을 다뤘다. 기차 여행 중에 지사 부인이 사라지지만, 어느 승객도 그녀를 목격한 것을 인정하려 들지 않는다. 사교계 명사는 음모나 범죄가 관련됐다고 의심하지만, 아무도 그녀의 말을 귀담아듣지 않는다. 사실을 입증하기가 어렵게 되자 그녀는 자신이 미친 게 아닐까 의심하기 시작한다.

프랭크 론더와 시드니 질리엇은 드라마틱하고 약간은 단조로웠던 소설을 완전히 뒤바꾸어 각색했는데, 그 결과 히치콕이 관여하기도 전에 히치콕 스타일의 별나고 유쾌한 시나리오가 나왔다. 론더와 질리엇은 사라진 지사 부인의 운명보다는 크리켓 점수에 더 관심이 많은 한 쌍의 영국인과, 사교계 명사와 그녀의 이야기를 믿는 유일한 승객인 민속학자 사이에서 꽃피는 로맨스를 첨가했다. 그런 후에 모든 사건이 정치와 스파이의 거미줄에 엉켜들어간다.

이즈음의 론더와 질리엇은 비범한 영화경력에 접어들고 있었는데,

〈로마특급〉(1932) 같은 초기 시나리오는 멋진 기차 모험극에 대한 그들의 기호를 보여줬다. 〈사라진 여인〉의 위력을 바탕으로 카메라 뒤에서 승승장구한 그들은 〈뮌헨행 야간열차〉, 〈우리 같은 수백만〉, 〈젊은 피트 씨〉, 〈당신 삶의 가장 행복했던 나날들〉, 〈조르디〉, 〈세인트 트리니언스의 미녀들〉 등의 걸작 영국영화들을 공동으로 시나리오를 쓰고 연출하고 제작했다.

론더는 공무원에서 배우와 극작가로 변신한 인물이었고, 질리엇은 『이브닝 스탠더드』 편집장의 아들이자 월터 마이크로프트의 수하에 있던 인물이었다. 마이크로프트의 조수로 영화계에 뛰어든 질리엇은 1928년에 엘스트리로 처음 출근하는 날 마이크로프트와 같은 택시를 탔고, 그날 마이크로프트와 앨프레드 히치콕과 같이 감독의 차를 타고 퇴근했다.

마이크로프트 밑에서 들어온 시나리오를 검토하는 말단 원고 판정인으로 시작한 질리엇은 BIP에 쌓인 이야기 '졸작 더미들'을 걸러냈다. 그와 히치콕 사이의 관계는 그 시절에 스쳐지나가면서 겪은 것이 전부였다. 질리엇의 회상에 의하면, 히치콕은 마이크로프트에게 검토해달라면서 스토리부서로 '땡전 한 푼 값어치 없는 끔찍한' 시나리오들을 보내는 것을 즐겼다.

질리엇은 그가 히치콕에게 미숙한 상태의 〈나비부인〉이라고 치켜세우는 유화적 보고서를 돌려보낸 적이 있었다고 말했다.("물론 시나리오를 읽지도 않았어요.") 그는 여주인공이 '얼굴에서 발산되는 원기' 때문에 남자주인공에게 끌리는 것으로 시작해서 두 사람이 열정적으로 '기모노 한 벌을 공유하는 것'으로 끝을 맺는 러브스토리를 구상한 위대한 감독을 비꼬는 것이 즐거웠다.

질리엇에 따르면, 미국에서 돌아온 히치콕을 고몽은 노골적으로 불편한 눈으로 바라봤는데, 〈영 앤 이노센트〉가 스튜디오 시사회에서 부정적인 반응을 받았기 때문이었다. 질리엇은 이렇게 회상했다. "회사 주인인 오스트러 형제는 히치콕에게 마지막 영화를 만들지 않아도 된다며 급여를 주고 해고하는 것으로 계약을 끝내려고 했습니다. 사업적인 측면에서, 그는 박스오피스에서 특히 훌륭한 감독으로 평가된 적이 결코 없었습니다. 그들은 테드 블랙에게 이 점을 밝혔고, 블랙은 '그는 한 편을 더 만들어야 합니다'라고 말했습니다. 오스트러 형제는 블랙에게 히치콕에게 적합한 시나리오가 있느냐고 물었고, 테드는 '저한테 있는 것 같은데요'라고 대답했습니다. 히치가 스스로 발굴해낸 것이 아니었습니다."

코미디, 로맨스, 서스펜스에 사라진 시체, 질주하는 열차, 불신과 위험 덕에 짝이 맺어진 젊은 남녀 등 히치콕이 좋아하는 원재료들이 뒤섞인 론더와 질리엇의 시나리오를 읽으면서 감독은 코를 씰룩거렸다. 에델 리나 화이트의 소설을 아직 읽지 않았더라도, 그는 시나리오에 영감을 준 사건을 분명히 알아차렸을 것이다. 1899년 파리박람회 기간 동안 드 라 콩코르드에 있는 호텔에서 사라진 병든 노파에 대한 전설은 1913년에 마리 벨록 론즈 여사의 소설 『그녀의 허니문의 결말』로 픽션화됐고, 알렉산더 울콧이 『로마가 불타는 동안』에 삽입한 "사라진 여인"으로 다시 이야기됐다. 영화의 제목을 〈사라진 여인〉으로 바꾼 것은 울콧에 대한 존경의 표시였는데, 울콧은 히치콕이 좋아한 미국 잡지 『뉴요커』의 필자 중에서도 특히 열심히 읽은 필자였다.[34]

시나리오가 이미 완성된 상태였음에도, 이미 1년 전에 영화사 수뇌부의 승인을 받은 론더-질리엇의 시나리오에 히치콕이 기여한 것이 있는지에 관한 논쟁은 지금까지도 계속되고 있다. 질리엇에 따르면, 평소 채택한 희곡에 접근하던 방식으로 그들의 시나리오에 접근한 히치콕은 주로 도입부와 결말부를 보완했다.

질리엇은 론더가 "히치가 제안한 새로운 몇 장면에 동의했다"고 회상했다. "테드 블랙이 히치를 좋아했기 때문이었습니다. 그들이 제작비에 약간의 여유를 두기로 결정했기 때문에 엔딩을 확장시킬 수 있었고, 프랭크는 엔딩을 고쳐 썼습니다. 그들은 오프닝에도 손을 댔는데,

34 〈구명선〉의 오프닝 크레디트가 나오는 동안 여러가지 잔해 속에서 『뉴요커』 1부가 떠다닌다. 할리우드에 둥지를 튼 히치콕은 이 잡지의 필자 중에서 여러 명을 작가로 채용했다.

본질적으로 히치가 '쓴' 부분은 도입부와 엔딩입니다. 중반부에도 이상한 방식으로 수정된 부분이 있지만, 프랭크가 히치와 함께 수정을 했습니다."

그렇지만 시나리오의 수정에 기여를 한 사람들의 범위는 히치콕, 론더, 질리엇에 국한되지 않고 스튜디오의 다른 사람들도 포함되는데, 발 게스트에 따르면 그들은 '식구 전체'였다. 게스트와 (조지로 알려진) 매리엇 에드가가 아이디어를 내놓기 위해 윌 헤이의 기획영화 일을 잠시 놓았다. "우리는 늘 여기저기를 쏘다녔습니다." 게스트의 회상이다. "히치콕도 여기저기를 쏘다니면서 '이 장면에 더 좋은 대사 있나?' 하고 묻곤 했지요."

열차가 출발하기 전날 밤에 작은 여관에 몰려드는 손님들을 회전문에서 소개하는 새로운 오프닝은 히치콕의 안단테 중 하나였다.(질리엇은 "원래 내가 쓴 것은 발칸 반도의 호수를 운행하는 증기선에서 일어나는 훨씬 긴 오프닝이었다"고 회상했다.) 감독에 따르면, 론더-질리엇의 오리지널 시나리오는 '여인이 들것에서 내려지면서' 끝이 나지만, 히치콕은 노부인을 지키기 위해 헌신하는 열차승객과 국경경찰 사이의 총격전을 제안했다. 도입부가 배경과 캐릭터를 설정한 데 비해(질리엇에 따르면, "오리지널에 비하면 영화의 중반으로 훌쩍 뛰어 들어가는 것과 비슷했다"), 엔딩은 요란하게 결말을 맺었다.

이런 중대한 수정들—오늘날에 이런 수정 없이 이 영화를 상상하기는 어렵다—과 더불어, '중반부에 이상한 방식으로 수정된 부분들'도 있었다. 히치콕은 조연 캐릭터를 구축하는 것을 항상 방침으로 삼았는데, 이 영화에서는 크리켓에 목을 맨 영국인들 배역을 확장했고(그는 이미 염두에 둔 배우들이 있었다), 론더-질리엇 시나리오에는 사교계 명사와 지사 부인과 칸막이 객실을 같이 쓰는 것으로 돼 있는 은행가를 '여자를 사라지게 만드는' 특기로 영화에 기발한 아이디어를 더해주는 마술사로 바꿨다.

오리지널 시나리오는 선전선동의 귀재인 외국 수상과 '위기 직전의 영국'에 대한 언급으로 가득했는데, 수정된 시나리오는 은밀한 정치적 논평도 강화했다. 우스꽝스러운 맥거핀(암호화된 노래)은 영화를 위해 만들어낸 언어를 구사하는 가상의 중부유럽 나라('유럽에서 몇 안 되는 미지의 변두리국가 중 하나인' 반드리에카)에 대한 간섭과 연관이 있었다. 관객들은 진짜 반드리에카를 추측해내는 재미를 누릴 수도 있었다.

열차 총격전은 정치적인 측면을 강화했다. 남녀주인공은 티타임을 갖는 동포들을 규합하려고 애쓰지만, 영국인 승객들은 고집스러울 정도로 무관심하다. "그 사람들 우리 한테는 어떤 짓도 할 수 없어요, 우리는 영국 신민이니까요!" 어느 영국인—바람둥이에다 변절자—은 자신은 중립적이라고 선언하고, 백기를 흔들면서 기차에서 내리다가 즉시 총에 맞는다. 메시지는 명료하다. "영국은 히틀러를 달랠 수 있을 것이라는 생각으로 스스로를 기만하고 있다."

특히 그와 두 시나리오작가 사이에 커져가는 악감정의 관점에서 보면, 히치콕(또는, '콘티' 크레디트를 받은 알마를 감안하면 히치콕 부부)이 촬영장에 발을 들여놓기도 전에 〈사라진 여인〉에 작가로서의 낙인을 찍었다는 것을 여기서 반드시 언급해야겠다.

〈사라진 여인〉은 카메라맨 잭 콕스와 다시 만난 작품이자, 히치콕이 이즐링턴에서 만든 마지막 영화였다. 콕스는 한때는 웅장했지만, 라임그로브에 비하면 지금은 조그맣고 초라해진 촬영장에 대한 빛바랜 추억에 잠겼다. 이 시기에 이즐링턴에서 촬영된 영화들은 열차객실과 등대, 비좁은 감방 같은 곳을 배경으로 한 영화들이었다. 전속 디자이너 알렉스 베친스키는 그런 저렴하고 단순한 세트를 만드는 전문가가 됐는데, 그의 영향력은 〈사라진 여인〉에도 두드러진다. 히치콕은 꾸준히 움직이는 진짜 열차의 환상을 유지하기 위해 배경영사와 트릭 숏, 미니어처와 관련된 기법을 총동원해야만 했다.

히치콕은 논턴 웨인과 베이실 래드포드(〈영 앤 이노센트〉에서 노바 필빔의 삼촌)를 크리켓에 미친 영국인들로 짝지웠다. 공연한 적이 한 번도 없었지만 만난 즉시 교감을 피워낸 두 사람의 역할은 촬영 내내 확장됐고, 〈사라진 여인〉 덕에 두 사람은 다른 작품에서도 팀을 이뤘다.

사기꾼 뇌 전문가는 폴 루카스가 맡았고, 세실 파커와 린덴 트레버스는 바람을 피우는 커플로 캐스팅됐다. 필립 리버는 마술사 도포였고, 캐서린 레이시는 수녀의 의복과는 상충되는 하이힐을 신은 —또 다른 히치콕의 터치— 공범으로 인상적인 연기를 펼쳤다. '사라진 여인' 미스프로이—'명랑하게 발음되는'—는 세기 전환기에 대서양 양안의 무대의 스타였던 메이 휘티 부인의 배역이었다.

평범한 남자주인공을 원치 않았던 론더와 질리엇은 에델 리나 화이트의 댐 엔지니어를 민속학자 길버트로 바꿨는데, 이 캐릭터를 이런 방향을 통해 '민속음악학자'로 몰고 간 것은 아마도 히치콕일 것이다. 그런 설정을 통해 길버트를 소개하는 코믹한 시퀀스와 세계를 구하게 될 선율(로버트 도나트가 머릿속에 있던 선율을 통해 결국 미스터 메모리를 떠올리게 되는 〈39계단〉을 스스로 표절했다)이 나올 수 있었다.

테드 블랙은 고전적인 연극들로 명성을 쌓은 마이클 레드그레이브를 시험해보라고 히치콕에게 권했다.(당시 그는 밤마다 체호프의 〈세 자매〉에 출연하고 있었다.) 영화 경험이 없었던 —그리고 존 길구드처럼 라이벌 매체에 조심스러웠던— 레드그레이브였지만 고몽이 제안한 후한 장기계약에 마음을 바꾸었다.

프로듀서는 아이리스 역에 마거릿 록우드를 주장했는데, 인기순위가 오르고 있던 활달한 검은머리 배우는 〈사라진 여인〉에 캐스팅되기 전에는 영화에서 공연한 레드그레이브를 만난 적이 한 번도 없었다. "우리는 로열 앨버트홀에서 열린 자선 영화 무도회에서 처음 인사를 했다. 우리는 함께 춤을 추고 꼭 껴안고 사진을 찍었는데, 그 때문에 사람들은 우리가 서로 잘 아는 사이라고 짐작했다." 레드그레이브가 자서전에 쓴 글이다.

감독은 특유의 스타일 그대로 두 배우 사이의 어색한 분위기를 활용했다. 히치콕은 길버트와 아이리스가 '반하는' 장면을 찍는 촬영 첫날을 선택해서 평소 쓰던 수법을 썼다. 민속학자는 호텔 직원 중에서 선정한 사람들을 방에 모아서 지역의 전통춤을 시끄럽게 재현한다. 바로 아래층 방에서 잠에 들려고 노력하던 아이리스에게 춤꾼들이 벌이는 소란은 너무 요란하다. 그녀가 호텔 지배인에게 길버트를 내쫓으라고 설득하자 그는 훗날 〈콰이 강의 다리〉에서 유명하게 활용된 우렁찬 행진을 벌이며 그녀의 방에 뛰어드는 것으로 복수를 한다.

레드그레이브는 훗날 이렇게 회상했다. “마거릿 록우드와 내가 그랬던 것처럼, 이전에는 한 번도 같이 연기한 적이 없는 사람, 어쩌면 한 번도 만난 적이 없는 사람과 잠깐 만나서 약간은 인위적인 환경에서 중요한 장면을 연기해야만 한다는 것이 카메라 앞에서 연기할 때 겪는 가장 치명적인 결점일 것이다. 처음에 약간 얼렁뚱땅 넘어간 마거릿과 나는 서로 잘 어울렸다. 그렇지만 우리는 때로는 서로를 의심스러운 눈초리로 바라봤다.”

히치콕이 잘 아는 것처럼, 영화에서 불리한 처지에서 만난 두 캐릭터는 때때로 서로에게 의심의 눈초리를 거두지 않는데, 그들의 로맨스는 그 와중에 은밀히 싹터나간다. 레드그레이브는 ‘일종의 지적인 속물’이라는 그 자신의 표현대로, 히치콕과 영화 전반에 대해 의심을 품었고, 감독 특유의 날카로운 유머에 결코 익숙해지지 않았다. 크롬웰로드에서 벌어진 출연진 파티에서 메리 클레어(〈영 앤 이노센트〉의 아주머니, 〈사라진 여인〉의 남작 부인)가 곤드레만드레가 돼서 나가떨어질 때까지 히치콕이 흡족한 표정으로 계속 술을 따라주는 이유를 그는 이해할 수 없었다.

레드그레이브는 그보다 앞서 거쳐 간 다른 사람들처럼 히치콕의 ‘충격 요법’을 이해할 수 없었다. “배우들은 스스로를 너무 진지하게 받아들이며, 찬사를 받을 만큼 한없는 능력을 가진 연기자들이 유머러스하게 모욕을 당할 경우 더 나은 연기를 보이는 경우가 잦다”는 히치콕의 정확하지 않은 신념도 마찬가지였다. “그는 내가 무대에 대해 낭만적인 경외감을 품고 있다고 생각했다. 그는 내가 스튜디오의 작업 환경 때문에 신참의 경멸감을 가지고 있다는 것도 알 수 있었다.”

작가들은 히치콕을 싫어했고, 주연배우는 그를 경계했으며, 예산은 쥐꼬리만 했다. 감독은 뚱뚱하고 창백했고, 앞날에는 먹구름이 껴 있었다. 〈사라진 여인〉을 만들면서 보낸 몇 달은 신경과민과 난제들로 점철됐고, 피곤에 지친 감독이 촬영 도중에 선잠을 잔다는 기사가 다시 실렸다. "그는 신비로운 미소를 지으면서 고개를 끄덕이며 조는 부처님이었어요." 록우드의 회상이다. 사람들을 만나기 싫어서 꽁무니를 빼는 히치콕이 사람들에게서 가급적 멀리 떨어진 벽에 기대서서, 그의 눈길을 사로잡은 누군가를 기분 나쁜 눈길로 바라보다가 그 사람에게 삿대질을 한다는 기사가 실리기도 했다.

기묘한 사실은 "배우는 가축이다"라는 히치콕의 가장 악명 높은 견해가 처음 나온 때를 꼽을 수 있는 사람이 아무도 없다는 것이다. 감독 자신은 1920년대 말엽에 활동사진을 향해 속물적인 태도를 취하는 연극배우들을 생각하면서 그런 말과 비슷한 말을 처음 했었던 것 같다고 회상했다. 히치콕은 열렬한 연극 팬이었지만, 연극이 순수한 예술이라는 생각은 참아낼 수 없는 가식으로 간주했다. 레드그레이브는 "그의 유명한 '배우는 가축이다'라는 표현이 나를 골려주려고 만들어낸 것인지는 모르겠지만, 나는 그가 내 앞에서 그 말을 했던 것을 잘 기억한다"고 기록했다.

히치콕은 이렇게 회상했다. "촬영을 시작했을 때, 우리는 어느 장면을 리허설했고, 나는 그(레드그레이브)에게 촬영 준비가 끝났다고 말했습니다. 그는 자기는 아직 준비가 안 됐다고 말하더군요. '극장에서 우리는 이 장면을 3주 동안 리허설합니다.' 나는 대꾸했죠. '유감이군. 이 매체에서는 3분밖에 시간이 없어.'"

그다음으로, 레드그레이브는 그가 '너무나 존경하고 좋아하는' 동료 배우 폴 루카스가 그에게 왜 영화계에 적응하려고 노력하는 듯이 보이지 않는지 큰소리로 의문을 표했을 때 당혹스러웠다. 레드그레이브는 벌을 받는 기분이었다. 그는 노력하지 않았는데, 히치콕은 그에게 '내가 시키는 대로 하고, 너무 걱정은 하지 말라'고 조언했다. 마침내 레드그레이브는 히치콕의 조언을 따르기로 마음먹고, 결국 긴장을 풀고 감독을 좋아하기 시작했다.

다른 사람에게 위안을 주는 것은 히치콕의 장점이었고, 히치콕은 최악의 순간에 그런 장점을 발휘하는 방법을 찾아냈다. 〈사라진 여인〉

의 촬영장에서 있었던 불화나 불쾌한 다른 일들만큼이나 인상적이었던 사건은 히치콕이 중요한 방문객을 위해 꾸민 이벤트였다. 어느 날 점심시간에 그는 촬영장을 정리하고 분위기 있는 조명을 비추라고 지시했고, 스튜디오 소속 뮤지션으로 구성된 소그룹이 촬영장 옆에서 미리 작성된 연주곡 목록에 맞춰 음악을 연주했다. 그가 좋아하는 메뉴가 등장했고, 샴페인 잔에 담긴 주스가 올려졌다. 그런 후, 그와 9살의 팻 부녀는 가짜 열차의 식당 칸에 탑승해 특별 점심을 먹었다.

〈사라진 여인〉을 만드는 동안에도 히치콕의 한쪽 눈은 미국을 바라보고 있었다. 셀즈닉 에이전시는 그를 데려오기 위해 할리우드의 관심을 다시 불러일으키려 노력하고 있었다. 프로듀서 밥 케인은 20세기폭스의 신설 런던지국에 감독을 고용하고 싶어 했고, 할리우드의 RKO가 장기간에 걸친 프로듀서-감독 계약을 검토한다는 소문이 돌았다. 그 중에서도 가장 긍정적인 것은, 독립 프로듀서 샘 골드윈이 경쟁에 다시 뛰어든 것이었다.

셀즈닉 에이전시는 데이비드 O. 셀즈닉과 벌이는 미적지근한 논의에 열기를 더하기 위해 새로운 가능성을 부추겼다. 에이전시는 산타페 치프에 승선해서 응접실에 앉아 있는 DOS에게 '다른 곳에서 히치콕에게 제안이 들어오고 있는' 문제에 대해 초점을 맞추는 일이 '너무나 시급하다'고 충고하는 전보를 치기까지 했다.

그러나 〈바람과 함께 사라지다〉의 준비로 녹초가 된 DOS는 생각을 가다듬어 히치콕에게 초점을 맞출 수 없었다. 1937년 11월 말에 런던에 있는 코코넛 그릴에서 감독과 저녁을 먹은 족 휘트니와 케이 브라운은 펑퍼짐한 몸집의 사내에게서 다시 한 번 강한 인상을 받았다. 그런데 이후 있었던 시사회에서 〈영 앤 이노센트〉를 본 휘트니는 부정적인 반응을 보이면서, DOS에게 보낸 전보에서 히치콕의 최신작이 '필름과 감독 모두의 명성을 떨어뜨렸음. 협상을 진전시키기 전에 필히 관람할 것'이라고 경고했다. 브라운은 이런 경솔하고 잘못된 평가에 대해서는 몇 주 동안 모르고 있었는데, 그 사실을 알고 뒤늦은 평가를 내렸다. "족과 생각이 달라서 유감임."

그렇지만 브라운도 DOS에게 —런던에 주재하는 셀즈닉의 인력 및 문학 스카우트— 제니아 라이서와 더불어, 히치콕이 '느림보'라는 평판을 듣고 있다고 거듭 경고했다. 밥 번사이드는 히치콕이 '뚱보에다 약간 게으르다'고 보고한 또 다른 셀즈닉의 고문이었다. DOS는 —히치콕의 진정한 효율성과 생산성에 비춰보면 부당한— 이런 보고서들 때문에 주저했다. 더욱이 DOS는 감독의 현재 급여 총액이 4만 달러 이하일 것이라고 파악했기 때문에, 히치콕이 왜 더 많은 금액을 요구하는지 이유를 알 수가 없었다.

1938년 2월에 마침내 〈영 앤 이노센트〉[35]를 본 DOS는 히치콕이 '이런 특정 유형의 멜로드라마 분야에서는 가장 위대한 거장'이라고 칭찬하면서 시사실을 나섰지만, 영국인이 요구하는 급여 문제에서는 계속 뒷걸음질을 치면서 1편 계약을 고집했다. 게다가 DOS는 첫 셀즈닉-히치콕 작품이 어떤 영화일지 알기 전까지는 계약을 맺으려 들지 않았다.

고몽과 계약한 마지막 작품인 〈사라진 여인〉의 촬영이 중간쯤 진행됐을 때에도, 히치콕은 자신의 차기 프로젝트가 무엇인지 여전히 모르는 상태였다. 그래서 1938년 봄에 찰스 로턴과 만났을 때, 그는 거의 미치기 일보직전이었다.

프로듀서 알렉산더 코르다와 갈라선 후, 요세프 폰 슈테른베르크 감독의 영화 〈나, 클라우디우스〉가 미완성되는 재앙을 겪은 로턴은 독일인 망명자 에리히 포머와 함께 메이플라워 필름스를 설립하면서 영화제작업에 뛰어들었다. 이미 2편의 영화를 성공시킨 상태였던 메이플라워는 다프네 뒤모리에의 1936년 소설 『자마이카 인』을 차기작으로 선정했는데, 로턴은 감독으로 히치콕을 원했다. 19세기가 배경인 『자

35 〈영 앤 이노센트〉는 미국에서는 〈아가씨는 젊었다〉라는 맥 빠진 제목으로 바꿔달았고 히치콕에게는 통상 있던 일처럼 가위질을 당했다.(종종은 검열 때문이었지만, 이 경우에는 러닝타임을 줄인다는 이해하기 힘든 이유에서였다.) 셀즈닉이 본 버전이 아이들 파티의 숨바꼭질 장면이 잘려나가는 불운을 겪은 불완전한 미국 버전인지 여부를 확인하는 것은 흥미로운 일일 것이다.

마이카 인』은 콘월 해안에 난파된 후 지역의 목사(로턴의 출연이 지정된 배역이었다)의 은밀한 지휘 아래 선박들을 약탈하는 살인자 무리를 다룬다. 젊고 날씬한 처녀—어느 해적의 조카—와 신분을 위장한 해군 장교가 그들의 해적질을 위협한다.

히치콕은 로턴의 제안을 검토하는 중에, 아직 인쇄가 끝나지 않은 다프네 뒤모리에의 최신작도 읽고 있었다. 『레베카』는 첫 아내의 기억에 사로잡힌 영국 장원의 영주에 대한 고딕 서스펜스 스릴러로, 이야기가 시작되기 전에 의문의 보트사고로 세상을 떠난 레베카는 소설에 한 번도 등장하지 않는다. 책의 화자는 영주의 새 아내로, 과거의 공포를 해결해야만 하는 인물이다.

히치콕은 『레베카』의 권리를 즉시 사들이려 했지만, 판권료를 스스로 지불해야 했기 때문에 손을 뗐고, 이로 인해 자극을 받은 DOS가 결국 소설에 대한 권리를 확보했다. 제럴드 뒤모리에를 위해 일하는 것으로 경력을 시작했던 제니아 라이서는 미국인 프로듀서를 위해 소설을 취득하는 작업에 착수했는데, 셀즈닉 에이전시는 이것을 히치콕과 계약을 맺기 위한 첫걸음으로 간주했다. 그러나 많은 소설을 확보하고 있던 DOS의 이야기는 여전히 모호하기 짝이 없었다.

1938년 봄에 히치콕은 런던 칼럼니스트에게 "할리우드에 간다면 셀즈닉을 위해서만 일할 겁니다"라고 밝혔지만, 여전히 낚싯바늘에 걸린 상태로만 머물고 있었다. 〈사라진 여인〉의 마지막 날까지도 그는 입질 비슷한 것을 받지 못했다. DOS는 런던에 있는 형의 사무실에 히치콕 영화가 "'타이타닉'이라는 소재와 제목에 기초해야 함"을 제안하는 전보를 쳤다. 프로듀서가 보낸 전보에는 시나리오는 없지만, 히치콕은 그가 선호하는 작가들의 이름을 지명할 수 있으니 곧장 작업에 착수하라고 적혀 있었다. 촬영은 8월 중순이면 시작할 수 있었다.

DOS가 전형적인 회피수단("내가 이 작품을 하지 않기로 결정하더라도 실망하지는 말 것을 재차 확인하는 방식으로 그와 솔직하고 철저하게 논의해주기 바람")을 내놓은 반면, 히치콕은 무조건 응낙했다. 그에게 제안된 〈타이타닉〉 프로젝트는 휴먼드라마를 장대한 규모로 만들어낼 수 있는 근사한 기회로, 히치콕은 이미 초기 작품들부터 선상 서스펜스에 있어서 재주를 보여준 바 있었다. 해리 햄은 히치콕이 관심을 보였다고 회신하면서, "그 자신도 비슷한 소재를 심사숙고하고 있었기 때문에 아주 훌륭한 아이디어라고 믿고 있음"이라고 덧붙였다.

히치콕은 2주 내에 DOS를 위해 일할 수 있다고 밝혔지만, 적절한 시나리오를 개발하기에 8월은 너무 이르다고 경고했다. 그는 급여에 관한 기존 요구를 되풀이하면서, 6개월의 기간 동안 영화 1편을 만드는 데 5만 달러를 요구하고, 그와 아내의 왕복교통비와 부대비용도 추가했다. 생각을 해본 셀즈닉이 8월은 멍청할 정도로 이른 시기라는 데 동의하자 히치콕은 안도했지만, 프로듀서는 별도의 시간표는 제시하지 않았다. 더 나쁜 것은 6개월과 1편을 위해 총액 5만 달러를 지불하지 않겠다고 밝힌 것이었다.

낙심한 히치콕은 논의를 하기 위해 셀즈닉 에이전시의 댄 윙클러를 파리에서 만났다. 윙클러는 히치콕을 안심시키려고 노력하면서, 그를 카지노 드 파리의 링사이드 테이블로 데려가려고 유인했다.(그리 힘들지 않았을 것이다.) 윙클러에 따르면, 히치콕은 "벌거벗은 여자들이 테이블 바로 옆에서 춤을 추는, 세상에서 가장 시끌벅적한 쇼가 진행되는 동안" 잠들었다고 한다.(아마도 한쪽 눈은 깜빡거리고 있었을 것이다.)

이 시점에서도 히치콕의 할리우드 전망은 여전히 불확실한 반면, 영국에서의 성공 가능성은 확고하고 당장 가능한 듯 보였다. 곤경에 빠진 어느 순간, 히치콕은 로턴의 영화를 연출하는 데 동의하고, 〈자마이카 인*Jamaica Inn*〉의 촬영 개시일을 9월 1일로 잡았다. 그리고 극작가 클레멘스 데인이 쓴 초고의 중요한 '수정작업'을 하고 있던 작가 시드니 질리엇과 재빨리 회합을 가졌다. 히치콕은 〈자마이카 인〉 다음으로 만들 뮤지컬 영화를 위해 노래와 춤에 일가견이 있는 유쾌한 잭 뷰캐넌과 논의를 하기까지 했다.

그런 다음 그가 보인 행보는 심지어는 셀즈닉 에이전시도 놀라게 만들었다. 히치콕은 자비로 미국으로 돌아가 할리우드에서 DOS와 다른 프로듀서들을 만나겠다고 발표했고, 〈사라진 여인〉의 촬영이 끝난

다음 주에 그는 발표한 대로 했다. 5월 마지막 주에 그와 알마는 퀸메리호에 올라 항해에 나섰으며, 6월 6일, 케이 브라운이 뉴욕 부두에서 그들을 맞았다.

고몽의 홍보책임자 앨버트 마골리스는 히치콕을 위한 인터뷰들을 다시 계획했다. 감독은 할리우드로 떠나기 전에 뉴욕의 언론인들과 만났는데, 그중 일부는 작년에 친해진 사람들이었다.

『뉴욕 선』의 에일린 크릴먼과 '21'에서 저녁을 먹은 히치콕은 인터뷰를 하면서 의사의 지시에 따라 다이어트를 하고 있다는 사실을 강조했다.(그는 "아시겠지만 너무 무게가 많이 나가서는 안 됩니다. 그런 광고 읽어보셨을 겁니다. '내가 만나는 여자는 늘 나를 지나쳐갔다'"고 말했다.) 1년 동안 꾸준히 일을 하면서 하루에 한 끼만 먹는 엄격하고 희생적인 다이어트를 한 결과, 히치콕은 81kg까지 체중을 줄였다고 말했다. 크릴먼은 그의 저녁식사가 구운 양 스테이크로 구성돼 있었는데, 히치콕은 웨이터에게 '살점은 아주 많고 뼈는 아주 작은' 고기조각 스케치를 그려 보이면서 주문을 했다고 보도했다. 멜론이 앞서 나오고, 신선한 파인애플이 뒤를 이었다.

뉴욕 양키스의 시합—〈사라진 여인〉에서 『인터내셔널 트리뷴』에서 시합결과를 확인하는 베이실 래드포드는 미국 제일의 오락거리를 비난한다('애들이 고무공과 방망이를 들고 하는 놀이')—을 관전한 히치콕 부부는 기차를 타고 시카고로 갔다. 그곳에서 그들이 탄 '스타들의 열차'인 슈퍼치프는 화요일에 출발해서 속도를 높여 남서쪽으로 달려서는 목요일 이른 시간에 로스앤젤레스에 도착했다. 미국 중부를 가로지르는 40시간짜리 마법의 양탄자 탑승은 영업일을 딱 하루만 희생한다고 열차의 광고는 자랑했다.

차창을 통해 번개처럼 스쳐가는 미국의 풍경들을 바라보면서 히치콕은 무슨 생각을 했을까? 슈퍼치프는 대륙횡단 여행 도중 캔자스시티에서 딱 한 번 잠시 정차했다. 그리고 훗날의 히치콕 영화들도 상당 부분 —슈퍼치프처럼— 미국 중부를 경유한다.(이 영화들이 열차가 정차하는 경우가 드물다는 사실을 무시하는 것—〈북북서로 진로를 돌려라〉의 황량한 고속도로와 러시모어 산—은 더욱 인상적이다.)

히치콕은 훗날의 인터뷰에서 미국에서 하는 기차여행은 달랐다고 밝혔다. 공간이 넉넉한 열차에는 에어컨이 달려 있었고, 일등석 승객들은 널찍한 개인침대에 누웠다. 영국식 열차에서는 피할 길이 없는 북적댐과 사교적인 교제는 드물었다. 새로운 고속 디젤엔진도 구식 기관차에 비하면 덜 영화적으로 보인다고 그는 생각했다. 그는 미국식 열차를 배경으로 〈사라진 여인〉 같은 영화를 만들 수는 없을 것이라고 말했다.(하지만 그는 미국식 열차가 배경인 수준 높은 드라마를 대여섯 차례 만들어내는 방법을 찾아냈다.)

"야자수! 햇빛! 멋진 곳이야!" 〈무대공포증〉에서 마를린 디트리히는 캘리포니아를 이렇게 묘사한다. 그러나 이 첫 방문에서 캘리포니아는 히치콕에게 화사하고 멋져 보이지만은 않았다.

할리우드 유명인들의 관행대로, 에이전트인 마이런 셀즈닉과 댄 윙클리가 패서디나 역으로 히치콕 부부를 마중 나왔다. 몇 군데 약속장소로 영국 감독을 모시고 다녔던 차석 에이전트 윙클러는 예전에 『할리우드 리포터』 발행인 W. R. 윌커슨과 트로카데로를 함께 운영한 적이 있는, 로스앤젤레스의 레스토랑과 나이트클럽 전문가이기도 했다.

그런데 히치콕 부부가 이 첫 할리우드 나들이에서 클럽과 식당을 방문했을 때, 그들의 이름은 가십 칼럼에 등장하지 않았다. 뉴욕 방문을 특징지었던 언론의 떠들썩한 분위기는 없었다. 히치콕은 비벌리 윌셔 호텔의 스위트에서 인터뷰를 한 건도 하지 않았으며, 고용의 홍보담당자도 없었다. 이번 여행은 사업상 떠난 여행으로, 비밀주의로 일하는 마키아벨리 스타일의 마이런 셀즈닉이 책임을 지고 있었다.

1938년 여름의 할리우드는 건조하고 더웠고, 온정적인 영화들이 유행이었다. 주변에서 제작되고 있는 영화들을 보자면, 프랭크 캐프라가 콜럼비아에서 코프먼-하트의 희곡 〈우리들의 낙원〉을 찍고 있었고, MGM은 스펜서 트레이시가 성직자의 옷을 걸친 〈보이스타운〉을 만들고 있었으며, 베티 데이비스, 아니타 루이스, 제인 브라이언은 워너브러더스에서 진행되는 〈자매들〉에서 남편과 문제를 겪는 자매들을 연기하고 있었다. 데이비드 O. 셀즈닉은 히치콕의 옛 친구이자 동료인 찰스 베넷이 공동으로 시나리오를 쓴 코미디 〈영 인 하트〉를 제작하느라 바빴다. 클라크 게이블이 〈바람과 함께 사라지다〉에 레트 버틀러로 캐스팅됐다는 사실이 발표됐다.

일부 글들은 DOS가 히치콕을 진정으로 원한 유일한 할리우드 프로듀서였다고 주장한다.(어떤 글은 셀즈닉이 프랭크 캐프라에게 마이런은 "내가 히치콕과 계약을 체결하던 순간에 히치콕의 입찰가를 낼 수가 없었다"고 자랑했다고 보도했다.) 그러나 이것은 지나치게 단순한 견해다. 마이런 밑에서 일한 에이전트들은 형제 사이에 존재하는 회색지대를 헤쳐나가는 데 익숙했다. 그들은 마이런이 동생 위에 군림하는 것을 얼마나 좋아하는지를 알고 있었다. 마이런은 데이비드가 피를 토하기 직전까지 그를 피하기도 하고 드잡이를 하기도 하다가 결국에는 의기양양하게 물건들을 넘겼다.

에이전트는 모든 스튜디오와 약속을 잡으려고 최선을 다했다. DOS가 주된 표적이라는 것은 알고 있지만, 일부 에이전트는 모두에게 최고의 혜택이 돌아가도록 히치콕을 다른 프로듀서에게도 흥정에 붙일 수 있는 매력적인 고객으로 여겼다.

그런데 마이런의 동생이 먼저 달려들었다. 히치콕이 프로듀서와 처음으로 인사를 하는 날은 도착 다음날인 6월 15일로 잡혔다. 이 정상회담은 너무나 실망스러워서, 감독은 만남이 끝난 후 어떻게 생각해야 옳은지도 몰랐다. 인간적인 면에서, 프로듀서는 불독 같은 형과는 조금도 닮지 않았다. DOS는 두꺼운 안경을 낀 책벌레에다 따스하고 세심한 사람이었고, 자존심은 별로 세지 않았다. 가장 중요한 것은 히치콕이 그를 마음에 들어 했다는 것이다.

DOS는 형보다 더욱 자세하게 자기 의견을 밝히려고 노력했다. 프로듀서는 히치콕이 관심을 갖는 사안에 대해서는 조금도 결정을 서두르는 것 같지 않았다. 그는 대화를 억지로 이끌거나 대화에서 벗어나는 경향이 있었고, 말은 두서가 없고 모호했다. 그는 줄담배를 폈으며,

전화통화를 하면서 히치콕과 통화 상대방에게 동시에 말을 해댔다. 그는 감독이 논의를 하기 위해 대서양을 건너온 〈타이타닉〉 프로젝트를 거절하는 듯한 모습을 보여서 감독을 대경실색하게 만드는 대신, 히치콕이 에드워드 G. 로빈슨을 위한 기획영화를 연출하면 뛰어날 것이라고 생각해왔다고 말했다. 프로듀서는 항상 에드워드 G. 로빈슨 영화를 만들고 싶었지만 시나리오는 없었다. 그래서 DOS는 이런 말을 덧붙였다. 시나리오는 없소. 이야깃거리도 없고. 조금 생각하더니, 에드워드 G. 로빈슨도 없소.

희망적인 소식은 하나 있었는데, 프로듀서는 『레베카』의 권리를 막 확보했으며, 그가 알기로 그런 소식은 히치콕을 애타게 만들 것이다. DOS는 조용히 말했다. 『레베카』는 셀즈닉-히치콕의 두 번째 영화가 되기에 아주 훌륭할 것이다…… 첫 영화 뒤에…… 첫 영화는 〈타이타닉〉일 수도 있고 아닐 수도 있다.

히치콕은 평정을 유지했지만, 그날의 만남에 그를 수행한 셀즈닉의 수석 에이전트 놀 거니는 그의 낙담한 반응을 포착했다. 기를 북돋아주려는 노력의 일환으로 그는 감독을 만찬에 데려갔다. 거니는 DOS의 계획은 분명히 탄력적이며, 히치콕이 '데이비드의 모호함을 그에 대한 관심을 잃었다는 식으로 받아들여서는 안 될 일'이라고 설명했다.

내심으로는 절대적으로 히치콕을 동경한 에이전트 중 한 사람(윙클러도 그중 한 사람이었다)이었던 거니는 히치콕이 마이런 형제의 품에 너무 쉽게 안기는 것은 아닌지 의아해했다. 거니는 어느 메모에 "개인적으로 나는 히치콕을 이곳의 'A급' 감독들과 어떤 식으로건 자웅을 겨룰 수 있는 영국 내 유일한 감독이라고 오랫동안 생각해왔다"고 적었다. "그리고 그가 굉장히 열악한 영국의 작업조건 아래서 일을 해왔다는 사실을 반드시 명심해야 한다…… 나는 히치콕이 우리의 평균적인 정상급 감독에게 주어지는 기회와 비교할 만한 기회를 갖는 것을 보고 싶다. 나는 그가 실패하지 않을 것이라고 자신한다."

샘 골드윈이 DOS와 2편 계약을 합작하려고 합류했다. 거니와 다른 에이전트에게 골드윈은 더욱 고마운 고객처럼 보였다. 다시 거니의 호위를 받은 히치콕은 할리우드에서 맞은 이틀째에 골드윈과 온종일 얼굴을 맞댔는데, 골드윈은 셀즈닉 인터내셔널과 2편 계약을 나눠 갖겠다는 열의를 표명했다. 그는 이미 소재와 제목도 정해 놨는데, 히치콕의 영국적인 분위기와 범죄영화의 명성을 활용하는 〈스코틀랜드야드〉였다. 골드윈은 일을 성사시키려고 노력했으며, 제대로 된 시나리오를 함께 만들어내고 DOS가 협정에 동의를 한다면 〈스코틀랜드야드〉를 먼저 제작할 수 있을 것이다. 거니의 표현에 따르면, "아니라면, 데이비드의 영화가 물론 먼저고 샘의 영화는 두 번째가 될 수 있었다."

그러나 거니는 DOS가 〈바람과 함께 사라지다〉를 완성하기 전까지는 히치콕 프로젝트에 진심으로 착수할 것 같지 않다는 사실을 알고 있었다. 히치콕이 언질을 받으려고 서두른다는 점에서 그런 상황은 문제였다. 감독은 〈자마이카 인〉이 끝나는 즉시 그의 첫 미국영화에 착수할 수 있기를 원했지만, DOS의 심기를 건드리지 않고서는 골드윈 영화의 일정을 먼저 잡을 수 없는 상황이었으므로 외교적인 문제는 해결이 곤란해졌다.

"샘은 계약에 대해 즉시 얘기하고 싶어 했다." 거니의 설명이다. "나는 그에게 히치콕은 자신이 납득하기 전까지는 어떤 것도 명확하게 규정짓고 싶어 하지 않는다고 밝혔다. 그는 우선은 〈스코틀랜드야드〉를 하고 싶어 했지만, 두 번째로 그는 셀즈닉 인터내셔널과의 상황에 대해 혼란스러워했다."

셀즈닉과 골드윈을 처음 만난 후, 히치콕은 정말로 혼란스러웠다. 그는 다른 프로듀서들도 만날 계획이었는데, 고용주 후보들에게 언제 일을 시작할지 말해줄 수 없었고, 이제 정신병원에서 협상하듯 '동네 전체에 가격을 외치고 돌아다녀야'하는 난처한 지경에 처했다. 거니는 그를 회유해서 파라마운트의 아돌프 주커, 워너브러더스의 임원들, RKO의 월터 웨인저와의 만남에 데리고나갔지만, 감독은 모든 사람이 DOS의 인가를 기다리고 있다는 분명한 인상을 받았기 때문에 이런 상황을 점점 싫어하게 됐다.

거니는 어느 정도 그가 모시는 윗사람과 어긋난 말을 하고 있었다.

마이런은 결국에는 동생과 합의를 할 수 있을 것이라고 확고히 믿었기 때문에, 부하들이 히치콕을 다른 프로듀서에게 소개하기 전에 부하들을 제어해야 하는 상황이 발생하기도 했다. 어느 에이전시의 메모에 따르면, 언젠가 마이런의 비서는 히치콕을 홍보하기 위해 RKO로 히치콕을 데려가는 어느 셀즈닉 에이전트의 행방을 수소문해서는, 사무실로 돌아와 "DOS와 얘기가 끝나기 전까지는 논의를 연기하라"는 지시를 내렸다.

할리우드에서 보낸 첫 주 동안 이런 혼란스러운 상황에 시달린 히치콕은 현실에 눈을 뜨고 불안감을 느끼면서 자신의 요구사항을 검토하기에 이르렀다. 그는 영화당 5만 달러를 요구했지만, 할리우드에서 일을 하는 것은 프로듀서들의 변덕에 자신을 맡겨야 한다는 의미라는 것을 깨닫고 갑자기 몸값을 6만 달러로 높여 불러 에이전시를 놀라게 했다. 그는 추가비용도 요구해서, 총 몸값을 7만 5,000달러로 끌어올렸다. "그는 5만 달러는 충분히 받아낼 수 있다는 느낌을 단번에 받았다." 거니가 어느 메모에 호의적으로 적은 글이다. "그러나 세금과 비용들까지 감안하면, 6만 달러만이 그가 지금 영국에서 받는 금액과 대등한 순수입을 가져다줄 유일한 수치였다. 게다가 그는 로턴의 영화가 끝난 후에는 영국에서 더 많은 연출료를 요구할 셈이었다."

셀즈닉 에이전시는 새로운 액수를 제시하고 다녀야 했는데, 이제 히치콕의 요구는 제작기간 16주에 6만 달러와, 같은 기간 동안 발생하는 비용을 상쇄하는 1만 5,000달러였다. 거니의 표현에 따르면, 히치콕이 "이런 액수를 받아내기 위해서는 협상에 평소보다 더 많은 시간을 들여야 한다"는 것을 고통스럽게 지적했다. 히치콕은 모든 준비작업과 연구를 무료로 진행하겠다고 약속했고, 계약과 급여지불일이 시작되는 1939년 1월 1일 이전에 행하는 프리프로덕션 작업에 대해서도 비용을 받지 않겠다고 했다. 그가 사람들에게 끊임없이 상기시킨 히치콕 여사의 관여 역시 무료로 제공될 터였다. 그는 1939년 3월 1일까지는 첫 작품의 촬영을 시작할 것이고, 두 번째 작품의 프리프로덕션은 '6월 1일에서 15일 사이에' 착수하겠다고 지나치게 낙관적으로 약속했다.

히치콕은 또 다른 참신한 조항도 제시했다. 조앤 해리슨은 그의 '비서이자 스크립트 걸'인데, 어떤 계약이 됐든 그는 그녀에게 주급 150~200달러를 주고 싶다는 것이었다. 거니의 기록을 보면, "그를 위해 몇 년 동안 일해온 그 아가씨는 그의 '독특한 시나리오 집필 시스템', 촬영 스케줄, 카메라 앵글 등과 관련해서 그에게는 너무나 소중한 사람이라고 말했다."

일부 할리우드 프로듀서들(RKO 임원은 '그 가격으로는 우리와 마찰을 빚게 될 것'이라고 말하면서 히치콕 입찰에서 빠져나갔다)과 달리, 골드윈은 상승된 요구조항에 초조해하지 않고 히치콕을 계속 확보하려 들었고, 6월 23일에는 긴 시간 동안 점심을 함께하기도 했다. 골드윈은 히치콕이 마음에 들었고, 그토록 재능 있는 사람이 미국에서 일자리를 얻기 위해 나름의 방식으로 노력하는 모습에 깊은 인상을 받았다.

골드윈-히치콕의 두 번째 만남은 거침없이 진행됐고, 첫 만남 때보다도 훨씬 일이 잘 풀렸다. "골드윈은 평소의 태도 그대로 히치콕을 대했다." 거니가 에이전시에 제출한 보고서의 일부다. "내 말은 우선 그가 세상에서 가장 절친한 감독의 친구로 자리매김하고 난 다음에 히치콕에게 사환을 붙여주려는 시도까지 했다는 것이다. 달리 말해, 〈스코틀랜드야드〉를 준비하는 것과 관련해서 그가 해야만 하는 일들을 차근차근히 설명했지만, 히치콕 씨는 골드윈 씨가 내놓은 아이디어들을 조용히 반박했고, 골드윈은 히치콕의 뛰어난 재능과 학식에 정말 감탄하게 됐다."

히치콕은 그가 영국에서 자주 했던 방식대로 일을 하면 도움이 될 것이라고 생각했다. 셀즈닉과 만들게 될 가능성이 높은 첫 작품과 골드윈과 만들게 될 가능성이 높은 두 번째 작품 모두에 같은 작가를 고용하는 것이다. 그가 〈자마이카 인〉을 촬영하는 동안, 1명 이상의 작가들이 그와 협의하면서 시나리오 두 편을 동시에 작업하면 시간과 금액을 절약할 수 있을 것이다. "히치콕은 그가 로턴 영화를 만드는 동안 작가들을 돕는 능력에 대해서는 절대로 우려할 필요가 없다고 말했다." 거니의 기록이다. "아직 실제촬영에는 들어가지 않았지만, 로턴 영화의 준비가 너무 잘 돼 있기 때문에 이제 할 일이라고는 '영화를 카메라에 담아내는', 어느 정도는 기계적인 작업만 남아 있기 때문이었다."

누구를 작가로 채용해야 하는가? 골드윈은 큰소리로 물었다. 거니는 히치콕이 "영국 작가, 그리고 그와 함께 일을 해나갈 수 있는 작가를 고용하는 것이 중요하다고 강조했다"고 밝혔다. 골드윈은 작가와 감독 사이의 협력관계를 중요시한 드문 할리우드 프로듀서로, 예를 들어 릴리언 헬먼과 윌리엄 와일러의 오랜 협력관계를 후원하기도 했다. 골드윈은 히치콕에게 찰스 베넷과 재결합하는 것은 어떠냐고 제안했는데, 당시 베넷은 DOS에 전속돼 있어서 계약의 요소로 쉽게 끌어들일 수 있었다. 히치콕은 "베넷은 스토리 구축에 있어서는 이상적인 사람이지만, 나중에는 대사 전문작가가 있어야 한다"는 것을 어설프게 설명했다고 거니는 보고했다.

골드윈은 세부사항에 대해서는 그다지 걱정하지 않았다. 거니는 그들은 "계약 문제를 논의하는 지점에 이르렀다"고 밝혔지만, 골드윈은 그의 원래 입장을 다시 한 번 끄집어냈다. "히치콕에 대한 우선권은 DOS가 가지고 있으므로, 그는 데이비드 셀즈닉이 '길을 닦기 전에는' 더 이상 일을 진전시킬 수 없었다."

그러나 거니는 에이전시가 골드윈과 협상하는 주목적이 —독립 프로듀서로는 DOS와 필적하거나 심지어는 그보다 우수한— 골드윈과 히치콕을 공유할 가능성이 할리우드의 그 누구보다도 적다고 믿어지는 DOS를 자극하려는 의도라는 점을 알고 있었다. 따라서 모두가 DOS가 신호를 보내기만을 기다리는 사이, 골드윈과 하는 논의는 서서히 중단될 터였다.

히치콕이 할리우드에 도착한 지 3주가 지난 후에도 모두는 여전히 기다리고만 있었다. 그 사이 감독은 와인을 마시고 저녁을 먹었으며, 조금씩 관광을 다녔지만 관광을 즐기기에는 너무 심란한 상태였다. 그는 시간의 대부분을 호텔과 비벌리힐스에 있는 에이전시 사이의 길에서 보냈지만, DOS로부터는 확실한 언질이 나오지 않았다.

6월 말경, 히치콕은 폭발 직전에 이르렀다. 그는 확실한 보장도 없고 스케줄도 없고 테이블 위에 명확한 프로젝트도 없는 채로, 에이전트의 동생의 우유부단함에 얽혀 있는 상태라는 것을 알게 됐다. 6월 30일에 감독은 DOS가 최종결정을 내리기가 조금 어렵다는 것을 자신도 이해한다고 투덜거리면서 에이전시에서 2시간을 보냈다. 거니에 따르면, 그러나 "여전히 그는 아무런 대답도 없는 것보다는 '못하겠다'는 대답을 선호하며, 따라서 골드윈이나 그에게 관심을 갖는 다른 프로듀서들과 일이 어느 정도 진행되고 있는지를 알아봐야 한다고 말했다."

그러나 마이런은 동생 데이비드처럼 매력적인 불도저 같은 모습을 보여줄 수 있는 사람이었고, 조금만 더 조용히 기다려보라고 히치콕을 설득했다. DOS가 상황을 이해하기 시작했다. 히치콕과 얘기를 나눈 후 마이런은 동생을 찾아가서 최후통첩을 보냈다. 과연 셀즈닉 인터내셔널은 마침내 7월 2일에 히치콕에게 오퍼를 냈지만, 조건은 지독히 실망스러웠다.

제시된 계약은 셀즈닉-히치콕 영화를 딱 1편만 보장했으며, 1943년까지 4년 동안 프로듀서가 1년에 1편씩 히치콕 영화들을 관리할 수 있도록 연장하는 선택조항이 달려 있었다. 계약은 프로듀서의 재량에 의해 1939년 1월 15일부터 4월 15일 사이에 시작될 것이다. 예비조항은 첫 프로젝트를 〈타이타닉〉이라고 못 박았지만, DOS에게는 다른 영화로 대체할 수 있는 권리가 있었다.(최종계약서에는 DOS의 레이더에서 빠르게 사라져간 선박조난 프로젝트에 대한 언급이 삭제됐다.)

더군다나 오퍼는 첫 셀즈닉 영화로 최소한 제작기간 20주(1년 중 나머지 기간 동안 히치콕은 자유로운 해방 상태일 것이다)에 5만 달러를 제시했고, 셀즈닉 인터내셔널을 위해 4년에 걸쳐 4편의 추가 작품을 연출한 후에야 7만 5,000달러로 인상될 것이다. 오퍼는 "히치콕이 지금부터 실제 촬영개시일 사이에 시나리오에 투입하는 모든 시간에 대해서는 급여를 지불하지 않는다"고 명문화했다.

레오 로스텐은 저서 『할리우드: 영화 거주지, 영화 제작자들』에서 1938년도 할리우드 감독들의 수입을 조사한 후, (자발적인 응답자 67명 중) 10만달러 이상의 급여를 받는 34명과, 15만 달러 이상을 버는 16명의 명단을 제시했다.[36] 후자의 집단에는 로이 델 루스, 노먼 타우로그, 아치 메이요, 웨슬리 러글스처럼 A급은 아니지만 스튜디오에 전속된 수준급 감독들이 포함돼 있었다.

히치콕에게 제안된 계약은 히치콕을 델 루스, 타우로그, 메이요, 러글스보다 낮은 수준으로 평가했을 뿐 아니라, 그와 히치콕 여사의 시나리오 작업까지 급여 안에 모조리 포함시켰다.(일반적으로 다른 감독들은 시나리오 작업을 하면 별도의 급여를 받았다.) 게다가 이 계약은 정상급 감독들의 관행으로 점차 자리잡아 가고 있던 이익이나 총수익의 배분을 허용하지 않았고, 다른 감독들에게 가욋돈을 만들어주던 공동 프로듀싱 자격도 허용하지 않았다. 교통비와 이주경비는 포함돼 있었지만, 히치콕이 원하던 수준보다는 적었다. DOS는 조앤 해리슨의 이주경비와 급여를 지불하는 데에는 동의했다.

마이런은 현재 상황에서 그가 얻어낼 수 있는 최선의 계약이라는 얘기로, DOS는 모든 면에서 골드윈보다 뛰어나다는 얘기로, 셀즈닉 인터내셔널을 위해 일하는 것은 위신 차원의 문제이며, 그 위신이 히치콕이 임대돼 나갈 때 더 많은 급여를 받는 데 도움을 줄 것이라는 얘기로 비탄에 잠긴 히치콕을 안심시켰다. 히치콕은 셀즈닉을 위해 1년에 1편의 영화를 연출한 후, 원할 경우 샘 골드윈을 포함한 다른 할리우드 프로듀서들을 위해 1편 이상의 영화를 자유로이 연출할 수 있었다. 달리 말해, 계약은 미국으로 들어가는 열린 관문이었다.

히치콕은 계약을 받아들이기로 했다. 7월 6일, 마이런은 그의 저택에서 히치콕 부부를 위한 축하파티를 개최했는데, 다른 손님들은 댄 윙클러, 클라크 게이블, 캐럴 롬바드였다. 셀즈닉의 고객이었던 게이블과 롬바드는 왕관만 쓰지 않았지(그리고 결혼만 하지 않았지) 사실상 할리우드의 왕과 왕비였다. 스크루볼 코미디의 여왕인 롬바드는 외설적인 유머를 즐기는 세속적인 '히치콕 블론드'였다. 게이블은 눈에 넣어

36 물론 가장 유명하고 벌이가 좋은 할리우드 감독들은 자신들의 급여에 대해서는 자발적인 정보를 내놓지 않았다.

도 아프지 않은 롬바드가 웃어댈 때마다 더 큰소리로 웃었다. 롬바드에게 매료된 히치콕도 폭소를 터뜨리는 분위기에 젖어들었다. 현실감각이 있는 아티스트였던 그는 만사가 잘돼 나갈 거라는 확신이 들었다. 원기 왕성한 저녁을 대접한 마이런은 그의 고객을 유쾌한 상태로 할리우드에서 집으로 보냈다.

지독히도 썰렁한 상태로 남게 된 것은 샘 골드윈이었다. 그는 히치콕이 결국에는 그를 따돌리고 셀즈닉 형제와 계약을 마무리지을 때까지 참을성 있게 기다려왔다. 불굴의 프로듀서는 히치콕과 접촉해서, 1939년 중으로 최소한 1편의 골드윈 영화를 만들도록 계약하려 노력했지만, DOS의 일정이 너무나 '탄력적'이라는 것을 잘 알고 있는 마이런은 더 이상의 논의를 진행시키지 말 것을 에이전시에 지시했다.

7월 8일, 히치콕 부부는 기차 편으로 뉴욕으로 돌아갔다. 감독은 『뉴요커』의 러셀 말로니와 장시간의 인터뷰를 가졌고, WNYC 라디오에 출연해 『뉴 리퍼블릭』의 영화평론가 오티스 퍼거슨과 '멜로드라마 만들기'에 대한 의견을 주고받았다. 존 러셀 테일러는 히치콕이 "O. 헨리나 에드가 앨런 포 같은 작가들의 색다른 작품들을 활용해서 실험적인 분야에서 진취적인 B급영화들을 만들어낼 가능성을 개진했는데, 이것은 세월이 흐른 후 그가 만들게 될 텔레비전 시리즈를 이상한 방식으로 예견한 것이었다"고 기록했다.

그런 후 히치콕 부부는 노르망디호를 타고 영국으로 돌아갔다. 감독은 갑판 의자에 누워서 파란 하늘을 바라보고 사람들을 관찰하면서 읽을거리에 열중했다. 『런던 데일리 텔레그래프』에 따르면, 그는 〈타이타닉〉 재난에 관한 '책과 기사, 당시의 삽화를 한 트렁크 가득' 가지고 다녔다. 이때 그와 같은 배에 탄 승객은 소설가 시어도어 드레이저, 배우 조지 샌더스, 『뉴욕포스트』의 연예 칼럼니스트 레너드 리온스, 그리고 훗날 텔레비전 네트워크를 통해 〈앨프레드 히치콕 극장〉을 방영할 CBS 라디오의 회장 윌리엄 페일리 등이었다.

데이비드 O. 셀즈닉은 히치콕이 영국으로 출발하기 전날인 7월 12일에 굉장한 인재를 획득했음을 공표했다. 뉴스는 『로스앤젤레스 타임스』와 전국의 영화 칼럼에 보도됐지만, 단신에 불과했다. 부분적으로는 DOS가 첫 셀즈닉-히치콕 프로젝트로 보도된 〈타이타닉〉을 진행할 수 없었기 때문(히치콕은 어느 뉴욕 기자에게 "영화의 마지막 두 릴이 어떻게 될지는 명확하지만, 그 외에는 정해진 게 없습니다"라고 밝혔다)이고, 부분적으로는 히치콕의 명성이 미국의 일반 대중에게는 아무런 의미도 없었기 때문이었다.

C. A. 레준의 표현대로 '국가적 인재'의 손실은 영국에서는 큰 뉴스였다. 오랫동안 염려해온 것처럼, 영국의 가장 위대한 감독인 한때의 신동이 할리우드의 실종된 부대에 합류하고 있는 것이다. 박수갈채에서는 신랄한 분위기가 느껴졌다.

우선, 일부 평론가들로부터 깊은 존경을 불러일으킨 고몽 영화들이 다른 작품들과 함께 반히치콕 그룹의 표적이 됐다. 그레이엄 그린은 히치콕의 걸작 영국영화들 일부의 불합리성과 맥거핀을 몹시 싫어한 사람이었다. 예를 들어, 그레이엄은 『스펙테이터』에 쓴 〈비밀첩보원〉에 대한 글에서 "영리한 감독인 히치콕 씨가 프로듀서로서는 일관성이 결여돼 있고, 작가로서는 삶에 대한 감각이 부족한데도 불구하고, 자신의 영화를 제작하고 심지어는 집필할 수 있게끔 허락받은 것은 얼마나 불행한 일인가"라고 썼다. 존 그리어슨은 히치콕이 재능을 낭비하고 있다고 비난할 기회를 좀처럼 놓치지 않는 또 다른 유명 평론가였다.

히치콕이 〈자마이카 인〉을 마치고 1939년 1월 초순에 런던을 떠날 생각이라는 것을 알게 된 영화잡지 『필름 위클리』의 편집자 허버트 톰프슨은 이렇게 썼다. "나는 할리우드가 이런 식으로 인재를 빼가는 것에 항상 갈채를 보내는 사람은 아니다. 그러나 히치콕의 경우, 나는 할리우드의 대량생산 경험이 그의 작품을 발전시킬 것이라고 확신한다. 현재 영국에서 가장 재능 있는 감독일 가능성이 높고, 가장 개인주의적인 감독인 것이 확실한 히치콕은 자신의 분야에서 별다른 도전을 받지 않은 채로, 그리고 그가 마음에 들어 하는 영화를 거의 정확하게 만들어낼 수 있도록 허락을 받은 채로 너무 오랜 시간 동안 고초를 겪어왔다. 히치콕에게는 고집스러운 긴장감이 있는데, 그것들은 그가 영화를 만들 때마다 더더욱 명백해졌다." "그의 눈은 냉정하고 냉소적이다. 그의 눈은 동료들의 그로테스크한 측면을 감지한다. 그는 한 장면 또는 영화 전체의 분위기를 희생하는 위험을 감수해가면서까지 잔혹하고 장난기 넘치는 손길을 포함시킬 준비가 항상 너무나 잘돼 있는 사람이다. 그는 스스로를 즐겁게 만든다."

그 모든 것에도 불구하고, 톰프슨은 희망적인 결론에 도달한다. "히치콕이 〈타이타닉〉 영화를 만든 후에도 미국에 남기로 결정할 것이라는 추측이 있다. 나는 그 진위가 의심스럽다. 히치콕은 본질적으로 영국적인 감독이라고 불릴 수 있는 몇 안 되는 감독 중 한 사람이다." "그가 돌아온다면 그는 그 어느 때보다도 더욱 훌륭하고 더욱 대중적인 감독이 돼 있을 것이라고 나는 예상한다."

히치콕은 〈자마이카 인〉의 상태에는 관심이 없었으며, 이 영화를 감독하기로 합의한 데에는 자포자기가 큰 작용을 했다. 그러나 그는 찰스 로턴에게는 애정 어린 존경심을 품었고, 자신의 덩치에 필적하는 덩치를 가진, 종종은 과잉연기를 펼치지만 늘 카리스마를 내뿜는 배우를 연출하는 것은 즐거운 일일 것이라고 판단했다. 히치콕과 로턴은 1920년대 후반 이래로 알고 지내며 때때로 점심을 같이 먹던 사이였다. 크롬웰로드와 섐리그린의 단골손님(로턴도 부근에 별장이 있었다)인 로턴은 스크린 위에서 보여주는 현란하고 인상적인 연기만큼이나 사생활에서도 기상천외한 인물이었다.(그는 이미 클라우디우스, 렘브란트, 헨리 8세를 연기했는데, 〈헨리8세의 사생활〉로 1933년에 오스카를 수상했다.) 히치콕은 그의 말마따나 로턴이 '아주 매력적인 남자이며, 아주 근사할 뿐더러 대단히 말썽 많은 사람'이라는 것을 알게 됐다.

1920년대에 베를린에서 프리츠 랑, F. W. 무르나우, G. W. 파프스트의 우파 걸작들을 관리했던 에리히 포머와 로턴의 동업관계는 팡파르와 함께 시작됐다. 포머의 이력은 확실히 존경심을 불러일으켰지만, 히치콕은 프로듀서가 베를린에 있던 전성기에만 빛을 발했지 '이후로는 별 볼일 없었다'는 것을 알고 있었다. 히틀러를 피해온 망명객인 포머는 많은 점에서 날카로운 사람이었고, 한 번에 1편의 영화에만 집중하고 여러 편을 동시에 진행시키는 법이 없었다. 자유방임적인 접근법과는 거리가 먼 그는 독일 외부에서 명성을 재구축해야 할 필요성을 느끼면서 모든 의사결정에 일일이 간섭했다. 그와 히치콕은 만나기 무섭게 서로를 싫어하는 것으로 둘 사이의 인연을 매듭지었다.

히치콕이 미국에서 돌아올 즈음, 시드니 질리엇과 조앤 해리슨에게 맡겼던 〈자마이카 인〉의 시나리오는 포머의 영향력 아래 들어 있었다. 미국시장도 염두에 둔 프로듀서는 제작규범 관리국의 뉴욕 사무실에 클레멘스 데인이 쓴 시나리오 버전을 제출했는데, 질리엇의 말에 따르면 관리국은 "성직자를 악당으로 설정하는 것을 받아들이지 않았다." 그 지점이 소설이 말하고자 하는 전부였음에도, 제작규범의 검열을 마음에 새긴 포머는 성직자를 치안판사로 바꿀 것을 고집했다. 이런 저런 논쟁 앞에서는 투명인간으로 변신하는 게 보통이었던 로턴—자신의 투자액을 염려하며 포머에게 충실했고 스스로의 판단에 확신을 갖지 못했던—은 동업자의 편을 들었다. 히치콕이 자리를 비운 사이, 포머는 질리엇의 말마따나 '멜로드라마라 해도 어울릴 만한 캐릭터들'을 등장시킨 시나리오 수정본을 만들어냈다.

포머와 로턴이 시대극의 향취와 '섭정기의 숨결'을 스타의 배역과 대사에 불어넣을 작업을 하기 위해, 빼어난 희곡과 소설을 발표하여 폭넓은 존경을 받는 J. B. 프리스틀리를 고용하겠다고 고집했을 때, 한숨을 깊이 쉰 감독은 마지못해 동의할 수밖에 없었다. 질리엇에 따르면, 프리스틀리는 '유명한 참고자료인 애시덴의 〈18세기의 종말〉에서 곧장 튀어나온 듯한 장면들'을 양산했고, 체념한 히치콕은 로턴이 그 장면들을 거의 연극풍의 대사들로 발전시키도록 방치했다.[37]

질리엇에 따르면, 여하튼 히치콕은 〈자마이카 인〉의 시나리오에

37 영화에서 가장 이상 야릇한 장면은 식당에서 펼쳐지며, 말과 관련돼 있다. 도널드 스포토는 이 장면—'미쳐버린 로턴이 모린 오하라를 결박하고 재갈을 물린 채로 그가 그녀를 너무나 사랑한다고 주장하는 지독히도 과장된 새디스틱한 장면'—을 감독 탓으로 비난한다. 그러나 이 장면은 프리스틀리가 소설에서 그대로 들여온 장면이다.

는 중간 정도의 관심만 보였다. 이 영화가 안겨주는 기쁨의 거의 대부분은 스토리보드에 들어 있었다. 감독은 '사나운 파도와 날카로운 소리를 내는 바람과 짙은 어둠 속에서 마차가자마이카 인에 도착하는 첫 장면'에 특히 초점을 맞췄다.

메이플라워의 동업자들은 해적에 대항할 젊은 조카딸인 여주인공 메리를 연기할 무명배우를 물색했다. 모린 오하라는 영국영화에서 하찮은 역할을 연기하기 전까지 고향 더블린의 애비시어터에서 연기수업을 받은 배우로, 만족스럽지 못한 스크린 테스트를 받은 18살의 빨강머리 여배우를 만난 로턴은 그녀에게 매료됐다. 오하라는 히치콕이 연출하겠다고 동의하기도 전에 출연계약을 체결한 상태였다.

〈나는 비밀을 안다〉에서 납치된 딸의 아버지를 연기한 레슬리 뱅크스가 악당 패거리의 리더 조스로 캐스팅됐다. 별명이 페이션스인 그의 아내는 마리 네이가 연기했다. 세련되지 못한 로버트 뉴턴은 해적들에게 쫓기다가 메리에게 구출되는 정부 요원이었다. 기발하게도, 감독은 악당 패거리에 히치콕 영화의 작가로도 활동했던 배우 에믈린 윌리엄스와 에드윈 그린우드를 심어넣었다.

10월에 촬영이 시작될 무렵, 히치콕은 머리 두 개 달린 괴물의 마수에 걸려들었다고 느꼈는데, 괴물의 힘은 관심을 접었다고 말하기에는 너무 강했다. 싸워봐야 소용없다는 것을 알고 있던 그는 뒤로 물러서 에리히 포머와 찰스 로턴이 지배하게끔 놔뒀다. 미국을 바라보던 그에게 〈자마이카 인〉은 이미 뒷전이었다. 그는 나중에 프랑수아 트뤼포에게 이렇게 말했다. "앞뒤가 너무나 안 맞는 영화라는 것을 깨달은 나는 정말 낙심했지만, 계약서에는 이미 서명이 된 상태였습니다."

히치콕은 초연한 태도 덕에 스타와의 우정을 잘 지켜낼 수 있었다. 그가 좋아하고 존경하는 배우를 연출하면서도 배우의 말에 귀를 기울이지 않는 것은 히치콕에게는 드문 문제였다. 로턴은 히치콕이 겪은 첫 메소드 연기자였다. 히치콕은 로턴의 연기 연출은 거의 하지 않고, 카메라 앵글을 위해 어디에 서야 하는지만을 알려줬다. (그가 어느 전기에서 부른 대로) '까다로운 배우'는 다른 사람들은 마음속에서 몰아내고 대부분의 토론거리들을 내면에 계속 품고 다녔다. '로턴 대 로턴'이라는 표현은 촬영과정에서 감독이 얼마나 실망했는지를 보여준다. "그는 자기 자신을 상대로 안절부절못하고 긴장하고 논쟁을 벌였습니다. 그러면서도 결코 만족할 줄을 몰랐습니다." 히치콕이 어느 인터뷰에서 밝힌 내용이다.

촬영 초기부터, 로턴은 자신의 캐릭터인 험프리 경의 정수라고 느낀 것과 깊이 있는 의사소통(그가 어느 날 밤 시로스에서 열변을 토한 것처럼 '창녀의 침대에서 흘리는 땀'처럼 가까워지기)을 할 수 없다는 무능력 때문에 좌절했다. 예를 들어, 로턴은 험프리 경에게 적합한 걸음걸이를 터득하기 전까지는 히치콕이 그를 클로즈업이나 미디엄 숏으로만 잡아야 한다고 주장했다. 일주일쯤 후 그는 작곡가 에릭 펜비가 편곡 중인 영화음악—베버의 〈무도에의 권유〉—의 한 구절을 들었다. "찾아냈어!" 로턴이 비명을 지르고 왈츠론도를 휘파람으로 불며 특유의 걸음걸이를 뽐내며 선보였다. 이제 그는 히치콕이 자유로이 앵글을 활용할 수 있다고 선언했다.

일정 후반부의 어느 날, 그들은 오하라의 팔을 등 뒤로 붙든 채 오하라를 심술궂게 결박하는 로턴의 클로즈업을 잡으려고 몇 시간째 작업 중이었지만, 히치콕은 원하는 표정을 얻을 수가 없었다. 어느 순간, 로턴이 구석에 주저앉아 울먹이기 시작하자, 히치콕이 다가가 어깨를 토닥이면서 그를 위로했다. 로턴이 올려다보면서 물었다. "당신과 내가 아기들 한 쌍 같지 않아"(히치콕은 세월이 흐른 후 쓴 어느 비사에서 "유명한 인용문처럼 '나까지 포함해서 제외시켜줘'라는 말을 쓰고 싶었다"고 회상했다.) 몇 테이크를 더 찍은 후 히치콕은 마침내 원하던 것을 얻었다. "내가 어떻게 해냈는지 알지, 그렇지" 로턴이 자랑스럽게 물었다. "모르겠어, 찰스. 어떻게 했나?" "나 자신이 속옷에다 오줌 싸는 10살짜리 머슴아라고 생각했어." ("그게 자네에게 영감을 줬군, 그렇지" 히치콕은 얼굴 가득 미소를 띠고는 이야기를 마무리짓는 것을 좋아했다.)

로턴은 모두를 격분시켰는데, 시드니 질리엇은 이렇게 회상했다.

"치안 판사의 명확한 이미지를 완벽하게 느낀 사람이 우리 중에 아무도 없었다는 게 로턴에 대한 정당한 평가라고 봅니다." 질리엇의 설명에 따르면, 로턴은 "자신의 본능을 신뢰할 때에는 정말이지 굉장히 훌륭한 연기를 펼칠 수 있었는데, 어느 장면에서 본능적으로 제대로 된 연기를 하기가 무섭게 그는 그 연기를 머리로 배워서 반복하려고 노력했습니다. 그의 본능은 그의 지능보다 더 적절했는데, 이제 그는 본능은 불신하고는 지능을 키워나갔습니다."

촬영과정은 고통의 연속이었다. 로턴은 스스로를 고문해댔고, 출연진과 스태프 모두는 기계가 뿜어내는 억수같은 비바람을 맞으며 고생하다가 밤이 되면 냉기에 오들오들 떨면서 귀가했다.[38] 히치콕은 벽에 기대서는 특유의 포즈를 완성했는데, 이 포즈는 선잠 자는 버릇처럼 곧이곧대로 믿을 수만은 없는 일이었다. 가끔은 시늉만 한 것이었고, 때로는 보이는 그대로 비열한 퇴각이었다. 질리엇에 따르면, 감독은 J. B. 프리스틀리의 장면들에서 로턴을 감독하는 동안 촬영장에서 벽에 기대섰다. 그러고는 언론을 향해 평소보다 더 으르렁거렸다. "감독은 로턴 영화를 감독할 수 없습니다. 바랄 수 있는 최선의 상황은 '심판원'이 될 기회를 얻는 것입니다." 또는 "촬영하기 가장 힘든 피사체는 개, 아기, 모터보트, 그리고 찰스 로턴입니다. 모터보트는 두 번째 테이크를 위해 후진할 수 없기 때문이죠."

그럼에도 불구하고 모두가 인정하듯 〈자마이카 인〉은 놀랄 정도로 심판을 잘 본 영화였다.

히치콕 밑에서 모린 오하라는 그녀를 떠오르는 스타로 만들어준 불같은 연기를 펼쳤다. 감독은 레슬리 뱅크스와 마리 네이 사이에서

38 해적 댄디를 연기한 에드윈 그린우드는 촬영 직후 이른 나이에 세상을 떴다. 시드니 질리엇은 나중에 가진 인터뷰에서, 조금도 주저하지 않고 그린우드의 죽음을 히치콕 탓으로 돌렸다. "히치는 그를 쉽게 집으로 돌려보낼 수 있었습니다. 그 몰아치는 파도와 송풍기들 가운데에서 관객이 캐릭터 개개인을 식별해내지는 못하니까요. 그런데 히치는 촬영을 계속 진행했고 가여운 에드윈은 폐렴을 앓다가 얼마 안 있어 세상을 뜨고 말았어요. 나는 충분히 피할 수 있는 일이었다고 생각하고, 그 때문에 히치콕은 이 사건으로 욕을 먹어야만 한다고 생각합니다."

애정이 피어나는 것을 발견했고, 여러 가지 짓궂은 짓을 하라고 해적무리들을 부추겼다.

히치콕은 찰스 로턴의 성격에서도 의외의 애정을 느꼈다. 〈자마이카 인〉의 결말부에서 험프리 경은 미쳐버리는데, 메리를 납치하여 탈출을 시도한다. 그는 미치광이처럼 웅얼거리면서 얼빠진 군중들이 둘러싼 배의 돛대를 기어오른다. 그는 경찰들이 올라오자 몸을 날려 죽는 것으로, 스스로 참회하는 운명을 맞이한 또 다른 히치콕 악당이 됐다. 인정 많은 그의 조카딸 외에, 그를 가슴 아파하는 유일한 사람은 그에게 무척이나 시달린 하인 채드윅(호레이스 호지스)이다. 영화의 기분 나쁜 종결부는 이 멍해진 하인을 잡은 마지막 숏으로, 험프리 경의 날카로운 "채드윅!"이라는 부름은 하인의 귀에 계속해서 울려댄다.

히치콕이 셀즈닉 인터내셔널과 계약을 체결했다는 발표는 영국에서 복합적인 감정을 불러일으켰다. 그런데 『뉴요커』에 실린 감독에 대한 장문의 기사는 일파만파의 소동을 초래했고, 히치콕과 작가들 사이의 관계에 영원토록 남을 잔향의 원인이 됐다.

러셀 말로니는 "히치콕 영화는 훌륭하건 아니건 99.44퍼센트 히치콕에 대한 영화다"라고 썼다. "이야기를 모두 직접 선택하는 히치콕은 대사를 집필하며 촬영용 시나리오를 준비하고 각색과정을 주도하는 사람이다." 말로니에 따르면, 각 프로젝트에 착수할 때 히치콕은 "작가들을 고용하는데, 글솜씨가 좋은 작가들보다는 아이디어와 상황에 대한 이해력이 풍부한 외향적인 작가들을 선호한다." 그런 다음 그는 두어 달 동안 아파트 식당의 테이블 주위에 작가와 히치콕 여사, 조앤 해리슨이 참석하는 시나리오회의를 매일 소집한다.

"우선 그들은 이야기를 주요 상황과 주요 캐릭터들을 밝히는 단조로운 반 페이지짜리 아웃라인으로 줄인다. 다음으로 히치콕은 자신(과 동료들)에게 묻는다. '이 사람들은 어떤 사람들인가? 그들은 무엇으로 먹고사는가? 그들은 무슨 일을 하는가? 그들은 집에 있을 때 어떻게 행동하는가?' 아웃라인은 타자로 작성된 60~70페이지짜리 트리트먼트로 확장된다. 이 트리트먼트는 이야기를 신별로, 행위별로 나눈 것인데, 대사는 없는 상태다. 대사는 두 번째 작가가 작업한다. 그는 히치콕과 아이디어맨이 써내는 트리트먼트를 곧바로 부분별로 넘겨받는다. 히치콕 부부는 최종 촬영용 스크립트에 대사를 옮겨적는데, 이것은 히치콕이 아내가 처녀 때 이름으로 크레디트를 단독으로 받도록 당당하게 허용하는 작업이다."

1938년 9월 10일에 발간된 이 기사는 홍보 목적으로 사전에 배포됐기 때문에 발간일보다 앞서 읽을 수 있었다. 이 기사는 영국과 미국의 시나리오작가들이 전투태세를 갖추던 시기에 나왔다. 양국에서 시나리오작가들은 정당한 보수와 크레디트를 요구하고, 프로듀서들의 독단적인 관행에 맞서 자신들의 직업을 지켜내려는 조합을 결성하느라 바빴다.

히치콕을 드문드문 인용하기는 했지만, 대부분의 문장은 말로니가 쓴 (예를 들어, 감독을 시나리오 개발단계에서 '주도적인 인물'이라고 부른 것) 이 『뉴요커』 기사는 상대적으로 정확한 편이었다. 그런데 히치콕의 견해는 작가들을 비하하는 듯한 인상을 줬다.

할리우드에서 자리를 잡기 위해 분주히 노력했던 찰스 베넷이 히치콕이 샘 골드윈에게 자신에 대해 한 말—'그는 근본적으로 구성작가'라는 말—을 들었는지는 분명치 않다. 베넷의 에이전트—마이런 셀즈닉—도 기록에서 삭제할 수 있기를 바랐던 이 견해는 최소한 사적인 자리에서 표명된 것이었다. 〈블랙메일〉, 〈나는 비밀을 안다〉, 〈39계단〉, 〈비밀첩보원〉, 〈사보타주〉, 〈영 앤 이노센트〉의 유능한 시나리오작가는, 감독이 그를 진정으로 '훌륭한 작가'로 생각하는 것이 아니며, 베넷의 시나리오를 보강하기 위해 히치콕 여사와 조앤 해리스, 그리고 잡다한 대사 전문가를 필요로 한다는 것을 미국에서 가장 유명한 잡지의 행간에서 읽었다.

심하게 상심한 베넷은 히치콕에게 전보를 쳤다. "자네가 신문사에 털어놓은 악의 없는 견해는 나에게는 정말로 유쾌하지 않네…… 사심 없는 마음으로 자네가 내 입장이라고 생각해보게." 히치콕이 오해라면서 사과하는 전보를 재빨리 보내기는 했지만, 작가는 심한 상처를 받았다. 골드윈에게 이전에 했던 말과 『뉴요커』로 감행한 공격이 결합하면서, 히치콕의 첫 미국영화를 베넷이 집필할 가능성은 전혀 없어 보였다.

작가들의 선봉에 선 투사였던 프랭크 론더와 시드니 질리엇은 베넷을 대신해서, 그리고 자신들을 위해서 이중으로 격분했다. 〈사라진 여인〉을 고른 것은 히치콕이 아니라 그들이었고, 감독이 칭찬했던 최초 시나리오는 감독에게서 아무런 도움도 받지 않고 그들이 집필한 것이었다. 그들은 이 기사를 작가들을 희생시키려는 노력의 일환으로 간주했다.

『뉴요커』가 가판에 깔리기도 전에, 히치콕은 기사가 어느 정도 한계를 벗어났다는 것을 깨닫고 선수를 치려고 노력했다. 질리엇에 따르면, 어느 날 히치콕과 질리엇은 크롬웰로드에서 〈자마이카 인〉의 시나리오를 논의하고 있었는데, 히치콕은 앞으로 나올 미국 잡지에 실릴 홍보 프로필이 그를 그의 모든 시나리오의 '99.44퍼센트'를 집필한다고 주장하는 사람으로 인용했다는 얘기를 공들여 언급했다. 히치콕은 질리엇에게 '내가 진정한 작가로 존경하는 자네나 프랭크 같은 사람에게는 적용되지 않는 얘기'라고 질리엇을 다독였다. 질리엇이 그런 서투른 찬사에 걱정을 해주자 히치콕은 잡지 한 부를 질리엇에게 건넸는데, 한동안 더 이상의 얘기는 없었다. 그런데 12월에 비스카운트 캐슬로즈가 『선데이 익스프레스』에 쓰는 인기 좋은 칼럼에 그 기사를 발췌한 글을 실으면서 새롭게 논란이 벌어졌다.

〈사라진 여인〉이 개봉할 무렵이었다. 히치콕의 신작은 열광적인 리뷰를 끌어모으기 시작했는데, 질리엇은 평론가들이 그들의 시나리오에 대한 공헌을 감독에게 부당하게 안겨주고 있다고 느꼈다. 리뷰와 캐슬로즈의 과장에 격분한 질리엇은 히치콕에게 "그 문제에 대해 감독님이 우리를 책임져야만 한다고 생각합니다"라고 말했다. 히치콕은 항변했다. "내 잘못이 아니네." 질리엇은 주장했다. "감독님 잘못이라고 말하는 게 아닙니다. 〈사라진 여인〉과 관련한 사안들을 감독님이 바로잡아 주시면 굉장히 감사하겠다는 말을 하는 겁니다."

그러나 감독은 공개적인 정정 노력을 기울이지 않았으며, 얼마 전에 결성된 스크린작가협회가 히치콕이 모든 히치콕 영화의 비밀작가라는, 이제는 널리 출판된 주장에 항의하는 공식 서한을 보냈을 때조차도 신경을 쓰지 않았다. 론더는 신랄한 전보를 보냈다. "우리의 0.8퍼센트가 과소평가되고 있는 것이 싫습니다." 그러자 감독은 주장의 출처가 의심스럽고, 자신의 말이 어떻게 심하게 왜곡됐는지를 지적하는 농담조의 전보를, 그의 어머니의 서명을 붙여서 계속 보내는 것으로 전체 소동을 완화시키려고 노력했다. 론더는 또 다른 전보를 쳐서 반격했는데, 에마 히치콕을 수신인으로 한 이 전보에는 이렇게 적혀 있었다. "우리 아들 프랭크는 댁의 아드님인 앨프가 구슬을 모조리 훔치는 덩치 큰 싸움대장이라서 그 애와는 더 이상 놀지 않겠다고 말합니다. 에델 론더 서명."

스스로 자신에 대해 '덩치 큰 싸움대장'이라고 농담을 하기는 했지만, 히치콕은 이 전보가 그의 몸무게를 은밀히 언급한다는 것, 그리고 가시가 돋아 있다는 것을 감지했다. 질리엇에 따르면, 히치콕은 "심한 모욕을 받았다." 그리고 이 사건은 사방에 악감정만 뿌려대고는 사그라졌다. 이후 히치콕은 할리우드에 같이 가서 〈레베카〉를 집필할 것을 질리엇에게 제안했지만, 질리엇은 거절했다. 그가 나중에 밝힌 바로는 부분적으로는 소설이 마음에 들지 않아서 였고, 부분적으로는 악감정이 남아 있어서였다.(어찌 됐건, DOS는 한 번도 들어본 적이 없는 질리엇이라는 사내에게 돈을 지불할 생각은 없다고 말했다.)

훗날의 인터뷰에서, 질리엇은 이 사건을 시종일관 그릇되고 적절치 않게 퍼뜨리는 한편 히치콕을 이상하고 '아주 파괴적인 사람'이라고 비난했다. 히치콕을 용서하기 어렵다는 것을 알게 된 베넷도 유사한 논평을 했다. 두 사람 다 장수하면서 수많은 인터뷰를 했기 때문에, 그들은 히치콕이 남겨놓은 또 다른 끈질긴 환영인, 감독이 모든 작가들도 가축으로 여긴다는 말이 커져나가는 데 일조를 했다.

한편, 히치콕이 작가로 키우고 있던 조앤 해리슨은 시드니 질리엇과 함께 〈자마이카 인〉의 공동 시나리오작가가 되면서 첫 스크린 크레디트를 받았다. 할리우드에서 그녀의 경력을 진수시키기 위한 길을 닦으려는 제스처였다. 역시 시나리오 작업을 한 알마 레빌은 늘 받던 '콘티' 크레디트를 받았다.

히치콕이 영화의 개봉 때까지 기다릴 수 없었으므로 〈자마이카 인〉의 후반작업은 에리히 포머에게 맡겨졌다. 그런데 영화는 놀랄 만큼 성공적으로 관객을 끌어들였고, 심지어는 평론가들도 그랬다. 영화는 히치콕의 할리우드행이 평론가들에게 씁쓸한 입맛을 남겨놓은 영국에서보다는, 히치콕이 계속 성공을 거두고 있던 미국에서 더욱 좋은 평가를 받았다.

〈비엔나의 왈츠〉처럼 〈자마이카 인〉의 경험을 통해, 히치콕은 그가 가짜 과거에 손을 대려고 노력할 때마다 길을 잃는 현대의 시인이라는 점을 마음 깊이 간직했다. 새로운 시대극이 그를 유혹할 때마다 망각하기 일쑤인 맹세이기는 했지만 그는 시대극은 다시는 만들지 않겠다고 맹세했다.

우선, 히치콕은 첫 미국 프로젝트 문제를 해결하려고 애쓰고 있었다. 데이비드 O. 셀즈닉은 〈타이타닉〉 영화 또는 〈레베카〉…… 또는 입에서 한 번도 구체적으로 나오지 않은 제3의 후보작 사이에서 결정을 내리지 못해 오랫동안 고민하고 있었다. 셀즈닉 인터내셔널의 어느 보고서는 히치콕이 캐럴 롬바드를 위한 기획영화가 될 가능성이 있는 런던의 희곡 〈번쩍이는 물결〉을 각색한 영화를 감독할 것이라고 적었다. 히치콕이 〈타이타닉〉은 어떻게 됐냐고 묻는 전보를 보내자, DOS는 그 영화는 연기했지만 히치콕이 그 사실을 언론에 알려서는 안 된다는 회신을 보냈다. "타이타닉에 관한 우리 계획이 느슨해졌다는 인상을 심어줘서 다른 누군가가 그 프로젝트를 진전시켜 나가도록 힘을 실어주는 것을 원치 않습니다."

히치콕은 8월 초순에 〈타이타닉〉의 시나리오 작업을 시작하기를 희망했지만, 우유부단한 셀즈닉은 세세한 조사를 하는 대신 땅 짚고 헤엄치는 쪽을 택했다. 9월 21일자 『버라이어티』는 아직까지도 〈레베카〉가 히치콕의 두 번째 셀즈닉 프로젝트이며, 〈타이타닉〉이 아마도 첫 영화가 될 것이라고 보도하고 있었다. 11월 2일에도 히치콕은 런던의 상무부를 방문해서 〈타이타닉〉이 영국의 항해정신과 영웅적 정신을 찬양하고, 최근의 인명구조 방법의 발전을 홍보하게 될 것이라며 회의적인 관리들을 안심시켰다.("그들은 내가 그 사건의 쓰라린 고통을 다시 기록하면 사람들이 항해여행에 나서는 일을 중단하게 될 것이라고 생각하는 듯했습니다.")

DOS가 첫 셀즈닉-히치콕 영화를 〈레베카〉로 최종 결정한 것은 11월 중순이었다. 히치콕은 〈타이타닉〉을 더 만족스러워했을지도 모르지만, 당시의 그는 뭐가 됐든 제작 명령이 떨어진 것만으로도 좋았을 것이다. 질리엇이 스스로 사퇴한 후, 〈자마이카 인〉의 촬영이 완료되기 전에 히치콕은 알마와 조앤 해리슨의 손에 최초의 콘티를 쥐어줬다. 한때 그랜빌 바커스 순회극단과 타이런 거스리 순회극단에서 배우로 활동했던 마이클 호건이 합류했는데, 그의 아내는 배우 마지 손더스였다.

호건은 영국 공중파에서 처음으로 엄청나게 인기를 모은 '라디오 가족극' 〈버긴가족〉의 아버지를 연기한 것으로, 그리고 쇼의 창안자인 메이블 콘스탄두로스와 공동으로 다양한 라디오 프로그램과 연극들을 창작해낸 것으로 유명했다. 대사와 캐릭터 구축에 정통한 배우인 호건은 히치콕이 시나리오 팀에 즐겨 합류시키는 (러셀 말로니의 표현에 따르면) '아이디어와 상황에 대한 이해력이 풍부한 외향적인 작가'로 소문난 사람이었다. 히치콕은 〈레베카〉가 먼저 시작되기를 바라면서, 우선 자기 돈으로 호건에게 대가를 지불했다. 게다가, 히치콕 부부는 호건의 친구들을 좋아하여, 그들은 어울려서 극장과 나이트클럽으로 몰려다녔다.

히치콕은 캐스팅도 미리 해놓으려고 애썼는데, 배우들을 파악해두는 것이 캐릭터 집필에 도움이 되기 때문이었다. 그는 죽은 레베카의 그늘에 가려 살아가는 새로운 아내를 연기할 젊은 여배우로 〈자마이카 인〉에서 그의 마음에 쏙 든 모린 오하라가 적합할지도 모른다고 판단했지만, 오하라라는 이름을 들어본 적이 없는 DOS는 히치콕에게 전보를 쳤다. "캐스팅에 대해 조언하기에는 너무나 이름."

셀즈닉에게는 무슨 일이건 너무 일렀다. 그는 이때까지도 〈바람과 함께 사라지다〉를 영화로 만드는 작업에 완전히 몰두해 있었는데, 영화의 제작비용은 풍선처럼 떠올라 시야에서 벗어났다. 다른 영화를 위해 제작비와 에너지를 낭비하는 것은 DOS의 일 중에서 우선순위가 가장 낮은 일이었다. 한편, 히치콕은 11월 말에 〈자마이카 인〉의 완성에 근접했다. 그는 연초에 미국으로 항해할 수 있을 것으로 생각하고, 1월 초순에 셀즈닉 인터내셔널에서 받아낼 급여를 기대했다.

프로듀서가 적어도 2월 말까지는 〈레베카〉에 집중할 수 없을 것이라고 히치콕에게 알리자 그는 분노했다. 그것은 급여도 없이 몇 주를 빈둥거려야 한다는 뜻이었는데, 그 기간은 영국에서건 미국에서건 다른 영화를 만들어내기에는 충분치 않은 시간이었다. 날짜를 정확하게 알려달라고 DOS에게 묻자, DOS는 회신을 보냈다. "공식적으로 확정해 줄 수 없어 유감이오." 생각을 거듭한 DOS는 '3월이나 4월 이전까지는' 〈레베카〉에 집중할 수 있을 것이라 생각하지 않는다는 도움이 되지 않는 얘기를 했다. DOS로부터 모호한 헛소리를 들은 감독은 화를 내면서 마이런 셀즈닉이 또 다른 벼락치기 일거리를 즉시 찾아줘야 한다고 주장했다. 그가 할리우드의 에이전트에게 보낸 전보에 따르면, 히치콕은 '〈자마이카 인〉과 셀즈닉 계약 작품 사이의 수입 없는 기간'을 몹시도 줄이고 싶어 했다.

한편, 다른 할리우드 프로듀서들은 히치콕의 주위에서 어슬렁거렸다. 파라마운트의 아서 혼블로 주니어가 3월 1일에 확실하게 촬영을 개시하는, 스튜디오의 승인을 받은 프로젝트를 제안하기 위해 히치콕에게 접근했다. 히치콕은 받아들이고 싶었지만, DOS의 동의 없이는 승락할 수 없는 처지였다. 셀즈닉은 오만함의 극치로 보일 정도로 펄펄 뛰면서 그가, 그리고 오직 그만이 미국에서 첫 히치콕 영화를 제작할 것이라고 주장했다.

마침내 정체지점을 뚫어낸 것, 그리고 DOS에게 불을 댕긴 것은, 히치콕의 쌓여가는 불쾌함도 아니었고 다른 프로듀서들의 제안도 아니었다. 1938년 12월 말에 뉴욕영화비평가협회가 히치콕을 최우수감독

진짜 히치콕 3인조: 아버지, 어머니, 그리고 딸이 1939년 3월 미국행 퀸메리호에 기분 좋게 승선하는 모습.

으로 지명한 것이었다. 미국에 도착한 신작 〈사라진 여인〉은 똘똘 뭉친 재미와 그때까지 나온 히치콕 영화들과 마찬가지의 독창성으로 ― 오늘날의 대부분의 관객을 감동시킨 것처럼― 그해 뉴욕 평론가들을 감동시켰다.

올해의 최우수감독과 맺은 자유기간을 설정한 계약으로 인해, 히치콕이 고삐에서 벗어나 라이벌들을 위해 일할 수도 있다는 가능성에 놀란 프로듀서는, 히치콕이 전적으로 셀즈닉 인터내셔널을 위해 1년에 2편을 만들되, 그중 1편은 임대가 가능하도록 계약 내용을 수정했다. 그런 경우는 계약 당사자의 합의가 있어야만 했다. 히치콕은 (편당 급여와 달리) 연봉 인상의 형태로 몸값이 뛰었는데, 셀즈닉이 앞으로 아무리 제작을 연기하더라도 급여는 그와 상관없이 4월부터 자동적으로 지불하기로 했고, 이전 계약에 들어 있던 붙박이 조항들의 내용도 상향 조정됐다.

히치콕은 전화로 이 계약 수정에 재빨리 동의하고는 기쁜 마음으로 출발 준비를 마쳤다. 그는 연출하는 데 모호하게 합의했던 잭 뷰캐넌의 영화로부터 약간은 어색한 모양새로 벗어났다. 세금문제로 인해 그와 J. G. 손더스 사이의 거래는 정리됐지만, 손더스는 히치콕의 여생 동안 그의 영국 회계사로 계속 남았다. 감독은 크롬웰로드에 있는 아파트와 섐리그린에 있는 별장을 임대하고, 가구는 창고에 보관했다.

두 달 넘게 빈둥거리다가 DOS가 그를 원한 가장 이른 시간이자 히치콕이 바랐던 가장 늦은 시간인 1939년 3월 4일에 그와 그의 가족, 그리고 조앤 해리슨은 배를 타고 영국을 떠났다. 〈해외특파원〉의 도입 장면에 생기를 더한 환송파티는 친구들, 술잔과 건배, 그리고 어머니가 그에게 작별키스를 하며 행운을 빌어주는 재미있으면서도 다정한 순간에 대한 힌트를 던진다.

3장

할리우드에서의 공포와 욕망

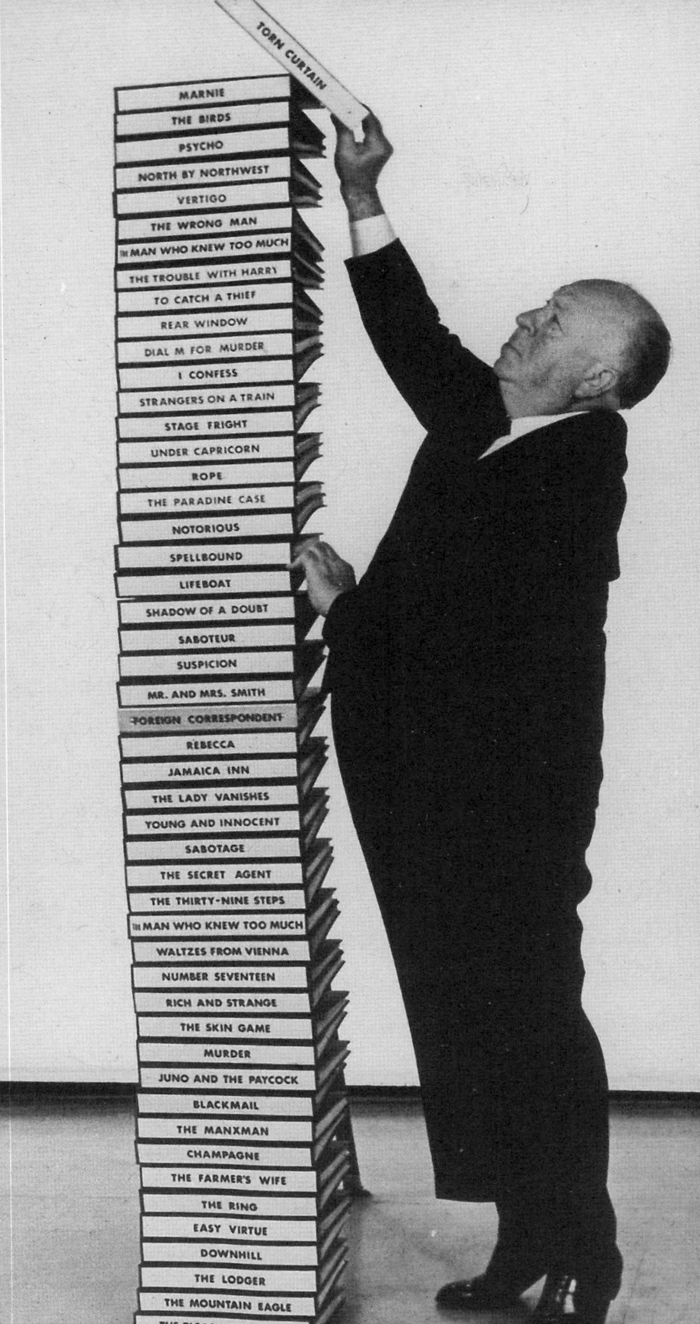
TORN CURTAIN
MARNIE
THE BIRDS
PSYCHO
NORTH BY NORTHWEST
VERTIGO
THE WRONG MAN
THE MAN WHO KNEW TOO MUCH
THE TROUBLE WITH HARRY
TO CATCH A THIEF
REAR WINDOW
DIAL M FOR MURDER
I CONFESS
STRANGERS ON A TRAIN
STAGE FRIGHT
UNDER CAPRICORN
ROPE
THE PARADINE CASE
NOTORIOUS
SPELLBOUND
LIFEBOAT
SHADOW OF A DOUBT
SABOTEUR
SUSPICION
MR. AND MRS. SMITH
FOREIGN CORRESPONDENT
REBECCA
JAMAICA INN
THE LADY VANISHES
YOUNG AND INNOCENT
SABOTAGE
THE SECRET AGENT
THE THIRTY-NINE STEPS
THE MAN WHO KNEW TOO MUCH
WALTZES FROM VIENNA
NUMBER SEVENTEEN
RICH AND STRANGE
THE SKIN GAME
MURDER
JUNO AND THE PAYCOCK
BLACKMAIL
THE MANXMAN
CHAMPAGNE
THE FARMER'S WIFE
THE RING
EASY VIRTUE
DOWNHILL
THE LODGER
THE MOUNTAIN EAGLE
THE PLEASURE GARDEN

8

새로운 출발
1939~1941

히치콕이 대서양을 영원히 건너가는 이번에는 무시할 수 없을 만큼의 먹구름이 수평선에 깔려 있었다. 전운(戰雲). 영화감독이라는 경력 앞에 깔린 먹구름. 그는 중년인 마흔 줄에 접어들고 있었다. 그의 삶과 직업적 경력에서 중간쯤에 도달한 그는 그를 여전히 낯설어하는 나라에서 처음부터 새로 출발해야만 했다.

영국영화산업의 망명객들로 구성된 실종된 부대는 전형적인 미국영화에 유럽인 역할로 출연하면서 안락한 생활을 꾸릴 만한 출연료를 받는 배우들로, 할리우드의 일부 영역을 차지하고 있었다. 영국식 억양을 구사하는 소규모의 배우들은 심지어 스타가 되기도 했지만, 할리우드 시스템에서 성공적인 연출 경력을 밟은 감독은 히치콕 이전에는 극히 드물었다. 게다가 히치콕은 할리우드가 살인자에 대한 영화를 저급한 영화로 취급한다는 사실을 일찌감치 깨달았다. 그렇게 취급하는 부분적인 이유는, 그가 여러 차례 인터뷰에서 진술했듯, '미국에서는 범죄소설이 2류 소설'이기 때문이었다.

그는 훗날 자신이 '스튜디오를 지휘하는 기업가들로 구성된 방대한 영화산업에서는 하찮은 인물'이라는 것을 확실히 인식하면서 할리우드로 이주했다고 밝혔다. 할리우드는 감독이 아니라 프로듀서가 장악한 시스템이자, 스튜디오에 전속된 박스오피스에서 군림하는 스타가 장악한 시스템이었다. 스튜디오는 작가와 시나리오를 감독했고, 전속돼 있는 주연여배우의 매력을 적절하게 조정했다. 스튜디오는 자신이 제작하는 영화의 '때깔'을 디자인했다. 감독은 프로덕션 디자이너나 카메라맨에게 잔소리를 할 수 있는 처지가 아니었고, 작가나 편집기사처럼 생각할 수 있는 처지도 아니었다.

전형적인 영국인인 히치콕이 할리우드에 왔을 때, 그는 전형적으로 미국적인 산업에 투신하고 있었다. 미국으로 향하는 배 위에서 편한 마음을 먹으려고 노력하는 한편, 그는 자신이 일을 제대로 하고 있는 것인지 의문을 품었을 것이다. 그대로 고국에 머물렀다면, 영국을 통틀어 가장 위대한 감독으로 손쉽게 오랜 세월을 군림할 수 있으리라는 것은 그도 알고 있었다.

셀즈닉 인터내셔널과 앨버트 마골리스가 그의 환영일정을 짰으며, 마골리스는 그의 미국 동부해안 홍보담당자가 되었다. 예일 드라마스쿨의 초빙강연 자리에서 히치콕은 영국 연극에 대한 해박한 지식으로 학생들에게 깊은 인상을 심어줬다. 그는 콜럼비아에서 가진 초빙강연에서는 '활동사진의 역사'에 대해 강의했다.

'21'클럽에서 언론인을 상대로 샴페인과 스테이크가 제공되는 만찬을 주최하던 히치콕은 좋아하는 영화 10편을 꼽아달라는 요청을 받았다. 그가 '심사숙고해서 선정'했다는 확신이 드는 목록에는 세실 B. 데밀의 영화 2편이 포함돼 있었다. 그는 레아트리스 조이가 출연하는 데밀의 1923년 영화 〈토요일 밤〉을 가장 좋아하는 영화로 꼽았다. 〈실종된 배들의 섬〉(모리스 터너, 1923), 〈스카라무슈〉(렉스 잉그럼, 1923), 〈금단의 열매〉(데밀, 1921), 〈센티멘털 토미〉(존 S. 로버트슨이 연출한 제임스 배리 소설의 1921년 버전), 〈매혹적인 별장〉(역시 로버트슨이 연출한 아서 윙 피네로의 로맨틱 드라마의 1924년 버전), E. A. 두폰트의 〈버라이어티〉(1925), 요세프 폰 슈테른베르크의 〈마지막 명령〉(1928), 찰리 채플린의 〈황금광시대〉(1925), 대공황시대를 배경으로 한 드라마 〈나는 탈옥수다〉(머빈 르로이, 1932)가 그 뒤를 이었다. 마지막 영화—히치콕이 10년 후에 『뉴욕타임스』에서 다시 한 번 찬사를 보낼 정도로 좋아했던 사회적인 의식이 강한 롱맨 이야기—를 제외하면, 모두 다 1928년 이전에 만들어진 무성영화였다.

히치콕 부부는 플로리다와 카리브해를 열흘 동안 방문하기 위해, 3월 16일에 기차 편으로 뉴욕을 떠나 마이애미에서 비행기를 타고 아바나로 갔다. 아바나는 당시 국제적인 고급 사교모임의 열기로 후끈 달아오른 신비한 고장으로 인기절정이었다. 히치콕이 찾는 곳은 어디가 됐건 그의 영화들이 뒤따라 찾아가곤 했다. 히치콕은 쿠바를 〈파괴공작원〉과 〈오명〉에서는 파시스트의 피난처로, 〈토파즈〉에서는 카스트로 시대의 정치적 음모의 중심거점으로 묘사하며 쿠바에 인사를 보냈다.

감독과 가족은 3월 27일에 기차를 타고 뉴욕으로 돌아왔다가 나흘 후에 캘리포니아로 출발했다. 시카고를 경유한 그들은 미국 중부를 횡단해서 4월 5일에 패서디나 역에 도착했다. 마이런 셀즈닉도 공식 환영객 대열에 속해 있었지만, 우스갯소리가 한바탕 오간 후 히치콕 가족은 댄 윙클러에게 인계됐다.

셀즈닉 에이전시는 가족을 위해 웨스트우드의 윌셔대로의 윌셔팜스에 있는, 산맥과 바다가 보이는 신축 고층건물에 방 3개짜리 아파트를 임대했다. 그곳에서 셀즈닉 에이전시까지는 차로 10분밖에 안 걸렸다. 조앤 해리슨은 같은 빌딩의 적당한 아파트에 짐을 풀었다.

히치콕이 훗날 "할리우드라는 공간 자체에는 조금도 관심이 없었다"고 주장하기는 했지만, 그는 할리우드에 자리를 잡으려고 노력했다. 도시를 여행할 때 그가 컨버터블 자동차의 열린 좌석에서 촬영한 8㎜ 홈 무비들은 영국인 가족의 기쁨에 찬 분위기를 포착했다.

"내 유일한 관심사는 일을 하러 스튜디오에 들어가는 것이었습니다"라고 히치콕은 프랑수아 트뤼포에게 말했다. 월요일인 4월 10일, 그는 느긋하기도 하고 불안하기도 한 마음으로, 메트로-골드윈-메이어(MGM)에서 동쪽으로 1마일 떨어져 있는 컬버 시티의 워싱턴대로에 있는 셀즈닉 인터내셔널의 스튜디오를 찾았다. 무성영화 시대에 토머스 인스가 미국 동부의 고색창연한 저택을 모델로 지은 열주형 저택들이 서 있었는데, 지금은 소유주인 RKO가 셀즈닉에게 임대한 상태였다.

그 건물은 셀즈닉에게는 본사이자, 특이한 로고 역할을 했다. 메인 빌딩의 뒤쪽으로는 8개의 촬영장과 40에이커 규모의 스튜디오가 널리 펴져 있었는데, 그곳에 심어진 초목으로는 세상 그 어느 곳의 야외장면도 솜씨 좋게 꾸며낼 수 있었다.

1층에는 스튜디오 수장의 넓고 잘 꾸며진 서재가 있었다. 데이비드 O. 셀즈닉의 책상 위에는 어디에나 그의 저혈당을 완화시켜줄 쿠키를 담은 항아리들이 있었고, 한쪽 벽에는 아버지 루이스 J. 셀즈닉의 사진이 걸려 있었다. 일찍이 이즐링턴 시절에 히치콕에게까지 영향을 끼친 아버지 셀즈닉의 롤러코스터 인생과 그로 인해 겪은 수모를 자식들은 결코 잊지 않았다. 셀즈닉의 임원급 자문인 다니엘 오쉬어(자금)와 헨리 긴즈버그(제작)의 사무실은 아주 가까운 곳에 있었다. 히치콕과 조앤 해리슨은 외따로 떨어진 방갈로에 있는, 주방과 욕실이 딸린 아늑한 스위트룸을 배정받았다. 그들은 그곳에서 〈레베카〉의 시나리오 작업을 재개했다.

히치콕은 〈레베카〉의 시나리오를 완성하기 위해, 허버트 윌콕스가 프로듀서하는 〈간호사 에디스 케이벨〉을 집필하러 히치콕 부부보다 먼저 할리우드에 이주한 마이클 호건을 필립 맥도널드와 짝지어줬다. 탐정소설 분야에 뛰어난 영국인 맥도널드는 1931년부터 할리우드에서 살고 있었지만, 이 시점까지 그가 쌓은 영화계 경력은 피터 로르가 주연한 미스터 모토 시리즈의 몇 편 같은 두드러진 시나리오도 있기는 했지만, 대체로 평범한 편이었다.[1]

맥도널드는 일련의 서스펜스를 유기적으로 체계화하는 일을 부여받았고, 호건은 각각의 신마다 아이디어를 채워넣었다. 집필한 작품으로나 개인적으로나 두 사람은 모두 재치 있고 영리한 사람이었다. 그들은 자존심을 내세우지 않으면서, 히치콕과 경의가 넘치는 동지애를 벼려냈다. 감독의 아내로 봉급 한 푼 받지 못하는 히치콕 여사, 조앤 해

1 맥도널드의 소설들은 1962년에 존 휴스턴이 연출한 〈에이드리언 메신저의 리스트〉를 비롯해서 많이 영화화됐다.

리슨, 그리고 새로 고용된 일손들은 히치콕5인조를 결성해서 시나리오를 공동 작업했다.

그러는 사이 셀즈닉은 〈바람과 함께 사라지다〉에 너무나 몰두하는 바람에 〈레베카〉에 대해 생각할 여유가 거의 없었다. 남북전쟁 서사영화의 촬영은 1938년 12월 10일에 애틀랜타를 사치스럽게 불태우는 것으로 시작해서, 촬영에만 4달이라는 기록적인 시간을 썼다. 재테이크 이전의 마지막 테이크는 1939년 4월에 있었는데, 히치콕이 일을 시작한 달이었다. 작가 17명과 감독 5명이 〈바람과 함께 사라지다〉를 거쳐 갔다. 사상 유례가 없는 제작비는 결국 400만 달러까지 치솟았다.

그러나 이것은 〈바람과 함께 사라지다〉의 후반작업이 이제 막 시작된 것에 불과했다. 더빙과 루핑(looping)[2], 색 보정, 시각효과, 음향과 영화음악 작업, 편집, 재테이크와 재편집 등 프로듀서가 집착한 이런 작업은, 막판까지 미세한 조정을 즐길 수 있는 기회를 그에게 제공했다. 계약 첫 달이었던 히치콕조차도 〈바람과 함께 사라지다〉의 릴을 작업해달라는 요청을 받고 이렇게 보고했다. "5월 3일 밤에 개략적으로 설명한 것처럼, 나는 이 릴에 서스펜스가 부족한 것은 세 가지 필수적인 사항이 불충분하다는 사실에서 비롯된다고 봅니다."

"(1) 관객들이 북군 병사들이 포위한 집에 들어가려고 노력하는 버틀러, 애슐리 등과 관련한 정보를 모조리 알고 있어야만 한다는 것."

"(2) 관객들이 술 취한 척하는 버틀러와 멜라니 캐릭터가 주고받는 은밀한 눈짓을 봐야만 한다는 것."

"(3) 긴장이 끝나는 지점이 북군 병사들이 사과하면서 떠나는 것으로 충분히 표현돼야만 한다는 것."

"나는 다음과 같은 방법으로 이런 것들을 해결할 수 있다고 봅니다."

"(a) 데이비드 카퍼필드를 읽는 것을 시작할 때까지 릴을 상영한 후, 샹들리에로 랩디졸브하는 대신 저택이 보이는 어떤 지점으로 컷어

2 음성을 입술에 맞추기 위한 작업. — 옮긴이

웨이한 다음, 버틀러와 부상상한 애슐리 등으로 구성된 필사적인 집단을 보여주는 겁니다. 이 정도 거리에서 집이 포위됐다는 것을 알 수 있게 해주고, 그들이 경계망을 뚫고 들어갈 방법을 몰라 당황하고 있다는 식으로 설정합니다. 그러고는 갑자기 버틀러가 아이디어를 내놓습니다. 이 아이디어를 위해, 우리는 집 안으로 컷백해서는 식구들이 술 취한 무리들이 당도하는 소리를 들을 때까지 릴을 상영합니다. 그리고는 밖으로 컷해서 집으로 다가오는 주정뱅이들을 보여줍니다. 버틀러가 취한 척하는 중에 말짱한 눈을 치켜뜨는 것을 보여줍니다. 그리고 그의 시점에서 군인들이 다가오는 그들을 체포할 준비를 하고 있다는 것을 보여줍니다."

"(b) 일단 집 안에 들어오면 멜라니가 그들이 취한 척하고 있다는 사실을 눈치챘다는 것을 관객들이 알 수 있게끔, 버틀러와 멜라니가 의미심장한 눈빛을 주고받는 것을 보여주는 게 필수적입니다."

"군인들이 떠난 후 사람들은 약간 술렁거려야만 합니다. 그러면 버틀러는 그가 창문에 다가갈 때까지 소리를 내지 말라며 손가락으로 쉿하는 신호를 보냅니다. 그러고는 돌아서서 모든 것이 말끔해졌다는 것을 보여줍니다. 버틀러가 이렇게 인상적인 몸동작을 보여주면, 방안 전체가 애슐리를 둘러싸고 열광적인 몸짓을 보여주는 등의 분위기에 휩싸입니다."

히치콕은 시퀀스를 개선할 수 있는 숏들의 목록을 정돈해서 제시하기까지 했다. 〈바람과 함께 사라지다〉의 편집기사 핼 컨은 히치콕의 보고서를 요약하면서, DOS에게 이 영국인이 "내가 최근 몇 달 동안 만나본 그 어떤 사람보다도 더 생각이 깊고 화면에 대한 아이디어가 훌륭하다"고 보고했다.[3] 프로듀서는 새로 고용한 인재에게 기꺼운 마음을 품지 않을 수 없었다. 최소한 6월 내내 셀즈닉은 〈바람과 함께 사라

3 DOS는 이 신을 위한 히치콕의 '더 나은 아이디어들'을 결국 하나도 채택하지 않았다. 신 전체를 다시 구성하고 재촬영했기 때문에, 이 신은 히치콕이 보고 비판했던 버전과는 판이하게 달라졌다.

지다〉에서 잠시도 눈을 떼지 못했다. 히치콕과 작가 패거리는 〈레베카〉를 자유로이 다듬어나갔다.

캐스팅은 최소한 히치콕의 마음속에서는 시나리오가 완성되기 전부터 시작됐다.

사실 4월 5일에 기차에서 내릴 때부터, 히치콕은 로버트 도나트에게 급전을 보내서, 레베카의 저주를 떨쳐버릴 수 없는 (다프네 뒤모리에가 "섬세하고 고풍적인 그의 표정은 약간은 기이하게 불가해한 방식으로 사람들의 눈길을 끌었다"라고 쓴) 영국 귀족 맥심 드 윈터 역할을 고려해보라고 강권했다. 그런 생각은 시기상조일 뿐 아니라, 자신의 통찰력 있는 캐스팅 솜씨에 자부심을 가진 데이비드 O. 셀즈닉의 기분을 상하게 만들 것임을 잘 아는 댄 윙클러는 마지못해 전보를 보냈다.

도나트는 〈굿바이 미스터 칩스〉를 막 끝낸 참이었는데, 이 연기로 〈바람과 함께 사라지다〉의 클라크 게이블을 누르고 1939년 오스카 남우주연상을 수상했다. 그러나 DOS는 그리 대단한 노력도 기울여보지 않고서는, MGM-브리티시로부터 도나트를 할리우드로 임대해 오는 것은 불가능할 것이라고 밝히면서 도나트를 캐스팅하려는 아이디어를 재빨리 무시해버렸다. 셀즈닉이 선호한 배우들 명단에는 월터 피전, 레슬리 하워드, 멜빈 더글러스, 윌리엄 파웰 등이 들어 있었다. 이들 중에서 품격 있는 코미디가 전문이었던 파웰만이 히치콕의 흥미를 끌었다. 파웰을 드 윈터로 캐스팅하는 것은 정말로 카운터캐스팅이었다. 히치콕은 〈비방당한 숙녀〉에 나온 파웰을 좋아했는데, 마이런 셀즈닉이 개최한 어느 파티에서 만나본 후 겸손한 그를 더욱 마음에 들어했다. 파웰에게 호감을 느낀 히치콕은 그에게로 마음을 돌렸다.

영국을 떠나기 전 히치콕은 드 윈터 역은 로널드 콜먼이, 두 번째 드 윈터 부인 역에는 노바 필빔이 이상적인 주인공이 될 것이라고 인터뷰에서 여러 번 밝혔다. 콜먼은 DOS와 셀즈닉이 합의할 수 있는 배우였고, 마이런 셀즈닉의 고객이기도 했다. 히치콕은 정중한 성품 덕에 할리우드가 로맨틱한 영국인의 전형으로 간주한 멋진 배우를 포획하기 위해 잘 계획된 작전에 착수했다. 1939년 5월에 히치콕은 콜먼의 자택을 두 차례 방문했다. 히치콕과 콜먼의 사이는 꽤 좋았지만 —콜먼의 아내 베니타 흄은 〈행실 나쁜 여자〉에 단역으로 출연했고, 〈캠버 경의 여인들〉에서는 더 비중 있는 역을 맡았다— 콜먼은 명확한 태도를 밝히지 않았다. 우선 콜먼은 히치콕의 영화에 출연하는 것을 기쁘게 생각한다고 말했지만, 그에게는 또 다른 생각도 있었다. 그는 아무리 공감이 가는 캐릭터라고 할지라도 아내 살인자를 연기하는 것이 상당히 걱정됐다. 결국 콜먼은 1939년에 다른 역할을 맡는 계약을 체결해서 —히치콕이나 셀즈닉 모두 기다릴 만하다고 기대하는 기간보다 긴— 1년 가까이 주인공 후보명단에 오르지 못하는 효과적인 방법으로 난색을 표했다.

그러자 이제 관심은 로렌스 올리비에로 향했다. 셰익스피어와 고전 연극들로 높은 평가를 받은 권위 있는 영국 배우 올리비에는 〈폭풍의 언덕〉에서 히스클리프를 연기한 이후 할리우드에서 스타덤에 올라 있었다. 파웰은 여전히 후보명단에 올라 있었지만, 판세는 올리비에에게 유리하게 돌아갔다. 연기 면으로 보면 올리비에는 수수께끼 같은 드 윈터와 꽤나 비슷한 면이 있었고, 그를 캐스팅하는 것은 DOS의 곤란한 문제에 대한 해결책이 되기도 했다. DOS는 〈바람과 함께 사라지다〉의 몇 달에 걸친 후반작업 동안 스칼렛 오하라인 비비언 리를 붙잡아 두고 싶어했는데, 영화의 후반작업은 1939년 여름을 지나 가을까지 이어질 예정이었다. 올리비에와 리의 혼외 로맨스는 〈영국을 휩쓴 전화〉의 촬영기간 동안 스캔들로 비화됐고, 그들의 러브스토리는 각자의 배우자와 이혼절차를 밟는 동안 언론을 피해 다녔던 '추잡한 주말'에도 계속되고 있었다.

올리비에가 드 윈터 역의 계약에 서명한 후, 리는 책과 영화의 이름 없는 내레이터로 레베카의 죽음과 관련한 미스터리를 풀고 남편의 악마적인 모습을 극복해야만 하는 두번째 드 윈터 부인의 최우선 후보가 됐다. 뒤모리에의 표현에 따르면 '긴 머리에 학교를 갓 졸업한 세상 물정 모르는 아가씨'인 두 번째 드 윈터 부인은 이 이야기의 핵심 캐릭터이다. 미래의 남편의 상대역을 너무나 간절히 맡고 싶었던 리는 올리비에가 카메라 밖에서 직접 드 윈터의 대사를 읽는 가운데(이것은 올리비에가 다른 후보자에게는 해주지 않았던 특별 배려였다) 역할을 위한 오디션을 받기로 합의했다. 그러나 리의 테스트 결과는 끔찍했다. 데이비드 톰슨이 『흥행사』에 쓴 글에 따르면, DOS는 "그녀는 성실함이나 나이, 순수함 같은 면에서 적합해 보이지 않는다"는 데 히치콕 그리고 테스트를 도왔던 조지 쿠커 감독과 의견을 같이했다.

그런데 나이나 순수한 면에서 적합한 사람이 누구란 말인가? 히치콕은 〈나는 비밀을 안다〉와 〈영 앤 이노센트〉에서 그를 매혹시킨 영국 여배우 노바 필빔을 일찍부터 추천하고 있었다. 어떤 사람들은 감독이 DOS와 사적으로 나눈 대화에서 필빔의 성숙도와 '러브신을 다루는' 능력에 의문을 표했다고 주장하지만, 이것은 셀즈닉의 관심을 끌기 위해 히치콕이 일부러 그녀를 깎아내린 것일 수도 있다. 오늘날까지도 필빔은 히치콕이 그 역할에 그녀를 바랐다고 믿는다. 그러나 결국 DOS는 변변치 않은 배우를 수입하지는 않겠다고 밝혔다.

5월과 6월 내내 오디션이 거듭됐다. 오디션은 의지를 시험하는 과정이었고, 진짜로 순수하고 고통스러운 망설임의 과정이기도 했다. 히치콕과 DOS는 마거릿 설러번, 로레타 영과 같은 정상급 주연배우뿐 아니라, 사극드라마에 단골로 출연한 금발의 아니타 루이제, 심지어는 16살의 앤 백스터의 촬영 필름까지 점검했다.

히치콕은 스크린 테스트 내내 그 자리에 앉아 있는 엄청난 인내심을 보였다. 그는 스크린 테스트가 프로듀서에게 유용한 도구로 활용되던 할리우드에서 다른 사람들보다는 스크린 테스트를 덜 요청한 편이었으며, 사람들을 테스트하기보다는 비공식적으로 만나는 편을 선호했다. 그러나 영국에서 그의 캐스팅 아이디어를 자극했던 꾸준한 웨스트엔드 공연 관람이 불가능한 상태에서, 그는 어쩔 수 없이 테스트에 의존해야만 했다. 그는 본 것들을 모조리 기억해내는 놀라운 기억력을 뽐냈다.

그런데 셀즈닉은 스크린 테스트에 거의 중독돼 있었다. 프로듀서는 캐스팅과 관련한 문제를 현장에서 극복하는 쪽을 선호했던 영국 출신 감독보다 훨씬 더 캐스팅을 염려했다. "내 생각에 그(DOS)는 스칼렛 오하라를 찾는 와중에 벌였던 것과 똑같은 홍보의 묘기를 부리려고 노력했던 것 같습니다." 히치콕이 나중에 밝힌 의견이다. "그는 동네에 있는 빅스타 모두에게 〈레베카〉의 테스트에 참여하라고 떠들어댔습니다. 처음부터 그 역할에는 어울리지 않는다는 것을 잘 알고 있는 여자들을 테스트하면서 나 자신도 약간은 당황했습니다."

셀즈닉을 오래 겪어서 그의 관례에 익숙한 상태였던 쿠커와 또 다른 미국인 감독 존 크롬웰이 일부 오디션을 진행했다. 계속 이어지는 테스트를 지켜보면서 히치콕의 기분은 불쾌해졌고, 그가 내놓는 의견들은 신랄해졌다. 말도 안 되는 후보들에 대한 의견은 특히 더했는데, 할리우드에서는 불운만 겪었던 진 뮤어를 "너무 덩치가 크고 알랑거린다"고 묘사했고, 무명의 오드리 레이놀즈는 '화면에 등장하지 않는 레베카 역으로 안성맞춤'이라고 생각했다.

그는 프로듀서가 좋아하는 여배우를 서서히 간파해냈다. 조앤 폰테인이었다. 1938년 6월의 어느 저녁에 찰리 채플린의 집에서 열린 파티에서 DOS는 소녀티를 갓 벗은 우아한 금발 여배우의 맞은편에 앉게 됐다. 폰테인의 표현에 따르면, 이 '점잖은 남자'는 그녀가 너무나 매력적인 『레베카』라는 소설을 막 읽었다는 얘기를 하기 전까지는 꼿꼿하게 앉아 있었다. 프로듀서는 자기소개를 하면서, 그가 소설의 영화화 권리를 막 구입했다고 고백했다. 폰테인은 주인공 역할의 테스트를 받고 싶은가?

이 믿기 어려운 동화를 들으면 웃어버리기 십상이지만, 아무튼 폰테인은 권모술수 뛰어난 영화사의 내부자 조지 쿠커의 저녁 데이트 상대였다. 중요한 것은 프로듀서가 그녀에게 홀딱 반했다는 것이다. 21살밖에 안 된 요염한 폰테인은 도쿄에서 영국인 부모 사이에서 태어났다. 그녀의 언니 올리비아 드 해빌런드—자매 사이의 불화는 할리우드의 호사꾼들을 가장 즐겁게 해준 화젯거리 중 하나였다—는 〈바람과 함께 사라지다〉에서의 역할을 비롯해서 동생보다 훨씬 성공한 배우였다. 이 시점까지 폰테인은 기껏해야 인상적인 역할 몇 가지로 알려진 상태였는데, 〈곤란해진 아가씨*A Damsel In Distress*〉에서 연기한 프레드 아스테어의 댄스 파트너나, 〈강가딘*Gunga Din*〉에서 연기한 불타는 집을 지키는 여자처럼 매력적인 멍청이들에 국한됐다. '올리비아 드 해빌런드의 여동생'은 서릿발 같은 말로 어떤 남자건 싸늘하게 만들어버릴 수 있지만, 침실에서 보여줄 음탕함을 암암리에 드러내기도 하는, 난봉꾼이라면 모두 다 품고 있는 전형적인 영국 여성으로는 아직 부각되지 않은 상태였다.

사람들의 눈에는 DOS가 폰테인과 사랑에 빠졌다는 것이 명확해 보였지만 —1938년 6월 말부터 1939년 초까지 프로듀서는 그녀를 거의 매일같이 만났다고 데이비드 톰슨은 밝혔다— 추측컨대 그들의 사랑은 플라토닉한 사랑으로 남았다. 게다가 그녀는 셀즈닉이 〈레베카〉로 염두에 두고 있던 메이저 스타라기보다는 어여쁜 젊은 아가씨에 더 가까웠기 때문에, 셀즈닉은 그녀와 출연 계약을 맺는 문제로 전전긍긍했다.

전전긍긍하기는 히치콕도 마찬가지였다. 존 크롬웰은 폰테인의 첫 오디션을 감독한 후 여배우 탐색은 끝이 났다고 공표했다. 훗날 히치콕은 그도 크롬웰과 생각을 같이 했다고 주장했지만, 당시에는 모호한 태도를 보였다. 셀즈닉이 대놓고 폰테인에게 반한 것 때문에 그는 무척이나 신경이 쓰였다. 톰슨은 히치콕이 "데이비드의 마음속에서 〈레베카〉가 잉태되는 것과 관련해서, 얼마나 많은 부분이 조앤 폰테인을 향한 그의 감정과 관련이 있을지를 주의 깊게 살폈다"고 적었다.

폰테인의 테스트 필름을 검토한 후, 셀즈닉의 자문인 족 휘트니는 그녀가 그 역할에 적합한지 확신할 수 없다고 밝혔는데, 이 의견은 DOS에게 영향을 끼쳤다. 알마 레빌도 폰테인의 편이 아니었는데, 이 의견은 그녀의 남편에게 영향을 끼쳤다. 히치콕 여사는 폰테인의 태도가 '수줍어하면서 억지웃음을 짓고' 목소리는 '심하게 짜증나게 들린다'고 생각했다. 그러나 결국 최종결정은 DOS의 몫이었으므로, 테스트가 끝난 후 한동안 모두가 그의 결정을 기다렸다.

셀즈닉이 다프네 뒤모리에의 원작에 충실하라고 히치콕에게 경고하기는 했지만, 1939년 여름 즈음에 프로듀서 본인이 소설의 시놉시스 이상을 읽어본 적이 있는지는 의심스럽다. "너의 값비싼 원작을 공경하라." 이것이 프로듀서가 일상적으로 떠받들던 계명이었으나, 원작소설 위로 마술지팡이를 휘둘러서는 원작소설을 사라지게 만드는 것으로 이미 명성이 자자하던 히치콕에게는 아이러니한 계명이었다.

6월 초에 감독은 〈레베카〉의 기다란 트리트먼트를 제출했고, DOS는 트리트먼트를 보고는 "말도 제대로 못할 정도로 경악했다." 히치콕과 작가들은 레베카를 묘사하는 플래시백에서부터, 드 윈터가 배 위에서 시가를 피워서 동료 승객들이 뱃멀미를 하게 만드는 것을 보여주는 오프닝에 이르기까지, 온갖 새로운 요소들을 도입하는 것으로 뒤모리에의 원작을 뜯어고쳤다. 감독은 깎아지른 절벽을 타고다니는 서스펜스 넘치는 드라이브와 다양한 코믹한 사건들, 그리고 레너드 레프가 『히치콕과 셀즈닉』에 쓴 바에 따르면 '영국인의 가정생활을 제대로 관찰한 순간들'을 첨가했다.

DOS가 비서에게 받아 적게 한 장황한 메모를 통해 '대중적인 소설에 대한 영화제작자의 책임'을 상세히 설명한 것은 그다지 놀랄 일이 아니다. 프로듀서는 히치콕에게 주의—"우리는 〈레베카〉를 구입했고, 〈레베카〉를 만들고자 합니다"—를 주는 데서 그치지 않고 한걸음 더 나아가 히치콕 모르게 뒤모리에에게 편지를 써서, 자신이 '완성된 트리트먼트를 내던졌으며' 히치콕에게 '원작'을 영화로 담도록 강요하면서 '〈자마이카 인〉에서 했던 것처럼 꼴사나운 세미-오리지널을 만들지 못하게' 할 의향이라며 소설가를 안심시켰다.

DOS는 히치콕이 덧붙인 코믹한 요소를 싫어해서 그것을 모조리 삭제해버리는 것을 목표로 삼았다. 히치콕 분위기의 뱃멀미는 특히 싫어했는데, 프로듀서는 그것이 "이루 말할 수 없이 싼 티가 난다"고 판단했다. 셀즈닉이 만든 영화들은 무게 있는 엔터테인먼트였고, 뒤모리에의 소설에서는 유머라고는 찾아볼 수가 없었다. 빛과 어둠을 뒤섞는 장기를 보여주는 히치콕 영화에는 심히 나쁜 상황이었다.

플래시백도 제거할 표적 중 하나였다. "어젯밤에 내가 맨들리에 다시 가는 꿈을 꿨다"라는 문장으로 시작해서 전개돼나가는 소설 전체가 플래시백이라는 것은 약간 다루기 힘든 문제였다. 게다가 드 윈터가 레베카의 죽음에 대해 조금도 설명하지 않는다는 점을 감안하면, 영화에 일종의 플래시백이 등장해야 하는 것은 당연한 일이 아니겠는가? 그러나 셀즈닉은 플래시백 기법이 영 탐탁지 않았다. 그는 히치콕이 고안해낸 기법을 혐오했는데, 소설에 결코 모습을 나타내지 않는 레베카를 묘사하는 플래시백에 대한 혐오는 특히 심했다.

무엇보다 좋지 않은 것은 히치콕이 두 번째 드 윈터 부인을 쾌활하고 재미있는 인물, 희생자라기보다는 활력이 넘치는 캐릭터로 만들려고 노력했다는 것이다. 그러나 DOS는 히치콕이 원작의 분위기로 복귀해야 하며, "세세한 여성적인 일들이 너무나 인상적이어서 영화를 본 여성관객은 '그녀가 어떤 기분인지 알겠어…… 그녀가 어떤 고초를 겪는지 알겠어……' 등을 말하게" 만드는 요소들을 끌어들여야 한다고 주장했다. 셀즈닉은 드 윈터에 대해서는 로렌스 올리비에에게 어울린다고는 생각하지만, '매력도, 미스터리도, 로맨스도 없는' 캐릭터라고 여겼다.

셀즈닉 아카이브에 들어 있는 방대한 메모를 토대로 한 전통적인 인식은, 프로듀서의 개입으로 영화 〈레베카〉의 질이 대단히 향상됐다고 주장한다. 데이비드 톰슨은 히치콕의 최초 시나리오가 "형편없고 재미없었다. 히치콕은 훌륭한 독자가 아니었고, 다프네 뒤모리에의 소설에 담긴 심오함을 항상 이해하지 못했다"고 주장한다. 레너드 레프는 거꾸로 감독이 '작품을 탐독하는 독자'였으며, 게다가 활력이 없는 소설의 분위기를 염려한 사람이었다고 적었다.

열등한 독자, 아니면 탐독하는 독자? 히치콕은 필요성을 느낄 때면 날카로운 독자로 변신했고, 트리트먼트는 원작에 상대적으로 충실했다. 그가 내놓은 새로운 요소들은 논쟁의 여지가 있기는 하지만 얌전한 편이었다. 코미디, 항해, 드라이브, 영국적 분위기, 원기 왕성한 새로운 여주인공 배역은 히치콕이 어느 영화에건 새겨넣으려고 했던 전형적인 필체였다.

그러나 할리우드의 심판대에 오른 영국인인 그는 프로듀서에게 언제 어떤 식으로 무릎을 꿇어야 하는지를 알고 있었다. 히치콕 5인조는 뒤모리에의 원작에서 노골적으로 벗어나는 것은 위험하다는 것을 새삼 깨달으면서 책상으로 돌아갔다.

6월 말경, 그들은 100페이지짜리 시나리오를 완성했다. DOS는 다시 한 번 꼼꼼한 비판을 가했고, 그의 요구에 부응하는 새로운 시나리오가 다시 완성됐다. 프로듀서는 두번째 드 윈터 부인이 손톱을 깨물며 안절부절못하는 더욱 연약한 인물이 돼야만 한다고 주장하면서, 뒤모리에의 오리지널 요소들을 복구하라고 지시했다. 7월 말경에 또 다른 시나리오가 탄생했고, DOS의 몇 가지 메모가 그 뒤를 따랐다. 그제서야 퓰리처상 수상자인 극작가 로버트 셔우드가 최종 수정을 위해 고용됐다. 셔우드는 히치콕이 유명한 알공퀸 원탁과, 그가 사랑하던 『뉴요커』의 회랑에서 발탁한 대여섯 명의 작가 중 첫 작가였다.

〈바람과 함께 사라지다〉에서 한숨 돌린 DOS는 이제 히치콕과 셔우드(그리고 어디에나 모습을 나타내던 조앤 해리슨)와 정기적인 시나리오 회의를 갖기 위해 스케줄을 비웠다. 그들은 화창한 날에는 DOS의 요트에서 회합을 가졌고, 밤—프로듀서는 한밤중에 장시간 일하는 것을 좋아했다—에는 셀즈닉의 저택에서 만났다. "당연히 셀즈닉은 모임을 장악했습니다. 속도를 높였다 줄였다 하던 그는 주위에서 그에게 고개를 끄덕이는 사람들은 안중에도 없는 것이 분명했습니다." 히치콕의 기억이다. "심지어 그는 키 크고 호리호리한 셔우드 씨가 약간은 술에 취한 상태로 수영장에서 소형 보트를 서투르게 조종하려고 노력하는 모습조차도 감지하지 못했습니다. 물론 동이 터오를 무렵에도 이뤄진 일은 그다지 많지 않았지요. 그러나 그게 바로 프로듀서의 작업방식이었습니다."

프로듀서의 목표는 원작에 충실하자는 것이었지만, 모든 이슈—예를 들어, 레베카의 불가사의한 최후—를 그런 식으로 해결할 수는 없었다. 예를 들어, 소설에서는 레베카가 다른 남자의 아이를 임신했다는 말을 들은 드 윈터가 레베카에게 총을 쐈다는 게 밝혀진다. 할리우드에서 범죄는 항상 징벌을 당해야 한다는 것을 DOS는 히치콕보다 더 잘 알고 있었다. 드 윈터가 레베카를 죽였다면(그러지 않았다면 책도 영화도 존재할 수 없었다), 그는 응당 벌을 받아야만 했다. 그렇지 않으면 〈레베카〉가 할리우드 검열의 집배센터인 제작규범을 통과하는 것은 결코 엄두도 못 낼 일이었다.

시나리오 최종고를 완성할 단계에서도 그들은 해결책을 찾아내지 못했고, 나중에 영화는 치유 불가능한 암을 남몰래 앓고 있던 레베카가 우연히 세상을 뜨게 됐다고 설명했다. 그녀는 드 윈터를 자극하기 위해 다른 남자의 아이를 임신했다는 거짓말을 했고, 드 윈터는 그녀를 넘어뜨려서 선박의 도르래에 머리를 부딪히게 만든다.("나는 내가 그녀를 때렸다고 생각했소…… 그녀는 비틀거리면서 넘어졌소.") 셔우드가 쓴 대사에서 히치콕은 플래시백 이미지를 회피하면서도 특유의 시각적 장치를 채택할 수 있는 기회를 포착했다. 드 윈터가 고백을 하는 동안, 카메라는 방 안에 있는 물건들 —티 테이블, 침대 의자, 담배꽁초— 사이를 옮겨 다니면서 세세한 사연에 대한 암시를 던지는 한편으로 관객들이 상상력을 발휘해서 빈 공간을 채워넣게 만드는 식으로 나름의 이야기를 전달한다.

극히 사소한 문제들을 제외한 시나리오는 늦여름 즈음에 완성됐다. 스크린에 처음으로, 그리고 가장 중요한 시나리오작가로 이름이 오른 셔우드는 의심의 여지없이 가장 높은 집필료를 받은 사람이었지만, 이 시나리오는 관련자 모두의 힘으로 완성된 작품이었다. 프로듀서가 한 주요한 기여는 원작에 들어 있는 대사들을 가능한 한 그대로 복원해낸 것이었다. 히치콕은 이 첫 미국영화에 개인적인 내러티브 아이디어를 거의 집어넣을 수 없을 것이라는 사실을 오래전부터 알고 있었다. 그는 '페이지 바깥'에서 소소한 전리품을 상당수 챙겼다는 것을 위안으로 삼았다. 그는 뒤모리에의 글에 충실하라는 셀즈닉의 명령에 타협하지 않으면서, 연출과정에서 탐닉한 여러 가지 힌트와 화려한 비주얼을 영화에 집어넣었다.

책에서 끌어온 한 장면은 촬영과정에서 재치 있게 변형됐다. 이 장면에서 두 번째 드 윈터 부인은 위풍당당한 댄버스 부인이 두려워서 책상 서랍에 작은 도자기 인형의 파편을 숨겼다가, 나중에야 귀중한 도자기 큐피드를 부쉈다고 남편에게 밝힌다. 불려온 댄버스 부인은 어색한 변명을 듣고, 드 윈터는 아내의 소심함을 탓한다.

DOS는 뒤모리에의 대사를 보존해야 한다고 고집을 부렸지만, 히치콕은 촬영 단계에서 변화를 가했는데, 이것은 대사에는 거의 영향을 미치지 않았다. 직접 찍은 홈 무비들로 얼마 전에 미국에서 새로운 삶의 막을 연 감독은 드 윈터와 그의 아내에게도 비슷한 8㎜ 필름을 제공한다. 장면이 시작되면, 부부는 멀찌감치 떨어진 벽에 영사되는 자신들의 허니문 장면을 바라보고 있다. 드 윈터와 아내는 앞부분에 앉아 있는데, 섬광이 그들의 얼굴을 비춘다. 댄버스 부인이 그들의 즐거움을 방해하고, 드 윈터 부인이 인형에 대해 어색한 변명을 하는 동안 영사기는 꺼져 있다. 댄버스 부인이 떠난 후 드 윈터는 아내를 탓하고, 퉁명스럽게 사과한 후 영사기를 다시 켠다. 그러나 방 안에 남아 있는 긴장은 이제는 홈 무비에 무관심한 부부의 분위기와 대조를 이룬다.

절망에 빠진 드 윈터 부인은 남편에게 행복하냐고 묻는다. "행복은 내가 아는 바가 하나도 없는 그런 거요." 그는 냉랭하게 대답한다.(뒤모리에의 대사) "오, 봐요." 그는 벽을 가리키며 덧붙인다. "저건 내가 카메라를 삼각대 위에 올려놓고 찍은 장면이오. 기억나오?"(히치콕의 대사) 카메라가 그녀의 일그러진 표정에서 홈 무비로 팬하면, 그곳에서는 신혼부부가 여전히 다정하게 뛰어다니고 있다. 이것은 단연코 〈레베카〉에서 가장 순수한 히치콕적인 순간이다.

히치콕이 첫 할리우드 영화를 안정적으로 작업해나가는 동안, 1939년 여름은 별다른 일 없이 흘러갔고, 가족은 미국식 생활리듬에 적응했다. 그들은 비벌리힐스에 있는 굿 셰퍼드 처치에서 예배를 드렸고, 팻은 메리마운트에 있는 학교와, 벨 에어의 선셋대로변에 있는 메리마운트 수녀회가 운영하는 사립 여자학원에 다녔다. 가족이 타던 오스틴은 신형 시보레로 교체됐다. 히치콕은 많은 인터뷰 석상에서 자신은 운전을 할 줄 모른다고 주장했지만, 메리마운트에 있는 학교로 종종 딸을 태워다줬고, 일요일에 있는 미사에 딸을 데려가기 위해서 장시간 운전을 했다.

할리우드에서 보낸 끝내주는 초창기에, 히치콕 부부는 시사회와 나이트클럽, 페리노와 로마노프, 체이슨 같은 최고급 레스토랑을 자주 찾았다. 영국인 이민자 무리에 속한 영화인 대부분에게 이미 잘 알려진 그들은 영국인이 모인 자리에서는 어디가 됐건 환대받는 손님이었다. 히치콕과 관련해서 끈질기게 남아 있는 오해 중 하나가 할리우드에 있는 영국인 사회가 그를 냉대했다는 것이다. 사실은 그는 그중 많은 사람과 친한 사이였고, 그와 알마는 세드릭 하드윅, 레지널드 데니, 베이실 래스본(히치콕은 래스본의 두 번째 아내 오우이다 버제르를, 그녀가 조지 피츠모리스와 결혼생활을 하고 있던 이즐링턴 시절부터 알고 있었다)가 주최하는 파티에 주기적으로 초대받았다.

데이비드 O. 셀즈닉 부부는 멋들어진 파티를 주최하는 것으로 유명했지만, 히치콕은 근무시간 후에는 셀즈닉 부부와 교제하는 데 그리 많은 시간을 쓰지 않았다. 레너드 레프는 수년간 주고받은 편지를 놓고 볼 때 그들이 상대를 성심껏 대했다는 판단은 들지만, 아이린 메이어 셀즈닉이 히치콕을 따뜻하게 대한 적은 한 번도 없다고 주장했다. 히치콕과 DOS가 함께 보낸 어느 인상적인 밤은 부분적으로는 사업상의 이유로 마련된 자리였다. 1939년 8월에 〈오즈의 마법사〉 시사회가 끝난 후 두 사람은 저녁을 먹고 술을 마시면서 영화에 나온 태풍을 칭찬했다. "그는 나쁜 사람은 아니오. 빼기는 면도 없고." DOS가 아내에게 쓴 편지다. "물론 같이 캠핑을 가고 싶은 그런 사람은 아니오."(DOS는 마음에 없는 소리를 하는 사람은 아니다.)

셀즈닉 형제는 사회적으로 경쟁하는 사이여서, 히치콕은 근무가 끝난 후에 마이런과도 만남을 가졌다. 히치콕을 여기저기 소개하고 다른 프로듀서를 만나게 해주며, 히치콕 부부(조앤 해리슨도 함께)를 에이전시의 고객명단에 올라 있는 스타나 VIP들이 개최하는 뷔페 스타일의 만찬파티, 또는 더욱 친밀한 분위기의 만찬자리에 참석할 수 있게 해준 사람이 바로 마이런이었다. 마이런은 주말에는 그들을 애로헤드 로지에 초대했다. 할리우드에서 보낸 첫 달에, 신출내기 영국인들은 여배우 로레타 영, 감독 레오 맥커리, 윌리엄 파웰 부부, 캐럴 롬바드와 클라크 게이블을 포함한 셀즈닉 에이전시의 고객들로 이뤄진 집단과 안면을 트는 빡빡한 스케줄을 진행하면서 그들과 친분을 다져나갔다.

히치콕은 셀즈닉 인터내셔널의 주의 깊은 시선 아래 할리우드 언론과도 만났다. 스스로의 사업수완에 자부심이 대단했던 DOS는 서부 해안에서 히치콕의 홍보를 책임졌다. 히치콕의 최초 언론보도는 그리 두드러지지 않았고, 그를 다룬 최초의 미국 신문과 잡지 기사의 대부분은 그의 기벽에 할애됐다. 그는 미스터리나 스릴러가 아니라 역사책, 전기, 여행서적 읽는 것을 좋아했다.(악의 없는 거짓말이었지만, 홍보에는 도움이 됐다.) 그는 먹었고, 알마는 모든 요리를 다했다.(앞과 마찬가지다.) 그는 운전을 하지 않는다. 경찰이 두려워서다.(앞과 마찬가지다.)

다채로운 세부사항을 원하는 언론은 우아한 만찬파티에서 음담패설을 늘어놓거나, 코스요리 중에 잠들어버리는 것으로 유명한 히치콕의 명성을 활용했다. 몇몇 기사에 따르면, 어느 파티에서 히치콕은 소설가 토머스 만과 루이스 브롬필드가 주고받은 따분한 대화 중에 선잠을 잤다. 만찬 상대가 얼마나 매혹적인 여성—로레타 영과 캐럴 롬바드—인가 하는 문제와는 무관하게 감독은 체이슨에서도 꾸벅꾸벅 졸았다. "이 선잠들 가운데 어느 정도까지가 진짜 선잠이고, 어느 정도까지가 다른 사람들의 반응을 시험해보려는 장난기에 따라 연출된 것인지를 확실히 아는 사람은 아무도 없었다." 존 러셀 테일러가 쓴 글이다. 그가 자신을 꾸밀 줄 몰라서 그런 것일까, 아니면 홍보의 일환이었을까?

8월경, 히치콕 부부는 할리우드 생활을 철저히 체득하고, 아파트 생활이 점점 불편해졌으므로 단독주택을 임대하기로 결정했다. 때마침 캐럴 롬바드가 그녀가 임대한 벨 에어의 세인트 클라우드 로드 609번지 주택을 비우고 엔시노에 있는 게이블의 랜치하우스로 이사할 계획이라고 밝혔다. 히치콕 부부는 가구가 딸린 영국식 스타일의 작은 별장인 롬바드의 집을 잘 알고 좋아했으므로, 10월에 이사할 계획을 세웠다.

히치콕은 〈레베카〉의 카메라맨 문제를 놓고 셀즈닉과 힘을 겨뤘다. 그는 버나드 놀스와 함께 〈자마이카 인〉을 촬영한 해리 스트래들링을 원했지만, DOS는 프로듀서에게 충성스러운 카메라맨을 원하면서 그를 거부했다.(히치콕은 나중에 〈서스피션〉에서 스트래들링을 고용했다.) 프로듀서는 워너브러더스로부터 조지 반스를 임대해왔다. 훌륭한 할리우드 영화를 다수 촬영했던 반스는, 그의 장기인 뽀얀 화면이 히치콕과 공통점이 그리 많지 않다는 점만 제외하면 아무런 잘못이 없었다. 그러나 DOS는 뽀얀 화면이 여주인공을 완벽한 존재로 만들 수 있다는 것을 신봉하고 있었다. 미술감독은 라일 휠러였고, 편집기사는 헬 컨이었다. 셀즈닉 밑에서 오랫동안 일해 온 그들은 〈바람과 함께 사라지다〉 제작진의 일원이기도 했다.

셀즈닉 밑에서 일을 하는 것은 장점과 단점이 모두 있었다. 히치콕은 셀즈닉 인터내셔널에서 이후로 꾸준히 우정을 나눈 사람들, 특히 여성들을 많이 사귀었다. 그는 셀즈닉을 위해 패션과 미용 관련한 자문을 해주던 '페이스'로 알려진 키 큰 금발 모델 아니타 콜비(그녀는 '셀즈닉 스튜디오 여성들의 감독'으로 알려졌다)와 사귀어서 이후 오랫동안 친분을 유지했다. 〈바람과 함께 사라지다〉의 핵심 조감독이었던 바버라 케온은 이제 히치콕과 셀즈닉 사이를 오가는 전령 역할을 하고 있었다. 마거릿 맥도넬은 스토리부서의 영국인 편집자였고, 케이 브라운은 뉴욕에 거주하는 작가와 배우에 관해서는 걸어다니는 백과사전이었다.

브라운은 당시 브로드웨이에서 공연 중인 〈가족초상화〉라는 종교적 우화에서 동정녀 마리아를 연기하던 주디스 앤더슨을 음흉한 댄버스 부인을 연기할 배우로 추천한 사람이었다. 다프네 뒤모리에의 표현에 따르면, 댄버스 부인은 "키가 크고 말랐으며 짙은 검정색 옷을 입었고, 툭 튀어나온 광대뼈와 움푹 팬 눈동자 때문에 뼈대 위에 양피지같이 하얀 피부를 걸친 해골처럼 보였다." 앤더슨은 무대 위에서 존 길구드의 햄릿을 상대로 거트루드를 연기했지만, 영화는 1933년 〈살인사례금

Blood Money〉 딱 1편밖에는 출연하지 않았다. 사실성이 떨어지는 갱스터 드라마인 이 영화에서 앤더슨은 거칠고 용감한 캐릭터를 연기했다. 무대에 선 앤더슨에게 몇 년 동안 탄복해온 히치콕은 그녀가 영화에서 보여준 댄버스 부인에 대한 암시 이상 가는 연기도 기억하고 있었다.

히치콕은 변호사 출신의 중년여성으로 패서디나극단에서 연기를 했던 정도밖에는 연기 경험이 없던 플로렌스 베이츠를 테스트했다. 그녀는 할리우드의 관점에서는 아마추어였지만, 히치콕은 폰테인의 캐릭터를 여행 동반자로 고용하는 허영심 많은 중년의 귀부인 반 호퍼 부인 역할을 베이츠에게 맡겼다. "지나치게 공을 들인 주름장식 달린 블라우스는 그녀의 큰 가슴을 보완해주고, 날카롭게 스타카토로 딱딱 끊기는 목소리는 허공을 가른다." 베이츠의 출연 장면에는 영화의 나머지 부분에는 결여된 유머와 신랄함이 담겨 있다.

영화의 다른 배역들은 실종된 부대의 멤버들이 채웠다. 조지 샌더스는 레베카의 천박한 친척 파벨(책에 따르면, '덩치 크고 강인한 남자, 약간 햇볕에 그을린 겉만 번지르르한 미남')로 캐스팅됐다. 다른 역할들은 글래디스 쿠퍼, 나이젤 브루스, 레지널드 데니, C. 오브리 스미스, 멜빌 쿠퍼, 레오 G. 캐럴에게 맡겨졌다.

9월이 다가오자 프로듀서는 최종 시나리오를 승인했고 촬영 계획이 시작됐지만, 주연여배우에 대해서는 여전히 아무런 말도 없었다. 비비언 리는 요행을 바라고 있었던 반면, 조앤 폰테인은 이미 체념한 상태여서 충동적으로 영국 배우 브라이언 아헤르네와 결혼하기로 결정했다. 〈레베카〉의 촬영개시일을 압박하는 그녀의 8월 19일 결혼식 때문에 족 휘트니와 데이비드 O. 셀즈닉은 깜짝 놀라 작전에 착수했다. 오리건에서 밀월을 즐기던 폰테인에게 당도한 전보는 그녀의 결혼을 축하하면서, 노동절 직후에 있을 의상 가봉에 맞춰 스튜디오에 오라는 내용이었다.

〈레베카〉의 첫 테이크의 '액션'을 외치기도 전에, 히치콕은 이미 그의 두 번째 미국영화를 위해 데이비드 O. 셀즈닉에게서 도망칠 계획을 꾸미고 있었다. 셀즈닉의 조심스러운 접근방식과 감독을 지배하려 드는 욕구에 대한 판단을 이미 내린 히치콕은, 할리우드에서 비약적인 업적을 달성하겠다는 소망은 셀즈닉에게서 거리를 둬야만 달성할 수 있을 것이라는 점을 알고 있었다.

그는 〈레베카〉를 완성한 이후에 셀즈닉 인터내셔널이 즉시 그에게 맡길 신규 프로젝트를 가지고 있지 않다는 약간은 덜 분명한 사실도 간파하고 있었다. 셀즈닉은 여전히 〈바람과 함께 사라지다〉에 매달려 있었는데, 이제 그는 대규모 홍보와 광고 캠페인을 기획하는 일에 열중해 있었다. 감독은 이런 진행속도로는 계약 첫해에 만들기로 한 또 다른 히치콕-셀즈닉 영화를 만들어낼 수 없을 것이라는 점을 알았다.

히치콕이 맺은 계약에 있는 면책조항들은 통제권을 프로듀서의 손아귀에 확고하게 위치시키도록 셀즈닉이 세심하게 고안해낸 것이었다. 감독이 받는 주급이 최상급 동료 감독이 받는 주급의 3분의 1 수준보다 낮아지지만 않는다면, 히치콕은 적어도 처음에는 그 문제를 그다지 신경 쓰지 않을 듯 보였다. 그를 괴롭힌 것은 다른 프로듀서를 위해 영화를 만들려는 그의 능력을 구속하는 요소들이었다.

히치콕이 맺은 계약 아래서 DOS는 임대 요구를 승인하거나 거절할 수 있었고, 연간 단위의 휴지기를 발동할 수도 있었다. 계약을 준수하려면 히치콕은 급여를 벌기 위해 1년에 영화 2편—셀즈닉의 영화 2편이거나, 셀즈닉 영화 1편과 임대 영화 1편—을 만들어야 했지만, DOS가 그가 가진 모든 권한을 행사해서 임대를 거절하면 —그리고 쌍방이 합의하는 대체 프로젝트가 없으면— 히치콕은 휴지기를 갖고, 급여의 일부분을 몰수당할 수도 있었다. 히치콕이 12달 이내에 영화 2편을 만드는 데 성공할 경우에도, DOS는 매해 남아 있는 12주 동안 주급의 지불을 정지할 권한도 가지고 있었다.

여름이 끝날 무렵, 히치콕은 두세 달가량 〈레베카〉를 촬영하고 후반작업을 앞두고 있었다. 그는 프로듀서가 완벽하게 준비해둔 시나리오를 바탕으로 또 다른 영화를 찍지 않으면 계약에 따라 할당된 시간 안에 두 번째 영화를 만들 가능성이 없다는 것을 알았는데, 그것은 그가 지긋지긋해한 일이었다. 게다가 그는 차기 프로젝트가 어떤 것인지 알려고 필사적이었는데, 댄 윙클러가 마이런 셀즈닉에게 해준 조언에 따르면, '그의 경제적 형편이 휴지기를 감당할 수 있는 정도가 아니기' 때문이었다. 셀즈닉 인터내셔널이 히치콕에게 다른 프로듀서들의 제안을 받아들일 수 있게 허락해주는 상식적인 조처를 취했을 즈음, 셀즈닉 에이전시는 그를 위한 계약을 체결하기 위해 이미 암암리에 몇 달을 보낸 상태였다.

영국인 감독이 첫 할리우드 영화를 완성하기 훨씬 전부터 그에게 관심을 보인 사람 중에는 여러 파티에서 그와 교감을 맺은 로레타 영, 왕년의 무성영화 스타로 파라마운트에서 제작부서를 운영하는 해럴드 로이드, 1937년 이래로 꾸준히 히치콕에게 관심을 보여 온 월터 웨인저 등이 있었다.

웨인저는 가장 의욕적인 프로그램을 가지고 히치콕 영화를 가급적 빨리 제작하고 싶어 했다. 마이런 셀즈닉에게서 언질을 받은 그는 히치콕을 틈틈이 만났다. 9월 중순에 접어든 시점에서 〈레베카〉는 촬영 2주차에 들어가고 있었고, 감독은 시나리오의 파일들을 보유하는 데 필요한 시간이나 의향, 또는 경제적 형편을 완벽하게 구비한 적이 한 번도 없었다. 그는 현실적인 사람이 아니었고, 그런 일은 그의 스타일도 아니었다. 그는 늘 계약에 묶여 일을 하는 전문가로, 스튜디오가 보유한 활용 가능한 작품들을 검토해보고는 그의 감수성에 가장 잘 부합하는 프로젝트를 선택해왔다.

할리우드에서 일하던 초기에 프로듀서들이 그에게 다음 작품으로 무엇을 하기를 원하느냐고 물으면, 그는 자신이 만든 가장 유명한 영국영화 중 하나를 골라서 영국적인 배경과 캐릭터들을 미국식으로 바꿔 놓는 방식으로 리메이크하겠다고 제안하는 손쉬운 방법을 택했다. 월터 웨인저 입장에서 히치콕의 검증된 성공작을 리메이크한다는 아이디어는 매력적이었다. 9월에 웨인저와 점심을 함께하면서, 감독은 〈나는 비밀을 안다〉를 미국화하는 문제를 논의했다. 그렇지 않을 경우 프로듀서가 좋아한다면 히치콕은 〈39계단〉을 택한 후에, 항상 좋아하던 존 버컨의 리처드 해니 시리즈의 두 번째 작품 〈녹색망토〉를 활용해서 성공이 보장되는 속편을 만들어낼 수도 있었다. 히치콕은 로버트 도나트가 역할을 기꺼이 다시 맡을 것이라는 의견을 내놓기까지 했다.

웨인저는 〈녹색망토〉에 관심이 있었지만, 버컨 측과 영화화 권리를 협상하는 데 시간이 좀 걸릴 것이라고 생각했다. 웨인저는 두 사람 사이의 장기적인 협력관계를 소망하면서 〈녹색망토〉가 그들의 두 번째 작품이 될 수도 있을 것이라고 밝혔다. 프로듀서는 히치콕에게 그 사이에 어려움을 겪고 있는 〈개인적인 역사〉라는 프로젝트를 맡아줄 것을 제안했다. 이 프로젝트의 파란만장한 운명은 업계 전문지들이 요란하게 다룬 바 있었다.

『개인적인 역사』는 1920년대에 외국의 수도에서 헤드라인에 실릴 뉴스거리를 좇던 미국인 신문사 특파원 빈센트 쉬언이 쓴 회고록이었다. 1935년에 책이 출판된 이후, 프로듀서는 이 회고록을 월터 웨인저 제작영화로 탈바꿈시키려 했지만, 그다지 성공적으로 일이 진행되지 않아 흡족하지 않은 시나리오만 쌓여가고 있었다. 웨인저는 히치콕이 그 도전적인 프로젝트를 맡아주면 좋겠다고 밝혔다. 히치콕이 관심을 갖는 것은 미국인 해외특파원이 등장하는 이야기였는데, 그렇게만 되면 그는 원하는 것을 뭐든 할 수 있었다. 책의 내용을 〈나는 비밀을 안다〉나 〈39계단〉의 비공식적 리메이크로 바꾸는 것도 가능했다.

그리 많은 설득이 필요 없이 히치콕이 일단 받아들이자 웨인저는 셀즈닉 인터내셔널과 흥정에 착수했다. 웨인저는 셀즈닉 인터내셔널에게 1주일에 5,000달러를 지불하기로 약속했는데, 그중 2,500달러만 히치콕에게 주급으로 지불될 터였다. 또한 웨인저는 히치콕 여사를 별도의 주급 2,500달러에 고용하기로 합의했다. 알마 레빌은 셀즈닉과 계약을 체결한 적이 없었기 때문에, 셀즈닉과는 전혀 무관한 상태에서 돈을 벌 수 있었다. 그 후, 감독이 〈레베카〉에 집중하는 동안, 히치콕 여사와 조앤 해리슨은 〈개인적인 역사〉에 뛰어들었다.

1939년 9월 1일, 히틀러가 폴란드를 침공하고 단치히를 합병했고, 이

틀 후 폴란드와 상호방위조약을 맺었던 영국과 프랑스는 독일을 상대로 선전포고를 했다. 프랭클린 D. 루스벨트 대통령은 미국은 1930년대 중반에 해외의 전쟁에 미국이 휩쓸리지 않게 하기 위해 의회를 통과한 중립법을 지키겠다고 공표했다.

전쟁이 났다는 헤드라인에 〈레베카〉의 출연진과 스태프는 동요했다. 감독은 어머니 에마 히치콕에게 미친 듯이 전화를 걸어서, 미국으로 건너오도록 설득하려 애썼지만, 런던에서 제1차 세계대전을 견뎌낸 경험이 있는 히치콕 여사는 고국을 떠나기를 거부했다. 알마는 그녀의 가족을 설득하는 데 성공해서, 어머니와 여동생이 미국으로 건너올 수 있게 일을 처리했다.

히틀러의 침공 닷새가 지난 후, 히치콕은 〈레베카〉의 촬영을 시작했는데, 무엇보다도 출연진은 믿음직스러운 프로페셔널이었다. 히치콕은 그들의 본능, 그중에서도 〈폭풍의 언덕〉으로 오스카 후보에 오른 로렌스 올리비에의 본능을 신뢰할 수 있었다. 〈레베카〉에서 맡은 역할이 〈폭풍의 언덕〉보다 피상적이기는 했지만, 올리비에는 늘 확신에 찬 연기, 심지어는 위협적이기까지 한 연기를 펼쳤다.

히치콕은 늘 그랬듯 여배우들에게 더 큰 관심을 쏟았다. 댄버스 부인('대니')과 레베카 사이의 기묘한 친밀함을 —검열당국의 시선에서 벗어날 정도로 충분히 미묘하게— 전달할 책임을 진 주디스 앤더슨의 경우는 특히 심했다. 다프네 뒤모리에는 여자들 사이의 관계가 원초적으로 성적임을 넌지시 내비쳤는데, 촬영 2주 전까지도 그런 암시는 시나리오에 그대로 남아 있었다. 그런데 헤이스사무실이라는 비공식적인 이름으로 잘 알려진 제작규범이 시나리오에 담긴 '성 도착의 피할 수 없는 꽤나 함축적인 의미'를 격렬히 반대하고 나섰다.

할리우드는 최상급의 감독만이 검열당국에 반항할 수 있다고 생각했다. 그런데 히치콕은 그의 경력의 미국 시기에서 예외적일 정도로 끈질기게 헤이스사무실과 맞서면서, 영화를 만들 때마다 섹스와 폭력의 경계를 밀어내면서도 직접적인 대결 대신 멀리 우회하는 방법을 선택하는 것이 보통이었다. 교묘한 핑계를 대고 약간은 무릎을 굽히면서, 그가 소중하게 생각한 위반사항을 다른 위반사항과 교환하는 방법을 택했다.

제작규범을 만든 사람은 예수회 신부와 헌신적인 가톨릭 평신도였는데, 이 규범은 미국 전역에 산재한 지역 검열기관의 확산을 견제하는 억제책 역할도 부분적으로 수행했다. 품위수호단(the Legion of Decency)[4], 교회의 공식적인 —그리고 엄격한 수준을 넘어선— 등급위원회 등이 이런 기관들이었다. 가톨릭에서는 할리우드에서 헤이스사무실을 운영했는데, 히치콕은 수석검열관 조지프 브린과 그의 조수인 영국인 지오프리 셜록을 꾸준히, 그리고 허심탄회하게 만났다. 그는 다른 사람들은 보여주지 못하는 편안한 태도로 그들을 대했고, 그들은 '피할 수 없는 함축적인 의미'를 은근슬쩍 지나치게 만드는 히치콕의 능력에 경계심을 가지면서도 히치콕과의 만남을 즐겼다.

헤이스사무실이 히치콕 시나리오의 죄악들을 씻어낸 이후에도 그런 의미들이 영화에 남아 있는 경우도 종종 있었다. 검열당국이 레베카와 댄버스 부인 사이의 부적절한 관계를 보여주는 대사들을 점차로 제거했지만, 히치콕은 두 번째 드 윈터 부인이 레베카의 란제리를 쓰다듬는 것을 댄버스 부인이 굽어보면서 그들의 소중한 친밀함을 회상하는, 내밀한 분위기가 넘치는 영리한 투 숏들로 문제를 피해나갔다.(레베카의 속옷은 수도원에 은둔한 수녀들이 수작업으로 만든 것이라는 댄버스 부인의 대사는 시나리오상으로는 순결해 보였겠지만, 실제로는 불만의 표시였다. 물론 이것은 책에는 없는 히치콕의 대사다.)

앤더슨은 셰익스피어와 다른 고전들을 해석하는 능력으로 갈채를 받는 여배우이기는 했지만, 히치콕은 앤더슨의 연기를 돕기 위해 리허설에서 그 캐릭터를 직접 연기했고, 가장 알맞은 카메라 효과를 얻기 위해서는 어떤 위치에서야 하는지를 앤더슨에게 보여줬다. 그녀는 훗날 이렇게 밝혔다. "나는 거장 앞에 서 있다는 것을 알았어요. 나는 그

4 1934년에 미국의 가톨릭 주교들이 만든 단체로, 도덕성을 기준으로 영화의 등급을 매긴 조직. — 옮긴이

를 전적으로 믿고 신뢰했어요."

그러나 〈레베카〉는 연기경험이 일천한 배우의 어깨 위에서 성패가 결정될 운명이었는데, 거의 모든 장면에 등장하는 두 번째 드 윈터 부인인 조앤 폰테인이 그 배우였다. 히치콕은 폰테인을 데리고 피그말리온을 연기시켜야만 했다. 젊은 여배우에게 지원과 충고를 아끼지 않는 한편으로, 그녀를 다른 배우들에게서 고립시켜 그들에 대한 부정적인 이야기를 속삭여댔다.(올리비에가 그녀를 싫어한다는 것을 폰테인에게 꾸준히 상기시켰고, 그녀가 다른 배우로 교체될 위험에 처해 있다는 암시를 계속 주입했다.) 히치콕은 폰테인을 상대로 권력을 구축해나가는 한편으로, 폰테인이 연기하는 캐릭터의 불안감과 연약한 면모를 강화하기에 충분할 정도로 폰테인을 불안하고 연약한 상황에 계속 몰아넣었다.

그녀가 출연진 사이에서 인기가 좋은 편은 아니었다는 말은 꼭 해둬야겠다. 폰테인이 비비언 리를 밀어냈다는 사실에 여전히 불만이던 올리비에는 그녀를 노골적으로 경멸했다. 폰테인은 훗날 『안락한 생활은 아닌』에서 올리비에의 "태도는 무의식중에 내게 도움이 됐다"고 인정했다. "그의 원한 때문에 나는 내가 하는 연기를 신뢰할 수 있을 정도로 심하게 겁을 집어먹었다."

히치콕은 그의 두 스타가 출연하는 장면을 위해 이런 긴장을 부추겼다. 촬영 첫 주에 올리비에가 상스러운 욕설을 쓰는 것을 들은 폰테인이 충격을 받았다고 털어놓자, 히치콕이 끼어들었다. "이봐, 래리, 조심하게." 그는 경고했다. "조앤은 새색시잖아." 올리비에가 남편이 누구냐고 묻자, 폰테인은 브라이언 아헤르네와 결혼했다고 대답했다. "눈을 좀 더 높일 수는 없었겠소?" 그는 건방진 태도로 성큼성큼 걸어가기 전에 어깨 너머로 말을 내뱉었고, 그녀는 이 말대꾸 때문에 더욱 비참해졌다. 아헤르네는 영국인 신사로 타이프캐스팅되는 경우가 잦은 시시한 배우였는데, 폰테인은 훗날 그 이후 남편을 결코 이전과 같은 눈으로 볼 수가 없었다고 밝혔다.(충동적으로 시작된 결혼은 끝도 짧은 시간 내에 맞았다.)

올리비에뿐 아니라 출연진 전체가 '한패거리'처럼 행동했는데, 우

〈레베카〉(1940)의 로맨틱한 주인공인 조앤 폰테인과 로렌스 올리비에와 함께. 두 사람의 화학작용은 스크린 밖에서보다 안에서가 더 나았다.

월감과 순수한 영국인의 정서로 똘똘 뭉친 그들은 경력이 일천한 배우의 등 뒤에서 그녀를 비웃었다. 그것이 사실이 아니더라도 폰테인은 그렇다고 믿었다. 히치콕은 폰테인을 불안감에 밀어넣기 위해 〈레베카〉에서 보여준 연기를 언급하면서 활용했다. 폰테인의 촬영이 없는 날 촬영장으로 그녀를 불러낸 감독은 생일파티를 열어줘서 그녀를 놀래켰다. 그녀는 중요한 출연진이 모습을 나타내는 수고조차도 하지 않고 자신들의 분장실에 머물러 있다는 사실에 같은 정도의 놀라움을 느꼈다. 히치콕은 그들을 불러모을 수도 있었지만, 그들이 나타나지 않는 것이 그의 전략에 부합했다.

폰테인이 자서전에서 기술했듯, 사실 이것은 '분할과 통치'의 문제가 아니라, 히치콕이 폰테인을 드 윈터 부인처럼 대해서 초짜 여배우를 그녀가 연기하는 캐릭터가 되도록 만든 것이었다. 여배우는 드 윈터의 젊은 신부가 레베카의 세계에서 느끼는 것과 똑같은 고독감과 공포감을 느꼈다.

이것이 감독이 쓴 수법 중 하나였다. 다른 수법들도 있었는데, 폰테인은 그녀의 캐릭터가 지나치게 크기가 큰 안락의자에 웅크리고 앉아 있을 때, 겁에 질린 눈동자만 자세히 보이도록 빛이 얼굴을 가로지르는 모습을 담은 스케치를 히치콕이 카메라맨 조지 반스에게 그려준 일을 회상했다. 스케치는 카메라맨에게도 도움이 됐지만, 여배우에게도 도움이 됐다. 폰테인은 "우리는 그가 촬영하고 싶어 하는 것이 무엇인지를 정확히 볼 수 있었다"고 밝혔다.

스케치가 효과가 없으면 히치콕은 더욱 야비한 방법들을 동원했다. 어느 장면에서 폰테인은 눈물을 터뜨리기로 돼 있었다.(원작을 향한 셀즈닉의 충성심으로 인해 폰테인의 캐릭터는 많은 장면에서 눈물을 쏟기 직전의 상태가 돼야 했다.) 여러 차례 테이크가 있은 후에도 히치콕은 여전히 흡족하지가 않았는데, 여배우는 눈물이 말라버렸다고 애원했다. "나는 그녀에게 어떻게 하면 다시 울 수 있을 것 같으냐고 물었습니다." 히치콕의 회상이다. "그녀는 '글쎄요. 아마도 감독님이 제 뺨을 때린다면요' 하고 말하더군요. 나는 그렇게 했습니다. 그랬더니 그 순간부터 엉엉 울기 시작합디다."

히치콕이 교묘하게 다뤄야만 하는 유일한 다른 사람은 프로듀서였다. 영국 프로듀서들은 거들먹거리면서 촬영장을 방문했는데, 이런 방문은 다분히 형식적인 것이었고 쉽게 받아넘길 만했다. 그러나 데이비드 O. 셀즈닉은 달랐다. 그는 휘하의 감독들을 감독하기 위해 촬영장에 의기양양하게 모습을 나타냈으며, 핵심 장면이 촬영되기 전에 그 장면의 연출을 승인하겠다고 고집을 부리는 경우도 잦았다.

영국에서 프로듀서들은 재무적인 의사결정을 책임지는 숙달된 비즈니스맨이었지만, 할리우드에서는 스스로를 창조적인 활동가로 간주했다. 창조적인 프로듀서 입장에서 내놓는 셀즈닉의 오만한 요구는 때로는 감독들이 그와 의견충돌을 일으킬 때 —또는 그를 실망시킬 때— 해고로 이어지기도 했다. 셀즈닉과 맺은 계약 조항 덕에 히치콕이 해고되는 일은 있을 수 없지만, 일단 촬영에 착수한 히치콕은 셀즈닉의 관행을 따르는 것이 현명한 일이라는 것을 깨달았다.

"셀즈닉을 간섭이 심한 프로듀서라고 말하는 건가요?" 피터 보그다노비치가 히치콕에게 물었다. "오, 그럼요." 그가 대꾸했다. "굉장히 간섭이 심했어요. 내가 어떤 장면을 리허설한 다음에 '흐음, 갑시다'라고 말했는데, 스크립트 걸이 '아뇨, 잠깐 기다리세요, 제가 셀즈닉 씨를 모시러 가야만 하거든요'라고 말하는 것을 듣고는 정말 큰 충격을 받았습니다. 그 장면이 촬영되기 전에 그가 내려와 있어야만 하는 거였죠."

그러나 셀즈닉의 〈레베카〉 촬영장 방문은 빠른 시일 내에 빈도가 줄어들었다. 히치콕이 불쾌한 심기를 노골적으로 드러내기도 했지만, 〈레베카〉의 촬영이 시작된 직후에 〈바람과 함께 사라지다〉의 첫 시사회가 열렸던 것이다. 시사회 이후로 셀즈닉의 일정표는 리테이크와 재편집, 그리고 프로듀서의 웅장한 홍보계획으로 메워졌다. "그가 극도로 바빴다는 것이 내게는 큰 행운이었습니다." 히치콕이 훗날 밝힌 얘기다. 〈레베카〉의 러시를 보는 것이 셀즈닉의 주된 관여사항이 됐는데, 그는 히치콕의 연출이 그가 전속으로 거느리고 있던 감독들, 또는 할리우드의 다른 감독들과도 다르다는 것을 빠르게 알아차렸다.

무의미한 '전방위 촬영'은 할리우드가 신봉하는 전통이었다. DOS는 시나리오의 거의 모든 페이지마다 클로즈업, 미디엄 숏, 설정 숏, 앵글, 투숏 등의 촬영분을 완벽하게 갖추고 싶어했는데, 그렇게 하면 프로듀서는 편집실에서 상상 가능한 화면을 모두 구현해낼 수 있었다. 할리우드에서 촬영장을 관할하는 것이 감독이라면, 편집실을 통치하는 것은 프로듀서였다.

히치콕에게 시나리오 집필이 프로듀서와 감독이 우위를 점하기 위해 날렵하게 몸을 움직여대는 체스시합이었다면, 촬영과정은 챔피언과 맞붙은 체스시합이었다. 히치콕은 카메라를 지휘했다. 히치콕 영화에도 별도의 촬영 화면과 대안용 테이크가 있는 것이 보통이었지만, 감독은 〈레베카〉를 촬영하면서 여분용 화면을 가급적 적게 촬영했다.

셀즈닉은 러시를 보면서 노심초사했다. 히치콕의 표현에 따르면 '나의 망할 놈의 퍼즐 맞추기 편집 방법'을 셀즈닉은 이해하지 못했다. 올리비에를 하루 쉬게 해주고는, 이미 신경이 곤두설 대로 곤두선 조앤 폰테인의 클로즈업을 찍으면서, 스크립트 걸에게 카메라 바깥에서

드 윈터의 대사를 쳐주도록 하는 히치콕의 방식도 이해하지 못했다. 폰테인이 역할을 소극적으로 연기하고 있다고 확신한 DOS는 히치콕에게 배우들의 연기를 연출할 때 '브로드웨이 무대 스타일을 조금 가미하고, 영국의 정통 무대 스타일을 조금 덜어낼 것'을 추구하라고 충고했다. 10월 초순, 근심이 쌓이고 쌓인 셀즈닉은 촬영을 중단하고 그가 조금 더 개입해서 (다른 감독들에게 했던 것처럼) 히치콕을 압박하는 방안을 고려했지만, 그간 촬영한 분량을 본 셀즈닉의 아내 아이린은 훌륭하다면서 남편을 안심시켰다.

프로듀서는 계속해서 메모에 지나친 근심걱정을 쏟아냈다. 히치콕이 리허설에, 조명에, 정밀한 카메라와 동선 배치에 너무 많은 시간을 허비하는 것은 아닐까? 그러나 가장 고역스러운 시간 지체는 감독 탓이 아니었다. 배우들은 대사를 씹어댔고, 폰테인은 독감에 걸렸으며, 전문기술 스태프조합은 무모한 파업을 벌였다. 히치콕이 그의 첫 셀즈닉 영화를 찍으면서 지나치게 많은 시간을 들였다는 것이 통설이지만, 그런 점이 —히치콕의 연출방식을 기쁘게 받아들여서 그가 거느린 스태프 사이에 퍼트린— DOS에게 도움이 됐다는 것도 또 다른 통설이다.

프로듀서의 메모는 할리우드의 다른 감독들보다 '두 배나 많은 앵글에서 촬영을 하는 사내'에게서 '날마다 기대하는 것보다 더 적은 양의 필름'을 얻고 있다고 투덜댔다. 히치콕은 사용할 생각이 있는 장면들만 촬영했다. 프로듀서가 감독에게 채택할 것을 강권하는 제안을 내놓을 때마다, 리테이크를 지시할 때마다, 셀즈닉은 자신의 지시가 무시당한다는 것을 깨달았다. 레너드 레프가 쓴 바에 따르면, "히치콕은 셀즈닉의 참견을 최소화하기보다는 그런 참견들을 강화했다."

예를 들어, 폰테인이 '대부분의 다른 장면보다 이 장면에서 더 수줍어하는 듯' 보인다는 이유로 올리비에와 폰테인이 등장하는 저녁식사 장면을 재촬영해야 한다고 셀즈닉이 주장하자 히치콕은 요구에 따랐다. 그는 재촬영을 하면서 셀즈닉이 가한 대사 수정을 충실히 수용했지만, 식탁에 앉은 커플로부터 카메라를 급격하게 뒤로 빼내서 대사의 효과를 사실상 제거해버리는 식으로 장면을 재연출했다. 레너드 레프의 표현에 따르면, "카메라가 뒤로 빠지는 이런 움직임은 영화의 다른 부분에서도 재현됐고, 이런 카메라 움직임은 젊은 신부의 자괴감과 자포자기의 심정을 표현하는 데 기여한다."

〈레베카〉가 결말을 향해갈 즈음 —레베카의 시체가 발견되고, 드 윈터가 이전에 왜 아내의 시체를 잘못 인정했는지에 대한 의문이 제기됐을 때— 조사가 이뤄진다. 그후 레베카의 런던 주치의를 방문하고, 주치의가 그녀가 암 진단을 받았다는 것을 밝히는 장면이 이어진다. 드 윈터의 결백함이 입증되고, 댄버스 부인이 새로운 안주인을 받아들이기보다는 맨들리(와 그녀 자신)를 잿더미로 만들어버리는 내용의 뒤 모리에 소설의 크레센도로 영화는 끝을 맺는다.

프로듀서와 감독의 다툼은 영화의 마지막 이미지에까지도 이어졌는데, DOS는 화염이 글자 'R' 모양을 만들어내기를 바랐다. "상상해보세요!" 히치콕은 훗날의 인터뷰에서 콧방귀를 뀌었다. 그들은 히치콕이 직접 변형한 이미지를 결국 관철시키기 전까지, 촬영 내내 그 문제로 다툼을 벌였다. 불타는 침실로 천천히 들어가는 카메라는 레베카의 이니셜이 박힌 베개 주위에서 불꽃이 날름거리는 것을 보여준다.

DOS는 시나리오에서 승리하고 촬영에서 패배했다. 12월에 마지막 테이크를 촬영한 후, 히치콕 스타일의 차기작을 향해 이미 눈길을 돌리고 있던 감독은 프로듀서의 손에 〈레베카〉를 쥐어주고 떠났고, 프로듀서는 권위를 세우고 '셀즈닉 터치'를 가미하기 위해 최선을 다했다. DOS는 폰테인을 데리고 대대적인 재녹음을 진행했으며, 약점을 보완할 리테이크를 감독하고, 편집과정에 참여했다. 영화음악까지 감독해서 거의 모든 장면에 각 장면을 강조한 음악을 집어넣었다.

영화의 러닝타임은 셀즈닉이 사용가능한 촬영분량은 모조리 활용했다는 것을 보여준다. 악착같이 쥐어짜낸 130분에 달하는 러닝타임은 당시까지 만들어진 히치콕 영화 중에서 가장 긴 것이다. 히치콕이 할리우드에서 만든 영화들은 상영시간이 이전보다 길었지만, 이 작품보다 러닝타임이 긴 영화는 셀즈닉과 만든 또 다른 작품인 〈패러다인 부인의 재판*The Paradine Case*〉(132분)과 〈북북서로 진로를 돌려라〉(136분)

뿐이다.

영화의 길이는 셀즈닉이 거둔 작은 승리 중 하나였다. 데이비드 톰슨은 이렇게 썼다. "히치콕과 일하면서 얻은 교훈은, 프로듀서 자신이 얼마나 개입을 하건 상관없이, 영화에는 감독만이 통제할 수 있는 비밀스러운 수법과 뉘앙스, 의미가 있다는 것이다. 두 사람이 벌인 전쟁에서 셀즈닉은 대놓고 얻어맞지는 않았지만 꽤나 혼란스러웠다."

셀즈닉이 〈레베카〉를 '향상'시키기 위해 할 수 있는 모든 일을 다한 끝에, 영화는 크리스마스 다음날 스닉 프리뷰(sneak preview)[5]를 가질 채비를 마쳤다. 관객들은 '엄청난 갈채'로 화답했다고 톰슨은 썼다. 그리고 〈레베카〉는 1940년 3월에 미국 극장에서 개봉될 예정이었다.

히치콕 가족은 세인트 클라우드 로드에 있는 임대한 집에서 옛 거주자인 캐럴 롬바드, 클라크 게이블과 함께 선물을 뜯어보고 계란술을 같이 마시면서 미국에서 맞는 첫 크리스마스를 축하했다. 게이블은 〈바람과 함께 사라지다〉의 애틀랜타 시사회 이야기로 사람들을 즐겁게 해줬다.

크리스마스 즈음, 히치콕 부부와 조앤 해리슨은 출신국적과 세계정세까지 반영한 참신한 접근방식으로 〈개인적인 역사〉를 작업하고 있었다. 빈센트 쉬언의 회고록에는 일관성 있는 플롯이 없었다. 책에서 다루는 사건들은 전적으로 1920년에 일어난 일들로, 기다란 챕터의 배경은 시카고, 파리, 로마, 마드리드, 탕헤르, 테헤란, 모스크바, 상해였다. 히치콕 3인조가 한 첫 일은 쉬언의 책에는 거의 등장하지 않는 런던으로 초점을 좁히는 것이었다. 히치콕 부부의 고향인 런던은 영화의 고향이 됐다.

감독은 영국에 있을 당시에도 '신사적인 모험가'로 꾸준히 찬사를 받아왔지만, 할리우드에서 만드는 첫 히치콕 오리지널을 위해 히치콕은 의식적으로 주인공을 평범한 미국인으로, 그가 가끔 표현했던 것처럼 '거리에서 흔히 마주치는 남자'로 교체했다. 해외특파원은 이름

5 관객의 반응을 알아보기 위해 제목을 미리 알리지 않고 갖는 시사회. — 옮긴이

까지도 자니 존스라는 평범하기 그지없는 이름이었다.[6] 세상사에 빠삭한 뉴욕의 신문기자인 존스는 강단 있다는 소리를 듣는 것으로 묘사된다.(그는 언젠가 취재 중에 경찰을 구타하기도 했다.) 영화의 도입부에서 존스는 해외로 파견되는데, 다른 해외특파원들이 너무나 감상적이라서 몇몇 유럽 지도자가 실제로는 깡패나 다름없다는 것을 폭로하지 못하는 것으로 보이기 때문이다. 영국이 독일과 전쟁 중이라는 사실은 모두가 알고 있으므로, 천진난만한 미국인 기자는 런던에 도착하기 무섭게 영국을 전쟁에 밀어넣으려는 국제적 음모의 한가운데로 떠밀려 들어간다.

주인공이 이전과는 두드러지게 달라졌지만, 알마와 조앤 해리슨이 집필한 트리트먼트는 히치콕의 표현대로 '내 초기작들과 맥이 통하는' 요소에 흠뻑 젖어 있었다. 스파이와 반역자, 유괴와 암살시도, 롱맨을 소재로 한 코미디가 뒤엉킨 러브스토리 등이 그런 요소였는데, 이 모두는 대서양 횡단 여객기가 바다로 추락하는 장면에서 클라이맥스를 맞는다. 히치콕이 『녹색망토』를 다시 읽고 있던 중이었기 때문에, 시나리오는 버컨이 지어낸 사이비조직인 '침략에 반대하는 민주주의자 연맹'을 흉내낸 가짜 평화단체의 개입이라는 아이템을 소설에서 차용했다.

중립법과 할리우드 검열당국이 아니었다면 영화의 정치적 주장은 더욱 노골적이었을 것이다. (독일 내외의) 독일어권 시장을 단념할 의향이 전혀 없던 헤이스사무실은, 예를 들어 악당들이 독일어처럼 들리는 언어를 사용하는 것을 반대했다. 그러자 〈사라진 여인〉의 경험을 떠올린 히치콕은 악당들이 사용하는 언어를 인위적으로 만들어낸 언어로 바꿔버렸다. 주요한 악당이 스파이가 돼 봉사하는 적국은 아무 생각도 들지 않는 '보로비안'이라는 나라로 정해졌다. 히치콕이 유럽의 가짜 지도에서 만들어낸 또 다른 나라인 보로비안이 반드리에카와 국경을 맞대고 있다고 생각하는 사람도 있다.

6 꽤나 코믹한 오프닝 시퀀스에서, 눈에 더 잘 띄는 바이라인을 궁리하는 신문편집자는 충동적으로 존스의 이름을 헌틀리 하버스톡으로 바꿔 단다.

제안된 스토리라인은 중립법을 권리장전에 반하는 법안이라 딱 잘라 말하면서, 영화가 주장하는 메시지의 일환으로 삼을 정도로 대담했다. 영화의 거의 끝부분에서, 여객기의 승객들을 구조한 미국인 선장은 해외특파원이 바다에서 벌어진 재난에 대해 보고하는 것을 허락하지 않으면서 정치적 중립을 들먹인다. 그러나 기자는 이것이 언론의 자유를 침해하는 것이라고 주장한다.(그리고 그의 주장—그리고 뉴스—을 대서양 횡단 전화기에 대고 고함을 치는 것으로 선장을 속인다.)

월터 웨인저는 히치콕 3인조의 과감한 접근을 충심으로 보호해줬다. 웨인저는 셀즈닉보다는 자유방임적이었고, 그가 거느린 감독을 지속적으로 비판하지는 않았다. 프로젝트의 시작 단계부터 감독과 그의 새로운 프로듀서는 공모자처럼 사이좋게 어울렸다.

웨인저가 히치콕과 함께 셀즈닉 인터내셔널에 맞서는 계획을 꾸미면서, 웨인저와 DOS는 대조되는 면이 두드러졌다. 돈 문제에는 고지식했던 히치콕은 영화들을 만드는 사이에 생긴 틈새기간에도 꽤나 유복하게 생활했지만, 영국에서 이사해오는 데에는 돈이 많이 들었다. 히치콕은 돈을 투자한 곳도 없었고, 저축은 그저 그런 수준이었으며, 예금은 아직도 런던의 은행에 있었는데, 새로 제정된 영국의 방위자금규제법은 국외로 현금을 이전하는 것을 금지했다.(전쟁이 끝난 후에도 히치콕은 런던에 있는 예금에 손을 대기가 쉽지 않았다.)

1940년 1월에 월터 웨인저가 만든 소소한 영화 〈만 맞은편의 집〉에 히치콕이 발을 약간 담그게 된 배경에는 감독의 돈 문제가 자리잡고 있었다. 클라이맥스 장면이 마음에 들지 않았던 영화의 주연 조지 래프트는 영화의 나머지 부분을 연출한 아치 메이요 대신 다른 사람이 별도의 엔딩을 연출하기를 바랐다. 웨인저는 앨프레드 히치콕을 불렀고, 히치콕은 직접 쓰고 감독한 짤막한 신들로 이뤄진 활력 넘치는 크레셴도의 개요를 보여주는 것으로 래프트를 감탄시켰다. 웨인저는 히치콕이 〈개인적인 역사〉의 작업을 중단하고 며칠 동안 리테이크를 할 수 있도록 허락을 받기 위해 그 자리에서 DOS에게 전화를 걸었다.

웨인저는 히치콕에게 소액을 지불했고, 셀즈닉 에이전시의 댄 윙클러는 DOS에게 접근해서 모두가 인정하는 '스토리 반전'에 대한 얘기를 꺼내며 히치콕이 보너스를 받을 자격이 있다고 주장했지만, DOS의 생각은 달랐다. 그는 히치콕이 벌어들이는 수입은 곧 셀즈닉 인터내셔널의 재산이라고 주장했다.

〈레베카〉의 창조적인 측면을 놓고 주도권 싸움을 벌인 후, 이제 히치콕은 셀즈닉이 입혀준 구속복이 얼마나 빡빡한지를 보여주는 또 다른 경험을 하게 됐다. 히치콕은 그가 받은 보너스를 DOS에게 넘겨주면서 속이 상했지만, 마이런은 이 문제에 대해 자신이 할 수 있는 일은 아무것도 없다고 말했다. 이런저런 실패에 지긋지긋해진 윙클러는 에이전시에 사표를 내고는 RKO에서 공동 프로듀서 자리를 얻었다.

2월에, 월터 웨인저는 히치콕의 요청에 따라 찰스 베넷을 4주 동안 주급 1,000달러에 채용했다. 히치콕은 그 정도 시간이면 트리트먼트를 그럴듯한 시나리오로 탈바꿈시킬 수 있을 것이라 판단했다. 영국에서 감독의 가장 유명한 작품 7편을 작업했던 능력 있는 구성작가가 베넷이 요소와 아이디어를 조리 있는 서스펜스로 조직해내는 일을 떠맡으면서, 히치콕과 그가 한때 좋아했던 꼭두각시 사이에 자리잡은 해묵은 오해는 자리를 비켰다. 예전의 작업방식을 되살려낸 두 사람은 가급적 기분 좋고 여유 있는 방식으로 일을 해나갔다. "플롯을 짜내다가 막히면, 우리는 팜스프링스나 다른 곳으로 드라이브를 갔습니다." 베넷의 회상이다.

베넷은 히치콕을 위한 안전망이었다. 감독은 부분적으로는 옛날의 추억을 되새기기 위해, 부분적으로는 〈개인적인 역사〉의 개작이 영국적 배경을 필요로 했기 때문에, 부분적으로는 줄거리의 핵심을 차지하는 반중립적 정치적 메시지를 강화하는 데 그의 힘이 필요했기 때문에 베넷을 끌어들였다.

전쟁이 발발한 직후, 할리우드에 있는 일부 영국인들은 미국의 중립에 맞서고 영국의 대의를 홍보할 방법을 짜내기 위한 만남을 시작했다. 세실 B. 데밀의 사무실에서 정기적으로 모임을 가진 이 그룹은 존재 자체를 비밀로 해야 했다. 중립법이 전쟁에 찬성하는 선동을 불법으로 규정했을 뿐더러, 영화산업 내부의 정치적 긴장도 감안해야 했기 때문이다. 할리우드는 히틀러에 맞서 싸우는 데 합류하고 싶은 사람들과 유럽 정치에 간섭하는 것을 반대하는 고립주의를 찬양하는 사람들—미국 제일주의자들과 히틀러-스탈린 조약을 따르는 공산주의자 사이의 색다른 동맹—로 갈라진 미국을 거울처럼 반영했다.

이 작은 이민자 그룹은 2년 동안 미국의 전쟁 개입 여론을 환기시킨다는 목표를 가진, 사실상 영국 정보부의 세포조직으로 활동했다. 핵심인물 중에는 보리스 칼로프(동생 존 프랫이 MI6의 런던 사무실에 근무했다)와 레지널드 가디너, 로버트 스티븐슨 감독과 빅터 사빌, 그리고 찰스 베넷 등이 있었다. 히치콕을 모임에 데려간 것은 베넷, 아니면 그룹의 비공식 리더였던 사빌이었다.

히치콕의 신작 프로젝트는 영국을 위한 이 비밀활동의 한가운데에서 진행됐다. 그리고 1940년 3월—베넷이 시나리오를 제출한 달—에 할리우드 세포조직은 또 다른 준히치콕 영화에 착수했다. 영국을 찬양할 의도로 기획한 범상치 않은 자선 제작영화였다. 사빌, 세드릭 하드윅, 허버트 윌콕스가 벌인 할리우드에 거주하는 영국인들을 소집하는 활동에 히치콕도 동참했다. 배우, 작가, 감독은 수익을 전쟁과 관련된 대의에 기부하기로 약속한 옴니버스영화를 만드는 데 자신들의 재능을 기여하는 것으로 각자의 애국심을 보여달라는 요청을 받았다.

로널드 콜먼, 에롤 플린, 찰스 로턴, 비비언 리, 로렌스 올리비에, 허버트 마셜, 레이 밀런드, 베이실 래스본, 조지 샌더스, 메를 오베론과 많은 사람들이 빠른 시일 내에 지원을 아끼지 않겠다고 약속했다. 히치콕은 옴니버스영화를 제작하고 배급할 채리터블 프로덕션의 이사로 지명됐다. 그는 영화 5편 중 1편을 연출하는 데에도 동의했다. 제목이 〈영원히〉인 영화의 줄거리는 30년 동안(1899~1929년) 런던의 저택에 거주한 주인의 가정과 하인의 가정의 이야기였다.

히치콕은 런던에 있는 메이 휘티 여사와 함께 영국 배우들이 세상을 떠나면서 남긴 영국 내의 고아들을, 캐나다와 미국에 있는 안전한 피난처로 이주시키는 기금 모금을 목표로 하는 조직의 공동의장을 자원해서 맡았다.

영국에서 통하던 진실은 할리우드에서도 통했다. 찰스 베넷이 4주를 작업한 후 히치콕은 시나리오를 보완할 다른 작가를 찾아나섰는데, 이것이 베넷과 히치콕의 마지막 작업이었다. 이후 두 사람은 수십 년 동안 만나서 점심도 먹고 술도 마시는 사이좋은 관계로 남았지만, 베넷은 히치콕이 그를 다시는 작가로 불러들이지 않은 것에 어리둥절해하면서 상처를 받았다. 베넷은 95살까지 살았는데, 히치콕과 관련한 인터뷰에는 그의 상처받은 긍지가 반영되어 있다.

시간이 흐르면서 히치콕이 구성작가의 필요성을 덜 느꼈을 수도 있고, 1940년대에 정치적으로 보수적인 세실 B. 데밀의 영향을 점점 더 많이 받은 베넷이 결국에는 열성적인 반공주의자가 됐다는 사실이 온건한 사회주의자 히치콕을 불쾌하게 만들었을 수도 있다. 공교롭게도 한때 히치콕의 우상 중 한 명이었던 데밀의 영화들은 베넷이 스태프로 들어섰을 즈음을 전후로 수준이 떨어지기 시작했다. 베넷이 시나리오를 쓴 데밀의 영화들—〈절해의 폭풍〉, 〈와셀 박사 이야기〉, 〈정복되지 않는 사람들〉—은 히치콕 진영에서는 조롱의 대상이었다.

베넷이 떠난 후 크레디트에 오르거나 오르지 않은 여러 작가가 시나리오 릴레이 과정에서 히치콕과 조앤 해리슨 팀에 합류했다. 베스트셀러 『잃어버린 지평선』과 『굿바이 미스터 칩스』를 쓴 작가(그리고 조지 쿠커의 〈까미유〉 같은 수준 높은 영화의 시나리오작가)인 또 다른 영국인 제임스 힐턴이 가장 오래 작업을 했고, 의심의 여지없이 가장 많은 집필료를 받았다.

유머작가 로버트 벤틀리도 작가 부대의 일원이었다. 마이런 셀즈닉의 고객이자, 히치콕과 같이 작업한 두 번째 『뉴요커』 출신이며 알공퀸의 작가인 벤틀리는 호평받은 코미디 단편들에 주로 출연했는데, 히치콕은 영화에서 그에게 알맞은 역할을 보장했다. 초기 시나리오 중에서 자니 존스의 동료로 런던 주재 미국 기자인 알코올중독자의 이름이

'벤틀리'이다.

"내 역할은 대단히 막연하고 꽤나 불필요한 역할이야." 벤틀리는 1940년 3월 27일에 아내에게 보낸 편지에 이렇게 썼다. "영화는 지금 당장은 상당히 흐리멍덩하게 보여." 그는 시나리오가 '히치콕 터치에 의존'해야만 한다는 것은 명확한 일이라고 덧붙였는데, 그 순간 벤틀리는 한숨을 내쉬고 있었던 것이 틀림없다. "줄거리는 원작과는 눈곱만치도 상관이 없고, 상관하려고 들지도 않아. 우리는 지금 새 제목을 찾아내려고 노력 중이야. 이 영화는 〈사라진 여인〉이나 〈39계단〉 같은 철저한 멜로드라마야. 그 정도로 뛰어나지는 않다는 점만 제외하면 말이야."

히치콕은 벤틀리와 더할 나위 없이 친하게 지냈고, 시나리오상에서 벤틀리의 막연하고 불필요한 단역은 그런 상태를 유지한 채로 계속 비중이 커져갔다. 게다가 감독은 벤틀리에게 촬영중에 즉흥연기를 펼치라고 부추기기까지 했다. 벤틀리가 그가 집필한 장면들의 작업을 완료한 후에도 (그가 마이런 셀즈닉에게 투덜댔듯이) 히치콕은 여전히 그를 놔주지 않았으며, 만약의 경우를 대비해 히치콕의 옆을 떠나지 못하게 계속 급여가 지불됐다.

막판에는 젊은 작가 리처드 메이바움[7]을 파라마운트에서 임대해 왔다. 크레디트는 받지 못한 그는 힐턴이 작업했던 대부분의 등장인물, 특히 납치된 노년의 이상주의자 반미어를 추가로 보완하는 작업을 했다.("나는 나이도 너무 많은 데다 아주 슬프군요." 유럽의 정치적 위기에 대한 질문을 받은 반 미어는 대답한다. "그리고 아주 무기력해요.") 반미어는 위기에 처한 평화조약에 비밀리에 삽입된 '27조'를 알고 있는 유럽에서 유일한 사람이다. "그다지 논리적이지 않아요." 메이바움은 시나리오 최근고를 읽은 후에 히치콕에게 말했다. "오, 이 친구야." 감독은 얼굴을 찌푸리면서 대꾸했다. "멍청해지면 안 돼. 나는 논리에는 관심이 없어. 효과에 관심이 있지. 관객이 논리에 대해 생각하는 것은 영화가 끝나고 집으로 돌아가는 길에서나 그럴 거야. 그때쯤이면 그 사람들은

7 메이바움은 훗날 제임스 본드 시리즈를 집필하는 다작 작가가 됐다.

입장료를 이미 지불한 후란 말이야."

집필이 끝나가고 있을 즈음, 미술과 보조촬영진은 같은 방향으로 내달리고 있었다. 외국의 풍광을 볼만한 구경거리로 제공한다는 철학을 실행에 옮긴 히치콕은 워털루 역과 웨스트민스터 성당을 포함한 영국의 관광지, 그리고 (빈센트 쉬언의 책에는 거의 언급되지 않은) 네덜란드의 풍광을 위해 전원의 풍차와 암스테르담의 공공광장 중 하나인 렘브란트스플레인을 담은 필름을 확보했다. 영국으로 파견된 팀은 미술과 배경영사 목적을 위해 이 장소들을 사진에 담아오라는 임무를 받았다.

그사이 미국에서는 윌리엄 캐머런 멘지스의 감독 아래 세트들이 지어졌다. 1940년 2월 마지막 주에 〈바람과 함께 사라지다〉로 아카데미 미술상을 수상한 전설적인 프로덕션 디자이너 멘지스는 이제 골드윈 스튜디오에서 새로운 세트를 짓는 것을 감독했다. 그의 작업 대상은 풍차들이 늘어선 들판, 암스테르담의 공공광장을 복제한 광장, 워털루 역, 웨스트민스터 성당의 첨탑 망루, 실물 크기의 비행기 동체 등이었다. 히치콕은 카메라맨으로 루돌프 메이트를 고용했다. 그는 폴란드 크라코프 출신으로, 알렉산더 코르다, 칼 드레이어, 프리츠 랑, 르네 클레어와 함께 작업한 유럽 영화들이 대표작이었다.

월터 웨인저는 대범한 인물로, 프로듀서로서 신념과 배짱이 있었다. 그는 100만 달러를 상회하는 예산을 책정했으나, 웨인저의 전기를 쓴 매튜 번스타인의 표현에 따르면, 촬영 중에는 '웨인저가 써온 평균 비용의 2배를 넘어서는' 150만 달러까지 치솟은 예산의 모든 지출항목에 대해 오케이 사인을 보냈다. 이 모든 것이 〈레베카〉가 아직 박스오피스에서 시험을 받지 않은 시기에 이뤄졌다. 셀즈닉보다 더 과단성 있고 의사결정이 빠른 웨인저는 히치콕을 셀즈닉보다 더 기탄없이 존중하기도 했다. 게다가 그는 값비싼 세트와 특수효과를 영국인과 같이 일하기 위해 치러야 할 비용으로 간주했다.

주요촬영 스케줄이 3월 중순으로 잡히면서, 캐스팅 속도를 높여야 했다. 할리우드에서 새 출발을 할 때부터 히치콕은 '영국 감독'이라는 딱지를 떼버리려 노력했다. 그가 새 영화에 품은 야심을 보여주는 증거는 게리 쿠퍼와 바버라 스탠윅에게 주연을 맡기려는 것이었다. 이후 프랭크 캐프라의 〈존 도를 만나세요*Meet John Doe*〉에서 공연하게 될 매혹적이면서도 너무나 미국적인 캐스팅이었다.

그러나 캐프라 영화에서 존 도를 연기하기로 계약한 상태였던 쿠퍼는 히치콕 영화보다는 존 도에 더 구미가 당겼다. 아니면, 감독의 말에 따르면, "나는 주변사람들이 그에게 출연하지 말라고 충고했을 거라고 생각합니다." 히치콕이 여러 인터뷰에서 몇몇 할리우드 스타는 '내 스타일의 영화'를 경멸한다고 언급했을 때, 그는 이 첫 사건—그리고 그 뒤를 이을 많은 사건—을 염두에 두고 있었다. 타이밍이 안 좋았던 것도 하나의 요인이었다. 쿠퍼는 이미 스케줄이 꽉 차 있었고, 1940년 7월부터 9월까지 〈존 도를 만나세요〉에 출연할 예정이었다. 결정적으로 웨인저는 빠듯한 제작비로는 할리우드에서 최고의 출연료를 받는 것으로 알려진 스타의 출연료를 지불할 수 있는 여유가 없었다.

쿠퍼의 거절은 쇼크였다. 히치콕은 불만스럽지만 키 크고 호리호리한 조엘 맥크리를 받아들여야 했다. 맥크리는 재능도 많고 인기도 좋았지만, 맥크리 본인의 고백처럼 '쿠퍼 다음의 선택'이었다. 히치콕은 맥크리의 캐스팅이 최소한 맥크리와 자주 공연했던 바버라 스탠윅을 끌어들이기를 희망했다. 스탠윅도 맥크리에게 호의적이었으나 그녀의 스케줄 역시 어려운 문제였다. 그녀는 〈존 도를 만나세요〉 다음에는 시간이 비었지만, 그 전에는 시간을 낼 수 없었다. 〈개인적인 역사〉는 그녀를 기다릴 수 없었고, 다른 정상급 여배우들도 모두 어느 작품엔가 묶여 있는 상태였다.

웨인저는 2월 말까지는 결정을 내려야 했다. 그는 〈킬데어 박사〉 시리즈에서 간호사 메리 레이몬트를 연기한 것으로 가장 잘 알려진 MGM 여배우 라레인 데이를 잡기 위해 힘겨운 로비를 벌였다. 그녀의 출연작을 몇 편 본 히치콕은 비공식 회합을 갖는 것으로 스크린 테스트를 건너뛰었다. 데이는 히치콕의 사무실을 찾았을 때 좋은 인상을 남겼으며, 밝고 쾌활하고 겸손했다. 히치콕은 그녀를 맥크리가 애정을 품는 상대역으로 캐스팅했다. 그럼에도 불구하고, 히치콕은 수십 년이 흐른 뒤에도 "나는 대형스타를 캐스팅하고 싶었습니다"라고 애처롭게 털어놨다.

나머지 출연진은 히치콕의 단골 출연자들이었다. 〈살인〉으로 높은 평가를 받은 허버트 마셜이 사이비 조직인 만국평화당의 우두머리이자 나긋나긋하게 말하는 악당인 스티븐 피셔—라레인 데이의 아버지—를 연기했다. 조지 샌더스는 진실을 좇는 또 다른 특파원 스콧 폴리오트를 연기했는데, 샌더스로서는 〈레베카〉에서보다 덜 사악하고 더 훌륭한 배역이었다. 다섯 번째 크레디트에 등장하는, 언제 봐도 사람 좋은 에드먼드 그웬이 웨스트민스터 성당의 첨탑에서 맥크리의 암살에 실패하는 암살자 로울리로 출연했다.

히치콕과의 우정이 〈숙녀의 타락〉과 〈불량배〉 시절까지 거슬러 올라가는 제인 노박 역시 단역을 맡았다. 노박은 영화 후반부에서 어머니와 함께 비행기로 여행을 가는 금발여자다. 나중에 그녀는 기름이 창문에 뿌려질 때 히스테리컬하게 해치를 열려고 노력하는 모습을 보여주다가 물이 천장까지 차오르면서 익사하고 만다.

감독은 영화의 희망의 상징인 반 미어를 위해 그가 보유한 독일 배우 서류철에 손을 뻗었다. 알베르트 바서만이 납치돼서 조약의 비밀조항('우리의 맥거핀'이라고 감독은 트뤼포에게 자랑스레 털어놨다)을 털어놓으라며 (재즈 레코드로) 고문을 당하는 노년의 외교관을 연기할 배우로 고용됐다. 바서만은 막스 라인하르트의 극단과 독일 무성영화의 베테랑으로, 나치 독일에서 막 도착한 망명자였기 때문에, 그의 캐스팅이 갖는 상징성은 이중적이었다.(그는 1933년에 유대인인 아내가 2류 시민 대접을 받는 나라에서는 연기를 하지 않겠다는 내용의 편지를 독일 선전성에 보냈다.) 70대 중반인 바서만은 비범한 위엄을 보여주며 잘 집필된 역할을 연기하여 결국 아카데미 후보에 올랐다.

셀즈닉 홍보부서에 의해 '멜로드라마의 거장'으로 홍보된 히치콕은 〈레베카〉의 개봉을 홍보하는 인터뷰에 응하기 위해 촬영을 잠시 중단했다. 히치콕의 첫 미국영화가 3월 말에 개봉했을 때, 영화에 대한 리뷰는 눈부셨다. 『버라이어티』는 〈레베카〉를 '예술적으로 지난해에 가장 세련된 역작 중 한 편'이라고 칭찬했다. 『타임』에 따르면 '더할 나위 없는 작품'이었다. 『할리우드 스펙테이터』는 '빛나는 연출'을 꼽았고, 『뉴요커』는 영화 〈레베카〉가 '소설보다 더 감동적'이라고 봤다. 『시어터아트』는 이 영화가 '서스펜스 넘치는 히치콕의 마술 같은 작품'이라고 밝혔다. 반면 『뉴욕타임스』의 프랭크 누젠트는 히치콕의 연출력을 높이 평가하기는 했지만, 영국인 감독이 할리우드로 인해 '개성이 덜해졌다'고 실망스럽게 적었다.

어마어마한 수준은 아니었지만, 관객 동원도 아주 훌륭했다. 결국 셀즈닉 인터내셔널은 70만 달러의 수익을 냈다.(레너드 레프에 따르면, '1939년부터 1949년까지 RKO가 배급한 100편 이상의 영화 중에 70만 달러 이상을 남긴 것은 두 편뿐'이었다.) 히치콕은 영국에서는 그런 수치를 기록하지 못했고, 이에 비교할 만한 홍보도 광고도 배급도 누리지 못했다. 그가 거둔 성공의 위력이 비약적으로 급상승했다.

히치콕은 자부심을 느낄 만도 했지만, 〈레베카〉가 데이비드 O. 셀즈닉의 영화에 더 가깝다는 기분으로 인해 자부심은 사그라졌다. 후대의 평론가 레슬리 할리웰의 표현에 따르면, 대단히 '뛰어난 할리우드 영화'인 〈레베카〉는 다른 정상급 전속감독(예를 들어 빅터 플레밍)이라면 누구라도 만들어낼 수 있는 영화였다. 1939년에 히치콕은 셀즈닉의 제2의 빅터 플레밍(프로듀서를 위해 온갖 종류의 멜로드라마를 만들어주던 다재다능한 거장)이 될 준비가 돼 있었다. 단지 그의 개성만이 그것을 가로막았다.

"글쎄요. 그건 히치콕 영화가 아닙니다." 히치콕은 트뤼포에게 이렇게 밝혔다. "그건 사실 3류 영화죠." 〈레베카〉의 성공에 정말로 어리벙벙해한 사람처럼, 그는 "그 영화는 세월을 꽤나 잘 견뎌냈습니다. 이유는 나도 모르겠어요"라고 덧붙였다.

게리 쿠퍼 대신 조엘 맥크리를 캐스팅한 감독은 촬영 중간쯤에 〈개인적인 역사〉에서 〈해외특파원〉으로 제목을 바꿔단 영화의 존 도(John Doe)[8]에 대한 관심을 약간 잃었던 것 같다. 제작은 매끄럽게 진행됐다.

너무나 매끄러워서, 이 영화에 관한 일화들은 살이 너무 찐 히치콕이 대부분의 촬영기간 동안 코고는 소리만 냈다는 것을 강조해왔다. 그런데 그는 험난한 한 해를 막 보낸 참이었다. 낯선 땅으로 이주해서 새로운 제작 시스템을 받아들이고, 전쟁으로 인해 생겨난 부가활동과 걱정거리와 맞서 싸워야 했으며, 〈레베카〉를 위해 힘겨운 몇 달을 작업했고, 그다음으로는 〈해외특파원〉이라는 비슷하게 단조로운 고생이 뒤를 따랐다.

막후에서는 재정적인 어려움이 점점 커지고 있었다. 그의 첫 월터 웨인저 영화의 카메라가 돌아가는 중에도, 히치콕은 빈둥거리면서 — 즉 급여가 없는— 시간을 보내지 않게 제2의 웨인저 프로젝트를 확보할 수 있도록 해달라며 데이비드 O. 셀즈닉을 설득하느라 필사적으로 노력하고 있었다. 그는 낮에도, 밤에도, 주말에도 일하고 있었다. 평소보다 술을 더 많이 마셨고, 몸무게는 생애 최고치인 135kg 주위를 맴돌았다.

맥크리는 어느 인터뷰에서 점심에 샴페인 1파인트를 들이킨 히치콕이 오후 촬영 앞부분에서 어떻게 선잠을 잤는지를 회상했다. 어느 날 오후, 기다란 대사를 내뱉은 맥크리는 "컷!" 소리가 들릴 것이라고 기대하며 감독의 승인을 받기 위해 히치콕을 쳐다봤다. 맥크리의 표현에 따르면, 감독은 "입술을 비쭉하게 내밀고는 코를 골고 있었다." 그래서 주연배우는 감독 대신 "컷!"을 외치고는 거장을 깨웠다. "잘한 거지?" 히치콕이 물었다. "이 영화에서 최고의 연기였어요." 맥크리가 대답했다. "그럼 인화하도록 해!" 감독은 선언했다.

샴페인 1파인트는 아마도 과장일 것이다. 배우가 히치콕을 빈둥거리는 사람으로 기억한다면, 아마도 그것은 그들이 감독과 교감이 부족했기 때문일 것이다. 캘리포니아에서 나고 자라서 천하태평인 맥크리는, 히치콕이 보기에는 전적으로 스튜디오 시스템에 의해 탄생한 배우로, 그가 연기해야 할 세상사에 닳고 닳은 뉴욕 기자로서는 신뢰감이

8 보통사람, 서민. — 옮긴이

부족했다.("그는 너무 태평스러웠어요." 히치콕이 트뤼포에게 한 말이다.) 히치콕은 맥크리를 그다지 신뢰하지 않았지만, 맥크리의 재능은 꽃을 피우고 있었다. 변덕스러웠던 신인시절이 지난 후, 〈해외특파원〉에서 그가 보여준 연기는 히치콕의 카메라조차도 알아챌 정도로 쑥쑥 자라고 있었다.

코를 곤 것은 일종의 연기였을까? 라레인 데이는 히치콕이 거의 매일 점심을 먹은 후 잠에 곯아떨어졌다고 회상했다. 그러나 그녀는 장면을 리허설하거나 촬영하는 동안에 그의 눈이 감긴 적은 한 번도 없었다고 밝혔다. 히치콕은 카메라와 조명이 준비되기 전까지만 잠을 잤으며, 준비가 되면 조감독이 진짜 촬영을 하기 위해 그를 쿡 찔러 깨웠다. 그녀는 감독이 촬영장에서 동료애를 피워내기 위해 애를 썼다고도 회상했다. 대부분이 유행이 지난 구닥다리이고, 흘러간 옛 시절에도 인기를 끌만한 것은 하나도 없었지만 히치콕은 음탕한 농담을 던지고 익살스러운 장난을 쳤다.

그가 선잠을 자고 코를 곤 것은 〈해외특파원〉을 한 손으로도 연출할 수 있었기 때문일까? 대부분의 촬영일 동안 그의 본능을 깨울 만한 일이 거의 없어서였을까?

그의 작품 중에서 가장 짜릿한 시퀀스 중 하나가 〈해외특파원〉의 말미에 나오는 비행기 추락 클라이맥스다. 이 시퀀스는 피셔(허버트 마셜)와 캐럴(라레인 데이)이 대서양 횡단 여객기를 타고 미국으로 도피하는 것으로 시작된다. 부녀는 각자의 자리에서 어색하게 상대방을 마주보고 있다. 캐럴의 말없는 비난과 수치심을 감지한 피셔는 그녀에게 거짓말한 것에 대해, 그가 했던 일과 그 일을 했던 방식—'내가 자란 나라에서 쓰는 술책을 활용한 것'—에 대해 진심에서 우러난 사과를 한다. 뒤쪽 자리에 떨어져 있던 존스(맥크리)와 폴리오트(샌더스)가 그들과 합류한다. 폴리오트는 피셔에게 뉴욕에 도착하자마자 체포될 것이라고 말하고, 자니는 캐럴을 사랑한다고 털어놓는다. 독일 구축함에 의해 폭격기로 오인된 비행기가 갑자기 공격을 받고, 승객들은 미친 듯이 동요한다.

그때나 지금이나 평론가들은 기술적인 뛰어남 때문에 한결같이 이 시퀀스를 칭찬하지만, 히치콕의 경우에는 늘 그렇듯이 대담하고 화려한 테크닉은 빼어난 내용물을 위장하고 있다. 히치콕 영화에 등장하는 폭력—여자들과 아이들, 심지어는 반 미어 암살 중에 지나치는 자전거 탄 사람의 살인—은 천박할 정도로 잔혹한 경우도 있는데, 그의 정치적 영화에는 무고한 희생자가 효과적으로 첨가된다.

비행기가 바다로 곤두박질칠 때의 히스테리는 오싹하다. 옷을 잘 빼입은 영국여자는 오만불손하게도 구명조끼 입기를 거부하고는 복도에 서서 영국영사를 만나게 해줄 것을 요구하지만, 격렬한 비난의 대상이 될 뿐이다. 비행기가 추락하면서 물이 서서히 객실로 차오르고, 갇혀버린 승객들은 꾸준히 낮아지는 천장을 필사적으로 더듬어 찾아낸다.

히치콕은 비행기가 완전히 가라앉고 몇 안 되는 생존자들이 잔해에 의존하고 있는 장면 다음에 특히 감동적인 장면을 고안해냈다. 조종사(미국적인 용기의 화신)가 파도 아래에서 불쑥 나타나서는 가라앉는 비행기 꼬리부분의 꼭대기에 기어올라서 지친 모습으로 손을 흔들고 넘실거리는 바다로 뛰어들어서 다른 사람들을 향해 힘겹게 헤엄을 친다. 어떤 승객이 자신들도 목숨을 부지하기 어렵다며 투덜거린다. 그들은 조종사를 돕지 않는 편이 나을 것이다. 조종사를 돕는다면 그들도 물에 빠지게 될 것이다. 체포와 딸의 수치심에 직면한 피셔는 그 얘기를 듣고는 말없이 구명조끼의 버클을 풀고, 잔해에서 바다로 미끄러져 들어간다. 딸은 그의 모습을 발견하고는 고통스럽게 고함을 치고, 존스는 아버지를 살리기 위해 뛰어들지만…… 실패한다.

이 영화에서 추락은 확실히 기술적으로 가장 대담한 시퀀스다. 히치콕은 유명한 스턴트 조종사 폴 만츠를 고용해서 태평양 위를 비행시켰다. 만츠는 앞부분에 카메라가 장착된 비행기를 몰면서 바다로 급강하하다가 비행기가 수면에 거의 닿을 것 같은 순간에 수평비행으로 전환했다. 그런 후 감독은 앞면이 유리로 된 조종실을 지었는데, 그 안에는 조종사를 연기하는 배우 2명이 거대한 물탱크 위에 떠 있었다. 비행기가 레일을 따라 아래로 추락할 때 조종사 앞에 있는 스크린에는 만츠가 촬영한 필름이 영사됐다. 부러져나갈 비행기 날개들이 준비됐고, 도랑이 장치된 두 개의 물탱크가 얇은 종이로 된 스크린에 가려져 있다가, 중요한 순간에 버튼을 누르면 추락효과를 내기 위해 물 수백 갤런이 스크린을 찢고 쏟아져나왔다.

일부 평론가들은 히치콕이 이 장면의 정서적 진실보다는 기술적 뛰어남에 더 애정을 가지고 있다고 주장한다. 감독 본인도 홍보를 하면서 그의 테크닉을 자랑해대는 것으로 이런 인상을 키웠다. 시간이 지나면서 그가 배우들과 친하게 지내기 위해 보내는 시간은 줄어들었다. 그가 젊은 나이인 데다가 사람들과 스스럼이 없이 지내던 런던에서보다는 할리우드에서 그런 시간이 더 적었다. 때로는 주요 연기자들과 그다지 많은 말을 나누지 않고 영화 전체를 촬영하는 경우도 있었다. 그럼에도 그는 이 장면에서처럼 정서적 진실이 필수 요소인 순간을 알고 있었다.

두툼한 눈꺼풀 때문에 표정을 알아보기 힘들던 로버트 벤틀리에게 히치콕은 가벼운 충고를 딱 한 번 던졌다. "밥, 이친구야, 그 형편없는 작은 눈 좀 크게 뜨게." 〈해외특파원〉의 여자 스타에게도 히치콕은 아주 조금만 연출을 했다. 그는 라레인 데이가 맥크리와 함께하는 장면을 찍기 이전에는 두 사람을 제대로 인사시키지도 않았다.(그런데 데이는 나중에 이런 상황이 그녀가 촬영을 하기 전까지는 거의 알지 못했던 공연배우와 그녀 사이의 생생한 분위기를, 영화에서 두 사람이 발전시켜나가는 관계에 필수적인 생생한 분위기를 조성할 수 있게 해줬다고 인정했다.)

데이는 촬영 중에 히치콕이 딱 한 번 조언을 해줬다고 회상했다. 그는 비행기 추락 직후의 복잡한 물탱크 숏 설정 도중에 잠시 멈칫하더니 여배우를 옆으로 데려갔다. 그는 눈물 그득한 클로즈업 장면에서 그녀가 전달해야만 하는 감정을 조용히 설명했다. 이 클로즈업을 통해 관객들은 그녀의 캐릭터가 아버지가 반역자라는 것과 아버지가 속죄를 위해 자살했다는 사실을 받아들였다는 것을 알게 된다.[9] 그 마지막 순간, 내내 믿을 수 없을 정도로 가벼웠던 히치콕의 영화는 돌이킬 수 없을 정도로 암울해진다.

〈해외특파원〉의 종결부는 1941년 6월 중순 무렵에 거의 끝나고 있었다. 이때 히치콕과 조앤 해리슨은 완벽하게 비밀을 유지한 상태로 영국으로 소문나지 않은 짧은 여행을 떠났다.

존 러셀 테일러에 따르면, 그들은 캐나다에서 호위선의 호위 아래 대서양을 가로지르는 여객선의 객실이 나기를 기다려야 했고, 욕실이 부족한 붐비는 공간에서 잠을 자야 했다. 그러나 히치콕은 평생 동안 대담하게, 종종은 가혹할 정도의 시간표에 따라 여행을 다닌 사내였다. 게다가 그는 어머니를 뵙고는 미국으로 같이 가자고 마지막으로 한 번 더 설득하고 싶었다. 에마 히치콕이 거부하자 히치콕은 그녀가 샘리 그린으로 이사해서 정착하는 것을 도왔다. 테일러에 따르면, '공습 기간 동안 폭격으로 런던 남부의 생선가게가 날아간' 형 윌리엄이 나중에 그곳에서 어머니와 같이 살았다고 한다.

그가 영국의 예금을 쓸 수 있는지를 확인하는 것도 또 다른 시급한 문제였다. 그는 할리우드에서 난처할 정도의 초과지출로 인해 쩔쩔매기 시작했는데, 이제는 식구들과 함께 저택으로 이사했기 때문에 가구와 소지품을 미국으로 옮길 필요성도 느꼈다.

이 여행은 사업상 떠난 여행이기도 했다. 〈레베카〉의 성공 이후로 할리우드의 모든 스튜디오들이 그에게 영화 연출을 맡기고 싶어 했지만, 셀즈닉 인터내셔널의 2명의 DOS—데이비드 O. 셀즈닉과 재무담당 최고임원 댄 오쉬어—는 히치콕이 좋아하는 것은 모조리 가로막는 것처럼 보였다.

셀즈닉과 오쉬어는 좋은 경찰-나쁜 경찰 같은 콤비였다. 프로듀서는 자비로운 모습은 다 보여줬다. 그는 히치콕이 라디오 출연료를 챙기게 허락했고, 팜스프링스에서 일주일 동안 보내면서 쓴 경비를 승인해

9 허버트 마셜의 다리가 의족이었다는 것은 기억할 만한 가치가 있다. 그는 평소에는 핸디캡을 숨길 수 있었는데, 이런 종류의 장면에서는 특별한 어려움이 따랐다. 비행기의 천장은 종이였고, 히치콕은 배우들 머리 위에 진짜로 물을 올려놓고는, 물이 종이를 찢고 쏟아지게 만들었다. 마셜의 다리 때문에 이 장면에는 문제가 있었다. 그래서 그는 다른 사람들이 물에 잠기는 동안 특별히 제작된 실린더 안에 서 있었다.

줬다. 그 덕에 히치콕과 찰스 베넷은 〈해외특파원〉을 쓰는 동안 그곳에서 일과 휴가를 병행할 수 있었다. 그는 〈레베카〉가 개봉한 후에는 감독에게 보너스 5,000달러를 지급하라고 오쉬어에게 지시했지만, 감독이 보기에 이 액수는 그저 체면치레나 하는 정도였다. 감독은 보너스 전액이 '굶주리는 히치콕 가족을 위한 펀드'로 빠르게 쏟아져 들어갔다고 빈정댔다. 사실 프로듀서가 '특별 포상금'을 준 것은 최소한의 성의표시나 하겠다는 생각에서였다. 오쉬어의 표현에 따르면, 스튜디오 직원들을 '더 잘 통제할 수 있도록 그들이 우리에게 경제적으로 의존하게 만들어두는 것'이야말로 (히치콕이 결코 보지 못한 메모들에서 개인적으로 표명한) 셀즈닉의 철학이었다. 큰돈을 지불할 일이 생기면 셀즈닉은 오쉬어에게 문제를 미뤘고, 오쉬어는 부정적인 시각으로 문제를 다뤘다.

셀즈닉은 쌓여가는 다른 제안을 모두 검토해봐야 한다고 주장하면서 〈해외특파원〉 다음의 두 번째 웨인저-히치콕 영화의 승인을 거절했다. 이것은 DOS가 즐겨 하던 게임으로, 경쟁 구매자들이 다른 경쟁자에 맞서 가격을 올리도록 판을 짜는 게임이었다. 동시에 갈수록 안절부절못하는 히치콕이 최종결정에 이의를 제기할 가능성을 줄이는 게임이기도 했다.

〈해외특파원〉의 작업이 대부분 완료된 6월 무렵, 월터 웨인저는 여전히 이후로도 히치콕과 작업을 같이할 수 있기를 희망하고 있었다. 웨인저는 차기 웨인저-히치콕 프로젝트에는 보너스를 지불하고 수익도 분배하겠다고 제안할 정도로 영국 감독을 마음에 들어 했다. 내키지는 않았지만 웨인저는 셀즈닉이 강요하는 휴지기까지도 떠맡기로 합의했다. 두 사람의 두 번째 영화에 대한 합의가 도출되기 전이었는데도, 〈해외특파원〉이 완성된 후에도 히치콕에게 계속해서 급여를 지불하겠다는 약속으로 히치콕의 마음을 편하게 해준 것이다.

히치콕은 〈39계단〉의 속편 아이디어—로버트 도나트가 출연하는 〈녹색망토〉의 각색영화—를 다시 제기했고, 웨인저는 히치콕의 의견을 전적으로 지지했다. 히치콕은 도나트와 접촉을 계속했지만, 도나트는 미국으로 올 수 있는 형편이 아니었다. 게다가 버컨 측에서는 여전히 너무 많은 돈을 요구하고 있었다.

웨인저가 유나이티드 아티스츠와 맺은 배급계약이 끝나가고 있었으므로, 그는 둥지를 틀 다른 스튜디오를 찾아야만 했다. 워너브러더스의 핼 월리스가 웨인저와 히치콕의 작품 대여섯 편을 놓고 적극적으로 계약을 맺으려 했지만, 〈녹색망토〉의 제작비 예산을 뽑아보고는 뒷걸음질을 쳤다. 웨인저는 히치콕-〈녹색망토〉 패키지를 들고 20세기폭스를 찾아갔다. 폭스의 대릴 재넉은 처음에는 열광적인 반응을 보였으나, 추정 제작비를 산출해보고는 우려를 표명하면서 다른 아이디어는 없는지 물었다.

히치콕이 웨인저와 합의를 도출하는 과정에서 진정으로 소중하게 여기던 것들은 DOS가 고개를 설레설레 흔들 만한 것들이었다. 감독은 두 번째 웨인저 영화를 '계약에서 벗어나' 만들게 해달라고 간청했다. 전적으로 웨인저를 위해서만 작업을 하고 그에 따른 급여를 모두 챙길 수 있도록 셀즈닉의 계약조항을 사실상 몇 달간 무효화해달라는 청이었다. 히치콕은 그렇게 하면 그가 겪는 경제적 문제를 모두 해결할 것이라고 설명했다. 그러나 DOS는 계약에서 벗어난 시간이나 돈을 히치콕에게 주고 싶은 마음이 없었다. 그는 계약서에 적힌 내용을 계속 주장했을 뿐 아니라, 웨인저가 속삭이는 것—보너스나 수익 분배—은 무엇이든 참견하려고 들었다. 마이런 셀즈닉이 여기에 끼어들면서 히치콕이 계약과 별개로 버는 수입은 뭐가 됐든 10퍼센트는 에이전시의 몫이라고 떠들었다.

히치콕은 격분한 나머지 할리우드를 돌아다니면서 계약의 불공정성을 투덜거리고 다녔는데, 그의 불평은 셀즈닉 형제 어느 쪽과도 관계를 개선하는 데 아무런 도움이 되지 못했다. 1940년 중반에 오쉬어가 히치콕에게 그가 간절히 바라던 특혜—휴지기간의 폐지, DOS가 몫의 절반을 차지하지 않는 수익분배, '계약에서 벗어나 만드는 영화'—는 뭐가 됐건 하나도 기대하지 말라고 공개적으로 통보했을 때, 오쉬어는 '데이비드와 마이런 사이에서 일을 꾸며서 그들에게 손해를 끼치겠다는 생각으로 당신의 계약에서 나아질 것은 아무것도 없을 것'이라고 히치콕에게 비공식적으로 경고한 셈이었다.

셀즈닉 형제에 대한 웨인저의 불만은 커져갔고, 어느 때보다도 현실적이 된 히치콕은 다른 프로듀서들을 만나러 다니기 시작했다. 그는 메리 픽퍼드와 결혼한 배우 출신의 찰스 '버디' 로저스와, 파라마운트에서 파견한 밀사 아서 혼블로 주니어와 점심을 먹었다. 그는 MGM 계약에 대해 베니 타우와 여러 차례 얘기를 나눴다. 이들은 히치콕의 연출을 간절히 원했다. 그리고 히치콕은 혼블로와 타우와는 여생동안 친분을 유지했다.

MGM은 흉터가 있는 여성 범죄자가 성형수술을 받지만 떳떳하지 못한 과거를 괴로워한다는 내용의 시나리오를 가지고 있었다. 〈여자의 얼굴〉은 촬영 준비가 다 돼 있었다. 히치콕은 주인공으로 예정돼 있던 MGM의 간판스타 조앤 크로포드에 반대하기는 했지만, 가능성을 열어뒀다. 그는 스튜디오가 지명한 프로듀서 로렌스 웨인가르텐도 반대하면서, '시드니 프랭클린 같은 간섭하지 않는 프로듀서'를 요구했다. MGM은 히치콕의 요구를 들어주려고 노력했다. 스튜디오는 (히치콕이 제안한) 마거릿 설러반이나 올리비아 드 해빌런드를 여주인공으로 하자는 데 일단은 동의하고, 히치콕의 친구인 빅터 사빌을 프로듀서로 파견했다. 스튜디오는 히치콕과 맺는 장기계약에서 〈녹색망토〉를 두번째 영화로 고려하겠다는 것과, (〈레베카〉와 〈해외특파원〉을 작업했던) 히치콕의 조감독 에디 버노우디, 비서 캐럴 쇼우즈, 조앤 해리슨에게 급여를 지불한다는 데에도 합의했다.

그런데 두 명의 DOS가 MGM과 협상을 시작하면서, 그들이 요구하는 조건은 급격히 불어났다. 셀즈닉 인터내셔널은 히치콕을 내주는 대가로 스튜디오가 보유한 정상급 인물—제임스 스튜어트나 킹 비더—을 임대해달라고 요구했다.(셀즈닉 인터내셔널은 워너브러더스와 유니버설에도 비슷한 요구를 했다.) 그러나 MGM은 쉽게 단념하지 않고 계속 질문을 던졌다. 히치콕은 얼마나 이른 시기에 스튜디오에서 일을 시작할 수 있는가? 그가 촬영을 시작할 수 있기까지 얼마나 걸리겠는가?

히치콕이 프로젝트에 쏟아붓고 싶어 하는 기간은 협상과정에서 늘 그럴듯한 핑계거리로 둔갑하기 일쑤였다. 감독은 시나리오 단계에 착수할 때부터 후반작업이 끝날 때까지 쭉 급여를 받는 쪽을 선호했다. MGM과 다른 스튜디오들은 시나리오 단계에 그를 참여시키는 문제에는 일반적으로 관심이 없었다. 그들은 시나리오가 조직 내에서 이미 승인을 받고 캐스팅이 완료되고 제작비에 대한 승인이 떨어진 후에 히치콕이 예정된 숫자의 주일 동안 일할 수 있기만을 바랐다. MGM이 〈여자의 얼굴〉을 밀었던 이유는 그 때문이었다. 반면에 히치콕은 특유의 2편 연출 계약을 요구했다. 그는 스튜디오 패키지를 연출하는 동안 개성적인 두 번째 영화를 준비하는 문제를 놓고 도박을 걸었다.

히치콕은 영화를 시작해서 완성할 때까지 걸릴 기간을 추정하는 데 지나치게 낙관적이었고, 2명의 DOS도 마찬가지였다. 업계에서는 관행적으로 영화 1편 완성하는 데 최소한 15주, 일반적으로는 그 이상이 걸릴 위험성을 감수해야 하지만, 히치콕은 10주 이내에 영화 1편을 완성할 수 있다고 내비치는 편이 그의 몸값을 높일 수 있다고 생각했기 때문이었다.

승인된 프로젝트를 가진 스튜디오들은 히치콕 스타일의 작품을 아직 준비하지 못한 웨인저보다 유리한 입장이었다. 웨인저를 위한 시나리오를 개발하는 데는 넉 달에서 여섯 달가량 걸려야 했다. 웨인저는 그 시간 동안 히치콕의 급여를 지불할 의향이 있었지만, 셀즈닉은 그의 정상급 감독이 라이벌 독립 프로듀서를 위해 히치콕 오리지널 1편을 개발하는 것보다는 스튜디오 영화 2편을 연출하는 쪽을 선호했다. 셀즈닉 인터내셔널 입장에서 히치콕은 높은 생산성 때문에도 더욱 값진 존재였다. DOS는 웨인저가 〈해외특파원〉에 너무 많은 시간과 돈을 쓸 수 있게 해서 히치콕을 '망쳐 놨다'고 생각했다.

MGM이 난관에 부딪친 동안, 다른 스튜디오가 유사한 2편 계약을 들고 경쟁에 뛰어들었다. 늦봄에 히치콕은 RKO의 신임 제작책임자 해리 에딩턴과 점심을 같이했고, 이제는 RKO에서 일하는 댄 윙클러는 히치콕을 끌어들이기 위해 내부여론 조성작업에 뛰어들었다. 탤런트

에이전트 출신인 에딩턴은 한때 그레타 가르보, 마를렌 디트리히, 조엘 맥크리, 그리고 특히 각별한 사이인 캐리 그랜트 같은 스타들을 대표했다. 에딩턴은 히치콕을 이즐링턴 시절부터 알고 있었는데, 당시 그는 유럽의 MGM 지사장이었다. 그의 캐나다인 아내이자 한때 해럴드 로이드의 여주인공으로 활약했던 바버라 켄트는 할리우드의 영국인 공동체의 일원으로, 히치콕의 전쟁 지원활동에도 동참했다.

에딩턴은 제작 경험은 없었지만, 팬드로 S. 버먼의 갑작스러운 사임으로 생긴 공백을 막기 위해 제작책임자로 임명됐다. RKO는 오손 웰스와 〈시민 케인〉을 성대히 환영하느라 정신이 없었는데, RKO가 웰스의 재량을 보장해준 사실을 두고 할리우드는 시끌벅적했다. 월터 웨인저는 끝내는 RKO에 몸을 담았고, 장 르누아르 역시 RKO에서 프로젝트를 내놓을 예정이었다. 스튜디오의 우두머리 조지 섀퍼는 'RKO는 망명자, 아웃사이더, 우상파괴주의자의 안식처'라는 명성을 만들어내는 중이었다.

RKO는 가제가 〈미스터 앤드 미시즈〉인 코미디 시나리오를 가지고 있었는데, 캐럴 롬바드가 출연에 동의한 상태였다. 이상적인 상대배우는 캐리 그랜트였지만, 그녀는 영화를 5주 이내에 촬영할 것과 그녀의 친구인 히치콕이 연출해야 한다는 조건을 내걸었다. 그녀는 박스오피스에서 발휘하는 영향력 덕분에 사실상의 프로듀서 지위에 올라 있었다.

한편 RKO는 더욱 흥미로운 두 번째 프로젝트도 가지고 있었다. 에딩턴은 히치콕과 점심을 먹으면서 그 프로젝트를 언급했다. 프랜시스 아일스가 쓴 『범행 전*Before the Fact*』이라는 영국 소설로, 유산을 상속받기 위해 아내를 살해할 계획을 세우는 매력적인 파렴치범의 이야기였다. 감독은 귀를 쫑긋 세웠다. 물론 그는 지금은 범죄소설의 기념비로 간주되는 1932년에 나온 서스펜스 소설을 잘 알고 있었다. 히치콕은 인터뷰어에게 아일스를 호의적으로 언급해왔다. 그러면서 딱 '그 타입의 영화'인 아일스의 소설 중 1편을 영화로 만들고 싶다고도 밝혀왔다.

그런데 히치콕은 롬바드를 너무나 좋아함에도 불구하고 〈미스터 앤드 미시즈〉를 고집스럽게 거절했다. 스크루볼 코미디는 지독히도 미국적인 장르였고, 스튜디오는 그가 시나리오에 손을 대는 것을 원치 않았다.

히치콕은 여전히 〈녹색망토〉를 선호하여, 에딩턴에게 『범행 전』을 스튜디오를 위한 첫 영화로 만들고 그다음에는 버컨의 영화를 만들자고 설득하느라 애썼다. 그런데 RKO는 많은 스튜디오 중에서 〈녹색망토〉에 가장 관심이 없던 스튜디오였다. 에딩턴이 진짜로 원한 것은 캐럴 롬바드를 흡족하게 만들어주는 것이었고, 롬바드가 원하는 것은 히치콕이 〈미스터 앤드 미시즈〉를 연출하는 것이었다.

에딩턴은 〈미스터 앤드 미시즈〉 시나리오를 5월 초순에 히치콕에게 보냈지만, 한 달이 지난 후 감독은 아직까지 봉투도 뜯지 않았다는 사실을 인정해야 했다. 결국 시나리오에 손을 댄 히치콕은 시나리오에 담긴 유머가 지독히도 친숙한 것이라고 고백했다. 그는 히치콕 여사가 더 나은 코미디, 롬바드를 위한 히치콕 오리지널을 쓸 수 있을 것이라는 과감한 제안을 내놨지만, 〈미스터 앤드 미시즈〉를 이미 구입해서 제작 승인까지 받은 RKO는 고개를 저었다.

워너는 〈절개 굳은 소녀〉를 보내왔다. 이전에도 두 번이나 영화로 만들어진 강렬한 러브스토리였는데, 그중 한 번은 영국에서 알마 레빌이 쓴 시나리오로 만들어졌다. 워너가 염두에 두고 있던 스타도 히치콕을 자극했는데, 조앤 폰테인이었다.

20세기폭스는 반히틀러 영화인 〈악당〉을 제안했고, 콜럼비아 프로듀서 샘 브리스킨은 캐리 그랜트가 주연을 맡을 〈영국 체신공사〉로 히치콕을 유혹했다. 히치콕은 〈악당〉과 〈영국 체신공사〉를 놓고 고민했다. 후자는 '사극'이었는데, 히치콕은 메모에 자신은 '현대적인 감독'이라고 적었다. 그러나 그는 그랜트와 작업하는 데 강한 관심을 표명했다.

히치콕은 콜럼비아가 제임스 힐턴의 〈그리고 이제는 안녕〉을 보유하고 있다는 것을 알았다. 비순응적인 영국인 성직자, 있을 법하지 않은 로맨스, 그리고 열차 전복을 다룬 작품이었다. 로렌스 올리비에를 성직자로 출연시키면 좋을 것 같은 이런 종류의 작품이 〈영국 체신공사〉보다 더 그의 관심을 끌었다고 히치콕은 밝혔다. 그는 〈그리고 이제는 안녕〉을 그의 첫 콜럼비아 영화로, 〈녹색망토〉를 두 번째 영화로 연출할 수 있을 것 같았다. 콜럼비아는 개방적이었다. 히치콕은 영화 2편을 피치(pitch)[10]하고, 메모에 따르면 '검열에 걸릴 만한 부분들'을 그가 어떻게 다룰 것인지를 설명하러 스튜디오를 방문하기까지 했다.

〈해외특파원〉과 차기 프로젝트 사이에 급여를 받지 못하는 기간이 생기기를 바라지 않는다는 하찮게 볼 수 없는 사실만 제외하면, 사실 히치콕은 스튜디오들이 손에 쥐고 있는 'OK' 프로젝트들이 하나같이 달갑지 않았다. 그는 어느 계약에서건 두 번째 영화—그가 스스로 개발할 수 있는 프로젝트—와 그의 지갑을 두둑하게 해줄 모든 종류의 부대조항에 더 마음이 끌렸다.

너무나 많은 시나리오와 제안이 쌓이고, 수많은 가능성들이 혼란스러울 정도로 꾸준하게 자리를 바꾸는 탓에, 그가 6월 초순에 영국으로 떠나기 직전에 셀즈닉 에이전시는 감독에게 가장 매력적인 스튜디오와 프로젝트의 순위를 매겨달라고 요청하기에 이르렀다. 히치콕은 〈녹색망토〉를 1순위로 놓고, 〈여자의 얼굴〉을 그다음으로 놓았다. 할리우드 스튜디오 중에서도 명가라 할 MGM을 위해 2편 다 연출하겠다는 희망을 품고 있었기 때문에 그랬을 것이다. 세번째 영화는 〈범행 전〉이었고, 그다음은 〈절개 굳은 소녀〉나 —그가 직접 막판에 추가해 놓은 놀라운 프로젝트인— 〈하숙인〉의 리메이크였다. 그다음 관심 가는 순위는 다음과 같았다. 요양소를 배경으로 한 희곡으로 스코틀랜드 작가 A. J. 크로닌이 쓴 〈주피터가 웃다〉, 〈그리고 이제는 안녕〉, 히치콕이 아직까지는 소설이나 시나리오 형태를 읽지 못했다고 인정한 〈악당〉, 마지막으로 〈영국 체신공사〉.[11]

RKO와 캐럴 롬바드, 그리고 셀즈닉 형제가 열렬히 밀어붙인 〈미스

10 시나리오의 내용을 구두로 설명하는 것. — 옮긴이

11 〈악당〉은 나중에 프리츠 랑에 의해 〈인간 사냥〉으로 영화화됐다. 〈영국 체신공사〉는 영화로 만들어지지 않았다.

터 앤드 미시즈〉가 목록에 들지도 못했다는 사실을 주목하라. 자신의 무성영화 히트작 〈하숙인〉을 리메이크하겠다는 아이디어가 4위에 올랐다는 것을 주목하라. 그는 오리지널 〈하숙인〉은 결코 마음에 들지 않는다고 미국 프로듀서들에게 밝혔다. 1932년에 모리스 엘비가 역시 아이버 노벨로를 출연시킨 사운드 버전을 만든 적이 있었는데, 히치콕은 영화를 컬러로 찍는 것으로 벨록 론즈 여사의 이야기에 새로운 존경을 바치고 싶었다. 그는 리메이크를 공동제작하고 싶다는 의향을 밝혔다. 권리의 50%를 구입하는 것으로 위험과 수익의 절반을 공유하겠다는 것이었다.

최근 들어 그는 컬러에 대해 꽤나 많은 생각을 해오다가, 결국에는 전형적인 우상 파괴적 결론에 도달했다. 히치콕 영화에서 컬러는 항상 미묘한 의미, 다른 모든 것처럼 진지하게 부여된 의미를 담고 있었다. "컬러영화를 침묵으로 시작해서 결국에 비명에 도달하게 되는 유성영화와 다른 존재로 봐서는 안 됩니다." 그가 어느 인터뷰에서 토한 열변이다. "컬러영화는 흑백영화에 근접한 존재로 시작해야만 합니다." 다른 자리에서 그가 밝힌 의견이다. 그렇지 않다면, 그가 다른 기회에 밝힌 것처럼, "컬러영화를 만드는 데는 이유가 있습니다. 컬러영화는 단순히 사람들 눈을 현혹하자는 게 아닙니다. 색채를 연기자로 만들고, 전체적 맥락 속의 뚜렷한 일부분으로 만드세요. 풍경이 아니라 연기자로 활약하게 만드세요."

그는 '침침하게 푸른 산맥과 강렬한 대지의 색깔, 요란한 파란 하늘이 길게 펼쳐지는 실외장면들'이 아니라 '자연색을 자연스럽게 쓰는 날이 올 것'을 예견했다. "지금의 화면은 잘못됐습니다. 그것들은 사실상 그림엽서에 불과합니다." 그는 컬러버전 〈하숙인〉은 그림엽서보다 더 회화적일 것이라고 밝혔다. 예를 들어, 히치콕은 런던을 덮은 짙은 노란색 안개를 확실하게 포착하겠다고 맹세했다. "소용돌이치는 자욱한 유황빛 덩어리 속에서 가로등이 노란색 눈물처럼 깊숙이 떨어지고 있는 모습을 보여주고 싶습니다." 그의 열정적인 포부였다.

그는 '음침한 지하층 주방에 사는 런던 가족'의 모습을 어떻게 찍을지를 묘사했다. "갈색과 회색, 검정색으로 온통 둘러싸여 있는 주방에서 갑자기 천장의 회반죽이 축축해지더니, 다음에는 분홍색으로, 그다음에는 빨간색으로 변합니다. 그러고는 빨간 물방울이 떨어져서 흰색 식탁보에 튀기고, 또 다른 물방울들이 떨어지면서 식탁보에 빨간색이 번집니다. 험한 일이 벌어졌다고 예상하면서 위층으로 달려 올라가면, 어떤 남자가 빨간 잉크병을 엎었는데 그 잉크가 마룻바닥과 아래층의 천장에 떨어졌다는 것을 알게 됩니다. 흉악한 두 눈, 흰자위에 시뻘건 핏줄이 서 있는 흥분한 눈의 클로즈업도 상상이 되는군요. 분장이 아니라 실제로 흥분한 눈동자 말입니다."

히치콕은 이 매혹적인 피치를 〈하숙인〉의 리메이크 아이디어에 흥미를 보인 월터 웨인저에게 우선 시도했다. 그러나 이 이야기를 들은 데이비드 셀즈닉은 히치콕이 본인이 만든 무성영화 히트작을 리메이크하려면 그 영화는 셀즈닉 인터내셔널에서 만들어야만 한다고 결정했다. 권리와 관련한 조사에 나선 DOS는 런던 지부로부터 무성영화 버전을 몹시 싫어하는 벨록 론즈 여사가 히치콕과 관련된 프로듀서에게는 권리를 팔기를 주저한다는 것을 알게 됐다. 그녀가 요구하는 가격 2만 달러는 비쌌다. 히치콕 본인이 론즈 여사와 직접 접촉해서 1926년 영화의 멍청한 요소들은 그의 잘못이 아니라고 설명하는 것으로 두 사람 사이의 차이점을 해소하려 했지만, 그녀가 내건 가격은 변하지 않았다.

마이런 셀즈닉이 절반은 당당하게, 절반은 기회주의적으로 앞으로 나서면서 2만 달러의 절반을 지불하고 영화를 히치콕과 공동제작하겠다고 자원했다. 1920년대에 영화를 제작한 적이 있는 마이런은 제작 분야에서도 동생을 능가하고 싶어서 좀이 쑤시던 중이었다.

〈하숙인〉 리메이크의 매력 중 하나는 히치콕이 1만 달러를 지불하기 위해 동결된 영국 내 예금을 끌어올 수도 있을 것이라는 예상이었다. 그러나 감독의 유동자산은 1만 달러가 채 되지 않았으며, 감독의 생명보험 증권의 가치를 포함시킨 후에도 마찬가지였다. 결국 마이런은 히치콕에게 권리구입 비용의 절반을 빌려줘야만 했다. 한편 에드먼드 그웬은 세금을 줄이기 위해영국 화폐를 미국 달러로 환전했다.

〈하숙인〉이 차오르면서 〈녹색망토〉는 이지러졌다. 온갖 주저함과 망설임에 지칠 대로 지쳐버린 월터 웨인저는 마침내 경쟁에서 떨어져나갔는데, DOS는 보너스와 수익 분배, 자유로운 창조적 권한을 보장하는 프로듀서와 히치콕이 관계를 맺도록 부추기고 싶은 생각이 없었을 따름이었다. 웨인저는 얼마 안 있어 프리츠 랑과 협상에 들어가 히치콕과 맺고 싶었던 걸출한 감독과의 친밀한 협력관계를 구축했다.

DOS는 히치콕에게 최선의 것이 무엇인지를 훤히 알고 있다는 자부심을 느끼면서, 필요가 없어진 몇 가지 제안을 거절했다. MGM, 워너, 20세기폭스, 유니버설, 콜럼비아는 각자의 시급한 프로젝트를 히치콕 없이 밀고 나가야만 했다.(각 스튜디오는 상이한 핑계를 들으며 물러났다.)

RKO만이 남았는데, RKO는 셀즈닉 형제 모두와의 관계에서 유리한 입장이었고, 히치콕조차도 캐럴 롬바드를 기쁘게 해주고 싶어 했다. 6월 중순, 오쉬어는 제작기간 16주에 두 편의 영화를 찍고 편당 10만 달러를 받는 조건으로 히치콕을 내주는 계약을 스튜디오와 체결했다. 첫 4달은 〈미스터 앤드 미시즈〉를 만드는 데 쓴다는 것을 감안한다면, 히치콕은 나머지 기간 동안 두 번째 히치콕-RKO 영화—이 영화는 프랜시스 아일스의 『범행 전』으로 계약서에 명기됐다—에 어울리는 시나리오를 개발할 필요가 있다고 판단했다.

히치콕이 임대에 동의하게 할 보상책으로 오쉬어는 히치콕에게 주급 250달러를 인상해서 그의 연봉을 11만 달러로 만들어줬다. 히치콕은 1년 내에 RKO 영화 2편을 완성하면 보너스로 1만 5,000달러를 받는다는 약속을 받았다.(동시에 셀즈닉 인터내셔널은 히치콕이 RKO에서 받는 급여의 100퍼센트 이상을 벌었다.)

영국을 여행하는 동안, 히치콕은 조앤 해리슨과 『범행 전』의 각색에 대한 논의를 시작할 수 있었다. 그러나 감독의 마음속에는 다른 영화가 있었는데, 감독이 5월에 작성했던 목록에 올라 있던 또 다른 프로젝트 〈하숙인〉이었다. 벨록 론즈 여사로부터 리메이크 권한에 대한 옵션을 획득할 요량으로, 히치콕은 사방에서 그럭저럭 긁어모은 영국

화폐를 지참하고 다녔고 원하던 바를 이루었다.

1940년 6월의 영국은 무시무시한 독일 공군을 근심스럽게 기다리고 있었다. 독일 공군은 손쉬운 타격거리 안에 있는 런던을 공습하느라 비행장에서 분주하게 폭탄을 탑재했다. 남자들이 등화관제와 공습사이렌을 겪으며 대영제국의 전쟁을 리허설하는 동안, 어머니들과 아이들은 도시에서 소개되고 있었다. 배급제가 도입됐다. 윈스턴 처칠이 미국의 원조를 바라는 드라마틱한 간청을 한 것은 6월의 일이었다. 영화역사가 마크 글랜시가 저서 『할리우드가 영국을 사랑했을 때』에 쓴 것처럼, 〈해외특파원〉의 결말부는 이 연설을 '치밀하게 영화적으로 연출'한 것이다. 수상은 '바로 이 순간에 막강한 힘과 위력을 가진' 신세계가 구세계를 구하기 위해 나서야 한다고 단언한다.

런던에서 히치콕은 옛 친구 시드니 번스타인을 만났는데, 번스타인은 그라나다 시어터스의 회장 자리와, 정보부 고문과 같은 여러 가지 무급 관직에서 막 사임한 참이었다. 감독은 번스타인의 간청에 따라 영국을 위한 전쟁 선전영화를 만드는 데 합의했고, 고아들을 소개하는 일도 도왔다. 출판된 자료에 따르면, '런던의 배우들이 남긴 고아 60명을 대서양의 이쪽에 있는 안전한 거처까지 데려오기 위해, 관료제를 무찌르고 완벽하게 일을 처리하기 위해' 런던으로부터 오타와를 경유해서 돌아오는 동안 관료들을 만났다.

할리우드 세포조직에 있는 모든 영국인 중에서 초창기에 '조국을 위해 응분의 봉사를 할' 기회를 잡은 사람은 아이러니컬하게도 ―그들 중에서 가장 정치색을 드러내지 않았던― 히치콕이었다. 런던의 절박한 분위기는 그의 기개를 다졌고, 〈해외특파원〉의 새로운 엔딩을 찍는 데에도 영향을 끼쳤다. 히치콕이 RKO와 맺은 계약에 들어 있는, 〈해외특파원〉의 메인 스토리에 붙는 결말부를 찍는다는 조항은 그가 여행을 떠나기 전에 의논된 것이기는 했지만 말이다.

할리우드로 돌아오자마자 히치콕과 웨인저는 영화의 결말에서 런던이 폭탄세례를 받고 방송 부스가 암흑에 잠기는 가운데에도 조엘 맥크리가 라디오 마이크를 통해 전하는 단호한 연설 내용을 브레인스토밍하기 위해 벤 헤크트를 만났다. 최고의 집필료를 받는 ―그리고 집필 속도가 가장 빠른― 할리우드 최상급의 작가들 중 한 사람인 헤크트가 처칠의 연설문을 옮겨놓은 듯한 영화의 대미를 장식하는 연설을 써내는 데는 하루밖에 걸리지 않았다.

“여러분이 들으시는 저 모든 소음은 그 자리에 그대로 멈춰서 있는 것이 아닙니다. 런던에는 죽음이 다가오고 있습니다. 그렇습니다. 죽음이 지금 이곳으로 다가오고 있습니다. 여러분은 거리와 주택들 위로 폭탄이 떨어지는 소리를 들으실 수 있을 겁니다. 제 얘기를 무시하지 마십시오. 잠시만 제 얘기를 들어주십시오. 이것은 중요한 이야기입니다. 여러분과 관련된 이야기입니다. 지금 여기서 어둠 속에 우두커니 선 채로 그들이 다가오기만을 기다리는 것 외에 다른 일을 하기에는 너무 늦었습니다. 세상천지의 빛은 미국을 제외하고는 모두 자취를 감춰버린 듯합니다.” “그 불빛들이 계속 타오르게끔 해주십시오. 그 불빛들을 강철로 보호하고, 총으로 에워싸며, 전함과 폭격기로 그 둘레를 덮어주십시오. 친애하는 미국인 여러분, 여러분의 빛을 계속 지켜주십시오. 여러분의 불빛은 세상에 남아 있는 유일한 불빛입니다!”

피터 보그다노비치는 ‘감독님이 만든 종류의 영화와는 어울리지 않는’ 연설이었다고 히치콕에게 밝히면서, 정치적이었던 프로듀서의 강압에 의한 것이었다는 답을 듣기 위해 미끼를 던졌다. “문제없었습니다.” 감독은 차분하게 대답했다. “효험이 있었어요.” “감독님의 세련된 스릴러 아이디어에는 영 어울리지 않는 내용이라고 생각하지 않으십니까?” 찰스 토머스 새뮤얼스가 감독과 가진 폭넓은 인터뷰 중에 물었다. “나는 해리 홉킨스[12]에게서 전보도 받았습니다!” 히치콕이 대꾸했다. 그는 루스벨트 대통령, 그리고 그가 이끄는 내각에게서 전보를 받았다는 것―고위층이 〈해외특파원〉을 관람했다는 증거―을 기억하는 것이 분명했다.[13]

결말부 촬영은 7월 첫 주 끝무렵에 종료됐고, 8월 16일 개봉에 맞추기 위해 ―히치콕 영화치고는 드물게 빨리 끝난― 신속한 후반작업이 완료됐다.

전쟁 소식이 미국과 영국의 헤드라인을 장식하던 1940년 여름에 관객들이 보인 반응은 사회적 분위기를 감안하지 않고는 제대로 이해할 수 없는 것이었다. 〈해외특파원〉의 정치적 맥락은 교묘하게 은폐됐지만(독일인은 결코 독일인으로 보이지 않았다), 마크 글랜시가 적었듯, 너무도 영리한 재간을 부린 덕에 "1940년의 관객들은 이야기를 해독해서 이해하는 데 조금의 어려움도 겪지 않았다. 그런데 이야기 해독을 강요했다면 관객들은 영화에 주목하지 않았을 것이다."

영화가 대담하게 제기한 긴급한 분위기와, '리얼리즘과 판타지의 배합'(『뉴욕 선』)은 영화를 '올해 최고의 영화 중 1편'(『타임』)으로 수월하게 등극시켰다. 『커먼윌』은 히치콕의 신작을 '훌륭하다'고 평가했다. 감수성 예민한 오티스 퍼거슨은 『뉴 리퍼블릭』에 쓴 글에서 〈해외특파원〉이 '영화 장르만이 보여줄 수 있는 종류의 아름다움을 보여주면서, 어떻게 하면 영화가 가벼우면서도 신속하게 길을 여행할 수 있는지를 연구할 수 있는 교재'를 제공한다고 적었다. 그와는 반대로 '애들 장난'인 〈레베카〉는 '진짜로 나쁜 영화는 아니'지만 〈해외특파원〉에 비하면 격이 떨어지는 영화이며, '그리 두드러지지도 않는 지나치게 많은 여성성'에 흠뻑 젖은 영화라고 퍼거슨은 적었다.

9월 8일에 독일이 영국에 퍼부은 맹공으로 인해 영화의 결말은 대단한 선견지명을 보여준 셈이 됐다. 맥크리의 라디오 연설은 에드워드 R. 머로가 전기가 나간 런던에서 했던 유명한 방송들을 불가사의할 정도로 예견한 '플래시 포워드'가 됐다.

그런데 그 무엇보다도 기묘한 일은 미국에서 〈해외특파원〉이 개봉한 지 딱 1주일 후에, 프로듀서 마이클 밸컨이 '일손이 달리는 상황에

12 루스벨트의 보좌관. — 옮긴이

13 『할리우드가 영국을 사랑했을 때』의 지은이 마크 글랜시는 〈해외특파원〉의 위력을 인정한 또 다른 정부지도자를 언급했다. 나치 독일의 선전장관 요세프 괴벨스는 히치콕의 영화를 '선전선동영화의 걸작'이라고 찬탄했다.

서도 뒤에 남은 우리들이 영화를 통해 위대한 국가적 노력에 도움을 주려고 시도하고 있는 반면', 영국의 '유명 감독들'은 전쟁의 위험을 피해 할리우드에 몸을 감추고 있다고 비난한 내용이 런던과 뉴욕의 신문들에 실렸다는 것이다. 밸컨은 히치콕의 이름을 거명하지는 않았지만, 자신이 '이 분야 저 분야'를 통해 승진시켰던 '포동포동한 젊은 테크니션'을 주저없이 언급했다.

시드니 번스타인의 전기를 쓴 캐럴라인 무어헤드가 적었듯, 영국 언론이 영국에 없는 히치콕을 비난한 여러 차례의 움직임 중에서 밸컨의 논평은 '특히나 치명적인 악의적 운동'의 하나였다. 그 이전인 1940년 5월에, 세이무어 힉스는 '당당하게 각광을 받고 있는' 할리우드의 영국인 거주자들을 겨냥하면서, 찰스 로턴과 허버트 마셜이 출연하고 히치콕이 카메라 뒤에 설 〈결말과 함께 사라지다〉라는 영화를 만들자고 제안했다. 밸컨의 비난이 있은 지 며칠 후, 단파방송에 출연한 J. B. 프리스틀리도 할리우드에 있는 영국인들을 향해 비슷한 비난을 퍼부었다.

밸컨, 힉스, 프리스틀리는 모두 과거에 히치콕과 예술적 견해에서 차이를 보인 사람들이었다. 그러나 밸컨은 친구였기 때문에, 히치콕의 몸무게를 뻔뻔스럽게 들먹여 세간에 퍼뜨린 그의 의견은 특히나 비열한 행동이었다. 존 러셀 테일러에 따르면, 히치콕 부부는 '심히 분개'했지만 달리 무슨 말을 할 수 있었겠는가? 그는 만사를 막후에서 처리하고 있는 중이라고? 그가 〈해외특파원〉으로 헤이스사무실과 중립법 모두를 조롱하고 있는 중이라고 셀즈닉과 맺은 족쇄 같은 계약 때문에 영국으로 귀국하는 것은 상상할 수도 없는 일이라고? 할리우드로 이사하느라 돈을 다 써버리는 바람에 영국으로 돌아가는 데 필요한 경제적 여유가 거의 없다고? 그가 나이도 많은 데다가, 맞는 말이기는 하지만 애처롭게도 뚱뚱하기까지 하다고?

7월에 미국 주재 영국대사 로시언 경이 '군대복무 연령—30세 이하—에 해당하는 모든 영국 배우들'은 고국으로 돌아가야만 하며, 그보다 나이가 많은 영국인은 '복무 연령에 대한 새로운 입법이 발효되기까지는 현업에 종사해야 한다'고 공표했다고 밸컨은 로시언 경의 발표를 알고 있어야 했다. 초여름에 할리우드에서 있었던 모임에 대해서도 알고 있어야 했다. 이 모임에서 영국영사는 히치콕과 다른 영국인들에게, 배우 브라이언 아헤르네의 표현에 따르면, "가까운 장래에 인력은 풍족하겠지만 그 인력을 뒷받침할 장비는 그렇지 않기 때문에, 우리 모두가 영국으로 서둘러 돌아가는 것은 바람직하지 않다"고 밝혔다. 영국인 모임의 회원들은 단기간 동안은 전쟁기금을 헌금하고 대중연설이나 대중적인 이벤트에 참가해달라는 요청을 받았다. 데이비드 니븐을 포함한 몇 사람만이 실제로 귀국해서 전투복을 입었다.

밸컨은 히치콕이 참여해서 개봉을 앞두고 있는 자선영화 〈영원히〉에 대해서 알고 있어야 했다. 그가 만약 히치콕과 더 사이좋은 친구였다면, 그는 감독이 이미 영국 정보부를 위한 전쟁영화를 만드는 데 자원했다는 사실을 알고 있어야 했다.

사실, 히치콕은 제2차 세계대전 동안 칭찬받아 마땅한 일을 자원해서 해냈다. 전쟁 관련 작업을 종종은 비밀리에 꾸준히 해냈으며, 그러면서도 절대로 그 사실을 뽐내지 않았다. 그 자신도 경제적인 어려움에 봉착해 있었지만, 전시의 대의를 위해 많은 시간과 돈을 제공했다. 그는 전쟁이 시작된 바로 그 순간부터 성심성의껏 일에 뛰어들었고, 그가 관여한 모든 내용은 그가 생을 마칠 때까지는 결코 대중적으로 알려지지 않았다.

셀즈닉 형제 모두—그리고 히치콕 여사—로부터 압박을 받은 감독은 밸컨의 의견이 '그가 개인적으로 할리우드에서 겪은 체험에 물든' 질투심에서 비롯된 것이라는 성명서를 발표했다. "밸컨의 할리우드 경험은 밸컨에게는 불행하게 끝을 맺었습니다. 그는 언제나 걸핏하면 화를 내곤 하는 사람이었습니다." 히치콕은 "내가 우리 조국을 거들고 있는 방법에 대해서는 밸컨 씨가 신경 쓸 일이 아닙니다"라는 신랄한 말을 덧붙이며 언론에 배포한 성명서를 끝맺었다.

그러나 밸컨의 적의는 금세 수그러들지 않았다. 사실, 그와 다른 영국인들은 〈해외특파원〉이 영국에서 개봉됐을 때 의외로 적개심을 표출했다. 영국 시사회가 있은 후 밸컨, 딜리스 파웰, 폴 로사를 포함한 여러 유명인사들은 맥크리의 믿음직한 라디오 연설은 '무책임한 미국 신문기자의 허튼소리'이며, 미군의 참전 요청은 반드시 전세를 뒤바꿔놓을 영국의 '시민군'에 대한 '모욕'이라고 비난하는 편지에 서명해서 『다큐멘터리 뉴스레터』에 기고했다.

존 러셀 테일러에 따르면, 밸컨은 히치콕이 다양한 방법으로 전쟁을 돕고 있다는 이야기를 '비공식적으로 전해들은' 직후, 그가 대중적으로 표명했던 견해를 "곧바로 후회했다." 테일러는 "그러나 상처는 남았다"고 적었다. 밸컨과 다른 사람들이 보냈던 비난은 이후로 오랫동안 히치콕이 전쟁기피자라는 인상을 남겼다.

히치콕 부부 모두 상처를 받았다. "알마는 전쟁 초기에 영국에서 히치콕을 두고 오갔던 여러 가지 이야기를 특히 용서하기 어려워했다"고 테일러는 적었다. 이때의 논란으로 인해 알마는 '새로운 둥지에 영원히 머물겠다는 결심'을 더욱 다졌다.

히치콕 부부는 미국에서 그들의 첫 저택을 캘리포니아 북부에 마련하는 것으로 〈해외특파원〉의 성공을 자축했다. 그들은 산타크루스 인근의 로스가토스에 사는 조앤 폰테인의 부모 G. M. 폰테인 부부와 친구가 됐다. 히치콕 부부가 포도 재배에 관심이 많다는 얘기를 들은 폰테인 부부는 바인 힐 지역을 찾아보라고 권했다. 부부는 탐색 끝에 1870년에 처음 지어진 콘월랜치, 또는 '산맥의 핵심'으로 알려진 스페인 스타일의 방 9개짜리 저택과 부지를 찾아냈다. 스콧스밸리 인근의 캔햄로드 끝에 자리한 몬테레이만을 내려다보는 200에이커 크기의 부동산은 울창한 삼나무들이 그늘을 드리웠고, 테니스코트와 마구간이 있었으며, 17번 고속도로 건너편에 포도주 양조장도 갖추고 있었다. 구입가격은 4만 달러였다.

1940년 여름은 온갖 활동으로 바빴다. 영국 여행과 새집 구입, 〈해외특파원〉 완성, RKO와 맺은 새 계약의 발효 외에도, 히치콕은 전국으로 방송되는 라디오 시리즈의 진행자가 되려고 노력하고 있었다.

영국 라디오의 팬이었던 감독은 저녁에 짬이 날 때면 언제나 애청하던 미국 라디오 프로그램에 애정을 가지게 됐다. 그는 음악 프로그램을 좋아했지만, 드라마 시리즈도 역시 좋아했다. 당시 미국의 라디오는 전성기를 구가했는데, 밤 시간 드라마는 서로의 모습을 볼 수 없는 친구들이 재미있는 옛날이야기를 듣기 위해 라디오 주위로 모여들게 만드는, 일종의 공중파로 연출해낸 캠프파이어였다. 히치콕은 휴식을 취하려고 드라마를 듣기도 했지만, 라디오를 들으며 작가, 배우, 이야기에 대한 아이디어를 얻기도 했다.

요즘 말로 하자면 멀티태스킹 능력을 갖춘 히치콕은 시간적으로 여유가 있을 때 라디오 시리즈를 연출할 수 있을 것이라고 생각했다. 라디오는 훌륭한 홍보수단일 뿐 아니라 부수입을 벌어들이는 창구가 될 수도 있었다.

히치콕을 라디오에 투입한다는 아이디어는 월터 웨인저의 영화를 배급하던 유나이티드 아티스츠의 홍보부서가 1940년 1월에 처음 내놓았다. 뉴욕의 광고 에이전시, 프로듀서들과 가진 접촉을 처음으로 주선한 것이 유나이티드 아티스츠였다. 〈룩스 라디오극장〉의 진행자로 주기적으로 활동하던 세실 B. 데밀을 염두에 둔 그들은 히치콕이 '데밀 비슷하게 할 수 있을 것'이라고 판단했다.

웨인저—당시 그와 히치콕은 장기적인 협력관계에 대한 얘기를 나누고 있었다—는 주로 홍보 측면에서 가치가 있다는 생각에서 히치콕이 라디오에서 활동하는 것을 후원한 반면, 셀즈닉 에이전시는 경제적인 측면에 흥미를 가졌다. 마이런의 동생 데이비드는 평소처럼 지극히 회의적이었다. 라디오는 저열한 매체 아닌가? 라디오 시리즈가 히치콕의 시간—고급스러운 셀즈닉 영화나 수입이 짭짤한 임대영화에 쓰는 편이 더 나은 시간—을 너무 많이 빼앗지는 않을까? 히치콕이 라디오에 투신한다면, DOS는 그가 받는 몫에 대한 권리를 주장할 수 있을까?

1940년 봄 내내, 감독은 앨프레드 히치콕 라디오 시리즈를 꿈꾸며 회의와 전화통화와 메모에 치어 살았다. 라디오 프로듀서 조 그레이엄은 히치콕을 유명인사들이 좋아하는 탐정이야기를 소개하는 주간 단위 프로그램의 사회자로 간주했다. 가정하자면, 첫 에피소드는 루스벨트 대통령이 뽑은 이야기를 원작으로 만들 수도 있었다. 그러나 히치콕은 그레이엄에게 그 자신이 탐정들의 팬은 아니라고 밝혔다. 그는 희생자와 범죄자에게 더 관심이 있었다. 회의를 몇 차례 가진 후, 프로그램의 개념은 히치콕이 선정한 미스터리 멜로드라마 시리즈를 히치콕이 소개하고 제작하는 쪽으로 발전했다. 시리즈의 제목은 〈서스펜스〉로 정해졌다.

그런데 DOS가 셀즈닉 인터내셔널이 아무런 통제력도 행사할 수 없는 라디오 프로그램에 감독의 소중한 에너지를 낭비하는 것을 원치 않는다는 결정을 내림과 동시에, 보수를 받는 사람이 누구인지가 분명하지 않다는 이유를 내세우면서 회의와 준비작업은 중단됐다. 마이런은 동생의 마음을 돌리려고 노력—이것은 에이전시가 히치콕의 소원을 적극적으로 밀어준 경우였다—했지만, 늘 그래왔듯이 효과가 없었다. DOS는 "라디오 시리즈는 없다"며 완강한 태도를 보였다. DOS와 맺은 계약은 영화 이외의 활동에 대해서는 모호했기 때문에, 히치콕은 이것이 프로듀서의 특권인지 여부를 확신하지 못했다. 그러나 감독의 변호사들과 에이전시는 계약을 회피하지 말라고 주기적으로 경고했다.

그러자 히치콕은 약삭빠르게 아이디어를 짜냈다. 그가 새로 취득한 〈하숙인〉 관련 권리를 라디오에 행사하는 것은 어떨까? 그렇게 하면 방송 매체에 근거지를 마련하는 데 도움이 될 뿐 아니라, 잘 만들어진 라디오 드라마는 영화의 리메이크 가능성을 높여줄 수도 있었다.

DOS는 실험적으로 한 번만 해보겠다는 〈하숙인〉의 라디오 제작을 마지못해 허락했다. 히치콕은 〈해외특파원〉의 주연배우 두 사람을 빌려왔다. 미스터 슬루스(하숙인)역은 허버트 마셜이, 집주인 역은 (영국 화폐로 권리를 확보하는 데 도움을 준) 에드먼드 그웬이 맡았다.(그웬의 동생 아서 체스니가 히치콕의 무성영화에서 집주인 역할을 연기했기 때문에, 이것은 재미있는 캐스팅이었다.) 〈하숙인〉은 1940년 7월 22일에 〈예측〉 시리즈의 시험 프로그램으로 방송됐다.

라디오 드라마의 결말은 소설처럼 하숙인이 런던을 활보하는 살인자인지 아닌지에 대한 의문을 열어놓았다. 드라마가 끝나기 전 히치콕을 연기하는 배우가 프로그램에 끼어들어서, 청취자들에게 엽서를 보내 결말 —그리고 하숙인의 진짜 정체— 에 대한 투표를 해달라고 요청했다. 청취자들은 NBC에 히치콕 시리즈를 정규로 방송해달라는 엽서를 보내달라는 요청도 받았다. 그런데 마셜 그램스 주니어가 『서스펜스: 스릴과 오싹함의 20년』에 적은 바에 따르면, '압도적인' 엽서에도 불구하고 시리즈는 1940년 가을 편성표에 오르지 못했다. DOS는 승인을 내주는 것을 완강히 거절했다. 〈서스펜스〉 기획은 1942년까지 보류됐다가 히치콕이 없는 상태로 되살아나, 대중의 갈채를 받으며 미국 라디오에서 20년 동안 방송됐다.

그러나 히치콕은 라디오와 가진 이 첫 불장난 덕분에 전국적으로 방송되는 서스펜스 시리즈를 만들어야겠다는 간절한 생각을 굳히게 됐다. 이때쯤 뉴욕의 출판업자들과도 첫 접촉을 가진 히치콕은 그의 첫 서스펜스 선집을 편집하기로 합의했다. 마지막으로 중요한 이야기는, 라디오 시리즈 작업에 참여했던 뉴욕의 광고업자가 히치콕을 '서스펜스의 거장'이라고 부르자는 아이디어를 내놨는데, 셀즈닉이 〈레베카〉를 홍보하면서 그에게 붙여준 '멜로드라마의 거장'보다는 더 멋지고 정확한 별명이었다.

서스펜스의 거장이라는 새로운 별명을 얻은 감독은 8월 말에 서스펜스라고는 눈곱만치도 없는 스크루볼 코미디를 RKO에서 연출하고 있었다. 여름이 지나면서 캐리 그랜트가 프로젝트를 떠났고, 그럴싸한 대안인 로버트 몽고메리가 캐럴 롬바드의 상대배우가 됐다.

시나리오작가 노먼 크래스나는 오스카 후보작 〈세상에서 가장 돈 많은 아가씨〉, 〈테이블 건너편의 손들〉(캐럴 롬바드가 출연한 또 다른 코미디로, 히트작이었다), 그리고 프리츠 랑의 영화 2편—교수형을 반대하는 〈분노〉와 뮤지컬에 가까운 〈당신과 나〉—을 포함한 호평을 받은 작품 몇 편을 쓴 작가였다. 그러나 크래스나는 '진지한' 연극무대를 주기적으로 찾기 위해서 때로는 하찮은 영화들을 써내기도 하는 실망스러운 극작가이기도 했다. 뛰어난 입담으로 시나리오를 팔아먹는 것으

빛을 발하는 캐럴 롬바드와 로버트 몽고메리와 함께. 히치콕은 1941년에 만든 소품영화 〈스미스 부부〉에서조차 독일적인 앵글을 작업했다.

로 유명한 크래스나는 회의실에서는 눈부신 빛을 발했지만, 그가 제출하는 시나리오가 항상 그의 화려한 입담에 어울리는 수준이었던 것은 아니었다.

〈미스터 앤드 미시즈〉는 자신들의 결혼생활이 공허하기 그지없다는 것을 알게 된, 파크 애비뉴에 거주하는 부부를 다룬다. 부부의 발견은 엉뚱한 사건들을 불러일으킨다. 마침내 6월에 시나리오에 손을 댄 히치콕이 깨달은 것처럼, 이 작품은 크래스나의 최고작 수준에는 미치지 못하지만, 스케줄 때문에 —그리고 롬바드가 작품에 너무나 열중했기 때문에— 히치콕은 시나리오를 그대로 받아들여야 했다.

훗날 히치콕이 프랑수아 트뤼포에게 밝혔듯, 그는 〈스미스 부부〉로 제목을 바꿔달은 이 영화를 주연여배우에 대한 '우호적인 제스처'로 떠맡았다. 그렇지만 그가 트뤼포에게 말했듯, 그의 영화경력에서 볼 때 '저조한 시점'에서 이 일을 수락했다는 것도 역시 사실이다. 히치콕은 솔직하게 설명했다. "영화에서 묘사하는 사람들의 타입을 내가 진정으로 이해하지는 못했기 때문에, 내가 한 것이라고는 시나리오에 적힌 대로 장면들을 촬영한 게 전부였습니다."

히치콕은 두 번째 영화를 찍게 해주겠다고 약속한 RKO 계약을 존중하려 했기 때문에, 1940년 초가을에 〈스미스 부부〉를 연출하면서 보낸 6주 동안 그가 지을 수 있는 가장 행복한 표정을 지었다. 촬영장에서 그와 주연여배우는 모두가 유쾌한 기분을 유지하게 해주는 장난을 주고받는 사이였다. 감독은 '출연자용 대사 지시판'에 '스크루볼 블론드'를 위한 대사들을 분필로 적었고, 주연여배우(이자 사실상의 프로듀서)는 이제는 관례가 된 히치콕의 카메오 장면을 연출하는 것으로, 그리고 감독에게 테이크를 거듭해서 가자고 기분 좋게 지시를 내리는 것으로 권력관계를 역전시켰다.

어느 날, 롬바드는 촬영장에 모형 축사를 만드는 것으로 히치콕을 조롱하는 유명한 장난을 쳤다. 축사에는 어린 암소 3마리가 들어 있었는데, 암소들은 주연배우 세 사람의 이름인 롬바드, 몽고메리, (남편의 라이벌을 연기하는) 진 레이먼드의 이름이 적힌 리본들을 매고 있었다. 홍보효과를 위해 꾸며진 이 장난은 의도했던 것처럼 제대로 홍보됐고, 영국에서처럼 할리우드에서도 잘 알려진 "배우들은 가축이다"라는 그의 금언을 결정적인 것으로 만드는 데 도움을 줬다.

그러나 감독도 때로는 자신이 가축이 된 것처럼 느끼곤 했다. RKO와 맺은 계약의 매력 하나는 계약서에 글자로 박혀 있던 보너스 구조였다. 촬영을 시작하자마자 히치콕은 1년 내에 RKO 영화 2편을 완성할 경우 약속받았던 1만 5,000달러를 그의 동생이 지불하지 않았다며 마이런 셀즈닉에게 맹공을 퍼붓기 시작했다. 댄 오쉬어는 에이전시가 그 문제로 자신을 거의 매일같이 들볶고 있다고 투덜거렸다.

현금이 없어 쪼들리고 있다는 기분을 다시 느낀 히치콕은 공개적으로 불평을 늘어놓기까지 했다. 유명인사를 초대하는 라디오 프로그램에서, 히치콕은 그가 '어마어마한 이주비용' 때문에 고초를 겪고 있다고 말하면서, 부수입을 올리게 해준 방송국에 감사를 표했다. 이 사건에 노발대발한 데이비드 O. 셀즈닉은 메모에다가 '히치콕은 그런 말을 해서 자기 자신을 웃음거리로 만들지 않는 편이 나을 것'이라고 적는 것으로 분풀이를 했다.

셀즈닉은 〈바람과 함께 사라지다〉를 끝낸 후 중년의 위기에 빠져들었는데, 여생 동안 이 위기에서 헤어나오지 못했다. DOS는 1940년 여름에 코네티컷으로 이사했고, 그다음에는 뉴욕으로 갔다가, 다시 캘리포니아로 돌아왔다. 대부분의 시간 동안 그와는 "연락이 닿지 않았다." 히치콕이 규정 외의 1만 5,000달러를 달라고 간청했다는 소식이 그의 귀에 들어갔을 때, 그는 고개를 저었다. RKO 영화 2편 모두를 완성하기 전까지는 보너스를 한 푼도 지급하지 않겠다는 것이었다. 히치콕은 그가 찾아낼 수 있는 유일한 셀즈닉을 찾아가서는 보유하고 있는 〈하숙인〉의 권리 절반을 어쩔 수 없이 팔아야 할지도 모른다면서 으름장을 놨지만, 마이런은 눈도 깜빡하지 않았다.

부수입이 간절히 필요했던 히치콕은 셀즈닉 에이전시의 런던 사무실에 근무하는 시그 마커스에게 그가 할리우드에서 행하는 일부 서비스에 대한 대가를 영국에 있는 형 윌리엄의 통장으로 입금시키는 계획이 가능한지를 타진했다. 그렇게 되면 윌리엄은 히치콕의 회계사를 통해 셀즈닉과는 별개로 소설들의 영화화 권리를 사들일 수 있었다. 깜짝 놀란 마커스는 그런 음모는 법적인 곤경을 불러올 것이라고 통보했고, 히치콕이 극심한 스트레스를 받고 있는 것 같다고 에이전시에 경고했다.

캐럴 롬바드와 댄 윙클러는 감독의 근심을 더욱 부추겼다. 윙클러는 히치콕이 셀즈닉 형제들로부터 부당한 대우를 받고 있으며, 감독에게 진정으로 필요한 일은 셀즈닉 인터내셔널과 맺은 계약을 파기하고 RKO에 영원히 합류하는 것이라는 얘기를 〈스미스 부부〉의 촬영 기간 내내 감독에게 들려줬다.

유쾌한 희극을 만드는 데는 이 모든 것이 도움이 되지 않았을지도 모른다. 그럼에도 1941년 1월에 〈스미스 부부〉가 개봉됐을 때, 평론가들은 '낄낄거리게 만드는 영화'(『뉴욕타임스』)이며 "몇몇 장면은 정말로 재미있다"(『뉴스위크』)고 봤다. 히치콕의 코미디는 박스오피스에서도 롬바드의 막강한 인기 덕에 손쉽게 돈을 벌어들였다. 몇몇 예리한 부정적 리뷰(『뉴요커』의 존 모셔는 '어디서나 볼 수 있는 뻔한 영화'라고 썼다)들이 있었지만, 감독에게 의무감과 다재다능함만을 기대하는 할리우드에서 활동하던 히치콕은 그런 것에 상처받지 않았다.

히치콕은 이미 『범행 전』으로 초점을 옮긴 상태였다. 지은이 앤서니 버클리 콕스는 히치콕과 같은 세대에 속하는 영국인으로, 앤서니 버클리라는 필명으로는 탐정소설을, 프랜시스 아일스라는 필명으로는 범죄소설을 쓰고 있었다. 많은 평론가는 최신작인 『범행 전』—살인자나 희생자에게 강렬한 일체감을 느끼게 하기 위해 누가 범죄를 저질렀는지를 제거해버린 작품—을 그의 최고걸작으로 믿었다. 프랜시스 아일스의 첫 작품으로, 살인자의 범행의도를 소설 첫 페이지에서 밝힌 1931년작 『사전의 살의』는 그런 작품유형의 걸작으로 간주됐다. 후속작인 1932년작 『범행 전』에서 독자들은 희생예정자의 남편이 아내를 죽이려는 계획을 처음부터 알게 된다.

RKO는 아일스의 소설이 출판됐을 때부터 권리를 소유하고 있었지만, 이후로 몇 년 동안 헤이스사무실을 만족시킬 시나리오를 만들어내는 데 실패해왔다. 할리우드 영화에서 살인죄는 늘 처벌을 받아야 했지만, 『범행 전』의 핵심 아이디어는 결코 착한 구석이라고는 없는 남편이 부유한 장인과 그다지 매력적이지 않은 아내를 살해하는 데 기분 좋게 성공한다는 것이었다.

게다가 아일스의 소설에는 검열 통과를 더욱 어렵게 만드는 반전도 있었다. 헌신적인 아내는 남편이 자신을 살해하려 한다는 것을 깨달은 후, 남편이 살인에 대한 처벌을 면할 수 있도록 자신의 죽음을 자살로 꾸민다는 것이었다.(부인이 자신의 살해사건을 도와준 셈이라는 게 입증되기 때문에, 소설 제목은 '사전 종범'을 가리키는 법적 용어를 뜻한다.) 자살이 '목표를 위한 수단, 정의로부터의 도피, 모욕 등'을 제공할 경우, 제작규범은 대놓고 가차없이 수정을 가했다.

성공적인 살인자들과 계획적인 살인자들은 할리우드의 금기였지만, 히치콕에게 무엇을 해서는 안 된다고 말하는 것은 그의 창작열을 부추기는 일종의 최음효과를 일으킨다. 그는 〈레베카〉에서 여성동성애 분위기를 자아냈고, 자살이나 다름없는 레베카의 죽음이나 댄버스 부인의 자기희생도 연출했다. 심지어 그는 〈해외특파원〉에서 중립법을 신랄하게 비난하면서 미합중국 정부까지도 조롱했다.

이제 그는 『범행 전』을, 존 러셀 테일러의 표현에 따르면, "여성의 시점을 통해 전개하면서 남편은 그녀의 상상 속에서만 극악무도한 인간으로 만들겠다"고 —이것이 소설의 핵심이자 그에게 그리도 매력적이었던 요소를 거꾸로 뒤집는 것이기는 했지만— 말하면서 타고난 입담으로 RKO를 안심시켰다. 동시에 그는 타이프캐스팅 기미가 보인다며 〈스미스 부부〉를 거절했던 캐리 그랜트를 캐스팅하느라 바빴다. 히치콕은 아일스의 소설이 그랜트에게 덧씌워진 틀을 깨부수면서 살인자를 연기할 수 있는 엄청난 기회가 될 것이라고 설득했다. 그는 시나리오가 만들어지는 동안 사소한 것들을 양보하는 것으로 검열당국을 무마할 수 있을 것이며, 영화가 끝나기 직전에 살인자인 그랜트가 수사당국을 지나쳐가게 만드는 시나리오를 작업해낼 수 있다는 판단을 내렸다.

최초의 트리트먼트를 쓰는 작업이 히치콕 여사와 조앤 해리슨에게 맡겨졌다. 11월에 그들이 작업을 끝낸 후, 샘슨 라파엘슨이 시나리오 전체를 개발하는 작업에 불려왔다. 마이런 셀즈닉의 고객이기도 한 라파엘슨은 희곡 〈재즈싱어〉가 미국 최초의 토키로 만들어지기도 했던 최상급 극작가였다. 할리우드에서 라파엘슨은 에른스트 루비치와 힘을 합쳐 반짝거리는 영화 몇 편을 연속으로 작업했다. 12월 초에 뉴욕에서 온 라파엘슨은 감독(그리고 보통은 조앤 해리슨)과 날마다 만났다. RKO가 사용하도록 허가한 세인트 클라우드 로드가 주된 만남의 장소였다. 라파엘슨은 리비에라 컨트리클럽 인근에서 실제 집필의 대부분을 해치웠는데, 그는 이곳에 머물면서 작업한 원고들을 리무진 편에 히치콕의 집으로 보내곤 했다.

라파엘슨은 레빌-해리슨 트리트먼트가 '쓸데없는' 대사들이 있고 상당히 '지루하다'는 점에서 불완전했다고 회상했다. 트리트먼트의 주된 성과는 소설의 캐릭터와 서브플롯을 쳐낸 것이었다.(소설에서 비열한 남편과 부인-희생자는 모두 애인을 두고 있는데, 이 애인들은 검열당국에 대한 양보책으로 점차로 잘려나가게 될 터였다.) 히치콕은 만나자마자 라파엘슨은 트리트먼트가 "내가 영화에 담고 싶은 것과는 조금도 일치하지 않는다"면서, 그가 그 나름의 아이디어를 시도해도 좋은지 묻고는, "감독님이 내가 쓰는 것이 마음에 들지 않는다면, 우리가 싸워서 해결하면 될 겁니다"라고 덧붙였다. 그는 히치콕이 거의 무미건조한 목소리로 승락하는 데 놀랐다.

"나는 그 이야기를 내가 그때까지 썼던 그 어느 작품보다도 쉽게 시나리오로 풀어냈습니다." 라파엘슨은 수십 년이 지난 후에 회상했다. "그는 내가 그(히치콕)에게 가져간 모든 것을 그 자리에서 읽고는 훌륭하다고 말했습니다. 나는 평생 마신 중에 가장 많은 술을 마셨습니다. 그도 그때는 술을 많이 마시고 있었죠. 그는 아주 뚱뚱했습니다. 내가 벨 에어에 있는 그의 집으로 가면, 그는 바 뒤로 가서는 오렌지주스와 진을 흔들어대면서 '술 한잔해요, 라프. 마실 거죠?'라고 말하곤 했습니다. 내가 시나리오 몇 페이지를 펼쳐놓고 술을 마시고 있으면 그는 바 모서리에 기대서서는 페이지를 넘겨댔습니다. 대충 훑어보는 것처럼 보였는데, 그는 '좋아요, 좋아, 라프'라고 말했습니다."

히치콕은 라파엘슨이 쓴 페이지를 비판하는 일이 거의 없었다고 라파엘슨은 회상했다. 이따금 감독은 작가에게 주의를 주곤 했다. "이 장면에서는 조심을 해야만 해요. 검열에 걸릴 가능성이 있거든요." 그러면 라파엘슨은 장면의 강도를 약간 낮췄다. 그렇지 않으면 히치콕은 대사 한 줄을 지적하면서 "여기에는 조금 더 집어넣었으면 좋겠어요. 이 장면을 찍을 때 그녀의 머리카락 사이로 바람이 불게 만들었으면 싶거든요" 하고 말했다.

라파엘슨 부부(라파엘슨의 아내는 여배우 도로시 웨그먼이다)는 밤에는 히치콕 부부와 함께 만찬과 파티, 시사회를 다녔다. 처음에는 조심스러웠던 라파엘슨은 얼마 안 있어 '이 이상하고 괴상하며 약간 뚱뚱한 남자와 이 귀엽고 자그마하며 머슴아 같은 여자'를 좋아하게 됐다.

히치콕은 여전히 만찬 파티석상에서 잠에 빠져들었다. 어느 날 밤 라파엘슨과 히치콕 여사는 그가 잠든 사이에 사소한 장난을 꾸미는 것으로 감독에게 역습을 가했다. 그들은 감독의 칵테일에 벤제드린[14]을 집어넣었고 다른 손님들에게는 수면제를 주었다. 라파엘슨의 회상이다. "만찬이 끝났을 때, 히치는 눈이 말똥말똥했고 손님들은 모두 잠이 들어 있었습니다. 히치는 잠을 자러 갈 수가 없었습니다. 그리고는 오락거리를 찾아내려고 저녁 내내 기를 썼죠. 결국 그는 손님들을 깨워서 그들이 하품을 해대면서 집으로 가게 만들었습니다. 히치콕 여사는 그날 밤 내내 단잠을 잤고, 히치는 동이 틀 때까지도 정신이 말짱했습니다."

라파엘슨이 시나리오를 끝마치자, 히치콕은 상당히 머뭇거리면서 —RKO로부터 그녀의 기여에 대해 집필료를 받고 있던— 히치콕 여사가 히치콕의 영국영화들에서 관례적으로 받아왔던 크레디트를 받더라도 개의치 않겠냐고 물었다. 히치콕은 "집사람이 좋아하거든요"라고 설명했다. "그럼요!" 라파엘슨이 대답했다. "전혀 상관없습니다." 그러자 히치콕은 조수 문제를 끄집어내면서, 조앤 해리슨이 그에게는 '식구'나 마찬가지라고 설명했다. 감독이 설명했다. "말이에요, 라프. 조앤은 아주 의욕적이에요. 그리고 그녀는 다른 일을 얻기 위해 크레디트가 필요해요. 물론 그녀는 내 곁에 영원토록 머물고 싶어 하지는 않죠. 내가 그녀의 이름을 당신 이름 옆에 덧붙여도 괜찮을까요?" 다시 한 번 라파엘슨은 상관하지 않았다.

5주 작업을 마친 라파엘슨은 뉴욕으로 돌아갔다. 여생 동안 그는 히치콕과 함께했던 작업을 그가 영화업계에서 했던 '가장 편안하고 가장 즐거웠던' 경험이라고 회상했다. 두 부부는 친밀한 관계로 남아 이후 수십 년 동안 서로의 집을 방문하고 편지와 전화를 주고받았다. "히치와 그의 아내와 우리는 굉장히 사이좋은 관계가 됐습니다." 라파엘슨의 회상이다. "우리가 루비치하고 맺었던 관계보다 더요."

시나리오를 다듬는 동안 —1941년 겨울 동안— 세트가 세워지고, 캐스

14 각성제. — 옮긴이

팅과 스태프 선정이 끝났다. 히치콕은 시드니 번스타인과 했던 약속을 지키기 위해 시간을 짜냈다.

번스타인의 다큐멘터리 중 1편인 〈등대선의 사람들〉을 20세기폭스와 RKO에 제안했지만, 두 스튜디오 모두 단편 전쟁영화의 배급을 거절했다. 번스타인에 따르면, "내레이션과 목소리가 그런 시장에는 적합하지 않았던 탓이 컸습니다." 번스타인은 내레이션을 바꾸고, 할리우드에 있는 미국인 배우들을 참여시키며, 모든 것을 미국식 영어에 맞게 재더빙하는 데 비용이 얼마나 드는지를 묻는 전보를 히치콕에게 보냈다. 히치콕은 돈은 문제가 아니라고 말했는데, 자기 주머니에서 그 비용을 지불할 생각이었다.

히치콕은 〈레베카〉에서 일했던 로버트 셔우드를 채용해서 내레이션을 수정하고, 〈스미스 부부〉의 로버트 몽고메리를 내레이터로 기용하여, 직접 재편집과 더빙을 감독했다. 비용은 4,428달러가 들었지만, 그가 그 비용을 돌려받았다는 기록은 없다.

폭스는 〈등대선의 사람들〉을 받아들여 〈등대선 61호의 사람들〉로 제목을 수정했다.[15] 히치콕은 크레디트 받는 것을 거절했다. 그해 말에, 영국 공군의 독일 공습을 다룬 정보부 영화로 오스카 특별상을 받은 〈오늘밤의 목표〉에서도 그는 똑같은 일을 했지만, 역시 크레디트는 받지 않았다.

한편, 감독과 캐리 그랜트 사이에 싹튼 관계는 친영적인 옴니버스 영화 〈영원히〉에서 히치콕이 맡은 작품에 그랜트가 아이다 루피노와 공연하기로 했다는 발표로 이어졌다. 〈범행 전〉에 매달려 작업하는 사이사이, 히치콕은 이 에피소드를 준비하기 위해 알마와 찰스 베넷과 회의를 하느라 샌드위치가 됐다. 에피소드의 내용은 빅토리아여왕의 장례행렬이 부유한 저택을 지나치는 동안, 카메라가 잡역부(그랜트)와 가정부(루피노)—미국으로 도피하는 것을 꿈꾸는 부부—를 비추는 것

15 히치콕의 예수회학교 동창인 휴 그레이가 〈등대선 61호의 사람들〉의 오리지널 각본 크레디트를 받았다.

이었다. 이 에피소드는 〈범행 전〉을 끝낸 1941년 늦봄이나 여름에 촬영에 들어갈 계획이었다.

불행히도 〈범행 전〉은 연기되면서 위기에 빠질 운명이었으므로, 1941년 여름에 히치콕은 자신의 에피소드를 프랑스 감독 르네 클레어에게 넘겨줘야만 했다. 영국인들은 1930년대 중반에 영국에서 몇 편의 영화를 연출했던 클레어를 '명예회원'으로 여겼다. 브라이언 아헤르네가 출연확답을 주지 못하는 그랜트를 대체했다. 그렇지만 〈영원히〉의 아헤르네-루피노 에피소드는 또 다른 '준히치콕 작품'으로 여길 수도 있다. 영국-미국 정신을 담았다는 점에서 영화의 다른 에피소드들과 구분되는 이 작품의 이야기를 개발한 것이 히치콕이기 때문이다.

〈범행 전〉의 촬영에 착수하기 전에, 히치콕은 그의 첫 아카데미 시상식에 참석할 시간도 짜냈다. 〈레베카〉는 1940년에 작품, 감독, 남우주연과 여우주연(로렌스 올리비에, 조앤 폰테인), 여우조연(주디스 앤더슨), 각색(로버트 E. 셔우드, 조앤 해리슨), 촬영(조지 반스), 실내장식(라일 휠러), 오리지널 스코어(프란츠 왁스먼), 편집(핼 C. 컨), 특수효과(잭 코스그로브) 등 11개 부분 후보지명이라는 놀라운 성적을 올리며 아카데미 레이스에서 선두에 나섰다.

작품상 부문에서 〈레베카〉의 경쟁작 중 하나는, 아이러니컬하게도 히치콕이 1940년에 만든 또 다른 영화인 〈해외특파원〉이었다. 〈해외특파원〉은 각본(찰스 베넷, 조앤 해리슨), 남우조연(알베르트 바서만), 촬영(루돌프 메이트), 흑백 실내장식(알렉산더 골리첸), 특수효과(폴 이글러, 촬영부문; 토머스 T. 모울튼, 음향) 등 오스카 5개 부문 후보에 올랐다.

그런데 1940년은 할리우드 최고의 해이기도 했다. 작품상 후보에 오른 다른 작품들도 인상적이었다. 〈이 모든 것, 천국도 역시〉, 〈분노의 포도〉, 〈위대한 독재자〉, 〈키티 포일〉, 〈편지〉, 〈집으로 가는 긴 항해〉, 〈우리 읍내〉, 〈필라델피아 스토리〉. 작품상 후보에 2편을 올린 감독으로는 존 포드 한 사람이 더 있었지만, 히치콕은 할리우드에 온 첫해에 2편을 후보에 올리는 놀랄 만한 업적을 달성했다.(이후로 30여 년이 지난 후—프랜시스 포드 코폴라가 〈컨버세이션〉과 〈대부 2〉를 작품상 후보에 올린 1974년—에야 이런 위업이 재현됐다.)

작품상 후보 10편 중 4편은 히치콕 아니면 포드의 연출작이었고, 두 사람 중 한 명은 감독상을 수상할 듯했다. 흙먼지 지대에 있는 집을 버리는 오클라호마 주민들을 다룬 존 스타인벡의 퓰리처상 수상 소설 〈분노의 포도〉를 각색한 포드의 감동적인 영화는 할리우드가 선호하는 영화였다. 반면 〈레베카〉는 전국평론가들의 투표에서 1위로 뽑혔다는 이점이 있었다.(『필름데일리』가 전문평론가 546명을 대상으로 실시한 연례투표에서 1위표 391표를 받아 367표를 받은 〈분노의 포도〉를 앞질렀다.)

『인사이드 오스카』에서 메이슨 윌리와 다미엔 보아가 쓴 바에 따르면, "〈레베카〉는 극장에 걸리지 않은 지가 몇 달 됐다. 그래서 후보작이 발표된 다음 날, 셀즈닉은 할리우드대로에 새로 개장한 하와이극장에서 〈레베카〉의 두 번째 '특별 시사회'를 개최했다. 이 두 번째 시사회에서 셀즈닉은 캘리포니아 주지사와 로스앤젤레스 시장에게 간청하여, 할리우드대로의 이름을 일정기간 동안 '레베카 레인'으로 바꿔 부르기로 했다는 공동결의문을 낭독했다. 그는 하와이극장에 설치된 '앨프레드 히치콕 전용'이라는 문구가 새겨진 어마어마하게 큰 객석의 막을 걷어내기도 했다."

1941년 2월 27일, 히치콕 부부는 빌트모어 호텔에서 열린 식전 연회에 참석해서, 〈레베카〉를 위해 준비된 테이블에서 데이비드 O. 셀즈닉, 조앤 폰테인과 자리를 함께했다. 영화예술과학아카데미의 당시 의장이었던 〈해외특파원〉의 프로듀서 월터 웨인저는 루스벨트 대통령의 연설에 뒤이어 라디오를 통해 전국으로 방송된 실제 행사를 주재했다.

시상식이 거의 끝날 무렵, 히치콕과 후보에 오른 그의 두 작품은 낙오자로 전락할 위기에 몰렸다.[16] (〈해외특파원〉은 상을 하나도 받지 못했다.) 『인사이드 오스카』에 따르면, 감독상 수상자를 밝힐 시간이 되자 시상자 프랭크 캐프라는 '워릴리, 조지 쿠커, 앨프레드 히치콕, 샘 우드와 윌리엄 와일러의 순서대로' 후보자들을 연단으로 불러올리면서, 그들에게 "서로서로 수고했다는 의미로 다른 사람들과 악수를 하라"고 제안했다. 이채롭게도 존 포드는 행사에 참석하지 않았는데, (<분노의 포도>로 남우주연상 후보에 오른) 헨리 폰다와 함께 멕시코 해안으로 낚시를 떠날 것이라고 기자들에게 무뚝뚝하게 밝힌 바 있다. 포드는 오스카에는 관심이 없다고 주장했다.(그는 '이런 시기에 신경 쓰기에는 하찮은 일'이라고 작가 더들리 니콜스에게 말했다.) 그러나 미국 감독 존 포드는 할리우드의 최고 거장으로 폭넓은 인정을 받았다. 그리고 포드는 영화경력 동안 후보에 오른 5차례 모두 수상이 유력한 후보였다.[17] 더군다나 <레베카>가 영국적인 분위기에 사로잡힌 반면, <분노의 포도>는 두드러지게 미국적인 영화였다. 따라서 포드가 <분노의 포도>로 수상했을 때, 사람들은 놀라는 기색이 전혀 없었다.

히치콕에 관한 부당한 통념 중 하나는 그가 동료들에게 관대하지 않았다는 것이다. 그가 언론을 상대로 동료 감독을 좀처럼 칭송하지 않은 것은 사실이지만, 이것은 누군가의 이름을 거명하는 것은 또 다른 사람들의 이름을 빠뜨리는 것이라는 믿음에서 비롯된 일이었다. 그는 최고의 작품들과 최고의 감독들과 관계를 유지해나가는 자신을 자랑스러워했다. 할리우드에 감독들의 공동체가 실제로 존재했던 1940년대에는 특히 그랬다. 히치콕은 공동체에 헌신적인 일원이 돼서는, 윌리엄 웰먼, 레오 맥커리, 조지 쿠커, 그리고 그가 어울리기를 좋아했던 다른 사람들과 함께 만찬과 파티에 참석하곤 했다.

쿠커와 포드는 그가 특별히 존경했던 감독이다. 쿠커는 이후 수십년 동안 진정한 친구가 됐고, 포드와는 지나치던 중에 인사나 나눈 정도였다. 히치콕이 월터 웨인저 밑에서 <해외특파원>을 완성하는 바로 그 시기에, 포드는 동일한 프로듀서를 위해 골드윈 스튜디오에서 <집으로 가는 긴 항해>를 연출하고 있었다. 조엘 맥크리는 영화의 방송연설 결말을 촬영하는 동안 포드가 잠깐 동안 히치콕의 촬영장을 들른

16 행사 초반에 <레베카>로 유일하게 수상한 사람은 카메라맨 조지 반스로, DOS가 고용하라고 지시한 사람이었다.

17 포드는 5번 감독상 후보에 올라 4번을 수상했다.

사실을 기억했다. 맥크리에 따르면, 포드는 자원해서 맥크리의 대사를 '읽어보기'까지 했는데, 이것은 히치콕을 즐겁게 해준 —그리고 칭찬해준— 제스처였다.

포드가 숨을 거둔 후 발간된 감독협회 책자에 히치콕은 그가 참여한 첫 오스카 레이스에서 그를 능가한 인물에 대해 친필 찬사를 썼다. 히치콕으로서는 유별난 일이라고 할 정도로 드문 제스처였다. 히치콕은 "존 포드의 영화는 시각적인 희열이었다. 그의 촬영방법은 선명함과 두드러진 간결성 면에서 표현력이 뚜렷했다"고 썼다. "방을 바라보는 벽난로의 불꽃 뒤에서 찍은 숏은 없었다. 샹들리에 사이에 매달린 카메라도 없었다. 사람들이 분명히 인식할 수 있는 의도가 없는 끝없는 줌인과 줌아웃도 없었다. 그의 시나리오에는 발단과 전개, 그리고 결말이 있었다. 세계 전역에서 그의 시나리오를 이해했다. 그리고 그의 시나리오는 그가 사랑했던 대지의 일부분인 모뉴먼트 밸리의 기념비로 확장됐다." 히치콕이 대부분의 웨스턴에 신경도 쓰지 않았고 웨스턴을 연출하려고 노력하지도 않았다는 점은 접어두자.(그는 서부 개척기에 사람들이 무엇을 먹고 살았는지 모른다고, 또는 그들이 어디서 볼일을 해결했는지 모른다고 말하는 것을 즐겼다.)

포드처럼 히치콕도 아카데미에 무관심한 척했다. 히치콕 역시 〈레베카〉, 〈구명선〉, 〈스펠바운드*Spellbound*〉, 〈이창〉, 〈사이코〉로 감독상 후보에 5차례 올랐지만, 포드와 달리 —다소는 외국인이라는 신분의 영향을 받아— 한 번도 상을 받지 못했다.

히치콕은 자신이 아카데미 유권자들에게서 보상을 받을 만한 종류의 영화는 만들지 않는다는 것을 진지하게 믿었다. 게다가 그는 소속감독들에게 일정량의 득표를 보장하는 메이저 스튜디오의 전속감독이었던 적이 한 번도 없었다. 셀즈닉과 함께했던 시기—또 경력의 황혼기였던 유니버설에서 보낸 시기—를 제외하면, 그는 풍족한 수상 캠페인의 수혜를 누렸던 적이 없었다.

그날 밤의 마지막 아카데미상이 시상됐을 때 작품상은 〈레베카〉의 품으로 향했지만, 트로피를 집으로 가져간 사람은 프로듀서 데이비드

O. 셀즈닉이었다. 따라서 〈레베카〉의 오스카 수상으로 인해 할리우드에서 그의 주가가 무섭게 치솟기는 했지만, 히치콕이 아카데미에 대해 냉소적인 입장을 취한 데에는 합당한 이유가 있었다. 그러고는 히치콕 영화의 촬영이 시작될 때마다 차기작이 무엇이 될지에 대해 늘 막후에서 심란해하던 틀에 박힌 상황이 다시 전개됐다. 히치콕은 또다시 DOS가 언제라도 발동시킬 수 있는 12주간의 휴지기간 때문에 전전긍긍했다.

히치콕은 너무나 갑자기 RKO와 맺은 관계의 연장을 기대할 수 없게 됐거나 원하지 않게 됐다. 〈시민 케인〉을 둘러싼 논란과 오손 웰스의 영화가 박스오피스에서 당한 실패는 스튜디오에게는 큰 충격이었다. 그로 인해 〈스미스 부부〉를 만드는 도중에 히치콕을 감싸고 있던 협조적이고 우호적인 분위기는 바뀌었다.

오스카 시상식 직후인 1940년 3월, 셀즈닉 에이전시는 히치콕을 다른 스튜디오에 팔아넘기려는 행동에 돌입했다. 에이전시는 감독의 정규계약을 일시 보류하라고 DOS를 설득하고 있었는데, 그렇게 하면 히치콕은 셀즈닉 인터내셔널과는 독립적인 최소한 1편의 영화에 대해 그의 시장가치를 최대화할 수 있었다. 그러나 DOS는 그것을 거절하면서 외부 작업—계약조건과 소재—은 뭐가 됐건 승인할 생각이라는 말만 거듭했다.

유니버설에서는 1935년 작품상 수상작인 〈바운티호의 반란〉을 연출했던 마이런 셀즈닉의 고객 프랭크 로이드가 프로듀서 잭 스커볼과 함께 새로운 부서의 구축을 막 끝냈다. 히치콕에게서 깊은 인상을 받은 스커볼은 (로이드보다 더) 히치콕을 좋아하여, 히치콕의 영화 2편을 제작한다는 제안을 받아들였다. 감독은 스커볼에게 〈하숙인〉을 컬러로 리메이크하는 것이 그가 선호하는 첫 대안이며, 그다음 작품으로 히치콕 오리지널을 만들 수 있을 것이라고 밝혔다. 유니버설 프로듀서는 앨프레드 히치콕에게 합당한 금액을 지불할 생각이라고 마이런 셀즈닉에게 말했다.

영국적인 분위기, 남편의 비밀을 무서워하면서 움찔거리는 연약한 아내, 자살-살인이 뒤틀린 결말. 히치콕은 셀즈닉의 횡포와 간섭이 없는 상태에서 〈레베카〉의 리메이크를 만들려고 노력하는 것 같았다.

감독은 조연 연기자들을 다시 영국인 이민단에서 데려왔는데, 그중 다수는 이미 히치콕과 작업을 해본 사람들이었다. 세드릭 하드윅은 리나의 아버지인 맥레이들로 장군을 연기하고, 〈사라진 여인〉에 출연했던 메이 휘티 부인은 맥레이들로 여사를 맡았다. 〈레베카〉에 출연했던 나이젤 브루스는 불가사의한 죽음을 당하는 조니의 옛 친구 비키 역이었고, 〈몰락〉과 〈행실 나쁜 여자〉에 나왔던 이사벨 진스는 경박한 뉴스햄 여사였다. 〈레베카〉에 나왔던 레오 G. 캐럴은 조니에게 자금을 횡령당하는 멜벡선장으로 돌아왔다.

리나와 친해지는 모르는 게 없는 미스터리 작가 이소벨 세드버스크는 히치콕 분위기의 캐스팅이 필요한 캐릭터였다. 한때 영국 연극계의 주연여배우였다가 이제는 존 반 드루텐 연극의 연출가로 활동하는 오리올 리는 —소설에서는 미스터리 작가 도로시 세이어스[18]를 날카롭게 패러디하는 역할로 묘사된— 이 역할을 맡아 미국영화에 유일하게 얼굴을 내밀었다.

리를 캐스팅하면서 얻은 한 가지 기분 좋은 부산물은 그 캐스팅이 팻 히치콕의 브로드웨이 데뷔로 이어진 것이었다. 1941년 가을에 반 드루텐의 신작 희곡 〈솔리테어〉를 연출할 계획이던 리는 주연 중 한 사람—중년의 떠돌이와 우정을 맺는, 유복한 부모로부터 관심을 받지 못하는 딸—을 연기할 어린 배우를 찾던 중이었다. 학교 연극반에서 연기를 했던 12살의 팻은 나이와 스타일 면에서 적격이었다.

18 소설 『범행 전』은 감독이 고몽 시절 영화들에서 손쉽게 전개했던 신랄한 풍자와 비슷한 형식을 통해 영국 중상류층의 공허한 삶을 풍부한 뉘앙스로 그려낸 덕에 평론가들로부터 찬사를 받았다. 그러나 많은 영국인을 캐스팅했음에도, 히치콕이 프랜시스 아일스의 소설을 각색하는 과정에서 도로시 세이어스 풍자와 더불어 다른 '진실성'은 자취를 감췄다. 〈레베카〉의 경우에 셀즈닉이 감독이 꺼려한 영국적인 분위기를 보존하려고 기를 쓴 반면, 감독은 이 영화에서 영국적인 분위기를 최소화하는 쪽을 택했다. 그렇게 했음에도, 감독은 훗날 가진 인터뷰에서 RKO의 가짜 영국식 프로덕션 디자인에 대해 투덜거리곤 했다. '격조 높은 거실, 웅장한 계단, 사치스러운 침실 등등'이라고 그는 트뤼포에게 말했다. "또 다른 약점은 화면이 너무 반질반질했다는 것입니다."

한편, 〈범행 전〉을 위한 히치콕의 영국인 출연진의 한복판에는 할리우드에서 가장 섹시한 영국인 중 한 사람—공교롭게도 이제 막 미국 시민권을 취득한 사람—이 자리를 잡았다. 1930년대 내내 꾸준히 재능을 보여주고 인기를 쌓아온 캐리 그랜트는 레오 맥커리, 조지 쿠커, 하워드 혹스 같은 감독들이 연출하는 코미디에서 음울한 유머를 구사하는 로맨틱한 주인공으로 출연하면서 날개를 활짝 펴고 비상하기 시작했다. 스크린 밖에서는 수수께끼 같은 삶을 산 그랜트는 그가 누리는 스타덤에는 관심이 없었다. 기분이 동하면 —그는 엄청난 기분파였다— 그는 자신의 이미지와 영화경력을 걸어야 하는 위험을 감수하는 것도 즐겼다.

그랜트는 촬영 첫날인 1941년 2월 10일에 냉혈한 살인자-매력적인 인간버러지로 출연하는 것에 스릴을 느끼며 촬영장에 도착했다. 그런데 (소설에 따르면) 조니의 반짝거리는 눈동자와, 여태껏 본 중에 '가장 명랑한' 얼굴에 짓는 '전염성 높은 친숙한 미소'는 오히려 그랜트 자신이 스크린에서 보여 온 페르소나를 연상시켰다.

히치콕은 그랜트를 사교적으로는 알고 지냈지만 두 사람이 함께 일하게 된 것은 처음이었다. 그랜트는 이때까지 히치콕 영화에 출연한 배우 중에서 가장 무게가 나가는 초대형 할리우드 스타였다. 다면적인 연기자인 그랜트는 연인으로 나오거나 건달로 나오거나 비슷비슷하게 믿음직스러웠다.(《오명》에서 그는 잉그리드 버그먼의 얼굴에 주먹을 날리는 일을 그럴듯하게 해낸다.) 그랜트는 —예를 들어 게리 쿠퍼가 주저했던— 히치콕 영화에 출연하겠다고 합의하는 것으로 스스로의 비범한 경력을 형성해나가는 본능을 과시했고, 스스로를 돕는 것으로 히치콕을 도왔다. 할리우드는 그랜트를 긍정적인 눈으로 바라보게 되었다.

그랜트를 만나면서 감독은 로버트 도나트 이후 처음으로 그의 주연배우에게 깊은 유대감을 느끼게 됐다. 그랜트는 매력적이면서 유쾌하다는 점에서 도나트와 동일한 유형의 배우였지만, 그에게는 스크린에서는 억눌려지기 일쑤였던 신랄하면서도 냉혹한 느낌이 있었는데, 이것이 도나트 또는 조엘 맥크리와 그의 차이점이었다. 다른 스타들은 관객에게 자신에 대한 모든 것을 보여주지만, 그랜트에게는 늘 모호한 부분이 있었다. 그랜트는 카메라 안에서나 밖에서나 자신에 대한 정보를 내놓지 않으면서도, 사람들에게 늘 곁에 있는 것 같은 인상을 주면서 사람들이 계속 추측을 하게 만들었다. 히치콕처럼 그는 그의 정신세계로 난 문을 확실히 방어해냈다.

〈서스피션〉, 〈오명〉, 〈나는 결백하다〉, 〈북북서로 진로를 돌려라〉의 스타에 대해 물었을 때, 히치콕은 그를 가족처럼 묘사하는 경우가 잦았다. 그는 "캐리 그랜트를 연출할 수 있는 감독은 없습니다"라고 즐겨 말했다. "그를 그저 카메라 앞에 세울 수 있을 따름입니다. 그는 관객이 주연 캐릭터에게 일체감을 느끼게 만드는 재주가 있습니다. 그는 우리 모두가 아는 인물을 묘사합니다. 그는 낯선 사람이 아닙니다. 그는 우리 형제와 같습니다."

인터뷰어 앞에서 클리셰처럼 한 말이기는 했어도, 어느 정도 진실은 담겨 있었다. 히치콕은 그를 가족처럼 여겼을 뿐 아니라, 감독이 좋아하고 존중할 수 있는 사람, 즉 절친한 친구이자 사업상 자리에서는 감독을 대신해서 일을 처리할 수 있는 활기찬 호인으로 여기기도 했다. 그랜트(훗날에는 제임스 스튜어트)를 캐스팅하면서, 히치콕 영화의 히어로들은 깊이를 얻기 시작했고, 영화도 그들과 더불어 깊이를 얻었다.

히치콕과 그랜트가 굳건하지만 서로에게는 신랄한 관계(존 러셀 테일러는 그랜트가 "휘파람을 불면서 촬영장에 들어섰고" "그랜트는 두 사람 모두 감초뿌리 캔디를 기억하고 있기 때문에 너무나 잘 어울릴 수 있었다고 말했다"고 썼다)였던 반면, 감독이 RKO가 지명한 주연여배우와 맺은 관계는 달랐다.

히치콕이 원래 리나 역으로 원했던 프랑스의 유명 배우 미셸 모르강은 나치의 점령을 피해 난민으로 할리우드에 온 배우였다. 히치콕은 그녀의 프랑스 억양을 개의치 않았지만 RKO는 그것을 걱정하면서, 박스오피스의 보증수표인 조앤 폰테인을 선호했다. 두 번째 드 윈터 부인은 두 번째 할리우드 영화의 주인공이 될 기회를 얻었다. 감독이 그녀에게 소설을 보내자, 그녀는 필요할 경우에는 '출연료를 받지 않고'도리나를 연기하겠다고 맹세하는 메모를 썼다.

〈레베카〉 이후, 폰테인은 할리우드에서 가장 인기 좋은 여배우 중 한 사람이 됐지만, 자신의 이미지를 다시 뜯어고쳐주고 첫 오스카로 이끌어줄 감독을 여전히 찾고 있었다. 그런데 그녀는 이번에는 RKO 임원들에게 히치콕이 촬영 중에 그녀에게 관심을 덜 기울이는 것 같다는 불평을 털어놨다. 사실, 그녀의 노회한 정신적 지주는 때때로 그녀를 완전히 방치해 두는 듯 보였는데, 폰테인은 깨닫지 못했을 수도 있지만 히치콕은 그녀가 제2의 드 윈터 부인 역할을 반복하기에 충분할 만큼 준비가 잘 돼 있다는 사실을 깨달았던 게 분명하다.

히치콕은 폰테인을 좋아했지만, 전체적으로 보면 그랜트는 그렇지 않았다. 주연여배우의 등 뒤에서 그랜트는 폰테인을 목 졸라 죽이고 싶은 충동을 느낀다고 친한 친구들에게 말했다. 그의 명랑한 연기의 뒷면에는 적의가 자리잡고 있었다. 두 사람 사이의 로맨틱한 화학작용은 아마도 이 영화가 창조해낸 가장 위대한 환상일 것이다.(히치콕의 인장이라 할 카메라 움직임 —최면을 거는 듯한 360도 팬— 중 하나가 그들의 가장 낭만적인 키스를 연출하는 데 훌륭한 역할을 해냈다.)

폰테인이 거의 모든 장면에 등장하기는 하지만, 그랜트를 제대로 보여주겠다는 의도를 품은 영화는 그랜트를 중심에 놓고 골격을 갖춰 나갔다. "내 악당" 불만에 찬 이소벨 세드버스크는 리나가 그녀의 베스트셀러에 나오는 살인자에 대해 질문하자 말한다. "당신 얘기는 내 히어로 말이군요! 나는 늘 내 살인자들을 히어로로 생각하곤 해요." 딱 히치콕이 했음직한 얘기다. 그랜트를 얻은 감독은 오랫동안 그가 넘어서지 못하던 선을 마침내 뛰어넘겠다는 소망을 품고 있었다. 틀에 박힌 괴물 같은 악당이 아니라, 도저히 저항할 수 없는 섹스어필을 가진 잘생기고 만면에 웃음을 띤 악당을 보여주겠다는 소망을.

불행히도 RKO는 〈범행 전〉이 촬영에 들어가기 전부터 자기 파괴적인 짓을 하고 있었다. 그 덕분에 스튜디오를 속이고 검열당국을 우롱하기 위해 히치콕이 고안해낸 영리한 전략들은 모조리 실패하고 말았다.

해리 에딩턴이 시나리오를 집필하는 과정에서 히치콕을 혼자 내버려두기는 했지만, 스튜디오 임원들은 검열과 관련한 염려를 결코 놓지 않았다. 문제가 있는 결말 말고도 소설에는 섹스가 넘쳐났다. 소설에서 조니(그랜트의 캐릭터)는 살인자일 뿐 아니라 바람둥이이고, 가정부를 임신시켜서 얻은 사생아의 아버지이기도 했다. 감독은 이 문제는 지워버려야 한다는 것을 알고 있었고, 늘 그랬듯이 마지못해 그렇게 한다는 태도를 보이기도 했다.[19]

결말은 어떻게 됐는가? 에딩턴은 계속 물어왔다. 아내는 죽어서는 안 된다. 캐리 그랜트를 명랑한 아내 살인자로 끝낼 수는 없다. 히치콕은 그 모든 범죄들을 어떻게 징벌할 것인가?

샘슨 라파엘슨이 시나리오를 쓸 때 가장 먼저 염두에 뒀던 것이 이 수수께끼였다. 그와 히치콕은 상이한 결말을 고안해내면서, 그것으로 스튜디오를 달랠 수 있기를 바랐다. 라파엘슨은 한 가지 '임시' 버전을 집필했는데, 그도 히치콕도 그것이 제대로 된 결말이라고 생각하지는 않았다. 라파엘슨은 감독이 창작해낸 결말을 영리한 결말이라며 선호했는데, 그것은 문제를 비켜가는 게 아니라 다른 쪽으로 호도하는 것이었다. 세월이 흐른 후에도 라파엘슨은 그것이 실제로 촬영됐는지 확신하지 못했지만, 히치콕의 해법을 여전히 기억하고 있었다.

소설에서는 다음과 같이 끝난다. 의심을 품은 리나는 조니가 그녀를 —심지어는 그녀가 그의 아이를 임신하고 있는데도— 살해할 생각이라는 것을 깨닫고는 절망에 빠진다.(영화에서는 물론 그녀는 임신하지 않았다. 헤이스사무실에 양보한 또 다른 주요설정이었다.)

소설과 영화에서 조니는 침대에 누워 있는 리나에게 독이 든 우유잔을 갖다준다.(우유잔은 히치콕이 활용한 소설에 나오는 요소 중 하나였다. 그는 잔에 담긴 소름끼치는 내용물을 강조하기 위해 특수효과 전문가를

19 가정부 에델(헤더 앤젤)은 영화에도 등장해서 정신적인 사랑을 나눈다. 초기 시나리오에서 조니가 그녀에게 밍크 어깨걸이를 주는 것이 두 사람이 시시덕거린 흔적을 보여주는 것이기도 하다.

시켜서 잔 내부로부터 빛이 뿜어져 나오게 만들었다.) 그러고는 소설에서와 똑같이 조니가 리나의 침실로 난 긴 계단을 천천히 올라가는 모습이 보인다.

책에서 리나의 별명은 두 가지다. '그녀의 입을 유쾌하게 암시하는' '우체통'(이 별명은 영화에는 등장하지 않는다)과 '원숭이 얼굴'(이 별명은 영화에 나온다). 히치콕이 라파엘슨이 존중했던 아이디어를 얻은 것은 '우체통' 덕분일 것이다. 이 버전에서 리나는 조니에 관한 진실을 폭로하는 편지를 어머니에게 쓴다. 그녀가 죽은 후 편지가 읽혀지면 조니는 체포돼서 처벌을 받을 것이고, 사회는 그가 이후로 저지를 범죄로부터 보호받을 것이다. 히치콕 버전에서 리나는 독이 든 우유를 마시기 직전에 조니에게 "여보, 내 대신 이 편지를 엄마에게 부쳐주겠어요?"라고 요청한다. "짧은 숏으로 페이드아웃했다가 페이드인합니다"라고 감독은 프랑수아 트뤼포에게 밝혔다." 캐리 그랜트는 기분 좋게 휘파람을 불면서 우체통으로 가서 편지를 탁하고 집어넣습니다."

그러나 우체통 결말은 거절당했다. 마지막 순간 스튜디오의 회장 조지 섀퍼가 곤두박질치는 RKO의 실적에 대한 희생양으로 에딩턴을 해고한 것이다. 댄 윙클러도 잘렸는데, 그렇게 해서 히치콕과 계약을 맺었던 두 사람이 사라졌다. 그러고는 상식적으로는 이해되지 않는 일이 벌어졌다. 섀퍼가 RKO의 임시 제작책임자로 다름 아닌 제작규범의 최고 검열관 조지프 브린을 고용한 것이다.

히치콕이 〈범행 전〉을 오리지널과 어렴풋이나마 닮은 결말로 끝맺겠다는 소망을 품었다면, 그 소망은 이제 물거품이 됐다. 라파엘슨에게서 시나리오를 넘겨받은 알마 레빌과 조앤 해리슨은 결말을 고쳐 쓰고 또 고쳐 썼고, 최소한 두 가지 버전이 촬영됐다. 1941년 6월 중순에 시사회 관객에게 상영된 버전에서, 리나는 독이 들었다고 믿는 우유잔을 마시는 것으로 조니를 시험한다. 자신이 죽지 않았다는 것을 깨달은 그녀는 옆방으로 건너가 죄책감에 시달리는 조니가 독을 마시려는 것을 제때에 막는다.

이 버전은 재앙이었다. "테스트 관객들은 야유를 퍼부었고, 나는 그들을 탓하지 않았습니다." 감독이 『뉴욕 헤럴드트리뷴』에 밝힌 얘기다. "관객들은 자신을 죽일지도 모르는 우유를 일부러 마셔대는 멍청한 여자라는 의견을 표명했습니다. 나는 그 문제에는 동의하지 않습니다. 그렇지만 아내의 생존 뒤에 필수적으로 따라붙는 절반의 릴에 걸친 설명이 끔찍이도 나쁜 것이라는 데에는 동의합니다."

대부분의 촬영이 완료된 5월 말에 히치콕은 최후의 대안을 짜내기 위해 뉴욕에서 라파엘슨을 만났다. 6월에 여름 순회공연에 출연하는 아내를 따라 케이프코드에 있던 라파엘슨은 히치콕이 건 전화를 받았다. 히치콕은 그에게 "조애니(해리슨)와 내가 새로운 결말을 썼습니다"라고 말했다. 라파엘슨의 비서가 전화로 그 신을 받아 적었다. 라파엘슨은 읽어보고는 몇 가지 지적을 한 후 전화를 되걸었다.

현재 상태의 결말—사실은 영화 전체—은 이런 배경을 알지 못하고는 이해를 할 수 없다. 연쇄살인범에 대한 또 다른 소설인 〈하숙인〉에서처럼, 히치콕은 〈범행 전〉에 매혹됐던 바로 그 요소들을 결국에는 단념해야만 했다. 시나리오 단계에서부터 검열에 걸릴 만한 문제들을 많이 양보했음에도, 영화학자 빌 크론이 적었듯, 촬영이 이뤄졌던 '현저하게 많은 장면'이 편집 과정에서 '완전히 잘려' 나가야만 했다. 살아남은 것은 슬프게도 엉망이었다. 캐리 그랜트는 비열한 인간이라기보다는 개구쟁이에 가까웠다.

히치콕과 조앤 해리슨이 집필한 결말에서, 겁에 질린 리나는 어머니와 시간을 보내기 위해 떠나겠다고 선언하고, 조니는 그녀를 어머니 댁까지 태워다주겠다고 고집을 부린다. 그들은 히치콕 특유의 높은 해안가 도로를 질주하는 거친 드라이브를 떠난다. 조니가 구불구불한 도로에서 고의로 충돌사고를 내서 그녀를 죽이려 한다고 확신한 리나는 자동차에서 뛰어내리려 하지만, 마지막 순간에 남편은 그녀를 붙든다. 그 후, 조니는 그가 엉뚱한 행동을 해온 것은 그녀를 해치겠다는 욕심 때문이 아니라, 죄책감과 돈 문제로 시달린 때문이었다고 고백한다. 그는 사실은 자살하려고 했던 사람은 그 자신이었다고 고백한다! 리나는 안도감에 흐느끼면서 어머니한테는 가지 않겠다고 밝힌다. 자동차는 큰 원을 그리고는 집으로 가는 길에 오르고, 조니가 아내에게 팔을 두르고 차를 몰아가는 장면으로 영화는 끝이 난다.

히치콕은 수십 년 후에 이렇게 회상했다. "두 사람이 드라이브를 하는 걸 보여주면서, 조니가 후회스럽다는 눈빛으로 어깨 너머를 뒤돌아보는 모습을 보여주는 게 더 나았을 거라고 생각합니다. 그녀를 차에서 떼밀어버리지 않았으니까요."

히치콕과 캐리 그랜트는 김빠진 결말이라는, 최후의 페이드아웃 직전에 주연 캐릭터의 흉악함을 이해할 수 없는 방식으로 뒤집어엎은 결말이라는 쓰디쓴 약을 삼켜야만 했다.

그렇지만 새로운 보스들에게는 그것조차도 충분한 양보가 아니었다. 6월 말에 히치콕이 뉴욕으로 여행을 떠났을 때, 브린 휘하의 2인자로 막 임명된 솔 레서라는 프로듀서가 필름을 모두 압수한 후 가위질해서, 모든 살인을 제거하고 조니의 범죄에 대한 모든 의혹을 지워버린 〈범행 전〉의 축약본을 편집해냈다. 축약된 영화는 어느 누구의 심기도 건드리지 않았으며, 러닝타임이 1시간도 안 됐다! 돌아온 히치콕이 터뜨린 고뇌에 찬 통곡은 할리우드 곳곳에 울려퍼졌고, 셀즈닉 형제도 히치콕의 곁에 서면서 보기 드문 가족적 단결심을 보여줬다. 분노에 찬 항변이 있은 후 감독 편집본이 복원됐고, (브린과 함께) RKO의 수뇌부 자리를 차지했던 레서는 할리우드 단명기록을 세우면서 스튜디오 지도부를 떠나 B급영화를 제작하는 일로 복귀했다.

최후의 모욕은 새로운 제목이었다. 시사회 관객들은 히치콕이 선호했던 제목인 〈범행 전〉의 의미를 파악할 수 없었다. 히치콕은 항상 그 소설을 숭앙한다고 밝히면서, 그로서는 드물게 '걸작'이라고 공개적으로 칭찬하곤 했지만, 그 역시도 검열당국과 타협한 결과로 제목에 담긴 아이러니가 무의미해졌다는 것을 이해했다. 대안으로 그는 주연배우에게 관심을 끌어올 수 있는 제목인 〈조니〉를 제안했지만, 스튜디오의 의견은 소설의 두 번째 문단에 등장하는 단어인 〈서스피션〉으로 결정됐다. 히치콕은 자신이 그런 '멋없는 싸구려' 제목을 얼마나 싫어하는지를 기회가 있을 때마다 밝혔다.

그러나 제목은 영화에 어울렸으며, 어느 정도 영화의 결점을 능가하면서 굉장한 대중적 오락물로 만들어줬다. 박스오피스의 센세이션은 놀랄 만큼 거창한 리뷰들을 이끌어냈다.(하워드 반스는 『뉴욕 헤럴드 텔레그램』에 '〈레베카〉보다 훨씬 훌륭한 영화'라고 썼다.) 요즘의 영화 팬들도 여전히 〈서스피션〉을 사랑하고, 소수의 평론가들은 영화의 결점에서 상당한 심오함을 찾아내기도 한다. 마크 크리스핀 밀러는 "주관적인 비전을 왜곡했다"는 이유로 이 영화를 히치콕의 걸작 중 1편으로 묘사한다. 반면 『카이에 뒤 시네마』는 돌연한 해피엔드를 불굴의 의지로 옹호했는데, 엔딩의 명백한 부조리가 엔드크레디트가 지난 후 조니가 다시 한 번 리나를 살해하려고 애쓸지를 관객들이 궁금해하게 만든다는 근거에서였다.

조앤 폰테인은 히치콕과 친구로 남게 됐고, 결국에는 그해 아카데미 시상식에서 여주주연상을 수상했다.(〈서스피션〉은 작품상과 음악상에도 지명됐지만 수상에는 실패했다.) 폰테인을 포함한 할리우드 사람들은 사실은 그녀가 〈레베카〉로 오스카를 받았어야 한다고 생각했다. 〈서스피션〉에서 보여준 그녀의 연기는 그다지 강렬하지 않았고, 그녀의 캐릭터 구축은 일관되지도 복합적이지도 않았다.

캐리 그랜트는 영화경력 동안 〈페니 세레나데〉와 〈다름 아닌 외로운 마음〉으로 단 두 차례 남우주연상 후보에 올랐지만, 더할 나위 없는 배우는 히치콕처럼 오스카 경쟁부문에서 한 번도 수상하지 못했다. 그러나 감독에게 오랫동안 지워지지 않을 인상을 남긴 것은 그랜트였다. 〈서스피션〉은 히치콕이 오스카를 수상하는 블론드와 함께 떠난 최후의 산책이 되었다. 그는 반쯤 열린 문을 통해 음울하고 복합적인 주연남우를 향해 거듭해서 이끌려갔다.

9 셀즈닉, 친애하는 원수
1941~1944

여태까지 그가 영국에서 만들었던 최고작과 겨룰 만한 작품을 만들지는 못했지만, 히치콕은 할리우드의 신망을 얻으면서 할리우드에서 장기적인 영화경력을 안정적으로 구축할 수 있다는 생각에 마음을 놓았다. 그러나 단기적으로는 셀즈닉 형제가 계속해서 그림자를 드리우고 있었다. 이번에는 형인 마이런이 〈하숙인〉 리메이크를 방해하면서 히치콕의 길을 가로막았다.

히치콕은 유니버설 프로듀서 잭 스커볼에게 판권을 3만 5,000달러에 넘기려 했지만, 마이런은 5만 달러에 최종 수익의 10퍼센트, 그리고 협상을 성사시키려고 애를 쓰던 시그마커스의 표현에 따르면, “전체 협상은 제작비의 모든 요소를 자신이 승인하도록 이루어져야 한다”고 요구했다. 더군다나, 마이런은 최종 작품의 크레디트에 자기 이름을 공동 프로듀서로 올릴 것을 원했다. 무리한 요구에 스커볼은 잠시 주춤했다. 히치콕을 끌어들이려 애쓰던 그였지만, 5만 달러는 지나치다고 생각했다. 〈하숙인〉을 리메이크하려고 시도하는 사람은 히치콕이었지 스커볼이 아니었다. 그런데 지금 감독의 에이전트는 자신의 요구를 내세우며 협상을 까다롭게 만들고 있었다.

히치콕은 유니버설이 제시한 3만 5,000달러 중에서 에이전트가 3만 달러를 가져가도록 제안했는데, 마이런이 요구한 5만 달러의 절반 이상을 내주는 셈이었다. 히치콕은 투자한 1만 달러(이중 일부가 마이런에게서 빌린 것이기는 하지만) 중 절반을 손해 보는 5,000달러만 선불로 받기로 합의했다. 그러나 마이런은 공동 프로듀서 크레디트와 수익분배 조건 없이는 그가 가진 절반의 권리를 팔려 하지 않았다.

그 문제를 놓고 입장조율을 끝낸 셀즈닉 형제는 결국 최소한 한 가지 점에서는 단결된 태도를 보였는데, 잭 스커볼은 초보 프로듀서라서 〈하숙인〉의 리메이크를 망칠 가능성이 크다는 생각이었다. 마이런과 데이비드는 리메이크를 그들의 공동제작으로 만들어낼 수 없다면, 셀즈닉 형제의 합작영화로 만드는 것이 어떤지를 놓고 고민했다. 물론, 그들은 그 문제를 놓고 끝없는 고민에 잠길 정도로 여유가 있었지만, 히치콕은 그렇지 않았다.

전속감독 중 누가 〈하숙인〉의 적임자일까를 놓고 고민에 잠긴 DOS는 제작 일선에 복귀해서 히치콕의 차기작을 감독하는 문제를 그리움이 묻어나는 어조로 떠들어댔다. DOS는 호기심이 동해서 히치콕이 자신의 지휘 아래 프로젝트를 개발하기로 합의한다면, 히치콕이 보유한 〈하숙인〉의 권리를 기꺼이 사들이겠다고 마이런에게 말했다. 그러면 DOS는 리메이크를 자신의 프로그램으로 합병한 후 셀즈닉-히치콕 영화로 제작해내거나, 아니면 최후에는 스커볼 같은 사람에게 권리를 팔아넘겨서 주머니를 불릴 수 있었다.

히치콕은 셀즈닉과 이 문제를 논의하기 위해 계속해서 저녁을 함께했다. 히치콕은 데이비드를 좋아하게 되었고, 시간이 흐를수록 마이런보다도 데이비드가 더 마음에 들었다. 히치콕과 DOS는 모두 말 많은 몽상가였다. 어느 밤의 만찬석상에서 그들은 셀즈닉이 할리우드로 데려온 스웨덴 여배우 잉그리드 버그먼을 놓고 꿈을 꾸는 듯한 얘기를 주고받았다. 버그먼은 첫 미국영화 〈인터메조〉 이후 셀즈닉이 고액으로 임대하는 또 다른 인물이 돼 있었다. DOS는 히치콕이 셀즈닉 영화에서 버그먼을 연출해야만 한다고 생각했고, 히치콕의 생각도 마찬가지였다.

셀즈닉에 따르면, 그다음에 히치콕은 '매우 흥미롭고, 상당히 에로틱한 이야기'를 들려줬는데, 그와 조앤 해리슨이 버그먼을 위해 급하게 창작해낸 작품이라고 밝혔다. 시나리오는 납치돼서 사슬에 한데 묶인 부부에 관한 실제 사건기사를 토대로 한 것이었는데, 셀즈닉은 메모에 이렇게 적었다. “대사관 무관이나 그런 종류의 남자의 젊은 아내와 그녀와 친한 젊은 남자친구가 납치를 당해 6개월 동안 중국 도적들에 의해 사슬에 한데 묶인다. 나는 이 이야기가 히치콕에게 어필하는 이유를 이해할 수 있다.” 히치콕은 즉흥적으로 말했을 것이다. 셀즈닉은 이 이야기가 〈리치 앤 스트레인지〉(중국 해적)와 〈39계단〉(수갑)을 뒤섞은 것이라는 사실을 눈치채지 못한 것이 분명하다.

그 ‘상당히 에로틱한 이야기’가 셀즈닉에게 어필하지 못했을지는 모르지만, 그럼에도 불구하고 셀즈닉과 히치콕은 결국 서로가 비슷한 사람이라는 것을 알게 됐고, 각자의 아이디어를 큰소리로 떠들어댔다. 어느 저녁자리에서 히치콕은 〈하숙인〉 대신 〈나는 비밀을 안다〉를 리메이크하는 문제를 제기했다. DOS는 프로듀서로 새로 영입한 존 하우스먼에게 영화를 맡기면 되겠다는 가능성을 마음에 들어 하면서, 줄거리를 어떻게 미국으로 옮겨놓을지를 놓고 히치콕과 브레인스토밍을 했다. 그러나 히치콕이 오리지널 영화에 대한 권리를 소유하고 있지 않다—영화의 권리는 여전히 영국의 고몽에 엮여 있는 상태였다—는 사실이 명확해지면서, 이 아이디어는 그 자리에서 폐기됐다.

〈하숙인〉은 계속해서 수면 위로 고개를 드러냈는데, 부분적으로는 히치콕이 그 이야기를 하는 것을 DOS가 좋아했기 때문이었다. 그 이야기를 어떤 식으로 이전과 다르게 극화할 것인가? 히치콕은 이야기를 어느 정도 미국화할 수 있을 것이라고 즉흥적인 답을 내놓았다. 히치콕은 열심히 떠들어댔고, 결국 DOS는 결심하기 전에 탄탄한 트리트먼트를 읽어보고 싶다고 말했다. “좋습니다” 하고 감독은 대꾸했다. 히치콕 여사가 2만 4,000달러를 받고 시나리오를 만들어낼 수 있다는 것이다. DOS는 “좋지 않은 얘기군요” 하고 말하면서, 알마의 서비스는 그녀의 남편이 셀즈닉과 맺은 계약에 따라 무료로 행해진다는 것을 히치콕에게 상기시켰다.

마이런은 엄밀히 말하자면 데이비드가 옳다고 말했다. 〈하숙인〉을 셀즈닉 프로젝트로 개발하는 한, 알마는 돈을 받을 수가 없었다. 히치콕은 격분해서, 계약서에 서명을 하기 전에는 한 번도 그런 미묘한 조항에 대한 얘기를 들은 적이 없다고 주장했다. 모두를 진정시키려 하던 마이런은 계속 저녁을 먹으면서 그를 달래려고 애썼지만, 오히려 초조하게 만들 뿐이었다. 기분이 내키면 그의 접대는 감동적이지만 이외의 시간에는 타협의 여지가 없었고, 술을 마시면 고래고래 소리를 지르며 덤벼들 기세였다.

결국, 1941년 늦봄에 감독은 한동안 〈하숙인〉을 접어두고 다른 작품으로 옮겨가기로 결심했다. DOS는 터무니없는 말들을 해대고 있었다. 그 시점에서 셀즈닉 형제는 제작에 대해 진지한 것 같지 않은 반면, 잭 스커볼은 히치콕이 무엇이건 시도해볼 수 있게 해주려고 열심이었다.

스커볼은 감독에게 생각을 바꿔서 그들이 늘 '히치콕 #2'라고 불러왔던 작품으로 관심을 돌리도록 권유하고 있었다. 〈39계단〉처럼 롱맨을 추격하지만 배경은 미국인 이 작품은 히치콕 오리지널로, 롱맨은 파괴활동을 한 것으로 오해받는 또 다른 평범한 미국인이 될 것이다. 이 얘기를 들은 DOS는 히치콕이 하우스먼 아래서 '히치콕 #2'를 개발하게 해주기로 합의했다. DOS는 시나리오 개발과정을 모니터할 수 있고, 나중에는 영화를 직접 제작할지 아니면 손쉬운 이득을 위해 영화를 팔아넘길지 결정할 수 있었다.

DOS는 1941년 7월부터 주급을 3,000달러로 인상시켜주면서 히치콕을 달랬다. 이제 감독의 연봉은 12만 달러였다. 마이런도 〈하숙인〉 리메이크의 첫 트리트먼트 집필에 알마를 1만 달러에 고용하는 것으로 그의 고객을 다독였다. 그러나 히치콕은 권리에 대한 절반을 보유한 동업자였기 때문에, 훗날 벌어들일 수입에서 알마의 급여의 절반을 내뱉어야만 했다.(히치콕이 마이런과 맺은 계약에는 부적절한 경우가 아니면 리메이크를 그가 연출해야만 한다는 조항도 있었다.)

히치콕은 연봉 인상과 트리트먼트 위임으로 자존심을 세웠지만, 에이전시와 7년 연장 계약을 다시 체결하자는 마이런의 요청에는 뒷걸음질을 쳤다. 그가 셀즈닉 에이전시와 맺은 첫 계약의 갱신시기가 다가오고 있었는데, 이제 히치콕은 자신이 곤궁에 처하게 된 것은 데이비드보다는 마이런의 탓이 더 크다고 비난했다.

DOS가 파괴공작원 프로젝트를 제작할지도 모른다는 태도를 보이고 있지만, 히치콕은 그 영화는 결국 유니버설에서 제작하게 될 것이라고 스커볼을 안심시켰다. 히치콕 부부와 조앤 해리슨은 계약의 세부조항에 대한 합의가 이뤄지기 전부터 시나리오 작업에 돌입하여, 밤에 주말에 심지어는 〈서스피션〉의 촬영장에서까지 작업을 진행했다. 〈서스피션〉이 후반작업 중이던 한여름 무렵, 히치콕은 존 하우스먼과 첫 미팅을 가졌다.

전쟁과 영화연출이 서로서로 협력하는 형국이었다. 1941년 8월에 히치콕은 리버레이터 폭격기를 타고 미국으로 날아온 시드니 번스타인과 협의하기 위해 뉴욕으로 짧은 여행을 떠났다. 정보부를 대표하는 번스타인은 할리우드로 가는 중이었는데, 할리우드에서 스튜디오 임원들과 협조적인 관계를 구축하고 싶어 했다.

번스타인보다 앞서 돌아온 히치콕과 빅터 사빌은 번스타인이 면담 약속을 잡는 것을 도왔다. 번스타인은 해리 워너와 루이스 B. 메이어를 포함한 스튜디오의 거물들과 만나는 동안 세인트 클라우드 로드에 있는 히치콕의 집에 머물렀다. 번스타인의 목표는 정보부가 전시에 만든 다양한 단편들을 스튜디오가 주요 개봉작에 붙여서 개봉하도록, 그리고 그들이 앞으로 만들 영화들이 영국의 역사와 전통을 칭송하게 만들도록 설득하는 것이었다.

이때까지도 이런 활동은 여전히 중립법을 거스르는 행위였으며, 할리우드의 친영 활동은 영화업계의 친독 요인뿐 아니라 미국 정보당국의 감시의 눈길 아래 있었다. 많은 미국인이 영국을 위해 가급적 모든 일을 해주고 싶어 하기는 했지만, 정부의 공식정책은 아무것도 하지 않는 것이었다. 그래서 미국 제일주의자들은 자신들에게 유리한 법을 집행했다. 〈해외특파원〉—그리고 지금 개발중인 파괴공작원 프로젝트—은 고립주의자인 상원의원 버턴 K. 휠러(민주당, 몬태나)와 제럴드 P. 나이(공화당, 노스다코타)가 수차례의 대중연설에서 할리우드에 '외래에서' 온 영향력이 행사되고 있다고 비난하면서 독설을 퍼부은 바 있는 '메시지영화'의 전형이었다.

사실, 사빌은 1941년 가을에 휠러와 나이가 주도하는 상원 주간통상위원회 청문회에서 공개적으로 영국 요원으로 낙인찍힌 사람 중 하나였다. 청문회에서 나온 증언에는, 할리우드에서 사빌이 "호사스러운 접대를 하면서 손님 한 사람 한 사람에게 영국을 위한 선전선동을 풀코스로 제공한다"는 내용이 있었다. 〈해외특파원〉은 위원회가 표적으로 삼은 할리우드영화의 명단에서는 어느 정도 제외돼 있었다.(히치콕의 선전선동은 이 정도로 교묘했다.) 아무튼 청문회는 길게 가지 못했고, 조사는 진주만 공습으로 인해 중단됐다.

진주만이 갑작스럽게 히치콕을 자유롭게 풀어주면서, 히치콕은 이제 〈파괴공작원〉이라는 제목을 얻은 신작의 소재를 더욱 노골적으로 다룰 수 있게 됐다. 줄거리 작업은 초여름부터 해오고 있었지만, 중요한 시나리오 수정은 미국이 참전한 후에야 이뤄졌다.

DOS는 존 하우스먼을 히치콕을 감독하는 자리로 배정했지만, 하우스먼뿐 아니라 작업에 참여한 어느 누구도 〈파괴공작원〉이 셀즈닉 제작영화로 끝날 것이라는 환상은 품지 않았다. 데이비드 톰슨은 "제작 초기 단계에서, 그(DOS)는 '어찌 됐건 나는 이 영화를 만들지 않을 거요'라고 말했다"고 썼다.

알사스인 아버지와 영국인 어머니 사이에 부쿠레슈티에서 태어난 하우스먼은 본명이 자크 하우스만으로 영국에서 교육을 받았다. 1930년대 초반에 뉴욕으로 이주한 그는 거트루드 스타인-버질 톰슨의 아방가르드 오페라 〈3막의 4인의 성자〉를 제작한 후, 오손 웰스와 시끌벅적한 파트너십을 맺으면서 웰스에게 힘을 실어줬고, 두 사람의 파트너십은 니그로 시어터 프로젝트, 클래시컬 시어터 프로젝트, 그리고 머큐리 시어터의 무대연극과 라디오 프로그램 제작을 낳았다. 하우스먼은 웰스가 할리우드로 옮겨올 때 〈시민 케인〉의 비공식 매니저 자격으로 함께 이주했지만, 파트너와 끝없이 알력을 빚다가 셀즈닉이 제의한 계약을 수락했다.

하우스먼의 표현에 따르면, DOS는 하우스먼이 영국적 성장배경과 '교양과 매력'을 통해 '히치와 사이좋은 개인적 관계를 맺고, 그가 오리지널 시나리오를 구상하고 준비하도록 구워삶고 부추기는' 지렛대 역할을 하기를 희망했다.

"나는 그가 음담패설을 주절대는 뚱보라는 얘기를 들었다." 하우스먼은 훗날 이렇게 썼다. "식도락가에다 훌륭한 와인을 자랑스럽게 음미하는 감식가라는 얘기도 들었다. 내가 예기치 못했던 것은 그가 비상할 정도로 예민한 감수성을 가진 사람이라는 사실이었다. 엄격한 가톨릭 교육을 받은 그는 끝없는 반항의 대상이자, 그에게 늘 의심과 왜소한 감정만 안겨주는 사회시스템 때문에 얻은 상처를 가진 사람으로, 온순함과 반항기를 오가고 있었다."

두 사람은 이전에도 만난 적이 있었지만, 하우스먼이 히치콕을 처음으로 자세히 관찰하게 된 것은 이 프로젝트부터였다. 영화역사가 레너드 레프에 따르면, 하우스먼은 "히치콕에게 매료됐다." 그는 "일을 향한 그의 열정은 대단했다. 그는 지적이고 과학적이라 할 명료한 방법으로 일에 접근했는데, 이것은 내게는 익숙하지 않은 일이었다"고 회상했다. "히치와 일하는 것은 사실상 그가 하는 얘기—비화, 아슬아슬한 장면, 캐릭터, 폭로와 반전—를 경청한다는 것을 뜻한다. 그는 그런 얘기들을 밤에 생각해서는 낮 동안 우리에게 들려주려고 애를 썼다…… 결국에 그런 과정을 통해 살아남은 요소들은 세심하게 계획되고 정교하게 배치된 리듬에 맞게 이야기 속으로 함께 묶여 들어갔다."

첫 히치콕 3인조는 초기의 일상적인 일 대부분을 세인트 클라우드 로드에서 해치웠다. 어느 날, 현장을 방문한 기자는 히치콕 부부와 조앤 해리슨이 "각기 타자기와 원고지가 있는 다른 방으로 들어가서는 테이블과 의자, 라운지를 접수했다. 일단 열정적으로 일에 착수한 그들은 자신들 외의 다른 사람들은 신경도 쓰지 않았다"고 보도했다. 기자의 목격에 따르면, 작업은 '커다란 딸기 로마노프 잔, 여러 가지 아이스크림, 과일과 리큐어'가 배달되면서 중단됐는데, 히치콕은 음식들을 게걸스럽게 먹고는 "주변에서 열광적으로 일이 진행되는 동안 선잠을 잤다."

해리슨은 줄거리 창작에 중요한 기여를 한 후, 할리우드에서 스스로의 힘으로 길을 개척하기 위해 프로젝트를 떠나기로 결정했다. 그녀가 영원히 자신의 곁을 떠날 것을 예상—여러 차례 인터뷰에서 히치콕은 그녀가 그를 떠나서도 결국에는 성공할 것이라고 예견했다—했던 히치콕이지만, 이 시점에서 해리슨을 잃는다는 사실에 넋을 잃은 그는 그녀를 붙잡아두기 위해 DOS에게 별도의 돈을 얻어내려고 기를 썼다. 셀즈닉이 거절하자 히치콕은 사무실을 박차고 나갔다. 중재자인 하우스먼은 위급상황을 무마했다. 상황이 타결되고 해리슨이 떠난 후, 피터 비어텔이라는 청년이 구원투수로 등판했다.

비어텔은 셀즈닉에 전속된 하급 작가였기 때문에, 초고 집필비용을 낮출 수 있었다. 이제 막 21살이 된 비어텔은 소설 데뷔작으로 열렬한 평가를 받았지만, 영화 크레디트는 없는 상태였다.(그 문제에 있어서는 하우스먼도 마찬가지였다.) 그러나 유명인사—빈의 시인, 극작가, 영화감독인 베르톨트 비어텔과, 그레타 가르보의 절친한 친구이자 가르보를 위해 시나리오를 쓴 것으로 유명한 폴란드 출신 여배우 살카 비어텔—의 아들인 그는 부모의 후광을 업고 프로젝트에 참여했다. 히치콕은 유명인사들과 연이 있는 조숙한 작가를 좋아했는데, 좋은 가문에서 자란 비어텔은 히치콕이 좋아하는 착한 일벌레였다.

비어텔은 처음 만난 자리에서 사실은 시나리오 쓰는 법을 모른다고 털어놨다. "이 친구야, 내가 자네를 가르쳐줄게." 히치콕이 정답게 소곤거렸다. "20분이면 돼." 감독은 설정 숏과 클로즈업의 차이점에 대해 설명하기 시작했다. 그는 음악용어들을 들먹이면서, 기다란 설정 숏들은 (반드시 필요한 것만은 아닌) 기다란 서곡과 비슷하고, 클로즈업은 드라마틱한 효과를 내는 데 사용되는 심벌즈를 치는 것과 비슷하다고 말했다. 그는 기다란 지문이나 너무 많은 대사를 쓰는 것에 대해 염려하지 말라고 비어텔을 격려했다.("그렇더라도, 제발 연설문은 쓰지 말게.")

히치콕은 "중요한 것은 프로젝트 전체를 밀고나갈 시나리오를 함께 써 가는 거야" 하고 말했다.

두 번째 히치콕 3인조—비어텔, 하우스먼, 히치콕—가 프로젝트를 넘겨받았다. 히치콕 여사는 스스로 프로젝트를 떠나, 존 반 드루텐의 희곡 〈솔리테어〉의 리허설과 공연에 참석할 팻을 데리고 뉴욕으로 갔다.(〈서스피션〉을 마치고 동부로 향하던 오리올 리가 자동차사고로 세상을 떠난 후, 더들리 디기스가 리 대신 연출을 맡았다.) 팻은 연극비평가들로부터 절대적인 찬사를 받았지만, 진주만 침공 며칠 후에 개막한 연극은 3주 후에 막을 내렸다. 〈파괴공작원〉에 몰두해 있던 히치콕은 딸의 브로드웨이 데뷔를 보지 못했다.

새로운 히치콕 3인조는 1941년 가을 내내 신문 헤드라인에 뒤처지지 않으려고 최선을 다했다. 파괴활동 시나리오는 나치에 동조하는 오열(五列)들이 미국의 중공업을 목표로 파괴활동을 벌일지도 모른다는 드넓게 퍼진 공포를 앞서 예견했다. 주인공은 파괴활동을 한 것으로 잘못 고발된 캘리포니아의 군수품공장 노동자로 정해졌다. 체포를 모면한 그는 결백을 입증하려고 애쓰면서 미국을 가로지르고, 이런 '이중 추격전'에 금발의 광고게시판 모델(히치콕의 친구로, 모델이자 미용 컨설턴트였던 아니타 콜비를 모델로 한 캐릭터)이 합류한다. 히치콕이 시나리오 초기단계에서부터 내놓았던 아이디어 중 하나가 추적자들에게 쫓겨 궁지에 몰린 진짜 파괴공작원이 드높은 곳에 있는 자유의 여신상의 횃불에서 떨어진다는 내용의 클라이맥스였다.

히치콕의 최신작이 존 버컨의 이런저런 요소들과 〈해외특파원〉을 뒤섞은, 과거 작품들을 혼합해낸 작품이 될 것이라는 사실을 부인하는 사람은 아무도 없었지만, 커다란 차이점이 하나 있었다. 비어텔은 "〈파괴공작원〉은 그가 미국에서 미국을 배경으로 활용하여 미국에 대해 만든 최초의 영화였다"고 밝혔다.(히치콕 자신은 이미 이 영화를 '미국적 피카레스크'라고 묘사했다.) 영화는 자유의 여신상 외에도 후버 댐, 록펠러센터, 라디오시티 뮤직홀, 브루클린 네이비야드를 방문하고, 서부의 목장과 유령 도시도 잠시 들를 계획이었다.

히치콕은 자기 작품을 재활용하는 것을 편안해했는데, 때로는 지나치게 편안해하기도 했다. 언젠가 비어텔과 회의를 하던 중에, 그는 눈을 씰룩거린다든지 손가락이 없다든지 하는 것처럼, 오열의 지도자에게 육체적 결함이 있는 것이 어떻겠느냐고 말했다. 히치콕은 웅장한 대저택의 볼룸에서 많은 손님이 뒤섞여 있는 것으로 뉴욕 장면을 연출할 생각을 꿈꾸면서, 비어텔에게 카메라가 만찬재킷을 입은 웨이터와 사람들과 미녀들을 지나치다가 손가락이 하나 없는 손의 클로즈업으로 들어가는 기다란 달리 숏을 쓰라고 지시했다. 비어텔은 말했다. “히치, 잘린 손가락은 당신이 〈39계단〉에서 썼고, 기다란 달리 숏은 〈영 앤 이노센트〉에서 썼다고 생각하는데요.” “흐음.” 히치콕이 낮은 소리로 속삭였다. “그런가? 뭔가 다른 것을 생각해야겠군.”(결국 그는 두 아이디어 모두 내버렸다.)

어쩌면 그것은 가벼운 테스트였을지도 모른다. 비어텔은 히치콕을 공부하고 있는가? 작가들은 히치콕의 영화들을 알고 있어야만 했고, 그렇지 않다면 히치콕은 그들을 위해 영화를 틀어줬다. 하우스먼이 의견을 내놓는 가운데, 비어텔은 페이지를 척척 메워갔다. 비어텔은 감독이 ‘앞으로 더 많은 영화를 만들 텐데, 가끔씩 있는 실패는 그의 명성에 거의 흠집을 내지 못할 것이라는 엄청난 자신감’을 가지고 일을 해 나갔다고 회상했다. “〈레베카〉라는 예외가 있지만, 그는 자신의 영화들이 결국 ‘히치콕 영화’라는 레이블을 얻게 될 것임을 알고 있었던 것 같습니다. 그래서 그의 자만심은 우리가 아이디어를 교환하는 데 결코 영향을 주지 않았습니다.”

평소처럼 이야기의 간극과 비현실성은 그의 활보에 거의 영향을 주지 못했다. 어느 순간, 비어텔은 존 도 캐릭터를 창고에 가두면서 스스로 궁지에 몰리게 됐다. 주인공을 어떻게 탈출시킬 것인가? 히치콕은 주인공이 스프링클러 경보 시스템에 불붙은 성냥을 갖다 대게 한 다음, 소방관들이 도착하는 것을 지켜보면서 건물 밖에 서 있는 모습으로 빠르게 편집하자고 제안했다. 그런데 그렇게 하면 관객이 머리를 긁으면서 주인공이 어떻게 밖으로 나올 수 있었는지 이해하려고 애먹지 않을까요? 비어텔은 궁금해했다. "관객들은 결코 묻지 않을 거야!" 히치콕은 의기양양하게 소리를 질렀다.

진주만 침공이 있은 뒤 전쟁이 시나리오에 영향을 미치면서 〈파괴 공작원〉은 '메시지영화'로 발전해나갈 수밖에 없었음에도 불구하고, 히치콕은 노골적인 대사는 피했다. "지나치게 노골적이야"가 그가 던지는 가장 가혹한 비판이었다. 한쪽 발을 늘 무성영화 시대에 걸치고 있는 사람으로서, 그는 대사 한 줄 한 줄의 궁극적 의미를 표현하지 않는 쪽을 선호했다.

그런데 비어텔이 '연설문 안 됨' 규칙을 깨고는 오열의 지도자—그는 '위대한 대중…… 수백만의 저능아'라고 냉소적으로 언급한다—의 입을 통해서 상당히 노골적인 파시스트 대사라고 생각하는 것을 집필했을 때, 히치콕은 아무 말도 하지 않았다. 그는 연설을 읽고 나서는 시나리오에 남겨두도록 허락했다. 훗날, 감독이 싫어한 바보 같은 관객의 설문지들이 제출되는 어느 스튜디오 시사회가 끝난 후, 히치콕은 비어텔과 함께 시사회장을 걸어 나왔다. "위대한 대중." 히치콕은 비어텔의 정확한 대사에 대한 인정과 진저리나는 시사회 설문지들을 연결지으면서 중얼거렸다. "수백만의 저능아."

이들 히치콕 3인조는 서로에게 동지애를 느꼈다. 그들에게 부족한 것은 시간과 돈이었다. DOS는 비용을 아끼기 위해 시나리오를 빨리 쓰기를 원했고, 히치콕은 DOS에게서 벗어나기 위해 시나리오를 빨리 쓰고 싶어 했다. '틀만 잡은 초고'를 완성한 비어텔은 초고가 영 신통치 않다고 생각했다. 비어텔은 "너무나 잘 상상이 되겠지만, 아주 훌륭하지는 않았습니다"라고 회상했지만, 초고를 읽은 히치콕은 아주 좋아했다. "다른 시나리오들보다 나쁘지는 않아. 게다가 이 시나리오가 나를 셀즈닉에게서 빼내줄 거야!"

유니버설과 계약을 교섭 중이었지만, 히치콕과 하우스먼은 동네를 돌아다니면서 다른 스튜디오들을 상대로 패키지를 피치했다. 이것은 셀즈닉의 이름을 통해 최종가격을 올리려는 원대한 계획의 일부였다. 히치콕에게 동정적이었던 하우스먼은 히치콕이 '뚜쟁이'가 된 듯한 기분이었다고 묘사했다. "그는 이런 공연을 하면서 굴욕감을 느끼는 한편으로, 새로운 관객을 상대로 그가 새로 만들어낸 작품을 선보일 때마다 느끼던 쾌감도 느꼈다." 셀즈닉이 히치콕과 시나리오를 묶어서 팔며 요구하는 금액은 대략 300퍼센트의 수익을 안겨주는 가격이었다. 하우스먼은 "자신의 재능을 착취당하고 있다는 꽤나 정확한 판단으로 인해 생긴 이런 불만은 결국 영화의 품질에까지 영향을 미칠 정도로 컸다"고 회상했다.

그러나 스커볼은 신념을 꺾지 않았고, 〈파괴공작원〉은 결국 히치콕의 2편 계약의 첫 영화로 유니버설에 넘겨졌다. 셀즈닉이 '히치콕 오리지널'이라고 선전했던 시나리오를 위해 스튜디오는 12만 달러—계약과 함께 7만 달러, 영화가 50만 달러 이상의 흥행수입을 올렸을 때 5만 달러 추가 지불—라는 놀랄 만한 금액을 지불해야만 했다. 히치콕이 제작비로 75만 달러를 초과해서 쓰지 않는다면, (계약에 의해) DOS는 흥행수입의 10퍼센트를 벌 수 있었다.

데이비드 톰슨은 『홍행사』에서, 〈파괴공작원〉의 공동프로듀서인 프랭크 로이드에게 극단적인 계약조건들은 "굉장히 부담스러웠다"고 썼다. 제작비 상한선 외에 껄끄러운 급조조항도 있었다. 셀즈닉의 차기 계약 일정에 맞추기 위해, 두 번째 유니버설 영화—'히치콕 #1'—는 1942년 6월 이전에 완성돼야만 했다.

조건이야 어쨌든, 유니버설 영화들은 RKO를 위해 만들었던 영화보다는 더 히치콕적이었다. 부분적으로는 자신의 이야기를 창작해도 좋다는 허락을 받았기 때문이었고, 부분적으로는 그가 미국에 상당히 적응했기 때문이었으며, 부분적으로는 별나게 상냥한 프로듀서 덕분이었다.

잭 스커볼은 프로듀서로서나 서품 받은 랍비로서나 할리우드에서는 보기 드문 인물이었다. 펜실베이니아에서 태어난 스커볼은 시카고 대학에 다니다가, 1920년대에 오하이오 클리블랜드와 인디애나 에반스빌에서 랍비가 됐다. 영화업계로 흘러들어온 그는 교육용 영화들을 제작했는데, 그중에는 1938년에 전국적인 논란을 불러일으킨 다큐멘터리 〈아기의 탄생〉도 있었다. 1930년대 말부터 그는 저예산영화를 찍는 그랜드 내셔널 앤 아카디아픽처스에 근무하는 것으로 할리우드 활동을 처음 시작했다. 1940년에 프랭크 로이드와 팀을 이룬 그는 캐리 그랜트를 위한 기획영화 〈버지니아의 하워드 일가〉로 첫 A급 크레디트를 얻었다.

스커볼은 '억척스럽지 않은 명랑한 프로듀서로, 히치의 팬'이었다고 피터 비어텔은 회상했다. "체격이 호리호리하고 안경을 쓴 그는 히치와 다른 작가들의 창조적 노력을 방해하려 하지 않았습니다." 스커볼은 히치콕을 만나는 즉시, 그보다 앞선 월터 웨인저처럼 히치콕이 셀즈닉 형제의 대우에 얼마나 비통해하는지를 이해했다. 스커볼은 촬영이 시작되기도 전에 〈파괴공작원〉이 '비용의 170퍼센트' 이상을 벌어들이면 히치콕에게 전체 흥행수입의 10퍼센트를 보너스로 지급할 것을 자발적으로 제시하여 스스로 불리한 입장에 섰다. 히치콕은 스커볼이 계약과 무관한 제스처로 제기한 이 보너스가 모두 그의 몫이라고 주장했지만, 셀즈닉 형제는 이런 주장에 노발대발했다. 감독이 별도의 보너스를 받는다면, 마이런과 데이비드 모두 그들이 챙겨야 할 배당을 받을 수 없었다.(나중에, DOS가 비어텔에게 지불한 낮은 임금 역시 '부당하다'고 판단한 스커볼은 비어텔에게도 보너스를 줬다.)

그 즉시, 스커볼은 최상의 작가를 고용하기 위해 제작비 예산을 초과해도 된다고 승인했다. 『뉴요커』와 알공퀸 원탁 출신의 세 번째 작가인 도로시 파커가 히치콕의 시나리오를 위해 고용됐다. 저명한 단편소설가이자 유머작가인 그녀는12월로 예정된 촬영개시일 이전에 몇몇 신들을 다듬었다.

예를 들어, 파커는 배리 케인(로버트 커밍스)이 트럭에 히치하이킹하는 장면을 당시 유행하던 〈그들은 밤에 드라이브한다〉 같은 프롤레타리아 멜로드라마 풍자로 탈바꿈시켰다. 껌을 씹어대는 룸펜인 트럭운전사는 아내가 늘 모자를 사고 영화를 보러 다니면서 —모자, 영화, 모자, 영화— 자기를 미치게 만든다는 혼잣말을 입에 달고 다닌다. 케인은 아무 생각 없이 베토벤을 휘파람으로 분다. "이봐." 트럭운전사가 말한다. "듣기 좋은 가락이군."(히치콕 영화답게, 트럭운전사는 영화의 뒷부분에 중요한 역할로 다시 등장한다.)

파커는 〈해외특파원〉의 연로한 외교관을 연상시키는 이상주의자인 게시판 모델의 눈먼 삼촌이 나오는 훌륭한 장면도 집필했다. 산골 오두막에서 사는 삼촌은 경찰에게 쫓기는 누명쓴 남자에게 피난처를 내주고는, 피아노로 "강 위의 여름 밤*Summer Night on the River*"의 일부를 연주하는 것으로 평화로운 한때를 베푼다.(삼촌은 이 곡을 작곡한 사람이 영국인 델리우스라고 밝히는데, 그 역시 시각장애인이다.)

파커가 한 다른 기여는 혼란에 빠진 세계를 축약한 재치 있는 소우주를 제공한 것이다. 케인과 팻 마틴(프리실라 레인)은 경찰을 피해 다니던 중에 길가를 달리는 알록달록한 왜건으로 뛰어든다. 그 안에는 공격적인 난쟁이, 사람 좋은 수염 기른 여자, 의견이 너무 다른 샴쌍둥이, 이방인을 용납하지 않는 뚱보 여인, 그리고 그룹의 리더인 피골이 상접한 본즈로 이뤄진 순회서커스단이 살고 있다. 경찰이 왜건을 수색하자, 도망자들을 법의 손에 넘길 것인지, 아니면 그들의 양심에 귀를 기울일 것인지를 놓고 서커스단은 열띤 논쟁을 벌인다. 민주적인 성향의 본즈는 이 문제를 투표에 붙이자고 주장하는 데 성공한다. 본즈 자신이 공공연하게 논평하듯, 파커는 이 장면을 '작금의 세계적 곤경과 유사한' 유쾌한 장면으로 써냈다. 물론 난쟁이는 히틀러를, 본즈는 루스벨트를, 다른 단원들은 내부적으로 분열된 유럽 국가를 나타낸다. 이 장면은 전쟁과 파시즘을 피해 도망온 난민들의 곤궁을 요약한다. "그녀(파커)가 발휘한 솜씨 중 일부를 완전히 잃어버린 게 유감입니다." 히치콕은 프랑수아 트뤼포와 가진 인터뷰에서 한탄했다. "그것들은 너무 미묘했어요."

히치콕은 파커에게 최고의 찬사를 바쳤고, 카메오 출연을 그녀와 함께했다. 작가는 사막의 고속도로에서 자동차 한 대가 롱맨과 게시판 모델을 지나치는 장면의 첫 버전에 출연했다. 히치콕이 차를 몰았고(그는 결코 운전을 하지 않는다는 주장에 대한 장난), 파커는 조수석에 앉아 있었다. 도움을 요청하는 여자가 비명을 지르지 못하게 막느라고 케인이 게시판 모델과 실랑이하는 모습을 본 그들은 차의 속도를 늦춘다. "세상에." 파커는 자신이 쓴 대사로 빈정거린다. "저 사람들, 지독한 사랑에 빠진 게 틀림없어요."

그러나 러시필름을 본 히치콕은 카메오가 지나치게 노골적이라고 판단하여 전문 연기자들을 고용해서 짤막한 장면을 재촬영했다. 감독은 영화 말미의 뉴욕 장면에서 드럭스토어 바깥에 있는 농아자(그는 비서 캐럴 스티븐스 옆에 서 있다)로 또 다른 카메오를 시도했다. 그러나 유니버설은 이 장면이 관객들을 불쾌하게 만들지도 모른다고 생각했으므로, 그는 늘 그랬듯이 평범한 단역으로 잠깐 등장한다.

잭 스커볼이 히치콕 영화를 만들 수 있게 해주겠다는 목표를 공언하기는 했지만, 유니버설은 할리우드 스튜디오 중의 울워스였다. 메이저 제작사 가운데에서는 자산이 가장 적고 가장 명성이 낮았으며, A급 제작비가 투자된 작품이나 A급 스타들을 보유하지 못한 스튜디오였다. 매력적인 사람들은 모두 다른 스튜디오에 전속돼 있었고, 히치콕이 임대해오기를 바라는 대형스타들은 몇 달 뒤까지 일정이 꽉 차 있었다. 〈파괴공작원〉이 유니버설에 둥지를 틀 무렵, 프리프로덕션과 캐스팅을 위한 시간은 몇 주밖에 되지 않았다.

피터 비어텔의 시나리오는 지난 수년 동안 히치콕이 거듭해서 출연시키고 싶어했던 두 주연급 여배우 바버라 스탠윅과 마거릿 설러반에게 급하게 전해졌다. 그는 두 사람을 개인적으로 만나 시나리오의 약점을 극복하기 위해 인간적 매력으로 다가서려 했다. 어느 쪽 배우건 롱맨을 돕는 게시판 모델 팻 역으로 그를 기쁘게 해줄 수 있었다.

히치콕은 진정한 핵심 캐릭터이며 히치콕 최초의 미국적인 롱맨 배리 케인에 헨리 폰다—존 포드의 톰 조드—를 캐스팅하기 위해 뛰어다녔다.[20] 감독은 20세기폭스에서 빌 괴츠와 대릴 재넉을, MGM에서는

20 캐릭터의 이름 배리 케인은 존 하우스먼과 가진 첫 시나리오회의에서 만들어졌다. 히치콕이 〈시민 케인〉을 풍자한 것이다.

에디 매닉스를 만나서, 폰다나 그에 버금가는 스타를 임대해오기 위해 스케줄을 맞추려 애썼다.

스케줄은 별개로 하더라도, 스타를 캐스팅하려는 히치콕의 노력은 제작비 문제로 물거품이 되었다. 이미 셀즈닉에게 고액을 지불한 유니버설은 제작비 예산에서 막대한 출연료를 뽑아낼 능력이 없었다. 그래서 감독은 B급 명단으로 시선을 옮겼다.

그는 조엘 맥크리를 만났다. 맥크리는 유니버설로부터 그리 많지 않은 출연료를 받더라도 또 다른 히치콕 영화에 출연하게 된 것을 반겼지만, 당장은 시간이 나지를 않았다. 그래서 히치콕은 (진지한 영화 〈킹스 거리〉에 출연한 직후이기는 했지만) 경박한 로맨스와 시원치 않은 코미디로 유명해진 싹싹한 배우 로버트 커밍스에게로 관심을 돌렸다. 히치콕은 훗날 트뤼포에게 커밍스를 '가벼운 코미디 장르에 어울리는 배우'에 속하는 '능력 있는 연기자'일 뿐이라고 말하면서, "그의 외모에서는 고뇌가 느껴지지 않는다"는 것을 포함해, 커밍스의 캐스팅이 실패한 이유들을 열거했다. 그러나 당시 히치콕은 개인적으로 맥크리보다 커밍스를 선호했고, 나중에 〈다이얼 M을 돌려라〉에서 커밍스를 다시 캐스팅하기도 했다. 히치콕이 커밍스를 높게 쳐준 것은 아마도 그가 무대에서 훈련을 받았기 때문일 것이고, 한편으로는 두 사람이 카메라 밖에서 서로의 친구들과 어울려 놀기를 좋아했기 때문일 수도 있다.

그러나 커밍스의 캐스팅은 스탠윅이나 설러반을 확보하겠다는 일말의 희망까지도 없애버렸다. 셀즈닉의 메모에 적혀 있듯, "그들은 자신보다 가치가 떨어지는 배우가 그들보다 중요도가 높은 역할을 맡았을 때 그 배우의 조연을 맡으려 들지 않기 때문이었다." 따라서 커밍스가 합류한 지 며칠 후인 9월 중순에, 히치콕은 수준이 엇비슷한 주연여배우를 받아들였다. 〈네 딸〉에 세 자매 중 막내로 출연했던 프리실라 레인이었다. 빅 밴드에서 보컬로 활약했던 푸른 눈동자의 블론드 여배우는 워너브러더스에서 스타로 발돋움할 준비를 하던 중이었다. 그녀를 임대해오는 조건 중에는 그녀의 이름이 커밍스보다 앞서 등장해야 한다는 조건이 있었다. 그녀는 히치콕이 개인적으로 그녀의 출연을 요청했다고 생각했지만, 히치콕은 다른 사람들에게 공동 프로듀서 프랭크 로이드가 급이 떨어지면서도 출연료 수준이 맞는 여배우들 명단 중에서 레인을 뽑아 그에게 '강요'했다고 밝혔다. 훗날 감독은 귀엽고 상냥한 '그녀는 히치콕 영화에는 어울리지 않는 타입'이었다고 말했다.

오열의 지도자인 〈파괴공작원〉의 악당은 중요한 역할로, 시나리오는 미국에 있는 친나치 진영을 세련되게 이해하고 있었다. 감독은 훗날의 인터뷰에서 "자신들을 미국 제일주의자라고 부르는 그들은 사실은 미국인 파시스트들이었습니다"라고 밝혔다. 이제 히치콕은 '음흉하고 비밀스러우며 외국인처럼 보이는 남자들'이 아니라, '겉보기에는 말쑥하고 하는 짓은 애국적으로 보이는' 배우들을 찾았다. 그는 존 포드의 작품에서 거룩하기까지는 않아도 의젓한 캐릭터를 자주 연기했던 100퍼센트 미국인 해리 캐리를 캐스팅하려고 노력했는데, 히치콕은 캐리 같은 사람들은 '대조적인 요인'으로 작용하면서 관객에게 충격을 줄 것이라고 판단했다. 그러나 그가 캐리에게 철저한 매국노를 연기해달라고 요청하자 배우는 불쾌해했다.(그리고 그의 아내는 성을 냈다.) 캐리는 새롭게 출현하는 히치콕 영화를 멸시하는 배우들의 진영에 합류했다.

감독은 온순하게 생긴 존 할리데이에게도 접근했는데, 그는 〈필라델피아 스토리〉에서 캐서린 헵번의 약혼자를 연기한 후 스크린에서 반은 은퇴한 상태였다. 그런데 하와이에 거주하던 할리데이는 진주만 공습 이후 여행 제한에 막혀 있었다. 시간문제와 스튜디오의 압력 때문에, 감독은 결국 부드러운 인상에 능력 있는 전속연기자 오토 크루거를 받아들여야 했다. 그런데 히치콕의 표현에 따르면 수다스러운 '틀에 박힌 악역'은 관객에게 아무런 충격도 주지를 못했다.

히치콕은 눈먼 삼촌 역에 본 글레이저를 캐스팅하기 전에 상당히 많은 배우들을 테스트했다. 키가 작고 목소리가 부드러운 앨런 백스터는 커밍스를 미국 횡단으로 내모는 파시스트 행동대원 역에 여성적인 면모를 불어넣었다.("어렸을 때 내 머리는 황금색 곱슬머리였어.") 한때 무대에서 주연으로 활약했던 여배우 알마 크루거—킬데어 박사와 질레스피 박사 시리즈에서 수간호사로 유명했다—는 나치에 찬동하는 상류층 귀부인 역할을 역설하기 위한 선택이었다.

파괴공작원—인간화된 맥거핀—은 단역이었지만 신인배우에게는 최상의 기회였다. 12월에 뉴욕에서 가진 〈서스피션〉 시사회에서, 히치콕은 젊은 캐나다인 흄 크로닌을 포함한 연극배우 몇 명을 테스트했다. 존 하우스먼은 머큐리 시어터에서 상연한 셰익스피어 연극들에서 센세이션을 일으켰던 노먼 로이드를 꼭 만나야 한다고 히치콕에게 주장했다. 로이드는 세인트 레지스 호텔로 히치콕을 찾아왔다.

"감독을 만나러 갔던 일은 인상적이었습니다." 로이드는 『스테이지』와 가진 인터뷰에서 회상했다. "그는 사람들이 상상하는 국제적인 영화감독의 전형이었습니다. 클리셰로 자리잡은 할리우드 스타일이나 조지 S. 코프먼 코미디에 나오는 그런 감독을 말하는 게 아닙니다. 오늘날 영화감독은 연예계의 주요인물로 여겨집니다. 그는 내게 그가 마음속에 품고 있는 것이 무엇인지 말하고는 나를 테스트해야겠다고 밝혔지만, 로스앤젤레스로 돌아가야 했기 때문에 테스트는 하지 못했습니다. 나는 그가 내게 묘사해준 것을 바탕으로 영화에 등장하는 캐릭터 중에서 좋아하는 캐릭터가 등장하는 신을 선택해야 했습니다."

로이드는 역할을 얻었으며, 할리우드로 일하러 가기 전부터 히치콕의 제2촬영진과 일을 시작하기까지 했다. (추격전과 총격전으로 무고한 관객이 죽어가지만, 스크린에 상영되는 코미디 때문에 히스테리컬한 폭소가 터져나오는 시퀀스를 위해) 라디오시티 뮤직홀과, 리버티 수송선이 뉴저지에서 출항하는 모습, 그리고 자유의 여신상을 촬영하기 위해 특수효과 카메라맨 존 풀턴이 이끄는 스태프들이 동부로 왔다. 풀턴은 히치콕이 내린 꼼꼼한 지시에 따라, 스틸 감광판과 스케치 포트폴리오에 들어 있는 액션을 촬영했다.

로이드와 프리실라 레인의 대역을 포함한 엑스트라 수십 명이 자유의 여신상으로 향하는 페리 티켓 판매소에 있는 장면, 배로 연결된 널판을 오르는 모습, 페리의 갑판에 서 있는 모습, 뉴욕 항구에 있는 벨도(지금의 리버티) 아일랜드에 도착하는 모습을 촬영했다. 여신상이 치켜든 손과 거대한 횃불, 그리고 횃불 하단의 가로대도 촬영했는데,

이것들은 나중에 유니버설 촬영장에 실물 크기로 재현됐다. 쫓겨 다니던 파괴공작원이 로버트 커밍스에게 붙잡히는 영화의 마지막 장면에 국가적 기념물의 모조품과 로이드의 대역인 스턴트맨이 나온다. 이 장면에서 파괴공작원의 한쪽 손은 뜯어지는 소매를 꽉 붙들고 있다. 그의 '추락'장면을 위해, 로이드는 실제로는 스튜디오 내부에 깔린 검정색 천 위에서 와이어에 매달렸다. 배경은 매트로 그려졌는데, 배우는 카메라가 멀어지는 동안 추락하는 듯한 시늉을 했다. 이 장면—히치콕의 유명한 허공에 매달린 남자 시퀀스 중 하나—은 몇 달에 걸친 꼼꼼한 계획을 통해 구현된 극적인 효과였다. 대사는 드물고 음악은 깔리지 않으며, 바람이 몰아치고 코트가 뜯어지고 여자가 비명을 지르는 등의 자연음만 들린다.

히치콕은 따끈따끈한 헤드라인을 자신에게 유리하게 활용하는 본능이 비상했다고 로이드는 회상했다. 1942년 2월 둘째 주에 프랑스의 대형 쾌속선 노르망디호가 불길에 휩싸이는 사건이 발생하자, 감독은 뉴욕 항구에 뒤집힌 채로 누워 있던 여객선을 필름에 담으라면서 유니버설의 뉴스영화 제작진을 즉각 파견했다.[21] 그는 스태프들에게 질주하는 차의 창문을 통해 뭍에 얹혀진 여객선을 촬영하고 나서, 맨해튼의 서쪽을 돌며 나 있는 오르막길인 웨스트사이드 하이웨이를 질주하며 내려가는 택시의 모습을 부가적으로 몇 장면 촬영해오라고 지시했다. 그 사이, 히치콕은 할리우드에서 로이드를 모형택시 뒷좌석에 앉히고 이렇게 지시했다. "내가 신호를 주면, 노르망디호를 보는 것처럼 자네 오른쪽을 바라보게."

현실에서 노르망디호가 파괴공작에 희생된 것인지도 모른다는 의혹은 나중에 무시됐지만, 뉴스영화와 연출된 픽션을 교묘하게 합성한 히치콕의 작품을 본 당시의 관객들은 의도된 스릴을 경험했다. 이것은 "자신의 영화를 위해서는 정말로 민활하게 움직이면서, 당시의 역사적

21 뉴스영화 제작진도 파괴공작원을 표적까지 데려가기 위한 트로이의 목마로 영화 줄거리의 일부가 됐다.

사건들을 취해서 그것을 시나리오—캐릭터와 줄거리와 액션—에 합쳐 넣는 식으로 무엇인가를 창조해낼 기회를 감지해내는 사람(히치콕)"을 잘 보여준다고 로이드는 수십 년 후에 회상했다.

영화역사가 조지 터너는 아이러니컬하게도, "노르망디호 솟에 격분한 미국 해군은 그 솟을 잘라내라고 요구했다"고 썼다. 1948년 재상영시에 파괴활동에 대한 암시는 빠졌다.[22]

1941년 크리스마스를 한 주 앞두고 주요촬영이 시작됐음에도 감독은 시나리오로 복귀했다. 피터 비어텔이 시나리오로 다시 돌아왔다. 그는 히치콕과 "촬영 중인 동안에는 매일 저녁 만났고, 주말에는 그와 점심을 함께했으며, 일요일에는 그와 함께 시나리오를 손보는 작업에 매달려 더 나은 장면들을 써내려고 노력하면서 보냈다"고 비어텔은 밝혔다.

작가가 회상하는 당시 히치콕의 생활은 "일, 편집실, 집만 오가는 굉장한 스파르타식이었다." 휴가는 없었다. 히치콕의 런던 생활을 특징지었던 개방적인 파티들도 없었다. 일요일은 그가 스튜디오에 출근하지 않는 유일한 날이었다. 그리고 그날 비어텔은 세인트 클라우드 로드에 있는 히치콕의 집을 방문해서 점심을 먹은 후 시나리오회의를 가졌다. 히치콕 여사는 남편의 몸무게에 점점 주의를 기울이게 됐고, 히치콕은 다시 다이어트를 시작했다. 그런데 비어텔은 히치콕이 홍보 목적으로 연출하는 경우를 제외하고는 배가 터지도록 음식을 먹지는 않는다고 확신하게 됐다. 히치콕이 몸무게를 일정 수준으로 유지하게 만드는 선천적인 체질을 가지고 있을지도 모른다고 믿게 된 것은 히치콕과 가까운 사람들 중에서 비어텔뿐만이 아니었다. 히치콕 자신도 그렇다고 믿으면서, 이뇨제(그리고 비타민 B) 주사를 맞기 위해 비벌리힐스에 있는 그의 주치의 랠프 M. 탠도우스키 박사를 주기적으로 찾아갔다.

22 라디오시티 뮤직홀 운영진도 줄거리에 들어 있는 추격전과 총격전(그리고 살인)을 반대했다. 터너에 따르면, 그래서 "그 장면은 관객들이 극장을 알아보는 일이 없게 심하게 편집해야만" 했고, 그 덕분에 〈파괴공작원〉은 뉴욕 시사회를 뮤직홀에서 개최할 수 있었다.

감독은 유명한 메뉴들을 편집한 책을 가지고 있었는데, 예를 들어 그는 애처로운 한숨을 쉬면서 조지 왕이 1914년에 파리를 국빈 방문했을 때 대접받았던 진수성찬 메뉴를 큰소리로 읽는 것을 즐겼다. "흥미진진한 즐거움으로 가득한 메뉴였습니다." 비어텔의 회상이다. "그리고 히치가 메뉴 읽는 것을 집어치우고 받는 점심은 샐러드를 곁들인 양고기 옆구리 살 정도로 소박하기 그지없었죠. 히치는 식사를 했지만, 놀랄 만한 양은 아니었습니다. 술도 그리 많이 마시지 않았어요. 웬만한 사람들은 그가 술 마시는 모습을 결코 보지 못할 겁니다."

제한된 제작비와 실망스러운 캐스팅에도 불구하고, 히치콕은 육체적으로나 정신적으로나 셀즈닉이 운영하는 감옥 같은 곳에서 한참이나 떨어진 유니버설에서 그 나름의 영화를 만들고 있다는 긍정적인 생각에 열정이 넘쳐흘렀다. 그는 새로운 팀을 꾸렸다. 그중에는 아트디렉터 로버트 보일도 있었는데, 스케치와 디자인에 뛰어난 능력을 발휘한 그는 이후에도 히치콕과 계속 작업을 했다. 카메라맨 조지프 발렌타인은 스튜디오에서 최고의 급여를 받는 인물이었다. 발렌타인은 유니버설을 먹여살린 슬랩스틱 코미디와, 디애나 더빈 뮤지컬들을 촬영했다.(발렌타인은 히치콕이 특히 높이 평가한 분위기 있는 공포영화 〈늑대인간〉도 촬영했다.)

그의 스타들은 타협적인 선택이었을지는 모르지만, 그는 흥정의 결과물로 보고 그다지 개의치 않았다. "나는 그가 했다는 '배우들은 가축이다'라는 말을 둘러싼 모든 일을 그냥 홍보를 위한 언급이었다고 확신해요"라고 프리실라 레인은 회상했다. "그는 굉장히 엄격했어요. 원하는 것을 정확하게 얻기 위해서 사람들을 빡빡하게 대했죠. 그렇지만 그는 촬영장 분위기를 좋게 만들기 위해서 늘 이런저런 농담을 던져대곤 했어요."

비어텔에 따르면, 어쨌거나 히치콕은 배우들에게 연기에 대해서 그리 많은 말을 하지는 않았지만, 그를 흡족하게 해주지 못한 오토 크루거는 예외였다. 히치콕이 얼마나 심하게 괴롭히느냐 하는 것("오토, 내 생각에는 자네가 조금 더 매섭게 행동해야만 해")과는 무관하게, 크루거는 그의 영화의 악당과는 전혀 어울리지 않았다. 일반적으로, 히치콕은 "스타니슬라브스키 연기이론이나 그룹 시어터 연기법을 반대하는 배우들과 작업했다"고 비어텔은 말했다. "존 휴스턴과 마찬가지로 그는 리허설에서 배우들이 알아서 연기를 하게 놔뒀습니다. 그가 하는 연기 지시의 대부분은 타이밍과 관련이 있었습니다." 감독은 연기와 관련된 문제는 무엇이건 카메라워크로 해결할 수 있다고 믿었고, 그의 해결책은 —소파에 크루거를 앉혀놓고 방 맞은편에 기분 나쁜 정도의 거리를 두고 카메라를 고정시킨 채로 악당의 기나긴 독백을 촬영할 때처럼— 독창적인 경우가 많았다.

조지 터너는 유니버설이 '히치콕이 주문하는 50여 개 이상의 세트에 초조감'을 보이기 시작했다고 밝혔다. '광대한 12번 스튜디오에서 연출한 사막, 폭포를 포함해서 재현한 거친 켄강의 일부, 그리고 파크 애비뉴 저택의 웅장한 볼룸'에 대해서는 특히 그랬다. 히치콕은 시간이나 돈을 절약하겠다고 스커볼을 안심시켰고, 스커볼은 스튜디오를 안심시켰다. 히치콕이 쓰는 제작비는 히치콕의 몸무게와 비슷해서, 포식하는 것을 좋아했을지도 모르는 그는 몸무게를 줄이는 데도 천재적이었다. 근검절약의 달인인 그는 빌딩세트의 전면 전체를 건축하는 일을 피하기 위해 모퉁이에서만 촬영하면서도 즐거워했다. 현금이 모자랐던 히치콕은 매트, 미니어처, 배경그림 등에 의지하면서 특수효과의 마법사들의 힘을 빌린 근사한 결과물들을 혼합해넣었다.

영화의 저택세트는 디애나 더빈을 위한 기획영화를 찍고 남겨놓은 계단 위에 지어졌다. 촬영장의 창고건물(보일은 '우연찮게도 커다란 미닫이문이 달린 오래된 장치실'이라고 말했다)은 항공기 공장으로 손쉽게 탈바꿈했다. 문이 열리고 노동자들이 쏟아져나오면, 관객들은 어두침침한 광대한 실내에 제작 중인 비행기들이 서 있는 것을 보게 되는데, 이것은 사실은 배경그림이었다. 아트디렉터 보일에 따르면, 히치콕은 '거의 모든 숏을 5초 이상 지속시키지 않았을 때 얻을 수 있는 가능성'을 알고 있었고, '특히 매트는 5초 이상은 사용할 수 없다'는 것도 알았다. "그렇게 하면 관객에게는 문제점을 찾아낼 만한 시간이 없었습니다."

실제 파괴활동을 보여주기 위해서는 인상적인 폭발장면이 필요했는데, 제아무리 히치콕이라도 싸구려로 찍을 수는 없는 장면이었다. 그는 소박하면서도 무시무시한 특수효과 숏으로 비주얼을 연출했다. 공장의 미닫이문 아래에서 검은 연기들이 계속해서 소용돌이쳐 나오면 그다음으로 거대한 폭발과 굉음이 이어지는 식이었다. “히치가 그림을 그렸습니다.” 보일의 기억이다. “그냥 커다란 문을 그리고는, ‘폭발이 있을 거야’라고 커다랗게 낙서를 했습니다. 내 생각에 그가 갈겨쓴 글귀는 그려낼 수 있는 가장 정교한 그림보다도 훨씬 더 전달력이 뛰어났습니다.”

장면이 거듭될수록 그의 창의력은 더욱 활기차게 발휘됐다. 서커스 이동주택과 관련한 밤 시퀀스에서 히치콕은 F. W. 무르나우를 인용할 기회를 얻었다. 1925년에 〈마지막 웃음〉 촬영장에서 얻은 교훈을 변형한 것이었다. “이렇게 기다란 기차 뒤쪽에서 촬영하는 숏이었는데, 우리는 실제 크기의 트럭과 그보다 작은 트럭을 구했습니다.” 보일의 회상이다. “그러고는 우리는 미니어처에 오르기 시작하다가, 마지막으로 멀리 떨어진 곳으로 향했습니다. 그러고는 다음 장면으로 편집해 넘어가는 거였죠. 이제는 사람이 문제였습니다. 경찰이 차량 전체를 수색하고 있었으니까요. 그건 우리가 실제 사람들을 필요로 한다는 뜻이었죠. 우리는 중키의 사람들을 트럭 앞에 세우고, 키가 작은 사람들을 뒤에, 그리고 더 작은 사람들을 맨 뒤에 세웠습니다. 첫 트럭 세 대에 우리는 키가 180㎝에서 150㎝ 사이인 중키의 사람들을 활용했습니다. 그다음으로는 난쟁이를 활용했고요. 저 멀리 배경에 있는 사람은 꼭두각시처럼 팔을 움직일 수 있게 판지를 잘라서 만든 자그맣고 정교한 사람들로, 우리는 그 손에 조그만 플래시를 설치했습니다. 요즘 얼마나 많은 감독들이 그렇게 하는지는 잘 모르겠습니다. 요즘 감독들은 그런 것을 질겁하죠. 히치콕은 무엇인가를 시도하는 것을 결코 두려워하지 않았습니다. 어떤 시도가 그가 바라는 것을 정확하게 구현해내지 못한다고 해도, 그가 원하던 센세이션을 정확하게 얻을 수만 있다면, 그는 그 결과에 그다지 연연해하지 않았습니다.”

히치콕이 영화경력 동안 제작비에 구애받지 않는 호사를 누렸던 적은 드물다. 〈파괴공작원〉이 서둘러서 저렴하게 만들어졌더라도, 시나리오에 허점이 있었더라도(자신을 향한 가혹한 평론가가 된 히치콕은 트뤼포에게 "시나리오가 탄탄하지 못했다고 말해야 할 것 같습니다. 촬영에 들어가기 전에 시나리오에서 불필요한 부분을 쳐내고 긴장감 있게 편집했어야 했는데 그렇지를 못했습니다"라고 말했다), 출연진이 개성이 없었더라도, 그것은 전혀 문제가 되지 않았다. 관객들은 압도됐다. 속성으로 편집해 1942년 봄에 서둘러 개봉한 〈파괴공작원〉은 박스오피스에서 고공행진을 했다. 요즘에 보면 당시의 시사적 상황에서 느꼈던 짜릿함과 똑같은 감동을 얻을 수 없을지도 모르지만, 영화에는 여전히 활력과 허세가 가득하다. 지금처럼 그때도 평론가들은 이 영화를 히치콕의 2류작으로 치부했지만, 1942년의 할리우드는 이 영화를 다른 시각으로 바라봤다. 〈파괴공작원〉은 영국 감독이 만든 진정한 미국영화로 보이는 첫 영화였다.

〈파괴공작원〉이 결국 제작비를 살짝(대략 3,000달러) 초과하기는 했지만, 어쨌건 스커볼은 히치콕에게 보너스를 주기 위해 노력했고, 결국 자신이 받은 수익 배당에서 별도의 돈을 떼어주기로 결론을 내렸다. 히치콕은 프로듀서로부터 1만 5,000달러의 보너스를 받았다. 모든 면에서 승리를 거둔 셈이었다.

늘 그랬듯, 〈파괴공작원〉을 만드는 동안 감독은 이미 유니버설 계약에 따른 두 번째 영화의 소재를 찾는 작업에 몰두했다. 피터 비어텔은 "그 시기에 그는 늘 다른 영화를 즉시 시작할 준비를 하고 있었습니다"라고 말했다.

히치콕은 존 버컨으로 되돌아가 〈녹색망토〉를 각색하는 계획을 다시 제안했는데, 이번에는 캐리 그랜트와 잉그리드 버그먼을 염두에 두고 있었다. 그가 후보작으로 선택한 것은 『네 개의 깃털』의 작가 A. E. W. 메이슨이 쓴 『다른 호랑이 없음』으로, 인도의 호랑이사냥으로 시작해서 영국의 상류층으로 이야기가 옮겨오는 모험물이었다. 셀즈닉의 스토리 에디터 마거릿 맥도넬은 "히치는 아름다운 댄서가 샹들리에에 목이 매달린 채로 발견되는 클라이맥스에 특히 열광하고 있습니다"라고 보고했다.

그러나 버컨 소설의 권리는 여전히 획득하기가 어려웠으므로, 그는 오랫동안 붙들고 있던 다른 아이디어로 돌아갔다. 〈하숙인〉의 리메이크 문제에 방해를 받고 있던 그는 더욱 현대적인 연쇄살인범에 관한 히치콕 오리지널을 창작해내는 문제를 생각했다. 어렸을 때부터 범죄이야기에 빠졌던 히치콕은 그런 영화를 만들 때면 갈고닦은 솜씨를 발휘하곤 했는데, 그의 내면에 그의 본능에 너무나 깊이 뿌리를 내리고 있는 이야기를 토대로 한 영화에 '도주' 영화라는 장르를 부여하기까지 했다.

언젠가 그는 이렇게 말했다. "우리 자신이 의혹이나 모호함의 영역에 들어서고 있다고 느낄 때마다, 그것이 작가와 관련된 문제이건 소재와 관련된 문제이건, 그 외의 그 무엇과 관련된 문제이건, 우리는 은신처를 찾아 도주해야만 합니다. 어찌해야 할지를 모르겠다는 기분이 들면, 우리는 실험정신을 발휘하여 참된 것을 찾아내려고 노력해야 합니다."

마거릿 맥도넬의 남편은 영국 출신의 작가 고든 맥도넬이었다. 제임스 M. 케인의 영향을 받은 그의 모험담과 범죄소설은 영화소재로 종종 팔려나갔다. 맥도넬이 남편에게 히치콕이 범죄도주 이야기를 애타게 찾고 있다는 말을 하자, 그는 1938년에 상상해낸 모험담을 아내에게 상기시켰다. 캘리포니아의 산호아킨 밸리에 있는 프레즈노의 남쪽 핸퍼드에서 그들이 탄 차가 고장나는 바람에 오도 가도 못하고 수리가 될 때까지 기다리던 중에 꾸며낸 이야기였다. 히치콕은 브라운 더비에서 점심을 먹으면서 그 이야기를 듣기로 합의했다.

1942년 5월 첫 주에, 히치콕은 맥도넬이 "찰리 삼촌"이라고 부르는 이야기의 뼈대를 처음 들었다. 맥도넬의 표현에 의하면, '사회적으로 성공한 잘생기고 사근사근한' 남자에 대한 이야기로, 이 남자는 누나의 가족을 방문하기 위해 캘리포니아 시골마을에 도착한다. 가족—중년의 부모, 19살짜리 아들, 18살짜리 딸—은 10년 동안 찰리 삼촌을 보지 못했다. 어린 찰리로 불리는 딸 샬럿의 이름은 삼촌을 따서 지은 것이다. 찰리 삼촌이 총애하는 조카인 그녀는 '매력적인 아가씨가 될 가능성이 다분'한 처녀다. 그런데 어린 찰리는 찰리 삼촌이 경찰에 쫓기는 연쇄살인범일지 모른다고 —정확하게— 의심하기 시작한다. 그녀가 진실을 알고 있다는 것을 깨달은 찰리 삼촌은 비밀을 지키기 위해 그녀를 죽이기로 결심한다. 맥도넬의 오리지널 스토리는 전원으로 소풍을 갔다가 절벽에서 조카를 밀어 떨어뜨리려던 찰리 삼촌이 절벽에서 떨어지는 것으로 끝이 났다.

미국 시골마을에 나타난 사근사근한 연쇄살인범. 이것은 도주영화의 정수였다. 세월이 흐른 후 감독은 "찰리 삼촌"을 듣고 1920년대에 중년여성들을 살해하면서 미국을 가로지른 악명 높은 얼 레너드 넬슨의 재판을 떠올렸다고 범죄역사가 제이 로버트 내시에게 밝혔다. 감독은 다른 자리에서는, 그 이야기를 들으며 앙리 랑드뤼의 대형 살인사건을 떠올렸다고 말했다. 대담무쌍한 파리지앵인 랑드뤼는 1915년부터 1919년 사이에 적어도 10명의 여성과 소년 1명을 살해했는데, 그의 재판은 1921년에 열렸다.(랑드뤼 사건은 훗날 채플린의 〈살인광시대〉에 영감을 줬다.) 현실의 범죄가 범죄이야기에 더 많이 메아리칠수록, 히치콕이 들먹이는 사건의 명단은 길어져갔고, 의욕도 커져만 갔다.

그러나 "찰리 삼촌"에 착수하기 전에, 히치콕은 셀즈닉 인터내셔널과 맺을 새로운 계약을 해결해야만 했다. 그는 유니버설과 맺은 계약에 명시된 1년이란 시한 내에 빠르게 "찰리 삼촌"의 촬영을 완료할 수가 없었기 때문에, 셀즈닉과의 계약에 명시된 1년에 2편의 의무를 이행할 수 없었다. 이것은 그가 셀즈닉과 맺은 계약에서 항상 등장하는 문제로 시간이 흐르면서 가장 귀찮은 계약 조항인 것으로 판명됐다. 마이런 셀즈닉은 히치콕의 강권에 못 이겨 이 문제를 피할 방법이 있는지 외부 변호사에게 자문을 구하기까지 했지만, 변호사들은 확답을 하지 못했고, 댄 오쉬어는 입장을 바꾸기를 거절했다.

얼기설기 누벼져 있는 미로 같은 셀즈닉의 계약이 다시 한 번 승리를 거뒀다. 고든 맥도넬과 만난 후 스커볼은 5월 7일에 "찰리 삼촌"을

—셀즈닉과 합작으로— 유니버설 계약 아래 만드는 두 번째 영화로 규정하는 각서를 승인하면서, 스튜디오에서 히치콕을 기용하는 시한을 1942년 늦가을까지로 연장했다. 맥도넬은 자신이 고안한 이야기를 정리한 6페이지짜리 시놉시스를 제출했다. 히치콕은 더 긴 트리트먼트를 달라고 요청했지만, 집필하고 있던 소설을 방해받고 싶지 않았던 작가는 6페이지에 단 한 글자도 첨가하지 않았다.

최초의 '찰리 삼촌 이야기를 시나리오로 개발하기 위한 기록들'을 브레인스토밍하는 것은 히치콕과 히치콕 여사의 몫이었다. 1942년 5월 11일에 작업에 착수한 그들은 영화를 만들기 위한 기초적인 개요를 잡았다. 맥도넬은 '소규모의 인구가 중요치 않은 사소한 삶을 살아가는' '전형적인 미국의 작은 촌락'을 상정했지만, 히치콕은 '전형적'이라는 말이 상투적인 인물들을 떠올리게 할지도 모른다며 우려를 표명했다. 그래서 부부는 시골마을을 현대의 악덕들('영화, 라디오, 주크박스 등, 달리 말해 네온사인의 불빛을 받는 작은 마을의 삶')이 침투한 곳으로 수정했다. 이곳에 사는 인정 많고 개인주의적인 가족의 구성원, 특히 '관객이 잘 모르는 캐릭터들'은 꽤나 많은 코미디를 연출해낼 것이다.

거의 10년 만에 처음으로 조앤 해리슨 없이 일을 하게 된, 그리고 맥도넬의 간략한 이야기에 살을 붙일 필요성을 느낀 히치콕은 피터 비어텔보다 더 경험이 많은 작가를 원했다. 히치콕은 미국적인 분위기를 영화에 흠뻑 적시는 것 외에도, 걸출한 문학적 풍미를 영화의 크레디트에 덧붙이고 싶었다. 그는 훗날 그가 털어놨듯, '활용할 수 있는 최상급의 모범적인 미국적 작가'를 찾아나섰다. 뉴욕에서 활동하는 프로듀서 샘 골드윈의 문학 에이전트 미리엄 하웰이 한 사람을 제안했다. 손턴 와일더.

이미지와 반대되는 캐스팅을 좋아했던 히치콕은 때로는 작가 역시도 그렇게 하려고 노력했다. 와일더는 퓰리처상을 받은 희곡 〈우리 읍내〉로 유명했는데, 지역의 공동묘지에서 죽은 사람의 시선으로 조그마한 뉴잉글랜드 시골마을의 삶을 파노라마로 펼친 작품이었다. 연극을 관람한 적이 있고 희곡을 좋아했던 히치콕은 1,000단어로 된 "찰리 삼촌"의 시놉시스를 전보로 보내면서, 와일더에게 〈우리 읍내〉의 음침한 이면을 보여주는 영화가 될 히치콕 영화를 집필하는 데 흥미가 있는지 물었다.

와일더는 서민적인 풍모의 작품들을 써내기는 했지만, 그리스와 로마 드라마에 뿌리를 둔 확실한 테크닉을 구사하는 세련된 작가였다. 그는 소설 『산 루이스 레이의 다리』로 그의 첫 퓰리처를 수상했는데, 이 작품은 나중에 영화로 각색됐다. 1940년에 〈우리 읍내〉가 영화로 각색됐을 때 시나리오 작업에 참여하기도 한 와일더는, 히치콕이 전보를 보냈을 때 또 다른 걸작연극이 될 〈위기일발〉을 막 완성한 참이었다.

와일더는 군 정보부대에 입대하기 전까지 1달 정도 시간이 있었는데, 히치콕 영화를 집필할 가능성에 호기심을 느끼기는 했지만, 유명한 저널리스트인 친구 알렉산더 울코트에게 이야기가 '진부하게' 들린다고 불평을 했다. 그러나 와일더 역시 군 생활을 하는 동안 어머니와 누이를 먹여 살릴 급전이 필요한 형편이었다. 그의 에이전트는 시나리오 집필에 1만 5,000달러를 요구하면서 5주 작업하는 동안 분할해서 지급해줄 것을 요청했다. 찬란한 액수였지만, 와일더 역시 찬란한 인물이었다. 스커볼은 그 자리에서 계약을 승인했다. 5월 18일, 와일더는 기차에 올라 사흘 후 히치콕을 만났고, 할리우드의 빌라카를로타에 묵으면서 유니버설로 통근했다.

감독과 미국적인 작가는 만나기 무섭게 의기투합한 듯 보였다. 히치콕에게 있어 오프닝은 엔딩만큼이나 중요했는데, 그는 아직도 어떻게 영화를 열고 싶은지 확신하지 못하고 있었다. 맥도넬이 스케치한 이야기 버전에서, 찰리 삼촌은 캘리포니아 시골마을에 모습을 드러내기 전까지는 이야기에 등장하지 않았다. 히치콕은 찰리 삼촌이 도착하기 전에 이미 극도로 흥분해서 도주하는 모습을 보여줄 일종의 서곡을 원했다.

동부해안 배경이 너무나도 편안했던 와일더는 찰리 삼촌이 뉴저지의 하숙집에서 숨어 지내는 모습을 보여주는 오프닝 시퀀스를 제안했다. 경찰이 그를 미행하고 있고, 그는 다음 행보를 고민하고 있다. "헤밍웨이가 지은 단편이있어요." 와일더가 제안했다. "남자가 어둠 속에서 침대에 누워서는 살해당하기를 기다리고 있는 거죠. 그게 훌륭한 오프닝이 될 겁니다." 히치콕은 놀랐다. 위대한 와일더는 현실적인 기능공이기도 해서 ―딱 히치콕처럼― 일을 해치우기 위해 사소한 좀도둑질을 해댔다. 뉴저지 오프닝은 영화가 전국적인 규모를 띠게 해줬는데, 그것이 〈의혹의 그림자〉가 헤밍웨이의 유명한 소설 『살인자』에 말없는 경의를 표하면서 시작된 방식이었다.

히치콕은 그의 스타일과 방법이 모두에게 친숙하지만은 않다는 것을 알고 있었으므로, 샘슨 라파엘슨에게 그랬듯 작가에게 자신의 초기작들을 틀어줬다. 전기작가 길버트 A. 해리슨에 따르면, 그는 〈서스피션〉과 다른 히치콕 영화들을 와일더에게 보여주면서 "손턴의 귀에 기술적인 절차들에 대해 속삭였다." 아침에는 논의를 하고 오후에는 와일더가 집필했는데, 보통은 노트에 손으로 썼다. 히치콕은 이렇게 밝혔다. "그는 결코 순서대로 일하지 않았습니다. 마음내키는 대로 이 장면에서 저 장면으로 휙휙 이동해 다녔죠."

두 사람은 서로를 자극해가면서 급속하게 일을 해치워나갔다. 와일더는 울코트에게 쓴 편지에 이렇게 썼다. "기나긴 스토리회의에서, 우리는 플롯에 새로운 반전을 줄 이야깃거리를 짜내고는 서늘한 침묵 속에 서로를 응시하네. '당신은 관객이 이걸 견뎌낼 수 있을 거라고 생각하나요?' 하고 말하듯이 말이야."

"일, 일, 일." 와일더는 5월 26일에 누이에게 편지를 썼다. "그런데 그게 너무나 좋아. 히치콕과 나는 눈을 반짝거리고 폭소를 터뜨리면서 몇 시간 동안, 어떻게 하면 관객과 캐릭터에게 정보―끔찍한 정보―를 서서히 드러낼 수 있을지를 꾸며내곤 해. 그리고 가족의 삶에 대한 그 유서 깊은 와일더의 신랄함이 배후에 깔리고 있지. 고용인에게 만족감을 주는 것만큼 만족스러운 일은 세상에 없어."

그들은 어린 찰리의 가족을 손보는 것부터 시작했다. 영화학자 빌 크론이 『히치콕의 작업』에 쓴 바에 따르면, 고든 맥도넬은 어머니를 '절반쯤은 무능력한 사회적 출세지향자'로 제시한 반면, 찰리 삼촌은 찰나의 희망을 가져오면서 가족의 단조로운 생활에 변화를 안겨주는

히치콕은 미술계와 문학계에서 활약하는 저명한 인물들과 같이 일하는 것을 즐겼다. 1943년 6월 <의혹의 그림자>의 로케이션 헌팅을 하러 산타로사로 짧은 여행을 간 손턴 와일더와 함께 찍은 사진.

'천사' 같은 사람으로 상정했다. 와일더(그리고 나중에는 샐리 벤슨)의 손길 아래에서, 가족 캐릭터들은 점차로 더욱 긍정적이고 더욱 매력적으로 변모했다.

결국, 10대 오빠는 시나리오에서 완전히 자취를 감췄고, 어린 찰리는 꼬마 여동생과 그보다 더 어린 남동생을 얻었다. 코미디를 위해서는 이게 더 나았다. 맥도넬에 따르면, 히치콕은 '존 가필드 타입'인 어린 찰리의 식충이 남자친구도 제거하는 대신, 형사가 어린 찰리와 연정을 키워나가게 했다.(히치콕은 훗날 찰스 토머스 새뮤얼스에게 "사실은 흥행을 고려한 선택이었습니다"라고 밝혔다.)

히치콕의 노트는 모녀 사이의 긴장을 창조하면서, 조카딸과 삼촌 사이의 근친상관 관계—"그녀가 그에게 매력을 느끼고 있다"—를 암시했지만, 와일더와 함께 한 히치콕의 작업에서는 그보다는 안전한 —독일 표현주의의 도플갱어와 비슷한— '유사성' 모티프가 등장했다. 와일더는 관계에 대해 집필했고(찰리 삼촌은 조카에게 "우리는 쌍둥이 같아. 너도 네 입으로 그렇다고 얘기했어"라고 말한다), 히치콕의 카메라는 두 명의 찰리를 시각적으로 관련지었다. 히치콕은 경찰을 피해 도망치면서 캘리포니아로 떠나기 전에 침대에 누워 있는 찰리 삼촌을 소개하고는, 어린 찰리가 그녀의 침대에 비슷한 자세로 누워 있는 모습을 보여준다. 찰리 삼촌이 그녀의 삶에 다시 들어설 것 같다는 예감을 느낀 그녀의 기분은 갑자기 고양된다.

시나리오는 점차로 음침한 —심지어는 〈파괴공작원〉보다 음침한— 우화의 분위기를 취해나갔다. 메인스트리트의 술집에서 어린 찰리와 불안한 대결을 벌이는 중에 "정확해"라는 특색 없는 말을 내뱉는 또 다른 히치콕의 악당인 찰리 삼촌은 미국적인 사탄이 돼간다.

"네가 모르는 게 너무 많아. 너무 많다고. 정말이지, 네가 아는 게 뭐니 너는 평범한 작은 마을에 사는 평범한 소녀일 뿐이야. 살아 있는 동안 매일 아침 자리에서 일어나지. 게다가 너는 세상에서 너를 괴롭힐 것은 아무것도 없다는 것을 완벽하게 잘 알고 있어. 너는 네 평범한 사소한 낮을 살고, 밤이 되면 평화로운 멍청한 꿈들로 가득한, 아무도 방해하지 않는 평범한 작은 잠을 잘 거야. 그런데 나는 너에게 악몽을 안겨줬어…… 내가 그랬지? 그렇지 않다면, 그건 멍청하고 설익은 사소한 거짓말이었나? 너는 몽유병에 걸린 장님이야! 세상이 어떤 곳인지를 네가 어떻게 알아? 세상이 불결한 돼지우리라는 것을 너는 아니? 네가 집의 앞부분을 뜯어내면 거기서 돼지들을 찾아내게 될 거라는 걸 너는 알아? 세상은 지옥이야! 그 안에서 무슨 일이 벌어지건 그게 무슨 상관이야?"

이것은 와일더가 히치콕의 끈질긴 테마를 강화하면서 최고의 솜씨를 발휘한 결과물이다. 히치콕의 세계에서 악마는 이웃집, 또는 우리 집안에 살고 있을지도 모른다. 진정한 안식처는 아무데도 없다. 그렇지만 감독은 철학적인 설명을 늘어놓는 것은 늘 고집스럽게 거절했고, 〈의혹의 그림자〉(또는 그의 다른 영화들)의 심오한 의미에 대한 질문을 받을 때마다 불쾌함을 드러냈다. 히치콕은 이렇게 대답했다. "도덕적 심판은 영화에 들어 있습니다. 그(찰리 삼촌)는 최후에는 파멸을 맞습니다. 그렇죠? 조카딸은 사고로 삼촌을 죽입니다. 결국 악당은 완전히 시커멓지도 않고 영웅이 완전히 새하얗지도 않습니다. 세상의 색깔은 어디건 회색입니다."

1951년에 『뉴욕타임스』와 인터뷰를 할 때, 히치콕은 그의 영화들 대부분은, 심지어는 〈의혹의 그림자〉까지도 근본적으로는 추격전이라고 설명했다. "모든 영화 플롯구조의 60퍼센트가량은 추격이 차지합니다." 사려 깊게 얘기한 그는 아마 〈햄릿〉도 추격전으로 간주할 수 있을 것이라고 덧붙였다. "햄릿은 탐정이기 때문이죠." 인터뷰어가 물었다. "〈맥베스〉도 추격전이 아닐까요? 악인 맥베스는 숙명에게 쫓기고 있는 거죠" "으음, 그렇습니다." 히치콕은 대답하면서 뒤로 물러섰다. "그렇지만 숙명을 당신의 추적자로 만드는 순간, 당신은 약간 추상적인 존재가 돼버립니다."

5월 말경에, 히치콕과 와일더는 앞날이 창창한 30페이지를 완성했다. "각각의 단계가 플롯을 짜내는 복잡한 단계야. 물론 일이 진행될수록 시나리오가 더 농밀해지고 더 복잡해지지." 와일더가 누이에게 보낸 글이다. "그런데 나는 그게 좋아." 그들은 산타로사에 있는 마을을 탐사하러 북쪽으로 날아가면서 일을 중단했다. 원래 고든 맥도넬은 "찰리 삼촌"의 배경을 산호아퀸 밸리로 설정했지만, 히치콕은 배경을 샌프란시스코 북쪽 80km 지점에 있는 소노마 카운티로 결정했다. 〈의혹의 그림자〉는 캘리포니아 북부에 있는 그의 저택에서 가까운 곳을 배경으로 삼은 몇 편의 히치콕 영화 중 첫 작품이 될 터였다.

당시 산타로사는 중앙의 광장을 중심으로 조성된, 인구 1만 3,000명가량의 조용한 촌락이었다. 히치콕은 유니버설에서 일하면서 이미 상당한 자유를 누리고 있었고, 지금은 전쟁이 예기치 못했던 이점까지 창출했다. 미국 정부는 새로운 세트를 지을 때마다 그 비용이 5,000달러를 넘지 못하게 상한선을 설정했는데, 히치콕은 그런 절실한 이유로 〈의혹의 그림자〉의 대부분을 산타로사에서 촬영해야 한다고 상냥한 프로듀서를 설득했다. 노먼 록웰[23]의 그림에서 곧장 튀어나온 그림 같은 마을의 풍광을 보여주는 한편 세트를 지을 비용을 절약할 수 있다는 것이었다. 유니버설 홍보자료에 따르면, 히치콕은 '영화 입문 초창기에 했던 로케이션촬영으로 돌아가는 것'을 고대하면서 흥분했다.

"아름다운 전원이야." 히치콕은 나중에 흄 크로닌에게 이렇게 말했다. "포도밭이 몇 ㎞씩 뻗어 있어. 촬영이 끝난 후에 우리는 포도밭을 뛰어다니면서 포도송이를 따서 우리 목젖을 향해 주스를 짜낼 수 있었지."

히치콕, 와일더, 잭 스커볼, 아트디렉터 로버트 보일은 산타로사를 여행하면서 공무원들을 만나고 길거리를 배회했다. 지역 도서관, 기차역, 전화국, 아메리칸 트러스트 컴퍼니 은행, 이 모든 것이 그림엽서에 완벽하게 어울리는 풍경이었다. 히치콕은 맥도널드 애비뉴에 있는 개인 소유 저택 앞에서 발길을 멈추고는, 어린 찰리와 그녀의 가족들이 사는 그런 종류의 집이라고 환호성을 질렀다.(와일더는 이토록 큰 저택은 은행원인 어린 찰리의 아버지가 벌어들이는 수입을 넘어서는 소득계층이 사는 곳이라고 주장하면서 의견을 달리했다. 확인해본 결과 와일더가 옳았다. 집주인은 의사였다. 그러나 감독에게 리얼리티는 중요하지 않았기 때문에, 히치콕은 그 집을 사용했다.)

히치콕은 리얼리티를 연구 조사할 때면 늘 활기가 돌았다. 일단 할리우드로 돌아온 그와 와일더는 새로운 열정을 품고 시나리오의 남은 분량을 짜나갔다. "맙소사, 나는 지금 돈을 벌고 있을 뿐 아니라, 즐거움도 누리고 있어." 와일더는 6월 중순 한밤중에 긴 하루의 일을 끝마치고는 편지를 썼다. "오늘 시나리오 70페이지를 타이피스트에게 보냈다. 내일은 20페이지를 더 보낼 거야. 130페이지가 돼야 해. 어제와 오늘, 히치와 나는 결말을 고안해냈어. 솔직히 말해, 나는 이 영화가 엄청나게 흥미진진한 영화가 될 거라고 생각해."

그러나 와일더가 할리우드에서 보낸 다섯 번째 주가 끝날 무렵에도, 군 복무를 위해 동부로 떠나야만 하는 시기에도 시나리오는 완성되지 않았다. 6월 24일에 와일더가 기차를 타고 떠날 때, 히치콕과 스커볼은 마지막 페이지를 보완하기 위해 그와 동행했다. 로스앤젤레스와 뉴

23 미국인의 생활상을 주로 그린 미국 일러스트레이터. — 옮긴이

욕 사이의 어느 지점에서인가 시나리오가 완성되자, 히치콕은 상상도 할 수 없는 행동을 했다. 그는 와일더에게 자신은 시나리오에 완전히 만족하지 못한다고, 다른 작가의 손을 거치게 만들고 싶다고 말했다.

히치콕은 서스펜스 이야기의 구조는 탄탄하지만, 캐릭터들은 너무 별스럽기 때문에 더 강화할 필요가 있다고 설명했다. "시나리오를 더 다듬어야 할 필요가 있다고 느낍니다." 감독은 와일더에게 말했다. "내가 묘사할 수 있는 유일한 방법은 우리 이야기 속의 산타로사가 네온사인이 없는 시골 같은 곳이라는 겁니다. 마을의 역사, 따스함, 사람들과 캐릭터들이 모두 거기에 있어요. 그런데 나는 거기에 현대적인 느낌을 가미했으면 좋겠어요. 그저 여기저기를 조금 더 날카롭게 만들었으면 좋겠어요."

놀랍게도 와일더는 히치콕의 의견에 동의하고, 시카고대학에서 그에게 극작을 배웠던 로버트 아드리를 추천했다. 아드리의 첫 스크린 크레디트는 1939년작 〈그들은 자신들이 원하는 바를 안다〉로, 〈의혹의 그림자〉처럼 포도재배 지역을 배경으로 캐럴 롬바드와 찰스 로턴이 출연한 영화였다. 그러나 히치콕은 아드리—그는 나중에 인류학으로 전공을 바꿔서 『아프리카의 창세기』와 『지역적 필요성』 등의 선구적인 저작을 집필했다—는 그 일을 해내기에는 너무 엄숙하다고 느꼈다.

게다가 시나리오에 유머를 가미하고 싶던 감독은 대체할 작가를 이미 마음에 품고 있었다. 와일더가 입대한 후 그는 뉴욕에서 당시 많은 사건을 겪고 있던 샐리 벤슨을 만났다. 스무 살짜리 아가씨들의 기이한 취미에 대한 소설들을 모은 그녀의 소설집 『주니어 미스』—그리고 히치콕이 관람하면서 너무나 즐거워한, 그 소설을 원작으로 한 브로드웨이 연극—는 1941년도의 대형 히트작이었다. 그녀의 단편소설은 젊은이들에 대한 능숙한 묘사와 날카로운 풍자로 평판이 높았다. 히치콕은 〈의혹의 그림자〉에 코미디와 현대성을 가미하고 싶다는 것 외에도, 가족 묘사에 신선함을 더할 수 있다는 점에서 그녀를 원했다. 벤슨은 히치콕에게 선발된 『뉴요커』(그녀는 이 잡지에 미스터리의 리뷰와, 가끔은 영화의 리뷰를 실었다) 출신의 네 번째 작가가 됐다.[24]

처음에 벤슨은 뉴욕에서 일을 했고, 히치콕 부부는 그녀가 쓴 페이지들을 콘티로 통합했다. 그녀는 늦여름에 제작이 시작되기 직전에 캘리포니아로 와서 촬영장에서 2주간 집필했다. 영화학자 빌크론에 따르면, "재수정은 와일더의 상당히 개략적인 시나리오를 무척이나 발전시켰다."

고든 맥도넬과 히치콕 부부를 포함해, 〈의혹의 그림자〉를 작업한 작가는 5명이었는데, 그것이 촬영 중에 6명이 됐다. 로케이션 현장에서 어린 찰리의 어머니를 연기한 여배우 패트리샤 콜린지는 그녀가 연기하는 캐릭터의 구축에 기여했다. 크론에 따르면, 촬영용 시나리오에 들어 있는 '상당히 멍청한 여자'의 자취를 모두 제거했고, 찰리 삼촌이 결백한 듯 보이게 된 이후에 벌어지는, 어린 찰리와 형사가 차고에서 벌이는 낭만적인 막간극에도 솜씨를 발휘했다.

결국, 스크린에는 맥도넬, 벤슨, 와일더, 알마 레빌 등 4명만이 크레디트에 올랐다. 샐리 벤슨—또는 그 문제에 있어 여우조연—이 시나리오를 수정한 것은 이 경험에 대한 와일더의 우호적인 견해에 영향을 주지 못했고, 와일더를 향한 히치콕의 견해를 손상시키지도 않았다. 감독은 와일더를 보기 드문 방식으로 언급했는데, 그 언급은 히치콕의 이름이 나오기 직전에 등장한다. "우리는 손턴 와일더 씨가 이 영화의 준비에 기여해준 데 대해 감사드리고 싶습니다."

"(미국에서) 나는 내가 일하는 장르를 멸시한 많은 스타와 작가에게 무시당했습니다." 훗날 히치콕은 설명했다. "그래서 나와 기꺼이 일하겠다는 미국에서 가장 저명한 극작가 중 한 사람을 찾아낸 것이 그렇게 기분이 좋았던 것입니다. 게다가 그는 전체적으로 일을 진지하게 받아들였습니다." "그것은 정서적인 제스처였습니다." 히치콕은 예외적인 크레디트에 대해 이렇게 말했다. "나는 그의 품성에 감동했습니다."

24 〈의혹의 그림자〉는 샐리 벤슨의 첫 영화 일이었다. 그녀의 나중 크레디트로는 〈세인트루이스에서 만나요〉와 〈애나와 샴의 왕〉 등이 있다.

〈의혹의 그림자〉의 촬영이 시작되기 직전인 7월 9일에 마이런 셀즈닉의 에이전시가 보낸 밀사와 점심을 먹을 때, 손턴 와일더와 긍정적인 경험을 마친 히치콕은 보기 드물게 즐거운 기분에 젖어 있었다. 시그 마커스는 히치콕이 "너무나 상냥하고 유쾌하다"고 보고했다. 〈파괴공작원〉은 이미 제작비의 170퍼센트를 벌어들였고, 감독에게 줄 10퍼센트의 보너스가 적힌 수표는 은행에서 처리되고 있었다. 그리고 이제 20세기폭스의 회장이 된 대릴 재넉은 히치콕에게 유니버설 계약이 완료된 후에 자신의 스튜디오와 전속계약을 맺자면서 적극적으로 문을 두드리고 있었다.

재넉은 히치콕이 처음 할리우드를 방문한 이래로 히치콕을 대여섯 번 만났는데, 감독을 위한 틈새시장을 찾아내려는 노력을 결코 단념하지 않았다. 그들을 가로막는 요소는 늘 적절한 소재—히치콕에게는 그가 아끼는 프로젝트가 있었고, 재넉도 마찬가지였다—였지만, 창조적인 통제권이라는 위험한 이슈도 있었다. 영리하고 때때로 용감한 프로듀서인 재넉은 중요한 감독들에게 넓은 활동영역을 제공했지만, 그의 스튜디오가 만드는 영화의 창조적인 요소에 대해서는 강한 힘을 발휘하기도 했다.

히치콕은 여전히 〈하숙인〉을 리메이크하고 싶어했으나 그 문제를 고민해본 재넉은 결국 단호하게 거절했다. 마커스가 전한 이 뉴스조차도 들떠 있는 감독의 기분을 꺾을 수 없었다. 어쨌거나 〈의혹의 그림자〉는 미국판 〈하숙인〉이 될 터였다. 리메이크를 만들기 위해 투자한 시간과 돈, 감정에도 불구하고, 히치콕은 이제 그 소재에 대한 관심은 접을 준비가 돼 있다고 공표하고, 마커스에게 어느 프로듀서에게든 그가 가진 권리의 절반을 기꺼이 팔아치울 생각이라고 밝혔다. 그러고는 새롭게 활용 가능해진 프로젝트를 잭 스커볼의 파트너 프랭크 로이드에게 알려주라고 마커스에게 권했지만, 로이드는 콧방귀만 뀌었다. "아뇨, 고맙지만, 제가 할 프로젝트는 아니군요. 그건 히치콕 씨 같은 유별난 재능의 소유자에게 어울리는 프로젝트예요." 〈하숙인〉은 실패로 돌아가는 듯 보였다. 그러나 재넉은 히치콕을 20세기폭스로 데려오겠다고 결심했다.

동부로 돌아가 있는 동안, 히치콕은 〈의혹의 그림자〉의 시나리오나 캐스팅이 끝나기도 전에 약삭빠르게 앞일을 고민하고 있었다. 런던에서 와 있던 친구 시드니 번스타인을 만난 (번스타인은 그의 오랜 친구가 "그 어느 때보다 뚱뚱하다"는 것을 알게 됐다) 히치콕은, 1943년 연말에 런던으로 여행을 가서 정보부를 위해 영화 두 편을 연출하기로 합의했다.

〈의혹의 그림자〉의 일부 장면을 이미 머릿속에 명료하게 담아두고 있던 히치콕은 유니버설의 뉴스영화 제작부를 다시 호출했다. 그들을 이끌고 뉴저지의 뉴왁으로 간 그는 영화의 핵심 캐릭터인 찰리 삼촌을 연기할 배우가 누가 될지도 모르는 상태에서 오프닝 시퀀스를 찍었다. 6월에 얘기를 나눈 윌리엄 파웰은 히치콕이 어둠의 세계로 끌어들이려고 열을 올리던 코믹한 신사형 배우였다. 파웰은 이전에는 늘 주저하는 모습을 보였지만, 히치콕이 연달아 구가한 성공은 그가 제의를 받아들이는 데 도움이 됐다. 그런데, MGM은 파웰의 착한 남자 이미지를 보존하고 싶어 했으므로, 스케줄이 꽉 차 있다는 핑계를 대며 그의 임대를 거절했다.

평상시처럼 데이비드 O. 셀즈닉은 히치콕에게 자신이 데리고 있는 배우를 임대해가라고 강권했다. DOS는 조앤 폰테인이 매력적인 어린 찰리를 연기할 수 있을 것이라고 말했다. 히치콕은 거기에 동의하고 초기 트리트먼트에 조카를 '폰테인 타입'이라고 묘사하기까지 했지만 6월 말경에는 폰테인의 언니에게 눈길을 돌렸다. 히치콕은 올리비아 드 해빌런드와 점심을 같이하면서 줄거리를 들려주었고, 줄거리에 매혹된 드 해빌런드는 출연 의사를 밝혔으나, 그녀는 이미 한여름에 워너에서 〈오루크공주〉의 촬영을 시작하기로 계약한 상태였기 때문에 9월까지는 다른 작품을 할 수가 없었다. 히치콕은 몇 번이나 시도해봤지만 결국 드 해빌런드와는 같이 일을 할 수가 없었다.

촬영날짜가 서서히 다가오고 있는데도 히치콕에게는 아직 어린 찰리도, 나이 먹은 찰리도 없었다. 그래서 히치콕은 영화의 해큰색 강과 뉴저지를 배경으로 한 장면을 배우조합에 소속된 일용직 연기자들을 데리고 찍었다. 그는 궁지에 몰린 찰리 삼촌의 하숙집을 형사 2명이 감시하고 있는, 헤밍웨이에게서 영감을 받은 오프닝을 주거지역의 거리에서 연출했다. 그가 촬영한 필름 중에는 텅 빈 블록과 어둡고 황폐한 골목을 높은 곳에서 내려다보는 잊히지 않는 일련의 숏들이 있다. 삼촌처럼 상냥한 경찰이 길을 건너는 지역주민을 보호하기 위해 두 팔을 벌리고 있는 산타로사의 첫 이미지와는 대조되는 삭막한 도시의 풍경이다.

히치콕은 모든 가능성에 대비하기 위해 찰리 삼촌을 여러 차례 등장시키면서 이 시퀀스를 찍었다. 감독은 나중에 저널리스트 찰스 하이엄에게 '키 큰 남자, 중키, 키 작은 남자 등 각기 다른 3명'을 활용해서 찍었다고 밝혔다. "그랬기 때문에 코튼이 캐스팅됐을 때 나는 키 큰 남자를 찍은 장면을 사용했습니다."

히치콕의 키 큰 남자는 조지프 코튼이었다. 머큐리 시어터의 배우인 그의 영화 데뷔작 〈시민 케인〉은 그를 대중에게 친숙한 인물로 만들어줬다.(코튼은 그의 두 번째 오손 웰스 영화 〈위대한 앰버슨 가〉를 막 끝낸 참이었는데, 히치콕은 이 영화가 개봉되기 전에 요청해서 영화를 관람했다.) 버지니아 출신인 코튼은 셀즈닉 사단에 들어온 신참이었다. 그는 세련된 윌리엄 파웰 같은 이미지를 자랑했는데, 그러면서도 파웰이 영원토록 풍겨댄 어리벙벙한 면모는 없었다. 파웰을 캐스팅했다면 찰리 삼촌에게 색다른 분위기를 부여하고 관객에게 확실한 충격을 줄 수 있었겠지만, 코튼은 찰리 캐릭터를 '단춧구멍에 빨간 카네이션'을 꽂은 '옷을 무척이나 잘 차려입지만' '얼굴에는 피로와 쓰라림이 자리잡고 있는' 40대 중반으로 묘사한 와일더의 의중에 강하게 부합하는 제2의 대안이었다.

코튼은 무척이나 히치콕과 일을 하고 싶어 했으나, '호사스러운 장례식을 베풀어주는 것으로 남편에게 보답하겠다는 탐욕스러운 야심을 가진 돈 많은 과부들을 전멸시켜야 한다는 주장을 옹호하는 무척이나 복잡한 가치관'을 가진 남자를 연기하는 것을 염려했다. 그는 감독에게 조언을 구했다. 그 캐릭터는 어떻게 생각하고 행동하는가? 감독은 점심을 먹으며 그 문제를 논의하자면서 코튼을 태우고 로마노프 레스토랑으로 향했다.(히치콕은 여전히 케케묵은 '나는 운전하지 않는다' 게임을 하고 있었다. "사실, 우리 마누라하고 딸애한테 운전을 가르쳤다네." 그가 코튼에게 말했다. "내가 운전하는 것은 우리 집 앞에서뿐이야. 경찰을 볼 때마다 무슨 이유에서인지 안절부절못하게 되거든.")

코튼은 습관적으로 범죄를 저지르는 찰리 삼촌 같은 사람이 경찰을 보게 됐을 때 마음속에 어떤 생각이 스쳐갈지 궁금했다. 공포? 죄책감? "오, 완전히 다른 것이야." 개인적으로는 심오한 철학을 논하기보다는 경박한 의견을 내놓는 편에 가까운 히치콕이 주제에 대해 열을 올리면서 대답했다. "찰리 삼촌은 죄책감은 전혀 느끼지 않아. 그에게 있어 과부들을 제거하는 것은 헌신이야. 문명에 대한 중요한 사회적 기여라고. 명심하게. 존 윌크스 부스[25]가 최후의 총격을 가한 후에 포드 극장의 무대로 뛰어올랐을 때, 그는 기립박수를 받지 못했다는 사실에 엄청나게 실망했다는 것을 말이야."[26]

주차를 한 후, 히치콕은 로데오 드라이브를 산책하자고 제안했다. 그는 코튼에게 살인자처럼 보이는 사람을 발견하면 알려달라고 말했다. "저기 눈이 교활하게 생긴 사람이요." 코튼이 말했다. "상당히 끔찍한 살인자가 될 것 같군요." 히치콕이 맞받아쳤다. "친애하는 왓슨, 저 눈은 교활하지 않아. 그냥 눈동자가 가만있지를 못하는 것뿐이야. 차에서 나타나는 근사한 다리에 초점을 맞추려고 눈동자를 굴리는 거지." 그러면서 감독은 그의 영화에서 카메라가 그러는 것처럼, 그의 표적을 해부해가면서 시선을 다른 곳으로 옮겼다. 『허영이 당신을 어딘가로 데려갈 것이다』에 쓴 글에서, 코튼은 '클로데트 콜버트의 나머지 몸

25 링컨 암살범. — 옮긴이

26 범죄실화와 역사는 히치콕이 여가시간에 읽는 책에 늘 들어 있었다. 그리고 그는 두 가지 요소를 결합한 유명한 암살사건에 대단히 흥미가 많았다. 이 경우, 그는 필립 반 도렌 스턴이 역사적 사건을 재현한 『링컨을 살해한 사나이』(1939)를 읽은 것이 분명하다. 이 책에서, 부스는 행동에 나서기 전에 호텔방에서 "남부사람들이 그에게 보내는 갈채소리를 듣는다…… 인류역사상 그 어떤 배우도 그런 갈채를 받지 못했다."

뚱어리'가 '인도에 내딛은 다리에 뒤이어 나타났다'는 것을 알게 됐다.

코튼의 머리에 아이디어가 번개처럼 지나갔다. "감독님이 말하려고 애쓰는 것, 또는 내가 말했으면 하는 것은, 살인자가 생긴 거나 하는 짓이나 다른 사람들하고 똑같다는 거군요." "거꾸로도 마찬가지야." 히치콕은 건조하게 대꾸했다. "그걸로 오늘 수업은 끝내자고." 그들은 로마노프프로 갔다. 히치콕은 스테이크를 주문했고, 배우는 오믈렛을 시켰다.("나는 평생 계란을 한 번도 먹지 않았어." 히치콕은 무표정한 얼굴로 말했다. 잠시 후 그는 자기가 한 말을 수정했다. "내가 먹는 일부 요리에 계란이 들어가 있을 거라고 생각하지만, 나는 계란만 있는 모습은 도무지 쳐다볼 수가 없어.")

식사가 끝나고 코튼이 감독을 집까지 태워다줄 때, 히치콕은 —그가 막 생각해낸 것 같은 어투로— 프란츠 레하르의 유명한 "유쾌한 과부 왈츠*The Merry Widow Waltz*"의 일부를 영화의 주요동기로 삼으려는 계획을 언급했다. 귀에 익숙한 멜로디를 통해 강조되는, 회전하는 댄서들이 되풀이해서 등장하는 이미지는 찰리 삼촌의 진정한 본질(언론은 그에게 '유쾌한 과부살인자'라는 별명을 붙였다)을 관객들에게 미묘하게 상기시켰다.

세인트 클라우드 로드에서 차에서 내린 히치콕은 코튼에게 마지막으로 심각한 조언을 해줬다. "나는 우리의 성공비법은 대위법적인 정서로 효과를 볼 수 있느냐 하는 것이라고 생각하네. 찰리 삼촌에 대해 지적으로 이해하려는 노력 따위는 집어치우라고. 자네의 본디 모습을 보여주면 돼. 우리 이야기의 핵심은 감정적인 대척점이란 말이야. 그것만으로도 끔찍하게 지적으로 들리는구먼. 촬영장에서 보세, 이 사람아."

마침내 어린 찰리로 캐스팅된 여배우도 다른 종류의 이야기이기는 했지만 격려성 이야기를 들었다. 몸가짐이 공손하고 말도 소곤소곤하게 하는 테레사 라이트는 골드윈 전속배우로, 데뷔작인 〈작은 여우들〉에서 맡은 막내딸 역할로 오스카 후보에 오른 적이 있다. 그런데 그녀가 〈우리 읍내〉의 브로드웨이 공연에서 에밀리를 연기했다는 사실이 캐스팅에서 그만큼이나 중요했을 것이다. 손턴 와일더는 그녀의 여배우로서의 감수성을 열정적으로 칭송했다. 올리비아 드 해빌런드가 후보에서 탈락한 후, 라이트가 선두주자로 튀어나왔고, 샘 골드윈도 그녀를 히치콕에게 임대해주기로 합의했다.

그런데 히치콕은 라이트와 만난 6월 말에, 오디션을 보지도 인터뷰를 하지도 그녀가 연기하게 될 캐릭터를 분석하지도 않았다. 히치콕은 여배우들을 만날 때면 그저 영화의 줄거리를 들려주고, 그의 영화를 감상하는 관객의 일원이 된 그들을 즐겁게 해주면서 반응을 지켜봤다. "히치콕 씨처럼 걸출한 이야기꾼에게서 이야기를 듣는 것은 끝내주는 경험이에요"라고 라이트는 말했다. "그는 내게 모든 것을 말해주었어요. 음향하고 음악까지 포함해서요. 영화가 완성되고 몇 달이 지난 후에 영화를 보러 간 나는 '이 영화, 전에 본 건데' 하는 생각을 했어요. 나는 그날 그의 사무실에서 그 영화를 본 거나 다름없었어요."

7월 동안 나머지 출연진이 합류했다. 산타로사로 간 히치콕은 10살짜리 에드너 메이 워너콧이 어머니와 함께 거리를 깡충거리며 뛰어가는 모습을 발견했다. 워너콧은 생긴 것이 그 나이 여자애다웠다. 주근깨에다 땋은 머리, 안경은 히치콕의 딸 팻의 그 나이 때를 쏙 빼닮았다. 워너콧이 지역 청과상의 딸이라는 점에서 히치콕과 공통점이 있다는 것은 단순한 우연일 뿐이었다. 그러나 히치콕은 그녀를 할리우드로 데려가서, 책을 큰소리로 읽고는 따분한 여학생처럼 하품을 하라고 요청하는 것으로 테스트를 했다. 그녀는 고든 맥도넬이 만든 가족에 새로 덧붙여진 식구인 라이트의 책벌레 여동생 역할을 따냈다.

어린 찰리의 어머니를 연기할 더블린 출신 패트리샤 콜린지도 —히치콕이 캐스팅과 다른 영감을 얻기 위해 감상하곤 했던 윌리엄 와일러 영화 중 한 편인— 〈작은 여우들〉 출신이었다. 콜린지는 또 다른 뛰어난 무대 배우였다. 히치콕은 제1차 세계대전 이전에 그녀가 웨스트엔드에 출연하던 시절부터 그녀의 연기를 감상해왔다. (그녀가 처음에 브로드웨이에서 연기했던 역할을 맡아) 오스카 후보에 오른 〈작은 여우들〉은 콜린지의 영화 데뷔작이기도 했다.

서투른 경찰은 히치콕 영화의 고정 캐릭터였다. 월러스 포드와 맥도널드 캐리는 시나리오 개발단계에서 첨가된 두 형사를 연기했다.(캐리는 어린 찰리와 연정을 피워가는 캐릭터를 연기했다.) 베테랑 성격파 배우 헨리 트래버스는 어린 찰리의 아버지로 캐스팅됐다. 은행원인 그는 신문과 선정적인 잡지에 흥미진진하게 실리는 최근에 벌어진 무시무시한 살인사건에 대한 이야기를 이웃집 사람과 히치콕 스타일로 계속해서 주고받는다.

중년의 이웃집 사람은 서른밖에 되지 않은 흄 크로닌에게 딱 맞는 역할은 아니었다. 캐나다에서 태어나 평판 좋은 영국 연극배우 제시카 탠디(길구드의 햄릿에서 오필리어를, 길구드의 리어에서 코델리어를 연기했다)와 결혼한 크로닌은 감독의 좋은 친구일 뿐 아니라 감독이 미국에서 키워내고 있는 두뇌집단의 일원이 될 터였다. 브로드웨이에서는 입지가 확실했던 크로닌이지만, 영화계에서는 아직 이렇다 할 성과를 내지 못하고 있었는데, 히치콕은 이미 그를 카메라 테스트한 적이 있었고, 어느 날 밤에 로마노프에서 크로닌을 보게 된 히치콕은 테스트를 떠올렸다.

히치콕은 크로닌을 불러들였다. 크로닌은 그가 '의자에서 몸을 뒤로 젖히고 팔짱을 낀 채로' 자신을 기다리고 있었다고 기억했다. "그는 단추가 두 줄로 달린 푸른색 정장을 입고 있었습니다. 양손의 각각 네 손가락은 겨드랑이에 파묻혀 있었는데, 엄지는 밖으로 삐쭉 튀어나왔더군요. 몸무게가 한 130kg 정도 나가는 것 같았는데, 온화한 부처님 같은 인상이었습니다."

히치콕은 북부 캘리포니아의 화려한 풍광에 대한 칭찬으로 말문을 텄다. 캐스팅 문제로 불려왔다고 알고 있던 크로닌은 감독이 역할 얘기를 언급할 때까지 기다리고 또 기다렸다. 수다를 떨 만한 얘기가 바닥나자, 히치콕은 마침내 꽤나 오랫동안 창밖을 응시하고 있다가는 크로닌을 쳐다보고 중얼거렸다. "분장을 약간 —머리에 조금 회색을 칠해야 할지도 몰라— 하고 안경을 쓰는 것으로 자네 얼굴을 손봐야 할 거야. 우리는 3주쯤 후에 촬영을 시작해. 여기 머물 텐가, 아니면 뉴욕으로 돌아갈 텐가?"

크로닌은 머물렀다. 〈파괴공작원〉으로 합격판정을 받은 카메라맨 조지프 발렌타인도 그렇게 했다. 히치콕이 "유쾌한 과부" 테마를 선택했기 때문에 해야 할 일이 좁혀지기는 했지만, 러시아 출신 작곡가 디미트리 티옴킨이 영화음악을 맡았다. 그가 음악을 맡았던 히치콕 영화 4편 중 첫 작품이었던 이 영화에서 티옴킨은 귀에 익은 멜로디를, 영화역사가 조지 터너의 표현에 따르면, '모리스 라벨의 라 발스 스타일에 가까운 불길한 분위기의 시'로 뒤틀었다.

"찰리 삼촌"의 시놉시스 6페이지를 읽은 지 채 3달이 되기 전인 1942년 7월 30일, 14살의 팻을 포함한 히치콕 가족은 산타로사로 향했다. 조지프 코튼의 아내는 남편을 따라 북부 캘리포니아로 왔고, 테레사 라이트와 막 결혼한 작가 니븐 부슈는 장기간에 걸친 로케이션 방문을 통해 가족적인 분위기를 덧붙였다. "가족적인 분위기가 아주 강했어요"라고 라이트는 회상했다. "로케이션을 가면 집에서 출퇴근하는 스튜디오에서 있을 때보다 사람들 사이가 훨씬 가까워져요. 그런 분위기가 모두 필름에 담기게 되죠. 영화의 상당 부분이 카메라 밖에서 벌어지는 일들에 좌우돼요."

가족을 거느리고 로케이션 촬영을 하다보면 카메라 밖에서 혼란이 생겨날 수도 있었다. 산타로사 로케이션 현장에서 히치콕은 변덕스러운 날씨와, 할리우드 사람들을 어디나 따라다니는 군중 때문에 고생했다.(가능할 경우, 지역주민을 단역이나 엑스트라로 고용했다.) 히치콕은 몇몇 주간장면을 야간장면으로 수정해야만 했다. 런던에서 보낸 무성영화 시절처럼, 때때로 그는 길거리를 폐쇄하고 통제권을 휘두르기 위해 한밤중에도 일을 해야만 했다.

참신한 로케이션 현장을 취재하고 늘 기삿거리를 만들어주는 감독과 인터뷰하기 위해 미국 언론이 히치콕의 촬영장에 줄을 이어 찾아온 것은 이번이 처음이었다. 유니버설은 여러 가지 점에서 열등한 스튜디오였을지 모르지만, 홍보부서만큼은 최고에 속했다. 『라이프』와 『뉴욕타임스』 소속기자들, 로스앤젤레스와 시카고와 샌프란시스코 지역신문의 기자들, 영화업계지 기자들, 그리고 통신사 통신원들이 모두 촬영장을 방문했다. 셀즈닉 인터내셔널이 기획했던 〈레베카〉의 홍보는 프로듀서와 감독을 동등하게 치켜세우는 것이었지만, 유니버설은 히치콕에게만 홍보의 초점을 맞췄다. 그런 기사 덕에 히치콕은 뉴욕과 캘리포니아를 벗어난 지역에서도 유명인사 반열에 오르고 있었다.

히치콕은 일과 일을 구분 짓는 능력이 탁월해서, 난장판 속에서도 기자를 상대로 재미난 인터뷰를 할 수 있었다. 그러고는 세세한 것에 주의를 기울이기 위해 의자에서 튀어나와서는 사람들의 눈길을 잡아끌었다. 만사가 통제된 스튜디오와 성가신 프로듀서에게서 멀리 벗어난 히치콕은 —로케이션 작업의 변화무쌍함에도 불구하고— 할리우드에서보다 훨씬 느긋하고 마음씨 넓은 사람이 됐다. 산타로사에서 맞은 주말 밤에, 그는 그와 가족들이 묵고 있던 옥시덴털 호텔에서 초대 손님 명단을 매번 바꿔가면서 공들인 만찬을 주최했다. 그가 특별 주문한 메뉴에 앞서 마티니가 나왔다. 그는 양고기요리가 분홍빛을 띠어야 한다고 지시했다.

"낮에 했던 작업은 말할 것도 없고 마티니와 식사, 그의 엄청난 체중이 모두 히치콕의 턱이 가슴으로 떨어진 다음에 부드럽게 코를 골게 만드는 데 영향을 끼쳤습니다"라고 크로닌은 회상했다. "알마는 집게손가락을 뻗어서, 정원에 난 문의 빗장을 들어올리는 제스처로 그의 코밑을 가볍게 찔러댔습니다. 내 입장에서는 항상 무척이나 무례한 짓으로 보였지만, 히치콕은 개의치 않았습니다. 그는 빙긋 웃고는 이쑤시개로 손을 뻗었습니다. 그러고는 이를 쑤시는 동안 다른 손으로 부끄러운 듯 입을 가렸습니다. 결국에 그는 대화의 실마리를 붙잡고는 우리의 대화에 합류했습니다."

로케이션 한 달이 지난 후, 출연진과 스태프는 실내장면을 찍기 위해 유니버설로 돌아왔다. 22번 스튜디오에는 사진과 로버트 보일의 스케치를 바탕으로 만든 세트가 지어져 있었다. 가족들이 등장하는 장면에서 카메라가 흔히 보기 힘든 앵글로 촬영할 수 있도록 분리가 가능한 벽들과 크기가 각기 다른 몇 가지 소품용 만찬테이블을 갖춘 세트를 『뉴욕타임스』는 '굉장한 볼거리'라고 칭했다. 로케이션 촬영에 마음이 끌리는 정도만큼, 히치콕은 스튜디오 내부촬영을 히치콕 스타일—그의 순수한 영화적 하이라이트—을 최대한 구현할 수 있는 곳으로 아껴두는 것이 일반적이었다. 스튜디오는 스토리보드를 우선시하면서 여러 가지 조건을 상황에 따라 조정할 수 있는 곳이었다.

배우들이 히치콕이 부리는 마술을 늘 이해한 것은 아니었고, 최소한 촬영 중에는 이해하지 못하는 경우가 더 많았다. 가족들이 식탁에 앉아 있는 어느 장면에서, 흄 크로닌은 어린 찰리(테레사 라이트)의 무슨 말엔가 놀라는 반응을 보이게 돼 있었다. 히치콕은 그에게 벌떡 일어서라고 지시했다. 배우는 의자를 뒤로 밀어내고 뒷걸음질치면서 그렇게 했다.

"좋았어, 흄." 감독이 말했다. "그런데 일어서서 앞으로 나오게."

"테레사 쪽으로요?"

"그래. 그쪽으로 나가면서 앞으로 몸을 기울여."

"하지만 그녀는 지금 굉장히 불쾌한 얘기를 했는걸요."

"나도 알아."

"그렇지만…… 알겠습니다. 감독님."

지시받은 대로 움직인 크로닌은 나중에 이렇게 회상했다. "그런데 기분이 끔찍했어요. 완전히 잘못됐죠." 히치콕이 다른 테이크를 요청하자, 크로닌은 애초에 했던 뒷걸음질치는 움직임을 반복했다. "자네, 또 잘못 움직였군." 감독이 말했다. "저도 알아요." 크로닌은 중얼거렸다. "정말 죄송해요. 너무 불편하게 느껴져서요."

"배우들이 편안해야만 한다고 규정한 법률은 없어." 히치콕은 험악하게 으르렁거렸다. "원한다면 뒤로 물러나게. 그런데 그렇게 하면 우리는 머리가 빈 편안한 배우를 얻게 될 거야."

크로닌이 몸놀림을 터득하고 나자, 히치콕은 스크린 초보를 옆으로 데려가 그를 위로했다. "이리 와서 러시를 보게." 감독이 강권했다. "자네는 자네가 어느 쪽으로 발을 내디뎠는지 전혀 모를 거야. 자네도 알겠지만 카메라는 거짓말을 하거든. 항상 그런 것은 아니지만 종종 그렇게 한다네. 자네는 그런 것에 적응하는 법을 배워둬야만 해." 크로닌은 러시를 보러 갔다. 물론 히치콕의 말이 맞았다.

히치콕이 특별히 관심을 보인 배우들에게는 표현력 풍부한 카메라워크의 호감 어린 초점이 맞춰졌다. 어느 날, 테레사 라이트는 그녀가 찰리 삼촌의 희생자에게서 얻은 반지를 끼고 계단을 걸어 내려가는 장면에 대해 의문이 생겼다. 인사를 할 준비를 하던 찰리 삼촌은 그가 죄를 저지르고 얻은 반지를 알아채자마자 그녀가 자신을 위협할 가능성이 있음을 깨닫고는 인사말을 바꾼다. "때맞춰 잘 왔다. 나는 내일 떠날 거야!" 라이트는 이 장면의 의미는 이해했지만, 촬영을 준비하는 데 어째서 그렇게 오래 걸리는지는 헤아릴 수 없었다. 히치콕은 자리에 앉아서, 그녀가 내려올 때 카메라가 속도감 있게 그녀의 반지를 클로즈업하는 데 관련된 기술적 어려움을 끈기 있게 설명했다.

그 결과 탄생한 장면은 히치콕이 수많은 다른 영화에서 변형해가면서 거듭해서 보여준 히치콕 스타일을 빼어나게 보여준다. 감독은 그토록 대담하고 화려한 카메라워크에 따르는 기술적 난점을 즐겼다. 그러나 그런 카메라워크는 이야기에 봉사하도록 설계됐다. 시나리오작가 데이비드 프리먼의 표현에 따르면, 이 경우 긴장감에 휩싸인 관객은 '일반적인 것에서 특수한 것으로, 가장 먼 것에서 가장 가까운 것으로' 길안내를 받는다.

라이트의 표현에 따르면, 〈의혹의 그림자〉에서 '정말로 눈부신 두 숏'은 모두 스튜디오에서 창조됐으며, 모두 그녀와 관련된 장면이었다. 하나는 그녀가 꼼짝 못할 증거인 반지를 가지고 찰리 삼촌과 만나는 장면이다. 다른 하나는 어느 늦은 밤에 어린 찰리가 마을 도서관에서 삼촌이 저지른 범죄들을 조사하는 장면이다. 섬뜩한 진실을 확인해주는 기사를 그녀가 읽을 때, 카메라는 극적으로 뒤로 빠지면서 불가능할 정도로 높은 크레인 숏으로 전환한다. 어린 찰리가 비참한 기분으로 도서관에서 나갈 때, 하느님의 시점은 그녀의 고뇌와 고독감에 연민을 드리운다.

〈의혹의 그림자〉는 찰리 삼촌에 초점을 맞추면서 시작됐지만 —감독이 천진무구한 라이트에게 매력을 느끼게 되면서— 제작과정의 무게는 어린 찰리에게 쏠렸다. 영화의 말미에 찰리 삼촌의 장례식에서 홀딱 반한 형사가 어린 찰리를 위로할 때, 감독은 그녀가 세상에 있는 모든 선에 대한 감동적인 최후의 독백을 하게 허락한다. 히치콕 영화에서는 보기 드문, 독특하기까지 한 이상주의적 독백이었다.

촬영 끝 무렵에 영국에서 날아온 소식은 촬영장에 먹구름을 드리웠는데, 히치콕의 어머니가 위독하다는 것이었다. 에마 히치콕은 〈의혹의 그림자〉가 끝나가던 1942년 9월 26일에 섐리그린의 별장에서 세상을 떠났다. 그녀를 임종한 것은 맏아들 윌리엄과, 79살의 그녀의 사인을 심각한 신우염, 복부 누관, 장 천공이라고 기록한 의사였다.

도널드 스포토는 어린 찰리의 어머니의 이름 에마가 히치콕의 어머니 이름을 딴 것이며, 어머니의 말년 몇 개월 동안에 창작된 그 캐릭터가 '히치콕 영화의 어머니 중에서 마지막으로 인자하게 등장하는 어머니'라고 주장했다. 그는 어린 찰리의 어머니가 전화기에 고함을 지르는 장면을 인용했다. 에마 히치콕이 '일찍이 리튼스톤 시절'부터 보여온 '재미있는 버릇'과 유사한 행동이었다.

그러나 전화기에 대고 고함을 지르는 것은 영국영화에서나 미국영화에서나 당시 코미디에 흔히 등장하는 모습이었다. 히치콕은 어머니가 쇠약해지고 있다는 것을 알고, 어머니에게 바치는 헌사의 일환으로 찰리의 어머니 캐릭터를 구축했는지도 모른다. 가까운 친구나 친척들은 그가 어머니에게 심한 말을 한 적은 공적으로나 사적으로나 한 번도 없었다고 주장했다. "히치는 어머니를 아주 좋아했습니다." 오랫동안 그의 어시스턴트로 일한 페기로버트슨의 주장이다.

어머니가 사망한 후 히치콕이 그의 영화에 등장하는 어머니의 모습을 바꿔버린 것이 정말일까? 히치콕이 훗날 극악무도한 어머니들을 많이 창조해낸 것은 사실이다. 어쩌면 에마 히치콕의 타계는 그의 이런 측면을 해방시킨 것인지도 모른다. 사랑스러운 아들이었던 히치콕은 어머니 생전에는 그런 캐릭터들로 어머니를 불쾌하게 만들 가능성을 애초에 회피한 것인지도 모른다.

그런데 히치콕의 가장 악명 높은 괴물 어머니들—〈사이코〉와 〈마니〉—은 책에서 곧장 스크린으로 옮겨온 캐릭터들이다. 동시에 〈무대공포증〉, 〈나는 결백하다〉, 〈해리의 소동*The Trouble with Harry*〉, 〈나는 비밀을 안다〉, 〈누명쓴 사나이〉, 〈북북서로 진로를 돌려라〉, 〈새〉가 입증하듯, 그의 영화에서 인정 많은 어머니들의 행렬도 끊이지를 않았다.

대릴 재넉은 여전히 히치콕을 원하고 있었다. 20세기폭스의 회장이 감독을 휘하에 거두려고 열을 올리고 있었지만, 히치콕은 스튜디오가 보유한 프로젝트들이 그다지 마음에 들지 않았다. 〈의혹의 그림자〉에 몰두한 그는 자신의 신작 프로젝트를 만들 시간도 내지 못하고 있었다.

그의 시간을 빼앗은 또 다른 것은 라디오 시리즈를 진행하겠다는 계속된 야심이었다. 9월과 10월에 히치콕은 광고 에이전시의 대리인들을 만나서, 아치 오볼러를 작가 겸 프로듀서로 삼아 새로운 〈서스펜스〉 스타일의 시리즈를 제작하려고 노력했다. 공중파의 마법사 중 한 사람인 오볼러와 만나 친해진 히치콕은 이번에는 (연기자들이 그를 연기하는 것이 아니라) 자신이 직접 사회를 보겠다고 주장했다. 광고주와 보증인의 걱정을 불식시키기 위해서였는데, 그는 '목소리 오디션'을 감수하겠다고 합의하기까지 했다.

파일럿 프로그램은 9월 초에 파프스트 블루리본 극장에서 제작됐는데, 〈의혹의 그림자〉를 촬영하느라 여전히 바빴던 히치콕은 일과가 끝난 후에 들러서 녹음의 일부만 지켜볼 수 있었다. 오리지널 녹음 중에는 그를 대신한 배우가 연기했고, 감독이 목소리를 녹음하면 그 분량이 최종 녹음과정에 편집돼 들어갔다. 모두가 깊은 인상을 받았으며, 프로듀서 존 도노호는 "그의 목소리는 또렷또렷하게 들렸다. 그리고 그 목소리는 오리지널 녹음에 참여했던 배우의 목소리보다 훨씬 더 권위 있고 매력적이었다"고 기록했다.

시리즈가 OK 신호를 받는다면, 히치콕은 그의 이름을 사용하고 그를 진행자로 기용하는 대가로 주당 1,500달러를 부수입으로 벌 수 있었다. 잭 스커볼이 〈파괴공작원〉의 보너스를 셀즈닉의 손에 한 푼도 넘기지 않고 히치콕에게 직접 전달한 것에 대해 아직도 분을 삭이지 못하고 있던 셀즈닉 형제는 여전히 자신들의 몫을 주장하고 있었는데, 그들은 라디오 계약에서 똑같은 일이 벌어지는 것을 보고 싶지 않았다.

〈의혹의 그림자〉의 촬영이 끝난 후, 댄 오쉬어는 협박장을 전달했다. 20세기폭스에서 연출을 맡으라는 재닉의 제안에 응하지 않을 경우, 셀즈닉 인터내셔널은 히치콕을 12주 동안 임시 해고하겠다는 것이었다. 그 최후통첩과 재닉이 정부의 전쟁영화들을 만들기 위해 스튜디오를 비울 것이라는 사실이 결국 히치콕을 설득하는 데 성공했다. 그는 20세기폭스와 1편 제작계약—두 번째 영화는 선택조항—을 체결했다. 그 계약 때문에 라디오 시리즈는 더 이상 진행할 수 없었다.

1942년 11월 19일에 히치콕은 유니버설에서 20세기폭스에 새로 차린 사무실로 이사를 갔다. 재닉이 언제 돌아올지는 아무도 몰랐다. 통신대 대령으로 임명해달라는 로비가 있은 후 재닉은 지브롤터에 배치됐고, 그곳에서 연합국의 북아프리카 침공시 알제리로 날아가기 위해 대기했다. 윌리엄 괴츠가 임시로 제작을 책임지게 됐는데, 그는 즉시 히치콕을 스튜디오 소속 프로듀서 케네스 맥고완의 휘하로 배치했다. 재닉이 떠난 이제 히치콕은 활동에 들어갈 준비가 돼 있었다.

히치콕이 '구명선 영화'의 아이디어를 처음 떠올린 것은 1942년 봄의 어느 날이었다. 바다에 불시착하면서 끝난 〈해외특파원〉의 클라이맥스의 뒤를 잇는 아이디어였다. 그가 거대도시의 삶을 방대한 규모로 보여주는 영화, 또는 황혼에서 새벽까지 공원의 하루를 보여주는 영화, 아니면 인류의 대표자들을 수송하는 저주받은 여객선을 보여주는 영화를 만들 기회를 결코 가질 수 없다 하더라도, 최소한 표류하는 세계의 축약도인 구명선에 탄 소규모 집단을 연구할 수는 있었다.

그해 봄의 신문과 잡지에는 구명선 구조에 관한 기사가 가득했다. 프로덕션 디자이너 로버트 보일은 〈의혹의 그림자〉를 만드는 동안 히치콕이 그런 기사의 스크랩을 흔들어대면서, "벽장처럼 좁은 공간이야, 그렇지?" 하는 아이디어로 그를 괴롭혔다고 회상했다. 비좁은 공간은 시각적으로도 기술적으로도 도전할 만한 과제였다. 배와 비행기로 대서양을 횡단하는 동안, 그는 바다에서 좌초된 사람들의 운명에 대해서 종종 생각하곤 했다.

그는 "찰리 삼촌"을 결정하기 전에 잭 스커볼에게 구명선 아이디어를 거론했지만, 스커볼은 열렬한 반응을 보이지 않았다. 그는 감독의 장기를 벗어나는 소재라고 생각하면서 장기간의 시나리오 작업이 필요할 것이라고 (정확하게) 예견했다.[27] 히치콕은 데이비드 O. 셀즈닉에게도 아이디어를 제시했지만, 셀즈닉은 흥미를 보이지 않았다. 그는 재넉에게는 일부러 아이디어를 제시하지 않았지만, 새 스튜디오로 출근한 첫날 윌리엄 괴츠 앞에서 그 얘기를 꺼내고 싶어서 입이 근질거렸다. 그는 어뢰공격을 받고 침몰한 화물선에서 살아남은 몇 명의 생존자와 관련한 이야기를 피치했다. 히치콕이 영화의 제목으로 이미 들먹거린 〈구명선〉은 '영화 전편의 배경이 배의 안과 주변'이었다. 맥고완에 따르면, 가장 도발적인 아이디어는 "드라마틱한 액션과 서스펜스를 제공하는 것으로, 배에 오른 마지막 인물은 구명선에 탄 사람들이 타고 있던 배를 침몰시킨 독일 U보트의 함장이어야만 한다"는 것이었다.

20세기폭스에 출근한 첫날에 히치콕은 〈구명선〉이 우화적인 이야기가 될 것이라고 명확하게 밝혔다. 이 작품은 독일을 향한 그의 애증관계를 구체화시킬 것이다. 그는 런던에서 보낸 청년시절에 제1차 세계대전에서 독일이 행했던 침략국 역할에 깊은 영향을 받았고, 영화계에 입문한 직후 우파와 에멜카를 위해 베를린과 뮌헨에서 일할 때 놀랄 정도로 행복했다. 그는 독일 표현주의의 영향을 지극히 많이 받았고, 이제 세계는 히틀러의 공포를 경험하고 있다. 줄거리에 나오는 독일 U보트의 함장은 인류의 지도자인 동시에 인류의 반역자로서 어제와 내

27 〈의혹의 그림자〉 제작 중에, 스커볼은 파트너인 프랭크 로이드와 갈라서서 유나이티드 아티스츠로 자리를 옮겼다. 그와 히치콕 부부는 친분을 유지했다. 뒤이어 알마는 그녀의 남편이 연출하지 않는 미국영화의 시나리오에 공헌하는 드문 경우를 보여줬다. 1945년에 스커볼이 유나이티드 아티스츠에서 제작한 프레드 앨런 주연의 코미디 〈그것은 가방에 있다〉가 그 작품이다.

일의 독일을 대표할 것이라고 히치콕은 윌리엄 괴츠에게 밝혔다.

괴츠에게 말을 한 지 30분도 되지 않아 히치콕은 괴츠의 승인을 받고 맥고완에게 넘겨졌다. 하버드에서 교육을 받고 한때 연극평론가로 활동한 맥고완은 1920년대에 유명한 프로빈스타운 플레이하우스에서 유진 오닐의 파트너였다. 1932년부터 할리우드에서 활동한 그는 루벤 마물리안, 프리츠랑, 존 포드의 주목할 만한 영화들을 관리했다. 예술적 야심을 품은 프로듀서인 맥고완은 히치콕을 좋아했고, 히치콕의 큰 꿈에 공감했다. 처음 만나던 무렵에 그들의 대화는 두 사람 모두 존경하던 스위스 화가 파울 클레에 대한 논의로 이어졌다. 할리우드에서 이름난 미술품 수집가 중 한 사람인 맥고완은 히치콕이 클레가 그린 추상화를 포함한 미술품 컬렉션을 키워나가는 것을 도와주겠다고 나섰다.

할리우드에서 스토리 에디터로 경력을 시작한 맥고완은 히치콕 부부와 협력하면서 이야기의 최초 캐릭터들과 상황을 고안해내는 것도 도왔다. 맥고완의 표현에 따르면, 히치콕 부부는 '이런 예비적인 단계에서 자발적으로' 작업을 했다. 훗날, 알마가 스튜디오의 법무부서를 상대로 회상한 것처럼, 이 최신 히치콕 3인조가 가진 첫 회합들은 "본질적으로 일반적인 자리였어요. 서로 아이디어들을 주고받고, 고용 가능한 작가들에 대해서 논의하고, 캐릭터들을 개발했죠. 지난 몇 년 동안 히치콕 씨가 관심을 가졌던 모든 이야기를 작업할 때 했던 것과 똑같은 대화가 오고갔어요."

크리스마스 전에 구명선 프로젝트가 칼럼니스트들에게 새어나갔다. 영화는 나치잠수함에게 침몰당한 상선의 승객들 이야기로, '구명선 1척과 함께 바다에 내동댕이쳐진 사람들'을 등장시키는 작품으로 묘사됐다. 이 기사는 프로젝트를 지원하겠다고 제안하는 해양관리 당국의 편지로 이어졌고, 이 편지는 훗날 〈구명선〉이 상선과 관련한 아이디어에서 출발했다는 잘못된 기사들이 나오는 발단이 됐다. 그러나 이것을 좋은 기회로 받아들인 히치콕은 사실성을 높이기 위한 조사의 방편으로 해양관리 당국을 방문했고, 그의 사무실은 선박재난과 구조에 관한 자료들로 채워지기 시작했다.

크리스마스 전에 구명선 승객들에 대해서는 개략적인 묘사만 돼 있었다. 그런데 거기에는 고급선원 2명, 캐나다인 간호사, 그리고 의미심장하게 '하녀를 거느린 어느 정도 유복한 여자(이 여자 역에는 이름 있는 여배우를 출연시키려는 의도가 깔려 있었다)', 그리고 지휘하던 독일 잠수함이 폭발한 후 구조된 적군 함장이 이미 포함돼 있었다.

첫 번째 브레인스토밍을 한 후, 누가 시나리오를 써야만 하는가 하는 문제가 대두됐다. 처음에 히치콕은 제임스 힐턴이나 A. J. 크로닌을 떠올렸다. 그런데, 손턴 와일더와 기분 좋은 공동작업을 끝낸 직후인 히치콕은 또 다른 지도적인 미국 작가의 이름을 떠올렸다. 어니스트 헤밍웨이. 맥고완은 스튜디오들이 늘 할리우드로 데려오려고 애를 쓰던 헤밍웨이와 오래전부터 안면이 있었다. 프로듀서는 『해는 또다시 떠오른다』와 『누구를 위해 종은 울리나』의 작가가 요구하는 어떤 조건이건 ('합리적인 요구라면') 만족시킬 수 있도록 제안해도 좋다고 승인했다.

12월 말에, 맥고완과 히치콕은 헤밍웨이가 겨울을 나는 곳인 쿠바의 핀카 비히아에 있는 집으로 구명선 아이디어로 '드라마틱한 내러티브'를 써달라고 요청하는 장문의 전보를 보냈다. 전보의 내용은 명확했다. "구명선에서 벌어지는 이야기는 전체적으로 개성들의 갈등, 사회적 불평등으로 인한 분열, 나치의 지배 등으로 구성됨." 헤밍웨이는 집필료를 제안할 수 있고, 원한다면 쿠바에서 작업할 수 있다. 히치콕은 휴식기간 동안 마이애미에서 그를 만나면 기쁘겠다고 밝혔다. 맥고완과 히치콕은 헤밍웨이가 쓰는 것은 뭐가 됐건 가치가 있을 것이라고 확신했다. 그리고 그들이 헤밍웨이의 시나리오를 얼마나 활용하고 얼마나 내버리건, 20세기폭스는 홍보할 때 헤밍웨이의 이름을 적극 활용할 수 있을 것이었다.

히치콕은 새 집에서 크리스마스를 보냈다. 알마의 표현에 따르면, '아늑하고 아담한 식민지풍' 건물인 이 집은 감독이 43번째 생일 선물로 아내에게 준 것이었다. 알마가 캐럴 롬바드가 살던 집을 임대하는 조건이 너무나 터무니없다며 불만을 토로한 후, 히치콕 부부는 그들이 소유할 집을 찾아나서기 시작했다. 돈 문제에 있어서 남편보다 더 꼼꼼한 알마는 집주인을 설득해서 월세를 깎으려고 노력했지만, 수포로 돌아가자 집을 구입하기로 했다. 얼마 후, 그녀는 마음에 드는 집을 찾아냈다. 유리 창문에 베란다와 테라스가 있고 회갈색 지붕에 흰색 벽돌로 지어진 1층 반짜리 저택으로 벨 에어 컨트리클럽 골프코스 바로 건너편에 있었다. 알마가 남편에게 그 집을 보여줬을 때 히치콕은 관심이 없는 듯 표정을 꾸몄다가, 부부의 생일을 합동으로 축하하게 된 〈의혹의 그림자〉 로케이션 현장에서 아내에게 새 핸드백을 건넸다. 핸드백 안에는 벨라지오로드 10957번지 저택의 금으로 만든 현관열쇠가 들어 있었다.

구입가 4만 달러는 히치콕이 〈파괴공작원〉 보너스로 받은 돈과 〈하숙인〉에 대한 권리를 마침내 팔면서 받은 돈에서 나왔다. 결국 히치콕은 파트너 마이런 셀즈닉에게 권리를 팔았고, 셀즈닉은 그 프로젝트를 계속해서 거부하던 20세기폭스에 팔았다.(20세기폭스에서 히치콕이 만들 두 번째 영화로 짧은 동안 후보에 올랐던 〈하숙인〉은 결국 존 브람 감독에 의해 리메이크됐다. 출연진은 멀 오베론, 조지 샌더스, 세드릭 하드윅, 레어드 그레거 등이었다. 히치콕은 어떤 크레디트도 받지 않았다.)[28]

1943년 첫 주에 예기치 않았던 슬픈 소식이 닥쳤다. 히치콕의 큰형 윌리엄이 1월 4일에 숨을 거뒀다. 어머니가 묻힌 지 6개월이 채 되기 전의 일이었다. 52살의 윌리엄 히치콕은 길드포드에 있는 자택에서 사망했다. 검시관의 보고서는 사인을 '진정제 파라알데히드 섭취로 인해 심장마비가 점차로 이뤄지며 사망을 촉진시키는 과정에서 일어난 충혈성 심장마비'라고 적었다.(파라알데히드는 신경계에 작용하는 진정제다. 알코올중독자를 진정시키거나 재우기 위해 투약된다.) 전기작가 도널드 스포

28 "폭스에서 그 영화를 봤소." 히치콕은 훗날 〈사이코〉의 저자 로버트 블로흐에게 밝혔다. "조잡하게 리메이크했더군요…… 거기에 대해서는 할말이 없어요…… 모든 게 엉망이라서."

토는 검시관 보고서에 대한 해석을 바탕으로, 이 죽음을 '명백한 자살'로 규정했다. 한술 더 떠 히치콕이 어머니와 형의 임종석상에 없었기 때문에, 그는 '끈질기게 괴롭히는 죄책감'이 감독의 영혼에서 피어나고 있다는 것을 '감독의 주변사람 일부는 느꼈다'고 주장했다. 그러나 생존해 있는 가족들은 히치콕의 형이 감상에 젖은 심한 술꾼으로, 알코올과 약물을 섞어서 섭취하던 중에 사고로 사망한 것이라고 밝혔다.

존 러셀 테일러가 히치콕의 승인을 받은 전기를 쓸 때, 감독은 텍스트 중에서 두 가지 사소한 사항의 내용을 바꿔달라고 요청했다. 첫 번째는 유죄선고를 받은 살인자 에디스 톰프슨과 개인적으로 친분이 있다는 내용이었고, 두 번째는 형의 음주와 관련된 것이었다. 테일러가 윌리엄의 죽음이 알코올중독으로 인해 앞당겨졌다고 쓰자, 히치콕은 그 내용을 빼달라고 요구했다. 그는 점잖게 "그 내용이 정말로 필요한가?" 하고 물었다. 그는 윌리엄에 대한 추억이 손상되기를 바라지 않았고 이 언급은 삭제됐다.

윌리엄의 사망이 남긴 영향 하나는 히치콕이 갑자기 음식과 술 섭취량을 줄이겠다고 단호하게 결심한 것이었다. 그는 그가 먹는 칼로리에 신경을 쓰기 시작했지만, 필요할 때는 언제든 칼로리를 속였다. 그러던 어느 날, 히치콕은 기차를 타려고 뛰어가다가 앞으로 넘어졌는데, 자신의 육중한 몸무게가 엄청난 통증을 안겨준다는 사실에서 큰 충격을 받았다. 히치콕은 인터뷰어에게 다른 종류의 충격을 받았다는 사실도 밝혔다. 산타로사에서 〈의혹의 그림자〉를 촬영하던 어느 날, 그는 가게 창문에 반사된 자신의 모습을 보게 됐는데, 창문에는 그로테스크할 정도로 몸이 분 남자가 그를 바라보고 있었다.

그의 체중은 135kg 주위를 맴돌았고, 꾸준히 등에 통증을 느꼈다. 심장병과 심혈관질환 분야에서 전국적인 권위자이자, 심장 질환 진단법의 개척자인 주치의 랠프 탠도우스키 박사는 히치콕 여사와 합세해서 감독에게 속임수를 쓰지 말고, 진지하게 다이어트를 하라고 간청했다.

따라서 1943년을 맞아 히치콕은 이제부터는 분별 있게 먹고 마시겠다는 신년결심을 했다. 그는 인터뷰어에게 아침과 점심으로 커피 1잔만 마시고, 저녁으로 스테이크와 샐러드를 먹는 것으로 구성된 체중감량 다이어트를 떠벌리는 것을 즐겼다. 늘 금욕적으로 집행한 것은 아니었지만, 정해진 기한 안에 43kg을 빼겠다는 결심은 그의 의지가 대단하다는 것을 입증하는 증거였다. 그는 〈구명선〉에 새롭게 '홀쭉해진' 히치콕을 선보이는 데 충분할 정도로 신속하게 살을 뺐다. 영화 전체가 바다, 그리고 구명선을 배경으로 하는 영화에서 감독이 늘 해오던 카메오 출연을 해낼 수 있는 방법은 무엇인가? 한동안 골머리를 썩이던 중에 그의 머리에 해결책이 떠올랐다. 그는 리두코 비만해결사 코르셋의 '사용 전-사용 후' 신문광고에 그의 프로필을 영구히 남기기로 했다. "내가 좋아하는 역할이오." 그는 프랑수아 트뤼포에게 의기양양하게 말했다.

1월은 〈의혹의 그림자〉가 시사회를 가진 달이기도 했다. 당시 대부분의 평론가들은 히치콕의 신작을 그저 그런 범죄스릴러로 봤다. 『뉴욕타임스』의 보슬리 크라우더는 재미있는 영화이지만, 허울만 좋고 진부하기도 하다고 봤다. 영국에서 감독의 명성은 예상했듯이 퇴락해갔는데, 평론가 사이의 일반적인 견해는 할리우드가 히치콕의 영국적인 분위기뿐 아니라 개성까지도 앗아갔다는 것이었다. 폴 로사는 그의 "영화적이었던 구성은 주연배우를 부각시키기 위해 만들어낸 낭만적인 갈등에 무릎을 꿇었다"고 썼다. 〈의혹의 그림자〉가 런던에서 상영됐을 때, 『런던 옵서버』에서 일하던 히치콕의 오랜 친구 C. A. 레준은 깊은 인상을 받지 못했으며, 히치콕의 할리우드 작품들에 대한 영국 내의 일반적인 경멸의 분위기에 찬동했다.

'뚱뚱한 친구'라는 노골적인 제목을 단 레준의 리뷰는 히치콕과, 또 다른 과체중의 감독 오손 웰스를 비교했다. "오버랩되는 대사, 여러 사람이 동시에 내뱉는 관련이 없는 대사는 두 감독의 공통점이다. 천장과 지하실, 또는 수도관의 앵글에서 촬영을 하는 경향도 그렇다. 조지프 코튼을 주연으로 출연시키는 것도 마찬가지다." 레준은 히치콕이 범죄 '도주' 영화가 주는 속박을 감수했다고 비난하고, 웰스와 달리 히치콕은 그 외의 모든 면에서 '현저히 실패했다'고 주장했다. 레준은 이렇게도 비웃었다. "몸무게와 범죄연구 사이의 상관관계에 흥미가 있는 통계학자들은 그의 양복조끼가 그리는 하향곡선이 그의 영화들이 그리는 곡선의 하향추세와 관련이 있다는 사실을 관찰하는 데 관심이 있을지도 모른다."

그러나 1943년 이후, 〈의혹의 그림자〉에 대한 평가는 점점 커져가고 있다. 에릭 로메르와 클로드 샤브롤은 감독의 전작을 평가하는 1957년의 선구적 저작에서 이 영화를 훌륭하다고 평하면서, 영화의 몇 가지 결점을 서투르게 구현된 주변 캐릭터 탓으로 돌렸다.(아이러니컬하게도, 이들 캐릭터는 주로 히치콕 본인이 만들어낸 캐릭터들이었다.) 윌리엄 로스먼은 『살인적인 응시』에서 몇몇 대사는 새뮤얼 베케트의 대사만큼이나 가치가 있다고 봤다. 다른 영국 평론가들처럼 히치콕이 고국을 떠난 후에 만든 작품들을 거의 포용하지 않았던 『사이트 앤 사운드』의 린제이 앤더슨조차도 이 작품을 감독이 '할리우드에서 만든 최고작'으로 꼽았다.

히치콕은 자신의 내적인 한계를 주장했다. 인터뷰를 할 때, 그는 평론가들이 그의 최고작과 졸작을 구분하는 데 도움을 줄 만한 얘기를, 그의 영화에 담긴 감춰진 의미(그런 게 있다면)를 설명해줄지도 모르는 얘기를 거의 하지 않았다. 그는 〈의혹의 그림자〉를 '가장 만족스러운 영화'라고 부르는 것을 즐겼고, 한 번은 이 영화를 그가 좋아하는 영화라고 부르기도 했다. 그러나 '좋아한다'는 말은 최고작이라는 말과 정확하게 일치하지는 않는다. 그는 후세에 남길 말을 하면서 프랑수아 트뤼포에게 이것은 그가 좋아하는 영화가 아니라고 매섭게 쏘아붙였고, 피터 보그다노비치에게는 이 작품이 그저 '그가 좋아하는 영화 중 한 편'이라고 밝혔다.

확실히 이 영화는 그의 최고작 중 하나이다. 그러나 히치콕에게 그것만큼 중요한 것은 〈의혹의 그림자〉를 만드는 과정에서 얻은 흐뭇한 추억이었다. 그는 손턴 와일더와 생산적인 공동작업을 했고, 흄 크로닌과 조지프 코튼과 오랜 우정의 싹을 틔웠다. 로케이션 현장에서 일하면서, 그는 할리우드에서 만들어왔던 것보다 더욱 독립적인 영화를 만들었다. 당시에 그는 육체적으로는 부적격 상태였지만 창조적인 여건은 최고였다. 〈의혹의 그림자〉의 제작은 결코 광채를 잃지 않는 뿌듯한 추억이었다.

일부 평론가들에게 '지방'층에 그의 예술성이 묻혀버리고 말았다고 몰매를 맞은 히치콕은, 살을 빼느라고 그리고 어느 누구도 도주를 소재로 만든 영화라고 깎아내릴 수 없는 영화를 진행시키느라고 바빴다. 그러나 어니스트 헤밍웨이가 〈구명선〉을 쓸지도 모른다는 희망은, 1월 초순에 작가가 케네스 멕고완에게 다른 작업 때문에 관여할 수 없다는 내용의 전보를 보내오자 산산조각이 났다. "저에게 작업을 요청한 히치콕 감독님에게 감사드립니다. 우리는 다음번에 함께할 수 있을 것입니다. 안부 전해주십시오."

히치콕은 즉시 다른 방향으로 캐스팅에 착수했다. 스타인벡의 퓰리처상 수상작 〈분노의 포도〉를 20세기폭스를 위해 각색해 1939년 오스카 후보작에 오른 누널리 존슨이, 당시 미국 소설가 중에서 헤밍웨이와 동급에 올라 있던 존 스타인벡을 제안했다. 스타인벡은 고향 인근인 캘리포니아 북부 샐리나스에서 주로 생활하기는 했지만, 책과 책을 집필하는 사이에는 할리우드에 있는 임대주택에서 살았다. 바다를 잘 아는 그는 쌍돛대 범선을 소유하고 항해와 낚시를 하면서 시간을 보냈다. 그는 1942년에 히치콕이 염두에 두고 있던 것과 유사한 영역을 탐구한 소설을 막 끝낸 참이기도 했다. 전형적인 유럽의 작은 마을이 파시스트 세력의 침공을 받는다는 내용의 『달이 지다』는 전쟁을 경고하는 또 다른 우화였다.

헤밍웨이처럼 스타인벡은 특별히 할리우드를 위해 시나리오를 집필한 적은 한 번도 없었지만, 그가 맥고완과 히치콕을 만나기 위해 방문했던 20세기폭스의 입장에서 그의 명성은 소중했다. 그들의 첫 만남은 맥고완의 사무실에서 2시간 동안 이뤄졌다.[29] 히치콕은 구명선 이야기의 개요를 짤막하게 들려줬고, 스타인벡은 아이디어가 마음에 든다면서, 주말 동안 산문체 트리트먼트의 집필에 착수하겠다고 제안했다. 몇 페이지를 써본 후에 쓴 것이 마음에 들지 않으면 파기하고, 마음에 든다면 일을 맡고 트리트먼트를 단편소설로 쓰겠다는 것이다.

맥고완의 회상에 따르면, 스타인벡은 주말 동안 '상당한 페이지'를 써냈고, 그가 '중편소설'이라고 부른 형식으로 발전된 단편소설이 될 때까지 집필을 계속했다. 결국 스타인벡은 시나리오 작업의 결과로 나오는 중편소설을 저작으로 출판할 권리를 자신이 갖도록 규정하는 조항을 포함한, 원고 200페이지를 집필하는 계약을 체결했다. 스타인벡의 책을 영화와 연계하면 상당한 홍보효과를 얻을 수 있을 것이라 판단한 맥고완과 히치콕은 흔쾌히 수락했다.

스타인벡은 계약과정에서도 앞서 달렸을 뿐 아니라, 히치콕보다 앞서 질주하기도 했다. 그는 히치콕과 맥고완을 이후로 딱 1번 만났는데, 나중에 변호사들에게 증언할 때 스타인벡이 두번째 미팅에 대해 회상할 수 있었던 것은, 히치콕이 "극적인 사건과 인상적인 기법에 흥미를 보였고, 그가 제안한 것은 대부분 그 부분과 관련이 있었다"는 것이 전부였다.

스타인벡은 히치콕이 내놓은 제안 중 딱 한 가지만 기억했다. 구명선에 탄 유복한 여자승객—히치콕이 애초부터 마음에 그리고 있던 주인공 캐릭터—은 다이아몬드 반지를 끼고 있어야 한다고 감독은 말했다. 다른 승객들은 그 반지를 낚시의 미끼로 활용하려고 든다. 이것은 사소한 물건에 불과한 '멋진 물건을 활용해서 아이러니를 창출하는' 감독의 평소 성향이었다고 스타인벡은 말했다. 맥고완은 히치콕이 구명선에 탄 독일인은 다른 생존자들을 기만하고 배신해야 한다는 것을 강조했다고도 회상했지만, 감독은 스타인벡이 그의 제안들을 숙고해야 한다고 말하는 외교적인 수완을 발휘했다.

29 나중에 사건들의 순서를 다시 구축하려고 노력하던 스튜디오의 법무부서는 스타인벡, 맥고완, 히치콕이 첫 미팅을 가진 날을 정확하게 집어내지 못하고, 1943년 1월 6일 수요일에서 1월 12일 화요일 사이의 어느 날에 있었던 것이 확실하다는 결론을 내렸다.

놀랍게도 1월 둘째 주 무렵에 스타인벡은 —아직 계약에 서명도 하지않은 상태에서— 줄 간격 트리플 스페이스로 100페이지에 달하는 두툼한 작품을 써냈다. 히치콕에게 설명하는 자리에서, 그는 이야기를 단일 캐릭터—평범한 선원—의 눈을 통해서 전달하기로 결정했다고 공표했다. "내가 이 방법을 사용하는 이유는 인간의 눈, 우리가 카메라의 시점이라고 상상하는 것과 비슷한 인간의 눈과 인간의 뇌를 통해 영화에 초점을 맞추기 위해서입니다"라고 스타인벡은 설명했다. 소설가는 '상투적인 캐릭터들'을 쓰려고 노력하지는 않지만, "반면에 캐릭터들을 상투적이지 않게 만들 나만의 길을 걷겠다는 의도는 없다"고 말했다. 스타인벡은 이야기 전체를 플래시백으로 전개해보라고, 그리고 허기가 져간다는 것을 보여주기 위해 환각효과를 사용해보라고 권했다. "이야기 전체의 뉘앙스는 거의 꿈꾸는 것 같은 몽롱함이 될 것입니다. 영화의 도입부에서 묘사될 것처럼 사실상 회상의 형식이 되는 거지요." 스타인벡의 생각이었다.

어느 평범한 선원의 주관적 시선, 완전히 플래시백으로 전개되는 삶과 죽음을 다루는 드라마, 환각 시퀀스. 감독이 마음에 담아두고 있던 것과 딱 맞아떨어지지는 않았지만, 이것들이 효과를 발휘할 수는 있었다. 히치콕은 허둥대지 않았다. 스타인벡이 쓰는 것은 무엇이건 활용할 수 있었다.

중편소설의 초고를 대부분 완성한 후, 스타인벡은 뉴욕으로 향해 『뉴욕 헤럴드트리뷴』의 전쟁특파원 자격으로 대서양을 건너는 여행을 떠날 채비를 했다. 히치콕 부부는 1월 14일에 그를 따라가면서, 2주 동안 시나리오회의를 하고 수정작업을 했다. 히치콕 부부는 세인트 레지스에 묵었고, 스타인벡은 인근에 있는 비크먼 타워에 묵었다. 히치콕과 스타인벡은 상당한 시간을 함께 보냈지만 —알마는 '21'에서 점심을 먹는 자리에 합석했다— 자신이 해야 할 작업은 이미 끝났다고 생각하고 있던 스타인벡 때문에 그들의 만남은 지지부진했다.

스타인벡의 '드라마틱한 내러티브'에서, 사람들에게 구조돼 구명선에 간신히 탑승한 독일인 빌리는 히치콕이 원했던 것처럼 줄거리의 중

추적 인물이었지만, 스타인벡은 빌리가 나치인지 아닌지, 화물선을 침몰시킨 잠수함의 장교인지 아닌지를 명확하게 밝히지 않았다. 스타인벡의 빌리는 수수께끼였다. 그의 진정한 본성에 대한 질문이 제기됐지만, 소설가는 결코 그 질문을 명확하게 해결하지 않았다. 그가 영어를 못하기 때문에, 다른 승객은 그와 의사소통을 할 수가 없었다. 히치콕이 구체적인 기만과 배신에 의해 결정되는 이야기라고 상상했던 지점에서, 스타인벡은 불신과 망상에 대한 일반적인 분위기만 제공했다.

이것은 흥미로웠을지는 모르지만 히치콕이 원한 것이 아니었다. 그러나 빌리의 캐릭터를 바꿔달라고 스타인벡에게 요청하는 것은 문제가 있었다. 스타인벡은 전면적으로 시나리오를 수정할 시간이 없었을 뿐 아니라 자신이 쓴 작품에 자신감을 가지고 있었다. 히치콕이 요청한 것 중 하나가 새로운 크레센도—중편소설의 상대적으로 온화한 결론이 아니라, 어느 정도의 '드라마틱한 폭력'으로 최고조에 달하는 에피소드—였다. 스타인벡은 나중에 변호사에게 "그게 그가 제안한 것인지 내가 제안한 것인지는 나도 모르겠소"라고 밝혔다. "우리는 내 오리지널 아이디어에는 없었던 구축함과 독일 함선이 등장하는 엔딩을 집어넣기로 합의했습니다. 나는 그 전에는 구명선이 구조되는 것으로 끝을 맺기를 원했습니다."

훗날, 〈구명선〉이 논란을 일으켰을 때, 스타인벡은 히치콕이 '노동자계급을 진정으로 뼛속깊이 경멸하는 믿어지지가 않는 영국의 중류층 속물'이라고 불평하곤 했다. 그러나 그의 적의는 히치콕이라는 사람 때문이 아니라, 그의 구명선 이야기를 히치콕이 심하게 바꿔놨기 때문일 것이다. 두 사람은 히치콕과 와일더가 그랬던 것처럼 친한 사이가 되지는 못했지만, 직업적인 사이로는 그럭저럭 어울렸다. 그러나 그들이 실제로 함께 보낸 시간은 극히 적었다.

그런데 히치콕은 캘리포니아로 돌아왔을 즈음에 〈구명선〉에 참신한 작가, 그가 원하는 스토리텔링을 더 잘 이해하는 작가가 필요하다는 것을 깨달았다. 스타인벡이 중편소설의 수정을 끝마치기도 전에, 히치콕은 전시 미국에 관한 단편과 장편으로 명성을 얻은 소설가 맥킨레이 캔터를 만나고 있었다.(캔터의 자유시 "나를 위한 영광"은 〈우리 생애 최고의 해〉의 기초가 됐고, 그는 『앤더슨빌』로 퓰리처상을 받았다.) 히치콕은 일종의 오디션으로서 캔터에게 〈구명선〉의 오프닝을 고안해내는 작업을 알마와 함께 해달라고 요청했다.

급여를 받는 조건으로 프로젝트에 복귀한 히치콕 여사와 캔터는 오프닝의 배경을 영화관으로 설정했다. 선원과 그의 여자친구가 배가 항해에 나서기 전에 극장에서 마지막 데이트를 즐긴다. 관객들에게 그들이 허구의 작품을 보고 있다는 것을 상기시키는 히치콕의 중국식상자 발상 중 하나였다. 이 장면은 단절되지 않고 바다 위 시퀀스로 이어지는데, 바다 위 시퀀스는 독일군의 어뢰공격으로 배가 침몰되기 직전에 다른 캐릭터들을 소개하는 장면이다. 그러나 히치콕은 캔터가 영 마음에 들지 않았다. 히치콕은 "나는 그가 쓴 것에 신경도 쓰지 않았습니다"라고 회상했다. 캔터는 2주도 지나기 전에 해고됐다.

이것이 1943년 2월 말쯤의 일로, 스타인벡이 수정한 중편소설을 출판사에 의뢰한 것과 거의 같은 시기였다. 3월 1일에 스타인벡은 〈구명선〉을 완료했다. 영화의 '오리지널 스토리' 크레디트에는 스타인벡 혼자만 올랐는데 심지어 오스카 후보에 지명되기도 했다. 그가 했던 기여는 그 이후로도 꾸준히 찬사를 받았다.

사실, 스타인벡이 〈구명선〉에 했던 기여는 지난 세월 동안 히치콕을 거쳐 갔던 수십 명의 작가들, 복잡한 공동작업 과정을 단순화시킨 것에 불과한 작가들이 했던 기여와 유사했다. 스타인벡의 사례는 이후 수십 년 동안 이어진 오해를 낳았다. 『계간 스타인벡』에 실린 글들은 '세계적인 전쟁으로 엄청난 인명을 잃은 세계에 대한 우화'에 대한 주된 공로가 스타인벡에게 있으며, 그의 오리지널 스토리는 근본적으로 아이러니컬하며 대단히 인본주의적이지만, 그 결과로 나온 히치콕의 영화는 "서스펜스가 가득한 드라마틱한 영화이지만 도덕적으로는 공허하다"고 주장했다. 『계간 문학/영화』도 히치콕 버전이 '클리셰, 스테레오타입, 극단적인 단순함'을 보여주는 데 비해, 스타인벡은 '더욱 사실적이고 명상적인' 이야기를 썼다는 인상을 퍼뜨리는 데 일조를 했다.

존 스타인벡은 오스카 후보에 지명되었다. 그러나 〈구명선〉(1944)의 진정한 작가들은 이 사진에 나오는 20세기폭스에서 일하는 사람들이다. 왼쪽부터 프로듀서 케네스 맥고완, 새롭게 날씬해진 히치콕, 알마 레빌, 그리고 할리우드의 위대한 전속작가 중 한 사람인 조 스웰링.

"사실, 히치콕의 아이디어는 상선에 관한 영화를 만들겠다는 것이었다." 『작가 존 스타인벡의 참된 모험』을 쓴 잭슨 J. 벤슨이 쓴 글이다. "스타인벡은 프로젝트에 참여하기 한참 전부터 구명선 아이디어를 가지고 있었고, 오리지널 시나리오를 쓴 사람도 스타인벡이었다. 히치콕이 그다음에 한 일은 영화를 더 매끈하고 덜 우화적으로 바꾼 것이다."

그러나 1940년대 이래로 스튜디오의 법률관련 서류철에 파묻혀 있던 논쟁의 여지가 없는 증거는 이들의 주장이 틀렸음을 입증한다. 스타인벡이 중편소설에서 히치콕의 이야기에 더 많은 것을 첨가하고 이야기를 풍성하게 한 것은 사실이지만, 내성적이면서 영화적이지 못한 시점을 채택한 것은 별개로 하더라도, 작품의 수준은 자신이 설정한 최고의 기준에 미치지 못했다. 20세기폭스의 내부 비망록의 하나에 적힌 표현에 따르면, 스타인벡의 에이전트와 편집자인 애니 로리 윌리엄스와 팻 코비치조차도 이 중편소설을 "영화를 만들기에는 훌륭할지 모르나, 스타인벡의 작품치고는 꽤나 열등하다"고 봤다. 사실, 중편소설을 출판하지 말라며 스타인벡을 압박한 것은 스튜디오가 아니라 윌리엄스와 코비치였다. 스타인벡의 결정을 원통해한 스튜디오는 히치콕과 스튜디오 홍보담당자의 이름이 공동으로 달린 가짜 잡지 버전을 내놓았다.

〈구명선〉이 할리우드 최고의 꼭두각시 중 한 명에게 넘겨지기 전에, 다른 작가(그는 히치콕이 수용한 최소한 한 가지 제안은 내놓았다. 부잣집 여자의 반지가 카르티에 다이아몬드 팔찌로 바뀌었다)가 잘못 끼어드는 일이 있었다.

조 스월링은 시가를 씹어대는 신문기자 출신의 뉴욕의 극작가로 1929년에 토키에 대처하기 위해 할리우드가 영입해온 인물이었다. 그는 프랭크 보제이즈, 루벤 마물리안, 윌리엄 와일러, 존 포드 등의 중요한 영화들을 썼고 —로버트 리스킨과 자주 짝을 이뤄— 프랭크 캐프라를 위해 정기적으로 시나리오를 썼다.(〈멋진 인생〉을 마무리한 작가가 스월링이었다.) 대중에게는 알려지지 않았지만(존 스타인벡에 비하면 특히), 업계 내부에서는 스월링을 코미디와 드라마가 장기인, 자신을 내세우지 않으면서도 사교성이 좋은 더할 나위 없는 전문가로 간주했다.

스월링은 전속돼 있는 작가 중에서는 최고의 작가라며 그를 추천한 케네스 맥고완의 사무실에서 히치콕과 처음으로 악수를 했다. 스월링은 스타인벡과는 만난 적도 얘기를 나눈 적도 없었다. 훗날, 제3자가 히치콕과 〈구명선〉을 상대로 표절을 주장하며 제기한 소송이 벌어졌을 때, 증언에 나선 스월링은 스타인벡의 중편소설을 별로 대단치 않은 작품으로 생각한다고 설명했다.

"나는 스타인벡이 쓴 시나리오를 읽어봤습니다." 스월링의 회상이다. "그러고는 내가 굳이 그 시나리오를 따라야만 할 필요가 없을 것이라고 생각하면서 참고용으로만 쓰겠다고 결심했습니다. 그러기로 한 이유는 스타인벡이 시나리오를 순전히 개인의 정신적인 반응의 시점에서 전개했기 때문입니다. 그렇게 하면 카메라로 드라마를 찍어내기가 극도로 어려울 테니까요. 게다가 구성 중에는 내가 좋아하지 않는 다른 요소들도 있었습니다. 그래서 우리는 기초적인 아이디어만 활용하면서 처음부터 다시 시작하자고 합의했습니다. 스타인벡의 시나리오를 처음 읽은 이후로 나는 그것을 다시는 들춰보지도 않았고, 다른 누군가가 영화작업에 참여하지도 않았습니다."

스타인벡과 같은 위대한 작가가 어떻게 만족스러운 시나리오를 만들어내는 데 실패할 수 있느냐는 질문을 받은 스웰링은 이렇게 설명했다. "일급작가, 전국적인 명성을 지닌 인물에게 오리지널 아이디어를 제공했는데 속된 말로 하자면 '맛이 가게' 집필했다거나, 같은 아이디어를 전국적인 명성은 없는 전문 시나리오작가에게 넘겨줬는데 쓸 만한 시나리오를 써내는 사례를, 영화업계는 수천 건쯤 제시할 수 있을 겁니다."

증언과정에서 스웰링은 이따금 "출판용이 아니었다"는 스타인벡의 중편소설을 비난하는 의견을 내놓았지만, 스타인벡이 자신이 맡은 과업을 게을리한 것은 아니었다고 주장했다. 스타인벡은 이런 일을 해달라고 수고료를 받았던 만큼의 일을 정확하게 해냈고, 그의 이름은 영화가 자랑할 자산 중 하나였으며, 스튜디오는 그 자산을 보호하고 싶어 했다.

스웰링은 그가 내놓은 시나리오가 특별히 독창적이거나 훌륭하다는 주장은 하지 않았다. "〈구명선〉 시나리오에 쓰인 공식은 표준적인 공식입니다." 그는 유쾌하게 인정했다. "〈훌륭한 크라이턴〉에서 보듯, 때때로 사람들은 무인도에 격리됩니다. 〈그랜드 호텔〉에서 보듯, 때때로 사람들은 호텔에 배치됩니다. 때로는 불운한 잠수함에 자리하기도 하죠. 배경은 바뀌지만 원칙은 동일합니다. 원칙은 일군의 사람들을 그들이 함께할 수밖에 없는 환경에 배치하는 겁니다." "우리는 독창성을 부르짖지 않습니다. 그리고 히치콕도, 그 아이디어가 이렇듯 전쟁이라는 특수한 사례에 연관됐다는 것을 제외하고는, 아이디어 자체에 대해 독창성을 주장하지는 않을 거라고 저는 생각합니다."

변호사는 스웰링에게 평균적인 영화관객들이 〈구명선〉에서 어떤 메시지를 도출해낼 것 같으냐고 물었다. 스웰링은 "'선물을 가지고 오는 나치를 조심하자' 하고 혼잣말을 할 것 같습니다"라고 대답했다. "전쟁이 끝난 후 이 사람들을 만나면, 그들이 옆으로 슬쩍 비켜나가면서 똑같은 짓을 다시 할지도 모른다는 것을 명심하십시오."

스웰링은 〈구명선〉에서 가장 빼어난 것—그리고 영화에서 진정으로 독창적인 유일한 것—은 '세계의 축약도'라는 히치콕 특유의 주제인데, "스타인벡은 이것에 완전히 실패했다"고 진술했다. 스웰링은 감독이 그들이 처음 만난 순간부터 그 아이디어를 큰소리로 강조했다고 말했다.

스웰링은 증언과정에서 〈구명선〉의 진정한 작가는 스타인벡이 아니며, 스웰링 자신도 아니라고 주장했다. 모든 캐릭터, 모든 드라마틱한 사건, 신과 신은 대부분 또는 '전적으로' 히치콕의 것이었다. '이야기에 담긴 모든 움직임은 기본적으로 히치콕의 움직임'이라고 스웰링은 밝혔다. "달리 말해 히치콕이 크레디트를 주장할 경우, 그는 '오리지널 스토리, 앨프레드 히치콕'이라는 크레디트를 받을 자격이 있다고 나는 말하겠습니다."

할리우드에서 히치콕은 스토리나 시나리오 크레디트를 받은 적이 한 번도 없었다. 사실, 자격이 있는 모든 다른 작가를 위해 그는 뒤로 물러났다. 흥미로운 예외라면 〈스트레인저〉와 〈나는 비밀을 안다〉 정도였는데, 그와 작업한 시나리오작가들은 그가 공동 크레디트를 받겠다고 해도 이해했을 것이다. 그는 이런저런 방식으로 이야기를 선택하고, 시나리오회의를 주재하며, 캐릭터들을 구체화하고, 핵심 상황들을 시각화하며, 시나리오를 편집했고, 절대적으로 필요한 경우에는 대사도 집필했다. 소재에 대한 그의 침묵을 자신들의 재능을 훔쳐가는 방법이라고 느낀 작가들이 제기하는 불만의 문을 열어준 것이 작가로서의 그의 겸손함, 크레디트에 대한 그의 관대함이었다는 것은 역설적인 일이다.

히치콕 부부 모두 자신들의 집필 솜씨에 대해서는 겸손했다. 1943년 늦봄과 초여름 내내, 알마 레빌은 프로젝트에 다시 합류해서, 시나리오를 완성해내기 위해 히치콕, 조 스웰링, 프로듀서 케네스 맥고완과 회의를 함께했다.

히치콕이 맥킨레이 캔터의 시나리오에 별로 열의를 보이지 않았기 때문에, 그리고 스타인벡의 중편소설은 전적으로 플래시백으로 전개되기 때문에, 팀은 영화의 오프닝 신부터 착수했다. 여러 가지 오프닝을 구상하는 중에, 히치콕은 워너브러더스가 내놓은 신작 전쟁 드라마 〈북대서양에서 벌인 작전〉을 보게 됐다. 시사회 다음 날 아침에, 그는 〈구명선〉이 폭발이 있은 직후에 이야기를 시작하면서 생존자들이 구명선에 기어오를 때 개개인 캐릭터를 소개하는 식으로 전개하면 그 영화와 너무 비슷해진다며 그런 유사성을 회피해야만 한다고 공표했다. 스월링은 "그렇게 해서 회사는 15만 달러를 아꼈고, 더 나은 오프닝이 만들어졌습니다"라고 회상했다.

스타인벡의 '드라마틱한 내러티브'는 사실상 실제 액션이나 갈등이 결여된, 놀라울 정도로 드라마틱하지 않은 내적인 독백이었다. 소설가 자신도 중편소설에 들어 있던 극적인 사건 중에서 히치콕이 가져간 것은 딱 하나—영화 초반부에 등장하는, 익사한 아기와 낙담한 어머니의 비참한 모습—뿐이라고 변호사들에게 인정했다.

히치콕은 캐릭터를 갈고닦으면서 캐릭터들의 개성과 관계를 드라마에 가깝게 묶어가는 식으로 발전시켜나갔다. 중편소설에서 독일식 억양으로 내레이션을 하는 스타인벡의 '평범한 선원' 버드는 이제 코박으로 변신했고, 시나리오는 그의 시점을 포기하면서 그를 주변 캐릭터로 만들었다. 히치콕은 영화의 초점을 그에게 가장 흥미로운 캐릭터인 유복한 코니 포터와 독일인 빌리에게 맞췄다.

코박은 그다지 프롤레타리아가 아닌 캐릭터로 변했지만, 생동감이 덜한 인물이 되기도 했다. 히치콕의 표현에 따르면 '사실상 공산주의자'인 영화 속의 코박은 룸펜 정치인의 뉘앙스를 더 많이 풍겼다. 그와 리텐하우스 사이의 갈등은 경영자와 노동자 사이를 축소해서 묘사한 우화였다. 스타인벡은 리텐하우스를 비행기공장의 소유주로 개성 없게 그려냈지만, 영화는 그를 타고난 리더십을 가진 유쾌한 자본가—'어느 정도는 파시스트'—로 바꿔놓았다고 히치콕은 프랑수아 트뤼포에게 밝혔다. 리텐하우스는 전쟁이 끝나면 붐이 일어날 것이며, 중국은 성장하는 시장이 될 것이라고 족집게처럼 예견한다. 그리고 리텐하우스는 빌리와 가장 친한 사람이다.

소설가 자신이 변호사들에게 시인했듯, 스타인벡은 중편소설에

“사랑 이야기는 거의 집어넣지 않았다.” 그리고 코박과 코니 포터 사이에 로맨스가 싹튼다는 힌트도 주지 않았다. 그런데 그들 사이의 육체적인 욕망은 영화에서 긴장을 빚어내는 핵심요소다.(구명선이 가라앉는 듯 보이자, 코박은 “같이 죽는 것이 다함께 사는 것보다 훨씬 개인적인 일이오”라고 단언하면서 코니 포터를 붙들고는 키스를 퍼붓는다.)

스타인벡은 포터를 반노동적인 공화당 정강을 주장하며 의원으로 선출된, 한때 무대에서 활약한 여배우로 묘사했다. 스타인벡의 이름을 들먹이기도 전에 주연여배우의 이름을 심중에 품고 있던 히치콕이 보기에 이것은 너무 노골적이었다. 그래서 이제 그와 알마, 조 스월링은 코니 포터를 세속적이고 냉소적인 도로시 톰프슨타입의 화려한 신문사 특파원으로 재창조했다.

구명선에 탄 독일인은 처음부터 히치콕이 내놓은 아이디어였는데, 빌리가 영어에 능통한 전형적인 독일인이며 —이야기를 가장 많이 뒤트는 설정인— 배에서 가장 영리하고 가장 강인한 인물로 그려지기를 원했다. 히치콕의 빌리는 물병과 나침반을 숨긴다.(스타인벡은 변호사들에게 이 모든 것은 히치콕이 첨가한 것이라고 밝혔다.) 의사이기도 한 그는 선원 거스의 다리를 거칠게나마 절단해서 생명을 구하는데, 이 장면은 코미디와 비극을 오가는 히치콕적인 장면이다. 그러면서 독일인은 배를 접수하고, 다른 승객들이 작열하는 태양 아래 힘과 지혜를 상실하는 동안 적국을 향해 보트를 저어간다. 의식이 멍해진 거스가 빌리가 물을 조금씩 마시는 모습을 훔쳐보자, 빌리는 자신이 목숨을 구해낸 남자를 배 너머로 내던져서 익사시킨다. 영화에서 가장 히치콕적인 이 장면은 중편소설에는 들어 있지 않다.

스타인벡의 내러티브에는 빌리도 없고 거스도 없다. 거스로 변신한 캐릭터는 있지만, 스타인벡도 변호사들에게 “그와 비슷한 사람은 사실 아무도 없습니다”라고 인정했다. 이들은 모두 스월링이 살을 붙여낸 히치콕의 캐릭터이다. 스타인벡은 변호사들에게 빌리의 히치콕 버전을 혐오한다고 말했다.

히치콕은 나중에 표절소송에서 직접 증언을 하는 과정에서 영화의 캐릭터와 장면, 주요 사건과 아이디어의 출처를 캐묻는 일련의 질문에 대답해야 했다. 그의 대답은 전형적인 공동작업을 통해 집필된 시나리오의 저작자가 누구인지에 대한 분규에 휘말렸을 때, 그의 시나리오가 어떻게 집필됐는지를 얼마나 정확하게 기억하고 있는지—그리고 그 자신이 한 기여를 그가 개인적으로 어떻게 바라보는지—를 보여준다.

변호사는 물었다. 나치 함장 캐릭터는 누가 생각했습니까?

"제가 했습니다."

"흑인 캐릭터는요?"

"존 스타인벡입니다."

"흑인이 수장당하는 에피소드는요?"

"제 기억으로는 그건 맥킨레이 캔터의 생각이었습니다."

"선원 거스 스미스 캐릭터는요?"

"조 스월링이라고 생각합니다."

"거스 스미스의 다리를 절단하고, 그가 갈증을 느껴 짠물을 마시려고 드는 에피소드는요?"

"조 스월링입니다."

"실성한 여자와 아기 캐릭터는요?"

"스타인벡이라고 말하겠습니다."

"아기를 가진 실성한 여자가 구명선에서 하는 행동들은요?"

"스타인벡이라고 말하겠습니다."

"나치 함장이 개인적으로 나침반을 숨긴다는 아이디어는요?"

"스월링하고 제가 함께했습니다."

"나치 함장을 구명선에서 밀어낸다는 아이디어는요?"

"제 기억으로는 스타인벡하고 스월링입니다."

"나치 함장이 절단된 다리에서 얻은 신발로 구타당하다 죽는다는 아이디어는요?"

"제가 낸 아이디어입니다."

"코니 포터 캐릭터는요?"

"스타인벡과 스월링입니다."

"다이아몬드 팔찌를 미끼로 낚시를 하는 에피소드는요?"

"기억나지 않습니다."[30]

"흑인이 플루트를 연주하는 에피소드는요?"

"스타인벡입니다."

"코박이 보트를 접수하고 항로를 지시하면서, 이것을 위해 나치 함장을 밀어내는 에피소드는요?"

"기억나지 않습니다. 여러 사람들과 회의 중에 나온 아이디어입니다."

"구명선에 해진 돛을 다는 아이디어는요?"

"기억나지 않습니다."

"부유한 인물인 리텐하우스 캐릭터와 그가 구명선에서 하는 행동들은요?"

"스타인벡과 스월링과 제가 했습니다."

개인적인 일이기는 했지만, 다른 사람의 작품을 도용했다는 소송에 맞서 싸우던 히치콕은 자신의 저작권을 주장하는 것이 조금 고통스러웠다. 스월링처럼 그도 자신의 독창성을 주장하지 않았다.

"생존자 이야기는 많습니다. 그리고 신문이나 잡지들은 생존자 책들을 출판합니다." 히치콕은 무미건조한 목소리로 변호사에게 밝혔다. "달리 말해서, 그것(영화)은 대단히 독특한 아이디어는 아닙니다."

반짝거리는 팔찌를 미끼로 낚시질하는 것은? "구명선 이야기를 아무거나 읽어보세요." 히치콕은 변호사들에게 충고했다. "그들 모두가 고기를 낚으려고 합니다…… 거기에 독창성은 전혀 없습니다."[31]

영화에서 거스가 짠물을 마시려 고기를 쓰는 것은? "그건 성경에 있습니다." 히치콕의 변호사가 끼어들었다. "대략 3,782건 정도의 구명선 이야기에 있다고 말하고 싶군요." 히치콕이 말했다.

어리석게도 일부 작가들은 히치콕이 스타인벡의 '정치적 사상'을 놓고 고민했다고 주장해왔다.(스타인벡은 진보적 대의를 옹호했다.) 정치적인 논쟁이 있었다면 그 장면은 지나치게 장황해졌겠지만, 감독은 개인적으로나 스크린 위에서나 그런 것을 따분해했다. 조 스월링은 스타인벡보다 더하지는 않더라도, 스타인벡만큼이나 자유주의적인 사람이었다. 히치콕 밑에서 영화는 덜 현학적이 됐고, '노동대자본' 모티프는 강화됐으며(코니포터는 코박을 풍자적으로 '토바리치'라고 부르고, 그가 코민테른에 책임을 지고 있다고 상기시킨다), 파시즘과 정치범들에 대한 언급이 도입됐다.("내 가장 친한 친구 중 몇 명이 집단수용소에 있소.") 그리고 최종적으로 나온 영화는 스타인벡의 중편소설보다 훨씬 왼쪽으로 기울어져 있다.

스월링은 7월 말에 손을 털었고, 히치콕은 가위질과 개선작업을 해나가면서 촬영개시일을 뒤로 미루고 맥고완과 함께 마지막으로 촬영용 시나리오를 검토했다.

케네스 맥고완을 처음 만났을 때부터, 히치콕은 자신이 누구를 주연여배우로 원하는지 알고 있었다. 신문의 패션꼭지에서 곧바로 걸어나온 듯한 차림새—밍크코트, 보석함, 휴대용 타자기, 말짱한 브라우니 16㎜ 카메라—로 구명선에 모습을 나타내는 화려한 기자를 연기할 배우로, 그는 살아 있는 전설을 원했다. 히치콕은 1923년에 제럴드 뒤모리에와 바이올라 트리가 쓴 희곡 〈댄서들〉로 런던에 폭풍을 불러온 탈룰라 뱅크헤드와 지나치면서 안면을 튼 정도였다. 물론, 그는 〈블랙메일〉 무대 공연에서 그녀가 보여준 모습도 숭앙했다.(그는 〈살인〉에 등장인물이 다른 여배우에게 '탈룰라 그 자체'라고 칭찬하게 만드는 것으로 그녀를 향한 찬사를 넣기도 했다.)

30 그러나 그는 기억했다. 히치콕은 다른 자리에서, 다이아몬드 팔찌는 그와 아주 짧은 시간 동안 일을 했지만 계약을 맺는 것에는 동의하지 않았던 작가에게서 나온 아이디어라고 오프 더 레코드로 설명했다. 히치콕은 그 설정이 그 작가가 했던 기여 중에서 영화에 최종적으로 남은 유일한 것이었기 때문에, 그 작가의 이름을 언급하는 것을 좋아하지 않는다고 말했다.

31 스타인벡도 인정했듯, 반짝거리는 팔찌는 히치콕이 캐릭터를 규정하는 중요한 물건으로 '평상시 활용하던 아이러니'였다. 그리고 시나리오가 개발돼가면서 팔찌는 코니 포터의 천박함을 강화하는 상징이 되었다.

뱅크헤드는 전설이었지만 무대에서만 그랬다. 그녀는 영화를 성공시키지 못하는 것으로 악명이 높았다. 게다가 1943년에 그녀는 이미 마흔 살이었기 때문에, 젊고 매력적인 할리우드 주연여배우로 보기는 어려웠다. 카운터캐스팅을 좋아하는 히치콕에게는 그녀의 그런 측면은 의심할 여지없이 매력적이었고, 히치콕과 생각이 비슷했던 맥고완도 그 아이디어를 승인했다.

감독은 초기 트리트먼트 1부를 여배우에게 보냈고, 여배우는 히치콕이 그녀의 화려하고 다채로운 개성을 역할에 집어넣어도 된다고 허락하면서 출연계약서에 서명했다. 뱅크헤드에 따르면, "그는 계속해서 내 역할을 나처럼 만들어갔고, 나는 '달링, 사람들이 내가 나 자신을 연기하고 있다고 생각하게 만들지는 말아요'라고 계속해서 말했어요. 그렇지만 나는 그가 하라는 대로 했어요." 나중에 뱅크헤드가 촬영을 하기 위해 할리우드로 온 이후, 히치콕은 그녀에게 코니 포터는 구명선에 실릴 만하다고 판단되는 사람과는 거리가 한참이나 멀며, '내가 생각해낼 수 있는 한 가장 빛나가고 어울리지 않는 캐스팅'이라고 밝혔다.

성품 좋은 서민적 미국인을 연기하는 것이 특기였던 벌리 윌리엄 벤딕스는 다리가 썩어가는 선원 거스로 캐스팅됐고, 1917년부터 영화계에서 활동한 베테랑 헨리 헐은 리텐하우스로 캐스팅됐다. 히치콕은 영국 여배우 헤더 앤젤에게 작지만 인상적인 역할인, 스스로 물에 빠져죽는 어머니 역을 맡겼다.(앤젤은 〈서스피션〉에 가정부로 출연하기도 했다.) 스튜디오에 전속된 젊은 여배우 메리 앤더슨—그녀는 〈바람과 함께 사라지다〉에서 단역을 연기했다—은 적십자 간호사 앨리스로 캐스팅됐다.

흑인 선원 조 역은 캐나다 리에게 맡겼는데, 그는 오손 웰스의 자랑스러운 연극 〈소박한 아들〉에서 비거 토머스를 연기한 바 있다. 히치콕은 시원찮은 영화에 딱 1번 출연했던 리가 MGM에서 받았던 스크린 테스트에서 리를 발견했다. 그의 캐스팅은 히치콕이 이 캐릭터를 어떻게 바라봤는지를 보여주는 미묘한 표식이다. 영화경력이 짧았던 리—그의 영화경력은 블랙리스트에 오르고 1952년에 일찍 사망하는 바람에 끝이 났다—는 어떤 연기가 됐건 자신의 역할에 강인함과 위엄을 불어넣을 수 있었다.

시나리오가 거듭될수록 코니 포터 역할이 커진 반면, 코박—스타인벡의 중편소설의 내레이터—의 비중은 줄어들었다. 수정을 거친 코박은 독일인에게 육체적 위해를 가할 수 있는 유일한 인물이라는 중요성이 남은 한편, 코니 포터에게 성적으로 이끌리는 측면—마침내 빠지게 된 사랑만큼이나 본능적으로 서로를 증오한 그들의 화학작용은 다루기 까다롭기는 했지만—이 강조됐다. 리가 MGM에서 테스트를 받을 때 옆에서 대사를 쳐주던 배우는, 각진 턱에 영화경력이 별로 없던 라디오 성우 출신 존 호디악이었다. 이즈음, 히치콕은 게리 쿠퍼나 헨리 폰다를 구명선에 태우는 데는 어려움이 따른다는 것을 알게 됐다. 그래서 그는 상대적으로 무명이라 그리 많지 않은 출연료만 지불해도 되는 호디악을 코박으로 캐스팅했다.

스타인벡이 중편소설을 끝낸 후 영화에 첨가된 단 한 명의 캐릭터는 선박의 무선통신기사로, 간호사와 가슴 따뜻한 로맨스를 꽃피운다.(히치콕의 영화에 등장하는 다른 캐릭터의 정신 사나운 미용사 패션을 따른 그는 간호사가 머리에 묶은 리본을 늘 만지작거린다.) 이 역할은 감독과 우정을 키워가던 흄 크로닌을 위해 특별히 창조된 것이었다.

스파이와 매국노—독일인이거나 나치들로, 다수가 등장하는 경우도 잦았다—는 히치콕이 상투적으로 써먹은 요소였는데, 빌리 역할은 혐오스러운 정도만큼이나 사랑스럽고 매력적인 고단수의 악당일 필요가 있었다. 발터 슬레작은 이 역할에 딱 들어맞는 배우였다. 한때 독일의 연극계와 영화계에서 위세를 과시했던 그는 체중이 불어난 이후에, 말 그대로도 그렇지만 인물 자체도 사람들의 눈길을 끄는 중압감 있는 배우가 됐다. 레오 맥커리의 〈옛날의 허니문〉과 장 르누아르의 〈이 땅은 내 것이다〉의 두 편의 반나치영화에서 슬레작을 높이 평가했던 히치콕은 그에게 역할을 맡겼다.

〈구명선〉은 20세기폭스 촬영장의 물이 가득 담긴 탱크에서 거의 전편을 촬영할 예정이었다. 탱크의 네 모퉁이에는 구명선을 향해 물을 몰아대는 장치가 설치됐고, 구명선은 물밑에 복잡하게 설치된 와이어를 통해 상대적으로 안정된 상태를 유지했다. 대서양 배경이 필요한 장면들을 위해, 또 다른 보트 1척을 보트를 요동치게 만드는 기계 위에 얹어서 하늘과 바다의 변화하는 분위기가 영사되는 배경영사 스크린 앞에 설치했다.

카메라맨은 스튜디오에 전속된 사람들 중에서 뽑아야만 했는데, 히치콕은 자신이 선택할 인물이 누구일지를 알고 있었다. 〈비엔나의 왈츠〉에서 만났던 글렌 맥윌리엄스는, 무성영화시대부터 할리우드에서 일한 솜씨 좋은 장인으로, 히치콕의 휘하에서 〈구명선〉을 찍으면서 그의 가장 인상적인 촬영 솜씨를 발휘하여, 영화경력에서 유일한 아카데미 후보지명을 따냈다.

8월에 촬영이 시작되기 전에 막판 위기가 닥쳐왔다. 1943년 상반기 동안 워싱턴 D. C.에서 통신대 소속 군인으로 활발히 활동하던 대릴 재넉이 〈구명선〉의 시나리오를 비판하기에 적절한 시점에 제작 총책임자로 돌아왔다.

〈구명선〉은 어느 스튜디오든 별나고 야심 찬 영화로 여겼겠지만, 재넉이 자리를 비우지 않았다면 20세기폭스는 그 영화를 개발할 수 없었을 것이다. 스튜디오의 보스는 영화를 준비하느라 10달을 보냈다는 얘기에 깜짝 놀랐는데, 그 결과로 나온 시나리오는 제작비도 상당했고, 검열에서 문제가 될 만한 요소들도 다분했다.

재넉은 〈구명선〉이 '우리가 최근 몇 년 동안 검토해온 귀 스튜디오의 시나리오 중에서 그 어느 것보다 심각한 문제를 많이' 보인다고 불만을 제기하는 전쟁정보국(OWI)에서 보내온 편지를 강조했다. 히치콕의 영화가 개봉했을 때 쏟아질 반감을 정확하게 예견한 OWI의 편지는 "구명선에 실린 미국인 집단은 나치 선동가들이 홍보하고 싶어 할 모습을 보여준다"고 밝혔다.

OWI는 코니 포터를 '이기적이고 탐욕스러우며 도덕관념이 없는 국제적인 협잡꾼'으로 봤고, 리텐하우스는 교활하고 무정한 사업가로 평가했다. 코박은 공산주의에 경도되기는 했지만 '꽤나 단정하게' 보이는데, 시나리오는 그가 사기 포커를 쳤다는 것을 암시했다. 흑인인 조를 '전직 소매치기'로 설정하는 것은 안 될 일이었고, 독일인의 운명을 놓고 벌이는 투표에 참여하지 않는 것은 그가 '선거권에 익숙하지 않으며 선거권 행사를 좋아하지 않는다는 것을 암시'했다.("저도 투표를 해야만 합니까?" 조는 빈정대듯 묻는다.)

그중에서 최악은 OWI 보고서가 '유일한 영웅은 나치'이며, 빌리가 거스를 보트 밖으로 떠밀어내는 광경이 너무나도 잔인하다고 결론을 지었다는 것이다.(스타인벡은 그 장면은 소설에 없었다고 변호사들에게 서둘러 밝혔다. 이 장면은 히치콕이 가한 최후의 일격이었다.) 또한 빌리가 분노를 터뜨리는 군중에게 구타를 당하고 익사하는 것도 혐오스러웠다.(빌리는 스타인벡의 버전에서도 익사하지만, 거스의 절단된 다리에 신겨 있던 신발로 구타를 당하는 것은 순전히 히치콕의 아이디어였다.) "그들은 개떼와 비슷합니다." 히치콕은 프랑수아 트뤼포에게 이 장면을 이렇게 묘사했다. OWI가 보기에 이 장면은 '살인의 오르가즘'이었다.

다행히도 재넉은 가혹한 지시는 내리지 않았고, OWI의 불만에도 공식적인 반응을 보이지 않았다. 시합에 뒤늦게 도착한 재넉은 자신이 난처한 처지에 놓였다는 것을 알게 됐다. 그는 히치콕이 20세기폭스를 위해 2번째 영화를 만들어주기를 여전히 바라고 있는데다, 스튜디오 회장들 중에서 검열에 가장 완강하게 반대하는 인물이었다. 결국, 그는 히치콕에게 자신은 모든 비판에 동의하지는 않지만, 그 비판들을 고려해야 하는 처지라고 입장을 밝혔다.

빌리 캐릭터보다 재넉의 심기를 더 불편하게 만든 것은, 구명선 승객들이 실성한 어머니가 구명선 밖으로 몸을 내던지는 것을 막기 위해 묶어두지만, 이튿날 아침에 로프에 묶인 그녀가 물에 떠 있는 모습을 발견하는 장면이었다. 익사한 아기와 자살한 어머니라는 테마 전체를 싫어한 재넉은 히치콕에게 이 시퀀스를 잘라내라고 강권했지만, 이에 맞선 히치콕은 결국은 뜻을 관철시켰다. 재넉은 코믹한 효과로 긴장을 누그러뜨리기 위해 삽입된 카드 게임과 코박과 리텐하우스가 주고받는 야구를 소재로 한 잡담을 보완하라고 충고했고, 히치콕은 장면을 약간 수정했다.

장기간에 걸친 프리프로덕션 기간 중에 이미 커질 대로 커진 제작비를 염려한 재넉은, 부하직원에게 스톱워치로 시나리오의 러닝타임을 재보라고 지시했다. 촬영 3주차에 전달된 보고서는 히치콕의 현재 진행속도를 놓고 볼 때 〈구명선〉의 러닝타임은 2시간이 넘을 것이라고 경고했다. 재넉은 급하게 메모를 작성해서 촬영장에 있는 감독에게 전달하여, 작업속도를 높이고 시나리오를 대대적으로 잘라내라고 지시했다. "당신은 시퀀스의 대사들을 여기저기 잘라내는 것으로는 예선을 통과하지 못할 거요." 재넉이 쓴 글이다. "영화 전체적으로 몇몇 요소는 폐기할 준비를 해야만 할 겁니다."

히치콕은 작가나 여배우들에게 냉혹한 모습을 보일 수 있는 사람이었지만, 최고 우두머리에게 격분한 모습으로 맞서는 일은 자주 있는 일이 아니었다. 상당한 시나리오 작업과 캐스팅을 해가면서 〈구명선〉을 다듬어내는 데 거의 1년에 가까운 시간을 보낸 그가 이제 대릴 F. 재넉을 위해 영화를 폐기할 수는 없는 노릇이었다.

1943년 8월 20일로 날짜가 기록된 답장은 히치콕이 스튜디오의 최고 위인사에게 자기 주장을 표명한다는 점에서 주목할 만하다. "당신이 시나리오의 러닝타임을 재기 위해 누구를 고용했는지 모르겠습니다. 그러나 그게 누가 됐건, 그 사람은 당신을 끔찍이도 오도했습니다. 제 기분은 치욕적이기까지 합니다. 시나리오의 러닝타임이나 대사 연기에 대한 지식이 전혀 없는 것이 분명한 아랫사람 몇몇이 당신에게 내놓은 그런 멍청한 정보를, 저는 이 업계에서 경험을 쌓는 동안 한 번도 접한 적이 없습니다."

그다음에 히치콕은 논쟁의 여지가 있는 사실들('오랜 경험을 쌓은 사람들에게서 얻은 사실들')을 놓고 그가 한 계산을 토대로 글을 이어 나갔다. 그들은 시퀀스 순서로 촬영을 하고 있는데, 이미('대사가 별로 없는 액션이 상당량 포함된') 시나리오 28페이지까지 작업을 끝냈다. 히치콕은 현재 촬영을 마친 분량의 러닝타임이 15분 정도 될 것이라고 추정했다. 시나리오가 147페이지라는 것과 폭풍 시퀀스가 들어 있다는 것을 놓고 볼 때, 그는 최종 러닝타임이 84분이거나 '제 견해로는 7,560피트가 될 것'이라고 예상하면서 '이 정도 수준의 비중 있는 영화치고는 꽤나 충분치 않은 분량'이라고 밝혔다.[32]

히치콕은 재넉의 바보 같은 부하들이 어떻게 생각하건 그가 합리적으로 작업을 해나가고 있다고 주장했다. 이제 그는 9페이지짜리 시퀀스를 촬영하느라 바쁜데, "이 촬영은 대략 이틀이 걸릴 겁니다. 이것은 제작일정에 잡혀 있는 시간보다 정확하게 하루가 적습니다." 히치콕은 이런 문장으로 끝을 맺었다. "친애하는 재넉 씨, 충분한 관심과 이들 고려사항에 대한 지식 부족으로 우리 모두를 지독히도 우스꽝스럽게 만드는 결과를 가져오기 전에, 위의 사실들을 충분히 주의 깊게 고려해주십시오."

재넉은 한숨을 돌리고는 시나리오의 러닝타임을 다시 측정했다. 새로운 측정치를 본 그는 결국 영화가 스케줄에 그리 '형편없이 뒤처진'것은 아니라는 것을 깨달았다. 스튜디오 회장은 애초의 러닝타임 측정을 '전문가가 했던 것이 아니며', 러닝타임을 측정하기 어려운 장면들은 고려하지 않았다고 시인하면서 히치콕과 벌인 대결에서 뒤로 물러섰다.(재넉은 프로듀서 케네스 맥고완에게 이렇게 말했다. "자네만 알고 있게. 시나리오의 러닝타임을 잰 그 망할 놈의 멍청이들이 지문도 전부 시간을 쟀다네.")

히치콕이 제작과 관련한 세세한 일에 대해서도 지식이 뛰어나다는 것을 보여준 무대 뒤에서 벌인 이 초기의 대결은, 결과적으로 감독에게 힘을 실어줬다. 촬영 내내 재넉이 계속해서 '필수적이지 않은 것'들을 제거하자고 간청을 하기는 했지만 말이다. 히치콕은 사소한 장면들을 살짝 잘라버리는 모습을 보여줬지만, 중요한 것은 하나도 건드리지 않았다. 〈구명선〉은 여전히 감독의 손아귀에 있었다.

〈구명선〉과 관련된 것은 소재에서부터 캐스팅, 촬영하는 방식에 이르

32 히치콕의 예상이 실제 수치에 더 가까웠다. 최종 러닝타임은 96분이었다.

기까지 모든 것이 전통적인 지식에 도전했다. 시나리오는 구명선에 실린 10명을 중심으로 전개됐는데, 그중에 관객을 동원하는 능력을 보여준 스타는 한 사람도 없었다. 지배력을 행사한 캐릭터는 독일인 슈퍼맨이었고, 줄거리의 하이라이트 중에는 유아의 익사, 실성한 젊은 어머니의 자살, 평범한 미국인 상에 가장 근접한 캐릭터가 선상에서 받는 절단수술 등이 들어 있었다.

출연진은 파도제조기들이 가차 없이 만들어내는 파도에 이리 흔들리고 저리 내동댕이쳐지면서, 석 달 동안 모조 구명선에서 복작대며 지내야만 했다. 주기적으로 물벼락을 맞은 그들은 배에서 균형을 잡거나 배 밖으로 떠밀려 나갈 위험에 맞서 투쟁해야 했다. 흄 크로닌은 배우들이 "물에 젖어 감기에 들고, 디젤 오일을 뒤집어쓰는 일이 잦았다"고 회상했다. 그는 '고요하고 평온한' 장면을 찍을 때에도 "배우들은 멀미약이 엄청나게 필요했다"고 말했다.

크로닌은 어느 날 물세례를 맞고 뱃전으로 휩쓸려가면서 갈비뼈 2대가 금이 갔다고 회상했다. 탈룰라 뱅크헤드는 '억수 같은 물을 맞고 배가 흔들거리는 바람에 온몸이 시커먼 멍투성이'라고 썼다. '열기, 조명, 가짜 안개와, 재빨리 몸을 말린 후 다시 물에 젖는 것' 등으로 괴롭힘을 당한 주연여배우가 폐렴에 걸리면서 제작이 며칠 동안 중단됐다.(이것은 그런 많은 제작지연 사례 중 하나였다.)

프리마돈나를 연기하는 프리마돈나인 뱅크헤드는 모두에게 불쾌감을 선사했다. 그녀는 '재치 있다는 명성을 얻은 입담 좋은 이야기꾼'이었다고 크로닌은 회상했다. 뱅크헤드는 음탕한 단어들을 쉴 새 없이 내뱉으면서 자기 위신을 실추시키는 데도 재주가 있었다. "그녀가 끊임없이 떠들어대는 말을 듣는 것은 중국식 물고문을 당하는 것과 같았습니다." 발터 슬레작의 의견이다. "그녀는 전쟁 동안 그녀가 하루에 72번씩 술을 끊어왔다고 우리에게 밝혔습니다."

뱅크헤드에게는 이런 일화도 있다. 뱅크헤드가 일부러 속옷을 입지 않고는 은밀한 부위를 서슴없이 노출시키자, 슬레작을 포함한 일부 사람들은 불쾌함을 느꼈다. "보트에 타려면 조그만 사다리를 올라야만 했습니다." 슬레작의 회상이다. "첫날, 그녀는 스커트를 들어올려 팔꿈치 사이에 끼더군요. 안에는 아무것도 없었습니다. 그녀는 그런 신물 나는 장난을 내가 그 영화를 촬영하는 15주 동안 해댔습니다. 하루에도 3번, 4번, 5번씩 그녀는 자신이 팬티를 입지 않았다는 것을 보여줬습니다. 내가 내숭을 떠는 것인지도 모르지만, 아무튼 나는 천박한 여자는 싫습니다."

히치콕은 그렇지 않았다. 크로닌에 따르면, 어느 날 촬영장을 방문한 여성지 소속 여기자가 뱅크헤드의 노출을 불쾌하게 여기고는 홍보부서에 불만을 토로했다. 홍보담당자는 프로덕션 매니저 벤 실비에게 문제를 제기했고, 실비는 히치콕에게 책임을 전가했다. 조지프 코튼은 그다음에 일어난 일에 대해 이렇게 증언했다. 촬영장을 방문한 코튼은 카메라맨 글렌 맥윌리엄스가 히치콕 쪽으로 다가가서는, 뱅크헤드가 가랑이를 벌릴 때마다 그 숏은 폐기해야 한다고 속삭이는 것을 들었다. 배를 불쑥 내밀고 아랫입술을 삐쭉 내민 감독은 모두가 들을 수 있을 만큼 큰소리로 떠들었다. "이건 내가 해결할 수 있는 문제가 아니야. 미용사를 불러야만 해."[33]

뱅크헤드는 속물처럼 행동했다. 여러 견해를 종합해보면, 그녀보다 열등한 처지에 있는 할리우드 동료들에게는 특히 더 심한 짓을 했다. 어느 날 그녀는 나이가 많아서 대사를 암기하는 데 어려움을 겪던 헨리 헐에게 욕설을 퍼부었다. "이 늙어빠진 염병할 삼류배우야." 뱅크헤드는 호통을 쳤고, "사람들은 딱딱하게 굳었다"라고 크로닌은 썼다. "히치는 재빨리 냉수탱크로 향했다. 그는 사람들이 싸우는 것을 싫어했다."

캐릭터와 그 캐릭터를 연기하는 배우를 구별할 수 없었던 뱅크헤드는 발터 슬레작을 카메라 앞에서나 밖에서나 '염병할 나치'라고 부

33 이 일화에는 몇 가지 버전이 있다. 다음은 가장 재미있는 버전이다. "내가 의상담당자와 분장사, 아니면 미용사 중 누구를 불러야 하나?" 그리 널리 알려져 있지 않은 것은 결말에 관한 것이다. 뱅크헤드는 프로덕션 매니저 벤 실비에게 홍보와 관련해서 너무 많은 문제를 일으킨 것을 사과해야만 했던 것으로 알려졌다. 헐렁한 스커트를 입은 그녀는 그에게 은밀한 부위를 보여주기 위해 물구나무를 섰다.

르면서 혐오감에 가까운 감정을 키웠다. 어느 날 이탈리아가 항복하고 무솔리니가 도망쳤다는 소식이 촬영장에 도착했다. 슬레작은 "하느님께 감사하게도 그 지역은 끝이 났군. 불필요한 살인을 줄일 수 있을 거야" 정도의 말을 했다. 크로닌에 따르면, 뱅크헤드는 배우를 바라보면서 "나는 거기 있는 독일놈들의 피를 마지막 한 방울까지 쏟아버리기를 원해. 나는 그놈들이 싫어. 난 당신도 싫어!" 하고 신랄하게 쏘아붙였다. '죽은 듯한 고요'가 퍼졌다. "발터의 목소리가 뒤를 이었습니다. '그 점에 대해서는 유감이군, 탈룰라.'"

이후 있었던 인터뷰에서 뱅크헤드를 옹호한 히치콕은, 그녀가 슬레작을 심하게 대하지는 않았다고 주장했다. "약간 심한 정도였어요." 감독은 그녀가 가진 프리마돈나적인 개성—위엄 있는 연기 스타일(나중에 감독은 그녀가 태국의 수도 방콕[34]처럼 연기한다고 빈정댔다), 터부시하는 연기가 없는 것—을 좋아했다. 그런 개성은 구명선에서 제일 억센 인물로 다른 사람들을 협박하는 코니 포터에 어울렸다.

그러나 뱅크헤드가 고발된 남자를 협박하려고 애쓰는 장면에서 자신의 관점에 따라 주어진 장면을 해석하려 했을 때, 발터 슬레작의 표현에 따르면, 히치콕은 그녀에게 "그 특유의 놀랄 정도로 무표정한 얼굴로 아주 조용하게 '아니에요, 내 방식대로 하세요'라고 말했다."

뱅크헤드에 따르면, 히치콕은 촬영 내내 그녀를 '점잖게' 대했다. 그는 필요할 때면 어느 여배우건 점잖게 대할 수 있었다. 종종 인용되는 일화는 감독에게 칭찬을 들으려고 시도했던 메리 앤더슨을 히치콕이 거칠게 되받아 친 것이다. "히치콕 감독님, 저의 가장 뛰어난 부분이 뭐라고 생각하세요?" "이봐, 아가씨. 아가씨가 지금 깔고 앉아 있는 부분이지."

앤더슨은 히치콕의 인내심을 시험했다. 그녀가 브래지어에 클리넥스를 채워넣은 것을 히치콕이 발견한 이후에는 특히 그랬다. 하지만 그녀조차도 히치콕의 연출에서 도움을 받았다. 슬레작에 따르면, 그녀가

34 Bang-Cock, 남자와 섹스하다라는 뜻. — 옮긴이

굉장히 감정적인 장면을 찍게 됐을 때 히치콕은 '그녀가 감정을 잡을 수 있을 때까지 기다리고' 또 기다렸다. 그러다가 두 손을 들고는 지시를 내리기 시작했다. "이봐, 풋내기." 감독이 소리쳤다. "우리는 시간이 그리 많지 않아! 우선 네 목소리를 3음 정도 내려 깔도록 해. 그리고는 한숨을 길게 쉰 다음에 말하기 시작하는 거야. 이 대사(그는 시나리오를 가리켰다)에서 다시 숨을 내쉬도록 해. 그렇지만 말은 계속 하는 거야. 내가 네가 말하는 소리가 무슨 소리인지 들을 수 없더라도 말이야! 촬영하자고!"

"그러고는 한 테이크만에 끝을 냈죠." 슬레작의 기억이다. "그녀는 히치콕이 예견했던 정확히 그 대사에서 숨을 내쉬었어요. 그렇지만 그녀는 계속해서 말을 내뱉었죠. 그런데 갑자기 감정이 느껴지는 거예요. 완전히 기력을 상실한 여자가 거기 보이더군요. 광활한 바다에서 42일을 보낸 끝에 바짝 마른 그녀의 입술이 파르르 떨려댔어요. 그녀는 사람들이 알아들을 수 있게 말을 할 힘이 없었지만, 사람들은 그녀가 하는 말을 모두 이해했습니다. 히치는 연기의 기계적이고 육체적인 기법에 대해서 나보다도 더 많이 알고 있었습니다."

촬영은 추수감사절을 2주 앞두고 종료됐다. 〈구명선〉은 히치콕이 제작에 1년을 쏟아 부은 첫 영화였고 200만 달러 가까운 제작비가 든 영화였지만 —어느 영화역사가는 "이 영화의 여파는 대릴 재넉을 포함한 모두에게 배신감을 안겨줬다"고 적기는 했지만— 스튜디오의 우두머리가 11월 중순에 첫 편집본을 봤을 때, 스튜디오 내부의 비망록은 재넉이 〈구명선〉을 수상가능성이 다분한 걸출한 영화라고 격찬했다고 기록했다. 감독이 20세기폭스에서 만든 첫 영화의 제작비와 영화에 대한 반대의견에도 불구하고, 재넉은 여전히 히치콕을 스튜디오에 잡아두고 싶어 했다.

〈구명선〉을 촬영하는 동안 결정할 시간을 번 덕에 히치콕은 주도권을 확보했다. 봄부터 작업에 착수한 20세기폭스는 그를 옵션조항으로 몰아가려고 애썼다. 감독은 J. M. 배리의 희곡 〈메리로즈〉를 각색한 영화 쪽으로 마음이 기울고 있다고 스튜디오에 밝혔다. 〈피터 팬〉의 분위기가 메아리치는 신비롭고 불가사의한 이 비극을 1920년에 무대에서 처음본 히치콕은, 그가 영화화 권리를 직접 구입할 의향이 있으며, 케네스 맥고완과 공동제작을 하겠다고 스튜디오에 알렸다.

저작권으로 터무니없는 액수를 요구한 배리의 자산관리인과 프로젝트에 부정적인 반응을 보인 재넉 때문에 이 욕망은 무효화됐다. 재넉은 〈메리로즈〉를 미국 관객에게나 히치콕 같은 서스펜스 감독에게나 너무 별난 장르인 순수한 판타지로 봤다. 맥고완은 히치콕을 지원했지만, 그가 〈구명선〉을 끝으로 스튜디오를 떠나겠다고 발표하면서 〈메리로즈〉를 향한 모든 희망은 물거품이 됐다.

대신, 스튜디오는 다른 작품을 각색하자는 아이디어를 점잖게 내밀었다. 19세기 중국에서 활동한 스코틀랜드 선교사를 다룬 A. J. 크로닌의 소설 『천국의 열쇠』였다. 히치콕은 소설을 좋아한다고 말하기는 했지만 프로젝트에 참여하기를 거절했고, 재넉이 1943년 가을에 촬영하기로 계획이 잡힌 〈천국의 열쇠〉의 감독란에 히치콕의 이름을 적어넣은 후에도 마찬가지였다. 이런 움직임을 〈구명선〉에 대한 책략으로 간주한 히치콕은 계속 말끝을 흐렸다. 〈천국의 열쇠〉는 스튜디오에 전속된 존 M. 스탈감독에게 넘어갔다.

추수감사절이 가까워지는데도 히치콕의 차기작은 여전히 미정이었다. 그는 재넉이 휘두르는 권위가 그리 달갑지 않았고, 데이비드 O. 셀즈닉도 20세기폭스 계약을 연장하는 것에 반대했다. 셀즈닉과 히치콕에 대한 레너드 레프의 연구에 따르면, DOS는 재넉을 영국 감독을 제대로 관리하지 못하는 또 다른 프로듀서로 간주했다. DOS는 히치콕을 멋대로 내버려두면, 〈구명선〉에서처럼 '과도한 제작비'와 촬영 스케줄이 늘어나도록 방치하는 결과만 가져올 뿐이라고 믿었다. 이것은 히치콕의 명성을 손상시켜서 훗날의 임대가격에서 손해를 볼지도 모른다며 DOS가 두려워하던 행동이었다.

DOS는 워너의 핼 월리스와 다시 달려든 샘 골드윈 등의 제안들을 피했는데, 1943년 연말에 궁지에 몰린 히치콕과 얘기를 나눈 골드윈은

〈구명선〉 촬영장에서 탈룰라 뱅크헤드와 함께. 그녀를 위해 주인공 역할을 상상해낸 그는 그녀의 개성에 맞게 시나리오를 다듬은 후 그녀의 연기에 흠뻑 빠졌다.

DOS로부터 날카로운 질책을 받았다. DOS는 제작 라이벌인 골드윈에게 히치콕 같은 사람을 이해하겠다는 소망도 품을 수 없을 것이라고 훈계했다.

그런데 직업적인 차이점이 오히려 히치콕과 셀즈닉의 관계를 개선시켰다. 히치콕이 셀즈닉이 사랑하는 젊은 여배우 제니퍼 존스가 출연하는 전쟁채권 모금 예고편을 촬영하기 위해 〈구명선〉을 잠시 중단하자, DOS는 개인적인 부탁을 들어준 히치콕에게 감사해했다. 이제 DOS는 영화제작에 다시 착수하는 일에 대해 언급하면서, 그의 차기작은 히치콕이 연출하기를 바란다는 말을 진지하게 했다. 셀즈닉과 맺은 계약을 이행—그리고 만료—하는 것 이상은 원하지 않던 히치콕에게는 좋은 얘기였다.

그러나 〈구명선〉을 끝낸 이후 그의 일정표에서 가장 시급한 항목은 영국에 가서 시드니 번스타인과 했던 약속을 지키는 것이었다. 그는 일련의 전보를 통해 정보부에서 일하는 번스타인의 계획에 계속 관여하고 있었다. 1943년 봄에 감독은 런던에서 감독할 전쟁영화 두 편에 참여하기로 합의했고, 번스타인은 줄거리 개발에 착수하는 한편 감독이 연말에 시간을 비워두는 문제를 확실하게 매듭지었다.

히치콕의 입장에서 런던으로 갈 가장 좋은 시기는 〈구명선〉을 끝낸 후, 다음 프로젝트에 착수하기 전이었다. 그는 12주 동안 영국에 갔다 올 수 있도록 댄 오쉬어를 설득하려고 노력했다. 심지어는 이것을—그가 DOS에게 빚지고 있는 미래의 시간12주를 공제할 수 있다면—그의 연례 휴직기간으로 받아들이겠다는 데 동의하기까지 했다. 그러나 오쉬어는 제의를 거절하고 이 기간을 '보류기간'으로 분류했는데, 그렇게 하면 히치콕은 여전히 DOS에게 시간을 빚진 셈이 되어 다음 계약기간에도 그에 대한 의무가 넘겨지는 것이었다.

DOS는 평상시처럼 반대를 했는데, 히치콕이 영국에 가서 그의 정상급 감독과 지나치게 친하면서 또 다른 라이벌이 될 가능성이 있어 보이는 번스타인과 전쟁영화를 찍는다는 아이디어를 좋아하지 않았다. 사실, DOS는 히치콕의 친구를 경시할 수 있는 기회는 하나도 놓치지 않았다. 번스타인이 정보부 영화 중에서 가장 자랑스럽게 여기는 작품 1편을 셀즈닉에게 보여줬을 때, 셀즈닉은 미국 개봉은 적절치 않다고 비판하는 5페이지에 걸친 전보를 보냈다.

이런 막다른 골목에서 벗어나는 방법으로, 히치콕은 프랜시스 비딩(힐러리 에이던 세인트 조지 샌더스와 존 레슬리 파머의 필명)이 쓴 책 『에드워즈 박사의 집』으로 셀즈닉을 회유하려 시도했다. 미치광이가 원장이 없는 사이에 정신병원을 접수하는 내용의 책이었다. 히치콕은 세상에 알려지지 않은 1927년작 소설이, 정신의학 연구의 미스터리와 위험성을 위력적인 스릴러로 극화해낼 소재가 될 것이라고 말했다. 영화화 권리를 그리 비싸지 않게 구입했던 그는, 셀즈닉 인터내셔널에 그 권리를 헐값에 넘기겠다고 제안했다. 그는 즉흥적으로 주연배우에 잉그리드 버그먼을 염두에 두고 있다고 밝히고는, 영국에서 보내는 휴직기간 동안 전쟁영화를 제작할 옛 친구 앵거스 맥페일과 작업을 함께 해서 트리트먼트를 개발할 수 있을 것이라는 과감한 의사를 밝혔다.

중년의 위기에서 여전히 심한 고통을 겪고 있는 DOS(제니퍼 존스에게 푹 빠진 그는 아내와 갈라섰다)에게, 정신의학적 배경의 이야기가 어필할 것이라는 그의 추측은 옳았다. 프로듀서는 평소 하던 대로 분석에 들어가 그 작품에 대한 얘기만 해댔다. DOS는 프로젝트에 고개를 끄덕였으나, 휴직기간은 사실상 오쉬어의 지휘를 받아야만 했다.

그런데 오쉬어는 견해를 바꾸려들지 않았다. 마이런 셀즈닉이 중개자로서는 점차로 쓸모가 없어지고 있다는 사실이 증명됐다. 에이전트를 향한 감독의 경멸은 그들의 관계를 망가뜨렸다. 게다가 히치콕은 셀즈닉을 거치지 않고 직접 받은 보너스에서 셀즈닉 몫의 커미션을 떼어주는 것을 여전히 거부하고 있었다. 그는 〈하숙인〉 시나리오 작업에 참여한 대가로 마이런이 알마에게 지불한 1만 달러를 상환하는 것도 거절했다.(마이런으로서는 약이 오르게도, 시나리오는 영화화되지 않았다.)

에이전시의 중재자 시그 마커스가 10월에 백기를 흔들며 〈구명선〉 촬영장으로 히치콕을 찾아와서는 교섭에 나섰다. 그는 히치콕이 펠드먼-블룸 사무실에서 댄 윙클러를 만나는 등 새로운 에이전트를 구하러 다닌다는 소문에 마이런이 상처를 받았다고 감독에게 밝혔다. 감독이 셀즈닉 에이전시와 맺은 계약은 1943년 6월에 만료됐는데, 감독은 재계약을 하자는 마이런의 간청을 모조리 거부해왔다.

마커스는 돌아가서 히치콕이 마이런을 존중하며, 최소한 그가 셀즈닉 인터내셔널과 맺은 계약이 끝날 때까지는 에이전시와 함께할 생각이라고 밝혔다고 보고했다. 그러나 그는 에이전시와 다른 계약은 체결하지 않을 것이고, '인내심 많은' 마커스가 이것이 할리우드의 표준적인 관행이라고 감독에게 설명했음에도 불구하고, 그가 유니버설에서 받은 보너스의 일부를 셀즈닉 형제에게 주는 것은 노골적으로 거부했다.

자신이 "히치콕의 매력에 넘어갔다"고 마이런이 생각할지도 모른다고 두려워한 마커스는 "전반적인 대화는 우호적으로 이루어졌다"고 밝혔다. 결국, 마커스는 감독에게서 실질적인 언질이나 양보는 고사하고 직접적인 대답을 하나도 받아내지 못했다.

히치콕은 휴직기간에 대한 오쉬어의 정의를 받아들이기로 마음을 굳혔다. 20세기폭스에 있는 그의 사무실을 방문한 사람들은 그가 3주간 출장을 갈 준비를 하고 있다는 얘기를 들었고, 질문을 받은 비서는 말꼬리를 돌렸다. 히치콕이 추수감사절이 지난 후 런던으로 떠났을 때, 스튜디오에서 그가 맞을 미래와 에이전시를 상대로 한 그의 처지는 불확실했다.

히치콕은 뒤에 남은 히치콕 여사에게 작곡가 앨프레드 뉴먼과 작업하는 것을 포함한 〈구명선〉의 후반작업을 감독하라고 위임했다. 히치콕은 판에 박힌 스튜디오의 영화음악을 늘 경계했고, 훗날 〈새〉에서 했듯이 거의 전적으로 자연음만으로 작곡된 독특한 사운드트랙을 상상했다. 그는 오프닝 크레디트와 엔드 크레디트가 등장할 때 깔리는 빈약한 음악만 승인했다.

촬영 중에 다양한 좌절을 겪은 문제로 애를 태워오던 —히치콕과 재계약을 맺는 데 실패한 것은 말할 것도 없고— 재넉은 흄 크로닌과 메리 앤더슨이 나오는 낭만적인 장면들에 부드러운 음악을 깔자고 제안했다. 히치콕은 알마를 통해 확고한 의견을 내놨다. 음악은 없다. 그러나 재넉은 할 수 있는 곳에서는 어디서건 이 장면 저 장면을 조금씩 잘라내는 것으로 복수를 했고, 히치콕이 영국에서 돌아오기 전에 개봉에 필요한 프린트를 동부로 서둘러 발송했다.

"내가 영국을 돕기 위해 아무 일도 하지 않는다면 여생 동안 후회하게 될 거라는 것을 알고 있었습니다." 히치콕이 나중에 밝힌 내용이다. "뭔가를 하면서 전쟁의 분위기로 곧장 빠져들어 가는 것은 내게는 중요했습니다."

앵거스 맥페일은 1943년 8월에 일링을 떠나 정보부에 합류하여 히치콕 영화를 위해 성심껏 계획을 짜기 시작했다. 맥페일이 프로듀서로 참여하는, 그의 표현에 따르면 '파괴공작 이야기'였다. "세인트 폴 대성당의 꼭대기에서 어떤 세네갈 사람이 추락해서 죽는 것으로 시작되는 이야기로 자네에게 아첨을 하려고 하네." 할리우드에 있는 히치콕에게 옛 친구가 써서 보낸 글이다.

시드니 번스타인은 히치콕이 전시의 영국을 너무 강하게 드러내는 영화를 작업하는 것을 원치 않았다. 그런 주제는 앤서니 애스퀴스와 마이클 파웰 같은 영국에 거주하는 감독의 몫이었다. 히치콕은 프랑스에서 촬영하고 영국에서 자막을 다는, 프랑스 레지스탕스에게 헌사를 바치는 프로젝트 2편에는 안성맞춤이었다. 대륙에 진출해서 로케이션하는 것으로 영화경력을 시작한 히치콕의 입장에서, 전쟁은 사실상 그가 직접 체험해서 아는 곳에서만 벌어지는 일이었다. 독일과 프랑스는 그가 개인적으로 경험한 곳이었다. 일본과 태평양은 전시건 아니건 그의 영화에는 거의 등장하지 않았다.

11월 즈음, 정보부는 프랑스 자유지역에 거주하는 일반인을 대상으로 상영할 3릴러 2편을 위한 예산과 줄거리를 승인했다.

첫 영화는 〈행복한 여행*Bon Voyage*〉으로, 격추된 영국군 조종사가 레지스탕스의 도움을 받아 프랑스에서 탈출한다는 내용이었다. 이 이야기의 최초 트리트먼트를 쓴 사람은 작가 V. S. 프리쳇이었는데, 맥페일은 시나리오가 나오지 못하게 시간을 끌었다. 맥페일은 감독에게 보낸 편지에 "나는 A. 히치콕에게 완성된 시나리오를 내놓는 것이 얼마나 미덥지 못한 일인지를 시드니에게 늘 경고하고 있다네"라고 썼다.

두 번째 작품은 〈마다가스카르의 모험*Aventure Malgache*〉으로, 비시 정부가 통치하는 프랑스령 마다가스카르 내부에서 벌어진 일을 다뤘다. 정보부 내부메모에 따르면, 두 영화 모두 '안보부서나 다른 관련된 정부부처들을 정화하는 과정과 정치적 노선을 확립하는 과정에서 해야 할 일이 많다는 것'을 보여줄 예정이었다. 이것이 히치콕이 이들 주제를 선택한 또 다른 이유였다. 번스타인은 감독의 정치적 노선을 신뢰할 수 있다고 판단했다.

공중폭격이 간헐적으로 행해지던 1943년 연말에 뉴욕에서 런던으로 대서양을 횡단해서 비행하는 것은 여전히 단순한 문제가 아니었다. 모든 상황이 최선이었을 때에도, 이것은 신경을 곤두세우는 불안감을 느끼며 공중에서 14시간을 있어야 한다는 것을 뜻했다. "폭격기에 탑승한 나는 바닥에 앉아서 여행을 했습니다." 히치콕이 훗날 한 회상이다. "대서양을 절반쯤 가로질렀을 때, 비행기가 회항을 해야만 했습니다. 이틀 후에 다시 비행에 나섰죠."

그는 1943년 12월 3일에 도착했다. 히치콕은 수입이 변변치 않았는데도 그가 런던에서 애호하던 클래리지 호텔의 스위트를 숙소로 잡고, 거기서 작가들과 회의를 했다. 〈행복한 여행〉의 시나리오 작가는 아서 캘더-마셜이었다. 전기작가이자 소설가인 그는 할리우드에서 MGM 전속작가로 잠깐 동안 일한 경험이 있었다. 〈마다가스카르의 모험〉은 영국영화계의 베테랑인 J. O. C. 오턴이 쓰기로 했다. 맥페일은 두 시나리오를 모두 거들었다. 프랑스 레지스탕스 몇 사람과 런던에 거주하고 있던 연예계 망명자들이 리얼리티 문제에 자문을 해줬다.

"그들은 조그마한 실수도 영화를 우스꽝스럽게 만들지 모른다고 두려워했습니다." 히치콕은 그 시절에 한 인터뷰에서 회상했다." 담배꽁초가 나뒹구는 장면은 보여줄 수가 없었습니다. 프랑스 관객들은 그런 터무니없는 광경에 폭소를 터뜨릴 테니까요. 요즘 프랑스에서 그러는 것처럼, 하루에 담배를 4개비밖에 피울 수 없는 곳에 사는 사람들에게 그런 임자 없는 꽁초란 있을 수 없는 일이죠. 사람들은 담배를 몇 모금 피고는, 나머지를 성냥갑에 넣어뒀다가 나중에 다시 피우니까요."

그는 계속해서 다른 장면 얘기를 했다. "레스토랑을 보여줬습니다. 식사를 마친 테이블의 모습을 보여주는 것은 보통은 생각해볼 필요가 없는 문제입니다. 그러나 요즘의 프랑스 레스토랑을 묘사할 때는 고민을 해야 합니다. 테이블 위에 빵 부스러기는 남아 있지 않아야 합니다. 그런 것들을 허용한다면 미래의 프랑스 관객에게, 이 영화를 만든 사람들이 무슨 일을 하고 있는지 모르고 있다고 얘기하는 것밖에 안 됩니다."

두 시나리오 모두 복잡한 플래시백 구조로 돼 있었고, 히치콕의 관심 아래 막판에 반전이 부여됐다. 〈행복한 여행〉에서 폴란드인 포로는 격추된 영국군 조종사가 프랑스를 탈출하는 것을 돕는 것처럼 보인다. 그러나 런던에서 조종사의 보고를 듣는 자유프랑스군 대령은 모험담을 다른 관점에서 다시 들려준다. 그 관점에서 폴란드인은 사실은 레지스탕스를 색출하려는 게슈타포라는 것이 (영리한 사건의 재연을 통해) 밝혀진다.

〈마다가스카르의 모험〉은 두 편 중에서 더욱 논쟁적인 영화가 됐다. 프랑스인 자문단 사이에 정치적 분쟁이 있다는 것을 감지한 히치콕이 영화에 그런 긴장을 통합시켰기 때문이다. "우리는 자유프랑스가 내부적으로 심각하게 분열돼 있다는 것을 깨달았습니다." 히치콕이 한 말이다. "그리고 그런 내부갈등은 영화의 소재가 됐습니다."

〈마다가스카르의 모험〉은 순회극단이 공연이 시작되기 전에 천천히 옷을 입는 장면으로 중국식상자 스타일을 시작한다. 프랑스령 마다가스카르에서 런던으로 탈출해온 예전의 레지스탕스 투사인 그들은 이제는 애국적인 연극을 공연하는 것으로 투쟁을 계속하고 있다. 배우들은 정치적 견해 차이와 적에게 비겁하게 협조했던 사건들을 포함해 마다가스카르에서 있었던 일들을 회상한다. 영화의 결말에서 마다가스카르의 변절한 경찰총수는 영국해군을 맞이하기 위해 허둥지둥 준비하면서, 비시정부의 물병과 페탱[35]의 사진을 감추고는 스카치병과 빅토리아 여왕의 초상화로 대체한다.

10월에 맥페일은 히치콕에게 제작비가 쥐꼬리만 할 것이라고 경고했지만, 감독은 노엘 카워드와 자주 작업했던 작곡가 벤자민 프랑켈, 무르나우의 카메라맨으로 1931년부터 영국에서 활동해온 권터 크람프를 불렀다. 〈마다가스카르의 모험〉의 앙상블을 위해 히치콕은 망명 온 프랑스 배우로 구성된 특별극단인 몰리에르 플레이어스를 고용했고, 그들 중 일부는 〈행복한 여행〉에도 등장시켰다.

1월 20일 무렵에, 히치콕은 허트포드셔에 있는 유서 깊은 웰윈 스튜디오에서 빠르게 일을 해나갔다. 이제 브리티시 인터내셔널 픽처스의 일부가 된 이 스튜디오는 엘스트리에서 소화하지 못하는 작품을 주로 찍는 장소였다. 히치콕은 3릴러 2편을 빠르게 촬영하고 편집했다. 2월 25일에 작업을 마친 히치콕은 3월 2일에 미국으로 돌아갈 교통편을 예약했다.

얼마 지나지 않은 1944년에, 26분짜리 〈행복한 여행〉이 해방된 프

35 독일 점령하의 프랑스 국가주석. — 옮긴이

랑스와 벨기에에 배급됐다. 원래는 프랑스 저항자의 영웅적 행위에 경의를 표하기 위해 기획됐지만, 히치콕의 손 안에서 내부의 변절자를 보여주는 작품으로 변해간 31분짜리 〈마다가스카르의 모험〉은, 바로 그 이유로 인해 배급이 취소됐다. 영화 2편의 배급이 이처럼 제한됐다는 사실은 히치콕의 전시 작업이 별로 눈에 띄지 않는 것처럼 보이는 또 다른 이유였다.

그럼에도 불구하고 감독은 〈행복한 여행〉과 〈마다가스카르의 모험〉에 상당한 자부심을 느꼈다. 〈행복한 여행〉을 마음에 들어한 그는 파라마운트와 계약을 맺고 있던 1958년에 그 영화를 재상영하면서, 이 작품을 장편으로 확장하는 문제를 고민하기도 했다.

정보부 영화들이 발견돼서 비디오로 출시된 1990년대 초반에, 두 작품은 감독의 영화경력에 불가결한 연결고리를 제공하는 작품들로 간주됐다. 필립 켐프가 『사이트 앤 사운드』에 썼듯, 내러티브는 놀랄 정도로 복잡하고 카메라워크의 표현력은 풍부하며 유머와 아이러니와 강렬한 테마가 독특한 수준에 이른 두 작품은 '대단히 히치콕적'이라는 것이 밝혀졌다.

클래리지에 편안하게 머무는 동안, 히치콕과 앵거스 맥페일은 『에드워즈 박사의 집』의 각색을 논의할 시간을 짜냈고, 두 사람은 힘을 합쳐 탄탄한 시나리오를 척척 만들어냈다. 레너드 레프에 따르면, 데이비드 O. 셀즈닉은 '정신의학의 치유적 가능성'에 대한 테마를 요청했지만, 이것은 심한 비약이었다. 소설은 귀족의 저택에서 벌어지는 미스터리에 가까웠기 때문이었다. 그러나 소설에 제멋대로 손을 대는 히치콕의 전례를 놓고 볼 때, 이 작품은 원작에서 멀어도 한참 먼 작품이 될 것이다.

히치콕을 종종 회의적으로 바라보는 레프조차도 트리트먼트가 소설의 요점을 깔끔하게 빼낸 한편, '결국에는 〈스펠바운드〉라는 제목을 달게 될 영화의 구조와 몇 가지 중요한 사건'을 확립했다는 결론을 내렸다. 트리트먼트가 소설에서 얼마나 멀리 벗어났던지 —그러면서도 상당히 흥미로웠다— DOS는 히치콕 여사에게 할리우드에서 대신 쓰면서 도움을 줬느냐고 개인적으로 묻기까지 했다.

런던에서 보낸 짧은 기간 동안 히치콕은 아이버 몬터규, 알렉산더 코르다, 다른 옛 친구들과 모임을 가졌고, 다른 가족과 함께 샘리그린에 살고 있던 넬리 누나를 대여섯 차례 방문했다. 시드니 번스타인과 그의 관계는 점점 깊어져, 전쟁이 끝난 후 함께 사업을 하자는 논의를 하기도 했다.

그는 배급과 민방위 훈련, 등화관제를 체험했다. '블리츠'[36]의 최악의 시기는 지나갔지만, 사람들이 '꼬마 블리츠'라고 부르던 일시적인 폭격은 남아 있었다. 클래리지에서 노처녀인 사촌과 식사를 하는 동안 독일군 비행기가 요란스러운 방공포 사격을 이끌어내며 머리 위를 날아가는데도, 사촌이 그런 소음에 신경도 쓰지 않는 모습을 본 히치콕은 굉장히 재미있어했다. 그 자리에서 사촌이 다른 사람에게 한 유일한 말은 이랬다. "이봐요, 여기서 들어도 총소리가 우리 집에서 듣는 거랑 다르지 않네요, 그렇죠?" 그러나 하늘에서 떨어지는 소이탄과 낙하산 지뢰들은 냉혹한 현실이었고, 전쟁을 겪은 그의 기분은 음울해졌다. 특히 호텔에서 오도 가도 못하게 되는 밤이면 그는 무력감을 느꼈다. "클래리지 호텔에서 나는 혼자 있곤 하오." 히치콕이 알마에게 쓴 편지다. "폭탄들이 떨어지고 총소리가 들리는데, 나는 혼자인 데다가 무슨 일을 해야 할지 모르겠소."

36 제2차 세계대전 당시 독일군의 런던 공습. — 옮긴이

10 버그먼과 그랜트 그리고 〈오명〉 1944~1947

〈구명선〉은 히치콕이 여전히 영국에 체류하고 있던 1944년 1월에 미국 극장에서 개봉됐다. 당시까지 그가 내놓은 작품 중에서 가장 논쟁적인 이 작품은 평론가들을 갈라놨고, 심지어는 평론가들끼리 대립하기까지 했다.

『뉴욕 헤럴드트리뷴』의 칼럼니스트 도로시 톰프슨은 〈구명선〉을 '연출의 관점에서 보면 재미있고 훌륭하다'고 인정하면서, 그런 반면 히치콕의 영화는 '독일어로 번역된 후 약간의 수정만 거치면 베를린에서 나치의 전쟁을 위한 도덕적인 선전물로 상영될 수 있을 것'이라고 비난하는 글을 썼다.(톰프슨은 그녀 자신이 탈룰라 뱅크헤드 캐릭터의 원형이라는 것을 감지했을까? 그녀는 그 문제는 언급하지 않았다.)

『뉴 리퍼블릭』의 매니 파버는 〈구명선〉이 '별 힘들이지 않고 영화의 주제까지 여러분을 짜증나게 만드는 동시에 여러분을 장악하고 데려갈 것'이라고 썼다. 제임스 에이지는 『네이션』에 쓴 글에서 히치콕이 '자신이 하고 있는 일의 순전히 인간적인 측면에 대한 감수성의 일부'를 상실한 것은 아닌지 의문을 제기하고는, 〈구명선〉이 '히치콕 영화라기보다는 스타인벡 영화에 가까워진' 결과로 영화가 무감각해졌다고 추측했다. 이후 4반세기 동안 주도적 평론가로 위세를 떨친 『뉴욕타임스』의 보슬리 크라우더는 히치콕의 영화를 '바다를 배경으로 한 시종일관 짜릿하며 기술적으로 훌륭한 드라마'로 봤다. 그럼에도 불구하고 이상적 초인을 향한 무분별한 —그가 생각하기에 의도적이지는 않은 것 같은— 도약은 불쾌하게 생각했다.

최초의 리뷰를 쓴 이후 크라우더의 견해는 더욱 비판적이 되어, 〈구명선〉의 '지독한 어리석음'과 '충격적인 정치적 관점', '음흉한' 본질을 반복해서 지적하는 일요일판 기사를 2편 썼다. 『뉴욕타임스』는 찬반 독자편지로 섹션 1면을 할애하기도 했다.(여기에는 프로듀서 케네스 맥고완이 영화의 주제를 참을성 있게 설명하는 편지도 실렸다.) 크라우더는 처음에는 영화에 대한 책임을 히치콕과 스타인벡에게 동등하게 지우려 했지만, 소설을 입수한 그는 일요일판에 실은 두 번째 기사에서는 영화가 스타인벡의 소설에서 '급진적으로 이탈'했다고 적었다. 이제 히치콕이 '양심적인' 작가를 '이용해먹었다'고 생각한 그는, 〈구명선〉의 모든 장점은 스타인벡에서 비롯됐고 모든 결점은 감독의 책임이라는 견해를 보였다.

논란이 벌어진 데 놀란 스타인벡은 에이전트인 애니 로리 윌리엄스가 크라우더에게 출판되지 않은 소설을 보내는 것을 허락했다. 스타인벡은 전미흑인지위향상협회(NAACP)가 보낸, 흑인 캐릭터 조가 고정관념에서 창조된 캐릭터라고 불만을 제기하는 편지도 받았다. 조를 창조한 것은 스타인벡이었지만, 인종적 편견이 드러날 것을 염려한 작가는 〈구명선〉을 본 후 민권단체와 뜻을 같이한다는 편지를 에이전트에게 썼다. 스타인벡의 표현에 따르면, 히치콕은 흑인을 대표하는 그의 존귀한 캐릭터를 '틀에 박힌 코믹한 검둥이'나 '흔해 빠진 유색인종 희화화'로 탈바꿈시켰다.

스타인벡이 나중에 법정에서 증언했듯, 그의 소설에 등장하는 조는 '유색인종이지만 종교는 믿지 않고 자존심이 굉장히 센 사람'이며, "결심하는 데 부족함이 없는 사람입니다. 사실 그는 많은 결정을 내립니다. 그건 영화와는 정반대의 캐릭터입니다." 스타인벡의 조는 어머니와 아기가 바다에서 버둥거릴 때 두 사람을 구조하려고 영웅적인 노력을 기울일 뿐 아니라, 배에서 떠밀려나간 독일인 빌리를 구하려고도 노력한다. 또한 조는 부업으로 실내 오케스트라에서 연주하는 뛰어난 플루트 연주자다.

그는 영화에서도 플루트를 연주하지만, 그것은 리코더[37]에 가깝고, 그가 연주하는 음악도 수준이 그다지 높지 않다. 히치콕은 이런저런 방식으로 조의 비중을 줄였는데, 흑인 캐릭터는 구조 활동을 한 번(어머니와 아기)만 벌이고, 음악적 재능은 그저 그런 수준이며(그는 실내 뮤지션이 아니다), 소매치기 전력이 있다.(민권단체들을 발끈하게 만든 요소) 영화는 조를 굉장히 신앙심 깊은 사람으로 만들기도 했는데, 이것을 스테레오타입이라고 본 스타인벡은 이 변화를 혐오했다.(조는 사망한 아기의 영혼을 위한 기도를 올릴 때, 기억을 더듬어 성경을 낭송할 수 있는 유일한 승객이다. "그가 나를 쉴 만한 물가로 인도하시는도다……")

히치콕을 민권운동의 선구자로 착각할 수는 없다. 그의 영화들에는 흑인 캐릭터가 드문데, 영화의 주요사건들이 그가 가장 편안해한 앵글로색슨 세계에서 벌어지기 때문이다. 〈구명선〉 이전에 나온 히치콕의 영화에서 중요한 흑인 캐릭터를 찾아내기 위해서는 자신의 오리지널 스토리에 기초한 마지막 영화인 1927년 작품 〈링〉까지 거슬러 올라가야만 한다. 〈링〉에 나오는 주인공의 친구인 매력적인 트레이너가 흑인이다. 그러나 히치콕만 크레디트를 받은 이 시나리오에서, 히치콕은 이 캐릭터를 '검둥이' 복서라고 불렀다.[38]

스타인벡-히치콕 논쟁에서 공개적으로 한 번도 언급되지 않은 사람이 조 스월링이었다. 그런데 법률서류에 따르면, 조의 캐릭터를 재창조하는 데 주도권을 행사한 사람은 스타인벡만큼이나 정치적으로 자유주의자였던 스월링이었다. 조의 캐릭터는 스월링의 손끝에서 덜 이상적인 흑인—그는 실내 뮤지션이라는 직업을 잃고, 전직 소매치기라는 이력을 얻었다—이 돼가기는 했지만, 다른 상징적인 가치도 획득했다. 예를 들어, 독일인을 반대하는 폭풍이 마침내 몰아쳤을 때, 조는 유혈사태에 합류하기를 거부하는 유일한 사람이다. 그의 관대함과 다른 이들이 하는 짓에 대한 혐오는 1940년대에 특히 기승을 부리던 흑인에게 린치를 가하는 사건들을 강하게 암시한다. 히치콕의 조는 시간이 흐를수록 더 낫게 보이는 캐릭터다.

신문기사들은 논쟁의 일부에 불과했다. 막후에서 개인과 단체들은 20세기폭스를 상대로 영화에 담긴 친나치 선전적 가치관에 불만을 제기했고, 대릴 재넉은 시사회가 끝난 직후부터 광고와 후원을 철회하라는 압력을 받았다. 괜찮은 성적을 거두며 박스오피스에 데뷔한 후, 〈구명선〉은 침몰하기 시작했다. 재넉이 등 뒤에서 영화의 결점들을 끄집어내고 있다는 히치콕의 분노와 더불어 히치콕이 스튜디오를 위해 2번째 영화를 연출할 것이라는 희망은 끝이 났다.

재넉은 한 가지 점에서는 옳았다. 〈구명선〉은 연말에 많은 상을 끌어모았다. 뉴욕영화비평가협회가 그해의 최우수 여우주연상 후보를 지명할 때 탈룰라 뱅크헤드는 선두주자로 떠올랐고, 6번에 걸친 투표 끝에 덜 논쟁적인 〈가스등〉의 잉그리드 버그먼을 누르고 다수의 표를 획득했다. 히치콕은 〈구명선〉으로는 감독상을 단 하나도 받지 못했다.[39]

〈구명선〉이 바다에서 겪는 시련을 촬영장에서 실감나게 재현한 경이적인 업적을 이루었다고 인정한 할리우드의 아카데미에서는 더 나은 성적을 올렸다. 히치콕은 오리지널 스토리(스타인벡), 흑백촬영(글렌 맥윌리엄스)과 더불어 오스카 감독상 후보에 지명됐지만, 뉴욕에서 최우수감독으로 꼽히는 등 그해에 가장 많은 상을 받은 레오 맥커리에게 패배했다.(맥커리는 〈나의 길을 가련다〉의 스토리와 연출로 오스카 2개 부문을 수상했고, 조지프 라셸은 〈로라〉로 촬영상을 수상했다.) 뉴욕에서 여우주연상을 받은 뱅크헤드는 할리우드에서는 후보에 오르지도 못했다.

그러나 그녀의 연기는 눈부셨고, 〈구명선〉은 과소평가된 채로 남게 되었다. "와우!" 코니포터는 히치콕의 크레셴도에서 독일배가 다가오면서 구명선의 뱃머리를 가로지르자 고함을 친다 —짜릿하고 매혹적인 프로세스 숏이다— 영화 전편이 이 순간처럼 눈부시다. 리듬 면에서

37 옛날 플루트. — 옮긴이

38 말이 나온 김에 언급하자면, 히치콕은 〈구명선〉에서는 그 불쾌한 단어를 결코 쓰지 않았다. 그런데 스타인벡 소설의 내레이터는 조를 거듭해서 '진짜 검둥이'라고 부른다.

39 자서전에서 뱅크 헤드는 이런 모욕의 원인으로, 그녀가 전속배우가 아니라서 스튜디오가 거느린 유권자들의 표를 끌어올 수 없었다는 그럴 듯한 이유를 꼽았다.

유려하고 조화로운 〈구명선〉은 제2차 세계대전 동안 할리우드에서 만든 그 어떤 영화보다도 독창적이고 날카롭다. 히치콕은 전쟁을 다룬 거칠고 노골적인 영화를 만들었고, 가장 터프한 영화로 비판에 대항해나갔다. 그는 관객을 고의적으로 도발했고, 평단의 반대를 일부러 불러일으켰다. "사람들은 모두 이 영화를 친독일적이라고 생각했습니다." 20년 후 가진 인터뷰에서 그는 어깨를 으쓱했다. "멍청한 생각이었어요." 그러나 〈구명선〉의 운명은 그의 추진력에 거의 영향을 주지 않았다.

1944년 3월 중순에 뉴욕을 통해 영국에서 돌아온 히치콕은 태도가 많이 누그러져 있었다. 영국에 대한 애국심을 느낀다고 친구들에게 말하기는 했지만, 그는 더 이상 자신이 영국인처럼 느껴지지가 않았다. 런던에 가해지는 폭격, 식량 부족, 직접 체험한 공포. 이 모든 것이 그의 기를 꺾었고, 전체적으로 그와 셀즈닉 형제를 곤란한 상황에 처하게 만들었다. 그는 할리우드를 뜬 것을 계약중지로 규정한 댄 오쉬어의 정의를 받아들이면서 더 이상 항의를 하지 않았는데, 셀즈닉 인터내셔널에 여전히 12주를 빚지고 있다는 뜻이었다. 런던에서 그는 전쟁이 끝나면 영화를 제작하는 합작회사를 차리자는 새로운 모험에 대해 시드니 번스타인과 논의를 시작하면서 터널 끝에 빛이 보일 것이라는 희망을 느꼈다.

5월 23일에 마이런 셀즈닉이 세상을 뜬 것은 시대가 변하고 있다는 또 다른 징조였다. 마이런은 알코올중독을 치료하려고 많은 '요법'을 시도했지만, 음주는 그를 치명적인 혼수상태로 몰아간 복부출혈의 원인이 됐다. 마이런이 산타모니카 병원에서 세상을 뜰 때 동생 데이비드는 임종을 지켰다. 한때 할리우드에서 가장 권세 좋은 에이전트였던 그는 46살밖에 되지 않았다.

그런데 히치콕은 장례식에 참석하기 위해 서둘러 캘리포니아로 돌아가지 않았다. 사실 히치콕은 마이런을 점점 싫어하게 됐고, 계약과 관련한 문제점이 다 그의 탓이라고 비난했는데, 그가 사망하자 앞으로는 계약에 얽매일 의무감을 느끼지 않는다고 통보했다. 그는 셀즈닉 인터내셔널에 대한 책임을 이행할 것이고, 에이전시에는 그 계약에 따른 커미션을 지불할 생각이었지만, 미래에는 자신의 일을 직접 처리할 작정이었다. 그는 과거에 받은 보너스의 일부를 지불하는 것을 계속 거절했고, 미래에 셀즈닉이 제작하지 않는 영화에서 받을 보너스도 그럴 생각이었다.

셀즈닉 에이전시는 보너스와 부수입에 대해 소송을 걸겠다고 위협했다. 히치콕은 처음으로 외부의 변호사들에게 자문을 구했는데, 이 시점에서 그는 에이전시와 혼자 싸우고 있지는 않았다. 변덕스러운 리더의 지휘 아래 있던 에이전시의 평판은 꾸준히 실추돼왔으므로, 일부 고객은 계약을 무효화하기 위해 소송을 제기했고, 다른 사람들은 그냥 에이전시를 떠났다. 히치콕이 에이전시와 벌인 분쟁은 몇 년간 해결되지 않았고, 그는 다툼의 발단이 된 금액을 결코 지불하지 않았다.

'명예로운 약속'을 지키기 위해, 히치콕은 셀즈닉 인터내셔널과 맺은 계약에 남아 있는 —영화편수가 두 편이 맞다면— 영화 두 편을 연출하겠다며 DOS를 안심시켰다. 계약이 너무나 자주 수정되고 연장됐기 때문에 누더기 계약의 내용은 애매하기 그지없었다. 그러나 할리우드에 있는 그 누구도 히치콕과 DOS 사이의 문제가 말끔해지기 전에는 감히 히치콕을 고용하려 들지 않았다. 그래서 감독은 자유로워질 날을 꼽아가면서 그가 행해야 할 의무를 이행한다는 불리한 선택을 할 수밖에 없었다.

2편 중 첫 편은 〈에드워즈 박사의 집〉이 될 것이다. 이전에 합의했듯, 히치콕은 뉴욕의 세인트 레지스에 머물면서 당시 인근의 니약에 살고 있던 작가 벤 헤크트와 함께 시나리오 초고를 작업했다. 데이비드 O. 셀즈닉은 '히치콕의 경이적인 개그들을 모두 덮어버릴 구조가 탄탄한 감정적인 이야기'를 내놓는 재주가 뛰어나다는 이유로 헤크트를 신뢰했다. 그러나 감독이 헤크트를 신뢰한 데는 그 나름의 이유가 있었다.

헤크트는 〈해외특파원〉의 결말부에서 어려움에 처한 히치콕을 구해낸 바 있고, 몇몇 자료에 의하면 〈구명선〉에 대해서도 자문을 해줬다. 감독과 작가는 닮은 점이 많았다. 각자의 분야에서 정상이었던 두 사람은 할리우드와 세상을 향한 편견이 담긴 시선을 공유했다. 그들은 할리우드가 예술보다는 박스오피스를 선호한다는 것을 알았고, 그런 점에 대해서 스스로를 기만하지 않았다. 셀즈닉을 만족시키기 위해 〈에드워즈 박사의 집〉은 그럴 듯한 정신의학적 태도—히치콕의 표현에 따르면, 두 사람 다 '사이비 정신분석'으로 간주한 태도—를 취해야 했지만, 밑바탕에는 박스오피스를 휩쓸 섹시한 스타 콤비를 등장시키는 미스터리도 창조해넣어야 했다.

히치콕과 헤크트는 DOS를 서부해안에 멀찌감치 떨어뜨려 놓고는, 히치콕이 좋아하는 허구의 씨앗을 뿌릴 현실세계를 여행하는 것으로 작업을 개시했다. 그들은 히치콕-맥페일 트리트먼트의 수정과 확장에 착수하기 전에, 코네티컷과 뉴욕에 있는 정신병원과 정신의학 수용시설을 찾아서 사실적인 이야기를 널리 수집했다. 그들은 기억에 남는 베스트셀러와는 거리가 먼 원작소설을 따라야 할 의무감을 조금도 느끼지 않았는데, 셀즈닉은 책도 읽어보지 않았을 것이다. 그리고 그들은 스타 두 명이 누가 될지도 알고 있었다.

최소한 그들은 자신들이 안다고 생각했다. 셀즈닉에게 전속된 잉그리드 버그먼은 사실상 확정된 상태였다. 그들은 정신병원의 새로운 원장 앤서니 에드워즈와 사랑에 빠지는 정신분석 전문의 콘스탄스 피터슨 역할을 그녀에 맞춰 재단하기 시작했다. 시나리오 집필팀은 시나리오를 읽는 버그먼을 기쁘게 해주기 위해 그들만 알아차릴 수 있는 농담을 집어넣었다. 고뇌에 빠진 에드워즈 박사가 이상한 행동을 하기 시작하자, 그와 피터슨은 피터슨의 정신분석학 스승인 브룰로프 박사의 조언을 받기로 결정하고 뉴욕의 로체스터로 여행을 간다. 로체스터는 버그먼이 영화와 영화 사이에 의학학위 취득을 위해 공부하는 남편 페터 린드스트롬과 거주하는 곳으로, 버그먼은 이곳을 고향처럼 여겼다.

에드워즈 캐릭터 —정신분석에 의해 결국 과거의 어두운 비밀 때문에 괴로워하는, 기억상실증에 걸린 사기꾼이라는 것이 밝혀진다 — 역할에 히치콕은 캐리 그랜트를 바라고 있었다. 정보부 영화의 편집기사인 앨런 오스비스턴은 히치콕에게 자문을 구하기 위해 런던에서 찾아왔다가 헤크트와 가진 회의를 참관하게 됐다. "나는 내내 그 자리에 앉아 그들을 관찰하면서 시간을 보냈습니다"라고 오스비스턴은 회상했다. "경이적인 경험이었습니다. 시나리오 두세 페이지를 가지고 온 헤크트는 히치콕에게 내용을 읽어줬고, 그러면 히치는 그것을 다시 헤크트에게 읽어줬습니다. 그다음에 그들은 역할들을 연기했습니다. 히치는 'OK, 자네가 여자를 맡아. 나는 그랜트야. 이제 우리는 여기서 저기로 움직이는 거야'라고 말하곤 했습니다. 그들은 연기를 하고 대사를 내뱉으면서 호텔 스위트를 돌아다녔습니다. 히치는 '나는 여기서부터 오는 거야…… 아냐, 그건 먹히지 않아. 자네도 알겠지만 우리 카메라가 여기 있기 때문이지. 나는 그 대사가 여기로 오면서 나오기를 바라. 벤, 자네는 그 대사를 여기로 끌어와야 해. 내가 그걸 여기 카메라 앞에서 연기할 수 있게 말이야'라고 말했죠. 그들은 만사를 굉장히 세밀하게 작업했습니다."

잉그리드 버그먼과 캐리 그랜트를 염두에 둔 러브스토리는 탁월했다. 정신분석을 경험한 바 있는 헤크트는 플롯을 비틀기 위한 정신의학적 설명을 제시했을 뿐 아니라, 현실적인 이미지—예를 들어, 두 사람이 키스를 하자 복도에 있는 문들이 열리는 것으로, 히치콕의 표현에 따르면 '두 사람 사이의 사랑이 시작됐다는 상징'이었다—도 제안했다.

히치콕과 헤크트가 시나리오를 리허설하면서 역할들을 주거니 받거니 하기는 했지만, 사실 감독은 영화에서 "나는 꿈을 믿지 않아. 그따위 프로이트 이야기들은 허튼소리에 불과해"라고 단언하는 에드워즈와 상당히 비슷했다. 감독이 프로이트의 저작에 친숙하지 않은 것은 아니었다. 프로이트가 예술과 문학의 전 분야에 그림자를 드리우던 1920년대에 히치콕은 프로이트의 저작들을 처음 훑어봤지만, 상징(특히 성적인 상징)과 예술작품에 대한 설명 이상의 것을 내놓을 수 없었다. 히치콕은 자신이 꾼 꿈들—지루한 것에서부터 생기 넘치는 것에 이르는 꿈들로, 때로는 지독히도 에로틱했다—을 친구들에게 재미있게 들려주면서 해몽해달라고 졸라대는 것을 즐겼다. 그러나 그는 잠재의식을 지나치게 심각하게 받아들이지 않았고, 개인적인 삶에서도 마음을 치료하는 의사들을 열심히 피해다녔다.

어쨌건 그와 헤크트는 〈에드워즈 박사의 집〉이 정신분석을 심각하게 연구하는 것으로 끝맺을 생각은 없었다. 히치콕 입장에서 이 영화의 주된 매력은 기억상실증환자의 정체를 밝혀내는 데 도움을 줄 꿈들에 영화적인 숨결을 불어넣을 수 있는 기회였다. 늦봄이 될 때까지는 살바도르 달리의 이름이 공식적으로 표면에 떠오르지 않았지만, 처음부터 히치콕은 유명한 초현실주의자 달리에게 꿈들을 넘겨줄 마음을 품고, 셀즈닉이 시나리오를 승인할 때까지 비밀로 하고 있었다. 늦봄 무렵에 나온 최신 시나리오는 달리가 디자인하고 루이스 부뉴엘이 연출한 2편의 유명한 초현실주의 영화 중 1편인 1928년작 〈안달루시아의 개〉를 노골적으로 연상시키는 꿈을 묘사하고 있었다. 〈안달루시아의 개〉의 오프닝은 눈동자를 면도날로 가르는 모습을 보여주는데, 히치콕 시나리오는 남자가 그림으로 그려진 눈들을 거대한 가위로 반토막내는 모습을 등장시켰다.

히치콕은 할리우드에서 일한다는 것이 별난 수염을 기른 스페인 화가 달리의 관심을 끌 것이며, 독특한 판타지를 담은 영화에 달리의 흥취를 가미하면 도움이 될 것이라고 확신했다. 이에 대해 그는 훗날 이렇게 설명했다. "그 당시에는 영화에 담긴 꿈 시퀀스에는 회오리치는 연기를 등장시키고, 모든 등장인물이 머리 위에서 품어대는 연기와 드라이아이스로 만들어낸 안개 속을 걸어가는 모습을 약간 초점이 맞지 않는 상태로 보여주는 것이 전통이었습니다. 그게 관례였죠. 나는 이런 환각적인 꿈을 달리 스타일로 보여주기로 결정했습니다. 달리의 스타일은 회오리치는 몽롱한 꿈과는 정반대였거든요. (이탈리아 초현실주의자 조르지오) 데 키리코나 막스 에른스트를 선택할 수도 있었습니다. 그런 양식을 추종하는 사람들은 많았지만, 달리만큼 상상력이 풍부하고 엉뚱한 사람은 아무도 없었습니다."

3월과 4월, 2달 동안 히치콕과 헤크트는 동부해안에 머물러 있었다. 데이비드 톰슨에 따르면, 마이런 셀즈닉의 죽음은 그의 동생을 '깊은 우울' 속으로 몰아넣었다. 정신없는 회의와 비망록의 소용돌이가 다시 치기 시작한 것은 5월에 그들이 할리우드에 도착한 이후부터였다.

평상시와 마찬가지로 셀즈닉은 분수처럼 비판을 쏟아냈다. 히치콕과 헤크트는 실제 정신치료 기법을 그려내는, 〈블랙메일〉의 서막의 메아리라 할 연속적인 몽타주로 연출된 다큐멘터리 스타일의 오프닝을 창작해냈지만, 셀즈닉은 장황하다고 생각했다. 초고는 정신의학을 잠깐 동안 재미있게 보여줬다—히치콕-맥페일 트리트먼트의 흥미로운 하이라이트 하나는 왕정복고시대를 배경으로 한 윌리엄 콩그리브의 걸작 코미디 〈세상만사〉를 정신병원 입원자들이 공연하는 것이었다—. 그러나 〈레베카〉에서처럼 히치콕적인 유머는 셀즈닉의 세계에서 환영받지 못했다.

히치콕-헤크트 버전 중 하나는 열차객실을 같이 쓰는 두 남자를 약올리듯 보여주는 것으로 시작된다. 한 사람이 파리를 잡아서 날개를 떼어내면 다른 사람이 말한다. "오, 나는 그런 짓은 안 할 거요. 내가 당신이라면 말이오." 둘 중 한 사람은 정신분석학자이고, 다른 사람은 새로 입원하는 환자인데, 히치콕에 따르면, 관객은 '누가 미친 사람인지 밝혀내야' 한다. 슬프게도 그런 '경이적인 개그들'은 셀즈닉의 파란 색연필 아래서 거의 살아남지 못했다.

한편, 영화의 정신의학적 내용에 진실성을 부여하기 위해 —그리고 〈에드워즈 박사〉에 품위 있는 작품이라는 공식적인 인장을 찍기 위해— 셀즈닉은 그를 치료하는 정신의학 의사이자, 자애로운 프로이트주의자인 데다 유명인사들의 치료가 전문인 메이 롬을 불러들였다.(그녀는 스크린에서 '정신의학 고문'으로 크레디트를 받았다.) 레너드 레프에 따르면, 롬의 조언은 시나리오를 '상당한 정도로 발전'시켰지만, 히치콕은 늘 그랬듯 지루한 진실성에는 신경을 쓰지 않았고 최종적으로 영화에 담긴 정신분석의 묘사는 단순하게 통속화된 수준을 결코 넘지 않았다.[40]

셀즈닉의 심사를 거친 최종 시나리오에 대한 히치콕의 태도는 —

40 『응용정신분석저널』에서 볼니 P. 게이는 〈현기증〉—어느 정신분석의에 따르면, 이 영화에서 스코티는 현기증을 치료하기 위해 현기증의 원인이 된 충격과 동등한 수준의 치료를 필요로 한다—에서 히치콕이 정신분석에 보여준 '정신병에 대한 민간의 속된 믿음'과 맞먹는 유사한 태도를 찾아냈다.

그와 헤크트가 펼친 최선의 노력에도 불구하고— 만족에는 못 미쳤다. "그(히치콕)에게 나는 정말로 끔찍한 시나리오들을 너무나 많이 봐왔기 때문에, 내가 정신이 나가면 벽에다 시나리오를 던져댄다고 말했어요. 그런 시나리오를 견딜 수가 없다고요." 잉그리드 버그먼이 어느 인터뷰에서 회상한 내용이다. "어쨌건 나는 히치콕에게서 이 시나리오를 받았는데, 그는 '벽에다 집어던지기 전에 남편과 아이를 한쪽으로 대피시키게!'라고 말했어요."

히치콕처럼 잉그리드 버그먼도 데이비드 O. 셀즈닉에게 매어 있었는데, 시나리오를 벽에다 집어던지는 처지 면에서는 히치콕보다 나을 것이 없었다. 여하튼, 감독은 러브스토리는 비논리적이고 심리학적 설명은 너무나 얼토당토않다는 그녀의 염려를 누그러뜨리기 위해 여배우를 대여섯 차례 만났다. 히치콕은 걱정하지 말라고 여배우를 안심시키면서, 사랑은 논리적이 아니라고 말했다.(아니면, 영화에서 브룰로프 박사가 말하듯, "사랑에 빠진 여자의 마음은 지성의 맨 밑바닥 수준에서 작동한다네.") 그는 자신도 다큐멘터리를 만들 의도는 없으니까, 그녀도 리얼리즘이라는 핑계는 깡그리 잊어야만 한다고 주장했다.

처음 만났을 때부터 히치콕은 관능적인 스웨덴 여배우와 대단히 진한 우정을 키워나갔다.(도널드 스포토는 그가 쓴 버그먼의 전기에서, 이것을 '격렬하고 일방적인 열정'이라고 묘사했다.) 그들은 가족 같았다. 버그먼이 표현한 대로, 그들은 셀즈닉의 계약이 그들을 '독재적인 감옥'에 붙들어두고 있다는 믿음을 공유했다. 두 사람 다 스스로를 할리우드의 아웃사이더로 간주하면서 그들이 유럽에 남기고온 문화와 교양을 애타게 그리워했다. 두 사람 다 성격이 명랑하고 솔직했으며, 무뚝뚝한 유머감각의 소유자였다. 〈에드워즈 박사의 집〉을 각색한 영화의 새로운 제목인 〈스펠바운드〉를 히치콕이 만들어야 할 충분한 이유로는, 살바도르 달리보다는 잉그리드 버그먼 쪽이 더 컸다.

그러나 캐리 그랜트의 처지는 달랐다. 그랜트는 신통치 않은 시나리오는 원할 때면 언제든 내던질 수 있었고, 종종 그런 짓을 하기도 했다. 스스로 결정을 내리는 그랜트는 〈스펠바운드〉를 거절했지만, 셀즈닉은 신경 쓰지 않았다. 그는 그에게 전속된 배우 가운데에서 히치콕이 손쉽게 배우를 고른다면, 그랜트의 하늘 높은 줄 모르는 출연료를 지불할 마음이 없었다. 히치콕은 셀즈닉이 거느린 배우 중에서 조지프 코튼을 제일 선호했지만, 프로듀서는 〈스펠바운드〉에서 버그먼이 묘사하는 것처럼 키가 크고 '상당히 강렬한 얼굴'에 어두운 그늘이 진 미남 청년을 지명했다. 그레고리 펙은 출연한 영화가 두 편밖에 안 됐지만, 〈천국의 열쇠〉에서 맡은 신앙심 깊은 선교사 역할로 오스카 후보에 오르면서 스타의 반열로 급상승한 배우였다.

히치콕은 어깨를 으쓱하고는, 정신적으로 불안정한 에드워즈 역에 펙을 받아들였다. 펙은 조엘 맥크리처럼 캘리포니아 토박이였는데, 히치콕이 처음에 그를 '여기저기 날이 서 있는 거친 스타일로, 미국 시골뜨기 사내'로 본 것은 아마도 그런 이유 때문일 것이다.(사실 펙의 고향은 그런 곳이 아니었다. 중간 정도 규모의 도시 라 졸라 출신인 그는 스타니슬라브스키 연기법을 공식적으로 배우고 브로드웨이에서 연기를 했다.)

그런데 감독은 펙을 '히치의 아이들' 중 한 사람처럼 대하면서 지도했다. 그는 ―캐리 그랜트 식의― 신사처럼 처신하는 법을 직접 펙에게 보여줬다. "갈색 정장을 입으라는 지시를 받았습니다." 펙이 어느 인터뷰에서 한 회상이다. "그런데 그는 회색과 남색과 검정을 가리키더군요. 그러면서 '갈색은 시골에서나 입는 거야. 도시에서는 회색이나 남색을 입는 거라고' 하고 말했습니다. 나는 그가 말한 대로 했습니다. 그런데 어느 날 나는 청색 정장에 갈색 구두를 신고나갔습니다. 짙은 갈색이었는데, 내 생각에는 꽤 괜찮아 보였습니다. '오, 그레고리, 앞으로는 청색 정장에 갈색 구두는 신지 말게!' 그는 삼촌처럼 상냥하게 나를 야단쳤습니다."

히치 삼촌은 좋은 와인과 술에 대해서도 가르쳤다. "그는 놀랍고도 관대한 일들을 베풀어줬습니다." 펙의 회상이다. "12종의 와인이 든 상자를 내게 보냈습니다. 각각 5병씩 들어 있었는데, 그 위에는 그가 직접 써서 붙인 레이블이 붙어 있었습니다. '이건 구운 쇠고리 요리에 가장 좋아', 그리고 '이건 가자미 필레 요리에 최상일세', 그리고 '이건 식사 때 마시는 포도주라네.' 그 모두가 라피트 로칠드, 몽라쉐 또는 그와 비슷한 수준의 포도주였습니다."

셀즈닉은 그가 좋아하는 주연남우를 관철시켰고, 히치콕은 조연 캐스팅에 집중했다. 날씬한 정신의학자 플뢰롯 역을 맡을 배우를 찾아내기 위해 수많은 테스트를 할 때, 셀즈닉이 거느린 또 다른 여배우 킴 헌터가 버그먼의 대역을 맡았다. 헌터는 히치콕이 각각의 후보자에게 '그들이 맡을 역할과 그들의 캐릭터가 원하는 것, 그 장면에서 벌어지는 일, 영화 전체의 줄거리 등에 대해 매우 정교하고 세밀하게 묘사하면서' 상당한 길이의 설명을 해줬다고 기억했다. "그보다 더 명쾌할 수는 없었어요."

헌터의 표현에 따르면 '배우를 상대로 한 훌륭한 강의'를 끝낼 때마다 감독은 그녀에게 고개를 돌리고는 공손하게 물었다. "동의하나, 미스 헌터? 이게 옳다고 생각해?" 헌터는 이렇게 회상했다. "그는 내가 별것도 아닌 대답을 하면서 얼굴이 발갛게 달아오르는 것을 보면서 짓궂게 즐거워했다고 생각해요. 그는 잔인하게 나를 약 올렸어요. 그런데 그가 염두에 둔 것을 얻어내는 데는 1분도 채 걸리지 않았어요. 물론 내 짐작대로 남자들을 편하게 테스트에 임하게 만드는 일에 내가 희생된 거였죠. 하지만 그건 그들을 오히려 겁에 질리게 만들었어요."[41]

탈룰라 뱅크헤드의 전남편 중 하나인 존 에머리가 그 역할을 따냈다. 그런데 크레디트에 세 번째로 등장하는, 스키 슬로프에서 진짜 에드워즈 박사를 살해한 병원의 우두머리 머치슨 박사는 누가 연기할 것인가? 시나리오 수정 작업 동안, DOS는 머치슨 박사와 사기꾼 에드워즈(펙), 그리고 피터슨 박사(버그먼)의 관계에 질투심을 집어넣으려고 애를 썼지만 —청개구리처럼 반대만 했을— 히치콕은 그런 삼각관계

41 헌터는 〈스펠바운드〉에 출연하지 않았지만, 그녀의 충실한 스크린테스트를 기억한 히치콕은 마이클 파웰의 1946년도 걸작 〈생과 사의 문제〉(미국 개봉제목은 〈천국으로 가는 계단〉)에 그녀를 추천해서 성공을 거뒀다.

를 계속 거부했다. 히치콕이 〈레베카〉와 〈서스피션〉에 출연했던 섹시하지 않은 영국인 레오 G. 캐럴을 선택하자, 세 사람 사이에 로맨틱한 긴장이 흐른다는 암시는 완전히 사라져버렸다.

히치콕이 버그먼의 스승 브룰로프 박사로 캐스팅한 배우는 미카엘 체호프였다. 유명한 러시아 극작가의 조카인 체호프는 할리우드에 정착하기 전에 런던과 뉴욕에서 연기학교를 운영했다. 체호프는 연기자들의 스승으로 널리 알려지기는 했지만, 미국에서 영화에 출연한 것은 〈우리 시대에〉와 〈러시아의 노래〉 두 편뿐이었다.

예상할 수 있듯이, DOS는 자신에 대한 충성심을 우선으로 스태프를 뽑는 것으로 그의 영향력을 보강했다. 미술감독 제임스 바세비, 편집기사 핼 C. 컨, 카메라맨 조지 반스는 모두 〈바람과 함께 사라지다〉와 〈레베카〉를 함께한 베테랑들이었다. 히치콕은 반스를 거의 적처럼 대했다. 그의 표현에 따르면, 반스는 '명성과 인생 모두가 특정 스타의 요구에 맞춰 봉사하게 구축된 여성전용 카메라맨'이었다. 촬영 중에 반스는 히치콕을 적대적으로 대했으며, 가능할 때면 언제든 그의 장기인 부드러운 화면을 만들어내기 위해 렌즈에 필터를 끼우겠다고 고집을 부렸다. 히치콕은 장면마다 그와 다퉜다.

셀즈닉의 허락을 받은 히치콕은 부다페스트 출신의 작곡가 미클로스로자를 고용했다. 풍성한 현악기를 써서 매력적인 바이올린 테마를 종종 작곡한 로자의 음악에는 집시의 유쾌함이 고동쳤다. 한 해 전에 개봉한 빌리 와일더의 〈이중배상〉을 위해 그가 작곡한 음악은 1944년에 가장 호평받은 음악이었다.(와일더는 히치콕이 경건하게 작품을 감상한 또 다른 감독이었다.) 로자에 따르면, 히치콕은 작곡가에게 〈스펠바운드〉를 위해 아주 '꼼꼼한' 지시를 했다. 그중에는 '잉그리드 버그먼과 그레고리 펙을 위한 맹렬한 사랑의 테마와, 영화의 주제를 형성하는 편집증을 위한 새로운 사운드'도 들어 있었다. 촬영은 1944년 6월 첫 주에 시작됐다.

한편, 셀즈닉은 4년 전에 〈레베카〉 이후로 그가 처음 제작하는 영화이자, 여배우 제니퍼 존스를 출연시킨 그의 첫 영화인 〈당신이 떠나간 뒤〉의 후반작업을 걱정하고 있었다. 존스와 아찔한 사랑에 빠져 있던 그였지만, 한편으로는 이혼 때문에 애를 태우고 있기도 했다. 얼마 전에 있었던 형의 죽음으로 우울증에 걸린 DOS는, 여름의 대부분을 히치콕과 〈스펠바운드〉에서 떨어진 '할리우드 밖에서' 보냈다고 레프는 썼다.

〈레베카〉를 찍던 중에, 히치콕은 DOS가 예리한 눈으로 자신을 평가하면서 촬영장을 어슬렁거리고 있는 데 따르는 간헐적인 굴욕감에 시달려야만 했다. 셀즈닉이 가끔 〈스펠바운드〉 촬영장에 모습을 나타내면, 히치콕은 있지도 않은 기술적 문제를 연출해내면서 옛날에 영국에서 써먹던 수법으로 되돌아갔다. 셀즈닉이 러시를 모니터하고 메모를 작성하기도 했지만, "히치콕은 그런 것에 동요하지 않았다"고 잉그리드 버그먼은 회상했다. 그는 "의견이 맞지 않으면 '정말 안 좋군'이라는 말만 했어요. 영화는 그의 것이었죠." 셀즈닉의 지시에 따라 시나리오를 다시 수정했다고는 해도, 촬영장은 전적으로 감독의 관할이었고, 히치콕은 알아들을 수 없는 잠꼬대를 하는 것으로도 연출을 할 수 있었다.

때때로 그는 촬영장에서 잠을 잤는데, 그레고리 펙은 히치콕이 "꾸준히 고개를 꾸벅였다"고 회상했다. "캔버스 의자에 4중턱을 늘어뜨리고 앉아 있곤 했죠. 조명 설치가 끝나는 동안 잠을 자는 것처럼 보였어요. 눈치 빠른 제1조감독이 그의 옆으로 가서 일어나라고 가볍게 흔들었습니다."

그런데 잠자는 히치콕은 믿을 수 없는 위험한 히치콕이 될 수도 있었다. 펙은 그가 깨어 있을 때는 '무슨 일이 벌어지는지 정확하게' 알고 있는 듯했다고 밝혔다. "그는 머릿속에, 마음의 눈으로 본 영화 전편을 머릿속에 담아두고 있었습니다. 모든 숏과 모든 프레임이 그의 머릿속에서 상영되고 있었어요."

펙과 버그먼은 머릿속에 배우의 제스처와 말투에 이르기까지 모든 이미지를 가지고 있는 듯 보이는 남자와 일하기 위해 적응과정을 잠시 거쳐야 했다. 〈스펠바운드〉에 단역으로 출연한 노먼 로이드는 자기 아버지를 살해했다고 주장하는 정신병환자를 연기했는데, 그가 버그먼과 함께 등장하는 첫 장면은 히치콕이 버그먼을 연출하는 첫 장면이기도 했다. 로이드는 그들의 자존심 싸움을 관찰하며 매혹됐다. 버그먼은 본능에 따라 그 장면을 연기하면서 그녀 나름의 방식대로 말하고 움직이고 싶어했지만, 제약을 받으면서 작업을 할 때면 —또는 연기자를 아직 신뢰하지 못할 때면— 장면에 대한 아이디어를 점점 더 엄격하게 적용하던 히치콕은 태도를 바꾸려 들지 않았다.

"그는 끈기 있게 자리에 앉아 있었어요." 세월이 흐른 후 버그먼이 했던 회상이다. "그러고는 내가 내놓은 반대의견, 예를 들어 나는 어떤 테이블 뒤쪽으로 움직일 수가 없다거나 어떤 대사에 따르는 제스처가 어색하다거나 하는 말들을 경청했어요. 나는 그를 향해 불평을 다 늘어놓고 나서는 그에게 승리를 거뒀다고 생각했죠. 그런데 그는 아주 부드러운 목소리로 '즉흥적으로 연기해봐!' 하고 말했어요. 이 충고는 나중에 나에게 큰 도움이 됐어요. 다른 감독들이 나에게 뭔가 어려운 것을 원할 때면 나는 '아냐, 이것은 불가능해' 하고 생각하다가, 히치콕이 내게 '즉흥적으로 해봐' 하고 말했던 것을 떠올리곤 했어요."

펙은 특정한 장면에서 그의 행동동기가 무엇인지를 묻는 실수를 범했다. 그의 캐릭터의 내면적인 삶과 감정은 무엇인가? 그는 어떤 생각을 해야만 하는가? 히치콕이 느리게 말했다. "이 친구야. 나는 자네가 무슨 생각을 하는지에 대해서는 관심을 가질 수가 없어. 그냥 자네 얼굴에서 모든 표정을 날려 버리라고." 펙의 표현에 따르면, 그의 '영혼을 탐구하는…… 그리고 능숙한 기술이 부족한' 면은 히치콕의 인내심을 시험했다. 경험이 일천한 주연배우는 지도를 받고 싶은 마음이 간절했다. 펙은 대부분의 시간 동안 무방비상태로 표류하고 있다고 느꼈는데, 그가 연기하고 있는 캐릭터의 처지와 사뭇 비슷했다. 무표정한 표정은 꾸며낸 것이기는 했지만, 확신이 없는 배우의 현실을 보여주기도 했다.

그러나 〈스펠바운드〉는 히치콕이 불후의 연기를 펼칠 스타들을 필요로 하는 영화가 아니었다. 버그먼-펙의 러브스토리는, 사전에 감독에 의해 주로 카메라워크의 결과물로 세심하게 설계됐다. 서로를 향한 그들의 최면에 걸린 듯한 매혹은 그의 가장 감각적이고 하늘을 나는 것 같은 카메라 움직임 중 일부와, 그녀의 갈망과 그의 고통스러운 의심을 바깥으로 끌어내는 오랜 동안의 클로즈업으로 표현됐다.

감독은 선잠을 잤을지는 모르지만, 빈둥거리며 시간을 보내지는 않았다. 주요촬영이 8월 말경에 종료되자 살바도르 달리의 꿈 문제가 대두됐다.

셀즈닉은 살바도르 달리를 고용하라는 허락을 뒤늦게 내줬다. "내가 달리를 원하는 이유를 그는 제대로 이해하지 못했다고 생각합니다." 히치콕이 나중에 한 말이다. "그는 내가 홍보를 목적으로 달리와 공동작업을 원한다고 생각했을 겁니다." 프로듀서는 초현실주의자가 처음에 요구한 금액이 너무 높다고 생각했다. 달리는 히치콕이 꿈 시퀀스를 유추해낼 근거로 사용할 대략 10장의 그림과 구상에 5,000달러를 요구했다. 두 명의 DOS가 달리의 에이전트 펠릭스 페리와 협상을 벌이는 동안, 프로듀서는 그를 고용해서 지불하는 —DOS가 부정적인 결과를 낳을지도 모른다고 생각한— 비용이 그만한 값어치를 할지—그리고 달리의 이름이 일반 대중에게 '예술'의 신호로 작용할지—에 대한 여론을 수렴하고 있었다.

히치콕은 8월 초가 돼서야 달리와 그의 에이전트, 특수효과 전문가들을 첫 회의에 소집할 수 있었다. 훗날 히치콕을 '최근에 내가 만난 사람 중에 미스터리를 품고 있는 드문 유명인사 중 한 사람'이라고 단언한 달리의 표현에 따르면, 감독은 달리에게 '인상적일 만큼 열정'적으로 〈스펠바운드〉의 전체 줄거리를 들려줬다. 그러나 달리는 계약이 체결되기 전까지는 그림에 착수하는 것을 거부했다.

이제 달리는 작품의 대가로 4,000달러를 기꺼이 받아들이겠다고 밝혔지만, 장기적으로 볼 때 값어치가 나갈 것이라고 느껴지는 모든 스케치의 소유권을 자신이 보유하겠다고 주장했다. 그러나 달리에게 돈을 지불하는 DOS는 그림에 대한 소유권을 자신이 가져야만 한다고 느꼈다. 촬영 중에 타결된 최종협상안은 '아이를 둘로 가른다'는 솔로몬 같은 해결책이었다. 달리의 전기를 쓴 메레디스 에더링턴-스미스에 따르면, 예술품을 '둘로 나눠서,' 프로듀서는 먼저 선택한 스케치의 절반을 갖고, 나머지는 달리가 갖기로 합의했다.

그러나 영화제작과정을 명료하게 설명한 제임스 빅우드에 따르면, 프로듀서가 달리의 조건을 승인할 즈음에는 "준비할 기간이 그리 많지가 않았다." "달리의 고용을 둘러싼 다양한 주장들로 인해 실제 작업에 투입할 시간은 별로 없었다."

달리의 계약은 네 가지 별개의 꿈을 명쾌하게 못 박았다. "1. 도박 시퀀스, 2. 지붕 위의 두 남자, 3. 볼룸 시퀀스, 4. 내리막길-오르막길 시퀀스."

3번 꿈인 볼룸 시퀀스는 8월의 마지막 이틀 동안 처음으로 카메라 앞에 서게 될 예정이었다. 이 꿈에 대한 달리의 착상은 버그먼이 석상이 돼 있는데, 갈라진 틈으로 개미들이 기어나온다는 것이었다. 그의 표현에 따르면, '삶이 조각 안에 피신하고 있다는 것을 보여주는' 착상이었다. 히치콕은 달리와 너무나 동일시되는 이미지라고 느껴지는 개미를 거절했지만, 석상은 수락했다. 스태프들은 시간에 쫓겨가면서 버그먼을 석상으로 탈바꿈시키고 볼룸을 지었다.

평상시처럼 달리에게 지불해야 하는 돈의 액수에 못마땅해하면서, 꿈 시퀀스의 길이와 예산을 줄여나가는 것으로 보상을 받으려고 작심한 셀즈닉 때문에 히치콕은 기분이 나빴다. 달리의 꿈을 포함시키겠다고 작정한 히치콕은 필요하다면 모든 것을 포기할 수 있다고 주장했다. "세트도 필요 없소. 미니어처를 만들면 되니까. 그렇지만 그림 1장당 8만에서 10만 달러 사이를 미니어처에 투입하겠소." 셀즈닉은 대신에 꿈 시퀀스 전체의 제작비를 원래 계획했던 15만 달러에서 2만 달러로 낮췄다.

히치콕 본인이 한 말에 따르면, 히치콕은 원래 '피사체가 심하게 뚜렷하게 보이도록 자연광 아래에서 촬영하기 위해 열린 공간'에서 촬영하고 싶어 했지만, 이제 스튜디오로 퇴각해야 했다. 우선, 볼룸에 들어선 손님들 위에 '무겁고 불편한 것'이 매달려 있는 듯한 악몽 같은 효과를 창출하기 위해서, 달리는 천장에 '가급적 가장 육중하고 무척이나 호사스럽게 조각된 피아노 15대'를 매달고는, '조금도 움직이지 않는' '의기양양한 자세를 취한' 판지로 만든 댄서들의 머리 위에서 흔들어대는 것을 상상했다. 그러고는 "카메라를 빠른 속도로 뒤로 빼서 댄서들의 실루엣을 점점 축소시키다가 결국에는 끝없는 어둠이 댄서들을 삼키게 만들자"는 착상이었다. 시간과 돈을 아끼기 위해, 히치콕은 미니어처 피아노들을 살아 있는 난쟁이들의 머리 위에 매다는 것으로 대체했다.

그런데 달리에게 계획이 바뀌었다고 알리는 수고를 감수한 사람이 아무도 없었다. 8월 30일에 촬영을 참관하러 스튜디오에 도착한 미술가는 "피아노도 없고 판지로 만든 실루엣도 없다는 것을 확인하고는 깜짝 놀랐다." 그는 자그마한 피아노와 난쟁이가 '그가 바라던 원근법의 효과를 완벽하게 만들어낼 것'이라는 것을 납득했다. "나는 꿈을 꾸고 있다고 생각했습니다. 그들은 가짜 피아노와 (가짜 미니어처라고도 할 수 있는) 진짜 난쟁이로 그런 효과를 창출해냈습니다. 결과는? 피아노는 진짜 피아노라는 인상을 조금도 심어주지 못했고…… 사람들은 난쟁이들을 그냥 난쟁이라고만 봤습니다. 히치콕도 나도 결과가 마음에 들지 않았고, 우리는 그 신을 잘라내기로 결정했습니다. 사실, 할리우드 전문가들의 상상력은 내 상상력을 능가하는 그런 수준의 것이었습니다."

한편, 석상으로 탈바꿈하기 위해 버그먼은 호흡용 파이프를 입에 물었다. 펄프에 종이를 섞어 만든 혼응지 틀이 그녀 주위에 만들어졌고, 그녀는 머리에 왕관을 쓰고 화살이 목을 관통한 차림으로 그리스식 가운을 걸쳤다. 액션 지시가 내려지자 그녀는 종이 틀에서 튀어나왔다. 필름을 거꾸로 되돌리면, 여배우는 석상으로 변신하는 듯 보였다.

3번 꿈이 완료된 후, 그들은 거대한 가위와 눈동자 그림이 등장하는 1번 꿈이 준비될 때까지 1주일을 기다려야 했다. 빅우드에 따르면, 달리는 눈동자가 그려진 커튼을 자를 때 '거대한 가위가 따라가기를 바라는 들쭉날쭉한 경로'를 직접 분필로 그렸다. "달리의 스케치와 노트에서 규정한 바에 따르면, 판지로 만든 눈동자들로 장식된 메트로놈(만 레이에게서 차용한 20년 된 이미지)이 사람의 다리가 달린 테이블에서 '정확하게 시간을 맞춰서 반대방향으로' 움직였다. '등짝에 눈을 붙인 바퀴벌레가 텅빈 카드들 위를 가로질러 움직이게 만든다'는 계획은, 아직 촬영되지 않은 2번 꿈에 '눈이 다시 등장하면서 굴뚝 장면에서 수레바퀴로 디졸브하는 데 활용한다'는 그의 제안처럼 정중하게 거절당했다."

이 장면에서 나이트클럽을 급하게 돌아다니면서 도박꾼들 모두와 키스를 하는 여자 요정, 또는 '키스하는 곤충'은 '거의 아무것도' 걸치지 않았다.(도박꾼들은 괴상한 스타킹 마스크를 쓰고는 기형적인 카드 게임을 하고 있었다.) 달리는 커다란 가위를 들고 400달러짜리 디오르 네글리제를 갈가리 찢는 데 2시간을 보내면서 키스 곤충 론다 플레밍을 위한 의상을 직접 제작했지만, 그의 창작물을 헤이스사무실에 보여주자, 검열당국은 그녀의 노출된 복부와 허벅지, 가슴을 가리기 위해 천조각을 추가로 붙여야 한다고 주장했다.

꿈 2가지는 기각됐고, 2가지는 채택됐다. 히치콕은 2번 꿈과 4번 꿈에 착수했는데, 지붕 위의 두 남자와 오르막길-내리막길은 불안정한 수염을 자랑하는 한 남자와 ―달리의 트레이드마크인― 흐느적거리는 바퀴를 움켜쥔 다른 남자가 눈 덮인 옥상에서 벌이는 살인으로 수렴됐다.

꿈 작업은 그달 말에 완료돼 편집됐고, 프로듀서는 결과를 감상했지만 별다른 인상을 받지 못했다. 그는 꿈의 모든 부분에 걸쳐 재촬영과 시각효과 작업, 새로운 대사 더빙, 참신한 편집을 하라고 지시하는 메모를 썼는데, 거기에는 비용에 대한 심각한 걱정도 덧붙여졌다. 빅우드는 "저렴한 꿈 시퀀스를 향한 셀즈닉의 소망은 과거지사가 됐습니다."

히치콕은 타협을 하고 돈을 아껴 쓰면서 열심히 일했지만, 이제는 더 이상 재미있지 않았다. 레너드 레프에 따르면, 그는 러프 컷을 완성한 다음 스튜디오에서 하루를 더 보냈고, 그후 몇 달 전에 시드니 번스타인과 만났을 때 합의했던 대로 영국으로 가기 위해 〈스펠바운드〉와 달리의 꿈들을 포기했다.

달리의 꿈들이 마음에 들지 않았던 DOS―그는 예술의 가치에 의문을 표하기까지 했다―는 이제 그것들을 마음대로 주무를 수 있다는

이 사진에서 히치콕은 살바도르 달리와 함께 달리가 〈스펠바운드〉(1945)를 위해 작업한 스케치를 들여다보고 있다. 달리의 기여는 불행한 결과를 맞았다. 달리는 훗날 이렇게 말했다. "히치콕 영화에서 최고의 장면들은 그가 반드시 지켜내야만 하는 장면들이었습니다. 그런데 그런 장면들이 대부분 잘렸습니다."

의미에서 기꺼이 히치콕을 놓아주었다. 프로듀서는 또 다른 미술감독 윌리엄 캐머런 멘지스에게 조각상 꿈에 등장하는 달리의 배경을 벗겨내고 재촬영할 것을 지시하고, '기묘하게 황량한 곳'에 앉은 버그먼을 다시 필름에 담았다. 멘지스는 거대한 눈을 자르는 남자의 클로즈업도 새로 찍었다. 빅우드에 따르면, "원래 대역을 활용해서 찍은 장면에서, 노먼 로이드가 클로즈업에 잡히는 영예를 얻었다." "꿈에 그가 등장하는 것(과 론다 플레밍이 등장하는 것)은 영화의 다른 장면에 두 사람이 등장할 때처럼 미스터리에 대한 미묘한 실마리였다. 완성된 시퀀스에서 두 사람의 모습을 알아볼 수 없다는 사실은 실마리의 가치를 어느 정도 경감시켰다."

재촬영은 12월까지 이어졌다. 셀즈닉이 결정한 재촬영, 재편집, 재더빙이 너무 많았기 때문에, 꿈 장면은 더 이상 달리의 장면이 아니라, '달리의 작품이 아닌, 다른 사람의 작품이 혼합된' 달리의 장면이었다. 그는 유명한 초현실주의자가 받을 스크린 크레디트의 크기를 줄일 수 있는 가능성, 또는 사용되는 단어를 바꿀 수 있는 가능성을 조사했지만, 달리가 받을 크레디트는 '꿈 시퀀스 디자인-살바도르 달리'라고 계약서에 규정돼 있었다.

버그먼이 훗날 했던 인터뷰들만 놓고 보면, 원래의 꿈 장면 아이디어는 '박물관에 보관돼야 마땅한 경이적인 20분짜리 시퀀스'였는데, 셀즈닉은 히치콕과 달리의 비전을 난도질한 셈이었다. 그러나 빅우드에 따르면, 이것은 순전히 꾸며낸 이야기로, 스크린에 등장하는 꿈 장면은 전부 해봐야 3분에 조금 못 미친다. 빅우드는 "이 시퀀스는 원래 더 길게 등장하도록 계획됐다"고 설명했다. "그러나 20분 길이는 결코 아니었다. 잉그리드 버그먼의 얘기는 조금 과장됐다. 그러나 최종 시퀀스보다 40초에서 50초 정도 더 길었던 것은 확실하다." 완전히 잘려나간 유일한 장면은 버그먼이 '기묘하게 황량한 곳'을 배경으로 조각상으로 등장하는 장면이었다.

꿈 장면은 난도질당하지 않은 것인지는 모르지만, 셀즈닉은 처음부터 꿈 장면을 놓고 다툼을 벌이고 제작비를 낮추고 재촬영과 재편집을 통해 결국에는 히치콕의 비전을 희석시켰다. 셀즈닉을 비난한 감독은 달리도 같은 정도로 비난했는데, 세월이 흐른 후 할리우드에서 역시 이상야릇한 인물로 평가받던 찰스 하이엄에게 달리가 '진짜 미치광이'였다고 밝혔다.

완성된 〈스펠바운드〉를 본 달리도 크게 실망하여 이렇게 밝혔다. "히치콕 영화에서 최고의 장면들은 그가 반드시 지켜내야만 하는 장면들이었습니다. 그런데 그런 장면들이 대부분 잘렸습니다."

감독은 런던으로 가는 길에 신작 연극의 시연회에 참석하기 위해 보스턴에 들렀다. 이제 16살이 된 딸 팻은 〈바이올렛〉이라는 브로드웨이의 코미디 드라마에서 또 다른 배역을 맡았다. 〈바이올렛〉은 아버지의 연애생활을 해결하는 데 도움을 주는 젊은 여자 수리공의 이야기를 다룬 『붉은 책』시리즈를 각색한 작품이었다. 〈파괴공작원〉 때문에 딸의 연기 데뷔를 놓쳤던 히치콕은 〈스펠바운드〉 때문에 이 연극을 놓치고 싶지는 않았다. 그는 분장실에서 팻에게 자랑스럽게 축하인사를 건넸다.

연극의 제작자는 고몽의 미국 내 홍보 책임자이자 감독이 미국으로 이주한 이후 히치콕의 동부해안 언론 에이전트로 일했던 앨버트 마골리스였다. 극작가 휫필드 쿡은 『아메리칸 머큐리』, 『스토리』, 『코스모폴리턴』에 단편이 실린 바 있는 예일을 졸업한 작가였다.(쿡이 『아메리칸 머큐리』에 기고한 작품은 1943년에 오 헨리 '최고 데뷔작'상을 수상했다.)

〈바이올렛〉을 읽은 히치콕 여사는 MGM과 계약하고 할리우드에서 일하고 있던 쿡을 만났는데, 그는 연극을 연출할 계획이기도 했다. 그녀는 쿡을 그의 희곡만큼이나 좋아했고, 최종 수정과정에서 몇 가지 구조적인 문제를 제안하며 작업을 거들기도 했다.

대본 강독과 리허설이 9월에 있었으므로, 알마는 다시 팻을 데리고 뉴욕으로 가서는 윈드햄 호텔에 투숙했다. 알마는 〈프랑스인의 하구〉의 시사회와, 샘슨 라파엘슨—히치콕 부부는 그들이 개인적으로 아는 사람들의 경력에 꾸준히 관심을 보였다—의 최신작 등의 공연을 감상한 후, 조앤 폰테인과 보낸 시간에 대해 집으로 편지를 썼다. 그녀의 편지는 그녀가 뉴욕의 생활비 때문에 얼마나 걱정을 하는지("여기 물가는 지독히도 비싸요. LA보다도 훨씬 더해요")를 명확하게 보여준다. 그녀는 가족이 키우는 개들(한 마리는 조앤 해리슨에게 맡겨놓고 왔다)에 대해 물었고, 늘 갑작스럽게 불어나곤 하던 남편의 체중에 대해 염려했다. 그녀는 랠프 탠도우스키 박사의 건강 진단을 핑계를 대면서 빠지는 히치콕의 버릇을 잘 알고 있었으므로, 남편의 비서에게 남편이 미국에 돌아오면 의사와 약속을 잡아야 한다는 것을 상기시키라고 신신당부했다. 뉴욕의 날씨는 "아주 황량하고 눅눅하다"고 그녀는 적었다. 알마는 남편의 비서에게 "집과 정원이 너무 보고 싶어요. 그리고 H. 씨, 나는 이걸 다시 해낼 수 있을 것 같지가 않아요"라고 적었다.

다른 지역 시연회를 마친 〈바이올렛〉은 뉴욕의 벨라스코 극장에서 10월에 막을 올렸지만, 팻의 두 번째 브로드웨이 출연작은 데뷔작보다 그리 낫지 않은 신세였다. 연극은 23회 공연 후 막을 내렸다. 알마는 캘리포니아로 보낸 편지에서 〈바이올렛〉이 '끔찍한 평가'를 받았다고 슬퍼했다. "팻은 눈부시게 연기를 했어요. 나는 둘째 날 밤에는 거의 울 뻔했어요. 배우들을 바라보는 내 시선은 상당히 변했어요. 그들은 자신들의 연기에 활력을 불어넣었고, 그들이 했던 연기보다 훨씬 더 나은 연기를 펼치면서 무대에 올랐답니다."

히치콕은 여전히 런던에 있었다. 그와 시드니 번스타인은 그들의 우정과 대서양을 가로지르는 그들의 포부를 한데 묶어줄 영화사 '트랜스아틀랜틱 픽처스'를 계획하느라 소매를 걷어 올렸다. 감독이 상업적이면서도 예술적인 영화들을 계획하느라 정신이 없는 동안, 셀즈닉은 러닝타임을 조금씩 줄여가며 〈스펠바운드〉의 후반작업을 감독했다. 영화에서 살바도르 달리의 부분은 1분 미만이 줄어들었지만, 히치콕의 부분은 20분 가까이 잘려 나갔다.

히치콕은 거의 2달간 영국에 있었다. 새로운 파트너들과 할 이야기가 무척 많았다. 회사이름이 보여주듯, 트랜스아틀랜틱[42] 픽처스는 영국과 미국에서 가장 쓸모 있는 인재들을 활용할 계획이었는데, 두 나라 사이에 창조적인 작업과 사업적인 과정을 동등하게 나누는 식이었다. 물론, 이것은 유래가 이즐링턴 시절로 거슬러올라가는 포부―길고 두드러진 실패의 역사를 지녔다고 말할 수도 있는 포부―였지만, 히치콕과 시드니 번스타인은 자신들은 그것을 성공시킬 수 있다고 생각했다.

히치콕의 인생에서 트랜스아틀랜틱 시기는 충분하게 기록되지도 않았고, 오해를 많이 받은 시기였다. 창업자들―(다른 일도 겸하는 알마를 제외하면) 두 사람뿐이었다. 그리고 종업원이 몇 사람 넘는 경우도 없었다―은 신생회사를 성공시키기 위해 이전에는 결코 성공한 적이 없던 모델을 따르면서, 경쟁이 심한 영화업계에서 '무에서 유를 창조하는' 작전을 펼쳐야만 했다. 게다가 창업자 중 한 사람은 영화를 연출하느라 바빴고, 다른 사람은 실제 제작 경험이 전무했다.

트랜스아틀랜틱의 첫 도전과제는 투자자를 찾는 것이었다. 회사는 대서양 양안에 있는 은행들로부터 저리의 대부금 협상을 벌이는 것으로 제작 자본을 모아야만 했다. 그들은 재정적 위험을 공유할 ―그리

42 '대서양 횡단'이라는 뜻. ― 옮긴이

고 그만큼이나 중요한, 미국과 세계에 트랜스아틀랜틱 작품을 배급해줄— 메이저 할리우드 스튜디오가 필요했다.(번스타인은 그가 소유한 극장체인을 통해 영국 내 배급을 맡을 계획이었다.)

게다가 은행들과 할리우드 스튜디오의 신용을 얻기 위해, 신생회사는 투자 파트너를 안심시킬 이야기와 스타를 보유해야 했다. 이런 필요성들은 각각 다른 요소와 한데 연결돼 있었지만, 가장 시급한 것은 흥행을 보증할 인물들이 매력을 느낄 만한 이야기에 옵션을 걸고 그 작품들을 시나리오로 개발하는 것이었다. 이런 작품들을 찾아내는 것은 투자자를 찾아내는 것보다 사실상 더 어려웠는데, 트랜스아틀랜틱—2인 기업—이 런던과 할리우드에 있는 메이저 스튜디오들과 끝없이 경쟁해야만 했기 때문이다. 스튜디오들은 출판되거나 무대에 올려진 것은 무엇이든 낚아채는 한편 적절한 오리지널을 개발해내기 위해 일군의 작가를 고용하고 있었다.

자금 파트너를 찾아내는 작업은 번스타인이 맡았는데, 두 사람 중 사업 수완이 더 좋았던 그는 자연스럽게 사업적 결정을 주도하게 됐다. 히치콕은 트랜스아틀랜틱의 창작부문을 책임졌는데, 애초의 계획은 그와 번스타인이 다른 감독과 창조적인 아티스트들을 끌어와 동참시키는 것이었다. 앞날을 계획하면서 2달을 보낸 후, 그들은 계획에 승산이 있다고 낙관하게 됐다. 그러나 히치콕과 번스타인은 영화업계에 정통한 사람이었으므로, 성공이 근면성실함뿐 아니라 행운에도 달려 있다는 것도 잘 알고 있었다.

뉴욕을 통해 런던에서 돌아온 감독은 차기작 시나리오를 논의하기 위해 벤 헤크트와 마주앉았다. 그는 헤크트와 영화 2편을 공동작업하기로 비공식적으로 합의해두었다. 〈스펠바운드〉가 셀즈닉 영화였다면, 〈오명〉은 히치콕의 오리지널이었다.

한여름에 히치콕은 셀즈닉과 계약을 연장했는데, 급여인상을 소급적용하는 대가로 그가 프로듀서에게 만들어줘야 할 영화 편수에 대한 논란을 해결하고 2편으로 합의를 봤다. 트랜스아틀랜틱에 대한 구상을 가다듬으려면 잠시 시간이 필요하다는 것을 깨달은 감독은 일을 계속하고 싶었고, 헤크트와 다시 작업하고 싶기도 했다.

헤크트도 셀즈닉 영화를 1편 집필해야 할 의무가 있었다. 〈스펠바운드〉를 개발하는 동안, 그와 히치콕은 1921년부터 케케묵은 『새터데이 이브닝포스트』에 연재됐던 "용의 노래"에서 착안한 두 번째 프로젝트에 대해 논의했다. 존 테인터 풋이 쓴 이 연재물은 연방요원이 미국인 연극제작자에게 접근한다는 내용이었다. 그들은 5번가에 거주하는 외눈안경을 쓴 영국인 신사를 유혹하기 위해 제작자가 한때 흠모했던 어느 여배우를 고용하고 싶어 한다. '폭탄과 소이탄을 사용하는 소규모 군대'의 지도자인 외눈안경 사내는 사실은 독일인으로, 미국의 산업시설을 상대로 파괴공작을 벌이려 한다.

"용의 노래"의 몇 가지 기본적인 요소들은 결국 〈오명〉의 개발단계에까지 살아남았다.(소설의 주연 여자 캐릭터는 독일인 요원과 거짓 사랑에 빠지기 위해 선발된 아마추어 마타 하리다.) 그러나 『새터데이 이브닝포스트』 연재물은 셀즈닉이 보유한 작품을 활용하겠다고 셀즈닉에게 내세우는 핑계거리일 뿐이었다. 히치콕과 헤크트는 프로듀서를 흡족하게 만들어 안심시키는 한편, 원작을 거의 알아볼 수 없을 정도로 과격하게 뜯어고쳤다.

〈오명〉에 진짜 영감을 준 사건은 가까운 곳에서 일어났다. 제2차 세계대전 동안 히치콕의 친구 몇 명은 할리우드에서 영국 정보부를 위한 정보요원으로 활동했다. 아마추어 영국인 스파이들은 독일인 스파이 용의자를 유혹해달라는 요청을 받기도 했다. 찰스 베넷은 출판되지 않은 자서전에서 그런 사건에 대해 썼는데, 그는 유부남이었는데도 이중간첩으로 의심되는 여자의 진정한 충성심을 확인하기 위해 그 여자를 유혹하라는 지시를 받았다고 주장했다. 배우 레지널드 가디너는 나치동조자로 믿어지는 여배우와 은밀한 관계를 맺으라는 임무—그의 결혼생활에 먹구름을 드리운 불륜—에 선발된 히치콕의 또 다른 친구였다.

"용의 노래"의 배경은 제1차 세계대전 시기의 뉴욕이었는데, 히치콕이 처음 한 작업은 공간적·시대적 배경을 제2차 세계대전이 끝난 후인 1946년의 마이애미로 바꾼 것이었다. 전쟁이 끝나가던 시기였음에도 히치콕과 헤크트는 나치와 그들의 동조자의 미래에 점점 집착하게 됐다. 히치콕은 〈마다가스카르의 모험〉에서 비시정부에 참여했던 인사들의 본국송환과 관련한 사태를 예견했고, 헤크트는 〈오명〉이 발표되기 전해에 팔레스타인을 둘러싼 '영국산 가시철망'을 공격하는 〈깃발이 태어나다〉라는 희곡을 집필했다.(헤크트는 시오니즘으로 인해 영국에서 블랙리스트에 올랐다. 그러나 영국 반대자라는 그의 명성에도 히치콕은 조금도 주저하지 않은 듯하다.)

늘 그랬듯, 히치콕은 〈스펠바운드〉를 촬영하는 동안 〈오명〉의 기획을 시작했다. 8월에 그와 헤크트는 트리트먼트의 틀을 잡았다. 초점은 독일 외부에 있던 친나치 과학자들이 또 다른 세계정복을 기도하기 위해 재결합한다는 새로운 이야기에 맞춰졌다. 히치콕은 주요 배경을 남미로 (예지력 있게) 제안할 만큼 생각의 폭을 넓혔고, 또다시 잉그리드 버그먼과 캐리 그랜트의 출연을 희망했다.

12월에 히치콕이 영국에서 돌아온 이후, 그들은 주인공 캐릭터에 살을 붙이는 작업을 했다. 캐리 그랜트에게는 망명 중인 파시스트 무리에 침투하려고 노력하는 미국 정보요원을 연기시킬 계획이었고, 잉그리드 버그먼은 반역자로 유죄판결을 받은 아버지를 둔 '도덕적으로 느슨한' 여자를 연기하기로 모호하게 합의했다. 히치콕이 스파이와 파괴공작원에 대해 만든 네 편의 제2차 세계대전 영화 중 마지막 작품인 이 작품에서, 버그먼의 캐릭터는 〈해외특파원〉의 라레인 데이와 연결된다. 그랜트는 아버지로 인한 그녀의 죄책감을 활용하면서 버그먼을 억지로 첩보임무에 투입시키는데, 그녀는 너무나 믿음직스럽게 임무를 수행하고, 남미의 나치는 그녀에게 청혼한다. 그랜트와 버그먼 사이의 커져만 가는 애정에도 불구하고, 요원은 그녀를 위험으로 이끌게 될 청혼을 수락하라고 강권한다.

『뉴욕타임스』의 프랭크 누젠트는 히치콕-헤크트의 스토리 회의는 '보기 좋았다'고 관찰했다. "헤크트 씨는 성큼성큼 걷거나 의자나 소파에 축 늘어지거나, 아니면 마룻바닥에 예술적인 자세로 큰대자로 누웠다. 87kg 나가는(134kg에서 감량했다) 부처님 같은 히치콕 씨는 가슴팍에 두 팔을 깍지 낀 채로 등받이가 곧은 의자에 단정한 자세로 앉아, 단춧구멍 같은 동그란 눈을 반짝거렸다. 그들은 9시부터 6시까지 얘기를 나눴다. 헤크트 씨는 이틀에서 사흘 정도 타자기를 들고 자취를 감추곤 했다."

캐스팅은 시나리오 집필속도를 높이는 데 도움을 줬다. 그랜트가 연기하는 데빈은 무정한 정부요원이지만 사심 없는 앨리시아(버그먼) 덕분에 점차로 온기를 찾아간다.("용의 노래"에서는 다른 식으로 전개된다.) 그런데 앨리시아가 맡을 임무는 무엇이어야 하는가? 남미의 나치들이 꾸미는 짓은 무엇인가? 이것은 영화의 맥거핀이었는데, 히치콕과 헤크트에게 이것은 영화 속의 데빈에게 그런 것처럼 규정하기가 쉽지 않았다. 두 사람은 독일인 망명자들이 산악지대의 막사에 비밀군대를 주둔시키고 있다는 아이디어를 개략적으로 고안해냈지만, 이런 방법이 미봉책이라는 것은 잘 알고 있었다.

시나리오 작업을 잠시 중단한 히치콕은 정부의 비밀임무에 자원했다. 12월 초순에 그와 헤크트는 미국 국무부와 전쟁정보국을 위해 전후 외교정책을 예견해보는 10분짜리 영화를 만들기로 합의했다. 통일된 세계를 크게 홍보하는 한편, '세계 안보를 위한' 조직에 미국이 참여하게 만들기 위한 기초 작업이기도 했다. 국무장관 에드워드 스테티니우스 주니어가 이런 흔치 않은 프로젝트를 개인적으로 승인했다.

1944년 크리스마스 이튿날, 두 사람은 워싱턴 D.C.로 여행을 가서 12월 26일 "밤의 대부분을 자리에 앉아 시나리오의 큰 줄기를 잡았다"고 헤크트는 밝혔다. 원래 아이디어는 6분에서 7분가량의 스테티니우스의 연설에 뉴스영화 화면을 짜깁기해 넣는 간략한 것이었지만, 히치콕과 헤크트는 세계 안보조직의 필요성을 드라마로 만드는 쪽을 선호했다. 스테티니우스의 비망록에 따르면, 그들은 '제안된 국제조직이 1960년경에 이름이 밝혀지지 않은 잠재적인 침략자들의 음모를 저지하는 활동을 벌인다는 이야기를 들려주는 것으로 국제조직의 미래를 투영하는 드라마 형식'의 틀을 잡았다.

헤크트가 시나리오의 아웃라인을 잡고 있던 12월 17일에 그들은 국무부 고위관료 집단과 더불어 브레인스토밍을 했다. 국무장관을 포함한 참석자 전원은 '이것이 매우 극적이고 효과적인 프레젠테이션'이라는 데 동의했다. 영화의 내레이션을 맡을 배우에 대한 이야기가 오고갔지만, 히치콕은 '극적인 효과를 위해서는 국무장관이 전체 내레이션을 직접 맡는 것이 필수적일 것'이라고 주장했다.

그런데 히치콕이 전시에 했던 작업이 일반적으로 그랬듯이, 그의 아이디어는 너무나 강렬했다. 영화학자 시드니 고틀리브의 표현에 따르면, 제안된 시나리오에 담긴 '미래 세계의 평화를 위협하는 세계적 강대국의 호전적인 공격'에 대한 무뚝뚝한 경고는, 예전의 적국들과 새로운 전후관계를 구축해나가기를 희망하고 있던 미국 관료들에게 경각심을 불러일으켰다. 어느 비망록에 따르면, 히치콕과 헤크트의 '결합된 상상력'은 민감한 지점을 간과하거나 심지어는 무시하기까지 했다.

일부 출판된 자료들이 보여주듯, 히치콕은 결국 단편영화의 몇몇 장면을 촬영했지만, 〈내일을 바라보는 감시탑〉이라는 제목이 붙은 이 영화의 감독 크레디트는 존 크롬웰이 받았다. 이 작품이 공개적으로 상영됐는지 여부는 불확실하다. 그가 전시에 영국을 위해 했던 작업들처럼, 미국 국무부를 위해 만든 준히치콕 영화는 진부한 정책들에 반항했을 뿐 아니라, 이후 오랜 세월 동안 보도되지도 않았다.

헤크트는 『세기의 아이』에서 국무장관과 그의 동료 모두를 '트럭 1대를 가득 채울 얼빠진 정치꾼'이라고 깎아내리면서, 이 에피소드 전체가 시간 낭비에 불과했다고 탄식했다. 그와 히치콕은 워싱턴에 며칠간 머물고, 알마와 팻이 명절을 감독과 같이 보낼 수 있도록 제시간에 뉴욕으로 돌아갔다. 그러나 이 여행에는 다른 창조적인 수확이 있었다. D.C.에 있는 동안 일급비밀 분위기에 흠뻑 젖은 히치콕은 〈오명〉의 맥거핀을 위한 흥미로운 아이디어를 떠올리고는 D.C.를 떠났다.

그들이 할리우드에 도착한 1월 무렵에, 히치콕과 헤크트는 〈오명〉을 50페이지 정도 썼는데, 셀즈닉은 2월 1일까지 그들의 작업 진전 상황을 보여달라고 요청했다. 레너드 레프는 『히치콕과 셀즈닉』에 "셀즈닉은 여전히 비범한 편집자였다"고 썼다. "그는 〈오명〉의 초고를 읽고는 종종 너무 급격하게 바뀌는 이야기 전환이나 확실한 플롯 포인트로 짜여진 평범한 트리트먼트를 비판하면서, 여백에다가 물음표 2개와 느낌표 3개를 휘갈겨 적었다."

레프에 따르면, 초창기 원고에서 앨리시아는 '탈룰라 스타일'로 말하지만, 셀즈닉은 "재치라고는 없고 지독할 정도로 추잡하다"고 깎아내리면서, 시나리오가 '헤크트와 맥아더가 〈프론트 페이지〉 시절에 써먹던 농담과 대사'로 구성돼 있다고 투덜거렸다. 레프에 따르면, "헤크트의 분위기가 트리트먼트 사방에 배어 있다는 것을 인지한 셀즈닉은 '히치를 더 많이'라고 울부짖었다."

DOS를 히치콕 시나리오의 출중한 편집자로 바라보는 이런 관점은, 다른 책들에도 당연한 진실로 등장하기는 하지만, 그 자체로 이례적인 일이기도 하다. 거듭된 수정 시나리오를 (그리고 몇 달의 기간 동안 다수의 작가를) 요구하는 할리우드의 현실적인 처방을 지긋지긋해하는 베테랑인 히치콕과 헤크트는 그들의 초고가 형성기일 뿐이라는 셀즈닉의 의견은 필요치 않았다. "시나리오를 느릿느릿하게 써나가고 있소." 헤크트가 1945년 초에 부인에게 보낸 편지다. "그렇지만 앞으로 나아가고는 있어요."

히치콕도 시나리오에 그의 낙인을 찍으라는 셀즈닉의 견해는 필요치 않았다. 사실 셀즈닉의 논평이 있은 후에도 히치콕과 헤크트는 제작자 없이 4달 동안을 작업했고, 5월 말이 돼서야 셀즈닉과 정례적인 심야 미팅을 가질 수 있었다. 히치콕과 헤크트는 미팅 이전에 로마노프에 쭈그리고 앉아 있었는데, 셀즈닉은 11시가 돼서야 그들을 만나주었다. 레프에 따르면, 그러고는 "4시간 동안 프로듀서는 천천히 딴 얘기를 하면서 논의를 전개하다가, 새벽 3시가 돼서야 마침내 프로젝트 얘기를 꺼냈다."

부인에게 보낸 헤크트의 편지들은 그가 히치콕 일행과 어울리는 것을 얼마나 즐겼는지를 뚜렷하게 보여준다. 그는 그들이 '에드워드시대의 멋쟁이들처럼' 함께 식사를 한다고 적었고, 미세한 요소들을 조정하는 셀즈닉의 논평을 '부수적으로 20퍼센트'의 값어치가 있다고도 평가했다.

그러나 그도 히치콕도 그들이 아끼는 프로젝트에 셀즈닉이 그리 열정적인 반응을 보이지 않는다는 사실, 그리고 셀즈닉이 하는 조언이 그들이 영화에 품은 드높은 야심에 적합하지 않다는 사실을 모르지는 않았다. 프로듀서의 주의력 지속기간이 짧다는 것, 그리고 그가 많은 돈을 들여 제작하는 제니퍼 존스 주연의 〈백주의 결투〉가 당시 애리조나 로케이션 중이어서 통제권에서 계속해서 멀어지고 있다는 사실을 간파한 그들은, 셀즈닉의 얘기를 끈기 있게 들어주면서 셀즈닉을 향해 그리고 서로를 향해 고개를 끄덕였다. 그런 후에 그들은 그들이 세웠던 계획을 그냥 밀고나갔다.

프로듀서는 플롯에서 가장 골칫거리였던 "앨리시아의 임무는 무엇인가? 플롯의 목표는 무엇인가?" 하는 점에 거의 도움이 되지 못했다. 1945년 3월, 히치콕과 헤크트는 그들이 찾아낸 해법을 터뜨리고 싶어서 입이 근질근질했다. 헤크트가 아들에게 보낸 편지는 '소형 핵폭탄'을 들먹이면서 시작했다. 『뉴욕 헤럴드트리뷴』의 손턴 델라헌티의 표현에 따르면, 4월경에는 언론이 그들의 '비밀스러운 조사활동'에 대해 보도하기까지 했다.

이것은 히치콕이 경력의 대부분 동안 키워온 아이디어의 변형이었다. "대형 폭탄의 센세이션!" 〈사보타주〉에서 신문판매원들은 고함을 쳐댄다. 『뉴요커』의 러셀 말로니는 뉴멕시코에서 정부의 비밀 프로젝트가 진행되고 있다는 루머를 감독에게 들려준 적이 있었다. 〈내일을 바라보는 감시탑〉을 위해 워싱턴을 여행하는 동안, 히치콕과 헤크트는 미국의 과학자 팀이 개발하고 있는 혁명적인 대량살상무기에 대한 감질나는 힌트들을 주워들었다. 감독은 시나리오작가들에게 "폭탄은 늘 훌륭한 요소야"라고 말하기를 즐겼다. 역사상 최대의 폭탄 센세이션? 그건 정말이지 너무나 훌륭할 것이었다.

헤크트와 함께 숙고에 잠긴 —자신이 와인 전문가라는 사실을 자랑스러워했던— 감독은 폭탄 같은 중요한 요소가 독일인 요원의 저택에 있는 지하 와인저장소에 숨겨져 있을지도 모른다는 생각을 떠올렸다. 지하실에서 실마리를 찾아다니던 앨리시아와 델빈은 우연히 1934년산 뽀마르가 든 병을 깨게 되는데, 그 안에서는 포도주 대신 모래가 쏟아진다. 이 모래는 파시스트들이 채굴해낸 우라늄 원광이다.

도널드 스포토는 히치콕이 핵무기라는 소재에 대해 전문가에게 자문을 구하는 문제에서 솔직하지 못했다고 주장했지만, 전문가에게 자문을 구하는 것은 감독이 늘 하던 일이었다. 1945년 봄, 아마도 3월 중순에 히치콕과 헤크트는 패서디나 인근의 칼텍 캠퍼스에 있는 사무실로 미국 출신으로는 처음으로 노벨상을 수상한 로버트 A. 밀리컨 박사를 찾아갔다. 방사능과 핵에너지 연구로 명성을 얻은 밀리컨은 그 주제를 군사용으로 응용하는 문제들을 연구하고 있었다.

히치콕에 따르면, 밀리컨은 자리에서 벌떡 일어나더니 그런 고급 비밀을 캐묻고다니지 말라고 감독에게 경고했다. 밀리컨의 일정표에는 그런 방문이 기록돼 있지 않지만, 당시의 신문기사들은 그 방문을 암시적으로 보도하면서 칼텍의 과학자들이 할리우드 듀오와 '상당한 경계심을 품고' 얘기를 나눴다는 것을 입증했다.

스튜디오는 맥거핀으로 인해 감독이 밀리컨의 사무실에서 당했다고 주장한 것만큼이나 큰 고초를 감독에게 안겨줬다. 셀즈닉은 히치콕의 아이디어의 타당성을 의심했고, 그가 거느린 연구조사 스태프들도 셀즈닉의 의견을 뒷받침했다. 공상과학 소설가들을 제외하고는, 어느 누구도 우라늄에서 추출해낸 대량살상무기에 대한 얘기를 들어본 적이 없다는 것이었다. 우라늄폭탄은 셀즈닉이 시나리오를 놓고 시간을 지연시키는 데 좋은 핑계거리가 됐다. 우라늄은 훌륭한 아이디어일지 모르지만, 아닐지도 모른다. 아무튼 그는 그 문제를 더 연구해봐야만 한다. DOS는 평균적인 미국인들을 위한 영화를 만들고 싶어 했다. 그런 친숙하지 않은 아이디어가 관객들을 당황스럽게 만들지는 않을까?

이 시점에서 히치콕과 헤크트는 6개월 이상을 시나리오 집필에 매달려 있었는데, 이제 프로듀서는 〈오명〉을 '내 영화경력에서 가장 비싼 시나리오'로 간주하기 시작했다. 그러나 감독은 와인병에 담긴 우라늄을 영화의 맥거핀으로 삼겠다는 아이디어를 포기하지 않았으며, 셀즈닉의 망설임은 그가 시나리오를 다듬을 시간만 더 주고 있을 따름이었다.

어느 시점에서, 실망한 셀즈닉은 프로젝트 전체를 프로듀서 핼 월리스에게 팔아넘기겠다고 으름장을 놓기까지 했다. 한통속이 된 히치콕과 잉그리드 버그먼이 즉석에서 동의하자 셀즈닉은 깜짝 놀랐다. 그를 기꺼이 포기하겠다는 그들의 태도를 셀즈닉은 '내 자존심에 가한 일격'이라고 시인했다. 그는 워너브러더스로 히치콕을 데려가려고 몇 년 동안이나 노력해왔던 월리스에게 〈오명〉을 제안했지만, 월리스는 이 패키지를 거절했다. 역시 와인병에 담긴 우라늄 때문이었다. 월리스의 부하 한 사람이 나중에 히치콕에게 얘기해준 것처럼, '폭탄은 영화의 토대로 삼기에는 빌어먹을 정도로 멍청한 물건'이었다.

월리스가 거부함에 따라 셀즈닉의 회의는 더욱 깊어졌다. 조심성 많은 프로듀서가 그렇게 바보 같았던 적도 일찍이 없었다. 우라늄은 몇 달 후 히로시마와 나가사키에 투하된 폭탄에 담긴 진짜 첨단물질이었지만, 멍청할 대로 멍청했던 셀즈닉이나 월리스는 와인병에 담긴 우라늄이 히치콕의 가장 위대한 러브스토리 중 한 편을 형성할 영화의 흥미로운 요소에 불과하다는 것을 깨닫지 못한 듯하다.

1945년 봄은 유쾌하게 지나갔다. 수입도 꽤 늘어났고, 자신의 프로젝트를 진행할 여유시간도 찾아낸 히치콕은 한꺼번에 여러 방향으로 움직이고 있었다. 그는 트랜스아틀랜틱을 위해 소설들을 읽었고, 또 다른 시리즈의 파일럿 프로그램으로 제안될 프랜시스 아일스의 『살의』를 극화한 라디오 드라마를 제작하는 것으로 취미 삼아 다시 라디오에 발을 들였다.

잉그리드 버그먼과 페터 린드스트롬 박사는 벨라지오로드의 저녁에 초대되는 단골손님이었다. 알마는 여배우와 치과의사 남편을 히치콕만큼이나 좋아했다. 도널드 스포토가 쓴 바에 따르면, 두 쌍의 부부는 저녁을 먹고 나면 카펫을 치우고 라디오나 레코드에 맞춰 춤을 췄다.

휫필드 쿡도 단골손님이었다. 조앤 해리슨도 만찬에 자주 찾아왔는데, 때로는 데이트 상대인 클라크 게이블과 동행했다. 또 다른 단골손님은 업계 사람이기도 하고 아니기도 한 벤 헤크트였다. 헤크트는 평판이 나빴지만, 쿡은 그가 일이 없을 때 히치콕 부부의 집에 있는 동안에는 '꽤나 점잖다'는 사실에 놀랐다. 저녁식사 후에 춤을 추지 않을 때면, 스크래블[43]이나 다른 보드게임들을 하거나, 그냥 골프코스를 산책했다. 히치콕 부부는 런던에서 하던 습관을 계속 이어서 지방극단의 공연이나 순회공연을 보러 다녔고, 1945년 봄에는 폴 로브슨이 출연하는 〈오델로〉를 보러갈 모임을 결성했다.

3월 말에, 주말을 보내기 위해 산타크루스행 기차에 오른 히치콕은 쿡에게 당시까지 작업된 〈오명〉의 전체 줄거리를 들려줬다.(쿡은 이 여행에서 영화의 제목을 처음 들었다.) 그 즉시 '히치콕 북부 저택'의 단골 방문객이 된 쿡은 집주인 역시 일이 없을 때면 놀랄 만큼 부드러운 사람이라는 것을 발견했다. 몬테레이만이 내려다보이는 히치콕의 집에서는 (이야기를 제안하고, 감독이 커다란 대리석 욕조 속에서 그의 프로젝트들을 숙고하기는 했지만) 일 이야기는 환영받지 못하는 분위기였다. 원예 관련서적을 굉장히 많이 모은 감독은 정원에서 한도 끝도 없이 빈둥거렸다. 평소의 유니폼을 벗어던진 그는 셔츠와 반바지 차림으로 정원을 돌아다녔고, 방문객들은 그가 알마와 함께 전원으로 가는 산책에 동참하라는 초대를 받았다. 감독은 태양 아래서 책을 읽고 선잠을 잤다. 일요일이면 쿡은 히치콕과 팻을 교회까지 태워다줬다.

쿡은 북부에서 주말을 보낼 때 히치콕이 '신나고 재미있어 했다'고 생각했다. 그는 새 친구들을 위해 오래된 묘기들을 재연했는데, 아침이면 신문과 바닥이 유리로 된 백랍 찻잔에 따른 샴페인을 가져다주는 등 가짜 집사 모드로 손님들을 맞았다. 때때로 그는 오랫동안 묵혀뒀던 '가슴 발레'를 공연하기까지 했다. 한번은 히치콕이 일찍 로스앤젤레스로 돌아가야만 했는데, 알마와 쿡, 그리고 다른 손님들이 그가

43 단어 만들기 게임. — 옮긴이

기차역에서 떠나는 모습을 지켜봤다고 쿡은 회상했다. 침대칸으로 들어간 감독은 차양을 걷고는 '저속한 짓은 모조리 동원한' 스트립쇼를 벌이기 시작했다. 알마는 폭소를 터뜨리면서도 날카로운 목소리로 "오, 히치, 그만해요! 그만!" 하고 소리를 질렀다. "정말 재미있는 사람이었어요"라고 쿡은 회상했다.

1945년 6월에 데이비드 O. 셀즈닉은 〈오명〉을 무한정 연기하기로 결정하고, 워너를 제외한 다른 스튜디오를 돌아다니며 프로젝트를 판매하는 동안 새로운 작가를 시나리오 작업에 투입하고 싶어 했다. 히치콕은 그다지 개의치 않았다.

히치콕의 입장에서 작업 지연은 정말로 받아들일 만했다. 히치콕이 맺은 계약의 최신 수정조항에 따르면, DOS는 어떤 상황에서건 급여를 지불해야만 했으므로 그는 〈오명〉을 서두르는 데에는 관심이 없었다. 그에게는 시급히 해야 할 다른 일들이 있었다. 2월에 돌아오기로 합의한 히치콕은 1945년 1월 중순에 런던으로 향했는데, 시드니 번스타인에게 약속한 마지막 전쟁영화를 만들기 위해서였다. 독일 관객에게 배급할 의도로 나치 집단수용소의 공포를 다룬 다큐멘터리였다.

그런 영화에 관한 아이디어는 번스타인이 연합국 점령조직의 일원이었던 1945년 초반에 나왔다. 점령조직은 새롭게 해방된 수용소에서 밝혀진 진실에 대경실색하고, 유럽전역을 휩쓴 영국, 미국, 러시아 군대와 동행했던 군 소속 촬영팀과 뉴스영화 촬영팀이 제공한 필름을 활용해서 집단수용소에 대한 '체계적 기록'을 남기자고 제안했다. 최고사령관은 4월에 다큐멘터리를 만들라고 지시했으나, 결국에 어느 정부(그리고 어느 감독)가 이 민감한 내용을 다룰 것인지 명확하지 않아 일은 천천히 진행됐다.

다른 저명한 감독들—캐럴 리드와 빌리 와일더도 포함돼 있었다—이 다큐멘터리를 편집해달라는 제안을 받았지만, 여름에 시간이 있으면서 한 달을 그 일에 매달릴 수 있다고 장담한 사람은 히치콕 한 사람뿐이었다. 번스타인의 전기를 쓴 캐럴라인 무어헤드는 "히치콕이 오겠다고 합의한 것은 시드니에게는 커다란 선물이었다"고 적었다. 전쟁의 끝이 보이는 시점이기는 했어도, 여행 여건은 여전히 안전하지도 않았고 예측 불가능했다. 항공편은 불가능한 것으로 판명됐으므로, 까다로운 영국인은 안락함을 희생하고는, 그의 표현에 따르면 '다른 승객 30명과 공동침실에서' 잠을 자면서 붐비는 배로 다시 여행해야만 했다.

히치콕이 런던에 도착할 때쯤, 미국은 수용소에 대한 다큐멘터리를 자신들이 직접 제작하기로 결정하면서 프로젝트에 대한 지원을 철회했다. 7월 초순에 연합국 원정군 최고사령부(SHAEF)의 심리전 사단이 해산하면서, 다른 연합국들도 손을 뗐다. 그러나 시드니 번스타인이 급히 서두른 영국은 일을 계속 진행하면서 나름의 다큐멘터리를 제작하기로 결정했다. 이것은 —지칠 줄 모르는 파티스트 반대자이며, 반유대주의에 맞선 십자군 전사— 번스타인이 SHAEF와 정보부 근무를 그만두기 전에 했던 마지막 활동 중 하나였다.

히치콕은 6월 말에 클래리지에 체크 인하는 즉시 베르겐-벨젠 수용소에서 극악무도한 짓들을 직접 목격한 2명의 작가와 만났다. 리처드 크로스먼(훗날 노동당 의원이자, 1960년대 해럴드 윌슨 정부의 장관이었다. 그의 저서 『내각 장관의 일기』는 당시 센세이션을 일으켰다)은 트리트먼트에 기여했고, 오스트레일리아인 종군기자 콜린 윌스는 내레이션에 심하게 의존한 시나리오를 썼다.

감독은 집단수용소에 들어가는 첫 카메라맨 일부에게 히치콕 스타일의 지시를 내릴 정도로 일찌감치 프로젝트에 투신했다. 영화의 편집기사 피터 태너의 표현에 따르면, 히치콕은 이 필름이 리얼리티를 왜곡하기 위해 조작됐다는 주장을 그 누구도 할 수 없게 만들기 위해서 '공식기록을 변경할 수 없도록 롱 트래킹 숏들'로 찍으라고 강조했다. 결과는 뉴스영화 스타일이었지만 일반적으로 수준이 높았고, 일부 장면은 컬러였다.

태너는 "내가 기억하는 중요한 장면 중 하나는 수용소로 가던 여러 교파 출신 성직자들이 우리와 함께 있던 장면입니다. 가톨릭 신부도 있었고, 유대교 랍비, 독일의 루터파 성직자, 영국에서 온 프로테스탄트 성직자도 있었습니다. 그들이 한데 모여서 수용소를 돌아다니는 모습을 관객이 볼 수 있도록 원 숏으로 촬영했습니다. 관객은 그 모든 사건을 그들의 시점에서 볼 수 있습니다. 그러고는 컷을 절대로 나누지 않았습니다. 모든 게 원 숏으로 이뤄졌습니다. 이것이 히치콕의 아이디어 중 하나라는 것을 나는 압니다."

촬영은 베르겐-벨젠, 다카우, 부헨발트, 에벤제, 마우타우젠을 포함한 11개 집단수용소에 걸쳐 행해졌다. 그 결과 필름과 뉴스필름 8,000피트를 얻었는데, 그중 일부는 연합국 촬영팀이 찍은 것이고, 일부는 독일군에게서 압수한 것이었다. 편집되고 합쳐진 영화는 대략 7개 릴 분량이었다.

말렛스트리트에 있는 정보부 극장에서, 히치콕은 '영화를 보고 싶어 하지는 않았지만,' '필름이 도착하는 대로 모두' 감상했다고 태너는 회상했다. 시체더미, 죽은 아이들의 노려보는 듯한 얼굴, 걸어다니는 해골을 담은 촬영필름을 보는 두 사람은 우울했다. 필름을 보면서 지내는 나날은 길고도 으스스하기 그지없었다.

〈내일을 바라보는 감시탑〉처럼, 집단수용소 필름은 나치의 잔혹성을 폭로하는 한편으로 전후 독일에 대한 낙관주의를 제시하는 역할을 수행할 것이라는 기대를 받았지만, 히치콕이 미국으로 돌아온 직후인 8월 초순, 5에서 6릴 정도의 작업만 끝난 상태에서 자금지원이 중단됐다. 번스타인은 많은 세월이 흐른 후 "군사령부와 우리의 외무부, 그리고 미국 국무부는 무감정 상태에 빠져 있는 독일인들이 독일이라는 기계를 다시 가동시키게 만들기 위해 그들을 자극해야 한다고 결정했습니다"라고 씁쓸하게 회상했다. "그들이 잔혹했다는 것을 부각시키면서 모욕감을 주는 것을 원치 않았던 겁니다."

번스타인의 항변에도 불구하고 —완성된 음향이나 내레이션이 없는— 미완성 상태인 55분 분량의 영화는 'F3080'이라는 자료영화 번호를 제목으로 부여받은 채 제국전쟁박물관에 처박혀졌다. 영화는 1984년이 돼서야 세상의 빛을 보면서 대중에게 공개됐다. 히치콕이 전시에 했던 다른 기여들처럼, 'F3080'—또는 세상에 알려진 제목인 〈수용소의 기억*Memory of the Camps*〉—은 히치콕 스타일의 재미는 조금도 없고, 극도로 빈틈없고 정치적으로 선견지명이 있으며, 악몽과 같은 진실—노먼 레브레흐트가 『선데이타임스』에 실은 글처럼, '완전히 까발려진 진실'—을 향해 대단히 단호한 시선을 던진다.

워싱턴 D.C.로 여행을 다녀온 후 강화된 〈오명〉에 대한 히치콕의 믿음은 런던에서 접한 황량한 필름들로 인해 더욱 강화됐지만, 할리우드에 있는 데이비드 O. 셀즈닉은 결코 관심을 가진 적이 없는 영화에 대한 신념을 잃고 있는 중이었다.

여전히 프로젝트는 셀즈닉에게 온갖 문제들을 드러냈다. 프로듀서는 자존심 강하고 출연료가 비싼 캐리 그랜트보다는 전속배우인 조지프 코튼을 선호했고, 맥거핀은 여전히 그를 괴롭혔다. 〈백주의 결투〉가 그의 자원을 고갈시킨 것처럼, 〈오명〉은 점점 더 그가 내던져야 마땅한 기념비처럼 보였다.

셀즈닉이 RKO와 협상을 개시했을 때, 히치콕은 너무나도 무관심한 듯 보였다. 히치콕이 1944년 가을에 RKO 프로듀서 윌리엄 도지어를 대여섯 번 만나서, '정치적 목적을 위해 성적인 노예로 팔려간 여인'에 대한 유사한 이야기를 피치했기 때문일 것이다. 히치콕에게는 고맙게도 —조앤 폰테인과 결혼직전에 있던— 도지어는 이미 흥미를 가진 고객이었다.

상냥하고 자유방임적인 프로듀서인 도지어는 히치콕, 잉그리드 버그먼, 그리고 시나리오를 포함한 패키지를 80만 달러라는 천문학적 금액에 구입하고, 순수익의 50퍼센트를 셀즈닉에게 양도하기로 합의했다.[44] 셀즈닉이 〈오명〉의 시나리오를 마지막으로 한 번 더 수정해야 한다는 것을 판매조건으로 내세우자, 히치콕은 동의할 수밖에 없었다. 그러나 셀즈닉이 —RKO에 조지프 코튼을 주연으로 일을 진행하라고 강권하면서— 지금 당장은 출연이 불가능한 캐리 그랜트에 반대하자,

44 히치콕은 〈오명〉의 제작비는 200만 달러였지만 총수입은 800만 달러였다고 트뤼포에게 밝혔다.

히치콕은 추후에 셀즈닉의 간섭을 금지하는 부대조항을 계약서에 넣게 만들었다.

계약은 거의 8월 9일에 체결됐는데, 미국이 히로시마와 나가사키에 핵폭탄을 투하한 —그러면서 히치콕의 맥거핀에 대한 의혹을 불식시킨— 시점이었다. 8월 14일에 일본이 항복하면서 전쟁이 끝난 후, 끈질긴 파시스트들이 잠복에 들어가서 평화 이후의 일을 공모할 것이라는 —갑작스레 언론에 스며든— 공포를 예견한 시나리오는 더 이상 상서로울 수가 없는 듯 보였다.

RKO가 〈오명〉의 촬영일정을 늦가을로 잡은 덕분에 최종 수정과 캐스팅에 할애할 시간이 넉넉했으므로 히치콕의 입장에서는 개인적인 일을 볼 수 있었다. 여름이 끝날 무렵, 히치콕 부부는 팻을 수행해서 맨해튼 외곽에 있는 뉴욕 태리타운의 메리마운트 칼리지를 방문했다. 10월까지는 캐리 그랜트의 시간이 나지를 않았기 때문에, 히치콕은 동부해안에 머물면서 그룹시어터 출신 극작가 클리포드 오데츠와 함께 느긋하게 시나리오를 고쳤다. 9월과 10월 동안, 히치콕의 조언은 거의 받지 못한 오데츠는 불만족스러우나마 원고를 통과시켰다.

오데츠가 돈을 받고 해고되고 셀즈닉이 제작진에서 떨어져나간 후, 벤 헤크트가 프로젝트로 복귀했다. 악명 높은 고용 총잡이 헤크트가 프로젝트의 시작부터 끝까지 시나리오를 작업할 정도로 관심을 기울이는 것은 드문 일이었다.

처음부터 DOS는 시나리오에 반대하는 주장을 펴기 위해 사용가능한 제작규범과 정부의 반대를 활용했지만, 이제 이 시나리오는 RKO의 관문을 통과했다. 〈오명〉은 히치콕의 전쟁선전영화처럼 —미국 스파이의 동조자와 회개하지 않은 나치가 남미에서 활동하는 것을 상상하는— 정치적으로 도발적인 영화였을 뿐 아니라, 당시까지 할리우드에서 만들어진 영화 중에서 성적으로 가장 노골적인 영화이기도 했다.

히치콕은 자신을 대표하는 최고의 대표자가 돼서 스튜디오와 제작규범 관리들과 회의를 거듭하고 교묘하게 시나리오를 바꿔 사람들을 안심시켰다. 감독은 '과도하면서 관능적인 키스, 호색적인 포옹, 선정적인 자세와 몸짓'을 금지하는 제작규범의 가이드라인의 언저리를 노골적으로 맴도는 장면 하나를 계획했다. 비공식적으로 스크린에 등장하는 키스는 몇 초 내로 제한되지만, 델빈의 아파트 테라스가 배경인 이 장면에서 그랜트와 버그먼은 그보다 훨씬 길게 열정적으로 키스를 한다. 그들의 키스는 전화벨 소리에 방해받고, 전화를 받기 위해 그들이 거실 안으로 들어가면서, 그리고 그들이 걸으면서 서로에게 얼굴을 너무 바짝 갖다대서 방해를 받는다. 시나리오에 들어 있던 대사는 검열당국을 만족시키기 위해 수정됐지만, 정작 규범을 이용한 것은 장면연출과 근접한 카메라워크였다.(히치콕은 훗날 "은유적으로 얘기하자면, 카메라는 그들을 껴안았습니다"라고 말했다.)

두 스타는 굉장히 이상한 기분일 것이라고 염려했다. 버그먼은 카메라가 뒤에서 그들을 좇아오는 가운데 서로에게 얼굴을 바짝 갖다댄 채로 걸어다니는 것은 촬영하는 배우들 입장에서는 '무척이나 거북해' 보였다고 밝혔다. "걱정 말아." 히치콕은 그녀를 안심시켰다. "스크린에서는 괜찮게 보일 거야." 그 장면은 너무나 괜찮게 보인 덕분에 검열을 살금살금 통과했다. "우리는 계속 움직이면서 얘기를 나눴어요. 그래서 키스가 이뤄지는 시간이 늘 중단됐죠"라고 버그먼은 회상했다.

검열당국을 귀찮게 만든 것은 키스만이 아니었다. 앨리시아를 심한 술꾼으로 그려내는 것, 아침에 숙취를 느끼는 것(그녀는 입에서 머리카락을 빼낸다), 정부를 위해 남자와 동침하는 것은 어떻게 할 것인가? "세바스티안의 이름을 내 애인 명단에 올려도 돼요." 의무를 이행하기 위해 세바스티안과 '짝을 지은' 이후, 그녀는 델빈에게 씁쓸하게 얘기한다. 그러나 히치콕은 그럭저럭 규범을 통과했다.

히치콕은 1940년대에 만든 영화들에서 그가 꿈꾸던 출연진을 한데 모은 경우가 거의 없었지만, 〈오명〉은 찬란한 예외가 되었다. 이즈음 차가운 블론드도 순수한 블론드도 아니었던 잉그리드 버그먼은 히치콕의 절친한 친구이자, 셀즈닉과 할리우드에 맞서 거창한 음모를 꾸미

그가 좋아한 동료들은 출연진이었다. 그리고 캐리 그랜트와 상냥한 잉그리드 버그먼이 출연한 〈오명〉(1946)보다 더 행복한 출연진을 갖춘 영화는 없었다. 이들은 히치콕 최고의 3각 편대였다.

는 데 합류한 동료 음모자였다. 그 자신만큼이나 그녀를 잘 아는 히치콕은 그녀의 감정과 개성을 앨리시아 캐릭터에 집필해 넣을 수 있었다. 성녀를 연기하는 데 싫증을 느끼던 버그먼은 〈오명〉에서 양심의 오점을 씻어낼 수 있다면 악마하고도 기꺼이 동침하려고 드는, 수치심에 시달리는 술꾼을 연기할 기회를 잡았다.

앨리시아가 버그먼의 인간적인 면모에 맞춰 집필된 것처럼, '고통으로 가득한 우둔한 사내'인 델빈 역할은 캐리 그랜트—스크루볼 코미디와 모험 영화에 등장하는 맵시 있고 익살맞은 그랜트가 아니라, 히치콕의 호기심을 자극하는 교활하고 고뇌하는 그랜트—에 맞춰 창조된 캐릭터였다. 〈서스피션〉에서 히치콕은 그를 아내 살인자로 변신시키려고 노력했지만 실패했는데, 델빈은 그랜트 자신의 뿌리 깊은 모호한 면모에 훨씬 가까웠다. 술꾼 뜨내기를 선택한 비열한 얼뜨기 남자가 그녀에 맞선 자신의 방어능력을 지켜내려고 분투하는 과정에서 오히려 그녀를 이중으로 매혹적으로 느끼게 만드는 시나리오는 러브스토리에서 승리를 거뒀다.

〈파괴공작원〉에서 히치콕은 전형적인 미국적 히어로를 오열로 만들려고 노력했으나 실패한 바 있다. 〈오명〉을 위해 외국인 억양을 구사하는 세련된 연기자가 필요했던 그는 클로드 레인스를 선택했다. 오스카 후보로 지명된 일련의 역할—〈스미스 씨, 워싱턴에 가다〉, 〈카사블랑카〉, 〈미스터 스케핑턴〉—에서 심각한 결함이 있는 캐릭터를 연기하는 것이 레인스의 주특기였다. 레인스는 뉴욕의 시어터 길드가 무대에 올린 레퍼토리에서 연기한 이후, 1935년부터 미국영화계에 자리를 잡았다. 히치콕은 1920년대에 이미 런던 무대에서부터 그를 높이 평가해 왔다.(레인스의 첫 부인인 이사벨 진스는 〈몰락〉, 〈행실 나쁜 여자〉, 〈서스피션〉에 출연했다.) 이제 중년의 키 작은 남자가 된 레인스는 알렉스 세바스티안처럼 나이와 외모 면에서 동정이 갈 정도로 연약했다.

루이스 캘헌은 캐리 그랜트의 상사인 민첩한 정보국 국장 역할로 캐스팅됐다. 전쟁 동안 영화를 만들 때마다 나치를 표적으로 삼았던 히치콕은 실제로 파시즘에 반대했던 독일인들에게, 그들의 할리우드 최고 배역을 맡겼다. 파시스트 무리 가운데서 부드러운 태도를 보이는 의사로 출연한 라인홀트 쉰첼이 특히 그런 경우였는데, 쉰첼은 베를린 시절에 이름 높은 배우이자 연출가였다. 복장 도착자 코미디 〈빅토르와 빅토리아〉는 히틀러에게서 도망치기 전에 그의 연출경력에서 최고조에 이른 작품이었다. 다른 보기 드문 얼굴 중에서, 살인자 에릭은 전직 발레 댄서였던 이반 트리에솔트가 맡았고, 와인 레이블을 놓고 전전긍긍하다가 스스로 파멸을 맞는 에밀 역은 배우-연출자 에베르하르트 크룸슈미트에게 돌아갔다.

영국 외교관 찰스 멘들—브로드웨이의 예전 스타 엘지 드 울프의 남편—이 영화의 첫 파티장면에서 쿠바로 항해하는 플레이보이 요트 주인으로 우아한 자태를 뽐낸 것은, 의심할 여지없이 히치콕이 개인적으로 던지는 농담이었다.(그는 함께 가자고 앨리시아를 초대하지만, 그녀는 델빈과 함께 남미로 가는 걸 선택한다.) 멘들은 할리우드 첩보동아리에서 활동적인 인물이었는데, 히치콕은 그가 도망 중인 파시스트를 연기하는 것을 보면서 즐거워했을 것이다.

알렉스 세바스티안의 어머니 캐릭터는 나치와 무자비하고 사악한 여성이 합쳐진 인물로, 〈레베카〉의 주디스 앤더슨에 필적하는 여자 악마를 요구했다. 히치콕은 체코 출신인 레오폴딘 콘스탄틴을 떠올렸다. 1920년대에 베를린 무대에서 매력을 과시하던 그녀는, 나이를 먹은 지금 더 위협적인 여배우가 돼 있었다. 그녀는 히틀러를 피해 망명하기 전에 독일 영화에 출연한 적은 있었지만, 미국영화에 출연한 것은 이 영화가 유일했다.

감독은 RKO 스튜디오의 인력 중에서 제작팀을 꾸렸다. 카메라맨으로는 테드 테즐라프를 선택했는데, 테즐라프는 콜럼비아에서 초기 프랭크 캐프라 영화와 파라마운트에서 그레고리 라 카바와 르네 클레어의 코미디들을 찍은 촬영감독이었다.(테즐라프는 촬영 중에 히치콕에게 약간 저항했는데, 히치콕은 눈빛만으로 그를 꼼짝 못하게 만들었다.) 편집기사는 테론 워스로, 히치콕 휘하에서 자신의 최고작을 만들어낸 착실한 일꾼이었다. 관객을 깜짝 놀라게 만드는 몽타주로 유명한 히치콕이었지만, 그의 편집은 —특히 러브신에서는— 아주 섬세하고 우아한 면도 있었다. 〈오명〉의 장면들은 오늘날에 볼 때에도 미묘하고 조심성 있어 보이는 스타일로 편집됐다. 예를 들어, 앨리시아가 리우데자네이루를 처음 보기 위해 비행기 좌석에서 몸을 움직일 때, 그녀는 무의식적으로 델빈에게 몸을 기댄다. 히치콕은 그들이 거리를 두는 순간, 그가 처음으로 그녀의 향취에 사로잡혔다는 것을 보여준다. 이렇게 열정적인 숏은 다음 장면으로 조용히 디졸브해 넘어간다.

프로덕션 디자인을 맡은 캐럴 클라크와 앨버트 S. 다고스티노는, 1960년대에 월트 디즈니를 호령했던 최고의 미술감독이었다. 특수효과는 버논 L. 워커와 폴 이글러가 맡았는데, 그들이 한 작업에는 배경영사를 통해 리우데자네이루를 완벽하게 재현한 작업도 포함돼 있었다. 셀즈닉이 마지막으로 한 기여 중 하나는, 히치콕이 스튜디오에서 촬영한 장면들에 합성—〈구명선〉에서처럼 모든 면에서 설득력이 있는 묘기—해넣을 사실성 넘치는 풍경을 포착하기 위해 〈시민 케인〉의 카메라맨 그렉 톨런드를 브라질로 파견한 것이었다. 톨런드는 경마장면 전부를 촬영해왔는데, 감독은 이 화면을 버그먼의 쌍안경에 반사된 영상으로 활용했다. 그랜트와 버그먼이 노천카페에 앉아 있는 것으로 보이는 다른 장면에서, 히치콕은 스튜디오에서 배우들을 톨런드의 사실적인 필름 앞에 앉혀놓고 촬영했다. 저 옛날, 〈블랙메일〉 토키의 레스토랑 장면을 위해 두 가지 버전을 한데 이어놓으면서 처음 연습했던 환영을 완성한 셈이었다.

〈오명〉은 히치콕이 할리우드에서 가장 중요한 의상 디자이너와 오랜 기간에 걸친 공동작업을 시작할 수 있게 해준 작품이기도 하다. 데이비드 O. 셀즈닉은 주연여배우의 외모에 지나치게 신경을 많이 썼는데, 히치콕은 그 부분에서는 오랫동안 견지해온 나름의 아이디어가 있었다. 그는 RKO의 허락을 받아 파라마운트에서 에디스 헤드를 임대해왔다. 그녀는 파라마운트에서 프레스톤 스터지스와 빌리 와일더 영화의 의상을 감독했다.

헤드는 그녀가 같이 일했던 모든 감독 중에서 히치콕이 가장 정확하고 꼼꼼했다고 늘 말했다. 헤드는 회고록에 "그가 나에게 보낸 시나리오에는 의상에 대한 지시가 모두 들어 있었다"고 썼다. "캐릭터 구현을 돕기 위해, 그가 그런 생각을 하게 된 이유가 늘 있었다." 또한 헤드는 "그는 옷감에 대해서는 직접적으로 아는 것이 없었음에도, 디자이너들이 쓰는 용어로 얘기를 했다. 여자가 걸어갈 때 책상을 쓸고 지나갈 스커트를 원한다면, 그는 그런 것도 자세히 설명했다"고 밝혔다.

앨리시아가 파티에서 지나치게 흥청대는 장면에서 데빈과 처음 만날 때, 그녀는 방안에 있는 모든 사람과 대조되는 황량한 옷을, 헤드의 표현에 따르면 '몸통 중앙부가 드러난 얼룩말 무늬 블라우스'를 입지만 나중에는 상당히 차분한 옷을 입는다. 침투요원이 된 그녀는 두드러져 보이는 대신 사람들 속에 섞여 들어갈 필요가 있다고 히치콕은 경고했다. 그는 —버그먼이 셀즈닉의 지시에 따라 〈스펠바운드〉에서 했던 지나친 차림새와 비슷한— 화려한 보석, 모피와 깃털, 시시한 모자들도 주문했다. 히치콕에게 있어, 버그먼에게 의상을 입히는 것은 그녀를 위한 '조심성 있는 교육'이었다고 헤드는 말했다.

셀즈닉이 자신의 이익을 감시할 인물로 동료 프로듀서 바버라 케온을 RKO 계약에 조항으로 집어넣기는 했지만, 이즈음 그녀는 근본적으로 히치콕 진영에 속해 있었다. 게다가 윌리엄 괴츠는 잭 스커볼만큼이나 공손했다. 업계에서 25년을 보낸 히치콕에게 〈오명〉은 자신이 프로듀서 역할을 한, 그리고 그 직함에 걸맞은 권한을 행사한 최초의 공식영화였다. 시나리오가 완성되고 출연진과 스태프 구성이 마침내 완료되면서 거의 1년 이상의 준비과정을 거친 〈오명〉은 10월 22일에 촬영을 시작할 준비가 돼 있었다.

분위기가 어두운 〈오명〉의 촬영에는 처음부터 끝까지 무조건적인 열정으로 가득 차 있었다. 11월에 〈스펠바운드〉의 개봉을 축하하는 샴페인을 터뜨렸는데, 셀즈닉은 이 영화의 홍보 캠페인을 위해 (패션쇼에서부터 비행기를 동원해 하늘에 글씨를 쓰는 것에 이르기까지) 총력전을 펼쳤다. 대부분의 평론가부터 —『뉴스위크』는 '뛰어나고 서스펜스 가득한 멜로드라마'라며 영화에 찬사를 보냈다— 박스오피스에서 700만 달러 이상의 성적을 올리게 해주면서 장사진을 친 관객에 이르기까지, 히치콕의 신작은 모든 이의 기대를 훌쩍 뛰어넘었다. 영화의 성공은 나중에 아카데미상에서 작품상과 히치콕의 세 번째 감독상 후보를 포함한 6개 부문의 후보에 오르는 영예로 이어졌다. 〈스펠바운드〉는 남우조연(미카엘 체호프), 흑백촬영(조지 반스), 드라마와 코미디 영화음악(미클로스 로자), 특수효과(잭 코스그로브) 부문에서도 후보에 올랐다.

그러나 오스카를 수상한 유일한 후보자는 로자였다. 자서전에서 로자는 히치콕이 그에게 축하인사 한마디 해주지 않았다고 불만을 제기했는데, 히치콕은 후반작업 단계에서 〈스펠바운드〉를 떠나 있었다. 히치콕의 견해에 따르면, 영화에서 가장 멍청한 것 중의 하나는 셀즈닉이 너무 많은 장면에 시럽처럼 쏟아부은 감동적일 수도 있는 테마음악이었다. 히치콕은 프랑수아 트뤼포와 가진 만남에서, 잉그리드 버그먼이 그레고리 펙을 처음으로 만나는 장면에 대해 격렬한 불만을 토로했다. "불행히도 바로 그 순간에 바이올린이 연주되기 시작합니다." 히치콕이 한 말이다. "그건 끔찍했어요!"

성공은 어떤 형식이 됐건 이로운 일이었지만, 히치콕은 그런 성공으로 자기 자신을 속이거나 하지 않았다. 그는 〈스펠바운드〉를 그리 호의적으로 기억하지 않았다. "또 다른 후더닛(Whodunit)[45]일 뿐입니다." 그는 1946년에 어느 인터뷰어에게 밝혔다. "전체적으로 너무 복잡했어요." 감독이 프랑수아 트뤼포에게 밝힌 견해다. 그리고 막판에 플롯에 첨가된 모든 설명은 "아주 혼란스러웠어요."

반면에 〈오명〉은 모든 면에서 열정과 짜임새와 수준 있는 의미를 담은 완벽한 히치콕 영화였다. 감독은 출연진을 아주 좋아했다. 그와 클로드 레인스는 굉장히 친했다. 레인스는 템스의 건너편 지역에서 태어났는데, 그의 세련된 외모는 코크니로 보낸 어린 시절—그는 히치콕이 구사하던 사투리를 똑같이 할 줄 알았고, 심지어는 똑같은 농담도 할 줄 알았다—을 은폐하는 데 한몫을 했다. 감독은 레인스가 억센 독일 억양을 구사하는 문제는 그가 알아서 결정하게 해줬다.(결론은 구사하지 않는 것이었다.) 레인스는 히치콕이 '아주 키가 큰 아내 미스 버그먼과 함께하면서 당신이 난쟁이로 변신하는 이런 일거리'를 언급할 때에도 기분 좋은 유머감각을 잃지 않았다. —적어도 공식 홍보자료에 따르면— 키가 170㎝인 레인스는 히치콕이 말하고자 하는 바를 이해했다. (대략 175㎝ 정도였지만 훨씬 더 커 보이는) 버그먼이 낭만적인 장면에서 그를 압도한다면, 의도하지 않았던 코믹한 결과를 자아내게 될지도 몰랐다.

그래서 앨리시아와 알렉스가 손을 잡고 거니는 장면에서, 히치콕은 관객에게는 보이지 않게 레인스를 위한 비탈길을 놓았고, 이외의 장면에서는 레인스에게 키높이 구두를 신으라고 지시했다. 히치콕은 레인스에게 구두 한 켤레를 사서 거기에 익숙해지도록 하라고 요청했다. "그걸 신고 걸어다니고, 그걸 신고 잠을 자게. 그것에 익숙해지도록 하게"라고 감독은 레인스에게 권했다.

히치콕은 트뤼포에게 '인물에 근접해서 찍을 때'에 대해 설명했다.

45 추리극. — 옮긴이

"두 사람 사이의 키 차이가 너무 두드러져서, 그들을 한 프레임에 잡고 싶으면 나는 클로드 레인스에게 상자에 올라가라고 시켰습니다. 두 사람이 멀리서 이리로 같이 걸어오는 장면을 보여주고 싶은 경우에는, 카메라를 그에게서 버그먼 쪽으로 팬을 시켰죠. 그런 장면에서 바닥에 상자들을 놓을 수는 없는 일이었기 때문에, 나는 그가 카메라 쪽으로 다가올수록 바닥이 지속적으로 높아지는 널빤지를 까는 작업을 했습니다."

키높이 구두가 너무 마음에 든 레인스는 개인적으로 다닐 때에도 그 신발을 신고 다녔다. 캐리 그랜트는 키를 높일 필요는 없었지만, 수수께끼 같은 스타와 같이 작업하기 위해서는 늘 협상을 벌여야만 했다. 그를 촬영장으로 유인해내면 그것으로 전투의 절반은 승리한 셈이었다. 그러나 그랜트는 시나리오를 승인했으면서도 그때그때 기분이 달라지기 일쑤였고, 자신의 대사를 수정하려고 늘 기를 썼다. 그랜트는 연출자의 지시에 개방적인 태도를 취했지만, 사실 그는 히치콕을 포함한 그 누구에게서도 지시를 받을 필요성을 느끼지 못했다.

그랜트는 활기가 넘치는 상태로 〈오명〉에 합류했는데, 버그먼이 처음에 적응하는 동안 그녀를 코치할 수 있을 정도였다. 버그먼이 두 번째 히치콕 영화를 해나가는 데 그 누구보다도 더 많은 도움을 준 것은 그랜트였다. 델빈이 앨리시아에게 리허설을 시키듯 그녀를 리허설시킨 것이다. "어느 날 아침에 우리가 〈오명〉을 작업하고 있을 때, 그녀는 어떤 대사 때문에 애를 먹고 있었습니다." 그랜트의 회상이다. "그녀는 대사를 어떤 방식으로 연기해야만 했는데, 그렇기 때문에 나는 그녀의 대사를 흉내낼 수가 있었습니다. 우리는 그 장면을 두어 시간 정도 작업했는데, 히치는 한 마디도 하지 않았습니다. 그는 카메라 옆에 앉아서 시가만 뻐끔거리고 있었습니다. 나는 잠시 쉬자고 말했습니다. 그런데 나중에 세트로 돌아오던 중에 그녀가 그 대사를 완벽하게 연기하는 소리를 들었습니다. 어느 순간엔가 히치는 '컷!' 하고 외치고는 '굿모닝, 잉그리드' 하고 말하더군요."

〈오명〉에서 더 많은 통제권을 행사한 히치콕은 〈스펠바운드〉에서보다 더 유연한 모습을 보여주기도 했다. 그는 버그먼과 두 번째 작업을 하면서 더욱 큰 인내심을 보였고, 여배우가 스스로 떠올린 아이디어나 움직임들을 시도해보게 허용했다.

사실, 그는 버그먼을 유난히도 좋아하게 됐다. 예를 들어, 그녀가 (『라이프』를 위해 제작현장의 사진을 찍었던) 로버트 카파와 불륜관계를 지속하고 있다는 비밀, 그리고 그녀가 남편 곁을 떠나게 만든 사건인 이탈리아 네오리얼리스트 로베르토 로셀리니에게 푹 빠졌다는 비밀을 감독에게 털어놓았다는 전기작가 도널드 스포토의 주장은 의심의 여지가 없다. 히치콕 부부는 로셀리니에 대한 이야기를 처음 알았던 사람에 속한다. 부부 모두 페터 린드스트롬 박사를 좋아했지만, 그들은 버그먼에게 충실한 태도를 유지했다.

스포토는 억압된 자아가 빚어낸 망상의 사례라면서 조롱했지만, 히치콕은 버그먼과 관련된 일화를 들려주는 것을 좋아했다. 히치콕에 따르면, 어느 날 집에 돌아온 감독은 그를 기다리고 있는 버그먼을 발견했다. 그녀는 그를 침실로 유혹하면서, 그녀가 흠모하는 감독에게 밀회를 하자고 사정했다. 히치콕은 이 허풍을 작가 존 마이클 헤이스와 다른 친한 사람들에게 들려줬는데, 그 이야기들은 세세한 부분만 약간씩 달랐다.(때로는 사건의 배경이 그의 집이었고, 때로는 그녀의 집이었다.)

그런데 이것이 허풍이었을까? 그는 이 사건이 '딱 한 번' 벌어졌다고 늘 주장했는데, 시기를 밝히지는 않았지만 〈오명〉을 만들던 중이었을 것이다. 그때 버그먼은 낭만적인 마력에 사로잡히고 섹스의 분위기에 젖어 있었는데, 버그먼의 상태는 (시험작이었던) 〈스펠바운드〉나 훗날의 (대실패작인) 〈염소좌 아래서*Under Capricorn*〉보다 더 심했다. 대부분의 사람은 히치콕이 밝힌 일화의 사실성을 의심하지만, 그런 일이 불가능할 이유가 뭔가? 여배우가 감독과 사랑에 빠지는 일은 없는 것일까? 그는 더 이상 심한 뚱보가 아니었다. 그렇다면 그는 지독할 정도로 매력 없는 사람이었던 것일까? 버그먼이 그녀를 연출했던 다른 감독, 그중에서도 빅터 플레밍과 연애를 한 적이 없었는가? 훗날의 로셀리니는 육체적으로 그토록 매력적인 타입이었는가? 음흉하기는 해도 천진했던 히치콕이 한 이야기가 옳은 이야기로 들리지는 않는가? 감독이 사망하기 1년 전인 1979년에 미국영화협회가 평생공로상을 수여하던 밤에, 버그먼이 감독에 대해 이야기를 하는 모습을 지켜본 사람들은 그들 사이에 사랑의 감정이 없다고 느낄 수 있겠는가?

〈오명〉의 촬영장 밖에서 무슨 일이 벌어졌든, 버그먼은 이 촬영을 그녀가 출연했던 3편의 히치콕 영화 중에서 '제일 행복했던 경험'이라고 묘사했고, 그 행복감은 감독의 최고걸작 중 한 편에 녹아들어갔다. 상업적으로 더욱 큰 성공을 거뒀던 〈스펠바운드〉보다 훨씬 풍성하고 더욱 매력적이며 정치적으로 더 암울한 영화 〈오명〉에.

〈오명〉은 1월에 완성됐다. 같은 달에 시드니 번스타인은 트랜스아틀랜틱 픽처스에 대해 스튜디오 수뇌부와 첫 얘기를 나누기 위해 할리우드를 방문했다. 트랜스아틀랜틱 동업자 두 사람은 사업상 미팅에서 너무나도 자신만만한 인상을 심어줬기 때문에, 신생회사의 후원자로 미국 은행을 끌어들이는 것은 거의 식은 죽 먹기였다. 동업자들은 뉴욕시티의 시큐리티 내셔널뱅크와, 로스앤젤레스의 사우스웨스트 트러스트 앤 세이빙스와 굳건한 관계를 맺었다. 두 은행 모두 전후 독립 영화제작사에 주도적으로 투자했던 선견지명이 있는 대출담당자인 뉴욕의 알렉스 아드리와 캘리포니아의 조지 유슬링이 있는 금융기관이었다.

아드리와 유슬링은 합리적으로 자금을 집행했을 뿐 아니라, 두 사람 다 히치콕의 팬이었다. 감독은 아드리와 특히 친해지게 됐는데, 때로는 아드리와 업무가 끝난 후 전화로 몇 시간이나 수다를 떨면서, 아드리의 아이들에게 잠자리에서 들려줄 무서운 이야기를 해주곤 했다. 히치콕이 1967년 아카데미상 시상식에서 어빙 G. 탈버그 상을 받았을 때, 아드리를 언급한 짤막한 수락연설에 관객들은 어리둥절했을 것이다. 아마도 이것은 은행가인 아드리가 연단에서 처음으로 감사인사를 받은 경우였다.

트랜스아틀랜틱은 은행 융자 덕분에 더욱 매력적인 회사가 됐지만, 일부 스튜디오는 여전히 위험을 공유해야만 했다. 총수입과 순이익의 비율, 사무실과 스튜디오 공간, 그리고 과소평가해서는 안 될 높은 수준의 창조적 자율성이 가장 좋게 배합된 제안을 내놓을 곳은 어디일까?

처음부터 워너브러더스의 잭 워너는 가장 적합한 인물로 부각됐는데, 히치콕이 워너와 한 번도 작업해본 적이 없다는 사실은 이점이었다. 감독상 후보에 3번 오른 감독과 계약을 체결하기 위해 노력하던 스튜디오 우두머리는 춤을 추기 위해 저녁 내내 기다린 구혼자와 비슷했다. 워너는 히치콕이 트랜스아틀랜틱 영화 한 편을 만들 때마다 워너 영화 한 편을 연출해주기를 원했다. 워너가 스튜디오와 트랜스아틀랜틱 제작물에 시나리오와 캐스팅 인력을 투입하겠다고 했지만, 트랜스아틀랜틱은 워너의 승인을 받으면 나름의 패키지를 자율적으로 개발할 수도 있었다.

워너는 히치콕이 당장 워너의 영화를 작업해주기를 간절히 바랐지만, 당연히도 동업자들은 그들에게 소유권의 이점을 안겨줄 트랜스아틀랜틱 제작 작품으로 회사의 막을 열고 싶어했다. 영화의 소재는 뭐가 됐든 은행과 워너의 승인을 받아야 하지만, 자신만의 소재를 찾아내는 것은 트랜스아틀랜틱의 몫이었다.

일반적으로 그 과정에 투입되는 시간과 비용은 막대했다. 예를 들어, MGM이 여는 주간 스태프회의에서는 10여 명의 스토리 책임자와 제작 책임자가 많은 스카우터와 에이전트, 편집자들이 제출한 10편에서 20편 정도의 가능성 있는 소재들을 놓고 토론을 벌였다. 시나리오는 이런 스토리—각색물뿐 아니라 오리지널 스토리, 공연되지 않은 새로 출판된 희곡뿐 아니라 오래된 소설이나 희곡—를 대상으로 미리 시놉시스를 짜보고, 등급을 정하고, 시나리오 판정인을 시켜 점수를 매겼다. 이런 검열을 통과한 작품만이 스튜디오에 소속된 경험 많은 스토리 편집자에게 읽혀졌다. 그다음에 각각의 작품은 흥행 가능성, 비평적인 가치나 상을 탈 만한 가치, 제작비 부담, 시나리오에 적합한 전속배우, 작가, 감독의 관점에서 분석됐다. 이런 인내를 요하는 과정이 몇 주간 진행된 후에야 결정이 내려졌는데, 이것도 잠정적인 결정일 뿐 언제든 처음부터 다시 과정을 밟아야 하는 재평가대상이 될 수도 있었다.

트랜스아틀랜틱에 대해 처음부터 포부가 컸던 히치콕은 그가 늘 만들기를 꿈꿔왔던, 대형 캔버스에 인생의 단면을 묘사하는 영화를 열광적으로 떠들어대기 시작했다. 그는 1945년에 『뉴욕 헤럴드트리뷴』을 상대로 이렇게 밝혔다. "나는 뉴욕을 영화에 담을 때면 언제고 뉴욕에 압도당했습니다. 뉴욕은 카메라에 담기에는 너무 크고 너무 격렬한 곳입니다. 전적으로 뉴욕만 다루는 이야기를 컬러로 담는 것은 경이로운 일이 될 것입니다. 여행객이나 일시적인 관찰자의 관점에서 존재하는 뉴욕이 아니라, 대형호텔의 주방에서 벌어지는 사건 같은 뉴욕의 내부에서, 뉴욕의 막후에서, 뉴욕의 무대 뒤편에서 도시의 내적인 삶을 보여줄 무엇인가를 말하는 것입니다."

"새벽 4시에 시작해서 이튿날 새벽 2시에 끝나는 이야기를 영화로 만들고 싶습니다." 그는 계속 의견을 밝혔다. "나는 싸구려 술집이 모여 있는 바워리 가의 술집에서 술꾼 한 명이 꾸벅꾸벅 졸고 있고, 파리 한 마리가 그의 코 위를 활보하는 장면으로 영화를 열고 싶습니다. 메트로폴리스에서 제일 낮은 곳에 위치한 인생에서 시작하는 거죠. 그리고는 물론 아이러니컬하지만, 이튿날 새벽에 화려한 나이트클럽에서 말쑥하게 차려입은 취객들이 테이블 위로 몸을 꺾고는 곤드레만드레 나가떨어져 있는 장면으로 끝을 내고 싶습니다. 그 사이에 어떤 이야기가 들어가야 할지는 저도 잘 모릅니다. 그게 문제인 거죠."

그러나 번스타인이 할리우드를 처음 방문했을 때부터, 두 동업자는 야심의 크기를 줄여야만 했다. 진정한 문제는 워너가 상업적이고 제작비도 준수한 영화를 강력히 요구하는 시점에서, 예술적으로 야심찬 영화를 개발할 시간이나 돈이 두 파트너에게 없다는 것이었다. 달갑지는 않았지만 그들은 트랜스아틀랜틱의 스토리부서를 발족시키기로 결정했다. 그러나 그들의 경제적 여건으로는 할리우드에서 작품더미들을 걸러내면서 보고서를 제출할 사람을 단 한 사람밖에 고용할 수 없었다. 제한된 자원으로 인해 그들은 공격적인 메이저 스튜디오들이 간과했을지도 모르는 무명이거나 갓 데뷔한 작가에 집중하는 것 외에는 선택의 여지가 없었다. 그들은 자연스레 영국 소설에 끌리게 됐는데, 그런 책들은 가격이 지불할 만한 수준이고 미국인에게 팔렸을 가능성도 적기 때문이었다.

장대한 규모의 서사영화를 꿈꾸지 못하게 된 히치콕은 그가 붙잡지 못했던 과거의 아이디어들을 되살려내고 있었다. 히치콕의 흥미를 돋운 한 가지 이야기는 히치콕을 소년시절로, 그리고 옛날에 유명한 노상강도의 은신처였던 리튼의 여인숙으로 데려갔다. 그는 몇 년 동안 논의해왔던 수차례에 걸친 탈옥으로 인해 민중의 영웅이 된 18세기 영국의 노상강도 잭 셰퍼드의 무용담을 영화로 찍는다는 아이디어로 복귀했다. 그는 종종 영화로 만들어졌던 17세기 영국을 배경으로 한 농부와 반역자의 딸 사이의 로맨스 〈로나둔〉을 준비한다는 이야기도 여러 해 동안 해오고 있었다. 히치콕은 이들 프로젝트를 번스타인에게 제안했는데, 번스타인은 시대극은 피하겠다는 맹세를 감독에게 상기시켰다. 그러나 히치콕은 쉽게 단념하지 않았다. 사실 그의 아킬레스건을 극복하겠다는 도전은 그 어느 때보다 더 그를 유혹한 듯하다. 이런 시대극 소재의 규모와 제작비가 일반적으로 그 작품들을 잠정적으로 연기하도록 했고, 두 동업자는 비싸지 않은 트리트먼트를 만들어내는 타협을 하는 것이 보통이었다.

트랜스아틀랜틱이 권리를 따내려고 노력했던 최초의 책 중 한 권이 1931년에 출판됐을 때부터 히치콕이 몹시 탐내던 마거릿 윌슨의 『우울한 의무』였다. 소설은 영국에서 교수형을 앞둔 살인자가 보내는 비참한 시간들과, 롱맨뿐 아니라 징벌기관의 책임자 부부에게까지 영향을 끼치는 사형의 부정적 결과들을 다뤘다. 소름끼치는 살인사건의 열렬한 애호가였던 히치콕은 ―극형에 반대하면서 『우울한 의무』를 그의 견해에 고마운 근거를 제시하는 누명쓴 남자의 사형집행에 관한 선전소설이라고 늘 생각했지만― 사형집행의 열렬한 애호가이기도 했다.

아이오와 출신으로 영국으로 이주한 윌슨은 1924년에 『유능한 맥러플린 사람들』로 퓰리처상을 수상한 바 있다. 그런데 윌슨의 에이전트가 앨프레드 히치콕이 영화를 연출할 것임을 알고 난 후, 트랜스아틀랜틱은 경제적인 여건과 관련한 교훈을 얻게 됐다. 잊혀졌던 소설의 가격은 너무나 많이 뛰어올라서 결국에는 시야에서 벗어났다. 동업자들은 또다시 타협했다. 프로젝트에 약간의 자금을 투입하여 최단기 옵션을 따낸 후 트리트먼트를 지어내는 것은 진짜 자금, 또는 진짜 작업 참여와는 몇 단계 떨어져 있는 타협이었다.

동업자들이 논의했던 작가 가운데는 『존 경이 착수하다』의 공동 작가로 〈사보타주〉의 시나리오 집필에 도움을 주기도 했던 헬렌 심슨이 들어 있었다. 심슨은 제2차 세계대전중에 수술에서 회복하는 동안 입원해 있던 병원에 독일 폭격기가 폭탄을 투하하는 바람에 사망했다. 히치콕은 그녀의 사랑받는 소설 중 한 권인 『염소좌 아래서』가 잉그리드 버그먼을 위한 그럴 듯한 기획영화가 될 것이라는 인상을 받았다. 번스타인이 지적했듯, 19세기 중반의 오스트레일리아 시드니가 배경인 그 작품 역시 또 다른 사극이기는 했지만 말이다.

히치콕의 마음속에는 리메이크에 대한 생각이 늘 자리잡고 있었다. 동업자들은 〈나는 비밀을 안다〉의 새로운 버전을 궁리했고, 〈행복한 여행〉이나 〈마다가스카르의 모험〉을 장편으로 확장시키는 가능성에 대해 논의했다. 동업자들이 소설을 읽으면서 그들의 회사를 데뷔시키는 데 활용할 적절한 가격의 적절한 작품을 찾는 동안 잭 워너는 기다렸다. 상황을 정리하는 데는 시간이 필요했고, 스튜디오와 최선의 계약을 체결하는 데 트랜스아틀랜틱이 필요한 것은 프로젝트 하나에 그치는 것이 아니라, 스토리 소재들이 적힌 명단 전부였다.

그러는 사이, 데이비드 O. 셀즈닉은 활기차게 활동하고 있었다. 히치콕이 다른 스튜디오와 회의를 하느라 많은 시간을 보내는 것을 보면서, 셀즈닉은 그의 소중한 감독이 그에게서 미끄러져나가고 있는 것으로 판단했다. 히치콕을 잃고 싶지 않았던 프로듀서는 계약을 갱신하기 위해 예상치 못한 제안을 내놨다. 셀즈닉의 역사를 통틀어 일찍이 들어보지 못한 제안이었다. 셀즈닉을 위해 1년에 1편의 영화를 만들어주는 한, 감독은 셀즈닉에게 무한정 전속되지만 독점되지는 않으며, 연봉 10만 달러에 총수입과 이익의 일정 부분을 제공한다는 것이었다.

히치콕은 마음이 동했지만 그것도 잠깐이었다. 그는 영원히 수정된 계약을 맺기 전까지 셀즈닉에게 단 1편의 영화만 만들어주면 됐는데, 이제 그 의무작은 프로듀서가 차기작으로 무엇을 만들지를 결정하는 데 달려 있었다. 마침내 히치콕의 시간이 오기를 기다릴 여유를 가진 사람은 히치콕 자신이었다. 셀즈닉은 히치콕이 트랜스아틀랜틱의 미래를 계획하면서 보내는 동안 주급 5,000달러를 지불하고 있었다.

바닥을 드러내다시피 한 스토리 파일을 미친 듯이 파헤친 셀즈닉은 영국 작가 로버트 히첸스가 1933년에 쓴 소설로, 몇 해 전 MGM이 그레타 가르보를 위한 기획영화로 쓰기 위해 구입했던 작품을 내놨다. 다작을 쓴 히첸스의 많은 책 중에는 평판이 좋았던 『알라의 정원』도 있었는데, 이 작품은 희곡으로 각색되기도 했고, 영화로도 2번 —한 번은 무성영화로, 또 한 번은 1936년에 셀즈닉 인터내셔널 픽처스의 창립작으로— 만들어졌다.

평단에서는 『패러다인 부인의 재판』을 히첸스의 걸작 중 한 편으로 꼽았다. 소설의 주인공은 덴마크 여성 잉그리드 패러다인 부인인데, 그녀는 시각을 상실한 전쟁영웅인 남편을 독살했다는 이유로 고발된다. 패러다인 부인의 변호사인 킨은 그녀와 사랑에 빠지면서 자신의 행복한 결혼과 성공적인 경력을 위험에 빠뜨린다. 재판을 진행하는 재판관 호필드 경은 변호사의 숙적인데, 킨은 패러다인 부인을 지나치게 옹호한다. 패러다인 부인이 법정에서 그녀가 남편의 하인과 불륜관계였다는 사실—그래서 남편을 살해했다는 것—을 밝히면서 킨의 굴욕감은 절정에 이른다. 패러다인 부인은 유죄판결을 받는다.

히치콕은 프로젝트를 거절할 수도 있었으나, 자신의 경력을 추진해나갈 준비가 돼 있던 그는, 여주인공의 이름이 잉그리드이고 런던 분위기가 물씬 배어 있으며 올드베일리에서 클라이맥스를 맞는 히첸스 소설이 싫지는 않았다.(허구의 여주인공이 자신이 유죄임을 시인하기는 하지만, 그는 패러다인 부인의 이야기를 읽으면서 에디스 톰프슨 재판을 다시 떠올렸다.) 히치콕의 관심을 끄는 데 성공한 DOS는 히치콕이 조사활동에 착수해 런던으로 보조촬영진을 이끌고 가는 것을 허락했는데, 런던에서 그는 셀즈닉이 주는 급여를 받으면서 부업인 트랜스아틀랜틱 일을 하는 데 더 많은 시간을 보낼 수 있었다.

그렇지만 히치콕은 소설을 다듬고 싶었다. 그가 예견했던 수정사항 중 하나는 패러다인 부인의 운명이었다. 히치콕은 히첸스가 그랬듯 그녀를 사형집행인에게 굴복시키기(어찌 됐건 검열당국에서 결코 허락하지 않을 결론)보다는, 극형을 비난하는 분위기를 반영하는 동시에 그녀가 회개하고 있다는 힌트를 던지는 다른 엔딩을 고안해냈다. 재판에서 지고 진실이 드러나자 수치심을 느낀 패러다인 부인이 자살하는 것이다.

감독이 연출을 승락하자 셀즈닉은 이전에 집필돼 있던 〈패러다인〉 시나리오를 보냈다. 히치콕의 표현에 따르면, 시나리오 더미는 "높이가 마룻바닥에서 45㎝나 됐다." 3월에 그와 알마는 벨라지오로드에 있는 자택에서 '제작비 산출을 목적으로 한 대사가 담긴 새로운 트리트먼트'를 공동 작업했다. 셀즈닉이 작업현장에 파견한 대리인은 바버라 케온이었다. 셀즈닉은 벨라지오로드가 '컨트리클럽'이 돼버릴 것이라고 댄 오쉬어에게 투덜거렸는데, 케온은 최근에 가입한 '클럽 멤버'였다.

장기간에 걸친 브레인스토밍 회의에 비공식적으로 선발된 또 다른 인물은 MGM에 전속된 작가 휫필드 쿡으로, 그는 히치콕이 알마의 곁을 떠나 있을 때면 알마의 이야기를 들어주는 사람이 돼가고 있었다. 주말에 산타크루스로 갔을 때, 히치콕이 햇볕을 쪼이며 선잠을 자는 동안, 히치콕 여사는 쿡과 함께 산책하면서 서로의 프로젝트를 논의했다.

히치콕 부부는 주방과 식당을 리노베이션하면서, 바닥에 타일을 깐 야외식당과 커다란 와인저장소를 만들었다.(그는 자신의 포도밭을 인근에 있는 가톨릭 신학교에 기증했다. 해마다 신학생들이 포도를 수확했다.) 그들이 고용한 독일인 요리사가 때때로 북부로 출장을 오기도 했는데, 알마는 중요한 식사의 준비를 감독했고, 히치콕은 멋진 파티 주최자 역할을 했다. 집을 다녀간 손님에게는 관대한 선물이 제공됐다. 처음 온 손님의 경우, 출발하는 자동차 좌석에는 값비싼 와인과 아바나 시가 박스가 놓여졌다.

숨 막히는 할리우드에서 탈출하는 것을 좋아했던 잉그리드 버그먼과 그녀의 남편은 주말을 보내러 왔다. ("둘 다 아주 멋지고 소박하고 재미있는 사람들이었다"라고 쿡은 일지에 기록했다.) 무뚝뚝한 캐리 그랜트는 산타크루스가 아니라 벨라지오로드에 모습을 보이는 편을 더 좋아했다. 버그먼은 트랜스아틀랜틱이 만드는 영화에 최소한 한 편은 출연하겠다고 약속했지만, 그랜트는 항상 확보전쟁의 목표물이 되는 편을 택했다. 〈오명〉을 찍는 동안 히치콕은 트랜스아틀랜틱과 독립적이든 아니면 협력관계든 동업관계를 맺는 것에 대해 그랜트와 얘기했다. RKO 건너편에 있는 멕시코음식 레스토랑 루시스에서 장시간의 점심모임이 계속 이어진 후, 그들은 "더 이상 울지 마라"라는 이야기를 개발하게 됐다. 히치콕이 스튜디오에 쌓여 있던 파일들 가운데에서 끄집어낸 소재에 근거를 둔 시나리오를 창작하기 위해, 그들은 스튜디오에서 젊은 작가 베스타펠을 빌려왔다. "그런데 그는 무엇이건 끄집어낼 수가 있었어요. 모든 것이 히치의 아이디어와 관련돼 있었으니까요." 타펠의 회상이다.

타펠의 회상에 따르면, 그들이 몇 주 동안 "더 이상 울지 마라"를 브레인스토밍한 후, 어느 날 감독은 그녀에게 이야기를 자신에게 다시 들려달라고 요청했다. 그녀는 그렇게 했는데, 그녀가 나중에 깨달았듯 그 과정에서 플롯을 희생시키면서 캐릭터들을 강조했다. 감독은 무표정하게 경청했다. "그거 참 재미있군." 그녀가 일을 끝내고 나자 감독은 냉담한 반응을 보였다. "그렇지만 내가 지금 당신한테서 듣고 싶은 것은 이거야. 영화가 개봉됐는데 굉장한 성공을 거두면서 대형극장 어디에나 영화가 걸린다고 해보자고. 그러고는 예를 들어 존스 부인이라는 여자가 존스 씨에게 '오늘 밤에도 카드 칠 거예요?' 하고 말하는 거야. 남편은 '그럴 거요'하고 말하고, 부인은 '그러면 나는 캐리 그랜트가 나오는 영화를 보러 갈래요' 하고 말해. 그날 밤에 부인이 집에 돌아와보면, 돈을 상당히 많이 잃은 남편은 그런 사실에 대한 질문을 받고 싶지가 않아. 그래서 이렇게 묻지. '영화 봤소?' 부인은 그렇다고 말하지. 남편이 '무슨 내용이야?' 하고 묻는 거야. 그래서…… 부인이 남편에게 들려주는 이야기가 내가 당신이 나한테 들려주기를 원하는 이야기야."

그랜트는 "더 이상 울지 마라"에도, 그리고 히치콕과 맺는 동업관계에도 조심성을 보였고, 루시스에서 먹는 긴 점심을 감독만큼이나 달가워하지 않았다. 타펠에 의하면, 그는 시나리오에 대해서도 그리 많은 말을 하지 않았는데, 그럼에도 어느 날 타펠에게 그가 연기할 캐릭터를 위해 뭔가를 해달라고 요청했다. "그 캐릭터에 'zzzz'를 좀 주세요." 그의 말을 들은 타펠은 요청을 그녀 나름대로 편하게 해석해서 '활기(pizzazz)'로 알아들었다.(〈마니〉에서 티피 헤드런이 러틀랜드 집안에 가져왔다는 말을 듣는 바로 그 성격이다.)

1946년 전반기에 히치콕은 캐리 그랜트, 하워드 휴즈와 함께 휴즈의 전용기를 타고 뉴욕으로 두 차례 —2월과 5월에— 날아갔다. 2월의 승객명단에는 에드워드 G. 로빈슨, 폴레트 고더드, 윌리엄 파웰도 들어 있었다. 그랜트의 전기를 쓴 찰스 하이엄에 따르면, 뉴욕에 도착한 유명인사들은 '고급 와인과 만찬'을 즐기기 위해 셰리-네덜란드 호텔로 직행했다. 히치콕에게는 인터뷰와 사업상 회의, 평상시처럼 관광과 극장순례에 나서는 그만의 일정이 있었다.

5월 말, 버그먼이 두 사람을 동행해서 휴즈의 비행기에 올랐다. 그랜트는 조종석에서 휴즈가 비행기를 조종하는 것을 도우며 여행의 대부분을 보냈다. 이번에 히치콕은 뉴욕에서 일주일을 보내면서 트랜스아틀랜틱의 전망을 더 밝게 만들기 위해 그의 두 스타를 데리고 회의에 참석했다. 그는 일주일 내내 독감에 시달렸는데, 귀환여행은 상황을 더 악화시켰다.

"우리는 집으로 곧장 돌아가는 거라고 생각했습니다." 히치콕의 회상이다. "그런데 (휴즈가) 경유지를 만들기 시작했습니다. 나는 시카고에 들른 것은 옷을 갈아입기 위해서라고 믿습니다. 그리고 세인트루이스에는 나이트클럽에 가려고 들렀죠. 문제는 뉴욕에서 로스앤젤레스로 가는 상업적 항로를 잡기가 어려웠던 것만큼이나, 다른 곳에서 로스앤젤레스까지 가는 항로를 잡는 것도 불가능했다는 겁니다. 그래서 우리는 끌려만 다녔습니다. 덴버에서는 몇몇 카바레에 들렀고, 네바다에서는 어느 레스토랑에 들렀습니다."

두 비행의 사이인 1946년 4월 11일에, 히치콕과 시드니 번스타인이 런던과 할리우드에서 독립영화를 제작하기 위해 신생영화사를 차리고 있다는 말이 언론에 새나갔다. 보도에 따르면, 첫 작품은 잉그리드 버그먼이 주연인 〈염소좌 아래서〉가 될 예정이었고, 놀랍게도 두번째 작품은 캐리 그랜트가 주연하는 〈햄릿〉을 현대화한 작품으로 보도됐다.

〈햄릿〉은 절망적인 분위기에서 언급된 작품이었다. 그랜트가 "더 이상 울지 마라"에 흥미를 잃어가자, 히치콕은 스타를 계속 붙들어 매기 위한 대안을 서둘러 만들어냈다. 그는 그랜트가 〈다름 아닌 외로운 마음〉을 찍고 있던 워너브러더스에 찾아가서, 〈햄릿〉을 현대화한 작품 아이디어를 피치해서는 그랜트의 잠정적인 승인을 받아냈다.

히치콕의 표현에 따르면, 이 아이디어는 '셰익스피어 텍스트를 취해서 현대 영국으로 배경을 옮겨놓는 것'으로, 고전을 '심리학적인 멜로드라마'로 보여주자는 것이었다. 히치콕은 현대어로 각색하기 위해 영국 교수를 찾아낼 생각을 했다. 각색이 끝나면 그와 히치콕 여사가 그것을 '현대적 분위기를 풍기는 상황'으로 재해석하는 영화적인 트리트먼트로 바꿔놓을 셈이었다. 히치콕은 할리우드의 '꼭두각시 작가' 아무나 고용해서 그 트리트먼트를 시나리오로 전환시킬 수 있을 것이라고 번스타인을 안심시켰다. 게다가 〈햄릿〉은 저렴하다는 이점도 있었다. 어찌 됐건, 셰익스피어는 퍼블릭 도메인(public domain)[46]에 속했다.

히치콕 여사가 〈패러다인 부인의 재판〉의 195페이지짜리 수정 시나리오—근본적으로는 앞서 집필됐던 많은 원고를 짜깁기한 시나리오—를 작업해낸 후, 히치콕은 꼭두각시와는 정반대의 입장에 서 있는 작가를 고용하자고 프로듀서를 설득했다. 그 작가는 스코틀랜드 출신의 걸출한 작가 제임스 브라이디(오스본 헨리 메이버 박사의 필명)였다.

언젠가 J. B. 프리스틀리가 '위업에 비해 가장 저평가된 극작가'라고 찬사를 보냈던 브라이디는 1928년에 첫 희곡을 무대에 올린 후 40여 편 이상의 작품을 발표했다. 그의 작품에는 중산층에 대한 풍자극,

46 저작권이 소멸된 상태. — 옮긴이

가벼운 판타지, 성서를 바탕으로 한 시적인 우화, 그리고 철저한 드라마 들이 있었다. 〈찻잔 속의 폭풍〉, (로버트 도나트가 오리지널 주연이었던) 〈잠자는 성직자〉, 〈검은 눈동자〉, 〈해부학자〉는 심지어 오늘날에도 영국 연극계 레퍼토리에 남아 있는 브라이디의 작품이다. 내과의사라는 본업을 한 번도 버리지 않은 브라이디(그는 개인적으로는 늘 자신을 메이버 박사라고 소개했다)는 희곡 상당수의 배경을 의학과 관련된 곳으로 설정했다.

그런데 그해 초여름에 브라이디가 히치콕과 의견을 나누기 위해 영국에서 날아올 때, 뉴욕공항에 셀즈닉의 대표자가 나와 있을 것이라고 생각하면서 상황은 잘못된 길로 접어들기 시작했다. 마중 나온 사람이 아무도 없자, 히치콕이 '굉장히 자존심이 센 사람'이라고 표현한 브라이디는 계약서를 찢어버리고는 집으로 돌아갔다. 운이 좋게도 그에 앞서 조사활동을 위해 런던으로 날아와 있던 히치콕이 그를 맞이하기 위해 런던공항에서 기다리고 있었다.

그러나 브라이디는 미국으로 돌아가기를 거부했다. 그래서 히치콕은 그가 소중히 여기는 인물을 해고하느냐, 아니면 글래스고에 거주하는 브라이디와 멀리 떨어진 채로 공동작업을 하느냐 사이에서 선택을 해야만 했다. 브라이디의 작품을 무조건적으로 사랑했던 히치콕은 후자를 선택했다. 작가를 할리우드에서 멀리 떨어뜨려 놓으면 셀즈닉으로부터 브라이디를 보호할 수 있다는 판단도 선택에 한몫을 했다.

이 시점에서 브라이디는 시나리오 집필 경험이 그리 많지 않았고 운도 따르지 않았다. 감독은 줄거리에 등장하는 행동과 대사를 장면별로, 사건별로, 심지어는 대사별로 상세히 설명하는 것으로, 그리고 그의 아이디어와 기법들을 공들여 설명하는 장시간에 걸친 전화통화와 전보로 그들 사이의 공간적 거리를 벌충해야 했다.

셀즈닉은 알마에게 원작에 충실하라고 경고했는데, 이제는 감독이 동일한 조언을 릴레이했다. 히치콕이 제안한 주요한 수정 한 가지는 검열에 대한 프로듀서의 근심의 희생양이 됐다. 패러다인 부인의 처형 장면은 미국에서도 영국에서도 스크린에 등장할 수가 없었다. 그녀는 자살을 할 수도 없는데, 자살 역시 금지사항이었기 때문이다. 그렇다면 〈패러다인 부인의 재판〉을 어떻게 끝맺어야 한단 말인가? 어떤 엔딩이 오리지널을 대체할 수 있을 것인가? 또는 히치콕이 상상했던 자살크레셴도와 어깨를 겨룰 수 있을 것인가?

히치콕은 클라이맥스에 해당하는 법정 시퀀스에 초점을 맞췄다. 킨이 하인을 상대로 토해내는 수사학적 미사여구는 패러다인 부인의 공개적인 고백—법정을 강타할 일종의 정서적 자살—을 불러일으킬 수도 있을 것이다. 변호사를 망연자실케 한다면, 초점은 그다음으로 킨에게, 그리고 그의 철저한 패배로 옮겨갈 수 있었다. 그러나 주인공을 결국에는 무력한 존재로 만든다는 아이디어에 히치콕은 심기가 불편했다. 그는 어느 전보에서 브라이디에게 이렇게 물었다. "킨을 너무 얼간이처럼 만들지 않으면서도 이런 장면을 쓸 수 있다고 생각하십니까?"

히치콕은 프로젝트에 처음 착수했을 무렵부터 그의 관심사를 줄거리의 많은 부분에 끼워넣었다. 그는 패러다인 부인이 냉혹한 살인자라고는 결코 믿지 않았고, 살인에 대한 미스터리가 법정에서 분석될 것이라고도 결코 믿지 않았다. 사건이 일어난 밤에는 정확히 무슨 일이 벌어졌는가? 패러다인 부인은 정확히 어떤 식으로 살인을 저질렀는가? 그리고 왜?

히치콕은 웅장한 대저택이 배경인 영화를 상당수 연출했으면서도, 자신은 그런 환경에서는 당혹감을 느낀다고 인터뷰에서 여러 차례 인정했다. 영화에 등장하는 대저택들은 —RKO가 〈서스피션〉에서 그에게 강요했던 곳처럼— 항상 너무나 웅장했다. 〈패러다인 부인의 재판〉에 착수했을 때, 그는 패러다인 부인의 유죄 여부와 직접적으로 관련된 이슈인 방들이 어떤 식으로 서로 연결돼 있는지를 가늠할 수가 없다고 털어놨다—게다가 완성된 영화에서 그에 대한 설명은 골치 아플 정도로 복잡하다—. 감독은 그런 대저택에서 화장실을 찾는 사람들이 어디로 가는지를 자신은 가늠할 수 없다고 여러 차례 인터뷰에서 조심스럽게 밝혔다.(히치콕 영화의 카메라는 그런 상황을 명확하게 해주기 위해 화장실을 엿보는 것을 좋아한다.)

게다가 그는 소설에서 직면한 핵심적인 문제를 결코 해결하지 못했다. 어째서 그토록 아름다운 여자가 그렇게 지저분한 애인을 위해 남편을 살해하는 걸까? 히치콕은 잘생긴 남자들이 살인을 저지르는 것을 이해했다. 아름다운 여인들도 그렇기는 하겠지만, 그런 경향은 덜할 것이다. 그는 믿음이 가는, 그렇지만 사람을 죽이지는 않는 아름다운 여자가 필요했다.

결과적으로 그의 초점은 줄거리에서 진정으로 순결한 유일한 사람에게로 꾸준히 옮겨갔다. 히치콕은 킨의 아내인 게이를 정서적인 균형추로 구축해달라고, 그리고 킨이 법정에서 완패한 다음에 게이와 그녀의 남편이 닫힌 문 뒤에 서 있는 모습을 보여주는 장면에 초점을 맞춰 달라고 브라이디에게 요청했다. 그는 그 장면이 영화의 진정한 크레셴도인, 결혼생활을 재확인하는 장면—감독의 표현에 따르면 '육체적인 포옹이 필요하지 않은 화해를 보여주는 감동적인 장면'—이 되기를 원했다.

1946년 여름 동안, 브라이디는 글래스고에 있는 자택에서 쓰고 또 썼다.

히치콕은 5월부터 상당한 시간을 해외에서 보냈다. 영국에서 제임스 브라이디, 시드니 번스타인과 함께 생각을 일목요연하게 정리한 후, 그는 파리로 날아가서 〈스펠바운드〉의 시사회를 위한 인터뷰에 응했고, 그다음으로는 〈오명〉이 경쟁부문에 출품된 제1회 칸영화제를 위해 니스로 짧은 여행을 떠났다.[47]

영국으로 돌아온 히치콕은 굉장히 추잡한 살인자로 밝혀진 영국 육군장교 네빌 히스의 체포와 관련한 기사를 읽고는 사건에 매혹됐다. 히스가 죽인 두 여성 희생자는 지독할 정도로 구타와 채찍질을 당했고, 성기는 난도질당했다.(그가 교수형을 당하기 전에 남긴 마지막 말은 "자, 친구들, 우리 사이좋게 그 짓을 해보자고!"였다고 보도됐다.) 히스는 히치콕의 만신전에 오른 전후 최초의 잭 더 리퍼가 됐다.

〈패러다인〉 시나리오에 앞서 헌팅에 나선 히치콕은 대저택들을 돌아다니고, 할로웨이 여성교도소를 방문하고, 오래전에 그가 들락거리던 곳 중 한 곳인 올드베일리로 알려진 중앙형사법정도 다시 익혀 두었다. 그는 할리우드에서 법정을 정확하게 재창조할 수 있도록 스태프들이 법정에 들어가 촬영을 하게 해달라고 관리들을 설득했다.

감독의 입장에서 줄거리에 등장하는 재판관인 호필드 경—실존인물인 레이너 고더드 경과 트래버스 험프리스 경을 합쳐놓은 인물인데, 두 사람 모두 센세이셔널한 살인재판을 주재한 극형옹호자들이다[48]—을 위해서는 특별한 조사가 요구됐다. 히치콕은 가발과 법복 공식제조업자에게 자문을 구했고, 실제 재판을 몇 차례 참관했으며, 일하는 재판관의 모습을 스케치했다. 그는 어느 인터뷰에서 이렇게 밝혔다. "재판관을 바라볼 때, 나는 그를 촬영할 때 쓸 렌즈가 어떤 것인지까지도 알았습니다."

데이비드 톰슨은 그가 집필한 셀즈닉의 전기에 "캐스팅은 싸움터가 됐다"고 썼다. 처음에 프로듀서는 이상적인 배우를 캐스팅하려고 노력했다. 1941년 이후로 활동을 중단하고 있는 그레타 가르보가 그 대상이었지만, 가르보는 히치콕을 경멸한 할리우드 스타였다. 그녀가 살인자 역할로 컴백하는 것에는 관심을 보이지 않자 감독은 잉그리드 버그먼에게 희망을 걸었지만, 두 사람의 우정에도 불구하고 그녀는 셀즈닉 영화에 다시 관여하기를 거부했다.

47 칸에서는 첫해에 미국영화가 그랑프리를 받았는데, 그 작품은 빌리 와일더의 〈잃어버린 주말〉이었다. 이 작품은 오스카 작품상에서도 〈스펠바운드〉를 눌렀다. 〈오명〉의 일부 릴들이 잘못된 순서로 상영됐다는 사실도 〈오명〉이 칸에서 누릴 수 있는 승기에 도움을 주지 못했다.

48 히치콕은 유명한 재판관들의 열렬한 애호가이기도했다. 1946년부터 1958년까지 영국대법원장이었던 고더드 경이 주재한 가장 논쟁적인 재판은 아마도 1953년에 창고를 털러 들어갔다가 경찰관을 살해한 혐의로 기소된 두 청년과 관련한 재판일 것이다. 치명적인 총격을 가한 젊은이는 나이 때문에 처형할 수가 없었지만, 살인이 일어났을 때 체포된 상태였던 그의 공범은 유죄판결을 받고 교수형당했다. 이 사건은 훗날 〈그가 가지게끔 놔둬〉(1991)로 영화화됐다. 험프리스 경은 오스카 와일드 재판, 크리펜 박사 살인재판, 그리고 프레데릭 바이워터스와 에디스 톰프슨에게 남편 살인혐의로 유죄를 선고한 재판의 보조변호사였다. 재판관이 된 그는 훗날 산-욕조 살인자 존 조지 헤이의 사건을 포함한 많은 유명한 사건들을 재판했다.

파리와 니스에 있을 때 히치콕은 프랑스 여배우들을 만났지만, 셀즈닉은 관심이 없었다. 감독이 나중에 피터 보그다노비치에게 밝힌 바에 따르면, 프로듀서는 〈패러다인 부인의 재판〉의 '값어치를 바짝 올려놓을' 주연을 선택하겠다고 고집을 부렸다. 히치콕의 표현에 따르면, '불행히도' 셀즈닉은 그가 '제2의 버그먼'이라고 동네방네 떠들고 다닌 관능적인 이탈리아 배우 알리다 발리와 막 계약을 체결한 참이었다. 전쟁 전 이탈리아에서 스타덤의 목전에 다다른 배우였던 발리는 파시스트 영화를 만들기보다는 은퇴를 택했다. 발리를 만난 히치콕은 발리가 마음에 들었다. 어찌나 마음에 들었던지, 할리우드에서 그녀는 히치콕의 저녁파티와 산타크루스 초대객 명단 2곳에 모두 이름을 올렸다.(훗날, 히치콕은 로마를 지나칠 때마다 그녀를 방문하곤 했다.) 그러나 발리는 결국 가르보도 버그먼도 아니었다. 히치콕은 그녀가 스타의 재목에는 못 미친다고 여겼다. 그는 찰스 하이엄에게 "그녀는 너무나 무표정했고 영어도 잘하지 못했는데, 이것은 엄청난 핸디캡이었습니다"라고 밝혔다.

셀즈닉은 처음부터 킨 역에 그레고리 펙을 계획해뒀다. 이즈음 펙은 프로듀서 휘하에서는 최고의 배우였고, 프로듀서가 가장 신뢰하는 화폐제조기였다. 히치콕은 회의석상에서나 파티석상에서나 로렌스 올리비에나 로널드 콜먼 스타일의 배우를 더 선호한다고 단언했지만, 결국 결정된 배우는 펙이었다. "그레고리 펙이 영국인 변호사를 적절히 연기할 수 있다고는 생각하지 않습니다." 히치콕은 수십 년의 세월이 흐른 뒤에도 여전히 불만을 토로했다.

히치콕은 하인 역할에는 귀부인다운 패러다인 부인과 확실하게 대비되는, 소설에서 요구하는 투박하고 교양 없는 —로버트 뉴턴 같은— 스타일("악마처럼, 손이 거친 인물!"이라고 그는 트뤼포에게 밝혔다)의 배우를 원했다. 연극계에서 활동하는 브라이디는 그 나름의 캐스팅 복안이 있어서 투박하고 교양 없는 프랑스 배우를 제안했지만, 8월 중순 경에는 하인 역할도 기정사실이 돼 있었다. 히치콕은 브라이디에게 그가 다른 프랑스 배우를 염두에 두고 있다고 편지를 썼다. 셀즈닉에게 전속된 그 배우는 '저속하다'고 부르기는 힘들겠지만, 그가 바라는 '패러다인 부인과 교제하는 데 관련된 신비로운 요인을 우리에게 모조리 제공하기에 충분한 분위기'의 소유자였다.

그는 셀즈닉이 성공시키려 애쓰고 있던 멋지고 잘생긴 젊은 배우 루이 주르당이었다. 발리, 그레고리 펙, 그리고 이제는 루이 주르당까지, 세 주연배우는 모두 셀즈닉이 선택한 사람이었는데, 히치콕이 보기에는 모두 잘못된 선택이었다. 감독은 결국에는 주르당을 마음에 들어 했지만, 늘 그 프랑스 배우가 '캐스팅에 있어서 최악의 결함'이라고 주장했다. 그의 고상한 면모가 '거름냄새를 풍기는 마구간 일꾼'의 역할에는 어울리지 않았다는 것이다. 그런데 셀즈닉은 주르당의 이를 교정하고 신장을 높이며 헤어스타일을 매만지는 것으로 주르당의 고상함을 더욱 강조하기까지 했다. 히치콕은 어느 인터뷰에서 눈동자를 굴려대면서 주르당을 '꽃미남 중의 꽃미남'이라고 불렀다. 다른 인터뷰에서는 주르당이 "영화가 주장하는 것 모두를 망쳐버렸다"고 밝혔다.

히치콕은 평소처럼 앙상블 조연진에게서 위안을 찾았다. 1930년대에 웨스트엔드 히트작들에 출연했던 앤 토드를 기억한 그는 킨의 너무나도 충실한 부인 역을 맡을 배우로 그녀를 추천했다. 런던에서 저녁식사 자리에 여배우를 초대한 그는 그녀가 '영화에서 가장 호기심을 자극하는 인물'이 될 것이라고 말했고, 확실히 그렇게 만들려고 애를 썼다. 그녀가 등장하는 장면들을 모조리 다시 썼음에도 불구하고, 히치콕이 훗날 인정했듯 결국 그녀의 캐릭터가 '지나치게 냉정하게 그려지기'는 했지만 말이다.

경찰이나 형사에 그다지 관심이 생기지 않을 경우, 히치콕은 재판관에게 매료됐다. 그는 재판관의 삶과 공적을 범죄자의 그것을 쫓아다닌 것처럼 열심히 쫓아다녔다. 호필드 판사와 그의 아내인 소피 호필드 부인은 특히나 기분 좋은 역할이었다. 호필드 판사 역할은 처음에는 〈오명〉에서 호감 가는 악당을 연기한 클로드 레인스에게 제안됐지만, 그는 자신의 취향이 아니라면서 역할을 거절했다. 그래서 〈자마이카 인〉에서 과장된 연기를 펼친 찰스 로턴이 히치콕 영화에 출연할 두

〈패러다인 부인의 재판〉(1947)의 또 다른 면. 왼쪽부터(앉은 사람) 알리다 발리, 앤 토드, 에델 배리모어, (서 있는 사람) 히치콕, 루이 주르당, 셀즈닉, 찰스 로턴, 찰스 코번, 그레고리 펙. 펙은 훗날 출연작 중에서 불태워버려야 마땅한 작품으로 이 영화를 꼽았다.

번째 기회를 잡았고 —남편의 끊임없는 언어폭력과 다른 여자를 향한 바람기를 감내해야만 하는 고통을 겪으면서도 남편에게 충실한 여자인— 호필드의 아내 역할은 이 영화로 오스카 후보지명을 받은 유일한 연기자 에델 배리모어에게 맡겨졌다.

믿음직스러운 베테랑 찰스 코번과 레오 G. 캐럴(이것이 그가 네 번째로 출연하는 히치콕 영화였다)은 각각 킨의 파트너와 검사를 연기했다. 감독은 트뤼포에게 "영화에서 최고의 캐릭터는 주변적 인물들입니다"라고 밝혔다.

1946년 8월 말경에 조사활동과 보조촬영진의 작업이 모두 완료됐고, 캐스팅이 확정됐으며, 제임스 브라이디의 시나리오도 넘어왔다. 히치콕은 작업을 진행하라는 신호를 기다리고 있었지만 도움을 주는 사람은 아무도 없었다. 아마도 히치콕은 기대하지도 않았을 것이다. 브라이디는 오래전에 시나리오를 제출했지만, 셀즈닉은 그것으로는 불충분할 것이라 결정했다. 프로듀서는 최종 시나리오 수정을 감독하고 싶어 했지만, 작업에 필요한 시간을 짜내기는 어려웠다. 그는 제니퍼 존스를 선보이는 쌍둥이 작품인 〈백주의 결투〉의 후반작업과 〈제니의 초상〉의 프리프로덕션에 열중해 있었다. 부채가 지속적으로 불어나고 있던 셀즈닉의 기분은 기쁨과 슬픔 사이를 급격하게 오갔다. 그는 댄 오쉬어에게 털어놨다. "나는 붕괴직전이야."

작업여건을 감안할 때 브라이디가 만족스러운 수준을 넘어서는 작업을 해냈다고 판단한 히치콕은 시나리오를 완성한 후에도 그와 지속적으로 접촉했다. 영국법의 장황한 이야기를 예리하게 요약해내는 부분에서 특히 브라이디에게 의존했다.(브라이디는 원고를 숙독한 후 후기에 이렇게 썼다. "내가 찾아낼 수 있는 유일하게 심각한 실수는 선서증언이라는 말 대신, 스코틀랜드 법정에서 쓰는 예비심문이라는 용어를 쓴 것입니다.") 히치콕은 브라이디를 트랜스아틀랜틱이 만들 〈염소좌 아래서〉의 시나리오 초고를 쓸 작가로 고용하려고 노력하기까지 했다. 브라이디는 거절하면서 이렇게 설명했다. "〈패러다인 부인의 재판〉을 형편없는 책에서 훌륭한 영화로 바꿔놓는 데 도움을 주는 것은 싫지 않습니다. 그런데 원작이 훌륭한 소설이지만 그 안에 담긴 인생철학이 내게는 아무 의미도 없는 작품일 때는 이야기가 달라집니다. 제대로 된 시나리오 작가만 확보한다면, 〈염소좌 아래서〉는 정말로 인상적인 영화가 될 것입니다. 그렇지만 이 작품은 제 능력에 맞는 작품이 아닙니다."

한편 —셀즈닉과 히치콕 모두에게서 여전히 호감을 사고 있던— 벤 헤크트가 늘 하던 대로 상당한 비용을 받는 조건으로 최종원고를 뽑아낼 작가로 선발됐다. 히치콕 여사도 작업에 복귀해서, 가끔씩 셀즈닉이 참관하는 가운데 남편과 헤크트와 회의를 가졌다. 11월과 12월에 프로듀서는 회의에 더 자주 참석하게 됐는데, 헤크트가 작업을 완료한 후에도 셀즈닉은 시나리오를 승인하려 하지 않았다.

이즈음 셀즈닉이 히치콕에게 훈계를 했다는 것은 명백하다. 프로듀서는 자신이 제작하는 영화일 경우에는 엄청난 권한을 휘둘렀다. 그리고 시나리오는 최고의 창작행위였다. 오랫동안 좌절감을 느끼는 작가였던 셀즈닉은 시나리오들에 그의 서명을 집어넣기 시작했다.(〈당신이 떠나간 뒤〉와 〈백주의 결투〉가 그런 첫 사례였다.) 이제 그는 시나리오 집필을 직접 통제했다.

헤크트는 자기 이름이 스크린에 뜨는 것을 원치 않았고, 멀리 스코틀랜드에 있는 —작가협회의 회원이 아닌— 브라이디는 그런 문제에는 더 관심이 없었다. 스스로를 더욱 중요한 인물로 만들고 싶던 DOS는 히치콕 여사의 이름을 크레디트에서 삭제하려는 장난까지 쳤다.(그는 "폐기된 초기의 시나리오에 기여했고 회의에서 시나리오를 편집하는 데 도움을 많이 주기는 했다"는 것은 인정했다.) 그러나 알마가 기여한 바는 무시하기에는 너무 컸으므로 공손한 태도를 취할 수밖에 없던 셀즈닉은 그녀에게 크레디트를 줬다.

히치콕이 실용주의와 침착성 덕분에 창조력을 가진 인물로 늘 남아 있었던 것처럼, 데이비드 O. 셀즈닉은 정도를 넘어선 열성 때문에 자멸하게 됐다. 데이비드 톰슨에 따르면, 셀즈닉의 회사의 재정상태는 "끔찍했다." 프로듀서는 〈패러다인 부인의 재판〉에 회사의 미래를 걸었다. 촬영은 마침내 12월 19일에 시작됐지만, 촬영을 개시하기 무섭게 일정이 뒤처졌다. 1년간의 프리프로덕션 때문에 이미 규모가 커진 제작비는 계속 덩치가 커져가면서 잡음을 일으켰다.

〈패러다인 부인의 재판〉은 평탄치 않은 격전장이었다. 히치콕 입장에서 이 영화는 직업적으로 비굴한 모습을 보여야 하는 마지막 작품이 될 것이다. 프로듀서는 스타들을 지명했을 뿐 아니라, 마지막 순간에 시나리오를 제멋대로 쓰기까지 했다. DOS는 카메라워크에 대해 예견할 수 있는 것은 하나도 빼놓지 않고 했다. 셀즈닉은 이전에도 히치콕을 상대로 이 모든 일을 했지만, 이런 정도로 심했던 적은, 이런 정도로 철저하고 파괴적이었던 경우는 한 번도 없었다.

시나리오의 페이지를 넘길 때마다 안절부절 못하던 셀즈닉은 제작 일정이 너무나 뒤처졌다고 판단하면서 매일 밤을 새야만 하는 지경이 됐다. 여러 밤 동안 그는 다음날 촬영할 시나리오에서 수정할 부분을 비서에게 구술하면서 밤을 샜다. 새로운 페이지는 스튜디오로 급하게 전달됐고, 감독과 출연진은 수정된 것을 읽고 연구했다. 그런 다음에는 리무진 편으로 헤이스사무실로 전달됐는데, 헤이스사무실이 최종적으로 시나리오를 수정하는 것은 형식상 필요한 일이었다. 이런 절차가 완료될 때까지 걸리는 시간 때문에, 그날그날의 첫 촬영이 점심 이후로 미뤄지는 일도 잦았다.

벤 헤크트와 히치콕 여사가 도움을 주려고 노력했지만, 셀즈닉은 고통의 대부분을 혼자의 어깨에 짊어졌는데, 그 고통은 결국 자신의 자존심을 희생해야 할 정도까지 커졌다. 프로듀서가 히치콕에게 재차 설교한 훈계 한 가지는 원작에 충실하라는 것이었지만, 아이러니컬하게도 DOS가 고초를 겪은 것은 시나리오가 '너무 소설적'이기 때문이었다고 레너드 레프는 적었다. 사실상 프로듀서는 장면마다 소설을 그대로 옮겨적었다. 집필을 하는 동안 원작의 페이지들을 넘기던 셀즈닉은 로버트 히첸스의 문어체 대사를 완전히 복원하면서, 드라마를 장광설의 바다에 익사시켰다.

시나리오 일간 배급분량을 기다려야만 했던 히치콕은 셀즈닉을 상대로 행사해오던 유일한 권한인 촬영장에서의 통제권과 사전에 계획했던 영화의 비전을 상실했다. 히치콕 입장에서 프로듀서의 오븐에서 갓 구워져서 도착한 따끈따끈한 페이지들은 재탕한 아이디어에 불과했다. 그래서 히치콕은 사람들이 다 듣도록, "내가 뭘 해야 하는 거야? 더 이상 못 해먹겠군" 하는 불평을 여러 차례 터뜨렸다.

그레고리 펙은 "대사는 늘 형편없었어요. 나아지지를 않았죠"라고 회상했다. 펙에 따르면, 촬영이 질질 늘어지자 히치콕은 "정말로 만사를 지겨워하는 듯 보였습니다. 우리는 테이크를 끝내면 그의 의자 너머를 살펴보곤 했는데, 그는 자고 ―또는 자는 척하고― 있었습니다. 내 생각에 그는 〈스펠바운드〉를 할 때보다 훨씬 더 귀찮아했습니다." 그런데 흄 크로닌이 어느 인터뷰에서 지적했듯, 히치콕은 〈구명선〉을 하면서 몸무게를 줄인 이후로는 사람들 앞에서 자는 경우가 그리 많지 않았다. 진실은 그가 서글퍼했다는 것이고, 그의 좌절감은 몇 차례 자신을 향한 분노, 또는 부근에 있는 사람 아무에게나 터뜨리는 분노로 돌변했다.

히치콕은 대단히 평판이 좋은 일급 베테랑 카메라맨 리 가메스와 심하게 반목했다. 셀즈닉과 헤크트가 선호한 카메라맨인 가메스는 헤크트와 찰스 맥아더 영화들을 촬영하면서 잡다한 요소를 다듬어내는 데 도움을 줬다. 히치콕과 셀즈닉 사이에서 오도가도 못 하게 된 가메스는 중립지대를 찾을 수가 없었다.

그 모든 것에도 불구하고, 감독은 히치콕 스타일—흐르는 듯한 카메라 움직임과 트레이드마크인 명암대조법을 활용한 어둠과 빛의 혼합—을 연출해내려고 노력했다. 그러나 셀즈닉은 카메라의 유동성을 단절하면서 할리우드의 매력이라 할 부드러운 화면을 찍어내라고 주장했다. 히치콕 영화에서 사악한 사람들은 늘 어느 정도 뒤틀린 인물로 그려진다. 패러다인 부인을 아름답게 촬영하고 보기 좋은 의상을 입히라며 프로듀서가 내린 포고령은 히치콕을 괴롭혔다. "애리조나에 사는 사람들이라도 당신이 부잣집 마나님이라는 것을 알아봐야만 하오." 셀즈닉이 알리다 발리에게 한 얘기다.

프로듀서는 가메스에게 조명을 키우라고 지시했고, 감옥의 면회실 장면을 보고난 후 재촬영을 지시했다. 그는 여주인공이 모든 장면에서 이상적인 존재로 그려지기를 원했다.

히치콕은 줄거리의 몇몇 지점에서 그때까지 했던 중에서 가장 정교한 트래킹 숏을 계획했다. 법정 시퀀스에서는 카메라 4대가 중심인물들을 포착하고 있는 경우가 잦았는데, 그로 인해 발밑에는 장비들과 전선들이 난장판을 이루었다. 끊임없이 바뀌는 대사로 인해 배우들은 셀즈닉의 꼴사나운 대사를 연기하는 한편으로, 히치콕이 설치한 장애물 코스를 헤치면서 걸어다녀야 하는 이중고에 시달렸다.

앤 토드가 회고록에서 회상한 바에 따르면, 어느 장면에서 카메라가 현관문을 들어서는 그녀를 부드럽게 쫓아왔다. 집에 들어선 그녀는 남편(펙)을 부르고는 코트를 벗고 신발을 벗어던지고는 계단을 뛰어올라가서 거실로 들어간 후 긴 전화통화를 했다. 그러는 와중에도 그녀는 '스크린 밖에서 몇 줄 안 되는 대사를 읽을 준비를 마친' 펙에게 말하는 것을 중단하지 않았다. 그다음으로 —카메라가 여전히 돌고 있는 가운데— 펙이 프레임 안으로 들어오고, "우리는 길고 세련된 러브신을 연기하게 돼 있었다……"

"우리는 이 장면을 모두 35번이나 촬영했다! 처음에는 현관문이 계속 열리지 않았다"고 여배우는 회상했다. "그러고는 2층으로 뛰어올라가는 나를 따라와야만 하는 카메라 크레인이 여러 차례 어려움을 겪었다. 그다음에는 카메라, 마이크 등등이 문들을 통과하는 도중에 말썽을 일으켰다. 내가 너무 빠르게 움직였거나 카메라가 너무 느리게 따라왔다. 촬영장에 있는 여러 사람은 바닥에 엎드렸다가 카메라와 내가 지나갈 때 가구들을 옆으로 치워야 했다. 그러다가 스무 번째 테이크에서 나는 내 대사를 까먹었고, 우리는 모두 원위치로 돌아가서 처음부터 다시 시작했다. 나는 이것이 히치콕의 놀라운 의지라고 생각한다. 그렇게 하면 그 장면에 일관적인 흐름을 부여할 수 있기 때문이다. 불행히도 그것은 기계적으로 그리 오랫동안 지속하기가 거의 불가능한 장면이었다."

역시 불행히도 프로듀서는 그 장면을 싫어했다. 러시를 본 후 셀즈닉은 "우리는 연극을 찍고 있는 게 아냐!"라고 고함을 지르면서 득달같이 촬영장으로 달려왔으며, 히치콕 스타일로 접근한 장면을 '전통적인 방식으로' 재촬영하라는 지시가 떨어졌다. 이런저런 대담하고 화려한 카메라워크 때문에, 프로듀서는 촬영과 편집과정에서 히치콕의 비전을 잘라내느라 애를 먹었다.

히치콕은 자신이 좋아한 효과를 〈패러다인 부인의 재판〉의 초기단계부터 계획해뒀다고 찰스 하이엄에게 밝혔다. 킨(펙)과 사이먼 플래쿼(찰스 코번)는 유서 깊은 14세기 런던의 법률 복합단지의 일부인 링컨스 인 법학원에 들어설 때 카메라를 향해 걸어온다. 히치콕은 두 사람이 건물에 들어서서 문을 닫고 계단을 올라가서는 모퉁이를 돌아서고 목적하는 사무실을 향해 걸어가서 사무실에 들어서는 장면을 단 한 번의 편집도 없이 보여준다. 배경영사와 단조로운 작업들로 연출된 이 장면은 런던에 있던 보조촬영진이 사전에 세밀하게 계획하고 준비해둔 히치콕의 인장이라 할 합성장면이었다. 롱테이크에 반감이 있고, 링컨스 인의 중요성을 감지하지 못한 셀즈닉은 이 장면을 잘라냈다.

셀즈닉이 히치콕의 보조촬영진이 촬영한 분량을 너무나 많이 내던지는 바람에, 영화가 자랑스럽게 내세울 수도 있었던 영국적 분위기는 사라지고 말았다. 프로듀서는 그의 경력을 망쳐버린 비극적인 사이코드라마를 만드는 동안, 할 수 있는 모든 방법을 동원하여 자신의 영화를 망가뜨리고 말았다.

기이하게도 셀즈닉은 —그가 했던 시나리오 '개선작업'과 연출 면에서의 사후 비판, 그리고 분위기가 암울해져만 가는 비망록들을 계속 고집했음에도— 촬영의 막바지를 앞둔 시점에서도 히치콕과 계약 연장에 합의하려고 여전히 애를 쓰고 있었다. 그의 연간 표준 작업분량을 트랜스아틀랙틱에 나눠주고 히치콕의 주급을 6,000달러로 올려주겠다면서 심지어는 셀즈닉 영화사의 이사 자리를 제의하기까지 했다.

데이비드 톰슨은 "히치콕은 마음속으로 그림을 그리고 있었을지도 모른다"고 썼다. "아마도 그는 상황이 재앙 수준에 이르게 놔두고 있었을 것이다." 그럴 수도 있다. 그러나 히치콕의 본성을 놓고 볼 때, 그는 〈패러다인 부인의 재판〉 이후를 내다보면서 재앙을 피하려고 노력했을 가능성이 높다.

주연배우들은 주위에서 재앙이 벌어지고 있다는 것을 알았지만, 그들은 혼자 힘으로 상황을 수습해야 했다. 감독이 베푼 호의의 대부분은 조연진에게로 향했다. 히치콕의 눈길을 빼앗은 캐릭터를 연기하고 있던 앤 토드는 감독이 그녀를 친절하게 대하면서 많은 도움을 준다는 것을 알게 됐다. "그는 배우들이 연기하고 있던 캐릭터를 연구하는 것과는 별개로 실제 배우들을 연구하려는 수고를 감수했어요." 토드의 회상이다. "그래서 그들로부터 감춰져 있던 것들을 끄집어낼 수 있었죠. 그는 내가 얼마나 신경이 곤두서 있는지를 늘 인식하면서, '액션'을 외치기 전에 잠깐 동안 말없이 기다리곤 했어요. 그러다가 음탕한 이야기를 했는데, 때로는 내가 기운을 낼 수 있게 해주거나 나를 배꼽 잡게 만드는 지독한 이야기를 했어요."

그러나 이따금 히치콕은 —제작기간 동안 끊이지 않고 소용돌이쳤던 긴장감 때문이라는 설명 외에는— 쉽게 해석할 수 없는 기이한 행동들을 쏟아내곤 했다. 토드는 언젠가 그녀가 침대에 누워 있는 장면을 준비하고 있었다고 회상했다. 우아한 가운을 입고 몸을 눕히고 있었는데, 너무나 갑자기 그가 "펄쩍 뛰어올라서는 '긴장을 풀어!'라고 고함을 치면서 나한테로 몸을 날리는 바람에 깜짝 놀랐어요. 잠깐 동안 나는 그가 내 뼈들을 부러뜨렸을 수도 있다고 생각했어요."

마침내 5월 7일에 촬영이 완료됐을 때, 깨진 것은 뼈가 아니라 기록들이었다. 톰슨의 표현에 따르면, 추정 제작비 425만 8,000달러는 "〈바람과 함께 사라지다〉의 제작비와 거의 맞먹었다." 주요촬영에만 92일이 걸렸는데, 이것도 히치콕에게는 기록이었다. 3시간에 이르는 〈패러다인 부인의 재판〉의 최초 버전을 감독은 결국 승인했다. 히치콕은 일당 1,000달러를 요구해서 받아낸 이후에야 초여름에 두어 차례 재촬영을 했다. 그러고는 셀즈닉이 주도권을 잡고는 핼 컨의 주제넘은 편집과 프란츠 왁스먼의 과장된 음악을 감독했다. 프로듀서는 1947년의 마지막 날에 잡힌 시사회에 맞춰서 131분짜리 영화를 내놓기 위해 마지막 손질을 가했다.

셀즈닉-히치콕의 최후작품은 처음부터 실패작이 될 운명인 맥 빠진 영화였고, 평론가들은 프로듀서에게 비난의 화살을 제대로 날렸다. 관객들은 멀리 떨어져 있었다. 1950년 6월경에 영화는 영원한 실패작으로 장부에 기록됐다. 그 시점까지 전세계 흥행수입은 211만 9,000달러에 불과했다. 언젠가 출연작 중에서 불태워버리고 싶은 작품이 뭐냐는 질문을 받은 그레고리 펙은 조금도 주저하지 않고 〈패러다인 부인의 재판〉이라고 대답했다.

4장

대서양을 넘나드는 꿈

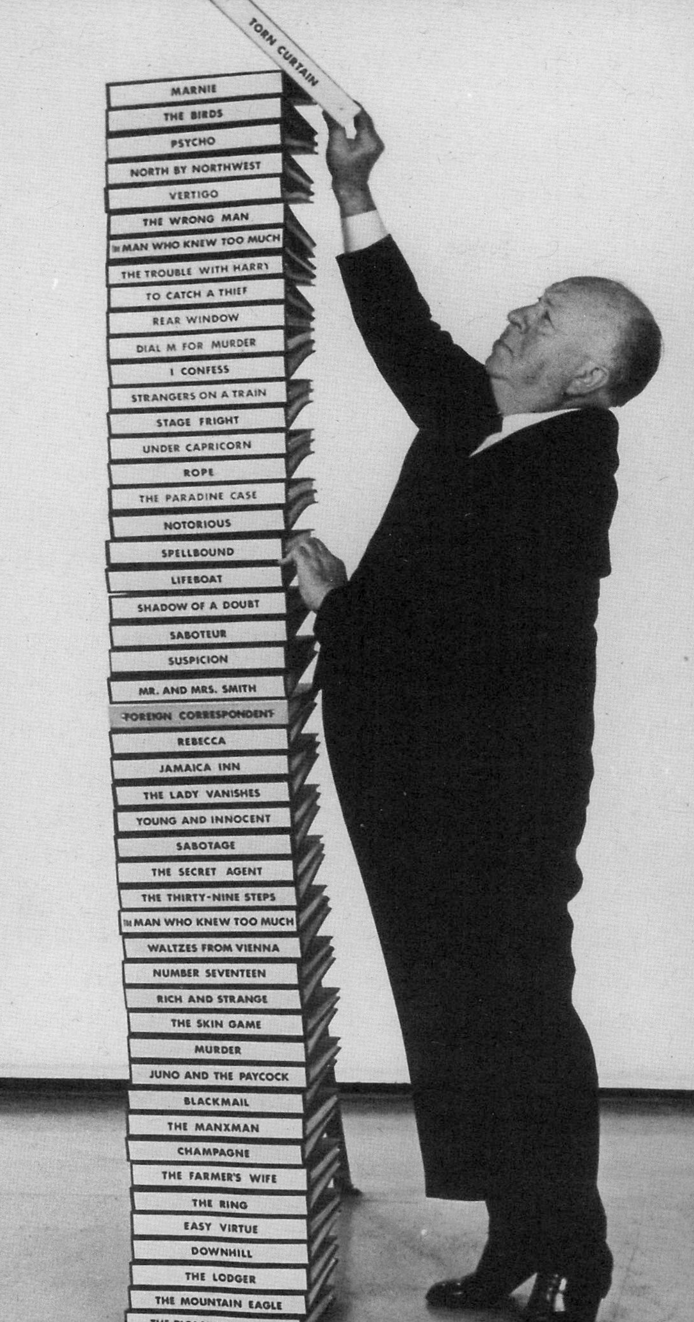
TORN CURTAIN
MARNIE
THE BIRDS
PSYCHO
NORTH BY NORTHWEST
VERTIGO
THE WRONG MAN
THE MAN WHO KNEW TOO MUCH
THE TROUBLE WITH HARRY
TO CATCH A THIEF
REAR WINDOW
DIAL M FOR MURDER
I CONFESS
STRANGERS ON A TRAIN
STAGE FRIGHT
UNDER CAPRICORN
ROPE
THE PARADINE CASE
NOTORIOUS
SPELLBOUND
LIFEBOAT
SHADOW OF A DOUBT
SABOTEUR
SUSPICION
MR. AND MRS. SMITH
FOREIGN CORRESPONDENT
REBECCA
JAMAICA INN
THE LADY VANISHES
YOUNG AND INNOCENT
SABOTAGE
THE SECRET AGENT
THE THIRTY-NINE STEPS
THE MAN WHO KNEW TOO MUCH
WALTZES FROM VIENNA
NUMBER SEVENTEEN
RICH AND STRANGE
THE SKIN GAME
MURDER
JUNO AND THE PAYCOCK
BLACKMAIL
THE MANXMAN
CHAMPAGNE
THE FARMER'S WIFE
THE RING
EASY VIRTUE
DOWNHILL
THE LODGER
THE MOUNTAIN EAGLE
THE PLEASURE GARDEN

11

도전과 시련의 나날
1947~1950

트랜스아틀랜틱이 저렴하고 조용하게 구입할 수 있는 영화 소재들—영국과 미국의 관객에게, 은행의 대출담당자에게, 워너브러더스의 임원진과 할리우드의 스타에게 어필할 만한 소재들—을 찾아다니는 과정은 문제의 연속이었다. 〈염소좌 아래서〉는 잉그리드 버그먼이 출연하기로 하면서 트랜스아틀랜틱의 두 번째 작품으로 순서를 조정했지만, 창립작으로 만들 작품의 후보는 아직도 확정하지 못했다. 캐리 그랜트를 주연으로 히치콕 스타일의 〈햄릿〉을 찍는다는 아이디어는 일찌감치 최후를 맞았다. 우선, 셰익스피어의 희곡을 바탕으로 현대적인 소설을 집필한 교수가, 트랜스아틀랜틱의 창립 발표 자료에 들어 있는 히치콕의 유사한 아이디어에 대한 글을 읽은 후, 소송을 걸겠다고 으름장을 놓은 것이다. 신생회사가 소송 분위기 아래에서 사업을 시작할 수는 없는 데다, 동업자들은 〈햄릿〉을 현대의 미국에 이식하는 작업이 말은 쉽지만 실행에 옮기기는 어려운 작업이라는 결론을 내렸다.

캐리 그랜트를 위한 또 다른 기획영화를 찾으려고 서두르던 히치콕은, 1929년에 앰버서더 극장에서 초연된 이후 그의 마음을 사로잡은 도발적인 드라마로 고개를 돌렸다. 패트릭 해밀턴의 희곡 〈로프〉의 플롯에는 '토머스드 퀸시—히치콕은 그가 쓴 『예술의 일종으로 간주되는 살인』을 즐겨 인용했다—의 제안'이라는 크레디트가 달려 있었지만, 1924년에 미국에서 벌어진 악명 높은 범죄에서 주된 영감을 얻은 것이었다.

히치콕은 네이던 레오폴드와 리처드 로엡에 관한 기사들을 놓치지 않았다. 영민한 시카고대학 대학생으로 보도된 두 사람은 니체의 초인론에 집착한 동성애 연인이었다. 레오폴드와 로엡은 그들의 월등한 지능을 입증하기 위해 살인동기가 하나도 없는 살인을 저질렀다. 살인의 스릴을 느끼기 위해 안면이 있는 청년을 살해한 것이다. 그러나 그들의 '완전범죄'는 일련의 멍청한 실수 때문에 체포되는 바람에 들통이 나고 말았다. 유명한 변호사 클라렌스 대로의 변론에도 불구하고, 두 사람은 유죄판결을 받고 종신형에 처해졌다.

히치콕은 유복한 가문에서 자란 두 친구가 사디스트적인 이유 때문에 급우를 살해하고 런던 플랫의 거실에 있는 그들의 트렁크에 시체를 감춘다는 내용의, 실제 사건과 유사한 해밀턴의 연극을 보고는 마음에 쏙 들었다. 그 아파트에서 연 친목회에 희생자의 부모와 다른 사람들을 초대한 살인자들은 시체가 있는 앞에서 손님들을 접대한다.

감독은 항상 여배우들을 휴화산이라고 묘사했지만, 몇 년에 걸친 세월 동안 그는 자신이 기이하게도 러브신의 분위기를 모락모락 피워내지 않는 배우들을 책임지고 있다는 사실을 알게 됐다. 그들 중 일부—아이버 노벨로, 헨리 켄달, 존 길구드, 마이클 레드그레이브—는 실생활에서 동성애자이거나 양성애자로, 여자들 앞에서는 유난히도 수줍어했다. 〈하숙인〉, 〈리치 앤 스트레인지〉, 〈비밀첩보원〉, 〈사라진 여인〉은 그 배우들의 로맨틱하지 않은 연기로 인해 어느 정도는 제약을 받았다. 히치콕은 〈살인〉에 헨델 페인을 출연시키면서 자신이 불분명한 성적 정체성에 매혹됐음을 이미 보여준 바 있었다. 그리고 이제, 히치콕 영화의 초석이 될 아이디어를 짜내는 과정을 통해 그의 생각은 대담하게 도약했다.

히치콕은 〈로프〉를 여러 해 동안 생각해오고 있었다. 그는 〈파괴공작원〉을 작업하는 동안에 피터 비어텔에게 그 연극을 언급하면서, 그 작품을 세심하게 계획된 연속적인 단일 숏 테이크로 만들어낼 수 있을 것 같다는 의향을 내비쳤다. 그는 〈패러다인 부인의 재판〉에서 그 기법을 시험해봤지만, 셀즈닉의 방해로 성공적인 결과를 얻지 못했다. 그런데 공교롭게도 트랜스아틀랜틱과 관련한 회의를 하는 도중에, 번스타인은 가장 중요한 웨스트엔드 연극들을 영국 문화의 기념비로 보존하기 위해 무대에 올려진 그대로 필름에 담는 것이 의의가 있을 것이라는 얘기를 꺼냈다. 히치콕은 〈로프〉의 영화화 아이디어를 제기할 기회를 잡았다.

감독이 관찰해본 바에 따르면, 해밀턴의 희곡은 영화제작자들이 꺼리는 소재였기 때문에 권리를 싼값에 획득할 가능성이 높았고, 브로드웨이에서도 공연된 적이 있어 미국 관객에게도 어필할 수 있을 것이다. 해밀턴이 시카고에서 발생한 사건을 런던으로 옮겨왔듯, 히치콕은 배경을 뉴욕으로 되돌리는 것도 그리 큰 어려움은 없을 것이라고 생각했다. 캐리 그랜트가 주요 역할 중 하나를 연기하고 연속적인 롱 테이크를 필름에 담는다면, 비용 면에서나 홍보 면에서나 부수적인 효과를 거둘 수 있을 것이라는 점을 히치콕은 일찌감치 감지했다.

〈패러다인 부인의 재판〉이 여전히 무거운 몸으로 제작과정을 헤쳐나가고 있던 1947년 초반에 아이디어는 추진력을 얻었다. 히치콕은 가까운 친구들에게, 단일한 무대로 국한된 배경에 영화 전체가 연속적으로 이어지는 9분 30초짜리 테이크들로 이뤄진 작품을 차기작으로 계획하고 있는 중이라고 밝혔다. 캐리 그랜트가 출연 예정자 명단에 올랐다. 번스타인은 런던의 워도워스트리트에 있는 트랜스아틀랜틱의 사무실에 극작가를 참여시킨 시나리오회의를 소집했다.

히치콕은 워너브러더스에 〈로프〉를 범죄도주영화로 설명하며 제작 승인을 유도했다. 워너브러더스는 첫 히치콕 영화—캐리 그랜트가 주연하는—를 간절히 바라고 있었기 때문에 검열과 관련한 문제를 극복할 수 있다는 감독의 성급한 설득을 받아들였고, 이 프로젝트는 공식적으로 트랜스아틀랜틱의 첫 작품으로 결정되었다.

바로 눈앞에 있는 프로젝트에 정신이 팔린 워너는 동업자들이 싼값에 권리를 사들여서 〈염소좌 아래서〉를 잇는 트랜스아틀랜틱의 세 번째 작품으로 크게 홍보하고 있던 또 다른 작품을 간과했다. 문인이자 일간지 『르 탕』의 편집자인 폴 부르드가 폴 앙텔름이라는 필명으로

1902년에 집필한 프랑스희곡 〈우리 두 양심〉이 그 작품이었다. 히치콕은 1930년대 초반에 그 작품을 런던에서 관람했다. 트랜스아틀랜틱은 이즈음 할리우드에서 작품에 대한 권리를 팔고 다니던 프랑스 극작가 루이 베르뇌이를 만나 그에게 작품의 번역과 영화 트리트먼트를 의뢰했다.

히치콕은 1902년 희곡의 권리를 입수하는 과정에서 그다지 큰 경쟁에 직면하지는 않았다. 작품의 주인공이 저지르지도 않은 범죄로 인해 처형되는 성직자라는 점을 놓고 보면 특히 그랬다. 앙텔름 이야기의 도입부에서 성직자는 살인자의 고해성사를 듣는데, 경찰의 심문을 받은 성직자는 비밀을 엄수하겠다는 맹세를 지킬 수밖에 없는 처지다. 그래서 성직자는 유력한 용의자가 되고, 자신의 처지를 설명할 수가 없는 그는 체포되어 재판을 받고 처형된다. 이 대담한 줄거리에 마음이 끌릴 감독은 거의 없을 것이다. 그러나 『우울한 의무』에 깊은 인상을 받았던 히치콕은 권리를 사들이는 데 그리 많은 돈을 지불하지 않아도 되는 이 프랑스 희곡을 사형을 반대하는 스릴러로 만들 기회로 간주했다.

워너가 보기에 누명쓴 성직자는 탐탁하지 않은 소재였지만, 히치콕은 이것을 또 다른 범죄도주영화로 피치했다. 이의를 제기할 (시나리오는 고사하고) 트리트먼트도 없는 상황에서, 이 작품은 스튜디오와 가진 회의석상에서 가장 급하지 않은 논의거리였다. 히치콕은 또다시 그가 검열이라는 장애물을 얼마나 영리하게 다뤄낼 수 있는지를 자랑하면서, 최고의 스타이면서도 성직자를 연기할 것이라고는 전혀 상상할 수 없는 스타를 끌어들이겠다는 의향을 내비쳤다. 캐리 그랜트, 캐리 그랜트, 캐리 그랜트. 감독이 부드러운 목소리로 속삭여대자 워너의 임원들은 안도하면서 만족감을 느꼈다.

〈로프〉와 누명쓴 성직자는 최소한 트랜스아틀랜틱 영화로 합리화할 수 있었다. 워너브러더스가 정말로 문제시한 것은 히치콕이 스튜디오를 위해 연출하겠다고 약속한 프로젝트들이었는데, 이 중 첫 작품은 1947년 연말까지 완료하기로 계약서에 적혀 있었다. 트랜스아틀랜틱은

곽도기를 도왔던 중요한 벗. 대서양을 오가는 꿈을 공유했던 평생에 걸친 친구 시드니 번스타인.

『도주 중인 남자』라는 영국 범죄소설의 권리를 확보했다. 영국에서 출판 예정이었던 이 작품은 1년 후에 미국에서 『경찰을 피해 달아나라』라는 제목으로 출판됐다. 소설가 셀윈 젭슨은 미국에서는 무명에 가까웠기 때문에, 이 작품에 대한 권리도 그리 비싸지 않았다.

워너는 런던을 배경으로 젊은 아가씨가 살인 누명을 쓴 남자를 구하기 위해 탐정 역할을 한다는 내용을 매력적으로 생각했다. 이것은 ―스릴을 추구하는 살인자나 불운한 성직자가 등장하지 않는― 나름의 히치콕 도주영화가 될 터였다. 그래서 〈로프〉와 〈염소좌 아래서〉는 트랜스아틀랜틱의 몫이 됐고, (역시 트랜스아틀랜틱 것이었던 누명쓴 성직자 영화) 〈나는 고백한다〉에 (워너브러더스 것인) 〈경찰을 피해 달아나라〉가 1947년 여름 동안 히치콕의 연출예정 프로젝트 목록에 덧붙여졌다.

패트릭 해밀턴은 〈로프〉의 시나리오 각색 작업에 참여해달라는 요청을 받았지만, 그는 영화라는 매체를 불신했다. 히치콕을 곁에 두지 못한 시드니 번스타인은 그와 가진 논의를 성공으로 이끌 수 없었다. 캐럴라인 무어헤드는 이렇게 썼다. "시드니나 해밀턴이나, 연극에서는 대사로 해결할 수 있었던 사건 해결의 실마리 중 하나인 극장 입장권을 영화에서 리얼리스틱한 장면으로 전환시킬 방법을 찾아낼 수가 없었다."

항시 친절하고 협조적인 제임스 브라이디가 몇 가지 아이디어를 제공했지만, 히치콕은 5월 중순 경에 엉뚱한 인물을 대안으로 지명했다. 흄 크로닌. "왜 나죠?" 〈구명선〉과 〈의혹의 그림자〉에서 재능을 보였던 연기자는 의아해했다. "나는 시나리오 크레디트가 하나도 없었습니다. 내가 쓴 단편소설 몇 편이 출판되기는 했었죠. 시나리오 1편을 써서 팔았던 적은 있지만, 그 시나리오는 영화로 만들어지지 않았어요. 나는 히치콕이 그 시나리오를 봤는지도 의심스럽습니다. 그는 아마도 누군가 그 얘기를 하는 것을 들었던 것 같아요."

안 될 이유가 뭔가? 크로닌은 총명했고 감독과 사이도 좋았다. 히치콕은 크로닌이 쓴 글—〈구명선〉의 촬영과정을 다룬 기고문—의 샘플을 한 번 이상은 읽었을 것이다. 게다가 크로닌은 〈로프〉의 새 배경인 뉴욕에도 친숙한 인물이었다. 이 작품은 미국의 런던이라 할 거대한 메트로폴리스를 배경으로 채택한 몇 편의 중요한 히치콕 영화 중 첫 작품이 될 터였다.

히치콕과 크로닌은 수다를 떠는 것으로 작업을 시작했다. 벨라지오로드에서 시나리오에 대한 얘기만 떠들어댄 것이다. 크로닌은 "그런 다음에 나는 (내가 살고 있던) 노스 록햄 애비뉴로 돌아가서 그 얘기를 종이에 옮겨적곤 했습니다"라고 회상했다. "매일 만나지는 않았습니다. 시나리오를 쓰기에는 내가 너무 바빴거든요. 우리가 만날 때에는 피해야만 하는 위험요소가 있었습니다. 그중에서 가장 어려웠던 것은 술에 취하지 말아야 한다는 겁니다. 히치는 편한 마음으로 일에 접근해야 한다는 태도를 철저히 신봉했습니다. 점심 먹기 전에 와인병이 등장했고, 포도밭과 포도주, 포도의 속성에 대해 상세히 설명해가면서 술을 따르고 또 따르고……"

"작업을 같이 하던 초기에 나는 그가 쓰는 기묘한 속임수를 발견했습니다. 우리는 줄거리의 몇몇 포인트를 굉장히 집중적으로 논의하고 있었습니다. 붙들고 있는 문제의 해법이 보일락 말락 하는 지점에서 괴로워하면서요. 그런데 히치는 갑자기 의자에 몸을 기대고는 '흄,

순회 세일즈맨하고 농부의 딸 이야기를 들어본 적 있나?'하고 말했습니다. 내가 멍한 표정으로 바라보면, 그는 굉장히 재미있게 이야기를 해나가곤 했습니다. 이야기에 등장하는 캐릭터와 관련된 유머의 본질, 이야기에 따르는 철학적 입장 같은 것을 들먹이는 경우도 잦았어요. 그런 것들이 등장하니까 그 이야기가 심오하거나 최소한 재미있는 것처럼 들리겠지만, 그중 어느 것에도 해당되지 않았습니다. 중학생들이 주고받는 농담 수준이었고, 유아적인 수준이었던 경우도 잦았습니다."

어느 날, 크로닌은 감독에게 도전적으로 물었다. "왜 그러시는 거죠?"

"뭘 말이야?" 히치콕이 물었다.

"중요한 시점에서 농담하는 것을 그만두세요."

"그렇게 중요한 건 아니야. 이건 그냥 영화일 뿐이라고."

"그렇지만 우리는 문제의 해법을 막 찾으려던 참이었어요…… 그런데 그게 뭐였는지 이제는 기억조차 안 나요."

"좋았어. 우리는 너무 절박했던 거야…… 압박감을 느낄 때는 절대로 해법을 찾아낼 수가 없어."

훗날 크로닌은 히치콕이 내놓은 '그 사소한 철학'을 '배우로서나 때때로 글을 썼던 작가로서나' 결코 잊지 않았다고 밝혔다. 어느 날 히치콕은 스토리의 강조점에 대한 주장을 하다가 또 다른 재미난 이야기를 내뱉었다. 감독은 노트와 연필을 쥐고 원을 그렸다.

"이건 파이야." 히치콕이 설명했다. "우리는 여기서 이걸 자르고 들어가려고 노력하고 있어." 설명을 하기 위해 그는 원의 주변에 쐐기모양을 그려 넣었다. "우리가 하려고 애쓰는 게 이걸세." 히치콕은 원의 반대편 방향으로 연필을 밀고 가서 다른 쐐기를 그려 넣으면서 설명했다.

"이게 무슨 뜻이죠?" 크로닌이 물었다. "낮을 밤으로 바꾸자는 건가요? 컬러를 흑백으로요? 악역을 영웅으로 바꾸라고요?" 감독은 대답했다. "아마도 우리가 하고 있는 일이 그렇기를…… 기대하네. 나는 깜짝 놀라고 싶어."

4월의 어느 날 크로닌이 트리트먼트를 계속 개발하는 중이었음에도 불구하고 또 다른 다크호스 아서 로렌츠가 작업에 합류했다. 로렌츠를 만나러 뉴욕으로 날아간 시드니 번스타인은 그를 고용하기로 하면서 새로운 작가에게 "한 줄 한 줄이 보석 같아야만 합니다. 문학, 우리가 원하는 게 그거예요, 문학이요!"라고 말했다.(이런 —히치콕의 접근법과는 정반대되는— 위협조의 충고가 감독이 미래의 시나리오를 개발하는 동안 동업자를 가까운 곳에 두고 싶어 했던 이유 중 하나였다.)

로렌츠는 젊고 영민하며 무척이나 재미있는 뉴요커였다. 실패작이 된 그의 두 번째 연극 〈마음의 노래〉를 후원한 사람은 이제는 브로드웨이 프로듀서가 된 데이비드 셀즈닉의 전처 아이린이었다. 로렌츠는 〈정신병원〉의 시나리오를 수정하는 것으로 그의 첫 할리우드 경험을 막 끝낸 참이었다. 그는 아나톨 리트박이 연출한 영화의 시나리오 작업으로 크레디트를 받지는 못했지만, 리트박과 아이린 셀즈닉은 사람들에게 그를 적극적으로 추천했다.

게다가 그가 동성애자라는 사실은 결코 사소하지 않은 자격 요건이었다. 로렌츠는 〈로프〉가 '연극을 필름에 담는 작업인데 내가 극작가였기 때문에, 그리고 핵심 캐릭터들이 동성애자인데 내가 동성애자일지도 모르기 때문에' 히치콕이 그를 고용했을 것이라는 의심을 품었다. 그것이 전부가 아니었다. 로렌츠는 골드윈에 전속된 배우 팔리 그레인저와 사랑에 빠져 있었는데, 히치콕은 그레인저를 두 살인자 중에서 의지가 약한 필립 역으로 이미 점찍어두고 있었다.[1]

4월에, 로렌츠는 아직 그레인저의 집에서 살고 있지는 않은 상태였는데, 그렇기 때문에 그는 그들이 연인 사이임을 감독이 확실히 알고 있었는지 의심스러웠다. 그러나 두 사람의 사랑은 할리우드에서는 공공연한 비밀이어서, 가십의 권위자인 히치콕이 즐겨 속삭여대던 연예계 사건에 속했다. 그럼에도 불구하고, 로렌츠도 히치콕도 그 문제를 한 번도 언급하지 않았다.

1 희곡에서 두 캐릭터의 이름은 찰스 크라닐료와 윈드햄 브랜든이다. 영화에서 두 사람 중 연약한 쪽인 크라닐료는 필립(팔리 그레인저)이 됐고, 다른 캐릭터는 그냥 브랜든(존 댈)이 됐다.

로렌츠는 회고록에서 이렇게 회상했다. "〈로프〉가 촬영된 버뱅크 소재 워너브러더스 스튜디오에서 동성애는 '그것'이라고만 알려진, 언급해서는 안 되는 문제였다. 영화에서도 마찬가지였다. 그 어떤 캐릭터도 '그런 사람'이 아니었다. 놀라운 것은 그럼에도 히치콕이 내게 영화에 '그것'이 들어가기를 원한다고 명확하게 밝혔다는 것이다. 물론 그는 동성애자들을 빈정거렸다. 나는 그것을 명확하게 드러내야 하지만, 검열당국이나 미국재향군인회가 고함을 질러댈 정도로 노골적이지는 않아야 한다는 것을 알았다. 그것은 거기에 담겼다. 꼼꼼히 살펴봐야 보이지만, 그것은 거기에 제대로 자리잡았다."

크로닌이 감독의 맞장구를 치는 역할을 수행하는 동안, 로렌츠는 실제 시나리오를 독립적으로 작업했다. 히치콕에게는 또는 일반적인 할리우드에서는 드물지 않은 어색한 오버랩이었다. 크로닌이 쓰는 동안, 히치콕은 로렌츠를 만났는데 로렌츠는 "흄 크로닌이 쓴 글을 한 번도 보지 못했다." 이런 상황은 그가 왜 크로닌은 거의 한 일이 없거나 아무것도 한 일이 없다고 평생 주장했는지를 설명하는 데 도움이 된다.

여름 초입에 히치콕은 활기 넘치는 그레인저에게 필립을, 떠오르는 스타 몽고메리 클리프트에게 살인의 주모자 브랜든을, 그리고 학생들에게 니체—영화에서 브랜든은 "그가 살아 있다면 이 일을 우리의 시각에서 봤을 거야. 예술적인 시각에서 말이야"라고 말한다—를 소개한 전직 사립 고등학교 교사 루퍼트 케이델을 캐리 그랜트에게 맡길 생각이었다. 스토리에서 핵심적인 캐릭터인 루퍼트—로렌츠는 그도 분명 동성애자라고 생각했다—는 '아마도 브랜든의 옛 애인'이었을 것이다. 트리오는 작가의 관점에서 볼 때 '꿈의 출연진'이었다.

회의가 거듭되면서 히치콕은 교활하게도 그와 로렌츠가 저녁을 먹는 자리에 그레인저를 초대했다. "대단히 히치콕다운 일이었다"고 로렌츠는 설명했다. "팔리가 또 다른 동성애자인 내가 집필한 영화에서 동성애자를 연기하는 것이, 우리가 연인이었다는 것이, 우리가 그가 알고 있는 비밀의 소유자라는 것이, 그가 아는 것을 내가 안다는 것이 그에게는 재미난 일이었다. 이런 식의 일들은 한이 없었는데, 그 모두가 그의 흥을 돋웠다. 악의가 있다거나 권력을 휘두르기 위해 한 일은 아니었다. 약간 괴팍한 분위기를 가미할 수 있기 때문에, 그리고 괴팍함은 히치콕이 열렬히 바라 마지않는 특성이기 때문이었다."

배경과 캐릭터를 옮겨오는 것은 과소평가된 히치콕의 행보였다. 몇 안 되는 캐릭터에 단일한 배경을 가진 단순한 이야기라고는 해도, 그것은 수고스럽고 까다로운 일이었다.(《현기증》은 더욱 훌륭한 작업이었다.) 이런 이식작업은 깔끔하고 믿음직스러운 결과를 낳아야 했다. 영화 전체의 신에서, 감독은 유례가 없을 정도로 액션의 동선과 카메라의 움직임을 사전에 설정하고, 각각의 신을 중단되지 않는 테이크로 찍어낼 계획이었다. 이제 데이비드 O. 셀즈닉에게서 해방된 히치콕은 크게 서두르지 않는 듯 보였다. 그는 여름 내내 로렌츠를 정기적으로 만나서 그 문제에 대한 얘기를 끝도 없이 나눴다.

1947년의 여름은 그렇게 천천히, 그리고 기분 좋게 흘러갔다. 6월 초에 히치콕 부부는 팻의 고등학교 졸업을 축하하기 위해 벨라지오로드에서 파티를 열었다. 그들로서는 50명도 넘는 손님이 초대된 호사스러운 행사였다. 팻을 축하해준 사람들 중에는 알리다 발리 부부, 작곡가 오스카 드 메조, 휫필드 쿡과 그의 집필 파트너 앤 채핀, 흄 크로닌과 제시카 탠디, 아서 로렌츠와 팔리 그레인저, 잉그리드 버그먼과 캐리 그랜트가 있었다.

시드니 번스타인은 여전히 런던에 있었다. 그와 히치콕은 일요일 아침이면 긴 통화를 했는데, 이 습관은 세월이 흐르면서 빈도가 늘다가 줄어들었다. 그들은 때로는 사업 얘기를 했고, 때로는 가십이나 식구들과 관련된 얘기를 했다. 알마는 시드니의 아들 데이비드의 사랑스러운 대모였다.

미래를 계획하는 것은 번스타인이 할 일이었다. 그는 재능 있는 사람들에게 이제 갓 태어난 트랜스아틀랜틱의 활동에 참여할 것을 간청하고 다녔다. 낚싯바늘을 드리웠지만 물고기들은 그 옆을 그냥 헤엄쳐 지나갔다. 이즈음 대단히 성공적인 작가, 감독, 제작 듀오였던 프랭크 론더와 시드니 질리엇은 번스타인을 만나 회사와 계약을 체결하는 문제를 논의했다. 캐럴라인 무어헤드에 따르면, 론더가 번스타인에게 주요 의사결정에서 '최종결정권'을 가진 사람이 둘 중에서 누구인지 물었다. 프로듀서는 이렇게 대답했다. "나요…… 그렇지 않으면 우리는 되는 일이 하나도 없는 지경에 처하게 될 거요." 그러나 그 직후 번스타인은 솔직하게 덧붙였다. "그렇지만 내가 그 권한을 행사하는 바로 그 순간에 우리의 동업관계는 끝장이 나리라는 것도 나는 잘 알고 있소." 론더와 질리엇은 거절했다. 번스타인은 다른 권위자들을 끌어들이기 위해 열심히 노력했는데, 은행가들이 히치콕의 이름에 반색한 반면, 동료 감독들은 트랜스아틀랜틱이 독단적인 회사가 아닌가 의심하면서 조심스러워했다.

번스타인은 늦여름에 가족들을 데리고 비벌리힐스로 이사 와서 팜 드라이브에 있는 집을 빌리고, 워너브러더스에서 최초의 트랜스아틀랜틱 작품의 프리프로덕션 최종단계를 감독했다. 동업자들—그들의 핵심 부하로 여러 사람으로부터 호감을 얻던 제작 책임자 빅터 피어스까지 포함해서—은 스튜디오에 사무실을 차리고, 히치콕의 집에서 비공식 회합도 가졌다. 무어헤드가 쓴 전기에 따르면, 기획회의 동안 두 친구는 '엄청나게 재미있어' 했다. "조그만 수염을 기르고 외모가 말쑥한, 워너 형제 중 가장 권위적이고 공격적인 잭 워너가 스튜디오에서 보낸 웨스턴 유니언 전보를 일일이 수령했다는 얘기를 시드니가 종업원에게서 들었을 때, 그와 히치콕은 잭 워너를 정신 못 차리게 만들면서 약을 올릴 장난들을 짜내기 시작했다."

동업자들은 종종 온종일, 그리고 밤새 일했다. 어느 저녁에 벨 에어 호텔에서 저녁을 먹던 중에, 그들은 우연히 신랄한 소설가 이블린 워와 마주쳤다. 무어헤드의 표현에 따르면, 워는 '히치콕을 향해 흉포하고 설명할 수 없는 증오'를 품고 있었다. "우리가 너무나 재미있는 시간을 보내고 있는 것처럼 꾸미세." 번스타인이 제안했다. "내가 무슨 말을 하건 자네는 포복절도를 하는 거야. 그럼 나도 똑같이 할게." 일단 장난을 시작한 그들은 폭소를 멈추지 않았다. 가까운 테이블에 있던

히치콕이 셀즈닉을 떠난 후 스튜디오의 요지를 제공한 잭 L. 워너. 워너는 거물들 중에서도 특히 히치콕이 잘 알아야만 하는 인물이었다.

워는 "혐오감으로 얼굴을 붉히면서, 한마디 말도 없이 그들을 쳐다보며 앉아 있었다"고 무어헤드는 적었다.

〈로프〉의 캐스팅 거품이 꺼진 것은 여름이 저물 무렵이었다. 히치콕은 시나리오상에서나 제작회의 석상에서나 세 주인공의 성적 정체성에 대해 명확하게 규정하지 않았지만, 시나리오에는 그에 대한 암시가 뚜렷했다.(브랜든은 콜롱을 뿌린다. 그의 어머니는 그 사실을 매섭게 거론한다.) 캐리 그랜트와 몽고메리 클리프트 둘 다 그런 성향을 감지하고 경계심을 품었다. 아서 로렌츠는 이렇게 회상했다. "캐리 그랜트는 양성애자였고 몬티는 게이였기 때문에, 그들은 겁을 잔뜩 집어먹고는 배역을 맡으려 하지 않았습니다."

히치콕과 열띤 언쟁을 벌인 〈서스피션〉과 〈오명〉의 스타 그랜트는 〈로프〉뿐 아니라 감독과 공식적인 협력관계를 맺는다는 계획에서도 물러섰다. "히치는 캐리와는 다시는 작업하지 않겠다고 맹세했습니다." 히치콕-그랜트의 첫 동업 작품으로 기획된 〈더 이상 울지 마라〉의 시나리오를 결코 완성하지 못한 시나리오작가 베스 타펠의 회상이다.

그랜트와 클리프트를 잃은 것은 대단히 실망스러운 일이었지만, 히치콕은 새로운 브랜든 역을 맡을 배우를 찾기 위해 그리 멀리까지 내다볼 필요가 없었다. 그는 체이슨과 로마노프에서 존 댈과 계속 마주쳤다. 콜럼비아대학에서 교육을 받은 댈은 패서디나극단에서 경험을 쌓았고, 영화 데뷔작 〈옥수수는 푸르다〉에서 노처녀 베티 데이비스로부터 교육을 받는 광부 역할을 맡아 오스카 남우조연상 후보에 올랐다. 댈은 클리프트처럼 인기 있거나 매력적이지는 않았지만 연기력이 뛰어난 배우인 데다 동성애자를 기꺼이 연기하려고 드는 동성애자였다.

그레인저가 다른 살인자 역할에 서명하면서, 제3의 핵심 캐릭터인 루퍼트 역할만 남았다. 클리프트와 그랜트가 프로젝트에서 벗어남에 따라 일급 스타가 필요했던 히치콕은 이제는 아주 다른 방향으로 눈길을 던졌다.

제임스 스튜어트를 루퍼트로 캐스팅한 것은 지금까지도 〈로프〉의 평론가들 사이에서 논란의 대상이다. 전쟁 전까지만 해도 서민적이었던 이 배우는 제2차 세계대전의 잔인함을 직접 겪은 이후로 다른 사람이 돼서 돌아왔다. 조지프 맥브라이드는 『프랭크 캐프라: 성공의 대단원』에 "사실 스튜어트는 할리우드를 떠나 펜실베이니아로 돌아가 아버지의 철물점을 운영할 생각을 하고 있었다"고 썼다. 〈멋진 인생〉을 만드는 동안 스튜어트는 라이오넬 배리모어에게 공군에 복무하면서 참상을 목격한 이후로는 연기가 인간적인 직업인지에 대해 확신을 가질 수가 없노라고 털어놨다. 히치콕은 이토록 환멸을 느끼며 더욱 알찬 역할을 갈구하던 새로운 스튜어트를 선택했다.

그들의 중개자는 히치콕의 인생사에서 그 누구보다도 중요한 인물인 루 와서먼이었다. 마이런 셀즈닉이 사망한 1944년 이후로 히치콕은 공식 에이전트를 두는 것을 경계했고, 심지어는 적개심까지 내보였다. 트랜스아틀랜틱과 장기계약—가장 친한 친구와 대등하게 맺은 동업계약—을 맺었기 때문에, 히치콕은 당장은 에이전트에 대한 필요성을 느끼지 않았다.

마이런이 사망한 후 셀즈닉 에이전시를 인수한 사람은 뉴욕을 기반으로 탤런트와 문학에이전트로 활동하던 릴런드 헤이워드였다. 마이런과 데이비드가 할리우드에서 봉급쟁이로 지내던 시절에 그들과 같이 살았던 헤이워드는 사업적으로도 셀즈닉 형제 모두와 오랫동안 협력관계에 있었다. 케이 브라운이 새로운 헤이워드 에이전시로 자리를 옮겼고, 마이런이 남긴 고객들 대부분도 그렇게 했다. 셀즈닉에서 활동하다 새로운 업체에 합류한 에이전트 중에 냇 데버리치도 있었는데, 그는 비공개적인 히치콕의 옹호자 중 한 사람이었다. 데버리치는 헤이워드-데버리치 에이전시로 알려진 할리우드사무실의 책임자가 됐다.

새로 결성된 헤이워드-데버리치 에이전시는 빌리 와일더, 릴리언 헬먼, 도로시 파커, 벤 헤크트, 미르나 로이, 주디 갈런드, 진저 로저스, 진 켈리, 프레드 아스테어, 헨리 폰다, 제임스 스튜어트를 포함한 할리우드의 최정상급 인물들을 대표했다. 에이전시는 명목상으로만 히치콕을 대표했지만, 활동반경이 비슷했던 히치콕과 (여배우 마거릿 설러반과 결혼한) 헤이워드는 꽤나 친한 사이가 됐다. 1945년에 헤이워드는 브로드웨이 제작자가 되기 위해 에이전시 일을 그만뒀다. 헤이워드와 데버리치는 회사를 라이벌인 MCA에 매각하고, 제임스 스튜어트와 앨프레드 히치콕을 포함한 고객명부를 넘겨주었다.

와서먼은 대중음악 분야에 뿌리를 둔 MCA의 떠오르는 리더 중 한 명이었다. 클리블랜드 출신으로 1930년대에 고향에서 나이트클럽의 예약을 담당하면서 낮은 수준의 홍보 일을 하는 것으로 경력을 시작한 와서먼은, 연예계에서 가장 활동적인 수완가로 발돋움했다. MCA가 영화계로 진출한 후, 처음에는 뉴욕으로 나중에는 할리우드로 근무지를 옮긴 와서먼은 타의 추종을 불허하는 에너지로 고객들에게 헌신했다. 호리호리하고 말랐으며 안경을 쓰고 항상 깔끔하게 옷을 차려입은 그는, 고객 중 한 명이던 도어 섀리의 표현에 따르면, '지혜로움과 뻔뻔스러움이 미묘하게 섞인 분위기를 가진 엄청난 자신감'을 풍겼다.

히치콕은 와서먼을 자신과 비슷하게 밑바닥에서부터 시작해서 스스로의 미래를 개척해나간 인물로 평가했다. 대부분의 에이전트들과 달리 와서먼은 입담이 좋았던 만큼이나, 상대방이 얘기할 때 강렬한 눈빛으로 응시하면서 경청할 줄을 아는 사람이었다. 그는 허풍을 떨기는 해도 상대방의 얘기를 귀담아 듣는 지각 있는 사람이라는 평판을 구축했다. 그는 자신의 분야에 대한 몽상가이자 권력을 여전히 키워가고 있는 권력자였다.

와서먼은 히치콕과 스튜어트의 중매자였다. 쉬운 중매는 아니었다. 캐리 그랜트를 잃으면서 실망한 은행들은 스튜어트가 세계 박스오피스에서 그랜트만큼의 흥행성을 갖추지 못했다는 사실을 유념하면서 트랜스아틀랜틱이 희망하는 액수의 돈을 빌려주기를 거부했다. 그렇기는 해도 스튜어트는 미국 박스오피스에서는 주도적인 스타 중 한 사람이었고, 그의 몸값은 그랜트에 뒤지지 않았다. 와서먼은 협상을 이끌어내기 위해, 스튜어트에게 박스오피스 수익의 일정부분을 받는 대신에 미리 받을 출연료를 포기하라고 설득했다.[2] 최고수준의 중매였던 이 작업은 와서먼의 입장에서는 히치콕의 신뢰를 얻어낸 대단한 사건이었다.

원작 희곡에서 루퍼트는 시인(동성애자란 뜻이다)이었지만, 영화에서는 철학서적 출판업자가 됐다. 캐리 그랜트를 염두에 두고 집필한 시나리오는 스튜어트가 그 자리를 차지하면서 약간의 수정이 필요했다. 그런데 서민적인 미국인이 루퍼트를 연기하면서, 세 주인공 사이에 형성된 동성애 삼각관계에 대한 암시는 —무엇보다도 스타들 사이에서— 사라졌다. 로렌츠는 "존 댈과 팔리는 브랜든과 필립의 섹슈얼리티를 충실하게 연기했는데, 그것은 용기가 필요한 일이었다"고 회고했다. "지미 스튜어트가 루퍼트가 동성애자라는 사실을 알았는지는 모르겠다. 히치콕은 아무 말도 하지 않았지만, 스튜어트가 알았다고 해도 아무런 상관이 없었을 것이다."

동부로 돌아간 아서 로렌츠는 가을 동안 시나리오의 대부분을 완성했다. 그때나 지금이나 평론가들은 히치콕이 15년 만에 필름에 담은 희곡을 원작에 충실한 각색이라고 천편일률적으로 얘기하지만, 무대 버전은 두드러지게 수정됐다. 후에 런던에서 영화를 본 패트릭 해밀턴

2 얼마 전에야 자유계약자가 된 스튜어트는 영화당 17만 5,000달러에서 20만 달러 사이의 출연료를 받고 있었다. 결국, 그는 〈로프〉의 출연대가로 수익에서 30만 달러를 분배받았다.

은 어리둥절해하면서 사적인 자리에서는 히치콕을 비난했다.

배경을 런던에서 뉴욕으로 교체하면서, 플롯을 다시 손보고 캐스팅에 맞춰 캐릭터들을 수정해야 했다. 히치콕은 희곡에서는 너무나 알아내기 힘든 유죄를 입증할 증거(극장 입장권)를, 루퍼트가 파티를 떠날 때 다른 사람의 모자—희생자의 이니셜이 새겨진 중절모—를 넘겨받는 것으로 교체했다. 그 모자는 실종된 남자가 살해당했다는 루퍼트의 직감에 힘을 실어준다. 연극의 막바지에서 루퍼트는 지팡이에 감춰진 칼로 두 살인자로부터 스스로를 방어하지만, 영화에서는 브랜든에게 권총을 빼앗아 경찰에게 알리기 위해 창밖으로 발사한다.

히치콕과 로렌츠는 희곡에 등장하는 술을 마시기 위해 데이비드 켄틀리의 시체가 감춰진 상자 주위에 모인 손님들도 수정했다. 무대에서 손님 중에는 켄틀리의 아버지와 고모, 그리고 희생자와 잠시 스쳐가는 인연을 맺은 활기 없는 젊은 남녀가 포함돼 있다. 프랑스 억양을 쓰는 하인이 음식과 술을 시중들러 돌아다닌다.

희곡에서 상대적으로 온전하게 살아남은 유일한 캐릭터는 히치콕의 친구 세드릭 하드윅에게 배당된 역할인 켄틀리 씨다. 희곡을 현대화한 대사로 인해 그는 영화를 대표하는 양심적 인물이 됐다. 브랜든이 "어쨌거나 열등한 것들의 삶은 중요치 않다"—니체와 히틀러를 이어주는 대사—고 냉소적으로 비난하자, 연장자인 켄틀리는 브랜든의 '인간성에 대한 경멸'을 엄하게 꾸짖는다. 전후에 만든 몇몇 영화에서 히치콕은 그가 결코 용서할 수 없는 나치 독일의 악독함을 상기시키는 요소들을 영화 곳곳에 흩뿌려놓았다.

히치콕의 영화에서 켄틀리 여사는 와병 중이어서, 켄틀리 씨는 그를 찾아온 처제 앳워터 부인을 초대받지 않은 손님으로 대동하고 오는데, 앳워터 부인은 히치콕의 세계에 자주 등장하는 과시욕 많은 여자이다. 그녀는 점성술에 관한 이야기와 코믹한 효과를 제공하는데, 손님들이 여러 영화배우에 대해 논하면서 최근에 본 영화의 제목, 즉 '멋진 뭔가'를 떠올리게 만드는 대화를 불러온다.(스튜어트의 근작 〈멋진 인생〉을 향한 존경의 표시다.)

희곡에서도 대사들은 비슷하지만, 히치콕은 존 길버트와 조앤 크로포드 같은 1920년대 스타들을 그의 할리우드 친구들의 이름으로 교체했다. 도널드 스포토는 영화에서 잉그리드 버그먼을 언급한 것을 버그먼을 향한 히치콕의 절망적인 사랑을 보여주는 증거로 인용(어느 손님이 "오, 나는 그녀가 사랑스럽다고 생각해요!"라고 평한다)했지만, 손님들은 그녀의 최신작 〈오명〉의 제목을 기억해내려고 애쓰고 있으므로, 사실 그것은 감독의 입장에서 자기 홍보를 하기 위한 핑계일 뿐이다!(어느 여자 손님은 "캐리 그랜트를 내 남자로 만들 거예요"라고 선언한다. 앳워터 부인도 같은 생각이지만, 그녀는 자신이 에롤 플린도 그만큼 좋아한다고 말한다.) 히치콕은 앳워터 부인을 제대로 연기해낼 배우로 친구인 —1916년에 〈맥베스 부인〉으로 스크린에 데뷔했고, 나중에는 아이버 노벨로와 〈몰락〉을 공동집필한— 여배우 콘스탄스 콜리어를 선택했다.

해밀턴의 희곡에 등장하는 무기력한 젊은 남녀는 브랜든의 파티에 따로따로 도착하지만 뒷이야기들로 밀접하게 얽혀 있는 케네스(더글러스 딕)와 재닛(조앤 챈들러)으로 바뀌었다. 예전에 연인사이였던 두 사람 중 케네스는 또 다른 동창생이고, 재닛은 건강과 미용 칼럼니스트다. 결국에는 두 사람 모두 중요한 캐릭터임이 밝혀진다. 재닛의 표현에 따르면, 브랜든은 '배배 꼬인 유머감각'을 보여주기 위해 그들을 파티에 초대했다. 히치콕은 교차하는 긴장의 강도를 높이기 위해 —브랜든은 그가 케네스에 앞서 재닛과 헤어졌다고 자랑한다(혼란스러운 서브텍스트에 적응한 영화관객에게 브랜든이 양성애자일 수도 있다는 것을 보여주는 힌트다)— 그들을 영화에 초대했다.

히치콕은 심지어 죽은 자에게까지도 미묘하게 손질을 가했다. 데이비드 켄틀리는 무대에서는 한 번도 등장하지 않지만, 히치콕은 로렌츠의 완강한 반대에도 불구하고 오프닝 숏에서 캐릭터를 목 졸라 죽여야 한다고 고집했다. 그래야 관객들이 살인에 대한 기억을 떠올리며 불편하게 몸부림을 칠 것이라는 이유에서였다. 영화에서 데이비드 켄틀리는 미국적으로 변신하여 하버드 졸업생으로 설정되는데, 그가 외아들이라는 사실을 강조하는 대사는 그의 부모에 대한 관객의 동정심을 강화시킨다.

프랑스인 하인은 히치콕이 좋아하는 '나이 든 가정부'로 바뀌었다. 에디스 에반슨은 가정부 윌슨 부인을 차분하고 완벽하게 연기해냈다. 윌슨 부인은 루퍼트를 향한 애정을 품고는 파이에 대해 투덜거리며, 브랜든이 음식을 응접실로 가져와 '의식용 제단'처럼 촛불로 둘러싸인 커다란 트렁크에 테이블을 설치하자고 충동적으로 결정한 이유가 뭔지 궁금하다고 큰소리로 떠들어 서스펜스를 고조시킨다.

그녀의 캐릭터는 히치콕이 배경이 응접실밖에 없는 희곡을 여는 것을 돕는다. 영화 역시 근본적으로는 단일 세트지만, 히치콕은 가까운 곳에 식당과 부엌을 덧붙이는 것으로 배경에 깊이를 더한다. 모두가 식사를 마친 후에 등장하는 뛰어난 장면에서, 히치콕은 카메라를 (희생자의 시체가 숨겨져 있는) 트렁크 가까운 곳에 세워놓는 한편, 렌즈를 음식과 접시를 치우는 윌슨 부인의 모습에 고정시킨다. 가정부는 다른 방으로 연결된 열린 문들을 계속 들락거리면서 식기들을 하나하나 치운다. 관객은 그녀가 테이블을 다 치울 때까지, 그리고 마침내 뚜껑을 열어서 시체를 확인할 때까지 기다리면서 보고 또 본다. 길게 연장된 숏에는 윌슨 부인 외에는 아무도 등장하지 않는데, 루퍼트의 어깨가 살짝 보일 뿐, 사람들이 수다 떠는 소리만 들린다.[3]

희곡의 루퍼트 캐릭터를 급격하게 바꿔놓지는 않았지만, 히치콕의 영화는 그를 네 젊은이—데이비드, 케네스, 필립, 브랜든—의 옛날 사감으로 설정하여 결과적으로는 그들의 대리 아버지로 만들어놓는 중요한 행보를 취한다. 브랜든이 어렸을 때 '장롱 콤플렉스'가 있었다는 것을 기억해낸 사람은 루퍼트다. 난롯가에서 들려준 피가 흥건한 장롱 속의 시체에 대한 이야기를 무척이나 좋아했던 것이다. 의심을 품고 상황을 파헤치면서, 우월감에 도취된 브랜든을 죄책감으로 말을 더듬게

3 에반슨은 또 다른 히치콕 영화에서 단역—〈마니〉의 사무실 청소부—을 맡았다. 영화에서 가장 정교하게 연출된 시퀀스에서 그녀의 캐릭터는 문간을 오가는 비슷한 게임을 벌이면서 말없이 서스펜스를 고조시킨다.

만드는 사람도 루퍼트다. 그리고 영화에서 선('우리가 살고 있는 사회에 대한 의무')과 악('맨 처음부터 자네 깊숙한 곳에 깃들어 있던 것')에 대한 히치콕 특유의 사려 깊은 주장을 내놓는 사람도 루퍼트다.

〈로프〉와 〈염소좌 아래서〉—그가 최장 테이크로 촬영하기로 선택한 영화 2편—를 만들고 오랜 시간이 지난 후에, 히치콕은 그의 기분이 어떤 것이었는지를 설명하려 했다. 그는 언젠가 테크닉이 사람들의 시선을 잡아끌 정도의 '묘기'였다고 인정하면서 이렇게 밝혔다. "내가 어쩌다가 그 테크닉에 탐닉하게 됐는지 정말 모르겠습니다."

그는 자기 자신에게 또는 할리우드에게 무엇인가를 증명하려고 노력했던 것일까? 그는 미국영화산업을 상대로 그런 작품을 해낼 수 있다는 것을 입증하려고 노력했던 것일까? 중단되지 않는 롱 테이크는 배우들을 위축시키고 프로듀서의 간섭을 줄이는 것으로 완성작에 대한 그의 통제력을 최대화하기 위한 의도였을까? 아니면 테크닉은 그가 앞서 완성했던 영화들처럼 대담하고 도발적인 소재로부터 저널리스트와 검열당국의 시선을 떼어놓으려는 주된 책략이었을까?

그 당시 필름 1릴은 대략 950피트로, 시간으로는 9분 30초 정도였다. 패트릭 해밀턴의 오리지널 희곡은 공연시간이 1시간 30분이었지만, 영화는 9릴에 조금 못 미치며 러닝타임은 약 80분이다.

도전을 더욱 힘겹게 만든 것은 〈로프〉를 테크니컬러로 제작하기로 결정한 것이었다. 히치콕은 오랫동안 (종종 인터뷰어들에게 밝혔듯, 흰색 꽃잎 위에 빨간 피가 떨어지는) 〈하숙인〉의 리메이크로 컬러영화 데뷔를 하겠다고 희망해왔지만, 그 야심은 그를 외면했다. 이제 그는 트랜스아틀랜틱의 창립작을 그의 첫 컬러영화로 제작할 기회를 잡았다. 영화경력의 남은 기간 내내 그의 특징이 된 것처럼, 그는 전반적으로 차분한 팔레트를 선택하고 긴장감을 조성하기 위해 —아파트 안팎이— 점차적으로 어두워지는 빛과 색조를 계획하기 시작했다.

그는 스커볼 프로덕션에서 카메라맨 조지프 발렌타인을, 워너브러더스에서 편집기사 윌리엄 지글러를 빌려왔다. 그런데, 스튜디오의 공식 홍보자료에 따르면, 지글러가 편집한 3편의 히치콕 영화 중 첫 작품인 〈로프〉의 실제 편집은 감독에 의해 사전에 세밀하게 결정돼 있었다. 진짜 편집을 지휘한 유일한 요인은 필름 릴의 길이였다. 릴에 들어 있는 필름이 떨어질 무렵에 배우들이 카메라 앞을 지나치는 것으로 릴과 릴 사이가 단절된 것을 위장하는 것이 보통이었다.(홍보자료에 따르면, 지글러는 딸이 가진 인형의 집 지붕을 제거하고는 방들을 세트에 근사하게 재배치한 후, 배우들의 대역으로 체스의 말들을 움직여가면서 동선계획을 도왔다.)

히치콕은 워너브러더스 촬영장에 영구 마룻바닥보다 몇 센티미터 높은 특수 마룻바닥을 깔고 거기에 펠트를 댔다. 이것이 미술감독 페리 퍼거슨이 만든 부엌, 식당, 현관, 거실로 구성된 뉴욕의 펜트하우스 아파트의 마룻바닥이 됐다. 거기에 카메라가 배우들을 따라 문을 들락거릴 수 있도록, 천장에 설치한 트랙에 옆으로 움직일 수 있는 접이식 벽을 달았다. 거실 창문 밖에는 뉴욕 스카이라인의 복제품을 매달았다. 미니어처 빌딩과 와이어로 매달은 유리섬유 구름으로 마무리된 이 스카이라인은 하늘이 변한다는 것을 보여주기 위해 릴과 릴 사이가 움직이게 만들었다. 영화는 해가 떠 있을 때 시작해서 땅거미가 질 무렵에 끝난다. 별과 불빛, 반짝거리는 네온사인을 갖춘 조금씩 짙어지는 하늘의 어둠은 배우들의 행동과 시간적으로 일치하게 돼 있었다.

12월 6일, 팻 히치콕은 아서 로렌츠, 휫필드 쿡과 힘을 합쳐 트랜스아틀랜틱 프로덕션의 창립작을 위한 —그리고 히치콕의 생일을 뒤늦게 축하하기 위한— 파티를 벨라지오로드에서 주최했다. 시드니 번스타인 부부 외에도, 존 호디악, 잉그리드 버그먼, 캐리 그랜트를 포함한 손님들이 찾아왔다. 〈로프〉는 리허설이 시작되었고, 촬영은 1948년 1월 12일에 개시할 예정이었다.

언젠가 시드니 질리엇은 영국에서 〈사라진 여인〉이 처음 개봉했을 때 제목 위에 자신의 이름이 들어 있는 극장 입구의 차양을 본 히치콕의 얼굴에 홍조가 물들었다고 회상했다. 할리우드에서 10년을 보낸 그는 마침내 그의 신작을 〈앨프레드 히치콕의 로프〉로 개봉할 것을 요구하는 '소유권 크레디트'를 요청했다. 그는 계약에 의해 트랜스아틀랜틱-워너가 만드는 모든 영화의 프로듀서로서도 동일한 크레디트를 받게 돼 있었다.(훗날 유니버설에서 루 와서먼은 히치콕의 이름이 '제목과 100% 동일한 크기의 글자'로 등장하게 일을 꾸몄다.)

"저는 영화의 제목 위에 제 이름을 소유권적으로 활용하는 것이 제작사에게나 저 자신에게나 엄청난 값어치가 있다고 봅니다." 히치콕은 감독협회가 작가협회를 상대로 제기한 소송을 지원하기 위해 1967년에 작성한 조서에서 강력히 주장했다. "저는 제 이름과 명성이 제가 소유한 권리 중에서 가장 소중한 것이라고 늘 생각해왔습니다." 그는 자랑스럽게 덧붙였다. "제가 알기로는 소유권적인 제작이나 연출 크레디트를 허락받은 감독이 50명을 넘지 않습니다. 지난 60년간 활동사진을 연출한 사람들이 말 그대로 수천 명이나 있는데도 말입니다."

〈앨프레드 히치콕의 로프〉는 칠판에 그려진 카메라 움직임에 맞게 모든 동작을 몇 주 동안 리허설했다. 스태프들은 (팔리 그레인저의 표현에 따르면, '사실상 소형 폭스바겐' 크기였던) 커다란 카메라 붐이 오고갈 경로에서 벽들과 가구들을 움직이는 훈련을 해야 했고, 출연진은 릴당 11페이지에 달하는 대사와 동작을 암기해야 했다.

짤막한 테이크와 간결한 대사 암기, 동선에 대한 단순한 지시에 익숙해져 있는 할리우드 종사자들에게 이 모든 것은 상당한 스트레스였다. 촬영이 시작되기 전, 스튜디오가 언론을 상대로 개최한 대형 파티에서 히치콕은 정교한 리허설과 준비에 대해 상세히 설명했다. 신경이 곤두선 제임스 스튜어트는 농담을 던졌다. "이 근처에서 리허설에 참여했던 유일한 것은 카메라입니다."

히치콕은 장면순서와 상관없이 촬영을 하는 것이 일반적이었으나 〈로프〉는 연속적인 연출과 촬영을 요구했다. 처음으로 촬영할 예정이었던 오프닝 신은 두 살인자가 데이비드(딕 호건)를 교살한 후 시체를 트렁크에 넣는 것을 보여준다. 존 댈과 팔리 그레인저는 벽들이 올라갔다 내려갔다 하는 난장판 속에서도 자신들의 대사를 연기하고 방과 방사이를 오가면서, 8분까지는 흠잡을 데 없는 연기를 펼쳤다. 카메라가 그들을 따라 거실로 돌아왔을 때, 거기—히치콕이 훗날 프랑수아 트뤼포에게 밝혔듯 '카메라 포커스 바로 안'—에는 "전기기사가 창가에 서 있었습니다!" 그래서 첫 테이크를 망치는 것으로 제작은 시작됐다.

엄청나게 큰 카메라 붐이 주변 집기와 사고에 가까울 정도로 심하게 부딪히는 일이 몇 번 일어난 것을 포함해서, 그런 잘못된 출발이 여러 차례 이어졌다. 불안감과 분노가 퍼져나갔지만 불완전함에도 끄덕하지 않은 히치콕은 자신감이 넘쳤다. 영국 최초의 토키를 연출한 감독은 이전에도 이런 종류의 일을 모조리 헤쳐왔다.

"촬영을 하는 동안 녹음한 사운드는 사용할 수 없었습니다." 스튜어트의 회상이다. "그는 벽과 가구가 소음을 내지 못하게 고무바퀴를 달았지만, 사운드 담당자는 '아뇨, 성공할 수 없습니다. 고무바퀴로 움직이는 벽이 내는 소리가 그대로 들릴 겁니다'라고 말했습니다. 히치콕은 개의치 않았습니다. 그는 이렇게 말했죠. '첫 테이크는 마이크를 모두 빼내고는 카메라를 위해서만 찍을 거야.' 그런 다음에 벽과 가구를 모두 들어내고는 세트 전체에 마이크 20개가량을 설치했습니다. 그리고 우리는 사운드를 위해 연기를 했죠. 우리가 재더빙을 해야 할 곳은 대여섯 군데밖에는 없었는데, 그건 모두 타이밍이 안 맞거나 다른 문제가 생겨서 그런 거였습니다."

경험이 많은 세드릭 하드윅과 콘스탄스 콜리어는 리허설이나 암기를 힘들어하지 않았다. 그들에게 그런 접근법은 무대에서 연기를 하는 것과 비슷했다. 그레인저는 "그들은 사실 그 영화에서 가장 재미있게 일한 사람들이었습니다"라고 회상했다. "그들은 그 작품을 누워서 떡 먹기라고 생각했습니다." '내가 처음으로 무대에 섰던 시절 이후로 알지 못했던' 최초의 '악몽'이 지나간 후, 스튜어트도 제작과정이 "연기 자체가 계속 이어지기 때문에 연기를 해내지 못하면 그 자리에서 죽어야만 하는 무대로 돌아간 듯한 기분이라서 대단히 기쁘다"는 것을 깨달았다.

"지미, 자네가 하고 있는 것 같은 기분이 들지 않는 일은 절대로 하지 말게"라고 히치콕은 스타에게 말했다. "자연스럽게 느껴지지 않으면, 우리는 그렇게 될 때까지 작업을 할 걸세." 이런 충고는 감독이 스튜어트가 다리를 절어야 한다고 주장해서 상당히 복잡해졌다. 히치콕은 이 작품이 스튜어트에게는 '다른 종류의 캐릭터 구현'이라는 것을 관객들에게 미리 통보하기 위해 절뚝거리는 모습이 필요하다고 설명했다.(희곡에서 살아남은 요소인 절뚝거림은 영화에서는 다른 방식으로 설명된다. "루퍼트는 전쟁터에서 용기를 발휘하다가 다리를 다쳤어요"라고 윌슨 부인은 설명한다. 이것은 "훌륭한 미국인은 보통은 전쟁터에서 젊은 나이에 죽는다"는 브랜든의 자만심 넘치는 의견과 강하게 대조된다.)

스튜어트가 동성애에 대한 암시를 의도적으로 피했더라도, 그의 절뚝거림이 그다지 설득력이 없었더라도, 그가 '살인의 예술'을 격찬하는 안락의자 철학자로서 완전히 편안한 모습을 보이지는 않았더라도, 그리고 그의 착한 남자 페르소나가 결국에는 한계를 드러냈더라도, 히치콕은 그런 한계를 터득하고 그렇게 터득한 지식을 〈이창〉, 〈나는 비밀을 안다〉, 〈현기증〉에서 훌륭하게 이용했다. 아무튼 스튜어트는 그래도 감동적인 연기를 펼쳤다. "지미 스튜어트는 지미 스튜어트였다." 아서 로렌츠의 회고다. "섹스의 기미는 하나도 풍기지 않았다는 뜻이다. 그럼에도 그는 편안하게 권위를 풍기면서 영화를 장악했다. 그가 연기한 루퍼트는 지적이고 매력적이며, 냉소적이기보다는 짓궂은 유머가 돋보였다."

촬영 도중에 언론인들이 세트로 모여들었고, 몇몇 유명인사도 촬영장을 방문했다. 노엘 카워드와 잉그리드 버그먼은 촬영장에 찾아왔다가 친해졌는데, 여기에는 홍보효과를 올리려는 의도도 있었다. 버그먼의 경우에는 히치콕이 차기작 〈염소좌 아래서〉에서도 롱 테이크를 다시 시도하려고 계획하고 있었기 때문이었다.

시드니 번스타인은 사람 좋은 프로듀서로, 조금도 간섭하지 않고 그저 일이 잘 되도록 도와주기만 했다. 트랜스아틀랜틱 동업자들은 밤에는 러시를 검토한 후에, 히치콕 여사와 의견을 나누기 위해 벨라지오로드로 향했다. 히치콕 부부는 많은 수플레[4]로 번스타인의 식욕을 돋우는 것을 즐겼다고 캐럴라인 무어헤드는 썼다. "시드니가 다 먹지 못하고 남기면, 히치콕이 그중 절반을 먹었다. 그러고는 이튿날 아침에 다이어트가 실패하고 말았다면서 씁쓸하게 불만을 토로했다."

촬영은 2월 21일에 완료됐다. 트뤼포는 촬영 18일차였다고 썼지만, 『아메리칸 시네마토그래퍼』는 13일이라고 밝혔다. 이런 불일치는 부분적으로는 최소한 9일 동안 작업한 재촬영을 포함시켰는가에 달려 있다. 〈파괴공작원〉과 〈의혹의 그림자〉에서 더할 나위 없이 훌륭한 흑백 화면을 뽑아냈던 조지프 발렌타인은, 히치콕이 희망했던 점차로 어두워지는 색조를 뽑아내지도 않았고 뽑아낼 수도 없었다. 번스타인은 결국 그를 교체했고, 히치콕은 색감이 너무 창백한 장면들을 재촬영했다. 발렌타인은 공식적으로는 '와병 중'이라고 보도됐는데, 테크니컬러 자문의 도움을 받은 카메라맨 윌리엄 V. 스컬이 영화를 완성하면서 크레디트를 공유했다.

1947년 가을에 일련의 사건이 상호작용하면서 히치콕과 할리우드의 미래 모두를 바꿔놓았다. 10월에 반미활동심사위원회(HUAC)가 워싱턴 D. C.에서 청문회를 개최하면서, 15년에 걸친 블랙리스트의 시대를 열었다. 미국영화에서 공산주의적인 요소들을 씻어내기 위한 의도로 만들어진 블랙리스트는, 인재들을 추방하고 많은 논쟁적인 소재를 사용할 수 없게 제약하여 영화계를 허약하게 만들었다. 히치콕의 동아리에 있던 많은 사람이 영향을 받았다. 좌파에 속했던 아서 로렌츠는 할리우드에서 쫓겨났고, 흄 크로닌의 영화경력도 단절됐다.(크로닌의 좌파 자유주의적 정치성향은 1950년대에 HUAC로부터 심문을 당했다.) 할리우드가 HUAC에 굴복한 것에 격분한 휫필드 쿡은 얼마 안 있어 소설로 분야를 옮겼다. 심문을 반대하고 '빨갱이들'로 고발된 이들의 법적 변호 지원 기금을 기부한 시드니 번스타인도 영향을 받았다.

텔레비전은 영화업계를 메마르게 만드는 또 다른 요소였다. NBC가 1939년부터 정규 프로그램을 방송해오고는 있었지만, 전국적인 프

4 계란과 우유로 만드는 요리. — 옮긴이

장난스러운 홍보사진. 치명적인 트렁크에서 몸을 일으킨 히치콕을 〈로프〉의 세 주인공이 둘러쌌다. 왼쪽부터 팔리 그레인저, 존 댈, 그리고 히치콕의 친구이자 자주 동업 관계를 가진 제임스 스튜어트.

라임타임 방송의 비공식적 탄생 시기는 일반적으로 1948년으로 볼 수 있다. 이 해는 3군데 네트워크가 저녁시간 내내 스케줄을 짜서 경쟁체제에 돌입했고, 텔레비전 방송국과 텔레비전의 수가 전국적으로 급증하기도 했다.

쿡은 이 기간 동안 적은 일기에 반공주의 숙청운동이 히치콕 동아리에 속한 모든 이들을 병약하게 만들었으며, 감독은 텔레비전—영화계의 라이벌이자 영화계를 해치겠다고 위협하는 매체—의 침략에 공개적으로 속을 태웠다고 적었다. 훗날, 히치콕은 이들 이슈 모두를 다시 숙고해볼 이유를 찾아낸다.

그런데 히치콕 여사와 흄 크로닌은 〈로프〉의 뒤를 이어 런던에서 촬영을 시작하기로 예정돼 있는 〈염소좌 아래서〉의 트리트먼트를 완성하고 있었다. 제임스 브라이디는 글래스고에서 히치콕과 전화와 전보를 통해 의사소통을 하며 시나리오에 착수했다. 빅터 피어스는 프리프로덕션을 준비하기 위해 런던으로 돌아왔다.

트랜스아틀랜틱의 세 번째 프로젝트도 구체화되고 있었다. 루이 베르뇌이는 히치콕과 얘기를 나눈 후, 〈나는 고백한다〉가 될 영화의 줄거리가 담긴 트리트먼트 초고를 완성했다. 트리트먼트는 세기말 프랑스 희곡의 배경을 샌프란시스코 외곽의 작은 마을로 바꿔놓았다. 히치콕이 자신의 안락한 별장이 있는 지역에 끌린 (〈의혹의 그림자〉 이후) 두 번째 영화였다. 베르뇌이의 두 번째 트리트먼트는 히치콕이 내놓은 누명쓴 성직자가 사생아의 아버지라는 것을 밝히자는 대단히 모험적인 아이디어도 받아들였다.

그런데 칼럼니스트 지미 피들러가 누명쓴 성직자 프로젝트에 대한 소식을 흘리자, 워너브러더스와 은행 임원들은 트리트먼트를 검토한 후 상당한 우려를 표명했다. 하지만 히치콕은 그런 걱정이 시기상조라고 주장했다. 캐리 그랜트는 프로젝트를 떠났지만, 히치콕은 제임스 스튜어트와 영화에 대한 얘기를 나눠 긍정적인 답변을 받았다. 어쨌건 감독은 모두를 안심시켰고, 베르뇌이의 트리트먼트는 영화로 탈바꿈하기 일보직전이었다. 이제 히치콕 여사는 모든 것을 수정하는 새로운 트리트먼트를 집필할 터였다. 한편, 히치콕은 —스튜디오가 덜 논쟁적인 도주영화로 본— 〈경찰을 피해 달아나라〉를 〈나는 고백한다〉보다 먼저 진행할 수도 있다고 밝혔는데, 그렇게 되면 워너는 일정보다 먼저 히치콕 영화를 얻는 셈이었다. 이런 책략 덕에 평화가 유지됐다.

휫필드 쿡은 초기단계에 있는 남편의 프로젝트 모두를 어느 정도 동시에 다듬고 있던 알마와 협력해서 트리트먼트를 만들면서, 〈경찰을 피해 달아나라〉의 작업을 진행해나갔다. 자신의 영화를 제작하기 시작한 조앤 해리슨이 히치콕 부부 가까운 곳에 남아 있기는 했지만, 이제는 쿡이 가족 사이에 꾸준히 모습을 드러내면서 해리슨의 자리—최신 히치콕 3인조—를 차지했다. 예를 들어, 1947년 12월 말에 쿡은 히치콕 부부와 함께 〈패러다인 부인의 재판〉 시사회에 참석했다. 〈로프〉의 제작이 막바지를 향하던 시점에서, 히치콕 부부는 콘스탄스 콜리어의 집에서 열리는 공식 만찬파티에 초대받았다. 채플린 부부와 앨더스 헉슬리 부부 등이 손님으로 초대된 이 파티에는 쿡도 초대받았다.

〈로프〉의 촬영이 종료된 주말에 쿡과 흄 크로닌은 히치콕 부부의 캘리포니아 북부 별장의 손님이었다. 쿡은 파트너인 앤 채핀과 함께 해군 구조대에 관한 MGM 영화도 작업하고 있었는데, 이야기는 어느 틈엔가 〈염소좌 아래서〉, 〈경찰을 피해 달아나라〉, 〈나는 고백한다〉 같은 히치콕 프로젝트들로 접어들곤 했다. 쿡은 "알마, 히치와 나는 비 내리는 오후에 낡은 옷을 걸치고 긴 산책을 했다"고 적었다.

세 사람은 1948년 3월 20일에 로마노프에서 저녁을 먹었는데, 이 자리에는 조앤 해리슨과 시드니 번스타인이 합석했다. 히치콕 일행은 저녁을 먹는 동안 아카데미 시상식 라디오 중계를 들었는데, 그가 개봉작도 없고 오스카의 어떤 부문에도 후보로 지명되지 못한 것은 8년 만에 처음이었다. 히치콕 부부가 런던으로 항해에 나선 일주일 후, 부부는 퀸엘리자베스 호에서 쿡과 통화를 했다. 그리고 알마는 〈경찰을 피해 달아나라〉에 관한 전보를 보냈는데, 히치콕 부부가 없는 사이에 쿡이 개발하기로 한 작품이었다.

헬렌 심슨이 오스트레일리아를 배경으로 쓴 소설 『염소좌 아래서』를 영화로 만든다는 아이디어에 히치콕이 매력을 느낀 것은 무엇 때문일까? 영화화 권리가 저렴해서였을까?(도널드 스포토에 따르면, 비용은 푼돈에 불과했다.) 히치콕이 미국 관객에게 어필하기 위해 작업했던 전작 〈로프〉와 균형을 맞추는 이 작품의 소재가 영국 관객이 본질적으로 흥미를 느낄 만한 소재여서였을까? 아니면 〈살인〉과 〈사보타주〉에 기여한 작가에게 특별한 애착을 느껴서였을까?

심슨의 1937년 소설은 19세기에 죄수와 병사들로 북적대는 신흥도시 시드니에 거주하는 부부가 공유하는 비밀을 다룬다. 남편은 '가출옥 허가증'을 받은 남자로, 죄수였던 그는 이제는 매너가 천박한 지주이자 사업가다. 그는 아일랜드에서 범죄—처남 살해—를 저질렀는데, 유일한 목격자는 알코올중독자인 아내였다.(진짜 살인자는 그녀였던 것으로 밝혀진다.) 시드니에 새로 도착한 집안 좋고 잘생긴 남자가 그녀의 아름다움에 홀딱 반해서는 그녀를 갱생시키는 작업에 착수한다.

당시에는 좋은 평가를 받은 〈염소좌 아래서〉는 히치콕이 —그가 일하는 것과 너무나 비슷하다고 느낀다고 밝혔던 범죄소설과는 달리— 시간 날 때마다 습관적으로 읽곤 했다고 주장하는 역사소설에 속했다. 그러나 그는 심슨의 소설에 '특별한 애정은 없었고', 그가 그 소설을 '좋아했다'고 인정한 것은 드문 일이었다. 알마는 그 소설을 더 좋아했다. 잉그리드 버그먼이 플러스키 부인—'해방자'의 아내—에게서 그녀의 장기인 고상한 고초를 발견했을 가능성도 있다.

영화에 관련된 사람들은 이 작품이 걸작이 될 가능성이 있다고 생각했을까? 히치콕은 트뤼포에게 〈염소좌 아래서〉에 대한 추억을 들려주면서 버그먼은 "걸작에만 출연하고 싶어했다"고 밝혔다. "어떤 영화가 걸작이 될지 아닐지를 도대체 어떻게 알 수 있겠습니까?"

초기에 배포된 트랜스아틀랜틱 홍보자료에서부터 버그먼의 이름은 박스오피스에서 짜릿한 성적을 거둘 것임을 보증하는 프로젝트의 자산으로 널리 홍보됐다. 그러나 그녀의 스타 파워에는 부정적인 면도 있었는데, 우선 자신의 값어치를 잘 아는 그녀는 그에 걸맞은 출연료—20만 달러와 수익의 25퍼센트—를 요구했다. 제임스 스튜어트와는 달리 그녀는 수익 공유의 대가로 출연료를 포기하지 않았다.

히치콕은 영화감독의 입장에서 그녀가 요구하는 출연료에 기분이 상해서, 그가 받을 연출료는 그 정도 수준이거나 그보다 많아야만 한다고 생각했다. 따라서 그는 〈염소좌 아래서〉의 연출료를 25만 달러—수익의 30퍼센트도 더불어—로 인상시켰는데, 이런 움직임에 대해 들은 버그먼은 이의를 제기하여 히치콕과 같은 30퍼센트를 허락받았다. 그러나 두 사람 모두 박스오피스 부진으로 한 푼도 받지 못했다.

세월이 흐른 후 히치콕은 〈염소좌 아래서〉를 촬영할 때 시종일관 무모하게 자존심을 내세웠다는 것을 인정했다. "나는 버그먼을 확보하는 것이 엄청난 위업이라고 생각하는 실수를 저질렀습니다. 아시겠지만 그것은 영화판 나머지 사람들에게 거둔 승리였습니다. 그 판단이 나빴어요. 그리고 내가 한 짓은 거의 어린아이 수준이었고요. 내가 생각한 것이라고는 이런 거였습니다. '한때 영국을 대표하는 감독이던 나 히치콕이 오늘날 최정상급의 스타를 데리고 런던으로 돌아왔노라.' 나는 런던공항에서 카메라와 플래시가 버그먼과 나를 향하게 될 것이라는 생각에 말 그대로 흥분했습니다. 이런 부수적인 요인들 모두가 지독히도 중요한 듯 보였습니다."

그는 자신의 '정신착란'은 버그먼 이전—소재 선택("내가 명확하게 판단했다면, 시대극은 절대로 택하지 않았을 겁니다.")—부터 시작됐다고 트뤼포에게 밝혔다. 존 콜턴과 마거릿 린덴 팀이 초기 각색을 완료했다. 영화로 만들어진 몇몇 희곡을 집필했던 평판 좋은 극작가 콜턴은, 서머싯 몸의 〈비〉와 요세프 폰 슈테른베르크가 연출한 〈상하이 제스처〉도 각색한 바 있다.

콜턴과 린덴은 원작에 등장하는 인종차별주의를 제거하고, 배경을 대저택에 국한시켰다. 그들은 오스트레일리아에 새로 온 아데어가 금을 찾아 내륙 깊숙이 들어간다는 기다란 서브플롯을 삭제했다. 콜턴은 원래는 무대에 올릴 의도로 시작했을 각색을 완료한 후 1946년에 돌연 숨을 거뒀다.

히치콕은 시나리오 집필을 위해 아서 로렌츠를 초청했지만, 책을 읽고 별다른 감흥을 느끼지 못한 로렌츠는 거절의 의사를 밝혔다. "그날 늦은 시간에 시드니 번스타인은 내 어깨에 팔을 두르고는, 친구 대 친구의 입장에서 나 자신을 위해 시나리오를 집필하도록 설득하려 노력했다"고 로렌츠는 회상했다. "나는 히치에게 상처를 줬다. 나는 불충을 저질러서 그의 기분을 상하게 했다. 충성은 주저 없는 '예스'였다. '노'는 배은망덕이었다. 그런데 내 생각에 결심을 바꾸는 것은 우정에서 비롯된 행위가 아니라, 정말이지 나를 불충한 놈으로 만들 터였다. 히치는 그 문제를 그런 식으로 생각하지 않았다. 나는 로마노프의 그의 테이블에 다시는 앉지 못했다. 우정에 관해 초기에 얻은 힘겨운 교훈은 이랬던 것이었다. 우리는 진정한 친구였던 적이 없다."

〈로프〉의 시나리오를 작업했던 흄 크로닌이 〈염소좌 아래서〉의 공동작업을 위해 선발됐다. 그는 우선 할리우드에서 히치콕 여사와 작업하다가, 임무를 완수하기 위해 감독과 함께 영국으로 건너갔다. 히치콕은 트뤼포에게 크로닌을 다시 선택한 것은 그가 '친구'였기 때문이었다고 밝혔다. "자신의 아이디어를 어떻게 표명할지 아는 아주 조리 있는 사람이었죠."

그러는 사이 제임스 브라이디는 글래스고에 있는 자택에서 협력하고 있었다. 브라이디는 초기에는 심슨 소설의 각색을 거절했지만, 로렌츠와 달리 원작을 마음에 들어한 그는 원작의 향취를 가급적 많이 보존하겠다는 히치콕의 약속에 결국 마음을 돌렸다. 히치콕과 크로닌이 콘티를 짜나가는 동안, 브라이디는 캐릭터에 살을 입히고 대사를 썼으며, 알마는 원고를 읽고 편집했다. 그러나 이것은 크롬웰로드에서 벌어지는 친밀한 역동적 그룹 활동은 아니라, 같은 시간에 같은 자리에 있어본 적이 드문 창조적 인물 4명이 띄엄띄엄 기여한 결과물에 불과했다. 이 과정을 되돌아본 히치콕은 사슬에서 가장 약한 고리가 누구였는지를 결코 결정할 수 없었다. 그는 긴급대기조 크로닌이 (무대와 뉴욕에 대한 친숙함을 활용한) 〈로프〉 같은 소품을 각색하는 데는 적합하지만, 이처럼 장대한 시대극 드라마를 각색하는 데는 '충분한 경험'이 부족했다면서 그를 비난하곤 했다.

런던의 봄은 늘 좋았으며, 미래를 화사한 빛깔로 물들였다. 〈로프〉의 기술적 난제들을 훌륭히 돌파해낸 히치콕은 자부심을 느끼며 미래에 낙관적이었다. 시드니 번스타인, 흄 크로닌과 시나리오회의를 갖는 사이사이 감독은 〈염소좌 아래서〉의 출연진과 스태프 구성을 완료하고는, 엘스트리에 야심 찬 세트들이 지어지는 것을 감독했다. 그는 유서 깊은 아말가메이티드 스튜디오에서 촬영을 하고 있었는데, 지금은 MGM-브리티시가 관리하는 이 스튜디오는 현대적인 할리우드 스타일의 시설과 최고의 레스토랑을 짓는 데 미국으로부터 온 재정적 지원을 활용했다.

이것은 히치콕 여사가 1939년 이후 처음으로 하는 영국 여행이기도 했다. 부부는 옛 친구들과 우정을 돈독히 하고, 장성한 딸을 친척들에게 인사시키는 시간을 가졌다. 〈경찰을 피해 달아나라〉의 배경이 런던인 덕에 알마는 팻과 함께 도시를 여행할 직업적이고도 개인적인 동기를 갖게 됐다. 연기를 하겠다는 야심을 키우던 팻은 영국의 주도적인 연기학교인 왕립극예술아카데미(RADA) 입학을 희망했다. 모녀는 고워스트리트에 있는 RADA를 방문했고, 팻은 가을학기에 등록했다.

히치콕이 여러 인터뷰에서 팻의 직업을 놓고 농담을 던지기는 했지만, 그녀는 부모의 세계의 중심이었고 부모는 그녀의 목표를 지원했다. "그들이 딸의 기운을 전적으로 북돋았다고는 생각하지 않지만, 그렇다고 딸의 기운을 꺾지도 않았다고 생각한다." 휫필드 쿡의 회상이다. "그들은 항상 딸의 곁에 있었다."

알마는 〈경찰을 피해 달아나라〉에 RADA와 무대 뒤편의 세계를 합쳐 넣는다는 아이디어를 내놨다. 셀윈 젭슨이 쓴 소설의 주요 캐릭터 중 한 명은 디바 타입의 매력적인 중년여성이다. 살인사건을 해결하려 하는 젊은 여성은 디바의 범죄사실을 비밀리에 밝혀내기 위해 가정부로 위장한다. 소설에서 젊은 여성은 직업이 없는데, 알마는 그녀를 RADA 학생—팻처럼 야망이 있는 여배우—으로 만들자고 제안했다. 같은 맥락에서 디바 타입의 여성을 실제 무대의 디바로 설정하면, 아마추어 여배우는 추적 솜씨와 연기 실력으로 디바를 공략해야 할 것이다. 히치콕 부부는 이 아이디어를 거듭해서 매우 열심히 얘기했다. 연극 모티프를 이중으로 설치하고 심오하게 만든다는 아이디어는 결국 시나리오에 스며들면서 새로운 제목을 이끌어냈다.

차기작이 지금 작업하고 있는 작품보다도 더 감독의 흥미를 끄는 것은 불길한 징조였다. 그와 크로닌이 잉그리드 버그먼의 장면들을 강화하면서 〈염소좌 아래서〉의 시나리오를 심하게 난도질한 것과는 무관하게 줄거리의 후반부는 빈약하고 어색했다. 후반부의 유일한 흥밋거리는 질투심 많은 가정부로부터 비롯됐다. 줄거리에는 진정한 크레셴도가 없었다. 그래서 집필팀은 결국 시나리오의 강조점을 플러스키, 플러스키 부인, 아데어 사이의 삼각관계로 돌리고는, 격렬한 언쟁 끝에 사고로 총이 발사되면서 아데어가 거의 죽을 뻔하고, 플러스키는 체포와 추문, 망신에 이른다는 내용을 짜냈다.

히치콕은 시나리오회의가 형편없어져갈 때는 그런 사실을 늘 감지하며 전조를 느꼈다. 그는 영감도 없는 브레인스토밍을 하면서 크로닌과 주제를 벗어난 회의로 시간을 보내다가, 오래지 않아 자신의 신조를 깨버리면서 서둘러 해결책을 마련했다.

크로닌은 어느 날 아침 트랜스아틀랜틱 사무실에서 있었던 일을 회상했다. "히치가 갑자기 의자에 몸을 눕히더니 골이 난 아기처럼 얼굴을 찌푸리고는 이렇게 선언했습니다. '이 영화는 실패작이 될 거야. 나는 점심이나 먹으러 가겠네.' 그러고는 입을 삐쭉거리면서 성큼성큼 방에서 나갔습니다. 나는 겁에 질렸습니다. 시드니 번스타인은 그 즉시 다정한 목소리로 달랬습니다. '자, 흄, 당황해하지 말게. 자네도 히치를 알잖나. 점심 잘 먹고 돌아올 거야. 그러면 만사가 평온할 거라고.' 그건 참말이었습니다. 나는 히치가 이런 짜증을 부리는 것을 전에도 본 적이 있었으니까요. 그는 촬영장에서는 절대로 그런 모습을 보이지 않았습니다. 그렇지만 영화의 준비단계에서는 굉장히 변덕스럽게 변할 수 있었고, 그의 감정의 온도계는 열의로 100도 이상 끓어올랐다가 절망감에 휩싸여 영하로 곤두박질치곤 했습니다."

그날 밤, 감독과 작가는 사보이에서 장시간의 호사스러운 저녁을 먹었다. 히치콕은 값비싸고 희귀한 포도주인 슐로스 요하니스베르거와 퓌르스트 폰 메테르니히를 2병 주문해야 한다고 고집을 부렸다. 저녁이 되면서 히치콕의 '온화한 유머'가 되살아났고, 낮에 가졌던 회의가 더욱 낙관적인 분위기 속에서 재개됐다. 크로닌은 이렇게 썼다. "문제는 내가 히치의 예감이 정확할 거라는 지독하고 끈질긴 의심을 품었다는 것이다."

6월 둘째 주에, 히치콕은 〈로프〉의 후반작업을 승인하고 가을 개봉에 맞춰 예고편을 제작하기 위해 일주일 동안 할리우드로 돌아왔다. 그의 기분은 여전히 좋았으며, 〈염소좌 아래서〉에 대한 드높은 야심에 관해 얘기하고 다녔다. 그는 〈로프〉에서 썼던 혁신적인 단일 테이크 방법을 한 단계 더 높여서, 여러 층에 걸친 세트와 심지어는 실외장면까지 촬영할 계획이었다. 그는 유려한 카메라워크에 열광하게 됐지만, 이번 카메라워크는 치명적인 것으로 판명됐다. 그는 나중에 〈로프〉는 용서

받을 만한 탐닉이었지만, 〈염소좌 아래서〉를 그런 식으로 촬영한 것은 아둔한 짓이 분명했다고 밝혔다.

그러나 유려한 카메라를 향한 히치콕의 열광 뒤편에는 감춰진 의도가 있었다. 그는 잉그리드 버그먼에게 마법을 걸려고 필사적으로 노력하고 있었다. 그는 주연여배우가 자신만큼이나 흥분하기를, 〈염소좌 아래서〉의 모든 장면을 카메라가 얼마나 매끈하게 엮어내는지를 그와 함께 비주얼화하기를 바랐다. 과신으로 달아오른 감독은 버그먼과 휫필드 쿡을 위해 워너브러더스 시사실에서 〈로프〉를 상영했다. "나는 영화가 마음에 들었다." 쿡이 일지에 쓴 내용이다. "그녀는 그다지 좋아하지 않았다."

워너브러더스의 임원들도 마찬가지였다. 막후에서 경영진은 롱 테이크 때문이 아니라 〈로프〉의 소재 때문에 공포에 사로잡혔다. 그때까지만 해도 스튜디오 임원들과 검열관들의 눈을 피해다니던 동성애 서브텍스트가 갑자기 명확해졌지만, 히치콕은 일을 훌륭히 해치웠다. 그는 기술적인 내용만 떠들어대면서, 그들의 눈앞에서 영화에 대한 관심을 그의 방식으로 충분히 다른 곳으로 돌려놨다.

〈로프〉에 대한 얘기를 들은 파라마운트의 뉴욕 소재 회장 바니 발라반은 두 귀를 쫑긋 세우고, 잭 워너에게 불미스러운 히치콕 영화와 워너브러더스의 관계를 끊으라고 강권하는 편지를 개인적으로 썼다. 발라반은 영화에 등장하는 두 살인자가 동성애자인 데다 유대인으로 그려져, 레오폴드-로엡 사건을 너무나 확연히 떠오르게 만든다고 경고했다.

"앨프레드 히치콕과 얘기를 했습니다." 워너의 회장은 즉시 (그리고 개인적으로) 답장을 썼다. "그는 영화가 레오폴드-로엡 사건과는 아무런 관련이 없다고 제게 단호히 밝혔습니다. 더군다나 영화의 배경은 뉴욕이고, 영화에는 유대인 캐릭터가 한 사람도 묘사되지 않습니다." 워너는 이렇게 덧붙였다. "우리끼리 하는 얘기지만, 바니. 영화가 만들어지기 전에 당신이나 다른 누군가가 나에게 그 사건과 이 영화 사이의 유사성을 제기했다면, 워너브러더스는 영화를 개봉하겠다는 계약은 체결하지 않았을 겁니다…… 나는 이것이 우리 작품이 아니며, 우리는 이 영화에 약간의 금전적 이해만 가지고 있고, 우리의 주된 관심사는 영화의 배급이라는 점도 당신께 인식시키고 싶습니다."

발라반의 편지에 부응하는 편지들이 반명예훼손연맹, 영화개선위원회, 그리고 다른 시민단체들로부터 쏟아져 들어왔다. 전국 각지의 도시와 주가 히치콕 영화를 금지시켰고, 영화는 —종종은 영화의 막을 여는 교살 장면을 포함하는— 몇몇 장면을 '가위질'한 후에야 지역 검열위원회를 통과할 수 있었다. 전미비평가협회가 〈로프〉를 —21살 이상인— '성숙한' 관객들에게만 볼 수 있게 국한시킨 것은 상업적 면에서는 치명적인 사건이었다.

9월에 〈로프〉가 개봉했을 즈음에 박스오피스에서 맞을 운명은 스튜디오 내부의 반응과 검열당국의 외적인 압력에 의해 이미 정해졌다. 워너는 영화의 제작사 트랜스아틀랜틱을 대신해서 대대적인 캠페인을 벌일 능력이 충분했지만, 별다른 열의를 보이지 않고 홍보하면서 배급했다. 〈로프〉는 개봉 초기에 뉴욕에서 대박을 터뜨렸지만, 전국적인 흥행은 급격하게 고개를 숙였다. 해외에서도 위안거리는 없었다. 캐나다에서 영화는 가위질을 당했고, 영국에서는 작품을 미국화한 것에 당혹스러워하거나(『타임스』는 "그가 원작에 가한 폭력을 정당화하는 것을 이해하기 어렵다"고 썼다) 비웃어댔다.(린제이 앤더슨은 이 작품이 히치콕의 영화 경력에서 '최악의 졸작'이라고 말했다.) 프랑스와 이탈리아에서 〈로프〉는 즉시 금지당했다.

미국 평론가들의 평결은 최고라는 찬사와 최악이라는 경멸로 나뉘었다. 하워드 반스가 『뉴욕 헤럴드트리뷴』에서 〈로프〉를 '장인의 작품'이라고 칭찬한 반면, 『뉴욕타임스』의 보슬리 크라우더는 영화를 '어쩌면 지금까지 만들어진 가장 우둔한 영화 중 하나'라고 불렀다.

아이러니컬한 것은, 히치콕이 단일 테이크 기법을 너무나 매끄럽고 너무나 인식할 수 없게 사용한 덕에, 리뷰에서는 그 기법을 대수롭지 않은 요소로 취급했다는 것이다. 기법은 성공했지만 영화는 실패했다. 그렇지만 그가 자신을 포함한 모두에게 도전했던 영화 중의 1편인 〈로프〉는 결국 히치콕 자신의 관점을 계승한 작품이다. 그는 〈로프〉를 후대를 위한 영화라고 예견했고, 후대는 이 영화를 주목했다. 〈로프〉는 걸작에 가깝다. 결점이 없지 않고 모두의 취향에 맞지는 않지만, 끝없는 추구에 나선 예술가의 비범한 실험작이다.

그러나 트랜스아틀랜틱의 창립작의 운명은 갓 태어난 회사의 미래에 어려움을 가져왔고, 히치콕은 〈염소좌 아래서〉에 대한 무력한 기분과 맞서 싸워야만 했다.

아일랜드인 마구간지기 출신으로 소설에서 '덩치는 크지만 허약하며' 말투가 야비한 것으로 묘사되는 샘 플러스키 역에 히치콕은 버트 랭카스터를 원했다. 히치콕은 그가 잉그리드 버그먼과 치명적인 사랑에 빠지는 '거름 냄새가 나는 호색적인 마구간지기'를 믿음직스럽게 연기해낼 것이라고 생각했지만, 랭카스터의 몸값이 너무 높은 데다 다른 스케줄이 잡혀 있어 일정도 맞지 않았다. 히치콕은 트랜스아틀랜틱이 일정을 제대로 맞추지 못할 경우, 은행들이 대출금 상환을 요구할 것이라는 사실을 알고 있었다.

결국 대안으로 조지프 코튼이 등장했다. 히치콕의 친구인 코튼은 거름 냄새가 그리 많이 나지 않는 남부 출신 신사인 데다 아일랜드 억양을 구사하는 데 경계심을 품고는 있었지만, ('데이비드 O. 셀즈닉과 한 합의에 따라') 그 역할에 투입할 수 있었다. 히치콕은 훗날 코튼은 최선을 다했지만 그 역할에는 '어울리지 않았다'는 사실을 인정했다. 또한 문명화된 시드니를 '난폭한 야수'라며 두려워하는 전직 마구간지기로 코튼을 받아들이라고 관객에게 요구하는 것은 도가 지나친 것이었다.

대서양 양쪽에 어필할 영화를 만들기 위해 최소한 1명의 영국인 스타가 필요했던 히치콕은 자막에 세 번째로 등장하며 플러스키 부인과 사랑에 빠지는 새로 도착한 아일랜드인 아데어 역에 마이클 월딩을 캐스팅하기 위해 온갖 노력을 기울였다. 영국에서만 유명한 월딩은 애나 니글을 상대하는 경박한 남자주인공으로 활동하고 있었다.(마를린 디트리히는 그를 '지미 스튜어트의 영국 버전'이라고 생각했다.)

월딩은 봄에 뉴욕에서 히치콕과 처음 미팅을 가졌다. "자네 뉴욕을 잘 아나?" 세인트 레지스의 스위트에서 악수를 나누고 마실 것을 주문한 다음 히치콕이 물었다. 월딩이 이것이 첫 방문이라고 밝히자, 히치콕은 큰소리로 외쳤다. "오, 우리는 그것부터 바로잡아야 하겠군." 그들은 감독을 가이드 삼아 할렘에서 엠파이어스테이트 빌딩에 이르기까지 사흘간의 투어에 나섰다. 급조된 여행은 스테이튼 아일랜드에서 자유의 여신상까지 가는 페리 여행으로 끝이 났다. 히치콕은 〈파괴 공작원〉에 등장했던 국가적 명소를 응시하다가, 쌍안경을 월딩에게 건네면서 이렇게 얘기했다. "저 여자의 몸을 보게. 프랑스인들이 저런 가슴을 만드는 데 솜씨가 있다는 게 자네는 짐작이 안 되나?"

월딩은 관광을 즐겼지만, 히치콕이 〈염소좌 아래서〉를 언급했을 때, '또는 그의 영화연출 태도에 대한 더욱 중요한 설명'을 언급했을 때 의아해지기 시작했다. "그런데 그는 자신의 연출 접근방식에 대해서는 딱 한 가지 의견만 내놨습니다. 그는 내게 '영화의 서스펜스의 비밀은 어떤 신을 절대로 처음부터 시작하지 말고, 절대로 그 신으로 끝나게 놔두지 않는 걸세'라고 말했습니다."

히치콕이 시급한 현안을 제기하자 월딩은 역할을 맡기로 했다. 월딩은 주요 배역 가운데서 유일하게 촬영 기간 내내 신뢰감을 유지하기에 충분할 정도의 유머감각을 발휘했고, 그가 연기한 캐릭터처럼 자신을 너무 심각하게 받아들이지 않았다. 히치콕은 〈염소좌 아래서〉에는 '유머가 충분치' 않다고 프랑수아 트뤼포에게 애처롭게 털어놨다. 그나마 —카메라 안에서나 밖에서나— 거기에 있는 소소한 유머는 월딩에게서 비롯된 것이었다.

다른 출연진과 스태프는 영국 인력으로 채워졌다. 재개장한 올드빅 극장의 무대에서 걸출한 연기를 펼친 마거릿 리턴이 플러스키 부인에게 약이 든 음료수를 억지로 권하는 사이코 같은 가정부 밀리로 캐스팅됐다. 잭 워틀링은 (책에서는 더욱 중요한 캐릭터인) 플러스키의 비서를 맡았고, 〈사라진 여인〉에서 단역이었던 세실 파커가 총독을 연기했다.

히치콕은 카메라맨으로 영국 최고의 고수 중 1명을 확보했다. 〈스킨게임〉에서 카메라 기사를 맡았던 잭 카디프는 마이클 파웰 작품들의 육감적인 컬러 촬영으로 유명했고, 그해 초에 〈흑수선〉으로 오스카를 수상하기도 했다. 히치콕은 카디프를 위해 〈로프〉를 상영하면서 빛을 발했다. 카메라맨은 히치콕의 비전을 존중하면서 〈염소좌 아래서〉를 단일 테이크로 촬영한다는 '대담한 도전'을 용감하게 받아들였지만, 한편으로는 그것을 '상당히 미친 짓'이라고 생각했다.

잉그리드 버그먼의 출연료가 결국 200만 달러 이상으로 치솟은 제작비를 고갈시킨 유일한 요인은 아니었다. 세트 디자인과 제작비 모두 예산을 넘어섰다. 2층과 방 6개를 자랑하는 플러스키 맨션은 거대한 카메라 크레인이 문과 벽을 헤치고 다닐 수 있도록 전기로 밀어 열 수 있는 부분을 갖추어 지어야 했다. 맨션은 엘스트리에서 가장 큰 스튜디오를 차지했다.

출연진은 6월 중순에 연기에 돌입할 준비가 돼 있었지만, 세트 제작이 지연됐고, 그다음에는 앞뒤 가리지 않는 기술자들의 파업으로 다시 제작이 늦춰졌다. 파업은 돈뿐 아니라 촬영장의 분위기까지 망쳐놨는데, 세트를 처음 방문한 잉그리드 버그먼은 스태프들이 뿜어내는 '적대적인 분위기'에 대경실색했다.

시나리오도 지연됐을 뿐 아니라 총체적으로 만족스러운 상태에 도달하지 못했다. 크로닌은 미숙함을 드러냈고, 제임스 브라이디가 히치콕을 위해 몇 차례 집필하기는 했지만, 감독은 수십 년이 흐른 후에 브라이디가 "어느 정도만 지적인 극작가이고, 내 의견으로는 그렇게 숙달된 장인은 아니었다"고 회상했다. 〈염소좌 아래서〉의 엔딩은 고조되는 것이 아니라 점점 가라앉는 분위기를 풍기는데, 히치콕의 영화치고는 드문 실패작이다. 감독은 이렇게 밝혔다. "나중에 그 문제를 고민해본 나는 그(브라이디)가 1막과 2막은 늘 최고였지만, 희곡의 엔딩을 제대로 성공시킨 적은 한 번도 없다는 것을 깨달았습니다."

7월 1일이 되자 주연배우들의 조바심이 커져갔다. 자금 문제에서나 시나리오상에서나 중요성이 과장되면서 히치콕이 비틀거리는 행보를 하게 만든 버그먼은 시간만 보냈다. 그녀는 플러스키 부인을 연기하는 데 필요한 아일랜드 분위기를 걱정스러워하며, 먹고 마시고 살이 쪘고 마음을 졸였다. 감독은 특유의 버릇대로 버그먼에게 걱정할 것 없다고 말했지만, 그녀가 보기에 히치콕은 그녀를 제외한 만사—시나리오, 세트, 정교한 카메라워크—를 걱정하는 듯 보였다.

버그먼은 개인적으로나 직업적으로나 혼란스러운 상태였다. 결혼생활은 그녀의 바람기 때문에 파경을 맞았고, 할리우드의 조립 라인식 제작시스템에 대한 혐오감을 키워온 그녀는 새로운 방향으로 움직여서 그녀의 경력에 다시 활기를 불어넣기를 열망했다. 그녀는 〈무방비도시〉와 〈전화의 저편〉을 감상하고 영화감독 로베르토 로셀리니에게 편지를 보내, 〈염소좌 아래서〉의 촬영장에서 벗어나고 싶으며 그를 만나 훗날 그와 함께 일할 가능성을 논의해보고 싶다고 밝혔다. 이런 계획들은 히치콕의 시야를 벗어나지 못했다.

조지프 코튼은 밤마다 히치콕 부부와 버그먼과 저녁을 먹었다. 그가 보기에 몹시 초조해하는 듯한 히치콕은 생필품 배급이 영국에 아직도 영향을 미치고 있다고 투덜거렸다. 그런 '모든 상황이 영국적'으로 보였다.

히치콕은 7월 19일이 돼서야 잉그리드 버그먼을 소개하는 〈염소좌 아래서〉의 첫 테이크를 찍을 수 있었다. 맨발에다 술에 취해 망가진 채로 식당에 들어선 플러스키 부인은 남편의 손님들을 만나고, 마이클 윌딩과 그들이 공히 겪은 아일랜드의 과거에 대한 의미심장한 대화를 한다. 버그먼은 아일랜드 억양을 비롯한 모든 것을 순조롭게 해치웠다. 히치콕이 "컷!"을 외치자 안도의 갈채가 터졌다.

버그먼이 신경을 곤두세우고 있다는 것을 감안한 히치콕은 첫 장면을 최장 길이의 테이크로 찍지는 않았다. 시드니 번스타인이 신경을 곤두세우고 있다는 것을 감안한 감독은 비전을 수정해서 몇 장면을 쪼개서 계획된 컷과 카메라 앵글로 찍기 시작했다. 그러나 히치콕은 카메라를 유려하게 움직이겠다는 생각을 바꾼 바로 그 순간, 핵심 장면을 롱 테이크로 찍겠다는 결심도 굳히고 있었다.

카메라맨 잭 카디프에 따르면, 롱 테이크는 '기술적인 악몽'이었다. 〈로프〉 때처럼 총길이가 몇 킬로미터에 달하는 케이블이 발치에 깔려 있는 마룻바닥에 모든 배우의 동선을 분필로 표시했다. 출연진이 대사를 연기하는 동안, 카메라는 움직이고 벽은 사라져야 했다. 전기기사는 이동식 촬영대에 놓인 램프들을 서둘러 정해진 위치에 갖다놓고는 카메라 밖으로 몸을 빼내야 했다. 마이클 윌딩에 따르면, 히치콕은 '선원들에게 그물을 당기라고 고래고래 소리를 지르는 어선단의 선장처럼' 출연진과 스태프에게 계속해서 소리를 쳐대느라 정신이 없었다.

장시간에 걸친 리허설이 다시 필요해졌고, 연기자들의 녹슨 암기력이 다시 한 번 시험대에 올랐다. 히치콕의 기법이 요구하는 엄청난 육체적 수고는 스태프의 인내력을 시험했고, 기술적인 잔고장도 거듭해서 테이크를 망쳤다. 마침내 한 신을 제대로 연기해낸 배우들은 대사를 녹음하기 위해 카메라가 없는 상태로 연기를 처음부터 다시 펼쳐야만 했다.

카디프는 그들이 하루를 리허설하고 이튿날에 촬영하곤 했다고 회상했다. "쓸 만하게 녹음된 사운드를 얻기란 불가능했습니다. 소음이 이루 말할 수 없는 정도였으니까요. 굉음을 내면서 세트를 누비고 다니는 전기 크레인은 전쟁터의 탱크 같았습니다. 벽들은 부서지면서 열렸고, 소품담당자들은 헐떡거리면서 가구들을 나르고 크레인이 되돌아오는 길에 오르면 미친 듯이 가구들을 원위치시켰습니다. 그래도 음향부는 '가이드 트랙'(나중에 제대로 된 사운드트랙을 매치시키기 위해 소음 틈에서 대사를 골라내는 것)을 얻는 솜씨가 매우 뛰어났습니다. 10분짜리 '테이크'를 성공적으로 찍고 나면, 음향 스태프와 히치, 스크립트걸, 그리고 카메라 없이 대사를 연기하면서 동작을 취해나갈 출연진을 제외한 사람들은 스튜디오를 떠나야만 했습니다. 경이로운 것은 음향 테이프를 앞뒤로 돌리는 것으로 그 모든 작업을 해냈다는 겁니다."

이런 상황 속에서 히치콕은 자신의 원칙을 깨고, 화면보다는 대사에 ―연기 자체보다는 연기에 따르는 음향에― 더 많은 주의를 기울여야 했다. "10분짜리 테이크를 촬영하는 중에 그의 모습을 지켜본 적이 한 번 있습니다"라고 카디프는 회상했다. "그는 배우들에게서 등을 돌리고 멍하니 바닥만 내려다보고 있었습니다. 끝 무렵에 그는 '컷'을 외치고 카메라기사 폴 비슨에게 한 가지 코멘트만 했습니다. '자네가 듣기에는 어땠나, 폴?' 폴이 고개를 끄덕이자, 그는 릴 전체를 오케이한다는 신호를 보냈습니다."

잉그리드 버그먼에 따르면, 여러 문제로 압박과 고통을 당한 히치콕은 '그런 카메라 기법을 써보고 있다는 사실에서 유일한 기쁨'을 찾았다. 촬영 과정에서 있었던 한 일화는 매우 지독한 면을 보여준다. 히치콕은 버그먼과 윌딩 사이의 조용한 막간 여흥을 지도하고 있었는데, 그들의 촬영 모습을 주의 깊게 지켜보던 그가 갑자기 비명을 지르더니 부드러운 목소리로 말했다. "카메라를 조금만 오른쪽으로 움직여주겠나? 카메라가 방금 내 발을 밟고 갔다네." 거대한 카메라는 히치콕의 엄지발가락을 부러뜨렸다.

카메라는 감독에게 기쁨과 고통을 줬지만, 출연진에게는 고통만 안겨줬다. 버그먼에게는 특히 그랬다. "카메라가 앞으로 뒤로, 또는 이쪽에서 저쪽으로 움직이는 동안 소품담당자들은 가구 전체를 옮겼다"고 여배우는 회상했다. "그리고 우리가 걸어가는 동안 테크니컬러 카메라가 우리를 따라올 수 있도록 벽들이 서까래 위로 들어올려졌어요. 그런 것들이 우리 모두를 미치게 만들었어요! 배우가 쓸 의자나 테이블은 큐가 떨어지기 1분 전에 나타났어요. 바닥에는 숫자들이 표시돼 있었는데, 배우들과 모든 가구들이 알맞은 시간에 미리 약속된 숫자 위에 자리를 잡아야만 했어요." "끔찍한 악몽이었죠! 내가 촬영장에 주저앉아 울었던 것은 그때뿐이었어요."

그녀가 이전에 찍었던 히치콕 영화 〈오명〉은 즐거움이 그득했지만, 그들이 처음으로 합심해서 만드는 이 작품에서 버그먼은 이제 히치콕의 판단과 권위에 〈스펠바운드〉 때보다 더 큰 의문을 제기했다. 여배우는 친구에게 보낸 편지에 이렇게 썼다. "내가 눈물을 터뜨린 그날, 나는 그가 쓰는 이 새로운 기법이 정말로 싫었어. 촬영장에서는 매순간 엄청난 혐오감에 시달렸어. 남자주인공인 마이클 윌딩과 조지프 코튼은 그냥 거기 앉아 아무 말도 하지 않았지만, 나는 그들이 나하고 같은 생각이라는 걸 알아."

어느 날, 거대한 카메라 크레인이 끝없이 그녀를 쫓는 가운데 몇 페이지에 걸친 대사를 기억해내려고 애쓰면서 맨션 주위를 어슬렁거리는 롱 테이크 신 때문에 좌절감을 느낀 그녀는 히치콕을 비난하는 욕설을 쏟아냈다. "나는 출연진 전체를 위해서 퍼부어댈 만큼 퍼부어댔어요." 버그먼의 회상이다. "꼬마 히치는 그냥 촬영장을 떠났어요. 한 마디도 하지 않고요. 그냥 집으로 가더라고요…… 세상에나……" 히치콕은 사건을 확인해주면서 트뤼포에게 이렇게 밝혔다. "누군가 나중에 전화를 걸어, 내가 떠났다는 것을 알지 못한 그녀가 내가 떠난 후 20분이 지났을 때에도 불만을 토로하고 있었다고 알려주었습니다."

히치콕이 모습을 감추는 묘기를 너무나 완벽하게 구사한 덕에 또 다른 대립—대립이라는 말은 적절하지 않은 단어이지만—이 생겼다. 특히 힘들었던 촬영을 마친 어느 날 밤, 감독은 레스토랑에 앉아 주연배우 세 명과 술을 마시고 있었다. 불평을 털어놓기 시작한 버그먼이 잠시 등을 돌리자, 히치콕은 그냥 테이블에서 일어나서 떠나버렸다. 그녀는 동료 연기자들에게 말했다. "그 사람 문제가 그거예요. 싸우려 들지를 않잖아요."

코튼도 버그먼만큼이나 괴로웠다. 그는 끝없이 움직이는 카메라(그는 '괴물'이라고 불렀다)와 끝없이 그의 혀를 벗어나는 아일랜드 억양을 두려워했다.[5] 버그먼처럼 코튼 역시 사생활에서 문제를 드러내고 있었는데, 촬영 도중 코튼이 미국에서 여배우와 바람을 피웠다는 사실을 안 그의 아내는 자살을 기도했다. 트랜스아틀랜틱은 이 사건을 잠재웠다.

5 주연배우 세 사람 모두 아일랜드 억양이 어색했다. "최근에 텔레비전으로 영화를 다시 봤다." 마이클 윌딩이 회고록에 쓴 글이다. "확실히 우리는 이상한 소리—조의 미국식 억양, 나 자신의 딱딱한 영어, 잉그리드의 스웨덴식 아일랜드 억양—를 내는 트리오였다." 그런데 히치콕은 오래전부터 여러 나라 출신 배우들을 작품에 출연시켰다. 따라서 이것을 〈염소좌 아래서〉의 최대 약점으로 보기는 어렵다.

히치콕은 코튼을 원하지는 않았지만 코튼의 심정에 공감하려고 노력했고, 어느 순간에는 특정 대사에 대한 배우의 걱정을 풀어주기 위해 제임스 브라이디를 글래스고에서 불러들이기까지 했다.(배우는 브라이디가 '회의에 참석해서 허락'하지 않으면 "단어 하나, 구두점 하나 바뀌지 않았다"고 회상했다.) 브라이디는 런던을 싫어했지만 코튼, 히치콕, 시드니 번스타인을 스튜디오에서 만나기 위해 열차에 올랐다.

"당신 캐릭터의 출신배경에 대한 대사 때문에 어려움을 겪고 있다고 들었습니다." 브라이디가 애호하는 납작한 터키식 담배에 불을 붙이면서 입을 열었다.

"아뇨, 전혀 아닙니다." 코튼이 고무적으로 대꾸했다. "터득하는 게 기쁘기까지 한 근사한 대사입니다. 앞으로도 그 대사를 낭송할 생각입니다."

"그렇다면, 우리가 정확히 무슨 얘기를 하고 있는 거죠?" 브라이디는 히치콕과 번스타인을 당황한 눈빛으로 바라보며 물었다.

"문제는 처음 다섯 단어뿐입니다." 코튼이 말했다. "확신을 가지고 그 대사를 연기하기가 불가능하다는 걸 알게 된 게 전부입니다."

"처음 다섯 단어가 뭐죠?" 브라이디가 추궁했다.

"내 고향은 더블린입니다."

"당신 고향은 어디입니까?" 브라이디가 물었다.

"버지니아요." 코튼이 우물쭈물 대답했다.

"그렇다면, 그 대사를 '내 고향은 버지니아입니다'로 바꾸세요." 브라이디가 선언했다.

그런데 그날 늦은 시각에, 자신의 캐릭터와 영화에 너무나 싫증이 난 코튼은 히치콕과 브라이디의 면전에서 〈염소좌 아래서*Under Capricorn*〉를 '케케묵은 똥 덩어리 아래서*Under Cornycrap*'라고 부르는 실언을 했다. 히치콕은 눈썹을 치켜떴지만 입은 열지 않았다. 코튼은 나중에 그 실수를 후회하면서, 이후로 히치콕이 그의 영화에 그를 절대로 출연시키지 않은 것을 그 실수 탓으로 돌렸다.[6]

시간이 지나면서 분위기는 조금씩 나아졌다. 히치콕은 오래된 장난을 재현하면서 분위기를 띄우려고 최선을 다했다. 그는 늘 싱글거리고 다니는 윌딩과, 모든 대사를 적절한 수준으로 녹음하려고 애써야 하는 어려운 과업을 수행하는 사운드 믹서 피터 핸드포드가 마음이 맞는 사람이라는 것을 알게 됐다. 핸드포드는 히치콕처럼 열차 애호가라서, 두 사람은 휴식시간에 그 문제로 이야기를 나눴다. 그들은 일종의 관례도 만들어냈다. 히치콕은 사운드 믹서의 헤드폰을 잡아당기고는 그의 귀에 뭔가 음탕한 말을 속삭이다가, 핸드포드가 배꼽을 잡으면 화난 목소리로 이렇게 말했다. "으음, 사운드믹서가 준비되면, 촬영을 시작할 겁니다."

옛날처럼 히치콕은 부루퉁한 조감독 세실 포스터 켐프를 촬영장의 어릿광대로 삼았다. 켐프는 대중을 즐겁게 해주기 위해 치는 장난의 표적이었지만, 그리 심하지 않았던 장난들은 촬영장의 분위기를 돋웠다. 시드니 번스타인은 촬영장에서는 감독의 재량을 인정했지만, 시간이 흐르면서 경직된 분위기를 풀면서 밤마다 오픈하우스(또는 히치콕 표현대로 '오픈오피스')를 주최하는 쓸모 많은 외교관으로 변신했다. 코튼은 얼음이 든 마티니를 돌리는 바텐더가 되어 시중을 들었다.

결국 인내심과 장난, 마티니가 승리를 거뒀다. 버그먼은 8월 말에 파리로 날아가 로베르토 로셀리니를 만났고, 얼마 안 있어 사랑에 빠졌다. 이 사건은 그녀를 깊숙한 스캔들과 논란으로 이끌고 히치콕과 할리우드에서 멀어지게 만든 시발점이기는 했지만, 그녀는 한동안은 더욱 행복하고 활력 넘치는 삶을 살았다. 결국에는 버그먼도 느긋해졌다.

촬영 초기에 히치콕은 평소와 달리 여배우에게 자신이 없었고, 그들의 세 번째 영화인 이 작품에서 카메라워크는 덜 육감적이었다. 그런데 버그먼의 핵심 장면인 플러스키 부인의 '고백'이 촬영 막바지인 9월에 잡혀 있었다. 소설에서는 고백을 —대사 몇 줄 정도로— 피상적으

6 그러나 그들은 카메라 밖에서는 좋은 친구지간으로 남았다. 히치콕은 결국 그가 기획한 〈앨프레드 히치콕 극장〉의 프리미어 에피소드에 출연해달라고 코튼에게 요청하는 것으로 그들의 오랜 악감정을 덮어버렸다.(그 작품은 나중에 두 번째 에피소드로 방송됐다.)

로 다루는데, 시나리오는 그 장면을 카타르시스가 느껴지는 여배우의 연기력 경연장으로 확장시켰다. 히치콕은 이번에는 자기주장을 고집하면서 이 장면을 장시간에 걸친 단일 테이크로 촬영했는데, 이것은 최종 편집본에 살아남은 몇 안 되는 장면 중 하나가 됐다.

버그먼은 그녀를 쫓아다니는 카메라에 익숙해졌다는 사실을 깨닫고는 깜짝 놀랐다. "나는 늘 떠들어대." 버그먼이 친구에게 보낸 글이다. "카메라는 내 곁을 한시도 떠나지 않는데, 일을 썩 잘하고 있어. 가위질되고 편집되는 것보다 훨씬 낫다는 말을 해야겠다." 그 결과로 나온 것은 추천할 구석이 거의 없는 영화의 하이라이트 중 하나였다.

원래는 9월 초에 촬영을 완료할 계획이었지만, 마이클 윌딩이 늑막염을 앓는 바람에 촬영이 더 지연됐다. 〈염소좌 아래서〉를 괴롭힌 문제들은 절대로 줄어들지 않았다.

지체와 연기가 거듭되면서 히치콕 여사는 영국에서 촬영을 종료하기까지 3주가 남은 남편에 앞서 9월 셋째 주에 미국으로 돌아갔다. 히치콕은 몇몇 실외장면을 워너의 목장에서 촬영할 예정이었다. 알마는 딸을 남겨두고 혼자서 돌아갔는데, 팻은 RADA에 다니는 동안 히치콕이 좋아하는 노처녀 사촌들의 보살핌을 받았다.

그때나 지금이나 우리가 알마 레빌의 심정을 알아내는 것은 불가능하다. 히치콕은 내밀한 생각과 마음에 담아둔 비밀을 가까운 친구에게조차 내비치지 않는 것으로 유명했지만, 그 점에서 히치콕 여사는 남편을 능가했다. 알마는 세상을 향해 기분 좋게 헌신하는 배우자의 이미지만 보여줬다. 그녀는 인터뷰를 했지만, 대부분의 인터뷰는 남편에 관한 내용이 전부였고 속내를 자세하게 털어놓지는 않았다. 남편의 경력은 그녀의 경력이었고 남편의 친구들은 그녀의 친구들이었다. 그리고 두 사람 모두의 친구 중 한 사람이 휫필드 쿡이었다.

히치콕이 성적으로 불능이었다면, 알마는 어땠을까? 히치콕은 자신이 불능이라는 사실, 성적인 활동이 부족하다는 사실을 재미있게 비꼬곤 했다. 그렇다면 알마의 기분은 어땠을까? 히치콕은 여배우들과 시시덕거리거나 키스하려고 노력할 수도 있었다. 그런데 알마는 어땠을까? 그녀는 성욕을 충족시키지 못한 완벽하게 정상적인 여자가 아니었을까? 히치콕 여사는 그녀 자신의 정상적인 공포와 욕망을 달래지 못했을까? 히치콕 여사와 휫필드 쿡은 점심과 저녁에 레스토랑에서 만나기 시작했는데, 눈에 잘 띄지 않거나 큰길에서 멀리 떨어진 곳은 아니었음에도 불구하고 그들의 만남은 할리우드 칼럼니스트들의 정상적인 활동영역에서 벗어나 있었다. 그다음 3주 동안, 그녀와 동료 시나리오 작가는 레디 룸과 라루스에서 그들이 개발하는 시나리오에 대한 논의를 하면서 호젓한 친목회를 즐겼다.

히치콕은 쿡이 동성애자라고 믿었던 것일까? 히치콕 입장에서는 그렇다고 믿을 만한 이유가 충분했을 것이다. 쿡은 훗날 결혼을 하기는 했지만, 당시는 동성애자 친구들을 둔 총각이었다. 따라서 히치콕은 쿡이 그의 아내가 자주 만나는 친구로 '안전하다'고 믿었던 것일까? 아니면 감독은 두 사람이 서로에게 호감을 느낀다는 것을 추측하고는, 동정심을 느끼면서 두 사람의 연애가 진행되도록 놔둔 것일까? 그런 상황에서 히치콕은 그들의 친밀함이 향해 갈 방향을 연출한 것일까? 영국에서 집으로 돌아온 알마는 식구들이 없는 틈을 그녀의 마음을 쿡에게 열어 보이는 기회로 삼은 듯 보인다. 그의 일기를 증거로 보면, 그녀는 9월 20일에 그를 깜짝 놀라게 만든 무엇인가를 그에게 털어놨다. 그녀가 그에게 자신의 감정을 토로했다면, 그는 정말로 깜짝 놀랐을 것이다. 그의 일기에 따르면, 그는 여자하고 보낸 시간만큼을 남자하고 보내고 있었기 때문이다.

다음 주 내내, 공동 작업하는 시나리오를 논의하기 위한 것이라는 명분을 내건 만남에서 히치콕 여사는 계속 이야기를 했다. 이에 대해서는 다른 견해도 있을 수 있지만, 쿡의 일기를 제대로 읽는다면 그녀가 그들을 다른 관계로 끌고가고자 한다는 것을 알 수 있다. 쿡은 알마를 진심으로 좋아했지만 그녀와 선을 그을 수밖에 없었다. 자신을 히치콕의 친구로 간주한 그는, 그들의 우정과 그들이 맺고 있는 직업적 관계를 위험에 빠뜨리고 싶지 않았다. 그를 설득하기 위해 알마는 무은 말을 할 수 있었을까? 그들이 만사를 꾸며대면 남편은 절대로 모를 것이라고? 아니면 히치콕도 이미 알고 있을지 모르지만, 그에게는 아무런 문제가 되지 않을 것이라고 10월 1일에 레스토랑에서 기분 좋은 저녁을 먹은 후에, 그들은 아마도 벨라지오로드에서 사랑을 나누기 시작했다. 쿡의 일기에 따르면, 그들이 성적인 관계로 진출하는 것은 "국제전화 때문에 복잡해졌다." 히치콕 스타일의 장면이다. 가장 유혹에 넘어가기 쉽고 위험하며 부적절한 시점에 전화를 건 사람은 아마 감독이었을 것이다. 알마는 아무것도 고백하지 않았을 것이고, 쿡에게는 알마와 계속 친구로 지내는 것이 지극히 정상적인 일이었다.

벌어진 일이 무엇이건, 쿡의 발달된 본능에 힘을 실어준 것이 틀림없다. 다음 주 동안, 두 사람은 꾸준히 만나 레스토랑에 갔고 콘스탄스 콜리어의 집에서 저녁을 먹었다. 그들은 토크 오브 더 타운에서 스테이크를 먹으러 샌타바버라까지 드라이브를 갔다. 쿡의 일기를 보면 알마는 어떤 만남 중에 눈물을 흘린 것으로 보이는데, 아마도 그녀의 친구가 거리를 두려고 노력하는 모습에 상처를 입어서였을 것이다. 그녀가 섹스를 하자는 아이디어를 다시 꺼냈는지는 명확하지 않지만, 두 사람은 시나리오 작업에 더욱 속도를 붙였고 그후 몇 달간 떨어질 수 없는 사이였다.

히치콕은 10월 첫 주까지도 영국에서 할 작업을 끝내지 못했다. 그는 남아 있는 몇몇 실외장면과 몇 가지 특수효과 촬영 등을 처리하기 위해 할리우드로 돌아왔다. 시드니 번스타인은 런던에서 초기편집과 후반작업을 감독할 예정이었다.

11월 2일에, 히치콕 부부는 휫필드 쿡과 흄 크로닌을 벨라지오로드로 초대해 저녁을 먹었다. 그들은 선거 개표결과 라디오방송을 들으면서 그날 저녁을 보냈다. 선거는 결과를 알기 힘든 혼전이었지만, 정치적으로 자유주의적이었던 그들 모두는 루스벨트 대통령 사후에 대통령직을 물려받고 루스벨트의 정책들을 계속 이행하겠다고 맹세한 최종승자 해리 트루먼을 지지했다.

추수감사절 주말에 히치콕 부부와 쿡은 차를 타고 산타크루스로

휫필드 쿡과 함께. 〈무대공포증〉과 〈스트레인저〉(1951)를 쓴 '히치콕 3인조,' 쿡을 향한 알마의 애정은 열정으로 발전했다.

갔다. 날은 청명하고 화창했으며, 히치콕 3인조는 함께 긴 산책에 나섰다. 히치콕은 누군가를 바보로 간주하곤 하던 사람이었지만, 진정으로 좋아하는 사람에게 계속 악감정을 품는 사람은 아니었다. 히치콕은 1948년 가을에 (여전히 남편을 대동한) 잉그리드 버그먼과 조지프 코튼 부부, 아서 로렌츠를 몇 주 동안 산타크루스로 초대했다. 팻이 크리스마스를 보내러 미국으로 돌아왔다. 그리고 번스타인이 비행기로 미국을 들락거리면서, 〈염소좌 아래서〉의 편집에 대해 히치콕에게 자문을 구했다.

히치콕 가족은 산타크루스에서 맞은 1948년 크리스마스이브를 심야 미사에 참석하는 것으로 축하했다. 쿡과 그의 어머니가 유일한 철야손님이었다. 크리스마스에는 비가 왔고, 히치콕은 난로에 불을 지폈다. 로렌츠와 조앤 해리슨이 정오 무렵에 비행기로 도착했다. 선물 교환과 샴페인 건배에 이어 저녁이 대접됐다. 이튿날에도 비는 계속 내렸다. 모두가 주사위놀이와 모노폴리를 했다.

그다음 주에, 쿡은 할리우드에서 성대한 새해맞이 파티를 열었는데, 1949년을 맞이하는 —채플린 부부, 아서 로렌츠와 팔리 그레인저, 샐리 벤슨, 셸리 윈터스, 조지프 로지 감독— 스타들의 이름이 촘촘히 박힌 손님 명단에는 히치콕 부부의 이름도 있었다. 그다음에 히치콕 3인조는 팜스프링스로 드라이브를 갔는데, 이곳은 이후로 그들이 좋아하는 겨울 휴양지—휴식과 시나리오회의를 번갈아 할 수 있는, 조수아 트리가 있는 사막의 생모리츠—가 됐다. 래킷 클럽에 모여드는 할리우드의 명절휴양객을 많이 아는 감독은 왕년의 무성영화 스타 찰리 패럴과 그의 아내인 —히치콕의 1926년작 〈쾌락의 정원〉의 주연을 맡았던— 은퇴한 여배우 버지니아 발리를 초대했다.

〈로프〉의 흥행 실패는 트랜스아틀랜틱에 거센 일격을 가했다. 이즈음 시드니 번스타인은 런던에서 〈염소좌 아래서〉의 편집과 후반작업에 매달려 진땀을 빼고 있었다. 트랜스아틀랜틱의 구조조정이 필요할 것이라고 예상한 히치콕은 〈무대공포증〉으로 제목을 바꿔단 셀윈 젭슨의 소설을 1948년 가을에 자진해서 집어들고는 1949년 봄에 런던에서 촬영을 하겠다며 일을 서둘렀다. 여전히 〈나는 고백한다〉를 걱정하고 있던 워너에게는 대단한 희소식이었다.

〈무대공포증〉은 히치콕의 아늑한 안식처인 영국적 스릴러로 기분좋게 귀환하는 작품이 되도록 기획됐다. 젭슨은 영국 밖에서는 그리 유명하지는 않았지만, 그럼에도 작품의 수준은 믿음직했다. 젭슨은 다작 작가—장편소설, 단편소설, 라디오 대본, 시나리오(심지어는 1편을 연출하기까지 했다)—였는데, 그런 그를 가장 유명하게 만든 것은 이브 길을 탐정으로 등장시킨 범죄소설 시리즈였다.

시리즈의 1편인 『도주 중인 남자』에서 이브 길은 망나니 밀수업자의 딸로, 어느 밤에 런던의 길거리에서 조너선 펜로스라는 남자와 마주친다. 펜로스는 경찰을 피해 도망다니는 중이다. 이브는 경찰관들을 속이고, '그의 적인 동시에 우리의 적이기도 한 증오의 대상인 경찰에게서 이 남자를 보호하기' 위해 '별다른 생각 없이' 그와 키스한다. 이브는 충동적으로 펜로스를 숨겨주기로 결심하는데, 펜로스는 사교계 저명인사인 샬럿 그린우드와 가망 없는 사랑에 빠져 있다.[7] 그린우드는 사고로 남편을 죽였다.(또는 펜로스는 그렇다고 믿는다.) 그런 사실을 의심하는 이브는 진짜 살인자를 찾아내기 위해 처음에는 부인의 가정부로, 그다음에는 여배우로 위장한다. 실력은 그저 그렇지만 그런대로 독자에게 재미를 주는 경찰관이 그녀와 함께 사건에 뛰어든다.

누명쓴 용의자, 사랑과 정의 사이에서 갈등하는 젊은 미녀, 극장 모티프, 영국식 유머. 젭슨의 소설은 히치콕이 좋아하는 요소를 모조리 갖추고 있었다.

알마와 휫필드 쿡은 1947년 연말에 트리트먼트를 완성했지만, 진짜 시나리오 작업은 명절이 지나기 전까지는 제대로 시작되지 않았다. 이 영화는 워너브러더스가 제작할 예정이었기 때문에, 스튜디오는 오스카 후보에 오른 〈밀드레드 피어스〉를 포함한 작품들을 쓴 정상급 작가 레이널드 맥두걸과 함께 일하라고 히치콕에게 요청했다. 그러나 히치콕은 시나리오를 진행시키기에 앞서 기다란 산문 버전을 쓰기를 원한다고 말하면서 맥두걸의 등장을 막았다. 히치콕은 사실상 히치콕 집안에 들어와 사는 것이나 다름없는 쿡을 끝까지 고집했는데, 워너브러더스에 신세를 지고 있는 인물을 끌어들여서 독립성을 희생시키고 싶지 않아서였을 수도 있다.

히치콕 3인조는 스튜디오가 쿡을 승인한 1948년 1월 중순까지는 시나리오회의를 매일 열지는 않았다. 그들의 세운 목표 중 하나는 무

7 소설에 나오는 디바의 이름은 영화에서는 인우드로 바뀐다.

대 뒤편의 환경을 최대한으로 보여주자는 것이었다. 그들은 RADA 학생 팻 히치콕을 위한 단역도 고안해냈다. 그녀는 처비 배니스터(Chubby Banister)[8]라는 익살스러운 이름을 가진 이브의 친구(팻이 아버지 영화들에서 맡았던 인상적인 단역 중 첫 역할)를 연기한다. 히치콕은 샬럿을 위한 화려한 신이 여러 개 등장하기를 바라면서, 디바 캐릭터를 연기할 매혹적인 스타를 머릿속에 그렸다.

집필 팀은 원작에서는 스쳐지나가는 캐릭터에 불과한 이브의 생기 넘치는 밀수업자 아버지 '제독'의 역할을 확대시키는 작업도 했다. 감독이 대사를 다듬어주기를 기대했던 제임스 브라이디의 강권에 따라, 히치콕 3인조는 등장 장면의 매력을 훔쳐내는 앨러스테어 심의 연기를 보기 위해 시드니 질리엇의 〈덜시머 스트리트〉를 감상했다.(심은 브라이디의 희곡 몇 편에 출연했다.) 그후에 제독은 심에 맞춰 수정됐지만, 원기가 넘치는 배우인 심은 나중에 한없이 과장된 연기를 펼치면서 감독을 미치게 만들었다.

시나리오 논의 과정에서 히치콕은 '확실한 리더'였다고 쿡은 회상했다. 그런데 히치콕 여사는 '세계 최고의 평론가'였다. 히치콕과 쿡이 그들 나름의 무엇인가를 함께 작업해놓으면, 알마는 맨 처음 이야기를 들었을 때는 이렇다 저렇다 반응을 보이지 않았다. 남편이 반드시 "아기야(kiddie), 당신 생각은 어때요?"라고 물어야만 의견을 말했다. 이 별명을 제대로 알아듣지 못한 쿡은 히치콕이 그녀를 "나비야(kitty)"라고 부르고 있다고 생각했다. 어느 날 그는 감독에게 "왜 알마를 '나비야'라고 부르는 거죠?" 하고 물었다. 히치콕이 대꾸했다. "나비야가 아니라 아기야야. 그녀가 나랑 영국에서 같이 일하기 시작했을 때, 그녀가 굉장히 젊고 아담한 여자였기 때문이지." 젭슨의 소설의 클라이맥스는 숲속 별장에서 비밀리에 녹음하는 테이프와 관련되는데, 히치콕은 이 장면의 핵심을 뽑아서 런던 극장으로 옮겨놓았다. 그런데 시나리오와 관련한 논쟁 중에서 가장 시끌벅적했던 것은, 이 장면의 끝에서

8 '토실토실한 계단 난간'이라는 뜻. — 옮긴이

펜로스가 유죄인정을 뒤집는 것에 대해서였다. 소설에서 펜로스는 완전히 무죄로 밝혀지는데, 샬럿과 그녀의 매니저 프레디 윌리엄스가 꾸민 음모의 희생자였다. 히치콕은 구조적으로 평범하지 않은 무언가를 시도하고 싶어했다. 펜로스는 영화의 도입부에서 사건의 동정적인 버전을 플래시백으로 이브에게 이야기하지만, 엔딩에서 그가 밝힌 사건의 버전은 거짓이었다는 반전이 드러난다. 마지막 순간 죽어가는 펜로스는 자신이 살인자였음을 고백한다.

이 아이디어는 더욱 이상한 상황에 처했는데, 히치콕 부부는 이 문제를 놓고 의견을 달리했다. 히치콕 여사와 쿡이 펜로스의 무죄를 위해 연합해 싸운 반면, 히치콕은 자신의 길을 가려고 고집을 부렸다. 히치콕 여사와 쿡—작가들의 입장에서뿐 아니라, 깊어진 관계 때문에 감독에 맞서 연합한—은 거짓 플래시백이 이브뿐 아니라 관객들에게까지도 속았다는 기분을 느끼게 만들 것이라고 확신하면서 결코 물러서지 않았다.

3월 24일에 제인 와이먼은 농아를 연기한 워너의 최루물 〈조니 벨린다〉로 오스카 여우주연상을 수상하면서, 버뱅크 스튜디오의 여왕으로 등극했다. 그 직후 히치콕은 와이먼에게 이브 길을 연기해달라고 요청했다. 그녀—그리고 그녀의 남편 로널드 레이건—의 에이전트가 루 와서먼이었던 것이 도움이 됐다.

사람 좋은 마이클 윌딩이 이브와 사랑에 빠지는 '평범한' 스미스 경관을 연기하기 위해 돌아오는 것에는 아무런 의문도 제기되지 않았다. 윌딩의 입장에서는 〈염소좌 아래서〉보다 훨씬 나은 역할이었다. 더블린 출신인 리처드 토드는 레이널드 맥두걸의 시나리오 실력을 평가하기 위해서 히치콕이 감상한 워너브러더스 영화 〈조급한 마음〉에서 투병하는 환자 역으로 오스카 남우주연상 후보에 올랐는데, 펜로스를 연기할 후보로는 뒤늦게 부각됐다.

히치콕의 관점에서 볼 때 가장 중요한 역할은 디바 샬럿 인우드였다. 이 역할은 진정한 디바를 요구했다. 히치콕은 처음에는 탈룰라 뱅크헤드를 다시 떠올렸으나 〈구명선〉이 박스오피스에서 맞은 운명을 기억하는 잭 워너는 뱅크헤드라는 이름에 뒷걸음질을 쳤다. 다음으로 감독은 마를린 디트리히를 제안했다. 나이는 쉰이 다됐지만 여전히 절세 미녀인 디트리히에 워너는 열광적으로 찬성했다.

4월 초에 히치콕은 디트리히가 거주하는 파리의 조지 5세 호텔로 트리트먼트를 보냈다. 그녀는 즉시 회신을 보내면서, 트리트먼트가 다듬어지지 않은 상태라는 것은 알겠지만, "감독님이 이 작품을 하게 된 것을 알게 되어 기쁘고, 이 작품이 너무나 마음에 듭니다"라고 밝혔다. 그러면서 "얼 스탠리 가드너[9]의 팬으로서 감독님께 몇 가지 질문을 던지고 싶지만, 시나리오를 통해 더 많은 것을 알게 되거나 감독님을 만나기 전까지는 기다리기로 하겠습니다"라고 덧붙였다.

그녀의 에이전트는 출연료로 촬영기간 10주에 주급 1만 달러를 요구했다. 히치콕 부부와 쿡이 퀸엘리자베스를 타고 영국으로 가는 길에 뉴욕에 들른 4월 마지막 주에, 디트리히는 그들을 만나러 파리에서 날아왔다. 히치콕은 세인트 레지스의 스위트룸으로 그녀를 점심에 초대했다. 쿡은 이렇게 회상했다. "그녀가 들어섰다. 너무나 매혹적인 자태였다. 목덜미를 부드럽게 덮는 머리카락에 소박한 검정 드레스 차림이었다. 세상에서 가장 아름다운 사람 그 자체였다. 우리는 멋진 시간을 보내면서, 재미있는 이야기를 나누며 술을 마셨다."

짧은 극장나들이—〈세일즈맨의 죽음〉부터 〈남태평양〉과 〈키스 미 케이트〉에 이르는 전 범위에 걸친 공연—를 마친 히치콕 3인조는 4월 28일에 영국으로 가는 배에 올랐다.

"겉으로는 드러나지 않는 게 많은 것이 틀림없어요." 〈무대공포증〉에서 이브(제인 와이먼)는 사려 깊게 말한다. "여자의 마음속에서 무슨 일이 벌어지는지를 알 사람이 누가 있겠어요? 내 말은요, 바퀴 속의 바퀴 같다는 거예요."

9 페리 메이슨이 등장하는 미스터리소설의 저자.

알마가 휫필드 쿡과 애정행각을 벌이는 동안 작업한 2편의 시나리오는 모두 두 연인 사이에서 갈팡질팡하는 여자들을 다룬다. 〈염소좌 아래서〉에서 관객들은 플러스키 부인의 진정한 감정—말난 김에 말하자면, 그녀의 감정은 남편 쪽이다—이 무엇인지를 영화가 끝날 때까지 계속 추측해보게 된다. 〈무대공포증〉에서 관객들은 이브가 무기력한 펜로스에게 매달릴 것인지, 아니면 매력적인 '평범한' 스미스 경관에게 빠져들지를 확인하기 위해 비슷한 정도의 시간을 기다려야만 한다. 〈염소좌 아래서〉에서는 결혼이 승리를 거두는 반면, 〈무대공포증〉의 엔딩은 원작의 엔딩과 판이하게 다르다. 원작은 이브가 펜로스에게 품은 호감을 유지하지만, 히치콕은 영화에서 그가 이전에는 결코 해보지 않았던 일을 고집한다. '롱맨'은 사실은 죄를 저질렀다는 것이다.

쿡과 간간이 로맨스를 나눈 알마가 그 이후로도 계속 그랬을까? 확인은 불가능하다. 사우샘프턴에 도착한 후 기차 편으로 런던으로 향한 히치콕 일행은 사보이에 짐을 풀었다. 그날 저녁, 그들은 팻 히치콕, 시드니 번스타인 부부, (트랜스아틀랜틱의 홍보 일을 하고 있던) 앨버트 마골리스와 같이 저녁을 먹었다.

쿡은 대서양을 가로지르는 동안 시나리오를 끝냈지만, 독감에 시달리던 히치콕은 사보이에 앓아누웠다. 대부분의 시간을 침대에 누워 전화와 전보로 의견을 내던 그는 글래스고에 있는 제임스 브라이디와 할리우드에 있는 레이널드 맥두걸에게 수정과 가필을 주문했다. 호의를 품고 작업을 하던 맥두걸은 크레디트를 거절했다.

쿡은 런던 여행이 이번이 처음이었으므로, 알마는 이 기회를 런던의 피폭지와 첼시, 하이드파크, 코벤트가든 마켓으로 작가를 안내하는 기회로 삼았다. 그녀는 그를 인기 좋은 펍에 데려갔고, 연극을 관람하고 이즐링턴에 있는 뮤직홀도 찾았다.

5월 첫 주에, 히치콕 3인조는 켄트에 있는 번스타인의 농장으로 갔는데, 그곳의 삶은 평화롭고 나른했다. 아픈 목을 여전히 치료하고 있던 감독은 주말의 대부분을 침대에서 보냈지만, 번스타인이 주최한 밥 호프의 신작 〈슬픔에 젖은 존스〉의 시사회를 위해 자리에서 일어났다.

모두들 그 영화가 유쾌한 영화라는 것을 확인했다.

출연진이 구성돼갔고, 시나리오도 완성돼갔다. 〈염소좌 아래서〉의 불쾌한 그림자는 조금도 없었다. 엘스트리에서는 옛 친구들을 만날 수 있었다. 〈내 아들, 에드워드〉에서 스펜서 트레이시를 연출하고 있던 조지 쿠커는 히치콕 부부와 잉그리드 버그먼을 사보이에 있는 스위트룸에 초대해서 저녁을 대접했다. 두 감독은 셀즈닉에 관한 끔찍한 이야기들을 주고받았는데, 상대방보다 자신이 더 끔찍했다는 것을 증명하려고 노력하면서 웃음을 터뜨렸다.

히치콕은 영국 신문들의 헤드라인을 장식하는 살인자들에 관한 기사도 즐겼다. 존 헤이가 부유한 과부를 산이 든 욕조에 넣어 살해했다는 혐의로 1949년 2월에 체포됐다. 스코틀랜드야드의 수사진이 밝혀낸 바에 따르면, 이 사건은 그가 순전히 돈을 노리고 저지른 끔찍한 연쇄살인의 마지막 사건이었다.(아니, 순전히 돈만 노린 것은 아니었다. 그는 희생자들의 피를 마시기 위해서였다고 자백했다.) 판결은 7월에 내려졌고 교수형은 8월에 행해졌다. 사건은 영국 국민의 시선을 끌어모았다.

〈무대공포증〉이 후반작업 중이던 1949년 연말에 있었던, 아내와 자식을 목 졸라 죽인 티모시 에번스의 체포도 언론의 선정적인 관심을 끌었다. 에번스는 처음에는 범행사실을 자백했지만, 법정에서는 자백을 철회하면서 존 크리스티라는 유순한 중산층 이웃사람이 한 짓이라고 주장했다. 에번스는 1950년에 교수형됐지만, 몇 년 후에 정말로 크리스티가 진범임이 밝혀졌다. 아내와 이웃들, 여러 명의 매춘부와 사무직 여성들을 살해한 혐의로 체포된 그는, 희생자들의 시체를 사건 이후로 악명을 얻은 롤링턴 플레이스 10번지에 있는 저택의 벽장이나 마루 밑에 보관했다. 히치콕은 1949년 한 해 내내 헤이와 에번스와 크리스티에 대해 읽으면서, 훗날을 위해 자신을 매료시키는 소름끼치는 살인자들에 대한 정보를 적립했다.

독감에서 해방된 후, 히치콕 부부는 식사도 하고 춤도 추기 위해 나이트클럽을 몇 차례 찾았다. 히치콕이 부인과 춤을 출 때, 쿡은 팻과 춤을 췄다. 5월 15일에 쿡은 파리와 이탈리아로 3주간 휴가를 떠났다.

그가 돌아온 6월 중순에 촬영은 시작돼 있었고, 알마가 공항에서 그를 맞았다.

"미스 디트리히는 프로페셔널입니다." 〈무대공포증〉 이후 히치콕이 한 이 말은 널리 인용됐다. "프로페셔널 여배우, 프로페셔널 카메라맨, 프로페셔널 의상 디자이너입니다."

히치콕의 전기를 쓴 존 러셀 테일러는 감독의 코멘트를, 감독이 그녀를 직업적으로 존경했으며, 스크린의 전설적인 두 인물 사이에 이심전심의 호감이 존재했다는 것을 보여주는 참된 증거라고 말했다. 진실은 디트리히가 출연작을 장악하는 경향이 있었다는 것이다. 그녀는 온갖 종류의 개인적이고 직업적인 생각들을 품고 촬영장에 나타났지만, 히치콕은 그녀가 하고 싶은 대로 할 수 있도록 해줬다. 탈룰라 뱅크헤드와 비교해볼 때, 까다로운 행동에서 디트리히의 명성은 뱅크헤드를 능가했다. 그런데도 디트리히가 영화에 계속 출연할 수 있는 것은, 그녀가 그렇다는 사실을 세상사람 모두가 알고 있기 때문이었다.

예를 들어, 그녀는 자신이 입을 의상을 계약에 명문화했다. 그녀는 크리스천 디오르의 옷들을 입어야 했고, 촬영이 끝난 후 이 값비싼 옷들을 집으로 가져갔다. 그런데 주연여배우의 옷차림을 늘 통제해왔던 히치콕은 생사면직물, 북극여우 모피, 검정 팬티스타킹, 다수의 다이아몬드 등의 디자인에 대한 승인권을 감독이 갖는다는 조항을 넣었다.

디트리히가 디바 역할을 수락한 후, 샬럿 캐릭터는 그녀 특유의 페르소나를 반영하도록 다시 수정됐다. 셀윈 젭슨의 소설에서 이 캐릭터는 전직 여배우로 설정됐지만 가수는 아니었다. 그러나 디트리히가 출연하면서 시나리오에 노래 한두 곡을 삽입하는 것은 필수적인 일이 됐으며 그것이야말로 시나리오 수정의 가장 시급한 과제 중 하나였다.

히치콕은 자진해서 선곡한 노래 몇 곡을 제안했다. 그의 아이디어 중 하나가 콜 포터가 1927년에 발표한 "마을에서 가장 태평한 아가씨 *The Laziest Gal in Town*"였다. 작곡가는 유명했지만, 딱 한 번 녹음됐던 노래는 그리 유명하지 않았다. 감독은 할리우드를 처음 여행했던 1938년 여름에 빌트모어 호텔에서 색소폰주자 프랭키 트럼바우어가 이

끄는 NBC 라디오 전속밴드가 그 노래를 연주하는 것을 들었다.

디트리히는 그녀의 친구(그리고 일부의 생각으로는 연인)인 에디트 피아프와 같이 그 의견에 반대하고, 피아프로부터 유명한 샹송 "장밋빛 인생*La Vie en Rose*"을 써도 된다는 허락을 받았다. 나쁜 선택은 아니었다. 히치콕은 디트리히가 피아프의 노래를 썩 잘 부를 수 있으리라는 것을 알았지만, 출연진 모두가 등장해서 부를 노래를 연출할 계획이던 그는 관객에게는 덜 친숙한 ―그리고 그의 취향에는 더 잘 맞는― 노래를 원했다. 디트리히는 노래 선택권을 히치콕에게 넘겨주는 일을 달가워하지 않았지만, 감독은 입장을 고수했다. 여러 가지 후보곡들을 점검한 후 그녀는 결국 "마을에서 가장 태평한 아가씨"를 받아들였다.

디트리히는 시나리오에 대한 아이디어도 가지고 있었는데, 히치콕은 그 의견을 정중하게 경청하고 5월과 6월에 계속된 수정 과정에서 그녀의 역할을 강화했다. 그러나 그녀의 출연 장면은 〈염소좌 아래서〉에서 잉그리드 버그먼을 위해서 그랬던 것처럼 터무니없이 확장되지는 않았다. 그녀가 등장하는 장면에서 스포트라이트를 받는 선에서 조금 더 나아간 정도였다.

디트리히의 전기를 쓴 스티븐 바흐의 표현에 따르면, 브라이디와 맥두걸은 그녀에게 '영화에서 으뜸가는 대사'를 다량 부여하며 출연 장면에 공을 들였다. 거기에는 살인의 공범이라는 것이 밝혀진 샬럿이 체포를 기다리며 내뱉는 커튼콜 독백도 포함된다. 무대 뒤쪽에서 담배를 피우며 경찰관을 상대로 말을 하는 그녀는 주인의 사랑에 보답할 줄을 모르는 애완견에 대해 애매한 불평을 늘어놓는다. "내가 내 모든 사랑을 베풀면 배신과 증오가 돌아와요." 그녀는 경멸의 목소리로 늘어놓는다. "그건, 그건 우리 어머니가 내 얼굴을 때리셨던 때와 비슷해요." 이것은 디트리히를 위해 맞춤 제작된 표현력 넘치는 위대한 대사였다.

촬영 날짜가 다가올 때 히치콕은 브라이디에게 물었다. "마를린 디트리히가 그 역할을 연기할 때, 결말부에서 우리가 지금 작업해놓은 것보다 조금 더 강하게 마무리할 수 있을 거라고 생각하나요? 우리가 그녀에게 철학이 약간 담긴 무엇인가를 줄 수 있을지 궁금합니다. 바보가 아닌 이상 디트리히 본인도 지금 그녀가 하고 있는 것보다는 조금 나은 작품을 해서, 후회 없이 영화를 떠나고 싶어 하리라는 것을 저는 압니다. 심오한 사상을 요구하는 게 아닙니다. 우리가 지금 해놓은 것보다 조금 더 긴 것이면 돼요. 가능할 것도 같은데, 어떻게 생각하나요?"

〈무대공포증〉의 촬영이 시작된 이후에도, 히치콕은 디트리히의 대사를 수정할 아이디어의 개요를 계속해서 설명하면서 브라이디에게 자신의 아이디어를 비판해달라고 요청했다. 그녀의 대사에 관한 작업이 완료된 것은 촬영 중반이던 7월 중순이었다. 브라이디는 히치콕의 '삭제와 수정'에 진심으로 찬성한다고 밝히고 이렇게 덧붙였다. "마침내 샬럿은 생명력을 얻었다. 알마-휫필드 버전에서도 내 버전에서도 그녀는 존재가치가 조금도 없었다."

7월 1일에 촬영이 시작됐을 때, 카메라맨은 당장 투입할 수 있는 인력 중 최고의 촬영기사였던 (《조급한 마음》을 촬영했던) 윌키 쿠퍼였다. 샬럿에게 고용된 의상담당자 역할의 (당시 데이비드 린의 아내였던) 케이 월시, 실내사격장을 운영하던 신랄한 코미디언 조이스 그렌펠을 포함한 대부분의 출연진은 영국인이었다.

소설에서 이브는 어머니는 없고 이모만 있지만, 히치콕은 영화를 위해 제독의 소원해진 아내를 창작해냈다. 걸출한 무대 배우 시빌 손다이크가 이 역할을 연기할 배우로 내정돼 있었다. 길 부인은 매력이라고는 없는 멍하고 산만한 캐릭터로, 무슨 일이 벌어지고 있는지를 조금도 이해하지 못하는 것으로 묘사된다. 1950년에 〈무대공포증〉의 뉴욕 개봉 직후에 『필름스 인 리뷰』와 가진 대담에서, 히치콕은 이 영화의 캐릭터들을 '지극히 정상적인 사람들'이라고 부르면서, "나는 이런 사람들을 잘 압니다"라고 말했다. 한술 더 떠 그는 '여주인공의 어머니'인 길 부인이 "우리 어머니와 비슷하다"고 덧붙였다. 그가 에마 히치콕을 자신이 창조한 허구의 캐릭터에 비교한 유일한 경우였다.

히치콕은 '캐스팅은 캐릭터의 구현'이라고 즐겨 말했다. 그리고 그가 좋아하는 캐릭터는 그가 좋아하는 배우, 그가 말하고자 하는 바를 스크린까지 운반하는 사람이었다. 그는 카메라 앞에서나 밖에서나 그를 실망시킨 리처드 토드의 개성을 결코 지나치지 않았다.("근사하지만 아무것도 없다"고 디트리히는 판결했다.) 토드는 촬영 도중에 감독이 '영화에는 별다른 관심도 없는 것처럼' 왜 그리도 '딱딱하고 도식적으로 접근'하는 것처럼 보이는지 그 이유가 궁금했다. '표현력이 풍부한 눈'을 가졌다고 말하고는 '눈동자가 반짝거릴 경우에만 나를 촬영하느라 대부분의 시간'을 보낸 것을 제외하면, 히치콕은 —시나리오 단계에서 벌어진 논쟁을 통해 이미 비중이 줄어든 캐릭터를 연기하는— 토드에게 별다른 관심이 없는 것처럼 보였다.

영화의 남자주인공으로 추정되는 배우가 감독을 실망시킨 것처럼, 애통하게도 여주인공도 마찬가지였다. 히치콕에 따르면, 제인 와이먼은 디트리히의 가정부로 위장한 장면에서 매력이라고는 없는 옷을 걸친 자신의 모습을 러시필름으로 보며 눈물을 쏟았다. 디트리히는 영화에서 더 나은 대사를 배당받았을 뿐 아니라, 나이 든 여배우가 젊은 여배우보다 10배는 더 예뻐 보였다. 이브의 위장은 소설의 토대가 되는 발상이었고, 시나리오를 집필하는 과정에서도 현실 대 환상 테마의 일부로 충실하게 받아들여졌다. 그러나 와이먼은 러시를 본 후 자신을 더욱 멋지게 보이게 해달라고 고집을 부렸다. 히치콕은 그녀의 스위트룸과 트레일러에서 그녀에게 여러 차례 그 점에 관해 설명했지만 그녀는 고집을 부렸다. 스튜디오가 거느린 흥행보증수표를 매춘부처럼 보이게 만들어 관객의 기분을 상하게 해서는 이득 볼 일이 하나도 없다고 생각한 워너가 그녀의 편을 들었다.

히치콕은 훗날 그녀 캐릭터의 '현실성 부족'이 영화를 망쳤다고 밝혔다. "여드름투성이의 아가씨였어야만 합니다. 와이먼은 그렇게 되기를 거절했고, 나는 그녀의 요구를 받아들였습니다."

그에 대한 반응으로, 감독은 그를 실망시키지 않을 사람에게 눈길을 돌렸다. 탈룰라 뱅크헤드가 〈구명선〉의 출연진을 독재적으로 지배하게 허락하면서 뱅크헤드에게 탐닉했던 것처럼, 히치콕은 이제는 마를

마를린 디트리히를 좋아한 히치콕은 탈룰라 뱅크헤드를 위해 〈구명선〉의 틀을 잡았던 것과 같은 방식으로, 〈무대공포증〉을 디트리히의 페르소나에 맞춰 다듬어냈다. 디트리히는 개인적으로 히치콕을 '기이한 땅딸보'라고 생각했다. 이 사진에서 그녀는 애정을 발산한다.

린 디트리히가 〈무대공포증〉을 '연출'하는 것을 후원했다. 그녀는 앙상블을 자식처럼 돌봤고, 배역이 총출동해서 부르는 노래를 지나칠 정도로 리허설했다. 그녀는 자신에게 비추는 조명에 대해서도 감독에게 조언했다.

"장밋빛 인생"은 영화에 두 번 나오는데, 두 번 다 곡의 일부만 나오고, 히치콕이 디트리히에게 억지로 떠맡긴 노래 "마을에서 가장 태평한 아가씨"는 전곡이 다 나온다. 디트리히는 엑스트라들을 공연장에 모아달라고 요구하고는 황홀해하는 엑스트라들 앞에서 최선을 다해 노래를 불렀다. 엑스트라들은 그녀에게 기립박수를 보냈다. 노래를 부르는 내내 히치콕의 카메라는 그녀에게 고정돼 있다. 빈센트 미넬리도 이보다 더 간결하게, 이보다 더 효과적으로 연출하지는 못했을 것이다. 영화의 하이라이트인 콜 포터의 노래는 디트리히의 영원한 레퍼토리가 됐다.

노래건 연기건 최면을 거는 듯한 그녀의 공연은 영화를 응집시켰다. 디트리히는 제2차 세계대전 이후로는 중요한 배역을 몇 번밖에 맡지 않았는데, 〈무대공포증〉은 그중 최고작에 속한다. 이 영화는 히치콕이 디트리히에게 바치는 오마주였지만, 그럼에도 불구하고 그녀는 존 러셀 테일러에게 히치콕이 '무서웠다'고 밝혔다. 그녀는 딸 마리아 리바에게 히치콕이 '기이한 땅딸보'라고 말했다. "그가 마음에 들지 않았어. 모두들 왜 그가 그렇게 위대하다고 생각하는지 나는 모르겠다. 영화는 별로였어. 그는 편집과정에서는 그의 유명한 '서스펜스'를 연출해냈는지 모르지만, 촬영 중에는 확실히 그러지 못했어."

디트리히는 히치콕의 전기를 위해 테일러와 가진 인터뷰에서, 히치콕이 "자신이 원하는 바를 정확히 알았다"고 인정했다. "나는 그 사실은 존경해요. 그렇지만 내가 제대로 연기를 해냈는지에 대해서는 한 번도 확신을 가진 적이 없어요. 그는 하루 일이 끝나면 우리를 카프리스 레스토랑으로 데리고 가서, 그가 뉴욕에서 가져온 스테이크를 먹이고는 했어요. 그는 영국 고기보다는 그쪽 고기가 훨씬 낫다고 생각했으니까요. 나는 그가 우리의 작업에 정말로 넌더리가 나는 것은 아니라는 걸 보여주기 위해서 우리에게 그런 모습을 보이는 것이라고 늘 생각했어요."

따라서 히치콕은 디트리히와 시시덕거리지는 않았다. 그것은 마이클 윌딩이 할 일이었다. 크레디트에 세 번째로 등장하는 생색을 내지 않는 배우는 디바에게 홀딱 빠졌다. 윌딩은 그들의 로맨스가 달아오르는 동안 음흉한 속셈을 품었고, 그래서 히치콕에게도 영화에서도 그의 값어치는 높아졌다. "그녀의 제안에 의해 내 역할이 굉장히 확대됐습니다." 윌딩이 한 얘기다. "그녀는 선심 쓰는 모습은 전혀 보이지 않으면서 나에게 유익한 조언을 해주기 시작했는데, 그런 조언은 내게서 최고의 연기를 뽑아냈습니다." 윌딩은 디트리히의 손바닥 안에서 놀아났고, 히치콕 부부는 말없이 상황을 지켜보면서 즐거워했다.

휫필드 쿡은 6월 25일에 비행기 편으로 미국으로 돌아갔고, 러시의 모니터를 돕기 위해 뒤에 남은 알마는 "출연진 사이에 무슨 일이 벌어지는지, 누가 누구랑 자는지에 대해 내게 편지를 썼다"고 쿡은 회상했다. 히치콕 여사가 남편보다 앞서 할리우드로 돌아온 8월 9일에 쿡은 공항에서 그녀를 맞았다. 다음 주에 두 사람은 서로의 친구들과 함께 산타크루스에서 멋들어진 날씨 속에서 수영을 하고 긴 산책을 다니며 즐거운 시간을 보냈다. 편집 본능이 뛰어난 알마는 쿡의 아이디어들을 경청하고는 그에게 조언을 하는 것을 즐겼다.

그런데 그녀는 다가오는 〈염소좌 아래서〉의 개봉을 걱정하고 있었다. 후반작업을 하는 동안, 시드니 번스타인은 히치콕에게 촬영과정에서 고집했던 롱 테이크의 일부를 단축하라고 설득했다. 그러나 초기 시사회에서 영화의 스타일이나 소재에 관한 열광은 피어오르지 않았고, 히치콕 여사는 처음부터 스토리를 옹호했던 자신을, 시나리오 개발단계 초기부터 중요한 역할을 맡았던 자신을 자책했다.

〈염소좌 아래서〉는 9월 중순에 라디오시티 뮤직홀에서 개봉됐는데, 감독은 여전히 해외에서 일에 매달려 있었다. 영화는 잉그리드 버그먼과 히치콕에게는 실망스러운 작품이었지만, 평단의 반응은 너그러웠다. 예를 들어, 하워드 반스는 『뉴욕 월드 텔레그램』에 히치콕이 '실수를 했다'고만 적었다.

리뷰와는 상관없이 트랜스아틀랜틱은 버그먼에 의지해서 관객을 동원하려 했지만, 극적인 사건이 그녀의 삶을 덮쳤다. 버그먼은 이탈리아에서 로베르토 로셀리니와 결합했는데, 1949년 여름 끝 무렵에 그들의 로맨스는 뉴스거리가 되었고 그녀의 혼외 임신은 커다란 스캔들로 발전했다. 가톨릭 단체들은 재빨리 그녀의 윤리관을 비난했고, 일부 국회의원들은 의회단상에서 버그먼을 격렬히 비난하기까지 했다. 그리고 미국 전역의 극장업자들은 〈염소좌 아래서〉의 상영을 꺼리게 되었다.

자신을 향한 비난에 격분한 버그먼은 런던 개봉에 참석하는 것까지도 거부하면서 작품 홍보활동에 참여하는 것을 거절했다. 그녀는 스트롬볼리에서 "나는 언론의 반응을 보면서 질문에 대답하기 위해 다시는 내 자신의 자유의지를 꺾고 싶지는 않아요"라고 시드니 번스타인에게 편지를 썼다. 히치콕은 이런 상황에 당혹스러워했다. 버그먼이 전혀 다른 영화경력을 추구하기 위해 그와 할리우드를 떠났다는 사실에 그가 질투를 하는 것인지도 모르지만, 그는 사실 버그먼이 동침하는 상대에 대해서는 관심이 없었다. 그를 그보다 더욱 괴롭힌 문제는 그녀가 출연작에 대한 책임을 회피하고 있다는 것이었다.

런던의 리뷰는 더욱 좋지 않았다. 〈염소좌 아래서〉는 〈로프〉나 〈패러다인 부인의 재판〉보다도 더 빠르게 실패작이 됐다. 은행들은 대출금에 대한 대가로 영화를 확보하려고 움직였고, 더욱 분통이 터지게도 트랜스아틀랜틱의 두 번째 영화는 댄 오쉬어에게 넘어갔다. 오쉬어는 셀즈닉의 배급라인을 통해 영화를 배급하면 추가 수익을 뽑아낼 수도 있을 것이라고 판단했다. 히치콕은 오쉬어가 자신에게 원한을 품고 있기 때문에 〈염소좌 아래서〉를 홀대하지 않을까 의심했는데, 실제로 오쉬어는 1963년에 뉴욕현대미술관이 히치콕 회고전을 개최했을 때 필름 임대를 거부했다. 오늘날까지도 이 작품은 히치콕이 미국 시기에 만든 작품 중에서 가장 덜 감상된 영화로 남아 있다.

이 영화는 그렇게 끔찍한 영화는 아니다. 기이하고 꼴사납기는 해도, 서로를 향한 플러스키 부부의 감동적인 정절이 담긴 영화의 핵심은 스타일리시하고 진심이 느껴진다. 〈염소좌 아래서〉는 프랑스에서 컬트의 명성을 얻었고, 히치콕 자신도 영화에 대한 호감을 결코 잃지 않았다. "나는 이것을 성공작으로 보고 싶습니다. 상업적인 관점에서는 그렇지 않더라도 말입니다." 그가 프랑수아 트뤼포에게 한 말이다. "우리가 그 영화에 쏟은 모든 의욕을 감안하면, 그것이 그렇게 하찮은 영화가 됐다는 것은 부끄러운 일입니다." 감독은 피터 보그다노비치에게 프랑스인들은 그 영화를 높이 평가했다고 밝혔다. "그들은 영화를 있는 그대로 봤기 때문입니다. 어떤 영화일 거라는 기대를 품고 본 게 아니라 말입니다."

주말 동안 산타크루스에서 쿡과 함께 시나리오를 수정하던 알마는 리뷰를 읽었다. 쿡은 그녀가 정말로 심란해하는 모습에 깜짝 놀랐다. 알마는 울고 또 울었다. 그는 그녀를 위로할 수가 없었다.

12

도약의 발판을 다지다
1950~1953

이후로 알마 레빌은 다시는 시나리오 크레디트를 받지 않았다. 그녀는 —스토리의 선택에서부터 영화의 최종 편집본에 이르기까지— 히치콕 영화의 문지기로 남아 있었지만, 공식적으로는 다시는 다른 시나리오를 쓰지 않았다.

세월이 흐른 후에 히치콕 부부는 히치콕 여사가 시나리오를 쓴 적이 있다는 사실조차 부인하기까지 했다. 1974년에 어느 작가가 『시나리오를 집필한 여성들』이라는 책에 그녀를 포함시키게 해달라고 요청하자, 히치콕은 알마가 진짜 작가였던 적은 한 번도 없다고 주장하면서, 그녀를 대신해서 보호했다. 히치콕은 그녀가 경력 초기에는 '세트에서 기록을 해야만' 했다고 설명했다. "이후로 그녀가 주로 한 일은 감독에게 처음으로 보여주기 위해 필름을 자르고 붙이는 일이었습니다." 그는 그녀가 '필름들을 숏과 그 이상 가는 수준까지 편집하는' 단순한 '기술적 작가'로 변신했다고 밝혔다. 그렇지만 "오늘날 우리가 아는 의미의 창조적인 작가였던 적은 한 번도 없었습니다."

그러나 히치콕 여사가 남편의 영화에 개입한 정도는, 창조적인 수준에서나 정서적인 수준에서나 이 설명보다는 훨씬 깊다. 영화가 실패할 경우 알마는 고통스러워한 반면 히치콕은 리뷰나 박스오피스의 실패에 대해 어깨를 으쓱하고는 털어버릴 수 있었다. 언젠가 '평온해 할 수 있는 비결'에 대한 질문을 받은 히치콕은 "나는 만사를 3년쯤 지나서 그것들을 기억해내는 것처럼 바라보려고 늘 노력합니다"라고 대답했다. 그는 항상 앞일을 생각했다. 휫필드 쿡은 영화를 완성하고 나면 그 영화는 "사라졌다"고, "그리고 그는 그다음 작품에 관심을 가졌다"고 회상했다. 그에 관한 많은 글에도 불구하고 히치콕은 완벽주의자와는 거리가 멀었다. 그는 걸작을 만들려 들지 않았다. 그는 결점을 수긍하는 데, 그것들을 대충 얼버무리는 데, 그리고 다음 일로 넘어가는 데 대가였다.

언젠가 어느 인터뷰에서 영화역사가 윌리엄 K. 에버슨은 감독에게 그의 영화 중에서 일부를 리메이크해서 오리지널의 단점을 바로잡고 싶은지 물었다. 히치콕은 재빨리 대꾸했다. "내가 그런 것에 관심을 가질 거라고는 생각지 않습니다." 그러고는 덧붙였다. "나는 전진하고 싶습니다. 나는 애초에 내가 그것을 만들어야 할 필요가 없었기를 바랍니다." 감독은 시나리오가 완성되고 나면, 그가 감히 소망하는 것은 '처음에 구상했던 것의 60퍼센트'가 스크린에 실현되는 것이라고 설명했다.

그렇다면 영화는 도대체 왜 만드는가? 에버슨은 물었다. 글쎄, "그게 재미가 좀 있으니까요." 히치콕은 인정했다. "템포와 이미지의 크기가 관련돼 있습니다." 그리고 '올바르게 바로잡을' 마지막 기회인 편집 과정도 있었다.

〈염소좌 아래서〉의 실패 이전에 알마는 배경을 샌프란시스코에서 퀘벡으로 옮겨놓은 〈나는 고백한다〉의 트리트먼트 초고를 완성했지만, 그녀가 더 이상은 시나리오를 쓰고 싶지 않다고 말한 후 프로젝트에는 새롭고 솜씨 좋은 작가가 필요했다. 19세기 프랑스 희곡을 대서양 건너로 옮겨오면서 현대화하는 데 해야 할 작업이 많이 남아 있기 때문이었다.

히치콕은 런던에서 〈무대공포증〉을 작업하는 동안 레슬리 스톰—캐럴 리드의 영화 〈추락한 우상〉을 공동으로 집필했던 소설가 겸 극작가인 일명 메이블 마거릿 클락—을 만나 그를 고용했다. 스톰이 히치콕, 시드니 번스타인, 빅터 피어스와 시나리오회의를 갖기 위해 노트와 자료를 가지고 파리로 왔을 때, 모두들 원군을 얻은 듯한 기분이었다. 프로젝트는 마침내 도약의 문턱에 다다른 듯 보였으나, 스톰은 몇 주 동안 연락이 두절되면서 수정 트리트먼트를 기다리던 번스타인과 히치콕을 화나게 하고 당황스럽게 만들어 결국 해고됐다.

히치콕은 〈나는 고백한다〉를 고집스럽게 밀었다. 그는 성직자라는 직업이 흥미로웠다. 그는 그가 만나는 성직자들에게 가장 섹시하고 가장 폭력적인 그의 영화들을 즐긴다는 고백을 듣는 것이 즐거웠다. 감독은 우연히도 가톨릭 메리마운트 칼리지(나중에 로욜라 메리마운트로 개명)의 교수진과 친분이 있었고, 〈패러다인 부인의 재판〉을 찍던 시절에 만나 이후 30년 동안 꾸준히 연락을 주고받은 토머스 제임스 설리번 신부와도 오랜 친구 사이였다. 성직자들도 히치콕이 가톨릭 자선기금에 기꺼이 기부하는 사람이라는 걸 알게 됐다. 히치콕이 1962년에 모교인 세인트 이그나티우스 칼리지의 새로운 예배당 건축비용으로 상당한 액수(2만 달러)를 기부했다는 사실은 잘 알려져 있지만, 캘리포니아 곳곳에 있는 새로운 예배당과 교회에도 몇 차례 기부했다는 사실은 그다지 알려져 있지 않다.

〈나는 고백한다〉는 히치콕 스타일뿐 아니라 가톨릭 교리에도 흠뻑 젖어 있었는데, 그는 어느 쪽도 버리려 들지 않았다. 그는 성직자가 존재를 알지 못하는 아이, 성직자가 교수형을 당하는 엔딩 등 줄거리에서 가장 논쟁적인 요소를 포기하기를 끈질기게 거부했다. 번스타인은 감독이 하고 싶어 하는 일은 뭐든지 지지했지만, 미국뿐 아니라 영국의 검열관들도 히치콕이 〈나는 고백한다〉에서 아끼는 이런 요소를 표적으로 삼을 것이라고 주기적으로 감독에게 경고했다.

히치콕은 작가들이 염려하는 요소에 대해 두려워하지 않다는 것을 과시하면서, 애증이 공존하는 시선으로 영화를 바라보는 저명한 소설가를 고용하려고 시도했다. 종교적이고 정치적인 주제들이 뒤덮인 스릴러들을 종종 썼던 가톨릭 개종자 그레이엄 그린은 영화를 위해 작품을 쓴 일은 드물었고, 자신의 작품을 각색한 영화의 대부분을 혐오했다. 1930년대에 『스펙테이터』와 『나이트 앤 데이』의 평론가로 활동하는 동안 히치콕에게 가혹한 비판을 가했던 그린은 감독의 전성기 때 그의 '열등한 현실감'을 비난했고, 자신은 '독일의 히치콕'—프리츠 랑—의 영화들을 더 좋아한다고 여러 차례 밝힌 바 있었다.

스톰이 트랜스아틀랜틱을 실망시킨 후, 히치콕은 그린을 떠올렸다. 그는 그린의 재능과 명성, 깊이 배어든 가톨릭 교리가 〈나는 고백한다〉를 구원해낼지도 모른다고 생각했다. 그린의 에이전트에게 직접 연락한 감독은 번스타인에게 공식제안을 하게 했지만, 그린은 고용작가로 시나리오를 쓰지는 않겠다는 회신을 보냈다. "몇 년 전에 결심한 일이오." 그린이 쓴 글이다. "그리고 나는 그 결심을 깨고 싶지 않소. 특히 히치콕을 위해서는 말이오. 그렇지만, 나에게 그런 요청을 해준 것에는 대단히 감사하오."[10]

그 직후, 히치콕은 펜실베이니아 벅스 카운티로 샘슨 라파엘슨을 찾아가서 그가 늘 하던 재미있는 입담을 발휘하며 (그때까지 작업된) 영화의 전체 줄거리를 작가에게 열정적으로 설명했다. 제작규범의 방해를 받았던 〈서스피션〉의 작가는 규범을 더욱 극악하게 깨버릴 수 있는 기회로 가득한 또 다른 히치콕의 영화에 마음이 동했을지도 모른다. 하지만 라파엘슨이 〈나는 고백한다〉는 그가 할 만한 소재의 영화가 아니라고 말하자 감독은 난처한 지경에 처했다.

동부해안에서 〈무대공포증〉의 시사회가 있었던 직후, 감독이 패트리샤 하이스미스라는 신인작가의 신작소설을 읽은 것은 캘리포니아로 돌아오는 기차 안에서였다. 히치콕 여사와 휫필드 쿡과 동행한 감독은 정식 출판 직전의 교정쇄 상태였던 그 책을 일행에게 돌렸다. 하이스미스의 소설은 기차에서 우연히 만난 두 사람에 대한 내용으로, 그중 한 명은 생면부지인 사람들끼리 교환살인을 저지른다는 자신이 세운 완전범죄이론을 발표하는 정신병자다.

신간소설의 페이지를 열심히 넘긴 히치콕 3인조는 〈나는 고백한다〉

10 이 사건이 히치콕에 대한 그린의 마음을 바꿔놓지는 않았다. 1972년에 영화 에세이전집의 새로운 서문에 그린은 이렇게 썼다. 1930년대에 '모순, 헐거운 결말, 심리학적 부조리'로 가득한 히치콕의 '웃기는 멜로드라마틱한 상황들'에 짜증을 낸 것은 '옳은 일이었다고 나는 여전히 믿고 있다.'

를 다시 연기한다는 가정 하에, 『스트레인저』를 또 다른 범죄도주영화로 얼마나 쉽게 탈바꿈시킬 수 있는가를 놓고 논의하기 시작했다. 하이스미스는 아직까지는 무명에 가까운 작가였기 때문에 영화화 권리가 그리 비싸지는 않을 것이고, 이야기 자체는 저렴한 제작비로 스튜디오 내부에서 흑백으로, 심지어는 일급스타들 없이도 촬영할 수 있었다.

히치콕이 정말로 탐냈던 것은 소설의 발단이 되는 기차에서 우연히 만난 두 승객 중 한 사람이 살의를 품고 있다는 상황이었다. 그것을 제외하면, 그는 줄거리의 나머지 부분은 내버려도 무방하다고 판단했다. 권리를 확보하기도 전부터 히치콕 3인조는 기차로 미국을 횡단하면서 논의를 개시해서, 영화를 위한 줄거리의 플롯을 다시 짜맞췄다. 알마가 직접 집필하는 것을 회피했기 때문에, 쿡이 마구 쏟아져 나오는 아이디어를 조리 있는 트리트먼트로 합쳐내는 일을 맡았다.

하이스미스의 소설에 가한 큰 변화는 주요 캐릭터 두 사람부터 시작됐다. 소설에서 낯선 이들—브루노와 가이—은 실제로 교환살인을 한다. 미치광이 선동자인 브루노는 미리엄(가이의 소원해진 아내)을 살해하고, 그후 가이를 괴롭혀 자신의 아버지를 죽이게 만든다. 나중에 브루노는 보트사고로 죽고, 죄책감에 시달리던 가이는 끈질긴 형사에 의해 궁지에 몰린다.

하이스미스의 브루노는 육체적인 매력이라고는 없는 알코올중독자였지만, 히치콕 3인조는 그를 —최소한 생김새만은 말쑥하고 매력적인— 히치콕 스타일의 살인자로 재상상하기 시작했다. 브루노가 가이를 맹목적으로 숭배할 때 하이스미스가 암시했던 동성애는 그대로 보존할 계획이었다. 히치콕은 〈로프〉에서 했던 것처럼 브루노의 섹슈얼리티를 누구든 그런 것에 관심을 가지는 사람(그 사람이 스튜디오나 검열기관의 임원이 아닌 한)에게는 매력적으로 보일 영화의 서브텍스트로 삼을 셈이었다. 그의 남자친구 동아리에서 오고가는 신호를 해석할 줄 알았던 휫필드 쿡의 손에서, 영화의 브루노는 프랑스어를 할 줄 알면서 여자들을 무시하는 발언을 해대는 멋쟁이 마마보이로 변신했다.

가이 캐릭터는 대수술을 받았다. 하이스미스의 소설에서 가이는 건축가였지만, 수십 년 동안 테니스를 치면서 관찰해온 히치콕은 가이를 정치적 야심을 지닌 정상급 아마추어 테니스선수로 변신시켰다.(브루노는 가이의 운동경력과 삐걱거리는 애정생활을 신문에서 열심히 탐독한다.) 검열당국의 가위질을 피하기 위해, 가이는 정신 나간 흉정에서 맡아야 할 역할인 브루노의 아버지 살해를 거부하는 정상적인 인물이 됐다.[11]

영화의 핵심사건의 배경을 워싱턴 D.C.로 바꿔놓은 것에서 암시되듯 가이에게도 서브텍스트가 있다. 정치적으로 좌익인 쿡은 성적으로 모호한 캐릭터들을 만족스럽게 다룬다는 점에서 히치콕이 선발한 두 번째 작가였다. 영화학자 로버트 L. 캐린저의 표현에 따르면, 쿡은 영화를 '미국을 휩쓸고 있는 냉전 히스테리에 말없이 도전하는' 우화로 만들기 위해 가이를 활용했다. 히스테리는 공산주의자와 더불어 동성애자를 국가의 적으로 삼았다. 할리우드에서 공산주의자들을 색출하기 위해 진행되는 반미활동심사위원회의 활동, 그리고 국무부에서 암약하는 소련 스파이들을 향한 상원의원 조지프 매카시의 공격과 동시에, 미국 상원은 국가안보를 위태롭게 할 정부 내에 있는 '도덕적 부패자'로 의심되는 인물들에 대해 조사하느라 분주했다. 심지어 '동성애자와 다른 변태성욕자의 정부 내 고용실태'에 대한 연구를 의뢰하기까지 했다.

캐린저는 〈스트레인저〉를 분석하면서, 이 영화가 부분적으로는 이런 냉전시대 사건들로부터 중대한 영향을 받았다고 설득력 있게 주장했다. 캐린저는 대단히 온화하고 몸가짐이 단정한 가이의 면모는 가이 캐릭터를 반동성애 분위기에 희생된 사람들을 대신하는 인물로 만들었다고 썼다. 캐린저는 "겉으로 보기에 가이는 미국을 대표하는 스테레오타입이다. 스포츠맨이며, 명성에도 불구하고 겸손하면서 옷차림도 수수하다"고 썼다. 가이는 "타협할 수밖에 없는 취약한 상황에서 발견되는 모호한 성 정체성을 가진 남자다." 가이는 단정한 품행으로 인해

11 히치콕적인 디테일: 가이는 샌프란시스코 전당포에서 구한 구형 독일식 루거 권총으로 아버지를 쏘라는 제의를 받는다.

브루노의 복수심의 대상이 되기도 하는데, 이런 설정은 히치콕이 영화의 클라이맥스로 염두에 둔 두 남자간의 극적인 교차편집 시퀀스를 연출하게 해주는 구실이 됐다.

원작에는 없는 워싱턴 D.C. 외에도, 히치콕은 하이스미스 책과는 다른 배경들을 구상했다. 소설은 남서부와 플로리다를 배경으로 많은 부분을 할애했지만, 히치콕은 철도로 연결되며 인구가 밀집된 소설에서 잠깐만 등장하는 동부해안의 도시들에 전념할 계획이었다. 하이스미스가 내세운 배경 중 하나가 코네티컷 놀이동산이었는데, 히치콕은 —브루노가 미리엄을 서커스에서 살해하게 만들기 위해 세부사항을 바꾸고, 브루노가 서커스로 돌아오는 것을 영화의 크레셴도로 연출하면서— 그가 좋아하는 그 장소에 안착했다.

이런 변화와 새로운 아이디어는 쿡이 기차 안에서 작업에 착수한 트리트먼트에 일차적으로 녹아들어갔다. 〈스트레인저〉의 마지막 시나리오작가였던 첸지 오먼드의 표현에 따르면 "정확히 말하면 트리트먼트가 아니라, '단계별 묘사'라고 부를 수 있는 것인데 내용이 대단히 상세했다."

히치콕은 이 범죄도주영화 프로젝트에서 시나리오와 출연진, 스튜디오 등 모든 면에서 앞질러 질주했다. 이 운 좋은 기차여행에서 영화의 일부 장면은 이미 그의 머릿속에서 전기충격을 받은 것처럼 춤추고 있었다. 그는 저렴한 가격으로 권리를 확보하고, 〈나는 고백한다〉 대신 〈스트레인저〉를 만들어도 좋다는 워너브러더스의 승낙을 얻기 위해 움직임을 서둘렀다. 감독이 가톨릭 성직자와 사형제도에 몰두해 있는 것을 여전히 염려하던 스튜디오의 입장에서, 하이스미스 소설은 더욱 친숙하고 더욱 편안한 히치콕표 서스펜스로 돌아오는 작품으로 보였다.

히치콕이 〈스트레인저〉를 개발하는 동안, 시드니 번스타인은 〈나는 고백한다〉를 더 진전시킬 수 있었다. 트랜스아틀랜틱의 프로듀서는 누명쓴 신부 이야기의 또 다른 트리트먼트를 위해 런던에서 폴 빈센트 캐럴—제임스 브라이디와 공동으로 글래스고 시민극단을 창설한 인물—을 고용했다.

트리트먼트를 끝마친 휫필드 쿡은 소설에 전념하기 위해 동부로 돌아갔다. 히치콕은 또다시 작가 —스타인벡이나 손턴 와일더처럼 영화에 명성을 더해줄 수 있는 유명작가— 쇼핑에 나섰지만, 미국에서 명망 있는 작가들은 정상급 배우들처럼 히치콕에게 등을 돌렸다. 쿡이 쓴 〈스트레인저〉 트리트먼트가 할리우드를 돌아다니는 동안 주가 지나고 달이 지났다. 상당수의 작가들이 히치콕의 달갑지 않은 사소한 드라마를 거절했다. "8명의 작가가 나를 거절했습니다." 히치콕이 찰스 토머스 새뮤얼스에게 밝힌 내용이다. "그들 중 이 작품을 좋게 본 사람은 아무도 없었습니다." 그는 트뤼포에게 이렇게 밝혔다.

이들 작가 중에는 하드보일드 소설가 대실 해밋도 있었다. 그런데 한여름에 미국 범죄소설의 만신전에서 해밋보다 한 등급 아래인 레이먼드 챈들러가 대안으로 떠올랐다. 챈들러는 가까운 라 졸라에 살았는데, 가끔씩 취미 삼아 영화 작업을 했다. 그가 최근에 빌리 와일더를 위해 공동집필한 〈이중 배상〉의 시나리오는 오스카 후보에 올랐다. 에이전트 레이 스타크를 통해 제안을 받은 챈들러는 하이스미스 소설과 휫필드 쿡의 트리트먼트를 읽고는 일을 하기로 합의했지만, 사적인 자리에서는 다른 유명인사들에게 '꽤나 멍청한 이야기'라고 생각한다고 밝혔다. 챈들러가 이 작품을 맡은 이유는 부분적으로는 돈 때문이고, "부분적으로는 내가 히치콕을 좋아하는지도 모른다는 생각 때문이었다."

할리우드를 꺼려한 챈들러는 워너브러더스에서 미팅을 하기 위해 버뱅크로 차를 몰고 가는 것을 거부했는데, 히치콕은 그런 행동을 언짢게 생각하지는 않은 듯하다. 8월 초부터 히치콕과 —셀즈닉 인터내셔널에서 일하다가 이제는 히치콕의 공동 프로듀서로 일하고 있는— 바버라 케온은 챈들러가 사실혼 관계의 아내와 살고 있는 라 졸라의 저택으로 몇 차례 리무진 여행을 다녔다.

챈들러가 스튜디오 회의를 회피하는 주된 이유는 시나리오에 대한 장황한 논의를 불신했기 때문이었다. 히치콕이 사람들과 얘기하며 사귀는 것을 즐기는 만큼이나, 챈들러는 곧장 집필에 착수하는 것을 선호했다. 감독을 처음 만난 후 ('아주 사려 깊고 예의 바른 남자'), 그는 즉시 그들의 만남이 지겨워지기 시작했다. 그들의 만남은 영화에 나오는 —빠르고 격렬한 발리로 가득한— 테니스시합 같았다. 챈들러는 가까운 지인에게 이런 편지를 보냈다. "내가 세트를 따낼 때마다, 그는 제퍼슨 기념관이나 그런 비슷한 곳의 옥상을 배경으로 한 러브신을 원한다는 식의 얘기로 내 밸런스를 무너뜨린다네."

가장 경악할 만한 사실은, 챈들러가 영화에 등장하는 모든 캐릭터는 나름의 행동동기를 가져야 하고 플롯의 전환점은 모두 완벽하게 설명되기를 바라는 끔찍한 '타당성 추구자'에 속하는 인물로 판명된 것이다. 그는 만사를 카메라가 집필하게 여지를 남겨두는 것보다는 말로 설명하고 싶어했다.

그는 주제를 벗어난 히치콕의 여담에 낙담했다. 예를 들어, 히치콕이 자신의 화면철학을 알려주려는 의도로 들려준 〈샴페인〉을 찍을 때 겪었던 일화들은 챈들러 입장에서는 그리스인의 얘기를 듣는 것과 다름없었다.

챈들러는 어느 편지에서, 히치콕은 '카메라 효과를 위해 (적어도 그런 게 존재하는 한) 드라마틱한 논리를 희생할' 준비가 너무 많이 돼 있었다고 불평했다. 그는 '샴페인 글라스를 통해 거꾸로 뒤집혀진 화면을 촬영하는 것보다는 얘기되는 것, 얘기되는 방식을 더욱 중요하게 여기는' 사람이 더좋았다.

라 졸라 여행의 수익은 점점 줄어들었다. 두 사람 사이의 시너지는 증발했고, 챈들러의 행동은 이상야릇하고 공격적으로 변해갔다. 챈들러가 원하는 것은 히치콕이 해야만 하는 일이라고 결정한 것을 놓고 논쟁을 벌이자는 것 같았다. 챈들러는 하이스미스의 오리지널 줄거리가 히치콕의 줄거리보다 우수하다고 주장하면서, 원작의 내용을 복원하려고 계속 노력했다. 챈들러가 폭음을 하고 회의시간 일부를 술을 마시거나 숙취와 싸우느라 허비하자 긴장은 더욱 고조됐다. 히치콕은 이런 프로답지 못한 행동이 지겨웠으나 워너에 알리지 않고 —빈틈없는 계약을 맺은— 챈들러를 해고할 수는 없었다.

라 졸라로 마지막 여행을 간 히치콕은 작가의 불쾌한 태도가 계속된다면 논쟁은 피하기로 결심했다. 집에 도착한 감독은 평소 앉던 의자에 앉아서 평소 하던 태도를 취했다. 술잔을 든 챈들러는 히치콕이 책에 충실해야 하는 이유, 정도를 벗어난 플롯과 카메라 트릭을 모두 잊어야 하는 이유에 대해 큰 목소리로 신랄하게 훈계하기 시작했다. 감독은 챈들러가 떠들도록…… 계속 내버려뒀다. 바버라 케온은 침묵이 내려앉은 사이에, 히치콕이 한마디도 하지 않을 것임이 당혹스러울 정도로 명확해졌을 때, 히치콕을 대신해서 침묵을 깨야만 했다.

챈들러의 웅변이 절정에 달했을 때, 감독은 그냥 자리에서 일어나서 문을 열고는 집을 나섰다. 케온은 허둥지둥 소지품을 챙겨서는 감독의 뒤를 좇았다. 감독은 미리 대기시킨 운전사가 문을 열고 서 있는 자동차 쪽으로 갔다. 놀란 챈들러가 따라 나오면서 히치콕에게 고함을 질렀다. 감독은 케온이 자동차 뒷자리로 들어가게 잠시 동작을 멈춘 다음, 그의 육중한 몸을 가급적 빠르게 차에 집어넣으려고 노력했다.

챈들러가 히치콕을 향해 '뚱보 망나니'나 그보다 더 심한 욕설들을 계속해서 퍼붓는 가운데 자동차가 출발했다. 케온으로부터 이 사건에 대해 들은 첸지 오먼드는 챈들러의 언사가 "인신공격적이었다"고, "심히 인신공격적이었다"고 회상했다. 히치콕은 안전한 곳으로 탈출할 때까지 포커페이스를 유지하고, 리무진이 몇 킬로미터를 달릴 때까지 오랜 시간 동안 창밖만 바라봤다. 스튜디오까지 절반쯤 왔을 때 그는 마침내 케온을 향해 간단히 말했다. "저자는 쓸모가 없어."

챈들러의 입장에서도 즐거운 시간은 아니었는데, 술기운에 몽롱해진 작가는 그가 했던 짓의 여파가 어느 정도인지 깨닫지 못한 듯하다. 그는 그의 에이전트와 워너의 스토리 부서 책임자, 그리고 그에게 귀를 기울이는 사람이면 누구에게든 히치콕이 다시는 그에게 말을 하지 않았다고 불평을 토로하면서 5주 동안 시나리오 집필에 몰두했다. 그는 워너브러더스에게 "전화 한 통화 하지 않았다"고 불만을 털어놨다. "비판의 말도 감사의 말도 한마디도 없었소. 침묵만, 공허한 침묵만 있었단 말이오." 히치콕은 9월 말에 스튜디오에 도착한 챈들러가 쓴 시나리오도 결코 수령하지 않았다.

히치콕은 시나리오와 캐스팅이 완료되기 전인 8월 말에 동부에서 첫 배경을 촬영하면서 직접 보조촬영진을 감독했다. 그중에는 포레스트 힐스에서 열린 데이비스컵 대회도 있었는데, 이곳에서 그들은 상상가능한 모든 백핸드와 서브를 대량으로 촬영했다.("주최측에게 데이비스컵을 보이지 않는 곳으로 치워도 괜찮겠냐고 물었던 기억이 납니다.")

그는 이 촬영분량을 〈스트레인저〉에 두 번 등장하는 뛰어나게 연출된 테니스경기에 활용할 심산이었다. 첫 경기에는 관객들이 치열한 랠리를 쫓아 고개를 이쪽저쪽으로 돌리는데, 브루노만이 머리(와 시선)를 눈에 확 뜨일 정도로 가이에게 고정시키고 있는 잊을 수 없는 이미지가 들어 있다.

두 번째 경기는 가이가 경찰에서 벗어나 그를 범인으로 모함할 증거를 서커스에 심어 넣으려는 브루노의 기도를 저지하기 위해 —가급적 빨리— 승리를 따내야만 하는 경기다.(히치콕은 뉴스영화 화면뿐 아니라 대역을 활용했고, 가이가 카메라 렌즈 쪽으로 공을 곧장 날리는 것처럼 보이도록 카메라 바로 밑에서 볼을 발사하는 기계를 특별히 제작하는 수법을 썼다.) 이 두 번째 테니스시합은 모든 면에서 비슷하게 긴박한, 브루노가 벌이는 또 다른 '게임'과 훌륭하게 교차편집된다. 브루노는 배수구 안으로 손가락을 뻗어 머리글자가 새겨진 라이터(가이에게 죄를 뒤집어씌울 중요한 소품)를 회수하기 위해 진땀을 빼는 "시합을 치른다."

동부에서 히치콕은 설정 숏으로 쓰기 위해 뉴욕의 펜 기차역과 워싱턴 D.C.의 명승지들을 촬영했다. 그는 브루노의 대역을 써야만 했는데, 멀리 떨어진 제퍼슨 기념관의 계단에 서 있는 흐릿한 인물—도널드 스포토는 '위험한 흠결…… 잘 정돈된 사물 위의 얼룩'을 상징한다고 썼다—이 그 대역이다. 보조촬영진이 촬영한 분량은 무의미한 시나리오를 분주히 쓰고 있던 레이먼드 챈들러가 가장 격렬히 반대했던 바로 그런 관광용 장면에 속했다.

9월 말에 전달된 챈들러의 버전은 파일함으로 직행했다. 그런 다음 히치콕이 10월에 고용한 새로운 작가는 유명작가가 아니라 할리우드 꼭두각시였는데, 꼭두각시 가운데서도 유명한 축에는 속하지 못했다. 작품에 어울리는 작가를 찾아내는 히치콕의 본능을 보여주는 완벽한 사례가 있다면, 그것은 바로 이름이 이국적인 이 무명의 여성작가 첸지 오먼드이다.

미국에서 태어난 오먼드는 네덜란드와 보헤미아의 피를 물려받았다. 그녀와 히치콕은 히치콕이 할리우드에 온 첫 달에 만난 적이 있는데, 이후 몇 년간 그들의 경력은 계속 교차했다. 데이비드 셀즈닉을 위해 〈바람과 함께 사라지다〉의 자료조사를 하던 오먼드는 결국 바버라 케온의 사무실에서 작가들의 시나리오 작업을 보조했고 나중에는 샘 골드윈 밑에서 대사 전문작가로 활동했다. “나는 너무나 많은 영화들을 썼는데, 대사를 검토하고 대사를 다듬기만 했을 뿐 한 번도 크레디트를 받지 못했어요”라고 그녀는 회상했다.

홍보용 사진에 찍힌 그녀는 윤기 나는 긴 머리를 자랑하는 금발 미녀다. 감독은 여러 인터뷰에서 그녀를 ‘벤 헤크트의 어시스턴트’로 모호하게 언급하곤 했는데, 이로 인해 히치콕을 다룬 일부 책들은 그녀를 헤크트의 ‘대필 작가’로 묘사하기도 했다. 사실을 말하자면, 그녀는 헤크트가 〈바람과 함께 사라지다〉를 조사하는 작업을 도왔고(히치콕이 한 말이 이것이다), 그 이후로는 헤크트 집안과 친분을 유지하면서 헤크트가 동부로 갈 때마다 헤크트의 집을 빌리곤 했다. 그렇지만 그녀는 케온의 어시스턴트라고 부르는 것이 더 정확한 표현일 것이다.

1950년에 오먼드는 『코스모폴리탄』에서 추린 그녀의 단편소설 선집인 『아래층에서 들리는 웃음소리』를 막 출판한 참이었다. 9살짜리 여자아이의 시점으로 미국에 사는 보헤미아 가족의 삶을 묘사한 책이었다.(책 표지에는 “이 작품의 일부는 그녀의 농장에 전기가 들어오기 전에 벨트의 끝에 묶여 있던 손전등의 도움을 받아 집필됐다”고 적혀 있다.) 오먼드는 20세기폭스를 위한 작업을 최근에 끝마치기는 했지만, 내세울 만한 크레디트는 하나도 없는 처지였다.

그런데도 히치콕은 오먼드를 좋아했으며, 이런 호감은 자동적으로 그녀를 챈들러보다 높은 순위에 올려놨다. 그녀는 할리우드에서 멀리 떨어진 농장에서 사는 것을 선호하는 젊고 자유분방한 인물이었다. 몇 년 동안 그녀는 벨라지오로드의 만찬에 가끔씩 초대되기도 했다.(오먼드는 "히치콕 여사와 딸 팻 히치콕 사이에 오가는 대화를 들었을 때, 나는 그녀가 판단력이 명료한, 자상하고 훌륭한 어머니라는 것을 알 수 있었다"고 회상했다.) 더군다나 집필료도 비싸지 않은 오먼드는 바로 작업을 할 준비가 돼 있었다. 챈들러를 내친 것은 모양새가 좋지 않은 일이었지만, 오먼드도 레이 스타크의 고객이라는 사실로 인해 껄끄러운 상황은 다소 부드러워졌다.(챈들러는 이런 사실 때문에 정말로 화가 났다. 그는 "자기 에이전트한테 칼을 건네지도 않고 등을 찌르게 만드는 것은 불쾌하기 짝이 없는 일이다"라고 썼다.)

첫 회의시간에 히치콕은 손가락으로 코를 틀어막고는, 챈들러의 원고를 엄지와 검지로 집어올려서 쓰레기통에 떨어뜨리는 쇼를 벌였다. 그는 유명작가가 자신이 원하는 바를 단 한 줄도 쓰지 않았으며, 그들은 쿡의 트리트먼트를 길잡이 삼아 1페이지부터 다시 시작해야 한다고 오먼드에게 말했다. 감독은 오먼드에게 원작에 대해서는 깡그리 잊으라고 말하고는, 자신이 생각하는 영화의 줄거리를 그녀에게 처음부터 끝까지 들려줬다.

헤크트는 〈스트레인저〉의 시나리오에 챈들러보다 기여한 바가 더 적었다. 따라서 진정한 크레디트는 알마 레빌, 휫필드 쿡, 바버라 케온, 첸지 오먼드, 그리고 —당연히— 히치콕의 것이다. 오먼드가 브루노와 그의 어리석은 어머니 사이에서 벌어지는 첫 장면—가족들이 사는 저택에서 브루노가 실크 가운을 걸치고 집안을 빈둥거리면서, 배경으로 보이는 난간에 아버지가 도착하기 전에 어머니의 매니큐어를 바르는 모습을 어머니가 발견하는 장면—의 비공식적 시험용 페이지 몇 장을 써낸 후, 감독은 오먼드가 제대로 된 선택이라는 것을 알았다. 높은 쇳소리를 내는 앤서니 부인은 아들의 못된 짓을 무시하는 듯한 모습이다. 그녀는 취미인 그림그리기—'나에게 그토록 위안을 주는 취미'—에 즐겁게 푹 빠져 있다.(세인트 이그나티우스 동창생들은 브루노의 어머니가 그린 초상화를 보면서 남들은 모르는 웃음을 터뜨렸을 수도 있다. 그녀가 우겨대는 그로테스크한 얼룩으로 된 현대미술은 성 프랜시스다.) 오먼드의 손끝에서 앤서니 부인은 근본적으로 히치콕적인 어머니로 빚어졌다.

감독은 오먼드의 첫 장면들을 읽어가면서 점점 흥분했다. 캐릭터를 보면서 어떤 여배우가 떠오른 그는 영국으로 전화를 걸어서, 남편과 함께 런던에서 극장을 경영하는 미국 연극배우 마리언 론을 고용하라고 시켰다. 이 영화로 스크린에 데뷔한 론은 앤서니 부인을 이 영화의 잊을 수 없는 —감동적이면서도 우스꽝스러운— 캐릭터로 만들어냈다.[12]

오먼드는 히치콕이 경찰을 두려워한다는 것을 목격한 많은 사람 중 하나이다. 그에 대한 너무나 많은 일화가 있기 때문에 그것은 진짜 콤플렉스의 증거이거나, 또는 너무나 부드럽고 매끄럽게 연기하기 때문에 어느 누구도 그렇다는 사실을 깨닫지 못하는 거짓말이거나, 두 가지 중 하나로 결론내릴 수 있다. 오먼드에 따르면, 어느 날 두 사람은 교통정체 속에서 스튜디오로 차를 몰고 가고 있었다. 오토바이를 탄 경찰이 뒤에서 갑자기 나타나더니 그들의 차를 따라왔다.(히치콕의 영화 몇 편에 등장하는 그런 장면이다.) 오먼드—당연히 그녀는 운전 중이다—는 제한속도를 넘지 않았고 합법적으로 운전해왔다면서 패닉 상태에 빠진 감독을 달랬다. 잠시 후 신호에 걸리자 교통경찰이 옆으로 오토바이를 틀더니 그들 옆에 와서 멈췄다. "당신과 히치콕 감독님께서 스튜디오를 떠나는 것을 봤습니다." 경찰관은 웃음을 지으며 헬멧을 밀어올리고 큰소리로 떠들었다. "감독님한테 제가 히치콕 영화는 한 편도 놓치지 않았다는 말씀을 드리고 싶었습니다. 정말 끝내주는 영화들입니다!"

오먼드는 별다른 반응을 보이지 않는 히치콕을 바라봤는데 인사

12 〈졸업〉의 단역을 제외하면, 이것은 론이 스크린에 등장한 유일한 작품이다. 나중에 그녀는 텔레비전의 〈미스터 피퍼〉 시리즈와 장기방영된 〈비위치드〉의 클라라 아줌마로 널리 알려졌다.

불성인 듯 보였다. “그는 무슨 말을 하는지 모르는 것 같았어요. 아마 들리지 않았을지도 몰라요.” 오먼드가 한 얘기다. “주먹을 꽉 쥐고는 얼굴은 창백했어요. 두 눈은 앞만 멍하니 바라봤고요. 겉으로 보기에 겁을 왕창 집어먹은 사람의 모습이었어요.”[13]

언젠가 히치콕 여사는 남편이 “법에 저촉되는 것은 무엇이든 무서워한다”고 설명했다. 유치장에 잠깐 갇혔던 어릴 적 사건 때문이 아니라, 언젠가 감독이 “영국에서 백색 선을 약간 넘었다가 경찰이 차를 세운 적이 있었기 때문이죠. 그때 경찰은 그 사건을 쪽지에 적어갔는데, 히치는 이후로 며칠 동안 출두명령을 받게 될 것 같으냐 아니냐를 걱정하면서 주위사람 모두를 미치게 만들었어요.”

오먼드와 바버라 케온과 2주 동안 미팅을 한 후, 히치콕은 시나리오 집필을 두 여자에게 맡기고는 프리프로덕션에 전념했다. 오먼드는 “우리는 시간에 쫓기고 있었어요. 우리에게 시간은 전부를 의미했죠”라고 밝혔다. 챈들러 사건을 이미 겪어본 케온은 시나리오의 수정 작업 내내 가이드 역할을 했다. 두 여자는 촬영개시일로 잡힌 10월 말에 맞춰 시나리오를 만들어내려고 노력하면서 종종은 새벽 4시까지 일했다. 케온은 히치콕이 원하는 것을 ‘정확하게’ 알았다. “그녀는 두세 장면을 선택해서는 그것을 농축해냈어요.” 오먼드의 회상이다.

두 여자는 〈스트레인저〉의 시나리오를 쓰면서, 유명한 하이라이트(미리엄의 스토킹과 교살, 테니스시합, 회전목마의 폭발), 엇갈림과 도플갱어 착상, 영화를 짜임새 있게 해주는 균형 잡힌 기법을 모두 작업해냈다. 오랫동안 자리를 비웠던 히치콕은 훗날 트뤼포에게 시나리오가 ‘약점’을 보였다고 불만을 내비쳤다. 어찌 됐건, 오먼드는 히치콕이 생각하는 바를 속속들이 알지는 못했다. 이 책을 위한 인터뷰에서, 오먼드는 브루노와 가이 사이의 저변에 흐르는 동성애 분위기를 자신은 조금도 알지 못했다고 주장했는데, 히치콕은 그 문제를 언급하지 않은 것이 확실하다. 그리고 그녀가 생각하기에 그 문제는 시나리오에도 영화에도 존재하지 않았다.

히치콕은 케온과 오먼드에게 집필을 맡기고는 촬영 개시일을 향해

줄달음쳤다. 레이먼드 챈들러는 여전히 워너를 상대로 불평을 늘어놓고 있었다. "내가 이 일을 맡았을 때, 나는 히치콕 씨로부터 서두를 일이 아니다, 전혀 서두를 일이 아니다, 그러니까 압박감은 전혀 느끼지 말라고 하는 말을 들었소. 절반쯤 지날 무렵에 나는 그의 막일꾼(바바라 케온)에게서 촬영일이 10월 1일이라는 얘기를 들었소. 히치콕 씨가 낙엽이 지기 전에 동부로 가야만 하기 때문인데, 그러기 직전에 완성된 시나리오를 가지고 싶다고, 최소한 그러기를 무척이나 희망한다고 합디다. 그렇지만…… 10월 1일 무렵에 스튜디오에 '끝'이라고 적힌 페이지들이 도착하지 않았고, 그래서 히치콕 씨가 촬영을 개시하는 것을 허락하지 않을 가능성도 있다고 하더란 말이오."

오먼드-케온 버전은 11월까지도 완성되지 않았다. 예우차원에서 시나리오 한 부를 챈들러에게 보냈으나, 그는 격분하면서 그가 쓴 시나리오가 "그들이 완성한 것보다 훨씬 낫다"고 에이전트에게 말했다. 그는 워너브러더스에게 그의 이름을 크레디트에 넣지 말 것을 요구했다. 히치콕은 스크린에 작가들의 이름을 등장시킬 때면 보통은 관련자 모두를 포함시켰는데, 이 경우만은 챈들러의 의견에 동의했다. 그가 그러고 싶어한다고? 그럼 유명한 이름은 빼버리게. 그렇다면 크레디트는 휫필드 쿡하고 첸지 오먼드만 받는 거야. 그러나 스튜디오의 견해는 달랐다. 존 스타인벡과 〈구명선〉에서 그랬던 것처럼, 워너는 챈들러의 이름을 원했다. 불가피하게 챈들러의 이름을 쿡과 오먼드의 이름 밑에 밀어넣을 수밖에 없었지만, 히치콕이 홍보과정에서 하드보일드 소설가에 대해 밝힌 얘기는 "우리의 협력관계는 그다지 행복하지 않았습니다"가 전부였다. 감독은 사적인 자리에서는 〈스트레인저〉에서 챈들러를 지우기 위해 할 수 있는 모든 일을 다했다고 항상 주장했다.[14]

13 유사한 사례를 목격한 여러 사람들의 설명을 놓고 판단해보면, 그에게는 꽤나 자주 일어났던 일임에 틀림없다. "언젠가 그를 집에 데려다줄 때였습니다. 당시 나는 폭스바겐 버그를 타고 다녔어요." 미술감독 로버트 보일의 회상이다. "거리를 내려가고 있었는데, 정지신호를 받고는 멈춰 섰습니다. 오토바이를 탄 교통경찰이 오더라고요. 히치콕의 몸이 굳어지더군요. 손바닥에는 땀이 흥건했습니다."

1950년대—그의 창조력이 가장 한결같았던 10년—의 막을 연 〈스트레인저〉는 관객을 현혹시키는 히치콕 영화로, 그의 걸작 중 한 편이 될 도주영화였다.

이제 히치콕은 이후로 몇 년 동안 내놓을 영화에 고정멤버가 되는 촬영진을 꾸렸다. 감정을 드러내지 않는 부드러운 태도의 로버트 벅스는 잭 콕스의 전통을 잇는 워너브러더스의 카메라맨으로, 변덕스러운 분위기를 좋아하는 위험불사형의 다재다능한 인재였다. 벅스는 촘촘한 구도, 초현실적인 조명, 광학적 효과가 요구되는, 몇 년 사이에 나온 작품 중에서 가장 독일적인 히치콕 영화가 될 영화에는 특히 적절한 선택이었다.

히치콕은 편집기사로는 〈로프〉에서 실력을 입증한 윌리엄 지글러를 다시 호출했다. 클라이맥스인 회전목마 폭발장면은 미니어처와 배경영사, 클로즈업과 다른 인서트들로 구성된 특히 경이적인 장면이었는데, 이것들은 모두 지글러의 매서운 눈매 아래에서 매끄럽게 이어지고 합쳐졌다.

스튜디오가 선호한 디미트리 티옴킨이 또 다른 히치콕 영화음악을 작곡하기 위해 고용됐다.(그의 첫 작품은 〈의혹의 그림자〉였다.) 그러나 히치콕의 작품들은 티옴킨의 최고작은 아니었고, 두 사람은 가까운 사이로는 결코 발전하지 않았다. 아무런 음악도 없는 장면들(또는 직접 선택한 음악들이 있는 장면들)이 여전히 히치콕이 개인적으로 좋아하는 사운드트랙이었다. 처음 등장하는 서커스 장면에서 브루노와 희생자가 목마를 타고 있을 때 증기오르간으로 연주되는 "밴드는 연주한다*The Band Played On*"를 삽입한 것은 분명 감독의 아이디어였을 것이다.("그런데 그의 뇌는 너무나 꽉 차 있어서 폭발 직전이네 / 가여운 아가씨는 겁을 먹고는 몸을 떠네……")

14 세월이 흐른 후, 〈토파즈〉를 작업했던 유니버설의 홍보담당자 오린 보스텐은 히치콕의 사무실 서재에서 챈들러 소설의 초판 2권을 보게 됐다. 자신이 1권을 가져도 되겠느냐고 묻자, 히치콕은 2권 다 가지라고 말했다.

스튜디오는 히치콕이 전속배우를 가급적 많이 활용하기를 바랐다. 루스 로먼이 가이가 신뢰하는 약혼녀 앤으로 캐스팅됐다. 훗날 히치콕은 섹스 어필이 부족한 뻣뻣한 여배우를 억지로 떠맡았다며 투덜댔다. 감독은 그녀가 등장한 장면들을 땜질용으로 간주(레이먼드 챈들러는 영화를 보고난 후 "앤은 늘 막대기조각 같았는데, 이제는 스파게티조각이 됐군"이라고 투덜댔다)한 반면, 미국 상원의원인 그녀의 아버지 역할은 비중을 높였다. 스튜디오 외부의 배우 중에서 마음에 드는 레오 G. 캐럴이 히치콕 영화에서 다섯 번째 배역을 맡으면서, 세드릭 하드윅이 〈로프〉에서 했던 것처럼 영화에 품위를 더해주는 인물이 됐다.(그는 서커스 살인에 관해 농담을 하는 가족들을 나무라면서, 가이의 살해된 아내는 "참된 사람이었다"고 말한다.)

워너는 브루노를 연기할 배우에 관한 히치콕의 대담한 제안을 좋아했다. 로버트 워커는 제니퍼 존스가 데이비드 O. 셀즈닉의 품에 안기면서 뒤에 남겨진 남편이었다. 그런 창피를 당한 워커는 신경쇠약에 계속 시달리다가, (존 포드의 딸) 바버라 포드와 잠깐 결혼생활을 한 후, 알코올중독 때문에 메닝거 클리닉에서 시간을 보내고 있었다. 워커는 1급 스타는 아니었지만, 영화관객들은 그를 —셀즈닉의 최루물 〈당신이 떠나간 뒤〉에서 맡은 존스의 군인 남자친구 역을 포함해서— 귀여운 이웃집 청년 타입으로 여겼다. 그런데 워커의 번뇌하는 측면을 알아본 히치콕은 영감 넘치는 카운터캐스팅으로 워커의 이미지를 바꿀 속셈이었다.

워커의 경우와는 반대로 스튜디오는 가이를 연기할 배우에 대해서는 히치콕의 선택에 난색을 표했다. 윌리엄 홀덴은 아직은 1급 스타가 아니지만, 〈어두운 과거〉에서 사이코 살인자를 막 연기해낸, 고뇌하는 드라마에 어울리는 배우였다. 홀덴을 캐스팅하면 콜럼비아와 복잡한 임대계약을 맺어야 하고 제작비에도 부담이 될 것이라 여긴 스튜디오는 히치콕이 〈로프〉에서 연출했던 팔리 그레인저를 대항카드로 내밀었다.

감독은 워커를 얻었고, 스튜디오는 그레인저를 얻었다. 그런데 그레인저의 캐스팅은 히치콕의 핵심 아이디어를 바꿔놨다. 브루노의 동성애는 시나리오에서 암시됐지만, 가이가 이성애자라는 사실에는 의문의 여지가 없었다. 그는 지저분한 이혼과정에 있으며 여자친구도 있다. 사나이 중의 사나이 윌리엄 홀덴이 가이를 연기했다면, 브루노가 그에게 매료되는 것은 가이(와 관객들)를 몸부림치게 만들 것이라고 히치콕은 믿었다. 그러나 감독은 캐스팅 과정에서 생긴 기묘한 모순을 받아들여야만 했다. 이성애자(로버트 워커)가 연기하는 동성애자가 동성애자(그레인저)가 연기하는 (로버트 L. 캐린저의 표현을 빌자면) '절대 이성애자'에게 끌리게 된다는 모순을.

이런 모순은 〈스트레인저〉에 히치콕 연구자들이 지금도 해결하려고 노력하는 의도치 않았던 층위를 덧붙였다. 스크린상에서 워커는 뛰어난 연기를 펼치면서 그레인저의 연기를 압도하는데, 그의 브루노는 순전히 오싹함만 놓고 보면 히치콕의 악당들 중에서 최고의 반열에 속한다.

그레인저는 역할을 열심히 연기했다. 히치콕은 마음에 들지 않는 배우에게는 무정하게 대하기도 했는데, 그레인저는 그가 특별히 애정을 품지 않기로 결심한 —조엘 맥크리 풍의 '너무 태평스러운'— 또 다른 배우였다. 그레인저가 감독이 촬영 동안 '정서적으로 초연하다'는 것, 그리고 연기자보다는 연기자가 가져오는 효과에 더 관심을 갖는다는 것을 발견한 것은 놀랄 일도 아니다. 히치콕이 가이에게 흥미를 잃었다는 것은 분명한 사실이다. 그는 세월이 흐른 뒤에도 가이는 "더욱 건장한 남자여야만 했다"고 주장하고 있었다. "남자가 건장하면 할수록, 그런 상황에서는 더욱 혼란스러운 반응을 보이게 될 겁니다." 그는 자신이 윌리엄 홀덴을 선호했다는 것을 결코 잊지 않았다.

〈스트레인저〉는 카메라워크 면에서는 독일풍이었던 반면, 몽타주 묘기에서는 러시아풍이었다. 1927년작 〈링〉에서처럼 히치콕은 작은 놀이동산을 세우라고 주문했다. 영화가 처음으로 그곳을 찾아갈 때 —브루노가 가이의 아내 미리엄을 목 졸라 죽일 때— 놀라운 장면이 등장한다. 땅바닥에 떨어진 희생자의 안경을 통해 살인이 굴절돼 보이는 것이다.

히치콕은 다른 감독들이 영화 전체에 쏟아 부을 정도의 노력과 계획을 그 단일 숏에 투입했다. 그리고 그 장면을 해치워낸 방법은 그의 천재성을 보여주는 전형적 사례다.

그는 때로는 영화의 줄거리 전부를 배우들에게 알려주기도 했지만, 몇몇 경우에는 배우들에게 일부러 정보를 알려주지 않았다. 히치콕은 작가들에게 그런 것처럼 배우들에게도 꼭 알아야 하는 것 정도만 간략하게 알려줬다. 미리엄을 연기할 배우로 고용된 파라마운트의 전속배우 로라 엘리엇은 앤의 안경을 쓴 여동생 바버라와 닮아보이게 안경을 쓰라는 지시를 받았다. 그녀가 받은 안경은 너무 두꺼워서 "나는 말 그대로 눈앞을 지나는 내 손을 흐릿하게밖에 볼 수 없었다"고 엘리엇은 회상했다. "상상할 수 있겠지만, 내가 볼 수 있는 것이라고는 안경의 양쪽 밖으로 보이는 약간의 모습이 전부였어요. 히치콕이 내가 쓰기를 원했던 안경이 바로 그런 것인데, 그 이유는 안경을 뒤집으면 내 눈이 아주 작게 —그가 말한 것처럼 아주 '돼지 눈처럼'— 보이기 때문이었죠. 나는 영화 전체를 앞이 보이지 않는 상태로 연기했어요. 팔리 그레인저를 볼 때도 그의 얼굴이 보이지가 않았어요. 내가 뛰어오르려고 애쓰는 회전목마도 볼 수가 없었고요. 볼 수가 없었다고요! 그런데 히치콕은 야외에서 롱 숏을 찍을 때조차도 내가 그 안경을 써야 한다고 고집했어요."

히치콕은 교살장면을 위해 우선 다른 배우들과 실외장면을 찍었다. 그러고는 어느 날 엘리엇은 역할을 연기하기 위해 커다랗고 텅 빈 촬영장으로 혼자만 호출됐다. 그녀는 당혹스러웠다. "히치콕은 둥그렇고 커다란, 지름이 80㎝에서 1m 정도 되는 오목거울을 촬영장의 콘크리트 바닥에 놓아두고 있었어요." 여배우의 회상이다. "카메라가 한쪽에서 거울을 내려다보며 촬영하고 있었고, 히치콕은 '이제 거울 반대쪽으로 가서 등을 돌려봐'라고 말했어요. 시키는 대로 했죠. 내 모습이 거울에 비쳤어요. 그는 말했어요. '자, 로라, 자네가 마룻바닥을 돌아다녔으면 해. 마루를 뒤로 돌아다니라고.' 나는 뒤로 허리를 꺾고 막대기 밑을 지나가는 림보를 하는 것처럼 했어요. 그는 '마루를 돌아다녀'

라고 말하고, 나는 '알았어요, 히치콕 감독님' 하고 말했죠."

"'오케이, 촬영 시작' 하고 그가 말하면, 나는 뒤로 뒤로 뒤로 몸을 기울이기 시작했어요. 그런데 한참을 몸을 젖히다가는 갑자기, 쿵. 이런! 콘크리트바닥에 60㎝ 높이에서 넘어진 거예요. 그는 (실망한 목소리로) '컷! 로라…… 마루를 돌아다녀' 하고 말했어요. '예, 히치콕 감독님.' 우리는 다시 그 일을 했고, 나는 하는 데까지 하다가 쿵 하고 시멘트바닥에 쓰러졌어요. 일곱 번째 테이크가 가는 동안, 나는 말 그대로 마루를 온통 휘젓고 다녔어요. 그러더니 그가 말하더군요. '컷, 다음 숏.'"

다음에 벌어진 일은 히치콕이 프랑수아 트뤼포에게 자랑한 일 중 하나인 이중 인화를 하는 영리한 과업이었다. 돌아다니는 숏은 오목거울을 통해 촬영한 다음 그 필름을 안경 프레임의 렌즈에 넣어 인화했다. 이것은 히치콕이 20년 동안 시도해왔던 종류의 숏이었다. 그리고 로버트 벅스는 그 장면을 훌륭하게 포착해내 결국 〈스트레인저〉에서 유일하게 오스카 후보로 지명을 받았다.

〈스트레인저〉는 멋진 시각효과가 구현된 작품이었다. 그러나 다른 위대한 히치콕의 영화들처럼, 이 영화도 시나리오와 배우들 자신의 이미지로부터 모든 층위에 걸친 미묘한 의미들을 담고 있었다.

워너브러더스 소속배우 명단 밖에서 불려온 다른 여배우는 다름 아닌 앤의 여동생 바버라를 연기한 팻 히치콕이었다. 아버지의 영화에서 팻이 연기한 배역 중에서 가장 비중이 크고, 가장 꾸밈이 많은 역할인 바버라는 명랑한 범죄애호가로 묘사된다. 가이의 가장 큰 후원자인 그녀가 가이의 죽은 아내와 생김새가 닮았다는 사실은 가이의 라이터 불꽃 속—히치콕이 쓰는 허풍 중 하나—에서 환기된다. 바버라는 미리엄과 너무 닮았기 때문에, 브루노는 상원의원이 주최한 파티에서 그녀를 본 직후 충격으로 잠시 정신을 못 차린다. 그래서 장난삼아 목을 조르는 시늉을 하던 여자를 거의 질식시킬 뻔한다. 바버라는 나중에 언니와 함께 경찰들을 속여서 가이가 테니스경기장에서 탈출하는 것을 도우면서, 클라이맥스에 밀접하게 섞여든다.

팻 히치콕은 여러 인터뷰에서 아버지의 영화에 출연하려고 다른 여배우들과 똑같이 오디션을 봐야만 했으며, 아버지는 촬영장에서 그녀를 다른 사람들과 똑같이 대했다고 밝혔다. 그러나 히치콕이 원작에는 없는 캐릭터인 바버라를 순전히 팻을 위해서 창조해낸 것이 아니라는 사실은 상상할 수도 없는 일이다.

그리고 그는 촬영장에서 그녀를 딸처럼 대했다. 스튜디오의 홍보담당자들은 부녀에 초점을 맞춰 재미를 봤는데, 촬영종료와 함께 배포된 자료에는 (아버지처럼) 고소공포증이 있는 그녀를 어느 날 감독이 촬영장에 있는 페리스 관람차에 태웠다고 적혀 있다. 팻이 관람차에 오르자 히치콕은 팻을 태운 관람차가 정상에 올랐을 때 관람차를 세웠다. 홍보자료에 따르면, 히치콕은 그녀를 칠흑 같은 어둠 속에서 1시간 동안 매달아둔 후에야 '전율하는 딸'을 내려오게 해서 풀어줬다.

이것은 홍보담당자들에게는 스릴을 불러일으킬 좋은 소재거리였고, 다른 책들은 히치콕에게 가학성향이 있다는 아이디어를 지지할 좋은 소재로 이 사건을 거듭 활용했다. 그러나 팻은 이후 인터뷰에서 페리스 관람차 사건은 '전부해서 3분' 걸렸다고 꾸준히 주장했다. 혼자 있었다는 것도 사실과 거리가 멀었는데, 미리엄의 친구들을 연기한 배우 2명과 같이 있었다. 그리고 사건 후에 그들은 "모두 한바탕 웃어댔다."

팻은 히치콕 스타일의 유머감각을 즐겼고, 그런 감각을 가지고 있기도 했다. 그녀는 성장기에 아버지가 잠들어 있을 때 몰래 들어와서는 그녀의 얼굴에 무서운 것을 그려 넣어서 일어나서 거울을 보면 깜짝 놀라게 만들었다고 밝혔다. 감독의 딸은 반사되는 의미로 가득한 영화에서 이중의 역할을 수행한다. 그녀는 〈스트레인저〉에서 일종의 그리스 연극의 코러스 역할을 하는 한편, 그녀의 아버지가 카메라 뒤에서 낄낄거리고 있다는 것을 관객에게 꾸준히 상기시키는 역할도 수행한다.

〈스트레인저〉의 촬영은 크리스마스 무렵에 종료됐다. 히치콕 부부는 은혼식을 위해 스위스 생모리츠에 예약을 하고, 그곳에서 휫필드 쿡을 포함한 친분이 있는 사람들과 어울렸다. 몸무게를 상당히 줄인 —그의 체중은 102kg까지 줄었다— 히치콕은 스키 바지를 입겠다고 고집을 부렸는데, 쿡은 입는 데 '30분 정도' 걸렸다고 회상했다. 바지를 입은 감독은 아내와 쿡이 스키를 타러 간 동안 베란다에 앉아서 책을 읽었다.

놀랍게도 히치콕은 10년 넘게 제대로 된 휴가를 즐기지 못했다. 그가 스튜디오와 맺은 몇 안 되는 계약에는 유급휴가조항이 들어 있지 않았고, 미국에서 명성을 쌓기 위해 노력하다 보니 그는 계속 바쁘게 지냈다. 그리고 그의 직업윤리와 자신의 작품을 계획하고 만드는 작업을 향한 헌신도 그를 휴가에서 떼어놓은 요인이었다. 1939년에 할리우드로 옮겨온 이래, 그는 장편영화 14편과 전쟁선전영화 몇 편을 만들었다. 1940년대에 앨프레드 히치콕은, 예를 들어 하워드 혹스나 윌리엄 와일러보다 더 많은 작품을 연출했다.

그러나 휴식 없는 활동은 건전한 일은 아니었고, 그는 조금씩 피로해지기 시작했다. 〈무대공포증〉을 끝낸 이후로 친구와 지인들은 그에게 휴식을 취하라고 간청했다. 어찌됐건, 히치콕은 자신이 다음으로 연출할 작품이 무엇이 될지 확신하지 못했다. 폴 빈센트 캐럴이 쓴 〈나는 고백한다〉의 최신 트리트먼트는 여전히 목표했던 작품이 아니었다. 〈스트레인저〉에 기뻐한 워너는 1951년 전반기를 그의 휴식기간으로 삼게 해주겠다고 동의했다.

팻은 수녀원이 배경인 살인 미스터리 〈유리한 입장〉에서 그녀의 세 번째 브로드웨이 연극 역할을 맡기로 했다. 히치콕 부부는 딸을 위해 그리니치빌리지의 웨스트9번가에 있는 존 하우스먼의 아파트를 임대했다. 그리고 그들은 〈스트레인저〉의 편집과 후반작업 동안 팻을 방문하고, 할 수만 있다면 산타크루스에서 긴 주말을 보내며 미국의 양쪽 해안을 오갔다.

그의 머릿속에서 미국을 벗어나는 긴 휴가를 떠난다는 아이디어가 커져갔다. 팻의 공연이 막을 내린 후(그녀는 자신이 '3주 공연의 여왕'이라는 농담을 즐겼다), 히치콕은 가족들이 '체류기한 무한정'인 유럽여행을 갈 것이라고 선언했다. 3월 말경, 그들은 이탈리아 노선을 예약하고 자동차를 먼저 나폴리로 실어보냈다. 알마는 카프리와 로마로 운전을 했고, 로마의 엑셀시어 호텔에 묵었다.

“우리는 잉그리드 버그먼을 자주 만났어요.” 히치콕 여사가 집에 있는 사람들에게 보낸 편지다. “아이는 정말 귀여워요! 고맙게도 (로베르토) 로셀리니는 파리에 있어요. 잉그리드는 상당히 말라서 수척해보이기까지 해요. 말쑥하게 차려입고 보석 같은 것을 걸친 그녀의 첫 모습은 굉장히 강렬해요. 그녀는 우리를 만난 게 너무 기쁜 것 같아요. 처음의 긴장감이 일단 사라지고 나니 그리 나쁘지 않더군요. 그녀는 쉴 새 없이 떠들어대는데, 이탈리아어도 유창하게 해요.”

히치콕 가족은 로마에서 플로렌스까지 차를 몰고 갔으며, 그다음에는 베니스로 가서 브로드웨이 무대 디자이너 렘 에이어스 부부와 랑데부했다. 베니스의 북부로 간 그들은 코모 호수에서 감상에 젖어 차를 세웠다. 그들은 25년 전에 〈쾌락의 정원〉을 찍는 동안 묵었던 바로 그 빌라 데스테에 방을 잡았다. 그들은 이탈리아에서 인스부르크와 바이에른으로 향했으며, 가는 도중에 히틀러의 별장을 구경한 후 뮌헨을 방문했다. 1925년에 그들이 몇 달간 살았던 도시에 폭탄을 맞은 자리가 아직도 그대로 남아 있는 모습을 보기 위해, 그들은 마음을 굳게 먹어야만 했다.

베를린을 경유한 후인 4월 중순에, 히치콕 가족은 그들이 세상에서 가장 좋아하는 도시인 파리에 도착했다. 날씨는 정말 근사했으나 집에 보낸 편지들이 보여주듯, 히치콕은 그 모든 성공에도 불구하고 아직도 재정적 안정에 대해서는 염려를 하고 있었다. 주머니 끈을 붙들고 있는 알마는 그들이 “동전 한 닢도 세가면서 정말로 발걸음을 조심하고 있다”고 밝혔다.

히치콕이 파리를 떠나 찾아간 런던에서 시드니 번스타인과 말다툼을 벌인 이유도 그것이었다. 트랜스아틀랜틱의 첫 두 작품이 입힌 상당한 손실 때문에 히치콕은 〈로프〉를 연출하는 대가의 일부인 2만 5,000달러를 아직도 받지 못한 상태였다. 번스타인이 희생이 필요하다고 주장하자, 히치콕은 희생은 어떤 것이 됐건 과거의 합의를 수정하는 것이 아니라 미래의 계약을 위해 만들어져야만 하는 것이라고 맞받아쳤다. 그는 그 자리에서 돈을 원했다. 그는 결국 돈을 받아냈는데,

이것은 두 사람 모두에게 거북한 상황이었다.

"런던에서 대부분의 시간을 소재가 될 원작을 찾는 데 보내고 있네." 히치콕이 5월 중순에 비서에게 쓴 편지의 일부다. "어떤 것은 가능하지만, 확실치는 않아." 해외에서 거의 2달을 보낸 후인 5월 중순에 히치콕 가족은 집으로 날아오는 도중 캐나다를 경유했는데, 히치콕은 몬트리올과 퀘벡시티를 관광하면서 일하는 마음가짐으로 되돌아갔다. 나중에 히치콕은 인터뷰어에게 퀘벡시티를 〈나는 고백한다〉의 배경으로 선택한 것은 성직자들이 성직복 차림으로 문밖을 돌아다니는 북미에서 유일한 도시이기 때문이라고 밝혔다. 게다가 퀘벡은 그가 사랑하는 파리를 대체할 편리한 도시이기도 했다. 드문드문 서 있는 고딕 예배당들은 구세계의 특징을 영화에 부여했다. 캐나다협동프로젝트가 할리우드와 맺은 협정이 개시된 상태였는데, 최근에는 오토 프레밍거가 캐나다를 돌아다니면서 〈열세 번째 글자〉를 촬영하기도 했다.

히치콕 가족의 차는 미리 배에 실려 와 있었으며, 그들은 메인해안을 내려가면서 〈스트레인저〉의 6월 시사회를 맞추기 위해 보스톤과 뉴욕으로 차를 몰았다. 워너브러더스에서 영화를 만들 때, 스튜디오는 히치콕이 언론과 맺은 편안한 관계를 십분 활용했다. 팻 히치콕도 아버지에게서 물려받은 본능을 과시하면서 아버지와 함께 동부해안으로 소형 홍보여행을 떠나 인터뷰에 나섰다.

이후로 영원히 히치콕은 1951년의 2달간의 휴가를 그가 했던 일 중에 가장 잘한 일 중 하나로 여겼으며, 이후로 오랫동안 영화를 만드는 사이에 이와 비슷한 장기휴가와 세계여행을 떠날 여유를 매년 마련했다. 부모 된 입장에서 그는 앞으로 자신이 팻과 시간을 맞춰 이렇게 긴 시간을 보내는 일은 결코 없으리라는 것을 알았다. 이탈리아를 가로지르는 동안 22살 먹은 딸이 조지프 E. 오코넬 주니어라는 청년을 만나 사랑에 빠졌기 때문이었다.

매사추세츠 뉴튼 출신의 오코넬은 메릴랜드 개럿 파크에 있는 조지타운 사립 고등학교에서 교육을 받은 후, 제2차 세계대전 동안에는 해군으로 복무했다. 그는 아동복을 만드는 토머스 M. 달비 밀스의 회계원이었는데, 신심 깊고 유복한 가톨릭 집안인 그의 가족은 이 회사의 지분을 일부 보유했다. 팻의 애인은 보스턴의 전임 추기경 윌리엄 오코넬의 조카의 아들이기도 했다.

런던에서 히치콕과 시드니 번스타인은 또 다른 트랜스아틀랜틱 프로젝트를 데이비드 덩컨이 지은 1948년 소설 『가시나무 덤불』로 결정했다. 근본적으로 또 다른 롱맨 이야기인 이 작품은 살인용의자로 경찰에게 쫓기는 도망자에 관한 이야기이다. 그런데 흥미로운 점은 이 작품이 히치콕의 정치적 성향이 변하는 전조를 보여줬다는 것이다. 〈가시나무 덤불〉의 롱맨은 공산주의에 환멸을 느낀 공산주의 선동가다. 이후의 세월 동안 국제정세가 변화함에 따라 히치콕은 그가 정한 악당의 기준점이었던 히틀러와 독일을 내팽개치고는, 소련에서 새로운 악당을 찾아냈다.

〈염소좌 아래서〉 이후 거의 3년이 지난 시점이라서 번스타인은 또 다른 작품을 무척이나 제작하고 싶어했다. 〈가시나무 덤불〉은 〈나는 고백한다〉의 후속작이었지만, 두 작품 모두 더 개발해야 할 필요가 있었기 때문에 먼저 개발을 완료하는 시나리오가 트랜스아틀랜틱의 차기작이 될 터였다.

히치콕은 1951년 후반기 동안 두 프로젝트를 동시에 작업하기로 결정했다. 그 사이 시드니 번스타인은 훗날을 위해 런던에서 다른 작품의 권리를 공격적으로 확보했다. 감독은 사무실에서 멀리 떨어진 벨라지오로드에서 '집에서 살아가는 마법'에 탐닉하고, 여건이 허락될 때마다 산타크루스에서도 많은 시간을 보내라는 시드니 번스타인의 충고를 받아들였다.

결심을 굳힌 히치콕 부부는 바람처럼 떠돌아다녔다. 그들이 집에서 하는 가장 중요한 일은 팻의 결혼을 준비하는 것이었다. 히치콕은 격정적인 로맨스에 처음에는 깜짝 놀랐지만, 항상 그랬듯 딸의 결정을 지지했고 장래의 사윗감을 좋아하게 됐다고 친구들은 밝혔다. 히치콕 여사는 결혼 준비에 앞장섰다. 결혼식은 1952년 1월 17일에 뉴욕에 있는 세인트 패트릭 성당의 레이디 예배당에서 거행됐으며, 식후에 세인트 레지스의 옥상에서 조찬 리셉션이 열렸다. 관례에 따라 히치콕은 딸의 첫 춤 상대였다. 식이 끝난 후, 신혼부부는 아바나로 신혼여행을 떠났다.

2명의 작가—두 사람은 히치콕과 긴밀하게 작업하면서 협력관계가 됐지만, 실제로 두 사람이 협력해 작업한 적은 한 번도 없었다—가 〈나는 고백한다〉와 〈가시나무 덤불〉을 동시에 작업했다.

트리니다드 출신의 윌리엄 아치발드는 극작가가 되기 전에는 직업적인 가수이자 무용수였다. 헨리 제임스의 소설을 각색한 그의 희곡 〈나사못 회전〉은 1950년 시즌의 히트작에 속했다.(1961년에 〈결백한 사람들〉로 영화화됐다.)

부다페스트 출신의 조지 타보리는 제2차 세계대전 때 영국 육군에서 복무하기 전까지는 런던의 저널리스트였다. 그가 쓴 소설에는 유럽사가 가득했고, 종종은 독일민족의 특성을 보이는 캐릭터에 관심을 기울였다. 그의 소설 『원죄』는 범죄이야기였다. 히치콕은 집단수용소 피난민에 대한 데뷔 희곡 〈이집트를 향한 도주〉가 브로드웨이에서 막을 올렸을 때 그를 발견했다.

〈나는 고백한다〉는 히치콕이 개인적으로 우선시한 작품이었다. 따라서 워너가 무척이나 우려한 누명쓴 신부 프로젝트는 추진력을 얻었다. 우선, 아치발드가 새로운 줄거리를 작업한 다음 1951~1952년 늦겨울에 타보리가 뒤를 이어서 마침내 감독을 만족시킨 대사가 있는 시나리오를 완성했다. 타보리에 따르면, 그와 히치콕은 가깝게 작업한 대여섯 달 내내 꽤나 잘 어울려 지냈다. 그들은 유익한 논의를 했고, 그런 다음 히치콕은 그가 시나리오를 쓰도록 '내버려뒀다'고 타보리는 밝혔다. 타보리가 수정을 마친 시나리오에 두드러진 만족감을 표명한 히치콕은, 작가는 결코 이해할 수 없는 이유를 내세우며 작업을 진행해서는 "시나리오 전체를 완전히 바꿔버렸다."

가톨릭 교단 때문은 아니었다. 1952년 4월에, 히치콕, 타보리, 시드니 번스타인은 지역 협동조합의 확답을 받고, 현지 분위기를 살피고, 부차적인 역할을 맡을 퀘벡 배우들을 선발하기 위해서 퀘벡을 방문했다. 번스타인은 교회당국과 논의를 주도하면서 그들의 승인을 구했는데, 놀랍게도 캐나다 교단은 〈나는 고백한다〉를 가톨릭 정신이 심오한 작품으로 봤다. 사생아가 있고 처형됨에도 불구하고 시나리오가 신부를 매우 고상하게 묘사했다는 것이다. 트랜스아틀랜틱 동업자들은 영악하게도 신학박사 학위가 있는 현지의 폴 라 쿨린 신부를 '기술 자문'으로 고용했다. 라 쿨린 신부는 교회에 관한 리얼리티를 강화하기 위해 시나리오를 읽은 다음 검열을 피할 수 있도록 수정사항들을 추천하면서, 제작진이 교단과 논의하는 과정에서 가교 역할을 했다.

최후까지 반발한 쪽은 워너브러더스였다. 히치콕은 자신의 아이디어를 이런저런 방식으로 스크린 위에 올리기를 희망하면서, 여러 해 동안 신경이 곤두선 스튜디오를 이리저리 피해 다녔다. 그러나 촬영개시일인 한여름이 다가오자 히치콕은 타보리가 쓴 최신 시나리오를 스튜디오에 제출할 수밖에 없었고, 스튜디오 임원들은 누명을 쓴 신부에게 여전히 사생아가 있는 —그리고 그 신부가 영화의 결말부에서 여전히 처형당할 운명인— 줄거리를 발견하고는 충격을 받았다. 4월 말에 스튜디오는 단호한 태도를 취했다. 미국 내에서 엄청난 항의를 불러일으킬 것이 뻔한 그런 영화는 제작할 수 없다는 것이다.

히치콕은 성직자 영화를 스튜디오의 구미에 맞는 영화로 만들어줄 수 있는 일급 스타로 더 이상은 제임스 스튜어트의 이름을 들먹거릴 수가 없었다. 운신의 여지를 찾으려고 노력하던 히치콕은 로렌스 올리비에의 가능성을 타진했지만, 스튜디오는 '고맙지만 아니올시다'였다. 이의가 제기될 만한 요소들을 시나리오에서 제거해낸 후에도, 스튜디오는 미국인 주연배우를 써야 한다고 고집했다.

4월에 히치콕은 〈로프〉에서 염두에 두었던 몽고메리 클리프트를 처음으로 제안했다. 그 당시 클리프트는 인기 절정이었다. 〈젊은이의 양지〉(그는 이 영화로 두 번째 남우주연상 후보에 올랐다)를 막 끝낸 그는 (그를 세 번째 후보에 올려놓을) 〈지상에서 영원으로〉에 출연하기 전까지

남는 시간 동안 〈나는 고백한다〉를 찍을 수 있었다. 클리프트는 타보리 시나리오에 미셸 신부라는 이름으로 등장하는 누명쓴 신부를 연기할 의향이 있었다.(나중에 워너가 〈보이스타운〉의 분위기를 요구함에 따라, 마이클 로건 신부로 이름이 바뀌었다.) 그와 공연한 칼말덴의 의견에 따르면, '성자의 얼굴을 가졌지만, 눈동자를 들여다보면 대단한 혼란 가운데에서 벗어나려고 노력하는 고뇌하는 영혼을 볼 수 있는' 클리프트는 생김새조차도 신부와 비슷했다.

고상한 성직자를 연기하는 것은 동성애자 살인자를 연기하는 것보다는 훌륭한 직업적 선택이었다. 클리프트가 찬성 의사를 밝히자 워너브러더스는 그 의사를 기쁘게 수락했다. 우연찮게도 클리프트는 퀘벡에 있는 호젓한 수도원에 거주하는 프랑스인 수도사와 친했는데, 그는 촬영 전에 일주일을 그곳에서 보냈다. 불행한 일은 클리프트를 프로젝트에 끌어들인 것은 사생아와 누명쓴 신부의 처형 등이 모두 들어 있는 타보리의 시나리오였다는 것이다. 그는 카메라 테스트를 위해 뉴욕에 도착했을 때—결정을 번복하기에는 너무 늦은 때—에야 그 버전은 결코 스크린에 옮길 수 없다는 것을 알게 됐다.

결국 워너브러더스는 히치콕에게 맨 처음에 그의 흥미를 끌었던 가장 중요한 아이디어들을 시나리오에서 모조리 제거하라고 압력을 가했다. 스튜디오는 —그와 히치콕 여사의 창작물인— 사생아뿐 아니라, 오리지널 희곡에서부터 유래한 누명쓴 신부의 처형도 없애라고 요구했다. 히치콕은 충직한 바버라 케온과 함께 새로운 서브플롯을 짜내느라고 미친 듯이 일했다. 로건 신부(클리프트)와 옛 여자친구(결국 앤 백스터가 연기하게 된 캐릭터)는 어느 폭풍우 치는 밤에 동침을 했다는 협박을 받는다. 사실 그것은 여자친구의 외도였으며, 그녀는 신부에게 자신이 유부녀라는 사실을 알리지 않았다. 게다가 그는 아직 신부가 아니었다! 사생아는 그렇게(그런 아이는 없는 것으로) 처리됐고 처형 문제는 신부의 재판과 석방, 최후의 추격전, 그리고 진짜 악당을 궁지에 몰아넣기 위해 삭제됐다.

불운을 타고난 타보리의 원고를 히치콕과 케온이 수정하고 아치발드가 갈고닦았다. 촬영장에 상주하면서 '퀘벡 분위기'를 가미하기 위해 고용한 캐나다 작가들의 수까지 치면, 〈나는 고백한다〉에 수년에 걸쳐 관여한 작가는 10여 명이 넘는다. 히치콕 영화치고는 낙담할 만한 기록이다.

감독은 여전히 들뜬 기분이었을 때 여주인공 역할—신부의 '여자친구' 역할—을 올리비아 드 해빌런드에게 맡기려 했으나, 이 역할은 수정과정에서 바뀌면서 캐릭터의 신뢰성뿐 아니라 스크린에 등장하는 시간까지도 줄어들었다. 드 해빌런드의 스타성이 갖는 비중(그리고 출연료)도 고려해야만 했다. 히치콕은 워너브러더스와 보조를 맞춰 후퇴하면서, 그때까지는 무명인 여배우 수전 클로티어—오손 웰스의 〈오델로〉의 데스데모나—나 할리우드 영화에는 출연한 적이 없는 독일 여배우 우르술라 티에스를 출연시키겠다고 제안했다.

전쟁 때문에 봉쇄됐던 유럽 시장을 재정복하고 싶다는 잭 워너의 욕망은 항상 트랜스아틀랜틱-워너 동맹의 일부를 차지했다. 그 덕분에 히치콕은 위대한 스웨덴 감독 알프 시외베리의 총애를 받던 아니타 비욕과 출연계약을 맺을 수 있었다. 비욕은 시외베리가 스트린드버그의 희곡을 훌륭히 각색해서 1951년에 칸 그랑프리를 공동수상한 작품인 〈미스 줄리〉의 타이틀 캐릭터로 강렬한 연기를 펼친 바 있다.

〈나는 고백한다〉의 촬영은 퀘벡에서 8월 21일에 시작하는 것으로 일정이 잡혀 있었다. 히치콕은 클리프트와 비욕의 카메라 테스트에 앞서 7월 23일에 뉴욕으로 여행했다. 그런데 공항에 비욕을 마중 나간 케이 브라운은 스웨덴 여배우가 연인—시인, 소설가, 극작가인 스티그 다게르만—과 그들 사이에서 혼외로 낳은 딸을 대동했다는 것을 알게 됐다.(비욕은 스웨덴에 있는 남편과 관계가 소원했다.) 이것이 문제가 되리라는 것을 그 자리에서 간파한 브라운은 히치콕에게 경고를 보냈고, 히치콕은 번스타인에게, 번스타인은 잭 워너에게 전화를 걸었다.

7월 24일에 히치콕은 과감하게 일을 진행해나가면서 클리프트와 비욕의 의상테스트, 분장테스트와 다른 테스트를 촬영했다. 그 사이 번스타인은 스튜디오 우두머리와 실랑이를 벌이고 있었다. 워너브러더스는 〈나는 고백한다〉에서 신부의 여자친구와 사생아를 지워버리기 위해 몇 주를 허비했는데, 지금 주연여배우가 혼외로 낳은 아기를 자랑하면서 미국에 모습을 나타냈다. "간단하게 얘기해서, 이 영화는 할 수 없소." 잭 워너는 번스타인에게 딱 잘라 말했다. "다시는 안 돼요. 다른 스웨덴 아가씨도 안 돼." 워너는 비욕이 이혼을 서두른 후 아기의 아버지와 결혼하는 방안을 추천했고, 이 제안은 여러 사람의 입을 거쳐 스웨덴 여배우에게 전달됐으나 그녀는 단호하게 거절했다. 그러자 워너는 출연료를 지불하고 비욕을 교체하자고 주장했다. 히치콕은 저항했지만, 결국 무릎을 꿇었다.

그런 상황에서 모든 책임을 자신들이 떠맡기로 결정한 스튜디오는 막판에 트랜스아틀랜틱에게서 프로젝트를 사들여서 〈나는 고백한다〉를 100퍼센트 워너브러더스 영화로 만들겠다고 제안했다. 번스타인은 이 모든 문제에 미칠 지경이었다. 그는 워너브러더스와 일하면서 마음이 편했던 적이 한시도 없었다.(그는 〈로프〉와 〈염소좌 아래서〉의 홍보 리베이트 때문에 스튜디오를 고소했었다.) 번스타인은 최신 제안에 대해서는 대경실색했다. 번스타인의 전기를 쓴 캐럴라인 무어헤드에 따르면, 번스타인은 "양보할 것이 너무나 많다고 느꼈다." 그는 결국 영화에서 물러나기로 했다.

히치콕은 번스타인과는 다른 처지에 놓여 있었다. 그는 갑작스레 취소될 위기에 처한 영화를 준비하면서, 1951년의 거의 1년을 포함해서 여러 해를 보냈다. 무엇보다도 그는 프로페셔널이었다. 그는 결코 제작을 포기하지 않았고, 마지막 순간에라도, 또는 촬영 도중에라도 절대 그런 적이 없었다. 스튜디오의 변덕을 30년 동안 경험한 그는 더 심한 굴욕도 경험하고 견뎌냈다. 히치콕은 그가 〈나는 고백한다〉를 떠난다면 워너브러더스와 돌이킬 수 없는 불화를 일으킬 것이며, 할리우드에서 그의 명성에 타격을 입히리라는 것을 알았다.

〈나는 고백한다〉를 스튜디오에 바치는 것이 그가 선택할 수 있는 유일한 길이었다. 무어헤드는 히치콕과 번스타인이 '의좋게' 갈라섰으며, 히치콕은 "영화에서 손을 떼기에는 너무 깊숙이 관여했다"고 적었다. 트랜스아틀랜틱은 〈가시나무 덤불〉과 훗날의 영화들을 함께할 계획이었으므로 당장은 공백기를 가지게 됐다.

히치콕은 비욕을 비범한 여배우라고 느꼈기 때문에 잭 워너가 그녀를 —평범한 축에 속하는 앤 백스터와— 교체하라고 통보하기 위해 건 전화를 받았을 때 기분이 좋을 리가 없었다. 백스터는 1946년에 〈면도날〉에서 알코올중독자 역할로 여우조연상을 수상했고, 1950년에는 〈이브의 모든 것〉으로 다시 후보에 올랐다. 히치콕은 그녀를 사교상 알고 있었다.(그녀의 남편은 존 호디악이었다.) 그런데 촬영개시 일주일 전에 그녀가 퀘벡에 도착했을 때까지도, 그는 〈나는 고백한다〉에 대해 여배우에게 한마디도 하지 않았다. 히치콕이 그녀의 표백한 금발을 더욱 반짝거리게 염색하라는 지시를 내린 후(백스터는 도널드 스포토에게 "그가 자기 영화에 등장하기를 원하는 여자만큼, 그리고 그가 내게 원하는 것만큼 내가 예쁘지 않다는 것을 느꼈어요"라고 말했다) 새로운 여주인공을 너무나 서둘러 카메라 앞으로 데려갔기 때문에, 비욕을 위해 디자인된 의상들은 할리우드 여배우의 몸에 맞게 수선할 수밖에 없었다. 히치콕은 프랑수아 트뤼포에게 서글프게 말했다. "당신이 아니타 비욕과 앤 백스터를 비교한다면, 당신은 굉장히 꼴사나운 배우 교체라는 말을 하지 않겠습니까?"

출연진과 스태프는 샤토 엘리제에 묵었고, 히치콕 부부는 더 격조 높은 샤토 프롱트낙에 묵었다. 실외장면 대부분은 퀘벡시티에서 촬영됐고, 상당수의 장면들은 시의회회관과 시청에서 촬영됐다. 세인트 제피린-드-스타다코나는 주예배당이었다.

히치콕은 로버트 벅스를 카메라맨으로 다시 선택했고, 편집기사는 루디 퍼였다. 영화음악은 디미트리 티옴킨이 다시 맡았는데, 그레고리안 성가와 비슷한 요소를 삽입한 곡을 포함한 이번 작품은 그의 작업 중 가장 흥미로운 사례였다.

조연 중에는 영화에서 중추적인 역할을 차지하는 캐릭터인 사제관에서 일하는 부부—신부에게 고해성사를 하는 살인자와 그에게서 학대받는 아내—도 있었다. 타보리의 시나리오에서 그들은 독일인 이민자—히치콕의 표현에 따르면, '고국에서 추방된 사람들'—가 됐다. 감독은 F. W. 무르나우의 영화에 엑스트라로 출연하는 것으로 스크린 경력을 시작했던 막스 라인하르트를 사사한 강렬한 성격파 배우 O. E. 하세를 살인자로 캐스팅했다. 히틀러에게서 피신하기 전인 1930년대 초반에 인기가 좋았던 독일 스타 돌리 하스는 그의 아내로 캐스팅됐다. 히치콕은 D. W. 그리피스의 〈꺾어진 꽃〉을 영국에서 리메이크한 작품에 출연한 하스를 좋게 기억하고 있었는데, 그녀는 이 작품에서 릴리언 기시가 맡았던 역할을 연기했다.

클리프트의 절친한 친구로, 〈욕망이라는 이름의 전차〉로 아카데미 남우조연상을 수상한 직후였던 칼 말덴은 로건 신부가 범죄자라는 것을 입증하려고 끈질기게 노력하는 형사로 캐스팅됐다. 스튜디오는 술꾼에다 고민 많은 인물로 이미 악명이 높던 클리프트를 상당히 걱정할 정도로 그에 대해 잘 알고 있었기 때문에 말덴이 곁에서 그를 평온하게 지켜주기를 희망했다.

브라이언 아헤르네는 마지막 순간에야 검사로 결정됐다. 히치콕은 조앤 폰테인의 첫 남편이었던 차분한 성격의 연기자 아헤르네를 〈로프〉의 웨스트엔드 공연 때부터 알고 있었다. 그 공연에서 아헤르네는 살인을 주도적으로 해치우는 브랜든을 연기했다. 감독은 캐나다에서 옛 친구에게 전화를 걸어, 캐나다로 와서 〈나는 고백한다〉의 역할을 맡아달라고 요청했다. 그러나 히치콕은 예산이 이미 초과됐기 때문에 그가 평소 받던 수준의 출연료보다는 적게 줄 수밖에 없다고 사과했다.

수십 명의 언론인들이 촬영과정을 취재하기 위해 퀘벡시티로 몰려왔다. 촬영과정은 혹독한 날씨(그럼에도 불구하고 줄거리를 위해서 송풍기와 소방호수로 날씨를 더 악화시켰다)와 엄청난 구경꾼 때문에 곤란을 겪고 있었다. 히치콕이 클리프트와 백스터가 세인트로렌스 강을 굽어보며 산책하는 모습을 촬영하는 것을 구경꾼 8,000명이 지켜봤다.

클리프트가 심하게 술을 마시기 시작한 것이 캐나다에서였는지, 아니면 나중에 스튜디오 촬영을 하던 할리우드였는지에 대해서는 의견이 일치하지 않는다. 하스는 클리프트가 평소 촬영장에서는 말짱했지만, "뭔가에 대해 심하게 언짢아했다"고 생각했다. 말덴은 클리프트의 엉뚱한 행동은 히치콕이나 시나리오와는 거의 관련이 없으며, 그때부터 클리프트는 "비극적으로 전락하기 시작하고 있었다"고 생각했다.

히치콕에 따르면, 클리프트는 취했건 아니건 '단히 신경이 과민한 메소드 연기자'였으며, 감독의 섬뜩한 눈빛 아래서는 마음을 편하게 먹지를 못했다. 클리프트는 히치콕이 사전에 정해놓은 카메라 설정에 반항하는 한편, '모호한' 출처로부터 영감을 얻으려고 노력했다. "(어느 장면에서) 그가 법정을 나오던 때가 기억납니다"라고 히치콕은 회상했다. "나는 그에게 위쪽을 바라보라고 요청했습니다. 내가 그의 시점으로 거리 건너편의 빌딩으로 컷해 들어갈 수 있게요. 그는 '내가 위를 바라봐야 하는지를 모르겠습니다'라고 말하더군요. 흐음, 상상해보세요. 나는 '자네가 위를 보지 않으면, 나는 컷을 할 수가 없어'라고 대꾸했죠."

클리프트는 연기 코치 미라 로스토바를 늘 곁에 두고 있었다. 그녀는 그가 맺은 계약내용의 일부였고, 그의 연기와 밀접한 관련이 있었다. 로스토바는 과민한 배우와 매일 리허설을 했고 카메라가 돌 때면 언제든 카메라에 잡히지 않는 곳에 서 있었다. 클리프트는 다음 장면으로 넘어가기 전에, 히치콕이 아니라 그녀가 고개를 끄덕이기를 기다렸다.

말덴은 로스토바의 출현이 촬영장에서 '깊은 불화와 긴장'을, 스타와 감독 사이에 심연—설사 그렇다고 해도 입 밖에 낼 수는 없는 심연—을 만들어냈다고 생각했지만, 히치콕은 클리프트와 로스토바를 내버려뒀다. 그렇게 하지 않았을 때 얻을 수 있는 것이 무엇인가? 〈나는 고백한다〉와 관련된 만사가 기정사실화되지 않았는가? 오히려 히치콕은 숏과 앵글을 축적해 가는 동안, 비범한 인내심과 예외적인 품위를 보였다.

어찌 됐든, 감독은 로스토바가 클리프트의 상처투성이 영혼을 달래는 것으로 제작을 돕고 있다는 것을 깨달았다. 히치콕은 그녀를 '작은 비둘기'라고 부르기는 했지만, 드라마 코치를 공손히 우대하면서 8월과 9월에 샤토 프롱트낙에서 그리고 나중에 벨라지오로드에서 주최한 출연진 만찬 자리에 그녀도 초대했다.

캐나다에서 가진 출연진 만찬 자리에서 히치콕은 퀘벡법정에서 최근에 벌어진 재판으로 대화의 화제를 이끌었다. 어떤 퀘벡의 보석상이 아내의 보험금을 타내고 정부와 결혼하기 위해 아내를 살해하려고 했던 사건이었다. 정부의 오빠는 시한장치가 달린 폭탄을 제조했고, 정부는 그 폭탄을 특급우편물로 아내가 탑승한 비행기에 실었다. 폭탄은 이론적으로는 범죄의 증거를 없애버릴 수 있도록 세인트로렌스 강 상공에서 폭발하게 시간이 설정됐는데, 그 대신 퀘벡 외곽 64㎞ 지점의 2,100m 상공에서 폭발하면서 아내와 다른 승객 22명의 목숨을 앗아갔다. 남자와 공범들은 체포돼서 유죄선고를 받고는 1950년에 교수형 당했다. 이 모든 것이 보험금 1만 달러 때문에 벌인 짓이었다.

〈나는 고백한다〉와 관련해서 그를 둘러싼 모든 것들이 실망스러운 조짐을 보이자, 히치콕은 비행기에 실린 폭탄이 히치콕 영화를 얼마나 짜릿하게 만들 수 있는지에 대해 떠들어대는 것으로 시름을 잊었다.

〈나는 고백한다〉가 누더기 시나리오(히치콕은 프랑수아 트뤼포에게 "유머와 신비감이 부족했다"고 밝혔다)와 실망스러운 주인공들 때문에 고초를 겪는 것은 불가피한 일이었다. 몽고메리 클리프트는 감독에게뿐 아니라 친구 칼 말덴에게도 실망스러운 존재였다. 말덴과 클리프트는 촬영 중에 충돌했다. 말덴은 두 사람이 함께 등장하는 장면에서 클리프트가 자신을 능가하려고 노력하고 있다고 생각했고, 클리프트와 로스토바가 그를 험담하는 얘기를 속삭이고 있다고 확신하게 됐다. 말덴은 조용히 속만 끓이면서, 클리프트의 행동에 배신감을 느꼈다. 말덴은 〈나는 고백한다〉의 가편집본의 시사회에 초대된 후, 히치콕이 그들 사이에 일어났던 모든 일을 목격하고 이해했던 것이 틀림없다는 것을 깨달았다. 편집본은 교묘하게 말덴의 편을 들어줬다. 말덴이 감사인사를 건네자, 히치콕은 중얼거렸다. "자네가 좋아할 거라 생각했어." (말덴은 "내가 몬티와 미라에게 냉정을 지켜준 데 대해 그가 나름의 방식으로 작은 선물을 준 것이라고 느꼈다"고 썼다.)

앤 백스터는 그다지 많은 기회를 잡지 못했다. 시나리오에 담긴 최후의 모순은 그녀의 캐릭터가 남편(로저 댄)의 품에 안겨 그랜드볼룸을 떠나는 것이었다. 그녀가 등장하는 장면들은 로케이션 현장에서 마지막으로 수정됐는데, 이때쯤 히치콕은 캐스팅 때문에 좌절감을 느끼고 있었다. 히치콕의 카메라는 아내 알마와 이름이 같은 동정적인 캐릭터를 연기하는 우아한 돌리 하스를 선호했다.

〈나는 고백한다〉는 매력적인 불꽃도 보여주지 못하고는 잿더미가 됐다. 히치콕은 조연 캐릭터들(브라이언 아헤르네의 장면들은 특히 유쾌했다), 묵상에 잠긴 듯한 퀘벡과 가톨릭의 분위기, 몽환적인 플래시백이 더욱 편안했다.(신부와 여자친구가 전쟁 전에 가진 아름다운 로맨스를 묘사하는 이들 조용한 막간극은 히치콕이 〈스펠바운드〉를 촬영할 때 살바도르 달리에게서 얻어내고 싶었던 하이퍼 리얼리즘과 비슷한 것을 성취해낸 것처럼 보인다.) 〈나는 고백한다〉에서 가장 훌륭한 것은 아마도 히치콕 스타일의 엔딩—영화학자 빌 크론의 표현에 따르면, '예배 규정에도 맞고 주제 면에서도 적절한(고해성사에 의해 치유된 죄책감이 전이된)' 엔딩—일 것이다. 신부를 교수형시키는 엔딩의 대안으로 사실상 스튜디오가 강요한 엔딩이기는 하지만 말이다.

엔딩에서 로건 신부는 법정에서 무죄선고를 받은 후, 법정 밖에서 적대적인 기자들과 성난 군중과 맞닥뜨린다.[15] 더 이상은 양심을 속일 수 없던 살인자의 아내가 진실을 털어놓으려 하자, 그녀의 남편은 권총을 뽑아들고는 (약간은 비논리적으로) 그녀를 쏜다. 난장판이 벌어지고 신부와 경찰이 샤토 프롱트낙의 내리막길을 헤치면서 남자를 추격한다. 반항적인 태도로 권총을 거머쥔 살인자는 —드러머나 미스터 메모리가 그에 앞서 했던 것처럼— 그랜드볼룸의 끝에 있는 무대에 홀로 서게 된다.

15 이런 상황에 대한 히치콕의 입장을 돋보이게 만드는 것은 군중 전면에서 신부를 바라보면서 사과를 우적우적 씹어먹는 뚱뚱한 여자다. 감독은 프랑수아 트뤼포와 대화를 하면서, 이것을 자신이 내놓은 아이디어라고 자랑스럽게 밝혔다. "나는 그녀에게 사과를 어떻게 먹어야 하는지까지도 보여줬습니다."

로건 신부는 과감하게 살인자에게 다가간다. 신경이 곤두선 남자는 위협적인 제스처를 취하고, 경찰은 그에게 총을 발사한다. 살인자는 신부의 품으로 쓰러지면서, 히치콕 영화에서 그 나름의 자기살해를 즉흥적으로 연출해낸 또 다른 악당이 된다. "저도 신부님처럼 외로웠습니다." 그는 로건 신부에게 용서를 빌면서 중얼거린다. 신부는 그의 눈을 감기면서 죽어가는 남자에게 기도문을 속삭인다. 히치콕은 그의 죄인들에게 동정적이었던 게 보통이었지만, 이 엔딩은 그의 가장 가톨릭적인 영화에 등장하는 그의 가장 동정적인 엔딩이다.

히치콕이 1951년에 투자한 시간은 50년대 내내 배당금의 형식으로 감독에게 돌아왔다.

〈나는 고백한다〉의 후반작업에 들어갈 즈음, 히치콕은 그로서는 흔치 않게도 진행 예정인 차기작 프로젝트 대여섯 개를 가지고 있었다. 〈나는 고백한다〉 이후 그는 트랜스아틀랜틱을 위해 〈가시나무 덤불〉을 연출하고, 트랜스아틀랜틱이 보유한 또 다른 작품인 소설 『나는 결백하다』를 각색한 영화를 연출할 계획이었다. 그는 그 소설을 출간 이전에 읽었고, 시드니 번스타인은 그를 대신해서 영화화 권리를 확보했다. 그들은 캐리 그랜트에게 시나리오를 보냈고, 그랜트는 1952년에 리비에라에 거주하는 은퇴한 보석도둑인 주인공을 연기하기로 잠정적으로 합의했다.

1952년 가을에 뉴욕에 있을 때 히치콕은 런던에서 수입된 히트작 〈다이얼 M을 돌려라〉를 관람하고, 이 연극을 도주영화로 제작 가능한 소재로 마음에 담아뒀다. 그는 코넬 울리치의 단편을 그에게 팔고 싶어 하는 릴런드 헤이워드를 만났다. 헤이워드는 조시 로건과 함께 그 작품의 권리를 구입했는데, 영화계로 진출하기를 원하는 브로드웨이 연출가 로건은 이 작품의 트리트먼트를 집필해놓은 상태였다. 헤이워드는 히치콕이 제임스 스튜어트를 주인공으로, 로건을 감독으로 삼아 코넬 울리치 영화의 제작을 맡아주기를 원했다. 그렇지 않을 경우 히치콕이 로건의 시나리오를 바탕으로 영화를 연출해도 무방했다. 이즈음 히치콕은 스튜어트를 주연으로 오랫동안 논의만 무성하던 〈나는 비밀을 안다〉의 리메이크를 만들 생각을 하면서, 번스타인에게 트랜스아틀랜틱이 권리를 확보할 수 있겠는지 물었다.

히치콕은 틈이 날 때마다 잭 트레버 스토리가 쓴 소설을 원작으로 한 유별난 영화에 대한 노트를 긁적거리고 있는 중이었다. 그리 유명한 책은 아니었다. 히치콕은 번스타인에게 제목이 『해리에게 무슨 일이 벌어졌나?』가 아니라고 계속 바로잡아줬는데, 짤막하지만 생생한 책의 제목은 『해리의 소동』이었다.

히치콕은 〈스트레인저〉 프레스 투어에서 그를 인터뷰한 저널리스트들에게 훗날에 만들 영화에 대해 처음으로 언급했다. 그는 누명을 쓴 주인공—캐리 그랜트 같은 사람—이 러시모어 산꼭대기에 있는 에이브러험 링컨의 콧구멍에 숨는다는 이야기를 구상했다. 감독은 주인공이 거기서 무슨 일을 하는지, 그가 어떻게 거기에 들어 갔는지에 대해서는 한마디도 하지 않았다.

뉴욕에서 히치콕은 '21'클럽에서 『뉴욕 헤럴드트리뷴』의 오티스 건지와 술자리를 가졌다. 건지가 '순진한 미국인'이 신분—'스파이 우두머리'라는 '무척이나 로맨틱하고 위험한 신분'—을 오해받고는 암살자들에게 쫓긴다는 내용에 관한 아이디어를 얘기하자 히치콕의 두 눈이 반짝거렸다. 히치콕은 건지를 케이 브라운에게 소개했다. 브라운은 결국 건지에게서 트리트먼트를 뽑아냈는데, 건지조차도 이 트리트먼트가 'a) 논리, b) 진부함, c)지나치게 복잡한 계책 등의 결함'이 너무 많다고 느꼈다. 그러나 히치콕은 논리와 진부함, 지나치게 복잡한 계책 같은 결함에는 개의치 않고, 스케치 단계에 불과하던 트리트먼트에 대한 대가를 지불했다.

번스타인은 오해받은 스파이 우두머리 아이디어를 캐리 그랜트 기획영화로 확장시키는 문제를 벤 헤크트와 논의했지만, 헤크트는 너무 바빠서 그 소재를 제쳐놓았다. 건지의 아이디어는 정치적인 측면이나 롱맨 발상 면에서 〈가시나무 덤불〉과 두드러진 유사점이 있었기 때문에 다른 프로젝트가 난국에 처했을 경우에 대비한 예비 프로젝트 신세가 됐다. 히치콕이 그 아이디어에 붙인 "링컨 콧속의 사나이"라는 장난스러운 제목은 10년쯤 후에 〈북북서로 진로를 돌려라〉가 됐다.

메이저 스튜디오들이 자체 극장체인과 분리돼야 한다는 법원 판결, 텔레비전의 약진, 블랙리스트의 암운이 결합해서 1950년대 초엽의 할리우드는 곤경에 처했다. 히치콕은 1951년 연말에 번스타인에게 보낸 편지에서, 제작편수는 급격히 줄어들었으며, 상당한 존경을 받는 마이클 커티즈조차도 워너브러더스 전속감독으로 26년을 보낸 끝에 버림을 받았다며 동정심을 표했다. 히치콕은 어느 사이엔가 자신이 장기계약을 맺은 몇 안 되는 감독 중 한 사람이라는 사실을 깨달았다. 어느 사이엔가 그는 스튜디오의 스타 감독이 돼 있었다.

무성영화의 자막화면을 작성하는 것으로 영화 일을 시작했던 히치콕은 번스타인에게 보낸 편지에 업계를 휩쓰는 불안한 경향을 자세히 뜯어봤다고 썼다. 그는 시네마스코프, 매그너스코프, 시네라마, 입체영화, '로드쇼' 영화들이 —텔레비전에 대한 공식적인 대안으로— 빠르게 자리 잡는 실태를 냉담하게 비판했다. 히치콕은 워너브러더스가 입체영화 시류에 편승할 예정이라는 것을 알았다. 베테랑 감독은 입체영화라는 일시적 유행에는 회의적이었지만, 최소한 스튜디오의 윗사람들이 그를 지나치게 가까이서 감시하는 것에서 다른 쪽으로 시선을 돌리게 만드는 장점은 있다고 판단했다. 보스들이 패닉 상태에 빠진 반면, 히치콕은 자신감을 가지고 몸을 풀었다. 보스들이 관객에게 재미를 선사하는 방법을 잊은 반면, 그는 자신의 아이디어를 갈고닦았다. 할리우드는 어찌할 바를 몰랐지만 그의 영화들은 거친 협곡을 안전하게 헤치고 나갈 터였다.

히치콕은 20세기폭스의 신경질적인 주주들에 둘러싸인 대릴 재넉이 보여준 대담한 행동에 매료됐고, 업계지가 재넉이 거둔 승리를 보도할 때마다 잭 워너가 분통을 터뜨리는 것을 지켜보면서 즐거워했다. 명목상으로는 메이저 스튜디오에서 독립해 있던 데이비드 O. 셀즈닉을 제외하면, 잭 워너는 히치콕이 가장 잘 파악해야만 하는 거물이었고, 1950년에도 히치콕이 할리우드를 처음 방문했을 때처럼 굳건한 통제력을 행사하는 유일한 인물이었다. 히치콕이 보낸 편지들은 그가 만든 워너브러더스 영화들과 관련한 민감한 최종적 결정의 상당수가 그와 워너 사이에서 개인적으로 타결됐음을 보여준다.

무성영화로 경력을 시작한 감독들 대부분이 서서히 몰락하고 있는 반면, 히치콕은 다가올 10년을 거세게 몰아칠 에너지를 충전하고 있었다. 잭 워너는 —스튜디오가 자부심을 느낄 만한 요소가 거의 없던 시절에— 그런 감독과 계약을 맺고 있다는 사실을 자랑할 수 있었다. 〈로프〉와 〈염소좌 아래서〉는 박스오피스에서 실패했을지 모르지만, 워너는 그 작품들의 배급만 담당했을 뿐이었고, 손실을 떠안은 것은 트랜스아틀랜틱이었다. 반면, 〈무대공포증〉과 〈스트레인저〉는 제작비도 저렴했고 수익도 놀랄 만큼 거두었다. 워너브러더스 입장에서 히치콕은 스튜디오에 세 가지 공헌을 한 인물이었다. 관객을 동원해온 감독이었고, 시상식 후보자로 꾸준히 올랐으며, 홍보활동에서 내세울 자산이었다.

히치콕이 작품의 홍보에 대해 처음으로 스튜디오에 긴밀하게 자문을 구하기 시작한 상대가 워너였고 그를 '서스펜스의 거장'이라고 주기적으로 언급하는 홍보활동을 벌인 것도 워너였다. 히치콕은 뉴욕과 로스앤젤레스 외의 지역에서 갖는 시사회에도 스튜디오를 위해 참석해서 지역과 시장들을 미니투어하면서 지역에서 영향력을 행사하는 비평가나 칼럼니스트들과 친해졌다.(『시카고 선 타임스』 칼럼을 쓰면서 자기 이름을 내건 텔레비전쇼도 진행하던 어브 컵시넷이 1953년에 런던을 여행할 때, 히치콕은 그보다 앞서 번스타인에게 '컵'에 대해 모든 것을 알리는 편지를 쓰면서, 컵시넷을 위해 '조그만 레드 카펫'을 깔라고 조언했다.) 히치콕은 워너에서 보낸 시간 동안, 친숙한 매체담당자의 명단을 늘리면서 인맥을 광범위하게 확장했다.

히치콕의 이미지는 오래전부터 홍보돼 왔지만, 확고하게 굳어진 것은 이 시기였다. 워너브러더스의 홍보는 지금은 친숙해진 히치콕 관련 일화를 총망라했다. 어린 시절에 경찰과 작은 충돌을 겪은 탓에 경찰을 무서워하는 사람. 배우들을 사실상 가축 취급하는 독재자.(그는 "물론 그중에는 썩 괜찮은 가축도 있습니다"라고 종종 빈정댔다. 때로는 "나는 그들을 가축이라고 말하지 않았습니다. 내가 한 말은 그들을 가축처럼 취급해야 한다는 것이었습니다"라고 이의를 제기했다.) 자신의 타이프캐스팅에 대해 걱정을 키워가면서도 배우들은 타이프캐스팅하는 감독.("내가 다른 종류의 영화를 만든다면, 사람들은 영화를 보고 나오면서 '이런, 서스펜스는 어디에 있는 거야?'라고 물을 겁니다.")

히치콕은 자신을 위한 홍보활동을 기분 좋게 부추겼으며, 그 활동이 스튜디오에서 자신의 가치를 높여준다는 것을 알았다. 출판된 클리셰는 어느 정도는 진실이었는데, 예를 들어 타이프캐스팅에 대한 주장을 전개하면서 그는 평론가들이 히치콕 영화에 대해 편견을 가지고 있다고 공개적으로 불만을 토로했고, 이것이 히치콕이 그들을 향해 진짜 개인적인 분노를 키우게 된 근원이었다. 영국에서 〈나는 고백한다〉가 개봉됐을 때, 히치콕은 번스타인이 우편으로 보낸 한 묶음의 리뷰를 읽었다. 그는 "전체적으로는 나쁘지 않다"고 논평했으나 이렇게도 덧붙였다. "그렇지만 나는 틀에 갇힌 신세가 됐어. 사람들은 '스릴러'라는 딱지를 붙이고 '서스펜스'를 찾고 있어."

1953년 3월에 〈나는 고백한다〉가 개봉됐을 때 —수난주간에 뉴욕에서 특별 개봉됐다— 미국의 비평은 좋지 않았지만 "전체적으로는 나쁘지 않았다."(감독은 어느 편지에서 '멋진 사순절 데이트용 영화!'라고 썼다.) 그리고 히치콕-워너브러더스의 세 번째 영화는 빠르게 흑자에 접어들었다.

품위수호단은 영화에 '성인용으로도 도덕적으로도 반대할 만한' 등급을 가혹하게 부여했지만, 영화에 담긴 가톨릭주의는 진정한 논쟁거리는 아니었다. 희석된 시나리오와 가톨릭계 언론에 실린 감식력 있는 리뷰들(로버트 카스는 『가톨릭 월드』에 '굉장히 흥미로운 영화, 사려 깊은 성인용 드라마'라고 썼다)이 그 문제를 해결했다. 그러나 훗날 감독이 시인했듯, 〈나는 고백한다〉의 예기치 못했던 한 가지 약점은 성직자들은 고해성사를 한 이들이 밝힌 사실을 비밀로 지켜야 할 신성한 의무를 지고 있다는, 이야기 밑바닥에 깔린 근본요소에 가톨릭이 아닌 관객은 그다지 강한 유대감을 느끼지 못한다는 것이었다.

검열과 관련해서 최후의 놀랄 만한 일은 캐나다에서 일어났다. 퀘벡에서 월드 프리미어를 앞두고 벌어진 칵테일파티에서 히치콕은 기분이 들뜬 듯 보였으나, 그후 열린 리셉션에서는 펄펄 뛰었다. 정부 검열기관의 이름 모를 위원 한 사람이 앤 백스터가 몽고메리 클리프트를 사랑한다고 공개적으로 선언하는 장면과, 그들이 밤을 함께 보냈다는 것을 명확하게 보여주는 플래시백의 일부 장면을 잘라내야 한다고 고집했기 때문이다. 거의 3분에 달하는 분량이었다. 가톨릭 교단을 의식하고 스튜디오에 굴복하는 수난을 겪은 그는 이번 모욕에는 노발대발했다. "퀘벡 지역을 위한 버전을 따로 만들 겁니다." 그는 캐나다방송공사와 가진 인터뷰에서 격분해서 털어놨다. "그리고 또 한 버전은 세계 나머지 지역을 위한 겁니다."

그러나 그의 편지들에서 확인되듯, 그는 검열이나 평론보다는 박스오피스에 더 주의를 기울였고, 〈나는 고백한다〉는 결점에도 불구하고 히치콕과 워너브러더스 입장에서는 성공작이 되었다.

1952년 겨울에 감독은 〈가시나무 덤불〉의 개발에 다시 뛰어들었다. 그는 조지 타보리가 너무 많은 시간을 허비하고 있다고 느꼈다. 타보리는 할리우드로 돌아와서 감독을 만나고는 멀리 떠나서 히치콕이 기대했던 것과는 완전히 다른 버전을 집필했다. 1952년 연말과 1953년 연초에 보낸 편지들에서, 히치콕은 프로젝트의 진행속도를 더디게 만들고 그 결과로 일정도 엉망으로 만드는, '제멋대로인' 타보리의 '수치스러운' 행동에 분노를 표명했다. 히치콕은 윌리엄 아치발드가 타보리를 교체할 때까지 몇 주를 기다린 후 시나리오를 처음부터 다시 시작했다.

히치콕은 아치발드와는 마음이 더 맞는 편('캐릭터에 대한 관점이 건전한 훌륭한 일꾼')이라고 느꼈지만, 자꾸 중단되는 프로젝트 진전 상태에 분노한 워너의 압력에 시달려야 했다. 스튜디오는 히치콕의 차기작이 〈나는 고백한다〉의 개봉 1년 내에 만들어지기를 원했다. 한편 감독의 내면에서는 〈가시나무 덤불〉을 '평범한 추적이야기를 넘어서는 두

드러진 작품'으로 만들어낼 수 있을지에 대한 의혹이 커지고 있었다. 시드니 번스타인에게 쓴 편지에서, 히치콕은 시나리오의 수정에 여전히 '여러 주일'이 필요한 상태인데도 자신이 속도를 높여야 한다는 얘기를 듣고 있다고 밝혔다. 히치콕은 1953년 1월에 이렇게 썼다. "이 프로젝트를 감당할 수 없다고 워너에게 말하면서, 그들에게 다른 소재를 받아들이라고 요청하는 쪽이 내게는 더 나을 듯싶네."

그러는 한편으로, 그는 번스타인에게 〈가시나무 덤불〉을 끝내는 즉시 '작업할 작품을 가질 수 있게' 〈나는 결백하다〉의 트리트먼트를 쓸 영국 작가를 고용하라고 요청했다. "나는 다른 작품에 대한 생각을 시작하기 이전에, 한 작품을 완전히 끝내기 위해 기다리면서 많은 시간을 잃어왔네"라고 히치콕은 설명했다. "나는 이것을 바로잡고 싶어. 나는 작가와 예비적인 논의를 마음 편히 가졌으면 해.(물론 모든 사람의 아이디어를 무시하는 타보리 같은 친구를 만나지 않았을 경우지.) 그런 다음에 그는 내가 다른 영화를 찍는 동안 초고 작업에 착수하는 거야. 휴스턴과 다른 독립적인 작가들은 이런 식으로 작업해왔네."

이 시점에서 코넬 울리치 프로젝트가 다시 등장했다. 제임스 스튜어트는 제작이 1953년 후반에 이뤄지고 히치콕이 연출한다는 단서를 달아 출연에 동의했다. 히치콕은 그의 표현에 따르면, '내가 〈결백〉을 한 후에 〈이창〉을 할 수 있을 거라고 가정했을 때' 그렇게 하기를 원하며 번스타인의 견해를 기다렸다.

1953년 연초에 벌어진 몇 가지 사건 중에서 중요한 것은, 번스타인이 극동으로 1달간 여행을 떠난 것이었다. 표면적으로는 미래의 트랜스아틀랜틱 작품을 위한 '정보 수집 여행'으로 발표된 꿈같은 휴가였으나 사실 이 휴가는 트랜스아틀랜틱의 최후를 의미했다. 휴가에서 돌아온 번스타인은 더 이상은 활동사진을 만들고 싶지 않다고 결론을 내렸다. 트랜스아틀랜틱은 빚더미에서 허덕였는데, 히치콕의 동업자는 일에 따르는 위기감과 압박감에서 벗어나고 싶었다. 번스타인은 할리우드에서 꾸준히 대기하고 있었지만, 그에게 더 편한 곳은 런던이었다. 삶을 단순하게 만들고 싶었던 그는 회사에서 사임하기로 결심했다.

번스타인 없이는 트랜스아틀랜틱도 존재할 수 없었지만, 히치콕은 이 소식을 묵묵히 받아들였다. 어느 정도 이런 결과를 예상했던 히치콕은 그 결정을 임시적인 것으로 받아들였으나, 번스타인의 은퇴는 히치콕의 은퇴와도 직접 연결돼 있었다. 그는 트랜스아틀랜틱 프로젝트로 시작된 〈가시나무 덤불〉을 냉정하게 재평가하기로 했다. 줄거리는 멕시코에서 시작하지만, 영화의 대부분의 배경은 샌프란시스코 인근이었기 때문에 제작비도 많이 들고 제작상의 어려움도 많을 것이다. 그리고 번스타인이 사임할 경우 〈가시나무 덤불〉은 워너브러더스에서 제작해야 하는데, 히치콕은 '이렇듯 침체된 시절에 워너가 이 영화를 충분히 중요한 영화로 만들 것인지'가 궁금했다.

워너브러더스는 〈가시나무 덤불〉에 그다지 큰 신경을 쓰지 않았고, 3차원 효과를 불러일으키는 입체감 넘치는 촬영으로 구현된 입체영화에 미쳐 있었다. 스튜디오가 만든 입체영화 〈하우스 오브 왁스〉는 군중을 끌어모으며 미국 전역에서 박스오피스 기록을 수립했다. 잭 워너는 히치콕이 새로운 포맷을 시도하기를 원했다. 감독은 처음에는 미심쩍어했지만, 워너가 〈나는 고백한다〉의 광고와 홍보에 단기간 동안 집중적인 노력을 기울였다고 믿었다. 그 모든 지원이 스튜디오의 새로운 입체영화로, 그의 표현에 따르면 '새로운 장난감'으로 향했다. 워너브러더스는 히치콕 입체영화에는 다른 태도를 취하겠지만, 〈가시나무 덤불〉은 입체영화로 만들기에는 너무 정치색이 짙었고 멕시코와 샌프란시스코 로케이션으로 입체영화를 찍기는 불가능했다.

입체영화는 촬영소에서 작업하는 것이 훨씬 나았다. 4월 초에 히치콕은 스튜디오에 〈가시나무 덤불〉을 그만두고 신속하게 솜씨 좋은 입체영화로 촬영해낼 수 있을 것이라 판단되는 희곡 〈다이얼 M을 돌려라〉로 전환하는 문제를 논의했다. 히치콕은 늦여름과 가을에 〈다이얼 M을 돌려라〉를 워너브러더스 영화로 엘스트리에서 촬영하고, 그다음에는 파라마운트를 위해 〈이창〉을 연출하고, 1954년에 트랜스아틀랜틱을 위해 〈나는 결백하다〉를 작업할 생각이라고 번스타인에게 밝혔다. 캐리 그랜트는 〈나는 결백하다〉에 여전히 묶여 있었다. 히치콕은 번스타인이 마음을 고쳐먹고 제작으로 돌아올 수 있도록 문을 열어놓았지만, 그렇지 않다면 혼자서 일을 해나갈 셈이었다.

〈다이얼 M을 돌려라〉는 권태기에 접어드는 영국인 부부에 대한 이야기로, 아내가 영국을 찾은 미국인과 바람을 피운다는 것을 알게 된 남편은 유산을 노리고 그녀를 완벽하게 살해하기로 결심하지만 만사가 어긋난다. 청부살인업자가 기다리고 있는 전화기로 유인된 아내는 청부살인업자와 맞서 싸워 침입자를 찔러 죽인다.(히치콕은 희곡에 있는 유명한 가위 찌르기 장면을 영화에서 최고의 입체장면으로 탈바꿈시킬 심산이었다.) 남편은 미친 듯이 자신의 계획을 은폐하면서, 경찰을 속이고 아내를 모함할 단서들을 조작한다. 미국인 연인과 끈질긴 경찰관만이 그녀를 유죄로 만들기에 충분한 증거를 믿으려 들지 않는다.

연극은 원래 1952년 6월에 런던에서 개막했다. 히치콕은 런던에서 그 연극을 관람하지는 않았지만, 시드니 번스타인은 연극을 본 즉시 좋은 평가를 내렸다. 히치콕은 〈나는 고백한다〉를 완성한 직후에 브로드웨이 공연을 감상하고 이 작품을 영화로 만들기로 결심했다. 희곡의 영화화 권리를 낚아챘던 프로듀서 알렉산더 코르다는 작품을 워너브러더스에 재판매하면서 이익을 봤다.

〈다이얼 M을 돌려라〉는 런던을 배경으로 한 확실한 도주희곡이었다. 히치콕은 영화의 가급적 많은 부분을 엘스트리에서 촬영하고 보조촬영진이 런던을 돌아다니며 찍은 분량을 합치는 식으로 작업하기를 희망했지만, 잭 워너는 재빨리 그 아이디어에 반대하고 나섰다. 워너는 스튜디오가 보유한 유일한 입체카메라를 해외로 보내고 싶지 않다고 주장했다. 그러나 히치콕은 번스타인에게 "진짜 이유는 스튜디오가 사실상 답보상태에 있을 때 해외에서 영화를 제작한다는 나쁜 인상을 줄 우려가 있기 때문이라고 생각하네"라고 밝혔다.

준수한 제작비와 빠듯한 일정으로 인해 히치콕은 서둘러 촬영결정을 내렸다. 할리우드에서 각색한 유일한 희곡인 〈로프〉 때와는 달리 히치콕은 〈다이얼 M을 돌려라〉를 수정할 시간이 거의 없었으므로, 영화의 배경은 여전히 런던으로 남았고 캐릭터도 모두 영국인이었다. 〈로프〉의 시나리오 작업은 작품을 미국화하는 데 얼마나 많은 시간이 필요한지를 보여준 바 있다.

히치콕은 번스타인에게 영화의 시나리오는 사실 '대단한 문제는 아니'라고 썼다. 극작가 프레데릭 노트('꽤나 영민한 친구')가 히치콕과 긴밀하게 공동 작업했기 때문이다. 영화는 '희곡에 꽤나 근접하게 따라가야만 할 것'이라고 감독은 설명하면서 "희곡을 개발하려는 시도는 '결함'을 보여줄 것이기 때문에, 나는 희곡을 수정된 〈로프〉 스타일로 간주하고 있네. 결국, 희곡이 엄청난 성공을 거둔 것은 전개 스피드와 '긴장감' 때문이 아닌가."

물론, 히치콕이 영화를 런던에서 찍고 싶어했던 이유 중 하나는 워너브러더스의 간섭을 최소화하려는 것이었다. "촬영소에서는 현대 런던의 모습을 보여줄 수 없네"라고 히치콕은 번스타인에게 알렸다. 그런데 "워너의 수뇌부는 브라운스톤 N. Y. 스트리트와 랜돌프 크레센트, 마이다 베일의 차이점을 알지 못한다네!" 단일하고 재활용 가능한 세트는 워너에게는 매력적이었지만, 히치콕은 실내장면에서도 영국적인 맛을 풍겨야 한다고 주장했다. 그가 번스타인에게 밝힌 바에 따르면, 그가 벌인 첫 다툼은 '세트 장식가의 충격적인 취향'이 발단이었다.(그 사람은 "계약직이었기 때문에, 그럴 수밖에 없었다"고 그는 덧붙였다.)

히치콕은 〈다이얼 M을 돌려라〉를 입체영화로 기획하기는 했지만, 그로 인해 얻게 될 엉뚱한 결과는 예측하지 못했다. 그는 "창이나 의자를 관객에게 던지지는 않을 거네"라고 번스타인을 안심시켰다. 그는 미묘한 깊이감을 부여하기 위해 카메라를 가구 주위로 유려하게 미끄러뜨리면서, 모든 것을 꽤나 단순하게 연출할 계획이었다. 〈다이얼 M을 돌려라〉를 특수카메라 앞에 가져간 8월 즈음에 —히치콕이 예상했던 그대로— 입체영화 열기가 사라져버린 것도 좋은 일이었다. 히치콕이 번스타인에게 알린 것처럼, 그는 촬영을 하는 중에 '〈다이얼 M을 돌려라〉를 평면영화로 내보내는 것도 가능한 일'이라고 생각하게 됐다.[16]

히치콕이 〈다이얼 M을 돌려라〉로 선회한 비밀스러운 동기 중 하나는 그의 권유로 연극을 관람한 캐리 그랜트가 '주인공을 굉장히, 굉장히 하고 —결국 히치콕을 위해 아내 살인자를 연기하겠다는 야망을 마침내 충족시키고— 싶어했기' 때문이었다. 그러나 잭 워너는 히치콕의 표현에 따르면, "캐리를 가벼운 코미디 타입으로 여겨온 대중을 극복할 수 있다"고는 생각하지 않는다면서 그 아이디어도 반대했다. 감독은 개인적으로는 그랜트가 너무 많은 출연료와 수익의 상당 비율을 요구했던 것이 진짜 이유일 것이라고 생각했다. 협상 도중에 〈하우스 오브 왁스〉가 극장에서 대성공을 거뒀기 때문에, 워너는 히치콕 입체영화는 '엄청난 수익을 거둘 것이며, 히치콕은 캐리가 총수익의 10퍼센트를 가져가는 것은 분명히 지나치게 많은 액수라 고 생각할 것'이라고 믿었다.[17]

따라서 히치콕은 그랜트 대신 〈잃어버린 주말〉로 오스카를 수상한 (그리고 그해 칸에서 〈오명〉의 캐리 그랜트를 누르고 남우주연상을 받은) 레이 밀런드를 캐스팅했다. 밀런드는 성실한 배우였지만 그랜트만 한 카리스마는 없었다. 히치콕은 번스타인에게 '출연료는 12만 달러'라고 냉정하게 알렸다.

브로드웨이 공연의 출연진 중 2명의 배우가 리허설을 할 필요가 거의 없이 자신들의 역할을 재연했다. 존 윌리엄스는 경위였고, 앤서니 도슨은 협박 때문에 살인을 맡게 되는 비뚤어진 동창생 레스게이트였다. 히치콕은 유순하게 생긴 루이스 헤이워드를 레스게이트—그가 무성영화 시대 어투로 '악역'이라고 부른 역할—로 카운터캐스팅한 사실을 홍보하려고 했지만, 헤이워드는 1만 달러를 요구했다. 이 액수는 스튜디오가 협상한 (간접비 반영 이전의) 제작비 80만 5,000달러에 부담이 됐다. 영화화 권리의 대가로 코르다에게 지불한 15만 달러와 수익비율 때문에, 스튜디오가 정한 제작비 최고한도는 이미 부담스러운 수준이었다. 스코틀랜드인인 도슨은 미국 관객에게는 유명하지 않았으므로

16 정말로 〈다이얼 M을 돌려라〉는 '평면영화'로 개봉됐고, 주요 도시의 몇 군데 극장에서만 입체영화로 상영됐다.

17 거기에 감독에게도 수익의 10퍼센트를 보장해야 했고, 비용의 3~5퍼센트는 입체영화 발명가 밀턴과 줄리안 군츠버그 몫으로 지급해야 했다.

출연료도 높지 않아서 단돈 8,000달러를 지급했다. 제작비를 2,000달러 아낀 것이다.

로버트 커밍스는 출연이 가능한 배우들 중에서 두 번째 주인공인 미국인 범죄소설가 마크 할리데이 역에 최고의 배우로 보였다. 히치콕은 〈파괴공작원〉의 나서지 않는 스타이자 벨라지오로드를 주기적으로 방문하는 커밍스를 좋아했다. 게다가 커밍스의 출연료는 낮은 수준인 2만 5,000달러였다. 히치콕은 남편의 시기심과 탐욕에 희생되는 —그리고 출연진 중 유일한 여성인— 마고 역에 톱스타를 캐스팅할 수 있는 금전적 여유가 없었다. 그런데 그는 여기서 자신의 한계를 이점으로 변환시켰다.

제작비 때문에 무명 또는 최소한 과도한 출연료를 요구하지는 않을 여배우가 필요했다. 히치콕은 20세기폭스의 폐기된 스크린 테스트를 기억해내고, 거기에서 아일랜드 이민자 아가씨를 연기할 젊은 유망주를 발견했다. 그녀의 악센트는 어울리지 않았지만 카메라로 포착한 여배우의 외모는 뇌쇄적이었다. 할리우드 주변에서 상영되고 있는 존 포드의 〈모감보〉에서 히치콕은 최신작에 출연한 젊은 여배우를 관찰할 수 있었다. 24살의 여배우에게는 도약의 발판이 된 역할이었지만, 그녀의 짜릿한 매력과 관능미는 첫 두 영화에서는 그리 두드러지지 않았다. 1953년 봄에 상대적으로 신인이었던 그레이스 켈리는 아직은 출연요청이 쇄도하는 배우가 아니었다. 그녀를 전속배우로 데리고 있는 MGM은 단돈 1만 4,000달러에 그녀를 기꺼이 임대해줬다.

빠르게 완성된 시나리오(6월 말에 수정이 완성됐다), 간결한 캐스팅, 신속한 프리프로덕션이 이루어졌다. 이 모든 것은 제작비에 도움을 줬을 뿐 아니라, 히치콕이 차기작으로 조용히 준비하고 있는 프로젝트—〈나는 결백하다〉 이전에 만들 계획인 또 다른 '짧은 휴식'—를 준비할 상당한 '짬'을 히치콕이 마련할 수 있게 해줬다. 루 와서먼은 영화 〈이창〉이 될 코넬 울리치의 단편소설을 릴런드 헤이워드와 조시 로건에게서 넘겨받는 4만 달러짜리 거래를 마무리했다. 권리에 대한 대가가 2만 5,000달러, 로건의 트리트먼트에 대한 대가가 1만 5,000달러였다. 〈다이얼 M을 돌려라〉 이후, 히치콕은 울리치의 소설을 제임스 스튜어트를 주인공으로 파라마운트를 위해 연출할 계획이었다. 워너브러더스는 배급권 일부를 넘겨받는 대가로, 스튜어트가 여러 편의 출연계약을 맺고 있는 라이벌 스튜디오에 히치콕을 임대하는 데 합의했다. 스튜어트는 일정상 가을에야 히치콕 영화에 출연할 수 있었다.

그레이스 켈리를 처음 만났을 때 히치콕은 위아래로 훑어보고는 그녀가 〈다이얼 M을 돌려라〉를 위해 입어야 할 의상에 대해 잔소리를 늘어놨다. 그에게는 자기 나름의 컬러 코드 아이디어가 있었다. 마고는 처음에는 밝은 색상의 의상을 입었다가 그녀가 사건의 희생자가 되고 살인자로 기소됨에 따라, 점차적으로 '벽돌색으로, 그리고 회색으로, 그러다가 검정색으로' 바뀐 의상을 입는다. 첫 장면에서 그녀가 입은 레이스 달린 빨간 드레스를 제외하면, 모든 의상을 백화점에서 구입할 수 있었다.

켈리는 히치콕이 하이라이트인 가위 찌르기 장면에 벨벳 가운을 입게 될 것이라고 말할 때까지는 공손하게 듣고 있다가 어느 순간엔가 의견을 달리했다. 그녀는 그녀의 캐릭터는 그저 전화만 받기 위해서 한밤중에 화려한 가운을 입지는 않을 것이라고 말했다. "흐음, 그렇다면 자네는 어떤 것을 입을텐가?" 히치콕이 물었다. "자네는 전화를 받을 때 무슨 옷을 입을 거지?" 켈리는 특별한 옷을 입지는 않고 나이트가운을 걸칠 것이라고 말했다. 그녀는 그를 설득하는 데 성공했고, 이 나이트가운 사건은 그들 인연의 일부가 됐다.

부유한 집안에서 태어나 필라델피아 상류층에 인맥이 있던 전직 모델 켈리는 미국 극예술아카데미에서 연기를 배웠다. 켈리는 히치콕이 꿈꾸던 —매들린 캐럴처럼 정숙한 몽환적인 블론드지만, 잉그리드 버그먼처럼 저속하고 음란한— 여인이 현실화된 존재였다. 켈리는 히치콕의 퉁명스러운 면모나 폭압적인 태도를 개의치 않았고 오히려 그런 것을 즐겼다. 그녀는 그가 종종 구사하는 노골적인 유머감각에도 충격을 받지 않았다. 수녀원에서 운영하는 여학교를 다녔던 그녀는 상상 가능한 노골적인 이야기는 13살이 되기 이전에 모두 들었다.

자신이 음탕한 여자이기도 했던 켈리는 〈다이얼 M을 돌려라〉를 촬영하는 도중에 두세 차례의 애정행각을 벌이는 묘기를 부렸는데, 감독은 이것을 꽤나 기쁘게 받아들였다. "그레이스!" 히치콕은 개인적으로 탄성을 내뱉곤 했다. "그녀는 모두하고 떡을 쳐! 세상에, 작가인 꼬마 프레디하고도 떡을 친다니까!" 그녀가 극작가(겸 시나리오작가)와 손을 잡은 사실은 연예 칼럼에 등장했고, 앤서니 도슨과 애정행각을 벌이는 것도 입방아에 올랐다. 그리고 여러 기사들은 켈리와 레이 밀런드가 결국은 밀런드의 오랜 결혼생활을 거의 파경으로 몰고 간 특히나 열정적인 불륜행각을 벌였다는 데 동의했다.

관음증환자 히치콕은 이보다 더 즐거울 수가 없었다. 〈다이얼 M을 돌려라〉를 촬영하는 동안, 그는 차기작을 이 매력적인 젊은 여배우의 전시무대로 삼겠다는 아이디어의 틀을 이미 잡고 있었다. 켈리는 이렇게 회상했다. "〈다이얼 M을 돌려라〉를 만드는 내내, 그는 자리에 앉아서 내게 줄곧 〈이창〉에 대한 이야기만 했어요. 심지어는 내가 영화에 출연하겠다는 결정을 내리기 전부터 그런 논의를 했죠. 카메라가 설치되기까지 기다리는 동안에도, 그는 아주 열정적으로 멋진 세트의 세세한 것들을 모두 묘사했어요. '이창'의 건너편 아파트에서 볼 수 있는 사람들과 그들의 소소한 사연들, 그리고 그들이 어떻게 캐릭터로 떠오를 것이며 어떤 것들이 밝혀질 것인지에 대해 그는 내게 얘기해줬어요. 나는 그가 생각하는 것을 항상 볼 수 있었어요."

"나는 전화통화로 연출을 했더라도 그 영화를 만들 수 있었습니다." 히치콕은 〈다이얼 M을 돌려라〉에 대한 얘기를 할 때 겸손함과는 동떨어진 짓궂은 농담을 하는 것을 좋아했다. 그는 자신이 영화에 창조적으로 기여한 바는 아주 적다고 주장했다. 그는 영화의 캐스팅을 잘했고, 카메라를 돌렸으며, 팽팽하게 잘 만들어진 연극을 기록한 것에 불과했다.

그러나 낮은 평판(로빈 우드는 그의 책에서 이 영화를 짤막하게만 언급했고, 트뤼포의 책에서 히치콕은 이 영화를 마구잡이로 처리해버린다)에도 불구하고, 〈다이얼 M을 돌려라〉는 그저 희곡을 촬영한 작품 이상의 영화가 됐다. 피터 보르도나로가 『사이트 앤 사운드』에 기고한 결정적인 글에 적었듯, 시나리오는 히치콕의 '친숙한 아이러니한 유머'로 의도적으로 장식됐다. 그리고 주제 수준에서, 각색은 '인간관계의 본질'과 '보편적인 섹슈얼리티'에 대한 히치콕 자신의 아이디어를 "표현하기 위해 노트의 캐릭터들과 대사의 순서를 미묘하게 바꿨다." 장면이 거듭될수록 편집과 하이앵글 숏, (일부 가재도구를 남근으로 암시하는 것을 포함하는) 반복되는 모티프를 가진 작품은 영화적으로 변신한다.

서스펜스의 한복판에 그레이스 켈리의 감동적인 연기가 자리잡은 〈다이얼 M을 돌려라〉는 관객을 끌어모으면서 세계적으로 흥행수입 500만 달러를 벌어들였고, 히치콕과 워너브러더스가 연달아 성공시킨 네 번째 작품이 됐다.

5장

파라마운트, 영광의 세월

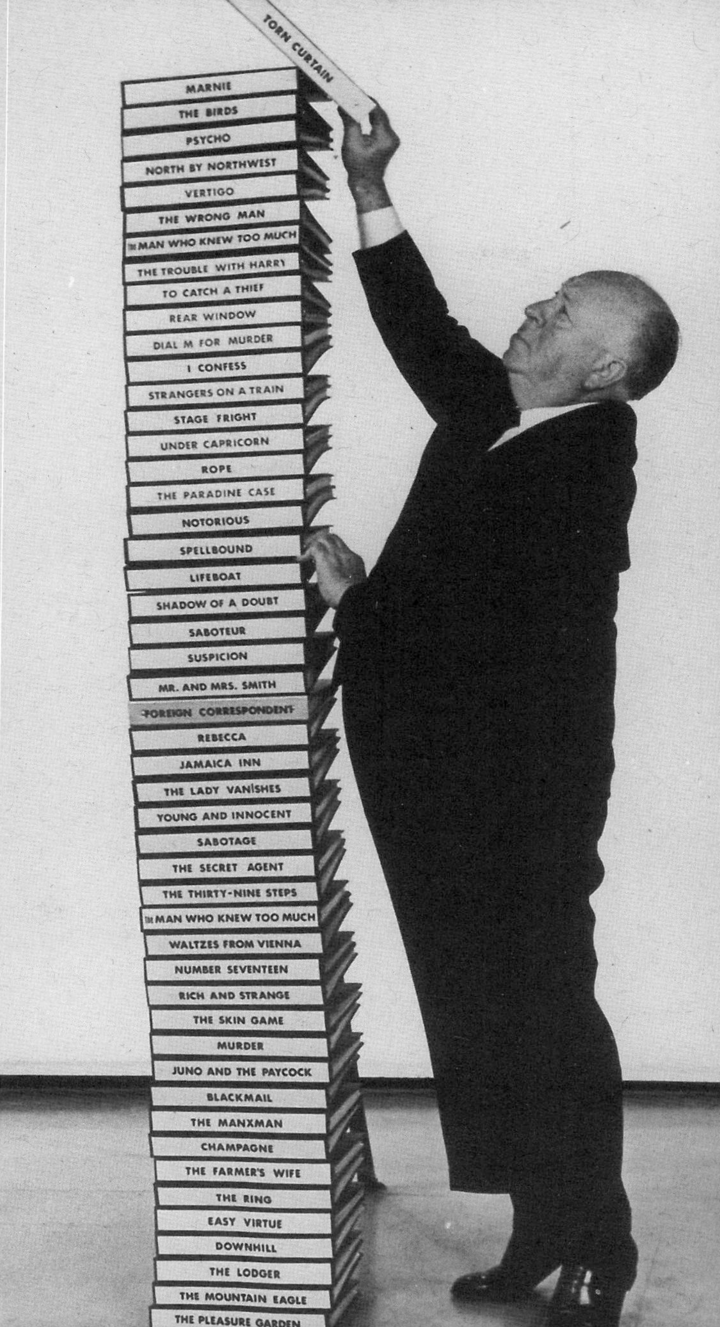
TORN CURTAIN
MARNIE
THE BIRDS
PSYCHO
NORTH BY NORTHWEST
VERTIGO
THE WRONG MAN
THE MAN WHO KNEW TOO MUCH
THE TROUBLE WITH HARRY
TO CATCH A THIEF
REAR WINDOW
DIAL M FOR MURDER
I CONFESS
STRANGERS ON A TRAIN
STAGE FRIGHT
UNDER CAPRICORN
ROPE
THE PARADINE CASE
NOTORIOUS
SPELLBOUND
LIFEBOAT
SHADOW OF A DOUBT
SABOTEUR
SUSPICION
MR. AND MRS. SMITH
FOREIGN CORRESPONDENT
REBECCA
JAMAICA INN
THE LADY VANISHES
YOUNG AND INNOCENT
SABOTAGE
THE SECRET AGENT
THE THIRTY-NINE STEPS
THE MAN WHO KNEW TOO MUCH
WALTZES FROM VIENNA
NUMBER SEVENTEEN
RICH AND STRANGE
THE SKIN GAME
MURDER
JUNO AND THE PAYCOCK
BLACKMAIL
THE MANXMAN
CHAMPAGNE
THE FARMER'S WIFE
THE RING
EASY VIRTUE
DOWNHILL
THE LODGER
THE MOUNTAIN EAGLE
THE PLEASURE GARDEN

13 관음증 환자의 전성시대

1953~1955

"궁전은 충성을 바치는 곳이에요." 〈나는 결백하다〉에서 프랜시(그레이스 켈리)는 존 로비(캐리 그랜트)에게 말한다. "우리는 은행계좌를 가진 서민이구요." 감독은 친구들과 농담을 하면서 이 대사를 다른 식으로 말했다. "우리 모두는 백만장자가 될 수 있어. 그런데 그렇게 되더라도 양고기 촙은 두 점밖에는 못 먹지."

앨프레드 히치콕이 1930년대와 1940년대에 경험했던 경제적 곤란과 근심은 1954년 무렵에는 완전히 해결됐다. 그의 연출료는 꾸준히 오르고 있었고, 〈무대공포증〉, 〈스트레인저〉, 〈나는 고백한다〉, 〈다이얼 M을 돌려라〉를 만들며 워너브러더스와 수익공유계약을 맺은 덕에 연출료 외의 수입도 상당했다. 그러나 그가 천문학적인 돈을 벌기 시작한 것은 파라마운트와 계약한 이후부터였다.

히치콕 부부는 궁전에 살지는 않았고, 사치스러운 습관에 빠져들지도 않았다. 음식, 와인, 여행은 부부가 친구들과 친척들과 공유한 사치품이었다. 히치콕은 누이와 다른 가족들이 미국에 있는 그를 방문하도록 일을 추진했고, 할리우드를 대여섯 번이나 찾아온 사촌 테레사를 환대했다. 그녀는 한번은 〈17번지〉에 등장할 만한 장면을 연출해냈는데, 남서부에서 사고로 기차역에 혼자 남게 된 그녀는 택시에 뛰어올라서는 기차를 따라잡기 위해 철길 옆을 질주했다.

어머니를 미국에 모셔오는 데 실패했던 히치콕은 다른 친척들을 부양하는 데 각별한 신경을 썼다. ("이제는 남아 있는 사람도 얼마 되지 않는구나!" 남아프리카에 있는 에마 고모가 1956년에 그에게 보낸 편지에 쓴 글이다.) 그의 회계장부는 그가 식구들을 세심하게 챙겼다는 것을 보여준다. 형 윌리엄을 잃고 과부가 된 형수가 형이 죽은 지 15년 후에 영국에 있는 요양소에 입원하자, 히치콕은 입원비를 지불하고 매주 용돈을 드리라고 회계사에게 조용히 지시했다.

히치콕은 영국과 유럽에서 특별 수송된 진미들을 받는 경우가 잦았는데, 촬영 중에는 그것들을 로케이션 현장으로 가져와 성대하게 주최한 출연진 만찬에 내놓곤 했다. 감독은 자신이 마시고 다른 이들에게 선물로 주기 위해 값비싼 와인을 다량 사들였고 방대한 고급 포도주 컬렉션을 자랑했다. 히치콕 부부가 벨라지오로드에 신축한 주요 건물 중 하나가 지하 와인저장소였다.

그의 작품에 등장하는 스타일리시한 가구들이 자신의 저택에 있는 심미적인 가구들과 조응하는 것은 우연한 일이 아니었다. 그는 미술감독에게 실내디자인을 위해 아이디어를 내달라고 여러 차례 요청했다. 방문객—그의 저택, 또는 그의 스크린에 등장하는 캐릭터들의 저택의 방문객—은 벽에 걸린 현대미술품을 깜짝 놀라며 다시 보곤 했다. 히치콕은 벽지를 싫어했고, 울긋불긋한 색깔—여기에는 위트릴로, 저기에는 피카소—이 가미된 소박한 바닐라 색을 더 좋아했다.

미술은 아마도 그가 가장 많은 돈을 들인 도락일 것이다. 히치콕의 작지만 주목할 만한 컬렉션이 바친 충성의 대상은 영국 화가와 프랑스 화가로 양분됐다. 특히 벨라지오로드의 벽들에는 그가 좋아한 후기 인상파 화가들—모리스 위트릴로, 샤임 수틴, 라울 뒤피, 모리스 드 블라맹크, 아메데오 모딜리아니—의 작품들이 걸려 있었다. 그는 파울 클레의 그림 3점을 소장했는데, 환상적 화풍을 보이는 이 스위스 화가를 때때로 자신과 비교하기도 했다. "내용에 관한 한 나는 제멋대로 하지는 않습니다." 그가 언젠가 한 얘기다. "나는 트리트먼트에 대해서는 제멋대로입니다. 나는 나 자신을 추상파 화가에 비교하곤 합니다. 내가 좋아하는 화가는 클레입니다."

히치콕의 미술품 컬렉션에 대한 중요한 책을 쓴 영화학자 빌 크론에 따르면, 그가 소장한 클레의 작품 2점―〈오디세이 1924〉와 〈이상한 사냥〉―은 나치의 박해에 대한 우화였다. 세 번째 작품 〈마스크와 큰 낫〉에 대해, 히치콕은 1938년에 〈사라진 여인〉의 성공을 자축하기 위해 그 그림을 600파운드에 구입할 당시 자신이 그림을 구입할 만한 형편이 되는지를 확신하지 못했다고 존 러셀 테일러에게 털어놨다.

벨라지오로드의 현관을 들어서는 손님들을 맞이하는 첫 이미지는 조르주 루오의 작품 〈성의〉로, 그리스도를 싸맨 수의에 묻은 피에 각인된 구세주의 얼굴을 그린 그림이었다. 과장하기 좋아하는 초자연주의자 다렐 오스틴이 그린 〈월식〉은 감독의 서재를 장식했다. 드가의 문하생으로 하층민을 소재로 삼은 것으로 유명한 월터 시커트[1]의 그림들과, 클로드 가라슈가 그린 반추상적 누드작품들, 그리고 다양한 중국 조각상들이 오랜 세월 동안 저택 이곳저곳에 배치됐다.

제이콥 엡스타인이 팻 히치콕의 상반신을 조각한 작품은 몬테레이만을 굽어보는 저택의 안마당 입구에 전시됐고, 장미꽃 정원에는 조르주 브라크가 만든 모자이크가 놓여 있었다. 죄와 벌(특히 런던의 교수형)을 환기시키는 작품으로 유명한 토머스 로우랜드슨의 동판화, 캐리커처와 그림들은 저택 내부의 풍자적인 분위기를 더욱 고조시켰다. 현관 로비에 있는 말을 소재로 한 작품들은 로우랜드슨의 그림 〈최후의 순간, 버섯으로 오인된 독버섯〉으로 보완됐는데, 어느 카탈로그는 이 작품을 '가족들이 ―길고 하얗고 크게 부푼― 자신들의 혀를 살펴서 진찰하는 의사에게 자신들은 이승에 그리 오래 있지 않을 것이라고 말하는 무시무시한 장면'으로 묘사했다.

식당에는 히치콕의 사회 풍자적 면모를 잘 웅변하는 로우랜드슨의 그림 2점이 있었다. 크론의 표현에 따르면, 〈단식일〉은 벽에 걸린 수산나와 조상들의 그림 앞에서 '금식과 자진고행의 날에 빈속을 채우려고 준비하는' 성직자들을 보여준다. 〈연민〉은 간수가 브라이드웰 감옥에 갇힌 여죄수에게 채찍질을 가하려는 순간, 재판관이 연민 어린 눈으로 바라보는 모습을 담은 판화다. '드잡이하는 여인들'을 그린 로우랜드슨의 작품 2점이 식당에 걸려 있었고, 〈비둘기 구멍〉—일군의 가난한 관객들이 드루리 레인 극장의 맨 위 관람석을 빼곡히 메운 모습을 담은 작품—은 손님용 침실에 있었다.

손님들은 히치콕이 소장한 미술품 전부를 감상할 수는 없었다. 앙리 고디에 브르제스카[2]가 그린 남녀 누드의 그림 세트는 큰 침실에 걸려 있었다. 그리고 얼핏 보기에는 속아 넘어갈 수도 있는데, 히치콕이 도둑들에 대한 대비책으로 값비싼 작품의 사본을 북부에 있는 별장에 걸어 놓을 수 있게 자신이 소장하고 있는 가장 유명한 그림 몇 점을 위조해 달라고 요청했다고, 매트 아티스트 앨버트 휘틀록은 크론에게 밝혔다.

그럼에도 불구하고, 히치콕의 컬렉션은 할리우드 기준으로 보면 준수한 편에 속했다. 영화계에서 일하는 다른 사람들은 창고 몇 곳을 가득 채우기에 충분한 미술품과 조각품을 소장했다. 히치콕이 소장한 작품 중에서 가장 가치 있는 작품은 아마도 1970년에 4만 5,000달러로 감정가가 매겨진 위트릴로의 〈아베스 거리〉일 것이다.

1954년부터 루 와서먼, MCA, 그리고 파라마운트 덕분에 아찔할 정도의 돈이 쏟아져 들어오기 시작했다.

시드니 번스타인의 충고는 히치콕이 미술 컬렉션을 형성하는 것을 도왔고, 루 와서먼과 MCA는 주식 포트폴리오를 위해 경이적인 일들을 해줬다. 1954년 무렵에 히치콕은 루 와서먼 덕분에 석유와, 그가 종종 배우들과 비교하고는 했던 가축에 투자해서 재미를 봤다. 히치콕의 사돈은 알루미늄과 금속에 투자하라고 조언했는데, 이 투자는 그에게는 너무나 짭짤했기 때문에 가끔씩 생기는 손실에 대해서 농담을 할 정도로 여유가 있었다. "새로운 사돈 따위는 지옥에나 가라고 해!" 히치콕은 캐나다 주식으로 2만 5,000달러를 벌어들인 후인 1953년 연말에 번

1 미국 미스터리작가 패트리샤 콘웰이 발표한 최근 책에 의해 시커트가 잭 더 리퍼로 이중인생을 살았다는 것이 '입증'됐다는 것을 알았다면 히치콕은 무척이나 즐거웠을 것이다.

2 켄 러셀이 영화 〈사나운 메시아〉(1972)에서 그의 인생을 다룬 조각가.

스타인에게 보낸 편지에 그렇게 썼다.

이미 부자였던 히치콕은 파라마운트와 새로 맺은 계약으로 인해 이루 헤아릴 수 없는 부를 이루게 된다. 이 계약을 주도한 사람은 와서먼이었다. 계약은 히치콕을 워너브러더스로부터 임대해서 영화 한 편을 찍는 단순한 내용으로 시작됐지만, 히치콕이 1921년에 처음 영화계에 입문했을 당시 이즐링턴을 운영한 모회사인 할리우드 스튜디오와 장기계약을 맺는 것으로 빠르게 발전했다.

와서먼이 가진 많은 재능 중 하나가 할리우드의 회전문이 MCA 고객들을 위한 참신한 기회를 보여줄 때가 언제인지를 간파하는 능력이었다. 1950년대 초반, 파라마운트는 경영 면에서 엄청난 변화를 겪었다. 이제, 와서먼에게 회유당한 신임 경영진은 인색한 잭 워너는 감히 상대할 엄두조차 내지 못하는 유리하고 혁신적이며 복잡한 패키지를 히치콕에게 제안했다.

파라마운트는 엄격한 스튜디오의 지휘 아래 활동하는 유급 프로듀서들을 기반으로 하는 전통적인 시스템에서, 감독이나 프로듀서가 장악하는 제작 부서를 외부로 내보내거나 독립성과 수익공유를 약속하는 것으로 스타들을 끌어들이는 시스템으로 전환하는 중이었다. 돈 하트먼과 Y. 프랭크 프리먼은 초기에 성공적임을 보여준 혁명적 전환의 최선봉에 선 두 사람이었다.

와서먼의 전 고객이던 하트먼은 시나리오작가로 활동하다가, MGM에서 도어 섀리의 동료로 그다음에는 임원으로 1951년에 파라마운트에 합류했다. 조지아에서 극장을 경영하던 기품 있고 말투가 부드러운 프리먼은 뉴욕 총책임자였다. 『버라이어티』의 표현에 따르면, 하트먼이 파라마운트 영화들의 '예술적 가치에 몰입'한 반면, 프리먼은 스스로 '예술은 장사의 고유한 부분'이라고 여기면서 제작비와 수익을 챙겼다. 1950년대 초반에 영화업계가 겪었던 침체에도 불구하고, 파라마운트는 이들 '성공적인 콤비' 덕분에 번영을 구가했다.

파라마운트는 자신들이 만드는 영화에는 속물적인 태도를 취하고, 일류라는 평판을 유지하는 데 더 많은 돈을 쓰는 '컨트리클럽' 스튜디오였다. 이제는 조지 스티븐스, 윌리엄 와일러, 세실 B. 데밀 등의 감독들이 스튜디오에 제작부를 차렸다. 프로듀서 핼 윌리스가 워너브러더스에서 막 옮겨왔다. 밥 호프, 바바라 스탠윅, 험프리 보가트, 커크 더글러스, 버트 랭카스터, 제임스 스튜어트의 사무실이 스튜디오에 있었다. 제리 루이스와 딘 마틴은 파라마운트와 계약을 맺었고, 1956년에는 엘비스 프레슬리가 도착했다.

하트먼과 프리먼은 히치콕 영화의 노골적인 팬인데다가 처음부터 와서먼에게 호의적이었다. 와서먼은 트랜스아틀랜틱-워너브러더스의 기본 조건들을 받아들여야 했지만, 이 계약은 그가 히치콕과 돈독한 관계를 맺기 이전의 일이었다. 워너의 계약은 일찍이 1947년부터 시작됐는데, 이후는 감독이 가장 생산적인 시기였다. 와서먼은 파라마운트를 상대로 모든 조건을 향상시킬 수 있었다. 히치콕의 독립성과 자율성을 보호했고, 연출료와 경비와 특전을 개선했으며, 히치콕을 할리우드의 어느 감독에도 뒤지지 않게 만들어준 수익과 (최종적으로는) 총수입의 일정 비율을 공유할 수 있는 권한을 따냈다.

와서먼은 비밀리에 일을 처리하는 사람이었기 때문에 파라마운트 계약의 세부적인 내용은 절대로 공개되지 않았다. 계약은 영화 9편에 적용됐다. 5편은 히치콕이 연출과 제작을 맡고, 4편은 스튜디오가 제작을 맡으면서 히치콕은 그저 연출만 하는 것으로 돼 있었다. 히치콕은 각각의 스튜디오 프로젝트마다 연출료 15만 달러를 받고, 제작비의 2배 이상의 수입을 올리면 수익의 10퍼센트를 받기로 돼 있었다. 아마도 그가 제작과 연출을 겸한 영화들은 연출료는 적지만 수익공유비율은 높았을 것이다. 그래서 그는 —히치콕이 영화화 권리를 가진 소재들[3]인— 〈이창〉, 〈나는 결백하다〉, 〈해리의 소동〉, 〈나는 비밀을 안다〉 등 계약에 규정된 첫 4편에서 상당한 액수를 받았다.

그런데 와서먼이 거둔 진정한 승리를 1954년에는 거의 아무도 알

3 파라마운트의 스토리 부서가 이중 2편—〈나는 결백하다〉와 〈해리의 소동〉—이 출판 이전 상태였을 때 읽어보고는 권리 구입을 거절했었다는 것은 지적할 만한 가치가 있다.

아차리지 못했다. 그 승리는 선구적인 안목을 보여주는 재산복귀조항으로, 이 조항에 따르면 그가 연출하고 감독하는 5편의 소유권은 최초 개봉 후 8년이 지나면 히치콕에게 귀속됐는데, 이 조항이 훗날 보여준 효력은 어마어마했다.

히치콕 여사는 〈무대공포증〉 이후로 모든 히치콕 영화에 자문을 해줬다. 그 이후로도 그녀는 〈나는 고백한다〉의 개발을 도왔고, 〈스트레인저〉를 위해서는 핵심적인 브레인스토밍 단계에서 도움을 줬다. 알마는 남편에게 신 단위로 조언을 해줄 수 있었지만, 1954년부터는 남편의 영화에 매일같이 관여하던 전통에서 멀어졌다.

히치콕은 〈이창〉부터 위압적인 공허감을 채워넣어야 하는 도전에 직면했다. 그는 여러 명의 작가와 제3의 히치콕에게 의존해오던 관행을 바꿔서 딱 한 사람에게 신뢰를 부여하는 상당히 예기치 못한 방식으로 도전에 맞섰다. 그렇게 함으로써 그는 그 무엇보다도 자기 자신을 신뢰할 수 있게 됐다고 말할 수도 있다. 주도면밀하게 준비된 영화들을 만들면서 거의 10년을 보낸 히치콕은 더욱 큰 자신감과 원숙함으로 충만했다. 1950년대에 그가 가진 명확한 비전은 그의 가장 심오한 시나리오들과 가장 위대한 히치콕 영화들의 일부로 결실을 맺었다.

존 마이클 헤이스는 할리우드에는 아직은 그리 이름이 알려지지 않은, 파이프를 뻐끔거리는 또 다른 꾹두각시였다. 30대 초반인 헤이스는 매사추세츠 워체스터 출신이었다. 대학을 마친 후 그는 신문과 라디오방송국에서 일하고, 제2차 세계대전 전에는 라디오 낮방송을 집필하고 편집하면서 시간을 보냈다. 육군으로 복무한 후 헤이스는 히치하이킹을 하면서 캘리포니아로 와서는 CBS라디오에서 일자리를 찾았다. 그는 루실 볼의 〈내가 좋아하는 남편〉 같은 코미디와 하워드 더프의 〈샘 스페이드〉 같은 드라마뿐 아니라 다른 정상급 프로그램의 대본을 썼다. 헤이스가 정기적으로 대본을 쓴 드라마 중 하나가 히치콕이 창작을 도왔던 (그리고 여전히 그가 좋아하던) 시리즈 〈서스펜스〉였다. 헤이스의 이름은 방송에서 빈번하게 언급됐다.

히치콕이 1950년대에 만든 걸작 4편을 집필—그러나 감독과 항상 잘 어울렸던 것만은 아닌—한 깐깐하게 보이는 존 마이클 헤이스와 〈이창〉의 세트에서.

헤이스는 히치콕의 작품을 알고 있었고, 그중 일부에는 특히 정통했다. 전쟁 때 알류샨열도에 배치돼 있는 동안, 군인들을 위해 영화를 영사하던 그는 자신이 〈의혹의 그림자〉를 90번쯤은 봤다고 주장했다. 1953년경에 그는 대여섯 편의 시나리오를 썼지만, 명성은 그저 그런 정도였다. 헤이스는 어느 인터뷰에서 "히치가 〈전쟁의 화살〉이나 〈레드 볼 익스프레스〉를 봤는지 의문입니다"라고 밝혔다. 그러나 히치콕은 헤이스가 집필하고 제임스 스튜어트가 출연한 〈선더 베이〉는 봤다. 그럼에도 헤이스의 가장 중요한 자격 요건은 〈서스펜스〉 작업—그리고 그가 MCA의 고객이라는 사실—이었을 것이다.

〈이창〉이 될 이야기는 1942년 2월에 『다임 디텍티브 매거진』에 "살인이 틀림없어"라는 제목으로 처음 등장했다. 그 글에는 코넬 울리치의 필명인 윌리엄 아이리시라는 이름이 달려 있었다. 울리치는 펄프스릴러 분야의 다작 작가로, 그의 작품은 할리우드 제작자들과 〈서스펜스〉 프로듀서들이 자주 소재로 활용했다. 히치콕은 울리치가 쓴 작품은 하나도 빼놓지 않고 읽었다. 조앤 해리슨은 1944년에 울리치의 소설이 원작인 로버트 시오드막의 영화 〈팬텀 레이디〉를 제작했다. 또한 울리치는 일찍이 히치콕의 세 번째 범죄소설 선집에서부터 정기적으로 글을 기고하는 필자였다.[4] "살인이 틀림없어"의 영화화 권리는 출판 직후에 프로듀서 버디 드실바에게 넘어갔다가, 그가 사망한 후 릴런드 헤이워드와 조시 로건에게 팔렸다.

"살인이 틀림없어"는 다리가 부러진 채로 덥고 비좁은 맨해튼 아파트의 뒤쪽 침실에 갇힌 신세인 제프라는 남자의 1인칭 시점으로 전개된다. 하루 종일 소일거리도 없고, 흑인 일꾼 외에는 이야기를 나눌 사람도 없는 제프는 퇴창을 통해 안뜰 건너편에 있는 이웃들을 바라본다. 소월드 부부도 그들에 속하는데, 제프는 소월드 부인이 사라지기 전에 그들이 다투는 광경을 목격한다. 소월드는 아내가 휴가를 떠났다고 주장하지만, 제프는 소월드 부인이 살해됐다는 그의 육감을 조사하라고 살인담당 형사인 절친한 친구를 설득한다.

히치콕은 울리치의 요소를 상당수 그대로 남겨뒀다. 그러나 울리치의 전기를 쓴 프랜시스 M. 네빈스 주니어에 따르면, 시나리오의 천재성은 '참신하고 순수한 울리치적 요소들'을 '얼기설기 엮은 게 아니라 아름답고 통일된 영화'로 섞어내면서, 암시적인 수준에 머물렀던 것들을 명확하게 한데 모았다.

감독은 작업에 착수한 바로 그 순간부터 사실상의 저예산 미스터리를 또 다른 〈구명선〉—그의 표현에 따르면, '개인적인 행동의 포괄적 목록'을 이끌어내는 또 다른 '소우주'—으로 탈바꿈시키려는 아이디어를 품고 있었다. 소설의 플롯은 어느 정도 온전히 남기는 했지만, 히치콕은 로건이 연출 데뷔작으로 삼으려는 의도로 써낸 트리트먼트를 그 나름의 방식으로 수정하기 시작했다.

울리치의 원작에서 제프는 여자친구가 없지만, 로건의 트리트먼트에 처음 등장하는 여자친구는 여배우로, 이미 줄거리에 깊이 통합돼 있었다. 소월드를 의심하는 제프를 돕기 위해 그녀는 자진해서 소월드

4 앨프레드 히치콕의 『난로가 서스펜스 책』(사이먼&슈스터, 1947)에 윌리엄 아이리시가 쓴 "만찬 후 이야기"가 실렸다.

의 아파트를 기웃거리며 돌아다니다가 위기에 처한다—영화의 핵심요소가 된 아이디어다—.

히치콕은 두 주인공 캐릭터—더 정확히 말하자면, 그 캐릭터들을 연기하는 배우들—에 초점을 맞추는 것으로 시나리오에 대한 논의를 시작했다. 1954년 봄에 〈다이얼 M을 돌려라〉를 준비하고 있던 워너의 스튜디오에서 감독이 존 마이클 헤이스와 처음 악수를 할 때, 히치콕은 제임스 스튜어트와 그레이스 켈리가 주연을 맡을 것이라고 작가에게 말했다. 〈이창〉의 시나리오에 착수하기도 전에, 헤이스는 스튜어트가 다리가 부러진 남자이고 켈리가 그의 여자친구가 될 것임을 알았다. 켈리는 "대단히 매력적이고 재능도많다"고 히치콕은 헤이스에게 말했다. "그런데 그녀는 마치 그녀가 연기학교를 다니는 것처럼 행동하네. 그녀는 만사를 즐거운 기분으로 제대로 해내는데, 그녀의 내면은 제대로 드러나는 게 하나도 없어. 자네는 그녀에게서 무엇인가를 끄집어내고, 그녀에게 생명력을 부여해야만 해. 그녀하고 시간 좀 보내겠나?"

헤이스는 집필을 시작하기 전부터 스타들에 대해서 알고 있었을 뿐 아니라, 그들 캐릭터의 직업도 알고 있었다. 히치콕은 리사 캐럴 프리몬트(켈리)를 여배우에서 정상급 패션모델로 바꾸고 싶어 했다. 나중에 저작권 침해 소송에서 한 증언에서, 히치콕은 그 캐릭터를 오랜 친구—한때 미국에서가장 많은 보수를 받는 모델에 속하던 전직 커버 걸 아니타 콜비—에 기초해서 만들었다고 말했다. 성공적인 사업가로 변신한 콜비는 남편과 함께 히치콕과 자주 만찬을 즐기곤 했다.(히치콕의 여주인공 캐릭터들은 여배우이거나 모델인 경우가 잦다.)

감독의 명령을 받은 헤이스는 켈리와 '일주일가량을 보내고는' '부분적으로는 그레이스 켈리를, 부분적으로는 집사람인' 모델 멜 로렌스를 바탕으로 리사를 창작했다. "그쪽 업계 은어를 좀 알고 있었죠"라고 헤이스는 설명했다. 은어—또는 '닳고 닳은 대사—는 그의 장사 밑천이었다. 헤이스는 라디오를 하면서 '캐릭터가 하는 말을 통해 캐릭터의 성격을 아주 빠르게 규정하는 법'을 배웠다. 대사는 그가 인정하는 '작문 이상 가는 강점'이었다.

리사는 완전히 새로 창작된 캐릭터였고, 제프는 울리치의 창조물이라기보다는 히치콕의 창조물에 더 가까운 캐릭터로 개조됐다. 원작 소설에서 제프는 특정한 직업이 없고, 로건의 트리트먼트에서 제프는 스포츠담당 기자다. 그러나 히치콕은 L. B. 제프리스(영화에서 제프의 새 이름)를 흥미진진한 순간을 취재하고 전국지를 위해 유명인사의 사진을 찍으면서 잠시도 쉬지 않는 라이프스타일에 중독된 로버트 카파 타입의 사진기자로 만들었다. 꼼짝 못하는 신세 때문에 그가 더욱 따분하고 심란하게 느끼도록 만든 것이다. 히치콕은 제프의 방 벽을 카메라로 근사하게 훑는 것으로 자신의 구상을 소개했다. 상장과 화려한 (리사의 사진을 포함한) 잡지 커버들로 꾸며진 벽은 경주용 자동차의 바퀴가 카메라를 향해 날아오는 사진—사진작가의 다리를 부러뜨린 사진—으로 끝이 난다.

캐릭터를 전문 사진작가로 만든 것은 히치콕 특유의 멋진 솜씨였다. 그 덕에 —관음증환자 감독이 촬영하고 관음증환자인 관객이 관람하는 영화에서— 제프는 관음증환자가 될 수 있었다. 사실 울리치는 소설에서 제프를 '피핑톰(Peeping Tom)[5]'으로 묘사했다. 그런데 지미 스튜어트의 무릎에 놓인 롱 렌즈 라이카는 의미에 깊이를 부여하면서 의미를 배가시킨다. 관음증에 대한 서브텍스트를 묘사할 뿐 아니라, 배우에게 유용한 활동거리를 제공하는 것이다.

늘 그랬듯, 히치콕은 조연 캐릭터들을 개선하는 작업에도 열중했다. 울리치의 흑인 일꾼(원작소설에서는 생색내듯 등장시킨 것 같은 분위기를 보이는 캐릭터)을 교체하기로 한 히치콕은 보험회사에서 간호사로 파견한 중년여성 캐릭터를 만들었다. 그는 그 역할에 파라마운트에 전속된, 언변이 재치 있는 델마 리터를 염두에 두고 있었다. 나머지 일은 헤이스가 해치웠다.

헤이스는 이렇게 회상했다. "내가 히치콕에게 말했던 것 중 하나는 늘 영화들이 도입부에서 관객을 하나로 엮어내지 못하고 있다고 느낀다는 거였습니다. 히치는 내 말이 무슨 뜻인지를 물었고, 나는 이렇게 얘기했습니다. '극장에 들어선 사람들은 모두 낯선 사람들입니다. 그들은 서로를 몰라요. 누군가 내 팔걸이에 팔을 걸치고, 앞에 앉은 여자는 너무 큰 모자를 쓰고 있죠. 오른쪽에 앉은 남자는 마늘을 먹고 있고, 뒤에 앉은 누군가는 속닥거리거나 팝콘을 우적우적 씹어대죠. 사람들은 자기 혼자서만 영화를 보고 싶어 합니다……' 나는 그에게 '우리가 해야만 하는 일은 그런 관객을 하나로 묶어내는 겁니다. 위대한 웅변가가 하는 것처럼요'라고 말했습니다."

히치콕이 물었다. "자네라면 어떻게 그렇게 하겠나?" 헤이스는 제대로 된 대답을 내놨다. "코미디로요." 헤이스에 따르면, 스텔라는 '노골적이고 천박한 보드빌 스타일의 유머'를 끌어내기 위해 쓰인 캐릭터다. 그녀는 히치콕의 그리스 코러스 캐릭터의 일원으로 제몫을 하기도 한다. 헤이스의 얘기가 이어진다. '다 같이 한바탕 폭소를 터뜨린' 관객은 "한숨도 함께 쉴 수 있고, 의자를 꽉 붙잡는 것도 함께할 수 있으며, 비명도 함께 지를 수 있습니다. 우리는 그들을 악기처럼 다루고 있는 겁니다." 헤이스는 히치콕의 말투로 말하고 있었다.

소월드 부부는 아마도 가장 변화가 적은 캐릭터일 것이다. 그러나 히치콕은 자신의 즐거움을 위해, 그리고 날카로운 팬들의 즐거움을 위해 그들에게도 세밀한 요소를 상당히 덧붙였다. 예를 들어, 울리치의 소설에서 소월드는 아내의 시체를 새로 부은 시멘트바닥에 밀어넣지만, 영화에서 그는 아내의 목을 베고는 목 없는 시체를 트렁크에 보관한다.(머리는 모자 상자에 있다.) 히치콕은 패트릭 머혼의 살인사건에서 목 절단을, 크리펜 박사의 사건에서 소월드가 정부를 위해 아내의 결혼반지를 보관하는 설정을 빌려왔다.[6]

5 엿보기 좋아하는 사람. — 옮긴이

6 악명 높은 영국 살인자 패트릭 머혼은 1924년 4월에 바닷가 방갈로에서 정부를 죽이고 사지를 절단한 다음, 머리를 포함한 토막 난 시체를 정부의 트렁크에 넣은 후에 불을 지르려고 시도했다. 크리펜 박사는 아내의 보석을 연인에게 전해주기 위해 도망치다가 체포됐다. 훗날 프랑수아 트뤼포는 히치콕과 인터뷰를 하는 중에 영화에서 소월드 부인의 사라진 반지를 찾아다니는 것(울리치의 소설에는 없는 의미심장한 설정)이 영화의 주제를 미묘하게 반영하고 있다고 지적했다. 트뤼포는 리사가 간절히 찾고 있는 단서는 그녀가 제프에게 갈망하는 결혼을 상징한다고 지적했다.

울리치는 원작소설에서 어린아이와 씨름하는 과부와 지터버그에 푹 빠진 신혼부부를 포함해, 제프가 엿보는 다른 이웃들은 스케치하는 정도에 머물렀다. 히치콕은 과부를 없애고는 그 대신 애완견을 사랑하는 아이 없는 부부(제임스 스튜어트는 애완견이 미스터리하게 죽은 다음 '너무 많은 것을 아는 개'라고 빈정댄다)와 실연으로 인해 자살 문턱을 서성이는 중년여성을 등장시켰다. 신혼부부는 근본적으로는 변한 것 없이 남았지만, 지터버그는 다른 캐릭터에게 넘겨졌다. 히치콕은 그들의 사랑 놀음과 새신부의 만족을 모르는 성욕을 영화의 윤활용 농담 중 하나로 강조했다. 울리치의 소설에는 몸을 유연하게 풀면서 벗은 상태로 춤을 추는 몸매 좋은 '미스 토르소'와, 제프의 쌍안경을 통해 보이는 '작은 사연들'(히치콕의 표현이다)을 완성하는 여류 조각가와 작곡가가 없다.

헤이스는 훗날 가진 인터뷰에서 "히치가 신을 창작하는 일을 나한테 맡겨뒀고, 그는 내가 창작해낸 것을 좋아했다"고 주장했지만, 그들의 초기 미팅과 다른 자리에도 참석했던 조감독 허버트 콜먼은 히치콕이 신들을 특유의 풍성한 세부묘사를 곁들여서 상당히 오래 묘사했다고 회상했다. 감독은 〈이창〉과 그들의 다른 영화에서 늘 해왔던 식대로, 즉 신별로 줄거리의 개요를 잡고 특정한 비주얼이나 대사 지시를 내놓는 식으로 헤이스와 작업했다. "히치콕은 머릿속에 잡고 있는 줄거리를 얘기하면서 사무실을 돌아다녔습니다." 콜먼의 회상이다. "존 마이클 헤이스는 타자기 앞에 앉아서 히치콕이 말하는 것을 타자로 쳤고요. 히치는 카메라 움직임 하나하나까지 모든 것을 말했습니다. 대사를 뺀 모든 것을요. 얘기가 대사에 이르면, 그는 '자, 미스터 헤이스, 대사는 이런 뜻을 전달해야만 하네'라고 말하곤 했습니다."

히치콕이 〈다이얼 M을 돌려라〉를 촬영하고 〈이창〉의 프리프로덕션에 신경 쓰는 동안, 헤이스는 딴 곳으로 가서 그의 영화경력 중에서 가장 위대한 시나리오를 집필했다. 히치콕이 헤이스를 좋아했던 이유 중 하나는 경제적인 업무능률이었다. 히치콕은 이후로는 시간적으로 그다지 큰 제약을 받지 않았음에도 엄청나게 빠른 작업속도를 계속 유지했고, 자신의 속도를 따라잡을 수 있는 작가를 높이 평가했다. 헤이스의 76페이지짜리 트리트먼트가 1953년 9월경에 완성됐고 10월에 시나리오가 부분적으로 도착하기 시작했다. 헤이스에 따르면, 그 이후로도 히치콕과 헤이스는 '카메라로 집필'을 계속했다. "우리는 줄별로, 페이지별로 작업을 계속했습니다. 그런 다음에 우리가 한 것은 시나리오를 숏별로 쪼개려고 노력한 것입니다. 이제 히치는 그것들을 실제 카메라 앵글에 맞춰보기를 원했습니다. 그는 각각의 카메라 설정을 스케치하는 커다란 스케치북을 가지고 다녔습니다."

원래 헤이스는 앨프레드 J. 히치콕 프로덕션을 위해 영화 3편을 집필하기로 계약했지만, 첫 작업에 너무나 기분이 좋았던 감독은 계약서를 찢어버리고는 다른 영화를 덧붙였다. 헤이스는 〈이창〉을 포함해서 다음 3년 동안 히치콕 영화 4편을 집필하면서 주급 1,500달러를 받게 됐다.

9월 무렵, 히치콕은 파라마운트에서 새로운 팀을 꾸리느라 분주했다. 그가 워너브러더스에서 데려간 유일한 동료는 너무나 소중한 카메라맨 로버트 벅스였다—벅스도 카메라기사 레너드 사우스를 포함한 그만의 팀을 데리고 다녔는데, 사우스는 〈가족음모〉 때까지 쭉 히치콕과 함께 했다—.

파라마운트에 전속된 젊은 편집기사 조지 토마시니는 히치콕이 발견한 인재였다. 그의 크레디트는 몇 편 되지 않았지만, 그중에는 빌리 와일더의 〈제17 포로수용소〉가 들어 있었다. 히치콕은 와일더의 영화들을 숭앙했다. 토마시니는 〈이창〉부터 〈마니〉에 이르는 히치콕의 모든 영화(〈해리의 소동〉이 유일한 예외다)를 편집했는데, 그가 편집한 히치콕 영화 9편은 그 어느 편집기사보다도 많은 편수였다.

파라마운트는 〈오명〉에서 의상을 디자인했던 에디스 헤드를 히치콕에게 다시 붙여줬다. 이때부터 히치콕의 영화경력이 끝날 때까지(때로는 크레디트를 받지 않으면서), 그녀는 여주인공의 머리와 의상을 돌봐주게 된다.

헬 페레이라는 히치콕이 파라마운트에서 연출한 영화들의 프로덕션 디자인 크레디트를 주기적으로 받았다. 그런데 페레이라는 부서 책임자였고, 실제 작업은 막후에 있는 핵심 실무자들이 담당했다. 〈이창〉 세트의 작가는 셀즈닉의 베테랑인 조지프 맥밀런 존슨으로, 그는 〈바람과 함께 사라지다〉를 작업했으며, 나중에는 〈제니의 초상〉으로 오스카 특수촬영상을 공동수상했다. 파라마운트는 〈파괴공작원〉에서 히치콕이 성취한 특수효과를 도왔던 존 P. 풀턴과 재결합한다는 의미이기도 했다. 이제는 파라마운트에 전속된 풀턴—그리고 〈의혹의 그림자〉의 미술감독 존 굿맨—은 1950년대의 히치콕 영화들을 작업했다.

세트는 자랑스러운 성과물이었다. 근접촬영의 대부분은 북적대는 안뜰이 내려다보이는 창문이 있는 방에 앉아 있는 제프(제임스 스튜어트)에게 집중됐다. 그의 창문에서 보이는 것처럼, 안뜰에는 다층아파트와 정원, 숲, 화재 피난장치, 연기 나는 굴뚝, 그리고 큰길로 이어지는 골목, 인도, 오가는 차량들이 포함되고, 맨해튼의 스카이라인이 이 모든 것을 덮고 있다. 총 31채의 아파트 중에서 12채는 가구를 완전히 갖췄다. 세트에는 낮 장면과 밤 장면을 위해 조명을 통제하는 원격스위치가 달린 정교한 조명을 설치했다. 영화의 대부분의 숏은 제프의 아파트의 관점에서 전개되지만, 멀리서 촬영한 숏에서도 명확한 의미와 적절한 초점심도를 보여주기 위해 다른 아파트와 거주자들을 식별할 수 있어야 했다.(코드화된 그들의 의상은 그들의 신분을 식별하는 것을 돕는다. 예를 들어, 미스 론리하트는 항상 에메랄드그린만 입는 유일한 캐릭터다.) 멀리 떨어진 곳에 있는 배우들은 송화기를 가지고 다녔다. 그들은 워키토키 스타일의 송화기를 통해 히치콕으로부터 지시를 받았다. 이 모든 것이 카메라와 사운드 전문가의 혁신적 작업을 요구했다.

히치콕과 파라마운트 사이의 중개자, 그리고 〈이창〉의 최고 대리인은 1927년에 운전사로 스튜디오에서 일하기 시작한 켄터키 토박이 허버트 콜먼이었다. 스튜디오는 윌리엄 와일러의 〈로마의 휴일〉의 조감독 일을 막 끝낸 그에게 히치콕을 도우라고 지시했다. 콜먼은 C. O. '닥' 에릭센을 프로덕션 매니저로 선발했다. 히치콕은 1950년대 초반에 존

〈이창〉(1954)의 촬영장면. 워키토키를 든 히치콕, 오른쪽에 있는 카메라맨 로버트 벅스, 휠체어에 앉은 사람이 제임스 스튜어트 그리고 배경에 있는 뛰어난 복층 세트.

하우스먼의 아파트를 방문했을 때 봤던 것과 비슷한 그리니치빌리지의 안뜰을 촬영하고 스케치하라면서 에릭센을 즉시 뉴욕으로 파견했다. 콜먼과 에릭센은 히치콕의 가장 응집력 높은 10년인 파라마운트 시절 내내 감독과 함께했다.

콜먼과 에릭센은 프리프로덕션과 촬영기간 내내 꾸준히 함께 어울린것 외에도, 영화와 영화 사이에도 히치콕을 만나고 가끔은 여행도 함께 다녔다. 그들은 히치콕을 숭앙했고 (당연히 '히치콕 감독님'이라고 불러야 한다고 생각한 그들은 처음에 자신을 '히치'라고 부르라는 권유를 받았을 때 거북했다고 한다.) 그를 따스하고 유머러스하며 한결같은 연출가, 심지어는 친구로까지 여겼다. 하면 된다는 그들의 태도는 파라마운트 시절의 긍정적인 점 중 하나였다. 히치콕은 그들이 가까이 없으면 그들을 그리워했고, 그들이 모습을 나타내면 하던 일을 멈추고는 즉시 보러 나갔다. "허비와 나는 사람들이 상상할 수 있는 한계까지 웃어댔어요." 에릭센의 회상이다. "우리는 늘 즐거웠죠."

히치콕은 코믹한 효과를 자아내는 간호사 스텔라 역의 델마 리터를 비롯해 또 다른 번득이는 조연진을 꾸렸다. 독설을 퍼붓는 캐릭터를 정말로 재미있게 연기하는 리터는 1947년에 영화계에 들어와서 6년 사이에 4번이나 아카데미 후보에 올랐다. 파라마운트 전속배우인 믿음직한 웬델 코리는 형사로 캐스팅됐다. 제2차 세계대전 당시 제프의 전우로 설정된 그는 코넬 울리치의 원작소설의 캐릭터보다 훨씬 큰 역할을 연기하게 됐다.

미래의 '칩멍크스'[7]의 창안자 로스 바그다사리안(작곡가), 주디스 이블린(미스 론리하트), 조진 다시(미스 토르소)는 대사도 없이 아파트 창문 너머로 아련하게 모습이 보이는 정도에 불과했지만, 영화의 단역 캐릭터들조차 인상적인 역할이었다. 그리고 영화경력의 이단계에서도 여전히 악역이 장기였던 레이먼드 버는 소월드를 연기할 배우로 뽑혔다. 히치콕은 버를 짧은 곱슬머리에 안경을 쓴 인물로 만들고는, 하얀 버튼다운셔츠를 입혔다. 그가 줄담배를 피우는 것은 히치콕이 마지막으로 덧붙인 뉘앙스였다. 감독은 훗날 가진 인터뷰에서 이 모든 것이 데이비드 O. 셀즈닉을 연상시켰다고 밝혔다.

제작규범을 뛰어넘는 것은 히치콕에게는 무척이나 쉬운 일인 듯 보였다. 파라마운트 시절에 그에게는 행운이 따랐고, 게다가 검열규정들도 변화하고 있었다.

〈레베카〉 이후로 히치콕의 숙적이던 제작규범의 관리자 조지프 브린은 상상가능한 모든 핑계를 대면서 〈이창〉의 초고를 비판했다. 미스 토르소를 곁눈질로 묘사하는 것, 미스 론리하트가 젊은 남자를 아파트에 맞아들이면서 "손은 드레스 등에 있는 지퍼를 내리려고 하고 있다"는 장면, 스텔라의 화장실 유머 ("제너럴 모터스가 하루에 10번씩 화장실을 가야만 한다면, 나라 전체가 그렇게 해야만 해요"), 제프와 리사 사이의 성적인 관계를 꾸준히 시사하는 대사, 리사가 제프의 아파트에서 밤새 머무를 것—영화에서 그녀가 섹시한 네글리제를 자랑했을 때 죄악임이 분명해지는 사실—임을 암시하는 대사 등등.

7 다람쥐 목소리로 노래를 부른 그룹. — 옮긴이

그러나 파라마운트는 워너브러더스처럼 고분고분하지는 않았다. 그들은 자율성을 가진 제작진이 규범과 맞서 싸우는 과정에서 주도권을 행사할 수 있게끔 해줬다. 스튜디오에서 검열 당국과 교섭하는 일을 하는 루이지 루라쉬가 동지라는 것을 알게 된 히치콕은 검열담당관들을 파라마운트에 초대해서 세트를 보고 경탄하게 만들었다. 그들을 왕족처럼 대우한 히치콕은 이의가 제기될 만한 요소들을 부드럽게 검토하고, 그들이 문제라고 생각하는 모든 것이 카메라에서 멀리 떨어진 곳에서 연출된다고, 너무나 멀리 떨어져 있기 때문에 문제될 것이 없다고 설명했다. 스티븐 데로사는 『히치콕과 시나리오 쓰기: 앨프레드 히치콕과 존 마이클 헤이스의 공동작업』에 이렇게 썼다. "경이적인 세트를 보고, 주인공의 아파트 시점에서 촬영될 주변 아파트의 행동을 파악한 후, 그들의 염려 중 많은 것이 제거됐다."

그런 다음에 히치콕은 미스 토르소를 몇 가지 다른 방식으로 촬영했다. 한 번은 등 뒤에서 토플리스로, 한 번은 하얀 란제리 차림으로, 한 번은 검정으로. 검열담당관들은 돌아가면서 선정적인 버전에 반대 의사를 표명했지만, 그는 이 장면에서 사소한 타협을 하면서 그 장면의 중요성을 과장했다. 그러나 데로사는 "브린의 반대에도 불구하고, 이들 요소 중의 많은 것이 완성된 영화에 압축된 상태로 남았다"고 썼다.

타이밍도 히치콕의 편이었다. 20년 동안 할리우드의 도덕을 감시하는 경찰총수로 활동해온 조지프 브린은 〈이창〉이 카메라 앞에 설 때쯤에는 은퇴가 가까웠고, 그가 시나리오에서 반대했던 많은 것을 챙기는 사람은 아무도 없었다. 브린의 자리는 영국인 지오프리 M. 셜록이 차지했는데, 개방적이고 자유로운 태도를 보인 그는 스크린의 가치관은 시대의 흐름에 따라 변화해야 한다고 생각하는 더욱 개방적인 인물이었다.

어떤 감독은 고뇌, 쥐꼬리 같은 제작비, 불가능한 일정, 갈등이나 무관심을 부추기는 스타나 프로젝트 가운데에서 자신의 최고걸작을 만들어낸다. 그러나 히치콕은 안정적이고 만족스러운 시기 동안, 아이디어를 떠올릴 여유 있는 시간을 보낸 스토리들을 촬영하면서 그의 가장 위대한 영감을 발견했고, 그 영감을 가지고 친숙하고 좋아하는 테마 속 깊은 곳으로 파고들었다. 그는 빠듯한 제작비로도 놀라운 묘기를 보여줄 수 있었지만, 자신의 최고 걸작을 일급 제작비로 만들어냈다.

〈이창〉을 촬영하기 시작한 10월에, 히치콕은 서스펜스의 날씬한 거장이었다. 그는 평생 가장 무거웠던 154kg에서 평생 가장 날씬한 86kg까지 다이어트를 했다. 그는 "이보다 더 행복했던 적은 드물었다"고 존 러셀 테일러는 썼다. 히치콕은 프랑수아 트뤼포에게 "당시에 나는 내가 굉장히 창조적이라고 느꼈습니다"라고 밝혔다. "배터리가 가득 충전돼 있었죠."

히치콕은 트랜스아틀랜틱과 워너브러더스 영화들에서는 프로듀서 크레디트를 받았다. 파라마운트는 그에게 권한과 재량권은 더 많이 주면서 부대조항은 덜 붙였으며, 돈과 관련한 부대조항은 더욱 유리했다. 〈이창〉 ―다른 영화들만큼이나 난점이 많았지만, 처음부터 스튜디오 안에서만 제작되는 영화로 기획됐다― 이후, 히치콕은 출장경비를 풍족하게 써도 좋다는 허가를 받았다. 그가 상당한 위험이 따르는 로케이션 작업을 애호했다는 사실은 그리 단순하게 볼 일은 아니다. 해당지역의 풍광과 경치를 가미하게 해주는 로케이션을 다니는 것은 히치콕 스타일에서는 극히 중요했다. 게다가 더욱 개인적인 이유들도 있었다. 알마는 스튜디오에 오는 것을 중단했지만 여행을 좋아했기 때문에, 히치콕이 로케이션 작업을 하면 그와 함께 다니면서 틈날 때마다 세트에 따라오기도 했다. 파라마운트 작품들에서 히치콕 부부는 함께 다니고 싶은 곳들을 찾아다녔다.

7년 동안 잭 워너는 그가 생각하기에 하늘도 꿰뚫을 것 같은 캐리 그랜트와 제임스 스튜어트의 출연료를 지불하는 것을 망설였다. 스튜디오에 전속된 배우들은 출연료가 낮았고, 특별요구도 하지 않았으며, 수익의 일부를 뜯어가지도 않았다. 그러나 파라마운트는 히치콕이 요구하는 제작비를 기꺼이 지불했기 때문에 감독은 스튜어트와 그랜트를 캐스팅할 금전적 여유가 있었다.

두 스타는 스크린에서 발산하는 페르소나만큼이나 개인적인 직업관도 달랐다. 그랜트는 영화에 접근하는 방식에서 사람들을 굉장히 괴롭히는 까다롭고 요구하는 것 많은 배우인 반면, 스튜어트는 양철도시락을 들고 다니는 일꾼처럼 정시에 촬영장에 출근했다. 스튜어트는 동업자에 가까웠는데, 히치콕-스튜어트 영화는 스튜어트의 회사가 총수입과 수익, 그리고 위험의 일부까지 공유하는 합작으로 기획됐다. 〈로프〉에서처럼 스튜어트는 자신의 출연료를 스스로 낮추는 것으로 결산과정에서 더 많은 돈을 벌 기회를 확보했다. 감독은 캐리 그랜트에게는 그런 계약이 통하지 않는다는 것을 경험으로 알고 있었다. 그러나 스튜어트는 〈로프〉 이후 다른 3편의 히치콕 영화에 이런 식으로 뛰어들면서, 시나리오 단계에서부터 제작의 말미까지 적극적으로 참여했다.

히치콕과 스튜어트의 우정은 특이했다. 그들은 서로를 충심으로 대했지만 예의를 차리기도 했다. 가깝지만 사업적인 우정이었다. 스튜어트는 남의 말을 하는 것을 좋아하는 사람도 아니었고 음담패설에 킥킥거리지도 않았으며 짓궂은 장난을 치지도 않았다. 그는 벨라지오로드에서 열린 '푸르딩딩한' 만찬파티에 참석했는데, 이 파티에서 히치콕은 청색 마티니, 청색 스테이크, 청색 감자를 손님들에게 대접했다. 그러나 그 이후로 스튜어트가 벨에어건 산타크루스건 히치콕의 저택을 방문하는 일은 드물었다.(일은 다른 식으로 진행됐다. 히치콕은 하와이에 있는 스튜어트의 별장을 자주 찾아갔다.)

회의석상에서나 촬영장에서나 그들은 그다지 많은 말을 하지 않았지만, 히치콕과 알마처럼 즐거운 눈빛으로 서로를 바라보면서 말없는 교감을 나누었다. 스튜어트는 감독에 대해 약간은 경멸적인 투로 이렇게 말했다.

"그가 카메라를 들여다보는 모습을 나는 한 번도 본 적이 없습니다. 흐음, 자리에서 일어날 수가 없었던 건지도 모르죠. 그는 손으로 조그만 스크린을 만들었고, 누가 됐건 가엾은 카메라맨은 그에게로 다가가서 그 스크린을 들여다봐야만 했습니다. 그러면 히치는 이렇게 말하곤 했습니다. '이게 내가 원하는 거야.'"

"히치가 '스타 이미지'에 그리 많은 관심을 기울였다고는 생각지 않습니다. 히치가 장면을 놓고 배우와 의논하는 것은 한 번도 보지 못했거든요. 나하고도 그런 적이 없습니다. 자신이 배우들—잘 알겠지만 그는 그들을 '가축'이라고 부르죠—을 고용하는 것은 그들이 해야 할 바를 잘 알고 있을 것이라고 생각했기 때문이라고 말하는 것을 들은 적이 있어요. 그는 '액션' 하고 외칠 때, 그가 배우들을 고용할 때 원했던 것들을 배우들이 해줄 것이라고 기대합니다."

"이따금 어떤 장면의 촬영이 끝나면 히치는 의자에서 일어나 나에게 오곤 했습니다. 그러고는 아주 빠른 말투로 '짐, 이 장면은 지겹군' 하고 말하고 나서 자기 의자로 돌아가 자리에 앉았습니다. 사람들은 그가 원하는 것이 정확히 무엇인지를 알게 됩니다. 타이밍과 페이스가 잘못됐다는 뜻이죠."

스튜어트는 히치콕을 위해 이미 〈로프〉에서 살인자 콤비의 정신적 스승을 연기했다. 이후 다가올 몇 년 동안 서민적인 스타는 장애를 많이 드러내는 역할들을 연기할 터였다. 〈나는 비밀을 안다〉에서 그는 자신이 국제적 음모의 대상이 됐다는 것을 알게 된다. 〈현기증〉에서 그는 고소공포증과 신경쇠약, 성적인 강박관념에 시달린다. 이제 〈이창〉에서 그는 깁스를 한 무기력한 인물로 변신하고, 그레이스 켈리는 그를 위해 목숨을 희생시키기 직전까지 간다. 〈이창〉은 사실 '성 불능 영화로 해석' 될 수 있다고 피터 보그다노비치는 주장했다. "그럴 수도 있어요. 그렇죠." 히치콕은 수긍하면서 농담을 던졌다. "석고 깁스로 인한 성 불능."

그런데 이들 영화 중 2편이 스튜어트가 지금까지 연기했던 역할만큼이나 로맨틱한 역할을 자랑한다는 사실은 쉽게 간과된다. 영화역사상 가장 매혹적인 등장 중 하나가 리사(그레이스 켈리)가 제프의 아파트에 조용히 들어와서 그를 깨우려고 키스하기 위해 허리를 굽힐 때 리사의 그림자가 제프를 덮는 장면이다. 히치콕은 이 키스를 독특하게 연출했다. 오래 지속시킨 클로즈업은 슬로모션처럼 보인다. "이 장면은 내가 손으로 카메라를 흔들어서 얻은 요동입니다." 히치콕이 트뤼포에게 해준 설명이다. "아니면 이동대를 후진시키거나 전진시켰고, 때로는

여성의 헤어스타일과 의상에 관해 히치콕의 강렬한 아이디어를 보완하고 실현시킨 할리우드의 유명한 디자이너 에디스 헤드.

두 가지를 동시에 행했습니다."

히치콕은 그의 미국인 분신을 결국 지미 스튜어트에게서 찾아냈다. 한편, 그는 그레이스 켈리에게서는 미친 듯이 기뻐하며 바라볼 수 있는 —불쾌감은 결코 느껴지지 않는— 완벽한 블론드를 찾아냈다.

제프는 리사에 대해 "너무나 재능 있고, 너무나 아름답고, 너무나 세련되고, 너무나 완벽하다"고 투덜대는데, 이것은 그레이스 켈리에 대한 견해이기도 하다. 히치콕 영화에서 완벽한 여자들은 항상 차림새가 완벽하다. 여배우에 대한 시나리오가 시작되는 순간, 연출은 그녀의 외모에서부터 시작된다. 켈리는 작업복을 입더라도 완벽하게 보였겠지만, 〈이창〉에서 그녀는 관객들이 '약간은 감히 건드릴 생각도 나지 않는, 드레스덴 도자기의 조각'을 떠올리게 만들어야 했다고 에디스 헤드는 밝혔다. 헤드는 켈리가 매혹적으로 등장할 때 입었던 구슬장식이 된 시퐁 스커트가 딸린 흑백 드레스와, 나중에 그녀가 입은 야리야리한 화장 옷(켈리 자신은 이 옷 때문에 자신이 '복숭아 파르페'처럼 보인다고 생각했다)으로 오스카 후보에 올랐다.

히치콕은 완벽한 가슴을 위한 아이디어까지 가지고 있었다. 켈리의 가슴이 납작한 편이라는 것을 아는 히치콕은 그녀의 화장 옷에 주름을 가미해서 그런 인상을 연출해내기로 결정했다. "그는 그 일에 대해서는 굉장히 상냥했어요." 켈리의 회상이다. "내 기분을 상하게 만들고 싶지 않았기 때문에, 그는 에디스에게 조용하게 말을 했어요. 그래서 만사를 중단해야만 했죠." 히치콕은 그녀가 분명 패드를 넣을 것이라고 생각했지만, 분장실에 헤드와 단 둘이 남은 켈리는 속임수를 썼다. 다음은 켈리의 설명이다. "우리는 재빨리 여기를 조금 들어올리고 저기를 조금 손 봤어요. 내가 할 수 있는 일을 다하고는 최선을 다해서 몸을 꼿꼿이 세웠죠. 패드는 넣지 않고요. 내가 촬영장으로 걸어나가자, 히치콕은 나를 보더니 에디스에게 말하더군요. '그렇게 하니까 어떻게 달라지는지 보이죠?'"

켈리는 히치콕과 함께라면 무슨 일이건 할 수 있었다. 히치콕의 여배우 숭배는 그가 자신의 남자주인공이자 사업 파트너와 공유한 또 다른 의견이었다. "우리 모두는 그레이스 켈리에게 열광했습니다." 제임스 스튜어트가 한 말이다. "아침에 모두가 자리에 앉아서 그녀가 나타나기만을 기다렸습니다. 그녀의 모습을 볼 수 있도록요. 그녀는 모두를 친절히 대했고, 마음씨도 고운 데다가 너무나 아름답기까지 했습니다." 조감독 허버트 콜먼도 동의했다. "그레이스 켈리와 같이 일을 할 정도로 운이 좋은 남자라면 모두가 켈리를 사랑하게 됩니다. 나도 포함해서요. 심지어는 히치콕도 그랬죠. 물론 그는 오직 두 여자만 사랑했지만요. 알마와 팻 말입니다."

감독이 두 스타에게 품은 애정은 촬영하는 중에 태평스러운 경험을 하게 했고, 결국에는 히치콕의 입장에서는 독특하지는 않더라도 드문 영화의 엔딩에도 반영됐다.

행복한 낙천주의의 측면에서 거의 캐프라 영화라 할 〈이창〉의 깔끔한 종결부에서, 살인자 소월드가 체포된 후 그는 완전히 잊힌다. 발버둥을 치던 작곡가는 결국 노래를 완성한 것으로 보이고, 자살을 시도하던 미스 론리하트는 괜찮아 보이는 남자를 찾아냈다. 미스 토르소의 남자가 모습을 보인다.(그가 군복을 입은 땅딸보 얼간이라는 것은 그럴듯한 농담이다.) 그리고 안뜰 커뮤니티는 다시 활력을 찾는다…… 수줍은 표정으로 여성지의 페이지들을 넘기면서, 꾸벅꾸벅 조는 (다시 다리가 부러진) 제프를 지켜보는 리사조차도.

프랑수아 트뤼포는 평론가 시절에 처음 〈이창〉을 봤을 때에는 영화가 "아주 우울하고 상당히 염세적이며 꽤나 악독하다"고 생각했으나, 인터뷰를 위해 영화를 다시 본 후에는 영화의 비전이 '상당히 동정적'이라는 것을 알게 됐다고 히치콕에게 밝혔다. 트뤼포는 이렇게 말했다. "스튜어트가 창문을 통해 보는 것은 끔찍한 일들이 아닙니다. 세상에 드러난 인간적인 약점과 행복을 추구하는 사람들의 모습이죠. 감독님도 그런 식으로 보신 건가요?" "그럼요." 히치콕의 대답이다.[8]

항상 노련하고 항상 여러 관점에서 이야기를 전개했던 히치콕은 〈이창〉으로 최고의 복잡성을 구현해냈다. 명백한 관음증은 인정 많은 휴머니즘으로 감쌌고, 소름 끼치는 범죄이야기는 날카로운 캐릭터 연구와 가슴 아픈 로맨스를 제공했다. 전편을 스튜디오에서 공들여 작업했고 연출과정에서는 밀실공포증까지 불러왔을 정도의 〈이창〉은, 편집이 어떻게 지각에 영향을 주는지에 대한 쿨레쇼프의 이론을 히치콕이

8 그러나 피터 보그다노비치가 제프와 리사의 미래—그들은 결혼해서 이후로 행복하게 살았나요?—에 대해 감독에게 추궁하자, 히치콕은 질문의 의도에 걸려들지 않았다. 질문이 너무 철학적이라는 것이었다. 인터뷰의 시간이 흐름에 따라 행복의 열정은 닳아 없어졌다. 그리고 히치콕은 가상의 인물에 대해 고민하기에는 너무 현실적인 사람이었다. "오, 나는 몰라요." 그가 한 대답이다. "그 문제를 그렇게 골치 아프게 생각한 적이 한 번도 없습니다. 나 스스로 의심하고는 했죠. 짐작하겠지만, 그는 그 짓을 그만뒀을 겁니다."

가장 뛰어나게 증명한 사례이기도 하다. 그리고 그의 관점에서는 '나의 가장 영화적인' 영화였다. 그의 가장 단순하고 '가장 소규모' 영화 중 하나인 〈이창〉은 그의 가장 복잡하고 보편적인 영화이기도 했다.

히치콕과 존 마이클 헤이스 사이의 불화는 사실 그들의 두 번째 작품에서 시작됐다. 〈나는결백하다〉는 기발한 유머(『8번공 뒤의 2만 리그』, 『내 주말을 어떻게 빼앗겼나』), 미스터리모험물(『백주의 약탈』, 『기나긴 탈출』), 그리고 여행담을 써온 미국인 데이비드 닷지가 1952년에 발표한 소설이다. 시드니 번스타인이 영화제작에서 공식적으로 은퇴했을 때, 트랜스아틀랜틱은 —구입하는 데 1만 5,000달러밖에 들지 않았던— 영화화 권리를 파라마운트에 10만 5,000달러에 팔아넘겼다.

작가는 연중 일부를 코트다쥐르에 머물렀는데, 이곳은 소설의 배경이 됐다. 감독이 처음 매력을 느낀 것은 의심의 여지없이 프랑스와 리비에라였다. 히치콕은 세상에서 가장 좋아하는 장소에 속하는 이곳들을 영화에서나 실생활에서나 그리 자주 방문할 수 없었다. 닷지의 책은 프랑스 레지스탕스 내부의 정치적 알력도 다루고 있는데, 이것은 (책에서는 이 주제를 가볍게 언급하고, 영화에서는 더욱 가볍게 등장하지만) 감독이 이전에 〈행복한 여행〉과 〈마다가스카르의 모험〉에서 흥미를 느꼈던 주제였다.

〈나는 결백하다〉는 악명 높은 밤도둑 존 로비, 일명 고양이(Le Chat)의 이야기다. 전쟁 동안 범죄세계를 저버리고 레지스탕스 영웅이 된 그는 이후 프랑스 리비에라에서 안락하게 살기 위해 은퇴한다. 그의 훌륭한 솜씨("그는 절대로 폭력을 행사하거나 무기를 소지하지 않는 것으로 유명했습니다")를 모방한 상류층 상대 보석절도가 빈발하면서, 고양이는 옛 동지들의 도움을 받아 용의자를 감시하고 모방범죄자를 잡아서 경찰에게 자신의 결백을 증명하기 위해 덫을 놓는다.

그런 줄거리만 놓고 보면 소설은 히치콕의 영화와 꽤나 유사하게 들리지만, 사실 소설과 영화는 완전히 달랐다. 영화가 만들어진 지 한참이 지난 후에 작가가 빈정대면서 인정했듯, "결국에 (소설에서) 살아

남은 것은 제목하고, 일부 캐릭터의 이름, 그리고 언제나 내 것이었던 저작권이 전부였습니다."

헤이스는 특정 스타들을 위해 집필하고, 스타들의 개성에 맞게 캐릭터를 재단한다는 호사를 다시 누리게 됐다. 헤이스가 리비에라에 가본 적이 한 번도 없다는 것을 알게 된 히치콕은 〈이창〉의 후반작업이 계속되는 동안 작가 부부를 서둘러 그곳으로 여행 보냈다. 헤이스 부부는 니스의 칼튼 호텔에 묵으면서, 이곳을 줄거리의 주된 배경으로 삼기 위해 호텔생활을 익혔다. 헤이스가 할리우드로 돌아올 무렵, 히치콕은 헤이스가 도널드 스포토에게 설명한 것처럼 '〈이창〉에서는 그런 적이 없던, 매일같이 시나리오 작업에 참여'할 준비가 돼 있었다. "일하는 시간은 대부분 즐거웠습니다. 우리를 훌륭한 팀으로 만들어준 것은 그가 가지고 있던 비주얼에 관한 뛰어난 테크닉과 지식, 그리고 자존심과 확신이었습니다. 그리고 나는 내가 캐릭터를 구축할 때 느끼는 흥분을 그에게 안겨줄 수 있다고 생각했습니다."

로비(캐리 그랜트), 섹시한 텍사스 출신 여행자 프랜시스 '프랜시' 스티븐스(그레이스 켈리), 그녀의 세상이 지겨운 어머니(제시 로이스 랜디스), 정체불명의 프랑스 아가씨 다니엘르(브리짓 어버), 로비의 예전 레지스탕스 친구 베르타니(샤를 바넬), 그리고 보험 에이전트 H. H. 휴스턴(존 윌리엄스). 이들 캐릭터 모두는 데이비드 닷지의 소설에 등장한다.[9] 그런데 히치콕은 로비와 프랜시스 사이의 로맨스를 강화하고, 닷지가 책에다 불어넣은 것보다 더 많은 서스펜스와 코미디를 플롯에 삽입하여 캐릭터들을 손보았다.

히치콕과 헤이스는 늦겨울부터 1954년 초봄까지 거의 매일 시나리오회의를 가졌다. 이런 미팅은 히치콕의 집에서 자주 열렸는데, 감독은 집에서는 편안한 스웨터 차림이거나 타이를 매지 않은 셔츠 차림이었다. 독일인 요리사가 그들의 점심을 준비하고 대접했다. 〈나는 결백하다〉의 어느 장면은 로비의 빌라가 배경인데, 이곳에서 로비와 휴스턴은

9 베르타니와 휴스턴은 책에서는 이름이 다르다.

로비의 요리사가 내오는 점심을 먹으면서 키쉬 로렌[10]을 놓고 유머러스한 연구를 한다. 이 장면은 벨라지오로드에서 점심으로 먹은 키쉬 로렌에서 영감을 얻었다.

그런데 키쉬 장면도 감독과 작가 사이의 알력에 박차를 가했다. 헤이스에 따르면, '질식에 너무 몰두해 있던' 히치콕은 보험 에이전트가 키쉬의 맛있는 껍질과 주위에서 말없이 음식을 내오는 로비의 요리사의 '대단히 날렵한 솜씨'를 칭찬하는 것으로 그 장면을 끝내고 싶어 했다. 로비는 그 의견에 동의하면서 이렇게 덧붙인다. "그런데 그 빵 껍질이 언젠가 독일군 장군을 질식시켜 죽였지요. 소리도 내지 않으면서요."

헤이스는 그런 무시무시한 코미디에 반대했지만 히치콕은 심한 말을 했다. 결국 윗사람은 히치콕이었으므로 그 대사는 시나리오에 남았다. 이 장면은 순수한 히치콕적인 장면으로, 히치콕이 미리 점찍어뒀던 배우가 맡을 보험 에이전트의 역할을 확장시키는 데 기여했다.[11]

다른 종류의 히치콕 스타일의 풍미는 로비가 프랜시를 호텔 복도로 에스코트해 내려가는 장면에 흩뿌려져 있다. 이전에는 로비에게 거의 관심을 보이지 않았음에도 불구하고, 객실 문 앞에 멈춰선 프랜시는 갑자기 몸을 돌려서는 그에게 열정적으로 키스를 한다. 헤이스에 따르면, 히치콕은 어느 날 밤 뉴욕에서 그가 그레이스 켈리의 호텔방으로 그녀와 함께 걸어갈 때 그녀가 바로 그런 방식으로 그에게 키스를 했다고 주장했다. 완벽한 키스, 그게 전부였다. 그러고는 문이 닫혔다. 사실, 〈서스피션〉에서 조앤 폰테인은 문간에서 캐리 그랜트에게 꽤나 비슷한 행동을 한다. 그러나 진짜건 아니건 히치콕이 겪은 일화는 시나리오에 들어갔다.

헤이스는 히치콕 여사가 그들의 회의에서 한 번도 자리에 앉았던

10 프랑스의 전통음식. —옮긴이

11 아이러니하게도 앙드레 바쟁은 〈나는 결백하다〉를 좋아했지만, 이 장면을 "앵글로 색슨이 프랑스의 매너와 관습에 대해 무지하다"는 것을 보여주는 표식으로 집어냈다. 키쉬 로렌은 '남부 프랑스의 명물이 아니기' 때문이다.

적이 없고, 그가 있을 때 제안을 내놓는 일도 없었으며, 감독이 아내의 의견을 명확하게 반영한 이야기는 하나도 하지 않았다고 주장했다. 예외가 딱 한 번 있었다. "알마가 자네 시나리오를 좋아했어." 이것은 히치콕이 보낼 수 있는 최고의 찬사였다. 사람들이 그런 칭찬을 항상 들은 것은 아니었다.

이 기간에 히치콕 여사는 할머니가 되느라고 정신이 없었다. 팻 히치콕은 1953년에 첫 딸 메리 알마 오코넬을 낳았고 테레사(테레로 불렸다)와 캐슬린이 뒤를 이었다. 히치콕의 편지를 보면, 그는 그의 영화들에 대한 평가 때문에 괴로워한 편이 아니었지만 임신을 할 때마다 팻의 건강에 대해서는 꾸준히 속을 태웠고 손녀들에게는 홀딱 빠졌다.

히치콕 여사는 더 이상은 시나리오를 공개적으로 작업하지 않았지만, 여전히 조용히 시나리오를 읽고 핵심 장면에 대한 조언을 내놨다. 허버트 콜먼에 따르면, 히치콕 부부는 그들이 직접 경험해서 알고 있는 배경에 대해 매우 정확했다. 그들은 프랑스 남부를 배경으로 삼고 싶어 했다. 차를 타고 가는 프랜시와 로비가 경찰요원들에게 추적당하는 장면인 그랑 커니쉬 시퀀스의 세밀한 계획을 세우는 데 주도적인 역할을 한 사람은 신혼여행 때 운전을 했던 알마였다. 콜먼에 따르면, 알마는 도로의 커브를 기억하고 보조촬영진이 작은 도시인 에즈를 내려다보는 깎아지른 절벽에 자리를 잡아야 한다고 말했다.

콜먼에 따르면, 히치콕 여사는 카 추격 시퀀스에 꽤나 흥분했다. 그녀는 어느 일요일 오후에 가진 회의에 합류해서 숏 바이 숏으로 액션의 틀을 잡고, 큰길을 따라 차량 2대가 질주하는 그랑 커니쉬 추격전의 대부분을 헬리콥터로 항공촬영하자고 제안했다. 당시로서는 대담한 아이디어였다. 그런 후에 알마는 전체 콘티를 브레인스토밍했다. 프랜시는 거칠게 차를 몬다. 로비는 신경질적으로 무릎을 움켜쥐고, 바퀴는 날카로운 소리를 낸다. 길은 예리한 커브를 이루면서 절벽으로 돌변한다. 이 장면은 〈서스피션〉과 〈오명〉의 유사한 장면들을 (향상시키면서) 반복했다. 히치콕은 평소보다 말을 아끼고 그저 자리에 앉아 아내를 향해 미소를 지었다.

이튿날인 월요일 아침에 환희에 가득 차서 사무실에 출근한 감독은 히치콕 여사가 영화에서 가장 훌륭한 장면을 도표로 그렸다고 모두에게 밝혔다. 나중에 〈나는 결백하다〉가 개봉됐을 때, 어느 인터뷰어가 헤이스에게 그 장면에 대해 직설적으로 물었다. 그러자 그는 별 생각 없이 "그 장면을 쓰면서 차멀미를 했습니다" 하고 답했다. 닥 에릭센은 "히치콕이 이 대답에 상당히 화를 냈다"고 회상했다. 감독은 머리를 좌우로 흔들면서 사무실을 걸어나갔다. "알마와 내가 한 거야." 그는 항변했다. "우리가 일요일 오후에 그걸 전부 해냈다고."

그런데 시나리오는 〈이창〉처럼 세련된 느낌을 결코 주지 못했고 어떤 의미에서는 결코 완성되지 않았다. 작업을 마친 헤이스가 시나리오를 프랑스로 가져간 이후에도, 제작비, 로케이션, 검열, 연기자들 때문에 끝없이 수정작업을 해야 했기 때문이다.

예를 들어, 헤이스의 시나리오는 니스를 관통하는 격렬한 추격전을 요구했다. 로비가 카니발행렬 한가운데에서 경찰을 따돌리다가 결국에는 킹넵튠의 머릿속으로 기어오르는 장면이었다. 감독은 〈사보타주〉에서 런던시장의 연례행진을 작업했던 것처럼, 실제 연례 카니발행렬을 찍고 나중에 스튜디오 내부에서 핵심 사건들을 찍어 삽입하는 식으로 재창조할 수 있을 것이라 기대했다. 그러나 파라마운트가 제작비 상한선을 300만 달러로 정하자 프랑스 출발 직전인 4월 중순에 히치콕은 별 고민 없이 비용이 많이 들어가는 카니발 시퀀스를 삭제했다. 영화에 등장하는 꽃시장 추격전이 훨씬 쌌기 때문이다.(그리고 통제도 쉬웠다.)

제작규범이 시나리오에 거듭 경고를 보냈을 때, 놀란 사람은 아무도 없었다. 규범의 담당관들은 비치웨어, 로비가 과거의 범죄행각에 대해 미안해하지 않는 것, 대사에 꾸준히 등장하는 성적인 풍자, 로비가 여성 도박사의 젖가슴 사이로 칩을 떨어뜨리는 장면, 프랜시가 로비를 유혹할 때 터지는 불꽃의 '노골적인' 상징—'절대 허용할 수 없는 것'으로 간주됐다—에 노발대발했다. 히치콕은 줄곧 이 모든 것을 검열당국이 흡족하도록 해결할 것이라고 약속했다.

프랑스에서 시나리오는 검열당국의 염려, 로케이션 지형과 기후, 국제적인 출연진 때문에 사전에 예상했던 수정사항—자기 대사를 놓고 사람을 힘들게 만들 것이라고 예상되던 캐리 그랜트는 말할 것도 없다—에 맞춰 조정돼야만 했다.

〈나는 결백하다〉에 캐리 그랜트를 출연시키는 데는 인내와 외교적 수완으로 점철된 3년의 시간이 소요됐다. 그랜트는 1952년에 〈꿈의 아내〉에서 데보라 카와 공연한 이후로 스크린에 모습을 보이지 않았다. 그 작품을 끝낸 후, 변덕스러운 스타는 은퇴하겠다고 발표했다. 그는 나중에 "청바지와 약물중독, 메소드 연기의 시대였고, 고상함이나 코미디에는 아무도 신경을 쓰지 않았습니다"라고 설명했다. 세계일주 항해를 마친 그랜트는 할리우드로 돌아왔지만, 들어오는 시나리오를 계속 거절했다. 히치콕은 〈나는 결백하다〉의 소설이 출판된 순간부터 프로젝트에 대해 그에게 계속 알렸고, 그가 기획하는 세련된 코미디의 줄거리로 줄기차게 그를 유혹했다. 마침내 그를 캐스팅하는 노력의 최후의 일격으로 —우아함의 화신— 그레이스 켈리가 첨가됐다.

종종 그랬듯, 히치콕은 〈나는 결백하다〉의 비전을 실현하기 위해 개인적인 희생을 감수했다. 그 무엇보다도 그가 우선시했던 남자주인공을 모시기 위해 연출료를 낮추기까지 했다. 영화화 권리를 파라마운트에 넘겨주는 계약에 따라, 히치콕은 스튜디오가 그랜트에게 총수입의 10퍼센트를 주고난 후 이 영화로 얻는 수익의 10퍼센트를 받기로 합의했다.

〈이창〉의 인기 덕분에 그레이스 켈리의 스타성은 계속 솟구쳤다. 히치콕 영화 중에서 개봉되던 해의 톱10에 들었던 영화는 5편뿐이었다.[12] 첫 2편은 〈레베카〉와 〈스펠바운드〉였다. 1954년의 정상급 영화 가운데에서 〈이창〉을 능가한 영화는 〈화이트 크리스마스〉와 〈해저 2만

12 이것은 배급업자들이 보고하는 미국과 캐나다의 흥행수입에 따른 톱10으로, 박스오피스의 총수입보다 신뢰성이 더 높은 지표다.

리〉뿐이었다.(〈북북서로 진로를 돌려라〉도 톱10 히트작이었고, 〈사이코〉는 1960년에 2위 영화가 되면서 가장 높은 순위를 차지했다.)

엘리아 카잔은 〈워터프론트〉에서 말론 브랜도의 상대역을 켈리에게 제안했지만, 그녀는 〈다이얼 M을 돌려라〉와 〈이창〉으로 신뢰를 쌓은 감독과 재결합해서 프랑스 남부를 여행하는 쪽을 선호했다. 켈리는 책에서 묘사한 프랜시의 외모에 부응하기 위해 별다른 노력을 할 필요가 없었다.(데이비드 닷지는 "그녀는 외모가 준수했고, 푸른 눈동자에 흰 피부를 지닌 아일랜드적인 매력을 가졌다"고 썼는데, 유일한 차이점은 '검은 머리'였다.) 그런데 자신의 스타를 잘 아는 히치콕은 그녀의 캐릭터가 등장하는 장면의 장난기와 음탕함을 강화했다.

히치콕은 유럽을 배경으로 한 덕에 조연진을 채울 다양한 인재를 끌어올 기회를 잡았다. 이 조연진은 그만이 고안해낼 수 있는 요리법으로 요리해낸 또 다른 명물요리였다. 샤를 바넬은 무성영화 시절부터 영화경력을 시작한 매력적인 프랑스인으로, 자크 페이더, 르네 클레어, 마르셀 카르네 영화에서 주목할 만한 연기를 보였다. 가장 최근에는 히치콕이 거듭해서 감상했던 (그리고 숭앙했던) 앙리 조르주 클루조의 〈공포의 보수〉와 〈디아볼릭〉에 출연했다. 파라마운트는 반신반의했지만, 히치콕은 지금은 급식업체를 운영하는 예전의 도둑무리의 우두머리 베르타니 역에 바넬을 캐스팅하기로 결정했다.(베르타니의 직업은 히치콕의 솜씨다. 소설에서 그의 캐릭터는 부동산, 보험, 수출입 등 음식을 제외한 모든 사업에 관여하는 암시장의 수완가다.)

제시 로이스 랜디스는 1926년부터 브로드웨이에서 활동하면서, 코프먼과 하트의 희곡에서부터 셰익스피어, 〈작은 아씨들〉의 조에 이르기까지 다양한 역할을 연기해온 배우였다. 가끔은 연극을 연출하기도 했고, 영화에 출연하기도 했다. 그녀는 우울증세가 있고 화 잘 내는 프랜시의 어머니를 연기했다. 〈패러다인 부인의 재판〉(이 영화에서 검찰진의 일원인 그를 볼 수 있다)과 〈다이얼 M을 돌려라〉에 출연했던 빈틈없는 존 윌리엄스가 런던의 로이드에서 파견한 보험 에이전트를 연기했다. 소설에 따르면, '흰머리에 강렬한 흰색 근위병 수염을 기른 마르고

〈나는 결백하다〉의 출연진의 밤. 왼쪽부터 히치콕, 존 윌리엄스, 샤를 바넬, 그레이스 켈리, 캐리 그랜트 그리고 감독이 거의 통제 불능상태의 유사 부녀관계를 맺은 프랑스 여배우 브리짓 어버.

나이 많은 남자'였다. 히치콕은 윌리엄스의 반짝거리는 영국신사의 매력을 활용하기 위해 역할을 확대했다.

히치콕은 줄리앙 뒤비비에 감독의 〈파리의 하늘 아래 센강은 흐른다〉에서 말괄량이 브리짓 어버를 보고는 그녀를 사방의 빌라 지붕을 기어오를 수 있는 억센 프랑스 아가씨 다니엘르로 낙점 찍었다.(소설에 따르면, '꽃처럼 예쁜 19살 아니면 20살 아가씨로, 호리호리하고 가슴은 작다.') 어버가 실제로 서커스에서 훈련을 받았다는 것은 행복한 우연의 일치였다.

로버트 벅스(카메라맨), 조지프 맥밀런 존슨과 존 P. 풀턴(특수효과), 조지 토마시니(편집기사), 에디스 헤드(의상 디자인), 허버트 콜먼(조감독)으로 구성된 파라마운트 팀은 〈이창〉에서 〈나는 결백하다〉로 그대로 옮겨왔다.

텔레비전을 상대할 또 다른 무기에 손을 뻗은 파라마운트는 와이드 스크린 프로세스를 처음으로 히치콕에게 강요했다. 빼어난 초점심도를 지닌 선명하고 광대한 수평적 이미지를 창조하는 비스타비전은 시네마스코프의 쓸 만한 대안이었지만, 파라마운트 이외의 스튜디오에서는 많은 인기를 누리지 못했다. 히치콕은 훗날 그가 '지나치게 큰 스크린'—요즘에는 레터박스로 재현된 포맷—이라고 부른 것에는 매력을 느끼지 않았다고 말했지만, 당시에는 그런 포맷이 업계를 휩쓸고 있었다. "이 포맷은 텅 빈 공간을 많이 보여주기 때문에, 관객은 그런 공간이 거기에 왜 있는지 궁금증을 갖게 됩니다"라고 히치콕은 언젠가 설명했다. "어떻게 하다가 옆으로 길고 높이가 낮은 캔버스에 그려진 뒤피의 그림을 소장하게 됐습니다. 그런데 소재가 항구였기 때문에, 그 캔버스는 소재에 적절했습니다. 반면에, 영화감독은 세계 어디에서나 사용가능한 스크린에 묶인 신세입니다. 뉴욕 스크린에만 맞춰서 구도를 잡을 수는 없는 노릇이죠. 감독은 그러니까, 태국에 있는 스크린에 대해서도 생각을 해야만 합니다." 그러나 히치콕은 입체영화에서 했던 것처럼, 〈나는 결백하다〉와 미래의 파라마운트 영화 전부에 비스타비전을 받아들이면서 시대적 조류에 동참했다. 심지어는 〈북북서로 진로를 돌려라〉에서 그 포맷을 빌리기까지 했다.

비스타비전의 진짜 난점은 클로즈업에 있었다. 비스타비전 렌즈로 가까운 이미지들에 초점을 맞추면, 배경—그것 때문에 프랑스로 출장을 갔던 그 모든 아름다운 풍광—이 뭉개졌다. 실제로 히치콕이 로케이션에서 찍은 최초의 러시를 시사한 후, 파라마운트는 모든 풍광의 '배경영사용 화면'을 촬영하고, 클로즈업은 할리우드에서 찍도록 남겨두라고 권유하는 긴급전보를 감독에게 보냈다. 닥 에릭센은 그 전보를 하루나 이틀 정도 주머니에 넣고 돌아다니면서, 스튜디오가 근본적으로 보조촬영진이 하는 일을 하라고 감독에게 충고하고 있다는 얘기를 히치콕에게 어떻게 하면 가장 잘 전달할 수 있을지를 결정하려고 노력했다. 결국 어느 밤에 저녁을 먹고 술을 마신 후, 콜먼은 감독에게 전보를 건넸다. 히치콕은 슬쩍 보더니, 뒷주머니에 전보를 구겨 넣고는 말했다. "오케이, 이제 자네는 나한테 전보를 보여준 거야."

그러나 종종 그랬듯, 히치콕은 타협을 도전으로 받아들였다. 로케이션에서 클로즈업과 배경영사용 화면을 모두 촬영하고는 파라마운트로 돌아와서 영사용 화면을 세워놓고는 대안용 클로즈업을 촬영했다. 리얼리티와 인조화면의 최종적인 혼합은 후반작업에, 그리고 로버트 벅스와 조지프 맥밀런 존슨, 존 P. 풀턴에게 맡겨졌다. 1950년대 내내, 비스타비전을 요구하는 목소리 때문에 히치콕은 클로즈업과 배경영사를 뒤섞는 이런 구닥다리 방식에 의존해야만 했다. 그런 과정을 통해 평론가들이 오랜 세월 동안 흥미를 가진 주제인, 영국 작품과 미국 작품 사이의 거의 우연에 의해 빚어진 일관성을 획득했다. 히치콕이 영국에서 쌓은 경력의 절반 동안 그런 기법의 활용은 날씨와 제작비에 의해 크게 좌우됐지만, 아이러니하게도 미국 경력의 절정기에서 그러한 '사전 녹화된' 배경은 선명한 와이드스크린의 필요성에 의해 명령받은 잔존 유물이었다. 동료들에 따르면, 그런 프로세스 숏이 히치콕스타일의 낙관이 되기는 했지만, 히치콕은 그런 기법에 꾸준히 의지하는 것을 싫어했다.

히치콕의 스케줄은 런던에서 개봉하는 〈다이얼 M을 돌려라〉를 홍보하고, 5월의 마지막 주에 니스에 가는 길에 칸 국제영화제에 〈이창〉을 출품할 수 있도록 조정됐다. 존 마이클 헤이스는 이미 칼튼에 묵으면서 시간에 쫓기며 수정작업을 하고 있었다. "시나리오 상태가 좋지 않습니다." 닥 에릭센은 할리우드에 있는 파라마운트 임원에게 보고했다. 히치콕은 더 나은 대사를 원했다. 베르타니를 위한 막판의 수정이 있었고, 로비와 다니엘르가 얘기를 하기 위해 물에서 나오는 장면을 중요하게 개선한 작업이 있었다. 프랜시는 다니엘르와 대면하기 위해서 그 장면에 삽입됐다. 이 장면은 코미디와 삼각관계의 긴장감을 부여하는 영화의 하이라이트다.

히치콕이 영국에서 만든 〈나는 비밀을 안다〉의 첫 숏은 스위스 관광포스터들을 보여준다. 〈서스피션〉에서 나폴리, 베니스, 파리와 몬테카를로를 홍보하는 브로셔들은 캐리 그랜트와 조앤 폰테인이 신혼여행을 다닌 곳을 관객들에게 알려준다. 이제 〈나는 결백하다〉의 첫 숏은 여행사 창문을 보여준다. 어느 슬로건은 이렇게 유혹한다. "삶을 사랑하는 분이라면 프랑스를 사랑하게 될 겁니다." 소우주를 대상으로 한 감독의 실험인 〈이창〉은 히치콕이 전편을 스튜디오 내부에서만 찍은 마지막 영화가 될 터였다. 파라마운트는 그—그리고 그의 영화들—가 늘 하고 싶어 했던 것들을 할 수 있도록 해준 첫 스튜디오였다. 세상을 방랑하는 것을.

〈이창〉이 의도적으로 심각한 영화였다면, 〈나는 결백하다〉는 일부러 장난을 치는 영화였다. 히치콕의 입장에서는 세계에서 가장 좋은 요리를 스튜디오에 청구하는 한편, 그와 관객이 (존 윌리엄스가 영화에서 주위를 묘사하는 것처럼) '여행책자 천국'을 즐길 수 있는 기회였다. 관객 입장에서는 더할 나위 없는 상대인 캐리 그랜트와 그레이스 켈리가 낭만적으로 어울리는 동안, 어느 모로 보나 훌륭한 풍광을 탐닉할 수 있는 핑곗거리였다. '아름다운 사람들, 아름다운 풍경들, 러브스토리와 서스펜스'—허버트 콜먼에 따르면, 히치콕의 파라마운트 영화들의 기저에 깔린 비공식적 방침—가 차려진 진열장이었다.

히치콕의 '개성 연기'를 위해 엘리아 카잔의 메소드 연기를 피한 켈리는 여배우로서 계속 만개했다. 영화경력이 그녀보다 훨씬 긴 캐리 그랜트와 벌이는 명랑한 러브신에서는 그랜트를 능가하기까지 했다. "나는 그녀에게 위압당했습니다." 그랜트가 훗날 밝힌 얘기다. "우리 모두는 그녀를 너무나 사랑했습니다."

히치콕의 카메라는 〈이창〉에서보다 훨씬 더 깊이 켈리와 사랑에 빠진 듯했다. 절세미인 여배우는 일도 열심이고 노는 것도 열심이었는데, 이 둘은 감독이 너무나 좋아하는 미덕이었다. 로케이션 현장에 연기코치 엘지 풀스톤을 둔 그녀는 자신의 대사를 반복해서 리허설했다. 촬영장 밖에서 무슨 일이 벌어졌든, 그녀는 촬영 도중에는 평정심을 과시했다. 그녀는 촬영이 끝나면 패션디자이너 올레그 카시니와 시간을 가졌는데, 그와 열정적인 사랑에 빠져들었다. 모두가 숨을 죽이고 지켜봤지만 그녀는 카메라 밖에서는 캐리 그랜트와 시시덕거리지 않았다.

때때로 카시니는 히치콕 부부가 촬영이 있는 날 저녁에 베푸는 만찬에 켈리, 캐리 그랜트 부부와 합석하곤 했다. 카시니는 자서전에서 감독이 "별난 식사습관들을 가지고 있었다"고 회상했다. "그의 다이어트는 날마다 한 가지 특식만으로 구성돼 있었다. 그는 저녁까지는 금식하면서, 촬영 도중에는 물만 마셨다. 그러고는 목욕을 한 뒤, 우리는 그가 선택한 레스토랑에서 그가 까다롭게 선택한 음식을 저녁으로 먹기 위해 모이곤 했다."

카시니는 그냥 머물러가는 뜨내기 스태프였고, 영화의 의상 디자이너는 에디스 헤드였다. 그리고 그녀의 표현에 따르면, 〈나는 결백하다〉는 '의상 디자이너의 꿈'이었다. 히치콕은 켈리가 어떤 옷을 입어야 하는지 꼼꼼하게 지시를 내렸지만, 남자주인공은 그냥 내버려두었다. "히치는 내가 내 의상을 고르는 것을 암묵적으로 신뢰했습니다." 그랜트의 회상이다. "내가 뭔가 특별한 것을 입기를 원할 경우에만 내게 요구하곤 했습니다. 보통 나는 단순하고 세련된 옷을 입었는데, 내가 스크린 밖에서 입던 것들과 같은 종류의 의상이었습니다."

히치콕은 비키니를 드러내는 것을 허용하지 않았다. 검열당국보다도 더 심하게 반대했기 때문에, 헤드는 파리의 수영복가게를 돌아다니면서 세련되고 매력적인 수영복을 구입하라는 지시를 받았다. 켈리의 물방울무늬 수영복은 소설에서 그대로 가져온 것이다. 이것은 히치콕이 책을 읽는 도중에 정신적으로 강조했던 세부사항 중 하나였다.

비아리츠 무도회의 연례 시즌피날레도 짤막하기는 하지만 소설에 등장한다. 히치콕은 파티 광경을 줄거리의 다양한 실마리가 교차하는 영화의 확장된 클라이맥스로 바꿨다. 레지스탕스 단체는 가면무도회에서 빈둥거리는 부자들에게 음식을 제공한다. 보험 에이전트는 음모에 얽혀든다. 최후의 보석 강탈이 벌어지고 로비는 지붕에서 진짜 범인을 쫓는다.

18세기를 주제로 한 의상무도회가 여자주인공에게 눈이 튀어나올 정도로 멋진 의상을 입힐 기회를 헤드에게 줄 것이라는 생각에서 감독은 벗어나지를 못했다. 그는 황금빛으로 빛나는 옷을 입은 켈리를 상상했다.(헤드는 "히치콕은 나에게 그녀가 공주처럼 보이기를 원한다고 말했다"고 밝혔다.) 헤드는 그녀가 1954년 아카데미 —항상 헤드가 자신이 수상해야 했다는 비통한 심정을 느꼈던 상— 후보에 오르는 데 도움을 준 세밀한 금 망사로 만든 드레스와 가발, 마스크를 내놓았다.[13]

〈나는 결백하다〉는 혼성장르—코미디, 로맨스, 서스펜스—였고, 남자주인공도 딱히 뭐라 분류할 수 없는 혼성적인 인물이었다. 히치콕이 캐리 그랜트에게 맡긴 역할들은 여성들을 향해 양면적인 태도를 보인다. 〈서스피션〉에서 그랜트는 아내를 죽이고 싶어하는 파렴치한을 연기한다. 〈오명〉에서 그는 자기 자신이 사랑에 빠졌다는 것을 믿을 수가 없다. 이제 그랜트는 배역을 연기하는 배우 자신만큼이나 고독한 인물, 모든 면에서 부자연스럽고 자기 생각에만 빠져 있는 나르시스 같은 모습을 보여주는 캐릭터로 캐스팅됐다. 로비는 소설에서도 그런 존재였지만, 영화에서는 그런 면이 더욱 두드러졌다. 영화에서 그는 자신의 범죄수법을 모방한 도둑을 잡는 데 너무 몰두해 있어서, 대부분의 시간에는 다니엘르나 프랜시를 좋아하는 척조차도 하지 않는다.("정말 뛰어난 아가씨군!" 그가 프랜시에 대해 빈정거리며 하는 말이다. "감탄할 만한 특성이 대박으로 터졌어.") 이런 인색한 주인공이 만들어내는 로맨틱 코미디는 2배 더 재미있었다.

그랜트 입장에서 그가 영화에서 맡은 각각의 역할은 술책을 써서 이겨내야만 하는 미심쩍은 적수인 그랜트 본연의 모습을 연기해내는 교활한 수법이기도 했다. 미남스타는 할리우드에게, 히치콕에게, 〈나는 결백하다〉에게, 자신의 가치가 어느 정도인지를 알았다. 그는 브리짓 어버에게 히치콕은 "나를 무척이나 좋아하지만, 동시에 나를 지독히도 싫어해"라고 털어놨다. "그는 내 입장에 서는 것을 좋아해. 내 입장에

13 가면무도회는 촬영 막바지에 할리우드의 파라마운트에서 연출됐다. 켈리는 화려한 의상을 차려 입었다. 그녀가 마침내 세트에 도착했을 때, 그녀의 모습을 보고 모든 사람이 숨을 헐떡거렸다. 켈리의 가슴이 납작하지 않아 보인다는 것에 안도한 히치콕은 그의 유명한 농담 중 하나를 던졌다. "그레이스, 그 금덩이 속에 언덕들이 있군."(덧붙여 말하자면, 헤드의 의상 디자인을 누르고 오스카를 수상한 이는 〈모정〉을 작업한 찰스르 메이어였다.)

서는 것을 너무나 좋아하지. 그 자신이 내 입장에 서 있는 것을 상상할 수 있으니까 말이야."

그의 입장에는 다른 배우들이 누리지 못하는 특권들도 들어 있었다. 그랜트는 계약에서 제복을 입은 운전수가 딸린 에어컨 있는 리무진—링컨이나 캐딜락—을 요구했는데, 스튜디오는 이 차량을 영국에서 특별주문해서 프랑스로 운반했다. 자동차의 도착은 로케이션 현장에서 스타가 도착하는 시간과 정확하게 맞아떨어져야만 했다. 그랜트가 사람들을 깜짝 놀라게 만드는 쇼를 벌일 수 있도록 말이다. 그런데 리무진을 탄 지 1주일인가 2주일 후, 그랜트는 닥 에릭센에게 그 차 때문에 자기가 건방져 보인다고 투덜거렸다. 동료 출연진이 그를 괘씸하게 여기기 시작했다는 의심을 품은 그랜트는 평상복 차림의 젊은 운전사가 모는 지붕 없는 자동차를 요구했다. 리무진을 반납하고, 운전사 딸린 무개차가 동원됐다. 무개차를 탄 지 1주일인가 2주일 후, 그랜트는 프로덕션 매니저를 찾아와서는 물었다. "내 리무진은 어디 있소?" 엄청난 비용을 들여서 리무진을 다시 공수해와야만 했다.

그랜트의 요구는 한도 끝도 없었다. 결국 에릭센은 히치콕을 찾아가서 불평을 늘어놓았다. 감독은 동감하면서 이야기를 경청하고, 자기도 그랜트 때문에 미칠 지경이라는 것을 인정했다. 예를 들어, 스타는 품위 있는 시각에 저녁을 먹을 수 있도록 매일 정확히 오후 6시에 촬영을 중단하기를 원했다.

그래, 괜찮아. 히치콕도 제시간에 끝내는 것을 좋아했지만, 그것은 스튜디오에서나 가능한 것이지 로케이션 현장에서는 상황이 달랐다. 그렇지만 그랜트는 지나칠 정도로 시간을 칼같이 지켰고, 퇴근시간을 계약조항에 명시하기까지 했다.

"걱정 말게." 히치콕은 에릭센에게 자신 있게 얘기했다. "내가 미스터 캐리 그랜트를 잘 처리하겠네. 촬영 마지막 날에 그에게 단호하게 말을 할 생각이네."

로케이션의 장점 하나는 촬영진 모두가 통일된 경험을 한다는 것이다. 비로 인한 지연, 천변만화하는 태양과 구름과 바람, 곳곳에 숨은 사진사들과 웅성거리는 군중. 이 모두가 그들의 공통의 적이 됐다. 켈리의 빼어난 유머는 사람들을 전염시켰고, 심지어는 그랜트조차도 긴장을 풀면서 휴식시간에 어버의 트레일러에서 어버와 맘보를 추기까지 했다. 히치콕은 버스에서 유쾌한 카메오 출연을 하는데, 패닝 숏에서 까다로운 스타(와 새장에 든 새) 옆에 앉아 있다.

카메라가 돌 때면 그랜트는 사람들을 고생시킨 값어치를 너끈히 해냈다. 모두가 어버의 표현대로 "아주 훌륭한 시나리오는 아니었다"고 생각했고, 촬영된 일부 장면은 나중에 잘려나가기도 했다. 일부 장면은 세트에서 재촬영됐고, 일부 장면은 후시녹음 단계에서 수정됐다. 그랜트는 애드리브와 스튜디오 연기에서 자유분방한 솜씨를 십분 발휘했다. 어버는 "때때로 히치는 '캐리는 어디 있나? 이 장면은 수정하세'라고 말했어요"라고 회상했다. "가끔은 캐리가 '이 대사는 연기할 수 없어요'라고 말했죠. 그러면 그는 그 자리에서 대사를 수정했어요."

영화에서 가장 재치 있는 장면 중 하나는 산꼭대기에서 벌어진다. 경찰추적자들을 따돌린 로비는 프랜시에게 이끌려 억지로 소풍에 나선다. 프랜시가 소풍바구니에 손을 집어넣고는 묻는다. "다리를 원해요, 가슴을 원해요?" 이루 형언할 수 없는 캐리 그랜트의 눈빛으로 로비가 대답한다. "당신이 선택해요." 존 러셀 테일러에 따르면, '유쾌하고 멍청하기까지 한 분위기에서' 무의식적으로 그런 장면을 연출한 스타들은 히치콕이 컷을 외친 후에도 한동안 그 재미에서 벗어나지 못했다.

다른 사람들만큼이나 자발적이고 근면한 그랜트는 —히치콕이 높이 평가한 관객 동원력과 더불어— 그가 맡은 모든 역할에서 헌신적인 솜씨를 보여줬다. 할리우드로 돌아온 후 촬영이 막바지에 이르자 에릭센은 스타에게 호통을 치겠다는 맹세를 히치콕에게 상기시켰다. "글쎄, 나는 모르겠는걸." 감독은 턱을 문지르면서 딴소리를 했다. "그 친구를 다른 영화에 출연시키고 싶을지도 모르는 일 아닌가."

6월 25일에 로케이션 작업을 종료한 그들은 7월 4일 이후에 할리우드에서 실내장면 촬영을 재개했다. 허버트 콜먼은 프랑스에 남아서 꼼꼼한 스토리보드를 바탕으로 그랑 커니쉬 시퀀스를 위해 도로촬영과 항공촬영을 하는 보조촬영진을 지휘했다. 그렇게 촬영한 필름은 할리우드로 서둘러 공수됐다. 히치콕은 러시를 보고는 재촬영할 내용을 눈에 뜨일 정도로 세밀하게 지시하는 전보를 보냈다. 감독은 전형적인 메모에서 이렇게 지적했다. "현재 숏에서는 버스의 절반만 스크린에 보이네. 자네들이 버스를 길 바깥쪽으로 놓치는 바람에 일어난 일이라는 것을 나는 깨달았네…… 후자의 실수는 카메라가 왼쪽에서 오른쪽으로 팬을 하는 동시에 카메라 차를 바깥으로 밀어낼 수 있게끔 카메라를 왼쪽으로 계속해서 제대로 팬을 하는 것으로 바로잡을 수 있을 걸세."

요동치는 시나리오, 로케이션 현장의 골칫거리, 완전한 재촬영을 거친 〈나는 결백하다〉는 결국 스케줄에서 거의 1달가량 뒤처졌다. 쉰다섯 번째 생일인 1954년 8월 13일에 히치콕은 촬영장에서 종종 맞았던 다른 생일들처럼 샴페인과 케이크로 생일을 축하했다. "신사숙녀 여러분." 감독의 너무나도 영국적인 비서가 큰소리로 외쳤다. "다른 방으로 오셔서 미스터 히치 케이크의 콕(cock)[14]을 한 조각 드십시오."

그러나 로케이션 현장에서 피어난 보편적인 동료의식도 히치콕과 존 마이클 헤이스 사이의 긴장을 완화시키지 못했다. 로케이션 현장에서 감독과 작가는 여러 장면을 놓고 몇 차례 사소한 충돌을 일으켰는데, 항상 승리를 거둔 사람의 이름은 굳이 거명할 필요도 없을 것이다. 헤이스는 히치콕의 등 뒤에서 두 주인공에게 자신이 좋아하는 시나리오 버전을 보여주려고 노력했지만, 감독은 그런 헤이스를 제지했다.

영화의 종결부는 특히 문제되는 지점으로, 엔딩은 시나리오가 수정될 때마다 계속 바뀌었다. 최후의 버전은 헤이스의 반대를 이겨낸 히치콕의 멋진 종결부였다. 프랜시는 빌라로 돌아가는 로비의 뒤를 쫓아가 테라스에서 팔로 그를 감싼다. 그리고 로비는 그녀의 키스에 굴복한 후, 그녀의 어깨 너머로 아름다운 경치를 보고는 탄성을 지른다. "어머니가 여기 있는 것을 좋아하실 거야."(그러고는 그랜트의 독특한 표정 중

14 남자의 성기. — 옮긴이

하나를 보여주는 데 상당한 필름을 남겨둔다.)

전체적으로 볼 때 그럴 듯한 구석이 하나도 없는 시나리오는 로케이션 현장에서, 그리고 후반작업 도중에 타당성이 더 줄어들었다. 헤이스는 그것이 마음에 걸렸지만, 히치콕은 그렇지 않았다. 다니엘르의 아버지를 절벽에서 밀어서 살해한 사람은 누구인가? 그것은 영화에서 결코 명료하게 설명하지 않는 미스터리였다. 다니엘르를 연기한 브리짓 어버는 그것을 명확히 해달라고 요구했지만, 히치콕은 "그건 상관없다"고 말했다.

하지만 섹스에 흠뻑 젖은 장면들은 시나리오에서 두드러질 정도로 온전하게 살아남은 요소였다. 특히 프랜시는 늘 침실과 관련된 이야기만 해댄다. 로비는 어느 순간 그녀에게 묻는다. "말해봐요. 당신이 가장 많이 스릴을 느끼는 일이 뭐요?" "나는 여전히 그걸 찾고 있는 중이에요." 그녀의 대답이다.

헤이스의 대사는 너무 교묘했고(그의 훌륭한 중의적 표현은 거의 전적으로 시나리오의 독창적인 창작품이었다), 히치콕은 카메라를 보면서 윙크를 하는 것이나 다름없는 두 스타를 데리고 만사를 너무나 영리하게 연출해서, 제작규범은 불평을 제기할 대상을 정확하게 집어내기가 어려웠다.

영화에서 가장 섹시한 장면은 매단계마다 정지신호를 받았다. 규범담당관은 로비와 프랜시가 포옹할 때 하늘에서 터지는 불꽃놀이를 초고 때부터 표적으로 삼았다. "미스 켈리의 호텔방에서 일어나는 캐리 그랜트와 그레이스 켈리의 러브신은…… 두 사람이 소파의 모퉁이로 기대기 이전에 디졸브로 종료하라"는 주장이었다. 피터 보그다노비치가 훗날 밝혔듯, 규범에게 —그리고 히치콕에게— 불꽃놀이는 '〈북북서로 진로를 돌려라〉 결말의 터널이 성적인 심벌인 것처럼' '순수한 오르가즘'을 상징했다.

검열당국은 불꽃놀이에 초점을 맞추느라 바로 그다음에 등장하는 같은 밤의 나중에 벌어지는 장면을 간과했다. 페이드 아웃된 후, 프랜시가 로비의 방에서 그가 어머니의 보석을 훔쳤다고 비난하면서 울음을 터뜨리는 것이 보인다. 그녀는 경찰에게 전화를 걸려고 방에서 나가고, 로비와 잠깐 동안 방에 남겨진 그녀의 어머니는 로비의 편을 든다. 어머니는 그를 좋아하고, 매력적으로 여긴다. 대담하게도 프랜시는 경찰에 전화를 걸어 그가 그 밤 내내 한 짓을 정확하게 말했다고 로비에게 충고하기 위해 돌아온다. "모든 걸 말이오?" 로비가 눈썹을 치켜올리며 묻는다. "경찰서에 있는 사내들이 그 얘기에 즐거워했을 게 분명하군."

히치콕은 위반사례들을 쌓아놓고는 —파라마운트와 검열당국과—영리하게 거래를 해치웠다. 스튜디오 우두머리 돈 하트먼은 감시망이 뚫리는 동안 누드 엽서들을 뚫어져라 쳐다보는 프랑스 사복형사 2명이 나오는 익살을 반대했다. 히치콕은 처음에는 저항하는 듯한 쇼를 벌인 후, 그다음에는 그와 똑같은 항복하는 쇼를 벌였다. 누드를 잘라낸 것이다. "그걸 왜 들어낸 겁니까? 매력적이잖아요." 영화의 작곡가 린 머레이가 히치콕에게 불만을 제기했다. "영화는 사소한 숏 하나 때문에 우뚝 서거나 몰락하지 않아." 감독의 설명이다. "게다가 내가 그걸 들어내면, 그 친구들은 불꽃놀이 장면에 대해서는 불만을 늘어놓지 않을 거야."

머레이는 원래 불꽃놀이 장면을 위해 —저음의 테너 색소폰이 로맨틱한 분위기를 강조하는— '아주 감각적인' 음악을 작곡했지만, 감독은 "현악기처럼, 더 관습적인 방식으로" 다시 시도해보라고 권했다. 머레이는 그렇게 했고, 그 결과 검열당국과 벌이는 승강이에서 승리를 거두기에 충분할 정도로 '오르가즘' 효과와 조화를 이뤘다. 또 다른 히치콕적인 수법이자 또 다른 힘겨운 승리였다.

후반작업은 전반적으로 악몽이었다. 로케이션 현장에서 하늘의 상태는 빠르고 극적으로 변화해서 비주얼의 연속성을 유지하기가 힘겨웠다. 히치콕은 밤 촬영을 위해 필터를 사용하는 것을 포함해서 다양한 실험을 시도했지만, 밤에 찍은 이미지들은 하나같이 실망스러웠다. 로버트 벅스는 경이적인 특수효과로 구현된 매혹적인 카메라워크로 그해 오스카를 기적적으로 수상했다.

돌풍과 구경꾼들이 벌이는 꾸준한 소동도 상당한 분량의 대사를 후시녹음하게 만들었다. 때로는 음악이 해결책이었다. "예를 들어, 그랜트가 칸 해변에 있을 때 우산과 탈의실 캔버스가 바람에 날아가는 장면이 그랬습니다." 머레이의 기억이다. "그는 이 장면에서는 절대로 아무 사운드트랙도 없을 거라고 말했습니다. 음악만 있을 거라고요."

더빙은 영어를 어색하게 구사하는 프랑스 배우들과 관련한 문제를 푸는 데도 도움이 됐다. 다니엘르 역할을 놓고 볼 때, 브리짓 어버의 어눌한 영어는 매력적인 것으로 입증됐지만, 다른 배우들은 엉망으로 들리는 경우가 잦았다. 조지 토마시니의 조수였던 존 M. 우드콕은 이렇게 회상했다. "(로케이션 현장에서) 스케줄과 제작비 문제로 인해, 프랑스인 출연진이 추가 촬영을 위해 미국으로 와야 한다는 것을 아는 히치는 상당수의 불완전한 테이크에 오케이를 불렀습니다. 그는 영어를 가르치고 편집기술을 동원하면 그들의 연기를 향상시킬 수 있을 것이라고 짐작했습니다."

더빙과 재더빙. 파라마운트에서 마지막 테이크를 찍은 지 몇 달 후인 1955년 1월, 히치콕은 이것이 〈나는 결백하다〉의 마지막 스튜디오 재녹음 시간이 되기를 희망하면서 니스로 돌아왔다. 음향 편집기사는 제대로 된 음향 '테이프' 250개를 넣어야만 했다. 우드콕에 따르면 당시로서는 기록적인 수치였다.

아이러니하게도 샤를 바넬의 영어가 가장 형편없었다. 헤이스는 그의 대사를 수정했다. 스티븐 데로사의 표현에 따르면, "대사를 줄였고, 그 와중에 캐릭터의 성격 규정을 희생시켰다." 엘지 풀스톤은 옆에서 그를 코치하면서, 그의 대사들의 음성부호를 칠판에 분필로 적기까지 했다. 히치콕은 최후의 수단으로 그에게 카메라를 등지고 서서 손으로 입을 막으라고 지시하고는 촬영을 시작했다. 바넬의 영어는 알아들을 수 없는 수준이라서, 다른 프랑스인이 그의 대사 대부분을 더빙해야만 했다. 결국 〈나는 결백하다〉에서 프랑스 영화의 위대한 노배우의 모습을 볼 수는 있지만, 목소리는 들을 수가 없게 됐다. 또한 그의 캐릭터의 그럴듯한 면모도 당연히 훼손됐다.

그런데 타당성 문제, 플롯에 있는 결함, 목소리 없는 연기자 중 그 어느 것도 큰 문제가 되지 않았다. 촬영 후 거의 1년 만인 1955년 8월에 베일을 벗은 〈나는 결백하다〉는 〈이창〉에 버금가는 인기를 모았다. 〈이창〉이 평단의 진지한 분석을 계속해서 불러일으키면서 히치콕의 예술적 명성을 지지하는 반면, 〈나는 결백하다〉는 뻔뻔스러운 현실도피용 영화로 남았다. 멋진 풍광, 사람을 속이는 유머, 로맨틱한 화학작용. 감독은 이 모든 것을 그럭저럭 훌륭히 해치우면서, 에른스트 루비치의 작품과 비교할 만한 영화를 만들어냈다.

시사회 때문에 간 런던에서 인터뷰에 응한 그는 〈나는 결백하다〉는 '여성용 영화'에 불과하다고 설명했다. "감독들이 영화업계의 안정성과 지속성에 책임감을 느껴야만 한다는 건 중요한 일입니다"라고 히치콕은 밝혔다. "때때로 뻔한 영화를 만들어야 할 때에도, 최소한 더 잘 만들려는 노력은 기울여야 합니다."

파라마운트를 그리 많이 흥분시키지 못한 히치콕 작품이 별난 블랙코미디 〈해리의 소동〉이다. 존 마이클 헤이스에 따르면, 감독은 '재미 삼아, 그가 정기적으로 해오고 있는 일들로부터 기분전환도 할 겸'해서 이 작품을 만들기로 결정했다. 그런데도 스튜디오는 계약을 이행했다. 1949년에 출판된 잭 트레버 스토리의 데뷔소설은 100페이지 조금 넘는 얇은 분량이었다. 소설의 묘한 플롯은 시골마을의 숲에서 어린 소년이 시체를 발견하는 것, 그리고 자신들이 사고로 그 남자를 죽였다고 믿는 지역주민 몇 사람의 주위를 맴돈다. 낯선 사람에 대해서는 이름이 해리라는 것을 제외하고는 알려진 것이 거의 없다. 히치콕은 이 소설을 '근사한 전원문학 소품'이라고 불렀다.

〈나는 결백하다〉의 로케이션에 나선 동안, 헤이스는 촬영 휴식기와 주말에 히치콕을 만나면서 시나리오를 개발하기 시작했다. 히치콕은 미출판 상태이던 소설을 읽은 이후로 〈해리의 소동〉을 시각화하는 작업을 하고 있었다. 헤이스는 액션과 서스펜스를 가미하자고 설득했지만, 감독은 그가 거듭해서 읽은 소설에서 벗어나려는 의향이 조금도 없었다. 스티븐 데로사는 이렇게 인정했다. "사실, 스토리의 단편소설은 상세하게 작성한 영화 트리트먼트와 꽤나 비슷했다." '의미심장한 대사와 청각적인 묘사'는 스토리가 (헤이스처럼) 라디오 출신이라는 것을 보여줬다.

히치콕은 항상 〈해리의 소동〉에 넘쳐나는 전복적인 유머감각에 매력을 느꼈다고 말했다. 그런데 소설의 밑바닥에는 그의 최고작들과 균형을 맞추는 로맨스도 존재했다. 사실, 영화는 이중의 러브스토리를 자랑한다. 활력 넘치는 독신 어머니와 고뇌하는 아티스트의 생기 넘치는 연애와, 그와 어깨를 나란히 하는 부끄럼 많은 노처녀와 은퇴한 신사로 이뤄진 중년 커플의 유쾌한 구애.

소설에서 스크린으로 옮겨오는 동안, 캐릭터들과 서브플롯은 제거된 반면 첨가된 것은 적었다. 위그스 부인의 아들 캘빈이 새로 삽입된 유일한 캐릭터였다. 살인사건 조사에 나서는 부보안관 캘빈은 어느 정도의 서스펜스를 제공할 뿐 아니라, 히치콕 영화에서 예상되는 얼간이 경찰관 역할도 수행한다. 데로사에 따르면, 거의 덧붙여진 것이 없는 대사는 원작소설에 '거의 종교적일 정도로 충실하게' 남았다.

가장 큰 변화는 영화를 만들면서 소설의 배경이 영국의 전원에서 대서양을 건너 미국의 버몬트로 바뀐 것이다. 소설이 보여주는 지역적 특성 모두가 피상적이었기 때문에 원작을 미국화하는 작업은 〈로프〉 때보다 쉬웠다. 영화의 결말에서 양키의 진실성이 아주 간단한 기미로만 등장하지만 헤이스는 어렸을 때 버몬트에 살았기 때문에 그의 성장 배경은 여러 모로 유용했다.

히치콕 부부는 1951년에 뉴잉글랜드를 지나치는 여행을 즐겼는데, 이제 감독은 가을이 절정에 이른 동안에 버몬트를 촬영하고 싶어 했다.(그는 찰스 하이엄에게 '아름다운 색채로 채색된 풍광으로 영화의 소름끼치는 요소들의 대척점을 삼으려고' 그랬다고 말했다.) 파라마운트 시절을 특징짓는 효율성과 조직력을 발휘한 그는 9월 4일 오후 5시 30분까지 〈나는 결백하다〉를 작업하고는 동쪽으로 떠나는 기차에 올랐다.

파라마운트는 히치콕의 캐스팅 속임수에 넘어갔다. 〈해리의 소동〉이 그의 근작들에 비해 앙상블영화에 더 가깝다는 것은 명확한 사실이었는데도, 감독은 켈리가 MGM과 계약관련 분쟁에 휘말리기 이전까지는 젊은 어머니 —그녀는 해리의 소원한 아내라는 게 밝혀진다— 역할에 그레이스 켈리를 언급했다.

켈리의 캐스팅이 불가능한 것으로 판명되자 히치콕은 〈나는 결백하다〉에서 다른 여배우를 데려오는 문제를 고려했다. 미국에서는 상대적으로 무명에 가까운 브리짓 어버였다. 존 마이클 헤이스는 프랑스에서 "그녀가 블라우스를 아무렇게나 걸친다"는 것을 알게 됐다. "그렇게 입는 바람에 그녀는 가슴이 자주 드러났습니다. 물론 히치는 아주 기뻐했죠." 히치콕은 어버와 친분을 유지했는데, 팻이 결혼해서 자기 가정을 꾸리느라 바쁜 지금, 그는 프랑스 여배우를 친딸처럼 대했다.(최근에 아버지를 잃은 어버도 히치콕을 양아버지처럼 보게 됐다.)

그런데 〈나는 결백하다〉 촬영 동안 프랑스 억양 때문에 겪었던 문제가 히치콕이 어버 아이디어를 포기하는 데 도움을 줬다. 히치콕은 뉴잉글랜드로 가는 길에도 주연여배우를 여전히 확보하지 못한 상태였다. 어느 날 밤 프로듀서 핼 월리스가 브로드웨이 뮤지컬 〈파자마 게임〉의 대역배우에 발을 들여놓은 21살의 댄서에 대해 열광적으로 떠들어댔다. 댄서는 월리스가 행한 스크린 테스트에 응했는데, 히치콕은 그 테스트를 주의 깊게 감상한 후 콜먼을 뉴욕의 무대 뒤로 보냈다. 임시 대역배우를 찾아갔다가 (어버와 사뭇 비슷한) 나긋나긋한 말괄량이 외모를 주시한 콜먼은, 히치콕이 차기작에서 주인공을 연기할 '적당히 괴상한 인물'을 찾고 있다고 말했다.

세인트 레지스에서 (금발이 아닌) 셜리 맥클레인을 처음으로 만난 감독은 몇 가지 질문을 던졌다. 그녀가 출연했던 영화는 무엇인가? 그녀가 출연했던 텔레비전 영화를 볼 수 있는가? 그녀가 연기했던 브로드웨이 역할은 무엇인가? 하나도, 하나도 없었다. 그녀는 코러스 걸이자 대역배우에 불과했다. 맥클레인은 이렇게 회상했다. "갑자기 그가 다리를 위로 쭉 뻗더니, 발을 의자의 바닥에 무겁게 올려놓고는 팔꿈치를 무릎에 올려놓더군요. 모든 동작이 너무나 경쾌했어요."

"그렇다면 자네는 토끼풀 색깔이 어떤지 알겠군. 그렇지 않나?" 히치콕이 말했다. "그래요, 감독님. 그럴 수 있을 거예요." 그녀는 자리에서 일어서면서 대답했다. "저는 이제 가야겠죠?" "당연히 안 되지. 자리에 앉게. 모든 것은 내가 뒤엉킨 매듭 몇 개를 풀어야 한다는 뜻에 불과해. 자네는 캐스팅됐네." 그녀는 의자에 몸을 푹 눕혔다. "나는 사흘 후에 로케이션현장—버몬트—에서 자네가 필요해. 할 수 있겠나?"

히치콕이 고뇌하는 아티스트 역에 흥행성 있는 인물을 자랑할 수만 있다면 활기찬 젊은 어머니로 무명배우를 캐스팅하는 것은 괜찮은 일이었다. 초기에 그는 캐리 그랜트 아이디어를 놓고 스튜디오 수뇌부를 설득했지만, 그랜트의 출연료와 수익비율 요구는 시야에서 보이지도 않을 정도로 솟구치고 있었다. 〈해리의 소동〉을 '소품'영화로 만들어내기로 결정한 히치콕에게 그랜트는 귀찮은 존재가 될 수도 있었다. 그를 기쁘게 해주기 위해 배역을 고쳐 쓰는 것은 골칫거리일 뿐 아니라, 알게 모르게 이야기의 풍미를 바꿔놓을 수도 있었다.

히치콕이 진짜로 선호한 배우는 윌리엄 홀덴이었다. 감독은 다시 한 번 홀덴을 열렬히 쫓아다녔지만, 제작비 때문인지 임대와 관련한 이유에서인지 아니면 바쁜 스케줄 때문인지, 히치콕이 뉴욕을 통과할 시점에 홀덴은 지평선 너머로 사라져버렸다. 감독은 홀덴을 캐리 그랜트와 어깨를 겨룰 만한 배우라고 생각했지만, 홀덴을 히치콕 영화에 출연시키려는 거듭된 시도는 한 번도 성공하지 못했다.

뉴욕에서 히치콕은 존 포사이스를 만났다. 포사이스는 〈해리의 소동〉에 출연하기 위해 〈어거스트 문의 찻집〉의 캡틴 피스비를 연기하는 일에서 10주간 떠나기로 동의했다. 변덕스러운 면모를 지닌 사근사근한 배우인 포사이스는 범작영화 몇 편에 출연했는데, 브로드웨이에서는 명성이 훌륭했고 (히치콕이 좋아하던 〈서스펜스〉에 여러 차례 출연한 것을 포함해서) 라디오 작업도 다방면에 걸쳐 있었다.

히치콕의 본능적 반응속도, 활동속도는 이 정도였다. 『발레 데일리 타임스』가 히치콕의 버몬트 도착 사실—히치콕이 공항에서 리 에머슨 주지사와 악수를 하는 사진—을 거창하게 보도할 때인 9월 14일 즈음에도, 공식 홍보자료는 히치콕의 연출작 〈해리의 소동〉의 스타는 윌리엄 홀덴이라고 여전히 주장하고 있었다.

히치콕은 대역배우와 무명배우를 주인공으로 캐스팅하는 데서 그치지 않았다. 〈해리의 소동〉의 진정한 스타는 감독의 친구인 80대 배우였다. 잭 트레버 스토리의 소설의 핵심 캐릭터는 템스를 오가는 바지선에서 은퇴한 연로한 선장으로, 그는 자신이 사냥을 하다가 사고로 이방인을 쏴죽였을지도 모른다고 믿는다.(영화에서 그는 이스트 리버 예인선에서 은퇴한 선장이다.) 히치콕은 처음부터 이 역할에 〈스킨 게임〉, 〈비엔나의 왈츠〉, 〈해외특파원〉에 출연했던 영국 배우 에드먼드 그웬을 염두에 두고 있었다.

〈나는 결백하다〉의 반짝거리는 유머는 〈해리의 소동〉에도 넘쳐흘렀다. 존 마이클 헤이스의 가장 섹시한 중의적 대사의 일부는 80대 노인의 입에서 나왔다. "어르신이 그녀의 문지방을 넘는 첫 남자가 될 거라는 걸 아세요?" 샘(존 포사이스)은 둘이 등장하는 첫 장면에서 노처녀 미스 그레이블리를 향한 구애활동을 언급하면서 캡틴(에드먼드 그웬)을 놀린다. "알겠지만, 너무 늦은 것은 아니야. 그녀는 젊은(well-preserved)[15] 여자야." 캡틴이 변명하듯 대꾸한다. "어르신이 부러워요." 샘이 말한다. "아주 젊어." 캡틴은 조용히 말한다. "그리고 젊은 것들은 언젠가는 개봉돼야만 해." 파라마운트와 규범담당자들은 이 대화의 의미를 초고 때부터 알아챘다. 히치콕은 대사들을 수정하겠다고 약속하고서는, 그 대사들을 영화에 담아내는 방법을 다시 찾아냈다.

다른 출연진들도 박스오피스에 그다지 큰 도움이 되지는 않았다. 셰익스피어, 쇼, 오닐, 입센을 빼어나게 해석하면서 존 포드 영화에 자주 얼굴을 보인 밀드레드 내트윅이 미스 그레이블리로 캐스팅됐다. 브로드웨이 연극과 이후 만들어진 영화 〈세일즈맨의 죽음〉에서 아내 역을 연기했던 밀드레드 더녹은 시골 잡화점의 주인이자 마을의 여자 우체국장이며 샘의 팔리지 않는 작품들의 에이전트인 위그스 부인을 연

15 '잘 보존된'이라는 뜻도 있다. — 옮긴이

기했다. 존 휴스턴의 영화 〈백경〉에 엘리야로 출연했던 키 크고 우악스러운 로열 데이노는 부보안관이 됐고, 7살짜리 제리 매더스—훗날 TV 시트콤 〈비버에게 맡겨〉의 스타—는 처음에 시체를 발견하는 꼬마 소년으로 원작에서보다는 강화된 무례한 역할을 맡았다.

허버트 콜먼과 닥 에릭센은 주위환경과 산악풍광이 풍부한 버몬트 마을을 헌팅하러 다니다가, 인도를 수리하는 공사가 지역신문 1면에 보도되는 고장인 세인트 존스버리 인근의 마을을 배경으로 결정했다. 그러나 불운하게도 9월 1일에 버몬트 북동부와 세인트 존스버리를 포함한 캐나다와 뉴잉글랜드에 허리케인 캐럴이 들이닥쳤고, 1주일 후에는 엄청난 뇌우가 지역의 도로를 씻어갔다.

히치콕은 뉴잉글랜드의 화려한 단풍을 필름에 담기를 고대하고 있었지만, 사방 모든 곳의 나무들은 쓰러져 있었고, 길거리에는 폭풍의 잔해가 어질러져 있었으며, 나뭇가지들은 헐벗은 채 떨고 있었다. 존 마이클 헤이스는 여전히 로케이션 현장에서 시나리오를 가다듬고 있었기 때문에 개의치 않았지만, 콜먼과 에릭센은 새로운 로케이션 현장을 찾느라 좌충우돌했다. 첫 촬영이 9월 셋째 주말까지 연기됐지만, 불운은 결코 줄어들지 않았다. 버몬트의 그해 날씨는 평소보다 더 춥고 축축했다.

알마는 남편과 함께 여행하면서, 촬영을 지켜보러 촬영장에 자주 나왔다. 관찰자들이 보기에 감독은 원기가 왕성하고 로케이션의 난점에 동요하지 않는 듯 보였다. 그는 몇몇 실내장면을 찍으면서 비구름이 지나가기를 기다렸고, 나뭇잎 클로즈업이 실망스러운 것으로 판명되자 경치를 원경으로 찍는 것으로 그 공백을 메웠다. 그런데 10월 중순 무렵에 혹독한 날씨는 겨울로 변화했다. 제작진은 어쩔 수 없이 버몬트를 포기하고 할리우드를 택해야만 했다. 최소한의 스태프만 남아서 풍경 앞에서 대역배우들을 촬영했다.

히치콕의 소품영화를 만들 시간이었다. 제작부가 스튜디오에 버몬트 전원을 재창조하는 것을 돕기 위해, 감독은 나뭇잎 샘플이 그보다 먼저 도착하도록 할리우드로 보냈다. 파라마운트의 미술감독 존 굿맨은 인조나무와 잎들로 경이적인 작업을 해냈고, 특수효과 전문가 존 P.

풀턴과 카메라맨 로버트 벅스는 로케이션에서 찍은 필름의 조명과 색채에 맞게 스튜디오의 촬영을 조정했다.

〈해리의 소동〉은 정확한 논리와 리얼리티 면에서는 〈나는 결백하다〉보다 훨씬 적은 소동을 겪었다. 그렇게 히치콕은 크리스마스에 맞춰 —어느 면으로 보나 아주 훌륭한 해인— 1954년에 만든 그의 두 번째 영화를 완성했다. 히치콕 부부는 다시 유럽으로 비행기 여행을 떠나는 것으로 명절을 축하하고 미국의 집으로 돌아오기 전에 생모리츠와 파리, 런던에 들렀다.

1954~1955년 겨울은 〈나는 결백하다〉와 〈해리의 소동〉의 후반작업에 바쳐졌다. 두 영화는 어느 정도는 동시에 작업됐다. 조지 토마시니는 〈나는 결백하다〉의 음향 녹음테이프, 더빙, 실험실 효과들이 뒤섞여 편집실에서 꼼짝을 할 수가 없었다. 히치콕은 〈해리의 소동〉을 편집하기 위해 스튜디오의 다른 편집기사 알마 매크로리를 붙들었다. 〈나는 결백하다〉의 일정이 늦어지면서 작곡가 린 머레이도 똑같은 처지가 되어, 히치콕은 〈해리의 소동〉의 음악을 담당할 다른 누군가를 찾아야만 하는 신세가 됐다. 머레이는 친구 버나드 허먼을 추천했다.

줄리아드에서 교육을 받고 드뷔시와 라벨의 영향을 많이 받은 허먼은 영화와 CBS 라디오를 위해 음악을 작곡하고 연주하는 것으로 '진지한' 음악가 생활을 경제적으로 유지해나가는, 발레와 오페라 작곡가이자 오케스트라 지휘자였다. 할리우드에서 활동한 첫해인 1941년에, 허먼은 아카데미 후보에 2번 올랐다. 그는 〈악마와 다니엘 웹스터〉의 영화음악으로, 자신이 작곡한 오손 웰스의 〈시민 케인〉의 유명한 영화음악을 누르고 오스카를 수상했다. 그는 〈위대한 앰버슨가〉, 〈제인 에어〉, 〈행오버 스퀘어〉, 〈유령과 뮈어 부인〉, 〈지구 최후의 날〉을 비롯한 작품들에 사용된 잔잔하고 실험적인 무조(無調)음악에도 기여했다. 최근에 했던 그의 많은 활동 중에는 라디오 프로그램 〈서스펜스〉의 에피소드들을 작곡하는 것도 있었다.

히치콕은 선곡한 음악을 영화에 종종 삽입했지만, 이 시점까지는 전반적인 음악을 완전히 통제할 수가 없어서, 어쩔 수 없이 영화음악에 실망하고 있었다. 〈이창〉도 마찬가지여서 그는 〈이창〉의 결함 하나는 팝송을 착상한 것이라고 말하곤 했다. 줄거리를 통해 작곡된 그 노래는 영화의 끝부분에서 교향악단이 연주하는 화려한 음악으로 들려온다. 〈레베카〉와 〈스펠바운드〉를 작곡했던 프란츠 왁스먼은 히치콕이 원하는 대중음악 곡조를 전달할 수가없었다. "내가 원하는 방식으로 작업이 되지 않았습니다. 나는 꽤나 실망했죠." 그가 트뤼포에게 한 말이다.

거만하고 다투기 좋아하며 변덕스러운 허먼은 히치콕의 천생연분으로 는 보이지 않았다. 히치콕과 가장 친한 친구들조차도 영민한 작곡가가 때로는 그의 최악의 숙적이었다고 생각했다. 그럼에도 히치콕은 허먼을 만난 1955년 1월에, 허먼의 표현에 따르면 '대단히 일치하는 아이디어'를 공통적으로 가지고 있다는 것을 발견했다. 두 사람 모두 자신이 좋아하거나 존경하는 사람과 같이 일할 때 가장 편안해하는 현실적인 예술가였다. "1편에서 2편 정도의 훌륭한 영화를 만들 수 있는 감독은 많습니다." 히치콕과 씁쓸하게 갈라선 이후인 1968년에 허먼이 한 이야기다. "그런데 히치콕처럼 걸작 50편을 만들 수 있는 감독은 몇이나 됩니까? 서머싯 몸이 언젠가 이런 말을 했습니다. '누구나 내면에 훌륭한 소설 한 편을 가지고 있다. 내가관심을 갖는 것은 두 번째 소설이다.'"

영화음악학자 로열 S. 브라운이 '농담조의 해학적인 음악'이라고 묘사한 음악으로 얌전하게 시작한 허먼의 영화음악은 이후 만들어질 히치콕의 걸작영화들에 상당히 기여했다. 그의 음악은 '히치콕의 영화들이 필요로 하는 것, 〈스트레인저〉 같은 1950년대 초반의 걸작들에 심하게 결여된 것을 정확하게' 제공하면서 영화의 '정서적 깊이'에 기여했다고 브라운은 썼다.

그 정서적 깊이는 그들이 관계를 맺은 이후 즉각적으로 생겨났고, 허먼에 따르면, 〈해리의 소동〉 이후 히치콕은 허먼을 '시나리오 쓸 때부터' 불러들이기 시작했다. "그는 음악에 의존했고, 종종은 음악이 그 장면을 보완할 것이라고 생각하면서 촬영했습니다." 허먼에 따르면, 감독은 편집의 매 단계에서 작곡가를 불러들였다. '음악을 활용한다면, 그는 그 장면을 다르게 편집할 것'이기 때문이었다.

〈나는 결백하다〉와 〈해리의 소동〉의 후반작업으로 분주한 바로 그 시간에, 히치콕은 〈나는 비밀을 안다〉의 리메이크 시나리오 작업을 시작했다. 1938년에 『뉴요커』 인물 소개에 실린 내용을 보면, 히치콕은 할리우드에 처음 여행을 왔을 때부터 〈나는 비밀을 안다〉의 첫 장면에서 북아프리카의 장터를 묘사하다가 살해당한 비밀요원의 얼굴로 희미하게 넘어가는 식으로 미국화하는 문제에 대해 고민하고 있었다. 그러고는 할리우드에서 보낸 두 번째 해인 1940년에 히치콕은 데이비드 셀즈닉에게 그 아이디어를 제안했는데, 셀즈닉은 잠시 동안 우호적인 반응을 보였다.

리메이크는 오리지널에서 중추적인 역할을 담당했던 앵거스 맥페일과의 우정과 관련돼 있었다. 히치콕이 영화관련 권리를 다시 알아보기 시작한 것은 제2차 세계대전 동안 〈행복한 여행〉과 〈마다가스카르의 모험〉을 공동작업하기 위해 히치콕과 앵거스 맥페일이 다시 한데 모인 이후부터였다. 결국 시드니 번스타인이 트랜스아틀랜틱을 위해서 거래를 성사시켰다. 맥페일은 전쟁이 끝난 후 몇 년 동안, 일링에서 〈풍부한 위스키〉(1948)와 〈꼬리를 무는 사건들〉(1949)의 시나리오에 기여하면서 생산적인 시간을 보냈다. 그러나 늘 유쾌한 알코올중독자였던 그는 육체적으로나 경제적으로나 회복할 수 없을 것처럼 보일 때까지 술을 마셔댔다. 그는 1953년 2월에 니스에서 히치콕에게 편지를 써서, 빚더미 때문에 신경쇠약에 걸릴 지경이며 호텔 청구서를 지불할 능력이 없다고 하소연했다. 히치콕은 즉시 약간의 액수를 송금했고, 나중에는 맥페일이 밀린 외상값을 정리하고 영국으로 돌아와서 방랑생활을 그만둬도 될 정도의 생활비를 마련해주려는 비공식적 친구의 모임에도 돈을 내놨다.

맥페일을 고용하고 복귀를 돕는 것은 히치콕이 리메이크 작업을 서두르게 된 동기의 일부가 되었다. 맥페일의 참여는 시나리오의 개선을 돕는 데서 그치지 않았다. 그가 미국영화에서 크레디트를 받는다는 사실은 작가협회의 회원자격을 따낸다는 것을 의미했는데, 작가협회가 제공하는 건강보험 혜택은 맥페일의 장래의 경제적 부담을 덜어줄 수 있었다.

맥페일은 크리스마스 직후에 할리우드로 와서, 히치콕 부부의 집에서 가까운 윌셔대로에 있는 호텔에 묵었다. 그런 후에, 히치콕과 옛 친구와 스토리 편집자는 1934년도 영화를 제임스 스튜어트를 위해 뜯어고치는 작업에 착수했다. 스튜어트의 참여는 프로젝트에 힘을 실어줬다. 스튜어트는 리메이크에 출연하기로 합의하고 1955년 여름을 이 작품을 위한 시간으로 빼놓았다. 오리지널 버전에서 레슬리 뱅크스는 빼어난 '너무 많이 아는 사나이'[16]였지만 그다지 매력적이지는 않았고, 그래서 영화는 앙상블 영화에 더 가까웠다. 새로운 시나리오는 히치콕의 동업자인 스튜어트의 스타성을 더욱 강조해야만 했다.

스튜어트는 미국인 역할을 맡을 때에만 믿음직스러웠기 때문에, 히치콕은 그의 친숙한 페르소나를 받아들이면서 오리지널의 영국인 여행객 부부를 미국 중서부 출신의 '결혼한 지 꽤 된' 맥켄나 부부로 바꿔놓기로 결정했다. 모로코의 마라케시에서 장면들을 찍고 싶었던 히치콕과 맥페일은 벤 맥켄나(스튜어트)를 파리에서 열린 의학학술회의를 막 끝낸 내과의사로 설정했다. 맥켄나는 제2차 세계대전 동안 복무했던 북아프리카를 가족과 짧은 동안 감상적으로 방문하고 있다. 오리지널과 마찬가지로 맥켄나 부부는 그들이 사귄 프랑스 스파이가 살해되는 것을 목격하는데, 아이가 납치되고 국제적 음모에 휘말려들면서 시간에 쫓기기 시작한다.

오리지널인 〈나는 비밀을 안다〉는 1930년대 초반에 신문 헤드라인을 장식한 국제적 긴장사례들, 특히 히틀러와 나치의 발호를 활용했다. 리메이크를 위해서는 1950년대의 정치적 분열을 끌어오는 것이 합리적이었다. 독일은 빠르게 복구되고 있었고, 소련은 새로운 세계의 전체주

16 영화의 원제. — 옮긴이

의적 악령으로 불쑥 부상했다. 히치콕은 지나친 냉전분위기에 불만을 품었지만, 아이젠하워의 미국을 점차 편안하게 느끼게 됐다. 그리고 리메이크인 〈나는 비밀을 안다〉는 그가 계속해서 반공주의로 경도되는 것을 보여준다.

히치콕은 1951년에 클라우스 푸크스가 자백한 스파이활동 뉴스에 열중했다. 푸크스의 자백에 뒤이어 푸크스의 동료—이탈리아 출신 핵물리학자 브루노 폰테코르보—가 종적을 감췄는데 러시아로 망명한 것으로 추정됐다. 폰테코르보는 영국 시민으로 귀화한 공산주의 동조자였다. 폰테코르보 사건은 히치콕과 맥페일이 오리지널 영화에서 암묵적으로 독일인 조직으로 상정한 납치범과 암살자들을 영국 공산주의자로 대체하게 만들었다.

맥페일—그는 근본적으로는 정치에 무관심했지만, 영국 공산주의자를 경멸했다—은 이런 경향을 강화했다. 1955년 1월과 2월에 그가 적은 노트는 헝가리위기도 리메이크의 틀을 잡는 데 영향을 끼쳤다는 것을 보여준다. 1953년에 스탈린주의자를 밀어내며 권좌에 오른 헝가리 수상 임레 나지는 예기치 않게 자유주의적인 행동을 하면서 소련에 있는 후원자들을 경악하게 만드는 민족주의 정책을 도입했다. 히치콕과 맥페일은 이 사건에서 나지 타입의 수상이 런던을 여행하는 도중에 러시아인들의 살인표적이 되는데, 러시아인들은 이 암살을 미국이 사주한 것으로 위장한다는 아이디어를 도출해냈다. 암살기도는 다시 앨버트홀에서 심포니공연이 있는 도중에 일어나는데, 어머니가 지르는 비명이 다시 암살기도를 막을 것—히치콕이 자신의 능력으로는 오리지널을 개선할 수 없다고 느낀 시퀀스—이다.(히치콕의 입장에서 리메이크가 주는 매력 중에는 마라케시에서 로케이션 촬영을 할 기회를 가질 뿐 아니라, 오케스트라 클라이맥스를 실제 앨버트홀에서 엑스트라 수백 명을 동원해서 컬러로 찍을 수 있다는 점도 있었다. 이 두 가지는 빈궁했던 고몽 시절에는 불가능했던 일이다.)

2월에 두 친구는 다른 핵심 플롯 포인트를 해결해냈다. 여기에는 마라케시를 배경으로 한 새로운 오프닝도 들어 있다. 마라케시의 버스에서 맥켄나의 8살짜리 아들 행크는 무슬림 여성의 베일을 우연히 잡아당겨서는 승객의 폭동을 불러일으킬 뻔한다. 정체불명의 낯선 사람 루이 베르나르—맥켄나 부부를 그가 추적하려고 노력 중인 영국인 공산주의자 부부로 오해한 비밀요원—가 서둘러 폭동을 잠재운다.

일찍이 2월 초순에 히치콕은 스튜어트의 아내 조 맥켄나를 도리스 데이가 연기하게 될 것이라고 예상했고, 그런 예상은 조를 은퇴한 세계적인 유명가수로 만드는 것으로 드러났다. 맥페일은 오리지널에 있던 총격전을 조가 아들에게 가르쳤던 노래를 (암묵적으로는 소련권 국가의) 대사관에서 불러서 행크를 구하는 것으로 대체하는 신을 초고에 써넣었다. 행크는 휘파람으로 멜로디를 부는 것으로 화답하며 자신이 갇혀 있는 곳을 밝힌다. 이것은 히치콕과 맥페일이 사자왕 리처드의 전설에서 의식적으로 차용한 아이디어다.[17]

히치콕과 맥페일은 힘을 합쳐 오리지널에서 레슬리 뱅크스와 휴 웨이크필드가 실마리를 찾아 음흉한 치과의사를 방문하고 태양 숭배자의 사원—갱들의 은신처를 위장한 곳—에 도착하는 것으로 끝맺는 상당히 코믹한 시퀀스의 대안이 될 장면을 내놓았다. 그들은 죽어가는 루이 베르나르가 속삭인 이름인 '앰브로스 차펠(Ambrose Chappell)'을 벤 맥켄나가 찾아나서는 장면을 그려냈다. 런던 길거리에서 홀로 편집증에 걸린 벤은 위협적인 발소리를 듣지만 그것은 잘못된 경고였다. 스파이와는 조금도 연관이 없는 박제사로 판명되는 '앰브로스 차펠'도 마찬가지였다.

그러는 동안, 동요하는 조는 호텔에서 왕년의 연예계 친구들에게 붙잡혀 있다가 '앰브로스 채플(Ambrose Chapel)'이 런던의 예배당(오리지널보다 더욱 신교도적인 분위기다)이라는 것을 갑자기 깨닫는다. 예배당에서 조의 아들을 인질로 붙들고 있는 영국인 부부는 성직자로 위

17 리처드 1세는 성지에서 돌아오는 도중에 오스트리아 왕에게 사로잡힌다. 영화학자 빌 크론에 따르면, 왕이 총애하던 음유시인은 "리처드가 작곡한 노래를 부르면서 이 성과 저 성을 떠돌다가, 결국에는 그의 군주가 투옥된 요새의 내부에서 후렴을 따라 부르는 소리를 듣는다." 행크가 리메이크에서 그러는 것처럼, 리처드 1세는 풀려난다.

장하고 있다. 그리고 그녀는 아들을 구하러 뛰어나간다…… 다른 파라마운트 프로젝트를 쓰느라고 바빴던 존 마이클 헤이스가 2월 말에 시나리오에 합류했을 무렵에 이 모든 것은 온실 속에서 쑥쑥 자라고 있었다. 헤이스는 훗날 가진 인터뷰에서 자신은 오리지널 영화를 한 번도 본적이 없다고 주장했지만 영화학자 빌 크론은 헤이스의 '작업 스피드를 높이기' 위해 "히치콕은 오리지널 〈나는 비밀을 안다〉의 16㎜ 사본을 빌려다가 그에게 틀어줬다"고 썼다.

헤이스가 오리지널을 봤건 못 봤건, 히치콕은 헤이스를 자리에 앉혀놓고 그 특유의 리허설을 하면서, 그와 맥페일이 그때까지 통합해놓은 아이디어를 모두 포함하는 새로이 미국화된 버전을 과장되게 떠들어댔을 것이다. 헤이스는 훗날 가진 인터뷰에서 자신은 맥페일이 써놓은 글은 한 글자도 읽지 않았다고 주장했는데, 이것이 그가 맥페일은 "한 줄도 쓰지 않았다"고 믿게 된 이유 중 하나였다. 시간이 흐르면서 이러한 오해는 더욱 악화되었다.

헤이스의 시나리오—불완전했고, 앰브로스 채플 시퀀스 이후로는 중단됐지만—는 1달 이내에 히치콕이 정독할 수 있게 준비됐다. "헤이스가 캐릭터의 살을 붙였다고 말하는 것은 그의 기여를 무시하는 것이다"라고 크론은 적었다. "이 시점까지는 캐릭터라고는 1명도 없었다. 그저 베테랑 플롯 마법사 커플이 작업해낸, 서스펜스를 불러일으키는 점차로 세련돼가는 구조만 있었을 뿐이다. 히치콕이 루이 베르나르, 드레이튼 부부, 영국정보부 요원과 영화의 해외 배경의 다른 세세한 점에 대해 덜 만족스러워하기는 했지만, 헤이스는 벤, 조, 행크에게 활력을 불어넣었다."

크론에 따르면, 맥켄나의 결혼생활에 대한 헤이스의 트리트먼트는 아마도 시나리오에 '그가 했던 가장 중요한 기여'였다. 헤이스는 행크가 다 자란 지금 조가 간절히 무대로 돌아가고 싶어하도록 설정했다. 부부(맥페일의 오리지널 묘사에따르면, "부부의 사이는 너무나 안정적이라서 말다툼할 여력이 있다.")는 그녀가 받은 컴백 제의를 놓고 말다툼을 벌이지만, 이와는 모순되게도 조는 아이를 갖는 것을 개의치 않겠다는 힌트를 보인다. 그런데 히치콕은 직업적 경력과 가정생활 사이의 갈등을 '진부하다'고 보고는, 헤이스에게 가능한 모든 곳에서 결혼생활을 '풍자적이고 코믹'하게 만들라고 지시했다.

히치콕은 리메이크에 코미디를 집어넣으려고 계속 노력했다. 그는 일부 장면이 보여주는 일일연속극 수준의 품격에 만족하지 않으면서, 크론이 헤이스의 덕으로 돌린 시나리오에 있는 핵심 장면을 현명하게 편집했다. 벤은 행크가 납치됐다는 얘기를 조에게 하기 전에 조를 속여서 진정제를 먹인다. 크론은 "헤이스의 초고에서 조는 벤이 약을 먹인 것을 신랄하게 비난하고, 의식을 잃어가는 동안 흐느껴 울면서 남편이 자신에게 한 짓에 대해 진심으로 남편을 증오한다고 밝힌다"고 썼다. "촬영에 들어간 히치콕은 그 쥐어짜듯 괴로운 장면이 '멜로드라마' 같다고 판단하면서 잘라냈지만, 그 장면에 담긴 정신만은 그대로 유지했다."

감독은 관심을 분할해서 할애하는 데 천재적이었지만 1955년 봄에는 지독히도 바빴다. 시나리오는 4월 말에 그가 런던으로 떠날 때까지도 완성되지 않았는데, 스티븐 데로사에 따르면 히치콕은 '한 단어, 문단 전체, 행위의 지문이나 카메라 연출에 이르기까지 바꿔야 할 필요성이 있는 것들을 지적하는 굉장히 상세한' 메모를 남겨놓고 떠났다.

그런데 히치콕이 런던으로 떠나기 전인 1955년 4월 20일에 매일 같이 하는 일과를 방해하는 의미심장한 일이 벌어졌다. 이미 미국 시민권자였던 히치콕 여사는 남편보다 훨씬 더 미국에 열광적이었다. 1950년대에 그녀는 다른 많은 미국인들과 더불어 공화당으로 지지정당을 바꾸고는 대통령 선거에서 드와이트 아이젠하워에게 표를 던졌다. 히치콕은 예비역 장성을 좋아하기는 했지만, 그가 투표를 했다는 기록은 하나도 없다. 그리고 1960년대에, 히치콕의 지인은 그가 다시 민주당—케네디와 존슨—을 지지하면서 지지정당을 바꿨다고 말했다.

1955년에 시드니 번스타인이 런던에서 히치콕과 찰리 채플린에게 저녁을 대접할 때, 애국심이 대화의 화제로 올랐다. 히치콕처럼 영국 토박이인 채플린은 반공주의와 윤리적 개혁운동으로 인해 할리우드에서 축출됐다. 1952년에 신사 방랑자가 〈라임라이트〉의 시사회를 위해 런던을 여행하고 있는 동안, 미국 법무장관은 그의 여권을 무효화했다. 이제 채플린은 자신이 미국 시민권을 취득하지 않은 것이 기쁘다고 말했다. 타의에 의해 유배된 그는 스스로를 세계시민으로 여겼다. 히치콕은 자신은 채플린에게 일어난 일을 용서할 수 없지만, 어떤 사람이 어느 나라에 살면서 일을 하려 한다면 그 사람은 그 나라 시민이 짊어져야 할 의무를 모두 받아들여야만 한다고 말했다.

루 와서먼은 히치콕에게 미국 시민이 되라고 권했는데, 그렇게 하면 무엇보다도 세금 혜택이 있었다. 히치콕 여사 역시 남편에게 시민권을 따라고 몇 년 동안 거듭 애를 쓰며 설득해왔다. 그에게는 그것이 민감한 문제라는 것을 모두가 느끼고 있었다. 그는 그 문제로 압박을 받을 때마다 빡빡한 일정 때문에 도저히 짬을 낼 수가 없다는 냉담한 핑계를 대며 거절했다. 히치콕은 '판사가 스튜디오로 와서 내 선서를 받을 수 있게만 해준다면야' 하고 말하곤 했다.

그런데 4월 20일에 허버트 콜먼은 그가 선서를 할 수 있도록 다운타운으로 그를 태우고 갔다. 히치콕과 공동 프로듀서는 운전을 하는 동안 끝말잇기 게임을 하면서 재미를 보는 것이 보통이었다. 감독은 그런 자리를 운율이 맞아떨어지는 코크니 은어들을 들려줄 기회로 삼았지만, 이날 히치콕은 입을 굳게 다물고는 침울한 눈빛으로 창밖을 바라만 봤다. "히치, 생각을 고쳐먹고 있는 건가요?" 콜먼이 물었다. "아닐세, 허비." 그가 대답했다. "그렇지만 히치콕은 유래가 대영제국의 초창기까지 거슬러 올라가는 성일세. 그런 성과 결별하는 것이 나에게 얼마나 중요한 일인지 상상할 수 있겠지?"

로스앤젤레스 다운타운에 있는 법정은 미국인이 되려는 사람들로 우글거렸다. 히치콕은 북적거리는 이민자 가운데에 서서 손을 들고 충성을 맹세했다. 감독의 MCA 에이전트 중 하나인 아서 파크는 히치콕의 공식증인 2명 중 1명이었다. 다른 증인은 오랜 친구인 조지프 코튼이었다.

"당신은 영국영화에 나오는 미국인 캐릭터 같군요." 〈나는 결백하다〉에서 그레이스 켈리가 캐리 그랜트의 복잡한 국적을 조롱하면서 하는 말이다. 영국에서 젊은 시절을 보낼 때, 히치콕은 스스로를 '미국 애호가'라고 생각했다. 그런데 이즈음의 그는 할리우드 영화에 나오는 영국인 캐릭터와 비슷했다. 그는 미국인이 된 것을 자랑스러워했지만, 뼛속 깊숙한 곳에 있는 그는 영국인이었다.

1955년 무렵에 앨프레드 히치콕이라는 이름은 이미 유명해져 있었다. 특히 영국과 미국에서 사람들은 그의 얼굴을 쉽게 알아봤다. 그런데 이제 더 큰 유명세의 씨앗이 심어지고 있었다. 히치콕을 채플린처럼 세계시민으로, 그리고 그의 영화에 등장하는 모든 실제 스타들을 능가하는 감독으로 만들어줄 더 큰 명성의 씨앗이.

장 뤽 고다르는 〈스트레인저〉에 대해 쓴 글에서 이 영화에는 '당당한 야심'이 스며들어 있다면서, 히치콕을 랑과 무르나우와 같은 반열에 있는 감독으로 분류했다. 그는 히치콕이 '대서양 양안의 감독 중에서 가장 독일적인 인물'이라며 찬사를 보냈다. 영화감독이 되겠다는 꿈을 품은 열성적인 영화광인 클로드 샤브롤과 프랑수아 트뤼포는 1954년 파리의 호텔 객실에서 열린 감독의 기자회견에 참석했고, 나중에는 히치콕이 〈나는 결백하다〉의 후시녹음을 감독하고 있던 생모리츠의 스튜디오를 방문했다.

샤브롤과 트뤼포는 중요한 영화저널로 새롭게 떠오르는 『카이에 뒤 시네마』를 위해 감독을 인터뷰했다. 영향력 있는 평론가이자 오손 웰스에 대한 저서를 지은 앙드레 바쟁도 캐리 그랜트와 존 윌리엄스가 등장하는 꽃시장 장면을 연출하는 히치콕을 보러 파리에서 니스로 찾아와 감독을 인터뷰했다. 1956년 여름에 파리에 있는 시네마테크 프랑세즈의 창설자 앙리 랑글루아는 1달에 걸쳐 열린 영국영화 회고전에 히치콕의 희귀작 12편(무성영화 7편 포함)을 포함시켰다. 그해 9월, 『카이에 뒤 시네마』는 9월호 전체를 그에게 헌정하는 드문 영광을 히치콕에게 바쳤다.

히치콕이 할리우드에서 만든 작품에 깃들어 있지만 제대로 평가받지 못한 예술성에 주된 초점을 맞추는 그의 '열정적인' 프랑스 추종자들에게 처음에는 어리둥절해했다는 것은 지적하고 넘어가야 한다. 감독은 그런 상황에 기분이 좋았지만, 거기에 압도되지는 않았다. 물론 그는 자신의 작품에 미묘하고 다층적인 부분이 있다는 사실을 그 누구보다도 잘 알고 있었다. 그런데 바쟁의 표현에 따르면, 히치콕은 프랑스인들이 '그의 작품에서 어떻게든 갖다붙이는' '최후의 하찮은 의미'에 깜짝 놀랐다. 그는 윙크를 하면서 "그들이 나에 대해서 얘기하고 있는 게 맞는지 궁금할 때가 종종 있습니다"라고 말하는 것을 즐겼다.

예를 들어, 트뤼포는 〈링〉에서 릴리언 홀-데이비스가 비밀리에 그녀에게 구애하는 남자에게서 선물로 받아 걸친 뱀처럼 생긴 팔찌가 원죄에 대한 언급임이 틀림없다고 주장했다. 아마도 히치콕은 어깨를 으쓱하고 말았을 것이다. 트뤼포가 〈해리의 소동〉을 가을에 촬영한 것은 퇴락의 계절이라는 상징적인 이유에서라고 주장하자, 히치콕은 거기에 동의해야만 했다. "그 사람의 환상을 깨버릴 수가 없었습니다. 그렇죠?"

바쟁은 자신이 얼마나 꼼꼼하게 탐구했느냐와는 무관하게, 히치콕이 보여주는 어리벙벙함과 놀라움이 진실해 보인다는 사실을 인정했다. 바쟁은 니스에서 보낸 그날, 카메라를 설정하는 사이사이마다 프랑스 시네아스트들이 감독이 평생 만들어온 작품에서 발견해낸 '꾸준하고 심오한 메시지'에 대해 논의하자고 감독을 설득하기 위해 갖은 애를 썼다. 히치콕은 기술적 수단과 방법에 대해 얘기하기를 원했지만 바쟁은 예술에 대해 논의하는 것을 선호했다. 바쟁의 표현에 따르면, 히치콕은 "'예술적인' 영화를 만드는 것은 쉽습니다. 그런데 진짜 어려움은 훌륭한 상업영화를 만드는 데 있습니다"라고 대답했다.

바쟁은 히치콕이 그의 영화에 반복해서 등장하는 최소한 한 가지 주제에 대한 의견을 들었다는 것을 위안으로 삼았다. "윤리적이고 지적인 수준 때문에, 단순한 '서스펜스'—약자와 강자를 동일시하는 서스펜스—의 영역이 기저에 흐르고 있는 것은 확실합니다." 바쟁은 감독이 귀를 기울이는 동안 선과 악이 이름으로, 기차표로, 고해성사 등으로 연결된 사례로 〈의혹의 그림자〉, 〈스트레인저〉, 〈나는 고백한다〉를 거론했다.

"그런 미묘한 주장을 통역하는 것은 그리 쉬운 일이 아니었다"고 바쟁은 논문에서 회상했다. "히치콕은 집중력 있게 주의를 기울이며 그 얘기를 경청했다. 그가 결국 논지를 이해했을 때, 나는 예상하지도 못했고 예상할 수도 없었던 아이디어로 인해 그가 인터뷰에서 처음이자 유일하게 감동을 받았다는 것을 알았다. 나는 유머러스한 갑옷에 나 있는 균열을 찾아냈다. 그는 환한 미소를 지었고, 나는 그의 표정 옆으로 지나치는 일련의 생각을 따라갈 수 있었다." 그런데 프랑스의 평론가이자 수필가는 "내 질문에 담긴 상대적으로 진지한 특성이 그가 미국에서 인터뷰할 때 친숙했던 것과 공통점이 거의 없다는 것"을 알았다. "비평적 분위기의 돌변이 그를 불안하게 만들었을지도 모른다."

『카이에』—마찬가지로 진지한 프랑스의 라이벌 영화저널—와 『포지티프』의 평론가들은 고집스럽고 강력한 방식으로 히치콕을 예술가로 재규정하기 시작했고, 세계의 나머지 지역은 결국 그들의 의견에 주목해야만 했다. 그런 목소리를 이끈 으뜸가는 인물들은 히치콕이 1955년에 만난 젊은 프랑스 평론가들이었다. 바쟁(그 자신의 접근방식은 절충적이었음에도, '작가'운동의 정신적 지주), 고다르(히치콕 최초의 적극적 옹호자), 샤브롤과 에릭 로메르(팀을 이뤄 히치콕에 대한 첫 저서를 집필했다), 그리고 트뤼포(몇 년 후 히치콕의 삶에 다시 투신해서 히치콕의 유산의 결정적인 틀을 잡았다).

루 와서먼이 고객들의 이해관계를 지켜보는 미국에서는 또 다른, 심지어는 더욱 큰 씨앗이 심어지고 있었다. 히치콕을 텔레비전에 출연시키자는 아이디어를 내놓은 사람은 아마도 와서먼일 것이다. 아이디어를 내놓은 사람이 누구건, 끝내주는 아이디어였다.

히치콕은 항상 그가 연출을 시도하게 된 것이 마이클 밸컨의 아이디어였다고 항상 말한 것처럼, 그것이 와서먼의 아이디어였다고 말했다. 그러나 그가 전국적으로 방송되는 라디오 시리즈를 내놓으려고 노력하면서 몇 년의 시간을 보낸 것도 사실이었다. 그가 좋아하는 서스펜스소설들을 골라서, 머릿말을 쓰고는 자신의 이름을 편집자로 내세운 선집을 이미 발표한 것도 사실이었다.

일이 어떤 식으로 이루어졌건, 히치콕은 1955년 봄에 와서먼이 아이디어를 내놓자 주저하는 기색을 보였다. 히치콕은 TV를 그리 자주 보는 편이 아니었다.(그는 퀴즈쇼와 '국제 문제'를 다루는 시사 프로그램을 즐겨 본다고 어느 인터뷰에서 밝혔다.) 그는 널리 퍼져가는 텔레비전의 인기를 그가 무조건적인 충성을 바치는 영화산업에 대한 위협으로 바라봤다. 그리고 그와 같은 반열에 오른 다른 감독 중 그 누구도 소형 스크린에 투신하는 일은 감히 꿈도 꾸지 못했다.

그렇더라도 그는 탤런트와 광고를 포함한 프로그램을 패키지로 제공하는 MCA가 텔레비전업계에서 영향력을 키우고 있다는 사실을 모르지는 않았다. 또 그보다 앞선 1954년 중반에 시드니 번스타인은 영국 텔레비전법안의 제정과정에 한몫을 하면서, 독립적인 텔레비전계약을 따내서 그가 지배하는 그라나다(번스타인이 세운 회사로, 미래의 트랜스아틀랜틱 영화에는 영원히 문호를 닫아걸었다) 제국의 영역에 방송을 추가했다. 와서먼이 또 다른 옛 친구 조앤 해리슨이 히치콕 시리즈를 도울 수 있다는 얘기를 꺼내자(사실이 그렇지 않았더라도, 히치콕은 늘 이렇게 주장했다), 히치콕은 관심이 동했다. 히치콕이 중요하게 여긴 것은 히치콕 본인이 시리즈의 런칭을 감독하는 것이었다. 그런 과정에서 해리슨은 일상적으로 벌어지는 일들의 상당수를 떠맡을 수 있을 것이다.

해리슨은 방송국 신디케이트에서 방송할, 엘라 레인스가 출연하는 〈공인간호사 재닛 딘〉을 제작하러 뉴욕으로 이사해 있었다. 왕년의 히치콕의 부하는 독일로 돌아가기 위해 할리우드를 떠난 그녀의 영화 동업자 로버트 시오드막 감독과, 자신의 시리즈로 프라임타임에 뛰어든 또 다른 동업자인 배우-감독 로버트 몽고메리의 뒤를 쫓아서 히치콕보다 앞서 텔레비전에 진출했다. 이제 해리슨은 공동 프로듀서로 합류하면서 할리우드로 돌아왔다.

와서먼이 기어에 기름칠을 하자 CBS는 히치콕에게 최고 수준의 계약을 제안했다. 그는 시리즈에 이름을 빌려주고, 시리즈의 사회자와 프로듀서로 일하며, 몇 가지 에피소드를 연출한다. 그가 받을 급여는 그가 연출했던 여러 장편영화의 연출료보다 높았다—에피소드당 12만 5,000달러로 보도됐다—. 그리고 조항 중 하나에는 와서먼의 특기가 발휘됐다. 시리즈와 관련한 모든 권리는 첫 방영이 끝난 후 히치콕에게 귀속되게 돼 있었다.

별도의 제작사—히치콕의 영국 별장의 이름을 딴 섐리 프로덕션—가 정식으로 설립되고 첫 시즌을 위한 기획이 시작됐다. MCA는 줄거리, 작가, 캐스팅을 도와줄 예정이었다. 와서먼의 권력이 커져가면서 MCA는 슈퍼 에이전시, 기다란 촉수를 가진 문어로 진화해가고 있었다. 히치콕은 『로스앤젤레스타임스』와 가진 인터뷰에서 농담을 했다. "나는 내가 문어발의 끝부분이라서 텔레비전에 뛰어들고 있습니다. 나는 MCA의 노예입니다." 그러나 〈앨프레드 히치콕 극장〉은 감독 자신이나 와서먼이 가늠도 할 수 없을 정도로 감독의 명성과 부를 높여줬다.

늦봄과 여름이 〈나는 비밀을 안다〉의 촬영기간으로 잡혔다. 감독은 런던에서 먼저 도착해 있던 앵거스 맥페일을 만나 5월 둘째 주에 함께 마라케시로 날아갔다. 해외 로케이션 문제에서 맥페일은 헤이스보다 솜씨가 더 좋았다. 마라케시에서 그는 히치콕의 긴급 특수요원으로 활동할 예정이었다. 시나리오의 세세한 점들을 손보는 (데로사의 책에 따르면, '헤이스가 보낸 시나리오를 편집하고 주의할 점을 지적하는') 한편으로, 그의 장기인 익살과 코믹한 요소들을 브레인스토밍했다.

마라케시에서 멀리 떨어져 있던 헤이스는 그가 보시하는 차원에서 참여한 작가라고 생각한 맥페일이, 〈나는 비밀을 안다〉의 오리지널과 리메이크 버전 모두에서 어떤 점에서 그보다 우월한지에 대해 모호하게만 알고 있었다. 이것은 히치콕이 〈이창〉, 〈나는 결백하다〉, 또는 〈해리의 소동〉에서 어느 누구하고도 크레디트를 공유하지 않았던 헤이스를 다른 작가와 원치 않는 결합을 하게 만든 첫 사례였다. 그는 시나리오 작업이 끝날 때까지 참여한 —종종은 히치콕 여사를 포함한— 가급적 많은 작가에게 크레디트를 주는 감독의 오랜 관행을 경험한 적이 없었다.

〈이창〉으로 오스카 후보에 오른 지 얼마 안 된 헤이스는 자신의 이름과 평판을 깎아내리는 일이 벌어지는 것을 어쩔 수 없이 지켜볼 수밖에 없었다.[18] 그가 완성한 시나리오가 마라케시로 공수됐을 때, 시나리오 표지에는 맥페일에 대한 언급 없이 '존 마이클 헤이스가 쓴 최종 원고'라고 적혀 있었다. 허버트 콜먼은 문제가 생기리라는 것을 직감했다. 그는 핑계를 대면서 히치콕에게 시나리오를 넘겨주는 것을 늦췄는데, 마침내 표지를 보게 된 히치콕은, 콜먼의 표현에 따르면 "뚜껑이 열렸다." 이것은 맥페일의 온전한 기여와 옛 친구를 도우려는 히치콕의 노력을 무시한 배신행위였다. "총각들을 부르게." —MCA를 가리키며— 히치콕이 말했다. "그들에게 이 인간을 당장 잘라버리라고 말해."

그러나 콜먼은 총각들을 부르지 않았고, MCA는 헤이스를 곧장 파면하라는 지시를 받지 않았다. 대신 콜먼은 헤이스에게 보낸 스튜디오 메모를 통해 히치콕의 우선 승인을 받기 전까지는 시나리오에 '최종'이라는 서명을 하거나 표시를 하지 말라고 경고했다. 사정을 아는 모든 사람은 이것이 곧 유야무야될 오해이기를 바랐다. 여전히 자신의 처지를 지나치게 자신하고 있던 헤이스가 런던 로케이션 현장에서 최종수정을 하기 위해 모습을 나타냈을 때, 그는 이유는 확실히 알 수 없지만 분위기가 험악하다는 것을 감지했다.

이들 히치콕 3인조—헤이스, 맥페일, 감독—는 앨버트홀과 무장 감시하에 있는 대사관 시퀀스를 수정하기 위해 6월 초순에 런던의 호텔 객실에 어색한 분위기로 모였다. "우리는 낮 동안에는 시나리오를 쓰고, 밤에는 인쇄를 했습니다. 그리고 이튿날 아침에 세트로 그것을 보냈죠." 헤이스의 회상이다. "그게 수정됐는지 어떤지는 나도 모릅니다." 제작진이 실내장면을 작업하기 위해 할리우드로 돌아온 6월 말경에 시나리오는 완성됐다. 완성한 사람은 헤이스인 게 분명하다. 작가는 나머지 촬영기간 동안 히치콕과 말 한마디 나누지 못했고, 데로사의

18 〈이창〉은 감독상, 컬러촬영상(로버트벅스), 녹음상(로렌 L. 라이더)에도 후보에 올랐지만 상을 받는 데는 실패했다.

히치가 그레이스 켈리를 감탄하는 눈빛으로 바라보고 있다. 히치콕 블론드의 결정판인 그녀는 히치콕의 입장에서는 어느 역할에나 이상적인 근면한 여배우였다. 그는 켈리의 컴백에 대한 소망을 결코 단념하지 않았다.

표현에 따르면 히치콕과 (크레디트를 받지 않고 조용히 작업에 관여한) 히치콕 여사는 '사소한 편집상의 변화'만 가했다. 그러나 나름의 장점이 있는 이 시나리오는 결국에는 수정당하는 고초를 겪고 말았다.

1954년 연말까지도 히치콕은 〈나는 비밀을 안다〉에서 그레이스 켈리와 제임스 스튜어트가 다시 팀을 이루게 만들겠다는 가냘픈 희망을 간직하고 있었다. 재결합한 이들 두 스타는 영화에 등장하는 '권태기에 접어든 부부'에게 성적인 화학작용에 대한 유쾌한 암시를 부여할 수도 있었다. 루이 베르나르는 아들을 재우려고 자장가를 부르는 조 맥켄나에게 후렴을 부르는 도중(mid-refrain)[19]에 방해를 받는 것은 너무 나쁜 일이라고 단언한다. 맥켄나는 중얼거린다. "나 자신도 여러 번 똑같은 기분이 들었어요." 스튜어트의 눈은 그 대사를 듣고는 두 눈을 번뜩인다. 그러나 상대가 도리스 데이라면 그 의미는 달라진다. 그리고 히치콕의 카메라는 고개를 돌린다.

뉴욕 영화평론가들은 〈다이얼 M을 돌려라〉, 〈이창〉, 〈컨트리 걸〉 등 3편의 영화에서 활약한 점을 들어 그레이스 켈리를 1954년도 최우수 여배우로 뽑았다. 이 3편 중에 그녀가 전속돼 있던 MGM이 제작한 영화는 1편도 없었고, 그녀가 스튜디오와 벌이는 분쟁은 어정쩡한 상태를 유지했다. MGM은 1955년 봄까지 분쟁상태를 끌었고, 그 시점에서 켈리는 〈컨트리 걸〉에서 스타성을 스스로 깎아내린 점을 평가받아 오스카 여우주연상을 수상했다. 그러나 오스카를 수상한 여배우는 또다시 6개월간 활동을 하지 못했고, 그 기간 동안 MGM의 조잡한 기획영화들을 계속 거절했다. 따라서 히치콕이 1955년 여름에 영화를 찍기를 원한다면, 히치콕이 총애하는 여배우의 이름은 명단에서 지워야만 한다는 사실이 명확해졌다. 그러던 중 5월에 여배우는 미국 대표단을 이끌고 참가한 칸 영화제에서 모나코의 레이니어 3세 왕자를 만났고…… 그 뒷얘기는 흔한 말로 역사가 됐다.

도리스 데이는 화사한 아가씨 역할로 타이프캐스팅되는 것이 보통이었지만, 히치콕은 〈태풍경보〉의 연기를 보고는 그녀에게 흥미를 느꼈다. 노래하는 여배우인 데이는 뮤지컬이 아닌 이 영화에서 KKK 행동대원인 트럭운전사 남편을 둔 웨이트리스라는 드문 역할을 연기했다. 영화를 본 후에 할리우드 파티석상에서 여배우를 만난 히치콕은 그녀에게 이렇게 말했다. "자네는 연기를 할 줄 알더군. 내 영화에서 한 번쯤 자네를 쓰고 싶네."

그저 예의상 한 말일 수도 있다. 〈나는 비밀을 안다〉의 주제가를 작사한 제이 리빙스턴에 따르면, 히치콕과 여배우 모두를 고객으로 둔 MCA가 압박을 가하지 않았다면 데이는 리메이크에 출연할 수 없었을

19 '금욕 중'으로도 해석할 수 있다. — 옮긴이

것이다. 리빙스턴은 이렇게 회상했다. "히치콕의 에이전트인 MCA는 그가 도리스 데이를 받아들이지 않는다면 제임스 스튜어트도 출연시킬 수 없을 거라고 말했습니다. 그는 우리에게 자신은 도리스 데이를 원치 않지만, 그녀를 받아들여야만 한다고 말했습니다. 그런데 그는 나중에는 그녀를 무척 흐뭇해했죠."

1955년 봄에 데이가 사인을 하자, 그녀의 페르소나에 맞춰 작업 중인 시나리오를 수정해나갔다. 그 무엇보다도 그녀와 그녀에게 충성스러운 관객을 위해서 캐릭터의 안정적인 면을 확장할 필요가 있었다. 오리지널 〈나는 비밀을 안다〉에서 어머니 캐릭터는 루이 베르나르와 춤을 추는 바람기 있는 여자다. 리메이크에서는 그렇지 않고, 프랑스인을 의심스럽게 대한다. 리메이크에서 맥켄나 부부가 마라케시 시장을 돌아볼 때, 아이를 등에 업은 아랍 여인을 본 조는 무심결에 "우리는 언제 또 아이를 가질 건가요?"라고 물어서 남편을 깜짝 놀라게 만든다. 이 대사는 서브텍스트—뒤틀린 섹슈얼리티, 또는 모성애—를 불러일으키지만, 그런 대사는 다시는 등장하지 않는다.

지미 스튜어트가 영화를 위해 잘 숙달된 그의 순박한 촌뜨기 페르소나를 보여주지만, 현실 세계에서 '전형적인 미국인'에 더욱 근접한 배우는 데이였다. 〈나는 비밀을 안다〉를 촬영할 즈음, 그녀는 미국 밖으로 나가본 적이 한 번도 없었다. 비행기에 공포를 느낀 그녀는 가능하면 언제든 배로 여행을 다녔다. 마라케시에 도착한 그녀는 날씨가 '지독하게 덥다'는 것을 알게 됐고, '가난과 영양실조'에 충격을 받았다. 가난과 관련해서 그녀가 할 수 있는 일은 그리 많지 않았지만, 동물애호가인 스타는 영화제작에 활용되는 가축과 날짐승들이 제작비 한도 내에서 먹이를 풍족하게 먹을 수 있도록 영향력을 행사했다.

스크린상에서 모로코의 식사관행에 어설픈 모습을 보이는 것은 스튜어트지만, 카메라 밖에서 그런 모습을 보인 것은 데이였다.[20] "식사를 하는 사람들은 공동의 냄비에 있는 음식을 손으로 자신들의 식판으로 옮겼다!" 데이가 회고록에 쓴 글이다. "이런. 도리스 데이는 상당히 수수하고 위생적인 식사습관을 가진 숙녀였다. 그래서 나는 쿠스쿠스[21]

같은 것을 먹는 것 외에는 다른 도리가 없었다." 히치콕이 파리에서 공수해온 음식으로 이따금 만찬을 개최하곤 했지만, 데이는 마라케시에서 늑막염에 걸려 침상에 며칠 누워 있는 등 고생스러운 생활을 했다.

그녀는 위대한 감독 앨프레드 히치콕이 걸어와서 연기지도를 해줄 것이라 믿으며 헛된 기다림의 시간을보냈다. "나는 개인적으로 그를 좋아했다." 데이의 회상이다. "우리는 저녁도 같이 먹으면서 웃음을 터뜨렸다. 그는 따스하고 정다웠으며, 정말로 친절했다. 그런데 나는 촬영장에서는 그를 이해하지 못했다." 히치콕은 그녀가 역할을 연기하는 방식을 승인했는가? 그녀는 아무런 실마리도 없었다. 재량껏 하도록 방치된 여배우는 자신이 지금 실수를 저지르고 있다는 두려움을 느꼈다. 데이가 스튜어트에게 히치콕에 대한 불만을 토로하자, 스튜어트는 그녀를 안심시키려고 노력했다. "그게 히치콕 방식이야."

다른 영화에서 데이는 솜씨 좋은 코미디를 보여줬지만, 〈나는 비밀을 안다〉의 스크린상에서 우스꽝스러운 실수를 저지르는 것은 전적으로 남자주인공의 몫이었다. 히치콕은 스튜어트의 '윽, 이런' 측면을 늘 최소화했지만, 이제 그는 스타에게 코미디를 위해 즉흥연기를 하라고 부추겼다. 그런데 모로코 식사매너를 배우려고 노력하는 중에 보여준 스튜어트의 물 밖에 나온 생선 같은 익살은 생동감이 미약했다.(그리고 그가 연기한 캐릭터가 제2차 세계대전 중에 이곳 문화에 대해 조금은 배웠을 것이라는 점을 감안하면 비논리적이었다.) 오리지널의 영국 관광객들은 세련됐지만, 리메이크의 미국인들은 그들이 방문한 나라의 요리와 언어와 관습에 무지하면서도 태평스러워 보인다.

스튜어트가 박제사와 코믹하게 실랑이를 벌이는 장면(그는 박제된 호랑이에게 손을 물린다)은 촬영장에서 즉흥적인 창조력을 발휘할 수 있

20 물론 스타들은 마라케시의 최고급 레스토랑에서만 식사를 했다. 영화에서 맥켄나 가족은 호텔 드라마모니아에 묵으면서 식사를 하는데, 카메라 밖에서 제임스 스튜어트와 도리스 데이가 묵으며 식사를 한 곳도 이곳이다.

21 북아프리카 전통음식. — 옮긴이

도록 일부러 느슨하게 집필됐는데 이것 역시도 빈약한 장면이 됐다. 히치콕이 훗날 가진 인터뷰들에서 인정했듯, 이 장면이 대체한 오리지널의 치과의사 장면의 유쾌함을 감안하면 유별난 실수이기도 하다.

신기하게도 스튜어트는 히치콕의 고상한 드라마에 출연했을 때가 더 나았다. 그는 〈나는 비밀을 안다〉에서 그의 캐릭터가 무기력하고 절망적인 행동을 보여주는 납치가 벌어지기 전까지는 자신의 최고솜씨에 도달하지 못한다.

놀라운 것은 할리우드에서 손에 꼽히는 재능 있는 수다쟁이인 스튜어트가 히치콕 영화에서는 말을 하지 않을 때가 더 낫다는 것이다. 그는 앨버트홀 시퀀스에서처럼 지켜만 보면서 괴로워할 때가 더 낫다. 히치콕은 스튜어트에게 시나리오를 한 차례 통독한 후 시나리오를 모두 잊으라고 말했다. 그리고 사운드트랙에서 그의 대사를 지워버렸다. 배우의 입은 장면 내내 미친 듯이 움직이지만, 들리는 것이라고는 오케스트라의 음악이 전부다.

마라케시와 런던에 있던 내내 도리스 데이는 '실종된 영혼'처럼 느꼈다. 그녀는 개인적으로는 히치콕과 사이가 좋았지만 감독이 그녀에게 직업적으로 신경을 써주기를 고대했다. "A. 히치콕은, 그는 감독이고 나는 배우라는 것을 나타내는 말을 어떤 상황에서건 단 한 번도 하지 않았다"고 그녀는 회고록에 썼다. "나는 카메라가 나를 필름에 담고 있지도 않을 것이라는 섬뜩한 생각까지 했다. 러시를 보면 거기 보이는 것이라곤 지미 스튜어트와 토퍼코트처럼 안경을 움직이고 문을 열어젖히는 보이지 않는 존재가 전부였다."

할리우드로 돌아온 후 데이는 그녀의 에이전트를 불러 파라마운트 스튜디오에서 촬영하기로 일정이 잡힌 정말로 '어려운 장면'을 연기하기에 앞서 히치콕과 '허심탄회한' 얘기를 해야겠다고 요구했다. 감독의 사무실로 긴급 미팅을 하자는 전화가 걸려왔다. 참석자는 히치콕, 데이, (감독과 여배우의 에이전트였던) MCA 에이전트 아서 파크였다.

"감독님과 영화에 대해서 솔직한 얘기를 나누고 싶어요." 데이가 논의를 시작했다. "저도 왜 그런지는 모르겠어요. 감독님을 꽤나 잘 알게 됐고, 감독님을 너무 좋아해요. 그렇지만 정말로 제가 감독님을 기쁘게 해드리지는 못하는 것 같다고 생각해요."

"아가씨, 무슨 일로 그런 말을 하게 된 거지?" 깜짝 놀란 표정으로 히치콕이 물었다.

"글쎄요, 감독님은 내게 이렇게 해라, 이렇게 하지 마라 같은 말을 하지 않으세요. 그래서 저는 혼자 내버려진 채로 알아서 하게 방치된 듯한 기분이 들어요. 앞으로 굉장히 중요한 장면들을 찍어야 하는데, 저는 감독님을 기쁘게 해드리고 싶어요. 제 최선을 다해서요. 저는 우리가 좋은 영화를 만들 수 있게 제대로 화합해나갔으면 하기 때문에, 감독님이 제게 하고 싶으신 말이 있으면 그게 무엇이건 터놓고 말씀해 주셨으면 해요."

"그렇지만, 도리스 양, 자네는 나한테 무슨 얘기를 들을 만한 일을 한게 하나도 없어."

"그게 무슨 뜻이죠?"

"자네는 내가 영화를 위해 적절하다고 느끼는 일을 해오고 있다는 뜻이야. 내가 자네한테 아무 말도 하지 않는 이유도 그거야."

"세상에. 저는 감독님이 그런 말을 해주시기를 바랐어요. 그랬다면 모든 게 달라졌을 거예요. 말이에요, 저는 감독님이 약간은 무섭고 불안했어요."

"모두가 두려워한다네."

"감독님이 두려워한다는 얘기는 저한테는 하지 마세요."

"왜 안 그러겠나. 나도 무섭다네. 파라마운트 식당에 걸어 들어가면, 나는 다른 모든 사람만큼이나 불안감을 느낀단 말이야."

"정말요?"

"모두가 무서워하고 불안해해. 그렇지 않아 보이는 사람들은 그저 그런 척 꾸미고 있는 거야. 깊이 파고들면, 그들도 옆에 있는 사람들만큼이나 두려워해. 어쩌면 그보다 더 두려워할지도 몰라."

"그렇다면, 히치. 저는 더 이상은 두려워하지 않겠어요. 그리고 감독님과 제가 무슨 문제에 대해서건 얘기를 할 수 있을 거라고 생각할게요. 촬영할 때 감독님이 원하는 것을 제가 해내지 못할 경우에는……"

"물론, 자네에게 말을 하겠어. 자네에게 가장 먼저 얘기하게 될 거야!"

이 정상급 강의 —연출 매뉴얼에 '신경이 곤두선 여배우를 다루는 법'이라는 제목의 챕터로 발췌해도 될 만한 강의— 직후, 데이의 가장 중요한 장면의 촬영날짜가 다가왔다. 행복한 우연의 일치로 그녀의 캐릭터는 그 장면에서 무너지기 직전까지 신경을 곤두세워야 했다. 이 장면에서 남편은 그녀에게 아들이 납치됐다는 얘기를 하기 전에 억지로 약을 먹여 그녀를 진정시키려 한다. 끔찍한 소식을 들은 그녀는 울먹이면서 남편을 비난하고, 남편은 그녀의 힘이 빠질 때까지 그녀를 제지한다. 격하고 격한 장면이다.

두 스타는 카메라를 위해 동선을 연습한 후, 점심시간을 가졌다. 여배우는 신경을 곤두세우고 '사소한 것 하나하나까지 장면 전체를 떠올리고는, 내가 가장 좋아하는 리허설 장소인 내 머릿속에서 대사를 모두 암기하면서' 점심시간 전부를 보냈다. 히치콕은 어려운 장면을 딱 한 번의 테이크로 촬영했는데, 이 장면은 연기 면에서 영화의 하이라이트였다.

결국 〈나는 비밀을 안다〉는 오리지널이 어머니의 영화에 가까웠듯이, 스튜어트의 영화라기보다는 데이의 영화였다. 스튜어트의 연기는 후반부에서 개선되지만, 그녀의 연기는 앨버트홀에서 클라이맥스를 맞으며 진정으로 정서적으로 심오한 수준에 도달한다. 심벌즈 연주자가 연주할 시간을 맞고, 암살자는 충격을 가하기 위해 어둠으로 숨어든다. 무슨 일이 벌어지는지를 깨달은 —쓸데없는 몸부림을 치면서 주체할 수 없이 흐느끼는— 조의 표정은 히치콕이 데이에게서 바란 연기를 완전히 충족시킨다.

작곡가 제이 리빙스턴은 감독이 이 영화에 팝송을 넣을 생각은 없었다고 주장했다. 최소한 감독은 작곡가에게 그렇게 말했다. 리빙스턴은 "그 소리를 들은 우리의 기분은 그리 좋지 않았다"고 회상했다. 그러나 MCA는 데이가 부를 노래를 원했기 때문에 히치콕은 MCA의 동료 고객이던 리빙스턴과 레이 에번스를 만났다. 그들은 "단추와 나비넥타이"와 "모나리자"로 오스카를 수상한 바 있는 작사-작곡가였다. ("모나리자"는 〈이창〉의 사운드트랙에서 배경음악으로 들린다.) 히치콕은 그들에게 "내가 어떤 종류의 노래를 원하는지 모르겠네"라고 말하면서, 아이들도 따라 부를 수 있을 정도로 단순한 노래여야만 한다—그리고 그 노래는 영화에 두 번 등장하게 된다—고 말했다.(처음에는 마라케시에서 조가 행크를 침대에 눕힐 때, 두 번째는 대사관 시퀀스에서 그녀가 손님들이 있는 볼룸에서 노래를 부르자 그녀의 목소리가 납치된 아이에게 들릴 정도로 계단을 올라갈 때.)

리빙스턴은 얼마 전에 〈맨발의 백작부인〉을 봤다. 이 영화에서 로사노 브라치는 이탈리아의 유서 깊은 집에서 에바 가드너를 붙드는데, 이 저택에 있는 돌에는 "체 세라 세라*Che Sera Sera*"라고 새겨져 있었다. 어둠 속에서 이 단어를 받아 적은 작사가는 나중에 그 문장을 (스페인어와 프랑스어로) 더욱 보편적인 "케 세라 세라*Que Sera Sera*"로 바꿨다. 리빙스턴은 "우리는 곡을 굉장히 빨리 썼습니다"라고 회상했다. 그가 가사를 쓰는 동안, 에번스는 곡을 지었다. "그런데 우리는 굉장히 많은 시간을 보낸 것처럼 느끼게 만들려고 2주를 기다렸습니다. 내가 그에게 노래를 불러주니까, 히치콕은 이렇게 말하더군요. '내가 자네한테 내가 원하는 노래가 어떤 것인지 모르겠다고 말했었잖나. 내가 원하는 게 바로 그런 노래야'라고 말하고는 밖으로 걸어나갔습니다."

마를린 디트리히가 〈무대공포증〉에서 그랬듯이, 처음에 동요 같은 느낌을 주는 이 곡을 탐탁지 않게 생각한 데이는 그녀의 앨범에 이 노래를 넣기 위해 녹음하는 것을 거부했다. 파라마운트와 MCA가 압력을 가하자 그녀는 녹음을 했지만, 딱 한 번만 녹음하고 그 이상은 부르지 않겠다고 거절했다. 녹음을 마친 그녀는 "여러분이 이 노래를 듣는 것은 이게 마지막일 거예요"라고 단언했다. 그러나 "케 세라 세라"는 1956년에 오스카 최우수주제가상을 받았고, 데이의 최대 히트 싱글이자 대표곡이 됐다.

히치콕 팬들의 세계는 오리지널 〈나는 비밀을 안다〉를 선호하는 사람과, 리메이크가 더 우수하다고 생각하는 사람으로 양분할 수 있다. 다수는 전자이지만, 후자도 떠들썩한 소리를 낼 만한 크기는 된다.

리메이크는 할리우드 영화에서는 좀처럼 보기 힘든 배우들로 탄탄한 조연진을 구성했다. 외국요원 루이 베르나르 역의 다니엘 겔린(자크 베커, 사샤 기트리, 막스 오퓔스 영화의 베테랑)도 거기에 포함된다. 영국인 사기꾼 부부는 (영국 연극계의 기둥으로, 영화에서도 활약한) 버나드 마일스와 (데이비드 린의 영화 〈홉슨의 선택〉에서 반항심 많은 맏딸을 연기한) 브렌다 드 반지가 연기했다. 히치콕은 무명인 레지 날더를 영화의 암살자로 발탁해서 불후의 명성을 안겨줬다. 빈 출신의 무용수이자 연극배우인 날더에게 히치콕은 앨버트홀 시퀀스에 관한 조언을 했다. 자네 표적을 아름다운 여인을 보듯 바라봐라.

오리지널의 러닝타임은 급박하게 전개되는 85분이지만, 리메이크의 러닝타임은 너무 긴 120분이었다. 아서 벤저민의 "동란의 전조 칸타타"조차도 리메이크에서는 연장됐다. 벤저민은 미국 버전을 위해 음악을 1분 30초 연장하는 부분을 작곡하기 위해 고용됐다. 오리지널을 보지 않은 수백만의 저능아 미국인을 신뢰할 의향이 없었던 감독은 심벌즈 연주자를 강조하는 숏을 몇 개 첨가하는 것으로 서스펜스를 확장했다.(히치콕은 트뤼포에게 "관객 중에는 심벌즈가 무엇인지조차도 모르는 사람이 많았을 겁니다"라고 설명했다.) 버나드 허먼이 지휘자로 스크린에 등장했지만 그가 작곡한 나머지 영화음악—올라갔다 낮아졌다 하는 아르페지오—은 그가 기여했던 히치콕 영화 중에서 가장 개성이 적었다.

오리지널은 세계가 히틀러를 두려워하면서 살아가던 때에 만들어졌다. 리메이크는 공산주의를 다양하게 암시하면서 드라마를 위해 냉전으로 시선을 던지지만, 파라마운트는 해외시장을 자극할까봐 신경을 썼고, 검열당국은 히치콕의 정치적 언급을 틀어막았다. 스튜디오는 헝가리와 소련에 관한 언급은 모두 잘라야 한다고 주장했다. 히치콕은 자신의 정치적 견해를 암호화하는 일에는 노련했다. 리메이크에서 암살의 표적은 이름 없는 나라에서 온 인사이고, 대사관은 언뜻 보면 동유럽 국가의 대사관 같으며, 비밀 공산주의자 부부는 —우습게도 그들을 조종하는 외교관에 의해— '지식인들'로 흐릿하게만 규정됐다.

하지만 1950년대는 1930년대가 아니었고, 영국 공산주의자들은 독일의 사악한 화신인 피터 로르가 안겨준 만큼의 스릴은 결코 안겨주지 못했다. 그 무엇보다도 빼어난 배우 로르가 없고, 로르 일당이 총격전을 벌이자 어머니가 냉정한 저격으로 납치된 딸의 안전을 지켜내는 오리지널의 탁월한 크레셴도도 없다는 것이 리메이크의 결함이었다.

그럼에도 리메이크의 뮤지컬 엔딩은 그 나름의 카타르시스를 안겨준다고 리메이크의 옹호자들은 주장한다. 로빈우드는 이렇게 말했다. "중년의 아카데미 회원들이 도리스 데이가 '케 세라 세라'를 부를 때마다 눈물을 터뜨린다고 인정하지는 않을 것이다. 그러나 내 경우에 그것은 사실이다." 관객은 리메이크를 확실히 포용했다. 히치콕과 파라마운트의 〈나는 비밀을 안다〉는 박스오피스에서 좋은 결과를 얻었다.

프랑수아 트뤼포는 히치콕을 인터뷰하면서 "리메이크는 오리지널보다 훨씬 뛰어나다"고 주장했다. 그러나 히치콕은 항상 이중적인 의미로 이해되지는 않지만, 그의 영화경력을 연구할 때 폭넓게 인용되는 주장으로 맞받아쳤다. "오리지널은 재능 있는 아마추어의 작품이고, 리메이크는 프로페셔널이 만든 영화라고 해둡시다."

히치콕은 트뤼포의 책이 출판되고 몇 년 후에 영화역사가 윌리엄 K. 에버슨과 얘기를 하던 중에 이 모호한 주장을 설명해달라는 요청을 받았다. 감독은 자신이 했던 말을 수정했다. "사실 나는 오리지널을 만들 때 관객을 의식하지는 않았습니다. 반면에 리메이크를 할 때는 관객을 의식했죠."

늦여름 무렵 히치콕은, 서투르고 아이디어나 에너지가 모자란 사람이라면 집중적으로 일을 하더라도 1년은 족히 걸릴 만한 일로 관심의 초점을 돌렸다. 〈앨프레드 히치콕 극장〉은 아이디어가 나온 지 6개월도 채 지나지 않은 1955년 10월에 처음으로 전파를 탔다.

히치콕을 다룬 다른 책들은 그의 이름을 내건 시리즈의 일상적인 업무에 그가 거의 관여하지 않았다고 주장하면서, 그런 인상을 심어준 그의 홍보활동을 종종 인용해왔다. 그러나 홍보활동은 진정한 일꾼이라는 명예를 조앤 해리슨에게 돌리려는 히치콕의 욕구에 뿌리를 두고 있었다. 진실은 그가 시리즈를 정착시키기 위해 매우 열심히 일했으며, 첫 두 시즌은 특히 더 그랬다는 것이다. 그는 소재와 인력을 선택하는 일에 일일이 깊숙이 관여했다. 그리고 그가 내린 결정을 알리기 위해 방송국과 광고 에이전시 담당자를 자주 만났다.

소년시절에 히치콕이라는 이름은 가게 앞에 걸려 있었다. 할리우드에 도착하기 훨씬 전인 영국에서도 그의 이름은 영화사에게 중요한 자산이었다. 그는 한때 그의 비서이자 부하였던 해리슨에게 심하게 의존했다. 그는 그녀의 판단은 신뢰할 수 있다는 것을 알았으며, 대등한 관계까지는 아니더라도 마음이 잘 맞는 프로페셔널로서 어렵지 않게 함께 일했다. 그러나 시리즈의 분위기와 스타일을 규정하는 출발단계부터, 이 시리즈는 이름뿐 아니라 정서 면에서도 히치콕의 시리즈였다.

"텔레비전 시리즈는 수플레처럼 재료를 선택하고 혼합하는 사람의 취향을 반영합니다." 세월이 흐른 후 히치콕은 대중연설에서 이렇게 말했다. "예를 들어, 양파나 마늘을 사용할 것인지 비소를 언제 집어넣을 것인지에 따라서 크게 달라집니다."

'재료 선택'은 무엇보다도 먼저 소재와 시나리오에 신경을 쓰는 것을 의미했다. 시즌마다 에피소드 39편을 제작해야 하는 히치콕은 소재를 확보하기 위해 그물을 넓게 던져야만 했다. 세월이 흐르면서 그는 좋아하는 소재를 다량 축적했고 출판계에도 인맥을 가지게 됐다. "나는 항상 단편소설을 작업하고 싶어했습니다." 그가 『로스앤젤레스타임스』에 밝힌 내용이다. "단일한 아이디어에서 비롯된 결말에 반전이 있는 짧고 간단한 이야기, 짧지만 선정적인 이야기, 장편영화 길이로 늘여놓으면 활력을 상실하는 이야기를 말입니다."

시리즈는 우선은 매우 영국적인 분위기에다 할리우드 분위기를 살

1950년대 말에 감독은 모든 면에서 최전성기를 누릴 수 있었다. 그는 〈앨프레드 히치콕 극장〉에서 (빈센트 프라이스, 제임스 그레고리와 함께 이 사진에 찍힌) 자신의 모습을 선보이며 의기양양해했다.

짝 입혀놓았고, 영국식 억양은 시리즈 내내 끈질기게 등장했다. 미국 텔레비전 시리즈 중에서 H. G. 웰스, A. A. 밀른, 레베카 웨스트, 줄리안 시몬스, V. S. 프리쳇, 에릭 앰블러, 존 모티머 등 영국인 인명록에 등장하는 작가들의 작품을 이 정도로 많이 다룬 시리즈는 없었다. 로알드 달과 스탠리 엘린은 가장 자주 각색된 작가였고, 히치콕이 이미 영화로 만들었던 소설의 작가인 벨록 론즈 여사, 에델 리나 화이트, 셀윈 젭슨 등이 쓴 작품도 드라마로 만들어졌다.

초기 에피소드의 다른 소재 출처는 이전에 라디오에서 극화됐던 이야기, 특히 〈서스펜스〉 시리즈와 1949년부터 1954년까지 방송된 라디오 시리즈를 텔레비전용 드라마로 바꿔놓은 이야기들이었다.[22] 1957년에 히치콕의 시리즈에 공동 프로듀서로 합류한 노먼 로이드는 기존 출판물을 선택하는 것이 '엄격한 방침'은 아니었다고 말했다. "그렇지

22 〈서스펜스〉의 TV 버전은 10년간의 중단기를 거친 후 1964년에 1시즌 동안 다시 방영됐다.

만 실용적인 방침이기는 했습니다. 히치콕은 이야기가 출판된 것인지를 먼저 알고 싶어했습니다. 그는 늘 이야기는 출판된 것이어야 한다고 생각했기 때문입니다. 뭔가를 손에 쥐고 일을 시작할 수 있으니까요. 그는 요즘에 대부분의 사람들이 하는 것처럼 이야기를 개발하는 그런 사람은 아니었습니다."

대부분의 이야기는 의심스럽거나 독특한 상황에서 벌어진 살인사건을 다뤘다. 에피소드들은 때로는 음울하게 코믹했고, 때로는 적나라하거나 신랄했으며, 대부분의 에피소드에는 반전이 있었다. 첫 시즌의 하이라이트 중에는 왕년에 히치콕에게 〈사라진 여인〉의 영감을 준 이야기인 알렉산더 울코트가 쓴 "사라진 여인"이 있었다.(팻 히치콕이 1899년 파리 만국박람회에서 사라진 여인의 딸로 출연했다.) 첫 시즌은 도로시 세이어스, 앤서니 암스트롱, 존 콜리어를 각색한 작품들을 뽐냈다. 〈앨프레드 히치콕 극장〉은 미국 작가의 작품도 선보였다. 첫 시리즈는 〈이창〉의 작가 코넬 울리치(그의 작품들이 거듭해서 각색됐음에도, 그는 이 시리즈를 위해 직접 집필을 하지는 않았다)와, 시리즈 내내 오리지널 대본을 쓰거나 각색을 했던 레이 브래드버리의 작품도 선을 보였다.

텔레비전 대본은 라디오가 요구하는 것과 유사한 간결성과 경제성을 요구했으며, 많은 작가가 라디오에서 경험을 쌓은 사람이었다. 작품을 가장 많이 내놓은 작가는 〈서스펜스〉 출신인 해럴드 스원턴, 제임스 P. 카바나, 루이스 폴록, 멜 디넬리였다. 프랜시스 코크렐—그는 1955~1956년에 히치콕이 연출한 에피소드 4편을 모두 썼고, 히치콕이 텔레비전에서 연출한 20편 중 7편을 썼다—은 유머, 단편소설, 소설, 시나리오를 종종은 아내 마리언과 함께 쓴 남부사람이다.[23] 코크렐 부부와 조앤 해리슨은 1944년에 겁에 질린 숙녀가 등장하는 히치콕 스타일의 영화 〈검은 물〉을 공동으로 작업했다.

히치콕은 에피소드 몇 편을 연출하는 것 외에도, 계약에 따라 각 에피소드의 도입부에서 에피소드를 소개했고, 에피소드가 끝날 때는 화면에 등장해서 마무리를 했다. 그는 광고주들을 위해서 홍보성 멘트를 하는 데에도 동의했는데, 이는 1950년대에 텔레비전의 표준적 관행이었다. 그런데 히치콕의 직접 출연이 시리즈에 대한 논의가 처음 시작됐을 때부터 성가신 요구사항이 아니었다는 것은 분명하다. 히치콕은 장난기어린 카메오로 출연할 이런 기회를 즐겼다.

그가 짤막하게 출연하기 위해서는 그의 독특한 감수성에 부응할 대필작가가 필요했다. MCA는 다시 한 번 구조용 차량을 몰았는데, 그 차량에는 제임스 앨러다이스가 타고 있었다. 오하이오에서 태어난 앨러다이스는 신문기자 출신으로, 전쟁에서 겪은 경험을 바탕으로 첫 브로드웨이 희곡을 집필했고, 이 작품은 후에 딘 마틴-제리 루이스의 코미디 〈육군과 함께 전쟁터에서〉로 각색됐다. 이후 그는 영화 〈말하는 노새 프랜시스〉와 마틴과 루이스를 위한 다른 기획영화들을 집필했다. 텔레비전으로 스카우트된 앨러다이스는 1954년에 상당한 평가를 받은 〈조지 고벨 쇼〉의 독백들을 집필한 팀의 일원으로 에미상을 수상했다.

앨러다이스와 히치콕은 천생연분이었다. 첫 만남에서 앨러다이스는 히치콕에게 그가 고등학교 때 썼던 희곡에 대해 얘기했다. 그는 그 작품에서 전기의자를 등장시키고는 그 위에 이런 광고판을 내걸었다. "웨스팅하우스[24]라면 믿을 수 있습니다." 존 매카시와 브라이언 켈러허가 쓴 『앨프레드 히치콕 극장』에 따르면, "히치콕은 이이야기를 좋아했다. 그는 앨러다이스와 전속계약을 체결하면서 그를 열광적으로 반겼다."

주제가가 있는 타이틀 시퀀스를 반복해서 보여주는 것도 텔레비전 시리즈의 관행이었다. 버나드 허먼은 주제가로 샤를 구노가 1872년에 작곡한 "마리오네트의 장례행진"을 제안했다. 허먼은 신기한 클래식 음악인 이 작품을 〈서스펜스〉에 사용한 적이 있고, 나중에 〈해리의 소동〉에서도 일시적인 사운드트랙으로 재활용했다. 마를린 디트리히와 도리스 데이에 어울리는 노래를 찾아냈던 히치콕은 결국 그의 트레이드마크가 된 음악을 갖게 됐다. 매카시와 켈러허는 이렇게 썼다. "심지어는 요즘 사람들도 이 음악을 들으면 히치콕이 시리즈의 로고로 직접

23 마리언은 히치콕이 연출한 다른 에피소드들을 단독으로 썼다.

24 가전제품 회사. — 옮긴이

스케치한 기묘한 작은 선으로 이뤄진 그림과 합쳐지는 히치콕의 실루엣을 떠올리는 게 보통이다."

타이틀과 "장례행진"이 지나가면, 커튼이 오르고 사회자가 나와서 관객을 맞는다. 히치콕의 첫 의상은 평범했고 대사는 간결했다.

> 굿 이브닝. 저는 앨프레드 히치콕입니다. 오늘밤 저는 상당히 이상한 이름인 〈앨프레드 히치콕 극장〉이라는 서스펜스와 미스터리 드라마 시리즈를 처음 소개하러 나왔습니다. 저는 이 드라마에서 연기를 하지는 않습니다. 그저 사건이 일어나기 전과 일어난 후에 액세서리처럼 달린 시간에, 제목을 읽지 못한 분들과 결말을 이해하지 못한 분들의 생각을 정리해 드리기 위해서만 등장할 겁니다.

그런데 첫 방송이 나간 후, 그는 질주를 시작했다. 관음증환자는 노출증환자이기도 했다. 히치콕이 연기—자신을 자랑하고 스스로를 재밋거리로 만들려는 의향—에 열심이라는 사실을 눈치 챈 앨러다이스는 과감하게 대본을 썼다. 히치콕은 세 번째 에피소드에서는 총을 빙빙 돌려댔으며, 그의 몸무게는 이미 농담의 대상이었다. 가장 놀라운 것은 그가 광고주들을 빈정대기 시작했다는 것이다.

> 오늘밤의 이야기는 페리라는 남자에 대한 이야기와 1분 동안 그 뒤를 따르는 장황한 이야기로 구성됩니다.

> 우리 이야기는 이 계산된, 그렇지만 혼란스러운 방해 프로그램이 있은 후 계속될 것입니다.

> 오늘밤 우리의 공연은 미스터리와 약품의 혼합물입니다. 이야기는 이 1분짜리 진통제 뒤에 이어집니다.

카메오는 때로는 저급한 코미디로 이뤄진 삽화였고, 어떤 때에는 지독히도 재치가 넘쳤다. 히치콕은 앨러다이스가 과감히 시도하는 것은 무엇이건 기꺼이 채택했다. 그는 자신의 쌍둥이 동생을 연기하기 위해 수염분장을 했고, 병 속에 숨어 있는 요정 흉내를 냈으며, 옥수수 밭의 허수아비가 되기도 했고, 비틀스의 멤버인 양 꾸미기도 했다. 진행자는 분위기뿐 아니라 줄거리도 상당히 규정지었다. 그는 시청자들이 목격한 것이 얼마나 부조리한지를 지적하는 것으로 지나치게 전복적인 분위기를 완화시켰다.

그 첫 시즌에 시리즈의 분위기는 일급 연기자들에 의해서도 정해졌다. 히치콕 영화에서 친숙한 얼굴들(조지프 코튼, 배리 피츠제럴드, 패트리샤 콜린지, 로버트 뉴턴, 이소벨 엘솜, 델마 리터)도 있었고 (첫 시즌에서는 존 카사베츠, 찰스 브론슨, 조앤 우드워드 등을 포함한) 윤곽이 뚜렷한 신예들도 있었다. 때때로 출연진은 지나칠 정도로 영국인이나 히치콕이 좋아하는 배우로 채워졌다. 〈패러다인 부인의 재판〉, 〈다이얼 M을 돌려라〉, 〈나는 결백하다〉에 출연했던 존 윌리엄스는 아마도 가장 많이 출연한 사람일 것이다. 말쑥하고 잘난 체하지 않는 이 영국배우는 '완벽한 히치콕 배우'였다고 노먼 로이드는 회상했다. "소극적인 연기와 미묘한 유머, 간접적인 접근방식 등 그의 모든 스타일이 히치콕의 의도에 부합했습니다."

뛰어난 일급 연출자들도 합류했다. 히치콕과 조앤 해리슨은 영국에서 알고 지내던 많은 지인을 선발했다. 그중에는 로버트 스티븐슨, 아이다 루피노, 존 브람이 있었다. 그 누구보다도 많은 에피소드를 연출한 로버트 스티븐스는 영국인으로, 〈서스펜스〉의 베테랑이었다.(그는 두 번째 시즌의 "유리눈"으로 에미상을 받은 〈앨프레드 히치콕 극장〉의 유일한 연출자였다.)

그렇지만 시리즈는 유망주에게도 문호를 개방하여 윌리엄 프리드킨, 로버트 알트먼, (유명감독의 아들) 조지 스티븐스 주니어 같은 젊은 미국인이 시리즈에서 그들의 첫 중요작품을 맡았다. 히치콕은 이야기와 배우를 고르는 것처럼 연출자를 고르는 작업에도 긴밀히 관여했다.

〈카사블랑카〉와 〈가자, 항해자여〉에 출연한 것으로 알려진 워너브러더스에 전속된 배우 폴 헨레이드는 어느 날 히치콕이 직접 건 전화를 받고는 깜짝 놀랐다. 히치콕은 헨레이드가 감독한 유일한 영화—대학을 배경으로 한 저예산 드라마 〈남성전용〉—를 칭찬하고는 연출자 대열에 합류하라고 권유했다.

"하지만, 하지만 블랙리스트가……" 좌파에 경도된 정치 성향 때문에 할리우드에서 그레이 리스트에 올랐다고 믿는 헨레이드는 말을 더듬었다. "그건 끝났다고 생각하네. 미스터 헨레이드." 히치콕이 말을 이었다. "때가 무르익었어." 사실이 그랬다. 이후 헨레이드는 〈앨프레드 히치콕 극장〉의 에피소드를 연출하는 일을 꾸준히 맡았다.

〈남성전용〉에서 단역을 맡은 베라 마일스라는 금발 미녀는 1948년 미스 아메리카 선발대회에서 캔자스 대표로 출전한 바 있다. 헨레이드의 1951년도 영화에서 마일스를 발견한 히치콕은, 존 포드의 근작 〈수색자〉에서 지오프리 헌터가 애타게 그리워하는 연인을 연기한 마일스에게 깊은 인상을 받았다. 그는 원래 마일스를 첫 시즌의 에피소드 딱 1편에만 출연시킬 계획이었다. 연약한 정신, 강간에 대한 암시, 상대를 오해한 살인이 등장하는 무척이나 대담한 에피소드였다.

"복수"에서 마일스는 신경쇠약에 시달린 후, 남편(랠프 미커)과 함께 트레일러 파크로 이사하는 전직 발레리나로 출연한다. 어느 날, 남편이 일하러 나간 사이 그녀는 정체불명의 습격자의 공격을 받는데, 이 습격으로 그녀는 정신적 충격을 받고, 히치콕 이야기에서는 늘 그렇듯 경찰은 단서를 찾아내지 못한다. 남편은 직접 복수하겠다고 맹세한다. 차를 타고 소도시를 뒤지던 중, 아내는 거리를 걷는 남자를 보더니 갑자기 비명을 지른다. "저 사람이에요!" 남편은 길가에 차를 대고 남자를 따라 호텔에 들어가, 객실에서 그를 보고 깜짝 놀라는 남자를 몽둥이로 살해한다. 차로 돌아온 남편은 아내를 다독이고는 차를 몰고 떠나는데, 그녀는 걸어가는 다른 남자를 보더니 다시 "저 사람이에요!" 하고 외친다.

히치콕은 드라마제작사와 영화제작사 사이에 선을 그으려고 노력했다. 두 회사는 별개로 활동했고, 본사도 다른 곳에 있었다. 영화사 사무실은 파라마운트에 있었고, 텔레비전 시리즈는 유니버설에 있는 레뷰 촬영소에서 제작됐다. 그러나 두 회사는 불가피하게 활동을 주고받았다. 그리고 "복수"를 만드는 동안 마일스에게 점점 빠져들게 된 히치콕은 그녀를 텔레비전과 영화에서 자신에게 전속된 배우로 만드는 5년짜리 계약을 체결했다. 마일스는 지극히 아름다웠을 뿐 아니라(그녀는 "복수"에서 일광욕용 의상을 터뜨려버릴 정도로 외설적으로 촬영됐다), 감수성 있고 섬세한 연기도 할 줄 알았다. 잉그리드 버그먼이 이탈리아로 떠나고 그레이스 켈리가 모나코의 왕자비가 된 지금, 히치콕은 마일스가 그의 미래가 되기를 바랐다.

마일스와 "복수"를 향한 감독의 열광은 막판의 결정으로 이어졌다. 그는 데뷔작으로 예정돼 있던 조지프 코튼의 "마비"의 방영일정을 연기하고, 그녀의 에피소드를 시리즈 데뷔작으로 결정했다. 둘 다 본질적으로 히치콕적인 이야기—히치콕이 1949년에 내놓은 선집 『서스펜스 스토리』에 함께 실렸다[25]—였지만, "마비"는 〈구명선〉이나 〈이창〉에서 다룬 '주머니 속 우주'를 모두 갖춘 걸작 소품이었다.

코튼은 마이애미 휴가를 막 끝낸 무자비한 사업가로 출연했다. 전화로 직원을 해고한 그는 한 번만 더 기회를 달라고 울면서 애원하는 부하의 허약한 정서에 혐오감을 표명한다. 플로리다에서 뉴욕으로 차를 몰고 오던 중에, 그는 죄수들로 이뤄진 도로보수반의 정지 신호에 따라 차를 세웠다가 건설용 트럭과 충돌한다. 정신을 차린 그는 자신이 손가락 하나만 간신히 까딱거릴 수 있는 것을 제외하면 신체가 마비된 채로 망가진 자동차의 운전대 밑에 꼼짝없이 갇힌 신세가 됐다는 것을 알게 된다. 탈옥한 죄수들이 다가와서 그의 옷과 소지품을 앗아가고, 현장에 도착한 경찰관 모두는 충격을 받은 그의 표정을 보고는 그를 죽었다고 생각한다. 시체공시소에 눕혀진 그는 사람들에게 자신이 살아 있다는 것을 알리려고 필사적인 노력을 다한다. 검시관이 그

25 "마비"는 〈서스펜스〉 라디오 시리즈에서도 극화됐다.

가 누운 시체 보관 백의 지퍼를 닫으려는 순간, 그는 눈물을 흘리기 시작하고, 결국 누군가가 그의 눈물을 알아본다.

22분짜리 에피소드에 등장하는 주된 대사는 보이스오버로 등장하는, 코튼이 속으로 되뇌는 독백이다. 에피소드의 대부분은 그의 얼굴의 클로즈업으로 구성돼 있고, 움직일 수 없는 그의 처지는 극단적인 카메라 앵글에 의해 강조된다. 히치콕에 따르면, 그것은 '얼어붙은 영화'였다. "광학적으로 마지막 프레임을 반복하면 됩니다. 그렇게 하면 스틸사진도 얻을 수 있죠." 소형 스크린을 위해 만들어진 순수한 영화를 즐길 수 있는 비범한 텔레비전용 드라마로, 평론가 로빈우드의 표현에 따르면, '현대도시인의 방어적 갑옷을 체계적으로 모조리 벗겨버린' 우화였다.

히치콕이 1955~1956년에 연출한 에피소드 4편 가운데에서는 "복수"와 "마비"가 최고였다. 다른 두 에피소드는 존 윌리엄스가 잔소리 많은 아내를 지하실에 파묻고 캘리포니아로 휴가를 떠나는 "크리스마스를 위한 귀환"과, 톰 이웰이 그의 도플갱어에게 정체성을 조금씩 빼앗긴다는 특이한 내용의 "펠햄 씨 사건"이었다.

단골 시청자를 확보하고 톱10에 들어가기까지는 1년이 걸렸지만, 시리즈는 텔레비전평론가 사이에서는 방송 초기부터 히트작이었다. 『뉴욕헤럴드트리뷴』의 존 크로스비의 표현대로 "〈앨프레드 히치콕 극장〉와 관련한 최고의 요소는 앨프레드 히치콕이 제공한다는 것이다"라고 생각한 사람이 많았다. 『뉴욕모닝텔레그래프』에 글을 쓴 레오 미시킨도 동의했다. "그가 21인치짜리 스크린에 선보이는 천진난만한 순수함, 아랫입술을 늘어뜨린 땅딸막한 체격, 억양이 부드러운 그의 모든 대사들은 그가 조심스럽게 구축하려고 노력하는 바로 그 서스펜스와 테러의 이미지를 압도한다."

그는 영화관객 사이에서는 이미 스타였지만, 텔레비전이 그의 유명세의 위력을 비약적으로 강화시켰다는 말은 전혀 과장이 아니었다. 그렇지 않더라도 1955년은 감독에게는 아주 좋은 해였다. 〈나는 결백하다〉는 극장에서 히트했고, 〈나는 비밀을 안다〉의 리메이크를 마침내 만들었으며, 그의 이름은 서스펜스 시리즈를 장식했다.

히치콕 부부는 크리스마스에 휴가를 떠나는 것을 좋아했지만, 항상 그렇게 할 수 있었던 것은 아니었다. 이즐링턴, 고몽, 게인스버러에서 명절은 대량해고를 뜻했고, 셀즈닉 시절에도 크리스마스는 위험한 시기였다. 프로듀서는 즉시 현금화할 수 없는 전쟁채권으로 보너스를 줘서 히치콕을 미치게 만들곤 했다.

그러나 고마운 파라마운트는 1955년 연말에 크리스마스선물로 그에게 세계일주 여행을 건넸다. 히치콕 부부는 12월 12일에 퀸 메리를 타고 도쿄, 방콕, 홍콩, 캘커타, 델리, 봄베이, 카이로, 로마, 파리, 런던을 일주하는 한 달짜리 여행을 시작했다. 히치콕은 각각의 경유지에서 스튜디오의 지사를 방문해서 그의 영화를 위한 홍보활동을 펼치면서 이름과 얼굴을 지구 전역에 퍼뜨렸다. 그는 도쿄의 긴자에서 옥외게시판에 그려진 자신의 거대한 얼굴을 바라보면서 서 있을 때보다 행복했던 적이 없었다. 그는 눈앞에 보이는 광경을 너무나 좋아했다. 동양인의 눈이 그려진 히치콕의 얼굴이 그는 너무나 좋았다.

14 아찔한 걸작 〈현기증〉 1956~1958

〈앨프레드 히치콕 극장〉을 한 번도 집필하지 않은 사람이 존 마이클 헤이스였다.

1956년 1월에 1달에 걸친 세계일주에서 산뜻한 기분으로 돌아온 히치콕의 앞에는 족히 10년은 채울 정도의 차기 프로젝트 4개가 줄을 서서 기다리고 있었다. 파라마운트는 그를 위해 소설 2편의 권리를 따냈다. 『플라밍고 깃털』은 남아프리카가 배경인 대형 정글 모험물이었고, 『죽은 자들로부터』는 피에르 부알로와 토마 나르스작이 쓴 프랑스 스릴러였다. 『플라밍고 깃털』은 〈나는 결백하다〉처럼 파라마운트 영화였고, 『죽은 자들로부터』는 앨프레드 J. 히치콕 제작 작품이 될 예정이었다. 세 번째 프로젝트는 허버트 브리언이 『라이프』에 기고한 글에 바탕을 둔 진정한 롱맨 이야기였고, 네 번째 프로젝트는 "링컨 콧속의 사나이"였다. 이 아이디어는 오티스 건지의 짤막한 트리트먼트에서 그리 많이 나아가지 못했지만, 히치콕은 여전히 이 아이디어를 흥미로워했다.

히치콕은 4편의 영화를 어떤 순서로 만들어야 할지를 아직 결정하지 못했다. 그것은 모두 시나리오와 다른 요소들이 어떻게 되느냐에 달려 있었다. 그런데 1956년 1월에는 헤이스가 그중 1편을 집필할 수 있을 것처럼 보였고, 업계지는 "링컨 콧속의 사나이"를 '히치콕-헤이스 영화'로 발표하기까지 했다. 〈이창〉의 성공 이후 약간은 지겹기도 하고 보수도 덜 받았다고 느끼고 있던 헤이스는 감독과 자신을 하나로 묶는 그런 평가에 감독이 질색했을 것이라고 믿었다. 히치콕과 헤이스는 모두 MCA의 고객이었기 때문에, 작가는 감독과 자신의 에이전트가 집필료를 낮은 수준으로 유지하기로 담합하고 있다고 믿었다. 몇 년 후 헤이스는 “히치콕이 거물고객이었기 때문에 그들은 늘 그런 식으로 일을 했습니다”라고 씁쓸하게 밝혔다.

헤이스가 급여에 대한 불만을 토로하면, 그의 에이전트는 참고 기다리라고 권했다. “히치를 놓치지 마세요. 그러면 히치콕대학의 졸업장을 받을 수 있을 거예요. 그건 미래에 엄청나게 값이 나갈 거라고요.” 히치콕이 〈이창〉을 하면서 약속했던 보너스는 결코 지급되지 않았고, 껄끄러운 문제들은 더욱 악화됐다. 그러나 헤이스의 편을 드는 스티븐 데로사조차도 작가의 급여가 〈이창〉 이후 ‘2배가 됐다’는 것을 발견했다. 또한 히치콕은 헤이스가 〈나는 결백하다〉를 위해 스튜디오가 경비 일체를 지원하는 여행을 프랑스로 다녀온 것과, 〈해리의 소동〉을 위해 버몬트로, 〈나는 비밀을 안다〉를 위해 런던으로 여행을 다닌 것을 다른 종류의 보너스로 간주했다.

그러나 감독과 그의 오랜 동료 사이의 개인적 친화력은 별로 강하지 않았다. 헤이스는 어느 인터뷰에서 히치콕이 그들 부부를 캘리포니아 북부에 있는 제2의 저택으로 절대 초대하지 않았고, 할리우드에서도 히치콕 부부는 일과 이후에 헤이스 부부와 교제하지 않는다고 불평을 늘어놨다.

헤이스는 히치콕의 자존심이 가장 중요한 성공작 몇 편의 틀을 잡는 데 그가 했던 역할을 결코 받아들일 수 없었다고 믿었다. 히치콕은 헤이스가 〈이창〉으로 에드가 앨런 포 상을 수상하던 해에 미국 미스터리작가협회가 주최한 연회에 가지 않을 핑계를 찾아냈고, 후에 헤이스가 그 상을 보여줬을 때도 그것을 경멸했다. “그게 변기와 같은 재질로 만들어졌다는 것을 아나?”(데로사조차도 히치콕이 농담을 했을 거라고 밝혔지만, 헤이스는 유머로 받아들이지 않았다.)

히치콕을 화나게 만든 인터뷰가 출판된 후, 헤이스는 사전승인 없이는 개인적 홍보활동을 삼가라는 지시를 받았다. 할리우드에서 드문 요구는 아니었으나 헤이스는, 그가 자주 인용했듯 '바넘 앤 베일리[26]가 되려고 하지 않는' 감독의 불안감을 감지했다고 훗날의 인터뷰에서 밝혔다. "그는 천재 앨프레드 히치콕이었습니다. 그는 창조주였고 거장이었습니다. 그것은 앨프레드 히치콕 영화이지 그 외의 것은 아니었습니다. 그것은 존 마이클 헤이스가 쓴 앨프레드 히치콕 영화가 아니었습니다."

그러나 공동 프로듀서 허버트 콜먼에 따르면, 히치콕 무리의 입장에서 보자면 헤이스는 진정한 특별석 관람자였다. 콜먼의 표현에 따르면 '지나친 자존심'을 과시하고 다닌 것은 헤이스였다. 헤이스는 '〈이창〉의 트리트먼트와 시나리오의 전체 구성을 나 혼자서' 작업했다거나, 또는 '〈나는 결백하다〉의 대부분도 역시 나의 창작품'이라고 출판물이나 이후 이어진 인터뷰에서 자랑하고 다녔다.

히치콕의 관점에서 〈이창〉은 이야기뿐 아니라 메인캐릭터와 그들을 연기하는 스타들, 그리고 모든 장면에 대한 세세한 논의까지 더불어, 은쟁반에 담아 헤이스에게 건넨 것이었다. 로케이션 현장에서 그리고 후반작업에 했던 수정은 그렇다 치더라도, 히치콕 여사가 중요한 기여를 한 〈나는 결백하다〉도 마찬가지였다. 〈해리의 소동〉의 경우, 히치콕은 사실상 그 책을 암기했고 영화는 그 기억을 가깝게 좇았다.

그런데 그들 사이에서 최악의 갈등은 가장 최근에 벌어졌다. 〈나는 비밀을 안다〉의 시나리오작가로 공식 크레디트를 받아 마땅한 사람은 누구인가? 히치콕이 헤이스에게 앵거스 맥페일과 크레디트를 공유하라고 주장하자 헤이스는 미국작가협회에 호소했고, 조정위원회는 집필 자료를 모두 검토한 후 헤이스의 손을 들어줬다. 할리우드 단체와 사이가 좋은 견실한 회원인 미국인 헤이스는, 감독의 개인적 친구로 낙하산을 타고 내려온 인물이라는 미심쩍은 눈길을 받는 영국인 맥페일을 제압했다.

히치콕은 헤이스가 상의 한마디 없이 협회에 직접 호소한 것에 격

26 바넘과 베일리가 각자의 서커스단을 합병해서 만든 미국의 서커스단. — 옮긴이

분했고, 맥페일이 부당한 침해를 당했다고 생각했다. 빌 크론 같은 영화학자나 당시의 내부관계자도 히치콕의 의견에 동의한다. 허버트 콜먼은 이렇게 믿고 있다. "내가 아는 한, 크레디트는 이렇게 돼야 합니다. 시나리오: 앨프레드 히치콕, 앵거스 맥페일, 존 마이클 헤이스."

두 사람 사이에 흐르는 긴장에도 불구하고, 히치콕은 휴가에서 돌아오기 전까지는 작가와 맞대결하는 것을 미뤘다. 그 사건 이후로 히치콕 프로덕션의 사실상의 스토리 에디터로 할리우드로 반영구적으로 이주해온 맥페일과 사이좋게 일하겠다면서 헤이스가 자신과 화해할지도 모른다는 희망에서였다.

예정작 4편 중에서 사전에 출판된 원작을 바탕으로 하지 않은 유일한 작품인 "링컨 콧속의 사나이"는 개발에 가장 많은 자원이 투입돼야 할 작품이었다. 따라서 히치콕은 이 작품을 맨 나중으로 배치했다. 마찬가지로 『죽은 자들로부터』도 감독에게 기본적 플롯과 잘 구축된 캐릭터를 제공하기는 하지만, 상당한 작업을 해야만 했다. 우선은 번역을 해야 했고, 그다음에는 현대의 미국으로 이식해와야 했다.

히치콕은 〈플라밍고 깃털〉과 롱맨 실화를 맥페일과 헤이스가 동시에 집필하도록 결정했다. 그런 후에 히치콕이 전통적으로 해왔던 방식대로 다른 작가를 데려와 수정할 예정이었다. 맥페일에게는 대영제국 분위기를 잔뜩 풍기는 〈플라밍고 깃털〉을 주도적으로 작업해달라고 요청했고, 헤이스에게는 범죄 분위기를 물씬 풍기는 다른 시나리오에 집중해주기를 바랐다. 전편의 배경이 뉴욕인 〈누명쓴 사나이〉가 첫 작품으로 일정이 잡혔다.

〈누명쓴 사나이〉가 워너브러더스의 재산이었기 때문에, 히치콕은 우선 파라마운트를 떠나는 문제를 처리했다. 워너브러더스는 뉴욕 사건에서 실제로 누명을 쓴 남자와 계약을 체결한 상태였다. 그런데 히치콕은 그가 잭 워너를 위해 영화를 연출하는 것은 아직도 계약내용이 완전히 이행되지 않은 1947~1954년 계약의 영화 1편을 이행하고 싶기 때문이라고 루 와서먼에게 밝혔다. 지난 몇 해 동안 그는 여러 인터뷰어에게 똑같은 얘기를 되풀이하곤 했다. 히치콕은 계약을 진지하게 받아들이는 사람이기 때문에, 그가 한 말이 참말일 가능성도 있다.

그런데 그가 워너브러더스에게 정말로 무엇인가 이행할 일이 남아 있었을까? 그 문제는 명확하지 않다. 히치콕이 영화를 만들어도 좋다는 승인을 받아내기 위해 연출료를 포기하겠다는 제안을 하기 이전에는 워너브러더스는 〈누명쓴 사나이〉에 대해 모호한 태도를 보였다. 할리우드 역사상 전성기의 최고조에 달한 감독이 이런 식으로 무급으로 일을 하겠다고 자원한 사례는 찾아보기 어려운데, 그런 제스처는 전적으로 히치콕의 특성에서 비롯된 것이었다. 그는 흥미로운 영화를 만들기 위해 돈 따위는 무시하는 경우가 잦았다.

헤이스는 그 제안을 받아들이지 않았다. 〈누명쓴 사나이〉를 놓고 히치콕은 헤이스가 맥페일과 공동으로 작업하는 데 동의해야 한다면서, 그들이 완성된 영화의 크레디트를 공유한다는 내용을 사전에 못박기까지 했다. 헤이스에 따르면, 히치콕은 미국인 작가에게 감독 자신처럼 '공짜로' —즉, 무급으로— 일을 하라고 요구하기까지 했다. 이런 놀랄 만한 제안을 입증할 증거는 헤이스의 기억 외에는 하나도 없다. 이 제안이 놀라운 이유는 히치콕이 작가협회의 규정을 철저히 숙지하고 있었기 때문이다. 프로듀서가 위임한 어떤 시나리오건 최소 집필료를 받아야 한다고 주장하는 작가협회는, 헤이스가 제안에 동의했다고 하더라도 그런 계약을 절대로 승인하지 않았을 것이다.

헤이스는 히치콕이 자신이 그 미끼를 물을 것이라고는 결코 기대하지 않았다고 믿었다. 헤이스의 표현에 따르면, 감독은 '내가 그럴 수 없을 것'이라는 것을 알았다. 헤이스는 히치콕이 이런 말을 했다고 인용했다. "자네가 나랑 같이 워너브러더스로 가지 않는다면, 나는 이후로 자네하고는 한마디도 하지 않을 걸세." 헤이스는 거절했고, 그것으로 그들의 관계는 끝이 났다. 히치콕—헤이스가 '공인 겁쟁이'라고 즐겨 말한—은 작가에게 해고됐음을 통보하는 '밀사들'을 보냈다. 더 정확히 말하자면 작가의 계약은 '갱신'되지 않았고, 4편 집필계약을 이행한 헤이스는 히치콕대학에서 쫓겨났다.

그러나 그들은 딱 한 번 다시 말을 했다. 몇 년 후 히치콕은 발레

공연장에서 헤이스를 우연히 만났다. 히치콕은 그를 '아주 진솔하게' 대했다고 헤이스는 회상했다. 그러나 그들을 재결합시키려는 주위사람들의 간헐적인 노력에도 불구하고, 감독은 히치콕의 걸작으로 간주되는 영화 4편의 시나리오를 쓴 작가와 다시는 일하지 않았다.

허버트 브리언이 1953년 6월 29일자 『라이프』에 쓴 기사는 〈누명쓴 사나이〉 사건의 진상을 자세히 소개하고 있다. 이 사건은 로버트 몽고메리가 제작한 텔레비전 방송물로 재현돼서 1954년 2월에 NBC 전파를 탔다.

1953년 초반에 재즈 베이시스트이자 어린 두 아이의 아버지인 매니 발레스트레로는 퀸스에 있는 보험회사에서 217달러를 훔친 죄로 고발당했다. 죄가 없다고 항변한 발레스트레로는 체포돼서 투옥되고 재판을 받았다. 그는 어느 배심원이 배심원석에서 부적절한 발언을 한 것 때문에 판사가 무효심리를 선언하자 임시로 석방됐는데, 발레스트레로가 다시 재판을 받기 전에 진범이 식품판매점을 털다가 체포됐다. 그러나 이때는 매니의 아내인 로즈가 스트레스에 따른 신경쇠약을 겪은 후였다.

히치콕은 그가 〈누명쓴 사나이〉를 만든 것은 그것이 '즉시 제작 가능한 프로젝트'이기 때문이었다고 늘 주장하기는 했지만, 그가 그런 영화를 좇아왔다는 표현이 정확할 것이다. 진솔함을 추구하며 사건의 전후를 연구하는 그의 태도는 최근 작품에서는 주변여건 때문에 교묘한 발상과 히치콕 스타일의 그늘에 묻혔다. 그래서 이제 그는 네오리얼리즘적인 소재에 열중하고 싶었다.

여러 인터뷰에서 히치콕은 그(와 일부 평론가)가 '주방 싱크대' 네오리얼리즘이라고 부른 영화적 경향을 때때로 비판했다. 그는 어느 날 그와 이탈리아인 가정부가 샌프란시스코에서 비토리오 데 시카의 〈자전거 도둑〉을 봤는데, 걸작을 보면서 가정부가 절반은 따분해했다는 얘기를 했다. 〈자전거 도둑〉에 대한 자신의 견해는 밝히지 않았지만, 그 영화에서 깊은 인상을 받은 그는 『뉴욕타임스』와 가진 인터뷰에서 〈자전거 도둑〉은 완벽한 —육체적이고 심리적인— 이중 추격영화라고 밝혔다. 히치콕은 이탈리아를 진짜로 사랑했고 로베르토 로셀리니의 영화에 특별한 관심을 쏟으면서 전후 이탈리아에서 나온 영화를 놓치지 않았다—부분적인 이유는 로셀리니의 최근작에 로셀리니 부인인 잉그리드 버그먼이 출연했기 때문이었다—.

네오리얼리즘 이론가(겸 시나리오작가) 세자레 자바티니의 표현에 따르면, 이상적인 영화는 '그에게 아무 일도 일어나지 않는 남자의 인생 90분'이었다. 이탈리아인들은 전혀 드라마틱하지 않은 스토리텔링을 가진 다큐멘터리 스타일의, 실제 인생의 스냅사진이라는 영화의 비전을 개발하고 있었다. 그들은 비전문배우의 연기와 소박한 비주얼에 가치를 두면서 사회적이고 인간적인 비전에 대한 통찰력을 추구하기 위해, 서스펜스와 카메라 트릭을 의도적으로 회피했다. 이탈리아 네오리얼리즘은 프레드 치네만, 조지 스티븐스, 윌리엄 와일러의 작품들을 통해 미국영화계에도 이미 스며들어왔고, 이제는 히치콕이 그 교의와 미학에 매력을 느꼈다.

〈누명쓴 사나이〉는 히치콕에게 그의 평생에 걸친 사법체계에 대한 비판을 계속해나갈 수 있는 —이탈리아계 미국인이 관련된— 실제 사건을 제공했다. 이 작품은 그의 표현에 따르면 —히치콕으로서는 극단적인 도전인— '명백한 다큐멘터리' 접근방식을 채택할 기회였다. 그리고 이 작품은 친구 앵거스 맥페일에게 시나리오 크레디트를 줄 수 있다는 뜻이기도 했다.

존 마이클 헤이스와 갈라선 후 맥페일을 보조할 다른 작가가 필요한 히치콕은 또다시 전형적인 미국인을 찾아 할리우드 너머로 손을 뻗었다. 맥스웰 앤더슨은 앞서의 손턴 와일더와 존 스타인벡처럼, 할리우드를 위해 직접 작품을 쓴 적은 드물었다. 그리고 그가 —잉그리드 버그먼이 주연한 그의 최근작 〈잔다르크〉처럼— 스크린에서 받은 크레디트의 대부분은 저명한 무대작품이 원작이었다. 그의 브로드웨이 희곡은 도덕적 태도는 일관적이었지만, 형식은 실험적인 운문드라마에서 풍자극과 뮤지컬에 이르기까지 폭이 넓었다. 그의 가장 유명한 역사드

불완전한 네오리얼리즘 실험작 〈누명쓴 사나이〉(1956)는 히치콕이 할리우드에 도착한 이래로 계속 갈망해오던 헨리 폰다와 같이 작업할 좋은 기회였다. 히치콕의 첫 '개인적 스타'인 베라 마일스를 소개한 작품이기도 하다.

라마 중 1편인 〈윈터셋〉은 누명을 쓰고 처형된 이탈리아계 미국인 이민자인 사코와 반제티[27]를 다뤘다.

앤더슨은 제의를 받아들였다. 1956년2월에 히치콕, 맥페일, 허버트 콜먼은 뉴욕의 세인트 레지스에 묵으면서 로케이션 헌팅을 나가고, 인근에 있는 코네티컷 스탬포드의 자택에서 통근하는 작가와 시나리오 회의를 가졌다.

여러 면에서 히치콕이 이때까지 해온 모든 것과 정반대되는 작업이기는 했지만, 실제의 삶에 충실하겠다는 정신은 〈누명쓴 사나이〉를 만드는 과정에서 히치콕이 세운 유별난, 거의 강박관념에서 비롯된 것 같은 목표였다. 그는 일어난 사건을 드라마틱하거나 영화적인 꾸밈을 최소화하면서 정확하게 이야기로 들려주고 싶었다. 뉴욕 팀은 그런 목표를 위해 발레스트레로의 행적과 습관, 경험을 추적하려고 노력했다. 콜먼은 발레스트레로가 운명적인 체포를 당하던 밤에 스톡 클럽에서 연주를 마친 후에 집으로 갈 때 승차했던 새벽 3시 30분발 지하철을 직접 타봤다. 맥페일은 음악가가 그날 아침을 먹은 카페에서 아침을 먹었고, 두 사람은 진범이 체포된 식품판매점을 방문해서 가게 주인에게 질문을 던졌다.

27 1920년대에 살인죄로 사형당한 이탈리아계 무정부주의자들. — 옮긴이

콜먼과 맥페일은 사건의 실제 판사, 변호사, 검사, 로즈의 정신과 의사를 인터뷰했다. 그들은 히치콕과 함께 실제 구치소를 찾아가서 죄수들이 어떻게 입감되고 다뤄지는지를 살폈고, 실제 정신과 요양소를 방문했다.

그들은 경찰의 사건 처리절차를 가급적 자세히 조사해보려고 노력했지만, 영화가 집중 조명하는 잘못된 체포와 연관되는 것을 조금도 원치 않는 뉴욕경찰청은 조사를 방해했다. 히치콕은 앤더슨에게 쓴 편지에서, 경찰 고위인사들이 '우리가 형사에게 용의자를 심문할 때 코를 세게 푸는지 약하게 푸는지를 물으면 중대한 비밀들이 새나가고 있는 양' 처신하고 있다고 투덜거렸다. 제작규범 담당관들을 상대할 때처럼 속임수로 경찰청을 상대한 히치콕은 방식을 바꿔서 은퇴한 경찰관을 자문으로 고용했다.(나중에 그는 영화에 삽입한 제작 협조에 감사하는 크레디트에서 뉴욕경찰에 대한 언급을 빼는 것으로 나름의 복수를 했다.)

반면에 사건에 관련된 상당수의 주변 인물은 제작에 협조했고, 히치콕은 영화에서 스스로를 연기하도록 그중 일부를 고용하기까지 했다.(이것은 비전문배우를 고용하는 이탈리아 네오리얼리즘의 일반적 관행이었지만 히치콕이 그렇게 큰 비중으로 비전문배우를 고용한 적은 드물었다.) 히치콕은 가능한 곳에서는 어디서건 실제 사건현장에서 각각의 장면들을 연출했다.

히치콕은 모든 것이 실제 매니 발레스트레로에게 일어난 그대로 벌어져야만 한다고 주장했다. 앤더슨이 코네티컷에서 시나리오를 쓸 때, 히치콕은 전화와 편지로 앤더슨에게 조사 진행상황을 알렸다. 앤더슨이 매니가 입감돼서 지문을 찍는 장면을 시나리오상에서 너무 앞쪽에 배치하자, 히치콕은 '실제 사건의 순서'를 점잖게 작가에게 상기시켰다. 어느 배심원이 증거를 모두 듣기도 전에 유죄라는 결론에 도달했다고 인정하면서 변론절차를 방해하는 장면에서 앤더슨이 써넣은 대사를 본 히치콕은 앤더슨의 솜씨를 칭찬했지만, 그 대사를 영화에 쓸 수는 없다고 밝혔다. 앤더슨은 너무나 파격적으로 글을 썼기 때문에, 그 대사는 창작해낸 티가 너무 확연했다. 이것은 "실제 사건들과는 상당히 모순되는 것으로, 적대적인 평론가에게 너무 쉽게 이용당할 수 있습니다."

시나리오 작업이 벽에 부딪히면, 팀은 실제 인물에게 되돌아가서는 새로운 아이디어를 구하기 위해 그들을 다시 인터뷰했다. 그들은 진짜 강도가 체포됐을 때 그가 "보내주세요! 제 아내하고 아이들이 저를 기다리고 있어요"라고 울부짖었다는 얘기를 듣고는 기분이 좋았다. 히치콕은 앤더슨에게 그 대사를 시나리오에 집어넣으라고 말했다. 그는 프랑수아 트뤼포에게 이렇게 밝혔다. "그 대사가 마음에 들었습니다. 그건 시나리오를 쓸 때는 상상할 수 없는 그런 종류의 대사입니다."[28] 평소 하던 카메오를 대체한 침울한 프롤로그에서, 히치콕은 시나리오의 '모든 단어'가 실제 삶에서 끌어낸 것이 라는 사실을 (약간의 과장을 섞어서) 자랑스럽게 주장했다.[29]

주연배우는 처음부터 명확했다. 〈누명쓴 사나이〉는 헨리 폰다와 베라 마일스를 위한 맞춤영화였다. 그들은 히치콕이 이 프로젝트에 짜릿해한 두 가지 이유였다. 히치콕은 할리우드에 온 이래로 폰다를 매우 탐내면서, 처음에는 〈해외특파원〉에 다음에는 〈파괴공작원〉에 출연시키고 싶어했다. 폰다는 게리 쿠퍼, 제임스 스튜어트와 함께 미국영화의 위대한 서민적 배우였다. 그리고 히치콕은 폰다가 매니 발레스트레로를 연기하면 〈분노의 포도〉의 톰 조드의 분위기를 불러올 수도 있을 것이라고 기대했다.

〈누명쓴 사나이〉는 히치콕 '최초의 개인적 스타'를 소개하는 영화이기도 했다. 히치콕의 홍보담당자가 사용한 이 문구는 엄격히 말하자

28 영화에서 이 대사는 "보내주세요! 제게는 아이들이 있어요!"가 됐다.

29 사실 그는 헨리 폰다와 한 장면을 같이 찍었지만, 결국 히치콕은 그가 추구하는 리얼리즘을 존중하는 의미에서 이 카메오를 〈누명쓴 사나이〉에서 들어냈다. 대신, 스튜디오에서 찍은 영화를 여는 인상적인 롱숏에서, 어둠 속에서 실루엣만 보이는 감독은 카메라를 향해 진지한 주장을 펼친다. "저는 앨프레드 히치콕입니다. 과거에 저는 여러분에게 많은 서스펜스 영화들을 보여드렸습니다. 그러나 이번에는 여러분께 다른 영화를 보여드리고 싶습니다. 그 차이점은 이것이 단어 하나하나까지 실화라는 사실, 그러면서도 제가 이전까지 만들었던 많은 스릴러에 들어 있던 그 모든 픽션보다도 더 기이해보이는 요소들을 담고 있다는 데 있습니다."

면 정확한 표현은 아니었다. 히치콕은 일찍이 무성영화 시절부터 여배우들과 전속계약을 체결했고, 마일스를 '발견했다'고 주장할 수도 없었다. 다른 감독들이 그녀를 알아보고 그보다 앞서 활용했기 때문이었다. 그러나 그는 파라마운트가 후원하고 네트워크를 통해 방송되는 텔레비전 시리즈의 위력을 갖추게 된 1950년대 이전까지는 할리우드 여배우들을 계약에 묶어둘 수 있는 처지가 아니었다. 마일스는 그가 메이저스타로 키워내려고 노력했던 최초의 미국인이었다. 『맥콜』은 마일스를 '히치콕의 차가운 미녀의 유명한 계보를 잇는 신예'라고 부르면서 그녀가 '제2의 그레이스 켈리'처럼 대대적으로 선전되고 있다고 날카롭게 지적했다.

마일스는 미모는 뛰어났지만, 켈리처럼 유복한 집안 출신은 아니었다. 그래서 대중 앞에 설 때를 대비해서 에디스 헤드를 데려와 외모와 의상에 대해 자문을 해줘야 했다. "그녀는 놀랄 만큼 훌륭한 여배우야." 히치콕은 의상디자이너에게 조언했다. "그런데 그녀는 연기에 탁월한 권능을 부여하는 식으로 옷을 입지는 못해." 히치콕은 마일스가 '너무 울긋불긋하게' 입는다고 관찰했다. 그녀는 색깔에 '매몰되는' 사람인 것이 분명했다. 〈누명쓴 사나이〉를 흑백으로 찍는다는 결정은 이탈리아 네오리얼리즘의 전통에 부합하는 것이기도 했지만, 너무 밝은 색깔은 마일스에게 역효과를 낼 것이라는 감독의 견해 때문에 힘을 얻은 것이기도 하다. 헤드는 검정색, 흰색, 회색으로 나눠진, 그녀를 위한 '완벽한 맞춤의상'을 작업했다. 3월에 뉴욕에 도착한 마일스가 처음 한 일은 히치콕 부부를 따라 백화점에 가는 것이었다. 그곳에서 히치콕 부부는 그녀의 캐릭터가 입을 만한 종류의 옷을 골랐다.

마일스가 〈앨프레드 히치콕 극장〉의 시리즈 개시작에서 연기한 엄청난 충격을 받은 여인은 매니의 상처 입은 아내 로즈를 개략적으로 스케치한 캐릭터였다. 매니가 감옥에 갇힌 이후로 히치콕은 영화의 초점을 로즈의 연약한 심리에 맞추고 싶어했다. 밝혀진 것처럼 매니는 시나리오작가의 입장에서는 실망스러울 정도로 복잡성과는 거리가 먼 캐릭터였다. 따라서 히치콕 최초의 개인적 스타가 연기하는 캐릭터를 잘 구축하는 것이 그 어느 것보다도 중요했다. 실제 사건에 충실하면서도 영화적이기도 한 영화를 만드는 것은 어느 면에서 보나 어려운 일인 것으로 밝혀졌다.

가장 중요한 장면은 매니가 변호사를 두 번째로 방문했다가 매니와 변호사가 로즈가 신경쇠약에 걸렸다는 것을 깨닫는 장면이었다. 히치콕은 로즈가 요양소에 입원한 이후 플로리다로 이사를 간 실제 발레스트레로 부부와 계속 연락을 주고받았다.[30] 이 장면과 다른 장면들을 위해 팀은 로즈가 기억하는 감정을 물으면서 부부와 거듭해서 의사소통을 했지만, 부부의 반응에 실망만 거듭했다. 발레스트레로 부부는 그리 대단치 않은 일화만 기억하고 있었다. 흥미로운 사건들에 파묻힐 것이라는 애초의 예상과는 너무도 다르게, 리얼리티는 히치콕을 낙담시켰다.

히치콕은 리얼리티 일부에 허구를 가미하고 상상력을 발휘해서 드라마를 창작해내며 영화경력 전체를 보내왔다. 이제 그는 판타지가 비집고 들어올 틈을 조금도 내주지 않으면서 리얼리티를 엄밀하게 복제해내려고 노력하고 있었다. 팀의 조사활동은 히치콕의 표현에 따르면, 부부가 놀랄 정도로 '별다른 감정'을 느끼지 못하면서 만사를 견뎌냈다는 것을 되풀이해서 보여줬다. 감독은 자신에게 '지나치게 영화적인' 것처럼 보이는 많은 흡족한 장면을 갖춘 리얼리티에 호응할 많은 '느릿한 사건들' 사이만 오락가락하다가 '형편없이 끝날' 운명에 처하게 된 듯 보이는 시나리오를 놓고 고민했다. 감독은 자잘한 에피소드를 제공해달라고 발레스트레로 부부에게 거듭 호소했지만 얻어낸 것은 없었다. 그러고는 장면들을 강화하여 리얼리티를 증진시키려는 충동과 씨름했다.

앵거스 맥페일은 시나리오에 확고하게 기여하면서 촬영 내내 감독의 곁을 지켰다. 히치콕은 파라마운트에서 허버트 콜먼(협력 프로듀서), 버

30 〈누명쓴 사나이〉의 결말에 등장하는 문장은 실제 로즈가 완치돼서 정신병원을 떠났다고 관객들을 안심시키지만, 히치콕은 트뤼포에게 '그녀는 아마 아직도 거기 있을 것'이라고 강조했다.

나드 허먼(음악), 조지 토마시니(편집기사), 로버트 벅스(촬영) 등 그의 핵심 팀을 빌려왔다. 저널리스틱한 분위기를 위해 흑백으로 영화를 찍겠다는 의향을 밝힌 히치콕은 카메라맨에게 〈누명쓴 사나이〉는 그에게 어울리는 소재가 아닐지도 모른다고 경고했다. 그러나 벅스는 프로젝트에 남았고, 히치콕은 다시 벅스의 표현력 풍부한 카메라워크의 도움을 받았다. 클로드 샤브롤과 에릭 로메르의 표현에 따르면, 벅스는 '이 겨울 영화'를 분위기상 비슷한 〈나는 고백한다〉로 힘들이지 않고 탈바꿈시켰다. 그해 봄의 뉴욕 날씨는 정말로 겨울 같았다. 워너가 필름을 캘리포니아에서 현상하겠다고 고집을 부렸기 때문에 러시를 보는 일은 지체됐고, 따라서 스튜디오가 의도했던 것처럼 재촬영은 최소화됐다. 판사를 연기하는 배우가 자신의 대사를 외우지 못하자 제작진은 재빨리 그를 교체했다. 경찰관을 연기한 해럴드 J. 스톤에 따르면, 변호사의 아내를 연기하는 여배우가 히치콕에게 '도전적인 태도'를 보이자, 그녀는 영화에서 간단하게 잘려나가는 운명을 맞았다.(변호사의 아내는 수화기 너머에서 앤서니 퀘일에게 줄 메시지를 받아 적는 목소리로만 영화에 남았다.)

날씨, 결함 있는 시나리오, 연기력 떨어지는 단역배우들과는 상관없이 히치콕은 행복했다. 그는 영화의 불완전성을 수긍하는 법을 오래전부터 배워왔다. 그가 좋아하는 뉴욕 호텔과 레스토랑에서 집에 온 것처럼 편안한 기분을 느낀 감독은 그의 두 주연배우를 매우 기뻐했다. "그는 배우들을 가축처럼 대하지는 않았나요?" 세월이 한참 흐른 후, 『플레이보이』가 폰다에게 물었다. "아뇨, 히치는 그러지 않았어요." 폰다의 대답이다. "그는 항상 재미있는 사람이었습니다. 그는 진지한 장면에서 '카메라 돌려'라고 말하기 직전에 촬영장에 와서는 재미있는 이야기를 들려줬죠. 나는 히치랑 작업하는 게 좋았습니다. 그는 제작진과 조감독, 시나리오 슈퍼바이저와 함께 모든 장면을 조심스럽게 면밀히 계획했습니다. 그래서 그들 4명 중 한 사람은 다음 숏을 위한 준비를 하고 있다가 차례가 되면 그 숏을 촬영할 수 있었습니다."

매니 발레스트레로를 연기한 남자는 섬세하고 사려 깊은 연기를 펼치면서 매끄럽게 영화를 통과해간 반면 그의 아내를 연기한 여배우의 연기는 지루했다. 도널드 스포토는 히치콕이 그의 첫 개인적 스타가 "지쳐서 거의 앓아누울 지경에 이르기 직전까지 신경쇠약 증세를 보이는 장면을 혹독하게 몰아댔다"고 썼다. 그러나 피곤함은 캐릭터의 일부였고, 조앤 폰테인 같은 배우에게서는 똑같은 과정이 경이로운 결과를 자아내기도 했다.

스포토는 막후에서 벌어진 일에 대해서도 썼다. 히치콕이 주연여배우에게 '기이할 정도로 열정적인' 방식으로 행동했다는 것이다. 스포토는 그녀가 이것을 불쾌하게 여겼다고도 썼다.(마일스가 직접 한 말은 인용되지 않았다.) 히치콕이 일종의 피그말리온 접근법을 택했으며, 그가 신경을 쓰는 여배우들을 지도하는 것처럼 대했다는 데에는 의문의 여지가 없다. 히치콕이 때로는 주연여배우들에게 연인처럼 선물과 꽃을 보내면서 여배우들의 비위를 맞췄다는 데에도 역시 의문의 여지가 없다. 그들이 그의 렌즈에 열정적인 반응을 보일 수 있다면, 그보다 더한 일도 했을 것이다. 그리고 그가 자리에 서서 사람을 꿰뚫을 것 같은 눈빛으로 바라보며 기다리고 또 기다렸다는 것 역시 의문의 여지가 없는 일이다.

그런데 공동 프로듀서 허버트 콜먼은 이 책을 위한 인터뷰에서, 히치콕이 마일스를 늘 공명정대하게 대했다고 주장했다. 그는 감독이 아리따운 여배우와 시시덕거렸다고 기억했는데, 쾌활한 마일스는 히치콕을 포함한 많은 사람과 시시덕거렸다. 이런 기브 앤 테이크는 외부인의 시각에서는 오해받을 가능성이 있었다. "히치가 그녀에게 집착한 것은 확실합니다." 콜먼의 회상이다. "그러나 상상하는 선 이상을 넘은 적은 절대로 없습니다. 누구라도 베라 마일스의 연인이 되고 싶어 했을 겁니다."

성격이 자유분방했던 마일스는 주위를 배회하면서 던지는 히치콕의 눈길과, 배우를 지배하려 드는 그의 책략에 어느 정도는 저항했다. 그녀의 저항은 그들 사이의 불화로 이어졌지만, 〈누명쓴 사나이〉에서 그의 엄격한 연기 지도를 받은 마일스는 잊히지 않는 연기를 펼친다.

그리고 주연여배우와 사랑에 빠진 시라노 흉내를 내는 것은 꾸밈없는 사실과 피상적으로 구축된 캐릭터로 구성된 영화를 찍으면서 느낄 수 있는 유일한 재미였을 것이다. 로즈 발레스트레로와 다른 캐릭터들을 유서 깊은 히치콕 스타일로 활용할 수도 있었지만, 네오리얼리즘의 망토는 감독에게는 구속복과 비슷한 의상인 것으로 판명됐다. 프랑스인들이 〈누명쓴 사나이〉를 무시되고 저평가된 히치콕 영화에 속한다고 평가하기는 하지만, 그리고 영화가 체포된 사람의 권리(사실, 영화는 미란다 원칙을 예시한다)에 대한 설득력 있는 탄원을 제기하기도 하지만, 결국 영화의 위력은 네오리얼리즘 접근방식에 의해 감쇄되고 만다. 느리고 침울하며 두드러질 정도로 감정을 억누른 이 작품은 매니의 시련을 너무나 평범한 것으로 보게 될 현대의 관객에게는 그리 잘 부각되지 않는 히치콕 영화에 속한다.

프랑수아 트뤼포가 〈누명쓴 사나이〉에 대해 묻자, 히치콕은 그 영화는 '중요치 않은 히치콕 영화'라는 파일에 보관돼야만 한다고 단언했다. 사실에 충실하려는 노력이 시나리오를 훼손했고, 모든 것이 '반클라이맥스적'이었다. 감독보다 그 영화를 좋아한 트뤼포는 히치콕에게 영화를 옹호해달라고 요청했다. "불가능한 일입니다." 히치콕이 대꾸했다. "나는 그 영화를 강렬하게 생각하지 않습니다."

영화에서 그가 강렬하게 느낀 부분은 결말 즈음에 나온다. 로즈가 입원한 후, 재심에 맞닥뜨린 매니는 희망을 잃기 시작한다. 그의 어머니는 힘과 구원을 달라고 하느님께 기도드리라고 권한다.(매니는 항상 주머니에 로사리오 묵주를 넣고 다닌다.) 매니(그리고 관객들)가 구세주의 초상화를 응시할 때, 그리고 그의 입술이 기도를 웅얼거릴 때, 이중노출이 되면서 진범이 거리를 걸어 내려온다. 그의 얼굴은 매니의 클로즈업에 이중인화될 때까지 점차로 동일한 프레임을 채운다. 히치콕은 여러 차례의 인터뷰에서 이렇게 리얼리티를 위반한 것에 대해 사과했는데, 사과를 한 빈도만큼이나 자신이 〈누명쓴 사나이〉를 좋아하는 몇 가지 이유 중 하나가 이 장면 때문이라고 말했다. 그가 좋아했던 것 한 가지는 네오리얼리즘을 영화적으로 침해한 장면이며, 공정한 세상에서 하느님은 누명쓴 사람을 벌하지 않을 것이라는 그의 믿음을 감동적으로 재확인하는 순간이다.

히치콕 부부는 대단히 이국적인 무엇인가를 위해 뉴욕의 리얼리즘 세상을 떠날 준비를 하면서 1956년 5월 18일에 황열병 예방주사를 맞았다. 5월 22일에 〈나는 비밀을 안다〉의 시사회가 열린 후, 감독은 〈누명 쓴 사나이〉의 편집을 조지 토마시니에게, 음악을 버나드 허먼에게 맡기고는, 아내와 허버트 콜먼, 닥 에릭센과 함께 런던행 비행기에 올랐다. 그들은 〈플라밍고 깃털〉의 로케이션 헌팅을 위해 스와질란드, 로디지아, 남아프리카 공화국으로 날아갔다.

〈플라밍고 깃털〉은 인습에 사로잡히지 않은 로렌스 반 데어 포스트가 쓴 상당히 판에 박힌 모험소설이었다. 남아프리카의 주도적인 소설가, 여행작가, 전기작가인 포스트는 과거와 현재의 아프리카의 아름다움과 신비를 애달프게 탐구한 글로 더 유명했다. 남아프리카의 백인 인류학자가 정글 원주민의 폭동을 선동하려는 공산주의의 음모를 좌절시킨다는 반 데어 포스트의 소설은 1950년대에 만들어진 대여섯 편의 히치콕 영화들과 반공주의적 시각을 공유했다.

제임스 스튜어트가 〈플라밍고 깃털〉에 출연하기로 합의했고, 촬영은 아프리카에서 늦가을이나 겨울에 하는 것으로 발표됐다. 모나코의 그레이스 왕자비는 연기에서 잠정적으로 은퇴한 상태였는데도 히치콕은 스튜어트와 그레이스 켈리를 재결합시키는 것을 소망했다.

선발대가 요하네스버그의 얀 스뫼츠 공항에 도착한 7월 첫 주에, 히치콕은 그가 '분위기만, 그저 분위기만' 파악하기 위해 방문했노라고 기자들에게 밝혔다. 그는 촬영할 가능성이 있는 장소들을 3주간 돌아보면서 반 데어 포스트도 만날 계획이었다. 파라마운트는 정치적 논란을 불러일으키는 것을 피하려 했기 때문에, 히치콕은 소설의 반공주의 성향을 무시하는 대신에 이 작품을 '훌륭하고 세련된 스타들이 출연하는 존 버컨 스타일의 진짜 모험물'이라고 묘사했다. 그는 (책에는 존재하지 않는) 로맨스를 가미하고, 공산주의자들을 가짜 사투리를 구사하는 선동자로 탈바꿈시키는 것으로 위장하겠다는 계획을 세웠다. "정치는 어디서건 박스오피스에 해롭습니다." 히치콕이 『케이프 타임스』에 밝힌 내용이다. "사랑은 괜찮아요. 반 데어 포스트는 강력한 로맨스가 있어야만 한다는 내 생각에 동의했습니다."

감독의 친척은 여전히 남아프리카에 있었는데, 그런 상황이 이 프로젝트와 출장의 일부 매력이라는 것은 의심의 여지가 없었다. 그는 고모 에마 로즈—히치콕의 어머니와 이름이 똑같았기 때문에 식구들 사이에서는 항상 '남아프리카의 에마'로 불렸다—와 오랜만에 재회하기 위해 더반에 들렀다.

관광을 하고 고모와 재회한 것 때문에, 도널드 스포토는 이 여행을 스튜디오가 경비를 댄 '히치콕이 항상 바라 마지않았던 것과 아주 흡사한' 휴가로 묘사했다. 닥 에릭센은 이 여행을 일종의 '사기'라고 생각했지만, 허버트 콜먼은 자신들은 남아프리카에서 성심껏 프리프로덕션을 했다고 말하면서 그런 판단을 비웃었다. 히치콕은 자비로도 여행을 다닐 수 있을 정도로 경제적 여유가 있었으며, 실제로 그런 적이 많았다고 콜먼은 지적했다.

〈플라밍고 깃털〉을 좌절시킨 진짜 이유는 그레이스 왕자비 아이디어(망상이었다), 정치적 요소(파라마운트의 입맛을 떨어뜨렸다), 제작비(수지가 맞지 않을 가능성이 높았다) 같은 프로젝트의 행로에 놓인 일련의 장애물이었다. 게다가 히치콕은 아프리카에서 동원 가능한 배우와 엑스트라와 장비에 대해서 들은 얘기가 마음에 들지 않았다. 유명한 나탈의 사우전드 힐스 계곡을 여행한 후, 그는 이곳의 산과 계곡을 로스앤젤레스 외곽에서 복제할 수 있다는 것을 깨달았다. 그렇다면 굳이 아프리카에서 고생할 이유가 무엇인가?

이 시점에서 히치콕의 대차대조표에 적힌 실현되지 않은 프로젝트의 수는 대부분의 주요 감독보다 적었다. 그는 워너브러더스와 파라마운트 이전까지는 상황이 '혼란스러운 것'으로 판명됐을 때에도 스스로 결과를 예측하는 것—그가 프로젝트에 들인 시간과 비용을 탕감하는 것—조차도 허락받지 못했다. '혼란'은 그가 프랑수아 트뤼포에게 〈플라밍고 깃털〉의 운명에 대해 묘사할 때 사용한 단어였다.

히치콕이 미국으로 돌아올 즈음에, 〈플라밍고 깃털〉은 거의 비현실적인 프로젝트가 돼 있었다. 이제 〈죽은 자들로부터〉가 감독의 일정표에서 한 계단 뛰어올랐다.

맥스웰 앤더슨이 빠르게 집필해달라는 의뢰를 받았던 〈누명쓴 사나이〉의 결함에 대해 앤더슨을 비난하는 사람은 아무도 없었다. 히치콕은 아프리카로 떠나기 전에 앤더슨의 손에 —대여섯 명의 작가를 거쳐 거의 2년 후에— 〈현기증〉이 될 영화의 첫 트리트먼트를 작업해달라는 업무를 남겨뒀다. 감독은 나이로비에서 그가 뉴욕을 경유할 무렵에는 앤더슨이 그를 위해 대략 50페이지를 준비해놓을 것이라는 내용의 전보를 받았다. 두 사람은 만나서 점심을 먹었고, 앤더슨은 그가 작업한 것을 히치콕에게 건넸다.

피에르 부알로와 토마 나르스작 소설의 배경은 제2차 세계대전 동안의 파리와 마르세유다. 이야기는 고소공포증 때문에 우연한 사고로 동료를 죽음으로 이끌게 되면서 강제로 퇴직한 형사의 주변을 맴돈다. 형사는 오랜 지인에게 고용된다. 그가 혐오하는 성공적인 사업가인 지인은 아내의 뒤를 밟아달라고 요청하면서, 아내는 자살 유혹을 느끼는 조상 전래의 저주에 걸려 있다고 말한다. 아내의 주변을 따라다니던 형사는 그녀에게 강박적으로 매료된다. 소설과 영화에서 아내의 이름—매들린—과 외모는 동일하게 남았다. 그녀의 머리는 팽팽하게 쪽을 졌고, '맵시 있는 회색옷'에 감싸인 몸매는 가슴부위가 팽팽하게 조여져 있다.

매들린이 전원의 교회 탑에서 투신해서 죽자, 형사는 정신적 허탈감에 빠진다. 그는 마음속에서 여인을 내몰지도 못하고 그녀의 죽음을 받아들일 수도 없다. 전쟁이 끝난 후 뉴스영화에 등장하는 사람들을 보던 그는 매들린을 닮은 여인을 발견한다. 그는 그녀를 찾아서 마르세유로 간다. 그녀는 자신은 전혀 모르는 사람이라고 주장하지만, 그는 —그녀에게 회색 옷을 사주고, 헤어스타일을 바꾸게 만들면서— 자신이 그녀를 매들린으로 재창조할 수 있게 해달라고 부탁한다. 마르세유 여인이 파리 사업가의 정부라는 것, 그리고 그녀의 자살은 남자가 아내를 살해한 것을 위장하기 위해 연출된 것이라는 점이 점차 밝혀진다. 형사는 마르세유 여자를 매들린으로 탈바꿈시키는 데는 성공했지만, 자신의 혼란스러운 사랑 때문에 미쳐버리고 만다. 소설은 그녀의 죽음이 첫 번째 매들린을 부활시킬 것이라고 확신하는 그가 그녀를 교살하는 것으로 끝난다.

앤더슨은 한 글자도 쓰기 전부터 히치콕이 소설에서 바꾸고 싶어 하는 것이 무엇인지를 알았다. 줄거리를 현대화하고 배경을 샌프란시스코로 재배치한다는 결정은 이미 내려졌다. 평소처럼 로케이션은 히치콕의 비전에 너무나 기본적이었기 때문에, 앤더슨 부부의 2회 왕복 항공권은 1956년 6월에 작가가 체결한 계약의 부대조항이었다. 극작가는 산 후앙 바우티스타와 미션 돌로레스를 포함한 특정 장소들을 방문하라는 지시까지 받았다. 이들 장소는 소설에 있는 유사한 장소들과 관련이 있었다.(히치콕은 미션 돌로레스에는 종탑이 없음에도, 그림 같은 건물이라는 점에서 그 교회당을 골랐다. 그는 나중에 종탑을 매트로 그려넣을 계획을 이미 세우고 있었다.) 히치콕은 소설이 말하고자 하는 바를 그대로 보존하면서 플롯과 캐릭터만 옮겨오라고 앤더슨에게 권했다.

앤더슨이 뉴욕에서 히치콕에게 건넨 트리트먼트는 틀만 잡혀 있었다. 금문교에서 죽는 사건들이 트리트먼트의 시작과 끝에 배치돼 있었고, 매들린을 흉내 내는 정부인 주디는 죄책감에 사로잡힌 부잣집 딸로 묘사됐다. 댄 오일러가 쓴 〈현기증〉 제작과 관련한 책에 따르면, 대사는 '끔찍했고' '지나치게 틀에 박혀' 있었지만, 이것은 초기 원고에 대한 평가로는 부당할 것이다. 히치콕은 앤더슨을 호의적으로 대한 것으로 보인다. 그는 이후로 오간 편지에서 새로운 콘티를 의뢰할 계획이라고 밝히면서, '선생님이 대사를 작업하기 전의 작품인 임시 시나리오의 구조적 배치를 완성하기 위해' 앤더슨의 '원래 제안'을 따르지 못하는 문제에 대해서는 자신을 책망했다.

무엇보다도 중요한 '구조적 배치'를 위해, 그는 신뢰하는 동포인 앵거스 맥페일을 다시 만났다. 두 오랜 친구는 8월과 9월에 부알로-나르스작 소설을 놓고 논의를 거듭했다. 몇몇 출처에 따르면 맥페일은 다시 술을 마시기 시작했고, 자신을 할리우드 부적응자라고 느끼면서 고국으로 돌아가고 싶어했다. 맥페일은 그의 표현에 따르면, 〈현기증〉을 '매력적인 이야기'라고 여기기는 했지만 9월에 프로젝트를 떠났다. 그러면서 시나리오는 '상상력 면에서 진짜로 크나큰 기여'가 필요한데, 그는 "지금 당장은 그것을 제공할 수 없다"고 히치콕에게 말했다.

그러나 맥페일은 떠나기 전에 2페이지짜리 새로운 아웃라인을 작성했는데, 이 아웃라인은 형사와 〈현기증〉의 모티프를 소개하는 지붕 추격전으로 시작됐다. 프랑스 소설에는 없는 이 장면이 히치콕의 손에 의해 쓰이기는 했지만, 빌 크론은 이 아웃라인의 공을 히치콕과 맥페일의 시너지 덕분으로 돌렸다. 크론이 『히치콕의 작업』에 썼듯, 맥페일은 '영화의 발전에 중요한 공헌'을 했다.(미국인 형사의 애칭 스코티는 스코틀랜드인인 맥페일을 향한 경의의 표시였다.)

이제 또 다른 '참신한 작가'를 데려오는 것이 필수적이었다. 조앤 해리슨은 알렉 코펠을 건의했는데, MCA의 총각들에게는 괜찮은 제안이었다. 코펠도 MCA의 고객이었기 때문이다. 40대 중반으로 영국 출신인 코펠은 멜버른에서 살다가, 1950년대 초반부터 할리우드에서 활약했다. 대부분의 참고서적은 그의 이름을 누락하고 있는데, 그건 아마도 그가 3개 대륙에서 소설가, 극작가, 연극연출가, TV드라마 각본가와 시나리오작가에 걸친 너무나 다양한 분야에서 활동했기 때문일 것이다. 1956년경, 코펠은 히치콕을 잘 알고 있었다. 〈앨프레드 히치콕 극장〉에 계속해서 기여한 그는 이미 벨라지오로드 동아리의 멤버였고, 내부 문건에 따르면 〈나는 결백하다〉의 일부 장면도 집필했다.

드라마를 구축하는 솜씨가 빼어난 코펠은 소설과 희곡과 시나리오에 경쾌한 유머를 가미하는 경향이 있는 익살스러운 인물이기도 했다. 히치콕이 고몽에서 활동하던 시절에 코펠은 웨스트엔드에서 성공한 〈나는 백작을 죽였다〉를 고몽의 1938년작 영화로 각색했는데, 출연진에는 벤 라이언(〈17번지〉)과 테렌스 드 마니(데릭의 형)도 있었다. 코펠의 희곡이 원작으로 한 1953년 영화 〈선장의 낙원〉은 상당한 성공을 거뒀다. 영화의 주인공인 알렉 기네스는 항구 2곳에 그의 분열된 성격에 어울리는 아내를 둔 선장을 연기했는데, 코펠의 오리지널 스토리는 그에게 오스카 후보지명을 안겨줬다.

빌 크론에 따르면, 〈현기증〉을 논의하기 위해 처음 만난 자리에서 히치콕은 코펠에게 '오프닝의 지붕 추격전 같은 핵심 사항과 그가 이미 머리 속에 정리해두고 있던 23시퀀스의 목록을 타자로 정리한 노트 4장'을 건넸다. 두 사람은 1956년 가을 동안 정기적으로 만났고, 크론의 표현에 따르면, 코펠은 '대사는 없이 번호를 붙인 문단들'로 구성된 기다란 콘티를 개발해 달라는 의뢰받았다. 이 콘티는 완전한 시나리오가 될 터였는데, 촬영이 개시되는 1956년 12월에 맞추면 더할 나위 없이 좋았다.

히치콕은 코펠을 위해 자신의 영화들로 구성된 소형 영화제를 개최하는 것 외에도 〈디아볼릭〉을 보여줬다. 이후로 히치콕은 1956년 후반부에 스태프들과 더불어 1955년도 프랑스 영화를 대여섯 차례 감상했다. 〈누명쓴 사나이〉가 이탈리아인들을 모방하려는 시도였다면, 〈현기증〉은 프랑스인들과 나란히 길을 걸으려는 시도였다. 히치콕은 더욱 몽환적이고 로맨틱한 영화를 만들려고 시도하면서, 그가 이전에 했던 그 어떤 영화보다도 더한 파멸적인 분위기를 가미했다. 앙리 조르주 클루조의 영화도 원작은 부알로와 나르스작의 소설이었는데, 줄거리도 〈죽은 자들로부터〉처럼 살인과 유령의 출몰에 대한 것이었다.

〈플라밍고 깃털〉이 미뤄지면서, 히치콕은 다른 프로젝트들을 정리하기 시작했다. 1956년 늦여름에 루 와서먼이MGM이 내놓은 제안을 그에게 가져왔다.

그해 여름, 와서먼은 MGM 이사회가 스튜디오의 제작 총책임자 도어 섀리를 경질했다는 것을 알았는데, 예전에 와서먼의 고객이었던 섀리는 1948년 이후로 MGM의 급전직하하는 제작과 수익을 관할해왔다. 한때 할리우드 최대이자 가장 막강한 스튜디오였던 MGM은 이제는 혼란과 절망에 빠져 있었다. 수준급 프로듀서인 솔 시겔이 새로운 제작 총책임자로 임명됐다. 시겔은 제작 일정표에 히치콕 영화를 올려놓았다고 주주들에게 밝힐 수만 있다면 무슨 내용의 계약이 됐든 체결할 태세였다. 그는 히치콕에게 정상급 연출료와 제작비, 총수입의 상당부분을 주기로 합의하면서 —히치콕에게는 의미심장한 최초의 사례인— 최종 편집권을 감독에게 넘겨주는 조항도 계약에 삽입했다.

MGM은 히치콕이 값나가는 프로젝트를 개발해주기를 원했다. 해먼드 인네스의 베스트셀러가 원작인 〈메리 디어 호의 조난〉은 영국해협에서 버려진 채로 발견된 화물선의 미스터리를 밝히는 내용이었다. 히치콕이 항상 좋아하던 게리 쿠퍼의 출연 가능성이 언급됐고, 버나드 허먼은 MGM의 전속작가를 추천했다. 허먼의 친구인 어니스트 레먼은 브로드웨이에서 홍보 일을 하면서 라디오 작가로 활동했던 인물이었다. 레먼은 빌리 와일더를 위해 〈사브리나〉를 각색했고, 언론 에이전트를 신랄하게 비판한 자신의 소설이 원작인 〈성공의 달콤한 향기〉의 각색을 버트 랭카스터의 제작사를 위해 막 끝낸 상태였다.

히치콕과 레먼은 8월 마지막 날에 스튜디오 구내식당에서 만났다. 레먼의 장점은 유머와 대사였는데, 그는 법정 장면이 너무 많은 〈메리 디어 호의 조난〉을 조심스러운 눈으로 바라봤다. 다른 작업들로 바빴던 그는 히치콕에게 이 일은 맡고 싶지 않다고 말했지만, 히치콕은 세련되고 별다른 힘도 들이지 않으면서 사람을 웃기는 레먼이 마음에 들었다. 점심 내내 유쾌한 대화를 나눈 그는 레먼에게 원작을 읽고 다시 생각해보라고 권했다. 그들은 항상 점심을 같이 먹을 수 있는 사이가 됐다.

그사이, 알렉 코펠은 히치콕을 주기적으로 만나면서 집에서 〈현기증〉의 새 콘티를 작업했다. 히치콕은 늦여름과 초가을 내내 〈앨프레드 히치콕 극장〉의 1956~1957년 시즌을 준비하느라 정신이 없었다. 그는 그가 진행자로 나서는 장면들과 그가 연출하기로 돼 있던 최소한 2편의 에피소드를 크리스마스 이전에 찍어두는 편을 선호했다. 겨울에 영화의 프리프로덕션을 할 여유를 가질 수 있기 때문이다. 히치콕은 자신이 등장하는 8편 또는 9편의 촬영을 이틀 동안 논스톱으로 해치웠다.(히치콕은 시즌 전체 출연분을 서너 차례 이런 식으로 해치웠다.) 에피소드 연출은 리허설에 이틀, 그리고 촬영에 사흘이 걸렸다.

성공적인 첫 시즌을 안정적으로 끝마친 히치콕은 이미 상당한 권한과 책임을 조앤 해리슨에게 위임하면서 시리즈에 투여해야 할 시간을 줄일 수 있었다. 그는 1956~1957년 시즌에는 에피소드 3편만 연출했다. 해리슨은 총책임자로 승진해서 크레디트에 올랐다.

히치콕은 시즌 개막작을 연출하는 것을 방침으로 정했다. 1956~1957년 개막작은 "비 내리는 토요일"로, 존 콜리어가 집필하고 세드릭 하드윅과 존 윌리엄스가 나오는 우스꽝스러운 서스펜스 이야기였다. 그가 연출한 두 번째 에피소드는 〈이창〉을 풍자한 "블랜차드 씨의 비밀"로, 이웃사람들에 대한 잘못된 결론으로 비약하는 살인미스터리 작가(메리 스콧)에 관한 내용이었다. 세 번째 에피소드는 시즌의 하이라이트였다. "앞으로 남은 길 1마일"에서 데이비드 웨인은 아내를 때려 숨지게 한 공처가 남편으로 출연한다. 그는 아내의 시체를 자동차 트렁크에 싣고는 고속도로로 차를 몬다. 자동차 미등이 깜빡거리는 것을 본 교통경찰은 주기적으로 그의 차를 세운다. 히치콕의 후기시절을 연구하는 학자들은 무시무시한 유머와 서스펜스가 버무려진 이 걸작이 〈사이코〉(고속도로의 험악한 경찰관)와 〈프렌지〉(화물차 화물칸에 굴러다니는 감자부대에 담긴 여자의 시체)의 장면들을 어떻게 예고하는지를 주목해왔다.

첫 시즌을 성공시킨 후, 〈앨프레드 히치콕 극장〉의 홍보는 눈덩이처럼 커졌다. 매년 9월에 열리는 언론 정킷은 미국 전역의 칼럼니스트들을 불러모았고, 진행자에게 쇄도하는 인터뷰 요청은 결코 줄어들 기미를 보이지 않았다. 한때 그의 영화들이 개봉할 때 행해지던 연례행사였던 히치콕의 홍보활동은 사실상 논스톱으로 진행되는 상태가 됐다.

제임스 스튜어트의 아내 글로리아가 〈현기증〉에 강박관념을 가진 형사로 출연할 예정인 남편이 차기작을 찍기 전에 좀 쉬어야 한다고 주장하면서, 늦가을에 개시될 예정이었던 촬영이 연기됐다. 파라마운트는 프리프로덕션 팀에게 급여를 지불하기로 합의했고, 촬영일정은 1957년 초엽으로 조정됐다. 그러는 사이 보조촬영진은 로케이션 배경화면을 계속 촬영하고, 히치콕은 매들린/주디로 캐스팅된 베라 마일스의 의상을 감독하고, 알렉 코펠은 시나리오를 다듬을 시간을 추가로 얻었다.

코펠은 맥스웰 앤더슨이 했던 기초 작업을 개선해나갔고, 특히 러브스토리 부분에서는 변화와 발전이 거듭됐다. 코펠의 버전은 영화의 유명한 장면 중 하나로 이미 비주얼화됐다. 스코티는 주디의 호텔 객실에서 주디에게 키스를 하는데, 이 키스로 인해 산 후앙 바우티스타의 마구간에서 매들린에게 키스를 하던 순간으로 되돌아간다. 히치콕과 집중적인 논의를 하는 중에 개발된 코펠의 시나리오는 스코티가 그 순간을 엑스터시로 체험하는 동안 카메라가 커플의 주위를 정신없이 맴돌게 만들라는 지시도 내렸다.

최신 시나리오의 독특한 점은 스코티의 고소공포증에 대한 설명으로, 코펠은 이것을 그가 낙하산점프를 하다가 잘못된 적이 있기 때문이라는 사연을 만들어냈다. 부알로-나르스작 소설에서는 매들린이 미스터리한 조상들의 귀신에 홀리지만, 코펠은 그 핵심 아이디어를 제외한 반면, (매들린의 대역인) 주디를 동부해안 출신의 (죄책감에 시달리는 종범인) 부유한 여인으로 설정한 앤더슨의 설정은 그대로 남겨놓았다.

히치콕은 줄거리를 더 오래 강조할 때마다, 줄거리의 미스터리들을 더 깊이 파고들었다. 그런데 코펠은 프로젝트를 떠나고 싶어 했고 —그는 집필하고 있던 희곡에 몰두했다— 그래서 프로젝트에는 세 번째 작가가 필요했다.(플레이라이츠 극단이 1958년에 공연한 연극 〈휴게소〉에는 코펠과 아주 비슷한 캐릭터—희곡을 작업중인 텔레비전 대본작가—가 히치콕에게 전화를 걸어서 살인 장면을 어떻게 연출해야 하는지 묻는 장면이 나온다.) 히치콕과 코펠은 사이좋게 헤어졌다.

11월 말에, 히치콕은 맥스웰 앤더슨에게 촬영용 시나리오의 적절한 출발점을 갖게 됐다는 내용의 편지를 쓰면서, 프로젝트에 다시 합류하기를 청했다. 히치콕 은이렇게 썼다. "코펠 씨하고 제가 이 결과물을 작업하는 데 여러 주가 걸렸습니다. 그런데 저는 오랜 세월을 경험하고 난 지금도 드라마를 구축하는 것이 왜 그렇게 어려운 일인지 그 이유가 궁금합니다." 그의 긴 편지는 앤더슨에게 "이 영화를 보며 앉아 있는 관객은 이것이 살인 이야기라는 사실을 전혀 모른다"는 것을 상기시켰다. 형사와 사랑에 빠지는 여자가 그녀와 사랑에 빠지는 형사만큼이나 애처로운 이 영화는 '기이한 분위기의 러브스토리'라고 히치콕은 썼다. "나는 정말로 제대로 된 분위기를 연출하고 싶습니다. 그러나 반드시 침울한 분위기이거나 고압적인 분위기여야 할 필요는 없습니다." 히치콕은 그런 분위기의 예로 좋아하는 희곡 〈메리로즈〉—귀신에 홀린 여인에 관한 또 다른 이야기—의 '초자연적인 특성'을 언급했다.

그들은 히치콕이 〈누명쓴 사나이〉의 홍보를 위해 뉴욕에 도착할 몇 주 후에 만나기로 약속을 잡았지만, 모습을 나타낸 앤더슨은 심사숙고 끝에 제안을 거절했다. 히치콕은 깜짝 놀라 즉시 다른 작가를 구하라고 케이 브라운에게 전화를 걸었다. 허버트 콜먼에 따르면, 그는 에이전트에게 '영화의 줄거리를 몇 분 안에 명료하게' 말할 수 있는 능력을 가진 작가를 요구했다. 브라운은 〈행복한 시간〉과 〈사브리나 페어〉 같은 브로드웨이 히트작을 쓴 샘 테일러를 떠올렸다.(뒤의 작품은 히치콕이 확보하려고 들던 다른 작가인 어니스트 레먼에 의해 영화로 각색됐다.) 우연찮게도 테일러는 버클리에서 교육을 받았고 샌프란시스코 지역에서 몇 년 동안 거주했는데, 이것이 브라운이 그를 떠올린 이유 중 하나였다.

1957년 초엽으로 정해졌던 촬영개시일이 다시 뒤로 밀렸다. 그러나 이후로 여러 사건들이 제작을 더욱 지연시키지 않았다면, 시나리오는 서둘러 완성됐을 것이고 〈현기증〉은 지금보다 열등한 영화가 됐을 것이다.

〈현기증〉이 처음 연기된 직후에 감독은 점심을 먹는 도중에 갑자기 포크를 떨어뜨리고는 배를 움켜쥐었다. 통증은 곧 가셨지만 감독은 그것이 탈장이라는 것을 알았다. 주치의 랠프 탠도우스키 박사는 히치콕이 몇 년 동안 핑계를 대면서 피해온 수술을 받아야 한다고 주장했다. 1월에 한 수술은 대단한 일은 아닌 것으로 예상됐으나, 대장염이 발견되면서 상황이 심각해졌다. 히치콕은 몇 주간을 병상에서 지냈다.

히치콕이 샘 테일러와 〈현기증〉 시나리오를 논의하기 위해 첫 미팅을 가진 것은 집에서 건강을 회복하던 중이었다. "만나기 무섭게 우리는 생각이 아주 비슷한 사람이라는 것을 알았습니다." 작가의 회상이다. "게다가 우리는 생각이 잘 통했습니다. 이심전심에 가까웠죠. 그래서 우리는 작업할 때는, 특히 그의 집에서 작업할 때는 자리에 앉아서 이야기만 나눴습니다. 우리는 온갖 이야기들을 화제로 삼았죠. 음식 이야기, 마누라 이야기, 여행 이야기 등을요. 영화 얘기를 꺼내고 나면 한동안 침묵이 흘렀습니다. 우리는 자리에 앉아서 상대방을 쳐다봤습니다. 그러면 히치콕이 '흐음, 미터기가 여전히 꺾이고 있군……' 하고 말했습니다. 그러고 나면 우리는 갑자기 새로운 화제를 꺼내서 이야기를 더 나눴습니다."

그런데 3월 9일 한밤중에 히치콕은 극심한 통증을 느끼면서 잠에서 깨어나 앰뷸런스에 실려 세다스 오브 레바논으로 이송됐다. 두 번째 수술을 받으러 수술실로 옮겨진 그는 이번에는 담석 제거수술을 받고 병원에 1달간 잡혀 있었다. 처음에는 면회와 전화통화가 제한됐으나, 얼마 안 있어 회복된 그는 1주일 내에 병상에서 인터뷰들을 해나가면서, 매들린 스미스, 애들레이드 바틀릿, 에디스 톰프슨 등 그가 좋아하는 여자 살인자에 관해 자세히 설명했다.

아무튼 1957년 첫 4달 동안, 히치콕은 병원에 있거나 집에 있는 침대에 누워 있었다. "아팠던 적이 한 번도 없다고 으스대고 다녔던 사람으로서, 나는 이번에는 대박을 터뜨린 셈입니다. 탈장에, 황달에, 담석 제거에, 2차례의 내부출혈까지 모두 12주 안에 경험했으니까요." 널리 퍼진 히치콕의 병환소식을 히치콕과 화해할 기회로 활용한 마이클 밸컨에게 보낸 편지에 히치콕이 쓴 내용이다. "지금은 혈구수를 회복하느라 바쁩니다." 그러면서 유쾌하게 덧붙였다. "돈이 더 많이 벌리는 장편영화 2편에 30분짜리 텔레비전 드라마 30편에 1시간짜리 드라마 10편의 '오퍼레이션(operation)'[31]을 최소한 3주 내에 다시 시작해야 할지도 모르니까요!"

31 작업이라는 뜻과 수술이라는 뜻이 있다. — 옮긴이

4월 9일에 퇴원한 히치콕은 집에서 휴식을 취하면서 1달을 더 보냈다. 그는 4월 말이 돼서야 파라마운트로 복귀해서 루 와서먼, MCA 에이전트 허먼 시트론, 제임스 스튜어트와 시급한 점심 데이트를 가졌다. 〈현기증〉에 전념하는 사업 파트너이자 창작 파트너인 스튜어트는, 히치콕과 작업했던 영화에서 늘 해온 것처럼 장래가 불확실한 3월과 4월에 샘 테일러를 계속 만났다. 이전에는 한 번도 드러낸 적이 없던 감정들—드라마와 연기에 대한 직감—을 기꺼이 폭발시키려는 스타의 열정은 테일러가 스튜어트의 역할을 심화시키는 것을 도왔다.

그러므로 스튜어트의 손아귀에 든 스코티 캐릭터는 안정적이었다. 갑자기 허공에 붕 떠버린 것은 매들린/주디 역할이었다. 4월 말에 점심 테이블에 앉은 네 남자가 직면한 위기가 그것이었다. 감독의 담석 제거 수술로 인해 〈현기증〉을 세 번째로 연기해야만 했을 때, 베라 마일스가 당황스러운 목소리로 콜먼에게 전화를 걸어왔다. "그건 내가 잘 알던 차분하고 생각깊은 베라가 아니었어요." 콜먼의 회상이다. "그녀의 목소리는 곤경에 처한 젊은 여자의 목소리였습니다." 마일스는 임신했음을 콜먼에게 알렸다.

마일스는 〈누명쓴 사나이〉를 촬영하는 중에 1950년대에 몇 편의 영화에서 타잔을 연기한 고든 스콧과 결혼했다. 사실 그들의 결혼은 마일스와 히치콕 사이의 긴장을 악화시켰는데, 히치콕이 결혼으로 여배우를 잃은 적이 몇 번 있었기 때문이다. 그는 좋은 신랑감이라는 생각이 들지 않는 경우에는 결혼을 특히 반대했다.

더군다나 결혼은 불가피하게 아이들을 낳았다. 마일스가 임신한 지금, 〈현기증〉을 다시 연기하거나 새로운 주연여배우를 구해야만 했다. 히치콕 최초의 개인적 스타는 1957년 초엽에는 임신 사실을 감추고 연기를 펼칠 수도 있었지만, 그해 중반의 촬영에서는 그것을 감출 수가 없었다. 그 외에도 그녀는 아기와 시간을 보내고 싶어 했다. 그녀는 그 소식을 끝으로 통화를 끝냈다고 콜먼은 회상했다. "그러면서 베라를 정상급 스타로 만들려는 히치의 꿈도 함께 끝장났습니다."

일이 그렇게 진행되는 동안 루 와서먼은 더욱 매력적이고 박스오피스에서 더 안정적인 활약을 벌일 킴 노박 같은 여배우를 염두에 두고 있었다. 와서먼과 스튜어트는 제인 러셀을 위한 1954년도 기획영화에 행인으로 출연하는 것으로 스크린에 데뷔한 24살의 여배우 노박에 대해 열광적으로 떠들어댔다. 사실 히치콕은 〈해리의 소동〉을 캐스팅하는 과정에서 노박의 테스트 필름을 본 적이 있었다. 그녀는 처음에는 개성을 날조한 것이 명확해보였고 평론가들은 그녀를 난도질하는 것을 즐겼지만, 1957년 무렵에 노박은 연기자로서 장족의 발전을 보였을 뿐 아니라 『박스오피스』에 의해 미국에서 가장 인기 있는 스타로 지명되기까지 했다. 그녀는 —매들린처럼— 외모가 영묘하고 섹시한 금발이었다.

노박은 MCA 고객이었지만 콜럼비아에 전속돼 있었는데, 콜럼비아의 회장 해리 콘의 총애를 받고 있었다. 히치콕이 동의하자 와서먼은 해리 콘의 사무실로 가서 물물교환을 처리했다. 향후에 콜럼비아가 제작하는 영화에서 제임스 스튜어트가 노박과 공연하는 데 합의하는 대가로 그녀를 〈현기증〉에 임대해달라는 내용이었다. 점심 테이블에 앉은 네 남자는 새로운 촬영 개시일을 6월로 결정했다.

〈현기증〉의 시나리오는 아직 완성되지는 않았지만 보석처럼 나날이 나아지고 있다는 데 네 남자는 동의했다. 테일러는 장면들과 대사를 손봤는데, 그가 시나리오에 가한 진정한 혁신은 스코티의 대학동창으로 그에게 대답 없는 애정을 바치는 미지 캐릭터를 만들어낸 것이었다. 영화 초반부에 등장하는 미지는 히치콕의 그리스 코러스 캐릭터 역할을 담당한다. 테일러는 그 역할을 연기할 여배우까지 염두에 두고 있었다. 그의 친구인 바버라 벨 게디스는 〈나는 엄마를 기억해〉로 오스카 후보에 올랐지만, 주된 활동무대는 브로드웨이였다.

히치콕이 두 번째로 입원한 후에 테일러가 히치콕과 처음으로 중요한 회의를 가진 것은 입원 다음 주인 5월 첫 주였다. 침대에서 〈현기증〉을 심사숙고하면서 몇 주를 보낸 히치콕은 소설에서 크게 벗어나는 설정을 제안했다. 주디가 진짜 매들린의 살인에 관여했다는 사실은 책에서처럼 고발로 끝내기보다는, 영화가 3분의 2쯤 진행됐을 때 관객에게 밝혀져야 한다는 것이 감독의 제안이었다. 주디가 스코티를 속이는 역할을 놓고 갈등할 때, 주디의 기억을 통해 관객에게 진실을 명확하게 보여주자는 것이었다.

히치콕은 훗날 피터 보그다노비치에게, 테일러가 이 아이디어에 "충격을 받았다"고 밝혔다. 그러나 작가는 이 일을 다르게 기억했다. "나는 히치콕에게 우리가 뭔가 놓친 것이 있다고 계속 말했습니다." 테일러가 한 말이다. "그러던 어느 날, 나는 그에게 '정확히 뭐를 놓쳤는지 알았어요'라고 말했습니다. '그건 진정으로 히치콕적인 겁니다.' 나는 그와 함께 있으면서 자연스럽게 '히치콕'이 됐습니다. '관객들이 무슨 일이 벌어졌는지를 모른다면 이것은 순수한 히치콕 영화가 아닙니다.' 이렇게 말했더니, 그가 동의하더군요."

"곤란한 점은 그것을 어떻게 써야 할지를 내가 몰랐다는 겁니다. 나는 원래는 주디와 엘스터가 등장하는 장면을 생각했으니까요. 그 장면에서 엘스터가 동쪽으로 갈 채비를 하자, 주디는 '나는 어떻게 될까요?'라고 말합니다. 그렇게 했다면 관객에게 진실을 드러냈을 겁니다. 그런데 나는, 아니, 나 혼자가 아니죠, 히치와 내가 계속 그 문제를 논의했으니까요, 우리는 그렇게 하면 스코티의 개성을 이상한 방식으로 앗아버리게 될 거라는 결론에 도달했습니다. 우리 모두는 그것을 직감했습니다."

히치콕과 테일러가 시나리오를 계속 개선하는 동안, 작은 위기 하나가 제작을 한 번 더 지연시켰다. 해리 콘이 자신을 임대해서 돈을 번다는 사실에 격분한 킴 노박이 촬영하러 오기를 거부한 것이다. 콘과 노박이 여름 내내 옥신각신하자, 결국 〈현기증〉의 촬영개시일은 1957년 10월로 재조정됐다. 원래 개시일보다 거의 1년이 지난 후였다. 오랜 시간을 생산적으로 활용한 "시나리오는 그냥 시나리오대로 연출하기만 하면 될 정도로 대단히 상세하게 집필됐다"고 댄 오일러는 기록했다. "카메라에 대한 지시뿐 아니라 음악에 대한 코멘트까지 달려 있었다."

제작 지연은 시나리오를 심오하고 음울하게 만들었다. 히치콕의 러브스토리는 처음으로 애처롭게 끝이 날 터였다. 남자주인공의 비참한 실패와 여자주인공의 죽음으로.

여름 동안 히치콕은 〈현기증〉의 진행에 박차를 가하면서, 그가 〈메리 디어 호의 조난〉의 작업을 의뢰했던 어니스트 레먼을 만났다. 그들은 대부분의 시간을 유쾌하게 점심을 먹고 수다를 떨면서 보냈다. 히치콕은 계약서에 서명까지 했으면서도, 해먼드 인네스의 베스트셀러를 영화화하려는 열의가 없는 듯 보였다. 레먼은 이렇게 회상했다. "내가 〈메리 디어 호의 조난〉을 들먹일 때마다, 그의 얼굴에 걱정이 스쳐지나가는 것을 봤습니다. 그는 숙달된 솜씨로 화제를 바꾸고는 했습니다."

레먼도 관심이 없기는 마찬가지였다. 그가 이럭저럭 구상해낸 것은 '영국해협에서 망가진 배가 흘러다니는 강력한 오프닝 이미지'와 불확실한 엔딩이 전부였다. 그는 '그 외의 나머지'는 잡다한 플래시백으로 이뤄진 '따분한 법정드라마'가 될 운명이라고 판단했다. 그는 그들의 유쾌한 점심이 계속되는 동안 히치콕이 동일한 결론에 도달하기를 기다리고 또 기다렸다. 결국 레먼은 어느 날 이렇게 선언했다. "두 손 들었습니다. 이 책을 적절하게 극화할 방법을 찾아낼 수가 없어요. 다른 작가를 구하시죠." "멍청한 짓 말게." 히치콕은 고개를 저으면서 대꾸했다. "우리는 잘 어울리고 있잖나. 이 작품은 잊어버리고 같이 작업할 다른 영화를 생각해보세."

"나는 그가 나와 함께 있으면 '안전하다'고 느꼈다고 생각합니다." 레먼이 도널드 스포토에게 밝힌 내용이다. "그는 주변 사람을 아주 조심스럽게 파악했습니다. 주변사람이 할지도 모르는 행동을 무의식적으로 읽어내면서 말입니다. 그들이 그에게 위협적이지는 않은지, 펄쩍 뛰어올라서 그에게 분노를 표출할 타입은 아닌지를요. 나는 조용하고 공손하게 그에게 흥미를 보였습니다. 내가 흥미로운 존재였을 수도 있죠. 게다가 나는 '주인님의 발치에 앉아 있는' 역할에 쉽게 적응하는 사람입니다."

레먼은 주인님의 발치에 몇 주 더 앉아서 아이디어를 검토했다. 시대극은 멀리하겠다는 맹세를 다시 망각한 히치콕은 18세기 노상강도이자 탈옥을 예술로 승화시킨 잭 셰퍼드의 삶을 영화화한다는 아이디어를 되살렸다. 그러나 레먼은 잭 셰퍼드에도 그리 열을 올리지 않았고, 결국 두 사람은 히치콕이 '오랫동안 집착해온 상당히 흥미로운 아이디어'라고 부른 화제를 놓고 깊은 생각에 잠겼다. "링컨 콧속의 사나이"라는 아이디어는 CIA가 유인용 미끼로 꾸며낸 실존하지 않는 거물 스파이를 다뤘다. UN에서 암살자로 오인된 이 남자는 클라이맥스에서 러시모어 산에 있는 대통령의 코에 매달리게 된다. 감독의 표현에 따르면, 이것은 '시나리오가 단 한 글자도 씌어지기 전부터' 감독의 마음에 떠오른 '주인공이 처한 독특한 곤경'이었다.

히치콕은 〈북북서로 진로를 돌려라〉의 씨앗을 7년 동안 들고 다니면서, 친구들과 지인들과 다른 작가들에게 떠들어댔다. "기회가 있을 때마다 그 얘기를 하곤 했습니다." 이제는 히치콕의 피고용인이 아닌 존 마이클 헤이스의 회상이다.

감독이 이 궁극적 히치콕적 이야기—코미디와 로맨스가 뒤섞인 롱맨의 서스펜스—의 개요를 설명하는 것을 들은 레먼은 점점 흥분했다. 그들은 몇 가지 아이디어를 브레인스토밍했다. 초기 시나리오에서부터 손힐이라는 이름이 붙은 미끼로 쓰이는 요원은 오티스 건지의 오리지널 시놉시스에서는 '아마도 순회 세일즈맨'이었다. 히치콕은 그를 뉴욕의 사업가로 봤지만, 레먼에게 얘기하는 과정에서 미국의 슈퍼세일즈맨—대단한 성공을 거둔 임원—일지도 모른다고 생각했다. 레먼은 광고의 중심지인 뉴욕의 매디슨 애비뉴에서 성장했다. 그러니 안 될 것이 무엇인가?

한 가지 걸리는 문제는 MGM은 히치콕이 〈메리 디어 호의 조난〉을 개발하느라고 바쁘다고 생각했다는 것이다. 문제없어. 감독은 레먼에게 말했다. 그는 MGM과 회의를 잡고 임원진에게 해먼드 인네스의 소설을 다듬는 데 시간이 꽤 걸릴 것이라고 알리고는, 그 사이 다른 MGM 영화를 만들 수 있을 것이라고 말했다. "그들은 그 얘기에 기뻐했습니다." 레먼의 회상이다. "1편 대신 2편을 얻게 된다고 생각했으니까요."[32] MGM은 "북서쪽 방향에서"라는 제목의 2페이지짜리 아웃라인을 받아들였다.

〈현기증〉에 여전히 열중하고 있던 1956년 여름에, 히치콕이 여배우 브리짓 어버와의 관계에서 개인적 크레센도에 오른 날을 기록하는 것은 매혹적인 일이다.

1950년대 중반의 시기 동안 그는 2명의 여배우와 맺은 우정을 비슷한 방식으로 뒤틀리게 만들었다. 둘 다 외국에서 태어난 젊은 여배우로, 감독을 아버지처럼 여긴 사람들이었다. 이 책에서는 어버만 기록에 남기겠다. 그녀는 정확한 날짜는 기억하지 못하고, 〈나는 결백하다〉 이후 2년쯤 지났을 때 일어난 일이라고만 기억했다. 히치콕은 런던과 파리를 꾸준히 오갔고, 두 사람은 계속 만났다. 그녀의 표현에 따르면, 함께 있을 때 그는 그녀를 '아버지처럼 자상하게' 대했다.

그가 그녀를 쫓아다닌 것은 붙잡기 어려운 환상적인 존재를 쫓아다니는 남자의 이야기인 〈현기증〉을 떠올리게 만든다. 어버는 그녀와 감독이 특별한 우정을 맺고 있다고 느꼈다. 그녀는 히치콕이 런던에 있다는 것을 알게 되면, 그가 묵는 호텔에 그녀가 좋아하는 와인들을 보냈다. 그는 파리에 올 때면 저장실에서 직접 와인을 가지고 왔다. 그들이 그 와인을 가져가면 요리사들은 감독이 특별히 보관해온 와인을 맛보기 위해 주방에서 불려나왔다. 히치콕은 요리사들의 이름을 모두 아는 듯 보였다. "그는 평생 동안 레스토랑을 전전했어요." 어버가 한 말이다.

그는 제2차 세계대전 동안 프랑스 아가씨를 만나는 미군의 이야기를 기획하고 있다고 밝히며, 그 영화에 어버를 출연시키고 싶다고 막연하게 말했다. 미군은 그녀를 미국에 있는 집으로 데려가는데, 그에 대한 그녀의 환상이 산산이 부서진다는 내용이었다. 그녀는 영화와 관련해서 문서화된 내용은 한 번도 본적이 없었다. 그는 저녁을 먹으면서 허풍 섞인 목소리로 이야기만 들려줬다.

32 결국, MGM은 히치콕 영화 1편만 얻었다. 〈메리 디어 호의 조난〉은 결국 조앤 해리슨의 남편인 작가 에릭 앰블러가 시나리오를 썼다. 마이클 앤더슨이 앰블러의 시나리오를 연출했고, 게리 쿠퍼가 주인공으로 출연했다.

감독은 자신에게 몸을 던진 유명한 미녀 여배우에 관한 일화를 여러 차례 어버에게 들려줬다. 그는 자랑을 하지도 않았고, 노골적인 투로 이야기하지도 않았다. 스타의 이름을 대지 않고 두 사람 사이에 정확하게 어떤 일이 벌어졌는지에 대해서도 자세히는 밝히지 않았다. 프랑스 여배우는 히치콕을 믿어야 할지 말아야 할지 확신하지 못했지만, 그가 그 사건을 너무나 진지하게 얘기했기 때문에 믿고 싶었다. 그녀는 그 일이 실제로 일어났을 것이라고 생각했다.

어느 날 밤, 파리에서 저녁을 먹은 후 어버는 그에게 호텔까지 태워다주겠다고 했지만, 히치콕은 그녀의 거처로 돌아가 거기서부터 걸어가겠노라고 말했다. 그녀는 스페인 무용수인 남자친구와 동거하는 곳까지 차를 몰고 갔다. 늦은 밤 그들은 그녀의 소형차를 주차하고는 얘기를 나눴다.

대화가 잠시 중단된 사이 그녀는 깜짝 놀랐다. 히치콕이 갑자기 그녀에게 돌진해서 그녀의 '입술을 덮치면서' 키스를 하려고 애를 썼다. "나는 즉시 몸을 피했어요." 여배우의 회상이다. "나는 말했죠. '안 될 일이에요.' 언젠가 누군가 내게 그런 말을 했어요. 여자가 이런 처지에 놓이면 이렇게 얘기해야만 한다고요. '안 돼요. 나는 정숙한 사람이에요. 나는 정조를 지키는 사람이에요.'"

히치콕은 남자친구에게 충실할 필요성을 느낀다는 그녀의 설명을 받아들였지만, 이 사건에 수치심을 느낀 듯 보였다. 이후로 몇 년 동안 그는 그녀와 몇 차례 접촉해서 그들의 우정을 회복하려 했지만, 인연은 그것으로 끝나고 말았다. 여배우는 히치콕에게 배신감을 느꼈다고 말했다.

"그런 사람이 나에게 홀딱 반했다는 사실을 사람들은 결코 상상하지 못할 거예요." 프랑스 여배우의 설명이다. "내게는 엄청난 실망이었어요. 나는 그런 일은 결코 상상도 못했죠. 우리 관계는 격이 완전히 달랐으니까요." 그들 사이에 벌어진 일들을 곰곰이 생각한 어버는 히치콕을 추하게 여긴다고, 그리고 이런 추악함이 그와 여자들 사이에 놓인 장벽이었다고 말하면서 이렇게 덧붙였다. "가여운 추남이 경이로운 영혼의 소유자라는 것을 나는 알아요."

여름에 그는 시간을 다시 영화와 텔레비전으로 양분했다. 히치콕이 미국에서 뉴스가 공개되기 전에 마이클 밸컨에게 보낸 편지에서 설명했듯, 〈앨프레드 히치콕 극장〉의 성공은 NBC로부터 짭짤한 제안을 이끌어냈다. 〈의혹〉이라는 새로운 시리즈를 준비 중이던 NBC는 그의 승인을 구했다. 최종보상은 매력적이었지만, 포맷은 1시간짜리여야 했다. 히치콕은 두 번째로 입원하기 전에 방송국과 합의에 도달했고 회복 후에 두 번째 텔레비전 시리즈의 틀을 잡는 작업과 개막작을 연출하는 일에 몰입했다. 섐리 프로덕션은 〈의혹〉의 에피소드를 최소한 10편 제작하기로 계약을 체결했다.

이렇게 분주했던 1957년 5월의 첫 주에, 히치콕은 코넬 울리치가 쓴 "3시"가 원작인 〈의혹〉의 첫 에피소드를 논의하기 위해 조앤 해리슨과 프랜시스 코크렐을 만났다. 여름 동안 그는 해리슨을 정기적으로 만났다.

7월 중순에 그가 울리치에게서 영감을 받은 드라마—"4시"로 제목이 바뀌었다—를 연출하는 데는 1주일이 걸렸다. E. G. 마셜이 바람을 피운다고 의심되는 아내(낸시 켈리)를 살해하기 위해 지하실에 시한폭탄을 설치하는 남자를 맡았다. 불행히도 강도들이 저택에 침입해서는 그를 포박하고 입에 재갈을 물려서는 시한폭탄 옆에 놓고 간다. "이것은 히치콕 최고의 텔레비전 역작 중 하나다." J. 래리 쿤스가 히치콕의 텔레비전 경력에 대한 결정적인 글에 쓴 내용이다. "분위기를 조성하는 음악은 하나도 없이 정밀하게 연출된 이 작품은 멋들어진 몽타주 시퀀스로 클라이맥스에 도달한다." '내적인 독백이 비주얼의 대척점으로 작용하는' 후반부는 '"마비"의 자매편'으로 볼 수도 있다고 쿤스는 썼다.[33]

노먼 로이드가 섐리 프로덕션의 활동을 지원하기 위해 1957년 여

33 애통하게도, 오늘날 "4시"는 히치콕이 연출한 텔레비전 에피소드 중에서 가장 희귀한 에피소드다. 〈의혹〉은 딱 1년만 전파를 탔고, 시리즈는 1959년 여름에 딱 1번 재방영됐다.

름에 회사에 합류했다. 로이드는 찰리 채플린의 〈라임라이트〉에서 연기를 한 후, 1952년에 무대와 텔레비전에서 일하기 위해 뉴욕으로 이주해왔지만, 직업적으로는 슬럼프에 빠져 있었다. 히치콕이 그에게 〈앨프레드 히치콕 극장〉의 공동 프로듀서를 제안해오자, 그는 깜짝 놀랐다. 카메라 뒤에서 배우의 움직임을 포착할 기회를 가졌던 히치콕은 로이드를 마음에 들어하면서 그의 재능을 신뢰했다. 가족들을 뉴욕에 남겨두고 할리우드에 온 로이드는 6개월간 시험 삼아 섐리에 합류해서 해리슨의 조수로 일을 시작했다.

그럼에도 히치콕은 여전히 모든 텔레비전 드라마의 소재와 작가들을 승인했고, 시나리오의 문제를 해결하는 작업을 도왔으며, 주요 출연진을 논의했다. 그는 주중의 일정이 밀리면 일요일에도 일을 했다. 그는 연기해야 할 내레이션을 수정하기 위해 제임스 앨러다이스와 주기적으로 만났고, 외교적인 것이긴 했지만 후반작업 과정에서 제안을 내놓았으며, 완성된 에피소드 모두를 방송되기 전에 감상했다. 일정표에 샌드위치되듯 적힌 그의 텔레비전 업무가 1956년보다 더 북적였던 적은 없었다. 자투리 시간이 날 때면 언제든 그는 어니스트 레먼과 점심을 먹었다.

베라 마일스를 잃은 데서 비롯된 히치콕의 원통함은 그가 킴 노박을 거칠게 대하지 못하게 막았다. 노박은 그를 만나기 전부터도 그의 약을 올렸다. 여배우는 에디스 헤드와 가진 첫 의상 미팅에서 '회색을 제외한' 그 어떤 색깔도 입을 용의가 있다고 헤드에게 밝혔다. 회색은 소설과 영화에서 매들린이 입는 옷의 색깔이었다. 헤드는 이렇게 회상했다. "그녀는 시나리오를 읽지 않았거나, 그녀가 시나리오를 읽지 않았다고 생각하게 만들고 싶었거나, 둘 중 하나였어요. 나는 그녀에게 히치는 영화를 찍으면서 색을 칠한다고, 컬러는 미술가들에게 중요한 만큼이나 그에게도 중요하다고 설명했어요." 헤드의 조수는 '회색 정장의 스케치를 노박이 볼 수 없게 옆쪽으로' 밀어뒀고, 그러는 사이 헤드는 그녀에게 '다른 의상 디자인'을 보여줬다.

노박이 떠난 후 의상 디자이너는 히치콕에게 전화를 걸었다. "그 망할 놈의 의상이 회색이어야만 하느냐고 물었어요. 그랬더니 그는 심플한 회색 정장과 소박한 헤어스타일이 굉장히 중요하고, 영화의 전반부에서 자기 자신에 대한 캐릭터의 관점을 대표한다고 설명하더군요. 영화의 후반부에서 캐릭터는 심리적 변화를 겪는데, 그때는 그 변화를 반영해서 더욱 울긋불긋한 옷을 입을 거라고요. 짤막한 대화였는데도 히치는 복잡한 아이디어를 설명할 수 있었어요. 그는 여자들에게는 한 가지 이상의 성향과 다양한 취향이 있는데, 그것들은 특정한 순간에 그들이 스스로를 바라보는 방식에 의해 흐릿해질 수 있다고 말했어요. 그는 그런 미묘하지만 중요한 개념을 잊지 않았어요." "잘 처리해요, 에디스." 히치콕이 말했다. "회색 정장이기만 하면 난 그녀가 뭘 입든지 신경 안 쓸 거니까."

노박은 6월 말에 벨라지오로드로 점심을 먹으러 오면서도 자신의 생각을 고집했다. 그녀는 미리 정해진 매들린의 헤어스타일이나 컬러는 신경 쓰지 않았다. 그녀는 실생활에서나 카메라 앞에서나 정장은 입지 않았는데, 회색 정장은 특히 그랬다.

히치콕은 눈도 깜짝하지 않았다. "보시오, 미스 노박." 그가 입을 열었다. "머리 색깔은 당신 좋을 대로 하세요. 입는 옷도 당신 좋을 대로 하고. 그런 것들이 이야기가 요구하는 것과 부합하는 한도에서 말이오."(히치콕이 나중에 트뤼포에게 말했듯, "나는 이렇게 말하곤 했습니다. '잘 들어봐요. 원하는 건 뭐든 입으시오. 편집실 마룻바닥은 늘 거기 있으니까.' 그게 먹혀들었어요. 그걸로 끝이었죠.")

벨라지오로드에서 점심을 먹는 자리에는 샘 테일러도 참석했다. 감독이 '영화를 제외한 모든 것, 예술, 음식, 여행, 와인' 쪽으로 논의를 몰아가는 모습에 노박은 깜짝 놀랐다고 작가는 기억한다. "그는 그녀가 그리 잘 알지 못할 거라고 생각하는 모든 것을 화제에 올렸습니다. 그는 그녀를 무기력한 아이처럼, 무식하고 배우지 못한 사람처럼 느끼게 만드는 데 성공했습니다. 그가 원한 것이 바로 그거였죠. 그녀의 저항을 분쇄하는 거요. 오후가 끝날 무렵에 그는 바로 그 자리에서 그녀를 그가 원하는 대로 유순하고 고분고분하며 약간은 혼란스럽게 만들었습니다."

다음번에 헤드를 만난 노박은 누그러진 듯 보였다. 그녀는 (주디를 위한) 검은 머리와 회색 정장을 이제는 받아들였다. 그런데 그녀가 굴복하기를 거절했던 중요한 요소가 있었다. 가슴이 풍만한 이 여배우는 실생활에서 브래지어를 하지 않고 다니는 것을 좋아해서 스크린의 몇몇 장면에서도 그렇게 하기를 원했다. 히치콕은 여배우들의 속옷에 대해서도 지시하는 것을 좋아했지만, 이번만큼은 그것을 허락했다.[34]

8월과 9월이 최종 시나리오 미팅을 하고 북부로 헌팅을 다니고 출연진과 의상을 카메라 테스트하는 시기로 잡혔다. 히치콕이 모든 디자인과 스토리보드 스케치를 검토하는 미팅들로 하루하루가 채워졌다. 그는 보조촬영진이 촬영한 분량을 모두 감상하고 사진들을 검토하고 로케이션 장소를 일일이 승인했다.

영화는 샌프란시스코만 일대의 역사적 기념물들을 방문할 예정이었다. 매들린이 바다로 투신자살을 기도하는 포트 포인트, 매들린이 카를로타 발데스의 초상화 앞에서 꼼짝 않고 앉아 있는 레전 오브 오너 궁전, 스코티와 주디가 로맨틱하게 어울려 다니는 골든게이트 파크, 나중에 종탑을 매트로 그려넣은 산 후앙 바우티스타, 스코티가 마들렌에게 키스하는 빅 베이신의 절벽과 삼나무 숲이 그런 곳이었다.

바바라 벨 게디스 외에도 사기를 치는 개빈 엘스터 역에 (〈비밀첩보원〉에서 통신장교를 연기했던) 톰 헬모어, 카를로타 발데스의 전설을 얘기해주는 서점 주인이자 향토역사가인 팝 리벨 역에 러시아 출신의 콘스탄틴 셰인이 조연진을 구성했다.[35]

34 그들의 첫 인터뷰에서, 프랑수아 트뤼포가 영화에서 노박이 보여준 '야수 같은 관능미'를 칭찬하자, 히치콕은 트뤼포의 언급을 그녀가 속옷을 입기를 거부한 것과 연결지으며, 최소한 그 문제에 대해서는 그녀를 칭찬했다. "사실상, 그녀는 그 문제에 대해서는 특히 뿌듯해했습니다."

35 셰인은 〈오명〉에서 클로드 레인스의 강인한 어머니를 연기한 여배우 레오폴딘 콘스탄틴의 남편이었다.

〈현기증〉(1958)에서 지독히도 어려운 거실 장면을 작업하는 동안 킴 노박과 함께 한 히치콕. 제임스 스튜어트가 끈기 있게 기다리고 있다.

거의 2년에 가까운 시나리오 작업과 준비기간이 끝난 후, 촬영은 9월 30일에 샌프란시스코에서 시작됐다. 처음 촬영된 장면은 오리지널 소설과 맥스웰 앤더슨의 초고에 있던 장면이었다. 스코티는 샌프란시스코에서 가장 오래된 건물 중 하나인 미션 돌로레스로 카를로타 발데스의 무덤을 찾아가는 매들린의 뒤를 쫓는다.(원작소설에서는 이 장소가 파리의 파시 묘지로 설정돼 있다.) 스크립트 슈퍼바이저 페기 로버트슨은 첫날 작업한 분량을 스크린 시간으로 2분 49초라고 추산했다. "히치콕의 능률과 계획성을 입증하듯, 완성된 시퀀스의 시간은 몇 초만 차이가 났다"고 댄 오일러는 썼다.

히치콕이 평소와 달리 굉장히 진지한 분위기로 〈현기증〉에 접근했다는 데에는 모두가 동의한다. "우리 모두는 알 수 있었습니다." 시나리오작가 샘 테일러의 회상이다. "이것이 히치에게는 아주 중요한 프로젝트라는 것을요. 그는 이 이야기를 아주 심오하고, 아주 개인적인 이야기로 느끼고 있었습니다." 존 러셀 테일러도 공인된 전기에서 이에 동의했다. "영화의 분위기와 촬영의 분위기는 너무나 기이하고 강렬해서, 모든 이들이 그런 분위기의 영향을 받은 듯했다."

그것은 만사를 수월하게 보이게 만드는 남자 주연배우에게도 진실이었다. 로케이션 작업 동안 히치콕 부부와 산타크루스에 있는 별장에서 함께 머문 제임스 스튜어트는 그의 친구—동업자이자 감독—를 태운 차를 몰고는 촬영장으로 출퇴근했는데, 그 역시도 영화에 강하게 집중했다. 그의 네 번째 히치콕 영화였던 이 작품은 연약하고 열정적이며 격분하는 스튜어트의 가장 음침하면서도 대담한 행위를 이끌어냈다.

스튜어트는 '감정적 장면을 준비하기 위해 내면에 깊이' 빠져드는 습관이 있었다고 킴 노박은 기억했다. "그는 감독이 '컷!' 하고 외치면 'OK'라고 말하고는 촬영장을 유유히 걸어나갈 수 있는 그런 배우가 아니었어요. 나도 마찬가지였죠. 그는 내 손을 움켜잡았고, 우리는 낙하산을 탄 사람처럼 상대방이 격한 감정을 천천히 삭이도록 놔뒀어요."

스튜어트는 노박의 손을 움켜쥐는 데, 그리고 주연여배우와 감독 사이의 긴장을 진정시키는 데 많은 시간을 썼다. 스튜어트는 "나를 보살펴줬어요"라고 노박은 말했다. "그는 내가 가졌으면 하고 바라던 옆집 남자애, 아버지, 오빠 같은 사람이었어요. 그는 상냥함과 감수성을 타고난 사람이었어요. 나는 처음에는 히치콕이 거북했어요. 나는 지미한테 '그가 내가 무슨 일을 하기를 바란다고 생각하세요?'라고 계속 물었어요. 지미는 내 어깨에 부드럽게 팔을 올리고는 '자, 자, 킴. 괜찮을 거야. 자, 히치가 당신이 그 역할에 어울린다고 생각하지 않았다면, 처음부터 당신하고 계약하지도 않았을 거야. 당신은 자신을 믿어야만 해.'"

노박은 스튜어트가 히치콕과 나눈 교감 같은 것은 절대로 누리지 못했다. 히치콕은 여배우가 너무 자존심이 세고, 그녀 자신의 잘못된 아이디어를 고집한다고 생각했다. 히치콕은 여배우가 촬영장에 '나로서는 어떻게 해볼 도리가 없는 온갖 종류의 사전에 예상한 관념들'을 가지고 왔다고 나중에 설명했다. 두 사람은 그녀의 분장실에서 만났는데, 그 자리에서 히치콕은 카메라 앞에서는 감정을 비우라고 그녀에게 말했다. "당신 얼굴에는 표정이 너무 많아요. 그런 것은 하나도 필요하지 않소. 내가 당신 얼굴에서 바라는 것이라고는 당신이 관객에게 말해주기를 원하는 것, 당신이 생각하고 있는 것이 전부요."

"내가 설명해주겠소." 히치콕이 말을 계속 이었다. "당신이 얼굴에 너무 많은 표정을 짓는다면, 그것은 백지를 놓고서 그 위에다가 온갖 것을 휘갈겨 쓰는 것과 비슷해요. 종이에 빼곡하게 낙서를 하는 것 말이오. 당신은 누군가가 읽을 수 있게 문장을 쓰고 싶어 해요. 그런데 그 사람들이 무슨 글인지 읽을 수가 없다면, 너무 많은 것을 휘갈겨 쓴 셈이 되는 거요. 종이에 여백이 많으면 읽기가 훨씬 쉬워지죠. 우리가 표정을 필요로 할 때 당신의 얼굴에 등장해야 하는 표정이 바로 그거요."

존 러셀 테일러에 따르면, 여배우는 촬영 초기에 어떤 대사에 대해 의문을 제기했다. 노박은 이렇게 궁금해했다. "이 대사를 바꾸거나 더 늘리는 것으로 캐릭터의 내적인 동기를 불러일으키면 더 낫지 않을까요?" 히치콕은 딱딱한 표정으로 대꾸했다. "킴, 이건 영화일 뿐이오. 그런 것에 너무 깊이 파고들지 맙시다."

"이건 영화일 뿐." 히치콕의 정평 있는 이 확신은 어떤 배우는 전신마비 상태로 몰아간 반면, 다른 배우에게는 해방감을 안겨줬다. "나는 그가 사전에 준비과정에서 관련요소를 깊이 파고들지 않았다는 말은 하지 않겠습니다." 언젠가 스튜어트가 조심스럽게 털어놓은 얘기다. "그렇지만 그는 배우가 그 모든 책임감을 어깨에서 내려놓게 해줬습니다."

노박은 해방감을 느끼는 대신 구속감을 느꼈다. 그녀의 캐릭터는 걷는 것조차 특정한 방식으로 걸어야 했다. 그녀는 자신이 경멸했던 옷감에 꽉 조이게 사로잡혔다. 노박은 히치콕이 '나를 좋아한 적은 있는지'조차 확신할 수 없었다고 수십 년이 지난 후에 회상했다. "나는 그와 같은 자리에 앉아서 저녁을 먹거나 차 같은 것을 마신 적이 한 번도 없었어요. 어느 출연진 만찬은 예외였는데, 나는 그 자리에 늦게 갔죠. 그건 내 잘못은 아니었어요. 그런데 내 생각에 그는 스타인 내가 사람들의 눈길을 끌기 위해서 일부러 늦었다고 생각해서는 나를 부정적으로 봤던 것 같아요. 촬영 중에 그는 그가 무슨 생각을 하는지 나에게 한 번도 말해주지 않았어요."

히치콕은 스코티가 주디를 만들어낸 방식으로 노박의 외모와 행동을 만들어냈다. 스코티는 강박관념으로 그녀를 가둔다. 매들린/주디 역시 구속감을 느낀다. 대부분의 평론가들은 감독이 〈현기증〉에서 노박이 한계를 뛰어넘을 수 있게 돕는 것으로 노박의 가장 위대한 연기를 이끌어냈다고 믿는다.

샌프란시스코 인근에서 2주간 촬영한 후, 출연진과 스태프는 할리우드로 돌아왔다. 그 뒤로 파라마운트 스튜디오에서 한 2달간의 작업은 〈현기증〉을 예정된 스케줄에서 거의 3주 늦춰지게, 그리고 (오래 연장된 프리프로덕션으로 인해 이미 부풀어오른) 제작비 예산을 25만 달러 초과하게 만들었다.

히치콕은 11월 4일에 신문의 TV담당 기자들을 위해 코코넛 그로브에서 〈앨프레드 히치콕 극장〉 파티를 주최하고, 11월 6일에 칼럼니스트 100명을 위해 리퍼블릭 스튜디오에서 야외만찬을 주최하는 것으로 무척이나 빠듯한 일정을 소화하고 있었다. 〈현기증〉이 스튜디오에서 지연되고 제작비를 초과하게 된 데는 자신의 배역 때문에 골머리를 싸맨 바버라 벨 게디스 탓도 일부 있었다. 그녀의 "장면은 제대로 촬영하기가 너무 어려운 듯 보였다"고 오일러는 썼다. 스코티가 미지의 꼴사나운 코미디 시도들을 퇴짜 놓는 장면("그건 재미가 없어, 미지")과, 그 뒤로 스코티가 화를 내면서 떠나고 미지가 그의 강박관념을 재밋거리로 삼은 스스로를 씁쓸하게 책망하는 장면("멍청해, 멍청해, 멍청해……")에서는 여러 번의 테이크가 필요했다. 불만을 느낀 히치콕은 여배우에게 거듭 시도해보라고 지시했다.

벨 게디스가 연기를 완료(미지는 영화의 마지막 부분에서는 자취를 감춘다)하기 직전인 11월 14일에, 여배우를 점심에 초대한 감독은 시리즈를 런칭한 이후로 계속해서 얘기해오고 있던 〈앨프레드 히치콕 극장〉 에피소드에 출연해달라고 제안했다. 로알드 달의 단편이 원작인 (달이 직접 대본도 쓴) "도살자에게 양고기를"은 망나니 같은 남편에게 멸시를 당한 헌신적인 아내가 냉동된 양의 다리로 남편을 때려죽인다는 내용이다. 형사들이 범죄의 단서를 찾아 집을 헤집고 다니자, 그녀는 양고기를 맛깔스럽게 요리해서 형사들에게 점심으로 내놓는다.

벨 게디스는 〈현기증〉에서는 생색이 나지 않는 역할을 맡았지만, 감독은 시청자의 기억에 가장 잘 남은 그의 텔레비전 드라마의 주연 자리를 주는 것으로 그녀에게 보답했다. 영화에서는 애처로웠던 그녀의 상처받은 순수성은 히치콕이 1957년 초엽에 연출한 "도살자에게 양고기를"에서는 완벽한 코미디로 전개됐다.

스튜디오 장면들은 〈현기증〉의 두 스타 제임스 스튜어트와 킴 노박에게 초점을 맞췄다. 10월과 11월에 찍은 장면 중에는 댄 오일러가 '악명 높은 151번 신'이라고 부른 장면도 있었다. 매들린이 만에서 자살하기 위해 투신한 후, 스코티의 아파트에서 스코티와 매들린이 처음으로 이야기를 나누는 장면이다. 시나리오에서 11페이지를 차지하는 이 장면은 카메라가 소파에 앉아 있는 스코티로부터 조금씩 팬을 해서 침대보 밑에서 벌거벗은 채로 움직이는 매들린의 모습이 보이는 아파트 건너편의 침실로 향한다. "카메라가 지나칠 때, 매들린의 옷이 부엌에서 말려지고 있는 것이 보인다"고 오일러는 썼다. "카메라는 그의 침실에서 멈춘다. 열려진 문을 통해 매들린이 잠들어 있는 모습이 보이고, 그녀가 뭔가를 웅얼거리는 소리가 들린다."

연출과정에서 카메라워크가 미세하게 조정됐고 대사는 길어졌다. 히치콕은 러시를 보고는 이 장면을 계속해서 재촬영했다. 배우들의 동선과 연기, 조명, 카메라 움직임, 이 모든 것이 더 나아져야만 했다. 오일러에 따르면, "거의 모든 촬영지연은 이 고집스러운 한 장면 탓으로 돌릴 수 있다."

영화의 유명한 '회전 키스'는 12월 16일까지는 스케줄에 오르지 않았다. 이 키스는 장면의 거의 끝에서, 스코티의 주장에 따라 주디가 매들린이 입었던 옷과 매들린이 했던 헤어스타일 차림으로 침실에서 나타나는 순간에 뒤이어 나온다. 묘지에서 회색 정장 차림의 매들린은 녹색 조명의 세례를 받는다. 이제, 주디로 변신해서 모습을 드러낸 그녀도 창문 밖에 있는 호텔의 네온사인에서 뿜어내는 녹색 조명의 세례를 받는다. 히치콕이 어렸을 때 다니던 극장에서 기억하던 '유령 같은 분위기'와 똑같았다.

그녀가 마침내 매들린으로 변신한 것을 본 스코티는 주디를 꽉 껴안고는 열정적인 키스를 퍼부으면서 추억을 풀어놓는다. 히치콕의 표현대로 '큰 머리' 클로즈업들이 화면을 가득 채우면 카메라가 그들 주위를 빙빙 도는 것처럼 보인다.(실제로는 배경이 돌고 있는 것이다.) 스코티는 과거로, 매들린이 그의 품에서 뛰어나가 (분명히) 투신해서 죽음에 이르기 전에 그가 매들린에게 키스를 하던 마구간으로 되돌아간다. 카메라(그리고 빙빙 도는 무대)가 회전을 멈추면, 그는 주디의 방으로 다시 돌아온다.

카메라가 배우들과 아주 가까운 곳에서 회전하면서 극단적인 앵글로 그들을 포착할 때 배우들이 포옹을 하고 있어야 했기 때문에 촬영은 힘들었다. 그들은 그런 방식으로 서로에게 기대야 했으므로, 결국에는 카메라 밖으로 미끄러져 내려가고 말았다. 두 번째 테이크에서 스튜어트는 미끄러져 넘어졌고, 그가 스튜디오 전속의사를 찾아가는 동안 촬영은 1시간 동안 중단됐다. 그가 돌아온 후 더없이 훌륭하고 로맨틱한, 절망적일 정도로 아름다운 숏—히치콕 작품 중에서 가장 아름다운 장면 중 하나—은 하루가 끝날 즈음에야 마침내 카메라에 포착됐다.

히치콕의 작품에서 중추적인 장면은 창조적인 기운이 넘쳐흐르고 연기자들이 한껏 달아올랐을 때인 일정이 끝날 무렵까지 촬영을 기다려야만 하는 경우가 아주 잦았다. 히치콕은 스코티가 지붕에 손가락 끝으로 매달려 있는 오프닝을 촬영하기 위해 12월 18일까지 기다렸다. 이튿날은 보조촬영진이 찍어온 숏을 몇 장면 작업한 촬영 마지막 날이었다. 점심시간쯤 됐을 때, 마침내 히치콕의 카메오가 파라마운트 페인트가게 인근에서 연출됐다.

"Sc: 21: 실외: 조선소. 미스터 히치콕이 카메라의 왼쪽에서 오른쪽으로 걸어간다. 그리고 들어오는 스코티를 지나쳐 밖으로 나간다. 스코티는 수위에게 말하기 위해 잠시 멈춰 선다. 스코티는 계속 걸어간다.

밖으로 나간다." 딱 한 테이크만 필요했다.

히치콕은 크리스마스까지 줄곧 일을 하는 경우가 잦았으나 연례휴가를 놓친 몇 해의 기간은 끝이 났다. 〈현기증〉의 마지막 테이크가 끝난 후, 히치콕은 마이애미와 몬테고 베이로 떠났고 루 와서먼이 합세해서 쿠바로 짧은 도박 여행을 다녀왔다.

어니스트 레먼은 뒤에 남아 "북서쪽 방향에서"를 작업했다. 히치콕에게서 모든 사항을 지시받은 레먼은 X 표시가 돼 있는 곳을 모조리 답사해야 하는 보물지도를 받은 듯한 기분이었다. 그는 히치콕이 지정한 현장의 분위기를 파악하기 위해 뉴욕, 시카고, 러시모어 산으로 2주간 여행을 떠났다. 그는 UN빌딩을 방문하고, (줄거리의 악당 두목이 살고 있는 웅장한 저택이 있는) 롱아일랜드에서 가짜로 체포를 당했으며, 삼림감시원과 함께 러시모어 산을 여행했다. 레먼은 자메이카에 있는 히치콕에게 초고 65페이지를 보냈다. 감독이 할리우드로 돌아온 2월 3일에, 그들은 몇 주 만에 처음으로 만났다.

히치콕은 즐거운 표정으로 손바닥을 비벼대면서 —지금까지는— 자신이 읽은 내용이 마음에 든다고 말했다. 레먼은 여러 인터뷰에서 〈북북서로 진로를 돌려라〉에 자신이 한 공헌을 언급할 때 소극적인 태도를 보인 적이 잦았다. 감독은 그 이야기를 몇 해 동안 꿈꿔왔고 시나리오가 완성되기 전까지 대화하고 글을 쓰는 데 또다시 6개월이 걸릴 터였다.

기이한 것은 —논리적이지 않은 내용이 넘쳐흐르는 〈북북서로 진로를 돌려라〉를 작업하면서도— 히치콕이 끝없이 언급했던 일 중 하나가 플롯과 캐릭터 구축의 논리였다고 레먼이 기억한다는 점이다. 이것은 부분적으로는 방어적인 책략이었다. 히치콕은 항상 그의 숙적인 '타당성' 때문에 웃음거리가 돼왔기 때문이었다. 그런데 그런 책략은 감독이 영화에 등장하는 논리의 한계를 탐구하고 그가 어느 정도까지 사건을 확장할 수 있는지 결정하는 구실을 제공하기도 했다.

한동안 그들은 히치콕이 항상 영화에 집어넣고 싶어 했던 장면을 찍을 수 있도록, 영화의 주인공 로저 손힐이 디트로이트를 경유하게 만드는 문제를 고민했다. 손힐은 자동차공장을 방문하고, 거기서 그와 공장장은 조립라인을 따라 어슬렁거리면서 낮은 목소리로 아주 긴 이야기를 나눈다. 그들의 뒤에서는 자동차가 차례차례 조립되고 있다. 그들이 이야기를 마칠 때쯤, 완성된 자동차는 운전할 채비가 다 돼 있다. 반짝거리는 새 차를 보면서 두 남자는 탄성을 지른다. "놀랍지 않소!" 그들이 앞문을 열면 시체가 쑥 쓰러진다. 그러나 이 아이디어는 접어두어야만 했다. 히치콕의 말마따나, '우리는 이 장면을 줄거리에 합쳐 넣을 수가 없었기' 때문에, 손힐은 디트로이트를 우회했다.

레먼에 따르면, 나중에 히치콕은 촬영을 '하루 온종일' 중단했다. 시카고 기차역이 배경인 장면을 시각화하는 과정에서 중요한 세부 플롯을 설명해낼 방법이 없었기 때문이었다. 반담의 섹시한 심복(그리고 손힐의 애정의 대상)인 이브가 전화 부스 안에서 함께 음모를 꾸민 레너드와 통화를 하는 모습이 보인다. 아름답게 흐르는 카메라에 의해 레너드는 그녀와 가까운 곳에 있는 부스에 있다는 것이 밝혀진다. 그런데 이브는 레너드가 들어가 있는 부스를 어떻게 알았을까? 그리고 그들은 상대방의 전화번호를 어떻게 알았을까? 히치콕과 레먼 모두 골치가 지끈거렸다. 레먼은 '그가 스스로 만족할 만한 대답을 이럭저럭 내놓을 때까지' 작업이 중단됐다고 말했다.(영화에서는 결코 명료하게 밝히지 않는) 내적인 설명에 도달한 후에서야, 오로지 그때서야 촬영이 재개됐다.

훗날 히치콕은 〈북북서로 진로를 돌려라〉를 촬영하면서 뭔가를 설명하는 차원을 뛰어넘었다고 말했다. 맥거핀조차도 결국에는 관련이 없었다. 악당두목 반담(제임스 메이슨)이 꾀하는 일은 무엇인가? 그것은 평소보다도 더 애매했다. 그는 '정부의 비밀을 수출하고 수입하는 사람'이라고 교수(레오 G. 캐럴)는 설명한다. 그런데 그가 이 문제를 손힐에게 설명할 때, 히치콕은 비행기 프로펠러에서 나는 소음으로 이 대화를 들리지 않게 만든다.(감독은 프랑수아 트뤼포에게 〈북북서로 진로를 돌려라〉를 언급하면서 '내 최고의 맥거핀'이라고 밝혔다. "가장 공허하고, 가장 실제적이지 않으며, 가장 부조리하다는 뜻입니다.")

맥거핀은 영화의 거의 마지막 순간까지 도무지 파악이 되지 않고 끝에서야 콜럼버스 이전 시대의 입상 안에 감춰진 마이크로필름 뭉치라는 것이 밝혀진다. 영화에 등장하는 모호한 농담에 해당하는 대사에서, 손힐은 그것을 엉뚱하게 '호박'이라고 부른다. 이 표현은 앨저 히스 사건[36]을 넌지시 조롱한 것이었다.[37]

시나리오가 틀을 갖춘 1957년 겨울에 레먼은 그가 제임스 스튜어트를 위한 시나리오를 쓰고 있다고 생각했고, 스튜어트도 히치콕의 차기작에 대한 얘기를 들을수록 링컨의 콧속에 있는 남자를 더더욱 연기하고 싶어했다. 세 친구—히치콕, 스튜어트, 루 와서먼—는 일주일에 한 번은 점심을 함께했지만, 감독은 촬영개시일에 대해서는 자꾸 모호한 태도를 보였다. 그는 시나리오에 아직도 작업할 것이 있다고 설명했다. 봄에 일어난 3가지 위기가 히치콕의 발목을 붙들지 않았다면, 〈북북서로 진로를 돌려라〉는 서둘러 제작에 돌입했을 것이고, 제임스 스튜어트가 손힐을 연기했을 것이다.

첫 위기는 3월 26일에 파라마운트의 돈 하트먼이 갑자기 세상을 뜬 것이었다. 57세인 그가 갑작스러운 심장마비로 사망한 것에 할리우드는 충격을 받았다. 하트먼은 최근에 파라마운트에서 독립 프로듀서로 신분을 바꿨지만, 스튜디오에 있는 사무실을 여전히 운영하면서 스튜디오에 모습을 나타냈다. 하트먼과 Y. 프랭크 프리먼은 히치콕에게 최고의 자유와 자율성을 부여한 리더들이었다. 하트먼의 사망은 감독이 결

36 미국 국무부 관료였던 앨저 히스가 공산주의 첩자로 기소된 사건으로, 할로윈 호박 안에 감춰졌던 필름이 그에게 불리한 증거로 채택됐다. — 옮긴이

37 히치콕은 〈스트레인저〉부터 빨갱이 공포증을 그의 영화 몇 편에 슬쩍 집어넣었다. 〈나는 결백하다〉에서 그레이스 켈리는 캐리 그랜트가 그저 미국인인 척하고 있는 게 아닌가 의심한다. "당신은 사업이나 야구나 임금동결이나 상원조사위원회같은 것을 한 번도 입에 담지 않았어요." 그녀가 따져 묻는다. "나는 그 모든 것을 잊기 위해 미국을 떠났소." 그랜트가 중얼거린다. 〈나는 비밀을 안다〉에서 마라케시 경찰총수는 비협조적인 제임스 스튜어트를 심문하면서 경멸적으로 HUAC를 상기시킨다. "당신네 미국인들은 때로는 신념을 저버리는 것을 바람직하다고 보더군요."

국 스튜디오에서 멀어지게 이끈 일련의 사건의 발단이 됐다.

히치콕에게 더 개인적이고 더 넋을 잃게 만든 두 번째 위기는 4월에 찾아왔는데, 히치콕 여사가 정기검진 과정에서 자궁경부암 판정을 받은 것이다. 1958년 당시에 이런 판정은 사형선고 그 자체였기 때문에 히치콕은 그 소식에 망연자실했다. 그는 알마의 발병소식에 한 해 전에 있었던 자신의 입원 때보다 더 큰 충격을 받았다.

히치콕 여사는 방사성이 있는 금콜로이드의 작은 입자들을 주사하는 실험적인 방사능치료를 선택했다. 일부 환자들은 자궁경부암종을 공격하는 이 새로운 방법으로 치료를 받다 사망했고, 일부 환자들은 부작용으로 신체가 쇠약해지며 합병증으로 고통을 겪었지만, 생존율은 더 높았다. 알마는 4월 14일로 수술날짜를 잡았다.

이 날짜는 남편이 유니버설에서 〈앨프레드 히치콕 극장〉의 "수영장에 뛰어들다"를 연출하기로 잡은 일정과 같은 주에 속했다. 노먼 로이드는 자신이 연출을 대신하겠다고 제안했지만, 히치콕은 고개를 저었다. 그것은 프로답지 못한 일이고, 부정을 탈 만한 행동이었다. 로이드가 그 문제를 논의하기 위해 벨라지오로드에 있는 집으로 히치콕을 태우고 갈 때, 알마는 이미 입원해 있었다.

그날은 지독히도 더웠다고 로이드는 회상했다. 감독은 재킷을 벗었는데, "그것은 드문 일이었습니다. 그는 드레스셔츠와 타이 차림이었고, 우리는 그의 정원에 앉았습니다. 그는 알마 이야기를 시작했습니다. 그녀가 이걸 이겨낼 수 있을지는 아무도 알 수 없었습니다. 그러더니 그가 울먹이기 시작했습니다." 로이드에 따르면, 철학적인 모습이라고는 한 번도 보여준 적이 없던 히치콕(존 러셀 테일러는 "그의 인생철학에 가장 근접하는 문장은 '하루 일과는 오전 9시에 시작된다'다"라고 썼다)이 그날은 알마는 그에게 '세계 그 자체'를 의미한다고 철학적으로 말했다. "그게 다 무슨 소용인가?" 그는 걷잡을 수 없이 울먹이면서 말했다. "알마가 없다면 그게 다 무슨 의미가 있겠어? 내가 영화를 만들면서 하는 모든 짓은 정말로 중요한 것에 비하면 결국에는 부차적인 일인데."

"수영장에 뛰어들다"는 수술 이후로 일정이 조정됐다. 그리고 대단한 프로페셔널인 히치콕은 존 러셀 테일러에 따르면, '평소처럼 정확한 시간에' 세트에 모습을 나타내고는 "평소처럼 태연한 유머를 보이면서 리허설을 하고 촬영을 했기 때문에 뭔가 안 좋은 일이 있다는 것을 아무도 몰랐다. 그런 후에 그는 병원으로 직행했는데, 가는 길 내내 울먹이면서 경련을 일으키듯 몸을 떨었다. 그러나 병원에 도착한 그는 다시 명랑한 얼굴로 돌아가서는, 이것이 세상에서 가장 평범한 일이라도 되는 양 알마와 이야기를 나누며 저녁을 보냈다."

방사성 금 요법이 성공적이라는 것, 그래서 히치콕 여사가 암을 이겨냈다는 것이 명확해지기까지는 시간이 좀 걸렸다. 그녀는 남편과 함께 7월에 런던으로 여행을 떠날 무렵에는 원기를 회복했는데, 모든 징후가 희망적이었다.

그들의 삶에 손길을 뻗친 암은 그들이 영원토록 자선기금을 내놓은 주제 중 하나가 됐다. 감독은 돈뿐만 아니라 시간도 관대하게 베풀었다. 그가 했던 최초의 자선행위 중 하나가 1959년 초엽에 전파를 탄, NBC와 미국암협회, 공영방송국이 제작한 교육용 프로그램 TACTIC에 출연한 것이었다. 프로그램에서 '공포'전문가로 소개된 히치콕은, 유방암 진단을 받은 젊은 모델(다이아나 반 데어 블리스)에게 수술을 받고 나면 신체적 결함이 영원히 남을 것이라는 그녀의 공포는 불합리한 것이라고 안심시키는 의사로 윌리엄 샤트너가 출연한 즉흥 촌극을 '연출'했다.

〈현기증〉과 관련된 세 번째 위기는 후반작업 중이던 1957년 첫 달에 일어났다. 스코티(지미 스튜어트)의 '현기증'은 히치콕 스타일—감독이 오랜 세월 동안 만든 영화들에서 완벽하게 구현하려고 노력해온 환각적인 특수효과의 일종—이었다. "나는 런던의 앨버트홀에 있는 첼시 아츠 볼에서 어느 밤에 겪었던 일을 항상 기억합니다." 히치콕이 프랑수아 트뤼포에게 한 말이다. "술에 완전히 취해 있었을 때, 나는 모든 것이 나로부터 멀찌감치 달아나는 듯한 기분을 느꼈습니다. 나는 그것을 〈레베카〉(조앤 폰테인이 기절하는 장면)에 집어넣으려고 노력했지만,

특수효과팀은 그것을 해낼 수가 없었습니다."

스튜디오는 '현기증'의 아찔한 시각을 보여주는 크레인장치가 달린 특수 세트를 지으려면 5만 달러가 들 것이라고 경고했다. 이 장면은 캐릭터의 시점에서 바라보는 장면이기 때문에, 지미 스튜어트는 화면에 등장할 필요가 없었다. 히치콕은 계단의 미니어처를 활용하자고 제안했다. 미니어처를 옆으로 뉘어놓고는 카메라의 포커스를 앞으로 줌하는 동시에 카메라를 계단에서부터 달리로 밀어내는 것으로 효과를 달성하자는 제안이었다. "우리는 그렇게 해냈습니다." 히치콕은 자랑스럽게 밝혔다. "1만 9,000달러만 들었죠."

아티스트 존 페렌은 〈해리의 소동〉에서 존 포사이스의 캐릭터가 그린 것으로 설정된 스케치와 그림들을 그린 적이 있다. 이제 그는 매들린이 '자살'한 후 스코티가 시달리는 표현력 풍부한 악몽을 연출하는 작업을 도왔다. 빌리 와일더와 오토 프레밍거를 위해 상상력 넘치는 애니메이션 크레디트들을 창작해온 솔 바스가 히치콕 영화의 타이틀 시퀀스에 처음으로 독특한 낙관을 찍었다. 특이한 프롤로그는 (19세기 프랑스인이 수학공식을 표현하기 위해 고안해낸) 리사주 소용돌이들이 어지럽게 어른거리는 눈동자 이미지와 병치된다.

〈현기증〉의 영화음악을 곰곰이 생각한 히치콕은 〈메리로즈〉를 다시 떠올리고는 런던에 연락해서 오리지널 음악의 사본과 무대공연을 녹음한 자료를 구해 버나드 허먼에게 영감을 줄 자료로 넘겨줬다. 히치콕은 사전에 구성을 끝낸 일부 시퀀스에 작곡가가 고른 음악을 틀어놓을 정도로 허먼을 신뢰했지만, 각각의 장면에서 원하는 분위기를 명료하게 하기 위해 허먼에게 꼼꼼하게 적은 노트를 넘겨주기도 했다.

회전 키스—주디가 매들린으로 변신한 후에 스코티가 주디를 포옹하는 장면—를 위해 히치콕은 허먼에게 이렇게 말했다. "우리가 가진 것은 카메라하고 자네가 전부야." 최소한의 대사만 시나리오에 담겼다. 카타르시스를 주는 허먼의 테마—훗날 일부 평론가들은 이 테마를 히치콕이 좋아했던 음악인 바그너의 〈트리스탄과 이졸데〉의 "Liebestod"와 비교했다—가 그 장면을 밀고나갔다.[38]

히치콕 여사는 편집과 관련한 중요한 결정에 2차례 개입했다. 첫 개입은 히치콕 부부가 자메이카에서 돌아와 최초의 편집본을 본 아주 초기에 이뤄졌다. 조지 토마시니는 뉴욕에서 그들을 만나 영화를 틀어줬다. 영화를 본 이후 알마는 이 영화는 훌륭한 영화가 되겠지만, 광장을 가로질러 뛰어가는 킴 노박의 굵은 다리가 보이는 끔찍한 장면은 잘라내는 것이 좋겠다고 남편에게 말했다.

"당신이 말하는 숏이 어떤 건지 모르겠소. 알마."

"그녀의 다리가 끔찍해 보이는 장면 말이에요."

"흐음. 당신이 영화를 싫어한다니 유감이오, 알마."

"나는 싫어하지 않아요. 좋아해요. 나는 이 영화가 훌륭하다고 생각해요. 그냥 그 숏만 아니라는 거죠."

알마는 엘리자베스 아덴의 가게에서 약속이 있었으므로 히치콕은 토마시니, 페기 로버트슨과 점심을 먹었다. 히치콕은 비탄에 '아주 깊은 절망'에 잠겨 있었다고 로버트슨은 회상했다. 알마가 영화를 싫어했다. 그는 그 장면을 어떻게 제거할 수 있을까?

그는 점심을 먹는 내내 애를 태우다가 토마시니를 편집실에 내려줬다. 호텔에 도착해서 택시에서 내린 히치콕은 열린 창문으로 몸을 기울이고는 말했다. "그런데 말이야, 페기. 조지에게 킴이 나오는 그 장면을 들어내라고 말하게." "들어내라고요! 어떻게 그렇게 할 수 있죠?" "그건 완벽하게 괜찮을 거야. 그녀는 광장의 이쪽에서 저쪽으로 뛰어넘는 거야. 그렇지만 아무도 눈치 채지 못할 걸세. 우리는 큰 머리에서 큰 머리로 컷해 들어갈 테니까 말이야."

히치콕은 영화를 편집하는 과정에서 그가 인정한 것보다 망설이는 경우가 항상 더 많았다. 〈현기증〉에서는 그런 망설임이 평소보다 더 많았다. 촬영용 시나리오는 촬영은 됐지만 결국은 편집과정에서 파기된

38 허먼의 〈현기증〉 음악은 —〈사이코〉 이전— 그의 영화경력의 최정점이다. 그런데 기이한 일은 이것이 실제로는 다른 사람이 지휘를 맡은 허먼의 유일한 히치콕 영화였다는 점이다. 미국 뮤지션들의 파업으로 인해 음악은 뮤어 마티에손의 지휘 아래 빈에서 녹음됐다.

해설들이 상당량 담겨 있다. 예를 들어, 원래 스코티가 차를 타고 매들린을 쫓아가는 말없는 시퀀스에는 보이스오버 내레이션이 붙어 있었다. 히치콕은 스코티가 미지의 아파트에서 경찰이 살인죄로 수배된 엘스터를 수사하고 있다는 발표가 나오는 라디오를 듣는 해설적인 종결부도 촬영했다.

"Sc: 276: 실내: 미지의 아파트. 50㎜(렌즈 사이즈). 가변적 디퓨전. 스코티가 들어와 창문으로 갈 때, 미지가 커다란 라디오에 귀를 기울이고 있는모습을 크레인 포워드&집(Jib) 다운으로 잡는다. 그녀는 그에게 마실 것을 내오고 자리에 앉는다. 끝."

이것도 편집과정에서 폐기됐다. 그래서 영화의 마지막 이미지는 절망에 빠진 스코티가 그리스도처럼 두 팔을 벌리고는 종탑 꼭대기에 서 있는 모습이 됐다. 수녀를 보고 깜짝 놀란 주디는 뒷걸음질을 치다가 종탑에서 떨어져 죽는 것으로 매들린의 운명을 재창조한다. 더 이상의 설명은 필요가 없었다. 이후로 전개되는 경찰의 수사는 잊혔고, 관객들이 아는 한 원래의 살인자는 탈출했다.

파라마운트는 〈현기증〉에 사용할 팝송을 "케 세라 세라"를 만든 제이 리빙스턴과 레이 에번스에게 의뢰하기까지 했다. 난해한 영화제목의 의미를 설명하는 노래가사가 관객에게 도움이 될지도 모른다는 판단에서였다. '데모' 버전이 녹음됐고, 스튜디오는 그 노래를 광고에 집어넣기도 했지만, 히치콕은 결국 노래를 사용하지 않기로 결정했다.

후반작업 내내 히치콕은 그런 결정을 많이 내렸다. 이전에는 해본 적이 없는 식으로 영화를 향한 비전을 다듬고 재편집하고 줄거리를 뚜렷하게 만들어주는 요소들을 잘라냈으며, 허먼이 음악을 길게 연장하게 허용했다. 그리고 그 과정에서 〈현기증〉은 평범한 살인 미스터리에서 잊혀지지 않는 정서적 우화로 탈바꿈하는 데 성공했다.

그는 확신하지 못하고 우유부단했을까? 아니면 〈현기증〉이 평소보다 좀 더 심오한 작품이었을까? 영화가 변모해가는 과정에서 히치콕은 지미 스튜어트에게 편집과 변화에 대한 의견을 물었다. 스튜어트는 그 나름의 의견이 있었고, 그의 의견은 캐리 그랜트의 의견과는 달리 존

중받아야 했다. 그러나 그랜트와 달리 스튜어트는 자신의 견해를 누그러뜨려 얘기하는 쪽을 택하면서, 옳다고 생각하는 것은 무엇이든 하라고 히치콕을 격려했다.

히치콕은 후반작업 도중에 급격한 구조적 혁신을 하기로 결정했다. 주디가 호텔방에서 스코티에게 작별편지를 쓰는 모습을 보여주는 플래시백은 그녀의 '비밀'을 관객에게 폭로한다. 주디가 스코티보다 앞서 교회 종탑의 사다리를 서둘러 내려오는 모습이 보인다. 들창에서는 엘스터가 진짜 매들린을 종탑에서 내던지는 모습이 보인다.

5월 9일에 샌프란시스코에서 첫 시사회가 열렸을 때에도 그 장면은 여전히 영화에 남아 있었지만, 히치콕은 그것이 남아 있어야 하는지 확신하지 못했다. 그가 허버트 콜먼에게 그 장면을 들어내는 문제를 생각하고 있다고 말하자, 콜먼은 그렇게 했다. 그는 그 장면을 제거하고는 조앤 해리슨을 포함한 가까운 친구들을 상대로 영화를 시사했다. 해리슨은 영화가 끝난 후 펄쩍 뛰었다. "히치! 어떻게 당신 영화가 이것하고 다르게 보이기를 원하는 사람이 있을 수 있나요!"

콜먼은 격분했다. 그는 생각이 달랐으며, 영화와는 일정한 거리를 유지해야 한다고 생각하는 텔레비전 스태프의 영향력에 맞서야 하는 현실이 원망스러웠다. 콜먼은 히치콕에게 그가 큰 실수를 저지르고 있다고 말했다. "우리는 다투기 시작했습니다." 공동프로듀서의 회상이다. "얼굴을 맞댄 우리의 목소리가 커져갔습니다. 결국 할 만큼 한 그는 우리가 함께 일한 그 오랜 세월 동안 처음으로 내게 직접적인 지시를 내렸습니다. '있는 그대로 개봉해.'"

제임스 스튜어트는 논쟁 현장에 있었지만, 평소처럼 과묵하고 세련된 모습을 보였다. "허비." 스튜어트가 속삭였다. "히치한테 그렇게 화를 내서는 안 돼요. 영화는 그렇게 중요한 게 아니니까요."

콜먼은 밖으로 나가서 '완벽한 결과보다는 덜한' 필수적인 재편집과 재녹음을 이행했고, 배급사에 배포된 릴과 교체하기 위해 운반될 새로운 릴의 프린트 500벌을 주문했다. 스튜어트는 히치콕의 귀에도 속삭였을 것이다. 그런데 그들 모두를 압도한 사람은 샌프란시스코 시사회에 참석했던 파라마운트의 뉴욕 책임자 바니 발라반이었다. 콜먼에게서 마지막 순간의 변화에 대한 얘기를 들은 후, 발라반은 히치콕에게 전화를 걸어 그 장면을 복원해야 한다고 강력하게 주장했다.

그 순간에도 히치콕은 거절했지만, 모두가 그에게 결정을 재고하도록 권유했다. 그의 양보를 이끌어낸 것은 충실함과 프로페셔널리즘일까? 아니면 결국 그가 그들의 의견에 굴복한 것일까? 그 문제에 있어서, 영화의 빼어난 품격에 대한 의혹과 절망은 없었을까?

최후의 투표가 이루어졌을 것이다. "(시퀀스를 복원한다는) 결정은 4월 24일이 들어 있던 주에 내려졌다"고 오일러는 책에 썼다. "알마는 25일에 (병원에서) 집으로 돌아왔다. 줄거리와 관련한 이와 같은 위기에서 히치콕이 아내의 지도를 받으려고 한다는 것은 비밀이 아니었다. 알마는 이 장면을 보존하자고 주장했을까? 그들의 업무관계에서 흔히 그랬듯, 히치콕이 그녀의 판단을 좇았을 가능성이 높다."

알마가 집으로 돌아온 직후, 히치콕은 발라반에게 전화를 걸었다. 전화를 끊은 그는 사무실에서 나와서는 비서의 책상 너머로 자기 사무실에 앉아 있는 콜먼을 바라봤다. "그림을 원위치시키게." 그는 으르렁거리고는 등을 돌려서 문을 쾅하고 닫았다.

1958년 5월 말에 〈현기증〉이 개봉됐을 때, 관객과 평론가들의 반응은 미적지근했다. 긍정적인 리뷰들도 일부 있었지만, 저명한 매체에는 부정적인 리뷰들이 실렸다. 존 매카튼은 『뉴요커』에서 '억지 서스펜스'라고 단언했다.(한편 『뉴욕타임스』는 "지독히도 억지스럽다"고 생각했다.) 『뉴스위크』는 감독이 "정도를 너무 벗어났고, 신뢰성의 한계를 너무 지나쳤으며, 플롯을 꼬는 과정에서 돌아오지 못할 선을 넘어섰다"고 말했다. 『타임』은 〈현기증〉을 '누가 무슨 짓을 저질렀느냐에 아무런 관심도 보이지 않는 미스터리에 속하는 또 다른 히치콕 스타일의 허풍'으로 봤다.

한참 후에 평론가들이 보편적으로 빼어난 걸작으로 갈채를 보낸 히치콕의 최신작은 발표 당시에는 주목을 받지 못했다. 로빈 우드는 이렇게 썼다. "복잡성과 미묘함의 측면에서, 정서적 심오함의 측면에서,

불안함의 위력 면에서, 관심의 중요성 면에서, 〈현기증〉은 다른 많은 영화와 더불어 영화가 오랫동안 안정적으로 자리잡은 예술형태로 대접받아야 한다고 주장할 수 있는 대표작으로 선택될 수 있다."

히치콕은 최종결과물에 대해 심중에 품은 몇 가지 불만을, 특히 킴 노박에 대한 불만을 결코 놓치지 않았다. "그녀는 영화를 망치지는 않았습니다." 그는 『타임』을 상대로 무표정하게 말했다.

작가 조지프 스테파노는 〈사이코〉의 프리프로덕션을 하는 도중에 영화를 본 후, 베라 마일스는 빼어난 여배우지만 노박이 더 나은 캐스팅이라고 히치콕에게 말했다. 히치콕은 노박이 그가 상상했던 매들린이 아니었던 것이 늘 그 작품에 대해 느끼는 실망이라고 대답했다.

그럼에도 그는 〈현기증〉을 자신의 걸작 중 하나로 인정했다. 세월이 흐른 후, 찰스 토머스 새뮤얼스가 "유럽 평론가들이 〈현기증〉을 걸출한 작품으로 인정하는 것에 대한 감독님 의견은 어떻습니까?" 하고 물었을 때, 히치콕은 주저하지 않고 대답했다. "나는 그들이 상황의 복잡성을 이해했다고 생각합니다."

15 창조력의 절정 〈사이코〉 1958~1960

1958년 6월 2일에, 히치콕은 공식적으로 MGM에서 일을 하기 시작했다. 어니스트 레먼은 그들이 여전히 "북서쪽 방향에서"라고 부르고 있던 신작의 시나리오를 마무리하고 있었다. 8월 20일에, 그들은 뉴욕, 시카고, 사우스다코타의 래피드시티를 촬영하는 로케이션을 떠났다.

그해 여름 초엽에, 제임스 스튜어트는 노박을 〈현기증〉에 임대해주는 대가로 해리 콘에게 약속한 콜럼비아 영화인 〈벨 책과 초〉에 킴 노박의 상대 배우로 출연해서 계약을 이행했다. 따라서 스튜어트는 외교적인 처신으로 "북서쪽"에서 물러나는 것처럼 보였으나, 그 시점에서 그는 히치콕이 다른 스타에게 눈길을 던지고 있다는 것을 깨달았던 것이 틀림없다. 히치콕과 레먼은 캐리 그랜트만이 섹시한 손힐을 연기해낼 수 있다고 상상했다. 어느 장면에서 창문으로 들어오는 그를 본 병원의 환자가 겁에 질려 내뱉는 "멈춰요!"라는 말이, 미남의 표본을 가까이서 보게 되면서 목소리를 누그러뜨리고 "멈춰요……"라고 간청할 만큼 기절할 듯한 반응을 이끌어낼 수 있는 남자를.

히치콕이 스튜어트의 출연 가능성에 마침내 고개를 저은 것은, 〈현기증〉의 빈약한 박스오피스도 마음속에서 작용한 결정적인 요소였을 것이다. 프랑수아 트뤼포는 히치콕이 사망한 후 이렇게 밝혔다. "개인적으로 히치콕은 〈현기증〉의 상업적 실패를 스튜어트의 나이 든 외모 탓으로 돌렸다." 히치콕은 1960년대 내내 스튜어트를 미래의 프로젝트들과 연관시켜서 계속 언급했지만, 그중 어느 것도 구체화되지 않았다. 그리고 〈로프〉, 〈이창〉, 〈나는 비밀을 안다〉, 〈현기증〉의 스타는 히치콕 영화에는 다시는 출연하지 않았다. 결코 약해지지 않은 그들의 우정에도 불구하고, 스튜어트의 허영심은 상처를 입지 않았을까?

〈북북서로 진로를 돌려라〉의 배우 제임스 메이슨은 히치콕은 "그가 고용한 스타들의 값어치에 대한 가치관이 명확했다"고 회상했다. 감독은 "예를 들어, 앨프레드 히치콕 영화에 제임스 스튜어트의 이름이 걸리면 캐리 그랜트의 이름이 걸리는 것보다 100만 달러는 더 벌어들일 것이라고 예상한다고 나한테 말했습니다. 그가 즉각 지적했듯이 그는 그렇게 말하면서도 다른 환경에서는 스튜어트보다 값어치가 훨씬 높은 것이 명확한 그랜트를 무시하거나 하지는 않았습니다. 그는 스튜어트가 가장 인기 높은 스타로 군림했던 미국 중부 지역의 대규모 시장에서 히트를 치고 싶어 했습니다."

그런데 〈현기증〉은 그런 시장에서 실패했고, 이제 히치콕은 신작을 다른 방식으로 히트시키기 위해 그랜트를 찾았다. 심지어는 신작에서 가장 인상적인 장면의 배경을 미국 중부로 설정하기까지 했다. 〈나는 결백하다〉에서 그랬듯, 그랜트의 출연은 영화에 '여성용 영화'라는 매력을 가미하는 한편으로, 해외시장('다른 환경')에서 영화의 전망을 밝게 해줄 터였다. 그랜트는 그가 신뢰하는 감독이 그의 어깨를 두드리며 기사작위를 수여할 수 있도록 처음부터 무대 옆에서 대기하고 있었다. 스타에게 출연료 45만 달러에 수익의 일정부분을 주는 계약을 체결하는 것으로 유혹이 완료됐다.

히치콕은 캐리 그랜트를 위해 미국 중부를 희생했을 뿐 아니라, 그가 작업하기 좋아했던 마음의 평정상태도 희생했다. 충분히 예측 가능하듯, 영화의 새로운 스타는 계약서에 사인을 하기 무섭게 시나리오에 대해, 자신의 배역에 대해, 프로젝트 전체에 대해 질문을 퍼붓기 시작했다. 사실, 그랜트는 영화에서 손을 떼려고 노력했다. "갑자기 캐리가 생각하고 얘기할 수 있는 것이라고는, 그가 그 영화에서 벗어나는 것을 얼마나 간절히 원하는가 하는 것뿐이었습니다." 레먼이 한 설명이

〈북북서로 진로를 돌려라〉는 (에바 마리 세인트와 함께 한) 경쾌하고 독창적이며 카프카 스타일의 로맨틱 코미디를 할 기회를 히치콕에게 제공했다.

다. "그는 역할이 자신과 전혀 어울리지 않는다고 말했습니다. 영화는 쪽박을 찰 거고, 이러쿵저러쿵. 히치는 그랜트가 이런 식으로 생각하는 것에 익숙했습니다. 그래서 그는 어깨만 으쓱하고는 버텨냈습니다." 그랜트는 항의를 단념했다.

위풍당당한 그랜트가 손힐을 연기하는데, 그가 사랑에 빠지게 되는 미국판 마타 하리 이브 켄달은 누가 연기하게 될 것인가? 전속배우 명단에 든 배우를 선호하는 MGM은 다리가 날씬한 댄서 시드 채리스를 제안했다. 히치콕은 엘리자베스 테일러 같은 다른 매혹적인 여배우들을 고려하면서 우물쭈물 시간만 보냈다. 그는 컴백을 고려할지도 모른다고 말했던 그레이스 왕자비와 얘기를 나눴다. 7월 무렵에 그는 스튜디오가 내보이는 이름들은 모두 거절했고, 그레이스 왕자비는 —최소한 이때까지는— 할리우드 때문에 모나코를 떠나지는 않으리라는 것이 명백해졌다.

촬영개시일이 다가오자 히치콕은 의외의 선택을 발표했다. 에바 마리 세인트였다. 세인트가 비범한 여배우이기는 했지만, 이 선택이 의외였던 것은 그녀가 딱히 섹시하거나 신비로운 여배우로 간주되지는 않았기 때문이었다. 여배우에게 오스카를 안겨준 〈워터프론트〉의 말론 브랜도의 고상하고 세상의 소금 같은 여자친구 연기와 마타 하리 역할은 완전 딴판이었다.

세인트가 8월 첫 주에 벨라지오로드로 점심을 먹으러 오자, 히치콕은 〈북북서로 진로를 돌려라〉에서 그녀의 이미지를 바꾸는 것과 관련한 농담을 던졌다. "당신은 이 영화에서는 울지 않을 거야." 감독이 세인트에게 한 말이다. ('주방 싱크대 리얼리즘'에서처럼) "싱크대가 없거든." 그런데 그는 킴 노박과는 달리 명랑하고 겸손하며, 미모만큼이나 훌륭한 교육을 받고 연기훈련도 잘 받은 여배우를 곧바로 편안하게 느끼게 됐다. 세인트는 점심을 먹고 나서면서 "감독의 가장 훌륭한 재능 중 하나는 배우들에게 그 역할에 완벽한 사람은 그 배우뿐이라고 느끼게 만드는 것인데, 이것이 배우에게는 믿기 힘들 정도의 자신감을 준다"고 생각했다.

그녀는 히치콕을 믿으며 감독의 손에 자신을 맡겼고, 감독은 그 신뢰에 보답했다. MGM은 그녀를 위해 값비싼 의상을 준비했지만, 히치콕은 그 디자인을 거절했다. "나는 여자를 데리고 사는 부자처럼 행세했습니다." 그가 나중에 자랑한 말이다. "나는 모든 것을 꼼꼼히 따지면서 그녀의 의상 선택을 감독했습니다. 스튜어트가 〈현기증〉에서 노박에게 했던 것처럼 말입니다." 그들은 버그도프 굿맨[39]에 가서 세일에 나온 최신 스타일의 옷가지들을 집어들었다.[40] 히치콕은 인상적일 정도로 정확하게 이렇게 회상했다. "나는 그녀가 그녀와 제임스 메이슨의 관계를 암시하는 장면에서는 (소박한 에메랄드 펜던트가 달린) 검정 정장을, 그녀가 캐리를 속이는 장면들에서는 포도주빛 붉은 꽃들이 매력적으로 박힌 칙칙한 검정 실크 칵테일 드레스를, 액션 장면에서는 회흑색 스웨터와 불타는 듯한 오렌지색 삼베 의상을 입어야만 한다고 말했

39 뉴욕의 고급 백화점. — 옮긴이

40 에디스 헤드가 세인트의 의상에 자문을 해줬을지도 모르는데, 어디까지나 비공식적으로였다. 특이하게도 〈북북서로 진로를 돌려라〉에는 의상 디자이너의 이름이 등장하지 않는다.

습니다."

히치콕은 의상을 그렇게 선택한 의도를 설명했다. "장면의 분위기가 가라앉아 있을 때는 그녀를 화사하게 입히고, 무드가 격해지면 차분하게 입혔습니다." 뉴욕에서 촬영을 하던 중에 그는 이렇게 자랑했다. "나는 에바 마리 세인트 양에게 상당한 공을 들였습니다. 그녀는 항상 훌륭한 여배우였습니다. 그러나 〈북북서로 진로를 돌려라〉에서 그녀는 더 이상은 과거처럼 칙칙하고 겁 많은 아가씨가 아닙니다. 나는 그녀에게 활력과 생기를 불어넣었습니다. 이제 그녀는 아름다운 여배우입니다."

그 말은 사실이었다. 그리고 그녀의 변신은 그녀에 대한 감독 본인의 정신적 이미지를 고정시키는 만큼이나 여배우가 자신의 캐릭터를 찾아내는 데 도움이 됐다. 심지어는 카메라 밖에서도 그랬다. 어느 날, 촬영 도중에 잠시 짬이 났을 때, 경매 장면을 위해 칵테일 드레스를 차려입은 세인트는 커피를 마시려고 세트를 돌아다녔다. 그녀가 손에 스티로폼 컵을 들고 서 있는 모습을 발견한 히치콕은 당황해하면서 그녀를 타일렀다. "에바 마리, 자네는 자네 커피를 직접 타서는 안 돼." 감독은 그녀에게 퉁명스럽게 말했다. "자네한테 커피를 갖다 줄 사람들이 있어. 그리고 자네는 받침이 있는 도자기 잔으로 커피를 마셔야 해. 자네가 입은 옷은 3,000달러짜리야. 자네가 스티로폼 컵에 든 커피를 홀짝거리는 것을 엑스트라들이 보는 것을 나는 원치 않아."

나머지 출연진은 거의 완벽에 가까웠다. 〈나는 결백하다〉에서 돋보이는 모습을 보여준, 말투가 재치 있는 제시 로이스 랜디스가 그랜트의 경멸조의 어머니로 돌아왔다.(로이스가 그녀의 아들을 연기한 사람과 실제로는 나이가 비슷하다는 것은 젊은 페르소나를 한없이 보여주는 그랜트의 비위를 맞추기 위한 농담이었다.) 격식을 차리지 않는 미국 방첩기관 우두머리를 연기한 레오 G. 캐럴은 히치콕 영화에 여섯 번째로 출연하게 됐다.

히치콕이 악역—정부 비밀들을 수출입하면서, 이브 켄달의 사랑을 배신하는 반담—으로 애초에 선택한 배우는 율 브리너였다. 브리너를 확보하기가 어려워지자, 히치콕은 제임스 메이슨을 선택했다. 그는 메이슨이 런던 무대에서 활동하던 초기부터 그를 지켜봐왔다. 메이슨은 〈탈출〉의 유명한 리바이벌에서 주인공을 연기하기도 했다. 메이슨은 보기 좋은 주인공으로서는 저평가된 배우이지만, 악당으로서는 늘 소름끼치는 연기를 보여왔다.(그는 〈로프〉의 손님들 모두가 의견을 같이한 배우다. "너무나 매력적으로 재수없어요!")

반담에게는 젊고 지독히도 헌신적인, 암묵적으로는 동성애자("원하신다면 그걸 내 여성적인 직감이라고 부르십시오")인 수행원이 있는데, 이 역할은 신예 마틴 랜도에게 돌아갔다. 히치콕은 랜도가 로스앤젤레스 순회극단의 〈한밤중〉에서 에드워드 G. 로빈슨과 함께 무대에 올랐을 때 그를 발견했다. 랜도는 세인트처럼 액터스 스튜디오에서 연기를 배웠는데, 세인트는 연기에 대한 접근방식이 유연했던 반면, 젊은 랜도의 연기방식은 번민을 많이 해야 하는 —그리고 히치콕의 접근방식과는 대조적인— 메소드 연기법이었다. 메이슨은 랜도가 처음 등장하는 납치된 손힐이 반담을 만나러 호송되는 장면에서 감독이 심술궂게 랜도를 깎아내리는 것을 목격했다.

그 장면에 함께 출연한 메이슨에 따르면, 랜도는 이것은 '중요한 장면'이라고 자기 최면을 걸었다. "그는 생각을 너무 많이 했습니다. 뭔가를 이미 완성한 듯한 분위기로 내게 말하더군요. '이 장면을 해나가는 동안 내게는 아주 명확한 발전이 있었어요. 나는 내가 무엇을 해나가야만 하는지를 단계별로 정확하게 계획했어요.'"

연출을 하러 도착한 히치콕은 카메라 설정의 순서가 어떻게 되는지 알려달라고 조수 페기 로버트슨에게 말했다. 노트를 들여다본 그녀는 그가 우선 하이 앵글을 촬영한 다음, 다른 숏들을 찍기로 계획했다고 말했다. 메이슨에 따르면, 히치콕은 그 장면을 일부러 쳐냈고, "그래서 랜도는 그의 명확한 발전을 이뤄낼 기회를 결코 잡지 못했습니다." 메이슨은 그 자신도 극악무도한 배역에 특별히 흥분하지는 않았다고 인정했다. 그는 히치콕을 좋아했고 그의 영화들을 즐겼지만, 감독이 배우들을 '살아 움직이는 소품들'처럼 이용한다는 것을 알게 됐다.

〈북북서로 진로를 돌려라〉의 첫 촬영은 1958년 8월 27일에 UN 앞에서 행해졌다. UN담당자들은 빌딩 안에서 암살 장면을 촬영하는 것을 허용해달라는 히치콕의 요청을 (당연히) 거절했다. 그래서 카메라맨 로버트 벅스는 카펫세탁 트럭 내부에 숨어서 캐리 그랜트가 택시에서 내려서 현관으로 들어가는 마스터 숏을 도둑촬영했다. "그런 다음에 우리는 건물 내부에서 컬러스틸들을 찍어도 좋다는 허락을 받은 스틸사진작가를 보냈습니다." 히치콕이 나중에 한 회상이다. "그리고 나는 방문객 시늉을 하면서 그와 함께 걸어 다니다가 속삭여댔죠. '저기에서 이렇게 찍게. 그리고 이제는 저기 옥상에서 아래로 찍고.' 우리는 스튜디오에서 세트를 재현하는 데 그 컬러사진들을 활용했습니다."

설정장면들은 매디슨 애비뉴, 그랜드 센트럴 역, 롱아일랜드에서도 촬영됐다. 그런 다음 촬영진은 라살레 역과 앰버서더 호텔을 촬영하기 위해 시카고로 향했다. 거기서 프랭크 로이드 라이트 스타일로 지어진 상상력 넘치는 건물인 국립공원공단의 카페테리아에서 펼쳐지는 영화의 클라이맥스와, 대통령의 얼굴을 가로지르는 유명한 추격전으로 끝맺는 러시모어 산 정상의 활주로를 찍기 위해 사우스다코타의 래피드시티로 갔다.

UN에서 일어났던 일은 래피드시티에서도 반복됐다. 로케이션 매니저는 시나리오가 요구하는 것이 무엇인지를 너무나 잘 알고 있으면서도, 국립공원공단에게서 필요한 촬영허가를 얻기 위해 '민주주의의 성지' 꼭대기에서, 심지어는 산비탈에서도 폭력에 대한 묘사는 없을 것이라는 약속을 해야했다. 출연진과 스태프가 현지에 도착했을 때, 할리우드 사람들은 인터뷰를 해댔고 히치콕은 명랑한 표정으로 시치미를 뗐다. "우리가 링컨의 코에서 뭔가를 할 거라고 사람들이 얘기하는데, 아주 악의적인 얘기입니다." 래피드시티공항에 착륙한 그가 내뱉은 말이다. "우리는 그런 일은 꿈도 꾸지 않을 겁니다. 사실, 그런 짓은 우리가 영화에서 러시모어 산을 활용해서 얻으려는 목적을 망가뜨릴 것입니다."

『사우스다코타의 역사』를 쓴 토드 데이비드 엡에 따르면, 그러자 어느 기자가 '추격 장면에 대해' 상세히 물었다. "타고난 흥행사인 히치콕은 대통령의 머리가 그려져 있고, 그 머리위에 추격전 경로를 보여주는 점선이 그려진 냅킨을 저널리스트에게 건넸다. 내무부(공원공단의 상부 기관)는 '명백한 신성모독'을 언급하면서 히치콕이 원래 받았던 촬영 허가를 즉시 무효화하고는 촬영을 금지시켰다."

히치콕의 러시모어 산 촬영일정은 이틀밖에는 되지 않았다. 그 후에 그는 공원 카페테리아와 주차장 장면, 그리고 기념관의 전경을 보여주는 테라스 장면만 찍을 수 있었다. 그러나 —『래피드시티 데일리 저널』에 꾸밈없이 보도된 것처럼, '할리우드에서 추가 클로즈업 장면들'을 찍기 위해 실물 크기의 복제물을 만드는데 도움을 줄, 돌로 조각된 대통령들의 얼굴을 스틸사진으로 찍어도 좋다는 허가를 받은 후로는— 이틀이면 충분했다.

그러는 사이 프로덕션 디자이너 로버트 보일은 MGM에서 스파이 비행기들이 러시모어 산에 착륙하고, 악당들은 총을 쏴대며, 배우들은 돌로 된 얼굴 위를 오르는 등의 금지된 모든 일들이 벌어질 영예로운 얼굴들의 모형을 만드느라 정신이 없었다. 엡에 따르면, 1년 후에 〈북북서로 진로를 돌려라〉를 본 후 내무부 담당자는 '농락당한' 기분이었다. 당국에서는 MGM에 격렬한 항의 서한을 보냈고, 사우스다코타 상원의원 칼 문트는 감독을 처벌하라고 요구했다. 공원공단은 스크린에 뜨는 촬영협조 감사 크레디트를 삭제하는 데만 성공했다. 히치콕다운 피날레였다.

히치콕은 배우와 관련한 문제에 대해서는 근본적으로 무뚝뚝한 표정을 지었다. 세월이 흐름에 따라, 그가 배우들에게 지시를 내리는 빈도는 줄어들었다. 그는 배우들의 불필요한 대사를 꾸준히 줄여나갔다. 그리고 —주방 싱크대 드라마와는 정반대인— 이 영화를 위해 그가 진정으로 연기자들에게서 원한 것은 인간성에 대한 깊이 있는 탐구가 아니라 자세나 태도였다.

에바 마리 세인트는 이미 정선한 그녀의 의상에 맞춰 변모했다는 느낌이 들었다. 그녀는 히치콕이 그녀에게 내놓은 것은 세 가지 단순한 지시가 전부였다고 회상했다. "목소리를 낮출 것, 손을 쓰지 말 것, 캐리 그랜트하고 같이 등장하는 장면에서 그랜트의 눈동자를 쳐다볼 것. 그때부터 나는 감독이 이 여자를 어떤 식으로 보는지를 마음속으로 그려냈어요." 그가 옳았던 것이 틀림없다. 세인트의 연기—쾌활한 멋쟁이의 전형—는 항상 빛을 발한다.

캐리 그랜트는 의상을 고르는 데 히치콕의 도움이 필요치 않았다. 히치콕은 캐리 그랜트의 의상과 관련해서는 '캐리 그랜트처럼' 입으라고 지시하는 것이 보통이었다. 지미 스튜어트처럼 그랜트는 연기와 관련한 조언도 필요치 않았다. 그는 고급 양복점에서 맞춰 입는 옷처럼 그의 역할을 자신에게 맞췄다.

뉴욕에서 로케이션을 하는 동안 그랜트는 플라자 호텔의 스위트에 틀어박혔는데, 이 호텔은 손힐이 그를 스파이로 오해한 암살자들에게 발견되는 바로 그곳이었다. 어느 날 배우는 손힐이 호텔 로비를 어슬렁거리는 장면을 급하게 찍기 위해 호텔방에서 불려나왔다. 그가 내려와서 해야 할 연기를 한 후, 현장을 찾은 저널리스트가 히치콕과 인터뷰를 하면서 그랜트가 그 장면을 어떻게 감독과 상의도 없이 연기할 수 있느냐고 궁금해했다. "오, 그는 수십 년 동안 혼자 힘으로 로비를 걸어다녀 왔어요!" 히치콕은 빈정댔다.

그랜트는 거의 30년 동안 별 힘 들이지 않고 스크린 위를 걸어 다녔다. 바로 이전에 히치콕과 영화를 찍으면서 생긴 불화는 하찮은 일이 되면서 이즈음에는 잊혀졌다. 그러나 그랜트는 항상 제임스 스튜어트보다는 히치콕과 더 날카로운 관계를 유지했다. "그들 사이에는 항상 아주 적절하지만은 않은 뭔가가 있었습니다." 프로덕션 디자이너 로버트 보일의 회상이다. 그랜트는 "히치하고 나는 마음이 통하고, 말하지 않아도 서로를 깊이 이해합니다"라고 떠들기를 좋아했다. 히치콕과 어떤 식으로 의사소통을 하느냐는 질문을 기자에게서 받은 그랜트는 절반쯤은 농담조로 대답했다. "내가 할 수 있는 일은 그가 말하는 모든 것을 무시하는 게 전부입니다. 나는 그가 생각하는 바를 추측해내고는, 그것과는 정반대되는 짓을 합니다. 그런 게 매번 먹혔고, 나는 그게 매우 기쁜 일이라는 것을 알게 됐습니다!"

그랜트는 연기에 대한 조언은 필요 없었지만, 나약해 보이는 다른 일들은 요구했다. 그는 굉장히 균형 잡히고 자신감이 넘치는 이미지를 가지고 있지만, 공연했던 제임스 메이슨에 따르면 실제로는 '마지막 순간까지 소심하게 시나리오에 신경을 곤두세우는' 배우였다. 그리고 그랜트는 〈북북서로 진로를 돌려라〉의 시나리오에는 평소보다 더 신경을 곤두세웠다. 말쑥한 배우는 영화의 말도 안 되는 플롯라인을 도무지 이해할 수가 없다고 쉴 새 없이 불평을 늘어놓았다. 그는 레먼에게 히치콕이 적절할 정도의 경쾌한 코미디를 가미하지 못할까봐 두렵다고 말했다. 공교롭게도 그는 이 얘기를 뉴욕에서 촬영할 때 히치콕이 들을 수 있는 거리에서 내뱉었다.(존 러셀 테일러는 책에 감독은 "굉장히 기분이 나빴다"고 적었다.)

촬영진이 정신없는 여행과 로케이션을 끝내고 실내장면을 위해 MGM 스튜디오로 돌아온 9월 중순에도 그랜트는 여전히 불만을 토로하고 있었다. 촬영해야 할 많은 장면들—오크 룸, 롱아일랜드 저택, 경찰서, UN, 시카고의 호텔방, 경매장, 그랜트가 세인트와 기차에 함께 탑승한 장면—이 남아 있었다. 히치콕은 〈현기증〉의 유명한 회전 키스를 코믹하게 재현한 장면을 상상했다. 미디엄 클로즈업으로 카메라에 잡힌 손힐과 이브가 열차 객실의 벽에 기대고 몸을 비틀어대면서 키스를 하는 장면이었다. 그런데 밀실공포증을 불러일으키는 이번 애정행각에서, 배우들이 몸을 돌리면서 서로를 더듬을 때 카메라는 한자리에 고정돼 있었다.(그들이 서로에게 반응할 뿐 아니라, 굽잇길을 도는 기차의 덜컹거림에도 반응을 했다는 농담도 있다.)

러시모어 산의 크레셴도도 필름에 담아야 했고, 산 호아킨 계곡의 남쪽 끝에 있는 베이커스필드 인근에서 촬영하기로 예정된 복잡한 농약살포비행기 시퀀스도 촬영해야 했다. 오랜 동안 히치콕은 산타크루스로 가는 길에 종종 그 평지를 다니면서 다양한 장면을 마음속으로 연출하곤 했다. 이제, 그 장면을 로케이션에서 필름에 담으면서, 히치콕은 〈북북서로 진로를 돌려라〉의 스타나 작가에게 자신이 해줄 말이 거의 없다는 것을 알게 됐다. 그랜트는 여전히 투덜거렸다. 그러는 사이 레먼은 히치콕의 차기작 〈판사는 보석 불가〉에 대한 걱정을 키워갔는데, 얼마나 걱정이 심했던지 그는 프로젝트에 참여하기를 거부했다.

레먼에 따르면, 히치콕이 그 장면을 연출한 것은 '응달에서 잰 기온이 43도'인 날이었다. 어딘지 모르는 곳에 있는 교차로에서 만나기로 한 손힐은 하늘에서 그를 향해 급강하하는 농약살포 비행기로부터 공격을 당하고, 옥수수 밭을 임시 은신처로 삼게 된다.[41] 히치콕은 비행기 스턴트의 공들인 움직임을 감독하기 위해 정장 윗도리를 벗어던졌다. 그랜트가 테이크 사이에 에어컨이 달린 리무진에 앉아서 생각에 잠길 시간은 충분했다. 스타는 레먼을 안으로 불러들여서 그들이 지금 촬영하고 있는 장면의 (존재하지 않는) 논리에 대해 투덜거렸다.

히치콕은 이제는 논리적인 척도 하지 않았다. "캐리 그랜트를 공격하는 비행기 안에 누가 타고 있는지조차 모르겠습니다." 히치콕이 나중에 한 말이다. "신경 안 씁니다. 관객들이 그 정서를 체험하는 한 말입니다."

존 러셀 테일러에 따르면, "그랜트와 레먼은 언성이 높아져갔다. 그랜트는 이게 사실은 데이비드 니븐을 위한 시나리오였고, 그 자신도 무슨 일이 벌어지는지 이해 못할뿐더러 세상 어느 누구도 이해 못할 거라고 생각하기 때문에, 어쨌거나 형편없는 시나리오라고 주장했다. 물론 그들은 히치와 직접 말다툼을 할 수가 없는 처지였기 때문에, 서로가 품고 있던 근심들을 토로한 것에 불과하다는 것을 두 사람 모두 잘 알고 있었다."

감독은 이런 심란한 일들은 제쳐두고는 이글거리는 열기 속에서 장면들을 냉정하게 챙겼다. 손힐을 고립된 정거장에 내려놓기 위해 도착하는 버스를 찍은 고정된 하이 앵글, 손힐이 정체불명의 상대방을

41 원래는 밀밭이었다. 그런데 조사 결과 시카고 근교에서는 밀이 자라지 않는다는 것을 알게 된 로버트 보일은 옥수수를 심었다.

농약살포 비행기에는 누가 타고 있나? 캐리 그랜트를 황량한 시골 교차로로 유인해온 이유는 무엇인가? 공중공격으로 그를 죽이려고? 어쨌거나 상관없다. 〈북북서로 진로를 돌려라〉(1959)에 나오는 히치콕의 대담하고 화려한 시퀀스는 영화적 스토리텔링의 귀감으로서나, 순전히 오락적인 측면에서나 한없이 매혹적이다.

찾기 위해 헛되게 둘러보는 것을 지상에서 찍은 장면, 낯선 이(맬컴 애터버리)를 토해내는 자동차의 도착, 낯선 이와 손힐이 고속도로를 사이에 두고 반대편에서 상대방을 의혹 어린 눈초리로 바라보는 재미있는 투 숏, 낯선 이가 반대방향으로 가는 버스에 오르기 전에 낮은 목소리로 불모지를 말하는 장면, 주위를 선회하던 농약살포 비행기가 천천히 손힐을 향하다가 그를 향해 급강하해서 결국에는 그를 고속도로에서 내몰아 옥수수 밭으로 추격하는 장면, 비스듬히 저공비행하던 비행기가 옥수수 사이로 화학비료를 살포하면서 다른 공격을 하기 위해 다가와서 손힐을 은신처에서 몰아내고는…… 다시 고속도로에 오르게 만드는 장면.

결과는 살인적인 비행기가 등 뒤에서 내려닥치자 캐리 그랜트가(카메라를 향해) 눈부신 매력을 뿌려대면서 미친 듯이 고속도로를 질주해 내달리는 숏—영화역사상 가장 기억에 남을 장면 중 하나—이 포함된, 받아 마땅한 찬사를 받는 시퀀스로 이어졌다.

시퀀스는 손힐이 길 복판에 서서 그를 향해 으르렁거리는 오일 탱커에 용감히 맞서다가 트럭이 브레이크를 밟는 순간 트럭 밑으로 납작하게 몸을 눕히고, 판단을 잘못한 비행사가 탱커와 충돌해서 거대한 불덩이가 되자 아래에서 미끄러져 나오는 것으로 끝이 난다. 감독은 어마어마한 압박감과 힘겨운 날씨 아래서 정교한 스턴트와 효과를 지휘하며, 감독에게 싸움을 걸지 않기 위해서 서로에게 격한 소리를 주고받은 스타와 작가를 교묘히 처리해가면서 —히치콕의 모든 크레셴도 중에서 〈사이코〉의 샤워신과 더불어 가장 유명한— 이 장면을 달성해냈다.

그랜트의 페르소나는 이 장면에서 중요하지만, 이 장면의 순수한 효과는 모두 히치콕의 솜씨다. 히치콕은 로케이션 영상과 매트, 진짜 풍경과 가짜 풍경, 배우들과 대역들을 거장의 솜씨로 혼합해냈다. 로케이션 현장에서 비행기는 히치콕을 위해 다이빙했고, 〈북북서로 진로를 돌려라〉의 스타는 감독을 위해 달음박질을 했다. 그러나 동일한 숏 안에서 달린 것은 아니다. 그랜트가 땅바닥에 펄썩 쓰러진 것은 스튜디오 안의 사전에 촬영된 배경영사 앞에서였다.

그런 다음 그 모든 것이 영화가 존재하는 한 길이 연구되고 향유될, 교과서에 실릴 만한 몽타주로 편집됐다. 농약살포 비행기 시퀀스는 히치콕의 완벽한 단편이다. 대사는 거의 없고 자연적인 소음만 있으며, 버나드 허먼의 음악도 없다. 〈북북서로 진로를 돌려라〉의 전체 무용담을 특징짓는 선견지명을 갖춘 준비작업과 고되고 고된 작업이 없었다면, 히치콕의 장대한 환상 중 하나는 실현될 수 없었을 것이다.

환갑이 다 돼가는 히치콕은 죽음의 그림자를 이미 겪었다. 그는 과거에는 영화가 실망스러우면 어깨를 으쓱하고는 무시해버렸지만, 이제는 영화를 만드는 것 자체가 투쟁 이상의 과정이 돼버렸고, 영화 한 편 한 편이 중요하게 여겨졌다. 11월에 주요촬영이 종료되고 편집이 시작됐다. 버나드 허먼은 그의 가장 재치 있고 가장 저평가된 음악을 작곡하기 시작했다. 히치콕이 연출할 파라마운트 영화로 예정된 〈판사는 보석 불가〉를 위해 샘 테일러가 도착해 어니스트 레먼을 대신했다.(이때까지는 〈나는 결백하다〉가 그런 식으로 작업된 유일한 작품이었다.)

그러는 사이 원래 300만 달러로 추정했던 〈북북서로 진로를 돌려라〉의 제작비는 꾸준히 치솟아서, 430만 달러에 육박했다. 재촬영과 보조촬영진의 작업이 계속되는 동안, 캐리 그랜트에게는 계약기간을 넘긴 이후의 작업일수에 따라 일당 5,000달러씩을 추가로 지불해야만 했다. 스튜디오 회장 솔 시겔은 감독에게 돈을 아껴 쓰라고 강력하게 요구하는 메모를 연달아 보냈지만, 히치콕은 무시해버렸다. 4월 말경에도 그는 여전히 추가 재촬영을 하고 있었고, 보조촬영진에게 더 많은 작업을 지시하고 있었다.

빠듯한 예산이 솔 바스가 그의 인장이라 할 또 다른 타이틀 시퀀스를 창작하는 기회를 열어줬는지도 모른다. 처음부터 히치콕은 손힐이 광고 에이전시에서 일한다는 것을 보여주는, 사무실을 배경으로 한 일련의 삽화들로 구성된 다른 프롤로그를 상상했다. 그랜트가 그답지 않게 타이틀 시퀀스에 해당하는 연기는 공짜로 해주겠다고 제안했지만, 결국 바스에게 맡겨 애니메이션으로 만드는 것이 빠르고 저렴하다는 결론이 났다. 빌 크론의 표현에 따르면, '유리로 뒤덮인 건물 표면에 교통행렬이 비춰진 마천루가 되는' 화살표로 '구성된 타이틀 그래프'는 바스 자신의 이전 솜씨들을 능가했다.

검열당국과 벌이는 또 다른 고양이와 쥐 싸움에 합류한 히치콕은 또다시 고양이를 앞서 달리는 데 성공했다. 크론에 따르면, 그는 1월과 2월 내내 검열관들을 주기적으로 만나서 그들의 염려를 끈기 있게 듣고 그들을 안심시키면서, 제작규범 담당자들과 '연속적인 전투'를 벌였다. 검열관들은 레오나드의 여성스러움과 손힐이 몇 차례 이혼했음을 들먹이는 것에 특히 민감했다. 손힐과 이브의 성관계를 암시하는 밤을 넘기는 기차 객실 장면은 말할 것도 없다.

시나리오의 단계마다 규범 담당자들을 괴롭힌 대사 한 줄이 있었다. 식당에서 마주쳤을 때, 이브는 손힐에게 "나는 속이 빈 채로는 사랑을 나누지 않아요(I never make love on an empty stomach)[42]"라고 넌지시 알린다. 감독은 시나리오 그대로 촬영을 했는데, 결국 이 대사 위에 다른 대사를 더빙하기로 합의했다. 그의 해결책이 두 가지 모두를 그에게 허용하기는 했지만, 이제 이브는 이렇게 말한다. "나는 속이 빈 채로는 사랑을 논하지 않아요." 그러나 이브의 입술을 읽은 사람들은 히치콕의 버전을 해독할 수 있었다.

그는 손힐과 이브가 밤을 함께 보냈다는 나중의 함축적 의미를 위해 대사 더빙을 대가로 내줬다. 그는 제작규범의 우두머리가 영화의 종결부를 위해 제안한 대사를 받아들이기까지 했다. 지오프리 셜록은 그랜트가 객실 침대로 이브를 끌어들이기 전에 "이리 와요, 손힐 부인"과 비슷한 말을 해야 한다고 제안했다. 러시모어 산 소동 이후에 두 사람이 결혼했다는 것을 가리키는 대사였다. 그 대사는 해당 장면이 촬영된 지 한참이 지난 2월에 덧붙여졌다. 크론에 따르면, "카페테리아 장면에서 나온 이브의 클로즈업에서 배경을 제거하는 식으로 재활용했다."

셜록은 너무나 기쁜 나머지 마지막 숏을 무시하고 지나쳤다. 손힐

42 '나는 벌거벗은 배 위에서는 사랑을 나누지 않아요'로도 해석할 수 있다. — 옮긴이

과 이브를 2층 침대에 태운 열차는 두드러지게 도발적인 방법으로 어두운 터널로 들어간다. 이 숏은 레먼의 시나리오에도 없었고, 스튜디오나 검열 담당자들이 본 어떤 시나리오에도 없었다. 히치콕은 아주 흡족한 이 이미지를 막판인 3월 중순에 첨가했다. 터널은 부하직원이 헌팅한 곳이었다. 히치콕이 숏을 스케치했고, 임시로 선발된 스태프들이 뒤에서 열차를 찍었다. 크론에 따르면 '제작규범 아래에서 성공을 거둔, 결정적인 성행위에 대한 가장 노골적인 묘사'인 이 장면 덕에, 히치콕은 마지막으로 크게 웃을 수 있었다.

게다가 그는 제목으로 모두를 속여 넘겼다. 워킹 타이틀 "북서쪽 방향에서"를 아무도 좋아하지 않았으므로, 감독은 제목을 〈*North by Northwest*〉[43]로 비틀었다. 그러고는 어느 장면에서 손힐이 노스웨스트 항공사 카운터에서 머무르는 모습을 확인할 수 있다. 스튜디오의 조사 결과 "노스웨스트를 타고 북쪽으로"는 실제 영화와는 관련이 없었다. 제목의 장점을 놓고 제목위원회의 의견은 양분됐다. 히치콕은 어깨를 으쓱하고는, 위원회가 결정할 일이라고 밝히고서 그 제목을 택하도록 위원회를 유도했다.

"자네 〈햄릿〉을 아나?" 〈살인〉에서 존 경(허버트 마셜)이 마크햄(에드워드 채프먼)에게 묻는다." 처음부터 끝까지요." 마크햄이 대답한다. 어니스트 레먼조차도 셰익스피어에 대한 언급이 우연에서 비롯된 것이라고 속을 정도였다.

> 2막, 2장
>
> 햄릿 : …… 우리 아버지/삼촌과 숙모/어머니는 지금 속고 계시네.
>
> 길덴스턴 : 무엇에 말입니까, 전하
>
> 햄릿 : 나는 북북서풍(north-north-west)이 불 때에만 미쳐버려. 남풍이 불면 제정신이 돌아온다네.

43 '노스웨스트를 타고 북쪽으로'라는 뜻. — 옮긴이

히치콕의 다른 작가들처럼, 레먼은 순전히 알 필요가 있는 것만을 바탕으로 작업했다. 그리고 그는 감독이 일찍이 예수회 학교를 다니던 시절에 〈햄릿〉을 공부하고 ('처음부터 끝까지') 암송했다는 것을 알 필요는 없었다. 그는 히치콕이 이전에도 제목을 찾아서 셰익스피어를 뒤적였다(〈리치 앤 스트레인지〉)는 것은 깨닫지 못했다. 다른 히치콕 영화에서도 셰익스피어 희곡을 상당히 언급했다(피터 로르조차도 〈나는 비밀을 안다〉에서 셰익스피어를 인용한다)는 것도 몰랐다. 감독과 스타를 제외하고는 몇 사람만 알고 있는 사실이지만, 히치콕은 한때 캐리 그랜트를 햄릿으로 변신시키려고 노력했다. 그랜트는 〈북북서로 진로를 돌려라〉를 만들던 때보다 더 햄릿에 가까웠던 적이 없었다.

히치콕이 〈북북서로 진로를 돌려라〉의 긴 최종 편집본을 승인하자, MGM은 부정적인 견해를 보였다. 긴 영화는 하루 상영횟수가 그만큼 줄어드는데, 그것은 추정수익도 줄어든다는 의미였다. 솔 시겔은 1959년 4월 29일에 이사회 임원 전체를 대상으로 히치콕 영화를 상영하라고 지시했다.

이사회가 전반적으로 깊은 인상을 받았음에도, 시겔은 러시모어 산의 방문객 센터에서 손힐이 '죽음'을 연출한 후 이브와 손힐이 삼림개척지에서 벌이는 조용한 에피소드를 잘라내야 한다고 주장했다. 이 장면은 이브가 오랫동안 기다려온 스스로를 '설명할' 기회를 제공하는데, 그 장면을 잘라내봐야 러닝타임에서 몇 분 줄어들 뿐이었다.

감독은 타협할 수도 있었다. 〈북북서로 진로를 돌려라〉는 그 장면이 없어도 살아남을 가능성이 있었다. 그러나 히치콕은 〈구명선〉이 위협받을 때 대릴 재넉과 맞붙은 것처럼, MGM의 마스코트인 사자보다 더 격렬하게 역습을 가했다. 5월 7일에 히치콕은 샌프란시스코 변호사와 긴 점심을 먹으면서 그의 계약—권한과 자율성 측면에서 그가 체결한 최고의 계약이었고, 그에게 최종편집권을 인정한 최초의 계약—의 내용을 검토해달라고 요청했다. 그날 늦은 시간에 그는 시겔과 만나서 그의 대답을 전했다. "고맙지만, 못하겠소." 그의 요령과 시겔과 맺은 호의적인 관계는 껄끄러운 문제를 부드럽게 풀어냈고, MGM은 현명하게 뒤로 물러섰다. 후반작업 막판을 위한 계획들, 재미있는 (히치콕이 나와서 '여러분의 모든 문제점으로부터 휴가를…… 나 자신을 위한 휴가처럼 보이는 휴가'를 약속하는) 예고편, 그리고 총력을 기울인 홍보 캠페인이 차질 없이 진행됐다.

7월 1일에 〈북북서로 진로를 돌려라〉는 시카고에서 시사회를 연 후 전국적으로 개봉됐다. A. H. 웨일러는 『뉴욕타임스』에 '서스펜스 넘치고 몹시 유쾌하다'고 썼다. 『뉴스위크』는 반짝거리고 화려하며 '멋지고, 멋지고, 멋지다'고 봤다. 『새터데이 리뷰』의 홀리스 앨퍼트는 이 영화를 재미있고 무시무시하다고 밝히면서 '최근 몇 년 사이 나온 히치콕 영화 중에서 최고'라고 불렀다. 영화는 북미지역에서만 600만 달러를 벌어들이는 대박을 터뜨렸다.

개봉 직후 히치콕이 MGM 구내식당에서 점심을 먹고 있을 때, 캐리 그랜트가 들어오다가 감독을 발견했다. 촬영 중에는 사이가 좋았던 적이 한 번도 없던 두 사람이지만, 이제 말쑥한 스타는 모두의 시선을 한 몸에 받으면서 히치콕의 식탁으로 걸어가서 마룻바닥에 무릎을 꿇고는 허풍을 떨면서 감독에게 경의를 표했다.[44] 왜? 〈북북서로 진로를 돌려라〉와 같은 해에 만들어진 완벽하게 재미있는 영화이지만, 그랜트가 매너리즘에 빠진 연기를 펼치는 〈페티코트 작전〉을 보라. 그랜트가 출연한 히치콕 영화들은 그의 출연작 중에서도 최고였을 뿐 아니라, 그 어떤 감독도 그에게 더 나은 역할을 제공하지 못했고 그에게서 더 활기 넘치는 연기를 뽑아내지도 못했다.

자신의 작품을 종종 비하했던 히치콕이지만, 〈북북서로 진로를 돌려라〉에 대해서는 겸손해 할 이유가 하나도 없었다. "그 영화는 미국판 〈39계단〉입니다." 그가 피터 보그다노비치에게 한 얘기다.

44 그랜트는 그 당시 LSD를 통해 '마음의 평정'을 찾았다. 〈북북서로 진로를 돌려라〉의 개봉과 맞물려 출판된 홍보기사들에서 그랜트는 최면, 요가, 신비주의와 더불어 LSD로 평정을 찾았다고 처음 밝혔다. 히치콕과 작업을 한 후, 그는 심리치료적인 이유들로 인해 환각제를 복용하기 시작했는데, 인터뷰어들에게 효험이 있음을 보증했다.

샘 테일러는 1958년 크리스마스 전에 캘리포니아로 와서, 영국과 유럽으로 떠나는 히치콕 부부의 연례휴가를 따라갔다. 런던에 들른 그들은 〈판사는 보석 불가〉를 위한 헌팅을 다녔고, 파리에서는 〈현기증〉의 홍보활동을 벌였다. 생모리츠에서 그들은 명절을 축하하면서 신작 시나리오를 브레인스토밍했다.

〈판사는 보석 불가〉는 헨리 세실(본명은 헨리 세실 레온)의 소설로, 영국의 판사인 그는 범죄와 법을 다룬 소설, 논픽션, 희곡을 집필했다. 소설은 올드베일리의 저명한 판사인 아버지를 둔 여성 변호사를 다룬다. 어느 날 저녁에 귀갓길에 부상을 당한 판사는 마음씨 고운 매춘부의 도움을 받는다. 그녀는 그를 치료하기 위해 그녀의 플랫으로 데려가는데, 그녀가 마음에 든 판사는 한동안 그녀의 집에 머물기로 결정한다. 어느 날 밤, 집에 도착한 그는 자신을 구해준 사람이 등에 칼이 꽂힌 채 죽어 있는 것을 발견한다. 의심을 받을 만한 상황으로 인해 그는 살인죄로 기소되고, 그의 변호사 딸은 진짜 살인범을 찾기 위해 신사 도둑을 협박한다.

올드베일리 배경, 칼에 지문이 찍힌 탓에 누명을 쓴 사나이, 부당한 사법시스템과 충돌하는 여자주인공. 이 모든 것이 범죄도주영화를 암시했지만, 변주를 통해 차이점을 끌어낼 수도 있다는 점이 히치콕의 흥미를 끌었다. 영국에서 영화를 촬영하려면 —판사의 딸을 연기하기로 합의한 파라마운트의 대표적 여배우 오드리 헵번(데이비드 쉽먼은 1950년대를 "통틀어 그녀는 조명을 받을 만한 가치가 있는 유일한 여배우처럼 보인 적이 많다"고 썼다)의 출연료를 포함하면— 제작비가 대규모가 될 것으로 예상됐다.

영국—그리고 영국영화산업—에 대해 투덜거리는 것을 즐기던 히치콕이었지만, 그는 1949년 영화 〈무대공포증〉 이래 처음으로 영화 전편을 런던에서 찍는 것을 고대했다. 테일러는 1959년 1월 말이 될 때까지는 공식적으로는 급여를 받지 않았지만, 그 시점에서 그는 이미 히치콕과 시나리오에 깊이 발을 담그고 있었다. 그들의 주된 관심은 줄거리에서 헵번의 역할을 키우는 것이었다. 스튜디오에서 회합을 가지고 산타크루스에서 여러 주말을 보낸 후인 4월 무렵에 콘티형 트리트먼트와 부분적인 시나리오가 나왔다.

MGM 이사진을 위해 〈북북서로 진로를 돌려라〉를 시사하던 4월 이전에도, 히치콕과 테일러, 허버트 콜먼과 프로덕션 디자이너 헨리 범스테드는 런던을 두 번째로 방문해서 로케이션과 대부분이 영국인으로 구성된 출연진 구성을 완료했다. 히치콕의 일정표는 히치콕이 배역을 위해 리처드 버턴을 인터뷰했다는 것을 보여주지만, 신사적인 도둑을 연기할 배우로는 결국 로렌스 하비가 선택됐다. 존 윌리엄스는 그가 지금까지 히치콕 영화에서 연기한 역할 중 가장 중요한 헵번의 아버지인 판사를 맡았다.

파라마운트는 임원들이 소재의 한계를 밀어붙이려는 감독의 의도를 확인하기 전까지는, 프로젝트에 행복해하는 듯했다. 히치콕의 줄거리 수정 과정에서, 살인사건을 조사하기 위해 매춘부로 위장한 여성 변호사는 하이드파크에서 습격을 당해 수풀로 끌려가 강간을 당한다. 스튜디오는 —그리고 아마 오드리 헵번도— (〈블랙메일〉의 메아리인) 이 장면에 대경실색했다. 원작에는 없는 내용이기 때문이다.

강간 장면을 혐오한 파라마운트 임원 중에는 공동 프로듀서 콜먼도 있었다. 스튜디오의 중재인 자격인 그는 히치콕이 그의 파라마운트 영화들에서 신조로 내건 '아름다운 사람들, 보기 좋은 풍경'에서 벗어났다고 주장하면서, 시나리오에서 그 장면을 빼내려고 노력했다. 콜먼은 〈수녀 이야기〉에 출연한 헵번이 벨기에령 콩고에서 성스러운 수녀 역할을 막 끝낸 참이라는 것을 히치콕에게 상기시키면서, 강간 장면은 주연여배우를 불쾌하게 만들것이라고 주장했다.

그러나 히치콕은 고집을 꺾지 않았다. 그는 —영화를 폭력묘사의 한계까지 단호하게 밀어붙이면서 보내온 경력이기도 한— 그의 경력 내내 다른 배우들에게 했던 것처럼 스타의 품위 있는 이미지를 흔드는 것을 즐겼다. 그는 헵번은 정확히 말해 강간당하는 것이 아니라 강간범에 맞서 싸울 것이라고 주장했다. 그는 그 장면을 헵번과 파라마운트, 제작규범이 만족할 방법으로 촬영할 수 있을 것—그리고 촬영할 것—이라고 주장했다. 그런데 이 무렵의 파라마운트는 검열과 관련된 경우 히치콕의 언질은 매우 교묘하다는 것을 간파하고 있었으므로, 스튜디오는 면밀한 검토를 거치지 않은 시나리오를 들려서 그를 영국으로 보내는 것을 주저했다.

콜먼에 따르면, 헵번은 직접 시나리오를 읽고는 그 장면에 반대했다. 배리 패리스가 쓴 여배우의 권위 있는 전기를 포함한 다른 저서들은 헵번이 "악명 높을 정도로 폭력에 대해서 결벽증을 보인다"는 데에, 그리고 히치콕프로젝트를 불안해했다는 데에 의견을 같이한다. 헵번의 우려를 잘 알고 있는 콜먼은 히치콕에게 그 장면을 삭제하라고 마지막으로 설득했지만 성공하지 못했다. 결국, 콜먼이 스튜디오를 대신해서 시나리오를 일시 보류하면서 제작은 중단됐다.

그러나 공식적인 중단 이유—이후 여러 인터뷰에서 히치콕이 내놓은 설명—는 그럴듯했다. 헵번은 임신 사실을 막 알았는데, 과거에 유산을 경험했던 그녀는 너무나 아이를 낳고 싶어 했다. 임신한 여배우와 관련한 개인사를 고려하면, 히치콕은 뉴스를 읽고는 신문을 벽에 집어 던졌을 것이다. 헵번의 아들 숀 페러가 1960년 1월 17일에 태어난 것은 이런 시간표를 뒷받침한다. 그런데 히치콕은 공식적으로 파라마운트를 떠나기 전까지는 인터뷰에서 헵번과 〈판사는 보석 불가〉를 계속해서 언급했다. 그 프로젝트는 그의 마음속에서는 임시로 연기된 것인 듯했다.

어쨌든 사람들이 영국으로 마지막으로 헌팅을 다녀온 직후에 최종결정이 알려졌다. 〈판사는 보석 불가〉를 헵번 없이 —또는 강간 장면 없이— 만들어야만 한다면 히치콕에게 그 프로젝트는 그다지 매력적이지 않았을 것이다. 그는 〈가시나무 덤불〉과 〈플라밍고 깃털〉 때처럼 이 작품을 미뤄두기로 했다. 히치콕이 나중에 설명한 것처럼, 파라마운트는 프리프로덕션에 20만 달러를 들였지만, 스튜디오 임원들이 말썽 많은 프로젝트를 계속 진행하다가는 300만 달러의 손실로 이어질 위험이 있다고 경고하자, "그들은 더 이상은 질문을 던지지 않았다."

어찌 됐든, 히치콕은 염두에 두고 있는 프로젝트가 하나 있으며, 미국적인 범죄영화인 이 작품을 빠르게 손질할 수 있을 것이라고 스튜디오에 밝혔다. 준비된 대안이 없었다면 그는 〈판사는 보석 불가〉를 그렇게 기꺼이 취소하지 않았을지도 모른다. 파라마운트가 조사에 착수하던 1959년 6월 3일에, 루 와서먼과 그 문제에 대한 이야기를 나눈 히치콕은 〈사이코〉를 위한 최초의 제작회의를 소집했다.

6개월 전인 1958년 12월 18일, MCA는 유니버설 인터내셔널과 367에이커 규모의 스튜디오를 1,125만 달러에 사들이면서 영화제작업에 뛰어드는 역사적인 행로에 진입했다. MCA의 유니버설 인수로 루 와서먼은 할리우드에서 가장 권세 좋은 인물이 되면서, 가장 큰 탤런트 에이전시의 수장과 (힘든 시기를 거치며 퇴락하기는 했지만) 메이저 스튜디오의 수장을 겸임하게 됐다. 인수를 완료한 직후 MCA는 고객들을 유니버설과 계약시키기 시작했다. 이것은 법무부가 에이전시의 일방적 관행에 대해 진행하던 조사활동을 더욱 강화하게 만들었다. 〈판사는 보석 불가〉의 취소는 와서먼의 목표였던 히치콕을 유니버설로 영입할 수 있는 길을 열어줬지만, 와서먼은 〈사이코〉를 받아들여야만 했다. 그것은 히치콕의 영리한 도박이었다.

〈사이코〉는 영화역사상 가장 친숙한 영화라고 불러도 무방할 것이다. 이 작품을 극구 칭찬하고 분석하는 데 바쳐진 에세이와 저서, 대학 강좌, 학술적 심포지엄, 팬클럽, 웹 사이트들은 수도 없이 많다. 그런데 히치콕은 〈사이코〉를 에이전트, 스태프, 파라마운트에 소개할 때 그의 TV 시리즈 스타일의 선정적이면서도 간결한 저예산 스릴러라고 속였다. 그는 이 작품이 더욱 사치스럽고 웅장한 작품 가운데에서 잠깐 숨을 돌리는 작품이 될 것이라고 말했다.

로버트 블로흐의 소설은 1959년 2월 중순에 미출간 상태로 파라마운트를 돌아다녔으나, 스튜디오의 검토담당자들은 외진 도로변 모텔을 운영하는 사이코 킬러에 관한 괴상한 이야기를 너무 잔인하고 검열을 피해갈 수 없는 문제점이 너무 많다는 이유로 즉시 거절했다. 히치콕의 사무실에서는 검토담당자들이 제출하는 보고서를 주기적으로 파악했는데, 1959년 4월 19일에 앤서니 바우처가 『뉴욕타임스』 범죄소설 칼럼에서 이 소설을 '으슬으슬할 정도로 위력적'이라고 칭찬하자 감독의 안테나는 꼿꼿해졌다. 바우처 칼럼의 신봉자인 히치콕은 조수인 페기 로버트슨에게 책의 사본을 갖다 달라고 요청했다.

펄프픽션 동아리 외에서는 거의 무명에 가까운 위스콘신 출신의 작가 블로흐는 1957년에 무덤 도굴, 식인행각, 살인의 죄명으로 체포된 위스콘신 플레인필드의 농부 에드 게인의 실제 사건에서 영감을 받았다. 게인의 주거지를 조사한 결과, 절단되고 내장이 없어지고 식인행각의 대상이 된 헤아릴 수 없이 많은 여성 희생자의 유해가 발견됐다. 그들의 피부와 해골과 신체부위는 집 전체에 널려 있었다. 조사 결과 희생자들의 살점으로 만든 의복을 입었던 게인이 어머니와 괴로운 관계를, 아마도 근친상간의 관계를 맺고 있었다는 것이 밝혀졌는데, 어머니의 죽음은 그의 엽기행각에 불을 붙였다.

블로흐는 게인 사건의 기초사실을 바탕으로, 뚱뚱하고 외로운 중년의 술꾼이 어머니를 살해하고 그 시체를 박제한다는 소름 끼치는 이야기를 지어냈다. 어느 비 오는 밤, 4만 달러를 훔친 젊은 여자가 그가 운영하는 모텔에 도착한다. 그녀에게 객실을 내준 그는 그녀가 샤워할 준비를 하는 동안 벽에 난 구멍을 통해 그녀를 몰래 살핀다. 어머니의 옷을 그로테스크하게 차려 입은 그의 방문에 그녀는 경악한다. "메리는 비명을 지르기 시작했다. 그러자 커튼이 더 갈라지면서 정육점에서 쓰는 칼을 든 손이 나타났다. 잠시 후, 그녀의 비명을 잘라낸 것은 그 칼이었다."

히치콕은 자신이 관객들의 감정을 음표처럼 오르간으로 연주하고 있다고 자랑하기를 즐겼다. 〈사이코〉를 읽었을 때, 그는 분명히 머릿속에서 해일처럼 흐르는 음악이 그를 덮치고 있다고 느꼈을 것이다. 이 이야기는 모텔 주인이 등장하는 〈하숙인〉이었다. 이 이야기는 으스스한 저택과 계단과 음침한 지하실을 갖춘 주마등이었다. 이 이야기는 피핑톰과 비명을 지르는 아가씨였다. 이 이야기는 발가벗은 몸과 피로 뒤범벅된 세상에서 가장 끔찍한 욕실의 악몽이었다. 이 이야기는 어머니의 옷을 기괴하게 걸친 남자가 억세게 움켜잡은 칼을 쑤셔넣는 것이었다. 히치콕이 평생 동안 〈사이코〉를 —그 이야기를 작업하면서— 기다려왔다고 말하는 것은 전혀 과장이 아니다.

4월 말에 MCA는 소설의 영화화 권리를 조용하게 사들였는데, 너무나 조용했기 때문에 작가는 이 소설의 구매자가 누구인지 짐작도 하지 못했다. 블로흐는 〈사이코〉가 앨프레드 히치콕 덕분에 불후의 명성을 얻게 되리라는 것을 한참 후에야 알았다. 히치콕이 영화의 원작으로 사용한 소설을 쓴 다른 몇몇 작가처럼, 그는 항상 권리의 가격을 놓고 아쉬워했다. 9,000달러는 아무 생각 없이 받은 헐값이었다.

감독은 스태프에게 섬뜩하고 무서우며 어딘지 모르게 유머러스한 〈사이코〉는 〈앨프레드 히치콕 극장〉의 결정판이 될 것이라고 밝혔다. 그는 그가 거느린 텔레비전 스태프들을 데리고 영화를 촬영하는 것으로 제작비를 아끼기까지 했다. 영화를 흑백으로 찍는 것도 제작비를 절감시켜줬다.(그는 나중에 한 인터뷰에서, "컬러로 찍으면 욕실의 하수구로 흘러드는 핏줄기가 혐오감을 불러일으킬 것이었다"고 덧붙였다.) 촬영 전체를 스튜디오 안에서 TV 스타일의 일정에 맞춰 빠르게 해낼 수 있을 것이었다.

히치콕은 도주 프로젝트를 빠르게 작업할 수 있었고, 실제로 그렇게 했다. 조앤 해리슨의 권유에 따라 그는 5월 12일에 제임스 P. 카바나를 만났다. 카바나는 이 시기에 〈앨프레드 히치콕 극장〉을 포함해서 주로 텔레비전 대본을 쓰는 작가였다. 그는 1956년도 에피소드인 "안개로 뒤덮이다"와 1956~1957년 시즌에 쓴 〈사이코〉를 변형한 에피소드 "앞으로 남은 길 1마일"로 에미상 최우수 각본상을 수상했다. 스티븐 레벨로가 권위 있는 저작 『앨프레드 히치콕과 〈사이코〉의 제작』에 쓴 바에 따르면, 카바나는 감독으로부터 원기 넘치는 얘기를 듣고, 블로흐의 소설 1권과 '일부 핵심 장면을 위해 감독이 설명한 정밀한 카메라 움직임과 음향 지시가 담겨 있는' 손으로 쓴 8페이지짜리 노트를 받았다.

소설은 히치콕을 향해 말을 거는 것 같았다. 일부 장면은 너무나 특유하고 너무나 히치콕의 마음에 메아리쳤으며 너무나 히치콕적이었다. 그래서 그는 소설을 읽자마자 즉시 영화의 화면을 시각화해낼 수 있었다. 카바나와 가진 첫 시나리오회의에서, 메리언 크레인이 익숙하지 않은 길을 달리다가 베이츠 모텔에 차를 대기 전까지 차를 몰고 가는 시간에 대해 히치콕은 이미 이렇게 묘사했다. "교통량이 많은 99번 도로의 긴 길을 따라 길가의 풍경과 함께 어둠이 몰려오는 거야. 메리는 월요일 아침에 그녀가 돈을 가지고 달아난 것이 발각될 것에 대한 생각을 하고 있어. 비가 내리기 시작해."

〈판사는 보석 불가〉에서 오드리 헵번이 강간당하는 것을 염려했던 파라마운트의 임원들은 〈사이코〉로 인해 —히치콕과 루 와서먼이 예상했던 것처럼— 정말로 격앙됐다. 히치콕의 변호사, MCA 에이전트, 스튜디오 회장 Y. 프랭크 프리먼 등이 참여하는 회의가 연달아 잡혔다. 특히 프리먼은 아연실색했다. 히치콕의 친구이자 평소에는 그의 동지였던 프리먼은 제작규범을 운영하는 미국영화협회의 회장 자리를 막 수락한 참이었다. 누드와 폭력, 복장 도착, 욕실 장면이 들어 있는 〈사이코〉는 히치콕이 규범에 가장 노골적으로 도전하는 작품으로 보였다.

파라마운트 입장에서는 대단한 도전이었지만, 히치콕은 검열이라는 장애물을 돌파하겠다고 다짐하면서 이 영화를 만들겠다는 굳은 결의를 밝혔다. 파라마운트의 대표이사인 바니 발라반이 또 다른 고위층 미팅과 〈사이코〉를 논의하기 위해 6월 초순에 뉴욕에서 날아왔는데, 이것은 프리먼과 대결하기 위해 온 것이기도 했다. 파라마운트에서 26년을 보낸 프리먼은 이후 제작부서의 책임자 자리에서 물러났다. 파라마운트는 공식적으로는 프리먼의 건강이 악화됐다고 설명했지만, 발라반은 돈 하트먼이 없는 스튜디오가 무너지고 있으며, 프리먼은 〈사이코〉 같은 문제를 다룰 능력이 없다고 생각했다. 발라반은 박스오피스에서 대성공을 거두고 1958년도 오스카 레이스를 장악한 워너브러더스의 〈앤티 메임〉이나 MGM의 〈지지〉 같은 가족뮤지컬로 스튜디오의 초점을 옮기고 싶어했다. 프리먼은 예전에 법무관련 일을 책임졌던 제이콥 H. 카프에 의해 갑자기 교체됐는데, 카프는 발라반과 함께 〈사이코〉를 반대하는 노선에 가세했다. 그들은 히치콕이 스튜디오에 지고 있는 부채의 내용을 변경할 의향이 있었고, 와서먼은 이미 혁신적인 제안을 할 준비가 돼 있었다.

와서먼은 〈사이코〉가 파라마운트 영화가 아니라 또 다른 앨프레드 J. 히치콕 영화가 될 수 있다고 제안했다. 감독은 (이제는 25만 달러인) 연출료를 양보하면서 〈사이코〉를 공짜로 연출하는 한편, (파라마운트가 지불하는) 제작비는 양자가 합의한 최저 수준으로 유지한다. 그에 대한 대가로, 파라마운트가 흥행수입에서 보장된 일정액수의 이익을 올릴 때까지 히치콕은 영화의 소유권 60퍼센트를 가지며, 그 기간이 지나면 영화의 모든 이익과 소유권은 감독에게 귀속된다는 것이 제안의 골자였다.

보기 흉한 선정적 스릴러에서 모회사 스튜디오의 관심을 더 멀리 떼놓기 위해, 와서먼은 히치콕이 〈사이코〉를 유니버설의 스튜디오에서 찍으면서 파라마운트의 장비를 임대하겠다고 제안했다. 훗날 법무부는 새로운 MCA-유니버설 경영진의 입장에서 〈사이코〉는 영리한 리베이트의 일부라는 여론을 조사했고, 히치콕 자신이 정부를 상대로 증언하기도 했다. 입증된 것은 아무것도 없지만, 와서먼이 경쟁자로부터 자신의 일급 고객을 순식간에 낚아채서는 그 고객을 스스로에게 다시 팔아먹으면서 계약의 양쪽 당사자 모두에게서 돈을 챙겼다는 것은 확실했다.

그러나 히치콕에게 돈은 행동 동기가 아니었다. 그는 안정적인 연출료를 다시 양보했고, 그가 —모든 반대를 무릅쓰고— 시도해보기를 바라는 무엇인가를 위해 그의 명성을 전쟁터에 내보냈다. 불쾌한 작품인 〈사이코〉에 열광하는 사람은 주변사람 중에도 몇 안 됐다. 6년 동안 7편의 영화에서 그의 공동 프로듀서로 일했던 허버트 콜먼은 프로듀서로 독립하기를 희망하면서, 〈사이코〉를 히치콕의 휘하에서 떠나는 신호로 받아들였다. 콜먼은 파라마운트 경영진과 히치콕을 잇는 연결고리이기도 했기 때문에, 이제 히치콕은 사실상 홀로서기를 하는 입장이 됐다. 감독은 콜먼을 잃은 것은 유감이었지만, 기분 좋게 전진해나갔다.

제임스 카바나는 1959년 여름을 〈사이코〉의 시나리오를 작업하면서 보냈고, 히치콕은 〈앨프레드 히치콕 극장〉을 관리하면서 시간을 보냈다.

그는 1959~1960년 에피소드를 연출하고, 다가올 시즌을 위한 그의 출연 장면을 연기했다. 7월에 그는 "아서"를 연출했다. 자신이 살해한 사람을 닭 모이로주기 위해 갈아버리는 양계장 주인에 대한 블랙코미디로, (《판사는 보석 불가》에서 남겨진 배우인) 로렌스 하비가 주연을 맡았다. 8월에는 "크리스털 해협"을 촬영했다. 산악등반사고로 남편을 잃은 여인의 이야기로, 오랜 세월 동안 남편을 찾아 헤매던 여인은 나이를 먹은 후에 완벽하게 보존된 남편의 시체가 비밀을 안고 빙하에서 드러나는 순간에 찾아온 이야기의 반전에 대경실색한다.

〈앨프레드 히치콕 극장〉은 분열된 개성을 발전시켜왔다. 시리즈의 절반은 대단히 영국적이었지만, 시리즈가 진전될수록 아메리칸 드림의 어두운 면—미국 전역의 중역회의실과 침실에 잠재해 있는 가식, 위선, 노이로제, 폭력, 사악함—을 더욱 더 탐구했다. 〈사이코〉는 히치콕의 사고에서 진행되는 이런 경향의 정점이 될 것이었다.

카바나는 8월에 시나리오를 완성했다. 노먼 로이드에 따르면, 카바나는 어느 한 장면을 히치콕이 뚜렷하게 개요를 잡았던 것과 다르게 썼고, 시나리오를 읽던 감독은 그 장면 이후로는 시나리오를 읽지 않았다. 격분하면서 시나리오를 덮은 감독은 카바나를 해고했다.

스티븐 레벨로에 따르면, 카바나의 시나리오의 상당부분은 "스케치에 가까웠으며 분위기가 불확실했다." 그리고 "에피소드 위주로 진행되는 텔레비전 대본 분위기를 풍겼다." 그러나 다양한 원고를 검토한 레벨로는 카바나의 기초 작업의 상당부분이 최종 작품에까지 남아있다는 것을 밝혀냈다. "여주인공의 괴로운 자동차여행에 대한 상세한 묘사, 베이츠와 메리(영화에서는 메리언으로 바뀌었다)가 저녁을 먹으면서 주고받는 매섭고 격렬한 대화, 샤워 살인을 한 후 베이츠가 강박적으로 청소를 하는 것, 메리언의 차를 늪이 삼키는 것" 등이 그런 요소에 해당한다. "심지어 샤워 살인 시퀀스는 샤워기의 물과 피가 뒤섞여서 흘러들어가는 하수구를 클로즈업하는 것으로 끝나는 복잡한 카메라 움직임을 예견한다."

〈사이코〉는 새로운 작가가 필요했다. 그런데 다수의 히치콕 프로젝트가 그랬듯 캐스팅과 프리프로덕션이 시나리오보다 앞서 질주했다. 1959년 여름 동안 히치콕은 솔 바스, 에디스 헤드와 준비회의를 가졌다. 그리고 이미 그는 남자주인공의 손질을 끝냈다. 영화를 준비하는 동안 소설에서는 지저분한 중년남자인 노먼 베이츠가 호리호리하고 잘생긴 27살의 앤서니 퍼킨스가 연기할 수 있는 캐릭터로 바뀌었다.

히치콕은 퍼킨스를 캐스팅하겠다는 가장 중요한 결정을 시나리오가 완성되기도 전인 초여름에 내렸다. 레벨로의 표현에 따르면, 1950년에 스크린에 데뷔한 퍼킨스의 외모는 '사춘기 소녀들이 탐내는 머리 좋은 배우'였다. 심지어 그는 대중음악 앨범을 내기도 했다. 히치콕은 퍼킨스를 만나자마자 그가 마음에 들었다. 퍼킨스는 여자 옷을 입은 연쇄살인자를 과감하게 맡아서 열정적으로 연기하려는 감수성 예민하고 지적인 배우였다. 히치콕과 퍼킨스 사이에 한 번도 언급되지 않은 사실이지만 —〈로프〉에서 벌어졌던 상황을 재현하듯— 퍼킨스가 동성애자라는 것은 할리우드가 다 아는 비밀이었다. 퍼킨스가 연기한 노먼 베이츠는 어쩔 수 없이 그런 함의를 캐릭터에 끌어들였다. 더 편리한 것은 퍼킨스가 이전 계약에 따라 파라마운트 영화에 1편 출연해야 한다는 것, 그리고 출연료가 4만 달러밖에 안 다는 것이었다.

7월경에 카바나는 자신이 앤서니 퍼킨스를 위해 시나리오를 쓰고 있다는 것을 알았고, 여름이 끝날 무렵 카바나의 뒤를 이은 작가는 그런 사실을 고 탄탄한 시나리오를 구축하기 시작했다. MCA 에이전트 네드 브라운은 신의 고객인 신예 시나리오작가 조지프 스테파노를 히치콕에게 권유했다. 조지 쉬어링, 이디에 고르메, 새미 데이비스 주니어를 위해 곡을 써준 30대 후반의 작곡가 스테파노는 최근에 호평을 받은 시나리오를 몇 편 집필했다. 그중에는 TV 시리즈 〈플레이하우스 90〉의 에피소드 "메이드 인 재팬"과, 소피아 로렌과 앤서니 퀸이 출연한 〈검정 난초〉도 있었다.[45]

45 "메이드 인 재팬"은 로스앤젤레스 뮤직센터를 구성하는 극장 중 한 곳인 마크 테이퍼 포럼이 새로이 떠오르는 예술가에게 수여하는 로버트 E. 셔우드 상을 수상했다.

일찍이 5월에 히치콕은 〈검정 난초〉를 5분쯤 보다가 중단하고는 카바나를 선택했다. 그는 브라운이 여전히 자신의 고객을 추천하자 스테파노에게 호감을 느끼게 되었다. 9월 1일에 브라운은 스테파노를 파라마운트로 데려와 히치콕과 짧은 미팅을 갖게 했다. 필라델피아 출신으로 고졸 학력인 스테파노는, 스티븐 레벨로의 표현에 따르면, "굉장히 잘난 체하면서 민첩하고 세상물정에 밝았다." 히치콕이 시간을 같이 보내고 싶어할 만한 생기 넘치고 재미있는 성격의 소유자였다. "그는 내가 아주 재미있는 사람이라는 것을 알게 됐고, 우리는 함께 한참을 웃었습니다"라고 스테파노는 회상했다.

일주일 후 스테파노는 스튜디오로 와서 히치콕과 점심을 먹었다. 히치콕은 처음에는 그를 주 단위로 고용했다. 감독은 그가 지난 몇 년 동안 만났던 다른 많은 작가들처럼, 스테파노가 자신에게 부여된 임무를 펄쩍 뛰면서 좋아하지 않았다는 사실을 신경도 쓰지 않은 듯 보인다. 사실, 로버트 블로흐의 소설을 다 읽은 스테파노는 꽤나 실망스러웠다. 그가 보기에 이 이야기는 천박하고 울적했다. 캐리 그랜트와 그 모든 멋진 것들은 어디로 갔단 말인가?

히치콕은 그의 첫 관객의 마음을 붙잡으려는 작업에 착수했다. 그는 스테파노에게 〈사이코〉의 줄거리 전체를 재미나게 들려줬다. 카바나의 시나리오는 절대로 보여주지 않으면서, 그 시나리오의 장점을 그가 작업하는 버전에 통합해 넣었다. 그는 퍼킨스를 노먼 베이츠로 출연시킨다는 캐스팅을 떠들어댔고, 샤워 살인의 희생자 역할을 일급 스타가 연기할 수 있도록 확대시키겠다는 계획을 밝혔다.

샤워 신은 원작의 3장에서 발생하지만, 히치콕의 특별한 아이디어는 극장에 내걸릴 만한 유명스타를 캐스팅한 후, 그녀를 초반에 갑작스럽게 죽여버리는 것으로 관객에게 충격을 던진다는 것이었다. 그렇기 때문에 메리언의 몇 안 되는 장면을 강조하는 것이 그 무엇보다도 중요해졌다. 영화의 통일성에 손상을 주는 일 없이 메리언의 역할을 어떻게 강화할 수 있을 것인가? 스테파노는 히치콕이 즐겨 쓰는 말투로 이렇게 제안했다. "나는 메리언이 점심시간에 샘과 동침하는 모습을 보고 싶어요."

스테파노는 이렇게 회상했다. "내가 '동침'이나 그와 비슷한 것을 언급하는 순간, 아주 음탕한 사람으로 변신한 히치콕은 그것을 너무나 좋아했습니다. 나는 말했습니다. '사람들은 이 아가씨가 도대체 어떤 아가씨인지를 알게 되고, 그녀가 돈을 훔쳐서 샘을 찾아가는 모습을 보게 될 겁니다. 샘을 찾아가는 도중에 그녀에게 이런 끔찍한 일이 벌어지는 거죠.' 그는 눈부신 아이디어라고 생각했습니다. 내가 일자리를 얻은 것은 그 아이디어 덕분이었다고 생각합니다."

주 단위 일자리는 3개월가량 계속됐다. 그들은 아침에 회의를 갖는 게 보통이었는데, 스테파노가 정기적으로 심리치료를 받으러 다녔기 때문에 때로는 11시가 돼서야 회의가 시작되기도 했다. 그는 나중에 이 심리치료가 시나리오에 꾸준히 스며든 '프로이트적 요소들'에 영향을 준 것 같다는 견해를 밝혔다. 텔레비전이, 앤서니 퍼킨스가, 그리고 이제는 프로이트가 〈사이코〉에 영향을 끼쳤다. 그리고 이 작품은 히치콕이 〈디아볼릭〉과 우열을 다툴 또 다른 기회이기도 했다.

일찍이 5월에 히치콕은 『뉴욕타임스』와 가진 인터뷰에서 〈사이코〉를 '〈디아볼릭〉 장르'의 이야기로 묘사했다. 그는 그 프랑스 영화가 〈사이코〉를 (〈디아볼릭〉처럼) 흑백으로 찍겠다고 결정하는 데 영향을 끼쳤다고 스테파노에게 밝혔다. 그들의 오후 회의는 시사회로 대체되는 경우가 많았다. 스테파노와 다른 스태프들은 〈디아볼릭〉을 여러 차례 감상했다. 스테파노는 히치콕의 작품들로 구성된 개인적인 영화제를 개최하라는 부추김도 받았다. 그후 감독은 각각의 영화에 제기되는 모든 질문에 대해 참을성 있게 대답했다. 스테파노는 자신은 〈현기증〉이 가장 좋다고 히치콕에게 말했다. 이 찬사를 들은 "그는 눈물을 흘리기 직전이었다"고 스테파노는 회상했다.

히치콕은 작업을 방해받는 것을 즐거워하는 듯 보였다. 그는 루 와서먼이 올 때마다 작업에서 손을 놓았는데, 와서먼은 주로 주식과 채권에 대해 수다를 떨기 위해 거의 매일 히치콕을 찾아왔다. 히치콕은 이야기를 샛길로 흐르게 만드는 것도 좋아했다. 존 러셀 테일러에 따르면, "〈사이코〉와 직접적으로 관련된 이야기는 보통 하루에 10분에서 15분 이상은 하지 않았다." 10분에서 15분은 중요장면에만 할애됐을 것이다. 아니면 히치콕이 좋아한 것들—거울이 많이 있는 방에 대한 장면을 스테파노가 써야만 한다는 히치콕의 아이디어 같은—에 집중됐을 가능성이 높다.

"그는 캐릭터나 행동 동기 같은 것에는 전혀 관심을 기울이지 않았습니다." 스테파노가 훗날에 가진 인터뷰들에서 밝힌 내용이다. "그것은 작가가 할 일이었습니다. 내가 '이 여자가 절망감을 풍기도록 만들고 싶습니다'라고 말하면, 그는 '좋군, 좋아'하고 말하곤 했습니다. 그런데 '영화의 오프닝에서, 도시를 내려다보는 헬리콥터 촬영을 하고는 메리언이 샘과 함께 점심시간을 보내는 초라한 호텔로 곧장 들어갔으면 합니다'라고 말하자, 그는 '우리는 창문으로 곧장 들어가게 될 거야!'라고 말하고는 했습니다. 그는 그런 종류의 일에 흥분하곤 했습니다."

10월 중순에, 히치콕은 〈북북서로 진로를 돌려라〉를 홍보하기 위해 파리와 런던으로 날아갔다. 그가 없는 동안 〈사이코〉의 분위기를 설정하는 오프닝은 스테파노에게 위임됐다. 일종의 비공식적 실력 테스트였다. 돌아와서 몇 페이지를 읽은 히치콕은 스테파노에게 최상의 찬사를 보냈다. "알마가 이걸 좋아했다네!"

스테파노의 시나리오는 로버트 블로흐의 소설에 들어 있는 기초적 사건의 발생순서에 꽤나 충실했지만, 사소한 사건과 캐릭터를 많이 개선했다. 그리고 스테파노가 가한 가장 대담한 혁신—점심시간에 밀회를 가진 메리언과 샘이 성관계를 끝내는 장면으로 시작된, 영화의 분위기를 설정하는 오프닝—은 제작규범의 눈치를 살피는 경험 많은 할리우드 시나리오작가들은 절대로 제안하지 못했을 것이다.

히치콕은 항상 작가들에게 용감하게 시나리오를 쓰라고, 그리고 검열에 대해서는 자기 혼자만 걱정하게 해달라고 말했다. 스테파노가 검열당국을 조롱한 또 다른 장면은 저녁을 먹고 노먼과 대화를 한 메리언이 절도행각을 뉘우치기로 결정하는 장면이었다. 샤워를 하기 전에 메리언은 쓴 돈이 얼마나 되는지, 그리고 그녀의 범죄를 씻어버리려면 돈을 얼마나 갚아야 하는지를 머릿속으로 계산한다. 이 장면은 원작에 있지만 영화를 위해서는 시각화가 필요했다. 그래서 스테파노는 메리언이 쪽지에 계산을 하게 만들었다. 그런 후 "메리언이 쪽지를 찢게 만들었으면 싶습니다"라고 히치콕에게 말했다. "그런 다음에 쪽지를 변기에 넣고 물을 내린 다음, 변기를 바라보는 거죠. 우리가 그걸 할 수 있을까요?"

스테파노는 이렇게 회상했다. "이전에 변기가 스크린에 등장한 적은 한 번도 없었습니다. 물을 내리는 것은 말할 것도 없고요.[46] 물이 내려가는 변기를 보여줘서 관객의 심기를 불편하게 만드는 것으로 장면을 시작할 수 있다면 —우리 모두는 화장실에서 볼일을 보는 과정에서 사소한 죄의식에 시달립니다— 관객들은 샤워 살인이 일어날 무렵에는 모두 어찌할 바를 모르게 될 겁니다. 그러면 그는 완전무결한 살인자가 되는 거죠." 히치콕은 "나는 그 문제를 놓고 그들과 대판 싸워야만 될 거야"라고 대꾸하면서 눈썹을 치켜올렸다.

레벨로에 따르면, 히치콕은 평소처럼 이런 '아슬아슬한 요소들'을 '더욱 중요한 걱정거리로부터 검열당국의 시선을 떼어놓을 고의적인 책략'으로 활용했다. 예상했던 대로, 파라마운트가 스테파노의 시나리오를 제출하자, 규범 담당자들은 그런 영화를 승인하는 것은 불가능할 것이라고 말했다. 그들은 히치콕이 이의가 제기될 장면들—특히 점심시간 밀회, 변기의 물 내리기, 샤워 장면—을 수정하지 않는다면, 지역의 검열당국과 가톨릭 교회의 품위수호단도 〈사이코〉에 불리한 판정을 내릴 것이라고 예측했다.

그런데 스테파노의 시나리오는 고의적으로 도발을 자행한 만큼이나 생각이 깊었다. 노먼과 메리언이 유일하게 의미심장한 대화를 하고 친밀한 관계를 맺는 핵심적인 만찬 장면이 대표적인 사례다. 노먼은 취미인 박제술을 설명하면서 불안스러운 목소리로 어머니에 대해 얘기한

46 물론 화장실에 카메라를 돌진시킨 감독이 한 사람 있었다. 1926년도에 〈하숙인〉에서 그런 짓을 한 히치콕이 바로 그 감독이었다.

다. 그런데 메리언이 베이츠 부인을 시설에 입원시켜야 할지도 모른다는 얘기를 꺼내자 그는 무심결에 격분한다. "어머니는 미치지 않았어요!"

원작과 영화에서 이 장면은 크게 다르지 않다. 유일한 예외는 스테파노의 시나리오가 캐릭터들을 사무실의 서재로 배치한 것인데, 노먼이 수집한 박제된 새들이 무시무시하게 이 방을 지켜보고 있다. "예를 들어, 박제된 올빼미는 다른 함축적인 의미가 있습니다." 히치콕이 트뤼포에게 해준 설명이다. "올빼미는 밤의 세계에 속합니다. 그들은 관찰자입니다. 그리고 이것은 퍼킨스의 마조히즘에 어필합니다. 그는 새에 대해 잘 알고, 새들이 그를 항상 지켜본다는 것도 잘 압니다. 그는 모든 것을 알고 있는 새들의 눈동자에 비춰진 자신의 죄의식을 볼 수 있습니다."

그런데 노먼과 메리언 사이에 오가는 대화의 '이중창'은 영화에서는 더욱 길고 더욱 중요하다. 이 장면은 ―〈사이코〉가 싸구려 공포영화의 범주를 벗어나 철학의 영역으로까지 발돋움할 수 있게 도와주면서― 스테파노의 뛰어난 대사 집필 솜씨를 보여준다.

노먼이 메리언에게 살아오면서 공허한 순간을 많이 겪었던 것처럼 보이지 않는다고 말하자, 그녀는 그런 적이 있었다고 주장한다. "나는 나만의 섬을 찾고 있어요." 메리언은 애처로운 목소리로 인정한다.

"내가 무슨 생각하는지 아세요?" 노먼이 맞받아친다. "나는 우리 모두가 자기들만의 덫에 걸려서는 그 안에서 꼼짝도 못한다고 생각해요. 어느 누구도 거기서 벗어날 수가 없죠. 우리는 허우적거리며 할퀴어보지만 헛수고예요. 다른 사람들한테 상처만 줄 뿐이죠. 그런 모든 노력에도 불구하고 우리는 1인치도 움직이지 못해요."

메리언은 그렇다고 말하고 (그녀가 훔친 돈을 떠올리면서) 사람들은 때로는 자신들이 설치한 덫에 일부러 걸어 들어가기도 한다고 덧붙인다. 노먼은 자신이 태어났을 때부터 덫에 걸려 있었지만, 더 이상 신경 쓰지 않는다고 대답한다. 메리언은 그는 신경을 써야만 한다고 말하고, 지나친 요구를 하는 어머니를 어딘가 안전한 곳에 모시는 것이 더 낫지 않겠느냐고 점잖게 물어본다.

"그렇지만 어머니는 해를 끼치지 않으세요!" 흥분한 노먼이 주장한다. "어머니는 저기 박제된 새들처럼 무해한 분이에요." 메리언은 기분 상하게 만들려는 뜻은 아니었다고 사과하듯 말한다. "사람들은 항상 자신들이 하려는 말뜻을 충분히 밝혀요." 노먼이 계속 분개해서 말한다. "그들은 두툼한 혓바닥을 차대면서 머리를 흔들고는 '권유를 하죠.' 아주 고상하게요. 어머니는 돌아버린 미치광이가 아니에요. 때때로 약간 심하긴 하죠. 그런데 우리도 때때로 약간 심해지곤 하잖아요. 당신은 그런 적이 없나요?"

9월에, 히치콕은 〈사이코〉를 위한 팀에도 변화를 가했다. 그는 신작을 위해 솔 바스(타이틀), 버나드 허먼(음악), 조지 토마시니(편집)를 유니버설로 데려올 계획이었다. 그런데 카메라맨 로버트 벅스와 프로덕션 디자이너 로버트 보일은 여름 내내 다른 파라마운트 프로젝트에 투입됐다. 그들의 공백은 익숙한 외피를 벗어던지고 더욱 날카로운 화면을 획득할 수 있는 기회를 히치콕에게 제공했다.

그는 〈앨프레드 히치콕 극장〉에서 존 L. 러셀을 데려왔다. 러셀은 (오손 웰스의 〈맥베스〉를 포함한) 장편영화를 촬영했을 뿐 아니라, 히치콕이 연출했던 거의 모든 TV 에피소드에 참여한 카메라맨이었다. 솜씨가 빠르고, 콘트라스트가 명확한 촬영이 그의 특기였다. 시리즈에서 데려온 조감독 힐턴 A. 그린도 히치콕의 제1부관으로서 허버트 콜먼을 대체했다.(그린은 솔 바스와 타이틀 화면의 크레디트를 공유하면서, 크레디트에 2번 등장한다. 하나는 타이틀 시퀀스 크레디트였고, 다른 하나는 핵심 시퀀스에서 그가 창작해낸 스토리보드로 인한 '그림 컨설턴트' 크레디트였다.) 히치콕은 프로덕션 디자이너로 조지프 헐리와 로버트 체스터턴을 유니버설에서 데려왔다. 클랫워시는 〈파괴공작원〉과 〈의혹의 그림자〉에서 로버트 보일의 조수였고, 이후로는 화려한 영화 〈바람에 쓴 편지〉에서부터 오손 웰스의 초라한 느와르 〈악의 손길〉에 이르기까지 많은 작품에서 미술감독으로 활동했다.

원작에서 샤워 희생자는 흑발이었지만 히치콕은 메리언 크레인이 금발이기를, 그중에서도 아주 특별한 금발이기를 원했다. 재닛 리는 히치콕이 스테파노를 처음 또는 두 번째 만났을 때 이름을 언급한 그 역할의 선두주자였다. 건강미 넘치고 원기 왕성한 역할들로 경력을 시작한 후, 한때 MGM에 전속됐던 여배우는 의식적으로 연기범위를 넓혀왔다. 가장 최근에는 〈악의 손길〉에서 놀랄 만한 섹시함을 과시하기까지 한 리는 유니버설에 전속된 MCA 고객이었다. 그리고 히치콕은 그녀를 인간적으로 좋아했는데, 그녀와 남편 토니 커티스와 사교적으로 어울린 히치콕은 그녀가 따뜻하고 편안한 사람이라는 것을 알게 됐다.

10월에 히치콕은 여배우에게 로버트 블로흐 소설을 보내면서, 그녀의 캐릭터가 영화의 전반부에서 너무나 생생하게 살해되기는 하지만, 메리언 크레인은 '원작소설보다 많이 개선될 것이고 당연히 캐릭터에 대한 묘사는 원작과 완전히 다를 것'이라고 안심시켰다. 리의 표현에 따르면, 리는 그가 '충격을 증폭시키기 위해 유명한 여배우'를 원할 뿐 아니라, '피닉스 출신으로 보일 수 있는 여배우를 원한다'는 것을 이해했다.(히치콕은 '완벽하게 평범한 부르주아'라고 말했다.) "내 얘기는 라나 터너는 그 고장 출신인 것처럼 보일 수가 없다는 거예요." 리의 설명이다. "그는 상처받기 쉬운 연약한 면모, 부드러운 면모를 원했어요."

리는 벨라지오로드에서 점심을 먹자는 초대에 응했다. 그 자리에서 히치콕은 진지하게 연기에 임하는 리에게 그녀의 캐릭터를 깊이 생각해보라고 권했다. 리는 『거기에 진짜 할리우드가 있다』에 "그의 태도는 진심에서 우러난 것이었고, 사실적이었으며 학구적이었다"고 썼다. "그는 작업 계획의 개요를 들려줬다. 각각의 신의 앵글과 촬영은 미리 결정돼 있었고, 촬영이 시작되기도 전에 세밀하게 차트로 작성돼 있었다. 사전에 설계된 촬영을 손상하지 않는 한, 배우는 렌즈로 포착되는 범위 내에서 자유롭게 연기를 할 수 있었다."

히치콕은 리를 안심시키는 듯한 말투로 말했다. "내가 당신을 캐스팅하는 것은 당신이 배우이기 때문이야! 나는 A, 당신이 당신 몫의 파이 이상을 먹으려고 시도할 경우, B, 당신이 너무 많이 먹지 않는 경우, C, 당신이 적절한 시간에 행동해야 하는 동기를 찾는 데 어려움을 느끼는 경우에만 당신을 연출할 거야."

그 첫 점심에서 그는 이미 그녀의 의상에 대한 아이디어를 잔뜩 내놓았다. 힐턴 그린과 어느 스태프는 피닉스를 찾아가서 거주지와 거리들을 사진으로 찍어왔다. 의상 슈퍼바이저 헬렌 콜빅의 표현에 따르면, 메리언 타입의 사람을 찾아내서 "그녀의 옷장과 사무실 서랍, 옷가방을 포함한 모든 것을 카메라에 담았다." 조사결과를 취합한 후, 메리언의 의상은 비벌리힐스에 있는 부티크 JAX의 선반에서 선택됐다. 히치콕은 리가 '훌륭한 울'을 입는 문제를 특히 강조했다고 〈사이코〉의 의상 디자이너 리타 릭스(히치콕의 TV 출연에서 그의 의상을 담당하기도 했다)는 회상했다. "조명을 아주 근사하게 받는 데다가, 촬영을 하면 아주 풍성한 회색을 보여주거든요."

메리언이 란제리만 입고 나오는 장면은 의상 담당자에게는 독특한 난제였다. 어떤 종류의 속옷이어야만 하는가? 검열의 심기를 불편하게 만들지 않으려면 어느 정도나 선정적이어야 하는가? 여배우의 브래지어와 슬립을 주문 제작하자는 논의가 있었지만 감독은 그런 논의를 깔아뭉갰다. 메리언의 속옷은 여성 관객들에게 명확한 메시지를 전달해야 했다. "그런 것은캐릭터에게는 먹혀들지 않아." 히치콕은 의상 담당자에게 말했다. "전국에 있는 많은 여성들이 캐릭터와 일체감을 느낄 수 있을 만한 속옷을 원해."

의상 디자이너 릭스의 회상이다. "재닛이 오프닝에서 입어야 하는 브래지어와 슬립이 검정색이냐 흰색이냐를 놓고서 굉장히 모호한 얘기가 오갔습니다. 얘기만 계속 오갔습니다. 물론 우리는 양쪽을 다 준비해놓고 있었습니다. 히치콕 감독님이 오프닝을 위해서는 흰색을, 그녀가 돈을 훔친 이후로는 검정색을 최종적으로 선택한 후에야 우리는 촬영을 준비할 수 있었습니다. 그 선택은 캐릭터를 정확하게 설명했습니다. 그는 '착한' 여자와 '못된' 여자에 대한 강박관념이 있었습니다."

시나리오에는 사실은 여자주인공이 2명 있었는데 각각의 주인공은 영화의 절반씩을 나눠가졌다. 1부는 메리언의 죽음으로 이어지는 절도와 도주행각이었다. 2부는 그녀의 실종에 대한 수사, 그리고 클라이맥스와 노먼 베이츠의 체포를 향해 스토리가 전개돼 나갔다. 제작과 관련된 몇몇 사람의 관점에서 보면, 출연진은 거의 별개인 2개의 앙상블로 나뉘어져 있었다.

베라 마일스는 여전히 히치콕에게 전속돼 있었다. 레벨로의 책은 마일스가 2부에서 비중이 낮은 역할로 등장하는 메리언의 동생 라일라로 캐스팅된 것 때문에 불만이 많았다고 주장했다. 히치콕의 지도에 따른 의상을 걸친 라일라는, 레벨로의 표현에 따르면 '촌스러운 노처녀 선생님'처럼 보였다. 이것은 히치콕 스타일의 교활한 복수 방법—의상 담당자 리타 릭스의 표현에 따르면 "그의 심술이 일부 드러났어요"—일 수도 있었다. 그러나 샘과 라일라 사이에 로맨스가 피어난다는 힌트를 줘서 관객의 시선을 분산시키는 것을 감독이 막고 싶었던 것도 사실이다.

히치콕은 영화의 전반부와 후반부에 다리를 놓을 앤서니 퍼킨스를 제외한 유일한 남자 연기자를 결정하는 데 뜸을 들였다. 메리언의 연인 샘 루미스는 조지프 스테파노의 시나리오에는 '미남에다 따스하고 유머러스한 눈과 사람을 가만히 있을 수 없게 만드는 미소를 지닌 관능적인 남자'로 묘사됐다. 감독은 많은 스크린 테스트와 영화를 본 끝에, 건강미와 감수성이 알맞게 조화를 이룬 스튜어트 휘트먼에 마음이 끌렸다. 그런데 MCA와 루 와서먼은 MCA의 고객인 데다 유니버설의 미남배우인 존 개빈을 선호했다.

레벨로에 따르면, 히치콕은 개빈이 연상의 여인 라나 터너와 불가능한 사랑에 빠지는 더글러스 서크의 최루영화 〈슬픔은 그대 가슴에〉를 고통스럽게 감상한 후 이렇게 중얼거렸다. "그 친구도 괜찮을 것 같군요."

상관없었다. 히치콕이 보기에 샘은 항상 조역 캐릭터였다. 감독은 샘과 라일라는 관객의 입장에서는 지극히 평면적인 캐릭터여야만 한다고 스테파노에게 계속 상기시켰다. 〈사이코〉는 앤서니 퍼킨스와 노먼 베이츠를 위한 영화였다. 스테파노가 2부에서 그들이 등장하는 '순전히 캐릭터를 위한 장면'을 집필해 넣는 것으로 마일스나 개빈의 역할에 별도의 활력을 불어넣으려고 노력할 때마다 히치콕은 그걸 잘라낼 핑계거리를 찾아냈다.

시나리오가 '특히나 밥맛 떨어지는 미소'를 짓는다고 묘사한 끈질긴 형사 아보가스트도 후반부 캐릭터였다. 히치콕은 〈12명의 성난 사람들〉을 본 후 그 역할에 마틴 밸섬을 캐스팅했다. 원작에서는 전혀 찾아볼 수 없는 캐릭터가 팻 히치콕 오코넬이 연기하는 수다스러운 비서다. 세 아이의 어머니로 정신이 없던 팻은 연기에서 은퇴해서 아버지의 미스터리잡지를 편집하느라 바빴다. 그녀의 아버지는 석유업자(캐시디)가 부동산 사무실을 찾아와서 갓 결혼한 딸의 집을 구입하기 위해 돈뭉치를 자랑하는 장면에서 딸을 위한 인상적인 단역을 만들어냈다. 팻이 따발총처럼 말을 쏘아대는데도, 여자를 밝히는 캐시디는 더욱 섹시한 메리언에게 추파를 던지느라 바빠서 그녀를 거의 알아보지 못한다. "그 사람 너한테 수작을 부리고 있어!" 팻이 메리언에게 도도하게 속삭인다. "그 사람 내 결혼반지를 본 게 틀림없어."

히치콕은 평소와 달리 딸의 의상에 대해서도 녹색 산동비단을 입으라는 세세한 지시를 내렸다. 그리고 자부심을 보여주는 것처럼, 의상담당자 릭스의 표현에 따르면, 팻의 출연 장면 근처에 집어넣은 감독 본인의 카메오 장면에서 입을 자신의 '약간은 변덕스러운' 의상도 감독은 분명하게 밝혔다. 우리는 부동산 사무실 바깥에서 카우보이모자를 쓰고 있는 그의 모습을 볼 수 있다.

조역들도 매우 재미있게 집필됐다. 5년 동안 텔레비전 시리즈를 방영한 지금, 히치콕은 활용 가능한 인재들을 조율해내는 솜씨가 이보다 더 좋을 수가 없었다. 〈사이코〉는 석유업자 캐시디 역에 프랭크 앨버트슨, 위협적인 고속도로 경찰관 역(히치콕은 그가 섬뜩한 검은 안경을 써야 한다고 주장했다)에 모트 밀스, 영화의 마지막에 관객들을 위해 —그리고 히치콕이 계산했듯, 제작규범을 위해— 노먼의 비정상적인 행동을 아주 재미있게 진단하는 정신과 의사 역에 사이먼 오클랜드를 출연시키는 정확한 캐스팅을 자랑했다.(오클랜드는 TV 시리즈의 끝부분에서 모든 것을 익살스럽게 설명하는 감독을 대신한 셈이었다.)

11월 4일에, 제작진은 세워진 세트들 중에서 〈사이코〉에 어울리는 저택을 찾아 유니버설을 떼를 지어 돌아다녔다. 그러고는 그중 한 채를 찰스 애덤스와 에드워드 호퍼가 뒤섞인 스타일로 개조했다.(히치콕은 프랑수아 트뤼포에게 "캘리포니아 고딕 스타일이었습니다. 그것들이 꽤나 섬뜩했을 때 사람들은 캘리포니아 진저브레드[47]라고 불렀습니다"라고 밝혔다.) 낮은 지대에 베이츠 모텔이 건축됐다.

"수직적 저택과 수평적 모텔의 건축적 대비가 보기에 꽤나 좋았다는 말을 반드시 해야겠습니다." 트뤼포가 지적했다. "그럼요." 히치콕이 대답했다. "그게 우리의 구도였습니다. 수직블록과 수평블록이요."

11월 16일에 그는 유니버설 사무실로 옮겨가, 11월 17일과 19일에 최종 세트와 로케이션을 승인했다. 피닉스와 프레즈노의 헌팅에 기초한 이 세트에는 '거리 바깥에 택시와 행인이 있는 싸구려 호텔의 외관', '은행을 포함한 부동산 사무실의 외관과 내장', '차 2대용 차고와 거리를 포함한 두 아가씨가 거주하는 작은 집의 외관과 그 집의 침실' 사진들과 같은 것을 재현하라는 상세한 요구가 반영됐다.

"히치콕은 만사를 알고 싶어했습니다." 힐턴 그린이 레벨로에게 밝힌 내용이다. "협곡에 있는 작은 도시의 자동차 세일즈맨은 여자가 차를 사러올 때 정확히 어떤 옷을 입는지 같은 것을요. 우리는 거기에 가서 세일즈맨 몇 사람을 세워놓고 사진을 찍었습니다. 그는 애리조나 피닉스에 사는 사람들이 어떻게 생겼는지, 그들이 어떻게 살아가는지, 그 사람들은 어떤 사람들인지를 알고 싶어했습니다. 그는 여자가 피닉스에서 중부 캘리포니아로 갈 때 택할 정확한 경로에 대해 알고 싶어했습니다. 우리는 그 경로를 좇아가며 길가에 있는 모든 지역을 카메라에 담았습니다."

'작가를 그 문제에 정통하게 만들기'는 업계의 제1계명이었다. 배우들을 그 문제에 정통하게 만들기는 제2계명이었다. 감독 자신이 그 문제에 정통해지기는 그런 과정의 총합이었다. 그리고 관객을 그 문제에 정통하게 만들기는 궁극적인 목표였다.

47 값싸고 번지르르하기만 한 집. — 옮긴이

할리우드에서 보낸 첫날부터 히치콕은 어느 영화에건 미국의 진실한 모습을 담아내려고 노력해왔다. 그리고 최근 몇 년의 작업에서, 특히 셀즈닉 인터내셔널을 떠난 이후의 작업에서 이런 특징을 계속해서 강화시켜왔다. 작가들과 스토리에서부터 스타들과 세팅에 이르기까지, 〈파괴공작원〉, 〈의혹의 그림자〉, 〈스트레인저〉에서부터 〈이창〉과 〈북북서로 진로를 돌려라〉까지, 감독은 그의 제2의 고국의 설득력 있는 비전을 점점 더 숙달된 솜씨로 전달하고 있다는 것을 입증했다. 1950년대 후반 무렵, 그런 비전에 젖어드는 과정이 완료됐다. 〈사이코〉보다 더 전형적인 미국영화도, 더 히치콕적인 영화도 없었다.

새로운 유니버설 사무실에서 감독은 시나리오에 주석을 달고, 스토리보드를 연구하고, 메리언의 여행경로를 좇는 압핀이 꽂혀 있는 도로 지도를 벽에 걸었다.

조지프 스테파노는 훗날, 히치콕은 "완전히 다른 종류의 영화를 만들 채비가 됐을 때, 그의 직업적 삶의 정점에 도달했다"고 회상했다. "그는 이전 작품들에서는 그가 진실이라고 생각하는 스스로에 대한 주장을 들려줬습니다. 〈사이코〉에서 그는 스스로에 대해 그가 깨닫는 것보다 더 많은 것을 더욱 심오한 관점으로 들려줍니다. 그는 자신의 건강을 아주 염려해왔는데, 나는 그가 자신의 죽음과 드잡이를 하고 있던 바로 그 순간에 이 영화를 만들었다고 생각합니다. 1957년에 그는 아주 건강이 안 좋았고, 1958년에는 알마가 아주 아팠습니다. 그리고 1959년에 이 잔인한 영화가 나왔습니다. 나는 이 작품이 그가 정서적으로 돌연사하는 것과 관련이 있다고 생각합니다."

11월 하순에 시나리오를 건넨 후, 스테파노는 벨라지오로드에서 히치콕을 마지막으로 만났다. 스티븐 레벨로에 따르면, 그들은 '촬영용 시나리오를 분할하면서' 클로즈업과 앵글에 대한 아이디어를 브레인스토밍하기 위해 별도로 하루를 더 썼다. 점심에 그들은 얼음을 넣은 샴페인으로 〈사이코〉의 시나리오를 위해 건배를 했다.(존 러셀 테일러는 감독이 집에 '적절하게 차갑게 보관된 샴페인이 없다는 이유로' 그런 '끔찍한 잘못'을 저지른 것에 대해 사과했다고 썼다.) 갑자기 히치콕은 '아주 슬퍼 보였다'고 스테파노는 회상했다. "그러고는 '영화는 끝났어. 이제 나는 가서 그것을 필름에 담아야 해' 하고 말했습니다."

촬영은 1959년 11월 30일에 시작됐다. 지나고 나서 보면 〈현기증〉의 촬영은 심사숙고와 긴장이 심하게 뒤섞인 경험이라고 얘기할 수 있는 반면, 〈사이코〉의 제작은 시원시원하고 기계적으로 정확한 사건인 듯 보인다.

이제 —그리고 그의 나머지 경력 동안— 히치콕은 상당히 젊은 배우 세대와 작업하게 될 터였다. 그는 그들의 아버지뻘이 될 정도로 나이가 많았고, 배우들은 그의 지시를 경건하게 경청했다.(예를 들어, 이제부터는 그가 란제리를 선택했다.) 그들은 그를 주로 위대한 감독이자 유명인사로 알았다. 그들은 그의 인간적인 측면보다는 대중적인 이미지로 알았다. 히치콕이 자신의 이미지의 진정한 화신이 된 것은, 텔레비전 오프닝에서 그랬듯 먹으로 그린 캐리커처에 맞춰 움직이면서 세트로 뚜벅뚜벅 걸어 들어오는 남자가 된 것은 바로 이 단계에서였다. 모두가 그에 관한 보편적 진실을 받아들였다. 아무리 하찮은 진실일지라도 말이다.

그는 하루 8시간 작업한 후에 촬영을 끝내자고 주장하는 배우들을 '내가 싫어하는 중에서도 가장 싫어하는 것'이라고 불만을 제기하곤 했다. 그런데 이즈음, 감독 자신이 오전 8시 30분에 정확하게 도착해서는 오후 5시 30분에 촬영종료를 외치려고 노력했다. 히치콕이 알마와 관례적으로 체이슨 레스토랑으로 저녁을 먹으러 가는 목요일에는 조금 일찍 촬영을 끝낸다는 것을 모두가 알고 있었다. 한때 유행을 선도하던 레스토랑인 체이슨은 점점 구닥다리가 돼가고 있었다.(예를 들어, 체이슨은 건강식과 같은 새로운 요리 경향을 따라잡으려는 노력을 경주하지 않았다.)

그는 거의 항상 검정이나 청색 정장과 타이 차림이었다. 다른 장식품은 하나도 착용하지 않았고 보석도 손목시계도 없었다. 이제 히치콕 감독 하면 모두가 그런 복장을 예상했다. 모든 기사들이 그의 옷장에

일렬로 걸려 있는, 들쭉날쭉하는 몸무게에 따라 사이즈는 다양하지만 스타일은 비슷한 정장들을 거론했다. 할리우드에서 카메라 위치를 다시 잡는 사이, 그는 점잖게 『런던타임스』를 읽었다. 연출은 따분한 일이라고 너무나 자주 말해온 히치콕은 이제는 따분한 척 연기를 해야만 한다고 느꼈다. 그가 촬영장에 나타나면 사람들은 겁을 먹었다. 젊은 사람 중에는 그의 노골적인 농담과 미묘한 유머를 알아듣지 못하는 사람들도 있었다.

그는 항상 그가 좋아하는 연기자에게 끌리곤 했는데, 〈사이코〉에서 그가 좋아한 배우는 앤서니 퍼킨스와 재닛 리—시나리오와 카메라도 호의를 표한 두 연기자—였다. 메리언이 최후를 맞은 후 영화의 후반부는 아보가스트에게, 샘과 라일라에게 초점을 맞춘다. 그리고 시나리오는 라일라를 복수자로 탈바꿈시키려는 노력을 소홀히 한다. 샘과 라일라가 같이 등장하는 장면은 그들의 감정이나 성격에 거의 관심을 기울이지 않는다. 히치콕의 관심은 크레셴도를 이끌어내는 것이었다.

히치콕은 퍼킨스와 놀랄 정도로 잘 어울렸다. 감독은 퍼킨스의 신중한 성격이 흥미로웠다. 배우는 이웃집 총각 같은 의상을 제안했다. 노먼 베이츠가 사탕을 우적우적 씹어먹는 것은 퍼킨스의 아이디어였다. 심지어 감독은 별도의 테이크를 더 가고 싶다는 퍼킨스의 요청도 받아들였다. 그리고 어느 순간, 그가 감독에게 접근해서 약간은 망설이면서 자기 대사에서 몇 가지 사소한 것을 바꾸고 싶다고 요청했을 때, 감독은 보고 있던 신문을 접으면서 고개를 들었다.

"오, 그것들은 괜찮군. 괜찮을 거라고 확신하네. 자네, 이 문제로 생각 많이 해봤나? 정말로 자네가 그걸 생각해낸 거야? 이렇게 바꾸는 게 좋겠어?" 퍼킨스가 그렇다고 확신하자, 히치콕은 말했다. "좋아. 우리는 그런 식으로 촬영할 걸세." 노먼 베이츠는 제멋대로 처신하는데 익숙했다. 〈사이코〉의 기이한 위력의 일부는 히치콕이 연쇄살인범을 가혹하게 심판하지 않고, 감독에게서 벗어나 살아 움직이면서 숨을 쉴 수 있도록 —심지어는 제멋대로 행동해도 되도록— 허락했다는 사실에서 기인한다.

감독이 앤서니 퍼킨스와 나눈 교감은 결코 제대로 평가할 수 없는 연쇄살인범을 잊을 수 없게 그려낸 영화 〈사이코〉에 힘을 실어줬다.

히치콕은 영화의 남자주인공인 존 개빈에게는 열정이 덜했다. 그는 사석에서는 개빈을 '나무토막'이라고 불렀다. 개빈도 자신이 입을 의상과 자신의 캐릭터에 대한 아이디어를 내놓았는데, 감독은 그의 아이디어에 골머리를 싸맸다. 의상담당자 헬렌 콜빅은 '존이 특정한 방식으로 문을 통과하고 싶다면서 조감독을 통해 의견을 물었던' 장면을 기억한다. "히치콕은 곁눈질로 슬쩍 보더니 조감독에게 '걱정 말아, 저 친구 얼굴에 그늘만 드리울 거니까. 우리는 저 친구를 곧장 때려눕힐 수 있어' 하고 말했어요. 나는 존이 히치콕에게 인상을 심어주려고 정말로 갖은 노력을 다했다고 생각해요. 그런데 그는 히치콕의 짜증을 부채질할 뿐이었어요."

샘(개빈)과 메리언(리)의 오프닝 밀회는 그들의 캐릭터를 구축하는데, 그리고 영화의 대담한 분위기를 구축하는 데 중요했다. 셔츠를 벗고 연기할 수는 없다고 저항한 개빈은 이 장면을 여러 가지 이유로 창피해했다. 히치콕은 촬영장에 와 있던 작가 조지프 스테파노를 배우에게 대신 보냈다. 존 러셀테 일러의 책에 따르면, "스테파노는 바로 그 창피함을 장면의 일부로 활용하라며 개빈을 부추겨 설득하려 했다. 절반쯤 옷을 벗은 동안 논쟁이 붙었을 때는 특히 그랬다."

이 장면이 개빈이 리와 연기하는 첫 장면이기 때문에 어색함은 더했다. 〈39계단〉에서와는 달리, 그와 그녀는 '천생연분'을 만난 것 같지는 않았다. "'안녕, 다시 만나서 반가워요'라고 말하고는 침대에 뛰어들어서 사랑을 나누는 게 쉽지 않았어요"라고 리는 기억했다. "우리는 약간 어색했어요. 나는 우리가 달아오르기 시작해서 꽤 잘해나갔다고 생각해요……"

흐리멍덩한 테이크를 몇 차례 찍은 후, 히치콕은 흰색 란제리를 입은 여배우를 불러서는 투덜거렸다. "나는 당신과 존이 더 열정적일 수 있다고 생각해! 당신들이 할 수 있는 일들이 보인다고!"(레벨로에 따르면, 히치콕은 '작업하고 있는 문제들을 들먹이면서' '신중하지만 설명적인 용어들'로 리에게 지시를 내렸다. "얼굴이 붉어진 리는 마지못해 동의했고, 히치콕은 필요한 반응에 필적하는 연기를 얻었다.") 그러고는 뒤늦게 생각이 난 감독은 개빈에게 다가가서는 그의 귀에다 뭔가를 속닥여서, 다른 배우에게는 비밀인 조언으로 두 배우 각각을 감질나게 만들었다. 다음은 리의 회상이다. "나는 그가 바람직한 결과를 얻기 위해서 내 사슬을 잡아당기고 나서 존의 사슬을 잡아당기는 것이 적합하지 않는 일이라고 생각하지는 않았습니다."

개빈의 말을 믿어보자면, 그는 자신의 역할을 놓고 씨름을 하고 있었다. 세월이 흐른 후 리가 그녀의 저서 『사이코: 걸작 스릴러의 막후』를 위한 조사를 할 때, 개빈은 그가 세트에서 맡았던 악취 때문에 그의 성공 가능성은 나아지지가 않았다고 그녀에게 밝혔다. 히치콕의 체취일까? 그는 궁금해했다. 아니면 감독의 입 냄새일지도? 아니면 감독의 시가 냄새일지도 몰랐다. 히치콕은 러브신을 연기하려는 연기자들에게서 불과 몇 ㎝ 떨어진 곳에 앉아서 조용히 시가를 빼끔거렸다. 〈사이코〉의 밀회 오프닝은 바로 그런 식으로 연기됐다. 대담하지만 어색하게, 도발적이지만 싸늘하게, 체취와 시가 냄새가 뒤섞인 섹시함으로.

리는 나중에 개빈의 복종이 "아주 이상한 방식으로 서스펜스를 위해 효험을 발휘했다"고 주장했다. "두 사람 사이의 진정한 열정은 메리언의 절도행각을 정당화했을 것이다. 그런데 샘과 진짜로 방탕한 모습을 보이지 않은 것으로 인해 일부 관객들은 이렇게 생각했을 것이다. '그는 정말로 그녀를 그렇게도 끔찍이 사랑하는 걸까' 그러면 관객은 메리언에게 더욱 더 공감하게 된다. 히치콕이 그녀의 존재에 대해 염려한 것이 그것이었다."

그런데 레벨로의 책에 따르면, 촬영 도중에 러시를 본 사람들은 개빈의 뒷머리가 너무 많이 보인다고 생각했다. 그에 반해 리는 히치콕의 공감 어린 보살핌 아래 —그녀 최고의 불후의 연기를 이룩하는 한편으로— 전례가 없을 정도로 많은 부위를 노출했다.

리는 감독의 상스러운 농담과 짓궂은 장난들을 재미있게 받아들인 유쾌한 사람이었다. 〈현기증〉에서 세미누드 장면('자살 시도'를 했다가 스코티의 아파트에서 깨나는 장면)을 연기해야 하는 날에 촬영장에 도착한 킴 노박을 맞은 것은 그녀의 분장실에 매달린 털 뽑힌 닭이었다. 그녀의 기분 나쁜 혐오감이 히치콕이 그녀에게 주었을지도 모르는 두 번째 기회를 좌초시켰다는 데에는 의심의 여지가 없다. 리에게 친 최악의 장난은 그녀에게 가장 중요한 장면 직전에 행해진 듯한데, 그녀는 그 장난을 너무나 재미있게 받아들였다.

히치콕은 특수효과 부서에서 만들어낸 미라가 된 여러 가지 해골들을 시험하면서, 리와 베이츠 부인—노먼의 어머니—이 관련된 장난을 쳤다. 감독은 "나에게 겁을 주는 것을 즐겼다"고 리는 회고록에 썼다. "그는 나를 계량기 삼아서 어머니의 시체를 실험했다. 점심을 먹고 돌아온 내가 분장실의 문을 열면 내 의자에는 이 소름 끼치는 괴물이 기대어 앉아 있곤 했다. 그의 리히터 측정 장치에 기록된 내 비명에 담긴 공포는 그가 어떤 시체를 선택해야 할지를 결정했다."

히치콕은 리(그리고 그녀가 연기하고 있는 캐릭터)를 보살폈다. 그런 관심은 그가 그녀를 도운 방식에 반영됐다. 감독은 심지어 오래 연장된 자동차 운전 에피소드 중에는 바깥쪽에서 연기를 하기까지 했다. 시나리오에 따르면, 메리언은 그 장면들 동안 '괴로움과 죄책감이 깃든 표정'을 해야만 했다. 감독은 "내가 생각하고 있는 것을 나를 위해 완벽하게 설명해줬다"고 리는 회상했다. "'오, 오' 그는 말했다. '저기 자네 윗사람이 있어. 그가 자네를 재미있다는 눈빛으로 쳐다보고 있군.'"

샤워 장면—리가 가장 많은 노력을 기울여야 하는 장면—은 크리스마스전인 12월 17~23일 주에 일정이 잡혔다. 리는 이렇게 회상했다. "그날 내내, 나는 죽을 때까지 칼에 찔리는 고통을 당했다. 그리고 밤에는 아이들에게 줄 산타클로스 선물을 포장했다."

어둠과 빛: 베이츠 부인의 칼은 칼날이 쑥 들어가게 돼 있는 소품이었다. 감독은 욕실이 '눈이 부시게 하얀 타일들'과 반짝거리는 비품들로 장식돼야 한다고 주장했다. 플라스틱 병에 담긴 다량의 초콜릿 시럽이 검붉은 피로 공급됐다. 전문 무용수가 더욱 가까이서 찍을 숏에서 대역을 맡았다.(히치콕은 그가 '리 양의 뒷모습 장면'을 계획하고 있다고 발표하면서 홍보활동에 섬광을 터뜨렸다.) 그러나 리는 대부분의 숏에 살색 가죽옷을 걸치고 등장했는데, 물기가 많아 가끔씩 그 옷들이 벗겨져나가곤 했다.

"히치와 나는 그 장면의 함의에 대해 굉장히 오랜 시간 논의를 했다"고 리는 기억했다. "메리언은 피닉스로 돌아가기로, 깨끗하게 씻고 결과를 받아들이기로 결심했다. 그래서 그녀가 욕조로 들어갔을 때, 그것은 그녀에게 세례를 줄 물에 들어가는 것과 마찬가지였다. 그녀를 두드리는 물방울들은 그녀의 마음의 부패를 정화하고, 그녀의 영혼에 깃든 악덕을 제거하고 있었다. 그녀는 다시 편안하고 평화로운 숫처녀가 된 것 같았다."[48]

솔 바스는 아보가스트가 어머니를 만나러 계단을 오르는 장면 외에도, 샤워 시퀀스의 스토리보드도 그렸다. 히치콕의 표현에 따르면, '바이올린이 딸린 하이 숏, 그리고 갑자기 관악기가 덜그렁거리는 소리와 함께 등장하는 큰 머리'를 스케치한 것이다. 스타카토로 격렬하게

48 '세례로서의 샤워'는 히치콕이 로버트 블로흐의 소설에서 추정해낸 아이디어였다. 소설에서메리는 "그녀는 지금 당장 해야 할 일은 오랫동안 근사하게 뜨거운 샤워를 하는 것이라고 결심했다. 그녀의 내면에 묻은 더러움을 깨끗하게 만드는 것처럼 피부에서 더러움을 씻어내는 것이었다. 깨끗해져라, 메리. 눈처럼 깨끗해져라."

등장하는 컷들은 각각 몇 초밖에는 지속이 안 됐다. 감독이 여러 차례 인터뷰에서 그것은 모두 —시나리오에 적힌 표현에 따르면, '칼날이 스크린을 찢어발기고 필름을 잡아찢는 것 같은 인상을 주는'— 환상이라고 꾸준히 설명했음에도 불구하고, 이 시퀀스의 몽타주는 완전 나체와 잔혹한 폭력을 느끼게 만든다. 물방울이 떨어지는 금발, 멍하니 벌려진 입, 사방에 튄 핏방울.

개별 숏들—필름 78조각(히치콕은 인터뷰어들에게 정확한 숫자를 밝힐 수 있었다)—을 모으는 데 7일이 걸렸다. 팻 히치콕 오코넬은 어머니가 이미지의 정확한 순서를 창작해냈다고 밝혔다. 솔 바스는 훗날 그가 촬영장에 있으면서 실제로 장면을 연출했다고 주장했지만, 물론 그가 그랬을 리는 없을 것이다. 입증할 수는 없지만, 바스가 그에 가까운 일을 했을 수는 있다.(히치콕이 그를 계속 곁에 두고 있었을 가능성은 있다.)

가장 힘들었던 숏은 메리언의 마지막 장면이었다. 리의 표현에 따르면, 메리언이 숨을 거둔 후 '메리언의 눈을 프레임 가득 잡은 장면에서 시작한 카메라가 점점 뒤로 물러나면서 축 늘어진 시체가 찢어진 커튼을 여전히 붙들고 있는 것과 물이 흐르는 것, 그리고 욕실 전체를 보여주는 장면'이었다. 촬영은 히치콕이 흡족해할 때까지 스무 차례 가량 이뤄졌다. 그리고 전설에 따르면, 후반작업 동안에 여배우가 눈을 깜빡거리는 것을 발견한 히치콕 여사는 프리즈 숏을 지시했다고 한다.

물론 노먼 베이츠는 그 장면에서 메리언과 공연했지만, 앤서니 퍼킨스는 일주일간 휴가를 받았다. 그는 샤워 장면이 촬영되는 동안 안전한 동부해안에 있었다. 칼을 휘두른 어머니는 실제로는 의상을 입은 '대역'—스턴트우먼 마고 에퍼—이었다. 히치콕은 리의 가슴을 가리기 위해 슬로모션을 채택했다. 감독은 프랑수아 트뤼포에게 "천천히 촬영을 하고는, 정상적인 속도라는 인상을 주기 위해 몽타주에 삽입했다"고 밝혔다. 레벨로의 책에 따르면, '카메라가 하수구를 향해 소용돌이치며 내려갈 때, 안구가 욕조 하수구에 완벽하게 '맞아 떨어지게' 보이도록' 리의 생기 없는 눈은 후반작업 과정에서 광학적으로 확대됐다. 히치콕이 오랫동안 쌓아온 경험과 마술 같은 솜씨는 무시무시한 환상들로 구성된 그의 가장 경이적인 45초의 화면에 모두 투입됐다.

크리스마스 휴가가 끝난 후, 후반부의 촬영이 재개됐다. 아보가스트는 그의 제작자를 만나는 대신 어머니를 만나게 되고, 라일라는 지하실에서 어머니를 우연히 발견한다.

어머니는 정교한 히치콕 스타일의 작품이었다. 영화가 먹혀들기 위해서는 관객들은 클라이맥스에 이를 때까지도 어머니가 살아 있다고 생각해야만 했다. 앤서니 퍼킨스의 친구인 배우 폴 재스민이 여배우 마조리 메인과 목소리가 비슷한 노파를 연기하는 재능을 발휘했다. 어머니가 말을 할 때, 그 목소리는 때로는 재스민의 것이었고, 때로는 여배우 버지니아 그레그, 또는 (존 맥킨타이어의 아내인) 지네트 놀런의 목소리를 녹음한 것이었다. 히치콕은 목소리들을 한데 모아서 잘라서 합친 다음, 흔들의자에 앉은 미라가 된 어머니의 실제 '모습'이 등장할 때까지 관객들이 계속 어머니의 모습을 추측하도록 붙잡아뒀다. 이런 연출은 심지어 샤워 시퀀스의 연출보다도 더 까다로웠다.

"무엇보다도 어머니를 제대로 회전시키는 것이 아주 어려웠어요"라고 힐턴 그린은 회상했다. "소품 담당자가 보이지 않는 곳에 쭈그리고 앉아 있다가 전구를 치는 것과 동시에 카메라의 움직임과 때를 맞춰서 의자를 돌리는 거였죠. 해보니까 그 모든 것이 정확하게 한순간에 맞아떨어지게 만드는 것은 정말로 힘든 일이더군요. 오, 나는 히치가 그렇게 길길이 날뛰는 것은 처음 봤어요. 그는 러시를 살폈는데, 원하는 식으로 촬영되지 않았던 거죠." 제작진은 다시 시도해야만 했다. 베이츠가 마음을 어머니에게 빼앗긴 후 감옥에 쓸쓸히 앉아 있는 장면에 등장하는 마지막 목소리만 완전한 여자 목소리였다. 재스민에 따르면, "버지니아 목소리에 지네트 목소리를 약간 합쳐 넣었을 거예요."

제작에 관여한 일부 사람들은 히치콕이 라일라와 샘보다 어머니에게 더 많은 관심을 기울였다고 생각했다. 조지프 스테파노는 영화의 끝부분에서 〈사이코〉 2부의 스타들이 메리언에게 벌어진 일을 숙고하면서 '말없이 명복을 빌 수 있는 몇 초의 시간을' 줘야 한다고 계속 주장했지만, 감독은 괜한 슬픔을 불러일으키려 하지 않았다. 감독은 페이스를 계속 밀고나가기 위해 스테파노가 라일라와 샘을 위해 집필한, 그들이 상실감을 표명하는 대사들을 쳐냈다.

〈사이코〉의 유일한 약점일지도 모르는 장면은 (히치콕이 1960년 1월 말에 최종적으로 촬영한 장면에 속하는) 노먼 베이츠의 심리를 분석하는 정신과 의사의 독백이 나오는 마지막 장면이다. 이 시퀀스의 시나리오 버전에는 경찰서 건물 외곽의 실외장면이 들어 있다. 텔레비전 스태프들이 베이츠의 체포소식을 방송하고, 경찰은 몰려드는 군중을 저지하고 있다. 건물 안에서 심부름하는 사환이 경찰서장 사무실로 커피를 가져온다. 샘이 라일라에게 묻는다. "레귤러커피예요. 오케이(It's regular, okay)?"[49] 라일라가 매섭게 대답한다. "나는 레귤러는 견뎌낼 수 있어요(I could stand something regular)."[50] 그러고는 관객의 긴장을 풀어줄 기회를 제공하는 사소한 대화가 이어진다.

그런데 히치콕은 〈사이코〉의 관객이 긴장을 풀게 놔두지 않고 마지막 크레셴도가 있은 후 빠르게 종결을 짓고 싶었다. 그는 종결부 시퀀스를 사실상 시나리오에 있는 대로 찍었지만, 노먼이 어머니와 맺은 병리학적 관계에 대해 정신의학적으로 설명하는 것에만 집중하기 위해 그런 분위기와 사소한 대화를 잘라버리기로 결정했다. 샘과 라일라는 무뚝뚝한 장면전환에만 활용됐다. 믿음직스럽고 부드러운 배우인 사이먼 오클랜드가 자기가 맡은 대사를 수월하게 연기한 후, 히치콕은 1960년 2월 1일에 2달에 걸친 〈사이코〉의 촬영을 종료했다.

촬영이 일단 종료된 후 히치콕과 〈사이코〉가 제작규범을 어떻게 상대할 것인가가 가장 큰 문제로 대두됐다. 미국사회는 전환점에 서 있었다. 국가적으로 아이젠하워의 10년을 떨쳐내고 화사하고 새로운 케네디 가문의 시대로 옮겨가고 있었다. 할리우드의 검열도 변하고 있었다. 감독은 규범 담당자들 가운데에는 그의 팬도 있고 친구도 있다고 정확하게 판단했다. 그중 우두머리는 제작자와 규범 담당자 사이의 연락관 자리를 계속 유지하고 있는 Y. 프랭크 프리먼과, 최고책임자의 자리를 조지프 브린에게서 물려받은 더욱 개방적인 영국인 지오프리 셜록이었다.

할리우드의 검열당국은 재닛 리와 관련된 두 장면은 참을 수가 없었다. 3월과 4월에 초점의 대부분은 섹스 직후의 오프닝과 샤워 살인에 맞춰졌다. 검열 담당자들은 리가 속옷 차림으로 등장하는 오프닝과, 누드인 것처럼 보이는 리가 샤워 도중에 살해되는 장면 중에서 어느 쪽이 더 문제인지를 결정할 수가 없었다. 히치콕은 평소처럼 협상하겠다는 자세로 접근했다. 그는 포커를 하는 것처럼 손에 든 카드를 섞고 또 섞었다.

그녀를 캐스팅한 바로 그 순간부터 히치콕은 여배우에게 '처음부터 너무나 기괴한 것을 일부러 집어넣는 것으로 검열관들을 주무르기 위해 그가 어떤 계획을 세웠는지에 대해' 주의를 줬다고 리는 회상했다. "그러고 나서 그는 그들에게 돌아가서는 이렇게 말했다. '쯧쯧. 좋소, 들어내리다. 그렇지만 당신들도 나한테 이건 해줘야겠소.' 그는 검열관들이 받아들일 수 없으리라는 것을 너무나 잘 알면서도 시나리오에 더욱 문제가 될 만한 장면을 일부러 집어넣었다. 그런데 받아들여지지 않는 장면이 있을 때마다, 그는 처음부터 진짜로 원하던 장면을 얻기 위한 수단으로 협상과정에서 잘려나갈 장면을 활용했다."

예를 들어, 리의 표현에 따르면 히치콕은 '물이 내려가는 변기의 모습과 음향을 보여주는 유례가 없는 장면이 플롯에서 중요한 요소'라고 검열관들을 성공적으로 설득했다. 라일라가 쪽지를 발견하는 순간, 그 쪽지가 범죄를 구체화시키면서 메리언이 베이츠 모텔에 왔었다는 것을 입증하기 때문이다.[51] 이와 비슷하게 그는 "오프닝에서 메리언이 연인 샘과 반라로 등장하는 장면은 그녀가 절도를 하도록 자극하는, 그들의 관계가 은밀하고 공허하다는 것을 입증하는 데 필요했다." 한편 "피와

49 '보통 있는 일이오, 오케이?'라는 뜻으로도 해석할 수 있다. — 옮긴이

50 '나는 보통 있는 일은 견뎌낼 수 있어요'라는 뜻으로 해석할 수도 있다. — 옮긴이

51 아주 딱 맞는 말은 아니다. 영화가 명확하게 보여주듯, 노먼이 그녀가 여기 묵었다고 이미 인정했기 때문이다.

섞인 물이 하수구로 쏟아져 내려가는 것은 피가 분출하는 모습이나 핏자국을 보여주는 것을 냉정하게 대체하는 데 필요했다."

레벨로에 따르면, 검열위원회의 입장은 오프닝 장면을 두고는 유동적이었지만, 샤워 신을 놓고는 만장일치로 '광분'했다. 그런데도 그들은 자신들을 불쾌하게 만드는 것이 정확히 무엇인지에 대해서는 의견을 모을 수가 없었다. 레벨로는 저서에 이렇게 적었다. "검열관 3명은 누드를 봤다. 2명은 그렇지 않았다. 셜록 사무실에서 히치콕 사무실로 보내진 메모는 이렇다. '제발 누드를 들어내시오.'" 검열관들은 영화를 다시 보겠다고 요구했고, 〈사이코〉는 추가적인 상세한 조사를 위해 되돌아갔다. "이제 전날에 누드를 봤던 위원회 멤버 3명은 누드를 보지 못했고, 전날 누드를 보지 못했던 2명은 누드를 봤다."

히치콕이 언론에서 자랑스레 떠들어댄 리를 뒤에서 잡은 숏은 히치콕이 자유롭게 활용하는 카드였다. 레벨로의 표현에 따르면, '욕조에서 엉덩이를 드러내고 大자로 누워 있는 재닛 리의 시체'를 찍은 오버헤드 숏은 희생양으로 예정돼 있었다. 〈사이코〉의 초기 버전을 보고난 후 그 숏을 옹호한 스테파노는 '완벽하게 심금을 울리는 장면'으로 "너무나 시적이고 고통스러웠다"고 회상했다. 히치콕이 검열관들을 달래기 위해 그 숏을 잘라내고 있는 중이라고 스테파노에게 인정했을 때 작가는 격분했다.

히치콕은 결국에는 제작규범 담당자들을 길들였고, 그들을 조금씩 무너뜨렸다. 그가 마지막으로 구사한 술책은 샤워 시퀀스를 그대로 놔둘 수만 있다면, 오프닝을 재촬영하겠다고 자원한 것이었다. 그러면서 그는 재촬영을 할 때 검열관들이 촬영장에 와야만 한다고 요구했다. 그들의 반대를 어떻게 충족시켜야 할지 자신도 혼란스럽다는 이유에서였다. 출처가 의심스러운 일화는, 재촬영 일정이 잡혔는데 검열관이 한 사람도 모습을 나타내지 않아서 아무것도 바뀌지 않았다는 것이다. 스크립트 슈퍼바이저 마셜 슐롬은 이렇게 밝혔다. "그래서 그들은 결국 샤워 시퀀스에서 누드를 보지 못했다고 합의했습니다. 물론 누드는 시퀀스에 처음부터 끝까지 들어 있었어요."

영화음악의 결정판으로 간주되는 〈현기증〉, 〈북북서로 진로를 돌려라〉, 〈사이코〉의 음악을 맡은 재능은 뛰어나지만 대하기는 까다로운 버나드 허먼.

결국 제작규범은 투표를 해서 승인을 내줬고, 파라마운트는 가톨릭 교단을 바라보며 숨을 죽였다. 품위수호단은 B등급—'전체 연령층에게는 도덕적으로 불쾌한 부분이 일부 있음'—을 내줬는데, 이것은 스튜디오가 감당할 만한 최저등급이었다. 그런데 규범의 결정을 존중하는 수호단은 〈사이코〉를 비난하는 일까지는 하지 않았고, 그래서 수호단이 부여한 등급은 히치콕이 거둔 또 다른 승리가 됐다.

검열과 벌이는 전투가 격해지는 동안, 조지 토마시니는 빼어난 편집 솜씨를 발휘했고, 버나드 허먼은 많은 이들이 그의 영화음악의 진수라고 평가하는 음악을 작곡했다. 미쳐 날뛰는 듯한 리듬을 타는 현악기들을 편곡한 허먼의 음악—어떤 평론가는 '절규하는 바이올린'이라고 불렀고, 다른 평론가는 '싸늘한 얼음냉수'라고 불렀다—은 이후 영화음악의 표준으로 자리잡았다. 영화음악학자 로열 S. 브라운에 따르면, 〈사이코〉의 메인 테마는 “그토록 음악적으로 강렬한 지점에서 너무나 자주 반복됐기 때문에 영화의 출발점일 뿐 아니라 귀착점으로도 보인다.” 음악이 영화를 뒷받침한 정도는 ‘영화의 궁극적인 내러티브 주제를 반영하는 귀에 거슬리는 불협화음과 이중조성의 배열 면에서’ 이전에 히치콕 영화에 등장했던 테마들을 훌쩍 넘어선다.

감독은 원래 샤워 신을 단편 무성영화처럼 찍으려는 의도를 품었지만, 귀청을 찢는 듯한 음악을 들은 후에 마음을 바꿨다. 영화학자 제임스 나레모어의 표현에 따르면, 그래서 메리언의 고난은 ‘극도로 고음인 현악 악절’로 시작돼서 ‘메리언의 비명으로 강조된 후’ 갑자기 ‘휘파람 소리처럼 들리는 일련의 음표들로’ 옮겨간다. 메리언이 당하는 칼부림이 끝난 후에는 ‘크지만 느린 단조의 저음 화음으로’ 흘러간다. 어머니가 방을 떠난 후에야 음악소리는 카메라가 메리언이 벽에서 미끄러져 내려가는 모습을 지켜보는 동안 서서히 잦아진다. 그녀의 생기 잃은 눈을 잡은 마지막 숏은 물 흐르는 소리와하수구로 물이 빠지는 자연음으로 구성된 소음으로만 보완된다.

영화가 편집되고 영화음악이 작곡되는 동안, 히치콕은 〈사이코〉의 홍보, 광고, 배급전략을 세우기 위한 일련의 회의들을 루 와서먼의 사무실에 소집했다. 사실 히치콕은 촬영을 하기 전부터 홍보활동을 시작했다. 히치콕은 그가 계획한 —누드와 유혈, 복장도착을 완비한— 의도적인 싸구려 스릴러에 대해 일련의 도발적인 발언을 해댄 다음, 저널리스트를 상대로 홍보활동을 벌이면서 〈사이코〉의 문을 닫았다.

이런 활동으로 인해 이 영화와 관련된 사항이 극비에 해당한다는 분위기가 출연진에게까지 확장됐다. 베라 마일스에 따르면, 출연진은 실제로 오른손을 올리고 영화의 반전에 대해 누설하지 않겠다는 맹세를 해야만 했다. 히치콕이 자신의 이익만을 생각해서 그런 고생을 택했을 리는 없다. 감독이 로스앤젤레스 지역에 있는 원작소설을 전부 사들였다는 소문처럼 말이다. 〈사이코〉는 처음 출판된 이후로 절판된 적이 없는 인기소설이었다.

히치콕이 사들인 것 중 하나가 원작소설의 표지 디자인이었다. 아티스트 토니 팔라디노에게서 디자인을 사들인 히치콕은 책 표지를 모델로 포스터를 제작하라고 지시했다.(디자인 일로 영화경력을 시작한 히치콕은 영화에 입문한 초기 이래로 영화의 타이틀 자막과 광고에 대한 의견을 개진해왔다. 그런데 〈사이코〉는 그가 스타일까지 지시한 최초의 작품이었다. 솔 바스와 함께 ―스티븐 레벨로의 표현에 따르면, '신경질적으로 발레를 추는 듯한 수평직선과 수직직선들이 확장되다가 거울이미지 패턴으로 연결되는'― 타이틀 시퀀스에서 작업한 해럴드 애들러는, 히치콕의 사무실에는 '내가 가진 것보다 더 많은 미술서적과 관련 잡지들이 있다'는 것을 알게 됐다.)

연출료를 나중에 받기로 하고 연출에 동의한 히치콕은 〈사이코〉의 주요 투자자―겸 공동 소유자―였다. 초기에 있었던 광고와 홍보를 위한 어느 미팅에서, 바니 발라반은 히치콕이 내놓은 홍보 아이디어가 절대로 먹혀들지 않을 거라고 반대했지만, 와서먼은 히치콕의 계약내용을 자랑스레 밝히면서 감독의 권리를 발라반에게 상기시켰다.

히치콕은 평생토록 홍보를 전공하는 학생이었다. 이즐링턴 이후로 배워온 모든 교훈―그가 텔레비전 시리즈를 하면서 정통해진 교훈―을 취합할 수 있게 된 그는 그것들을 〈사이코〉에 적용했다. 그는 재기 넘치는 대필 작가 제임스 앨러다이스를 고용해서 〈앨프레드 히치콕 극장〉 타입의 예고편 대본을 쓰게 했다. 베이츠 모텔을 안내하는 가이드로 예고편에 직접 출연한 감독은 욕실을 오랫동안 응시하고, 변기의 물을 내리며 눈동자를 굴렸다.

"모두 깨끗하게 정돈됐군요." 히치콕은 애처롭게 얘기한다. "욕실입니다. 어, 사람들이 이제는 여기를 깨끗하게 치웠네요. 완전히 달라졌군요. 여러분이 피를 봤어야만 하는 건데. 여기, 여기 전체가 그러니까, 말로 표현하기에는 너무 끔찍한 얘기입니다. 무시무시했어요.(변기를 가리키며) 여기서 찾아낸 아주 중요한 단서를 얘기해 드리겠습니다. 여기 아래서도요. 흐음, 살인자는 여러분이 보시듯 여기로 아주 조용하게 다가옵니다. 물론 샤워기를 틀었기 때문에 소리는 들리지 않죠. 그러고는, 어어……"

그 순간, 감독은 커튼을 옆으로 확 연다. 그리고 버나드 허먼의 절규하는 바이올린이 들린다. 그 안에는 옷을 벗은 채로 몸을 웅크린 금발여자(재닛 리가 아니라, 고분고분하게 가발을 쓴 베라 마일스였다)가 등골이 오싹한 비명을 내지른다. 이것은 세상에서 가장 위대한 예고편 중 하나였다.

셀즈닉과 영화를 만들던 때를 제외하면, 히치콕은 스튜디오와 우호적인 관계에서 얻어낸 홍보비용과 광고비용을 풍족하게 쓴 적이 한 번도 없었다. 그가 워너브러더스와 맺었던 계약에서 계속 불평의 근원이 된 것이 그 문제였다. 파라마운트에서는 형편이 좀 나았지만 —〈현기증〉 같은— 몇몇 영화는 촬영 도중에 언론의 관심을 그다지 받지 못했고 개봉 즈음에는 평균적인 예산만 지원받았다. 이제 파라마운트를 등에 업은 히치콕은 그 전에는 한 번도 해보지 못한, 영화의 개봉을 진두지휘할 기회를 갖게 됐다.

개봉 전에 열리는 시사회에서 (아마도 리뷰에서 엔딩에 대한 논의를 하지 못하게끔 하기 위해) 평론가들을 배제한다는 유례가 없는 결정을 내린 것도, 그리고 "어느 누구도, 정말로 어느 누구도…… 영화 상영이 시작된 후에는 극장에 들어갈 수 없습니다"라고 홍보하기로 결정한 것도 히치콕 자신이었다. 레벨로가 저서에서 지적했듯, 후자의 방침은 독특한 것은 아니었지만(파라마운트는 〈현기증〉에서도 같은 방침을 시도했다), 〈사이코〉처럼 제대로 효력을 발휘한 적은 한 번도 없었다.

극장업자들은 방침에 따르라는 종용을 받았다. 홍보자료는 극장주인에게 극장에 쇄도해서 장사진을 치는 군중을 다루는 법에 대해 조언했고, 히치콕 본인이 직접 녹음한 목소리로 그들에게 주의를 줬다. "영화의 엔드크레디트가 끝난 후 스크린 위에 커튼을 내리고는 극장을 30초 동안 어둡게 유지하십시오. 칠흑처럼 어두운 이 30초 동안 〈사이코〉의 서스펜스는 관객들 마음속에 깊이 새겨질 것이고, 관객은 나중에 입을 멍하고 벌린 친구들과 친척들과 논의를 하게 될 것입니다. 그런 후에 초록색이 나는 극장의 불을 켜십시오. 극장을 나서는 손님들의 얼굴에 이 불길한 색조를 늘어뜨리십시오."

그런 다음, 히치콕 부부가 2달에 걸친 세계일주 휴가를 떠나는 동안, 후반작업에 대한 설명과 개봉계획은 믿음직한 부하들의 몫이 됐다. 부부는 4월 3일에 프레지던트 클리블랜드 호를 타고 호놀룰루로 출항했다. 그런 다음 거기서 도쿄, 홍콩, 싱가포르, 시드니, 로마, 파리, 런던을 여행했는데, 홍보와 관광이 항상 일정에 섞여들었다.

그가 나중에 앤디 워홀에게 밝힌 바에 따르면, 도쿄에서 그는 '지극히 점잖은' 일본인 대표자의 안내를 받아 프레스클럽으로 가서 저녁으로 스테이크를 먹었다. 저녁을 먹은 다음 그들은 위층으로 올라갔는데, 그곳에서 히치콕은 이즐링턴 시절 이후로 정통해 있던 발가벗은 여성들과 우연히 마주치게 됐다. 그는 포르노를 볼 것이라고는 예상도 못했다. "지독한 영화들이었어요…… 미국 포르노들…… 프랑스 포르노들…… 그런 영화들이 상영된 후, '다리' 사이에 붓을 끼워 넣은 진짜 아가씨들이 나와서 종이에 일본어를 쓰더군요."

히치콕 부부는 6월 중순이 돼서야 할리우드에 돌아왔다. 〈사이코〉는 그 직전에 전국적으로 개봉됐다. 데밀극장과 배러닛극장 등 뉴욕의 극장 2군데와 로스앤젤레스의 할리우드 극장에서 일주일에 걸친 개봉 전 상영회를 연 다음, 곧바로 수백 군데의 극장에서 직접 영화를 개봉하라고 밀어붙인 것은 루 와서먼이었다. 와서먼이 희망한 대로* 박스오피스 기록은 호화로운 극장들에서 먼저 깨졌고, 그다음으로 전국 각지의 인접한 지역으로 파급돼 나갔다. 리뷰와 논란은 영화의 파급속도를 따라잡지 못했다.

세계 곳곳에서 벌어진 논란(예를 들어, 영국검열당국은 영화에 X등급을 줬다)에도 불구하고, 〈사이코〉는 세계 각지에서 관객동원 기록을 경신하면서, 미국에서는 900만 달러 이상을, 해외에서는 600만 달러를 벌어들였다. 1960년에 이 기록적인 수치는 〈벤허〉에 이은 2위에 해당했다. 영화의 제작비가 80만 달러였기 때문에, 〈사이코〉는 정말로 그해에 가장 수익성이 높은 영화였다.(히치콕은 그렇게 돈을 많이 벌 것이라고

주연 여배우(재닛 리)를 20분 이내에 죽여버리는 적나라하고 뇌리에서 지워지지 않는 영화 〈사이코〉(1960)의 이미지(음악)는 대중문화에 오래도록 남을 감독의 공헌 중 하나가 될 것이다.

는 결코 상상하지 못했다고 늘 주장했다. 그의 입장에서 돈벌이는 영화를 만드는 것에 따르는 '부수적인 관심사'였다.)

〈사이코〉는 진정한 사회문화적 현상이 됐다. 『뉴욕타임스』에 투고된 편지들은 영화가 '무섭고' '넌더리나게 하는지' 아니면 '눈부시고' '진정한 아방가르드'인지를 놓고 논쟁을 벌였다. 스티븐 레벨로는 '졸도, 상영도중 퇴장, 반복관람, 보이콧, 성난 통화와 서신들'이 난무했다고 썼다. "가톨릭 성직자들과 정신과 의사들이 영화 상영을 금지하라며 전화를 걸어오기도 했다."

갖가지 비평적 반응들이 나왔다. 소수의 평론가—『뉴욕 데일리뉴스』의 완다 헤일 같은—는 (별 4개를 주면서) 영화를 개봉 즉시 받아들였다. 더 일반적인 반응은 『에스콰이어』의 드와이트 맥도널드가 내놓은 반발이었다. 그는 〈사이코〉를 '가장 불쾌한 정신, 저열하고 음흉하며 가학적인 왜소한 정신을 반영한 영화'로 진단했다. 『네이션』의 로버트 해치는 "불쾌하고 역겹다"고 썼다.

결정을 내릴 수가 없었던 다른 평론가들은 영화를 여러 차례 보면서 양쪽 모두에 표를 던졌다. 『타임』은 '섬뜩하지만' 서투르게 '비명을 질러대는 영화'라고 생각했지만, 1965년에는 다른 영화인 로만 폴란스키의 〈혐오〉를 '〈사이코〉의 클래식 스타일'을 가진 영화라고 칭찬했다. 20년 넘게 히치콕 영화에 부정적 반응을 보인 것으로 정평이 난 『뉴욕타임스』의 보슬리 크라우더는, 이와 비슷하게 〈사이코〉를 세련되지 못하고 심지어는 '구닥다리 스타일'이라고 묘사했다. 그러나 영화에 대한 논란이 벌어지면서, 그는 거의 20년 전에 〈구명선〉에 대해 그랬던 것처럼, 일요일판 신문에서 히치콕 영화를 재평가했다. 그의 견해는 이번에는 상향됐다.(이제 〈사이코〉는 '매혹적'이고 '도발적'이었다.) 그해 말, 『뉴욕타임스』 평론가들은 —'대담하고' '노련하며' '세련된'— 〈사이코〉를 그해의 10편의 영화 중 한 편으로 선정했다.

V. F. 퍼킨스가 영국의 『옥스퍼드 오피니언』에 쓴 글은 통찰력 있는 평가였다. 〈사이코〉를 '아주 시시한 작품'으로 평가한 『사이트 앤 사운드』에 대한 반응으로 쓴 이 글에서, 퍼킨스는 그 의견에 동의하지 않으면서, 영화를 반복해서 관람하면 그의 주장을 입증할 수 있을 것이라는 처방을 내렸다. "영화는 처음 보면 뛰어난 오락물이며, 사실상 '아주 시시한 작품'이다"라고 퍼킨스는 썼다. "그런데 부적절한 '미스터리'로 인해 캐릭터들에게 더 이상 마음을 빼앗기지 않을 수 있게 되면서, 〈사이코〉는 이루 헤아릴 수 없는 보답을 할 뿐 아니라 훨씬 더 소름이 끼치는 영화가 된다." 퍼킨스는 영화에 담긴 '눈부시게 영리한' 연기와 '긴장의 층위'들을 칭찬하면서, 영화의 소재가 '비극작가에게만 어울리는' 것이라는 결론을 내렸다. "그리고 비극작가야말로 히치콕이 마침내 드러낸 참모습이다."

이 시기까지 이 영화만큼 많은 사람이 반복 관람을 한 작품도 없을 것이다. 〈사이코〉는 10년에 걸쳐 유지된 히치콕의 창작력의 절정이었다. 그리고 위험한 지역을 종횡으로 누빈 그의 1950년대의 다른 영화들과 더불어, 〈사이코〉는 그가 진정한 미국의 비극작가임을 보여줬다. 항상 그랬듯, 윙크를 하면서 비극을 전달하는 작가임을.

6장

세계시민

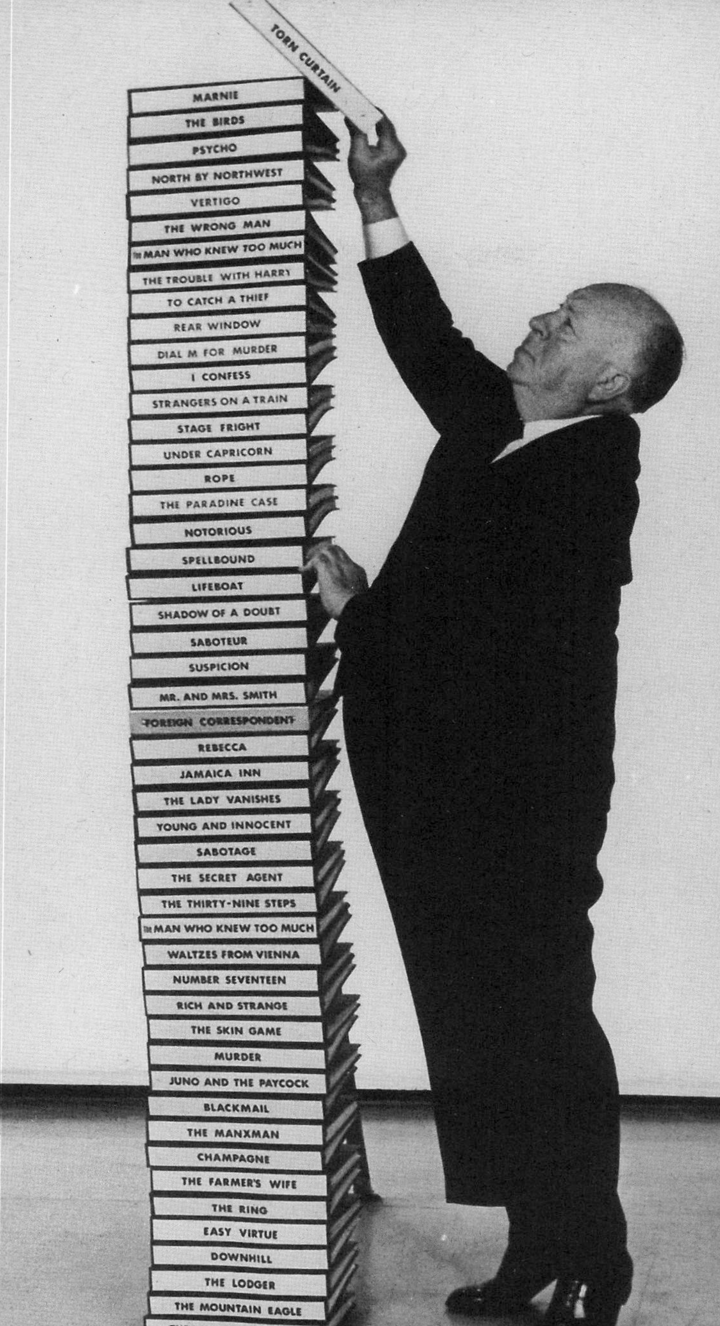
TORN CURTAIN
MARNIE
THE BIRDS
PSYCHO
NORTH BY NORTHWEST
VERTIGO
THE WRONG MAN
THE MAN WHO KNEW TOO MUCH
THE TROUBLE WITH HARRY
TO CATCH A THIEF
REAR WINDOW
DIAL M FOR MURDER
I CONFESS
STRANGERS ON A TRAIN
STAGE FRIGHT
UNDER CAPRICORN
ROPE
THE PARADINE CASE
NOTORIOUS
SPELLBOUND
LIFEBOAT
SHADOW OF A DOUBT
SABOTEUR
SUSPICION
MR. AND MRS. SMITH
FOREIGN CORRESPONDENT
REBECCA
JAMAICA INN
THE LADY VANISHES
YOUNG AND INNOCENT
SABOTAGE
THE SECRET AGENT
THE THIRTY-NINE STEPS
THE MAN WHO KNEW TOO MUCH
WALTZES FROM VIENNA
NUMBER SEVENTEEN
RICH AND STRANGE
THE SKIN GAME
MURDER
JUNO AND THE PAYCOCK
BLACKMAIL
THE MANXMAN
CHAMPAGNE
THE FARMER'S WIFE
THE RING
EASY VIRTUE
DOWNHILL
THE LODGER
THE MOUNTAIN EAGLE
THE PLEASURE

16 성공의 씁쓸한 뒷맛

1960~1964

언젠가 코펜하겐의 광장 한복판에 서 있던 감독은 앰뷸런스 1대가 요란스레 사이렌을 울리면서 그에게 곧장 다가오는 것을 봤다. 날카로운 소리를 내면서 멈춰선 앰뷸런스에서 한 남자가 뛰어나오며 고함을 질렀다. "사인 부탁드립니다!" 히치콕이 사인을 휘갈기자 남자는 앰뷸런스에 다시 뛰어올랐고, 앰뷸런스는 요란한 소리를 내면서 사라졌다. "내가 해준 사인이 환자를 위한 건지 운전사를 위한 건지 모르겠습니다." 세월이 흐른 후 그가 곰곰이 생각한 끝에 내놓은 말이다.

텔아비브 공항에서 비행기를 내려 에스컬레이터로 향하던 히치콕을 사람들은 금세 알아봤다. 공항 전체가 잠시 할일을 멈추고는 그를 쳐다봤다. 그가 에스컬레이터를 내려가는 동안 사람들은 박수갈채를 퍼부었다. "아주 기분이 좋더군요." 그도 인정했다.

사람들이 몰라보는 곳으로 가겠다는 생각도 일부 있어서 선택한 휴가지인 타히티에 갔을 때, 그곳 아이들까지 그를 알아보고는 바닷가에서 그의 주위를 둘러쌌다. 바티칸을 여행할 때는 주위에 서 있던 교황 근위병들이 그의 텔레비전 주제가를 조용하게 콧노래로 불렀다.

1960년 무렵, 키 작고 뚱뚱한 영화감독은 〈앨프레드 히치콕 극장〉과 〈사이코〉의 위력 덕분에 진정한 세계시민이었다고 말해도 조금도 과장이 아니었다.

〈사이코〉는 아카데미 4개 부문 후보에 올랐다. 조지프 헐리, 로버트 클랫워시, 조지 밀로가 최우수 흑백미술 및 세트장식 부문에, 존 L. 러셀이 최우수 촬영 부문에, 재닛 리가 여우조연 부문에, 히치콕이 감독 부문에 후보로 지명됐다.[1]

그해에 10개 부문에 후보로 지명되며 총애를 받은 영화는 빌리 와일더의 〈아파트 열쇠를 빌려드립니다〉였다. 와일더는 명성의 정점에 있었고, 후보에 지명될 때마다 작가협회와 감독협회 회원들 모두의 표를 끌어모으면서 업계로부터 광범위한 지지를 받았다. 〈나는 비밀을 안다〉의 집필 크레디트를 둘러싼 논쟁(작가협회에서는 상식이 된 사연)은 말할 것도 없이 히치콕의 오스카 레이스에 타격을 입혔는데, 그것은 그의 경력의 꼭대기에 올랐던 이 시점에서도 마찬가지였다. 그런데 아이러니하게도 그에게 더 타격이었던 것은 그가 집필 크레디트를 받는 것을 자랑스럽게 거절했다는 사실일 것이다. 와일더의 독특한 명망은 그가 작가 겸 감독이라는 사실에서 비롯됐다.(히치콕처럼, 그는 자신의 작품들도 제작했다.) 히치콕은 〈사이코〉를 공동 집필했다고 할 수도 있었지만, 원칙에 따라 그런 주장을 하지 않았다.

냉소적이고 세련된 와일더를 다른 감독만큼이나 좋아한 히치콕은 와일더의 최신작은 늘 개인적으로 관람했다. 심지어는 그가 와일더에게 표를 던졌을 가능성도 있다. 필립 K. 슈어는 패배가 확실한 후보를 위해 『로스앤젤레스 타임스』에 동정적인 글을 기고했다. 그는 히치콕이 감독상을 받는다면 할리우드 전체가 타격을 받겠지만, 그 상은 '〈사이코〉에 주는 상이라기보다는 지난 4편의 영화를 홀대하며 내버려둔 것을 속죄하는 상'이 될 것이라고 썼다.

히치콕 부부는 1961년 4월 17일에 산타모니카 시빅 오디토리엄에서 열린 아카데미 시상식장의 앞부분에 앉았다. 애석하게도 그날 저녁에 이변은 없었다. 〈사이코〉의 후보자 어느 누구도 오스카를 수상하지 못

1 눈부신 솜씨를 발휘하고도 누락된 사람들은 이렇다. 앤서니 퍼킨스, 시나리오작가 조지프 스테파노, 편집기사 조지 토마시니, 작곡가 버나드 허먼.

했다. 그날 밤에 최우수 세트장식상과 편집상은 〈아파트 열쇠를 빌려드립니다〉로 향했고, 각본상, 감독상, 작품상은 한사람—빌리 와일더—의 품에 안겼다.[2]

〈사이코〉는 히치콕이 마지막으로 감독상 후보에 오른 작품이 됐다. 파라마운트에 있는 그의 사무실과, 나중에 유니버설에 마련된 그의 사무실 벽에는 그가 수상한 국제적 상들과 명판, 트로피들로 장식돼 있었는데, 그중에는 감독상 후보에 오르면서 받은 증명서 5장도 있었다. 그는 손님들에게 이 증명서를 가리키고 슬픈 표정으로 머리를 흔들면서 이렇게 말하곤 했다. "항상 들러리만 섰지, 한 번도 주인공이 되지를 못했어요." 오스카 트로피가 그저 기분 좋은 장식품에 불과하다는 것은 그도 알았다. 그는 이렇게 덧붙였다. "그런 것들을 주관하는 주체는 스튜디오죠." 그러나 가까운 친구들은 그의 농담이 마음 깊은 곳의 개인적 실망감을 위장한 것이라고 생각했다.

그가 오스카에 대해 공개적으로 밝힌 얘기는 많지 않다. 언젠가 어느 BBC 인터뷰어가 그에게 감독상을 한 번도 수상하지 못한 게 실망스럽냐고 노골적으로 묻자, 그는 이렇게 대답했다. "우리는 지금 위험한 주제에 들어섰습니다. 나는 나 자신에 대해서는 말하지 않겠습니다." 그러고는 재빨리 화제를 바꿨다.

"오스카는 우리 업계의 대단원이 아닙니다." 존 포드가 언젠가 동일한 취지의 질문을 던지는 어느 인터뷰어에게 무뚝뚝하게 밝힌 얘기다. "우리 같은 직업에 종사하는 사람들이 가장 소중하게 생각하는 상은 뉴욕영화비평가상입니다. 그리고 우리 같은 감독들이 소중하게 여기는 것은 미국감독협회상이고요. 이것들은 굉장히 공정한 상입니다."

그러나 히치콕은 때때로 '결승전 출전자'와 '분기별 수상자'로 명명되기는 했지만, 미국감독협회가 주는 감독상도 한 번도 수상하지 못했다. 그는 1948년부터 1960년까지 〈스트레인저〉, 〈다이얼 M을 돌려라〉, 〈이창〉, 〈나는 비밀을 안다〉, 〈해리의 소동〉, 〈현기증〉, 〈북북서로 진로

2 I. A. L. 다이아몬드가 오스카 각색상을 와일더와 공동수상했다.

그 누구보다도 감독의 최고 조언자이자 비평가는, 그녀가 계약서에 서명하거나 더 이상 크레디트를 받지 않은 이후에도 항상 알마 레빌이었다. 1960년에 <사이코>의 이탈리아 개봉을 위해 밀라노 여행길에 찍은 사진.

를 돌려라〉, 〈사이코〉로 8차례 후보에 오르는 기록을 세웠다.[3] 게다가 그는 뉴욕영화비평가들로부터도 그다지 나은 대접을 받지 못했다. 그들은 〈사라진 여인〉에서 히치콕에게 영예를 안긴 후로는 나머지 경력 동안 더 이상 상을 수여하지 않았다.

히치콕을 거장으로 대우하는 일은 거의 프랑스인들의 몫이었다. 『카이에 뒤 시네마』와 『포지티프』의 젊은 시네아스트들은 목소리를 계속 높여왔다. 1950년대에 〈현기증〉, 〈북북서로 진로를 돌려라〉, 〈사이코〉에서 정점에 오른 히치콕은 다른 감독들과 비교할 수 없는 작품들로 인해 '작가주의'—감독들을 그들의 영화에 일관된 아이디어와 주제를 부여하는 진정한 작가로 묘사하는 프랑스인들의 이론—의 전형이 됐다. 프랑스인들의 끊임없는 '선전'(트뤼포의 표현)은 미국의 젊은 평론가들 사이에도 지속적으로 뿌리를 내리고 있었다.

젊은 미국인 작가주의자들의 선봉에는 앤드류 새리스가 있었다. 그는 『카이에 뒤 시네마』의 미국 통신원이었을 뿐 아니라, 뉴욕의 대안적 주간지 『빌리지 보이스』의 평론가였다. 『보이스』에 쓴 글에서 새리스는 히치콕을 오손 웰스에 비교했다. 그러면서 〈사이코〉를 '〈악의 손길〉 이후에 유럽의 걸작영화들과 동등한 창조적 반열에 오를 수 있는 최초의 미국영화'라고 격찬했다. 새리스는 1962년에 한 걸음 더 나아가 히치콕을 예술가로 폭넓은 존경을 받는 프랑스 영화감독들과 비교하면서, "앨프레드 히치콕이 빼어남의 모든 기준에서 로베르 브레송보다 예술적으로 우수하다는 명제에 나의 명예를 걸 준비가 돼 있다"고 과감하게 밝혔다. 그를 거장으로 대우하는 추세는 확산됐다. 그리고 히치콕은 오스카가 그의 손아귀에서 멀어질 때 그런 대우를 위안으로 삼았다.

"앙코르를 위해 무슨 작품을 할 건가요?" 〈사이코〉가 논란과 찬사, 그리고 히치콕 영화 중에서 가장 큰 박스오피스 성공을 거둔 후에 루 와

3 이 기간 동안 히치콕이 8차례 미국감독협회상 후보에 오른 것은 빌리 와일더와 타이 기록이다. 와일더는 결국 〈아파트〉로 수상했다.

서면이 받은 질문이었다.

사실, 〈사이코〉가 개봉된 후 거의 1년 가까이 지나는 동안, 히치콕 자신도 이 질문에 대한 대답을 알지 못했다. 그는 1960년 후반기 동안 미국 외의 지역에서 〈사이코〉를 홍보하고 배급하는 일을 감독하고, 몇 가지 언어로 더빙(대부분의 할리우드 감독들과 달리 히치콕이 개인적으로 챙긴 과정)하는 것을 감독하고, 외국 개봉을 위해 수많은 인터뷰에 응하고, 가을에는 영국과 유럽을 5주 동안 여행하느라 분주했다.

히치콕이 가을에 가진 유일한 제작회의는 〈앨프레드 히치콕 극장〉의 다가오는 1960~1961년 시즌과 관련된 회의였다. 그는 "빅스비 부인과 대령의 코트"와 "경마광" 등 에피소드 2편을 연출할 계획이었다.(뒤의 작품은 블랙코미디로, 교회 목사인 클로드 레인스는 작품에서 2가지 문제에 직면한다. 수리하기에는 돈이 너무 많이 드는 비가 새는 지붕, 그리고 기도를 드릴수록 경마에서 돈을 버는 확률이 높아지는 어느 교구민.)

자신의 텔레비전 시리즈를 그토록 재능 있게 소개한 사나이는 영화와 관련이 없는 공공 이벤트의 강사로도 변신하고 있었다. 1960년대 초반과 중반에 히치콕은 졸업식에서 대학생에게, 클럽에서 사업가에게, 작가와 편집자 단체에서, 심지어는 대통령 취임 이벤트에서 연설을 해달라는 초대를 받았다. 초대를 응낙할 때마다 제임스 앨러다이스가 히치콕의 연설문을 상의하기 위해 사무실로 찾아오곤 했다. 히치콕은 중요한 행사인 경우에는 대여섯 차례의 원고 수정을 요구했고, 히치콕 영화에 나오는 장면을 준비하는 것처럼 연설문 한 줄 한 줄을 꼼꼼하게 검토했다.

1962년에는 많은 시간을 빼앗는 이런 과외활동과, 히치콕이 나중에 유니버설로 사무실을 옮길 수 있게 해준 장시간에 걸친 파라마운트와의 협상이 진행됐다. 유니버설 스튜디오에서 가장 크고 좋은 방갈로가 히치콕을 위해 마련됐다. 그의 디자인 스태프와 작가를 위한 사무실, 편집장비가 설치된 인근의 방, 조수 페기 로버트슨을 위한 별도의 사무실이 마련됐고, 그의 넓은 개인 사무실에는 주방과 칵테일 라운지, 욕실, 식당, 객석이 8석 있는 시사실도 딸려 있었다.

그의 관심을 끌기 위해 경쟁하는 대여섯 개의 영화 프로젝트를 가진 히치콕은 관련 자료를 책상 위에 여행 브로셔처럼 정리해 펼쳐놓고는 자신이 어디로 가고 싶어 하는지를 결정하려고 노력했다. 한여름에 그는 어니스트 레먼과 "눈먼 남자"라는 오리지널 스토리에 대해 논의했다. 제임스 스튜어트가 시각장애인 재즈 피아니스트로 출연할 영화였다.(시나리오 노트에는 주인공의 이름이 '지미 쉬어링'이었는데, 캐릭터의 모델이 된 실존인물인 피아니스트 조지 쉬어링과 스튜어트의 이름을 합친 이름이었다.) 피아니스트는 살해당한 남자의 눈을 확보해서 수술을 한 끝에 시력을 되찾는다. 그런데 이상한 기억이 떠오르기 시작하고, 영화역사가 그렉 개릿에 따르면, "그가 만나는 남자에게 불안한 기분이 드는데, 결국 그 남자가 그의 의사의 살인자로 밝혀진다." 개릿이 지적하듯, "뮤지션과 살인자는 고양이와 쥐 게임을 벌이다가 대양여객선에 오른다. 〈스트레인저〉의 전통에 따라 디즈니랜드의 굉장히 성대한 카니발도 영화의 중요한 배경이었다."

레먼에 따르면, "눈먼 남자"를 위해 내놓은 히치콕의 '기묘한 아이디어'에는 '악당이 지미의 얼굴에 염산을 던지고 사망하면서 다시 평생 앞을 못 보게 만들어서 결국 처음 시작한 지점에 세워놓는' 장면과 마리아 칼라스가 무대 위에서 노래를 부르는 동안 살인을 목격하는 오페라 장면이 있었다. 레먼의 표현에 따르면, 그녀가 부르는 노래는 '관객들이 갈채를 보내는 사이 비명으로' 돌변한다.

레먼은 1960년 12월에 프로젝트의 계약에 서명했다. 그런데 굉장히 의욕적이던 스튜어트가 눈먼 피아니스트를 '데이비드 니븐 타입'으로 만들어놓고 물러나면서, 레먼의 참여는 프로젝트에 도움이 되지 않았다. 개릿에 따르면, 월트 디즈니 홍보담당자가 자기 아이들이 〈사이코〉를 보게 하지는 않겠으며, '히치콕이 디즈니랜드에 관한 영화를 만드는 것도 허락하지 않을 것'이라고 단언한 것도 타격이었다. 그러나 최후의 결정타는 히치콕의 사무실에 나타난 레먼이 플롯과 관련한 문제점을 해결할 방법을 찾아낼 수가 없다면서 그만두고 싶다고 밝힌 것이었다. 히치콕은 "눈먼 남자"를 취소하면서 변덕스러운 레먼과는 다시는 같이 일을 하지 않겠다고 다짐했다.

그는 언론에게 프랑스 알프스에서 휴가 동안 사라진 아내에 관한 M. 로베르 토마의 프랑스 희곡 〈외로운 남자를 위한 덫〉을 영화화할지도 모른다고 밝혔다. 다시 세상에 나타난 아내는 남편이 자신을 알아보지 못한다는 것을 알게 된다. 여러 인터뷰에서 그는 여전히 오드리 헵번과 로렌스 하비가 출연하는 〈판사는 보석 불가〉를 영화화할지도 모른다고 주장했다.

소설은 여전히 잠재적인 소재의 믿음직한 출처였다. 그리고 히치콕은 〈사이코〉의 앙코르로 대여섯 편의 소설을 고려했다. 그중 한 편이 폴 스탠턴의 『별들의 마을』로, 고도가 낮아지면 폭발하게 돼 있는 원자폭탄을 싣고 창공에서 오도 가도 못하게 된 비행기의 조종사를 다룬 냉전 서스펜스 이야기였다.

그러나 히치콕은 결국 18세기 콘월 지방의 삶을 다룬 폴다크 시리즈의 저자로 유명한 영국 작가 윈스턴 그레이엄이 쓴 최신 소설 『마니』를 선택했다. 『마니』는 현대 영국을 배경으로 도벽이 있는 냉정한 여자에 관한 이야기로, 그녀의 도둑질의 대상이 된 남자는 그녀에게 결혼해달라고 협박한다. 여자의 도벽을 고치기 위해, 남자는 신혼여행 도중에 그녀에게 정신분석을 받으라고 강요하는 것부터 시작해서 모든 노력을 기울여본다. 그런데 정신분석 결과 그녀의 불행의 뿌리는 불우한 어린 시절이라는 것이 밝혀진다.

평론가들은 여성의 시점에서 비롯되는 심리학적 서스펜스를 꼽으며 소설을 칭찬했다. 남자의 무조건적인 사랑이 여자를 치유한다는 내용의 〈마니〉는 의사-환자의 역할을 뒤집으면서 〈스펠바운드〉를 비공식적으로 리메이크할 기회를 히치콕에게 제공했다. 히치콕은 이번에는 데이비드 O. 셀즈닉과 다툴 필요가 없었다. 히치콕이 파라마운트를 위해 또 다른 영화를 연출할 것인지는 그가 〈마니〉를 받아들일 때까지는 불투명했다. 그러나 회의적이었던 루 와서먼은 히치콕이 유니버설로 옮겨가는 것을 완료하기 위해 〈마니〉를 받아들이기로 했다. 그리고 거기에는 윈스턴 그레이엄의 소설이 그레이스 켈리의 컴백 작품이 될 것이라는 히치콕의 약속도 작용했다.

히치콕은 모나코에 있는 그레이스 왕자비와 계속 접촉해왔다. 그는 그녀에게 〈마니〉를 얘기했지만, 그녀가 책을 읽는 것은 바라지 않았다. 그는 그녀에게 이미 미국으로 배경을 옮긴 이야기에 대한 상세한 트리트먼트를 보내는 것이 더 나을 것이라고 판단했다. 〈사이코〉에서 그토록 훌륭한 일을 해낸 스테파노와 마니 캐릭터에 매력과 에너지를 불어넣을 켈리를 확보한 히치콕은, 처음에는 최종완성작이 보여주는 것보다 블랙코미디 요소가 더 강한 영화를 상상했다.

1961년 3월 1일부터 시작해서 석 달 동안, 히치콕은 스테파노를 매일 만나서 〈마니〉의 미국화 버전을 개발하려고 애썼다. 스테파노의 표현에 따르면, 심지어는 '켈리에게 그녀가 영화계로 컴백해야 할 가장 가능성 높은 설명'을 제공하기 위해 특정 장면의 대사를 비워놓기까지 했다.

켈리가 (스테파노처럼) 필라델피아 출신이라는 점을 감안하여, 필라델피아와 동부해안의 다른 도시들이 영화의 새로운 배경이 됐다. 소설에서는 사촌인 남자 2명이 마니의 애정을 놓고 경쟁하지만, 히치콕은 영화에서는 두 여자가 같은 남자를 놓고 다투는 이야기가 되기를 바랐다. 그래서 시나리오는 마니에게 의심을 품는 아름다운 친척을 창작해냈다. 마니가 말을 사랑하는 것은 소설에서 가져온 것이다.(히치콕은 어느 인터뷰에서 음흉하게 알려주기를, 그녀는 말을 '그녀 자신을 정화하고 있는 것처럼'탄다.) 아주 영국적인 설정인 여우사냥도 마찬가지였다. 취미생활에 경도된 히치콕은 마니의 말 애호를 보존하는 한편 여우사냥을 필라델피아 고급 사교계로 옮겨왔다.(〈농부의 아내〉에도 여우사냥이 나온다.)

그런데 히치콕과 스테파노가 작업하고 있던 6월에, 그레이스 켈리는 1962년에는 영화 출연이 불가능하다는 소식이 모나코에서 도착했다. 켈리는 히치콕이 그녀를 기다린다면 1963년이나 1964년에 〈마니〉에 기꺼이 출연하겠다고 히치콕에게 밝혔다. 히치콕은 기다릴 의향이 있었다. 준비된 작품이 아무것도 없었기 때문에, 그와 스테파노는 우호적으로 갈라서면서, 〈마니〉의 시나리오 일부는 서류철로 직행했다. 히치콕 부부는 그달 말에 뉴욕으로 평소보다 긴 여행을 떠나 런던에서 온 누나 넬리와 사촌 테레사를 만났다. 가족들은 인기 좋은 뮤지컬을 관람하고, 워싱턴 D.C.를 방문했다.

7월에 그는 1961~1962년 시즌에 그가 연출하는 〈앨프레드 히치콕 극장〉의 유일한 에피소드—그리고 그가 연출한 30분짜리 드라마로는 마지막 에피소드—를 평소보다 오래 연출했다. "빵! 넌 죽었어"는 긴장된 서스펜스 이야기였다. 소년(빌리 머미)은 장난감권총처럼 보이는 총을 들고 이웃집을 돌아다니지만 어느 누구도 그것이 실탄이 장전된 진짜 총이라는 것을 알아차리지 못한다. 히치콕은 이 에피소드를 평소와는 달리 소개하면서, 집 안에 화기를 보관할 때 따르는 문제점에 대해 진지하게 경고했다.

여름 내내 그는 다른 이야기들을 검토했다. 흥미롭게도 그가 고려한 소설 중 하나가 『마인드 씽』이었다. 프레드릭 브라운이 쓴 공상과학소설로, 살아 있는 생명체를 지배할 수 있는 능력을 가진 외계인이 지구를 찾아온다는 내용이었다. 빌 크론이 『히치콕의 작업』에서 자세히 설명했듯, 소설의 결말에서 외계인은 '황소에서부터 급강하폭격을 할 수 있는 말똥가리에 이르기까지, 외계인이 무기로 활용할 수 있는 다양한 동물들이 있는 고립된 오두막에서' 주인공을 공격한다. 크론은 이렇게 썼다. "히치콕은 자연이 인류를 향해 전쟁을 선포하는 영화를 만들고 싶었던 게 분명하다." 『별들의 마을』부터 『마니』와 『마인드 씽』까지는 60대에 접어든 인간의 상상력의 두드러진 범위를 나타내는 다양한 소재들이다. 히치콕은 보수적이 되거나 틀에 박힌 존재가 되기를 거부했다.

히치콕이 『마인드 씽』과 매우 비슷한 작품을 새 프로젝트로 삼기로 결정한 것은 〈사이코〉를 완성한 지 18개월쯤 지난 1962년 8월경이었다. 평소처럼 선택에는 우연을 포함한 여러 가지 요인들이 관여했다. 그는 1961년 8월에 캘리포니아 카파톨라에서 수천 마리의 바닷새들이 무리를 지어 하늘에서 내려와 대혼란을 일으켰다는 기사를 신문에서 읽고는, 다프네 뒤모리에의 중편소설을 떠올렸다.

뒤모리에의 『새』는 1952년에 『굿 하우스키핑』에 처음 실렸고, 1959년에 나온 그의 선집 『내가 좋아하는 서스펜스 소설들』에도 다시 실렸다. 콘월의 조용한 마을을 잔인한 새들이 공격해대는 사건을 다룬 뒤모리에의 침울한 중편소설은 농부와 그의 아내, 그리고 자식들의 시점을 통해 전개됐다.

〈자마이카 인〉, 〈레베카〉, 그리고 이제는 〈새〉까지. 히치콕은 그 사실에 예민한 반응을 보이면서 훗날 가진 인터뷰들에서 뒤모리에를 특별히 좋아하는 것은 아니라고 주장했지만, 아무튼 뒤모리에의 소설을 세 번째로 필름에 담게 됐다. 그가 프랑수아 트뤼포에게 말해놓고도 출판된 그들의 인터뷰에서는 삭제해달라고 요청한 논평에서 밝혔던 것처럼, 사실 "나는 그 소설을 딱 한 번 읽었습니다…… 지금은 그게 무슨 내용이었는지도 모르겠습니다." 그런데 그가 대중 앞에서는 무시해야만 한다고 느꼈던 뒤모리에의 소설에는 그를 잡아끄는 뭔가가 있었다.

일단 마음을 정한 그는 작가를 찾아내는 문제에 급하게 달려들었다. 스테파노는 다른 작품을 작업하고 있었기 때문에 히치콕은 먼저 제임스 케너웨이를 만났다. 찬사를 받은 소설 『영광의 노래』를 쓴 그는 1960년에 그 작품을 시나리오로 각색해 오스카 후보에 올랐다. "나는 이 영화를 딱 한 가지 방식으로만 만들 수 있을 거라고 봅니다." 케너웨이가 히치콕에게 한 말이다. "관객들은 새를 한 마리도 봐서는 안 됩니다." 탈락! 히치콕은 오토프레 밍거와 빌리 와일더의 작품들을 썼던 웬델 메이즈도 인터뷰했지만, 메이즈 역시 적절한 작가라는 기분이 들지 않았다. 그래서 그는 레이 브래드버리에게 일자리를 제안했다. 이때쯤에는 공상과학 분야에서 확고한 위치에 오른 브래드버리는 〈앨프레드 히치콕 극장〉을 정기적으로 집필하는 작가이기도 했다.(브래드버리는 호평을 받은 존 휴스턴의 영화 〈백경〉의 시나리오도 썼다.) 브래드버리는 뒤모리에 이야기에 열광적인 반응을 보였지만, 그가 감독에게 지금 당장은 시작할 수 없다—아이러니하게도 그는 〈앨프레드 히치콕 극장〉의 작업 때문에 바빴다—고 말하자, 조바심이 난 히치콕은 조앤 해리슨에게서 그를 빼어올 수는 없는 일이라고 결정했다.

대신에 그는 앞선 사람들보다 영화계 경력이 적은 뉴욕의 소설가를 선택했다. 1954년에 출판돼 갈채를 받은 에반 헌터의 첫 소설 『블랙보드 정글』은, 오스카 후보에 오른 시나리오는 리처드 브룩스 감독이 집필한 것이기는 했지만 주목할 만한 영화로 만들어졌다. 헌터는 〈앨프레드 히치콕 극장〉에 단편 "악순환"을 팔기도 했는데, 이 작품은 1957년 4월에 방영됐다. 헌터가 대본을 쓰지도 않고, 히치콕이 연출하지도 않은 에피소드였다. 조앤 해리슨은 1959년에야 시리즈의 대본 작가로 헌터를 고용했다. 그는 로버트 터너의 소설 "11시 약속"을 각색했다.

"11시 약속"은 술집에 앉아 술을 홀짝거리면서 시계를 지켜보는 남자에 관한 작품이다. 이야기가 전개되면 관객은 그의 아버지가 오후 11시에 인근에 있는 교도소에서 처형될 예정이라는 것을 알게 된다. 히치콕은 이 에피소드를 연출하지는 않았지만, 사형에 반대하는 견해를 밝힌 이 에피소드에서는 시리즈에 출연해서 장난기 어리게 이야기를 소개하는 것을 포기하는 대신, 드라마가 스스로 중요한 주장을 개진하게 놔뒀다.

헌터는 1959년 늦여름까지는 조앤 해리슨하고만 일을 처리했다. 그때 헌터는 그의 소설을 원작으로 커크 더글러스와 킴 노박이 출연할 〈우리는 만났을 때는 이방인〉을 각색하기 위해, 그리고 에드 맥베인이라는 필명으로 집필한 그의 형사 시리즈가 원작인 NBC 텔레비전 시리즈 〈87분서〉를 개발하기 위해 캘리포니아로 왔다. 이즈음 헌터의 명성은 탄탄했다.

해리슨은 "11시 약속"을 보여주기 위해 헌터 부부를 유니버설의 레뷰 시사실로 초대했다. 시사가 끝난 후 그들은 〈앨프레드 히치콕 극장〉의 진행자가 "크리스털 해협"의 장면을 연출하고 있던 촬영소로 안내됐다. 헌터는 이 장면에서 배우가 얼음덩어리 아래 누워있어야만 했다고 회상했다. "나무로 만든 좁다란 도랑으로 지지된 얼음 밑으로 배우가 기어들어갔다. 다른 배우는 얼음 아래에 있는 배우의 얼굴이 차차로 드러나게끔 장갑을 낀 손으로 얼음을 비벼대야 했다."

헌터는 히치콕과 관련된 일을 할 때 부인의 존재가 이력서에서 상

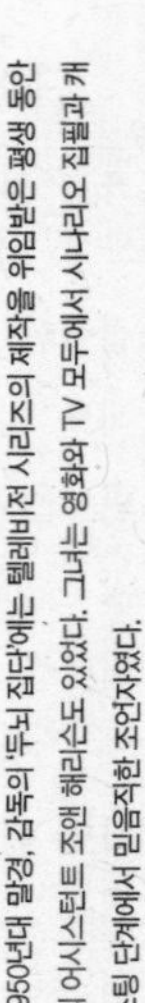

1950년대 말경, 감독의 '두뇌 집단'에는 텔레비전 시리즈의 제작을 위임받은 평생 동안의 어시스턴트 조앤 해리슨도 있었다. 그녀는 영화와 TV 모두에서 시나리오 집필과 캐스팅 단계에서 믿음직한 조언자였다.

당한 위력을 발휘하는 항목이라는 것을 느꼈다. 아니타 헌터는 당시 "적갈색 머리카락과 녹색 눈동자에 따스한 미소를 띤 29살의 미녀로, 영리한 뉴욕 유대인 여성의 유머감각을 지니고 있었다"고 헌터는 『나와 히치』에서 회상했다. 히치콕은 "그녀를 그 즉시 좋아하게 됐는데, 이것은 그가 차가운 금발을 편애했다는 점에 비춰보면 사뭇 놀랄 만한 일이었다." 히치콕은 헌터를 무시하고 그의 아내를 사방으로 안내하고 다니면서 "촬영감독과 조감독을 소개하고 촬영장비에 대해 설명해줬다."

헌터는 제작진이 '약간 동요하기' 시작했다고 적었다. "커다란 얼음 덩어리가 조명의 열기 때문에 녹아내리고 있는 듯 보였는데도 히치가 이 장면을 연출하겠다는 생각을 전혀 내비치지 않았기 때문이었다. 결국 애처로운 말이 나오고, '히치콕 감독님, 저희는 지금 촬영 준비가 다 됐습니다'라는 말이 대여섯 차례 반복된 후에야, 그는 우리에게 진심어린 작별인사를 건넸다."

그로부터 2년 후 1961년 8월 말에 헌터는 다프네 뒤모리에의 소설을 히치콕 영화로 각색하는 데 관심이 있느냐고 묻는 에이전트의 전화를 받았다. “왜 나죠?” 작가는 의아해졌다. 히치콕이 마침내 그를 기억해낸 것일까, 아니면 그의 매력적인 아내 아니타를 기억해낸 것일까? “나는 에이전트에게 결정을 내리기 전에 소설을 읽어봐야겠다고 말했다.” 헌터의 회상이다. “사실, 앨프레드 히치콕과 장편영화를 같이 작업할 기회가 생긴다면, 나는 브롱크스 지역 전화번호부를 원작으로 한 시나리오라고 해도 기꺼이 응했을 것이다.”

헌터는 〈새〉를 읽어본 후 그 작품을 해보고 싶다고 에이전트에게 말했고, 히치콕은 바로 그날 그에게 전화를 걸었다. 헌터가 동부해안을 떠나 캘리포니아로 오기 전에 두 사람은 전화로 대여섯 차례 아이디어를 논의했다. 헌터는 7주 계약에 서명했다. 히치콕은 3개월이나 4개월짜리 일로 변해버릴지도 모른다고, 그의 사랑스러운 아내와 아이들을 그 기간 동안 캘리포니아로 데려와야 할지도 모른다고 경고했다.

히치콕이 다프네 뒤모리에의 소설을 딱 한 번만 읽었다면, 플롯과 이야기의 세부사항에 대한 그의 기억력은 놀라운 수준이다. 빌 크론이 『히치콕의 작업』에서 쓴 표현에 따르면, 새들이 ‘공격하고 퇴각하고 재차 공격하기 위해 모여드는’ 패턴과 ‘새들의 공격의 생생한 묘사’ 외에도, 영화에 등장하는 몇 가지 핵심 사건은 뒤모리에의 원작에서 가져온 것이다. 눈동자를 새들에게 쪼인 이웃집 사람의 시체를 발견하는 사건, 새들이 최후의 공격을 감행하기 위해 모여들 때 가족이 집 안에서 바리케이드를 치는 클라이맥스, 그리고 크론의 표현에 따르면 ‘이런 대재앙이 일어난 이유에 대한 설명을 전혀 하지 않는 것’ 등이 이런 사건에 해당한다.

그런데 시나리오는 원작에서 급격하게 벗어나기도 한다. 그리고 일의 첫 단계는 ‘대서양을 건너오는 것’—이야기와 캐릭터를 콘월에서 히치콕에게 친숙한 캘리포니아로 옮겨오는 것—이었다. 영국 남동부의 농촌마을은 샌프란시스코에서 북쪽으로 100km 정도 떨어진 보데가 베이의 바닷가 촌락이 됐다.[4]

그의 특징대로, 이 로케이션은 시나리오작가와 계약을 체결하기

이전에 확정됐다. 에반 헌터가 우선 한 일 중 하나는 히치콕을 가이드 삼아 샌프란시스코와 보데가 베이를 여행한 것이었다. 평소처럼 감독은 리얼리티에서 영감을 얻었다. 원형도로로 둘러싸인 작은 호수를 본 그는 연출 아이디어를 떠올렸고, 지역의 초등학교 건물을 보고는 새떼가 비명을 지르는 어린 아이들을 공격하는 굉장히 섬뜩한 장면을 상상해냈다.

그런 후에 두 사람은 히치콕이 거의 40년간이나 해온 관례에 따라, 일일 시나리오회의를 갖기 시작했다. "첫 주는 상대방에 대해 알고 우리의 개인적 스타일을 파악하는 탐사 주간이었다." 헌터가 『나와 히치』에서 회상한 내용이다. "나는 그와 아침을 먹을 시간에 도착했고, 그가 점심을 먹자면서 작업을 중단하는 정오가 될 때까지 함께 일했다." "지금까지 된 이야기를 들려주게……" 히치콕은 늘 이렇게 시작했다.

"히치는 내가 가져간 아이디어 두 가지를 거부했다. 첫 번째 아이디어는 살인 미스터리를 새들이 인간을 공격하는 기초 전제로 덧붙이자는 것이었는데, 나는 이 아이디어가 지금도 마음에 든다. 그런데 히치는 이것이 초점을 흐리면서, 우리가 말하고자 하는 진짜 이야기로부터 서스펜스를 앗아간다고 생각했다. 두 번째 아이디어는 새로 부임한 학교 선생님이 마을에 도착한 직후에 이해할 수 없는 공격이 시작되자 마을사람들이 그녀를 경멸하기 시작한다는 것이었다. 학교 선생님은 최종적으로 나온 영화에서 애니 헤이워드 캐릭터로 (그리 오래지는 않지만) 살아남는다. 영화에서 마을사람들의 의혹과 분노는 타이즈 레스토랑 장면에서 표면에 떠오른다. 그런데 히치는 학교 선생님을 주인공으로 삼고 싶어 하지 않았다. 그는 더욱 세련되고 매력적인 누군가를 필요로 했다."

4 사실 지방자치단체 3곳 —보데가, 보데가 베이, 보데가 헤드— 이 영화에서는 보데가 베이 한 곳으로 통합됐다. "〈의혹의 그림자〉를 만들 때 지역 상공회의소가 나를 이곳으로 상당히 품위 없는 소풍에 데려온 적이 있습니다." 히치콕이 어느 인터뷰에서 한 회상이다. "이곳이 잊기 힘들 정도로 아름답다는 기억을 해낸 나는 이런 이야기에 적합한 장소라고 판단했습니다."

누군가…… "물론, 그레이스 켈리 같은 사람." 감독은 한숨을 내쉬었다. "그런데 그녀는 모나코에 있어, 그렇지? 왕자비지. 그리고 물론 캐릭터가 어떤 사람이고 직업이 뭐든, 캐리(그랜트)가 남자주인공이야. 그런데 왜 내가 캐리에게 영화의 50퍼센트를 줘야만 하는 걸까? 이 영화의 유일한 스타는 새하고 나뿐인데 말이야." 뒤늦게야 생각이 난 히치콕은 짓궂은 눈으로 작가를 쳐다보면서 덧붙였다. "그리고 물론, 에반 자네도 있지."

히치콕은 왕자비를 대신할 배우를 찾기 위해 유망한 여배우들을 조사했다. 9월 26일에 그는 빌리 와일더의 〈하나, 둘, 셋〉에서 매력적인 모습을 보인 파멜라 티핀을 테스트했다. 그는 이베트 미미유, 캐럴 린리, 샌드라 디의 테스트 필름도 감상했다. 10월 16일—시나리오 작업이 시작된 지 1달밖에 안 됐을 때—이 돼서야, 감독은 시사실에 앉아서 무명의 젊은 금발 모델을 찍은 16mm 필름을 봤다.

모델이 얼마나 무명이었는지, 히치콕은 수첩에 그녀의 이름을 헤드런이 아니라 '헤드론'이라고 잘못 적기까지 했다. 미네소타 출신으로 본명이 나탈리 헤드런인 이 모델은 '티피'—'작은 아가씨'를 뜻하는 애정 어린 스웨덴어—라는 예명으로 활동했다. 티피 헤드런은 뉴욕의 에일린 포드 에이전시에서 처음 이름을 날린 후, 연기를 하기 위해 캘리포니아로 옮겨왔다. 한 번 결혼했다가 지금은 이혼한 그녀는 —나중에 커서 여배우 멜라니 그리피스가 될— 4살짜리 딸 멜라니를 둔 어머니였다.

히치콕 부부는 〈투데이〉 쇼에 방영된 애완동물용 우유 광고에서 헤드런의 모습을 봤다. 광고는 별 것 아니었지만, 사내들이 추파를 던지려고 휘파람을 불 정도로 헤드런이 매력적이라는 것을 보여주는 멋진 순간이었다. 히치콕은 그녀를 찾아달라고 MCA에 요청했다.

모델과 접촉한 에이전시는 그녀에게 그녀를 찍은 사진과 필름을 지참하고 인터뷰에 와달라고 요청했다. 존 러셀 테일러는 이렇게 썼다. "사무실에 히치콕 사진이 잔뜩 붙어 있었음에도, 그녀가 관심의 대상이 된 정확한 이유를 아무도 말해주지 않았다." (히치콕이 사진과 필름을 보면서 숙고한) 며칠이 지난 후 그녀는 다시 불려와서 허먼 시트론을 만났다. 그녀는 주급 500달러에 7년 동안 히치콕과 전속계약을 맺자는 제안을 받았다. 〈새〉의 제작과 관련한 이야기는 조금도 언급되지 않았다. 그녀는 〈앨프레드 히치콕 극장〉과 관련한 계약일 것이라고 추측하면서 계약서에 서명했다.

그럼에도 불구하고, 헤드런은 10월 24일 점심때까지는 히치콕을 만나지 못했다. 히치콕은 젊은 모델을 남들이 보지 않는 곳에 감춰놓고는 여행, 음식, 의상—테일러가 쓴 바에 따르면, 그가 헤드런을 고용한 이유를 제외한 '거의 모든 것'—에 대해 한가한 이야기를 나눴다. 그는 그녀를 평가해보고 있었다. 그는 그녀의 주의 깊은 표정과 세련된 매너, 조각 같은 외모가 마음에 들었다. "히치는 교육을 잘 받은 숙녀들처럼 행동하는 여자들을 항상 좋아했습니다"라는 것이 로버트 보일의 설명이다. "티피는 그런 특성을 발산했죠. 그는 그녀가 걷는 방식에 꽤나 매료됐어요."

이 당시 헤드런 외에 2명의 다른 여배우가 히치콕에게 전속돼 있었다. 조안나 무어와 클레어 그리스월드. 의상 가봉, 머리 미장, 감독과 잡다한 얘기를 나누며 먹는 긴 점심, 감독에게서 개별 교육을 받으며 감독의 유명 작품 감상하기 등, 그들은 모두 똑같은 교육을 받았다. 그들은 히치콕 영화에서 발췌한 장면들을 각자가 재현하면서 카메라 테스트를 받았다. 무어는 독자적으로 경력을 개척하기 위해 떠나기 전에 히치콕의 TV 드라마 두서너 편에 출연했고, 그리스월드는 헤드런과 거의 같은 기간에 전속돼 있었다.

헤드런은 이런 속성 교육을 받는 몇 주 동안 그녀가 〈새〉의 주연 여배우 후보로 고려되고 있다는 것을 전혀 눈치채지 못했다. 그녀는 〈레베카〉, 〈오명〉, 〈나는 결백하다〉를 감상한 다음 히치콕 부부의 집에서 히치콕이 조앤 폰테인, 잉그리드 버그먼, 그레이스 켈리를 등장시켜 연출한 유명한 장면들을 그대로 리허설했다.(헤드런에 따르면, 알마는 늘 방에 들어와서 관찰했지만 말은 거의 하지 않았다.) 추수감사절 전 주에 히치콕은 값비싼 컬러 스크린 테스트 일정을 잡았다. 마틴 밸섬이 그녀의 상대 남자배우를 연기하기 위해 뉴욕에서 날아왔고, 로버트 벅스

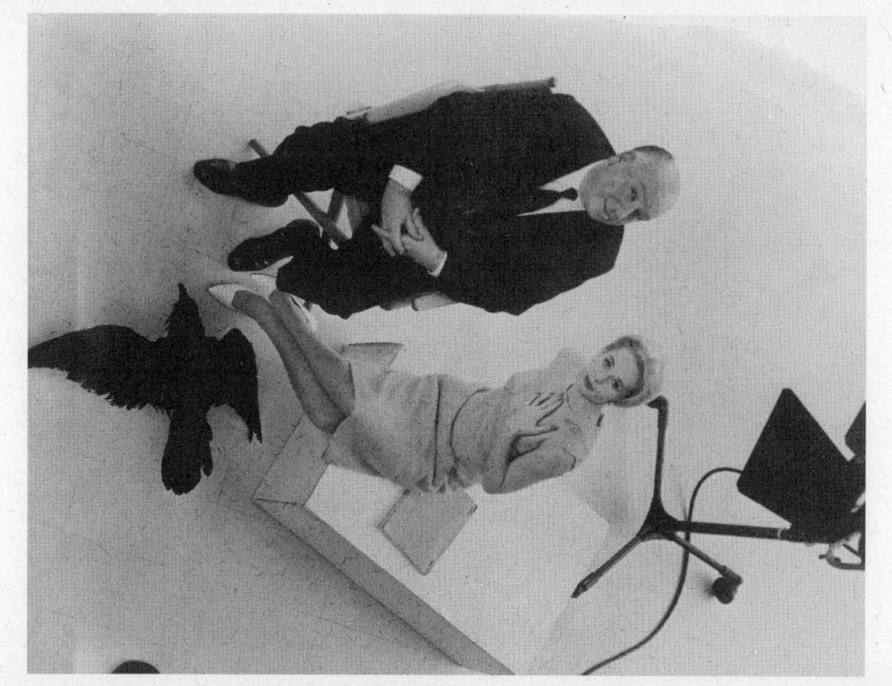

새롭게 '발굴해낸' 티피 헤드런과 함께 찍은 〈새〉(1963)의 홍보용 사진. 오버헤드 숏은 히치콕이 즐겨 구사한 구도였다. 파멸을 불러오는 새는 —차가운 블론드처럼— 평생 동안 즐겨 사용한 모티프였다.

는 사흘에 걸친 촬영기간 동안 카메라 뒤에 섰다. 테스트 비용은 거의 3만 달러에 육박했다.

그런데도 〈새〉에 대한 언급은 없었다. 어느 날 밤, 헤드런은 히치콕 부부와 루 와서먼이 저녁을 먹는 체이슨 레스토랑의 테이블에 동석했다. 그곳에서 히치콕은 그녀에게 '진주가 박힌 황금새 3마리가 날아가는 모양'의 핀을 선물하고는, 보데가 베이를 방문했다가 우연치 않게 새들의 잔인한 공격을 받게 되는 아가씨 멜라니를 연기해달라고 그녀에게 요청했다. "세상에, 나는 눈물을 흘렸답니다." 헤드런의 회상이다. "그리고 히치의 아내인 알마도 울었어요. 루 와서먼조차도 눈물이 흘러내리더군요. 정말 아름다운 순간이었어요."

히치콕은 시나리오회의를 시작할 때면 항상 좋아하는 그날의 침대맡 이야기를 들을 준비를 하는 꼬마의 방식을 취했다. 에반 헌터에 따르면, 그는 매일 아침 사무실에 들어와서 "등받이가 커다란 의자에 앉았다. 발이 땅에 닿는 일은 드물었다. 그리고 그는 항상 아주 짙은 청색 정장에 타이, 흰색 셔츠, 검정 구두와 검정 양말 차림이었다. 그는 거기에 앉아서 '지금까지 된 이야기를 들려주게'라고 말했다. 처음에는 쉬운 작업이었다. 그런데 작업이 진행되면서, 나는 그에게 이야기를 처음부터 들려줘야만 했다. 그것은 상당히 장황한 작업이 됐는데, 그는 그때까지 진행된 이야기에 있는 모순을 들춰내서는 이렇게 말하곤 했다. '그녀는 왜 이렇게 하는 거지? 그녀는 왜 그렇게 하는 거야?'"

그들은 주연 캐릭터들에 대해 얘기할 때면 농담 삼아 그들을 '캐리'와 '그레이스' 또는 '아가씨'라고 불렀다. 결국에는 헤드런의 딸 멜라니의 이름을 따서 헤드런의 캐릭터 이름을 멜라니로 짓기는 했지만 말이다. 헌터의 표현에 따르면, 히치콕은 원래 멜라니를 '그녀가 도착한 직후 새들의 공격을 받는 이상한 마을'을 방문하는 샌프란시스코 사교계 명사로 틀을 잡았다. 그곳에서 그녀는 이상한 마을에 거주하는 '캐리'를 만나고 —〈현기증〉에서 바버라 벨 게디스가 제임스 스튜어트에게 그랬듯— 아직도 캐리를 그리워하는 약간은 너저분한 학교 선생님인

'캐리'의 예전 여자친구도 만난다.

멜라니는 이상한 마을을 왜 방문하기로 결심하는가? 헌터가 밝혔듯, 그는 점심을 먹은 후 히치콕이 낮잠을 자는 동안 산책을 하는 습관이 있었다. 어느 날 소화 삼아 산책을 하던 작가는 '전적인 공로가'—또는 경우에 따라 책망이— 그 자신에게 있는 아이디어를 떠올렸다. 작가는 관객들이 '점차 삭막한 공포로 발전하는 스크루볼 코미디'처럼 보이는 영화에 빠져들 수 있게 〈새〉를 '캐리'와 '그레이스'가 서로에게 호감을 품는 것으로 시작해야 한다고 결정했다.

일부 평론가들은 —〈39계단〉부터 〈스트레인저〉와 〈북북서로 진로를 돌려라〉에 이르기까지— 상당수의 히치콕 영화들을 거의 스크루볼 코미디나 다름없다고 본다. 헌터의 아이디어는 히치콕이 가려운 곳을 긁어줄 작가들을 골라내는 수완을 여전히 가지고 있다는 증거가 아닐까?

헌터가 티피 헤드런을 만나기 전에, 히치콕은 그의 신인배우, 그의 최신 '개인적 스타'를 위한 장면들의 틀을 이미 잡고 있었다. 멜라니를 맡은 헤드런은 샌프란시스코 거리를 가로지르며 사내들의 휘파람을 이끌어내는 것으로, 그녀가 TV 광고에서 했던 방식 그대로 영화에 처음 등장할 것이다. 그러고는 애완동물 가게를 찾아간 멜라니는 '캐리'—영화에서는 미치 브레너로 이름이 바뀌었다—와 마주친다. 변호사인 미치는 여동생에게 줄 앵무새를 주문하러 가게에 들어온다. 멜라니는 새에 대해 조예가 깊은 종업원인 척한다. 남자는 그녀가 짓궂은 장난을 치는 것으로 유명한 사교계 명사라는 것을 알면서도 맞장구를 쳐준다. 새장에 갇힌 새가 탈출하면서 기이한 일들이 벌어질 것이라는 그림자를 드리우기 전까지는 경쾌한 장면이다.

새를 새장에 잡아넣은 후 미치는 멜라니에게 말한다. "나는 당신을 황금 새장에 다시 잡아넣을 겁니다, 멜라니 다니엘스." 히치콕은 이 문장을 '촬영 도중에' 삽입했다고 밝혔다. "이것이 돈 많고 천박한 플레이걸이라는 그녀의 캐릭터를 묘사하는 데 도움이 되고, 그녀가 갈매기들에 의해 유리 전화 부스에 갇히는 나중 장면과도 연관이 되기 때문입니다." 히치콕은 프랑수아 트뤼포에게 이렇게 밝혔다. "여기 새장에 갇힌 인간이 있습니다. 그리고 새들은 바깥에 있죠. 그런 것을 촬영할 때, 나는 대중이 그런 사실을 간파할 거라고는 좀처럼 생각하지 않습니다."

줄거리를 의논하러 만날 때마다 히치콕은 "그에 대한 질문들을 던졌고, 나는 그에 대한 대답을 내놓으려고 애를 썼으며, 그런 다음에 그것들을 이야기에 통합해 넣었다"고 헌터는 회상했다. "이런 식으로 영화의 초기 장면에서 캐릭터를 개발하고 코믹한 결과를 이끌어내는 것에 대해 지적하면서, 그는 시나리오가 실제로 집필되기도 전에 시나리오를 편집했다. 우리는 새들의 공격이 일단 시작되면, 관객은 우리의 손아귀에 들어오리라는 것을 알았다. 그런데 성질 급한 젊은 여자와 약간은 착실한 샌프란시스코 변호사 사이에 첫눈에 반한 로맨스가 피어나는 동안에도 관객들을 계속 자리에 붙잡아둘 수 있을까?"

남자는 얼마나 착실한가? 헌터의 표현에 따르면, '미치 브레너 또래의 남자가 어머니와 어린 여동생과 사실상 같은 집에서 거주하는' 이유는 무엇인가? 이 점을 설명하기 위해 시나리오는 그의 아버지가 최근에 사망했다는 것을 밝히고, (너저분한 선생님) 애니를 '멜라니와 진심에서 우러난 대화를 나눌 정도로 모성애가 강한 행동'을 하는 것으로 묘사한다. "이 시점에서 시나리오 속의 멜라니는 꿈쩍도 않는 새들보다는 남자의 어머니 리디아 브레너로부터 더 많은 위협을 받고 있는 듯 보인다."

처음부터 멜라니는 그녀의 눈을 통해 관객이 〈새〉의 공포를 체험할 수 있게 해주는 주관적이고 주요한 캐릭터였다. 그리고 처음부터 히치콕과 헌터는 그녀의 캐릭터를 구축하느라 애를 썼다. 감독("정말이지, 나는 여자 이야기를 너무 좋아하지는 않습니다")도 작가("나는 1분이 채 되기 전부터 멜라니 다니엘스 캐릭터가 내게는 불편하다는 것을 깨달았습니다")도 그들이 창작한 캐릭터가 아주 흡족하지는 않았다.

역시 처음부터 그들은 새들의 공격 뒤에 자리 잡은 원인을 놓고 논쟁을 벌였다. 빌 크론의 표현에 따르면, 뒤모리에의 원작은 "이런 대재앙이 일어난 이유에 대해 전혀 설명을 하지 않았다." 소설이 끝날 때 새들은 또 다른 공격을 위해 재집결한다. 원래 헌터는 논리적인 연관이 있는 시도 몇 가지를 하고 싶어 했다. "마을 사람들이 뭔가를 숨기고 있는 걸까?" 작가는 해답을 찾으면서 심사숙고했다. "죄책감이 따르는 비밀이 이 마을에 있는 걸까? 그들은 이방인(멜라니)을 복수의 사신으로 보는가? 새는 그들의 죄에 대한 처벌의 도구인가?"

늘 그랬듯 히치콕은 적나라한 설명보다는 도발적인 모호함에 더 마음이 끌렸지만, 그런 그도 여러 가지 원인을 곰곰이 검토해보기는 했다. 그와 헌터는 이 공격을 러시아인의 음모(약간의 냉전 유머)이거나, 인간의 학대에 대한 새들의 복수로 몰아가려는 생각을 했다. 결국 히치콕은 이 문제를 제쳐두고는, 헌터가 임대한 집에서 감독을 받지 않으면서 초고를 쓰는 동안 골머리를 싸매게 남겨뒀다.

감독은 헌터를 혼자 남겨뒀지만, 헌터 부인에게는 매일같이 전화를 걸었다. 작가에 따르면, "아직도 좋은 테니스 상대를 구하지 못했느냐, 훌륭한 미용사를 찾아내지 못했느냐 따위를 물으면서 그녀와 전화로 수다를 떨었다. 그는 시나리오가 어떻게 돼가고 있는지는 그녀에게 한 번도 얘기하지 않았다. 우리가 자주 가진 사교모임에서도 그는 나에게 일이 어떻게 돼가고 있느냐고 묻지 않았다."

할로윈을 맞은 히치콕은 그의 신간인 『앨프레드 히치콕의 집안 가득 든 귀신』에 사인을 해서 헌터의 어린 세 아들을 위한 선물로 건넸다. 히치콕 부부와 헌터 부부는 일과가 끝난 다음 자주 어울렸다. 두 쌍의 부부는 감독의 간청에 따라 경마도 함께 갔다.(감독은 사람들에게 경마에 걸 돈으로 100달러 지폐를 쥐어주려고 노력했다. 당황한 헌터 부부는 돈을 거절했다.) 두 쌍의 부부는 함께 외식을 했고 벨라지오로드의 식탁 주위에서 토요일 만찬을 함께하며 여러 차례 저녁을 먹었다.

헌터는 히치콕이 "너무 와인을 많이 마신 후에는 두 손으로 아니타의 손을 잡고 토닥이면서, 자신은 덩치 큰 뚱보 굼벵이와 다르지 않다고 말했다"고 회상했다. 그러나 히치콕과 헌터는 그들의 공동작업을 즐긴 듯하다. 헌터가 초고를 건네자 히치콕은 그 순간 흐뭇한 미소를 짓고는, 아마도 헌터가 그의 차기작—〈마니〉—을 집필할 수도 있을 것이라고 말했다.

히치콕은 1962년 11월 30일 날짜가 찍힌 5페이지짜리 편지에서 헌터의 시나리오를 검토하면서, 그가 우려하는 핵심 사항들을 열거했다. 멜라니와 미치는 아직도 '캐릭터가 충분히 잡히지 않았고', 헌터가 '신이 아닌 신들을' 너무 많이 집필했다는 것이었다. 감독은 이렇게 설명했다. "내 얘기는 사소한 시퀀스가 내러티브에 가치가 있을지는 모르지만 그 자체로는 드라마틱하지가 않다는 뜻이네. 명백하게 모양새를 갖추지 못했고, 신 내부에서도 무대에 올렸을 때 보여줄 클라이맥스를 가지고 있지 않아."

시나리오에서 희생할 수 있는 것과 제거할 수 있는 것으로 간주되는 것은, 헌터의 표현에 따르면, "멜라니와 그녀의 아버지가 아버지의 신문사 사무실에 같이 있는 장면, 멜라니가 옷을 사러 갔다가 나중에 객실 예약이 다된 호텔에서 방을 빌리려고 노력하는 장면과 지역 예배당 안에서 그녀가 미치와 다시 만나는 장면 등 보데가 베이가 배경인 두 장면이었다."

헌터에 따르면, "장황하고 권위적일 정도로 세세한 문장에서 히치는 우리가 어떻게 하면 영화의 도입부에서부터 새들의 공격의 징조를 보여주면서 시작할 수 있는지를 제안했다. 끝으로 그는 시나리오에 더욱 강렬한 테마 구조를 부여하면 안 되는 것인지 궁금해하면서 이렇게 썼다. '나는 우리가 특히 바보들로부터 이런 질문을 받게 될 거라고 확신하네. 그것들이 왜 그런 일을 하는 건가요?'"

12월 중순에 헌터는 멜라니와 미치가 새들이 공격하는 이유를 명쾌하게 설명하는 수정된 시나리오를 제출했다. 헌터에 따르면, 이 장면은 멜라니가 "이 모든 것은 불만을 가진 참새들이 혁명을 설교하는 것에서 시작된 게 틀림없어요"라고 제안하는 것으로 경쾌하게 시작된다. 두 사람이 그녀의 농담에 웃음을 터뜨린 후, 어색한 침묵이 내려앉는다. 더 무미건조한 농담들이 오간 후, 헌터의 표현에 따르면, "새들이 격분해서 굴뚝을 내려오고 있는데, 집 안에 있는 사람들 전부가 죽어버리기를 바라는 것 같다는 말을 멜라니가 내뱉으면서 싸늘한 공포가 솟아난다."

그런데 겁에 질린 멜라니와 미치가 갑작스레 포옹을 하고는 격렬하게 키스를 한다. 헌터는 이렇게 썼다. "내가 알기로 히치는 이 장면을 촬영했다. 그렇지만 결코 사용하지 않았다." 감독 자신이 나중에 가진 인터뷰에서, 그가 그 장면을 '삭제'한 것은 줄거리의 추진력을 느슨하게 만들기 때문이었다. 이 장면을 잘라낸 것('마음이 쓰라렸다')은 작가가 결국 영화에 대해 악감정을 품도록 만든 이유 중 하나가 됐다.

히치콕은 헌터의 수정 원고에 대해 크리스마스 직전에 4페이지짜리 편지로 반응을 보였다. 명절이 다가오는 것을 염두에 둔 그는 농담으로 "이 편지를 트리 밑에 놔뒀다가 크리스마스이브에 펼쳐서는 '이봐, 히치가 선물을 보냈어'라고 탄성을 지르는 편이 나을 걸세. 편지 밑에 달린 추신에는 이렇게 써 있다네. '사람들은 왜 새들이 그런 짓을 하느냐고 여전히 묻고 있네.'"

그런 다음 히치콕 부부는 명절을 보내기 위해 생모리츠로 날아갔다. 이곳에서 마를린 디트리히는 바드루트 팰러스의 무대에서 생일을 자축했다. 공연이 끝난 후 히치콕 부부는 〈무대공포증〉의 주연배우와 인사를 나눴다.

1월 중순에 도착한 헌터의 최종원고는 대사가 탄탄해졌고, 몇 가지 새로운 장면이 들어 있었다. 멜라니와 선생님이 미치와 그의 어머니에 대해 얘기하는 장면과, 타이즈 레스토랑에서 식당주인과 손님들—멜라니와 순회 세일즈맨, 아마추어 조류 전문가 번디 부인, 바에 앉은 술꾼, 그리고 점점 신경이 예민해지는 어머니와 아이들—이 커져만 가는 위기에 대해 논의하는 장면이었다. 헌터는 이 마지막 장면이 그가 쓴 것 중에서 아마도 최고의 장면이라고 생각했다.

멜라니는 샌프란시스코에 있는 아버지에게 전화를 걸어 새들의 공격을 묘사하려고 애를 쓴다. "모르겠어요, 아빠." 그녀는 분통을 터뜨리며 말한다. "까마귀하고 찌르레기 사이에 차이가 있나요?"

"아주 분명한 차이점이 있어요, 아가씨." 근처에 서서 통화를 듣고 있던 번디 부인이 끼어든다.[5] 번디 부인은 담배에 불을 붙이고 설명한다. 그녀는 새들의 라틴어 학명을 단숨에 열거하고는 —그녀의 견해로는— 까마귀나 찌르레기 모두 머리가 충분히 크지 않기 때문에 집단 공격을 감행할 만큼 '충분한 지능'을 자랑하지 못한다고 주장한다.

"내 취미는 조류 연구예요." 번디 부인이 설명한다. "새들은 공격적인 동물이 아니에요, 아가씨. 그들은 세상을 아름답게 만들죠. 인간은……" "샘! 남부식 닭튀김 3마리요. 그 위를 전부 구운 감자로 덮어줘요!" 뒤에서 웨이트리스가 지르는 고함이 불쑥 끼어든다. 멜라니는 아버지와 하던 전화를 끊고, 미치에게 전화를 건다. 번디 부인은 화난 듯이 말을 잇는다. "그보다는 이 별에서 생명체가 존재하기 어렵게 만들도록 강요하는 것은 오히려 인간이에요. 지금 새들이 없다면……" 그녀의 어깨 너머에서 멜라니는 번디 부인이 하는 말에 관심이 없다고 말한다. 새들이 공격해오고 있다. "불가능해요!" 번디부인은 비웃는다. "종말이야." 술집 끝에 있는 취객이 고함을 친다.(히치콕은 이 캐릭터가 '오케이시의 희곡에서 곧장 꺼내온' 캐릭터라고 트뤼포에게 밝혔다.)

히치콕을 만족시키느라 여전히 골치를 썩이고 있던 헌터는 영화가 끝날 무렵에 미치가 탈출을 준비하는 동안 자동차 라디오로 듣는 방송내용을 최종원고에 집어넣었다. "새들의 공격은 물결처럼 기다란 간격을 두고 일어나는 것 같습니다. 이런 일이 일어나는 원인은 아직까지는 명확하지 않습니다." 그렇게 헌터는 원인을 설명할 수 없다는 것을 지적하는 것으로 새들의 공격을 설명했다. 그런데 히치콕의 말투에 따르면, 그는 —뻔한 것을 자세히 설명하면서— 제대로 된 해답을 찾아낸 것이기도 했다. 헌터는 최종 숏을 제안했다. 새들이 몰려든다. 사방에 희생자들이 누워 있는 대규모 파괴 현장이 화면에 등장한다. 겁에 질린 얼굴들이 창밖을 내다본다. 멜라니, 미치, 리디아, (미치의 여동생) 캐시가 컨버터블에 뛰어들어서는 도로를 질주하는데, 그들의 앞에는

5 번디 부인이 나이가 많고 설명할 수 없는 이유로 영국식 억양을 구사하는 데다, 에이드리언 브루넬의 무성영화로 영화에 데뷔한 베테랑 에델 그리피스가 인상에 남는 연기를 보인다는 점은 이 장면의 히치콕적인 풍미를 강화한다.

수백 마리의 새가 있다. “미치 오빠?” 차를 길옆에 잠시 세우자, 캐시가 얼굴 가득 눈물을 흘리면서 묻는다. “우리가 샌프란시스코에 갔을 때 새들도 거기 있을까?” 시나리오는 자동차가 질주할 때 지붕이 천으로 덮인 자동차에 마지막 공격이 가해져야 한다고 요구했다.

어느 날, 에반 헌터가 히치콕의 사무실 바깥에서 일일 미팅을 갖기 위해 기다리고 있을 때였다. 사무실 문이 휙 열리더니 히치콕이, 헌터의 표현에 따르면, ‘영화에서 그녀가 즐겨 보여준 포즈로’ 홀 아래쪽에 서 있는 여자를 맞으러 날래게 몸을 움직였다. 돌아온 감독은 헌터에게 그들의 멜라니가 새로이 도착했다는 사실을 사무적으로 알렸다. 헌터는 말똥말똥 히치콕을 쳐다봤다.

“누구인데요?” 티피 헤드런. “뭐하는 사람인데요?” 그녀는 텔레비전에서 광고를 했었다고 그는 말했다. “그녀의 연기 범위가 영화의 오프닝에서 필요한 코믹한 장면들하고 끝에 나오는 무서운 장면에서 연기를 할 정도로 넓다고 생각하세요?” “나를 믿게, 에반.” 헌터는 그를 믿었다. 루 와서먼도 그를 믿었다. 그런데 헤드런은 히치콕을, 그리고 히치콕의 자신감을 간절히 믿으면서 스스로에 대한 자신감을 가져야만 했다.

〈하숙인〉과 〈블랙메일〉 시절 이후로, 히치콕은 그가 좋아하는 여배우를 위주로 한 영화를 만들어오고, 여자주인공의 경력을 새롭게 발돋움시켜주고 있었다. 실망스러운 결과를 얻기는 했지만, 최근에는 베라 마일스가 텔레비전과 2편의 장편영화에서 그에게 썩 잘 봉사했다. 〈해리의 소동〉에서 그는 셜리 맥클레인이라는 스타를 발견했고, 그레이스 켈리와 함께 한 3편의 영화에서 그는 그녀의 이미지를 대중의 마음속에 영원히 각인시켰다. 그는 자신의 스타 제조 본능을 믿었다.

그에게 만사는 여전히 연기자의 외모—그가 염두에 둔 캐릭터의 외모여야만 했다—에서 시작됐다. 40년 전에 그랬던 것처럼 그는 헤드런의 외모를 바꾸는 것부터 시작했다. 1962년의 첫 달에 그는 멜라니의 헤어스타일, 화장, 의상을 결정하는 일련의 미팅을 소집했다. 그 뒤로는 결과를 판단할 카메라 테스트의 행렬이 이어졌다. 에디스 헤드와 리타 릭스(의상), 버지니아 다시와 하워드 스미트(헤어스타일과 화장)의 자문을 받으면서, 히치콕은 멜라니의 보석(팔찌, 반지, 조그마한 진주가 꿰어진 한 줄짜리 진주목걸이), 의상(히치콕이 캐릭터의 과묵함을 암시한다고 생각한 밍크코트와 부드럽고 차가운 녹색 정장), 그리고 헤어스타일(얼굴에서 완전히 뒤로 넘긴 스타일)을 선택했다.

여배우는 외모에 종속돼 있었고, 외모는 연기에 대한 정보를 제공하곤 했다. 히치콕은 그 나머지를 보려고 들었다. 〈새〉를 찍는 동안 히치콕은 헤드런에게 멜라니 캐릭터는 〈구명선〉에서 탈룰라 뱅크헤드가 연기한 캐릭터와 비교할 수 있을 것—두 캐릭터 모두 "물릴 정도로 닳고 닳은 상태로 시작하지만, 육체적 고난을 겪는 와중에 더욱 꾸밈없고 인간적인 모습으로 변해간다"—이라는 언급을 하기는 했지만, 연기에 대한 얘기는 거의 하지 않았다고 그녀는 나중에 회상했다.

"멜라니 다니엘스는 그의 캐릭터였어요." 그녀가 나중에 곰곰이 생각한 끝에 내린 결론이다. 히치콕은 "배우들에게 거의 여유를 주지 않았어요. 그는 배우의 의견을 경청했지만, 마음속으로는 캐릭터들이 연기하기를 바라는 방법에 대해서 아주 명확한 계획을 품고 있었어요. 내 입장에서는 이해할 수 있는 일이었죠. 나는 수준급 여배우는 아니었으니까요."

헤드런은 학생 입장이라는 신분이 주는 특혜의 일부로, 일반적으로 여배우는 배제되곤 했던 많은 제작회의에 출석하라는 요구를 받았다. 1월과 2월에 히치콕은 스태프를 거의 매일같이 만났다. 자리에 말없이 앉아만 있던 헤드런은 자신이 영화제작 과정에서 없어서는 안 될 부분이라는 느낌을 받게 됐다. 여배우는 그녀가 '다른 경우라면 15년은 족히 걸려야 배울 수 있는 것을 3년 만에 배웠을 것'이라고 말했다.

그는 그녀의 배움에 의지했다. 그렇지만 그가 신뢰하는 카메라맨 로버트 벅스, 편집기사 조지 토마시니, 프로덕션 디자이너 로버트 보일의 숙련된 솜씨에도 의지했다. 새 수백 마리가 등장하는 장면들은 독특한 기술적 난제였고, 수십 명의 새 조련사와 유니버설의 배경화가들도 이 영화의 이름 없는 영웅들이었다.

로버트 보일의 핵심 조수들 중에는 나중에 정상급 미술감독으로 성장한 스토리보드 아티스트 해럴드 마이클슨과, 영국출신의 매트 페인터로 할리우드의 유니버설로 오기 전에 1930년대에 런던에서 히치콕 영화의 배경을 스케치했던 앨버트 휘틀록이 있었다. 마이클슨은 보일의 화면과 구도 스케치를 바탕으로 중요한 스토리보드를 그려냈다. 한편 휘틀록의 분위기 넘치는 매트 페인팅은 〈새〉의 항공에서 내려다본 화면과 설정화면을 제공했다.

기계로 만든 새들의 실험이 계속해서 실패로 돌아간 후, 히치콕은 가급적이면 많은 실제 새를 배우들과 필름에 이중인화하여 활용하겠다고 결정했다. 히치콕의 스태프들은 전문 조련사들과 접촉하면서 다양한 종의 새들을 모아오는 작전에 착수했다. TV의 〈래시〉의 대본을 썼고 〈알카트라즈의 조인(鳥人)〉의 트레이너였던 레이 버윅이 수천 마리의 갈매기, 갈까마귀, 까마귀, 참새, 되새, 멧새를 (가능할 때면) 보호하고 훈련시키는 일을 감독했다. 실제 새들은 전경으로 활용됐고, 군중신과 원경에서는 가짜 새들과 착시화면이 활용됐다.

히치콕은 어브 이웍스를 고용했다. 1920년대 초반부터 월트 디즈니와 함께 일했던 전설적인 애니메이터이자 사진전문가인 이웍스는 ―그가 개발한 매우 복잡한 소듐증기 프로세스를 활용해서― 〈새〉의 광학적 인화를 감독하는 일을 맡았다. 광학적 인화를 발달시킨 공로로 1959년에 아카데미 특별상을 수상한 이웍스는 영화의 '특수촬영 자문'이 됐다.

버나드 허먼은 여전히 부름을 받았지만, 그의 역할이 제한되리라는 것을 알고는 실망했을지도 모른다. 히치콕은 식별가능한 음악은 하나도 넣지 않고 자연적인 새의 소리들로만 작곡한 사운드트랙을 영화에 넣는다는 급진적인 아이디어를 가지고 있었다. 그는 1920년대 후반에 블린 라디오에서 그가 처음 경험한 첨단 악기―프리드리히 트라우트바인 박사가 개발하고 오스카 살라에 의해 개량된 전기음향학적 트라우토니움―로 연주하는 새의 소리와 소음들을 원했다. 살라와 트라우토니움 작곡가 레미 가스만은 독일에 살고 있었다. 그들은 자연의 새

소리와 전기음향으로 만들어낸 새 소리가 어우러진 독특한 사운드트랙을 허먼과 함께 만들어내기로 합의했다.

1월 말경, 턱이 각진 오스트레일리아인 로드 테일러와 뉴욕의 무대에서 연기를 갈고 닦은 수전 플리쉬트가 미치와 애니로 캐스팅됐다. 히치콕은 〈타임머신〉을 본 후 캐리 그랜트의 그럴듯한 대체자로 테일러를 결정했다. 플리쉬트는 그녀의 첫 유니버설 영화에서 감독의 눈을 사로잡았다.(능력에 비해 명성을 못 얻은 매력적인 플리쉬트는 나중에 텔레비전에서 지속적인 성공을 거두게 된다.)

히치콕은 시나리오가 나오기 전부터 미치를 과보호하는 어머니를 연기할 배우로 제시카 탠디를 주목했다. 런던 출신인 탠디는 빼어난 연기로 영국에서 인정을 받다가 미국으로 건너왔다. 그녀는 —그녀의 남편으로 히치콕의 오랜 친구인 흄 크로닌이 연출한— 〈욕망이라는 이름의 전차〉의 로스앤젤레스 워크숍에서 오리지널 블랑시 뒤부아를 연기했다. 탠디는 스크린에는 드문드문 모습을 나타냈는데, 〈새〉는 —영화가 진행될수록 그녀의 캐릭터는 점점 공감 가는 인물이 돼가지만, 원래는 냉정하고 가까이하기 어려운— 그녀의 연기로부터 많은 도움을 받았다.

무명의 여자주인공, 실제 새와 애니메이션으로 그린 새 수천 마리, 음악의 부재, 그의 영화로서 이때까지는 최고의 제작비인 330만 달러. 히치콕은 스스로를 위해 보통을 뛰어넘는 목표들을 설정하곤 했다. 영화 전편을 작은 보트에만 국한시켜보기도 했고, 〈로프〉를 연속적인 테이크를 분할하지 않는 한 편의 영화로 만들었고, 입체영화를 만들 기회를 가졌고, 수준 높은 TV 시리즈를 만들었고, 〈누명 쓴 사나이〉로 네오리얼리즘을 시도했고, 〈사이코〉 같은 저예산 스릴러를 만들어보기도 했다. 그런데 〈새〉는 그가 지금까지 해온 중에서 가장 장대한 실험이었다.

촬영 개시일이 다가오면서 히치콕의 스태프들이 흥분하고 있다는 것은 명백했지만, 저변에는 불확실성과 불안감도 흘렀다. 히치콕만이 주연 여배우를 신뢰했다. 새들과 시각효과들이 스크린 위에서 믿음직스럽게 합쳐질 것인지 확신할 수 있는 사람은 아무도 없었다. 히치콕이 뭔가 평범하지 않은 것, 뭔가 대담한 것 —그조차도 표현하고 싶어서 더듬거리고 있는 뭔가— 에 손을 뻗치고 있다는 것만큼은 모두가 이해했다.

"우리 모두는 약간 겁이 났습니다. 아마 그도 그랬을 겁니다." 프로덕션 디자이너 보일의 회상이다. "알겠지만 주인공은 새였습니다. 우리가 시도해볼 공간적 배경은 멀리 떨어진 나라가 아니었습니다. 살인자나 강간범도 아니었습니다. 그것은 뭔가…… 이상한 것이었습니다. 그리고 이해하기가 힘든 것이었습니다."

히치콕은 스태프에게 그들은 공상과학영화를 만들고 있는 것이 아니라고 거듭 말했다. 그래서 어느 날 프로젝트에 대해 '약간의 불안감'을 느낀 매트 아티스트 휘틀록이 감독에게 물었다. "그러니까, 히치, 우리가 만들고 있는 게 정확히 뭐죠?" 휘틀록은 이렇게 회상했다. "그도 모르더군요."

훗날의 인터뷰에서, 히치콕은 〈새〉에 필요한 엄청난 특수효과 때문에 잠을 못 이루거나 한 적은 결코 없다고 주장했다. "처음부터 그것들(특수효과의 난제들)을 맞닥뜨리는 것에 절대로 겁을 집어먹거나 하지 않았습니다." 감독이 나중에 한 말이다. "그렇지 않았다면, 이 영화는 결코 만들어지지 않았을 겁니다. 나는 임기응변으로 일을 처리해 나갔습니다."

그를 계속해서 염려하게 만든 것은 시나리오—그리고 어떻게 이야기를 끝맺을 것인가—였다. 시나리오의 다양한 원고들을 평가한 영화학자 빌크론은 히치콕의 영화 경력 전체를 대변하는 결론에 도달했다. 크론에 따르면, 에반 헌터가 그의 버전을 끝낸 후 〈새〉는 정교한 제작과정에 돌입했는데, 분홍색 종이에 적힌 추가장면과 수정장면이 쏟아져나오고, 그리고 —가장 이상하게도— 히치콕이 촬영장에서 막판에 즉흥적으로 연출해낸 상당한 분량의 장면들이 제작과정의 결과로 탄생했다. 바뀐 것은 대사만이 아니었다. 신이 거듭되면서 비주얼 아이디어는 멜라니의 주관적 시점에 점점 초점을 맞췄다. 촬영이 끝날 무렵 최종원고는 너무나 심하게 수정된 탓에 비공식적인 완고라고 불려도 좋을 정도로 발전돼 나갔다. 따라서 오직 한 사람만이 자신이 진짜 작가임을 주장할 수 있었다.

헌터가 작업을 끝내고 떠난 후, 히치콕은 시나리오를 계속 갈고닦았는데, 이 과정은 그에게는 너무나도 자연스러운 일이었다. 그는 스태프와 다른 작가들에게 아이디어를 내놓으라고 들볶았는데, 그 작가들 중에는 아내가 영화에 출연하고 있는 흄 크로닌도 있었다. 크로닌은 '주요 캐릭터들을 가다듬고 그들 사이의 관계를 개선할 여지가 여전히' 있다고 제안하는 편지를 감독에게 썼다. "초기의 멜라니가 암시하는 불손함과 우둔함, 이기적인 모습은 강화할 필요가 있습니다. 그래야만 사람이 달라진 후의 배려와 책임감, 성숙성이 더욱 두드러지고 더욱 지속적인 효과를 보일 겁니다."

히치콕이 자문을 구한 또 다른 오랜 지인은 V. F. 프리쳇이었다. 그들이 처음 영국에서 만났을 당시에는 성공하기 위해 노력하는 작가였던 프리쳇은 이제는 각광받는 문인으로, 캘리포니아대학 버클리분교에서 교편을 잡고 있었다. 프리쳇은 벨 에어와 산타크루스의 저녁 식탁에 와서 몇 차례 시나리오를 토론했고, 히치콕은 촬영 도중에 예의바르게 차량을 보내 그를 촬영장에 모셨다. 프리쳇의 단편소설의 팬이던 히치콕은 호평을 얻은 소설 "일륜차"에는 정말로 살인자가 필요하다고 말해서 작가의 약을 올리는 것을 즐겼다.("나는 혼비백산했다"고 프리쳇은 인정했다.) 히치콕은 프리쳇이 살인자를 첨가한다면, 그 소설을 영화로 만들지도 모른다고 말했다.

가족에게 보내는 사적인 편지에서 프리쳇은 히치콕을 볼 때마다 '말을 할 줄 아는 재능을 가진 다 익은 빅토리아 자두'를 떠올리게 된다고 적었다. 그런데 유명작가는 감독의 환대에 우쭐해지기도 했다. "우리 아버지는 히치콕을 굉장히 우호적으로 말씀하셨습니다." 아들 올리버 프리쳇의 회상이다. 히치콕은 헌터가 쓴 〈새〉의 시나리오를 (프리쳇의 표현에 따르면) '파괴적으로 비판'해보라며 작가를 조용히 고용했다. 프리쳇이 나중에 아들에게 썼듯, "나는 그렇게 했고 그(히치콕)는 그게 유용하다고 생각하는 듯하다."

그러나 늘 그랬듯 히치콕은 그의 직감에 호소하는 것들만 취했다. 예를 들어, 프리쳇은 클라이맥스의 새들의 공격에서 브레너 저택으로 가는 차에 오른 미치가 라디오로 케네디 대통령의 연두교서를 듣는 장면을 칭찬했다. 교서에서 케네디는 '위험이 극에 달한 시점에서 자유의 위대한 수호자'로서 미국의 역할을 찬양한다. 프리쳇은 이 구절에 담긴 냉전의 아이러니를 평가했지만, 히치콕은 편집과정에서 그 장면을 삭제했다.

프리쳇은 '두 가지 상이한 이야기'—이 경우에는 경쾌한 코미디와 공포 이야기—가 '한데 어우러지지 못할지도 모른다'는 우려를 표명했지만, 멜라니를 '짓궂은 장난으로 의도치 않게 누군가를 죽여본 적이 있는 인물로, 그녀의 방탕함 때문에 재앙을 불러오는 인물'로 바꿔놓는 것으로 "두 이야기를 더욱 가깝게 연결시키자"는 작가의 제안은 기각됐다. 사실 그것은 헌터가 좋아한 장면 —히스테리를 보이는 어머니가 레스토랑에서 멜라니에게 다가오는 장면— 과 날카롭게 대립하는 제안이었다. "사람들은 당신이 여기 오면서 이게 시작됐다고 말해. 난 당신이 이 사건의 원인이라고 생각해. 난 당신을 악마라고 생각해. 악마!" 빌 크론의 표현에 따르면, 멜라니가 히스테리를 부리는 어머니를 때린 결과 〈새〉에서는 '멜라니가 징크스'라는 힌트가 모조리 날아간다.

프리쳇이 행사한 가장 중요한 영향력은 헌터의 엔딩과 다른 엔딩을 요구한 것일지도 모른다. 프리쳇은 '차에 앉은 사람들이 앞에 놓인 탈출의 희망을 바라보는 대신, 공포에 질려서 마을을 뒤돌아보는 훨씬 우울한 분위기로 영화를 끝맺으라고 권유한 공로(또는 책망)'를 인정받아 마땅하다고 헌터는 생각했다. 헌터는 그가 떠난 후에 —유명작가에 의해서건 무명작가에 의해서건— 시나리오에 가해진 다른 수정들만큼이 엔딩도 싫어했다. "히치는 내가 집필한 부분에 대해서는 배우들을 지나치게 자유롭게 풀어놨습니다." 헌터는 어느 인터뷰에서 투덜거렸다. "그는 신들을 조작해서 몇몇 신은 잘라내고 한 장면은 집어넣기까지 했습니다."

완전히 새롭게 첨가된 것은 아이들이 생일파티에서 하는 까막잡기에 삽입됐다. 잠깐의 에피소드에서 미치와 멜라니는 마티니 피처와 잔 두 개를 들고 모래언덕을 돌아다닌다. 그들은 술을 따라 마신다. 멜라니는 자신이 모성애를 조금도 모른다고 밝히면서 미치에게 마음을 연다. 그녀는 11살 때 친어머니가 그녀를 버려두고는 '동부에 있는 어떤 호텔 종업원하고' 달아났다고 설명한다.

이 장면이 촬영될 때까지 그것을 알지 못한 헌터는 '무의미한 설명'에 불과하다며 격렬히 비난했다. 그 장면이 한데 묶인 히치콕 스타일—까막잡기, 마티니, 타락한 어머니, 가정을 비운 아버지—이라는 것을 깨닫지 못한 그는 이 아이디어를 내놓은 것이 프리체이 분명하다고 의심했다. 그런 '어리석은 대사'를 쓸 수 있는 인간이 누구일까를 궁금해하면서 그는 떠들썩하게 불만을 제기했지만, 어찌 됐건 히치콕은 새로운 페이지에 적힌 대로 촬영했다.

헌터는 나중에야 "히치콕이 직접 그것을 썼다"는 것을 알았다. 이 장면은 히치콕의 스타일 외에도, 히치콕이 시나리오에서 항상 추구했던 깊이 있는 캐릭터 구축과 문학적 대칭성을 보여준다. 이 장면은 멜라니에게 딸을 애지중지하는 아버지와 무심한 어머니를 제공한다. 이것은 최근에 아버지를 잃고 지나치게 아들에게 기대는 어머니를 둔 미치와 대조된다. 하찮은 것이 아니었던 대사는 영화에서 멜라니에게 동정심을 느낄 수 있는 드문 순간도 제공한다.

세월이 흘러 히치콕과 했던 공동작업을 되돌아본 헌터는 예술성을 인정받으려는 감독의 절박한 필요성을 강조하는 사건들을 크게 홍보했다. 헌터는 히치콕이 "자신은 창작력의 황금기에 들어서고 있다"고 자랑했다고 회상한다. "그는 나에게 〈새〉는 그의 더할 나위 없는 업적이 될거라고 말했다." 작가는 다른 사람이 아닌 자신을 고용한 것은, 그 목표에 '체통'을 더하기 위함이라고 믿었다. 그가 '중요한 비평적 찬사를 받은' 『블랙보드 정글』의 저자라는 것을 히치콕이 분명히 알고 있었을 것이기 때문이다.[6]

헌터는 히치콕이 여러 인터뷰에서 〈새〉를 '위대한 예술작품으로 정당화시키려고' 노력했다고 주장했다. 히치콕은 '아가씨'가 '부정적인 자기만족'을 대표하며, "멜라니 다니엘스 같은 사람은 책임감은 조금도 느끼지 않고 행동하며, 삶의 진지한 측면을 무시하는 경향이 있다"고 말하면서, "근본적으로 〈새〉는 삶의 더욱 진지한 측면들을 상징화한다"고 주장했다는 것이다. 헌터에 따르면, 그런 주장은 지나친 헛소리이자 흥행사의 사기행각으로 간주해야 마땅했다. "나는 히치가 〈새〉에 뭔가 의미심장한 것들이 있는 양 꾸며댈 때 그가 세계를 상대로 사기를 치고 있다고 생각한다"고 작가는 인터뷰에서 맞받아쳤다. "우리는 사람들을 몹시 놀라게 만들려고 애를 쓰고 있었습니다. 그게 전부입니다."

그들의 관계가 〈마니〉로 붕괴된 후 헌터는 많은 인터뷰에서, 〈새〉에 담긴 결점들을 히치콕의 탓이라고 비난하며 영화의 최종형태를 비판하는 책을 집필했다. 헌터가 '〈새〉를 위한 이상적인 시나리오작가'가 아닐지도 모르며 "우리는 주위를 둘러보고 최고의 작가일 거라고 생각하는 작가를 선택한다"는 —『나와 히치』에서 재활용된— 히치콕의 분명치 않은 코멘트에 기분이 상했다는 것을 작가는 인정했다. 그는 그들의 공동작품에 대한 감독의 절대적 권력을 받아들일 수 없는 히치콕의 공동작업자 분파에 합류해서는, 그들 중에서 가장 크고 가장 끈질긴 목소리를 내뱉는 인물이 됐다.

그때까지 그의 가장 성공적인 영화였던 〈사이코〉의 차기작이며, 히치콕이 유니버설을 위해 만든 첫 영화인 〈새〉는 거세게 치닫는 대성공작이어야만 했다.

그가 나중에 프랑수아 트뤼포에게 밝혔듯, 샌프란시스코만 일대에서 촬영이 시작된 3월 5일에 히치콕은 '아가씨에게 내 모든 것을 쏟고 있다'는 것과, 예사롭지 않은 '고민 많은 상태'로 뒤뚱거리며 질주하

6 그러나 히치콕은 늘 '중요한' 작가들을 찾아 왔었다. 예전에 히치콕과 작업했던 작가의 명단에는 숀 오케이시, 존 골즈워디, 존 스타인벡, 손턴 와일더, 벤 헤크트, 제임스 브라이디, 맥스웰 앤더슨 등의 이름이 들어 있다.

고 있다는 것을 알게 됐다. 그는 촬영이 끝나고 나면 밤에는 시나리오의 페이지들을 넘기면서 '결함들'을 찾아냈다. 그는 훗날 이렇게 밝혔다. "포위를 당한 채로 공격을 받는 듯한 이런 감정이 내 안에 들어 있던 여분의 창조력에 불을 댕긴 듯 보였습니다."

그는 이따금은 거의 '길을 잃은 듯한' 기분이었다. 프로덕션 디자이너 로버트 보일의 표현에 따르면, 히치콕은 몇 번이고 그의 꼼꼼한 계획의 결과를 예측하면서 갑자기 계획에서 '빗나간 행동들을 하곤' 했다.

대성공을 거둘 영화를 위해서는 티피 헤드런도 대성공을 거둬야만 했다. 훗날 인터뷰에서 감독은 그가 그녀의 '모든 표현'에 대한 계획을 면밀히 세웠으며 "헛된 표현은 하나도 없었다"고 오만한 태도로 자랑했다. 로드 테일러, 수전 플리쉬트, 제시카 탠디는 혼자 힘으로도 연기를 해나갈 수 있는 노련한 배우인 반면, 헤드런은 연기 교육을 시킬 필요가 있었다. 그녀는 히치콕이 그녀의 모든 표현을 철저히 감독했다는 것을 한 번도 부인하지 않았다.

이전에도 종종 일어났듯, 히치콕의 기술적 성취는 배우들의 연기에 어두운 그늘을 드리웠다. 그러나 헤드런의 데뷔는 두드러진 개가를 거뒀다. 몇몇 장면에서 그녀는 놀랄 정도로 좋은 연기를 펼친다. 다른 장면에서 그녀의 연기는 거장 감독이 빚어낸 환영이다. 사람들이 정말로 마음이 끌리는 장면들—멜라니가 새들의 공격에 시달리거나, 새들과 맞서 싸우는 장면들—은 순전히 영화적인 장면, 순전히 히치콕적인 장면들이다.

멜라니가 보데가 베이의 부두에 배를 댈 때 멜라니를 처음으로 덮치는 갈매기를 예로 들어보자. 부두에 배를 대는 장면은 스튜디오에서 촬영했다. 나중에 인화 과정에서 배경영사 화면을 삽입하기 위해 배경에는 블루 스크린이 쳐져 있었다. 헤드런의 머리에 내려앉게 조련된 갈매기는 롱 숏으로 찍었지만, 클로즈업을 위해서는 스태프들이 와이어가 부착된 가짜 갈매기를 도르래를 통해 서까래에서 내려오게끔 작업해야만 했다. 가짜 갈매기를 풀어놓는 순간, 카메라는 여배우를 향해 줌 인을 들어갔다. 그녀의 옷에 숨겨진 펌프가 그녀의 머리카락을 펄럭

이게 만들었고, 피가 조금 나는 것도 비슷한 방식으로 작업했다.

그렇지만 많은 장면에 살아 있는 새들이 동원됐는데, 날개 달린 이 동물들은 무자비한 모습을 보이기도 했다. 배우들은 새들을 유혹하기 위해 손에 멸치나 빻은 고기를 쥐고 있었기 때문에 모두가 쪼이거나 할퀴는 고초를 겪었다. 조련사 레이 버윅에 따르면 최악의 날에는 10여 명의 스태프들이 병원으로 이송됐다.

헤드런은 분명히 그중에서도 최악의 일을 겪은 사람이었다. 새들이 브레너 저택의 굴뚝으로 내려와서 멜라니와 브레너 가족을 공격하는 최악 중에서도 최악인 크레센도 시퀀스에서도 최악의 일을 겪은 것은 헤드런이었다. 이 장면은 4월 첫 주에 유니버설에서 촬영됐는데, 제작진이 3주간에 걸친 샌프란시스코와 보데가 베이 로케이션을 마치고 돌아온 때였다. 로케이션에서 촬영한 분량은 거의 모든 배우들의 마음속에 남아 있었다. 로케이션 현장에서 촬영한 새들은 모두 조련된 것이었고, 스크린에 등장하는 새떼는 나중에 어브 이웍스와 스태프들이 이중인화한 것이었다.

스튜디오에서 찍은 장면들에서 살아 있는 새들은 까다롭기 그지없는 존재였다. 새들이 좁은 굴뚝으로 몰려 내려오는 브레너 저택의 대규모 공격에는 가장 많은 새가 동원됐다. 새들이 날개를 퍼덕거리면서 내는 소음과 소리는 나중에 증폭됐다. 그런데 히치콕은 무성영화 시절에 그랬듯, '배우들이 반응을 보이는 데 도움이 되도록 요란한 드럼소리를 낼 수 있게' 스튜디오에 드러머를 데려오고 마이크를 설치했다.

새들이 탈출하지 못하게 플라스틱 방벽으로 거실 세트를 에워싸야만 했다. 되새와 참새, 그리고 다른 새들을 담은 불투명한 새장이 세트의 굴뚝 위에 놓여졌다. 카일 B. 카운츠가 뛰어난 제작일지에 적었듯, "신호가 떨어지면, 새장에 있는 들창이 열려지면서 아래에서 조명을 쐈다. 그러면 새들은 굴뚝을 날아서 내려왔다. 손잡이로 조종하는 공기호스로 새들이 한 자리에 홰를 치지 못하게 막았다."[7]

시련을 겪고도 살아남은 후, 기진맥진한 브레너 가족은 잠이 든다. 짹짹거리는 소리를 들었다고 생각한 멜라니는 2층으로 올라가서는 문을 열고 새들을 찾는다. 다락방에 매복하고 있던 새들의 급강하 공격을 받은 그녀는 문 앞에서 비틀거리면서 스스로 덫에 걸린 신세가 된다. 날개 달린 동물들은 그녀를 격렬하게 할퀴고 물어댄다.

헤드런은 이 장면에 나오는 많은 새들이 기계적으로 조작되거나 후반 작업에서 창조될 것이라고 추측했지만, 히치콕은 마지막 순간에 이 공포가 —멜라니에게나 관객에게나— 리얼해야 한다고 결정했다. 이 장면은 촬영 일정에 마지막으로 잡힌 장면 중 하나였는데, 여배우는 촬영이 있는 당일 아침까지도 자신이 살아 있는 갈매기들과 대결해야 한다는 사실을 몰랐다.

이 장면을 위해 새들이 서까래에서 날아오르지 못하게 붙들어맬 거대한 새장으로 둘러싸인 또 다른 특수 세트가 제작됐다. 스스로를 보호하기 위해 팔꿈치까지 오는 두툼한 가죽 장갑을 낀 소품담당자들이 새장 안에 들어가 있었다. 갈매기들은 조련을 받았는데도 헤드런을 피해 다녔기 때문에, 소품담당자들이 그녀를 향해 갈매기를 내던져야 했다. 공기분사기로 새들이 카메라 렌즈를 향해 날아오지 못하게 막았다. 러닝타임이 1분가량 되는 이 비범한 장면을 촬영하는 데는 일주일이 꼬박 걸렸다. 이 장면은 관련자 모두가 녹초가 될 만큼 심한 육체적 고역이었는데, 그중에서도 주연 여배우의 고초는 특히 심했다.

이 장면을 촬영하는 주의 중반에, 유니버설에서 〈밍크의 그 감촉〉을 촬영하다 짬이 난 캐리 그랜트가 촬영장을 방문했다. 몇 테이크를 지켜본 후 그랜트가 헤드런에게 말했다. "당신은 용감한 여자군요."(여배우는 훗날 이 말을 곰곰이 생각해봤다. "그때 나는 히치콕이 이 배역에 무명배우를 선택한 이유 중 하나가 그것일 수도 있다는 생각을 해봤어요.")

그녀는 용감해야만 했다. 상황이 점점 악화돼 갔으니까. 헤드런은 이렇게 기억했다. "목요일에나는 눈에 띌 정도로 겁이 났어요. 금요일에 사람들은 내 드레스에 난 구멍을 통해 연결된 고무줄로 나한테 느

7 히치콕이 수백 마리의 새가 보이는 효과를 원했기 때문에, 나중에 어브 이웍스는 거실 장면에서 4중인화를 하는 것으로 새들의 숫자를 광학적으로 늘렸다.

슨하게 묶여 있는 새들과 함께 나를 바닥에 눕혔어요. 세상에, 새 한 마리가 내 눈을 할퀴었어요. 나는 바닥에 앉아서 울기만 했죠."

공정하게 말하자면, 그런 헤드런조차도 이 일주일은 히치콕에게도 고역이었다고 밝혔다. 헤드런에 따르면, 그는 사무실에 앉아서 '우리가 촬영 준비를 완벽하게 끝내기 전까지는' 밖으로 나오지 않았다. 장면에 대한 예상은 사람을 진지하게 만들었고, 실제 촬영은 악몽 같았다.

영화에서 다락방 장면 다음에는 섬세한 순간이 이어진다. 미치는 새들로부터 멜라니를 구한 후, 멜라니를 아래층으로 데려가서 소파에 눕힌다. 정신을 차린 멜라니는 반사적으로 움찔하고, 미치가 그녀를 붙잡고 안심시킬 때까지 보이지 않는 새들을 쫓으려고 신경질적으로 주먹을 휘둘러댄다. 히치콕은 이런 세부사항은 제2차 세계대전 동안 런던의 클래리지 호텔에 혼자 있었을 때 느꼈던 기분—폭탄이 떨어지는 소리, 고함과 소음, 어찌해야 할 바를 모르는 심정—에 대한 개인적 추억에서 영감을 얻었다고 여러 인터뷰에서 밝혔다.

새들의 마지막 공격이 있은 후, 브레너 가족은 집에서 탈출한다. 주요 출연진이 모두 등장하는 이 핵심 장면의 촬영을 앞두고 히치콕은 영화의 엔딩에 대해서 여전히 고민하고 있었다. 새들은 공격을 계속하는가? 새들은 어째서 공격을 하는가? 왜? 바보 같은 수백 만 명이 뭔가 대답을 듣고 싶어할 것이다. 그런데 그는 깔끔한 대답을 내놓고 싶지는 않았다.

히치콕이 멜라니와 브레너 가족이 눈앞에서 동이 터올 때 새들이 우글거리는 풍경을 가로지르며 스포츠카를 몰고 천천히 달려가는 모습을 보여줄 기다란 단일 숏을 위해, 에반 헌터의 엔딩을 폐기하고 여러 페이지에 걸친 대사와 스토리보드로 작성된 비주얼을 잘라내기로 결정한 것은 주요 촬영이 막바지에 이르렀을 때였다. 새들은 마지막까지 그들을 쫓지는 않는다. 공격이 확산될 것이라는 암시도 없다. 그렇다고 공격이 끝났다는 암시도 없다.

미래는 불확실한 채로 남겨졌다. 헌터가 보기에 이것은 배신행위였지만, 히치콕의 엔딩은 메시지 면에서는 뒤모리에의 소설에 충실했다.

더 중요한 것은, 이것이 히치콕에게도 참된 엔딩이었다는 것이다. 악을 완전히 일소했다는 거짓 확신을 제공하는 일 없이 그의 캐릭터들을 구원해온 감독은 항상 가능성이 열린 엔딩을 선호해왔다.

히치콕은 훗날 논란이 많은 엔딩에 대해 옹호하면서 이렇게 말했다. "정서적으로 얘기하자면, 관객들 입장에서 영화는 이미 이 장면에서 끝이 났습니다. 그 뒤에 덧붙인 장면들이 상영되더라도, 관객들은 모두 자리에서 일어나 복도를 걸어가고 있을 겁니다."

엔딩은 기술적 성취이기도 했다. 앨버트 휘틀록의 최상급의 매트 페인팅 중 한 장면을 배경으로, 살아있는 새, 가짜 새, 광학효과로 만들어낸 새떼가 배우들과 매끄럽게 연결됐다. 멋들어진 영화의 마지막 이미지를 위해 32번의 상이한 노출이 요구됐다. 히치콕은 '단일 숏으로는 내가 했던 중에 가장 어려웠던 숏'이라고 말했다.

주로 티피 헤드런에 초점을 맞춘 특수효과 시퀀스 작업은 나머지 출연진이 돌아간 이후에도 오래 계속됐다. 멜라니가 전화 부스에 갇히는 장면, 갈매기들이 습격하는 장면 등이 여기에 속했다. 거의 전부가 실제 새와 광학효과로 만들어낸 새를 블루 프로세스 숏과 합성한 장면들이었다. 〈새〉의 음악, 최종 광학효과, 다른 후반작업들이 한여름까지 히치콕의 일정을 차지했다. 그 이후에야 그는 〈마니〉에 착수하기로 결심할 수 있었다.

히치콕과 에반 헌터가 〈새〉의 초반작업 동안 그레이스를 '아가씨'라고 불러대면서 농담을 주고받기는 했지만, 히치콕의 차기 프로젝트의 향방은 주인공을 맡겠다는 모나코 왕자비의 약속에 달려 있었다. 〈마니〉에 대한 첫 회의에서부터, 히치콕은 마니 캐릭터를 'HSH(Her Serene Highness)'[8]라고 불렀다.

그런데 히치콕은 〈새〉가 아직도 로케이션 작업을 하고 있을 때 성급히 그레이스 켈리의 컴백을 발표하는 실수를 저질렀다. 3월 18일자

8 왕자비님. — 옮긴이

신문기사에 따르면, 〈마니〉는 켈리를 타이틀 롤로 해서 8월에 동부해안에서 촬영을 개시할 예정이었다.

사실, 히치콕은 왕족이 필라델피아를 연례 방문하는 시기에 맞춰서 일정을 잡았다. 레이니에 왕자는 아내의 연기 복귀를 몇 년 동안 반대해왔지만, 그가 촬영중에 왕자비와 함께 있을 것이라고 한 말은 폭넓게 유포됐다.

그레이스 켈리의 어느 전기에 따르면, '아내의 정신적 건강에 대한 우려와, 앨프레드 히치콕에 대한 애정과 존경에 고무된' 레이니에는 〈마니〉의 출연을 승낙했고, 아내가 불분명한 태도를 보이는 것을 감지하고는 프로젝트에 '그녀를 밀어넣으려는' 시도까지 했다.

그런데 모나코 국민들은 이 아이디어를 놀라운 것으로 봤고, 이 소식은 전국적인 항의의 목소리를 부추겼다. 언론을 조종하는 수완 면에서 타의 추종을 불허하는 인물로 자주 묘사된 히치콕은 지난 몇 년 동안은 말실수를 자주 한 편이었다. 게다가 그는 〈새〉의 촬영 도중에 『데일리 익스프레스』 소속의 런던 언론인 피터 에번스와 독점 인터뷰를 하면서 켈리의 섹스어필이 '세상에서 제일'이라고 칭찬하는 것으로 일대소동에 일조를 했다. 홍수처럼 밀려들어온 편지와 탄원서에서, 모나코 국민들은 그들의 왕자비를 할리우드 러브신—〈마니〉가 요구하는 어쩔 수 없는 다양한 장면들은 그만두더라도—에서 보게 될 것이라는 가능성에 항의했다.

타이밍이 나빴던 것에 덧붙여, 레이니에 왕자는 프랑스와 분쟁을 겪느라 정신이 없었다. 프랑스는 모나코가 세금을 면제해주겠다며 프랑스 기업들을 유혹하는 것을 두 나라가 체결한 조약을 위반한 것으로 간주했다. 앞과는 다른 사람이 쓴 켈리의 전기에 따르면, "니스에서 뉴멕시코에 이르는 신문들은 그레이스가 드골 장군의 기를 꺾고 모나코의 독립을 입증하기 위해, 그리고 남편을 괴롭히는 너무나 시급한 금전 문제를 해결하기 위해 영화계로 복귀할 것이라고 추측기사를 썼다."[9]

더 복잡한 문제는 침체상태에서 벗어난 MGM이 켈리의 컴백 발표에 주의를 집중했다는 것이었다. 모나코 왕자비는 MGM과 맺었던 계약의 내용을 여전히 이행하지 않은 상태였다. 그리고 현재의 경영진은 자신들에게 전속됐던 여배우가 은퇴를 철회하고 다른 스튜디오를 위해 컴백하는 것을 가만히 지켜보려고 하지 않았다.

그레이스 왕자비는 예기치 못했던 분규와 논란에 정신적인 부담을 느꼈다. 레이니에의 측근인 조르주 루카모스키에 따르면, 6월 초순에 그녀는 '지나친 충격을 받고는' 왕궁에 있는 그녀의 방에 틀어박혔다. 그러고는 "신경쇠약에 걸릴지도 모르는 위험성을 보였다."

얼마 안 있어 해결책은 하나뿐이라는 것이 명확해졌다. 그레이스 왕자비는 〈마니〉의 출연을 철회해야만 했다. "제 마음은 찢어진답니다." 왕자비가 히치콕에게 그녀의 결정을 설명하면서 쓴 편지다. 히치콕은 인상적인 기지를 발휘해서 답장을 썼다. "그렇습니다. 슬픈 일입니다. 그렇지 않습니까…… 왕자비께서 지금 이 시점에서는 프로젝트를 제쳐두기로 최선의 결정을 내리셨을 뿐 아니라 유일한 결정을 내리셨다는 것을 저는 조금도 의심하지 않습니다. 결국, 이건 그저 영화일 뿐이니까요."

그의 편지에는 히치콕이 특별히 레이니에 왕자를 위해 녹음한 '작은 테이프'가 동봉됐다. 히치콕은 이 테이프를 '개인적으로' 들어주십사 하고 당부했다. "이것은 사람들이 들어선 안 될 내용입니다." 테이프의 내용은 밝혀지지 않았지만, 그는 프랑수아 트뤼포에게 레이니에는 "모험 이야기를 좋아했기 때문에 나는 그것을 테이프에 담아 보냈다"고 밝혔다.

히치콕이 이 좌절을 두고 대중을 상대로 어떤 표정을 지었든, 개인적으로 그는 비참했다. 그뿐 아니라 할리우드는 영원토록 켈리를 잃었다. 〈마니〉는 그가 실제이건 상상으로건 'HSH'를 위해 집필했던 최후의 영화였다. 히치콕은 에반 헌터를 뉴욕으로 보내놓고 다음 행보를 놓고 고민에 잠겼다. 〈마니〉는 보류됐다. 최소한 가을까지는.

9 사실 왕자비는 출연료 80만 달러는 젊은 체육인과 불우아동을 위한 국가 기금으로 배정하기로 결정했다고 발표했다.

그레이스 켈리가 〈마니〉에서 물러난 같은 주에, 프랑수아 트뤼포가 보낸 편지가 도착했다. 트뤼포는 히치콕의 영화 경력 전체에 걸친 기나긴 인터뷰를 테이프로 녹음하고 싶다고 제안했다. 녹취록은 프랑스와 미국에서 동시에 책으로 출판할 계획이었다. 이즈음에 히치콕은 이미 너무나 많은 신문과 잡지와 인터뷰를 한 상태였지만, 이것은 중요한 비평가가 대단히 포괄적인 접근방식을 취한 첫 인터뷰였다.

트뤼포의 책 프로젝트는 1962년 4월의 뉴욕 여행에서 즉각적인 추진력을 얻었다. 여기서 트뤼포는 『뉴욕타임스』의 일급 평론가로 여전히 활동하고 있던 보슬리 크라우더, 뉴욕현대미술관 영화부서의 준회원 허먼 와인버그와 오찬을 가졌다. 트뤼포의 전기를 쓴 앙투완 드 배크와 세르주 투비안나에 따르면, 이런저런 명망 있는 뉴요커들과 대화를 해본 트뤼포는 "미국 평론가들이 히치콕의 작품을 굉장히 무시하는 것에 깜짝 놀랐다." "그들에게 있어 히치콕은 그저 솜씨 좋은 테크니션이자, 냉소적이고 영리한 '서스펜스의 거장', '흥행감독'이었다."

트뤼포는 책 제안서에서 밝힌 것처럼, 뉴욕의 프랑스영화사무소의 언론국장 헬렌 스콧과 함께 '히치콕에 대한 미국인들의 생각'을 바꿔놓겠다는 목표를 추진했다. 트뤼포는 히치콕이 관객과 스튜디오의 비위를 맞추겠다는 생각으로 자신의 예술성과 천재성을 자기비하조의 대중적 이미지로 일부러 위장하고 있다고 생각했다. 책 제안서에서 트뤼포는 히치콕이 아마도 '세상 제일의 거짓말쟁이'—남들 모르게 품은 공포심이 밝혀질까 봐 괴로워하는 히치콕 스타일의 캐릭터—일 것이라고 밝혔다.

트뤼포는 인터뷰의 결과로 나온 책의 발단에서 '공포를 영화에 담는 데 뛰어난 남자는 자신이 아주 공포에 질린 사람'이라는 이론을 세웠다. "나는 그의 개성의 이런 특징이 그가 거둔 성공과 직접적인 관련이 있다고 짐작한다. 영화 경력 내내, 조그마한 실수나 변덕이 작품의 완전무결함을 위협할지도 모르는 경우, 그는 감독에게 닥칠 많은 위험요소를 대표하는 배우, 프로듀서, 스태프로부터 자신을 보호해야 한다는 필요성을 절감해왔다. 어떤 배우도 질문을 제기하지 않는 감독이 되는 것, 그 자신의 영화의 프로듀서가 되는 것, 기술자보다 기술에 대해 더 많이 아는 사람이 되는 것보다 자기 자신을 더 잘 방어할 방법이 어디 있겠는가?"

그가 히치콕에게 보낸 1963년 6월 2일자 편지는 더욱 외교적이다. 트뤼포는 그들이 이전에 만났을 때 그가 제기했던 주제를 상기시키면서, 이제는 영화감독이 된 그가 만든 〈400번의 구타〉, 〈피아니스트를 쏴라〉, 〈쥴 앤 짐〉이 평론가들로부터 '꽤나 좋은 평가'를 받았다는 사실을 거론했다. 트뤼포는 외국 언론, '특히 뉴욕의 언론'을 접촉해보니 "감독님의 업적에 피상적으로 접근하는 경우가 전체적으로 너무 잦다"는 것을 알게 됐다고 밝혔다. 반면, 『카이에뒤시네마』에서 시작된 히치콕 선전 활동은 프랑스 내부에서는 효력이 있지만 미국에서는 전혀 위력을 떨치지 못하고 있는데, 그것은 주장들이 지나치게 지적이라서……

편지는 이렇게 이어졌다. "더군다나 지금 저는 영화감독입니다. 감독님에 대한 제 존경심은 비평적인 접근에 의해 더욱 강화되고 커져왔습니다. 저는 감독님이 만드신 영화들을 각각 대여섯 번씩 봤습니다. 지금은 그 영화들을 구조 측면에서 관찰하고 있습니다."

트뤼포는 히치콕의 삶과 경력을 상세히 조사해보고 싶다고 설명했다. 그는 히치콕의 모든 활동시기의 연대기를 쓰면서, '각각의 영화의 탄생'을 둘러싼 원인과 환경, '시나리오의 개발과 집필, 각 영화의 관점에서 연출의 문제점, 감독님 작품 전체에서 각각의 영화가 차지하는 위치'와 '감독님의 연출 의향과 관련하여 각각의 영화가 갖는 예술적이고 상업적인 가치에 대한 감독님 자신의 평가'를 담고 싶다고 했다.

편집된 원고는 히치콕의 승인과 수정을 위해 히치콕에게 제출되고, 최종 텍스트에는 트뤼포가 직접 쓴 머리말이 달릴 것이다. "머리말의 핵심은 다음과 같이 요약됩니다. 영화가 하룻밤 사이에 사운드를 잃게 된다면, 그래서 다시 한 번 소리 없는 예술이 된다면, 많은 감독이 실직자가 되는 불운을 겪을 것입니다. 그런데 생존자 가운데에서 우뚝 선 인물은 세상에서 으뜸가는 감독으로 반드시 인정받게 될 앨프레드 히치콕이 될 것입니다."

트뤼포는 히치콕이 내줘야 할 시간은 일주일에서 열흘 정도라고 추정했다. 트뤼포는 차기작인 레이 브래드버리의 〈화씨 451〉의 각색영화에 착수할 9월 15일 이전에 자리를 마련하기를 희망했다.

히치콕은 명성과 성공의 정점에 올라 있었지만, 그가 영화계의 요구에 의해 과소평가되고 농락당하고 있다는 기분을 느낄 만한 이유는 충분히 있었다. 그래서 그레이스 왕자비가 〈마니〉에서 떠난 후 날아온 트뤼포의 제안은 그의 입장에서는 너무나 감동적이고 기쁜 것이었다. 일주일 이내에 그는 "선생의 편지에 나는 눈물을 흘렸습니다. 선생으로부터 그런 찬사를 받게 된 것을 너무나 감사드립니다"라고 밝히는 야간전보를 파리로 보냈다. 히치콕은 〈새〉의 특수효과 작업을 마칠 때까지 기다려야겠지만, 8월 말에는 자리를 함께할 수 있을 것이라 생각한다고 트뤼포에게 말했다.

히치콕은 7월에 〈새〉의 후반작업을 시작하면서, 한편으로는 1시간짜리 드라마 "나는 전부 봤다"—그가 마지막으로 연출한 텔레비전 드라마가 된 작품으로, 신설 프로그램인 〈앨프레드 히치콕 시간〉을 위해 연출한 유일한 에피소드—를 준비하고 촬영하는 데에도 몰두했다.

"나는 전부 봤다"는 『판사는 보석 불가』의 작가 헨리 세실의 소설을 각색한 작품이다. 존 포사이스는 뺑소니사건에서 스스로를 변호하는 변호사를 연기한다. 오프닝 시퀀스에서 자동차가 오토바이를 치고 멈춰서는 것을 5명의 목격자가 목격한다. 그리고 각 목격자의 사건에 대한 반응은 짤막한 플래시백으로 재구성됐다. 자신을 위한 증언을 거부하는 한편으로 스스로 법정에서 자신을 변호하겠다는 이해할 수 없는 포사이스의 결정은 반전이 있는 엔딩에 의해 설명된다. 그는 아이를 임신하고 병원으로 가는 길에 실제로 차를 몬 아내를 보호해온 것이다. J. L. 쿤스는 히치콕의 TV 작품에 대한 권위 있는 논문에서, 이 에피소드는 "구성은 좋았지만, 스타일 면에서는 흥미로운 면이 없었다. 감독이 〈새〉에 총력을 기울이고 있었다는 것은 의심의 여지가 없다"고 썼다.

딱 맞는 말은 아니었다. 〈새〉는 이미 특수효과 마법사들의 손에 넘어가 있었고, 히치콕이 몰두해 있는 것은 〈마니〉였다. 부분적인 콘티를 손에 쥐고 있고 스튜디오가 이미 프로젝트에 돈을 투자한 상황에서, 그는 그만두기가 싫었다. 그렇다면 누가 그레이스 켈리를 대신할 것인가?

"나는 전부 봤다"에서 단역을 맡아서 특별한 주목을 받은 클레어 그리스월드가 후보였다. 그녀가 연기한 캐릭터—아이를 남의 집에 입양시킨 이후로 미쳐버린 이혼녀—는 심리적으로 연약한 마니를 연상시켰다. "나는 전부 봤다"는 그리스월드에 대한 일종의 테스트였을 것이다. 젊은 여배우는 8월 내내 머리를 다듬고 의상을 맞췄다. 같은 기간 티피 헤드런은 히치콕을 개인적으로 만나고 있었다. 그녀는 그레이스 켈리보다는 베라 마일스와 더 비슷했다. 그래서 감독은 그녀의 외모를 다듬는 데 집중했다.

히치콕은 또 다른 마니 후보인 마일스도 만나면서 그녀에게 그 역할을 맡기는 문제를 고민했다. 물론 감독은 〈새〉의 더빙과 녹음이 이뤄지는 사이사이에 헤드런을 거의 매일같이 만나서 점심을 함께 먹었다. 그렇지만 그는 결정을 내릴 수가 없었다. 그는 주인공을 결정하기 전까지는 시나리오에 다시 착수하고 싶지도 않았다.

프랑수와 트뤼포와 헬렌 스콧은 1962년 8월 12일 일요일에 할리우드에 도착했다. 히치콕은 그들이 비벌리힐스 호텔에 묵도록 조처를 취했지만, 트뤼포는 나중에 값비싼 객실료를 포함해서 그들의 비용은 —히치콕이 직접 주선한 리무진 서비스만 제외하고— 전부 자신이 지불하겠다고 고집을 부렸다. 그들은 월요일에 일에 착수했다. 아침에 트뤼포와 스콧은 〈새〉의 첫 러프 컷(특수효과가 상당수 들어 있지 않았고, 음향효과는 브레너 저택 공격인 마지막 릴에만 작업이 돼 있었다)을 감상하고, 오후에 녹음기를 처음으로 켰다. 저녁에는 페리노 레스토랑에서 히치콕의 63회 생일을 축하해줬다.

브뤼셀에 있는 왕립 시네마테크에서 히치콕의 영국 작품 모두를 감상하면서 사흘을 꼬박 보낸 프랑스인이 해온 준비는 철저했다. 트뤼포의 전기를 쓴 작가에 따르면, 그 작품들 중에는 트뤼포가 '정통하지

1970년대에 프랑스 누벨바그 감독 프랑수아 트뤼포와 함께한 히치콕. 일찍이 영화평론가 시절부터 히치콕을 옹호했던 트뤼포는 히치콕의 영화들에 관한 책을 위해 결정적인 인터뷰를 했으며, 히치콕이 세계 전역에서 작가의 반열에 오르는 것을 도왔다.

는 않았던' 희귀 무성영화들도 있었는데, 트뤼포는 이 작품들을 '적당히만 좋아했다.' 매력적인 웃음과 장난꾸러기 같은 생김새에도 불구하고, 트뤼포는 비평적 조사에 나선 자신의 역할을 진지하게 수행한 까다로운 손님이었다. 그는 필요할 경우에는 아픈 이빨 뽑듯이 인터뷰를 뽑아냈다.

스콧은 영어가 유창했기 때문에 그 자리에 꼭 있어야만 했다. 트뤼포의 영어는 히치콕이 프랑스어로 지시를 내릴 때처럼 의사소통만 할 정도였다. 게다가 스콧은 여성적이고 매력적이었다. 트뤼포는 히치콕이 편안해하는 데 그녀가 도움이 될 것이라고 정확하게 예측했다. 스콧은 트뤼포는 이해하지 못하는 히치콕의 비화와 음탕한 농담들을 이해했다. 그런데 통역을 하고 대화에 다리를 놓으려는 그녀의 열성으로 인해 대화 도중에 통역이 지나치게 빠르게 나가거나 매끄럽지 않게 이뤄지기도 했다. 그래도 그중 일부는 책에 살아남았다.

트뤼포는 히치콕이 잡아내기 힘든 거짓말쟁이, 소중한 비밀들을 지키는 예술가, 자신의 작품만큼이나 능글맞고 신비로운 인물일 것이라고 예상했지만, 그는 기존 언론이 이미 알고 있던 것을 알게 됐다. 히치콕은 조리 있고 자의식 강한 창작자였고 (『뉴요커』는 "〈북북서로 진로를 돌려라〉가 무의식적으로 재미있다고 말할 정도로 뻔뻔스러우리만치 바보 같다"고 그를 비웃었다), 자신의 재능에 대해서는 근본적으로 개방적이고 믿음직했다. 드 배크와 투비안나는 이렇게 썼다. "모든 것이 트뤼포와 스콧이 바라던 대로 됐다. 히치콕은 독특하고 입담이 좋고 생기 있었으며, 질문자들이 제기하는 기술적이거나 해석적인 세부사항들을 기꺼이 깊이 파고들어줬다. 심지어 그는 어린 시절과 청년기의 사건들과 여배우들과 맺은 그의 양면적인 관계에 대해 논의하기까지 했다."

히치콕의 수상쩍은 본성에도 불구하고 트뤼포는 완전한 승리를 거뒀다. 히치콕은 트뤼포의 우상으로 재확인됐고, 장대하고 비밀 많은 거짓말쟁이에 대한 힌트는 트뤼포의 머리말에서 모조리 자취를 감췄다.

8월 18일에 히치콕은 로스앤젤레스를 떠나 런던으로 가서 진행되고 있는 〈새〉의 사운드트랙에 대해 버나드 허먼과 논의했다. 바다를 건너온 그는 파리로 짧은 여행을 떠났다. 트뤼포는 다른 누벨바그 영화감독들과 저녁을 먹는 자리를 주선했다. 그는 9월 11일이 돼서야 로스앤젤레스로 돌아갔다. 그는 트뤼포와 가진 인터뷰와 3주간에 걸친 여행으로 원기를 되찾았다. 이제 그는 〈새〉의 마무리 작업을 하고 (『라이프』를 위해 필립 할스먼과 함께 작업한 유명한 인물사진 모임들을 포함한) 영화를 위한 홍보를 진행하면서, 〈마니〉와 맞닥뜨릴 준비를 했다.

클레어 그리스월드는 여자주인공으로 캐스팅하기에는 아직까지도 모험을 걸어야만 하는 후보자였다. 1962년 가을에 히치콕은 그녀의 머리를 전문가를 시켜서 다시 만지고, 에디스 헤드를 시켜서 의상을 다시 손보고, 미용사를 시켜서 피부와 화장을 다시 다듬으라고 지시했다. 그리스월드는 감독과 계속 점심을 같이 먹었다. 감독은 처음에는 벨라지오로드에서, 다음에는 엄청난 비용을 들여 스튜디오에서 진행한 카메라 테스트에서, 그리스월드에게 〈이창〉과 〈나는 결백하다〉에서 그레이스 켈리가 출연했던 장면들의 리허설을 시켰다. 그녀는 테스트를 거듭해서 받았고 히치콕 부부와 제작 스태프는 테스트 필름을 주시했다.

11월 무렵에도 히치콕은 여전히 확신이 서지 않았다. 감독은 그가 소유한 가축 배당에 참가하러 하루 휴가를 내고 캔자스시티를 다녀왔다. 그사이 히치콕 여사는 최신 의상을 위해 그리스월드와 뉴욕의 버그도프 굿맨을 찾았다. 추수감사절 전날에 히치콕은 그리스월드의 마지막 테스트를 지휘했다. 다음 주 월요일에 그는 그녀는 마니가 될 수 없다는 사실을 고통스럽게 깨달았다.

후반작업과 사전홍보와 관련한 잡다한 일 때문에 정신없이 바빴던 티피 헤드런은 처음부터 사무실을 뻔질나게 들락거렸다. 그리고 히치콕 여사와 루 와서먼을 포함해서 〈새〉의 부분시사와 사전시사를 감상한 모든 사람은 신인 여배우가 엄청나게 안정적인 모습을 보여줬으며, 주목할 만한 연기를 펼쳤다고 생각했다. 모두가 그녀를 개인적으로 좋아했다. 게다가 그리스월드처럼 그녀는 전속배우였다.

마니는 냉담한 어머니로 인해 모녀관계에서 정서적으로 상처를 입고 쌀쌀맞다는 암시를 주는 멜라니와 크게 다르지 않았다. 히치콕은 멜라니가 심리적 상처를 털어놓는 장면을 직접 집필했었다. 그리고 그 대사는 그가 당시에 마음에 두고 있던 두 영화인 〈새〉와 〈마니〉의 어느 쪽에서건 통용될 수 있었다. 헤드런은 앞서도 한 번 그레이스 왕자비를 대신한 적이 있다. 그녀는 분명 한 번 더 대신할 수 있을 것이다. 이전보다는 덜 형식적으로 히치콕은 헤드런에게 그녀가 마니를 연기할 것이라고 말하면서 주급을 100달러 올려줬다. 그녀의 표현에 따르면, 그녀가 '이렇게 큰 배역을, 이렇게 중요한 배역을 내가 연기'할 수 있을지 의심스럽다고 밝히자, "히치콕은 다시 나를 안심시키면서, 내가 할 수 없을 거라는 생각을 앞으로는 절대로 하지 말라고 말했다."

당시 그녀의 캐스팅은 거의 상황에 따른 선택이었다. 〈새〉를 촬영하는 동안 감독이 주연 여배우에게 집착하고 있다는 것, 히치콕이 헤드런을 사랑하고 있다는 조짐—오래전부터 주장돼온 선입견—을 눈치 챈 사람은 아무도 없었다. D. W. 그리피스가 〈동쪽으로〉에서 릴리언 기시를 부빙에 오르게 만들었던 것처럼, 헤드런이 데뷔작에서 가혹하고 무서운 효과를 내도록 계산된 장면에서 고초를 겪기는 했지만, 다른 사람들이 주장하듯 히치콕이 헤드런을 일부러 잔인하게 대했다는 증거는 하나도 없다.

〈새〉의 시사회까지는 아직도 4달이나 남아 있었다. 에반 헌터가 〈마니〉를 위해 뉴욕에서 돌아와 크리스마스까지 작업을 했다. 크리스마스에 히치콕 부부는 파리와 생모리츠로 여행을 떠났고, 헌터는 1월과 2월에 추가적인 시나리오회의를 위해 유니버설로 돌아왔다.

그런데 헌터는 〈새〉에서 했던 것처럼 히치콕의 아이디어에 고분고분하지는 않았다. 일례로 작가는 그가 예술적 오만으로 간주한 조짐들 때문에 마음이 편치 않았다. 프랑수아 트뤼포의 예를 본받은 히치콕은 이제는 시나리오회의의 내용을 모조리 녹음했는데, 때때로 회의에는 다른 사람들—로버트 보일이나 티피 헤드런—이 영문도 모르게 합석했다. 게다가 감독은 "자, 우리 이야기가 어디까지 왔지?" 하고 헌터에게 묻는 것으로 회의를 시작하지도 않았다. 이제 히치콕은 직접 이야기를 하고 또 했다.

헌터는 〈새〉의 태동기 때부터 선발됐지만, 히치콕이 〈마니〉를 2년 동안 고심해왔다는 것, 그리고 조지프 스테파노가 부분적인 콘티를 이미 개발해놓았다는 것은 몰랐다. 녹음테이프는 히치콕이 시나리오작가보다 훨씬 앞서가고 있다는 것을 보여준다. 그는 아직 집필되지 않은 신의 숏에 대해 지시했는데, 헌터의 입장에서는 감독이 묘사하는 그대로 쓰는 것 외에는 다른 도리가 없었다.

"영화는 등이 보이는 아가씨가 코네티컷 하트포드에 있는 기차역으로 들어가는 장면으로 시작될 걸세." 히치콕은 2월 제작회의에서 이렇게 선언했다. "현재로서는 우리가 그 장면을 하루 중 어느 때에 찍을 수 있을지 모르겠어. 구름이 잔뜩 껴서 그녀를 덮어버리는 것을 원치 않으니 말이야. 핵심적인 부분은 우리가 그녀가 데스크나 매표소로 가는 동안 그녀의 등을 따라 기차역으로 들어가서…… 우리는 그녀의 머리카락 색깔이 보일 정도로 그녀에게 가깝게 다가가네. 결국 그녀는 기차를 향해 플랫폼으로 내려가지. 그러면 우리는 그녀가 팔에 낀 상당히 두툼한 핸드백을 클로즈 숏으로 잡는 것으로 끝을 낼 거야. 첫 신은 그렇게 구성되네."

그러나 시나리오회의는 더 이상 길어지지 못했다. 히치콕이 관례적으로 늘어놓는 일화들과 다른 일들이 등장한 것이다. 어느 날 굉장히 싫증이 난 헌터가 끼어들면서 물었다. "〈마니〉를 의논하는 일로 돌아갈 수는 없나요?" 감독은 눈썹을 치켜 올렸지만, 말은 한마디도 하지 않았다.

〈새〉의 초기 시사회에 참석한 후 헌터는 그가 알지 못하는 사이에, 또는 그의 승낙도 받지 않고 시나리오에 히치콕이 가한 수정작업에 대해 잠자코 있으면서도 분노로 달아올랐다. 스크린에 등장하는 헌터의 크레디트를 타이틀 사이즈의 25퍼센트에서 50퍼센트 크기로 확대하라고 히치콕이 지시를 내린 이후에도 그의 분노는 점점 커져만 갔다. 헌터는 그리 쉽게 화를 푸는 사람이 아니었다.

그 무엇보다도 헌터는 윈스턴 그레이엄의 소설을 작가의 입장에서는 존경했지만, 원작소설에서 마크 러틀랜드가 결혼 후에 마니를 강간하는 장면을 자신의 손으로 시나리오로 옮겨올 수는 없었다. "방에 있는 불빛이라고는 욕실에서 나오는 표시등이 전부였다. 아마도 그래서 그는 내 눈에서 눈물이 흘러내리기 시작하는 것을 보지 못했을 것이다. 절반은 어둠에 잠긴 가운데에서 그는 나에게 사랑이 무엇인지를 보여주려고 노력했다. 그러나 내 몸은 혐오감과 공포로 딱딱하게 굳었다. 그리고 그가 마침내 나를 취했을 때, 내 입에서는 육체적 고통과는 아무런 관계도 없는 패배의 비명이 새어나오는 듯 보였다."

영화 경력 내내 사악한 미남 왕자가 잠자는 미녀에게 키스한 후 폭력과 공포를 불러일으키는 내용에 많은 시간을 투입해온 감독—〈스펠바운드〉와 〈누명 쓴 사나이〉부터 〈현기증〉과 〈사이코〉에 이르기까지 기능적 장애의 뿌리에서 섹스와 사랑을 발견해온 감독—의 입장에서는 핵심적인 장면이었고, 영화에 대한 그의 비전에서는 중요한 장면이었다.

헌터는 이렇게 회상했다. "책을 처음 읽었을 때, 나는 그 장면 때문에 무척이나 심란했다." 그리고 "히치와 논의하기 위해 샌프란시스코로 처음 갔을 때, 나는 이 여자의 심리적 측면은 내게는 무척이나 흥미롭다고, 그런 특별한 증후군에 대해서 내가 뭔가를 발견해낼 수도 있을 거라고, 우리는 그것을 훌륭하게 해낼 수 있을 거라고 말했다. 그런데 그가 그녀를 결혼한 날 밤에 욕보이는 이 장면은 정말로 신경이 쓰인다고 말했다. 그는 이렇게 말했다. 이 문제에 대해서는 나중에 얘기하세. 걱정하지 마. 그래서 나는 초고를 쓰면서 그 문제를 해결하려고 고민했다."

고민은 그들의 시나리오회의 내내 끈질기게 이어졌다. 헌터는 어느 순간에는 사정을 했다. "히치, 나는 이 장면 때문에 아직도 골치가 아파요. 나는 감독님이 왜 영화에 이 장면을 넣고 싶어 하는지 이해가 안 돼요. 우리는 주인공 캐릭터에 대한 관객의 공감을 모두 잃게 될 거예요. 여자를 사랑한다고 주장하는 남자 중에 여자를 궁지에 몰아넣고 그녀를 강간할 남자는 한 사람도 없어요."

히치콕은 헌터를 물끄러미 쳐다봤다. 뭔가 헷갈리는 듯 보였다. 재미있게도 히치콕은 거칠면서도 괴로울 정도로 상세하게 이 장면을 설명했다. 헌터의 표현에 따르면, '감독은 그의 손을 써서 숏의 프레임을 짜는 방식에 대해' 설명했다. "그는 카메라를 내 얼굴에 이런 식으로 갖다댔다." 그러고는 "에반, 그가 그녀에게 찔러 넣을 때, 나는 카메라가 그녀의 얼굴을 이렇게 잡기를 원하네." 헌터는 생각했다. 워워.

실제 집필을 위해 뉴욕으로 돌아온 헌터는 히치콕이 원하는 것을 주려고 노력하면서 다른 대안도 작업했다. "나는 두 방향으로 시나리오를 썼다." 헌터의 회상이다. "나는 내 최고의 숏을 거기에 담았다. 나는 카메라가 그녀의 얼굴을 잡는 동안 그가 삽입을 하는 장면을 썼다. 나는 강간범에 대한 글을 쓰는 법을 알고 있는 것처럼 썼다. 그러고는 나는 다른 방향으로 썼다. 남자가 여자에게 다가와서 말한다. 좋아. 걱정하지 마. 우리는 잘 해낼 수 있을 거야. 뭐가 됐든 우리는 해낼 수 있을 거야. 당신을 사랑해. 그런 식의 장면이었다. 나는 내 장면을 흰색 종이에 써서 시나리오뭉치에 넣었다. 그리고 강간 장면은 노란 종이에 써서 시나리오 밖으로 빼놨다."

헌터는 그의 제안을 담은 노트를 첨부하면서 〈마니〉의 강간 장면은 '들어내는 것'이 좋다고 자신은 굳게 믿는다고 말했다. 그러면서 히치콕이 그가 내놓은 대안을 고려해주기를 바랐다. 그의 시나리오는 4월 첫 주에 도착했다. 히치콕은 재빨리 읽어보고는, "아직도 해야 할 것이 많다"는 답장을 보냈다. "불행히도, 나는 조금 김이 빠진 듯한 느낌이 드네. 내가 거기에 대해 무엇을 할지를 결정할 수 있을 때까지 잠시 동안 시나리오를 옆으로 치워둬야 할 것 같아. 참신한 생각들이 필요할지도 모르겠어. 그리고 아마도 이건 다음 절차가 돼야만 할 거야."

헌터는 줄거리의 방향에 부합하기 위해 최선을 다했다고 주장하는 답장을 썼다. 그는 두 사람 다 신선한 시각으로 소재에 접근할 수 있을 시기인 〈새〉가 개봉한 후에 시나리오를 다시 시도해보고 싶다고 밝혔다. 작가는 〈마니〉 프로젝트가 '우리 서로의 만족감'을 충족시켜줄 수 있도록 '늘 최대의' 노력을 기울이겠노라고 다짐했다.

그런데 5월 1일에 페기 로버트슨이 헌터의 에이전트에게 전화를 걸어서 헌터의 서비스는 더 이상 필요치 않다고 밝혔다. 헌터는 강간 장면에서 주저한 것 때문에 해고됐다고 믿었지만, 히치콕은 원인을 한 번도 밝히지 않았다.

히치콕이 그 장면을 필름에 어떤 식으로 담을 것인지를 묘사하면서 음탕하게 침을 흘렸다는 헌터가 밝힌 일화는 부부 강간이 실제로 촬영된 방식과는 사뭇 달랐다. 불쾌한 장면인 것은 분명하지만, 헌터가 히치콕과 가진 시나리오회의를 회상하면서 거론했던 명백하게 추악한 면모는 거의 보이지 않는다. 대사가 거의 없으며, 마크의 얼굴이 마니의 얼굴로 가까이 접근하는 모습을 카메라를 고정시키고 클로즈업으로 좁혀 들어가는 이 강간 장면은 형식적으로 아름다울 뿐 아니라 정서적으로도 섬세하다. 마니의 표정은 원작에서처럼 충격을 받은 것이 명백하다. 그녀의 눈은 눈물로 반짝거린다. 그녀가 남편에게 굴복을 강요당할 때, 카메라는 위를 바라보면서 말없이 미끄러져 움직인다. 객실의 벽을 가로지르며 팬을 하던 카메라는 결국 너무나도 잔잔한 회색 바다를 보여주는 현창에 멈춰 선다.

비록 두 사람이 함께 김이 빠지게 만든 것이기는 했지만, 히치콕이 시나리오에 "김이 빠졌다"고 비난한 것은 전형적인 히치콕 스타일—에반 헌터는 얼마나 전형적인지 알 수 없었다—이었다. 이제 히치콕은 〈마니〉를 결승선 너머로 끌고가는 것을 도와줄 새로운 작가가 필요하다는 것을 깨달았다.

〈새〉의 3월 개봉이 다가오는 동안, 감독은 홍보팀과 같이 상당한 시간을 보내면서 예고편과 티저 광고, 라디오 광고를 준비했다. ("〈새〉가 오고 있다!"는 재치 넘치는 카피는 히치콕 자신이 내놓은 것이다.) 3월 2일 토요일에 열린 히치콕의 개인적 시사회는 체이슨에서 저녁을 먹는 것으로 마무리됐다. 일주일 후에 뉴욕현대미술관의 회고전에 시기를 맞춘 뉴욕 시사회가 뒤를 이었다. 회고전은 미국 평론가 피터 보그다노비치가 트뤼포의 뒤를 이어 『에스콰이어』에 실을 목적으로 히치콕과 장시간 인터뷰를 한 것에 자극을 받아 개최됐다. 히치콕 부부와 티피 헤드런은 뉴욕, 워싱턴 D.C., 보스턴, 필라델피아, 시카고를 여행했고, 그 와중에 애틀랜타, 피츠버그, 덴버, 뉴올리언스, 댈러스, 솔트레이크시티, 포틀랜드를 비롯한 많은 도시의 언론인들과 말 그대로 수십 건의 전화 인터뷰를 했다. 5월에, 히치콕은 주연 여배우를 데리고 칸으로 갔다. 칸은 1949년에 1회 영화제가 열린 이후로 주기적으로 그의 영화를 상영해온 곳이었다. 그는 개막일 밤에 레드카펫을 밟았다.

그런 이벤트들은 히치콕의 홍보활동에 빈틈없이 통합됐고, 그는 이전과는 비교가 안 될 정도의 규모인 홍보 캠페인을 통제했다. 텔레비전 시리즈와 〈사이코〉, 트뤼포의 책이 어우러지면서 그는 지적인 비평가들을 위한 인터뷰뿐 아니라 세계 각지에서 온 평범한 저널리스트들을 위한 인터뷰에도 초청됐다. 홍보의 규모와 속성이 변하고 있었다.

과거에 그는 저널리스트들을 관련분야의 대등한 전문가로 대했다. 예를 들어, 〈북북서로 진로를 돌려라〉의 오리지널 아이디어를 내놓은 『뉴욕 헤럴드트리뷴』의 오티스 L. 건지 주니어는 1940년대와 1950년대에 감독을 빈번하게 만났다. 그들은 따스하고 편안한 우정을 나누면서, 반드시 영화에 대한 얘기가 아니더라도 화제가 뭐가 됐든 허심탄회하게 의견을 주고받았다. 히치콕의 영화에 대한 건지의 견해는 그들의 관계에 조금도 영향을 끼치지 못했고, 히치콕을 대화에서 벗어나게 놔두면 그는 자신의 영화에 대해서 설명하지 않았다고 건지는 밝혔다.

론 밀러가 〈사이코〉의 개봉 직전에 히치콕에게 인터뷰를 신청했을 때, 그는 산호세 주립 칼리지의 학보 『라이크』의 편집자였다. 훗날 퓰리처상 수상자가 된 밀러는 히치콕이 "자화자찬과는 거리가 멀었으며, 그가 스크린에서 공로를 인정받은 혁신들 중의 많은 것은 그가 처음 고안해낸 것은 아니라고 말했다"고 회상했다. 밀러도 그와 함께 간 학보사 사진기자도 "그가 우리를 고압적으로 대하거나 자기자랑을 늘어놓는다는 느낌을 받지 않았다. 나는 그가 실제로는 허영심이 많다기보다는 수수한 사람이라고 말하겠다." '친절하고' 유쾌하기까지 한 히치콕은 —"경력이 정점에 달해 있던 시기의— 아주 바쁜 스케줄에서도 학보사 기자들에게 인터뷰를 하기 위한 시간을 내줬다. 그는 인터뷰를 하기 위한 조건을 제시하지도 않았고, 시간제한도 두지 않았다. 그는 우리를 저명한 손님처럼 대했다."

그러나 〈사이코〉 이후 기자들의 나이는 더 젊어졌다. 그와 대등한 신분을 유지하는 기자는 더 이상 없었다. 그의 영화에 출연하는 배우들처럼 그들은 히치콕의 신비로움을 더욱 더 잘 알게 됐다. 유니버설로 옮겨간 것도 그가 스스로를 위한 더욱 공격적인 세일즈맨이 되게끔 만들었다. 이전 히치콕 영화를 만든 지 3년이 지났고, 〈새〉에 투입된 제작비가 천문학적 수준이었기 때문에 영화를 철저히 홍보하는 일은 너무나 중요했다. 감독은 인터뷰에서 특히 젊은 기자들과 갖는 인터뷰에서 연기를 해야만 한다는 생각을 점차로 하게 됐다. 감독과 가까운 사이가 아니거나 감독의 경력을 장기적으로 바라보지 않는 일부 기자는 그들의 선입견으로 히치콕을 규정하기 위해 연필을 날카롭게 다듬었다.

그중에서 가장 운이 나빴던 사례는 1963년 칸에서 이탈리아의 저명한 언론인 오리아나 팔라치와 한 인터뷰였다. 팔라치는 히치콕의 유머감각을 이해하지 못했다. 섹스와 순결과 경찰관과 살인자만 들먹거리는 히치콕이 그녀는 역겨웠다. 그는 허풍 떠는 늙은이에 지나지 않아

보였다. 1960년대는 영화계의 뉴웨이브뿐 아니라 언론계에서도 무뚝뚝한 뉴저널리즘이 등장하던 시기였다. 그 덕분에 팔라치는 이전에는 상상도 하지 못했던 육체적인 묘사로 히치콕을 그려냈다. "추악하고 뚱뚱하고 외설적인, 사람의 옷을 입은 바다코끼리. 콧수염만 빠졌다. 번들번들한 비지땀이 바다코끼리의 지방에서 쏟아져나왔다. 그리고 그는 냄새가 끔찍한 시가를 피워댔다."

결국 〈새〉의 리뷰는 일반적으로 미국에서보다는 해외(런던의 『타임스』는 "훌륭하게 다뤄졌다"고 썼다)에서가 더 좋았다. 프랑스의 야단법석(과 히치콕이 세심하게 조직한 홍보활동)은 미국에서는 오히려 역풍을 일으켰다. 『뉴욕 타임스』는 칸 취재기에서 〈새〉가 영화제에서 상영될 '예술적' 가치가 있는지에 의문을 제기했다. 미국의 리뷰들은 놀랄 정도로 가혹했다. 『뉴스위크』는 공포가 '노련하지 못하게 다뤄졌다'고 주장했고, 『타임』은 '멍청한 플롯'이라고 비난했다. 『뉴요커』는 이 영화를 철저히 '유감스러운 실패작'이라고 불렀다. 『빌리지 보이스』의 앤드류 새리스는 '영화예술의 주요작품'이라고 찬사를 보냈지만, 그의 목소리는 외로웠다.

흥행수입(500만 달러는 1963년 20위권이었다)은 상당했지만, 영화의 제작비는 수익을 감소시켰다. 특히 〈사이코〉 다음 작품이라서 히치콕과 유니버설은 실망을 금할 길이 없었다.

〈새〉의 동부해안 홍보활동을 하던 중에 히치콕과 로버트 보일은 마니가 자란 곳으로 돼 있는 볼티모어와, 러틀랜드 가문이 거주하는 곳에서 가까운 필라델피아로 헌팅을 다녔다. 티피 헤드런의 홍보 여행은 〈마니〉를 위한 의상, 헤어스타일, 분장 약속과 엇갈려 이루어졌다. 감독은 그녀의 외모를 아주 꼼꼼하게 규정했다. 승마 장면에서 헤드런의 얼굴은 '깨끗하고 밝게 빛을 발해야만' 했다. 포리오(말의 이름)의 죽음 장면에서, 그는 '그녀의 눈 위와 아래에 그림자를' 주라고 조언했다.

5월 29일에 제이 프레슨 앨런이 히치콕을 처음 만나기 위해 산타크루스로 왔다. 중요한 일이 벌어졌고 —그들은 얘기를 하면서 편하게 웃음을 터뜨렸다— 앨런은 〈마니〉의 시나리오를 쓰기로 계약서에 사인했다. 일주일 후, 그녀는 로스앤젤레스에서 작업을 시작했다.

히치콕은 다시 재능 있는 무명작가를 발굴했다. 1963년에 마흔 살이던 앨런은 일종의 대기만성형 인재였다. 그녀는 무시된 소설, 여러 편의 텔레비전 드라마, 공연되지 않은 희곡 한 편을 집필했다. 이때는 그녀가 쓴 또 다른 희곡—〈진 브로디 선생의 전성시대〉—이 1966년에 런던에서 바네사 레드그레이브를 주인공으로 막을 올린다는 발표가 나온 직후였다. 히치콕은 에반 헌터의 후계자를 찾으려고 애쓰던 뉴욕 에이전시 중 한 곳의 추천에 의해, 뮤리엘 스파크의 소설을 원작으로 1930년대 후반에 과단성 있는 에든버러의 여선생님이 학생들에게 끼치는 영향력을 다룬 〈브로디〉를 관람했다.

텍사스 출신으로 뉴욕으로 이주한 앨런은 작가로 전업하기 전에 라디오와 카바레에서 연기를 했다. 영리하고 매력적인 금발인 그녀는 별로 힘들이지 않고도 사람들을 웃겼고, 삶에 대해서도 한없이 낙천적이었다. 히치콕 영화의 시나리오를 쓰기 위해 스카우트된 그녀는, 그녀의 표현에 따르면, '자연스럽고 쉬우며 자의식이 없는' 히치콕의 가르침에 진심으로 흥미를 느낀 풋내기 작가였다.

"내가 그를 위해 일을 했던 그 짧은 기간에, 그는 시나리오 집필에 대해 내가 경력의 나머지 전부에서 배운 것보다 더 많은 것을 내게 가르쳐줬습니다." 앨런은 어느 인터뷰에서 이렇게 회상했다. "예를 들어, 〈마니〉에 마니가 남자주인공과 결혼을 강요당하는 장면이 있어요. 나는 정말로 단선적으로 전개되는 장면만 쓸 줄 알았죠. 그래서 내가 쓴 것이 결혼식과 피로연, 피로연을 떠나서 보트로 가는 것과 보트에 오르면 보트가 떠나는 것…… 그러니까 내 말은 내가 계속해서 걷고 걷고 또 걷기만 했다는 거예요. 히치가 그러더군요. '제이, 우리 그것 좀 잘라냅시다. 우리가 교회를 찍고 종소리를 듣고 그들이 교회를 떠나는 모습을 보는 식으로 하잔 말이오. 그러고 나서 커다란 꽃병으로 컷해 들어갑시다. 꽃에는 '축하합니다'라고 적힌 쪽지가 꽂혀 있게 만들고. 그러고는 꽃병에 든 물이 출렁거리고 출렁거리고 또 출렁거리는 거요.'"

그들이 함께 작업한 '그 짧은 기간'은 6월부터 9월까지였는데, 그중 첫 몇 주 동안 히치콕은 앨런이 한 글자도 집필하지 못하게 막았다. 앨런은 두 사람은 보통은 두 명의 메인 캐릭터에 대해 '끝없이 이야기만 했다'고 회상했다. "캐릭터 구축은 그가 바라던 것보다 더 많이 벗어났어요. 그는 마니와 러틀랜드 사이의 관계가 어느 정도 리얼리티를 갖게 만들려고 아주 열심이었어요."

사실상 히치콕 부부에게 입양된 셈이던 앨런은 벨라지오로드로 거처를 옮겼고, 수많은 주말을 산타크루스에서 부부와 같이 보냈다. 그녀가 나중에 작가 토니 리 모럴에게 밝혔듯, "나는 그를 개인적으로 잘 알아야만 했어요. 나는 대부분의 작가보다도 그를 훨씬 더 잘 알았어요."

여성적인 통찰력이 필요한 이야기를 위해, 헌터를 해고하고 여성 작가를 고용하라고 히치콕에게 권한 사람은 알마였을 것이다. 히치콕 3인조가 프로젝트에 다시 등장한 듯 보인다. 앨런은 〈마니〉에서 그녀가 한 작업에 대해 회상할 때, 그들이 —그가 아니라— 시나리오를 쓰는 법을 그녀에게 어떻게 가르쳤는지를 묘사하면서 가끔은 실언을 하곤 했다. 히치콕 여사는 "시나리오회의를 위해서가 아니라도 주위에 있는 경우가 잦았다"고 앨런은 회상했다. 그렇지만 "전체적으로 아주 쉽고 개방적인 자리였다"고 작가는 덧붙였다. "알마는 히치보다 아는 것도 많았고 더 세련됐어요. 우리는 늘 함께 하면서 아주 잘 어울렸죠."

그들이 어찌나 잘 어울렸던지, 히치콕은 어느 날 자신의 성기에 대해서 반복해서 꿔오고 있는 꿈을 해석해달라고 앨런에게 요청하기까지 했다. 시나리오가 성적인 심리를 파고들어가는 장면을 작업하다가 잠시 시간이 나자, 그는 자신이 무늬가 새겨진 크리스털로 만들어진 —대단히 아름답고 값어치가 있는— 성기를 가졌다는 내용의 꿈을 자주 꾼다고 말했다. 꿈속에서 그가 주로 관심을 갖는 것은 요리사에게서 자신의 성기를 감추는 것이었다.

앨런은 "나는 키득거리기만 했어요"라고 회상했다. "그 꿈은 그가 그의 재능을 알마에게서 분리시켜서 안전하게 지키려고 노력하고 있다는 것을 암시하는 듯 보였어요. 요리사인 알마는 물론 그의 경력에서 지대한 공헌을 했고, 내가 합류했을 때에도 엄청나게 도움이 되는 사람이었죠. 내가 그에게 그렇게 말하자 그도 낄낄대더군요."

앨런은 배우를 추천하라는 권유까지 받았다.(마니의 어머니로 스크린에 데뷔한 루이제 레이섬은 앨런이 댈러스에서 사귄 오랜 친구였다.) 나중에 그녀는 촬영 중에 촬영장에서 환영을 받았고, 편집된 장면을 감상하기 위해 초대를 받았으며, 후반작업에 대한 조언을 내놓기도 했다. 그녀가 내놓은 많은 아이디어가 〈마니〉의 최종 형태에 통합돼 들어갔다.

초여름에는 앨런이 〈마니〉를 끝낸 후 히치콕의 차기작을 집필할 것이라는 암묵적인 합의가 이뤄졌다. 7월 중순에 히치콕 부부는 2주 동안 스코틀랜드로 날아가서, 글래스고와 멀래그, 카일 오브 로하쉬, 스카이 섬, 오반, 인버네스, 애버딘을 방문했다. 히치콕이 꿈꾸던 프로젝트, 그가 오랫동안 영화로 만들려고 숙고하던 제임스 M. 배리의 〈메리 로즈〉를 위한 비공식적 로케이션 헌팅이었다.

히치콕 부부가 자리를 비운 동안, 앨런은 헌터가 이미 작업해놓은 것을 개선해나가면서 재량껏 작업을 했지만, 감독은 헌터에게 조지프 스테파노가 초기에 한 기여에 대해 언급하지 않은 것처럼 앨런에게 이전 원고의 출처를 명확하게 밝히지 않았다. 늘 그랬듯 감독은 다양한 작가들과 진전단계를 통해 시나리오를 완성해나가면서, 그들이 내놓은 비전을 그의 최종적인 비전에 맞게 녹여내고 합쳐냈다. 토니 리 모럴은 『히치콕의 〈마니〉 만들기』에 이렇게 썼다. "헌터의 시나리오와 앨런의 시나리오를 직접 비교해보면, 히치콕이 진짜 작가라고 말할 수밖에 없는 유사한 장면들이 보인다."

헌터와 달리 앨런은 강간 장면에 대해 전혀 거리낌이 없었다. 영화에 남아 있는 버전을 집필한 사람은 그녀였다. 러틀랜드를 동물학자 지망생으로 만든 것도 그녀의 아이디어였다. "나는 그가 동물의 감정에 대해 굉장히 해박한 사람이기를 바랐어요." 그녀의 설명이다. "동물들도 우리 인간과 똑같은 감정을 가지고 있어요. 동물이 됐건 인간이 됐건, 감정이라는 것은 뇌의 하위부위에서 생겨나는 것이니까요." 모럴에 따르면, '계급적 격차, 종교 교리에 대한 위반, 마니의 트라우마에서 비롯된 유치한 매너리즘'을 상당히 발전시킨 사람도 앨런이었다.

아이러니하게도 앨런 자신은 〈마니〉를 각별히 좋아하지는 않으며, 자신의 결점으로 인해 이 영화는 한계가 있다고 말했다. "나는 히치가 나를 좋아하면서 내가 쓴 것들을 다수 필름에 담은 이유 중 하나가, 내가 모든 것을 합리적으로 만들려고 애쓰다가 지친 적이 많았다는 것이라고 생각합니다." 작가의 설명이다. "만사에는 그에 합당한 이유가 항상 있어야만 해요. 그리고 그는 그것을 좋아했어요. 히치는 나한테는 너무나 관대했어요. 그는 내가 끝도 없이 적어낸 단선적인 장면들을 사랑했어요. 정확히 말해 그는 내가 쓴 것을 좋아했고, 내가 쓴 것을 촬영했어요. 반드시 그럴 필요는 없는데도요."

〈마니〉와 관련된 첫 미스터리는 1963년 여름에 시나리오와 관련해서 벌어졌다. 앨런이 내놓은 최선의 설명은 진실인 것처럼 보인다. 히치콕은 그녀를 너무나 좋아했기 때문에 그녀가 쓴 것을 거칠게 편집하는 것을 꺼려했다. 그는 그녀를 너무나 좋아했기 때문에 그녀에게 〈메리로즈〉를 써달라고 요청했다. 이후로 그는 히치콕 3인조가 앨런의 남편인 프로듀서 루이스 앨런과 더불어 1년에 걸친 항해여행에 나설지도 모른다고 말했다. 〈리치 앤 스트레인지〉의 기미가 엿보인다. 히치콕은 앨런에게 두 쌍의 부부는 즐거운 선상생활을 해나갈 수 있을 것이라고, 이국적인 항구에 기항하면서 짬이 날 때면 자신들의 유희에 대한 시나리오를 창작할 수 있을 것이라고 말했다. 〈마니〉의 촬영이 시작되기 전인 1963년 여름에 히치콕은 행복하고 자신만만한 삶을 살고 있었다. 김이 빠지지 않게 만들 낡고 새로운 방식들을 꿈꾸면서. 그리고 미래를 향한 모험으로 가득한 계획들을 여전히 세우면서.

제이 프레슨 앨런이 시나리오를 쓰는 동안, 보조촬영진은 시나리오보다 앞서 나가면서 필라델피아, 볼티모어, 코네티컷 해리포드의 실외장면과 배경영사용 화면을 촬영했다. 프리프로덕션 단계에서 이미 상당한 돈을 쓴 〈마니〉는 스튜디오 안에서만 전편을 찍는 10년 만의 히치콕 영화가 될 예정이었다.

그러는 사이 캐스팅도 역시 시나리오를 앞서 나갔다. 수백만의 영화관객이 〈007 살인번호〉와 〈007 위기일발〉에서 건장한 불멸의 요원 007을 연기한 숀 코너리에게 매료돼 있었다. 제임스 본드 시리즈의 열성팬 중 한 명이 히치콕이었는데, 이안 플레밍의 소설들을 읽은 그는 일찍이 1950년대 초반에 그 작품을 영화화하는 문제를 고려한 적이 있었다. 히치콕은 처음에는 〈새〉의 미치 역에 코너리를 캐스팅하려 했으나 당시 그는 007 시리즈로 바빠서 시간을 낼 수 없었다. 코너리는 이제는 자신의 이미지를 바꾸고 싶은 마음이 간절했기 때문에 〈마니〉의 마크 러틀랜드를 연기하기로 동의했다.

〈구속복〉—로버트 블로흐의 소설이 원작인 공포영화—을 막 끝낸, 연기력을 높이 평가받는 다이앤 베이커가 러틀랜드의 교활한 처제를 연기하기로 했다. 벨라지오로드의 늦은 아침식사에 초대된 젊은 여배우는 알마가 그레이스 켈리의 외모를 들먹이면서 —베이커가 흑발이기는 하지만— 켈리와 베이커가 서로 닮았다고 얘기하자 당황스러워했다.

샘 페킨파의 〈하오의 결투〉에서 인상적인 연기를 펼친 신인 매리엇 하틀리는 마니의 사무실동료를 연기할 예정이었다. 엉뚱하고 종종은 사이코 같은 역할을 연기하는 것이 특기였던 브루스 던은 마니의 어렸을 적 플래시백에서 마니에게 맞아죽은 폭력적인 선원으로 캐스팅됐다. 오손 웰스의 머큐리 극단에서 경력을 시작한 마틴 게이블은 마니의 절도행각의 첫 희생자를 연기했다.

지난 10년 동안 해왔던 것처럼, 히치콕은 다시 로버트 벅스를 카메라맨으로, 조지 토마시니를 편집기사로, 에디스 헤드(버지니아 다시, 리타 릭스와 함께)를 의상 디자이너로, 버나드 허먼을 작곡가로 고용했다. 〈사이코〉의 힐턴 그린이 조감독으로 복귀했다. 티피 헤드런의 헤어스타일은 엘리자베스 테일러, 이란의 왕비, 영국 여왕의 머리를 정기적으로 만지는 알렉산드르 오브 파리의 조수에게 맡겨졌다.

제이 프레슨 앨런이 시나리오를 제출한 10월의 두 번째 주와 주요 촬영이 시작된 11월의 마지막 주 사이에, 히치콕은 티피 헤드런을 —처음에는 지나치게 사랑스러운 눈빛으로— 주시했다. 여배우는 여전히 그를 주기적으로 만나고 있었지만, 여름 내내 힘들고 지루한 홍보 스케줄을 소화하기도 했다. 예를 들어, 8월과 9월에는 〈새〉의 해외 시사회 언론간담회에 참석하기 위해 페기 로버트슨을 대동하고 런던과 파리에서 2주일을 보냈다.

히치콕이 헤드런에게 초점을 맞춘 것은 홍보여행이 끝나고 〈마니〉의 시나리오가 완성된 후였다. 이제 그녀를 대하는 그의 태도는 달라진 듯 보였다. 그는 다른 주연 여배우에게도 그랬듯이 헤드런에게 홀딱 반한 것처럼 행동하기 시작했다. 그는 그녀에게 아양을 떨고 샴페인과 꽃을 선물하고 꿈속에 그녀가 애정의 대상으로 등장한다고 털어놓기까지 했다. 신경이 예민한 다른 여배우—〈레베카〉를 찍는 동안의 조앤 폰테인—에게 했던 것처럼, 그는 마니의 특징인 연약함을 강화하기 위해 그녀를 다른 사람들로부터 격리시키면서 호위하려고 노력했다.

이제 히치콕이 하는 모든 행동에 따라다닌 것, 그러니까 후대를 위해 그들이 나눈 많은 이야기를 녹음하는 것은 그의 중요성을 보여주는 표식, 그리고 그의 자만심을 보여주는 징표였다. 오랜 시간에 걸친 이런 논의들은 영화예술과학아카데미의 히치콕 아카이브가 보관하고 있다.

히치콕은 헤드런과 함께 〈마니〉의 모든 장면을 샅샅이 검토했다. 여배우의 표현에 따르면 '느낌 하나하나, 반응 하나하나'를 검토했는데, 히치콕은 감독에 머물지 않고 '나의 연기코치' 행세도 했다. 히치콕의 표현에 따르면 〈새〉는 '고전적인 아름다움'을 위한 영화였는데, 영화의 진짜 스타는 새였고 헤드런은 인색한 연기 지도만 받았다. 반면 〈마니〉는 심리적 복잡성을 요구하는 영화였는데, 히치콕은 숙련되지 않은 여배우가 영화의 그런 특성을 흡수해서 전달할 수 있을지를 특히 걱정했다.

배우들에게 과묵하기로 유명한 감독에게서 나온 이런 연기 지도는 거물급 교수가 행하는 놀랄 만큼 인상적인 강의였다. 특히 길고 어려운 구절을 위해, 히치콕은 대사의 템포와 톤을 상세히 설명했다. 그는 마니의 이중적인 본성을 명확하게 규정하면서, 그녀의 외향적 행동과 '밑바탕'에 숨어 있는 그녀의 감정을 대비시켰다. 이들 녹음테이프에 따르면, 그는 러틀랜드와 강제로 결혼한 이후 캐릭터가 겪는 '덫에 걸렸으며 조심해야 한다는, 말하자면 맥이 빠진' 고뇌를 자세히 탐구했다. 그리고 그는 여배우가 '이상하게도 당황하고 고통스러워하는' 정서들을 전달해야만 하는 줄거리의 특정 순간을 집어냈다.

예를 들어, 억지로 한 결혼식 피로연에서 마니가 어떤 표정을 지어야만 하는가 하는 문제를 고민한 히치콕은 헤드런에게 이렇게 설명했다. "나는 우리가 가급적 세밀하게 촬영하려고 노력해야 하는 것은 마니의 내적인 성격과 그녀의 외향적인 행동이라고 생각해. 내 생각에 그런 것을 촬영할 수 있는 방법은 그녀가 아무도 자신을 보고 있지 않다고 느낄 때 —그녀가 그렇게 남겨질 때를 찾아내기란 어려운 일이라고 생각하지만— 그녀의 표정은 어두워지지만 미스터 러틀랜드가 그녀에게 키스를 할 때면 다시 얼굴이 밝아지는 거야. 우리는 —그녀가 겉보기에도 행복한 결혼 분위기에 늘 젖어 있는 것은 아니니까— 그녀가 종종은 얼굴에 그늘을 드리우고 있는 모습을 보게 되는 거야."

대경실색한 마니가 유치한 말을 늘어놓다가 과거의 악령을 보고는 비명("하야! 하야! 하얗다고!")을 질러대는 자유연상게임 장면에 대해 논의할 때 헤드런이 히치콕에게 물었다. "아주 슬픈 장면이죠, 그렇죠?" 감독이 대답했다. "그래. 그렇지만 그 슬픔은 분노에서 비롯됐어. 아주 중요하고 대단한 장면이야. 자네가 그걸 훌륭하게 해낼 수 있다면, 그 장면은 영화에서 가장 뛰어난 장면 중 하나가 될 거야. 엄청난 빛과 어둠이 그 안에 있으니까 말이야."

그녀가 그걸 훌륭하게 해낼 수만 있다면. 이것은 히치콕이 〈새〉를 촬영할 때는 절대로 입밖에 낼 필요가 없었던 생각이다. 아무튼 히치콕은 충분히 성공할 수 있다는 자신감을 가졌으나, 그가 보여준 '외향적인 행동'에도 불구하고 다른 사람들처럼 의구심을 감추고 있었다. 전혀 마음에 들지 않는 소재였는데도 그레이스 켈리가 출연할 것이라는 예상 때문에 프로젝트에 이끌려 들어온 루 와서먼은 입을 다물고 있었지만, 얼핏 보기에도 근심에 싸인 모습으로 프로젝트 주위를 어슬렁거렸다. 히치콕이 와서먼을 촬영장 이곳저곳으로 품위 있게 안내하고 다니다가 '제작이 한창 진행 중인 아카데미 주연상감 연기를' 보여주기 위해 시사실로 와서먼을 초대했다는 일화는 여기저기서 히치콕의 허영심의 증거로 얘기되지만, 그 제스처는 뭔가 노골적이고 방어적인 분위기도 풍긴다.

제이 프레슨 앨런은 회의를 감추려고 노력했다. "티피가 연약하다는 생각이 한 번도 들지 않았어요." 그녀가 나중에 한 말이다. "관객은 마니 캐릭터에 동정심을 느낄 필요가 있어요. 그런데 히치콕은 차가운 블론드에 대한 환상이 있었죠. 주인공 캐릭터는 거짓말쟁이에다 사기꾼이어야 했지만, 관객의 동정심을 불러일으킬 만큼 연약해 보일 필요도 있었어요. 그런데 티피 헤드런에게는 그런 특성이 없었어요. 나는 그(히치콕)가 그녀에게서 꽤나 인상적인 연기를 끌어냈다고 생각해요. 그렇지만 처음 봤을 때 그녀가 적합한 배우라는 생각은 결코 하지 않았어요."

버나드 허먼도 미심쩍어하기는 마찬가지였다. 허먼의 전기를 쓴 스티븐 C. 스미스의 표현에 따르면, 헤드런을 향한 허먼의 반감은 ―나중에 여러 평론가들로부터 비판을 받은― '영화에 부족한 정서를 과잉보상하기 위해 삽입된 극단적으로 낭만적이고 공격적인 영화음악'으로 구체화됐다.

헤드런 자신은 〈새〉를 촬영할 때보다도 더 자신감을 가졌다. 그녀는 유럽 여행을 막 끝내고 돌아왔는데, 어디를 가든 축하를 받고 찬사를 받았다. 다른 유명 감독들이 그녀의 출연 가능성을 타진해오기도 했다. 〈새〉를 찍는 동안은 소극적이고 유순하며 사람들에게 감사해하던 그녀는 이제는 히치콕이 꽉 조인 사슬에, 그의 숨 막힐 것 같은 관심에, 끝없는 수다에, 불쾌한 조롱에 좌절감을 느끼기 시작했다.

헤드런이 그녀의 에이전트 노엘 마셜과 약혼했다고 발표한 것도 그들의 관계악화에 일조를 했다. "내 사생활에 대해서는 절대로 말하지 않았어요. 절대로! 그걸 말하면 그(히치콕)는 미쳐버리곤 했으니까요." 여배우가 어느 인터뷰에서 밝힌 내용이다. "그는 나에게 너무 집착했어요. 누군가의 집착의 대상이 되는 것은 굉장히 힘든 일이에요. 아주 고통스러운 일이죠. 내가 20년 동안 그 문제에 대해 절대로 말을 하지 않은 이유가 그거예요. 나는 사람들이 그 문제를 잘못된 시각에서 보는 것을 원치 않았어요. 나는 그만큼 그에게 공감해요. 그런 강한 감정을 품었는데 그에 대한 보상을 받지 못하는 것은 너무나 힘든 일이에요."

히치콕은 신랑감이 마음에 들지 않았다. 그가 불평 삼아 늘어놓은 독설과 결혼을 하지 말라는 경고는 사랑에 불타는 연인의 귀에는 들리지 않았다. 다른 책들은 한결같은 그의 태도를 헤드런에 대한 질투로 해석했지만, 그것은 무조건반사이기도 했다. 히치콕은 가까운 지인들의 결혼을 성사시키는 능력이 꽤나 탁월했는데, 예를 들어 1958년에 조앤 해리슨과 에릭 앰블러가 결혼하도록 전력을 기울였다. 한편으로 그는 너무 많은 주연 여배우를 결혼과 갓난아이에게 빼앗겨온 것도 사실이다.

그 모든 압박요인에도 불구하고, 영화의 촬영 전반부에는 상대적으로 큰 잡음이 없었다는 데 〈마니〉와 관련된 모든 이들이 동의한다. 전반부에 코너리의 직업적인 상냥함은 촬영장 분위기를 밝게 만든 듯하다. 히치콕은 007의 스타에게 "연기 지시를 거의 하지 않았고, 뷰파인더를 들여다보는 것조차 하지 않았다"고 코너리는 회상했다. 그러나 감독은 이따금 장면의 리듬에 대해 사소한 (코너리의 표현에 따르면) '수정과 제안'을 내놓는 모험을 감행했다. 코너리의 전기를 쓴 작가에 따르면, 감독의 그런 개입은 연기 신호가 떨어지는 것을 들으려고 기다리는 동안 입을 다물고 있으라고 배우에게 충고하거나, 장황한 대사에 '개의 발들'을 집어넣으라고 지시하는 것이 대부분이었다. "개의 발이요?" 어리둥절해진 코너리가 물었다. "포즈(pawes)[10] 말이야." 히치콕이 느리게 대답했다.

코너리는 그런 농담에 (그리고 원할 때면 언제든) 웃음을 지을 수 있었지만, 헤드런은 허락 없이는 웃을 수도 없었다. 히치콕은 영화에서 마크 러틀랜드가 마니를 향해 취하는 것과 똑같이 강압적인 태도를 취하면서, 주위를 어슬렁거리며 그녀의 출연 장면을 가까이서 관찰했다.

10 '개의 발들'이라는 뜻으로 '중단'을 뜻하는 pause와 발음이 같다. — 옮긴이

감독은 중요한 장면은 늘 제작과정을 통해 구축해나갔으므로, 촬영의 전반부에는 주로 토대에 해당하는 장면을 촬영했다. 따라서 촬영의 전반부는 괜찮게 지나갔다. 혹시 거기에 어떤 경고의 조짐이라도 있었던 것일까?

오랜 영화 경력 내내 히치콕은 기술적 난제를 해결해낸 거장이었다. 그런 난제는 종종은 그를 방해한 인간적인 난제—그의 비전을 충분히 구체화하지 못하는 연기자들의 실패—였다. 그런데 이제 그가 손수 공들여 선발한 스타가 그와 〈마니〉의 실현 사이를 방해하고 있다는 것을 깨달은 감독은, 익숙하지 않은 공황심리가 자신의 내부에서 점점 커지고 있다는 것을 느꼈다.

촬영의 전반부는 크리스마스 무렵에 끝이 났는데, 히치콕의 태도가 확연하게 바뀐 것은 신년 이후부터였다. 훌륭한 유머감각은 자취를 감춘 듯 보였다. 매리엇 하틀리는 처음에는 상냥하던 감독이 그녀에게 주의를 기울이는 것을 중단했다고 회상했다. 코너리는 더 이상 즐거운 존재가 아니었다. 나중에 가진 인터뷰에서 히치콕은 러틀랜드 역에 더 나이 많은 배우, 아마도 로렌스 올리비에를 선호했다고 말했다.[11]

헤드런은 결국 그 역할에 적합한 배우가 아니라고 판명이 나기는 했지만 연기만큼은 성숙해지고 있었다. 헤드런과 감독 사이의 긴장은 가시지를 않았는데, 이제는 상황이 더 나빠져 여배우가 감독에게 반항하는 듯 보였다. 명절 동안 그는 러시를 보며 고민했다. 어두운 분위기의 장면들이 다가오는 지금은 모인지 도인지 결정을 내려야 할 시기였다.

절박해진 히치콕은 헤드런을 분발시키기 위해 생각해낼 수 있는 수단을 모조리 시도했다. 영화에서 삼각관계의 일원으로 등장하는 다이앤 베이커가 스크린 밖의 삼각관계의 일원으로 갑자기 선발됐다. 크리스마스를 전후해서 히치콕은 크레디트에 세 번째로 등장하는 여배

11 1978년에 미국영화협회가 히치콕에게 평생공로상을 시상하는 만찬장에서 코너리가 소개됐을 때, 카메라에 잡힌 감독은 캐리 그랜트에게 고개를 돌리고는 누구에게나 들리는 큰 소리로 물었다. "저 친구는 누구지?" 아마도 꼴사나운 농담이었을 것이다. 코너리는 그 때 히치콕의 미완성된 54번째 영화 "짧은 밤"의 주연 물망에 오르고 있었기 때문이다.

우에게 선물공세를 퍼붓고, 자기 트레일러에서 점심을 같이하자고 초대하고, 사람들 눈에 훤히 보일 정도로 그녀에게 알랑거리기 시작했다. 베이커는 이렇게 회상했다. "나는 티피 때문에 당황했어요. 티피 앞에서 티피가 듣거나 볼 수 있는 거리 안에 있을 때 그가 내게로 관심을 돌리는 것을 유감스럽게 생각했죠."

히치콕은 이런저런 서투른 방법들로 헤드런을 약 올려서 원하는 연기를 끌어내려고 애를 썼고, 그녀가 마니가 되게 만들려고 노력했다. 그녀의 분노가 커져가는 동안 그의 낭패감도 커져갔다. 도저히 생각할 수 없는 일이 벌어진 것은 헤드런의 표현에 따르면, '촬영이 4/4분기'에 접어들었을 때였다.

1964년 1월 마지막 주 헤드런은 기자들 모임에서 수여하는 '오늘의 스타' 상을 수상하고 〈투나잇 쇼〉에 출연하기 위해 뉴욕에 며칠간 다녀오겠다면서 허락을 구했다. 감독이 허락하지 않자 헤드런은 격분했다. 존 러셀 테일러는 히치콕을 옹호하면서 "그런 여행은 제작진에 폐가 될 뿐 아니라, 그들이 캐릭터를 위해 창조해낸 분위기(주로는 촬영기간 동안 그녀를 사실상 고립시키는 것으로 창조해낸 분위기)에서 벗어나는 휴가는 그녀의 연기를 망쳐놓게 될 것이라고 그는 생각했다"고 썼다.

여배우는 볼썽사납게 화를 내면서 히치콕에게 고함을 쳐댔다. 보도에 따르면, 그녀는 촬영장에서 다른 사람들이 보는 앞에서 감독을 뚱뚱한 돼지라고 불렀다. 테일러는 "나중에 히치콕이 자진해서 한 얘기라고는 '그녀는 어느 누구도 해서는 안 될 짓을 했어. 그녀는 내 몸무게를 거론했어'가 전부였다"고 썼다.

이후 헤드런은 히치콕과 맺은 전속계약에서 그녀를 풀어달라고 강하게 요구했고, 격분한 감독은 그녀를 놔주기 전에 그녀의 경력을 끝장내겠다고 말했다. 두 사람 사이의 커뮤니케이션은 완전히 깨졌는데, 촬영은 여전히 몇 주 분량이 남아 있었다. 존 러셀 테일러는 공인된 전기에서, 그리고 도널드 스포토는 공인받지 못한 전기에서, 이 사건에 대해 상당히 판이한 설명을 내놓았지만 두 사람은 한 가지 점에는 동의한다. 사건 이후로 히치콕은 영화에서 주연 여배우에게 거리를 두고는 전령을 통해서만 이야기를 전했다는 것이다. 그런데 토니 리 모럴이 제작기간의 막후사건에 대해 쓴 꼼꼼한 연대기는 더욱 어지러운 시나리오를 주장한다. 히치콕은 잠깐 동안만 수치심에 시달린 후 활력을 되찾고는 상황을 개선하려고 노력했다.

모럴의 책에 따르면, 히치콕은 그가 전투를 치르듯이 쌓아온 경력 내내 전투를 치르듯 찍은 영화들을 완성했던 것처럼 〈마니〉를 용감하게 완성했다. 예를 들어 2월에 감독은 러틀랜드의 차에서 벌어지는 굉장히 감정적인 장면들을 감독했다. 이 장면에서 러틀랜드는 마니의 진짜 정체를 강하게 캐묻는데, 모럴은 '완성된 영화에서 가장 훌륭한 장면 중 하나'라고 지적한다.

이 장면을 촬영한 시기는 히치콕이 스케줄의 꽤 뒤쪽—'오늘의 스타' 소동이 있은 후—에 이 촬영을 배치해놓은 이유를 설명한다. 『천재의 어두운 면』에 따르면, '2월 말에' 감독은 "결국 위엄과 신중함 따위는 모두 내던졌다. 하루의 촬영을 마치고 헤드런의 트레일러에서 헤드런과 둘만 남았을때, 그는 그녀가 무시해버릴 수도 없고 아무 생각 없이 대답할 수도 없는 공공연한 성적인 제안을 했다." 도널드 스포토는 히치콕이 빅토리아시대의 섹슈얼리티에 너무 오랫동안 억압당해 왔다는 이론을 세웠다. "그의 인생의 대부분을 차지한 건강하고 활동적인 초기의 리비도는 방해를 받았다."

헤드런이 이 설명에서 직접 인용되지 않는다는 것을 주목하라. 스포토에 따르면, 그가 '히치콕이 그녀에게 했던 상스러운 제안'을 인용하지 않는 것은 "그녀가 품위를 위해 그때 그 말들을 반복하지 않았기 때문이다." 〈마니〉의 여주인공은 어느 인터뷰에서 이렇게 설명했다. "내가 할 수 있는 말이라고는 내가 묵묵히 따를 수 없는 것을 나에게 요구했다는 게 전부예요." 그녀는 다른 인터뷰에서는 이렇게 말했다. 히치콕은 "나를 애인으로 만들고 싶어 하지는 않았어요."

그렇다면 정확히 어떤 일이 벌어졌는가? 이 비열한 비밀이 출판됐을 경우 그저 멍청한 일로만 비치지는 않았을까? 히치콕이 마크 러틀랜드처럼 행동하면서, 헤드런에게 그녀가 얼마나 섹시하고 매력적이며,

그가 얼마나 그녀와 동침하고 싶은지를 말했던 것은 아닐까? 그는 진짜로 그녀와 잠을 자고 싶었던 걸까? 그렇지 않다면 주연 여배우와의 관계를 개선하려고 갖은 애를 다 쓰던 와중에, 프렌치키스를 하려는 꼴사나운 시도를 하는 실수를 했거나 어색하고 저속한 농담을 던질 걸까?

"언젠가 CBS 방송물에 티피 헤드런과 함께 출연한 적이 있었어요." 히치콕과의 복잡한 관계에서 살아남았다는 것을 자랑할 만한 자격이 있는 여배우 조앤 폰테인의 회상이다. "그녀는 그가 제안을 했다고 말하더군요. 그러니까 그가 그녀에게 한 짓은 그녀의 아킬레스건을 보려고 든 것이었어요. 예쁘고 젊은 여배우가 그를 추잡한 늙은이로 보게 만들고 싶었던 그가 그런 식으로 장난을 친 거죠. '그래, 나는 자네 블루머로 뛰어들어야겠어, 아가씨!' 그는 숨을 헐떡거리면서 으르렁댔겠죠. 그가 장난삼아 도끼눈을 뜨는 모습이 훤히 보여요. 그렇지만 사람들은 그가 짓궂은 장난을 치고 있다는 사실은 절대로 깨닫지 못하죠."

무슨 일인가가 벌어졌다는 것을 의심하는 사람은 아무도 없다. 무슨 일이 벌어졌든, 그것이 헤드런의 트레일러에서 사전에 계획된 연출을 통해 벌인 일이라 하더라도 히치콕이 작업 중에는 신성하게 지켜온 그 나름의 프로페셔널리즘을 깨버렸다는 의미에서 최악의 일이었다. 그리고 무슨 일이 벌어졌든, 그것은 그의 계산착오, 그의 실수, 그의 실패작이었다. 〈마니〉의 촬영은 불운한 분위기로 끝이 났다.

공교롭게도 가장 최후의 숏은 3월 14일에 촬영됐다. 히치콕이 통근을 하느라 친숙한 기차역인 산호세 역에서, 감독과 소규모 스태프는 히치콕이 1년 전에 정확하게 아웃라인을 잡았던 〈마니〉의 오프닝을 촬영했다. 기차역을 통과하며 걸어가는 헤드런을 트래킹 숏으로 잡은 이 장면은 훔친 현금으로 불룩해진 그녀의 핸드백을 클로즈업하는 것으로 끝이 났다.

티피 헤드런은 여우주연상 후보에 오르지 못했다. 〈마니〉와 관련된 어느 누구도 그러지 못했다. 사실 (어브 이웍스가 특수효과상 부문에서 유일하게 후보에 오른) 〈새〉 이후 히치콕 영화는 한 편도 아카데미상 후보에 오르지 못했다.

막후에서 벌어진 질풍노도를 고려하면, 시간이 흐르면서 〈마니〉가 많은 히치콕 숭배자들에게 중요한 영화가 된 것은 아이러니다. 숭배자들은 〈마니〉에서 히치콕의 숙달된 연출솜씨와 끈질긴 비전을 발견한다. 히치콕 지지자들이 보기에, 감독과 주연 여배우 사이에 벌어진 사건은 소재의 복잡한 불안감을 그대로 반영한다.

로빈 우드는 〈마니〉를 '히치콕의 가장 풍성하고 가장 완벽한 성취를 이루고 가장 성숙한 걸작 중 한 편'이라고 주장한다. 도널드 스포토도 이에 동의한다. "나는 이 작품을 히치콕의 마지막 걸작으로 생각한다." 토니 리 모럴은 —히치콕 탄생 100주년을 맞아 『사이트 앤 사운드』가 규합한 '정상급 감독들로 이뤄진 패널'이 〈마니〉를 히치콕의 걸작영화 중 10위[12]에 올려놨다고 지적하면서— 추종자들이 이 영화의 의미를 계속해서 깊이 있게 탐구해왔으며, 특히 이 영화는 "중요한 트라우마와 사건들을 위한 성 대표성과 정신분석적 아이디어의 타임캡슐이 돼왔다"고 썼다.

훗날 티피 헤드런은 인터뷰어들에게 '〈마니〉 이후 2년 동안' 히치콕은 그녀를 계약에서 풀어주기를 거부하면서, 프랑수아 트뤼포를 포함한 다른 감독들에게 그녀는 "바쁘다"라고 말하는 것으로 "그녀의 경력을 쌓지 못하게 만들었다"고 말했다. 그러나 관련기록은 그리 명확하지 않다.

도널드 스포토는 감독이 이후로 여배우의 이름을 직접 입에 담는 것을 거부했고, 친구들이나 지인들과 있을 때 그녀의 이름을 애처롭게 언급할 때는 '그 아가씨'라고 불렀다고 썼다. 그런데 히치콕은 헤드런이 자리에 없을 때면 항상 헤드런을 '아가씨'라고 불렀다.(이것은 많은 무성영화 감독들이 주연여배우의 역할을 부른 호칭이며, 헤드런이 〈새〉에서 연기한 캐릭터의 별명으로 굳어진 호칭이기도 하다.)[13]

"물론 나도 때로는 실패했습니다." 히치콕이 어느 인터뷰에서 인정한 내용이다. "티피 헤드런은 활화산을 품고 있지 않았습니다." 그럼에도 불구하고 그의 일기를 보면 그는 이듬해에 헤드런을 대여섯 차례 만나 두 사람 사이에 벌어진 간극을 좁히려고 노력했다. 히치콕은 그녀의 주급 500달러, 또는 연봉 2만 6,000달러를 계속해서 지급했지만, 두 사람 중 어느 쪽도 과거의 친밀함을 되살릴 수는 없었다.

베라 마일스는 〈누명 쓴 사나이〉와 〈사이코〉에 출연한 이후에도 히치콕을 위해 TV에 출연했다. 그러나 유니버설이 제작하는 텔레비전용 영화의 출연 요청을 헤드런이 거절하자 감독은 그녀와의 계약을 끝내기로 했다. 그리고 〈마니〉가 완성된 후 1년 반쯤 지난 1965년 가을에, 그녀는 런던에서 찰리 채플린의 마지막 영화인 〈홍콩에서 온 백작부인〉에서 단역을 연기했다. 그녀는 이어진 인터뷰에서 이렇게 자랑했다. "내가 채플린 영화에 출연할 거라는 얘기를 들은 히치는 너무나 화가 나서 심장마비에 걸릴 뻔했답니다." 그러나 여배우로서 그녀의 미래는 화려하지 않았다.

12 다른 9편은 ①〈사이코〉, ②〈현기증〉, ③〈오명〉, ④〈새〉, ⑤〈북북서로 진로를 돌려라〉, ⑥〈의혹의 그림자〉, ⑦〈해외특파원〉, ⑧〈프렌지〉, ⑨〈사라진 여인〉이다.

13 녹음을 들어보면, 히치콕은 헤드런과 함께 있을 때면 항상 그녀를 '티피'라고 불렀다.

17

거장, 비틀거리다

1964~1970

1964년 3월 말, 〈마니〉를 완성해가던 히치콕은 여전히 〈메리로즈〉의 제작을 고대하고 있었다. 봄에 제이 프레슨 앨런은 동일한 감독과 스타인 히치콕과 티피 헤드런으로 이어지는, 유사성이 없는 소재로 이뤄진 비공식적 3부작을 완성할 영화의 시나리오 2고를 전달했다. 조지프 맥브라이드는 이 프로젝트에 대한 정평 있는 글에서 이렇게 썼다. "이 유령 이야기는 히치콕이 그때까지 스크린에서 탐구해왔던 수준을 훌쩍 뛰어넘는 히치콕 특유의 에로티시즘과 죽음의 혼합물이었다."

히치콕은 1920년에 제임스 배리의 연극을 감상했을 때 느낀 기쁨을 결코 잊지 않았다. 배리의 유령 이야기는 휴가기간에 부모와 함께 '방문하고 싶은 섬'이라는 스코틀랜드의 섬에 갔다가 실종된 어린 소녀를 다룬다. 20일 후에 돌아온 그녀는 어디에 있었는지, 무슨 일이 벌어졌는지 설명하지 못한다.

나중에 18살이 된 메리 로즈는 결혼을 하고 아이를 낳는다. 결혼기념일에 같은 섬으로 돌아온 그녀는 다시 사라진다. 이번에는 오랜 세월 동안 실종된 그녀는 아들이 장성한 이후에야 죄책감을 품고 아들을 찾아 돌아온다. 그녀는 조금도 변하지 않았다. 젊고 순진무구하고 여전히 아름다운 유령이다.

히치콕은 이 희곡을 영화화하는 프로젝트에 다양한 프로듀서들의 관심을 끌어오려고 오랜 세월 동안 노력해왔다. 그는 1940년대에 20세기폭스에서 〈메리로즈〉를 제안했고, 1950년대에는 그레이스 켈리가 출연할 가능성이 있다고 파라마운트에 언급했다. 그와 알마는 각색을 논의하며 로케이션 헌팅을 다녔다. 그는 프리프로덕션에 자비를 투입했고, 심지어는 오리지널 무대에 섰던 페이 콤턴을 접촉해서 단역을 연기하는 문제를 거론했다.

제이 프레슨 앨런의 시나리오는 원작희곡을 흥미로운 방법으로 수정했다. 맥브라이드의 표현에 따르면, 히치콕의 〈메리로즈〉는 "타이틀 캐릭터와 그녀의 나이 먹은 가족이 느끼는 고뇌를 강화하면서 꿈결 같다기보다는 악몽 같았다." 히치콕의 버전에서 메리 로즈는 제1차 세계대전 동안 미군에 징집됐던 아들 케네스를 발견하는데, 그는 전쟁 동안 포로였을 가능성이 있다. 맥브라이드에 따르면, 이것은 "그녀의 압도적인 고뇌를 전달하는 주관적인 카메라와 음향기법들을 활용한 괴로운 시퀀스를 불러일으킨다." "이런 상실감을 깨달으면서 그녀는 말 그대로 (다시) 죽는다. 그런데 아직도 최악의 상황은 도래하지 않았다."

줄거리의 대단원에서 여전히 육군 장교인 케네스는 조상들이 살던 집으로 돌아와 어머니의 유령을 만난다. 아들을 알아보지 못한 그녀는 그 남자가 그녀가 찾고 있는 어린 아이를 앗아갔다고 확신한다. 케네스의 군용 칼을 움켜쥐고 케네스와 맞선 메리로즈는 날카로운 목소리로 외친다. "내 아들을 돌려줘!" 케네스는 자신이 바로 그녀의 아이를 빼앗아간 바로 그 사람이라고 억지로 고백해야만 한다. 맥브라이드의 표현에 따르면, 그런 후 케네스는 메리로즈에게 '그녀가 아들을 내팽개친 것 때문에 찾아헤매는 용서'를 베푼다.

"그녀는 팔을 옆으로 떨어뜨리고는 칼을 돌려준다. 마침내 마음을 연 그녀는 자신의 죽음을 받아들인다." 맥브라이드가 쓴 글이다. "배리 역시 어머니가 친자식이 살해됐다고 고민하는 이 심각한 상황을 장난기 어린 글로 묘사하기는 하지만, 〈메리로즈〉의 극작가는 히치콕과 달리 어머니의 등 뒤에서 절대로 칼을 취하지 않는다."

맥브라이드는 희곡의 '신랄하지만 더없이 행복한 엔딩'에서 '메리로즈는 아들에게 안녕을 고하고는' 그녀의 운명을 모호한 채로 남겨놓고

"천상의 목소리의 부름을 들으면서 그녀의 섬으로 영원히 돌아간다"고 지적했다. 그런데 히치콕은 마지막 장면에서 남편이 의자에 앉아 있는 메리 로즈의 시체를 발견하는 것으로 엔딩을 바꾸었다. "그는 그녀의 머리를 만질 겁니다." 히치콕이 런던 신문과 가진 인터뷰에서 밝힌 내용이다. "그러면 그의 손은 시체에서 나오는 심령체인 푸른 분가루로 반짝일 것입니다."

마지막 내레이션—메리 로즈 부부와 '방문하고 싶은 섬'에 동행했던 지역주민 캐머런이 하는 내레이션—은 히치콕이 직접 썼다.

섬은 다시 한 번 우리가 처음에 본 것처럼 아름답고 호젓한 곳이, 미래가 창창한 곳이 됐다. 그리고 다시 한 번 우리는 캐머런의 목소리를 듣는다.

캐머런(O.S.)

그렇지 않다면 우리는 감히 그런 섬을 찾아갈 수 있을 것…… 우리는 다시는 이곳에 올 수 없다……

(그의 목소리에는 씁쓸한 유머가 담겨 있다.)

……당혹감을 느끼지 않고는.

그리고 그 문제에 대해 우리를 용서해줄 사람을 찾는 데는 그리 오래 걸리지 않는다.

(이제 캐머런의 목소리는 변해서 더욱 딱딱해지고 무미건조해지며 확정적이 된다.)

글쎄, 그게 전부다. 우리 이제 집으로 돌아가자.

(아이러니하게)

그곳에는 물론 비가 내리고 있다……

카메라가 뒤로 물러나기 시작한다. 섬이 점점 작아지고 희미해진다.

캐머런(O.S.)

……평소처럼. 그곳에는 못된 꼬마가 벌을 받으려고 기다리고 있고, 노인네

에게는 약한 심장과 고약한 성격이 치명적으로 결합돼 있다. 그는 땅에 묻힐 날을 기다리고 있다. 모두가 평범하고, 믿음직하며, 섬과는 다른 일들이다.(그는 깊이 한숨을 쉰다.) 여러분도 이해할 것이다.

섬이 아득하게만 보이게 될 때 캐머런의 목소리도 마찬가지로 아득해지다가, 마침내 우리는 둘 다를 모두 잃게 된다.

페이드아웃

그런데 히치콕이 꿈의 프로젝트를 실현할 수 있기도 전에 유니버설은 〈메리로즈〉를 죽여버렸다. "시대극이라서 그런 건지, 아니면 지적인 관객만 들 거라는 생각에서였는지 그 이유를 나도 모르겠어요. 전혀 모르겠어요." 제이 프레슨 앨런의 회상이다. "그런데 기록을 보면 루 와서먼은 처음부터 이 프로젝트에 관심이 없었어요. 히치는 프로젝트에 대한 청신호를 한 번도 받지 못했어요. 한 번도요. 혼자서 오버를 한 거죠. 〈메리로즈〉가 청신호를 받을 때쯤에는 티피가 영화에서 밀려났는데, 나는 히치가 영화를 만들려고 고군분투하지 않은 이유가 아마도 그 때문일 거라고 생각해요."

히치콕은 앨런과 시나리오 작업을 함께하면서 프리프로덕션을 상당히 진행했다. 〈메리로즈〉가 취소되기 전에 영화를 위해 '많은 스케치'를 그린 앨버트 휘틀록은 감독에게 스튜디오 수뇌부의 압력에 굴복하면서 프로젝트를 포기하는 이유가 무엇인지 물었다. "그들은 이게 관객이 나에게 기대하는 영화가 아닐 것이라고 믿더군." 히치콕의 설명이다. "사람들이 나에게 기대하는 종류의 영화가 아니라는 거야." 감독은 되풀이했다.

나중에 히치콕은 인터뷰어들에게 슬픈 목소리로 떠벌렸다. 그가 유니버설과 맺은 계약에 삽입된 조항은 제작비가 300만 달러를 넘지 않는 한 —그리고 그 영화가 〈메리로즈〉가 아닌 한— 그가 원하는 영화는 무엇이건 스튜디오를 위해 만들 수 있음을 밝히고 있다고 말했다.

사실 그의 계약은 〈메리로즈〉가 취소될 즈음에 수정됐다. 공식적으로 〈마니〉는 유니버설과 '지오프리 스탠리 주식회사'—히치콕이 집에서 기르는 개들의 이름을 딴 법인—의 합작영화지만, 미래의 히치콕 영화들은 모두 전적으로 유니버설이 제작하고 소유하게 된다. 1964년 8월에 맺은 새로운 계약이 보장하는 연출료와 혜택 덕분에 히치콕은 할리우드 역사상 가장 많은 돈을 받는 감독이 됐다. 더욱 중요한 것은 그 계약 덕분에 그가 스튜디오의 공동소유자가 됐다는 사실이다. 그와 알마는 3대 주주가 됐다. 주식 이전에 대한 대가로 유니버설은 〈앨프레드 히치콕 극장〉, 소유권이 넘어오는 파라마운트 영화들, 그리고 미래에 '앨프레드 히치콕'이라는 이름을 마케팅하는 것과 관련된 모든 권리를 포함한 샘리 프로덕션의 소유권을 확보했다.

일찍이 1931년에 그를 미국으로 데려오는 문제에 처음으로 관심을 보였던 —더군다나 그가 〈파괴공작원〉과 〈의혹의 그림자〉를 만들었던— 할리우드 스튜디오의 공동소유자가 된 것은 너무나 만족스러운 일이었지만, 히치콕과 유니버설 사이의 관계에는 여전히 긴장이 흘렀다. 루 와서먼은 한때 침체됐던 스튜디오를 일급 회사로 변모시키려고 노력했지만, 그것은 길고 느린 과정으로 판명됐다. 유니버설은 1970년대에 텔레비전용 영화와 텔레비전 스타일의 영화를 만드는 작업에만 매달리게 됐다. 히치콕은 유니버설이 카르티에보다는 울워스에 가까운 스튜디오라는 느낌을 도저히 떨칠 수가 없었다.

그의 수정 계약은 관대한 것이었지만, 친구들은 히치콕 부부 모두 계약의 구조를 싫어했다고 밝혔다. 기분이 나쁠 때면 그는 〈메리로즈〉를 영화화할 황금 같은 기회를 빼앗겼다고 투덜대곤 했다. 알마는 남편에게 더 좋지 않은 일은 이름을 빼앗긴 것이라고 생각했다. 비록 그 대가로 여생에 걸친 안락함이라는 기쁨을 얻기는 했지만 말이다.

히치콕과 와서먼 사이의 개인적 유대는 직업적인 관계가 바뀌면서 변화하고 악화됐다. 한때 히치콕의 에이전트였던 와서먼은 이제는 그의 고용자였다. 히치콕은 "그걸 싫어했다"고 제이 프레슨 앨런은 밝혔다. "그가 그랬다는 것을 알아요." 1964년에 미국 법무부는 유니버설을

MCA에서 분리하라고 강요했고, 이제 에이전시에서 히치콕을 접촉하는 사람은 아서 파크가 됐다. 그렇지만 의사결정과정에서 히치콕과 자신 사이에 중개자를 투입하려는 와서먼의 노력에도 불구하고, MCA에서건 유니버설에서건 누가 보스 중의 보스냐에 대해서는 의문의 여지가 없었다.

두 사람은 항상 대등했던 그들의 개인적인 관계를 유지하려고 애썼다. 새로운 계약 덕에 히치콕은 스튜디오의 논의의 여지가 없는 제왕이 됐고, 와서먼은 히치콕의 사무실을 거의 매일 들러서 가십을 주고받거나 주식시장에 대해 수다를 떠는 것으로 히치콕의 비위를 맞췄다. 그들은 일주일에 한 번씩 사적으로 점심을 먹었고, 밤이 되면 와서먼 부부는 주기적으로 히치콕 부부와 외식을 했다.

제이 프레슨 앨런은 〈마니〉와 〈메리로즈〉를 작업하는 동안 부부와 함께 점심을 자주 먹었다. 히치콕과 와서먼이 가십거리를 놓고 떠들어대는 동안, 그녀는 잠자코 듣고만 있으면서 속으로는 재미있어했다. 영화업계의 나머지 사람들이 그들—할리우드에서 가장 권세 좋은 두 남자—에 대한 가십거리를 떠들어대고 있다는 것을 알고 있었기 때문이다. 그녀가 들은 소문에 따르면, 두 남자 모두 성불능자였다. 히치콕은 자신이 발기불능이라고 앨런에게 고백했다.(히치콕이 헤드런을 유혹했다는 것을 앨런이 절대로 믿지 않은 이유 중 하나다.) 와서먼의 아내는 아름다웠지만, 그는 아내가 잠을 자는 동안 소파에서 잠을 자는 것으로 악명 높은 일 중독자였다.

히치콕은 거의 간섭을 받지 않고 〈새〉와 〈마니〉를 만들었지만 —처음에 스튜디오 시사회 때부터 당혹스러운 반응을 이끌어낸— 〈마니〉의 실패는 이후로 유니버설에서 그의 뒤를 따라다니며 괴롭혔다. 그가 맺은 새 계약으로 인해 그는 황금빛 찬란한 새장에 갇힌 새 신세가 됐다. 유니버설에서 그는 경제적으로는 걱정이 없었지만, 창조적인 면에서는 그의 권한과 재량을 희생시켜야 했다.

〈마니〉의 개봉 전에 히치콕 부부는 2달 동안 휴가를 떠났다. 그들은 뉴욕에 들러 히트 뮤지컬들—〈하이 스피리츠〉와 〈헬로 돌리〉—을 관람하고, 진행 중인 책을 위해 추가 인터뷰를 하고 있던 프랑수아 트뤼포와 랑데부했다. 그런 다음 그들은 히치콕의 데뷔작을 위해 로케이션 풍경을 촬영했던 이탈리아 코모 호수의 빌라 데스테로 향했다. 거기서부터 부부는 그들이 좋아하는 장소(파리, 프랑스 남부, 로마, 빈, 뮌헨, 그리고 늘 좋아하는 런던)와 그들이 늘 가보고 싶어했던 새로운 장소들(유고슬라비아의 베오그라드, 두브로브니크, 자그레브)로 구성된 복잡한 코스로 여행을 다녔다. 부부는 가급적이면 자동차로 여행했는데 운전사가 그들을 수행했다.

그들이 풍경에 젖어들어 휴식을 취하려고 애쓰던 빌라 데스테에 머물던 때를 제외하면, 히치콕 부부는 휴가의 일환으로 사업적이고 공공적인 이벤트들에 참석했다. 예를 들어, 로마에서 히치콕은 이탈리아 작가 아제노레 인크로치와 푸리오 스카펠리를 만났다. 그들은 '아제&스카펠리'라는 크레디트 아래 〈마돈나 거리의 한탕〉뿐 아니라 성공적인 코미디들을 집필했는데, 히치콕은 이들 작품을 감상한 적이 있었다. 그는 그들에게 언젠가 같이 작업을 해보자고 말했다.

베오그라드 공항에서 히치콕 부부는 저널리스트들과 팬들의 환대를 받았고, 감독은 자신의 캐리커처를 그려주고 사인을 해줬다. 그는 국립영화자료원에서 유고슬라비아의 동료 영화인들과 함께했다. 콜라크 인민대학은 '앨프레드 히치콕과 함께하는 밤'을 주최했고, 행사가 끝난 후 부부는 예술가 구역에 있는 유명한 세르비아식 레스토랑에서 식사를 함께하며, 그의 경력에 대한 최초의 세르비아-크로아티아어 연구서적의 출판을 축하했다. 히치콕은 그 나라의 진미를 마음껏 먹으면서, 휴가를 떠날 때는 의사의 지시로부터도 휴가를 떠난다고 사람들에게 말했다.

그들이 미국으로 돌아온 시기는 〈마니〉의 개봉을 위한 홍보시기와 일치했다. 리뷰들은 평소와 달리 명확한 결론에 도달하지 못했다. 『뉴욕타임스』의 유진 아처는 히치콕의 신작은 '성적인 관계에 대한 매력적인 연구임과 동시에 최근 몇 년 사이 거장이 내놓은 가장 실망스러운 영화'라고 썼다. 『뉴요커』의 에디스 올리버는 '두 주연배우의 끔찍한 연기가 등장하는 바보스럽고 쓰레기 같은 영화'라고 묘사하면서도, '나는 영화를 감상하느라 꽤 좋은 시간을 허비했다'고 덧붙였다. 『뉴욕 포스트』의 아처 윈스텐이 영화의 '인간적 따스함과 동정심'이 영화를 '뛰어난' 히치콕 영화로 만들었다고 생각한 반면, 평소에는 히치콕을 좋아하던 필립 K. 슈어는 『로스앤젤레스 타임스』에 기고한 글에서 히치콕의 최신작이 '끈질기게 타당성이 없고' '단속적으로만 효과적'일 뿐이라고 적었다.

미국에서 〈마니〉는 330만 달러를 벌어들인(20위권 밖이었다) 반면 영국에서는 그해 가장 성공적인 영화 중 12위였다. 아이러니하게도 이것은 숀 코너리의 관객동원력 때문(〈007 골드핑거〉는 그해 흥행 1위 영화였다)이었는데, 그의 출연료는 제작비 상승의 이유이기도 했다.(작가 윈스턴 그레이엄과 만난 히치콕은 "두 주연배우의 출연료에 대해 씁쓸한 불만을 늘어놨다.") 박스오피스 수치는 그저 그랬지만 〈마니〉는 흑자를 냈는데, 예를 들어 〈현기증〉을 능가했다.

박스오피스의 성공을 리뷰보다 높이 쳤던 남자로서, 그리고 흥행의 부침에 익숙한 남자로서, 히치콕은 당연히 〈마니〉를 그의 오랜 경력에서 잠시 거쳐가는 침체기로, 그의 차기작으로 지워버릴 수 있는 영화로 여겼다. 1964년 가을에는 만사가 가능한 듯 보였으며, 심지어는 티피 헤드런과 관계를 복원하고 그녀와 다른 영화를 만들 수도 있을 것 같았다.

휴가 동안에 그는 알마와 많은 이야기를 나눴고, 집으로 돌아오면서 야심 찬 계획들을 가져왔다. 예전에 종종 그랬듯 그는 동시에 여러 가지 프로젝트에 착수하기로 결심했다. 어떤 이야기가 됐든 쉽고 빠르게 작업할 수 있는 영화가 다음 작품이 될 것이었다.

그가 가진 두 가지 소재는 어느 쪽이든 아이디어 단계를 벗어나지 않았다. 하나는 이탈리아에서 범죄의 사령부라는 것을 위장하기 위해 호텔을 운영하는 악당 가족 이야기였다. 다른 이야기는 악명 높은 영국의 살인자—그는 어떤 인물일지는 아직 결정하지 않았다—의 이야기에 기초한 범죄도주 드라마로, 노골적인 섹스와 폭력을 보여주면서 현대적인 스타일로 촬영할 계획이었다.

그런데 1964년 여름에 히치콕은 불운과 고초가 주변사람들을 덮치기 시작할 것이라는 점을 예상할 수가 없었다. 이후로 3년 동안 그는 소중한 제작진—〈새〉를 만들면서 '우리를 올바르게 일하게 만드는 텔레파시 같은 커뮤니케이션'을 주고받는 사람들이라고 그가 자랑했던—의 구성원을 계속해서 극적으로 잃게 됐다.

오랜 편집기사 조지 토마시니가 갑자기 세상을 떠나면서 히치콕의 팀의 크기를 줄여버린 첫 번째 사람이 되었다. 1964년 11월에 불과 55살의 나이에 심장마비로 쓰러진 토마시니는 〈이창〉, 〈나는 결백하다〉, 〈나는 비밀을 안다〉, 〈누명쓴 사나이〉, 〈현기증〉, 〈북북서로 진로를 돌려라〉, 〈사이코〉, 〈새〉를 편집했다. 〈마니〉와 공동으로 크레디트에 오른 (1965년에 개봉한) 〈위험한 곳에서〉가 그의 유작이었다.

히치콕이 대중 앞에서 보여준 유쾌한 (그리고 단일한) 표정에도 불구하고, 병마와 죽음은 그를 동요시켰다. 그는 카메라맨 잭 콕스 같은 오랜 친구가 임종하는 병상을 방문했고 장례식에 계속 참석했다. 이제 장례식들이 거행되기 시작하고 있었다. 그는 사망소식을 듣고는 눈물을 흘렸고, 그의 일지는 장례식 일정으로 채워졌다. 에드먼드 그웬 같은 오랜 친구의 묘지에서 조의를 표해야 할 시기가 됐다. 장례식에 참석할 수 없을 때면, 그는 항상 꽃과 조전을 보냈다.

갑자기 그는 죽음에 둘러싸인 듯 보였다. 히치콕도 이전에 얘기를 들었던 것보다 훨씬 자신의 건강에 신경을 쓰기 시작했다. 〈마니〉를 만드는 동안 그는 노먼 로이드를 불러서 자신이 뭔가 잘못된 것 같다고 말했다. 랠프 탠도우스키 박사는 원인을 정확하게 집어내지 못했지만, 히치콕은 피로감을 느꼈고 지속적인 통증과 아픔을 호소했다. 감독은 출연진에 대해서 계속 고민하고 있었음에도 불구하고, 로이드에게 "자네가 이 영화를 내 대신 끝내야 할지도 모르겠군" 하고 말했다.

모두들 평소 같은 휴가가 효과가 있을 것이라고 판단했다. 〈마니〉는 스트레스 덩어리였지만 히치콕은 늘 활력을 되찾아왔다. 그러나 외국에 나갔다 온 직후에도 그는 여전히 기분이 좋지 않았고, 7월 중순에는 검진을 위해 전문가들을 고용했으나 뚜렷한 원인이 발견되지 않았다. 모든 것이 신경성에서 비롯된 것일 수도 있었지만 히치콕은 자신의 나이가 부담스러웠다. 그가 이제는 1시간짜리 프로그램으로 세 번째 시즌을 맞은 텔레비전 시리즈를 취소해야 한다는 데 많은 사람이 선뜻 동의했다.(30분짜리 시리즈는 7시즌 동안 방영됐다.) 그가 에피소드를 연출한 것은 벌써 3년 전의 일이었지만, 자신의 참여를 그만두지 않고 주된 요소를 승인하고 도입부에서 진지하게 연기하는 역할을 계속 수행해오고 있었다.

의사들은 그에게 속도를 늦추고 활동을 제한하면서 음식과 술을 줄이라고 충고했다. 그가 20년 전에 〈구명선〉을 만든 이후로 계속 통제해오고 있던 몸무게도 늘어나고 있었다. 그래서 히치콕은 1964년 여름은 조용히 지내기로 결정했다. 히치콕은 노먼 로이드, 조앤 해리슨과 마지막 텔레비전 시즌에 대한 회의를 가졌고, 저널리스트들과 몇 차례 인터뷰를 했으며, 산타크루스에서 긴 주말을 보냈다. 건강에 대해 계속해서 조바심을 느낀 그는 일주일에 2번씩 정기적으로 병원을 예약했고, 오랫동안 맞아온 비타민 B 주사에 이제는 코티존[14] 주사도 함께 맞기 시작했다.

히치콕은 평생 동안 스튜디오 내에서 열리는 시사회에 적극적으로 참석했다. 이제 그에게는 전용 시사실이 있었고, 감상하는 영화들은 전방위에 걸쳐 있었다. 그는 영화라면 —동물을 잔인하게 대하는 영화는 제외하고— 가리지 않고 거의 다 봤다.(그는 〈어울리지 않는 사람들〉을 보다가 중간에서 걸어나오고는, 그 영화를 튼 페기 로버트슨에게 그날 내내 화를 풀지 않았다.) 그런데 히치콕은 어떤 영화가 일단 마음에 들면, 소재가 유사한 영화들을 계속 보는 경향이 있었다. 1964년 가을에 그는 새로운 경향을 보여주는 최신작들, 즉 〈스톡홀름의 위기〉, 〈5월의 7일〉, 〈페일세이프〉, 〈맨추리언 캔디데이트〉 등을 많이 감상했다. 악당

14 부신피질 호르몬의 일종. — 옮긴이

들의 호텔 프로젝트와 연쇄살인범에 대한 도주영화 프로젝트에다, 히치콕은 이제 현대적인 정치 스릴러를 덧붙였다.

잠시 동안 그는 리처드 해니가 중심 캐릭터인 또 다른 존 버컨 소설을 염두에 뒀지만, 그가 관심을 가진 소설 『세 인질』은 1924년에 출판된 책이라서 희망을 걸 수 없을 정도로 시대에 뒤떨어져 있었다. 그러나 버컨 소설에 관심을 갖는 것만으로도 배터리를 충전하는 데 도움이 됐다.

히치콕은 제임스 본드 시리즈의 팬이었지만, 〈북북서로 진로를 돌려라〉를 뻔뻔스럽게 차용하는 것처럼 보이는 007 시리즈를 불쾌하게 여겼다. 히치콕은 〈007 위기일발〉에서 본드와 헬리콥터가 벌이는 결투가 캐리 그랜트와 농약살포비행기가 벌이는 대결을 파렴치하게 복제한 것이라고 믿었다. 히치콕의 생각으로 본드 시리즈는 그의 비전을 취해서 만화책 스토리텔링을 향해 한 발짝 더 나아간 영화였다. 그는 거기에 경쟁할 유일한 방법은 더욱 '리얼리스틱한 본드'를 만드는 것이라고 느꼈다. 아무튼 그는 〈나는 비밀을 안다〉와 〈39계단〉부터 스파이 스릴러들을 만들어왔고 이 장르에서 명성도 가지고 있었다.

'리얼리스틱한 본드' 외에도, 히치콕은 이탈리아에서 악당의 호텔 이야기를 촬영할 가능성을 더듬어봤다. 그는 루치노 비스콘티, 미켈란젤로 안토니오니, 그리고 다른 이탈리아 감독들의 최신작을 감상했다. 그는 그러는 동안 복잡한 플롯 메커니즘과 아이러니한 분위기 때문에 좋아한 '잘못 전개되는 강도질' 풍자극 〈마돈나 거리의 한탕〉으로 돌아갔다.(푸리오 스카펠리에 따르면, 그는 이 영화가 '히치콕 자신의 영화 스타일을 어느 정도 모방한다'는 사실도 좋아했다.) 히치콕은 이탈리아의 베테랑 작가인 아제노레 인크로치와 푸리오 스카펠리를 활용할 수 있는 가능성을 확인해보고는, 다른 미래 프로젝트에 적합할지도 모르는 다른 작가들과 만날 약속을 다수 잡았다. 그는 〈맨추리언 캔디데이트〉의 원작을 쓴 소설가 리처드 콘던, 〈5월의 7일〉의 시나리오를 쓴 〈환상특급〉의 창안자 로드 설링과 얘기를 나눴다. 그는 〈현기증〉을 집필했던 알렉 코펠, 샘 테일러와 점심을 함께하면서 둘 중 한 사람이 범죄도주영화나 정치 스릴러를 작업할 수 있는지를 알아보았다. 그러나 그의 일정은 빠듯하지 않았고, 추수감사절이 지날 때—그리고 조지 토마시니가 사망할 때—까지는 급하게 서둘 이유가 없었으므로 그는 동시에 여러 길을 개척했다.

11월 초에 히치콕은 '제목 미정인 오리지널 스토리의 소재'를 작가협회에 등록하면서, 이 작품이 '〈의혹의 그림자〉의 줄거리 이전에 일어난 사건들을 다룰 '일종의 프리퀄이라고 대략적인 개요를 잡았다. 경찰을 피해 도망다니면서 부유한 과부들을 살해하는 '매력적인 남자'의 뒤를 쫓는 프리퀄은 '다양한 여성들의 살해와 뒤처리를 둘러싼 사건'을 보여줄 예정이었다. 아웃라인에 따르면 이야기는 존 헤이, 존 크리스티, 또는 네빌 히스와 같은 '유명한 영국의 범죄 사건'을 토대로 하여 캐릭터와 상황을 미국화할 계획이었다.

그달 말에 히치콕은 〈사이코〉의 저자 로버트 블로흐를 초대했는데, 블로흐는 (〈앨프레드 히치콕 극장〉의 에피소드 여러 편을 집필해오기는 했지만) '자리에 어울리는 부케와 고급 포도주가 나오는 미식가의 점심'에 그리 정통하지 못했다.

히치콕은 점심을 먹으면서 그에게 진정한 영감을 준 인물인 잭 더 리퍼에게까지 거슬러 올라가는 범죄도주영화에 접근하는 문제를 고민하고 있다고 설명했다. 그런데 그는 더욱 현대적인 살인자 중에서 퍼블릭 도메인으로 사연이 넘어온 살인자의 이야기를 차용해서 이야기를 현대화하고 싶어했다. 그는 누벨바그나 안토니오니 같은 이탈리아 감독의 스타일리시한 방법을 채택하는 것을 생각하고 있었다.

테이프에 모두 녹음된 점심시간의 대화는 독백에 가까웠다. 히치콕은 시체애호자인 크리스티("흄 크로닌이 연기할 수 있을 만한 아주 지저분한 키 작은 남자……"), 여성들을 채찍질한 히스("그는 늘 정도가 지나쳤어…… 여자들을 베고는 가슴을 물어뜯고 온갖 짓들을 하는 지경에까지 이르렀지"), 심지어는 패트릭 메이혼("나는 〈이창〉에서 그의 사건을 조금 활용했는데, 그건 그가 가족과 함께 있는 소녀를 선택해서 죽였기 때문이지. 알겠지만 그 모든 것은 사실은 경제적인 문제에서 비롯된 거라네")에 대해 장황하게 지껄여댔다. 감독은 그가 새로 기획하는 영화에 메이혼 사건의 다른 세부사항을 활용하는 것을 상상할 수 있다고 말했다. 히치콕은 메이혼이 희생자의 머리를 벽난로에 집어넣고 불을 붙여 태워 없애려 할 때, "열기로 인해 희생자의 눈이 떠졌다"고 회상했다.

이론적으로는 히치콕이 실제 연쇄살인범의 사건에 기초한 소설을 써달라며 블로흐를 고용하고, 블로흐가 소설을 쓰면 감독이 그것을 영화화한다는 것이다. 히치콕의 입장에서는 먼 옛날에 데일 콜린스와 〈리치 앤 스트레인지〉를 할 때 효과를 본 계획이었다. 감독은 블로흐에게 크리스티의 살인과 재판에 대해 저널리스트 루도빅 케네디가 쓴 논픽션 『릴링턴 플레이스 10번지』를 읽어보라고 권했는데, 그가 지지하고 싶어하는 취향의 내러티브를 사실감 있게 그려낸 책이었다. 히치콕은 자신이 내놓은 아이디어가 개략적이라는 것을 잘 알고 있었으며 가장 훌륭한 프로토타입을 제공할 악명 높은 살인자가 누구인지도 확신하지 못했다. 그 모든 것은 블로흐에게 달려 있었다.

그런 다음 히치콕은 블로흐를 만난 그 주에 스위스 몽트뢰에 있는 블라디미르 나보코프에게 편지를 썼다. 이보다 앞서 히치콕은 『어둠 속의 웃음』과 『롤리타』로 세계적인 명성을 얻은 작가와 통화를 했다.(나보코프는 『롤리타』를 호평을 받은 스탠리 큐브릭의 영화로 각색하는 것을 도왔다.) 히치콕이 러시아 출신의 작가를 이전부터 알고 있었는지, 그가 나보코프를 영국(나보코프가 제1차 세계대전 이후 교육을 받은 곳)에서, 미국(나보코프가 제2차 세계대전 이후에 대학교에서 교편을 잡은 곳)에서, 아니면 스위스(나보코프가 1959년에 이주한 곳)에서 만난 적이 있는지는 불분명하다. 어찌 됐든 감독은 그를 '나보코프 선생님'이라고 깍듯하게 지칭하면서, 세계 정상급 작가—블로흐와는 정반대되는 고품격 지식인—에게 자신이 엄선한 두 가지 경쟁적인 프로젝트를 소개했다.

그가 생각하기에 나보코프에게 적절한 프로젝트는 가이 버제스와 도널드 맥클린의 망명을 허구적으로 재현하는 정치 스릴러였다. 1930년대에 케임브리지 학생이었던 버제스와 맥클린은 좌익 지식인 무리에 속했는데, 무리의 일부는 소련의 간첩으로 포섭됐다. 나중에 영국 외교관이 된 버제스와 맥클린은 제2차 세계대전 도중과 전후에 소련으로 비밀들을 유출했다. 그들은 변절행위가 발각된 1951년에 영국에서 도망쳤다. 히치콕은 버제스와 맥클린에게 오래전부터 매료돼왔기 때문에 〈나는 비밀을 안다〉를 리메이크하는 동안 (역시 케임브리지 졸업생인) 앵거스 맥페일과 이 문제를 논의하기도 했다.

현실세계의 제임스 본드들은 종종은 지저분하고 냉혹한 인물들이었다. 히치콕이 염두에 둔 정치 스릴러는 그런 냉전의 볼모가 되는 여성들—두 번째 〈나는 비밀을 안다〉에 나오는 악당 중에서 동정을 많이 받는 드레이튼 부인(브렌다 드 반지)과 다르지 않은 여성들—을 깊이 탐구하는 영화였다. 히치콕의 표현에 따르면, 드라마는 '결혼이나 약혼을 통해 배반자와 연루된 여자의 문제'에 초점을 맞출 터였다.

히치콕은 그렇게 냉혹한 전사를 사랑하는 여성은 그 전사와 운명을 함께할 것이라고 편지에 적었다. "예를 들어, 우리는 버제스와 맥클린의 사례를 알고 있습니다. 맥클린 부인은 결국 철의 장막 뒤로 남편을 따라갔습니다. 맥클린 부인이 애국자가 아닌 것은 분명합니다."

히치콕은 그가 제안하는 이야기와 맥이 통하는 '세련되지 못한 사례'로 베르너 폰 브라운의 '아주 미국적인' 아들—아버지처럼 영리한 과학자—이 아버지의 친척을 찾아 동독으로 휴가를 가는 내용을 상상했다. 그에게는 '상원의원의 딸'인 약혼녀가 있을지도 모르는데, CIA나 다른 '비밀요원들'은 그녀를 폰 브라운 주니어를 감시할 요원으로 선발해 젊은 과학자의 수상한 행동을 보고하게 만든다는 것이다.

플롯은 '철의 장막 뒤로 떠나는 여행'의 뒤를 따르겠지만, 정서적인 초점은 연인이 매국노일지 모른다는 점점 커져만 가는 그녀의 의심에 맞춰질 것이다. "그녀는 약혼자의 편에 설지도 모릅니다. 그 문제는 그녀의 캐릭터가 그려지는 방식에 달려 있습니다. 그녀가 그런 선택을 할 가능성도 있는데, 그렇다면 그녀는 끔찍한 실수를 저지르는 것입니다. 그녀의 약혼자가 결국에 이중간첩으로 밝혀질 경우에는 특히 그렇습니다."

편지는 계속 이어진다. 그런 정치 스릴러는 "액션과 활동의 관점에서 표현돼야만 하고, 그런 점은 자연스럽게 전형적인 히치콕 서스펜스를 파고들 기회를 제게 제공할 겁니다."

리얼리스틱한 본드 스토리가 나보코프에게 매력적이지 않을 경우에 대비해, 히치콕은 역시도 매력이 없을 가능성이 있다고 인정하는 다른 가능성도 미끼로 던졌다. "그렇지만 달리 보면 매력이 있을지도 모릅니다." 이것은 이탈리아 호텔을 운영하는 악당 가족 이야기로, 처음에 아이디어를 개발할 때에는 이 영화를 영국에 있는 스튜디오에서 만들 생각이었다고 그는 설명했다. 그런데 '제가 미국으로 건너오는 바람에' 시나리오가 완성되지를 못했다.(시나리오를 완성했다면, 그는 노바 필빔을 주연으로 출연시켰을 것이다.)

히치콕은 편지에서, "저는 이런 일이 벌어진다면 어떨까 궁금했습니다." 그러면서 스위스 수녀원에서 자란 젊은 아가씨의 이야기를 소개했다. 대학을 떠난 그녀는 홀아비가 된 아버지에게로 이사 온다. 아버지는 커다란 런던 호텔의 총지배인으로 일하고 있다.(그는 "제가 상상하던 당시에는 사보이 호텔이었습니다"라고 적었다.) '우리 젊은 여주인공'의 아버지의 형제들은 그 호텔의 접수계원, 출납원, 요리사이고, 누이는 가정부이며, "병상에 누운 어머니는 호텔의 펜트하우스에서 살고 있습니다. 80대인 어머니는 가장입니다."

순진한 여주인공은 모르고 있지만, 사실 가족 전체는 '갱단'이고 호텔은 그들의 본부다. 주방이나 나이트클럽과 같은 호텔의 '뒷공간'은 줄거리에서 중요한 부분을 형성할 것이다. 히치콕은 그가 '호텔 객실에서만 노는 단순한 영화가 아니라, 대형 호텔의 다채롭고 세세한 사건들'을 보여주는 영화를 추구하고 있다고 말했다.

히치콕은 자신이 아이디어에 관한 '지극히 조잡한 개념'만 이야기했다고 인정하면서, "이들 이야기의 캐릭터 구축이나 심리적 측면에 자세히 파고드는 고생은 하지 않았습니다"라고 덧붙였다.

"선생님께 전화로 말씀드린 것처럼, 시나리오작가는 이와 같은 아이디어를 붙들고 책임 있는 이야깃거리로 개발할 수 있는 유형의 사람들이 아닙니다. 그들은 보통은 다른 사람의 작품을 각색하는 사람들입니다. 제가 그들을 우회해서 이야기꾼인 선생님께 곧장 연락드리는 이유가 바로 그것입니다."

손쉬운 협상—블로흐를 고용하는 것—이 다양한 이유로 인해 먼저 깨졌다. 히치콕은 〈사이코〉의 원작자에게 소설을 쓰는 대가로 5,000달러를, 영화가 제작될 경우에 다시 2만 달러를 주겠다고 제안했으나, 이번만큼은 상대가 누구인지 아는 블로흐의 에이전트는 500만 달러 이상의 흥행수입을 올릴 때 흥행수입의 5퍼센트와, 속편과 머천다이징 상품과 관련한 권리와 보너스도 요구했다. 잠깐 동안 줄다리기가 있었지만 얼마 안 있어 히치콕은 그의 '준수한 아이디어'가 블로흐의 에이전트의 요구에 의해 뻥튀기가 됐으며, 그는 "작은 영화로 적은 액수의 도박은 기꺼이 하겠지만…… 공들인 영화는 할 생각이 없다"고 결정했다.

블로흐도 히치콕의 제안에 들어 있는 세부적인 사항들이 마음에 들지 않았다. 거기에는 감독이 트리트먼트를 읽고 블로흐의 접근방식을 승인할 때까지는 어떤 보상도 해줄 수 없다고 명시돼 있었다. 그것은 블로흐가 동전한 닢이라도 받으려면 히치콕이 말하고 (또 말하며), 블로흐가 쓴 시나리오를 히치콕이 괜찮다고 받아들일 때까지 기다려야 한다는 뜻이었다. 블로흐는 훗날 이렇게 말했다. "히치콕 감독은 한가한 때에 심심풀이로 일을 진행할 수 있는 입장이었는데, 이것은 내게는 누릴 만한 여유가 없는 호사스러운 짓이었습니다."

히치콕은 관대한 제안을 내놓을 수도 있었지만 이상하게도 —아마도 더 중요하게도— 〈사이코〉의 원작자와는 교감을 느끼지를 못했다. 점심을 마친 후 그는 자신의 원칙을 꺾으려는 의향을 내비치지 않았고, 블로흐도 히치콕과 처음 만난 자리를 머리를 긁적이면서 떠났다. 그는 에이전트에게 전화를 걸어 협상을 좀더 매끄럽게 해달라고 요청했다.

그런데 세계적인 명성을 가진 문호와 벌인 더욱 도전적인 협상은 더욱 빠르게 무너져내렸다. 나보코프가 히치콕의 편지에 대한 답장을 쓰는 데는 며칠 밖에 걸리지 않았다. 그는 두 이야기 모두 흥미롭기는 하지만, '내가 미국의 안보문제나 방법에 대해서, 그리고 정보기관이 어떻게 활동하는지에 대해서는 충분히 알지 못하기 때문에' 정치 스릴러는 '많은 어려움을 보여줍니다'라고 밝혔다. 놀랍게도 나보코프는 호텔을 배경으로 삶의 단면을 보여주는 악당 호텔 이야기에 흥미를 보이며 이렇게 썼다. "완벽한 재량이 주어진다면(감독님이 제게 그런 재량을 줄 것이라고 저는 가정합니다만), 저는 그 이야기를 시나리오로 탈바꿈시킬 수 있을 거라 생각합니다."

나보코프의 표현에 따르면, '시간문제'라는 아주 사소한 문제만 제외하면 말이다. 현재 그는 스위스에서 "한꺼번에 대여섯 가지 일을 해치우느라" 지독히도 바쁘며, "여름에는 시나리오에 대해 생각할 시간을 가질 수 있겠지만, 지금 당장은 그 문제에 도저히 착수할 수가 없습니다."

그런데 히치콕은 휴식과 숙고로 점철된 오랜 기간을 이제 막 벗어났기 때문에, 시간은 다시 시급한 문제가 되었다. 크리스마스 즈음에 나보코프는 프로젝트에서 제외됐다. 히치콕은 아제노레 인크로치와 푸리오 스카펠리 등 이탈리아인 2명과 악당 호텔 시나리오를 함께 작업하기로 결심했다. 그는 섣달그믐에 통역을 고용했고, 아제와 스카펠리는 1965년 1월 4일에 첫 유니버설 회동을 위해 로마에서 날아왔다.

그는 이탈리아 작가들에게 이제 호텔의 소재지는 뉴욕으로 정해졌다고 말했다. 월도프 아스토리아 같은 호화로운 호텔이 될 것이지만, 이야기는 주방과 할머니 타입의 여자가 장악한 이탈리아 가족이 거주하는 맨 위층에서 주로 벌어질 것이다. 가족을 시실리에서 데려온 것은 호텔의 지배인인데, 이주민인 그는 엘리베이터 보이에서부터 이 자리까지 올라온 사람이다.

고가의 동전 전시회가 호텔에서 열리는데, 골동품 로마 동전이 도둑맞고 살인이 벌어진다. 가족 중 한 사람인 아름다운 메이드(스카펠리에 따르면, '소피아 로렌 타입')가 미스터리한 사건을 해결해야만 (그리고 살아남아야만) 한다. 히치콕은 어느 인터뷰에서 이렇게 설명했다. "나는 주방, 세탁소 등 호텔에서 하는 활동 전체를 보여주고 싶습니다." 그가 아이디어의 개요를 설명한 후, 아제와 스카펠리는 월도프 아스토리아를 직접 겪어보기 위해 뉴욕으로 떠났다.

그와 동시에 히치콕은 정치 스릴러를 밀고 나가기로 결심했다. 그는 오리지널 시나리오를 쓸 숙달된 소설가를 추천해달라고 유니버설에 요청했다. 스릴러는 루 와서먼이 세 가지 프로젝트 중에서 가장 선호한 프로젝트였고, 그가 기여를 할 수 있을 것이라고 느끼는 프로젝트였다. 와서먼은 히치콕이 잘생긴 사람들과 아름다운 풍광이라는 파라마운트 시절의 제작 공식으로 돌아와야만 한다고 느꼈다. 이 공식은 와서먼이 유니버설이 개발해야만 하는 프로그램의 비전이라고 생각한 것과 일치했다.

와서먼은 1960년대 중반—린든 베인스 존슨이 대통령으로 재직하던 시절—에 민주당의 강력한 지지자였고, 히치콕은 백악관에 초대받기도 했다. 감독은 국무부에서 열린 오프 더 레코드 미팅들에 참석했고, 국무장관 딘 러스크와 개인적인 이야기를 나누는 것도 환영받았다. 이 모든 것은 와서먼이 가진 고위층 연줄을 통해 이뤄졌다. 제2의 〈사이코〉를 열심히 깎아내리던 또 다른 스튜디오의 총수는 히치콕에게 다른 프로젝트, 이제는 특히 리얼리스틱한 본드 프로젝트를 절묘한 분위기로 권장했다.

소설가 브라이언 무어는 히치콕을 위해서 시나리오를 쓰고 싶지 않다고 말했지만, 유니버설은 무어와 그의 아내 진을 할리우드로 데려와서 감독과 스파이 스릴러에 대해 논의하게 일을 추진했다. 대단한 호평을 받은 무어의 데뷔작 『주디스 헤르네의 고독한 열정』은 벨파스트의 알코올중독자 노처녀의 삶을 그린 작품이다.(이 작품과 드문드문 발표한 다른 우아한 산문들을 바탕으로, 그레이엄 그린은 무어를 '생존 소설가 중에서 내가 가장 좋아하는 작가'라고 불렀다.) 아일랜드 출신인 무어는 제2차 세계대전 이후 캐나다로 이민을 가 캐나다인이 되었지만, 지금은 뉴욕에 살고 있었다. 무어를 만나기에 앞서 히치콕은 무어가 자신의 소설을 각색한 영화인 〈진저 코피의 행운〉을 감상했다.

도널드 스포토에 따르면, 그들의 "우정과 상호 이해는 찰나의 일이었다." "히치콕은 자신이 무어의 아일랜드-가톨릭 출신배경을 이해하며, 무어의 소설 『루퍼칼의 향연』의 배경인 종교학교가 출신배경이 비슷한 히치콕 자신에게 친숙하다고 믿었다." 그럼에도 불구하고 무어는 제의를 거절했다.

무어의 아내에 따르면, "스튜디오는 그가 더 많은 돈을 원하는 것이라고 판단하여 제안 액수를 높였다. 게다가 우리 변호사는 돈이 필요하니 제안을 받아들이라고 브라이언에게 권고했다."

1965년 초반은 이 두 프로젝트로 양분될 것이다. 1월과 2월에 히치콕은 주로 아제와 스카펠리와 함께 악당 호텔 시나리오를 작업했다. 그들은 이탈리아로 돌아간 3월 초에 집필을 시작했고, 감독은 결국에는 〈찢어진 커튼〉이 될 리얼리스틱한 본드 영화에 관한 줄거리 회의를 무어와 주기적으로 가졌다.

히치콕이 아제와 스카펠리와 가진 시나리오회의는 언어장벽으로 인해 제약이 많았고, 감독이 나중에 주장했듯 이탈리아인들은 이야기를 '대충대충' 구축했다. 사실 이탈리아인들은 히치콕이 개요를 잡은 이야기의 복잡한 메커니즘에 기가 질렸다. 이런 이유로 〈RRRRR〉이라는 가제가 붙은 악당 호텔 시나리오는 오랜 시간이 필요한 프로젝트로 지정됐다.

반면, 브라이언 무어의 정치 스릴러는 빠르게 진행됐다. 무어는 3월 26일에 시놉시스를, 5월 19일에는 더 긴 트리트먼트를 완성했다. 시나리오의 첫 15페이지는 5월 25일에 히치콕에게 전달됐고, 나머지 시나리오는 6월 21일에 건네졌다.

무어의 5페이지짜리 시놉시스는 결국에 영화에 담긴 핵심 장면을 묘사한다. 노르웨이의 피오르드를 항해하는 여객선에서 시작되는 〈찢어진 커튼〉의 오프닝, 무어의 표현에 따르면 비밀요원 그로멕이 미국인 과학자와 농장여인에 의해 '잔인하고 느릿한 방식'으로 살해되는 장면—진 무어에 따르면, 작가가 제안한 이 장면의 아이디어를 히치콕은 대단히 좋아했으며 '그것을 영화에서는 더 발전시켰다'—이 여기에 들어 있었다. 감독이 나중에 이들 장면에 불어넣으려 했던 진지하고도 우스운 분위기에 대한 암시는 조금도 없었지만, 히치콕은 자신의 전매

특허라 할 코미디를 시나리오 집필의 나중 단계에서 '연출 의견'의 방식으로 첨가했다고 계속 주장했다.

나중에 히치콕은 폴 뉴먼을 안심시키기 위해 거의 비슷한 얘기를 하게 된다. 뉴먼은 철의 장막 뒤로 여행을 떠나서 '미사일 요격미사일'을 개발하는 비밀공식을 조사하기 위해 공산주의를 받아들이는 척하는 과학자를 연기할 프로젝트 초기의 선두주자였다.

무어는 나중에 히치콕을 이렇게 비난했다. "히치콕에게는 캐릭터에 대한 개념이 조금도 없었습니다. 하다못해 줄거리에 등장하는 이차원적 인물들에 대한 개념도요. 그는 여자의 관점에서 남자의 관점을 수시로 오갔고, 오리지널 아이디어는 통제가 불가능할 정도로 왔다 갔다 하다가 자취를 감추었습니다." 그것은 사실이었다. 히치콕은 스타들을 쇼핑하러 다니면서 계속 마음을 바꿔먹었다. 배우들이 가진 나름의 차원을 믿음직스럽게 영화에 끌어들일 수 있다고 히치콕이 믿던 스타들은 주름을 보이기 시작했거나 은퇴를 벼르고 있었다.

1965년 봄에 감독은 캐리 그랜트와 함께 로스앤젤레스 다저스 경기를 관람하면서, 막강화력의 그랜트를 마지막으로 히치콕 영화에 출연시키는 문제를 고민했다. 그렇게 됐다면 〈찢어진 커튼〉은 〈북북서로 진로를 돌려라〉와 더 비슷한 영화가 됐을 것이며, 결과적으로 나온 영화와는 완전히 다른 분위기가 됐을 것이다. 그러나 그랜트는 가을에 일본에서 촬영하는 유니버설 영화에 출연하기로 막 합의한 참이었다. 또한 일정상의 문제 외에도 그랜트는 〈뛰지 말고 걸어라〉를 촬영한 이후 은퇴하겠다고 고집을 부렸다.

게다가 히치콕은 캐리 그랜트의 마법 같은 이름이 젊은 영화관객에게는 점점 매력을 잃어가고 있다는 사실을 잘 알고 있었다. 시나리오가 진행 중이던 늦봄 무렵, 폴 뉴먼과 줄리 앤드루스가 가능성 있는 주연들로 부각됐다. 히치콕 영화에 담겨 있기를 바라는 매력과 위신에 그들이 기여할 수 있을 것이라고 확신한 루 와서먼은 그들을 끌어오려고 집중적인 로비를 벌였다.

히치콕은 뉴먼의 경력을 데뷔 이후부터 계속 지켜봐오면서 시나리오를 항상 신중하게 고르는 태도에 호의를 품었다. 1964년 가을에 히치콕은 〈라쇼몽〉을 리메이크한 서부극 〈격분〉, 〈찢어진 커튼〉과 유사성이 있는 정치 스릴러 〈스톡홀름의 위기〉를 감상하면서 뉴먼을 관찰했다.

줄리 앤드루스는 그가 역시 지켜봐오던 또 다른 스타였다. 뮤지컬을 좋아한 히치콕은 〈마이 페어 레이디〉에서 오리지널 일라이자 둘리틀을 연기한 앤드루스를 좋아했고, 블록버스터 〈사운드 오브 뮤직〉과 〈메리 포핀스〉는 개봉 이전에 감상했다. 앤드루스의 최신작 〈하와이〉는 여전히 후반작업 중이었는데, 업계지는 그 작품에 대한 기사로 가득했다. 감독은 와서먼이 뉴먼을 천거하는 데에는 개방적인 태도를 보였지만, 〈찢어진 커튼〉의 여주인공으로 앤드루스를 캐스팅하는 것은 '과학자를 설득력 있게 연기'할 수 있을지에 대한 확신이 없다면서 조심스러운 반응을 보였다. 그러나 와서먼을 상대로 벌인 다툼은 헛수고였다. 히치콕은 이제 유니버설의 은혜를 입고 있는 신세였다. 히치콕에 따르면, 스튜디오는 '그녀가 엄청난 흥행보증수표라고 주장'했다.

히치콕은 가을에 프랑수아 트뤼포에게 보낸 개인적인 편지에 이렇게 썼다. "지난 3편의 영화에서 상대적으로 유명하지 않은 배우들을 캐스팅한 덕에, 나는 이제 수뇌부의 변덕에 맞춰 두 유명 연기자를 활용하는 문제에 동의했습니다." 앤드루스의 매니저는 지미 스튜어트의 매니저이기도 했다. 그러나 히치콕은 출연조건과 관련한 흥정을 하지 않았다. 그는 여배우에게 75만 달러 또는 흥행수입의 10퍼센트 중 높은 금액을 지불해야만 했다. 이것은 정상급의 뉴먼의 출연료보다 더 많은 액수였다.

"총액 150만 달러(러닝개런티를 더한 출연료)가 영화의 나머지 출연진에게 지불해야 할 금액보다도 많다는 것을 알면 재미있을 겁니다." 히치콕은 트뤼포에게 불만을 토로했다. "그런데 요즘 업계 돌아가는 방식이 이렇습니다. 이름 있는 스타들이 필요한 거죠. 이런 이름 있는 사람들이 너무나 부족하기 때문에 '가축'들이 천문학적인 액수를 요구하고 있는 겁니다."

뉴먼, 앤드루스와 출연계약을 맺으면서 히치콕은 진행되고 있는 시나리오에 그들의 개성을 통합해 넣을 수 있는 기회를 잡았다. 그런데 그들의 개성은 어떤가? 그는 초고가 완성되기 전인 4월 3일에 앤드루스를 만났다. 그녀는 영화에서 항상 마음씨 착하고 참한 캐릭터만을 연기해왔다. 그래서 히치콕은 영화의 첫 장면에서 그녀의 이미지를 뒤집을 수 있게 된 것을 기쁘게 생각했다. 변절한 과학자와 그의 여자친구가 옷을 벗은 채로 배의 객실에서 이불 밑에 누워 있는 것을 보여준 다음, 그들이 탄 배가 난방장치가 고장난 채 지독히도 추운 피오르드를 흘러 코펜하겐으로 가는 동안 온기를 유지하기 위해 사랑을 나누는 모습을 보여주려는 심산이었다.

앤드루스는 이 장면과 역할전도에 즐거워했다. 그런데 관객이 이 장면 이후로 정말이지 진공상태에 놓이게 된다면 이미지를 뒤집는 것이 무슨 값어치가 있는가? 앤드루스는 히치콕에게는 진공처럼 보였다. 심지어 그들이 만난 후에도 그랬다. "히치는 그녀에게 아주 공손하게 말했다." 존 러셀 테일러가 쓴 글이다. "그녀도 그에게 공손하게 말했다. 그러나 두 사람 사이의 커뮤니케이션에는 불꽃이 튀지 않았다."

이것은 앤드루스와 관련된 최악의 일은 아니었을 것이다. 더 불편했던 것은 여배우를 부르는 곳이 너무 많아서("윗사람들은 '그녀는 인기 절정이에요!'라고 말했습니다"라고 감독은 나중에 씁쓸하게 회상했다), 히치콕은 결국 〈찢어진 커튼〉을 가을에 찍어야만 했다. 그렇지 않으면 주연 여배우를 다른 작품에 빼앗길 위험이 있었다.

폴 뉴먼의 경우, 히치콕이 보기에 그는 기이한 타입이었고 처음부터 감독에게 실수를 저지른 인물이었다. "히치는 뉴먼을 조촐한 만찬 파티에 초대했다." 테일러가 공인된 전기에 쓴 내용이다. "뉴먼이 보여준 첫 행동은 식탁에서 재킷을 벗어 의자 등받이에 걸친 것이었다. 그런 다음 그는 히치가 꼼꼼하게 고른 고급 포도주를 거절하고는, 대신 맥주를 달라고 요청했다. 그가 직접 주방에 있는 냉장고로 가서 맥주를 꺼내오겠다고 고집을 부린 다음 캔에 든 맥주를 잔에 따르지도 않고 그대로 마시면서 상황은 더 안 좋아졌다."

영화는 그들 중 어느 쪽—엄청난 출연료를 받지만 영화에는 어울

흐리멍덩한 〈찢어진 커튼〉(1966)을 촬영하는 동안 히치콕이 폴 뉴먼과 줄리 앤드루스를 지도하려 노력하고 있다.

리지 않는 참한 아가씨, 아니면 캔에 든 맥주를 직접 마시는 스타—에 주관적인 초점을 맞춰야만 하는 걸까? 처음부터 히치콕은 앤드루스를 주인공으로 만드는 쪽을 선호했고, 무어는 그런 토대 위에서 시나리오 작업을 시작했다. 무어는 여성 캐릭터에 강점을 보인다는 명백한 이유로 고용됐고, 영화의 오프닝 신은 줄리 앤드루스의 이미지를 명확하게 깨뜨리겠다는 의도로 고안됐다. 그러나 앤드루스는 개인적으로 히치콕을 흥분시키지 못했고, 오프닝 신이 지난 후 시나리오는 의도적으로 그녀에게 맞췄던 초점에서 뒤로 물러나기 시작했다. 원래 변절한 과학자의 아내의 이야기로 구상된 시나리오는 변절자—더 두드러진 개성을 지닌 스타—를 향해 옮겨가기 시작했다. 변절자는 무뚝뚝하고 시무룩하며 고뇌하는 수수께끼 같은 인물—폴 뉴먼이 〈상처뿐인 영광〉, 〈뜨거운 양철지붕 위의 고양이〉, 〈허슬러〉, 〈허드〉(히치콕은 이 작품들을 모두 감상했다)에서 연기한 캐릭터와 비슷한 인물—이 됐다.

집필과정을 시작할 때 히치콕은 배우에 따라 교체가 가능한 캐릭터에 대해 얘기했다. 이제 그는 그가 떠맡은 스타에 대한 불안감을 대놓고 표명했다. 캐스팅이 히치콕을 '억눌렀다'고 무어는 말했다. 주인공에 대한 관심을 잃으면서 히치콕은 조역 캐릭터와, 무어의 표현에 따르면, '특정 날짜에 어느 도시에서 출발하는 항공기의 소속사 같은 너무나 하찮은 것'에 관심을 쏟아붓게 됐다. "그런데 이것은 당시 그의 강점이었고, 역사적·사회적·문화적인 세부사항을 풍족하고 정확하게 해줬습니다. 그렇지만 그런 관심은 캐릭터의 행동 동기에 대해서는 완전히 무시하게 되는 결과를 낳았습니다."

그가 스타들에 대한 관심을 접는 데에는 아마도 조연진이 도움이 됐을 것이다. 러시아 출신으로 프랑스에서 거주한 눈부신 탈룰라 뱅크헤드 타입의 여배우 릴라 케드로바는 〈그리스인 조르바〉로 아카데미 여우조연상 후보에 올랐다. 이제 그녀는 베를린 교외에서 변절자와 친해지는, 빨강머리에 프랑스 억양을 구사하는 쿠친스카 백작부인을 연기하기로 했다.

무어는 나중에 〈찢어진 커튼〉의 시나리오의 상당부분은 히치콕이 창안한 것이라고 인정했다.(무어는 이렇게 회상했다. "나는 그에게 진실을 위해서라면 크레디트는 '각본 앨프레드 히치콕, 브라이언 무어는 집필에 도움을 줌'이 되어야 한다고 말했지만, 그는 자신은 집필 크레디트는 절대로 받지 않는다고 말했습니다.") 그런데 쿠친스카 백작부인은 캐스팅을 한 사람은 히치콕이었지만 전적으로 무어가 창작한 캐릭터였다. 이 캐릭터는 그들이 토의에 착수할 때 무어가 가져왔던 간략한 줄거리 스케치에서 탄생했다. 그 스케치는 미국으로 이주하려는 백작부인의 욕망과, 변절자가 그녀를 도울 것이라는 그녀의 희망을 설명했다. 그 스케치는 백작부인이 과학자 부부가 탈출하는 것을 돕기 위해 온갖 위험을 무릅쓰는, 심지어는 쫓아오는 경찰과 다툼을 벌이는 장면에 영감을 줬다. 그들이 도망칠 때 그녀는 뒤에 남겨지는데, 계단참에 밀려 몸이 찌부러진 그녀는 구슬프게 울부짖는다. "내 보증인들이에요!"

케드로바는 감독이 출연진 중에서 가장 좋아하는 배우가 됐다. 그는 촬영 중에 그녀와 대여섯 차례 점심을 먹었고, 히치콕 여사와 저녁을 먹기 위해 그녀를 벨라지오로드의 집으로 데려갔다. 히치콕과 무어 사이에서 일어난 파국에도 불구하고, 그는 무어가 집필한 기다란 쿠친스카 백작부인의 장면을 최종영화에 그대로 남겨 놨다.

1966년 전반기에 히치콕의 가까운 지인 2명이 또 숨을 거뒀다. 2월에 제임스 앨러다이스가 치명적인 심장마비로 불과 46세의 나이로 세상을 떠났다. 앨러다이스는 텔레비전 드라마의 결말을 맺는 히치콕의 출연 장면에 꼬마요정 같은 유머를 집어넣는 책임을 진 사람이었다. 그는 히치콕이 공공이벤트에서 했던 연설뿐 아니라, 히치콕의 이름을 달고 나가는 글들(『브리태니카 백과사전』의 영화제작 항목에 기고한 히치콕의 글)을 쓴 사람이기도 했다. 노먼 로이드는 예상치 못했던 앨러다이스의 사망이 감독에게 심대한 영향을 끼쳤다고 믿었다. 앨러다이스가 사무실에 들를 때면 히치콕은 무슨 일을 하고 있든지 늘 기분이 밝아졌지만, 이제 그는 더 이상 히치콕을 찾아올 수가 없었다.

총애하던 대필작가를 잃은 히치콕은 그에게 들어오는 연설 요청을 모조리 거절했고, 심지어 오랜 친구인 가톨릭 성직자 토머스 J. 설리번 신부가 1966년 후반기에 제안한 초대도 핑계를 대고 거절했다. 설리번 신부는 그가 샌프란시스코 모임에서 '어느 주제에 관해서건' 12분간 연설을 해주기를 원했다. 히치콕이 난색을 표하자 설리번은 히치콕이 1963년에 산타클라라대학에서 수여하는 명예학위를 수락하면서 했던 영리하고 재미있는 연설이 얼마나 호평을 받았는지를 상기시키면서 사정을 했다.(학위 수여를 위해 노력했던 설리번 신부도 청중이었다.) "자네는 내가 산타클라라 연설을 하기 전에 얼마나 고생을 했는지 절대로 모를 걸세." 히치콕은 설리번 신부에게 편지를 썼다. "나는 그날이 되기 전에 몇 날 며칠을 고민했었네. 그때 한 연설이 상당히 웃겼고 괜찮았다는 것은 나도 알아. 그렇지만 연설이야 어쨌건 나는 개인적으로 조금도 만족감을 얻지 못했어. 내가 영화를 만들 때랑 똑같더군. 지옥을 통과했는데, 그게 성공을 거뒀다는 사실에도 전혀 기쁘지가 않은 거야. 그게 완전한 실패작이 아니었다는 사실에서 안도감을 느낀 게 전부였다네." 제임스 앨러다이스의 재치라는 안전망이 없어지자, 히치콕은 그런 대중적인 활동이 더 이상 즐겁지가 않았다. 이후에 있었던 몇 안 되는 연설과 그의 이름이 달린 글은 유니버설 홍보담당자가 대필한 것이었다.

6월에는 데이비드 O. 셀즈닉의 사망소식이 찾아왔다. 히치콕이 겪은 첫 할리우드 프로듀서의 경력은 〈패러다인 부인의 재판〉 이후로 ― 그리고 셀즈닉이 제니퍼 존스와 결혼한 이후로― 사실상 끝이 났다. 먼저 세상을 뜬 아버지처럼 셀즈닉은 영화업계의 변화에 뒤처졌다. 그러나 셀즈닉과 사회적으로 접촉을 계속해왔던 히치콕은 그의 사망을 한 시대가 저물었다는 상징적인 사건으로 받아들였다. 그는 당시의 셀즈닉에 대해 고마움을 표시하면서, 『거물들』의 작가 노먼 지럴드에게 프로듀서가 악명 높은 메모들을 '그 자신의 생각을 명확하게 하는 것뿐 아니라 다른 사람과 의사소통을 하는 데에도 아주 많이' 활용했다고 말하기도 했다.

최근 몇 년 사이 구시대의 프로듀서에 대한 히치콕의 향수는 점점 커졌다. 히치콕은 1969년에 한 인터뷰에서 이렇게 물었다. "앞선 시절에 등장했던 자극들, 예를 들어 위대한 영화계의 거물들과 같은 것이 지금 우리에게는 없지 않나요?" 같은 해에 그는 다른 저널리스트에게 이렇게 밝혔다. "그때는 재미있었어요. 이제 영화산업은 회계사하고 사업가, 에이전트들이 운영합니다. 에이전트는 최악이죠. 영화에는 전혀 관심이 없으니까요. 그들의 관심이라고는 그들이 모시는 아티스트들에게 일자리를 따다주는 게 전부예요."(그가 왕년에 그의 에이전트였던 인물이 운영하는 스튜디오인 유니버설에 고용됐다는 사실은 신경 쓰지 말자.)

히치콕은 무거운 마음으로 셀즈닉의 장례식에 참석했고, 브라이언과 진 무어 부부와 함께 순전히 사교적으로 산타크루스에서 긴 주말을 보냈다. 그런 주말들은 가까운 친구들을 위해 예약되는 것이 보통이었지만, 이제 그의 친구들은 많지 않았다. 이즈음의 주말은 그의 영화를 작업하는 주요 인물을 접대하거나 같이 소풍을 다니는 시간에 가까웠다. 나중에 따로따로 만난 손님들은 학교 선생님에 대해 떠들어대는 아이들처럼 각자의 노트를 비교하곤 했다.

무어에게 2고의 집필을 시작하게 만든 것 외에도, 히치콕은 할리우드로 돌아온 아제노레 인크로치와 푸리오 스카펠리를 환대했다. 그는 그와 다른 핵심인력이 〈찢어진 커튼〉의 로케이션 헌팅을 위해 코펜하겐과 프랑크푸르트로 날아간 7월 9일 이전까지 그들을 정기적으로 만났다.

유럽의 환경은 제작진의 변화를 요구했다. 마이클 파웰의 〈분홍신〉으로 오스카를 수상했던 하인 헤크로스가 로버트 보일 대신 프로덕션 디자이너를 맡았다. 히치콕은 평범하지 않은 또 다른 색채 활용 계획—가능하다면, 음영이 없는 모노크롬—을 세웠다. 감독은 나중에 이렇게 설명했다. "영화에서 동독으로 가기 전에 등장하는 마지막 로케이션으로 사방이 회색 —회색과 베이지— 일색인 코펜하겐을 떠난 후에, 우리는 억압된 분위기, 음울한 분위기를 연출하기 위해 모든 세트의 일반적 톤을 그렇게 가져가기로 결정했습니다."

〈앨프레드 히치콕 극장〉에서 일하던 버드 호프먼이 첫 장편영화를 편집하기 위해 옮겨왔다. 그레이스 켈리의 〈컨트리 걸〉을 찍기도 했던 카메라맨 존 F. 워렌은 일찍이 〈레베카〉 때에도 히치콕의 스태프로 활동했고, 〈앨프레드 히치콕 극장〉에서도 카메라맨으로 일했다. 에디스 헤드(줄리 앤드루스의 헤어스타일과 의상에 집중했다)와 버나드 허먼은 히치콕이 파라마운트에서 오랫동안 구축한 제작진에서 새 영화로 데려온 유일한 핵심 멤버였다.

런던에서처럼 할리우드에서도 제작비를 일반경상비로 충당하기 위해 가급적이면 많은 장면을 스튜디오 안이나 가까운 곳에서 촬영하는 것이 보편적인 방침이었다. 히치콕이 나중에 솔직히 인정했듯, 두 스타에게 지급한 고액의 출연료 때문에 그는 제작비에 '쪼들렸다.' 〈찢어진 커튼〉의 전편을 유니버설에서 촬영한다는 결정은 제작비를 조금 절감한다는 뜻이기도 했지만, 작가 키스 워터하우스의 표현대로 '(때로는 조악하기까지 한) 배경영사를 과다하게 사용'한다는 뜻이기도 했다.

동유럽의 풍광을 담겠다는 소망은 보조촬영진이 동독에서 돌아온 후 산산조각이 났다. 경제적인 이유에서뿐 아니라 비밀을 유지한다는 이유로, 히치콕은 관광영화를 촬영하는 척하면서 경치와 풍광을 담는 데 독일인 스태프를 고용했다. 그런데 존 러셀 테일러에 따르면, 그들이 촬영한 필름은 '열악한 것'으로 판명됐다. 미국인들을 다시 보낼 시간도 돈도 없었으므로 결국 히치콕은 진실성을 최소화하는 것 외에는 방법이 없었다.

산 페르난도 밸리에 있는 공항을 동베를린의 쇤네펠트 공항의 대역으로 썼고, 동베를린 교외의 농장은 사실은 카마릴로 인근이었다. 스웨덴의 부두는 롱비치 항구를 꾸민 것이었고, 서던 캘리포니아대학은 카를 마르크스대학의 대역이 됐다. 〈찢어진 커튼〉에서 폴 뉴먼이 베를린국립미술관을 걸을 때, 그 장면에서 실제로 존재하는 것은 바닥뿐이었다. 미술관은 특수효과로 그려서 영화에 삽입됐다. 온갖 방법으로 이국적인 풍광을 활용하면서 10년을 보낸 히치콕에게, 이 영화는 연달아 스튜디오 내에서 만들어야 했던 두 번째 작품이었다.

집에서 가까운 곳에서 작업을 해야겠다는 히치콕의 결정이 건강에 대한 염려로 영향을 받았다는 것은 어렵지 않게 추론할 수 있다. 그런데도 그는 녹초가 될 정도로 빠르게 작업을 계속했다. 7월 15일에 미국으로 돌아온 히치콕은 두 가지 상이한 프로젝트로 복귀했다. 때로는 아침에 이쪽 시나리오를 작업하다가 오후에 다른 시나리오로 옮겨가기도 했다.

브라이언 무어는 〈찢어진 커튼〉의 2고의 완성을 1주일 앞두고 있었고, 아제와 스카펠리는 여름 내내 할리우드를 들락거리면서 〈RRRRR〉 프로젝트를 여전히 개발 중이었다. 히치콕은 이탈리아 작가 팀과 더불어, 악당 가족을 연기하기에 적합한 연기자를 찾아 할리우드에서는 무명에 가까운 연기자를 다수 인터뷰했다. 그들이 만난 배우들은 국적도 다양했고(그중 한 명은 아르헨티나인이었다) 특징도 별났다. 심지어는 서커스 광대도 있었다.

무어가 2고를 끝낸 후 히치콕은 수정과 3고를 요구했는데, 3고는 8월 첫 주에 그에게 전달됐다. 너무나 기분이 좋았던 감독은 무어에게 또 다른 히치콕 영화 4편을 계약하자고 제안하기까지 했지만, 집필과정이 너무나 힘겨웠던 무어는 소설로 돌아가겠다고 말했다. 히치콕이 8월 셋째 주에 추가적인 '시나리오 수정사항'을 논의하자고 부르자, 참을성에 한계를 느낀 무어는 자제력을 잃고는 시나리오를 난도질했다. 도널드 스포토에 따르면, 물릴 대로 물린 무어는 플롯은 말도 안 되고 캐릭터들은 판지로 만든 것 같다고, 대사를 다듬는다고 해서 해결될 것은 아무것도 없을 것이라고 히치콕에게 쏘아붙였다. "이게 내가 집필하는 소설이라면 소설을 완전히 파기하거나 처음부터 다시 썼을 것이라고 그에게 밝혔습니다." 스포토가 인용한 무어의 발언이다.

그러나 히치콕은 당시 프랑수아 트뤼포에게 보낸 편지에 최종적인 수정이 필요하다고 적었다. 무어가 '멜로드라마를 극구 피하려는 경향이 있기' 때문이었다. "이야기가 밋밋하고 뻔해지면서 흥미가 없어질 엄청난 위험이 있다는 것만 제외하면, 나는 그런 상황에 꽤 잘 준비가 돼 있습니다." 히치콕은 사람들이 대사가 너무 문학적이며 "캐릭터들은 인간처럼 말하지를 않는다"고 불평한다고 말했다.

불쾌한 미팅이 끝난 후 무어는 생각을 고쳐먹고, 2주 후에 히치콕에게 편지를 썼다. 감독이 그와 함께 작업하면서 호화로운 식사를 하는 것을 '아주 즐거워할 것'이라고 확신한 그는 어떤 '수정이나 보완'도 받아들이겠다고 제안했지만, 그가 갈망하던 영화에 험담을 퍼부은 것을 잊을 수가 없었던 히치콕은 무어를 내버려뒀다.

시간을 낭비할 수 없던 히치콕은 키스 워터하우스와 윌리스 홀로 이뤄진 영국인 집필진과 접촉했다. 〈거짓말쟁이 빌리〉(성공적인 영화로 만들어졌다)를 포함한 몇 편의 웨스트엔드 히트작의 작가인 듀오는 할리우드에 오는 데 동의했다. 워터하우스에 따르면, 그들은 '엄청나게 정신없이 며칠 이내에' 도착했다. "그래서 우리는 종종 그들이 촬영에 들어가기 불과 몇 시간 전에 장면을 수정하기도 했고, 때로는 우리가 수정한 원고를 들고 〈찢어진 커튼〉의 촬영장으로 급히 뛰어갈 전령이 기다리고 있기도 했습니다. 히치콕이 조명을 설치하고 있을 때 배우들 손에 그 시나리오가 급히 건네졌습니다."

워터하우스에 따르면, 새로운 작가들은 '촬영장 가까운 곳에서' 어슬렁거리면서 '영화제작 특강을 듣는 학생 대우'를 받았다. 촬영장에서 히치콕은 "아주 가끔씩만 오랜 조수 페기 로버트슨이 꼼꼼히 검토한 촬영용 시나리오를 언급했습니다. 왜냐하면 촬영이 이 단계에 도달했을 무렵에는 그의 머릿속에 영화 전편이 프레임 별로 존재하고 있었기 때문이죠."

"많은 돈을 벌게 해주는 이 세미나에는 시나리오를 쓰는 과정 외에도, 촬영장 안팎에서 행해지는 귀중한 강의도 있었습니다. 윌리스와 나는 유니버설시티 스튜디오에 있는 히치콕의 사무실 블록의 모퉁이에 있는, 스타들이 쓰는 아늑한 분장실용 방갈로를 배당받았습니다. 매일 아침에 스튜디오의 리무진이 대기했는데, 그 안에는 커다란 가죽봉투가 우리를 기다리고 있었습니다. 봉투에는 그날 할 일에 대한 히치콕의 노트가 들어 있었죠. 전날 저녁에 러시를 보고난 후, 벨 에어에 있는 집으로 가던 중 그날의 런던 『타임스』를 읽고 관례적으로 저녁으로 먹는 넙치 요리를 먹기 전에 구술해서 적은 노트였어요. 신문과 넙치는 그가 아침으로 먹는 송어와 함께 런던에서 공수해온 것이었습니다. 나는 이렇게 심사숙고해서 내놓은 빼곡하게 타자된 20페이지짜리를 계속해서……"

"그중 일부는 정확성을 향한 히치콕의 거의 광신에 가까운 강박관념을 보여줬습니다. '신 88. 우리는 플로어 접수계를 없애야만 하네. 내가 얻은 정보로는 동베를린에는 이런 사람들이 없어.' 다른 것들은 영화적인 세부사항에 지나치게 꼼꼼한 그의 감각을 보여줍니다. '신 127C. 나는 소시지가 베어지는 곳에 대해 의논하고 싶네……' 우리 중 누군가가 줄리 앤드루스 캐릭터를 아름답다고 묘사한 신 139에 대해 히치콕은 이렇게 논평했습니다. '앤드루스 양의 인상에 대해 불경죄를 짓고 싶지는 않지만, 아름답다는 표현은 꽤나 과한 것 같군. 대신에 사랑스럽다는 표현을 쓸 수는 없겠나?'"

"무엇보다도 히치콕이 머릿속에 있는 영화를 현실에서 퍼즐처럼 꿰어 맞추는 작업을 하면서 정신적으로 펄펄 끓고 있다는 것을 보여주는 노트들이 있었습니다. 그는 기다란 두 문장을 택해서, 버스에 탄 피난민이 그들의 계획을 드러낼 진짜 버스가 접근하는 것을 목격하면서 보여주는 반응을 자신이 어떻게 상상했는지를 자세히 보여줬습니다. 그는 어떤 캐릭터가 멀리 있는 버스를 보지만 그것을 혼자만 알고 있는 것으로 하기를 원했습니다…… 그런데 다른 누군가가 버스를 봅니다. 또 다른 누군가도. 버스 안으로 공포가 퍼져나갑니다. '〈햄릿〉에서 연극 속의 연극을 볼 때 왕에서 비롯된 공포가 다른 사람들에게 퍼져나가는 것과 상당히 비슷할 걸세. 어쨌건, 이 짤막한 순간에 대해 얘기해 보세.' 얘기할 거리가 아무것도 없었습니다. 그는 나중에 실제로 촬영한 것과 정확하게 일치하는 전체 시퀀스를 이미 착안해놓은 상태였으니까요."

히치콕의 방대한 노트에는 그의 카메오 출연에 관한 내용도 들어 있었다. 이즈음에는 히치콕 영화의 소중한 전통이 된 카메오였지만, 서스펜스의 추동력을 방해하는 일 없이 관객들의 기대를 충족시켜주기 위해 줄거리의 앞부분에 카메오 출연을 설정해서 집어넣는 일은 골칫거리이기도 했다. 감독은 영화에서 뉴먼과 앤드루스가 투숙하는 코펜하겐의 별 5개짜리 호텔 당글레테레의 라운지에 있는 짧은 장면에 출연하겠다고 제안했다. 워터하우스는 히치콕이 자신의 카메오 장면을 '단순히 제멋대로 연출된 장면'으로 구상하지 않고 '가치 있는 배경 정보'를 제공하는 숏으로 구상하는 것을 보고는 깊은 인상을 받았다.

히치콕은 이렇게 설명했다. "나는 무릎에 9개월짜리 아기를 앉히고는 안락의자에 앉아 있는 모습으로 등장해야만 하네. 나는 아이 엄마가 돌아올 때까지 못 참겠다는 듯이 주위를 둘러보고 있어. 이 조바심은 아기를 이쪽 무릎에서 저쪽 무릎으로 옮겨놓는 것으로, 그런 다음에는 자유로운 손으로 남몰래 가랑이를 훔치는 것으로 강조할 수 있어. 이 숏을 찍으면 우리는 호텔에 학회참가자들이 출현했다는 것을 보여주는 표식을 보여줄 수가 있게 되지. 대표단의 일부가 엘리베이터 주위에서 바글대는 것도 보여줄 수 있을지 몰라. 물론 그렇게 되면 우리는 그다음에 10페이지에 있는 복도 장면으로 옮겨갈 수 있어."

워터하우스는 히치콕과 일하는 것이 "교육적인 데다 재미도 있다"는 것을 알게 됐다. 재미있는 교육은 감독 자신이 런던에서 보냈던 무성영화 시절에 대한 회상에도, 체이슨 레스토랑과 벨라지오로드에서 가진 긴 만찬에도, 그들이 쓴 희곡의 개막을 위해 영국으로 돌아갈 때 그들을 기다리고 있던 깜짝 파티와, 히치콕이 할리우드에서 지휘한 그들을 위한 개막일 밤 파티에도 스며들었다.

사실을 말하자면, 두 영국인은 영화—또는 브라이언 무어의 시나리오—에 대해서는 그다지 많은 생각을 하지 않았다. 워터하우스의 표현에 따르면, 그들에게 〈찢어진 커튼〉은 "우리의 작품 중에서 낮은 수준의 작품이라서, 우리는 시나리오를 개선하고 대사를 갈고 닦았다는 얘기도 들을 수가 없을 지경입니다." 집필 파트너가 한 기여는 "자잘한 장면들을 제외하면…… 날마다 당일 촬영할 장면을 바탕으로 그날분의 대사를 수정하는 데에 국한됐습니다."

그런데 워터하우스는 영화의 결함을 공평하게 분배하자면 히치콕도 비난을 받아야만 한다고 반성했다. 〈사이코〉와 〈새〉의 거장이 실수를 저지르기 시작했다. 우선 그는 〈마니〉에서 시대에 뒤떨어진 모습을 보여줬고, 이제 그는 조심스럽게 행동하면서 더욱 상태가 나빠졌다. 히치콕은 가장 연약한 연기자들을 주인공으로 내세운 자신을 원망하면서 별 관련이 없는 세부사항에 집착했다. 그리고 언제나 관객에게 도전했던 남자는 이제는 얼간이 같은 수백만 명에게 영합하려는 듯했다.

"우리는 그를 설득할 수가 없었습니다." 워터하우스의 기억이다. "우리가 줄리 앤드루스가 연기한 지독히도 형편없는 대사를 수정할 수 있게 해달라는 설득을요. '동베를린? 하지만 —하지만— 그건 철의 장막 뒤편이잖아요!' 미국 중부의 더뷰크 같은 편협한 지역에 거주하는 지리학에 둔감한 관객들을 염두에 두지 않은 히치콕 감독은 그 대사를 수정하는 것을 단호하게 거절했습니다. 중복되는 '하지만'이나 그 사이에 포즈를 두느라고 집어넣은 대사조차도 제거하려 들지 않았습니다."

'대사 추가작업'이라는 크레디트는 작가협회에 의해 폐지된 모호한 크레디트였다. 그래서 히치콕이 '줄거리 브라이언 무어, 시나리오 브라이언 무어, 키스 워터하우스&윌리스 홀'로 공식 크레디트를 달았을 때, 이 사안은 자동적으로 중재위원회에 보내졌다.

워터하우스는 자신과 홀의 이름을 포함시키기 위해 히치콕이 '용맹스럽게 싸웠다'고 밝히면서 이렇게 덧붙였다. "우리가 크레디트에서 이름을 빼려고 열심히 노력했다는 것을 내가 밝히더라도 너무 배은망덕하게 보이지 않기를 바랍니다." 진 무어에 따르면, '시나리오가 자신의 기준이나 기대에 미치지 못한다고 느낀' 무어도 이름을 빼기 위해 열심히 노력했다. "그런데 우리의 변호사가 다시 끼어들어서는 브라이언에게 이름을 빼지 말라고 강하게 충고했어요." 아이러니하게도, 히치콕이 변화를 받아들이지 않으려고 한 것은 영국인들의 기여에만 국한됐다. 원고를 검토한 협회는 영국인들의 이름을 떼어버렸다.

시나리오의 단점에도 불구하고 히치콕은 촬영을 시작할 때에도 여전히 낙천적이었다. 그가 착각하고 있다고 말할 수도 있었다. 트뤼포에게 의견을 묻기 위해 시나리오 사본을 보내면서 그는 이렇게 썼다. "여러 가지 점에서 이 작품에는 〈오명〉의 느낌이 있습니다. 내가 〈오명〉에서 했던 것보다 액션을 조금 더 부여했다는 점을 제외하면 말입니다. 어쨌건, 시나리오를 읽으면 선생도 판단할 수 있을 겁니다."

그러나 폴 뉴먼과 줄리 앤드루스가 시나리오를 읽었을 때, 그들은 〈오명〉과 닮은 점은 하나도 발견하지 못했다. 사실, 시나리오는 수준 이하인 데다 그들이 출연하기로 합의했던 줄거리와는 아무런 연관도 없는 듯 보였다. 시나리오가 거듭될수록 역할의 비중이 미스터리하게도 줄어든 앤드루스는 속으로 시나리오를 경멸했고, 뉴먼은 시나리오에 "편안함을 조금도 느끼지 못했다"고 나중에 인정했다. 그러나 시계는 똑딱거리고 있었고, 두 사람은 히치콕을 믿었다.

릴라 케드로바 외에 앙상블의 대부분은 유럽 관객에게만 알려진 배우들이었다. 지넬라 피셔(변절자가 동독에서 접선하는 친미주의자 코스카 박사 역)와, 볼프강 킬링(동독정부를 위해 일하는 악랄한 비밀요원인 '개인적 가이드' 허먼 그로멕 역)은 모두 보석도둑을 다룬 현대적인 영국 희곡 〈체니 여사의 종말〉을 영화화한 1961년도 독일 영화에 출연했다. 영화에 등장하는 유일한 진짜 악당으로 —브로드웨이 히트 뮤지컬을 스튜디오에서 독일어로 재녹음할 때 자주 활약했던 가수인— 킬링을 카운터캐스팅한 것은 골수 독일 팬들만 알아들을 수 있는 농담이었다.

핸죄르그 펠미가 동독 정보기관의 총수로 캐스팅됐고, 귄터 스트랙은 미국 과학자의 변절을 부추기는 동독 과학자 역을 맡았다. 영화를 재치 있게 열고 닫는 발레리나 역을 맡은 타마라 투마노바는 1930년대와 1940년대에 파리와 뉴욕에서 활동한 빼어난 러시아 발레리나였다. 독일과 미국영화계의 베테랑인 루드비히 도나스는 모두가 구하려고 드는, 핵무기를 무력화시키는 수학이론을 체계화한 동독 교수를 연기했다. 도나스는 숨을 거두기 전에 맡은 최후의 역할이었던 이 역할로, 블랙리스트에 오르는 바람에 오랫동안 떠나 있던 스크린으로 되돌아왔다.

촬영은 10월 18일에 유니버설의 18번 스튜디오에서 시작됐다. 처음부터 히치콕은 줄리 앤드루스를 공손하게 —지나치게 공손하게— 대했다. 반면 폴 뉴먼은 메소드 연기법을 위한 끈질긴 질문들과 마찬가지로 성가신 시나리오 제안으로 감독을 귀찮게 만들었다.(히치콕은 초기에 그의 아이디어를 담은 3페이지를 무어에게 보내면서, 이것들은 "연기자 폴 뉴먼이 아니라, 작가 폴 뉴먼에게서 나온 것이 분명하다"고 썼다.)

키스 워터하우스는 이렇게 회상했다. "우리가 해야 할 임무 중 하나는 폴 뉴먼을 감독의 머리 밖에 묶어두는 것이었습니다. 뉴먼이 고민하는 장면이나 일부 대사의 배후에 있는 생각들을 상세히 설명해주는 것으로요. 나중에는 이 작업에 꽤나 익숙해졌습니다."

뉴먼이 앤드루스를 몰래 만나 짐을 받아야 하는 하찮은 장면이 스타를 괴롭혔다. 작가들이 아무리 납득을 시켜도 뉴먼은 카메라 리허설 도중에 그것을 히치콕과 상의해야겠다고 고집을 부렸다. 스타는 헛기침을 하면서 망설이다가, 결국에는 그가 이 장면에서 앤드루스에게 어떤 식으로 관계를 맺어야만 하느냐고 감독에게 물었다.

"글쎄, 미스터 뉴먼." 히치콕이 우렁찬 억양으로 설명했다. "내가 이 장면에서 염두에 둔 것을 정확하게 설명해주겠네. 미스 앤드루스는 짐을 들고 계단을 내려올 걸세. 자네도 보게 될 거야. 기분이 좋으면 그녀가 도착하는 것을 맞이하기 위해 자네는 카메라 약간 오른쪽을 쳐다

보게 될 걸세. 그러면 우리 관객들은 이렇게 말할 거야. '이봐, 저 친구 무엇을 보는 거야?' 그러면 나는 거기서 편집을 해서 자네가 보는 것을 보여줄 걸세."[15]

그런데 프로젝트에는 히치콕의 회색 천지인 색채계획으로 상징되는 명백한 장막이 드리워져 있었다. 촬영장의 분위기조차도 '사방이 회색'—불확정, 우유부단함, 의기소침함을 상징하는 색채—이었다. 관례적으로 입는 검정이나 푸른 정장에도 불구하고, 이제는 감독 자신이 사실상 회색을 구현하고 있었다. 세트를 찾았던 어느 저널리스트는 이렇게 보도했다. "작업하는 히치콕은 대체로 히치콕 스타일의 게으른 모습이었다."

"우리는 패자라는 것을 모두 알고 있었습니다." 뉴먼이 나중에 회상한 내용이다. 〈현기증〉의 작가 샘 테일러에 따르면, 감독은 "촬영 중에 풀이 죽었다." "주연배우들(뉴먼과 앤드루스) 사이의 화학작용을 얻을 수 없었던 그는 아주 낙담하면서 그저 영화만 밀고 나갔습니다." 결국 히치콕은 주연배우들을 시선에서 제외시키더니 조연진 대부분도 무시해버렸다. 매트 아티스트 앨버트 휘틀록은 "의사소통을 하려 하지 않는 그는 배우들 입장에서는 아주 당황스러운 경험이었습니다."

워터하우스에 따르면, 감독은 대신에 '장기판의 졸 같은 존재들에게' 고함을 질러댔다. "어느 날, 불쌍한 단역배우가 제대로 된 방식으로 버스에서 뛰어내리지 못했다는 이유로 저명한 감독에게서 장광설을 듣는 모습은 보기에 고통스러웠습니다. 히치콕은 그에게 거듭해서 테이크를 가져가면서, 스스로를 배우라고 부르는 사람이 간단한 연출 지시도 이해하지 못한다면서 잔인하게 괴롭혔습니다. 그 가여운 사람은 다른 사람들이 버스에서 뛰어내리는 방법을 직접 관찰해서는 버스에서 제대로 뛰어내리는 방법이라고 굳게 믿은 연기를 보였지만, 불행히도 이것은 히치콕 감독의 머릿속에 있는 그림과는 일치하지 않았습니

15 워터하우스는 이렇게 결론을 내렸다. "나는 그 이전이나 이후에나 영화제작에 대해 그보다 더 훌륭하거나 그보다 더 나은 분석을 들은 적이 없습니다."

다. 감독은 연기자가 한 번도 본 적이 없는 사진을 완벽하게 재현하기를 원했던 거죠."

히치콕은 1966년 2월 중순에 마침내 촬영이 완료될 때까지, 뉴먼이 턱에 전염병이 걸리면서 예정에 없던 2주간의 공백기를 가진 것을 포함해서 3달 이상의 시간을 보냈다. 그 기간의 대부분 동안, 감독은 유니버설 촬영장으로 향하기 전에 일주일에 두 차례씩 오전 8시에 주치의를 방문했다.

까다로운 이혼 절차의 와중에 영국으로 이주한 버나드 허먼은 영국에서 지시를 기다리고 있었다. 음악 에이전시 사업으로 경력을 시작한 임원들이 운영하는 스튜디오가 된 유니버설은 〈찢어진 커튼〉을 위해 대중음악을 영화음악으로 넣자고 주장했다. 줄리 앤드루스가 노래하는 히트곡이면 더 좋을 것이다. 히치콕은 반대의견을 내놓을 수가 없었다. 그는 자신의 작품에서 음악이 차지하는 역할과 비중을 오래전부터 인식해왔다.

〈새〉를 만들던 때에도 히치콕은 허먼의 음악이 불길한 분위기 면에서 너무 뻔해져가고 있다고 느꼈다. 허먼이 〈마니〉의 뒤를 이어 작업한 MGM의 거품 같은 영화 〈아침의 기쁨〉의 영화음악은 히치콕에게는 특히 '실망스러웠다.' 히치콕은 〈찢어진 커튼〉을 작업하던 초기에 허먼에게 퉁명스러운 전보를 보냈다.

"나는 옛날 패턴에 너무 순응하는 음악이라는 것을 알게 됐을 뿐 아니라, 테마가 사실상 거의 동일하다는 점에서 〈마니〉를 극도로 재현한 것이라는 사실을 알게 됐음." "우리 예술가들에게는 불행하게도, 우리는 우리가 하고 싶은 대로 할 수 있는 재량이 없음. 우리는 관객의 요구를 충족시켜야 하며, 그것이 당신이 당신의 돈을 버는 이유이고 내가 내 돈을 버는 이유이기 때문임."

허먼이 채택하기를 바라는 새로운 방향에 대해 설명하려고 노력하면서, 감독은 '관객의 요구를 충족시키는 것'은 누벨바그를 지지하는 것이며, 그와 마찬가지로 영화음악 면에서도 현대적인 음악을 선호하는 점차로 증가하는 젊은 관객들의 요구를 충족시키는 것을 의미한다고 설명했다. 그는 이렇게 적었다.

"이 관객들은 이전의 요구에 부응하던 관객들과는 판이하게 다름. 젊고 정력적이며 요구하는 것이 많은 관객임. 유럽 영화감독의 거의 대부분은 앞서 언급한 관객의 요구에 부응하기 위해 비트와 리듬을 도입하려고 노력하고 있다는 사실을 깨달았음. 내가 이 문제를 순응적인 방식으로, 가능하면 열정적인 방식으로 접근해달라고 당신에게 요청하는 이유가 이것임. 당신이 이렇게 할 수 없다면 나는 실패할 것임. 나는 이런 식으로 음악에 접근하는 것이 절대적으로 필요하다고 결심했음."

허먼은 답신으로 보낸 전보에서 히치콕에게 염려할 이유를 하나도 안겨주지 않았다. "〈찢어진 커튼〉을 위해 당신의 견해를 즐겁게 해줄 비트 있는 음악을 작곡하게 돼서 기쁨." 그런 다음에 허먼은 이유야 어쨌든 자신의 취향에 따랐다. 그는 베이스, 금관악기, 목관악기를 강하게 강조한, 분명한 멜로디가 거의 없는 극단적인 연주음악을 작곡했다. 유서 깊은 허먼의 음악이었을지는 몰라도, 히치콕이 요구했던 새로운 출발은 아니었다. 히치콕은 —감독을 포함해서— 모든 사람이 밋밋하고 단조롭다고 느끼게 될 영화를 음악적으로 풀어줄 경쾌한 음악을 허먼이 제공해주기를 원했다.

히치콕이 3월 말에 음악의 첫 녹음을 듣기 위해 허먼과 약속을 잡으면서, 두 사람은 엄청난 긴장관계에 돌입했다. 그런데 감독은 그리 오래 버티지 못하고 전주만 듣고서는 녹음기를 꺼버렸다. 그가 원하던 대중음악은 어디에 있는가? 그는 격분해서 다그쳤다.

허먼은 그저 화만 냈다. "봐요, 히치." 그가 말했다. "당신은 당신 그림자에서 떨어져나갈 수 없어요. 더군다나 당신도 대중적인 영화를 만들지는 않잖아요. 나한테 원하는 게 뭡니까? 나는 대중음악은 작곡하지 않아요." "나는 원하기만 하면 위대한 대중영화를 만들 능력이 있어." 히치콕이 화난 목소리로 대꾸했다. "히치, 내가 당신을 위해서 더 소용이 있나요?" 허먼이 치명적인 말을 날렸다. "나는 이전에도 경력을 쌓아왔고, 이후로도 쌓을 겁니다."

그것이 그들이 나눈 마지막 말이었다. 히치콕이 실제로 허먼을 해고했는지는 명확하지 않지만, 허먼의 설명에 따르면 그는 스스로 그만뒀다. 사건이 있은 후, 1963년도에 〈톰 존스〉의 혼성 영화음악으로 오스카를 수상한 영국 작곡가 존 애디슨이 히치콕이 여태껏 사용했던 음악 중에서 가장 잊혀지기 쉬운 음악에 속하는 경박한 음악을 작곡해야만 했다.

몇 년 후, 허먼은 감독에게 경의를 표하고 두 사람 사이의 관계를 복원하기 위해 유니버설을 방문했지만, 히치콕은 오랜 동료를 맞이하러 사무실에서 나오지도 않았다. 그는 〈해리의 소동〉, 〈나는 비밀을 안다〉, 〈누명쓴 사나이〉, 〈현기증〉, 〈북북서로 진로를 돌려라〉, 〈사이코〉와 〈마니〉에서 최고의 음악을 작곡했던 사람과 다시 작업을 하는 것조차도 거부했다. 히치콕은 예전에 이렇게 예언한 바 있다. "당신이 이렇게 할 수 없다면 나는 실패할 것임."

〈찢어진 커튼〉이 한여름에 개봉하기 전, 히치콕은 동부해안에서 홍보활동을 다닌 후 인터뷰 서적을 최종편집하기 위해 런던에서 프랑수아 트뤼포를 만났다. 그다음에 이탈리아 오르베텔로에서 시드니 번스타인과 1주일을 보낸 후, 그는 영화의 영국 개봉을 홍보하기 위해 시간에 맞춰 런던으로 돌아왔다. 영국과 미국에서 평론가들은 히치콕의 50번째 영화에 담긴 장점을 발견하기 위해 분투했다. 페넬로페 휴스턴은 『사이트 앤 사운드』에 이렇게 썼다. "사람들은 이 영화에서 잘못된 것은 근본적인 스토리라인에 있는 무엇일 거라고 의심한다." 레나타 애들러는 『뉴요커』에서 '끔찍하고' '터무니없으며' '짜증나는 졸작'이라고 결론지었다. 리처드 쉬켈은 『라이프』에서 '히치콕은 지쳤다'고 단언했다. "한때는 대단히 개성적인 스타일이었던 것이 이제는 과거의 영광을 단순히 반복하는 지경에 이르렀다."

영화에서 가장 훌륭한 장면—진정으로 유일하게 기억에 남는 장면—인 그로멕이 죽는 장면은 첫 시놉시스에서 유래됐다. 동독 비밀요원인 그로멕은 베를린 근교의 외딴 농장으로 변절자를 따라온다. 변절자는 이곳에서 미국 요원과 비밀리에 접선하고 있다. 부엌에서 맞닥뜨린 그로멕에게서 체포 위협을 받은 과학자와 농장 여인은 함께 맞서 싸우는 것밖에는 별다른 대안이 없다. 우선 그들은 그로멕의 목을 조르면서 칼로 그를 찌른다. 그런 다음 삽으로 때려죽이려 하지만, 억센 악당은 계속해서 생기를 되찾는다. 결국 그들은 그로멕의 머리를 오븐에 밀어넣고 가스를 켠 다음 그를 그 안에 처박아넣는다. 그로멕이 질식해서 의식을 잃을 때까지 그의 손가락은 정신없이 경련을 일으킨다. 이 싸움 장면—히치콕 특유의 스타일대로 대사나 음악 없이 촬영됐다—은 잔인할 뿐 아니라 관객을 심적으로 불편하게 만드는 코믹한 장면이기도 하다. 브라이언 무어가 도널드 스포토에게 감독이 "내가 예상했던 것보다 너무 멀리 갔다"고 불만을 토로하기는 했지만, 이 장면은 〈찢어진 커튼〉에서 가장 히치콕적인 장면이었다. 그리고 홀로코스트에 대한 최후의 씁쓸한 암시였다.("우리가 이 장면에서 아우슈비츠와 가스 오븐으로 돌아왔다는 사실을 사람들은 어쩔 수 없이 떠올렸을 겁니다." 히치콕이 리처드 쉬켈에게 한 말이다.)

〈찢어진 커튼〉에 희미하게나마 드리워져 있는 〈오명〉의 유일한 요소는 맥거핀—폴 뉴먼이 구하려고 드는 '미사일 요격미사일' 공식—이었다. 히치콕은 1945년작에서 핵폭탄을 예견한 바 있다. 프랜시스 피츠제럴드는 그녀의 책 『갑자기 등장한 해결책』에서, 비슷한 방식으로 미래의 전쟁무기를 예견한 좋은 사례로 〈찢어진 커튼〉을 든다. 피츠제럴드에 따르면, 루 와서먼의 예전 고객이었지만 지금은 캘리포니아 주지사 자리를 차지한 로널드 레이건은 히치콕의 최신작을 보고는 영화에 주목했다. 수십 년 후, 대통령이 된 레이건은 히치콕의 맥거핀에서 영감을 얻어 아직까지도 논란의 대상인, 그리고 아직까지도 실현되지 않은 '스타워즈' 미사일 방어망을 제안했다.

초기에 관객이 몰려들었음에도 불구하고, 〈찢어진 커튼〉은 박스오피스에서 〈마니〉보다 성적이 좋지 않았다. 히치콕의 입장에서 〈찢어진 커튼〉은 두 번째 충격이자 더 값비싼 일격이었다. 오랜 영화경력 동안 그런 실망감에는 익숙해져 있었지만, 에너지와 아이디어, 장난기를 주체하지 못하면서 스튜디오로 출근하던 신동, 온종일 일을 하고도 어둠이 내린 후에도 필요한 장면들을 촬영하려고 남아 있던 천재, 늦은 밤에 계단을 3개씩 훌쩍 뛰어올라 집으로 돌아와서 파티를 주최하거나 연극 개막일 밤에 참석하거나 나이트클럽으로 춤을 추러가던 청년의 회복력은 더 이상 그에게 없었다.

〈마니〉는 실패작이었고, 〈찢어진 커튼〉은 더욱 만성적인 상황인 무기력함을 보여준 심각한 실패작이었다. 히치콕의 주 2회 병원 예약은 계속됐다. 9월과 10월에 그와 알마는 또 다른 한 달의 휴가를 떠났다. 그가 원기를 찾을 수 있기를 희망하면서, 두 사람은 다시금 빌라 데스테에 잠시 머물렀다가 텔아비브, 코펜하겐, 스톡홀름, 뮌헨, 파리에서 짤막한 홍보활동과 관광을 했다.

할리우드로 돌아왔을 때 그는 상태가 훨씬 좋은 듯 보였지만, 이때는 냉정하게 상황을 검토해야 할 시기였다. 악당 호텔 이야기는 그의 미래 계획 중에서 가장 야심 찬 프로젝트였지만, 범죄도주영화가 될 가능성이나 스타용 기획영화가 될 가능성이 가장 적었고, 따라서 루 와서먼과 유니버설 입장에서도 구미가 가장 덜 당기는 프로젝트였다. 이 프로젝트는 히치콕이 늘 영화로 만들고자 했던, 별난 삶의 단면을 담은 영화였다. 또한 아제노레 인크로치와 푸리오 스카펠리와 1년 넘게 같이 일을 해왔지만, 그는 프로젝트에 대한 자신감을 도무지 가질 수가 없었다. "우리는 아이디어와 주장을 친근하게 주고받았습니다." 스카펠리의 기억이다. "우리 잘못일 수도 있고 그의 잘못일 수도 있습니다. 그는 지쳤고, 우리도 지쳤습니다."

이제는 모든 결정이 도로의 표지판 같았는데, 이 단계는 히치콕의 평생에 걸친 관행에서 벗어나는 분기점이었다. 그는 이후로는 그의 관심을 끌기 위해 경쟁하는 두 프로젝트를 한꺼번에 작업할 수가 없었다.

크리스마스에 히치콕 부부는 샘 테일러와 함께 생모리츠로 날아갔다. 도널드 스포토의 책에 따르면, 이 해가 히치콕이 하루 일과를 칵테일 시간으로 채우고는 항상 그가 '지시한' 메뉴로 구성된 '산해진미와 4시간짜리 만찬'으로 하루를 보낸 해였음이 분명하다. 그는 알마와 테일러가 집밖으로 나갈 때 발코니에서 손을 흔들었다. 휴가를 온 그는 의사의 지시로부터도 휴가를 즐겼다.

스포토에 따르면, 이 해 크리스마스에 히치콕은 시체애호증에 집착한 듯 보였다. 그는 수전 테일러에게 남자가 한 손만으로 여자를 목 졸라 죽일 수 있다는 것을 시범으로 보여줬다. 스포토가 보기에, 그것은 히치콕이 점차로 병적인 성향을 갖게 됐다는 증거처럼 보였다. 그러나 히치콕은 항상 살인에 집착했다. 그는 영화에서 만찬파티장에서 교살을 연출했고, 홍보용 사진에서는 교살자 포즈를 취하기도 했다. 그가 좋아한 범죄의 일부는 교살 후 시간(屍姦)을 한 것이었다. 감독이 그의 고국과 상상력에 깊이 뿌리를 박고 있는 시체애호증이 있는 연쇄살인범 이야기를 차기작의 소재로 결정한 것은 생모리츠에서였다.

그런 프로젝트는 궁극적인 도주영화가 될 수 있을 뿐 아니라, 그가 누벨바그에 진 빚에 답례를 표할 기회를 제공하기도 했다. 프랑수아 트뤼포와 작업을 시작하기 훨씬 전부터, 히치콕은 새로운 세대의 외국 영화감독, 특히 프랑스와 이탈리아 감독의 작품을 세심하게 감상해왔다. 자전적이고, 사회비판적이고, 성적으로 노골적이고, 심리적이고 철학적 경향을 보이는 데다, 때로는 환상적이고, 종종은 스타일 면에서 인습을 따르지 않는 젊은 감독들은 10년 가까이 지켜온 영화 다이어트로 입맛을 잃은 히치콕에게 영화에 대한 풍미를 더해줬다.

히치콕은 트뤼포의 작품을 모두 감상했다. 그는 안면을 튼 사람의 작품은 뭐가 됐건 충실히 챙겨봤다. 그런데 기이하게도 그가 진정으로 깊은 인상을 받은 영화들—그가 깜짝 놀라서 기존의 틀에서 벗어나게 만든 영화들—은 장 뤽 고다르와 미켈란젤로 안토니오니의 영화였다. 그는 그들의 영화—〈욕망〉, 〈붉은 사막〉, 〈남성 여성〉—를 거듭 감상했다. 이 작품들은 모두 형식적으로는 혁신적이었고, 내용 면에서는 지적이었으며, 드라마틱하지 않은 내러티브 면에서는 히치콕 스타일과는 정반대였다. 그러나 그는 그들의 정통한 시각적 스타일에 매료됐다. 안토니오니의 어느 작품을 보던 중, 히치콕은 하얀 방에서 완전히 새하얀 옷을 입은 남자를 보고는 자리에서 벌떡 일어났다. "흰색 위에 흰색

이야!" 그는 페기 로버트슨을 향해 탄성을 질렀다.

"저기, 자네도 봤지! 저걸 찍을 수가 있다고!"

이런 실험주의자들에게서 자극을 받은 히치콕은 그의 신작 사이코 살인자영화를 현대적인 가짜 베리테 스타일로 촬영하기로 결심했다. 가급적 많은 장면을 실제 로케이션에서 고감도 필름과 자연광을 사용하며 출연료가 싼 무명의 젊은이들을 캐스팅해서 촬영하겠다는 것이었다.

그는 풍차를 향해 창을 휘두르는 듯한 작업에 옛 친구들이 합류할지도 모른다는 감상적인 생각을 품고는 프로젝트를 언급할 때 샘 테일러와 찰스 베넷의 이름을 가볍게 들먹였지만, 그들은 히치콕의 싸구려 누벨바그 스릴러에 거의 의욕을 보이지 않았다. 그러자 놀랍게도 그는 벤 레비와 접촉했다. 극작가와 연극연출가로 주로 활동하기는 했지만, 레비는 영화계에서도 경력이 좋았다. 게다가 그는 〈블랙메일〉의 유성영화 버전의 대사에 기여했고, 히치콕이 1931년에 제작한 〈캠버 경의 여인들〉을 연출했다. 히치콕과 레비는 〈캠버 경의 여인들〉을 만드는 도중에 지독하게 다퉜지만, 세월이 흐르고 연예계 인사들과 어울리면서 화해했다. 제2차 세계대전이 끝난 후 5년 동안 레비는 존경받는 노동당 하원의원으로 봉사했고, 평화문제와 예술에 대해 강경한 목소리를 내는 인물로 부각됐다. 작가로서도 분주한 생활을 하던 그는 실제 삶에서 도출한 영화를 만들면서 히치콕과 재결합한다는 전망에 흥분했다.

프로젝트를 현대화하겠다는 결심의 일환으로 히치콕은 영화의 줄거리가 전후의 잭 더 리퍼, 그러니까 존 헤이(히치콕이 〈무대공포증〉을 찍는 도중에 기사를 읽었던 산을 채운 욕조에서 사람을 죽인 살인자)나 네빌 히스(앞선 세대의, 시체를 토막 낸 잔인한 살인자) 중 한 명의 삶에 기초한 작품이 되기를 바랐다. 레비는 이들 악명 높은 런던의 살인자 모두와 친숙했지만, 그중에서도 한 명이 더 마음에 들었다.

"히스여야 해. 헤이가 아니라." 레비는 일을 맡기로 합의한 직후인 1967년 1월 18일에 히치콕에게 편지를 썼다. "히스의 이야기를 사건 발생의 순서대로 들려주는 것은 하늘이 준 재능이야. 우리는 잘생긴 청년과 예쁜 아가씨의 '숨김없는' 로맨틱한 만남에서 시작해야 해. 그가 술 취한 거친 취객에게 희롱당하는 여자를 구해내는 것으로 설정할 수도 있겠지. '나는 만나는 여자마다 거칠게 다루는 놈들을 참아낼 수가 없어요.' 관객들은 그들 두 사람을 성원하게 될 걸세. 그는 아마도 불행한 결혼생활을 했고, 그래서 스크린의 영웅이 될 모델로는 조금 제약이 있어. 그녀는 그가 '인생을 헤쳐나갈 수 없는 매력적인 어린 꼬마'라는 것을 알게 되네. 최소한 그가 묘사했던 가정 내의 일들은 헤쳐나가지를 못하는 거지. 그에게 성적인 모성애를 느낀 여자는 뭐든 주려 하네. 관객들은 아주 기뻐하겠지. 얼마 안 있어 관객 중 일부는 육체적인 러브신에 불안감을 느끼고 동요하게 되겠지만, 그들은 왜 그런지 이유는 정확하게는 몰라. 그가 사랑을 행동에 옮기는 클라이맥스에서 그녀를 살해하는 모습을 관객들이 볼 때쯤에 관객 중 일부는 서서히 그 이유를 알게 되지." 편지를 끝맺기 전에 레비는 히치콕 스타일의 표현을 반복하면서 말했다. 영화는 "사건 발생 순서대로 전개돼야만 한다네. 즉, 쫓는 자의 시각보다는 쫓기는 자의 시각에서 전개돼야만 해." 그러면서 그는 덧붙였다. "내가 히치 자네를 제대로 안다면, 어느 한 순간 히스가 여자경찰의 눈길을 끌만큼 지독히도 매력적이어야만 한다는 것을 나는 의심치 않네."

히치콕은 레비가 계약을 체결하기도 전에 아이디어를 내놓았다는 것뿐 아니라, 레비가 손쉽게 내놓은 히스가 여자경찰을 매료시킨다는 아이디어가 〈판사는 보석 불가〉를 반영하고 있다는 것도 마음에 들었다. 레비의 아이디어는 여자 변호사가 창녀 흉내를 내도록 만든다는 히치콕의 아이디어를 재활용할 기회를 제공했다. 프로젝트의 가제 "프렌지(Frenzy)"[16]에서 희생자가 될 위기에 처한 인물은 신분을 위장한 여자경찰이 될 예정이었다.

레비의 아이디어에 자극을 받은 히치콕은 이렇게 답장을 썼다. "제3의 여자[17]가 경찰이 심어놓은 사람이라고 가정한다면, 남자가 덫에 걸리는 것을 지켜보는 일은 엄청나게 서스펜스가 느껴질 거야. 그런데 그가 덫에 걸릴까? 남자가 여자를 관찰하면서 보호해줄 사람들이 접근할 수 없는 외진 곳으로 끌고가서, 제3의 여인을 살해하는 데 거의 성공한다고 가정해보세."

레비와 일을 잘해나갈 수 있겠다는 확신을 얻은 히치콕은 아웃라인, 트리트먼트, 시나리오 초고를 써주는 대가로 7만 5,000달러를 제안했다.(히치콕의 친구이자 히치콕과 같이 일했던 경험이 있는 작가에게 제안한 이런 조건들이 블로흐에게 책과 영화를 요청하면서 제안한 액수보다 훨씬 많다는 것을 주목하라. 심지어 이 액수는 훨씬 제작비가 많이 든 〈찢어진 커튼〉에서 브라이언 무어가 받았던 집필료보다 많다.) 1967년 2월 18일에 런던에서 날아온 레비는 벨라지오로드로 직행해서 저녁을 먹었고, 이튿날 아침 히치콕과 논의에 착수했다.

레비는 2달 동안 미국에 머물면서 여성들을 살해하는 젊은 남자와 미끼로 던져진 여자경찰관을 둘러싸고 벌어지는 트리트먼트를 완성하고 시나리오를 개발했다. 네빌 히스가 살인자의 모델이기는 했지만, 뉴욕을 배경으로 설정하는 바람에 줄거리는 미국화됐다. 히치콕은 레비에게 히스에 대한 서적들과 살인자—보디빌더—의 캐릭터 구축에 도움이 되는 보디빌딩 잡지들, 희생자 중 한 사람인 히피에 대한 기사를 제공했다. 감독과 작가는 4월에 함께 뉴욕으로 여행을 떠나서, 세인트 레지스 호텔에 투숙했다. 히치콕은 레비에게 영화에 담길 도시를 관광시켜 줬다.

『라이프』의 사진작가 아서 샤츠가 그들과 동행하면서, 다른 히치콕 영화에서도 친숙한 몇몇 곳을 포함해서 영화에 등장할 가능성이 있는 장소들을 컬러 슬라이드로 촬영했다. 일부 장면은 (〈의혹의 그림자〉에서처럼) 뉴저지의 아파트와, (〈북북서로 진로를 돌려라〉에서처럼) UN빌딩 앞을 배경으로 할 계획이었다. 히치콕은 시스타디움 야구장과 센트럴파크를 배경으로 활용할 생각이었다. 무명배우들과 모델들이 샤츠를 위해 이 장소에서 포즈를 취했다. 댄 오일러가 쓴 『히치콕의 노트』에서

16 '발작'이라는 뜻. —옮긴이

17 '두 번째 여자'는 젊은이의 두 번째 살인희생자다.

사진작가는 이렇게 회상했다. '우리가 로케이션에 도착하면' 히치콕은 "영화에서 이곳에서 무슨 일이 벌어지는지를 내게 들려줬습니다."

히치콕이 줄거리를 말하고 또 말하면, 레비는 그 이야기를 쓰고 또 썼다. "프렌지"는 미국의 본모습을 폭로하는 성명서로 발전해갔다. 심지어는 미국 대통령까지 잠깐 등장했다. 그와 동시에 이 영화는 히치콕의 인장이라 할 주제들을 의기양양하게 반복하는 히치콕의 아주 개인적인 작품이 될 예정이었다. 히치콕은 살인자의 어머니를 전문 여배우로 설정할 생각을 했다. 어머니가 브로드웨이에서 연기를 펼치는 순간에도 자기 아들이 끔찍한 짓을 저질렀다는 의심을 하게 만든다는 아이디어였다.(어느 순간 교통경찰이 진짜 살인자의 차를 길가에 세우기는 한다. 그러나 물론 경찰은 진짜 살인자에 대한 의심을 뒤늦게야 품는다.) "프렌지"의 결말에서 어머니는 경찰이 아들을 잡기 위해 덫을 놓는 것을 돕는다. 〈사이코〉를 사과하듯 뒤집은 결말이다.

"프렌지"의 살인들은 모두 다른 히치콕 영화에서 위험의 출처로 등장했던 물과 가까운 곳에서 일어난다. 첫 희생자(UN 직원)는 뉴욕 외곽의 외딴 숲에 있는 폭포 근처에서 벌건 대낮에 살해된다. 미술학도인 두 번째 희생자는 조선소로 유인돼서는 제2차 세계대전 때 쓰이던 폐기된 화물선에서 잔인하게 살해된다. '예비함대' 시퀀스는 히치콕의 놀라운 솜씨로 연출될, 관객들이 손톱을 물어뜯게 만들 영화적인 크레셴도가 될 터였다.

〈찢어진 커튼〉 이후로 영화경력이 갑작스럽게 초라해졌다고 생각한 감독의 자각과 결부된 프로젝트를 향한 감독의 열성은 히치콕 여사까지도 시나리오회의에 복귀할 정도로 컸다. 〈마니〉에서는 말없는 동반자였던 알마는 "프렌지"에는 유용한 도움을 줬다. 부부 모두의 친구인 레비의 참여는 그녀가 적극적으로 도움을 주도록 유혹했다. 히치콕이 계산하고 있던 부수적 수확이었다.

이들은 최후의 히치콕 3인조였다. 레비가 탄탄한 트리트먼트를 남겨놓고 출장을 끝내자, 히치콕 부부는 함께 시나리오를 작업했다. 1966년 5월에, 그들은 '예비 함대' 시퀀스의 숏들을 상세히 작업했다.

무성영화 시절 이후로 계속 그래왔던 것처럼, 히치콕의 표현에 따르면, 부부는 '너무 끔찍하거나 검열 문제에 부닥치는 일 없이 최대의 효과'를 얻어내기 위해 논쟁을 하면서 중요한 장면을 거듭해서 작업했다. 평소처럼 떠들어댄 사람은 대체로 히치콕이었고, 알마는 듣기만 했다.

조선소 시퀀스는 윌리(살인자)와 패티(두 번째 희생자)가 시골 레스토랑에서 저녁을 먹은 후에 이어진다. 히치콕은 알마에게 물었다. 그들이 조선소로 떠날 때 "그의 마음속에는 그녀를 죽여야겠다는 생각이 있었던 걸까?"

"그럼요." 그 문제를 생각해본 알마가 대답했다. "그는 그녀에게 남자친구가 있다는 것을 알아요. 그는 어쩌면 다시는 기회를 잡을 수 없을지도 모르죠. 그는 그녀를 기관실에 데려가기 위해 많은 고생을 해요."

윌리는 그녀를 버려진 배로 유인해온 후 그녀의 옷을 벗기기 시작하지만, 조선소에 일어난 불 때문에 그의 광기는 방해를 받는다. 그는 해변에 있는 사람들이 주의를 기울이기 전에 불을 꺼야만 한다. "이 장면을 너무 끔찍하게 연출해서 사람들한테 많은 비판을 받을까봐 두렵소." 히치콕이 말했다. 그는 윌리가 패티를 공격해서 칼로 찌르지만, 그녀가 윌리에게서 벗어나 철제 계단을 뛰어 올라가게 만드는 전략("계단의 살을 통해 촬영을 해서 그 그림자가 그녀의 몸을 가로지르게 만들면, 그녀의 누드를 너무 많이 보여주지 않아도 돼요")의 개요를 잡았다. 그런데 그 다음에는 어떻게 할 것인가? 칼부림을 더 해야만 하는 건지, 아니면 목을 졸라야 하는 건지를 결정할 수 없었다. "문제는 관객들이 극장을 나오면서 '너무 끔찍해, 보러 가지 마' 하고 말하는 일이 없게 하면서, 이 장면을 얼마나 자세하게 가느냐, 얼마나 멀리까지 가느냐 하는 거요."

히치콕은 살인자가 그녀를 '웃으면서' 보내주는데, 계단 꼭대기에 간신히 오른 패티가 혼절하면서 굴러떨어지다가 머리가 깨지게 만들면 어떨까를 고민했다. "그러면 그에게 이중살인죄를 씌울 수가 없어요." 알마는 남편의 논리를 반박하면서 말했다.

"그녀가 도망을 치는데 그가 위층까지 쫓아가서 계단 꼭대기에서 그녀를 죽이는 건 어떻겠소?" 그런 다음 히치콕은 잠시 고민했다. "관객에게 그녀의 얼굴을 보여준 다음, 그녀가 갑판에 떨어지는 거요. 우리는 그림자와 빛을 조심스럽게 활용할 수 있으니까, 충분히 효과를 거둘 수 있을 거요. 칼이 들어올려지는 모습을 보여줍시다. 〈사이코〉의 샤워 시퀀스에서보다 더 많은 인서트를 넣자는 말이오. 어두운 그림자와 모퉁이들을 많이 집어넣을 수 있을 거요. 이 시퀀스를 스튜디오에서 찍을 테니까, 우리는 그걸 통제할 수 있을 거요."

알마는 지나치게 '〈사이코〉를 반복'하는 것처럼 보이지 않겠느냐고 궁금해했다. 〈마니〉와 〈찢어진 커튼〉이 실패하고 난 지금, 히치콕에게 그 무엇보다도 중요한 것은 명백한 반복을 피하고 참신한 것에 점수를 더 많이 주는 것이었다.

"아니오." 히치콕은 주장했다. "그녀가 도망치는 것은 충동적으로 벌어진 일이니까 말이오." 그는 윌리가 패티를 붙들기 전에 —그의 서재 천장보다 높지 않은— 그녀가 짧고 비좁은 계단만 뛰어오르는 것을 상상했다. "머리, 칼, 손, 몸의 몽타주를 보여주고, 그녀가 큰 머리(클로즈업)로 떨어지는 거요. 그녀는 목숨을 잃을 정도로 딱딱한 무엇인가에 머리를 세게 부딪혀요. 우리는 그가 묵묵히 숙고할 시간을 잠시 남겨둘 거요. 게다가 우리는 사진을 바탕으로 꼭대기에 살이 있는 세트를 지을 수 있어요. 그러면 천장을 통해 들어온 달빛은 얼룩말 무늬를 연출할 거요."

큰소리로 브레인스토밍을 하면서, 히치콕은 그들이 아직 결정하지 않은 이야기의 일부를 떠들어댔다. 그다음에는 무슨 일이 벌어져야 하는가? 그는 바닷가에 있는 사람들이 불이 났다는 것을 알아차린다고 말했다. "우리에게는 어떤 게 최선일까요?" 알마가 물었다. "그(윌리)가 사람들이 오는 것을 아는 것과 모르는 것 중에서요."

히치콕은 실마리를 끄집어 내면서 말했다. "사람들이 오고 있다는 것을 관객들만 알고 있도록 상황을 활용하는 것이 더 서스펜스가 넘치지 않겠소? 몇 가지 설명할 수 없는 이유에서 관객은 이 순간에 범죄자의 편을 들 거요. 〈사이코〉에서 앤서니가 차를 늪에 밀어 넣을 때처럼 말이오. 그때 차가 멈추면, 관객들은 숨을 죽였잖소."

"우리는 선박이 굉장히 많다는 사실을 활용해야 해요. 사람들은 어느 배를 먼저 살펴야 하는지 모르는 거요. 사람들이 오는 것을 하이 앵글로 찍고 싶소. 그러면 그들이 와야 할 길이 멀다는 것을 알게 될 테니까요. 우리가 그 정도로 높은 곳에서 촬영을 한다면, 사람들이 든 플래시에 거울을 부착해서 햇빛을 반사시키는 식으로 데이 포 나이트(day for night)[18]로 찍을 수 있을 거요."

그들은 한동안 논의를 이 상태로 남겨뒀다. 히치콕 부부는 6월 내내 "프렌지"를 논의했다. 감독은 레비의 트리트먼트를 직접 수정했고, 페기 로버트슨은 그의 구술을 받아 적었다. 히치콕 버전은 오일러가 훌륭하고 불온하다고 부른 버전이었다. "그 모든 버전 중에서 최고의 버전." 히치콕은 폭포살인을 순진함을 충격적으로 말살시키는 것으로 끝맺는 목가적인 러브신으로 집필했다. 그는 남자와 여자 모두 상당한 노출을 보여주고(트뤼포는 나중에 '섹스와 누드를 향한 고집'이라고 지적했다), 살인자의 어머니가 그가 침실에서 자위하는 것을 방해한다는 에피소드도 집어넣을 계획이었다.

7월 중순 무렵에 프로젝트는 또 다른 작가를 맞을 준비가 돼 있었다. "프렌지"가 소설가의 솜씨를 요구하는 히치콕의 오리지널이었기 때문에, 히치콕은 하워드 패스트를 고용했다. 대공황기까지 거슬러 올라가는 다작의 경력을 가진 패스트는 고대 로마에서 벌어진 노예 반란을 다룬 그의 소설 『스파르타쿠스』가 스탠리 큐브릭에 의해 눈부신 영화로 만들어지는 것을 목격했다. 예전에 반체제적인 공산주의자로 〈찢어진 커튼〉에 더 어울리는 듯 보이는 패스트는, E. V. 커닝엄이라는 필명으로 비벌리힐스 경찰서에서 활동하는 일본계 미국인 형사가 등장하는 호평받은 범죄소설 시리즈를 발표한 작가이기도 했다.

"세상에, 하워드!" 패스트는 히치콕이 탄성을 질렀다고 회상했다. "안토니오니의 〈욕망〉을 봤네. 이 이탈리아 감독은 기술 면에서 나보다 100년

18 밤 장면을 낮에 찍는 것. — 옮긴이

은 앞서 있더군! 그 사이에 나는 도대체 무슨 일을 하고 있었던 거야?"

평소처럼 패스트는 소규모 히치콕 영화제를 감상했지만, 감독 자신은 이제 안토니오니의 영화에 집착하는 듯 보였다. 게다가 그는 뉴욕에서 안토니오니 스타일의 카메라 테스트를 의뢰했다. "낮은 조명을 친 상태에서 다양한 필름을 비교하려는 것이 주된 의도였다"고 댄 오일러는 썼지만, "무명의 배우와 모델들을 활용해서 시나리오에 나오는 실제 장면들을 모조리 재현하려는 의도에서 비롯된 테스트이기도했다." 오일러에 따르면, '거의 1시간 분량의 사운드가 없는 필름'이 취합됐다.[19]

오일러는 이렇게 썼다. "첫 장면은 젊은 모델이 뉴욕에 있는 그녀의 아파트에서 일어나는 것이다. 이 장면에서 그녀는 침대에서 일어설 때 —자연광으로 조명을 받는— 누드 상태다. 그녀는 욕실로 걸어간다. 카메라는 고정된 채로 아파트를 360도 팬하면서 그녀가 침대에서 일어날 때부터 시작해서 욕실에 들어갈 때까지 그녀를 따라간다." "두 번째 장면은 젊은 살인자가 누드모델을 만나는 미술가의 스튜디오다. 이 장면에는 작업하고 있는 미술가(그리고 살인자로 변하려는 젊은이)를 포착하는 몇 차례의 달리와 정교한 팬이 등장한다."

시나리오회의를 계속한 후 혼자 남겨진 패스트는 집필을 시작했고, 히치콕 부부는 초가을 동안 딸 부부와 남쪽으로 항해를 떠나서 타히티, 피지, 뉴질랜드를 방문했다. "히치콕은 내가 아주 자유롭게 글을 쓰게 해줬습니다." 소설가의 회상이다. "그는 정교한 카메라 움직임을 작업하는 데에만 주로 흥미를 가진 듯 했습니다. 시나리오가 완성될 즈음에 그는 카메라의 위치 450군데를 일일이 열거했습니다."

10월에 돌아온 히치콕은 패스트의 시나리오를 읽고는 그가 개선한 사항들이 기쁘다고 밝히면서도 작가 한 명을 더 —그리고 수정을 더 하기로— 쓰기로 결심했다. 이것은 히치콕이 "프렌지"의 비중을 어떻게 생각했는지를 보여준다. 그런데 이것은 프로젝트에 대한 우려를 키워

19 이 단계에서 시나리오의 제목은 60년대 분위기가 물씬 풍기는 "만화경"으로 바뀌었다. 그런데 제목은 계속 바뀌었고, 일반적으로는 "프렌지"로 더 잘 알려졌다.

가는 루 와서먼에게 던지는 미끼이기도 했다. 유니버설은 히치콕이 노골적인 영화를 만드는 것을 단념하게 하려고 할 수 있는 모든 일을 다 하고 있었다. 히치콕은 스튜디오가 품고 있는 검열과 홍보에 관한 우려는 시나리오가 완성되면 완화될 것이라며 와서먼을 안심시켰다. 그동안, 그는 이 프로젝트를 잠시 옆으로 젖혀두는 데 동의했는데, 유니버설은 그게 영원이 되기를 소망했다.

히치콕은 "프렌지"를 한두 달가량 제쳐뒀는데, 그런 행동은 늘 프로젝트에 도움이 됐다. 가을 내내 그는 영화를 감상하고 연극과 콘서트에 참석하고 진료 약속을 지켰다. 크리스마스에 그는 알마와 연례 여행을 떠났는데, 이번에는 생모리츠보다 햇빛도 많고 거리도 가까운 하와이가 목적지였다. 테레사 히치콕과 딸 팻 부부가 제임스 스튜어트의 목장이 있는 카뮤엘라에서 히치콕 부부와 합류했다.

신년이 된 후 그는 "프렌지"를 향한 새로운 열의를 품고 돌아왔다. 다양한 필명으로 뛰어난 범죄소설들을 쓴 작가이면서, 앤서니 퍼킨스가 출연한 살인 미스터리 〈한밤중까지 5마일〉을 포함한 시나리오를 쓴 극작가 겸 소설가 휴 휠러가 히치콕과 2주 동안 회의를 하고 촬영용 시나리오의 장면들을 쳐내고 대사를 다듬기 위해 도착했다. 그 이후 — 대규모의 테스트 필름, 1년 넘는 기간 동안 (히치콕 여사를 포함한) 대여섯 명의 작가가 작업한 시나리오, 감독이 평생 동안 집착해온 소재를 가진— "프렌지"는 준비가 끝났다. 이것은 히치콕이 결코 만들지 못한 걸작영화였다.

죽음과 탈당이 히치콕 동아리의 규모를 계속 줄여나갔다. 감독의 오랜 주치의인 랠프 탠도우스키 박사가 1968년 1월에 사망했다. 히치콕을 30년 동안 치료해온 —1966년과 1967년에 주 2회씩 히치콕에게 주사를 놔준— 심장전문의의 타계에 뒤이어 5월에는 카메라맨 로버트 벅스 부부가 괴상한 저택 화재로 세상을 떠났다.[20] 제임스 앨러다이스, 조지 토마시니, 로버트 벅스 등 히치콕의 영광스러운 파라마운트 시절의 중추였던 이들이 모두 세상을 등졌다.

1968년에 〈앨프레드 히치콕 극장〉의 제작을 중단한 것은 다른 주요 참모인 노먼 로이드와 조앤 해리슨과 정기적으로 갖는 접촉기회를 앗아가고, 그들에게서 자문을 얻을 수 없게 만드는 결과를 낳았다. 영국을 그리워하던 해리슨은 남편 에릭 앰블러와 함께 영국으로 돌아가 조용한 은퇴생활을 하려던 참이었다.

영국에서 〈염소좌 아래서〉와 〈무대공포증〉을 만들 때 제작보조였고, 미국에서는 〈현기증〉 이후 모든 영화에서 같은 역할을 했던 페기 로버트슨이 해리슨의 역할을 해주기를 히치콕이 한 번쯤은 소망했을 수도 있다. 1968년에 로버트슨은 최후의 친위대원이었고, 감독을 만나기 전에 반드시 거쳐야 하는 문지기였으며, 모든 영화의 제작에 관여한 배후인물이자, 미팅과 시나리오회의에서 핵심적인 역할을 수행하는 인물이었다. 그런데 그녀는 작가, 시나리오 편집자, 프로듀서 교육을 받은 적이 한 번도 없었다. 또한 로버트슨이 감독에게 —그녀 자신은 한 번도 만나본 적이 없는— 존 마이클 헤이스와 재결합하라고 강하게 권유했을 때, 감독은 조금도 주저하지 않고 그녀의 충고를 무시해버렸다.

TV 시리즈의 종영과 스태프의 감소로 인해 작가와 스토리의 흐름은 천천히 물줄기가 약해지면서 말라들어갔다. 여기에는 유니버설이 예전보다 더 편협한 스토리 부서를 운영했다는 사실도 한몫을 했다. 스튜디오의 제약에 묶여 있다는 느낌을 받은 히치콕은 그럼에도 불구하고 스토리 때문에 스튜디오에 의존했다. 히치콕이 "프렌지"에 지나치게 매달려 있다고 생각한 루 와서먼은 그에게 다른 프로젝트를 작업해보라고, "프렌지"의 전망을 차분히 검토할 수 있을 때까지 "프렌지"를 보류하라고 강권했다. 〈찢어진 커튼〉으로 많은 일들이 뒤틀려버리기는 했지만, 와서먼은 유사한 스파이 스릴러 소재를 다시 시도해보라고 히치콕을 부추겼다. 사실, 히치콕은 리얼리스틱한 본드 영화를 제작하겠다는 욕망을 결코 내버리지 않았고, 이전의 실패에 대한 기억을 지우

20 벅스는 동유럽 분위기 때문에 〈찢어진 커튼〉을 촬영하지 않았지만, 여전히 "프렌지"를 포함한 향후의 히치콕 영화들을 위한 후보 카메라맨이었다.

는 것 이상으로 원하는 것도 없었다.

그는 집에 머물면서 존 버컨의 신사적인 스파이 이야기를 다시 읽어보고는, 또 다른 리처드 해니 영화를 만드는 문제를 모호하게나마 논의했다. 영화화 권리는 여전히 획득하기 어려웠으므로 유니버설의 스토리 부서에 호소하는 것 외에는 별다른 스토리 출처가 없는 듯 보였다. 가능한 소재들을 뒤진 끝에 차기 프로젝트로 선택한 소설 『토파즈』는 그 결과물이었다. 존 러셀 테일러에 따르면, '아무것도 안 하는 것보다는 나았기' 때문이었다.

그런데 『토파즈』에도 히치콕에게 어필하는 무엇인가가 있었다. 그는 리얼리티에 기반을 둔 냉전영화를 만들고 싶었다. 작가 레온 유리스는 주인공 캐릭터—프랑스 정보요원 앙드레 데브로—를 필립 드 보졸리를 바탕으로 창작해냈다. 보졸리는 CIA를 위해 쿠바에서 러시아 미사일에 대한 정보를 수집한 프랑스인이었지만, 쿠바 내 정보원의 신분을 밝히기를 거부하면서 버림받은 인물이었다.(드 보졸리는 프랑스 내에 있는 소련 스파이가 그 정보를 모스크바로 전달할 것을 두려워했다.) 드 보졸리의 정보원 중 한 사람이 피델 카스트로의 여동생 후아니타였는데, 소설에서는 그녀의 신원이 후아니타 데 코르도바로 바뀌었다. 한때 혁명가였던 그녀는 데브로의 정부가 됐다.

존 F. 케네디의 지지자였던 히치콕은 1962년에 미국 대통령이 카스트로와 흐루시초프와 벌인 대결에 매료됐다. 히치콕은 (이전 정권 때) 휴가를 즐겼던 섬나라를 유니버설 스튜디오에 재창조해야만 했다. 그런데 와서먼은 드골 정부에서 암약하는 소련 스파이의 정체를 폭로하는 〈토파즈〉의 뒤쪽 3분의 1을 파리에서 로케이션으로 촬영할 수 있게 해주겠다고 약속했다.

촘촘하고 미로 같은 소설인 『토파즈』는 KGB 요원이 코펜하겐에서 망명하는 것으로 시작된다. CIA는 망명자를 통해 소련이 쿠바에 미사일을 배치할 예정이라는 것과, 고위급 프랑스 첩보조직이 러시아에 극비정보를 넘겨주고 있다는 것을 알게 된다. 비밀리에 미국을 위해 활동하는 훌륭한 프랑스 요원이 쿠바에서 CIA의 임무를 수행하면서, 파리에서 훗날 있을 정보 누출을 막기 위해 노력하기로 합의한다. 캐릭터들의 정치적 충성심은 그들의 러브스토리와 뒤엉킨다. 한때는 혁명가였다가 이제는 카스트로를 반대하는 음모를 적극적으로 꾸미는 과부는 데브로가 프랑스를 위해 쿠바에 올 때마다 그와 사랑을 나눈다. 그리고 데브로의 부인은 불충한 파리지앵의 정부다.

『토파즈』는 1년 전에 베스트셀러가 됐지만, 할리우드는 소설을 무시했다. 작가는 소송에 걸릴지도 모른다는 위협과 미국 정부의 반대가 큰 역할을 했다고 믿었다. 할리우드 프로듀서들은 상당한 제작비뿐 아니라 논란 많은 정치적 사안 때문에도 뒷걸음질을 쳤다. 히치콕이 연락해오자, 유리스는 그토록 중요한 감독이 『토파즈』를 영화로 찍기로 결정했다는 소식에 "정신을 잃을 정도로 충격을 받았다." 그는 시나리오를 써달라는 요청에도 비슷한 정도의 충격을 받았다.

탠도우스키 박사의 장례식에 참석한 사흘 후인 1968년 1월 21일에 히치콕은 유리스를 처음 만났다. 두 사람은 4월 말에 정기적인 미팅을 시작했다. 유리스는 지난 5년 동안 안 좋은 일을 겪으면서 모든 면에서 바뀐 남자를 대면했다. 히치콕은 좌절감을 느끼며 심술궂고 방어적으로 행동하는 듯 보였다. 〈마니〉를 촬영하는 도중에 찍은 사진은 날렵하고 말쑥한 남자의 모습을 보여줬다. 그와는 반대로 1968년에 유리스를 맞이한 감독은 다시 뚱뚱해지고 술을 마셔서 볼은 불그스레하며, 항상 그의 잔인한 숙적이었던 시간이 끝나가고 있다는 것을 깨달으며 침울해하는 것이 분명했다.

사무실이 한동안 북적거렸다. 이제 그의 능률적인 조직에는 기분 나쁜 뭔가가 있었다. 페기 로버트슨은 감독을 지나치게 보호했고, 유리스를 맞는 방법도 기분 나빴다. 그녀는 손을 비벼대면서 〈토파즈〉가 히치콕에게 덮인 오욕을 털어내고 감독을 박물관에서 끌어내올 것이라고 —이 영화가 그를 다시 거장의 반열로 되돌려 놓을 것이라고— 유리스에게 자신 있게 말했다.

유리스는 히치콕을 만나기 전에는 히치콕을 엄청나게 존경했지만, 그는 과민하고 자기 하고 싶은 대로 일을 하는 작가였다. 그는 그와 유명한 감독 사이에는 처음부터 "정서적 반응이 좋지 않았다"고 회상했다. 유리스에 따르면, 히치콕은 누가 윗사람이고 누가 아랫사람인지를 명확히 하려는 듯 그에게 군림하려고 들었다. 처음으로 작업하던 날 히치콕은 유리스를 '별장에 있는 작은 사무실'로 데려가서는 여기가 작가의 영토라고 말했다. 유리스는 자신에게는 스튜디오의 사무용 빌딩에 있는 전용 사무실을 배당받을 자격이 있다고 느낀다며 이의를 제기했다. "이 일이 그를 화나게 만들었다고 나는 확신합니다." 유리스의 회상이다. 나중에 히치콕은 뉴욕에서 열린 〈토파즈〉 제작발표회에 유리스를 초대하면서, 그가 묵는 세인트 레지스 인근에 있는 호텔의 스위트에 작가의 방을 잡아줬지만, 유리스는 자기가 좋아하는 호텔에 묵겠다고 고집을 부려서 감독의 심기를 건드렸다. "그 문제로 대판 싸웠습니다." 유리스의 회상이다.

히치콕은 작가들을 굉장히 가까운 곳에 머물게 해서 친구와 동지로 만들면서 경력을 쌓아왔다. 그는 사무실, 호텔 객실, 또는 그의 집에서 그들과 회의를 했고, 심지어는 휴가지에까지 그들을 데려갔다. 그는 같은 방식으로 유리스를 제압하려고 노력하면서 작가와 정기적으로 오찬을 갖도록 계획했지만, 유리스는 사무실에 처박혀 있는 것도, 메뉴와 대화의 화제를 히치콕이 강압적으로 결정하는 전용식당에서 매일같이 식사를 하는 것도 좋아하지 않았다. 유리스의 입장에서 점심식사는 고용계약에 없는 별도의 의무처럼 느껴졌다. "못하겠다고 말할 수가 없었습니다." 유리스의 회상이다. 그리고 한때 긍지에 찬 와인 전문가였던 히치콕은 이제는 몸 상태가 너무나 안 좋아서 와인을 한 잔만 마셔도 말을 횡설수설하는 지경에 이르렀다. 그리고 와인 2잔은 의사의 지시를 어기는 것이었다.

유리스는 히치콕의 영화들을 감상하는 것으로 '모범적인 교육'을 받았다는 것을 깨달았다. 시사실에서 감독은 유리스 근처에 앉아서 큰 소리로 영화를 설명했다.(유리스에 따르면, 히치콕은 데뷔작부터 시작해서 '모든 유명한 숏'들을 회상했다.) 〈오명〉은 히치콕이 거듭해서 언급한 최고의 옛날영화였다. 히치콕은 〈토파즈〉가 〈오명〉 같은 영화—'정서적 관계를 담은 스파이영화'—가 되기를 바랐다. 그런데, 시간이 흐르면서 유리스는 히치콕의 영화를 감상하는 경험이 '자기 자랑으로 가득한 훈련'이라는 것을 알게 됐다. "그는 나한테 뭔가를 가르치지 않았습니다. 그는 자기가 얼마나 위대한 사람인지를 내게 가르치려고 노력하고 있었습니다." 유리스에 따르면, 히치콕 영화가 일정에 잡혀 있지 않을 때면 그들은 고다르나 안토니오니를 본 것이 아니라 '유니버설의 허접한 영화들'을 봤다.

한때 헌팅 여행을 다니고 직접 몸으로 부대낀 일에서 영감을 끌어오는, 에너지가 한도 끝도 없었던 히치콕은 이제는 하루 종일 책상 앞에 꼼짝 않고 앉아 있었다고 유리스는 밝혔다. 그는 개들과 노는 것이 더 재미있는 듯 보였다. 그의 개들은 매일 아침 벨라지오로드에서 그와 같이 차에 올라서 방갈로 주변을 뛰어다니면서 융단을 적셨다. 감독과 작가는 일을 하기도 했지만 시간의 대부분은 말을 하는 데, 이야기의 크레셴도 순간에만 집착하면서 몇 시간이고 떠들어대는 데 할애됐다. 소설에 담긴 정치적 복잡성을 논의하기를 기대했던 유리스는 히치콕이 그런 사안에 대해서는 눈곱만큼도 모르며, (《오명》을 거듭해서 들먹거리는 것이 입증하듯) 스파이에 대해 가지고 있는 아이디어들은 시대에 뒤떨어진 구닥다리라는 결론을 내리게 됐다. 유리스는 그는 "현실세계의 정보기관들이 어떻게 활동하는지를 이해하지 못하는 듯 보였다"고 밝혔다.

히치콕의 성격상 장점—동료들을 속속들이 알겠다고 고집하는 것, 가십을 좋아한 것, 노골적인 유머—도 유리스를 매혹시키는 데 실패했다. 감독이 자신은 25년 동안 "섹스를 하지 않았다"고 유리스에게 말했을 때, 작가는 그것을 품위 없는 고백이라고 생각했다. 히치콕은 그가 아는 스타들의 음탕한 일화를 늘어놨는데, "나는 그런 것을 좋아하지 않았다"고 유리스는 회상했다.

유리스는 리얼리스틱한 본드 영화를 만들어내려고 기를 쓰는 60대 감독이 슬프게도 현실세계와는 접촉하지 못했다고 생각했다. 게다가 히치콕은 사람들에게서 제외됐을 뿐 아니라 사람들을 경멸하기까지 하는 듯 보였다. 그는 냉정하고 시무룩했다. 유리스는 히치콕이 '작가를 적'으로 본다고 판단했다.

좋지 않은 건강, 늘어만 가는 스트레스, 그를 피해 도망다니는 난제들에 시달린 히치콕은, 과거에 효과적으로 썼던 모든 전략을 동원하여 유리스와 공존할 수 있는 터전을 확립하고 영화를 그의 의도대로 집필하도록 강요했지만, 그가 한 어떤 행동도 작가로부터 교감을 —아니면 동정심조차— 이끌어내지 못했다.

결국 그들은 견해 차이를 좁히지 못했고, 유리스는 히치콕의 요청을 거절했다. 예를 들어, 감독은 정보요원들과 혁명가들을 인간적 존재로 다루면서 정치에는 신경 쓰지 말라고 유리스에게 경고했지만, 빌크론의 표현에 따르면 유리스의 트리트먼트는, 피델의 부관 리코 파라를 '데브로가 나라 밖으로 벗어나는 동안 관심을 딴 곳에 돌리게 만들려고 후아니타가 몸을 바치는 상대인 만화에나 나올 법한 섹스광'으로 만들었다. "그런 다음 파라가 구타당해 죽는 모습을 억지로 지켜보게 만들기 위해 그녀의 눈에는 반지가 끼워지고, 마지막에 아바나의 경찰 총수가 그녀를 도륙할 때 그녀는 강제로 가슴을 드러내게 된다."

결국 감독과 작가는 숙적이 됐고, 유리스는 7월까지만 자리를 지켰다. 그는 떠나기 전에 시나리오의 일부분을 전달했다. 유리스에 따르면, 시나리오를 제출한 후 그는 무슨 일 때문에 페기 로버트슨과 연락을 하려고 노력했는데, 그녀는 전화를 중간에 끊어버렸다.

〈토파즈〉가 고초를 겪자 히치콕은 "프렌지"를 다시 테이블에 올려놨다. 감독은 돈을 많이 들인 테스트 필름, 상세한 스토리보드, 완성 직전의 시나리오를 가지고 있었다. 그에게 필요한 것은 또 한 명의 작가와 최종수정이 전부였다. 그는 〈1천 명의 어릿광대〉의 극작가 허브 가드너를 만나서 스토리보드를 보여줬다. 히치콕이 작품을 설명한 방식도 그리고 그가 진정으로 찾고 있는 사람도 1921년에 그를 영화계로 끌어들인 바로 그 일—촬영된 숏들에 '자막'을 달 자막 작가—이었다.

가드너는 마음이 동했다. 어느 캐릭터가 베라자노 내로우스 다리에서 숨이 막힌 채 떠밀리는 숏과, 두 프레임 후에 같은 남자가 5번가의 노천 카페에 앉아 있는 모습을 보기 전까지는 말이다. 그는 물었다. "베라자노 내로우스 다리에서 떠밀린 남자랑 똑같은 남자를 어떻게 5번가 카페에 앉혀 놓을 수 있죠?" "스태프들이 거기에 갔었네." 히치콕이 웃음기 없는 얼굴로 대답했다. "잠깐만요. 내 말은 관객들을 어떻게 거기에 데려가느냔 말입니다." "미스터 가드너." 히치콕이 말했다. "관객들은 내가 그들을 데려가는 곳이면 어디건 갈 것이고, 거기에 있는 것을 굉장히 기뻐할 거요. 나는 확신하오."

가드너가 발을 빼자 유니버설은 프로젝트를 더 이상 진전시킬 의향이 없음을 표명했다. 1968년 7월 10일에 히치콕은 에드 헨리와 루 와서먼을 만나서, 영화를 만들기 위한 최후의 시도로 "프렌지"의 슬라이드와 테스트 필름을 보여줬다. 도널드 스포토가 적었듯, 그 결과는 굴욕적이었다. 그다음 주에 세 사람은 대여섯 번 이상을 만났으나 MCA와 유니버설은 처음부터 "프렌지"를 반대해왔고, 이제 두 임원—MCA의 수장과 유니버설의 수장—은 그들의 반대의사를 억지로 되풀이했다.

"당신이 내 취향을 문제 삼을지도 모르겠소." 〈살인〉에서 존 경은 핸델 페인이 저질렀다고 의심하는 살인사건에 기초한 연극의 공연계획을 기술하면서 페인에게 이렇게 말한다. "그렇지만 예술가로서 당신은 내가 매료되는 것을 이해할 거요." 이제 히치콕을 대표하는 스튜디오와 에이전시 외에 다른 친구들도 그의 취향을 문제 삼았고, 그가 매료되는 것을 이해하는 사람은 드물었다.

과거에 파라마운트에서 〈사이코〉가 팀 내부에서 거센 저항에 맞닥뜨렸을 때, 히치콕은 그들 모두가 틀렸다는 것을 증명했다. 그러나 그것은 10년 전의 일이었고, 이제 히치콕은 상처 받기 쉬운 처지였다. 그는 허버트 콜먼, 닥 에릭센과 점심을 먹으면서 그와 함께 일하기 위해 돌아올 의향이 있는지를 물었다. 그러나 콜먼은 〈사이코〉 스타일의 "프렌지"가 마음에 들지 않는다고 밝혔다.

프랑수아 트뤼포조차도 그를 실망시켰다. 『히치콕과의 대화』의 미국판이 출판된 직후에 트뤼포에게 "프렌지"의 시나리오를 보냈을 때,

히치콕은 그를 위해 싸운 위대한 투사의 반응을 예견할 수가 없었다. 트뤼포는 고다르도, 안토니오니도 아니었다. 그는 휴머니즘이 넘치는 영화들을 만들었으며 의도적으로 관객을 놀래키거나 소외시켰던 적은 한 번도 없었다. 누벨바그 영화감독은 답장에서 특정 장면들을 칭찬하고 그가 얼마나 '감독님을 존경하고 숭앙하며 높이 평가하는지'를 강조하면서 외교적인 언사를 구사하려고 노력했지만, 트뤼포가 "프렌지"를 좋게 평가하지 않는다는 것은 명확했다. 그는 누드와 섹스와 폭력이 영화에 너무 깊이 배어 있다고 언급했다.("감독님이 그런 장면들을 진정으로 드라마틱한 솜씨를 발휘해서 찍으리라는 것을 잘 알기 때문에 저는 그다지 염려하지는 않습니다." 그는 감독의 비위를 맞췄다. "게다가 감독님은 불필요한 디테일을 강조하는 일이 없으니까요.") 그러면서 시나리오에 있는 몇몇 핵심 장면을 표적으로 삼아서 단순하다거나 타당성이 없다고 평가했다. 대체로 그는 후반부 전체가 '조금은 진부하다'고 진단했다.

히치콕 여사가 비판자들을 무시하면서 "프렌지"를 밀고나가라고 남편에게 충고했다면, 아마도 이 적나라하지만 앞날이 밝은 영화는 감독의 시야에 남아 있었을 것이다. 그녀가 자신의 의견을 밝혔다는 증거는 하나도 없지만, 시나리오에 깊이 관여했다는 사실로 인해 그녀는 자신의 견해를 밀어붙이지 못했을 것이다. 무엇보다도 그녀는 〈염소좌 아래서〉를 지지한 적이 있었다. 그녀가 히치콕의 모든 행보를 후원하기는 했지만, 중요한 행보에 대한 결정은 남편의 몫이었다. 그는 "프렌지"를 만들겠다고 고집을 부리는 것으로 와서먼과 유니버설을 정면 돌파할 수도 있었겠지만(〈메리로즈〉와 달리, 이 프로젝트는 그의 계약에 따라 배제된 프로젝트가 아니었다), 수뇌부의 일관된 입장은 결국 그를 굴복시켰다. 그리고 히치콕은 자신에게 너무나 많은 일을 해준 친구인 와서먼이 하는 충고를 무시하는 것을 주저했다.

"프렌지"는 무한정 연기됐다. 얼마 안 있어 히치콕은 인터뷰를 하면서 안토니오니를 '잘난 체한다'고 언급했다. 〈토파즈〉는 즉시 청신호를 받았다.

허버트 콜먼과 닥 에릭센을 확보한 후, 1950년대의 화려한 시절을 재현하겠다는 감독의 시도는 막판에 샘 테일러를 고용하는 것으로 상징화됐다. 테일러는 그 시절에 히치콕의 가장 뛰어난 꼭두각시였고, 그와 함께 긴 점심을 먹은 작가였으며, 히치콕 부부와 함께 휴가를 떠났고, 심지어는 메인에 있는 그의 집에 부부를 초대하기까지 했다.

빼앗긴 시간을 만회하기 위해 잽싸게 행동에 착수한 히치콕과 콜먼, 에릭센은 7월 21일에 영국과 유럽으로 떠났다. 테일러는 클래리지에서 전화를 건 히치콕과 장시간 통화를 한 후 새로운 시나리오 작업에 착수했다. 히치콕은 덴마크와 프랑스로 헌팅을 다니던 와중에 유럽의 배우들을 인터뷰했고, 로마의 치네치타 스튜디오에서 빈 출신인 프레데릭 스태포드의 카메라 테스트를 했다.

히치콕이 캘리포니아로 돌아온 8월 초순에, 제작일정은 압력밥솥에 앉혀진 것 같았다. 감독은 테일러와 시나리오회의를 하고, 의상 디자이너 에디스 헤드, 미술감독 헨리 범스테드, 편집기사 윌리엄 지글러—모두 히치콕 영화의 베테랑인 이들은 제작현장에 데자뷔 분위기를 가미했다—와 스태프회의를 하는 묘기를 부렸다. 〈콰이 강의 다리〉로 오스카를 수상한 카메라맨 잭 힐드야드조차도 딱따기를 치는 일을 하던 엘스트리 시절부터 알던 사이였다.

유니버설은 가을에 촬영을 개시하기로 했는데, 여기에는 루 와서먼의 공이 컸다. 그는 당시까지 히치콕이 만든 영화 중 최대의 제작비—결국에는 그의 일생의 최대의 제작비—가 투입된 〈토파즈〉에 400만 달러를 투자하면서 약속을 실천에 옮겼다. 유니버설은 국제적인 출연진과 이국적인 배경이 거실에 놓인 소형 스크린을 통해 무료로 프로그램을 시청하는 매력에 사로잡힌 사람들에게 효험이 있는 해독제가 될 것이라고 판단했다.

〈현기증〉 스타일의 시나리오를 완성한 사람은 테일러였지만, 시나리오는 빼어난 소설과 1년 넘는 기간 동안 다른 사람이 쓴 원고 위에 새로운 요소들을 구축한 일련의 능력 있는 작가들에게도 빚을 지고 있었다. 테일러는 부피가 큰 원작소설, 부분적인 시나리오 한 편, 그리고 그가 지금까지 써온 것과는 동떨어진 소재를 가지고 〈토파즈〉를 작업했다. 이제 시나리오는 〈오명〉 대신, 그보다는 덜 로맨틱한 모델을 향해 방향을 틀었다. 히치콕과 스태프들이 여러 차례 감상한 1965년 영화 〈추운 나라에서 온 스파이〉였다. 유리스의 비판—그는 스파이에 대해서는 모른다는 비판—을 가슴 깊이 새긴 히치콕은 CIA 조사관 대리를 역임한 조지 호컨을 포함한 정보기관 책임자로부터 여러 차례 브리핑을 받았다.

테일러는 제작비를 감당할 수 없어서 제2차 세계대전-프랑스 레지스탕스 플래시백을 제거했다. 그리고 히치콕의 지시에 따라 리코 파라를 동정이 가는, 거의 비극적이기까지 한 인물로 탈바꿈시켰다—사실 이 캐릭터가 영화에서 가장 많이 갈고 다듬어진 캐릭터였다—. 테일러는 쿠바 장면들도 구축하고 —그가 심하게 수정한 장면들은 영화에서 가장 뛰어난 장면들이 됐다— 유리스의 소설의 플롯을 심하게 바꿨다.

하이라이트에 속하는 후아니타의 죽음은 촬영이 임박하기 전까지는 시나리오에 결코 완벽하게 묘사되지도 않았고, 스토리보드로 작성되지도 않았다. 히치콕은 이 장면을 끝없이 숙고하면서, 그에 앞선 장면에 꽃의 모티프를 구축했다. 빌 크론이 밝혔듯, 오프닝에 나오는 변절 시퀀스에서 〈토파즈〉는 "도자기 꽃의 꽃잎 하나하나가 붙여지는 것을 응시하기 위해 잠시 멈춘다." 나중에 미국 정보기관 총수가 데브로의 호텔 객실을 방문할 때, "그는 임무를 겸한 가족휴가를 제안하기 위해 으스스해 보이는 노란 꽃 부케를 가져온다." 그리고 훨씬 나중에는 '하얀 장례식 화환으로 달리 인'하는 장면이 악당이 데보로가 고용한 쿠바의 정보원을 희생시키는 시퀀스를 끝맺는다.

후아니타가 자신이 배신한 연인인 파라가 쏜 총에 맞아 죽을 때, 그녀는 파라의 팔에 쓰러지면서 바닥으로 서서히 잠긴다. 그녀의 자줏빛 드레스는 아름다운 꽃이 피어나듯 흰색과 검은색 타일이 박혀 있는 바닥에 펼쳐진다.[21] 감독은 〈토파즈〉에서 사람들의 뇌리에 항상 남아 있는 이 빼어난 장면을 머리 위에서 하이앵글로 촬영했다. "이것이 히치콕의 마음속에서 영화가 형상화되는 수준이었다." 크론이 쓴 글이다. "굳이 종이에 적어놓지 않더라도, 이미지들은 종종은 독을 품은 아름다움의 메타포이기도 했다."

히치콕과 테일러는 함께 보낼 수 있는 시간이 그리 많지 않았고, 촬영은 완성된 시나리오 없이 시작됐다. 테일러는 9월 중순에 로케이션 촬영이 진행되는 동안 코펜하겐과 파리로 시나리오를 서둘러 보내야 했다. 그런 다음, 10월과 11월에 유니버설에서 찍은 나머지 장면들은 촬영 며칠 전에야 수정됐다. 히치콕이 깔끔한 시나리오를 확보하지 못한 것처럼, 적절한 배우들도 마찬가지였다. 어떤 역할은 캐스팅이 겹치기도 했다. "일이 없을 때면 미장원에서 일하던 배우가 작지만 의미심장한 다른 역할에 캐스팅됐습니다." 스튜디오 홍보담당자 오린 보르스텐의 회상이다. "나는 히치콕 감독님이 걸어와서는, 사람들이 들을 수 있는 거리에서 그 배우에게 피터 로르 스타일로 연기하라고 요구하는 것을 들었습니다. 감독님은 그 배우와 일을 하느라 시간을 빼앗겼는데, 배우는 감독님의 소망을 이해하지도 못했고 감독님을 만족시키지도 못했습니다. 그는 그날 해고됐습니다."

그는 말 그대로 세계 전역에서 배우들을 불러모았다. 출연진에는 리코 파라 역을 맡은 몬트리올 출신의 인상적인 배우 존 버논과, 뉴욕을 방문한 쿠바 대표단으로부터 유죄를 입증할 서류를 훔쳐내기 위해 고용된 스파이를 연기한 흑인 배우 로스코에 리 브라운도 있었다. 덴마크인도 있었고 독일인도 있었다. 저명한 프랑스 배우 미셸 피콜리와 필립 느와레는 소련 스파이 역으로 프랑스 장면에 출연했다. 히치콕과 오래 작업한 유일한 배우는 쿠바-소련-프랑스 커넥션을 조사하는 미국스파이담당자 역할의 존 포사이스였다.

21 히치콕은 인터뷰어에게 이 장면을 묘사하는 것을 즐겼다. "존 버논(리코 파라를 연기한 배우)이 그녀를 죽이기 전에, 카메라는 그녀가 쓰러지는 순간까지는 멈추지 않고 서서히 돌아다닙니다. 나는 그녀의 가운에 카메라 밖에 있는 5명이 붙잡고 있는 실 5가닥을 붙였습니다. 그녀가 쓰러지는 순간에 사람들은 실을 당겼고, 그녀의 가운은 피어나는 꽃처럼 펼쳐졌습니다. 그것은 대비를 위한 장면이었습니다. 사람이 죽는 장면이기는 했지만, 나는 그 장면이 너무나 아름답게 보이게 만들고 싶었습니다."

제작비를 절감하고 폴 뉴먼 같은 또 다른 별종과 씨름하는 것을 피하기 위해 히치콕은 이번에는 그의 개인적인 남자 스타를 부각시키기로 했다. 프레데릭 스태포드는 사실상 무명배우였다. 히치콕은 브라질에서 밀수업자를 쫓는 CIA 요원을 다룬, 제임스 본드를 본뜬 영화 〈OSS 17〉에서 그를 발견했다. 티피 헤드런을 그레이스 켈리로 만들려고 노력했던 것과 똑같이, 히치콕은 스태포드를 리얼리스틱한 본드로 변신시키려고 애를 썼다. 보르스텐의 표현에 따르면, "감독은 캐리 그랜트의 페르소나에 근접했다." 그러나 히치콕의 캐스팅 판단은 좋지 않은 상황에서 그의 힘을 더욱 빼버렸다. 그는 옛날에 그랬던 것처럼 나무토막처럼 뻣뻣하고 섹시하지 않은 주인공과 씨름해야 하는 신세가 됐다.

샘 테일러는 어느 인터뷰에서 이렇게 회상했다. "〈토파즈〉의 여러 비극 중 하나는 히치가 영화를 잉그리드 버그먼과 캐리 그랜트가 출연하는 것처럼 만들려고 노력했다는 것입니다."

〈토파즈〉는 아름답고 유능한 여성들을 여럿 선보였다. 그러나 그 중 어느 누구도 잉그리드 버그먼이나 히치콕이 과거에 연출했던 다른 위대한 여배우들의 상대가 되지 못했다. 스태포드의 딸은 클로드 제이드가 연기했는데, 트뤼포의 〈도둑맞은 키스〉에 출연했던 그녀는 트뤼포의 추천으로 영화에 캐스팅됐다. 스태포드의 아내는 발레리나 출신의 대니 로빈이 연기했다.

캐스팅 과정은 혼돈 그 자체였다. 여배우로서는 핵심 역할이었던 후아니타는 촬영 며칠 전까지도 배우가 결정되지않았다. 히치콕은 여배우들을 계속해서 인터뷰했지만, 만나는 사람마다 결점이 눈에 보였다. 쿠바 장면이 다가오면서 스태프 사이에 불안감이 조성됐지만, 감독은 아무런 문제가 없는 듯 보였다. "그녀는 나타날 거야." 그는 사람들을 안심시켰다.

배우가 그렇게 나타났다. 어느 날 어느 에이전트가 영어를 흠잡을 데 없이 구사하는 라틴계 독일인 여배우 카린 도르를 데려왔다. 더 좋았던 것은 도르가 〈007 두 번 산다〉에 출연한 적이 있다는 점이었다. 리얼리스틱한 본드 영화에 실제 본드 걸을 투입하는 일을 히치콕이 어찌 마다할 수 있었겠는가? 시나리오를 건네받은 도르는 의상을 입고 분장을 하고 카메라 앞에 떠밀려나왔다.

알마는 독일 여배우에게 즉시 빠져든 남편에 동조했다. 히치콕 부부는 밤마다 도르를 체이슨 레스토랑에 데려갔고, 그녀의 장면들은 각별한 관심을 받았다. 그러나 그녀는 결국 히치콕을 실망시켰는데, 카메라 안에서보다는 카메라 밖에서 더 그랬다. 어느 날, 촬영 중 휴식시간에 보르스텐이 광고와 홍보에 쓸 목적으로 도르와 존 버논을 위한 촬영시간을 잡았다. 히치콕이 자리에 앉아서 그들에게 섹시하게 보이는 포즈를 지시했다. 버논의 시가를 주의 깊게 본 감독은 도르에게 말했다. "카린, 그걸 입에 물어봐." 보르스텐에 따르면, "빈정거리는 표정이 었는데, 감독의 눈에 장난기가 번득였다."

도르는 얼굴을 붉히며 깔깔대면서 난색을 표명했다. 히치콕은 고집을 부렸다. "자, 카린. 당신은 그전에도 그걸 입에다 넣었다는 것을 잘 알잖아……" 그녀는 사정하면서 거절했다. 화가 난 히치콕은 촬영시간을 끝내면서 보르스텐에게 물었다. "이제 자네가 필요한 용무는 다 본 건가?" 보르스텐은 히치콕이 검은머리 스타와 함께 있는 장면을 몇 장 찍고 싶다고 말했다. 금발 스타들과 함께 찍은 사진만 존재하는 것에 대비되는 효과를 노린 것이다. 도르가 같이 노닥거리는 것을 거절하면서 김이 빠진 모습이 여전히 역력한 감독은 중얼거렸다. "나는 그녀랑 사진을 찍고 싶지 않아."(보르스텐은 이렇게 회상했다. "그 전날 밤에 히치콕 부부는 그녀와 체이슨에서 저녁을 먹었습니다.")

배우들이 그에게 반기를 들었다. 그렇지 않더라도 그들은 감독의 마음을 헤아리지 못했다. 히치콕의 유머감각은 촬영기간 내내 자취를 감췄다. 앞서 레온 유리스에게 먹혀들지 않았던 지저분한 농담들은, 보르스텐에 따르면 프랑스 배우들에게도 쓸모가 없었다. 가장 좋은 영어-프랑스어 사전도 그의 코크니 은어와 말장난을 해석하는 데 도움이 되지 않았다. "그들은 감독을 이해하지 못하겠다는 눈빛으로 쳐다봤습니다. 그들에게는 뜻 모를 유머였던 거죠."

그런데 히치콕이 가장 크게 좌절한 것은 도르가 스태포드와 같이

한 러브신이었다. 처음부터 히치콕은 이 러브신을 무기력해지는 제작 규범을 무시할 첫 기회로 삼기로 계획했다.(보르스텐에 따르면, "배우들이나 회사에도 알리지 않았다.") 그는 주연 남녀배우의 상반신을 모두 드러낼 생각이었다. 촬영이 시작되기 전에 의상 담당자가 급하게 달려와서는 손을 비벼댔다. "히치콕 감독님, 히치콕 감독님. 미스 도르는 이 장면을 찍을 수가 없어요……" 도르의 몸에는 수술자국이 남아 있었다. 그런데 우스꽝스러운 일은, 다음 순간에 스태포드도 폐 수술을 받은 적이 있어서 가슴 이쪽에서 반대편까지 선명한 흉터가 남아 있다고 설명한 것이었다. 히치콕은 분을 삭이고 한숨을 쉬면서 얘기했다. "잘 알겠어. 우리는 이 장면에서 어깨 위만 촬영할 거야."

테일러의 표현에 따르면, 〈토파즈〉는 시나리오부터 후반작업까지 '끔찍한 경험' 그 자체였다. 히치콕은 계획단계부터 서둘렀다. 그는 사용하지 않을 배경을 촬영했고, 어떤 장면들은 나중에 잘라버렸다. 동시에 그는 사소한 디테일에 멍청하게도 많은 돈을 쏟아부었다. 프랑스인들의 만찬 장면을 촬영하기 직전에, 그는 레스토랑에서 파는 프와그라 1인분의 양이 정확하게 어느 정도인지를 확인하기 위해 파리에 있는 레스토랑 업주와 통화할 때까지 촬영을 중단시켰다.

제작과정에 놓인 고초가 무엇이든, 그는 〈나는 결백하다〉의 결점을 땜질해서 반짝거리는 영화로 만들어냈던 히치콕과 동일인물이 아니었다. 랠프 탠도우스키의 오랜 파트너인 월터 플릭 박사가 히치콕의 주치의 일을 이어받았다. 처음으로 영화를 만드는 내내 의사가 촬영장에서 감독 옆을 지켰다. 그는 코펜하겐과 파리에서도 감독의 가까운 곳에서 신중하게 감독을 지켜봤다. 친구들과 지인들은 히치콕이 괴로워하는 모습을 경고로 받아들였다. "그는 더 이상 의자에 앉아 주위를 살피는 위대한 두뇌의 소유자가 아니었습니다." 〈해리의 소동〉과 텔레비전에서 히치콕을 위해 연기했던 존 포사이스의 회상이다. "그는 할 수 있으면 15분에서 20분 정도 촬영장을 훌쩍 떠나서는 자리에 누웠습니다. 보기에 슬픈 광경이었죠."

3월에 주요촬영이 끝난 후, 감독은 짧은 휴식을 취하고는 영화의 웅장한 클라이맥스를 찍기 위해 4월 중순에 파리로 돌아갔다. 이것은 영화에서 가장 잘 연출된 위대한 크레셴도—책에는 없는 장면이지만 히치콕의 머릿속에는 처음부터 있던 장면—가 될 터였다. 데브로(스태포드)와 '토파즈' 스파이이자 데브로 부인의 연인인 그랜빌(피콜리)이 황량한 축구경기장에서 여명을 배경으로 구식 피스톨 대결을 벌이는 장면이었다. 대결 도중 토파즈는 러시아 저격수가 쏜 총에 등을 맞는다.

히치콕은 전혀 예상하지 못했던 이유로 촬영장을 떠날 때까지 일주일 예정의 촬영을 절반가량 해치웠다. 포사이스와 다른 사람들이 감독의 건강 때문에 숨을 죽이고 있는 동안, 미국에서 알마—천하무적 알마—가 병원에 입원했다는 소식이 날아왔다. 정신이 나간 히치콕은 허버트 콜먼에게 자신은 촬영을 계속할 수가 없으며, 알마가 위험하다면 〈토파즈〉는 그에게는 아무 의미도 없다고 말했다. 그는 콜먼에게 정확한 지시를 내렸고, 콜먼은 —히치콕을 위해 〈나는 결백하다〉를 했을 때처럼— 로케이션 작업을 완료했다. 감독은 할리우드로 떠났고, 업계지는 알마가 잠시 —모호하고 진단할 수 없는— 병을 앓고 있다는 소식을 실었다.

영화는 끝날 때까지도 징크스에 시달렸는데, 결투 시퀀스의 편집은 특히 쓰라린 지점이 됐다. 프랑스 정부는 고위층에 소련 동조자가 침투해 있다고 그린 〈토파즈〉를 반대했다. 프랑스 주재 미국대사인 사전트 슈리버가 히치콕의 고결한 의향을 당국에 납득시키기 전까지는 파리 촬영허가가 나지 않았다. 히치콕은 경력 내내 검열당국과 스튜디오 임원들을 우롱해왔던 것처럼 프랑스 정부에게 한 약속을 완벽하게 저버릴 수도 있었지만, 결투 시퀀스는 —옛날의 제작규범 시절에 악당을 징벌하는 것처럼— 소련 스파이를 처단하는 것으로 프랑스 정부의 우려를 부분적으로 약화시켰다.

그런데 히치콕 영화가 샌프란시스코에서 테스트 시사회를 개최했을 때, 관객의 반응은 〈토파즈〉를 지난 몇 년간 보아온 영화 중 최고작이라고 생각하는 사람과, 걸출한 소설을 망쳐버렸다고 느끼는 사람들로 극명하게 양분됐다. 빌 크론은 이렇게 썼다. "영화의 원작인 레온 유리스 소설의 팬들 중에서 관객을 선발했기 때문에, 대체적인 정서는 분노였다." 시각적으로는 장관인 결투 장면에서는 감독을 조롱하는 듯한 최악의 폭소가 터져나왔는데, 많은 미국인은 이 결투를 우스꽝스러운 시대착오적 설정으로 받아들였다.

히치콕은 시사회를 항상 우습게 여겨오기는 했지만, 이번에는 유니버설에게 ―그리고 〈토파즈〉에 대한 그 자신의 끈질긴 의구심에― 반응을 보여야만 했다. 항상 별도의 엔딩들을 만들어온 그도 이제는 〈서스피션〉 이후 처음으로 순전히 시사회 설문지에 대한 대응책으로 엔딩을 바꿨다. 그는 결투를 잘라버리는 문제에 서둘러 동의한 후, 오를리공항을 배경으로 한 새로운 엔딩을 찍기 위해 프랑스로 돌아갔다. 이 장면에서 데브로와 프랑스 배신자는 각기 워싱턴과 모스크바로 날아갈 준비를 하면서 상대방을 향해 냉소적으로 손을 흔든다.

시대에 뒤떨어진 결투를 잘라내면서 들어온 이 엔딩의 골칫거리는 프랑스 정부가 영화를 비난할 가능성을 되살렸다는 것이었다. 샘 테일러는 변절자가 도망칠 기회를 얻은 이 아이디어를 특히 싫어해서, 히치콕에게 수정된 엔딩이 너무 냉소적이라고 밝혔다. "감독님이 제게 해주셨던 이야기에 위배되는 엔딩이에요…… 감독님 주장은, 감독님이 너무나 효과적으로 하신 주장은 냉전과 스파이 활동과 정치권력이 사람들의 인생을 망가뜨린다는 거였잖아요."

테일러는 활용 가능한 필름으로 '위급'시에만, 그리고 프랑스에서만 쓸 수 있는 제3의 엔딩을 만들어내자고 히치콕을 설득했다. 관객들은 총소리를 듣는다. 그다음으로 토파즈의 저택의 현관문이 프리즈 프레임으로 등장한다. 이것으로 변절자의 자살을 암시할 수 있었다. 빌 크론에 따르면, 그와 함께 "그 이미지 위에 미국의 목표를 달성하기 위해 망가진 캐릭터들의 플래시백 숏들을 덧씌운 다음, 어느 남자가 쿠바 미사일 위기에 관한 신문기사를 읽는 이미지를 보여줬다."

여름 동안, 히치콕은 두 가지 대체 엔딩 중 하나를 지켜내기 위해 끈질기게 노력하고 있었다. 그는 오를리공항 엔딩이 더욱 강렬하고 더욱 리얼리스틱하다고 생각했지만, 유니버설은 어느 누구도 기분 상할 일이 없는 프리즈 프레임을 선호했다. 8월에 빌라 데스테에서 휴가를 즐기던 히치콕은 최종결정을 내리기 위해 편집기사 윌리엄 지글러에게 전화를 걸었다. 그는 오를리공항이 '진짜로 제대로 된 엔딩'이라고 주장했다. "필비건 버제스건 맥클린이건 모든 경우에 그들은 그런 식으로 도망을 쳐서 러시아로 귀환했네."

개봉 직전에 내부에서 논란이 벌어졌고 타협이 이뤄졌다. 상이한 시장에서 활용 가능한 다양한 버전을 만들자는 것이었다. 감독으로서는 자신의 영화를 여러 시장에 다른 버전으로 제공했던 것이 이번이 처음은 아니었다. 이즐링턴 시절 이후로 종종 그런 경우가 있었지만, 오랫동안은 겪어보지 못한 일이었다. 경력의 황혼기에 접어든 이제는 이런 결정을 받아들이기가 너무 힘들었다.

〈토파즈〉는 상영된 곳마다 내용이 달랐다. 예를 들어 영국의 등급위원회는 영화에서 최소한 20분은 잘라야 한다고 주장했다. 런던에서 유니버설은 시사회에서는 평론가들에게 프리즈 프레임 엔딩을 보여줬고, 대중에게는 오를리공항 버전을 보여줬다. 미국과 프랑스 관객은 프리즈 프레임을 감상했다. 트뤼포가 나중에 썼듯, 그것은 '절망적인 해결책'이었다.

그렇다면 시사회 관객들에게서 최악의 선고를 받은 화려한 결투는 어떻게 됐을까? 히치콕은 영화평론가 페넬로페 휴스턴에게 서글프게 말했다. "랑글루아가 그걸 갖도록 해줄 생각입니다." 유명한 파리 시네마테크 아카이브의 관장인 앙리 랑글루아를 말하는 것이다. 프랑스에서 온갖 고생을 한 후에 한 이 말은 꽤나 아이러니컬하게 들렸다. 그런데 그가 사망한 후 결투 시퀀스—크론에 따르면, 히치콕은 이 필름을 "유니버설에서 몰래 빼와서 차고에 보관했다"—는 미국영화예술과학아카데미의 도서관에 기증됐다. 요즘에는 〈토파즈〉의 DVD 에디션에서 다른 삭제 장면들과 다양한 엔딩과 함께 이 시퀀스를 감상할 수 있다.

〈토파즈〉가 개봉한 1969년 크리스마스에, 극장에서는 다른 영화들—〈

이지 라이더〉, 〈앨리스의 레스토랑〉, 〈푸트니 스워프〉, 〈미드나잇 카우보이〉, 〈돈을 갖고 튀어라〉, 〈밥과 캐럴과 테드와 앨리스〉—이 관객을 흥분시켰다.

미국판 누벨바그의 조짐을 보여주는 듯 보였다. 그와는 대조적으로 히치콕의 최신작은 더더욱 덜컹거리고 흐리멍덩해 보였다.

트뤼포의 책이 나온 직후에 개봉한 〈토파즈〉는 히치콕의 경력에서 눈부신 정점이 돼야만 했지만 영화는 실망스러웠다. 어떤 의미에서는 트뤼포의 책에 맞불을 놓기까지 했다. 트뤼포는 영향력 있는 『필름 쿼털리』로부터 영화의 내용에는 무관심하면서 기술과 형식에만 매몰됐다는 비판을 받았다. 『사이트 앤 사운드』의 개빈 밀라르는 트뤼포가 히치콕을 예술적이라며 지나치게 칭찬한 것을, 감독 자신의 잔인한 일화 소개와 끈질긴 자기 비하와 부정적으로 비교했다. 밀라르는 이렇게 단언했다. 트뤼포가 "히치콕이 세계 영화계에서 주요한 영향력을 행사했으며, 그는 대단히 저평가된 감독이라는 머리말의 두 가지 주장은, 책이 우리에게 선사하는 것을 뛰어넘는 수준의 반응을 히치콕에게 요구하는 듯 보인다."

많은 젊은 평론가들이 히치콕을 우상시했지만 —초창기 무성영화 시절에 그가 승리를 거뒀을 때에도 사실이었던 것처럼— 그가 받은 관심과 숭배에 기분 나빠한 사람들도 있었던 것이 사실이다. 젊은 험담꾼 중에는 『뉴요커』의 폴린 카엘과 『뉴 리퍼블릭』의 스탠리 카우프만 같은 걸출한 평론가도 있었는데, 그들은 숭배자들만큼이나 극단적인 주장을 펴기도 했다.(일찍이 〈현기증〉 시절에 카우프만은 히치콕의 경력은 끝장났다고 단언하면서, 제임스 스튜어트-킴 노박 영화를 "어리석고 보상받을 수 없을 정도로 따분하다"고 평가했다.) 『필름 쿼털리』의 리처드 콜리스는 이제 히치콕은 "새리스와 로빈 우드가 주장하듯 영화계의 셰익스피어도 아니고, 폴린 카엘이 주장하듯 영화계의 섀드웰도 아니다"라고 썼다. 콜리스는 〈토파즈〉가 사실은 2편의 영화라고 주장했다. "터무니없는 영화와 이야깃거리가 되는 영화, 연기가 형편없는 영화와 연기가 훌륭한 영화, 겉만 번지르르하게 촬영된 영화와 더할 나위 없이 훌륭하게 촬영된 영화, 평범한 영화와 탁월한 영화."

트뤼포의 인터뷰 서적이 그런 유형의 서적의 전범으로 받아들여지게 된 것처럼, 진정으로 가치 있는 요소들을 일부 가지고 있던 〈찢어진 커튼〉보다 균형이 더 잘 맞았던 〈토파즈〉에 대한 비평적 평가는 점점 나아졌다. 한 예로, 빌 크론은 〈토파즈〉를 '냉전 정치에 짓눌린 인간적인 희생자들에 대한 으슬으슬한 파노라마'로 간주했다. 확실히 히치콕이 바랐던 것도 그런 평가였을 테지만 크론의 평가에는 동의하지 않았을 것이다. 존 러셀 테일러에 따르면, 히치콕 자신은 〈토파즈〉를 '열광적인 숭배자들이 어떤 식으로 우호적인 평가를 내리는가와는 아무런 상관이 없는 완벽한 재앙'으로 간주했다.

18 지지 않는 열정
1970~1980

1970년은 잡다한 영화들로 흐릿하게 흘러갔다. 히치콕은 프랑스와 이탈리아 영화들을 계속 소화해나갔지만, 약물과 캠퍼스혁명을 다룬 젊은층을 겨냥한 영화들(〈갈등〉, 안토니오니의 〈자브리스키 포인트〉, 심지어는 〈우드스탁〉까지)과, (자신의 작품에서 사실상 무시했던 관객을 이해하려고 노력하는 것처럼) '블랙스플로이테이션(blaxploitation)'[22] 영화들도 놀랄 정도로 많이 감상했다. 그는 제임스 본드 시리즈, 아카데미 후보작들, 옛 친구들이 만든 영화뿐 아니라 윌리엄 와일러와 빌리 와일더 같은 동료들이 만든 황혼기의 작품들도 계속 관람했다. 그는 〈시민 케인〉과 〈빅 슬립〉을 다시 감상했고, 월트 디즈니 영화는 절대로 놓치지 않았으며, 유니버설이 제작한 영화는 모두 의무적으로나마 끝까지 객석에 앉아 있으려고 애썼다.

옛 친구들이 사무실에 들르거나 벨라지오로드로 저녁을 먹으러 왔다. 휴 그레이, 빅터 사빌, 찰스 베넷, 조앤 해리슨, 휫필드 쿡, 허버트 콜먼, 노먼 로이드 등과는 계속 연락을 주고받았다. 히치콕은 일주일에 한두 번씩 루 와서먼과 점심을 먹었는데, 그 자리에는 보통 MCA 에이전트인 허먼 시트론이나 에드 헨리가 동석했다. 히치콕 여사가 때때로 점심을 먹으러 사무실로 왔지만, 히치콕은 대체로 혼자 점심을

22 흑인 관객을 겨냥한 영화. — 옮긴이

먹었다. 얘기를 하고 싶은 기분이 들 때면 페기 로버트슨이 자리를 함께했다.

그는 다운타운 극장가에서 열리는 중요한 무대공연에는 여전히 참석했다. 여전히 경마를 즐겼고, 좋아했던 예전의 MGM 감독 머빈 르로이[23]와 더불어 여러 차례 경마장 특석에 초대됐다. 그와 알마는 한때 MGM에서 임원으로 일했던 베니타우를 위한 만찬도 대여섯 차례 주최했다.

이제 히치콕의 테이블에는 신작이 없었고, 텔레비전 시리즈조차도 없었다. 1970년대의 동이 터올 무렵보다도 그의 스케줄이 더 비어 있는 때는 없었다. 그의 작업일지에 꾸준히 기록된 바에 따르면, 그는 '소재가 될 만한 소설들을 읽으면서' 며칠 동안 집에만 머무르기도 했다. 전설적인 앨프레드 히치콕을 만나보는 일은 그다지 어렵지 않았다. 군소 영화저널에 속한 작가들, 영화동호회를 운영하는 대학생들, (경쾌한 영국 음악의 왕으로 종종 인정받은) 에릭 코츠의 희귀음반 수집가들이 모두 히치콕과 만날 약속을 잡았다.

〈마니〉, 〈찢어진 커튼〉, 〈토파즈〉로 세 차례 연달아 재앙을 겪으면서 왜소해진 사내는 이미 얻은 영예에 만족하면서 은퇴를 결정한 것인지도 몰랐다. 그러나 히치콕은 일을 그만두겠다는 힌트는 주지 않았다. 오히려 실패는 그가 다시 시도를 하는 데 더욱 중요한 역할을 했다. 그는 1970년의 대부분을 휴식을 취하면서 몸을 예전상태로 돌려놓으려고 애를 쓰면서 보냈다. 휴식은 효력이 있는 듯 보였다. 1970년 4월 6일에 받은 정밀검진의 결과는 긍정적이었다.

집 가까운 곳과 유니버설, 월터 플릭 박사를 만나면서 시간을 보낸 조심스러운 한 해였다. 감독은 하와이에서 일주일, 캐나다에서 며칠을 보냈지만, 뉴욕을 잽싸게 다녀오는 일도 장시간의 해외여행도 없었다. 산타크루스에서 보내는 주말도 손에 꼽을 정도로 줄었다.

23 르로이가 연출한 〈나는 탈옥수다〉는 히치콕이 1939년에 그가 좋아하는 영화 10편을 꼽았을 때 들어 있던 유일한 유성영화였다.

"나는 신작 프로젝트를 찾고 있소." 히치콕이 여름 동안 트뤼포에게 쓴 편지의 일부다. "그런데 무척이나 어렵구려. 여기 영화계에는 터부가 너무 많아요. 우리는 노인들은 피하고 젊음이 넘치는 캐릭터에게만 관심을 국한시켜야 해요. 영화에는 기성세대에 반항하는 요소들이 조금 들어 있어야 하고, 어떤 영화도 제작비를 2~300만 달러 이상으로 들일 수가 없어요." "사정이 이런 데다가 스토리 부서는 훌륭한 히치콕 영화로 만들어질 가능성이 있다고 주장하는 온갖 소설들을 내게 보내온답니다. 나는 그것들을 읽지만, 당연히 히치콕의 기준에는 미치지를 못해요."

그러나 페이스를 늦춘 것은 보약이었다. 1971년 1월에 뭔가 새로운 것이 히치콕의 기준에 미치는 것처럼 보였다.

아서 라 번은 런던에서 기자로 일하다가 소설가와 시나리오작가로 변신했다. 그의 기다란 이력서에는 그의 소설을 원작으로 일링이 제작한 명성 높은 1947년 영화 〈일요일에는 항상 비가 내린다〉도 들어 있었다. 앵거스 맥페일이 그 영화의 작가 중 한 사람이었기 때문에, 히치콕은 라 번에 대해 잘 알고 있었다. 그런데 히치콕이 라 번의 1966년 소설 『안녕 피카딜리, 잘 있거라 레스터 스퀘어』를 읽기까지는 시간이 좀 걸렸다. 히치콕은 책을 읽으면서 틀림없이 입맛을 다셨을 것이다. 소설의 줄거리는 〈하숙인〉이나 〈사이코〉처럼 너무나 히치콕적이었다. 그리고 히치콕이 실패했던 "프렌지"도 그 안에 들어 있는 것이나 다름없어서, 라 번은 감독을 염두에 두고 작품을 썼다는 얘기를 들어도 할 말이 없었다.

소설은 성적으로 무능력한 사이코 살인자가 현대 런던에서 여성들을 해치는 내용을 다뤘다. 전처와 술집에서 일하는 여자친구가 살해당한 후, 영국공군에서 활약했던 전쟁영웅은 주요 용의자가 된다. 그런데 소설에 등장한 표현에 따르면 '감방에 갇히는 데 뿌리깊은 반감'이 있는 그는 도주를 한다.

그가 찾아 헤매던 현실세계를 반영하는 소설이 여기 있었다. 그가 이 줄거리를 도주영화로 묘사하기는 했지만, 이 작품에는 그가 좋아하는 롱맨 발상과 악마 같은 "프렌지" 스타일의 살인자가 합쳐져 있었다. 사실, 라 번의 소설에 나오는 살인자는 네빌 히스와 직접 비교할 수 있었다. 그리고 영화에서 히치콕은 살인자를 잭 더 리퍼, 존 크리스티와 날카롭게 비교했다. 히치콕이 로버트 블로흐, 벤 레비와 얘기하는 중에 언급한 미치광이 살인자 3명이 모두 포함된 것이다.

주변사람들은 〈토파즈〉 이후 감독이 느낀 절망감이 어느 정도였는지를 목격했다. 루 와서먼은 그의 친구가 또 다른 기회를 잡기를 원했다. 이 시점에서 루 와서먼은 갑작스레 프로젝트를 수용하는 모습을 보였다—런던이 배경이라서 권리도 싸게 구입하고 촬영에도 돈이 덜 들 것이라는 이유가 가장 컸다—. 라 번의 소설에 나오는 살인자가 그가 끔찍이도 싫어하던 "프렌지"의 살인자를 반영하고 있어서, 히치콕이 신작의 제목을 〈프렌지〉로 재활용할 수 있는 정도였는데도 말이다.

그런데 와서먼이 이 프로젝트를 지지한 데는 이번 살인자가 미국을 조금도 반영하지 못하는 영국인이기 때문이기도 했다. 히치콕은 〈프렌지〉의 거의 전편을 런던에서 찍어도 된다는 허락을 받았다. 그것은 (그가 유니버설을 탈출할 수 있게 해주는 동시에) 굉장한 홍보요소가 될 것이었다. 유니버설은 제작비 280만 달러를 승인했다. 히치콕이 항상 예정된 제작비를 초과하기는 했지만, 스튜디오의 위험을 최소화하기에는 충분한 소액이었다.

최초의 "프렌지"를 현대적인 흑백카메라 스타일에 젊은 무명배우들을 출연시킨 뉴웨이브 스타일로 착상한 이후로, 시간은 히치콕에게 우호적으로 흘렀다. 새로운 〈프렌지〉는 전통적인 유니버설 영화들과 상통하는 면이 더 많았다. 영국의 칭찬받는 무대 연기자들과 옛날 스타일의 컬러 촬영으로 영화를 만들 수 있을 터였다.

히치콕은 시나리오를 위해 히트한 희곡을 쓴 품격 있는 영국 극작가를 고용하기까지 했다. 히치콕은 1월 중순에 파리로 가는 길에 앤서니 샤퍼를 처음으로 만나기 위해 뉴욕에 들렀다. 변호사 출신인 샤퍼는 장기 공연된 히트작으로, 라이벌 작가를 완전범죄로 살해하려는 계획을 꾸미는 미스터리작가에 대한 스릴러 〈발자국〉을 쓴 작가였다. 이후 샤퍼는 히치콕과 함께 런던으로 건너갔다. 두 사람은 클래리지에 묵으면서 시나리오를 논의하는 한편으로, 하이드파크, 레스터 스퀘어, 피카딜리, 옥스퍼드 스트리트, 베이스워터, 템스 인근의 로케이션을 관광했다.

히치콕은 햄머스미스 병원이 웜우드 스크럽스 교도소와 가까이 있다는 점에 주목하고는, 영화의 3막에서 롱맨이 탈출하는 설정에 활용하기로 결심했다. 영화는 히치콕의 런던 관광영화로 구상되기도 했지만, 소설에서 사이코 살인자가 사는 곳으로 설정된 코벤트가든에서 출발한 히치콕의 개인적 추억의 스크랩북이기도 했다. 유서 깊은 청과시장은 아버지가 종사했던 업종이라서 히치콕이 너무나 잘 아는 곳이었다. 이제 그는 사이코 살인자를 농산물 도매업자로 설정해서 공간적 배경을 서스펜스와 더 가까이 위치시킬 계획을 세웠다.

히치콕 자신은 이야기에 나오는 롱맨과 더 비슷했다. 블레이니는 어깨와 팔꿈치에 가죽을 덧댄 구닥다리 트위드 재킷을 입는 유행과는 담을 쌓은 남자다. 히치콕은 샤퍼와 런던을 관광하는 동안 도시가 너무나 달라졌다고, 자신이 과거를 살고 있다고 원통해했다. 그는 최근에 지어진 힐튼 호텔과 또 다른 신축 스코틀랜드야드를 배경으로 한 신을 쓰자는 데는 합의했지만, 샤퍼가 제안한 다른 현대적인 장소들은 거부했다. 영화에서 블레이니가 바텐더 일을 하는 구식 펍의 모델을 찾아다니던 그는 현대화된 펍 인테리어의 '사이키델릭한 특성'에 대해 기자들에게 불평했다. "틀려 보여요." 그가 한 말이다. "좋은 펍에는 거무스름한 목재 같은 것은 하나도 없었어요."

그러나 히치콕은 두 사람이 아직까지는 실제 시나리오 작업에 착수하지 않았다고 언론에 알렸다. 그들은 원작소설을 바탕으로 노트 3페이지만 작업하고 있을 따름이었다. "우리는 아직 좋은 대사를 지어내지 못했습니다"라고 히치콕은 밝혔다. 그런 다음, 잉그리드 버그먼과 점심을 먹는 것을 포함해 옛 친구들과 만난 히치콕은 파리로 날아가서 레종도뇌르 훈장을 받았다. 그의 요청에 따라 1968년에 드골 정권의 앙드레 말로에 의해 해고됐던 파리시네마테크의 앙리 랑글루아가 수여식을 주재했다.(랑글루아는 히치콕을 포함한 국제적인 정상급 영화감독들의 항의가 있은 직후 복직됐다.)

샤퍼는 1월 22일에 로스앤젤레스로 돌아온 감독을 만나서 한 달여 간에 걸친 논의를 시작했다. 그런데 작가의 기억으로는, 논의 첫날에 "나는 유명한 예술작품들을 만들어내는 동안에 플롯에 비논리적인 결함을 남겨놓았다고 위대한 감독을 비난해서 일자리를 거의 잃을 뻔했습니다." 점심 뒤에는 "냉랭한 침묵이 이어졌습니다. 히치는 처음부터 끝까지 격분한 채로 생각에만 잠겼습니다. 마지막에 그는 씩씩거리면서 말을 했습니다. '이 친구야, 자네는 아이스박스 증후군에 대해서는 들어본 적이 없는 게 분명하구먼.'" 시나리오작가는 들어본 적이 없다고 인정했다.

"나는 내 영화에 일부러 모순을 남겨놓는다네. 수도 없이 많은 가정에서 그다음 시나리오가 펼쳐질 수 있도록 말이네. 한밤중에 남편이 침대에서 나와 계단을 내려가서는 아이스박스에서 닭다리를 꺼내지. 부인이 그를 따라내려와서는 뭐하고 있냐고 묻는 거야. 남편이 말하지. '말이야, 우리가 오늘 밤에 본 영화에 모순이 있어.' 부인이 '아뇨, 그렇지 않아요'라고 대답하면서 두 사람은 논쟁을 벌이게 된다네. 그 결과로 그들은 다시 영화로 보러 가게 되지." "〈프렌지〉에 얼마나 많은 모순을 남겨놓고 싶으신데요?" 샤퍼가 회의적으로 물었다. "나는 자네가 하나도 남겨놓지 않을 거라고 확신하네, 젊은이." 히치콕이 장난기 어린 목소리로 대답했다. "그건 그냥 내게 맡겨두라고."

화해를 한 두 사람은 작업으로 되돌아갔다. 히치콕은 영화의 오프닝으로 야심에 찬 오버헤드 숏을 스케치했다. 옛날 이웃동네인 라임하우스 인근의 템스 상공에서 촬영을 시작해서, 강을 거슬러 올라가며 타워브리지 로드 아래로 미끄러져 내려간 다음, 거만한 정치인이 한때 오염됐던 템스가 얼마나 철저히 정화됐는지에 대해 일장연설을 하는 런던 주청 상공을 선회하기 위해 멈추는 장면이다.(중산모를 쓴 히치콕의 모습을 구경꾼들 가운데에서 볼 수 있게 할 예정이었다.) 근처의 질퍽한 강가에서 (히치콕이 〈사이코〉 이후로 추구했던 엉덩이 숏으로 찍은) 발가벗은 여자의 시체가 떠오르는 것으로 자화자찬하는 정치인의 연설은 중단된다.

코벤트가든은 라 번의 소설에도 등장하고, 유명한 감자부대 안의 시체 장면도 마찬가지다. 그런데 히치콕은 영화를 관통하는 음식 모티프를 꾸며내기 위해 이런 요소들을 활용했다. 음식은 메인 캐릭터들의 내면에 깊이 자리잡은 충동을 암시하면서, 캐릭터들을 이해하는 열쇠가 됐다. 살인자 러스크는 몹쓸 짓을 한 다음에 사과를 씹어먹는 것을 좋아한다. 블레이니(롱맨)는 어느 장면에서는 포도 상자를 짓이겨버리는 것으로, 다른 장면에서는 (〈로프〉에서 팔리 그레인저가 했던 것처럼) 포도주잔을 깨서 손을 베는 것으로 좌절감을 표현한다. 한편 경감은 범죄자의 심리에 대해 논의하다가 사무실에서 아침으로 먹는 소시지와 으깬 감자에 대한 크나큰 행복감으로 부드럽게 화제를 이어나간다.

시나리오를 헤쳐나가는 동안 히치콕과 샤퍼를 이어준 것은 스테이크와 샐러드였다. 감독의 방갈로에서 하루도 빠짐없이 매일같이 제공된 점심메뉴가 바로 그것이었다. 어느 날, 샤퍼는 '아주 점잖게 이런 단조로운 메뉴'에 대해 과감하게 궁금증을 표명했다. "더 이상 못 먹겠다고 말했습니다. 이튿날, 체이슨 레스토랑에서 장만한 15코스짜리 만찬이 도착해서 내 테이블에 놓이더군요. 물론 히치는 조촐하게 스테이크와 샐러드를 먹었습니다."

영화감상도 그들을 이어줬다. 샤퍼는 히치콕의 작품들을 대접받으면서, 〈뒤틀린 신경〉(버나드 허먼이 음악을 맡았다)과 크리스티 사건을 다룬 〈릴링턴 플레이스 10번지〉 같은 영국의 사이코영화들을 함께 감상했다. 그들은 성 불능과 성적인 병리학에 대한 의학문건을 연구했다. 그들은 캐스팅을 고민했다. 마이클 케인은 〈발자국〉의 영화버전으로 스타로 도약하고 있었는데, 히치콕은 케인이 〈줄루〉로 데뷔한 이래로 케인의 경력을 지켜봐왔다. 케인은 〈알피〉에서 자신의 성적인 욕심을 위해 사람들을 파멸시키는 코크니를 연기하면서 처음으로 오스카 후보에 올랐는데, 이 역할은 (소설의 표현에 따르면, '플레이보이 같은 외모'를 지닌) 러스크와 그리 멀리 떨어지지 않은 역할이었다. 히치콕은 방갈로에서 케인과 점심을 먹었으나, 배우에게 어필하기가 쉽지 않은 배역인 데다 케인의 일정은 좀처럼 틈이 나지를 않았다. 그는 히치콕에게서 도망친 배우들의 대열에 새로 합류한 인물이 됐다.(결국에 역할을 맡게 된 덜 알려진 배우 배리 포스터는 케인과 많이 닮았다.)

이제 히치콕의 음주는 규칙적이 된 듯 보였다. 그와 샤퍼는 다이커리[24]와 가십을 나누기 위해 매일 오후 4시에 일을 마쳤다. 샤퍼가 도널드 스포토에게 말한 바로는, 감독은 "신화화된 인물일 뿐 아니라 애처로운 인간이기도 했습니다." 그런데 술을 마실 때처럼 더 애처로운 때도 없었다. 샤퍼는 대단한 프로페셔널이었기 때문에, 그리고 히치콕은 이런 종류의 도주영화를 평생 동안 다듬고 또 다듬어왔기 때문에, 시나리오는 매우 손쉽게 진행됐다. 아서 라 번이 나중에 그의 소설을 각색한 영화를 '대사가 지독하며'(작가는 『타임스』에 기고한 '독자 서신'에서 '옛날 앨드위치의 광대극과, 〈덱 그린의 딕슨〉과 거의 잊힌 작품인 〈은신처 없음〉을 기묘하게 뒤섞어놓은 대사'라고 투덜댔다) '혐오스럽다'고 비난하기는 했지만, 가장 혐오스러운 장면들이 소설에서 그대로 발췌한 것들이라는 점을 감안하면 그의 불평은 상당히 놀랄 만하다.[25]

소설은 살인을 지나치게 생생하게 묘사한다. 어느 문장에서 첫 희생자인 블레이니의 전처는 러스크의 헛된 섹스 시도 후에 천천히 교살당한다. 이후 (영화와 소설에서) 죽은 아내의 불룩해진 눈동자는 생기 없는 눈으로 살인자를 응시한다. 나중에 러스크는 블레이니의 술집에서 일하는 여자친구를 살해하고 시체를 감자부대에 집어넣은 후 화물차의 짐칸에 던져넣는다. 그녀가 그의 유죄를 입증할 물건을 쥐고 있다는 것을 깨달은 러스크는 화물차에 올라탄다. 러스크는 물건을 회수하기 위해 죽은 여인의 손가락이 부러질 때까지 손가락을 편다. 이 장면 역시 소설에 등장하는데, 히치콕은 이 장면을 영화의 크레셴도로

24 럼을 바탕으로 만든 칵테일. — 옮긴이

25 히치콕은 어느 인터뷰에서 이렇게 회상했다. "우리는 줄거리를 깔끔하게 다듬었습니다. 원작에서 살인자의 정체는 감자에 찍힌 지문으로 인해 밝혀집니다. 감자는 희생자의 수상쩍은 부위에 들어 있었습니다."

점찍어뒀다.

히치콕은 빈틈없는 방식으로 현명하게 소설을 편집했다. 소설에서는 장황한 법정장면이 등장하지만, 영화에서는 법원 정리가 열려진 법정의 문을 통해 짧은 동안 블레이니의 유죄판결을 훔쳐듣게 하는 히치콕 스타일의 간결한 방식으로 판결 내용을 전달한다. 영화는 블레이니가 잠깐 동안 파리로 탈출하는 것도 잘라내서 상영시간과 제작비를 아낀다. 그럼에도 히치콕은 너무나 다양한 방법으로 그의 심기를 불편하게 만든 샤퍼를 이겨낼 수가 없었다.

사실 '지독한' 대사가 전부 라 번의 것만은 아니었다. 히치콕은 겉으로 드러나는 방식과 그렇지 않은 방식을 모두 동원해서 그의 영화를 일부러 고풍스럽게 찍기로 결심했다. 경력의 황혼기에 그는 일부러 자신의 풋내기 시절을 복제하고 싶었던 것이다. "그는 영화의 대사를 현대화하지 않겠다고 고집을 부렸습니다." 샤퍼가 스포토에게 한 말이다. "그러고는 영국 대중이 들으면 진짜로 깔깔대거나 심지어는 약간 약이 오를 것 같은 흘러간 시절의 문장들을 계속 집어넣었습니다."

한편, 영화는 한 가지 주요한 혁신을 자랑했는데, 그것은 전적으로 히치콕의 공로로 긍정적으로 작용했다. 그는 사소한 캐릭터였던 옥스퍼드 경감에게 포동포동한 부인을 안겨주면서 비중을 높였다. 경감이 저녁을 먹는 장면은 부인이 실험하는 새로운 요리를 중심으로 펼쳐진다. 수십 년 동안 맥을 이어온 히치콕 영화의 다른 형사들처럼, 러스크의 표현에 따르면 경감은 만사를 "멍청하게 처리한다." 그런데 롱맨이 유죄를 선고받은 후, 뭔가 마음에 걸린 경감은 자기 나름대로 수사를 더 해나가야겠다고 결심한다.(라 번은 영화가 "스코틀랜드야드를 그로테스크하게 그릇되게 설명했다"고 특히 반대했다.)

경감이 마음에 걸려하는 것은 그의 아내다. 그는 아내와 사건에 대해 —그리고 그의 염려에 대해— 상의하는데, 이 일련의 유쾌한 에피소드들은 분명히 히치콕 부부의 모습을 재현한 것이다.(알마는 어떤 요리건 척척 해내는 훌륭한 요리사이기도 했는데, 감독은 경감처럼 다진 고기로 만든 파이를 좋아했다. 러스크사건은 히치콕 부부가 식탁에서 했을 법한 시나리오회의와 비슷하다.)

3월 첫 주 동안 히치콕은 시나리오를 샤퍼의 손에 맡겨놓고는, 로열 앨버트홀에서 거행되는 공개행사에서 새로 생긴 영국의 영화와 텔레비전예술협회의 명예회원 자격을 앤 공주에게서 수여받기 위해 비행기로 런던을 들락거렸다. 샤퍼는 4월에 상의를 더하기 위해 로스앤젤레스로 돌아왔다. 그와 히치콕은 마음이 잘 맞았고, 시나리오 수정은 빠르고 매끄럽게 진행됐다. 여러 명의 작가가 참여하지 않은 드문 히치콕 영화인 〈프렌지〉는 놀랍게도 5월 23일에 런던에서 프리프로덕션을 할 준비를 마쳤다.

히치콕은 할리우드의 동료들을 뒤에 남겨놓고는, 〈프렌지〉를 위해 영국인 스태프를 끌어모았다. 〈염소좌 아래서〉를 만드는 동안 감독과 증기기관차에 대한 긴 대화를 유쾌하게 즐겼던 사운드 믹서 피터 핸드포드는 〈프렌지〉를 녹음해달라는 히치콕의 갑작스러운 전화를 받고는 깜짝 놀랐다. "감독님이 내 행방을 수소문하느라 고생을 했더군요." 핸드포드의 기억이다. "나는 그걸 가장 놀라운 일이라고 생각합니다. 그토록 유명한 분이 사운드 녹음기사 때문에 그렇게 온갖 고생을 다했다는 것을요."

길버트 테일러는 〈닥터 스트레인지러브〉, 〈하드 데이즈 나잇〉, 〈혐오〉, 〈막다른 골목〉, 〈맥베스〉의 거장 카메라맨으로 활동하기 전에, 한동안 엘스트리에서 클래퍼 보이로 딱따기를 쳤다. 히치콕은 자신이 그런 영화들의 카메라워크를 좋아한다고 테일러에게 말했다. 그런데 테일러는 일을 맡기 전에 젊은 시절에 저질렀던 경솔한 짓에 대해 털어놔야만 한다고 느꼈다. 〈17번지〉를 촬영할 때였다. 히치콕은 촬영장에 있는 클래퍼 보이와 다른 사람들을 상대로 연달아서 짓궂은 장난을 쳤다. 그중에는 사람들을 붙잡아서 그들이 매고 있는 타이의 끝을 잘라버리는 것도 있었다. 어느 날, 그에 대한 답례로 히치콕은 어두운 곳으로 유인돼 들어갔다가 두 남자에게 붙잡혔다. 그들은 히치콕의 타이를 잘라버리고는 신분이 발각되지 않고 현장에서 도망쳤다. 격분한 감독은 앙갚음을 하겠다고 으름장을 놓으면서 출연진과 스태프를 소집했지만, 고백하러 나오는 사람은 아무도 없었다. 세월이 흐른 지금 테일러는 그것이 자신이 친구와 같이 저지른 일이었다고 고백했다. 카메라맨은 "왜 나를 고른 거야?"라는 말과 함께 내놓는 히치콕의 놀랄 정도로 진지한 반응을 감지했다. 그런데 감독은 킬킬거리면서 테일러가 그때 자수하지 않은 것은 잘한 일이었다고도 말했다. 그랬다면 그를 잘라버렸을 것이 당연했으니까.

〈프렌지〉에서 구현하고 싶은 화면에 대해 논의하면서, 히치콕은 무시무시한 이야기이기는 하지만 자신이 '해머 공포영화'[26]를 만들고 싶은 욕구는 조금도 없다고 테일러에게 경고했다. 그는 리얼리스틱한 악몽을 원했다. 촬영을 하면서 감독과 친해진 테일러는 '어느 날 코벤트 가든에서' 〈프렌지〉가 '히치콕의 관점에서는 따분한 영화'라고 생각하게 됐다. "그는 이것이 영화 이상 가는 가치가 있을 거라고 가식을 떨지 않았습니다. 나는 그도 뭔가 더 나은 작업을 했으면 더 좋아했을 거라고 생각합니다."

히치콕은 단역을 포함한 출연진을 규합하는 데 관례적으로 보여온 관심을 쏟았다. 그는 한때 레뷔 연기자로, (히치콕이 영화에서 감독했던) 쾌활한 잭 뷰캐넌의 오랜 가무 파트너 엘지 랜돌프와 오랫동안 아는 사이였다. 1932년작 〈리치 앤 스트레인지〉에서 배에 탄 참견꾼 엘지를 연기했던 그녀는 이제 다시 한 번 엘지—블레이니와 '밥스'가 오후의 쾌락을 누리는 호텔의 접수원—를 연기하기로 했다.

존 핀치(블레이니 역), 배리 포스터(러스크), 바버라 리-헌트(브렌다 블레이니), 안나 메이시(바버라 '밥스' 밀리건), 클라이브 스위프트(조니 포터), 빌리 화이틀로(헤티 포터), 알렉 맥코웬(옥스퍼드 경감), 비비언 머천트(옥스퍼드 부인)는 모두 영국에서 손에 꼽히는 연기자들이었다. (〈타이타닉호의 비극〉 〈장거리 주자의 고독〉에 출연했던) 맥코웬과 (〈알피〉로 오

26 '해머 공포영화'는 영국의 해머 영화사가 대량으로 만들어서 엄청난 성공을 거둔, 저예산에다 선정적인 컬러로 촬영한 유혈이 낭자한 공포영화를 가리킨다.

스카 후보에 올랐던) 머천트, (로만 폴란스키의 피로 물든 〈맥베스〉의 음울한 스타) 핀치는 할리우드에서 경력이 있었지만, 그들의 이름은 영화의 박스오피스 성공에 그다지 도움이 되지 않을 터였다.

맥코웬은 이전에도 영화에 출연한 적이 있었지만, 올드 빅과 로열 셰익스피어극단에서 셰익스피어의 주연을 맡은 것으로 가장 유명했다. 따라서 그가 경찰관으로 캐스팅된 것은 놀라운 일이었다. 그것은 그의 연기영역이 아니었기 때문이다. 마찬가지로 메이시는 히치콕에게 다른 사람하고 혼동한 것이 아니냐고 묻는 전화를 걸었다. "걱정 말게." 그가 대답했다. "이건 그냥 여-엉-화일 뿐이니까." 고전적인 주인공을 연기하는 것이 훨씬 익숙했던 또 다른 비극배우로 회의적인 반응을 보인 머천트와 긴 점심을 먹으면서 히치콕은 그가 지을 수 있는 최고의 세일즈맨의 표정을 지었다. 그는 그녀에게 그녀의 배역이 가장 값진 배역이라고 설득했다.(그런 다음, 촬영 중에 머천트가 너무나 재미있게 역할에 빠져들자 히치콕은 다양한 연출로 그녀의 역할을 돋보이게 장식했다.)

〈프렌지〉를 정말로 그 자신의 연기와 개성으로 끌고나가야만 했던 핀치만이 히치콕의 심기를 건드렸다. 소설의 블레이니는 이제 막 30대에 접어든 배우보다 훨씬 나이가 많았다. 사실, 라 번의 블레이니는 제2차 세계대전의 베테랑으로 50대에 가까웠다. 이런 설정은 플롯과 캐릭터 사이의 관계에 녹아들어갔다. 히치콕은 젊은 관객을 유혹하기 위해 젊은 블레이니를 원했지만, 핀치는 수에즈에서 부대를 이끈 장교로 보기에는 너무 나이가 어렸다. 히치콕은 그런 하찮은 모순에는 늘 태평한 태도를 취했으나 핀치와 관련된 진짜 문제는 그것이 아니었다.

촬영이 시작되기 전에 핀치는 히치콕이 전성기가 지난 듯 보이며, 배우들은 기이한 시나리오를 개선하기 위해 약간은 즉흥연기를 해야 할 필요성이 있다고 기자들에게 진지하게 밝혔다. 그것으로 끝이 아니었다. 아직은 스스로의 실력을 입증하지 못한 배우는 히치콕이 직접 쓴 대사에 비판을 가하는 죽어 마땅한 죄를 저질렀다. 감독은 깜짝 놀란 정도가 아니었다. 그는 "너무나 화가 나서 캐스팅을 다시 하는 문제를 생각하기도 했다"고 카메라맨 테일러는 회상했다. "사실이 그랬습니다."

히치콕은 교묘하고도 추악한 방식으로 핀치가 이런 도전행위를 결코 잊지 못하게 만들었다. 히치콕이 테이크에 들어가기 직전에 날카로운 목소리로 핀치를 멈춰세우고는 대사가 만족스러운지를 묻는 일이 여러 번 있었다. 한 번은 핀치가 과감하게도 사소한 단어를 바꿨으면 좋겠다고 제안하자, 히치콕은 앤서니 샤퍼를 찾아내서 의견을 구할 수 있을 때까지 예의 바르게 촬영을 중단시켰다. 핀치가 너무 많이 헛기침을 하면서 방향을 잃을 때면, 그때마다 스크립트 걸이 날카롭게 그를 바로잡아주었다.

히치콕은 촬영장에서 핀치에게 따스함을 베풀거나 도움을 주지 않았다. 그래서 핀치는 블레이니가 줄거리 내내 그랬던 것처럼 항상 균형감각을 잃은 채로 남아 있었다. 카메라맨 길 테일러에 따르면, 히치콕은 "클로즈업이나 뒤통수를 촬영할 때도 핀치에게 아주 친절하지는 않았습니다." 카메라맨이 핀치를 포함한 오버-더-숄더 숏을 제안하면 히치콕은 난색을 표했다. 테일러는 이렇게 회상했다. "물론, 존은 나에게 와서 묻곤 했죠. '내 피에 젖은 클로즈업 상대는 어디 있나요.' 그러면 나는 대답했습니다. '글쎄, 총독님이 원치를 않는군.'"

핀치를 향한 히치콕의 대응은 '앙심에서 비롯된 행위'였으며 영화에서 블레이니에 대한 무관심을 더욱 악화시켰다고 카메라맨 테일러는 회상했다.

어떤 평론가는 블레이니 캐릭터를 감독의 경력을 통틀어 '가장 매력적이지 않은 주인공'이라고 불렀다. 그런데 블레이니는 라 번의 소설에서도 따스한 관심이나 승인을 얻지 못한다. 소설에서 그는 모든 면에서 낙오자이고, 몇 안 되는 친구들도 무뚝뚝하고 불쾌하게 대하는 인물이다. 전처와 여자친구가 살해당했음에도 불구하고, 영화에서나 소설에서나 블레이니는 자기 자신만 생각한다. 이기적인 그는 그들의 죽음을 애도하기 위한 짬을 낼 생각도 하지 않는다.

어느 시점까지 영화는 러스크를 —그리고 그를 연기한 배우인 배리 포스터를— 훨씬 더 좋아한다. 존 러셀 테일러는 〈프렌지〉에 대해 이렇게 썼다. "진짜 살인자는 그가 저지른 범죄에 엮어 넣으려고 덫을 놓은 상당히 멋없는 캐릭터보다 훨씬 더 매력적이고 사근사근하다. 그래서 관객의 정상적 윤리 반응은 모두 그 즉시 내팽개쳐진다."

촬영이 시작되기 전에, 〈무대공포증〉 이후 처음으로 런던에서 전편을 촬영하는 히치콕은 원기가 넘치는 듯 보였다. 그와 알마는 레스토랑을 다니고 연극을 보러 다녔다. 그들은 잉그리드 버그먼이 출연한 연극 〈브라스바운드 선장의 개종〉을 보러 갔고, 공연이 끝난 후 그녀와 다른 출연진과 함께 술을 마시러 갔다. 히치콕은 〈새〉의 촬영장에서 제시카 탠디에게 했던 말로 모두가 배꼽을 잡게 만들었다. "잘 들어, 제시카." 그는 최악의 습격장면에서 새를 풀어놓기 직전에 뛰어난 여배우에게 경고했다. "한 놈이 당신 스커트 속으로 들어가면 말이야, 그놈을 붙잡아! 손에 잡힌 새는 말이야……"

스튜디오 장면들은 버킹엄셔에 있는 파인우드에서 촬영할 예정이었다. 파인우드는 제임스 본드 시리즈가 제작됐고 채플린이 유작을 만든 곳으로, J. 아서 랭크 제국의 쇠락해가는 사령부였다. 런던 스튜디오는 히치콕이 〈영 앤 이노센트〉를 촬영한 곳이기도 하다. 존 러셀 테일러에 따르면, 그의 영국 귀환은 스튜디오에서 열린 풍족한 연회를 통해 '개선장군을 맞는 듯한 분위기로' 축하를 받았는데, 옆자리에는 〈사라진 여인〉의 미술감독 알렉스 베친스키가 앉아 있었다.

7월과 8월의 촬영기간 동안 매일 아침 8시나 8시 30분이면 롤스로이스를 타고 현관으로 들어온 감독이 스튜디오로 직행했다. 스튜디오는 그의 트레일러에서 몇 발짝 떨어지지 않은 곳에 있었기 때문에, 그는 멀리 걸을 필요가 없었다. "여보게들, 굿모닝." 그는 촬영소에 들어설 때 웃으면서 조감독 콜린 M. 브루어를 향해 변함없는 인사를 건넸다. "나를 위해 모든 게 준비됐나?" 스태프인 브루어, 페기 로버트슨, 카메라맨 길 테일러로 구성된 명예 근위대가 그를 기다렸다. 히치콕은 항상 자유롭게 일을 위임했다. 조감독들은 촬영장을 단속하는 일 외에도 보조촬영진과 사소한 브리지 장면들을 연출했다.

이제 히치콕은 촬영장이 정리되고 조명이 설치되면서 배우들이 간략한 설명을 듣기 전까지는 트레일러에 머물렀기 때문에 브루어는 이 영화에서 특히 과중한 작업을 해냈다. 히치콕은 트레일러에서 커피를 마시면서, 브루어와 테일러와 함께 그날의 촬영계획을 검토하고, 번호가 매겨지고 스토리보드가 그려진 숏의 목록을 점검했다. 그는 모든 것이 준비된 후에야 촬영장에 모습을 나타냈다.

이 무렵, 거의 모든 사람이 히치콕이 걸어다니는 마담 투소의 밀랍 인형이나 되는 양 숨김없는 경외심을 품고 히치콕을 대했다. 그의 신비감은 겁을 집어먹을 정도였다. 느릿느릿하고 딱딱하며 둔중한 실제 인물도 마찬가지였다. 존 러셀 테일러는 이렇게 썼다. "작업을 하는 히치콕은 온화하고 기탄없는 태도에도 불구하고, 에티켓으로 방어용 울타리를 친 냉담하고 신비로운 인물이었다."

불안해하는 연기자들을 다루기 위해, 그는 예전에 보여줬던 따스한 면모와 유머감각을 끄집어내야만 했다. "그는 테이크에 들어가기 전에 항상 사람들에게 어린 학생들이나 할 법한 음탕한 농담을 던지곤 했어요." 안나 메이시는 이렇게 덧붙였다. "그가 사람들의 긴장을 이런 식으로 풀어준 것은 자신의 긴장을 풀기 위해서였어요."

그는 대사를 제대로 연기해내지 못하고 테이크를 거듭하는 동안 계속 대사를 씹던 어느 배우를 위해 최악의 말장난을 아껴뒀다. 히치콕은 물었다. "자네 가톨릭인가?" 배우는 그렇다고 조심스럽게 고개를 끄덕였다. "나도 가톨릭이네. 그러니 이제 우리 두 사람이 제대로 된 발음의 축제를 즐겨보세."

신경이 곤두선 다른 여배우를 히치콕은 이상한 문장으로 꾸짖었다. "진짜 도끼(Genuine Chopper)." 그가 말했다. "진짜 도끼요?" 여배우가 어리둥절해하면서 물었다. "진짜 도끼(Real Axe)." 그는 답답하다는 듯 설명했다. "빠르게 발음해봐." "릴랙스(Relax)." "그거야, 이 사람아."

한편, 히치콕은 유니버설에서 멀리 떨어진 청춘의 고향이자 진정한 고향으로 돌아와서 이 도주영화를 만드는 동안 안정감을 느꼈지만 파인우드에 그리 많은 정이 가지는 않았다. 런던도 기분 상할 정도로 변해 있었다. 전설적인 대중적 인물과 이제는 애수와 병약함을 짊어진 인간적 존재 사이의 간극이 이보다 큰 적은 일찍이 없었다.

런던으로 돌아온 것에 어떤 감상을 느끼느냐는 질문을 기자에게서 받은 히치콕은 한숨을 쉬었다. "사람은 자기 일에 몰두해야만 하는 법입니다." 그는 이렇게 대답했다. "나는 아침 6시에 일어나서 7시 45분에 촬영장에 왔다가 6시 30분에 집으로 갑니다. 런던에서 내가 하는 것은 그저 일하고 호텔객실에 있는 게 전부입니다." '그저 일'은 아버지의 직업을 떠올리게 만들었다. "아니에요, 우리 아버님은 이곳에서 행상을 하신 게 아니었어요. 그분은 양배추 도매상이셨죠. 양배추를 에이커 단위로 사들이시곤 했어요. 에이커 단위로요."

모두가 같은 질문을 했다. 촬영장을 찾아온 프랑수아 트뤼포조차도 히치콕에게 향수와 비통함 때문에 고생하고 있지는 않느냐고 물었다. "전혀." 감독은 대답했다. "할리우드가 됐건 런던이 됐건, 내가 스튜디오에 들어서고 육중한 문이 내 뒤에서 닫히면, 거기에는 아무런 차이가 없어요. 진저리나는 일은 늘 그냥 그대로인 법이오."

그가 대중 앞에 모습을 나타내면 런더너들이 주위에 몰려들었고, 신문들은 그에 관한 기사를 써댔다. 프랑스인들에게서 영향을 받은, 그리고 (세계 각지의 작가주의자들을 규합한, 그래서 트뤼포의 책만큼이나 중요한 책으로 판명된 『히치콕의 영화들』을 1965년도에 쓴) 로빈 우드 같은 영향력 있는 영국영화학자들의 영향을 받은 영국의 평론가들은 히치콕에게로 전향했다. 히치콕과 그의 영화에 대한 향수는 확실히 존재했다.

촬영 첫날에 코벤트가든에 언론이 몰려들었다. 꼬마였던 히치콕이 식료품을 사고파는 아버지를 따라서 돌아다닌 곳이었다. 히치콕은 롤스로이스에서 내릴 때 폭탄처럼 터진 플래시 세례에 놀란 듯 보였다. 그는 낯이 익은 얼굴들을 찾으면서 주위를 둘러봤지만, 얼마 안 있어 사람들의 관심이라는 은혜를 즐겼다. 심지어는 그가 통제하지 못하는 렌즈들을 위해 포즈를 취하고 '연출'을 하기까지 했다.

도널드 스포토는 이렇게 썼다. "얘기를 들어주려는 사람이 있으면, 히치콕은 그게 누구건 그가 어렸을 때 살았던 옛날 런던의 이야기와, 1901년과 1971년에 코벤트가든에서 살 수 있는 모로코 토마토에 대한 이야기, 이스라엘산 감귤과 스페인산 포도와 캘리포니아산 채소에 대한 이야기, 그리고 세계 각지에서 온 특산물들에 대해 이야기했다." 스포토에 따르면, 감독은 오래전에 타계한 아버지에 대한 얘기도 짤막하게나마 했다. 어느 노인이 다가와서 윌리엄 히치콕을 기억한다고 말하자, 감독의 얼굴에는 슬픔이 어렸다.

그의 상태는 아침때가 가장 좋았다. 그가 가장 기민하게 움직인 때, 그리고 더 많은 작업을 한 때는 점심 이후보다는 점심 전이었다. 촬영은 시나리오를 쓰는 것보다 힘들었다. 게다가 점심을 길게 먹으면서 낮잠을 자거나 영화를 보겠다고 촬영을 중단할 수는 없었다. 그는 마음이 내킨다고 해서 며칠간 휴식을 취할 수가 없었다. 촬영날짜가 쌓여갈수록 그의 에너지는 허약해졌다. 정오쯤 되면 히치콕은 오렌지주스와 보드카 생각에 입맛을 다시곤 했다.

그는 티타임—영국에만 있는 오후의 휴식시간—을 싫어한다고 밝혔지만, 촬영장에서 그가 가장 좋아하는 카메라맨 테일러와 배리 포스터와 더불어 오렌지주스와 보드카를 마시는 휴식시간을 가질 핑계로 이제는 티타임을 활용했다. 티타임이 끝났다고 조감독이 넌지시 알리러 오면, 그는 종종 침울한 기분에 잠기면서 이렇게 말하곤 했다. "자네가 연출하게."(그러나 자신의 프로페셔널리즘을 자부하던 그는 억지로라도 일어나 일을 하러 돌아가는 게 보통이었다.)

샤퍼는 히치콕이 열의를 상실하기 전에는 '지나치게 꼼꼼하게' 일에 착수했다고 회상했다. 안나 메이시도 같은 생각이었다. "그는 초기에는 옷과 색깔, 세트 치장에 이르기까지 사소한 것까지도 하나하나 챙겼어요. 그런데 그의 움직임이 굼떠지더군요. 촬영장 밖에서 그가 흥미를 보이는 유일한 화제는 음식으로 보였어요. 그는 튀김옷을 잘 만드는 방법을 제게 가르쳐주기도 했어요. 그때 우리가 음식이 넘쳐나는 영화를 만들고 있었다는 것을 나는 나중에야 깨달았어요."

존 핀치를 거칠게 다뤘던 것만큼이나, 히치콕은 다른 출연진을 점잖고 관대하게 대했다. 살인의 희생자를 연기한 두 여배우에게는 특히 그랬다. 비중이 큰 역할을 맡은 배우는 메이시였지만, 그는 바버라 리-

헌트를 더 좋아했다. 리-헌트는 꽤나 수치스러운 장면을 연기했는데, 이 장면에서 그녀는 학대를 당하고 목이 졸리기 전에 옷이 찢겨져 나간다. 히치콕은 이 어려운 장면을 촬영할 때 스태프 몇 명을 제외한 나머지 사람을 모두 촬영장에서 내보냈다. 거듭된 테이크는 리-헌트에게뿐 아니라 히치콕에게도 고통스러운 듯 보였다. 테일러는 이렇게 회상했다. "감독님은 리-헌트의 품위를 지켜주려고 늘 노력하고 있었습니다. 그녀는 그 장면을 좋아하지 않았고, 가슴을 드러내는 것을 좋아하지 않았으니까요."

히치콕은 배리 포스터에게는 홀딱 빠진 듯 보였다.[27] 히치콕은 개인적으로 소장하고 있는 네빌 히스에 대한 책들을 배우에게 건넸고, 히스와 닮아 보이게 머리카락을 곱슬머리로 만들라고 지시하기까지 했다. 감독은 개별 장면이 어떻게 촬영될 것인지를 포스터에게 보여주기 위해 스토리보드를 펼쳤다. 포스터가 블레이니의 전처와 함께 등장하는 장면에서 계획에 없던 동선—그는 캐릭터가 서랍을 쾅쾅 닫고 화를 내면서 사무실을 배회해야 할 것 같다고 생각했다—을 제안하자, 감독은 즉흥연기를 하겠다는 요청을 들어줬다.

그는 영화의 마지막 장면에서 포스터의 등골이 오싹한 연기를 미세하게 바로잡아줬다. 러스크가 다른 시체를 넣기 위해 커다란 트렁크를 끌면서 플랫에 들어왔다가, 블레이니와 경감에게 불의에 체포되는 장면이었다. 이 장면은 라 번의 소설에는 나오지 않는다. 소설은 블레이니가 플랫에서 러스크라고 생각한 사람—사실은 이미 숨을 거둔 러스크의 마지막 희생자—을 혼자서 구타하는 장면으로 끝이 난다. 그러나 일을 완벽하게 마무리하려는 히치콕의 본능은 더 나은 엔딩을 위해 블레이니와 러스크, 경감을 한자리에 모았다.

첫 테이크 동안 포스터는 죄의식으로 고개를 떨구는 것으로 덫에

27 사이코 살인자를 연기하는 상대적으로 무명인 배우는 (빌리 화이틀로도 출연한) 〈뒤틀린 신경〉에서 히치콕의 관심을 끌었다. 히치콕은 최종결정을 내리기 전에 포스터가 출연하는 웨스트엔드 연극을 관람했다.

대한 반응을 보인다. 감독은 그를 옆으로 데려가서는 그 대신에 신경질적인 미소를 지으라고 권했다. 그것은 히치콕적인 뉘앙스를 풍겼다. 진짜 살인자가 마침내 체포된 후 알렉 맥코웬이 던지는 마지막 대사—"러스크 씨, 넥타이를 매고 있지 않군요!"—도 거장의 손에 의해 다듬어졌다. 첫 테이크에서 맥코웬은 터프가이 스타일로 짧고 힘차게 대사를 내뱉었다. 히치콕은 그를 옆으로 데려갔다. "알렉, 내가 자네 역할을 연기한다면…… 나는 그렇지는 않지만…… 그렇지만 내가 자네 역할을 연기한다면 나는 그런 방식으로 대사를 하지는 않을 거야. 이건 영화의 끝 장면이야. 자네는 범인을 체포했단 말이야. 걱정할 게 하나도 없는 거지. 내가 자네 역할을 연기한다면, 나는 문에 기대고 서서는 한숨을 쉴 거야…… 어쩌면 웃음을 지을지도 모르지…… 그러고는 아주 조용하게 말할 걸세. '넥타이를 매고 있지 않군요……' 그렇지만 결정은 자네가 내리는 거야. 그 역할을 연기하는 것은 자네니까." 한 번 더 촬영을 했을 때 완벽한 연기가 나왔다.

이 장면에서 가차 없이 다뤄지는 캐릭터는 아이러니컬하게도 블레이니다. 교도소의 병원에서 탈출한 후 그는 잠을 자고 있는 사람을 상대로 쇠지레를 휘두르는데, 놀랍게도 상대는 러스크에게 갓 희생된 희생자였다. 존 핀치는 마지막 숏에 등장하는 세 사람 중에 가장 중요치 않은 사람이다. 어쩌면 온갖 일을 겪은 그의 캐릭터는 동정의 손길을 받을 수도 있었을 것이다.

6월 초순에 히치콕 부부는 스코틀랜드에서 주말을 보내면서, 자신들이 〈메리로즈〉를 영화로 만든다는 희망 없는 꿈을 다시 꾸고 있다는 것을 알게 됐다. 〈프렌지〉의 촬영을 시작한 지 몇 주가 지난 후, 소중한 사람들 몇 명을 위해 촬영된 분량을 보여주기로 결심한 히치콕은 알마의 생각이 어떨지 걱정스러웠다. 배리 포스터에 따르면 그는 '선생님께 숙제를 보여드리는 학생처럼' 그녀의 반응을 기다렸다.

이 일이 있는 직후 불행이 찾아왔다. 히치콕 여사는 손녀와 휴가를 떠나기로 한 전날 밤에 전신이 마비되는 뇌졸중을 일으켰다. 다행스럽게도 〈프렌지〉의 촬영 내내 런던에 상주했던 (그러나 그런 사실을 대외적으로 알리지는 않았던) 월터 플릭 박사가 그녀를 도울 수 있었다. 알마는 비행기 편으로 로스앤젤레스 병원으로 이송됐다. 히치콕은 어찌할 바를 몰랐다. 그가 할 수 있는 일은 아무것도 없다고 모두가 그에게 말했지만, 그는 정신 나간 사람처럼 혼란스러워했고 가족이나 친구들이 있는 앞에서 눈물을쏟아냈다.

사람들은 그가 촬영을 완료할 수 있을 것인지 의심스러워했지만 히치콕은 기운을 냈다. 알마를 기쁘게 해주기 위해서라면 〈프렌지〉를 완성하는 것이 그 무엇보다도 중요한 듯 보였다. 그럼에도 불구하고 오후 시간은 인내심의 시험대가 됐다. 히치콕은 오후 4시 30분이면 그날 마지막으로 촬영한 테이크를 비디오로 보기 위해 트레일러로 향했다. 이후 그는 카메라맨과 조감독을 불러서 다시 주스와 보드카를 마셨다. 그들에게는 세트를 해체하는 일이 남아 있었기 때문에, 그들은 그의 맞장구를 쳐주다가 술의 대부분을 남겨두고는 자리를 떴다.

밥스의 시체를 운반하는 트럭의 짐칸에 웅크리고 앉은 러스크가 그의 타이핀을 움켜쥐고 있는 밥스의 손아귀를 풀기 위해 그녀의 손가락을 부러뜨리는 장면을 찍을 때, 그는 핑계를 대고 트레일러에 머무르기까지 했다.[28] 〈프렌지〉에서 관객을 가장 고통스럽게 만드는 장면(그리고 마음이 불편하면서도 재미있는 장면) 중 하나인 이 장면은 솟별로 계획된 후 세밀하게 스토리보드로 작성됐다. 얼마나 계획이 잘 됐던지, 일을 위임받은 보조촬영진이 수월하게 촬영을 하는 동안 히치콕은 촬영장을 찾은 왕족 두 사람—그레이스 왕자비와 레이니에 왕자—과 저녁을 먹고 있었다.

알마의 예후에 대해 미국에서 정기적으로 전해오는 보고를 기다리는 밤 시간은 히치콕에게 특히 힘든 시간이었다. 그녀는 몸 왼쪽이 마비되고 말하고 걷는 것이 불편했다. 히치콕은 스위트에 외로이 앉아 있지 않기 위해 카메라맨과 조감독을 거듭해서 클래리지로 불러들였다. 그는 풍성한 만찬을 주문해놓고도 정작 자신은 음식을 깨작거리기만 했고, 그가 세상에서 가장 사랑하는 두 가지 존재, 즉 영화와 알마에 대해 침울하게 얘기를 하면서 계속 술을 들이켰다. 저녁식사는 대서양 건너에서 걸려오는 전화로 인해 중단됐다.

카메라맨 테일러에 따르면, 히치콕은 냉담하고 범접하기 어려운 표정을 보여줄 수 있었음에도 '믿을 수 없을 정도로 정답고 좋은 사람'이었다. 그는 배우들에게 "믿을 수 없을 정도로 관대했다"고 테일러는 생각했다. 그는 스튜디오의 압력에도 불구하고 출연 장면의 촬영이 끝난 일부 배우에게 계속 급여를 지불하면서 이렇게 말했다. "이 영화는 호평을 받건 악평을 받건 1,000만 달러를 벌게 될 거야. 그런데 우리는 고작 250만 달러만 쓴단 말이야. 그런데 그 친구들은 뭐가 불만인 거지?"[29]

이와 비슷하게 주요 촬영이 끝난 후 카메라맨과 소규모 스태프들은 계약이 종료된 후에도 계속 급여를 받았다. 히치콕에게는 촬영할 것이 딱 하나 남아 있었다. 예고편. 그와 테일러는 점심과 저녁을 먹으러 계속 외출했다. 감독은 최고의 예고편을 만들기 위해 끝없는 고민에 잠겼다.(그러면서 스튜디오의 대표자가 길길이 날뛰는 동안 값비싼 식대를 계속해서 지출했다.) 이후로 한동안 그들은 예고편을 위해 가짜 히치콕을 특수 제작해서, 그것이 등을 내놓고 템스를 흘러가는 모습을 촬영했다. 그런 다음에야 감독은 할리우드로 돌아갔다.

그가 돌아오기 훨씬 전부터 알마는 왼손의 손가락 3개가 부분 마비되는 것을 포함한 후유증에 시달리기는 했지만 상태가 상당히 호전됐다.(히치콕은 친구에게 보낸 편지에 이렇게 썼다. "사실, 나는 아침마다 집을

28 소설에서 유죄를 입증하는 단서는 여벌로 만든 방 열쇠다. 이전에도 열쇠를 활용한 적이 있다는 사실에 민감해진 히치콕은 영화에서는 그것을 타이핀으로 바꿨다. 그러고는 타이핀을 러스크의 잔뜩 멋 부린 외모와 연결시켰다.

29 히치콕의 추정은 크게 틀리지 않았다. 1975년 2월에 마이클 밸컨에게 쓴 편지에서 그는 〈프렌지〉가 1,600만 달러를 벌어들일 거라고 털어놨다. "스튜디오 경상비를 포함해서 런던에서 쓴 돈은 125만 달러였습니다. 물론, 스튜디오가 여기 있는 내 사무실과 스태프의 경상비를 더하고 내 연출료를 합하면 220만 달러까지 올라가죠. 이 영화 〈프렌지〉는 텔레비전에 200만 달러에 팔리기도 했습니다. 3회 방영 조건으로 말입니다."

나서기 전에 '그녀가 자리에서 일어나는 것을' 도와야만 하네.")

실내장면 몇 장면의 촬영과 재촬영, 특수효과와 다른 후반작업에 6개월이 걸렸다. 그런 후 히치콕은 1972년 초엽에 최종더빙과 음악작업을 감독하기 위해 런던으로 돌아갔다.

〈프렌지〉의 음악을 작곡하기 위해 처음 고용됐던 인물은 헨리 맨시니였다. 그런데 히치콕은 할리우드에서 자유롭게 활동하는 가장 화려하고 쾌활한 작곡가 맨시니에게 수수께끼 같은 지시를 내렸다. 그래서 맨시니는 그가 생각하기에 히치콕이 원할 것 같은 음악을 제공했다. 고민에 잠긴 듯한 허먼 스타일의 음악이었다. 히치콕은 녹음된 음악에 귀를 기울이고는 아무 말도 하지 않고 알았다는 듯이 고개를 끄덕였다. 다음은 맨시니의 회상이다. "결국에 녹음실에 혼자 남은 그는 음악이 설득력이 없다는 결정을 내렸습니다. 그가 전해온 이유는 —나는 그와 얘기를 한 적이 한 번도 없고, 그가 누군가를 통해 나한테 전달한 얘기인데— 소름이 끼치는 음악이라는 것이었습니다."

히치콕은 영국영화계에서 일하는 쾌활한 작곡가 론 굿윈에게 음악을 다시 의뢰하면서, 이번에는 그가 필요로 하는 요소들을 자세히 설명했다. '오프닝을 위해서는 목관악기와 철금으로 연주하는 활기 넘치는 이른 아침의 음악'이었다고 굿윈은 기억했다. "히치콕이 나에게 지시를 하지 않았다면, 나는 소름이 끼치는 가벼운 음악을 작곡했을 겁니다. 그런데 그는 공포가 닥쳐올 거라는 암시를 주고 싶어 하지 않았습니다."(맨시니는 서글픈 목소리로 이렇게 얘기했다. "그런 얘기를 조금이라도 들었더라면, 상황은 사뭇 달랐을 겁니다.")

늘 그래왔듯 영화의 시각적 크레센도는 꼼꼼하게 계획됐다. 그러나 역시 늘 그래왔듯 히치콕은 후반작업 중에도 상당한 시간 동안 그것을 다듬었다. 가장 유명한 시퀀스 2개는 공들여 작업한 히치콕 스타일이다. 하나는 소련의 편집철학을 따른 것이고, 다른 하나는 모든 면에서 독일 표현주의의 영향을 받았다.

전처가 능욕당하고 목이 졸리는 장면은 매우 끔찍한 장면이었다. 그러나 〈사이코〉의 샤워-난자 몽타주처럼, 이 장면도 빠른 컷과 대역

(바바라 리-헌트의 가슴은 계약에 의해 노출될 수 없었다), 극단적으로 왜곡된 앵글, 심지어는 여배우가 숨쉬는 것을 감추기 위한 프리즈 프레임까지 쓴 마법의 결과물이었다. 앤서니 샤퍼의 표현대로 '성 불능으로 광란의 상태에 빠진 살인자가 넥타이로 목을 조르는 것을 끔찍하게 클로즈업한 후' 히치콕은 '죽은 여자의 혓바닥에서 침이 떨어지는 것을 클로즈업'하는 것으로 몽타주를 끝낼 계획이었는데, 이 결정은 후반작업 도중 첨예한 논쟁을 불러일으켰다.

빌 크론에 따르면, 사실 "히치콕은 디옵터—카메라가 미세한 디테일에 초점을 맞출 수 있게 성능을 향상시키는 필터—가 장착된 250㎜ 렌즈를 사용해서 그녀의 턱에 고인 타액을 보여주기 위해 눈에서 팬으로 내려와서 사망한 후 축 늘어진 혀를 촬영했다."

보기 흉한 필름에 당황한 샤퍼, 페기 로버트슨, 유니버설 임원들은 한결같이 혀에서 침이 떨어지는 클로즈업을 반대했다. 샤퍼에 따르면, 히치콕은 막판에야 "압력에 굴복했다." 그는 그 장면을 들어냈지만 영국 버전에는 그대로 남겨놨는데, 고국의 더욱 보수적인 검열당국에 의해 잘려나갔다. 그렇다면 턱에 고인 침은 검열당국이 다른 모든 것을 못보고 지나치게 만들기 위해 히치콕이 사람들의 눈을 현혹시키려고 집어넣은 영화 경력 최후의 미끼였을까? 그런 살인은 철저하게 노골적이고 철저하게 전복적이어야만 한다는 아이디어—사실 그 어떤 히치콕 영화보다도 끔찍한 〈프렌지〉의 결정적으로 현대적인 아이디어—는 아니었을까?

강간-교살 장면이 러시아인에게서 영감을 얻은 화려한 편집(크론의 계산에 따르면 43개의 숏으로 구성됐는데, 각각의 숏은 번호가 적힌 노란 파일용 카드에 미리 정해져 있었다)이었다면, 영화의 또 다른 하이라이트는 러스크와 밥스가 2층에 있는 플랫으로 올라가는 동안 그들을 따라가는, 무르나우에게서 영감을 받은 떠다니는 카메라 움직임이었다. 히치콕의 카메라는 무슨 일이 벌어질 것인지를 감지하고 있는 것처럼 문 앞에서 잠시 주춤한다. 그런 다음, 그들이 안으로 들어가자 카메라는 뒤로 빠지면서 멀리로 미끄러지고 —당시로서는 구현하기 어려운 아름다운 숏— 사운드트랙은 카메라가 홀로 계단을 내려오는 동안 침묵을 지킨다.

2층의 닫힌 문 뒤에서는 살인이 벌어지지만, 길거리의 소음은 격렬히 반항하는 소리나 비명소리를 삼켜버린다.[30] 전처의 강간과 교살은 감독의 경력에서 가장 잔인한 장면이었지만, 밥스의 살해 장면에서는 굉장히 신중을 기했다. 전자의 장면은 관음증환자의 응시였고, 후자의 장면은 넌더리를 치며 고개를 돌리는 남자의 시선이었다.

새해 무렵 〈프렌지〉는 조리 있는 모양새를 갖추기 시작했다. 〈새〉 이후로 히치콕이 이룩한 가장 암울하고 가장 매력적인 영화였다. 연달아 여러 차례의 실패를 겪은 후라서 그와 가까운 사람들조차도 이 매혹적인 영화에 깜짝 놀랐다. 어느 날 히치콕은 사무실에 있는 시사실에 히치콕 여사와 노먼 로이드만 앉혀놓고 완성된 〈프렌지〉를 상영했다. 그는 아래층 홀에 있는 사무실에 앉아서 책상 위에 깍지 낀 손을 올려놓고는 냉정하게 그들의 판결을 기다렸다. 로이드는 일부러 앞자리에 앉은 반면, 히치콕 여사는 그녀가 좋아하던 뒷자리에 앉았다. 〈프렌지〉가 끝났을 즈음, 로이드는 너무나 흥분해서 자리에서 일어나 이렇게 소리쳤다. "이것은 젊은 감독이 만든 영화예요!" 그는 뒷자리를 쳐다봤다. 남편을 향한 자부심에 들뜬 히치콕 여사는 주체하지 못하고 눈물을 흘리고 있었다.

유니버설은 자부심을 느끼는 동시에 겁에 질렸다. 세상을 깜짝 놀라게 만들 히치콕 영화를 홍보하고 배급한다는 것에 자부심을 느꼈지만, 지방시장에서 누드와 폭력이 너무 과도하다는 평가를 받을지도 모른다는 사실을 두려워했다. 스튜디오의 최고 편집기사 윌리엄 혼벡이 히치콕에게 자문을 해주기 위해 소환됐다. 그는 나라별로 다른, 심지어는 미국 내의 주마다 다른 버전을 편집하는 것을 도왔다. 이것은 —

30 움직임과 편집: 계단 시퀀스에도 특수효과가 사용됐다. 런던의 로케이션 현장에서 숏을 구현하기 위해 필요한 (트랙을 까는 등의) 갖은 고생을 다한 후, 히치콕이 나중에 이 장면의 일부를 유니버설의 스튜디오에서 다시 촬영하자고 주장하자 카메라맨 길 테일러는 약이 올랐다. 이 장면은 편집을 통해 매끄럽게 작업됐다.

검열과 배경영사처럼— 오랜 영화 경력에서 꾸준하게 맞닥뜨린 일이었고, 그가 싫어했지만 냉정하게 받아들인 필수적인 타협이었다.

1972년의 유니버설은 몇 가지 범주에서는 히치콕의 기준에 미치지 못했을지도 모른다. 그러나 홍보부서만큼은 저돌적인 군대처럼 거칠 것 없이 돌진하면서, 이제는 10년 사이에 가장 위대한 히치콕의 영화를 대대적으로 홍보할 수 있었다. 스튜디오는 봄 동안 조용하게 휴식을 취하면서 격렬한 언론홍보전에 나설 채비를 하던 살아 있는 전설적인 인물과 —대면해서 또는 전화로— 하는 인터뷰 자리를 수십 회 마련했다.

모두들 〈프렌지〉가 히치콕의 유작이 될 것이라고 추측했으므로, 이 야단법석에는 최후의 시도라는 분위기가 담겨 있었다. 서커스 선전차는 5월에 칸에서부터 시동을 걸었다. 그의 신작은 비경쟁부문에서 선을 보였다. 영화제 전에 히치콕을 만난 프랑수아 트뤼포는 감독이 '신작을 소개하기 전에는 학교 시험을 앞둔 젊은이처럼 항상 대단히 감정적이 되기 때문에 나이 들고 피곤하며 긴장한' 모습이라고 생각했다. 그런데 〈프렌지〉가 칸에서 그의 말년의 걸작이라는 찬사를 받으면서, 히치콕은 프랑스인들의 평가에 확신을 얻을 수 있었다.

모나코 왕궁에서 하룻밤을 묵은 히치콕 부부는 〈프렌지〉를 파리로 가져갔다. 파리에서 트뤼포는 그가 칸의 리셉션 이후 '15년은 젊어' 보인다고 생각했다. 이제 감독은 이전에는 그도 겁을 집어먹었다는 것을 인정하면서 기쁨을 뿜어냈다.

6월 첫 주에 미국으로 돌아온 히치콕은 신문과 잡지들과 인터뷰를 하고, 라디오와 텔레비전에 출연했다. 그런데 히치콕은 당대의 그 어떤 감독보다도 기록에 남은 인터뷰가 많은 감독이었음에도 불구하고, 그의 홍보담당자조차도 트뤼포의 책이 출판된 이후에 그가 진정으로 날카로운 질문을 받은 경우가 드물다고 말할 지경이었다. 이제 인터뷰어들은 거의 입에 발린 말만 했고, 비슷한 질문을 또 하거나 멍청한 질문을 하는 경우가 잦았다. 히치콕이 파라마운트와 유니버설에서 했던 홍보활동에 참석했던 허브 스타인버그는 1960년대 중반에 11개 도시를 순회하던 일을 회상했다. 각각의 도시마다 저널리스트들이 줄을 섰고, 히치콕은 녹음기와 카메라를 소지한 그들을 온종일 만났다. "우리는 게임을 했습니다." 스타인버그의 회상이다." 얼마나 많은 사람이 프로젝트에 대해 동일한 멍청한 질문을 던지는지를 기록했죠. 그는 그것을 즐겼지만, 그런 질문을 지겨워하기도 했습니다."

히치콕은 동부해안에서 콜럼비아대학에서 수여하는 명예 인문학 박사학위를 포함한 많은 상을 수상했다. 그는 언론을 대상으로 한 만찬과 와인시음 행사에 참석했고, 〈프렌지〉를 개관 기념작으로 상영하는 신축 극장의 로비에서 케이크를 자르기까지 했다. 그는 대서양 연안 지역에서는 보스턴과 뉴욕만 들렀지만, 그가 캘리포니아로 돌아오자 유니버설은 해외시장을 대표하는 기자들뿐 아니라 지역미디어를 위해 대면인터뷰나 전화인터뷰 약속을 잡아줬다.

히치콕은 이렇게 호의적인 리뷰는 상당한 기간 동안 받지 못하고 있었다. 심지어는 회의론자들조차도 그의 손을 들어줬다. 제이 콕스는 『타임』에 이렇게 썼다. "〈마니〉와 〈토파즈〉의 어스레한 과거 시절에 히치콕에 대한 의혹이 있었을지는 몰라도, 히치콕은 지금도 여전히 훌륭한 모습을 유지하고 있다. 〈프렌지〉가 그에 대한 눈부신 증거물이다." 리처드 쉬켈은 『라이프』에서 이렇게 밝혔다. "히치콕은 평범함과 비범한 사이의 균형을 멋지게 잡았다. 따라서 우리는 그가 거장으로 불릴 자격이 있으며, 거장이 얼마나 사람들을 즐겁게 해줄 수 있는지를 떠올리게 된다." 빈센트 캔비는 『뉴욕타임스』에 이 영화는 '자신의 영화들이 구사한 기법뿐 아니라 의미까지도 눈부시게 명쾌한 형식으로 보여주는 히치콕'을 대표한다고 썼다.

교살 장면은 침이 있건 없건 여전히 충격적이었고 —스포토의 표현에 따르면, "불쾌하고 평상시에 히치콕이 보여준 억제력과 간접적인 표현에 비해 값어치가 없다"— 미국에서 센세이션을 일으켰다. "〈프렌지〉는 여성을 비하하는가?" 『뉴욕타임스』의 일요일판 헤드라인이었다. 신문 편집자에게 편지가 쏟아져 들어왔다. 전국여성협회는 영화에 '여성에게 여성의 자리를 지켜줄 것'을 촉구하는 상을 수여했다. 그런데 이런 논란은 〈프렌지〉가 두드러지게 좋은 성적을 보이는 박스오피스를 부채질하는 듯 보였다.

히치콕은 이 작품이 두 종류의 히치콕 영화를 결합한 영화라고 기민하게 묘사했다. 〈프렌지〉의 절반은 '살인자의 여행기'를 뒤쫓았고, 나머지 절반은 '도망치고 있는 무고한 남자가 겪는 고초'를 뒤쫓았는데, 그 둘의 배경은 '우연의 일치로 구성된 세계가 너무나 체계적으로 조직돼 있기 때문에 서로가 수직적으로 수평적으로 교차하는' '악몽 같고 답답한 히치콕의 우주'다. "〈프렌지〉는 살인이라는 주제 위에서 행해지는 낱말 맞추기 퍼즐이다."

"〈프렌지〉는 히치콕의 영화에서 그치지 않는다." 거의 30년 후에 감독의 탄생 100주년을 맞아 조너선 존스는 『가디언』에 이렇게 썼다. "그것은 히치콕 스타일의 영화이며, 그의 작품들, 특히 그가 영국에서 만든 영화들과 암호화된 자서전을 모방하고 반복한 작품이다. 런던은 히치콕의 상상 속에 존재하는 도시이며, 〈프렌지〉는 그의 마지막 방문이었다. 이것은 히치콕의 가장 교활한 개인적 영화이며, 가톨릭인 감독이 마지막으로 한 고해성사다."

'지나치게 자세한' 폭력에도 불구하고 히치콕 영화는 대사와 자신의 어린 시절로 되돌아가서 바라본 런던을 그려내는 방법 면에서 모두 '이채로울 정도로 구시대적'이라고 존스는 썼다. 존스도 이 영화를 두 편의 영화로 봤다. 그의 표현에 따르면, '이민 간 사람이 고국을 보는 시점으로, 향수가 어린 동시에 분노가 어린 시점'이었다. 그는 이렇게 덧붙였다. "노인의 향수로 감지할 수 있는 것들은 마찬가지로 숙달되고 자의식적인 예술작품이 될 수 있다."

1972년 연말에 일부 평론가들이 갈채를 보내기는 했지만,[31] 그럼에도 불구하고 히치콕의 진정으로 불온하고 염세적인 영화는 오스카 후보지명에서 무시당했다. 그는 항상 여러 가지 스타일과 주제를 오갔고,

31 전미비평가협회와 골든 글로브는 〈프렌지〉를 그해 최고의 영화 중 하나로 꼽았고, 골든 글로브는 히치콕을 감독상 후보로, 앤서니 섀퍼를 각본상 후보로 지명했다.

1972년 11월 16일에 히치콕은 조지 쿠커 감독의 자택에서 열린 스페인 영화감독 루이스 부뉴엘을 위한 오찬에 초대되었다. 왼쪽부터 (서 있는 사람) 로버트 멀리건, 윌리엄 와일러, 쿠커, 로버트 와이즈, 신원미상, 루이 말, (앉은 사람) 빌리 와일더, 조지 스티븐스, 부뉴엘, 히치콕, 루벤 마물리안.

개별 작품보다는 전체적인 작품세계를 자랑스러워했다. 그는 좋아하는 영화들을 꼽거나 상징적인 영화들을 설명하는 것을 싫어했다. 그는 그의 유산을 더 이해하기 어렵게 만들 미래의 작품에 대한 아이디어를 이미 가지고 있었다. 〈프렌지〉가 경력의 황혼기에서 그의 명성을 되살려놓기는 했지만, 히치콕은 그 작품을 ―평론가들이 주기적으로 그랬듯― 그의 최후의 암울한 작품으로 묘사하는 소리를 듣는 것을 여전히 겁냈다.

힘든 동부해안 홍보활동을 끝낸 후 히치콕이 잡은 첫 약속은 월터 플릭 박사를 만나는 것이었다. 그런 다음 그는 가을에 유럽에서 힘든 일정을 소화할 준비를 하기 위해 여름에 활동을 축소했다. 9월에 히치콕은 독일, 스위스, 이탈리아에서 유사한 이벤트와 기자회견에 참석했고, 수많은 인터뷰에 응했다. 이번에는 알마와 동행했다. 이제는 부부 모두 매주 검진을 받는 처지가 되기는 했지만, 알마는 다시 원기를 회복했다. 그들은 거의 2달에 걸친 홍보 여행 동안 빌라 데스테에서 긴 휴식을 2차례 취했다.

1972년 11월 16일에 할리우드로 돌아온 히치콕은 할리우드를 찾은 스페인 영화감독 루이스 부뉴엘을 환대하기 위해 조지 쿠커가 베푼 오찬모임에 참석했다. 쿠커는 영화연출에 종사하는 회원들을 한데 모으기 위해 그런 모임을 주최했는데, 그는 셀즈닉 밑에서 함께 있던 시절 이후로 히치콕과 친분을 유지해왔다. 〈부르주아의 은밀한 매력〉(1973년도 오스카 외국어영화상 수상작)을 막 완성한 부뉴엘은 히치콕이 존경한다고 인정한 드문 감독이었다.(1978~1979년에 히치콕과 함께 일했던 작가 데이비드 프리먼은 "그는 제목도 제대로 알지 못했지만, 〈트리스타나〉와 〈욕망의 모호한 대상〉을 간신히 언급했다"고 회상했다. "그는 까다로운 사람이었습니다. 내가 아는 한, 어느 누구의 작품도 그의 흥미를 끌지 못했습니다.")

예의를 지키기 위해 히치콕은 그보다 앞선 몇 주 동안 부뉴엘의 영화들을 감상했다. 나이를 먹은 두 선구자에게는 공통점이 몇 가지 있었다. 부뉴엘이 히치콕보다 한 살 어렸지만, 두 사람은 모두 70대였음에도 여전히 활동을 하고 있었다. 두 사람 모두 예수회에서 교육을 받았고, 살바도르 달리와 일을 했다. 두 사람 모두 옷을 벗은 여인들, 공포와 욕망, 꿈과 현실이 뒤엉킨 소재들을 좋아했다. 그런데 히치콕이 자신의 영화에 깊은 의미가 있다는 주장을 조롱한 반면, 부뉴엘은 그가 정부와 사회, 교회를 맹렬하게 비난한다는 사실을 자랑스러워하는 지식인이었다.

오찬에 참석한 다른 할리우드 손님들이 부뉴엘과 무슨 대화를 했는지는 상상하기 어렵다. 존 백스터는 『부뉴엘』에 이렇게 썼다. "쿠커의 유명한 매력이 어색한 순간들에 빛을 발했다. 히치콕은 트리스타나의 의족을 두고 부뉴엘과 킬킬거리면서 특히 정다운 모습을 보였다."[32]

그날 찍은 사진을 보면, 루벤 마물리안, 조지 스티븐스, 빌리 와일더, 윌리엄 와일러, 쿠커를 포함한 일행 가운데에서 히치콕은 부뉴엘의 옆자리에 앉아 있다. 존 포드는 몸이 좋지 않아서 사진을 찍을 때까지 자리를 지키지 못했고, 프리츠 랑도 일찍 자리를 떴다. 여전히 감독으

32 트리스타나(카트린 드뇌브)는 의족을 했는데, 영화의 어느 순간에 그녀는 그것—그리고 다른 모든 것—을 벗어던지고 나이 든 후견인 페르난도 레이에게 알몸을 보여준다.

로 활동하고 있는 쿠커나 와일더와는 달리, 히치콕과 부뉴엘은 무성영화 시절에 경력을 시작했다. 히치콕은 영화 경력 면에서 부뉴엘보다 몇 년 선배였다. 사진 속의 히치콕은 서서히 원기를 잃어가는 그 나이의 남자치고는 평온하고, 심지어는 빛을 발하는 듯한 모습을 보여준다.

스튜디오와 감독의 스태프, 가까운 친구들은 속으로는 모두 〈프렌지〉가 히치콕의 마지막 영화가 될 것이라고 믿고 있었다. 그러나 세계 각지에서 홍보활동을 벌이는 내내, 히치콕은 저널리스트들이 그에게 은퇴를 할 생각이냐고 물을 때마다 진심에서 우러난 충격과 불쾌함을 보였다. "은퇴?" 히치콕은 항변했다. "나보고 뭘 하라는 거요? 방구석에 앉아서 책이나 읽으라고?"

그러나 이즈음, 그의 세계는 자택과 사무실을 포함한 좁은 세계로 줄어들고 있었고, 그가 말한 대로 집에 머물면서 책을 읽는 경우가 아주 잦았다. 플릭 박사는 하와이로 연례 휴가를 떠나는 것 외의 여행은 권하지 않았다. 그는 특별한 경우가 아니면 밤에도 외출하지 않았다. 알마의 건강은 안정을 되찾았지만 심장이 좋지 않았다. 플릭 박사는 히치콕 여사에게 침대에 누워 휴식을 취하라는 처방을 자주 내렸다. 따라서 히치콕 부부가 목요일 밤에 체이슨 레스토랑에서 하는 외식은 특별행사가 됐고, 알마가 점심을 먹으러 오거나 오후 시사에 모습을 나타내는 것은 큰 행사가 됐다.

1972년과 1973년에 히치콕의 일지에 '자택, 독서'라는 내용이 점점 더 빈번하게 기록됐다. 그는 자신이 아침에 일찍 일어나서 일하러 나간다는 사실을 항상 자랑스러워했지만, 이제는 거의 매일 오전 10시가 지나서야 사무실에 모습을 나타냈다. 어떤 날은 12시 30분까지도 출근을 하지 않았다. 그런 날에 일정표에 적히는 유일한 내용은 에이전트나 노먼 로이드 같은 오랜 친구들과 점심을 먹었다는 것이다. 아니면 그와 페기 로버트슨만 점심을 먹는 경우도 있었다. 오후에는 미국과 해외의 젊은 감독들의 영화를 종종 감상했다. 최신 뮤지컬과 월트 디즈니, 또는 제임스 본드도 자주 감상했다.

그는 유니버설의 스토리 부서가 보내오는 범죄소설과 스파이소설들을 들척거렸다. 이제 그는 〈찢어진 커튼〉과 〈토파즈〉의 불명예를 씻기 위해 또 다른 리얼리스틱한 냉전 스릴러를 만들겠다는 일념에만 몰두하게 됐다. 어느 날 스튜디오는 히치콕과 국무장관 헨리 키신저, 미국주재 소련대사 아나톨리 도브리닌이 함께하는 오찬자리를 마련했다. 히치콕은 도브리닌에게 전편의 배경이 크렘린인 영화를 만들 포부를 품고 있다고 밝혔다. 그는 그런 영화는 '엄청난 성공작'이 될 것이라고 주장했다고 도브리닌은 회상했다. 도브리닌은 〈찢어진 커튼〉과 〈토파즈〉의 반소련 성향을 잘 몰랐을 것이다. 그럼에도 불구하고 그는 "모스크바의 지도자들이 그 아이디어의 깊이와 독창성을 완전히 이해할 수 있을지 의심스럽다"는 견해를 표명했다.

제대로 된 스파이 스릴러는 그의 손을 피해 다녔다. 부뉴엘 오찬이 있은 직후 히치콕은 〈앨프레드 히치콕 극장〉의 대본을 집필했던 젊은 TV 작가들로, 위대한 감독과 시간을 보내기를 원하는 윌리엄 링크와 리처드 레빈슨과 스튜디오에서 점심을 먹었다. 점심을 먹는 동안 감독은 영화의 소재를 찾고 있다는 얘기를 꺼냈고, 작가들은 그들이 읽었던 관심을 끌 만하다고 생각되는 소설을 떠올렸다. 정치 스릴러는 아니었지만 히치콕의 범죄양식에 더 친숙한 소설이었다. 그들은 부부가 매물로 내놓은 산타크루스 별장에 있는 히치콕 여사에게 그 책을 보냈다. 알마는 빅터 캐닝이 쓴 『레인버드 패턴』을 먼저 읽은 후 남편에게 소설을 추천했다.

빅터 캐닝은 상당히 탁월한 스릴러작가였다.(책 커버에는 V. S. 프리쳇이 그를 칭찬하면서 '이 분야의 거장'이라고 한 말이 인용됐다.) 1972년에 출판된 『레인버드 패턴』은 히치콕을 위해 맞춤집필한 듯 보이는 서스펜스 넘치는 이중 추격전이었다. 추격전 중 하나는 꽤나 코믹한 것으로, 통찰력이 넘치는 괴짜 사기꾼과 그녀의 실직 중인 남자친구가 부유한 독신녀를 대신해서 실종된 유산상속인을 찾아다니는 내용이었다.(소설에서 독신녀의 애칭은 기이하게도 티피다.) 다른 추격전은 운 나쁜 경찰이 상류층의 납치를 기획하는 마왕을 상대로 벌이는 것이다. 인상적인 클라이맥스에서 범죄의 제왕이 오래전에 실종된 유산상속인이라는 것이 밝혀지면서, 두 이야기는 하나로 이어진다.

소설의 배경은 영국으로, 캔터베리 대주교의 몸값에 대한 내용도 있었다. 경찰은 엉뚱한 커플을 추격하는 서투른 실수를 저지르지만(히치콕이 즐거워했을 게 분명한 요소) 그럭저럭 범인들을 덫에 몰아넣고, 범죄의 제왕 부부는 추접한 죽음을 맞는다. 사기꾼과 그녀의 남자친구, 노년의 여자상속인 등 다른 주요 캐릭터도 전부 같은 신세가 된다. 으슬으슬한 종결부는 책의 제목에 등장하는 가계의 '패턴'을 완성하면서 악의 승리를 보여준다.

『레인버드 패턴』을 만들기로 결심한 후, 감독은 시나리오 작업을 앤서니 샤퍼에게 제안했다. 그러나 샤퍼는 책을 읽고는, '히치가 묘사하고 있는 버전—노엘 카워드가 쓴, 마거릿 러더포드가 마담 아르카티로 나오는 희곡을 경쾌하게 만든 스타일'—에 난색을 표명했다.(시나리오가 나오기도 전에, 그는 히치콕 영화를 책과는 전혀 다르게 묘사하고 있다.) 샤퍼는 생각해보겠다고는 했지만 잘못된 신호들을 보내왔다. 그러자 히치콕은 일주일 후에 그에게 전화를 걸어서 그의 에이전트가 과도한 요구를 했다고 말했다. 샤퍼는 히치콕이 나중에 있을지 모르는 의견충돌을 피하기 위해 핑계를 대고 있다는 것을 감지했다.

1973년 9월에 히치콕은 또 다른 친숙한 인물을 고용했다. 어니스트 레먼은 〈북북서로 진로를 돌려라〉 이후 〈테라스에서〉, 〈웨스트 사이드 스토리〉, 〈스톡홀름의 위기〉, 〈사운드 오브 뮤직〉, 〈누가 버지니아 울프를 두려워하랴〉, 〈헬로 돌리〉 등 할리우드의 정상급 시나리오를 집필해왔다. 그는 나중의 두 작품을 제작했고, 〈포트노이의 불평〉은 그의 감독 데뷔작(겸 마지막 연출작)이었다.[33]

자신의 소설을 (클리포드 오데츠와 함께 각색한) 〈성공의 달콤한 향기〉를 제외하면, 〈북북서로 진로를 돌려라〉는 레먼의 필모그래피에서 유일한 오리지널 시나리오였다. 히치콕은 소설을 뜯어고치는 일을 일단 완성하고 나면 〈레인버드 패턴〉도 오리지널이 될 것이라고 레먼을 설득했다. 분노의 수준—히치콕은 아서 라 번의 매서운 '편집자에게 보내는 편지'에 상처를 입은 데다, 캐닝의 소설의 권리를 확보하는 데 지불한 터무니없는 금액도 불만이었다—을 넘어선 감정을 품은 히치콕은 레먼에게 말했다. "나는 소설에는 조금도 관심 없어. 이건 우리의 이야기야. 책의 이야기가 아니라 말이야. 캐닝은 굉장히 운 좋은 친구야." "그가 여기서 얻게 될 게 뭔데요?" 레먼이 물었다. "많지." 히치콕이 엄한 목소리로 대답했다. "이 친구들…… 자네도 세상 돌아가는 것 알잖아. 그들은 우리가 단 새 제목으로 소설을 출판할 거야."[34]

감독은 캐닝의 기초 줄거리는 모두 유지할 의향이지만, 건강상의 문제와 제작비에 대한 고려 때문에 사건 전체의 배경을 캘리포니아로 옮겨올 것이라고 레먼에게 밝혔다. 작업의 다른 부분은 히치콕이 상상했던 노엘 카워드 분위기를 이야기에 가미하는 것이었다.

히치콕이 레먼과 함께 "기만"(제일 먼저 내다버린 것이 캐닝의 제목이었다)의 작업에 착수한 1973년 9월은 〈프렌지〉가 개봉한 지 15개월 후였다. 그 사이의 기간은 히치콕에게는 힘든 나날이었다. 1973년 1월에 히치콕은 통풍과 싸우며 2주 동안 병원 신세를 졌다. 봄에는 독감과 싸웠다. 6월에는 단골 레스토랑의 주인인 데이브 체이슨의 장례식에 참석했다. 8월에는 심장에 이상을 느끼고는 계속해서 검진을 받으며 집에서 여러 날을 보냈다.

〈북북서로 진로를 돌려라〉 이후 15년이 지나 각자의 전성기를 지나친 두 노병의 재결합에는 슬픔과 아름다움이 한데 깃들어 있었다. 레먼은 이렇게 회상했다. "이즈음에 그는 내가 보기에도 전설적인 인물이었습니다. 그렇지만 처음에 나는 그와 다시 함께하게 된 것이 무척이나 편했습니다. 그런데, 오래지 않아서 우리들의 관계가 사뭇 달라졌다는

33 히치콕과 마찬가지로, 레먼은 오스카 후보에 3번 지명됐지만 한 번도 수상하지 못했다. 결국 2001년에 81살의 나이로 명예 오스카를 받기까지 기다려야만 했다. 그가 받은 오스카는 시나리오작가의 개별 작품이 아니라, 작품 활동 전부를 인정해서 수여된 첫 오스카였다.

34 라번의 출판업자는 원작소설을 『프렌지』라는 제목으로 다시 출판했지만, 캐닝은 이후에도 계속 소설의 제목을 고수했다.

것을 깨달았습니다. 많은 세월이 흐른 뒤였죠. 우리는 성공도 겪고 실패도 겪었습니다. 이제 우리는 전과는 다른 사람이었습니다."

처음에 소매를 걷어붙이고 일을 하러 오는 히치콕의 모습은 레먼이 오래전부터 알고 있던 현실적인 예술가—50년 동안 거의 변함없는 모습으로 작가들과 시나리오 작업을 해온 인물—의 모습과 거의 달라진 것이 없는 듯 보였다. 아침 회의에 작가가 얼마나 이른 시간에 도착하건, 히치콕은 항상 그 자리에서 작가를 기다리고 있었다. "그는 고상하고 차분하며 잘 정돈된 사무실에서 희망과 기대에 부푼 웃음을 지으며 짙은 남색 정장과 검정색 타이 위로 손을 포개고는, 베이지와 마호가니와 황동으로 둘러싸인 빨간 가죽 소파 옆에 놓인 그의 유명한 빨간 가죽의자에 앉아 있었습니다."

"굿모닝, 친구."

"굿모닝, 히치."

레먼은 10시쯤에 도착했지만, 그들은 11시가 다 돼서야 시나리오에 대한 이야기를 시작했다. 작가는 이렇게 말했다. "그 45분 동안은 준비운동 시간이었습니다. 그 시간에는 어느 쪽도 감히 딴짓을 못했고, 우리가 착수한 일에 대한 얘기를 들먹이는 것은 용서받지 못할 죄악이었습니다. 그에 앞서 논의해야 할 매력적인 화제들이 많았습니다. 예를 들어, 전날 밤에 참석했던 만찬파티에 누가 참석했고, 누가 누구랑 얘기를 했는지 같은…… 파티가 아니라면, 전날 밤에 본 영화를 낱낱이 해부하면서 조간신문에 실린 그 영화에 대한 리뷰가 충격적이지는 않았는지 같은 거였죠. 조간신문의 헤드라인과 주식시장, 대통령과 국무장관, 루 와서먼과 중동사태, 침체돼가는 미국 경제 같은 것도 잊어서는 안 됩니다."

"다른 사람들의 문젯거리를 이렇게 공유하는 것이 훨씬 더 즐거운 일이었습니다. 자리에 앉아서 전날 밤에 우리가 알록달록 색칠했던 허구의 캐릭터들을 머리 한구석에서 구출해내는 히치콕 특유의 방식들을 구사하려고 끔찍하게도 긴 침묵에 잠기는 것보다는요."

시나리오 문제를 먼저 거론하는 일은 필연적으로 작가의 몫이었다. 그는 전날 풀지 못했던 문제들을 들먹이면서 밤사이에 숙고한 해법을 제안하는 것으로 논의를 시작했다. 히치콕과 함께할 때, 이런 행동은 종종 친한 친구와 러시안 룰렛을 하면서 권총에 총알을 장전하는 것과 비슷했다.

"그는 희망을 품은, 그게 아니라면 연민을 품은 눈빛으로 바라보면서 낮은 목소리로 말했습니다. 정말인가?" "그러면 내가 말을 시작합니다. 그는 나를 바라보며 귀를 기울입니다. 그리고 나는 그를 조심스럽게 바라봅니다. 그러면서 말을 계속해서 결국에는 생각했던 말을 다 끝냅니다. 그런 다음 그는 몇 가지 문제 중 하나에 착수합니다. 그의 표정은 열의로 달아오릅니다. 좋은 징조죠. 아니면 그의 표정은 변하지를 않습니다. 이건 물음표에 해당합니다. 그렇지 않으면 그는 내가 조금 전에 했던 얘기에 대해서는 한마디도 않고는 영화의 다른 부분에 대해 얘기합니다. 거부권을 행사한 겁니다. 아니면 그는 굉장히 딱하다는 표정으로 나를 바라보면서 말합니다. 그런데 어니, 그건 사람들이 영화에서 써먹는 방식이라네."

작가의 말문이 막히면 이번에는 히치콕이 '대담하고 엉뚱한' 아이디어를 과감히 내놓을 차례였다. "그는 사무실에 두 사람이 앉아서 영화 만들기 게임을 할 때는 '무엇이건 가능하다'는 규칙을 내가 이해한다는 것을 알고 있었습니다. 그렇지 않으면 상대를 당황하게 만들 위험이 있으니까요. 그래서 나는 그를 고집스레 바라보면서 모든 주의를 기울이며 아이디어를 모두 경청했습니다. 그가 말을 마치면, 나는 이런 민감한 작업관계를 다루기 위해 고안해낸 나름의 방식 중 하나로 그에게 반응을 보였습니다."

예를 들어, "그거 멋지군요, 히치. 정말 마음에 들어요." 아니면, "흐음…… 그래요, 가능성이 있어요……" 아니면, "아주 흥미롭군요…… 정말로 흥미로워요…… 나는 우리가 그것을 다른 것들하고 함께 깔때기에 집어넣어야만 한다고 생각해요……" 그도 아니면, "모르겠어요…… 무슨 말인지는 알겠는데요…… 그래도 모르겠어요."

"규칙들—결코 승인을 받거나 상세하게 설명되지 않은—은 이랬습니다. 당신이 나에게 상처를 주지 않으면 나도 당신에게 상처를 주지 않겠다." 레먼의 회상이다. "우리 중 어느 쪽도 다른 사람이 영화에 상처를 주는 일을 하게 놔두지 않는다는 조건에서 말입니다. 당신이 나를 당신과 다투게 만든다면 나도 당신이 나랑 다투게 만들겠다. 우리 중 어느 쪽도 싸움의 진짜 목표는 관객을 즐겁게 만드는 것이라는 점을 잊지 않는다는 조건에서."

오후 12시 30분이면 사무실 문이 활짝 열리면서 스튜디오의 웨이터가 뉴욕식 스테이크와 블랙커피를 실은 트레이를 밀고 온다는 것을 알렸다. 그것을 신호로 두 사람은 히치콕의 전용식당으로 자리를 옮겼다. 레먼은 이렇게 설명했다. "줄거리의 문제 따위는 아랑곳하지 않았습니다. 이것은 대화 시간이었습니다. 대화의 대부분은 진기한 음식이나 고급 포도주에 대한 얘기였는데, 거기에는 칼로리가 거의 없기 때문입니다. 또는 과거에 거둔 승리나 쓰라린 좌절에 대한 플래시백도 얘기했습니다." 히치콕이 시가에 불을 붙이면서 "우리의 장난감기차로 돌아가 볼까?" 하고 묻는 것—보통 오후 1시 40분쯤—은 빨간 가죽의자와 소파로 느릿느릿 되돌아가자는 신호였다. "자, 우리가 어디까지 했지?"

어느 날, 점심을 먹기 전에 두 사람은 납치에 대한 논의를 하고 있었다. 물론 히치콕의 납치피해자와 범죄현장은 모두 미국적으로 바뀌었다. 소설에서는 영국의 대주교가 전원생활을 즐기던 중에 유괴된다. 존 러셀 테일러에 따르면, 히치콕은 그런 설정을 대신할 '터부를 깨뜨리는 특별한 매력'을 가진, 그가 고안해낸 아이디어를 즐거워했다. 영화에서 유괴는 샌프란시스코의 노브 힐에 있는 그레이스성당에서 벌어진다. 피해자는 감독제교회 주교로, 전신마취제를 주사 맞고는 예식 중에 끌려 나간다.("물론 교회 안에 있는 사람들은 약간은 당황스러운 예절 감각을 가지고 있기 때문에, 그들은 다른 경우라면 자연스럽게 했을 행위에 나서는 것을 주저하게 된다"고 테일러는 썼다.)

나중에 유괴범들은 몸값과 주교를 교환하러 가는 길에 약에 취한 주교를 자동차에 싣는다. 그런데 그들이 차고를 막 떠나려는 순간, 좋지 않은 타이밍에 사기꾼이 나타나 납치범이 오래전에 실종된 상속인이라는 사실을 밝힌다. 그런데 그녀가 자신의 일을 설명하는 동안, 자동차 문이 갑자기 열리면서 멍해진 주교가 옆으로 튀어나온다……

"그런데 히치, 그가 의식이 없으면 뒷문은 열릴 수 없다는 점에 우리가 합의했다고 나는 생각하는데요."

"글쎄, 그가 뒷문을 열고 굴러떨어질 수 없다면, 어떻게 해야 그녀는 그를 볼 수 있게 될까……"

"그녀는 그럴 수 없어요." 레먼이 말했다. "그러니까 우리는 여기서 다른 아이디어를 내놔야만 해요."

"그렇지만 생각해보게. 그녀가 열려진 뒷문 밖으로 튀어나온 주교의 머리를 보는 것이 언제지……"

"의식을 잃은 사람이 어떻게 손잡이를 붙들고 차 문을 열 수 있나요?"

"나는 그녀의 시점으로 촬영을 할 거야." 히치콕이 말했다. "그리고 주교의 입은 이렇게 멍하니 열려 있을 거고. 물론 위아래로 여닫히기만 하는 거지……"

"그렇지만 그가 의식이 없다면……"

히치콕이 말을 잘랐다. "내가 30년 동안 보지 못했던 도로시 해머스타인을 뉴욕의 레스토랑에서 우연히 만났던 얘기를 자네에게 했었나?"

"아뇨. 얘기해주세요……"

매일 오후 3시 15분 정각에 비서가 얼음 한 조각을 넣은 차가운 프레스카 와인 2잔을 가지고 들어왔다. 그것으로 기분전환을 한 히치콕과 레먼은 의식을 잃은 주교에 대한 논쟁을 계속했지만, 해결은 되지 않았다. 잠시 후 감독은 "큰소리로 이번에는 얼음 2조각을 넣은 잔을 새로 달라"고 외쳤다. 비서가 다시 들어왔다 나갔다. 레먼은 "그녀는 이번에는 나가면서 문을 약간 열어 놨다"고 썼다.

"지금까지도 나는 어떤 것이 신호였는지 가늠하지 못한다. 그런 신호가 있었다면 말이다." 레먼이 쓴 글이다. '2조각'이 신호였을까? 아니면 그것은 그냥 새 잔을 달라는 요청에 불과한 것이었을까? 그가 확실하게 아는 것은 문이 열려 있었고, 그가 사무실 밖으로 안내됐다는 것이 전부다. “오늘 우리는 썩 잘했다고 생각하네.” 히치콕은 레먼이 떠날 때 이렇게 얘기하곤 했다. “자네 생각은 어때?” “끝내줬어요, 히치. 아주 도움이 됐어요. 내일은 훨씬 더 좋을 거예요.” “OK, 친구. 내일 아침에 보세.”

레먼은 집으로 가는 차 안에서 그것을 ‘어딘지 모를 곳에 도달하게 될 게임’이라고 생각했다. “나는 두 사람 모두가 타월을 집어던질 때까지 계속 얘기만 하게 되리라는 것을 알았습니다. 제목이 〈가족음모〉인 영화의 시나리오를 실제로 쓸 일은 절대로 없으리라는 것을 알았습니다. 심지어 내가 시나리오를 쓰더라도, 그는 그것을 영화로 만들 생각이 조금도 없다는 것을 나는 알았습니다. 내가 〈북북서로 진로를 돌려라〉라는 영화는 결코 없으리라는 것을 알았던 때처럼.”

1974년 1월에 워터게이트와 패티 허스트 사건으로 인해 그들의 논의에 활력이 돌았다. 히치콕은 탄핵을 받아들이며 ‘웃음을 지은’ 악당 같은 대통령 닉슨에게 매료됐다. 자신을 납치한 납치범들로 구성된 갱단에 가입한 신문사 상속녀 허스트에 대한 샌프란시스코발 헤드라인—소문에 따르면 그의 신작의 배경이 된 사건—에도 매료됐다. 아무튼 그는 닉슨과 패티 허스트를 “기만”에 집어넣겠다고 맹세했다.[35]

4월 중순에 레먼은 초고를 끝냈고, 히치콕은 이에 대해 세세한 비판을 가했다. 도널드 스포토에 따르면, “히치콕은 레먼의 원고 페이지마다 신과 대사에 대한 자신의 견해를 적은 똑같은 분량의 페이지를 첨부했다.” “그는 영화의 오프닝 숏에 시각적으로 상세한 설명을 공들여 덧붙이고, 주요장면들을 수정하고, 레먼에게 행동 동기와 주요 숏들에 대한 질문을 던지고, 한두 단어를 고치고, 명확하게 설명해달라고 요구하고, 구조의 몇몇 문제를 지적했다.”

같은 달에 감독은 뉴욕으로 여행을 떠나서, 링컨센터영화협회가 후원하는 기자회견, 인터뷰, 헌정축제에 참석했다. 그에게는 지독히도

35 영화의 가제는 “기만”과 “사기”를 계속 오갔다.

기분 좋은 일이었던 것이 분명하다. 그레이스 왕자비가 모나코에서 찾아왔고, 그의 영화에서 활약한 다른 베테랑들도 아이러니한 찬사를 던지면서 연단에 도열했다. 그의 53번째 장편영화의 시나리오를 주머니에 넣은 히치콕은 하늘을 나는 듯한 기분이었다. 그는 연극들도 관람했다. 옛 친구 흄 크로닌과 제시카 탠디가 에델 배리모어 극장에서 노엘 카워드의 〈열쇠 2개〉에 출연한 모습을 보는 것도 〈가족음모〉의 분위기를 바로잡을 기회를 제공했다.

캘리포니아로 돌아온 히치콕은 경마장에 갔고, 슈베르트 극장에서 〈집시〉를, 챈들러 극장에서 〈맥과 메이블〉을 관람했다. 그는 프랑스판 『보그』의 특별판을 위해 필립 할스먼의 카메라 앞에 서느라, 그리고 영화감독들의 사진으로 구성된 책을 내려는 모린 램브레이를 위해 포즈를 잡느라 며칠을 보냈다.(유니버설이 그를 위해 특별세트를 세운 덕에 히치콕은 열차좌석에 앉은 모습으로 촬영에 응할 수 있었다.)

1974년 여름은 그(그리고 알마)의 75번째 생일파티로 마무리됐는데, 루 와서먼이 체이슨 레스토랑에서 파티를 주최했다. 히치콕의 만수무강을 위해 건배를 하면서 감독의 옆모습을 설탕으로 그려넣은 케이크를 먹은 유명인사 가운데에는 캐리 그랜트, 라레인 데이, 폴 뉴먼, 프랑수아 트뤼포도 있었다.

그러나 레먼과 가진 2차 시나리오회의는 전보다는 못했다. "나는 (잘못된 것이라고 판단하는) 히치의 아이디어들을 그저 전설적인 인물이 내놓은 아이디어라는 이유로 받아들이기를 거부하는 나 자신의 모습을 발견했습니다." 레먼이 훗날 한 회상이다. 작가는 만사를 지나치게 분석해대는 히치콕에게 점점 싫증이 났다. 그는 그저 시나리오를 곧장 완성하고 싶었다. 그들 사이에 내려앉은 침묵의 시간이 길어만 갔고, 의견불일치는 점점 거북해졌다. 히치콕은 플롯의 논리에 대해 지나치게 걱정하는 듯 보였지만, 레먼은 캐릭터가 더 염려스러웠다. 그들은 출연할 만한 스타들이 누가 있을지를 고민해봤다. 그렇게 하면 히치콕이 캐릭터를 구축하는 데 유용할 것 같았기 때문이다.

처음부터 히치콕은 캐릭터를 구축하는 데 "말뿐인 관심만 보이면서 그런 요소들을 시나리오에서 제외시켰다"고 레먼은 회상했다. "그런데 그는 영화에 그런 것들을 들여놓는 것을 진정으로 바라지 않았습니다. 나는 그에게 간청했습니다. 그래서 그는 시나리오에 그것들을 되돌려놓고는 촬영을 했습니다. 그런 다음에 영화를 편집하면서 그것들을 들어냈죠."

영국에 있는 마이클 밸컨에게 보낸 편지에서 불평했듯, 히치콕은 개인적으로는 레먼이 그에게 '아주 힘겨운 시간'을 일부러 선사하는 '아주 신경질적이고 신랄한 사람'이라고 단정했다. 9월에 심장마비로 고통을 겪었을 때, 히치콕은 이 사건이 레먼과 논쟁을 벌이면서 촉발된 만성적인 '신경과민상태' 때문이라고 (절반은 농담조로 보이는) 비난을 퍼붓기까지 했다. 어지러운 발작이 있은 후 감독은 앰뷸런스에 실려 UCLA병원으로 이송됐다. 그의 자선기부금이 건축에 일조를 한 특별병동에 입원한 감독은 그곳에서 심장을 모니터할 심장박동조절장치를 어깨뼈 피부 아래에 삽입하는 수술을 받았다. 그는 훗날 친구들과 저널리스트들에게 그 수술에 대해 설명하는 것을 즐겼다. 그는 밸컨에게 그 장치는 "남자들이 조끼에 넣고 다니던 구식시계와 비슷하게 생겼다"고 말했다.

그런데 히치콕의 수술에는 합병증—고열과 통증, 심각한 대장염—이 뒤따랐고, 10월에는 신장결석 수술과 그에 따른 합병증이 찾아왔다. 추수감사절 주간 동안 히치콕은 관절염과 약물투여, 과도한 음주로 인해 넘어져 부상을 입었다. 그 시점에서 "기만"이 영화로 만들어질 것이라고 믿은 사람은 극히 드물었다.

그러나 히치콕은 여전히 신념의 사나이였다. 그는 다시금 기적처럼 원기를 되찾았다. 1975년 1월 첫 주에 그는 연극(잉그리드 버그먼이 출연하는 〈절개 굳은 아내〉)을 관람하고, 만찬파티들(힐크레스트 컨트리클럽에서 빅터 사빌 부부가 주최하는 파티의 손님으로)에 참석했으며, 유니버설이 배정한 조감독 하워드 카잔지언, 〈나는 비밀을 안다〉 때에 그와 작업했던 미술감독 헨리 범스테드, 한때 로버트 벅스의 조수였던 카메라맨 레너드 사우스와 여러 차례 회의를 했다. 그달 말에 그는 캐스팅을 위한 필름들을 감상했다. 기분이 들뜬 히치콕 여사까지도 점심과 시사, 회의를 위해 사무실로 찾아와서 캐스팅의 범위를 좁히는 일을 거들었다.

잭 니컬슨은 강신술사 블랑시의 남자친구인 조지 룸리의 후보 중 한 명이었다. 히치콕은 〈이지 라이더〉와 그 뒤로 나온 폭발적인 니컬슨의 영화들을 감상했다. 그런데 니컬슨은 추후 일정이 너무 빠듯했고, 〈뻐꾸기 둥지 위로 날아간 새〉의 프리프로덕션으로 분주했다. 히치콕은 그 어느 때보다도 빠르게 행동해야 할 필요성을 느꼈다. 제2의 선택을 감수할 수밖에 없는 상황에 다시 놓이게 된 그는 이제 니컬슨을 대체할 배우를 찾아냈다. 브루스 던은 〈마빈 가든스의 왕〉에서 니컬슨과 인상적인 공연을 했고, 다른 젊은층 대상의 영화들에도 출연한 배우였다. 물론 던은 〈마니〉에 구타당하는 선원으로 출연한 적이 있었기 때문에, 히치콕은 그의 별난 개성을 즐거운 마음으로 떠올렸다.

유니버설은 사기꾼 역에 라이자 미넬리를 추천했지만, 히치콕은 그녀가 그 역할에 어울릴 것이라고 보지도 않았고, 스타인 그녀의 출연료로 제작비를 상승시키고 싶지도 않았다. 뉴 할리우드라는 주제는 히치콕이 〈1천 명의 어릿광대〉에서 봤던 바버라 해리스의 캐스팅으로 계속 명맥을 이어나갔다. 해리스는 주로 브로드웨이에서 이름을 날린 연기자였지만, 〈맑은 날에는 영원을 볼 수 있다〉에서 영매를 연기했고, 지금은 로버트 알트먼의 〈내슈빌〉에서 주요 역할을 막 마친 참이었다. 히치콕은 〈앨프레드 히치콕 극장〉에서 일했던 알트먼의 경력을 계속 지켜봐왔다. 에피소드들이 헐겁고 자신의 탄탄한 연출 스타일과는 너무나 대조적인 〈내슈빌〉을 그리 좋아하지는 않는다고 나중에 페넬로페 질리엇에게 밝히기는 했지만 말이다.

모두가 히치콕에게 메소드 연기법으로 훈련된 해리스가 펼치는 즉흥연기의 재능은 직관력이 뛰어나지만 변덕스럽기도 하다고 (그리고 흥행에 거의 도움이 안 될 것이라고) 경고했다. 그런데 히치콕은 그녀의 경력이 그녀가 연기할 캐릭터에 알맞다고 판단했고, 그녀를 만난 후로는 그녀의 성품을 마음에 들어했다.(그녀의 생김새가 젊은 시절의 알마를 닮았다는 것도 도움이 됐다.)

니컬슨의 영화 〈파이브 이지 피시스〉와 〈운전해, 그가 말했다〉에 출연했던 탁월한 배우 카렌 블랙도 뉴 할리우드였다.(그녀는 어니스트 레먼의 〈포트노이의 불평〉과 알트먼의 〈내슈빌〉에도 출연했다.) 또 다른 자유분방한 인물인 블랙을 2월에 만난 히치콕은 그 자리에서 그녀를 거물 악당 트레이더의 아내로 캐스팅하기로 결정했다. 그런데 블랙은 범죄행각을 벌일 때 이상한 가발과 남자 옷으로 위장하기 때문에 얼굴은 알아볼 수가 없다.(그녀를 통해 패티 허스트를 떠올리게 할 심산이었다.)

그런데 납치계획을 집행하는 냉정한 두목 트레이더는 누가 연기해야 할 것인가? 올드 할리우드에 속한 누군가여야만 할 것이다. 존 하우스먼은 어떨까. 감독은 시나리오회의 중에 그를 놓고 고민했다. 〈파괴공작원〉 시절부터 그의 친구였던 하우스먼은 이제는 〈하버드대학의 공부벌레들〉에서 하버드 법대 교수를 연기해서 오스카를 수상한 위풍당당한 배우로 변모해 있었다.

"존 하우스먼이 샌프란시스코 주민이라면 직업이 뭐가 돼야 할까요?" 회의적인 어니스트 레먼이 물었다. "글쎄, 그는 사무직 종사자일 수 있겠지." 히치콕이 조심스럽게 대답했다. "나는 미술품 갤러리의 주인이 더 잘 어울린다고 생각해요." 레먼이 맞받아쳤다. "존 하우스먼은 사무직을 연기할 정도로 자신의 수준을 떨어뜨리는 일을 절대로 하지 않을 겁니다." "하지만 존 하우스먼은 납치를 할 정도로 자신의 수준을 떨어뜨릴지도 몰라. 나는 그가 버클리 교수라는 것을 알고 있네." "그는 샌프란시스코 오페라단의 감독일 수도 있죠." 레먼이 사려 깊게 말했다. "그건 너무 수준이 높잖아. 그렇지 않아?" 히치콕이 궁금해했다. "하우스먼 답게 들리잖아요. 그렇지 않아요?" 레먼이 주장했다.

그런데 히치콕 최후의 몇 작품에 담긴 서브텍스트는 오랜 전통에서 배출된 사람들은 히치콕을 위해 주인공을 연기하기에 이제는 너무 나이가 많다는 것이었다. 결국, 트레이더는 미술품 갤러리 주인도 아니고 오페라단 감독도 아닌, 보석가게의 최고 세일즈맨이 됐다. 히치콕은 유니버설의 추천을 받아들여 젊은 배우 로이 신네스를 캐스팅했다. 유니버설에 전속돼 TV의 〈침입자들〉에 출연했던 왕년의 스타이자, 얼마 전에 〈힌덴부르크〉를 끝낸 배우였다.

가장 편하고 적합한 배역을 따낸 유일한 옛 지인은 캐서린 네스비트였다. 히치콕은 그녀가 제임스 배리의 〈상류층 거리〉와 같은 웨스트엔드 연극의 주연 여배우로 활약하던 1920년대부터 그녀를 좋아해왔다. 영화에 드문드문 출연하던 네스비트는 1935년작 〈3층 사망자의 귀환〉에 출연했는데, 이 작품은 히치콕과 관련이 없이 알마가 시나리오를 쓴 드문 작품이었다.

네스비트는 캐닝의 소설에서 이제는 장성한 성인이 된, 세상을 떠난 여동생의 잃어버린 자식을 찾는 나이 많은 줄리아 레인버드로 캐스팅됐다. 히치콕은 작가 조지프 맥브라이드에게 그의 53번째 장편영화에 —제임스 배리의 전형적인 여배우를 통해— 좋아하던 〈메리로즈〉를 조금이나마 슬며시 집어넣었다고 밝혔다. 〈가족음모〉의 첫 장면에서 블랑시는 40년 전에 여동생에게 사생아를 내다버리라고 강요했다는 죄책감에 시달리는 레인버드 부인과 강신술 모임을 갖는다. 맥브라이드는 이렇게 썼다. "줄리아는 여동생의 유령에게 메리 로즈가 해도 무방할 듯한 말을 한다. '그 애가 지금도 살아 있다면 내가 네 아들을 찾을게. 그 애를 내 품에 안고는 그 애를 너로 생각하면서 사랑할 거야.'"

오랜 세월 동안 히치콕 영화에는 위대한 여배우들이 많이 출연했다. 네스비트는 그 마지막이자 가장 동정심이 느껴지는 여배우가 될 운명이었다. 그리고 그녀의 연기는 히치콕에게 이루 헤아릴 수 없는 기쁨을 안겨줬다.

공동작업이 끝날 무렵에 히치콕은 더 이상 어니스트 레먼을 만나지 않고 —또는 말을 하지 않고— 있었다. 대신에 두 사람은 '거의 매일' 메시지를 써서 주고받았다고 레먼은 밝혔다. 왜? 작가는 스튜디오와 감독의 방갈로에서 추방당했다. "어니를 내 생각에 동의시키는 게 너무나 어려웠소." 히치콕이 스튜디오 임원에게 한 얘기다.

히치콕은 빅터 캐닝의 소설에서 —최소한 레먼이 보기에는— 히치콕적이라고 보이는 요소는 거의 모조리 제거하자고 주장했다. 악은 히치콕 영화에서는 캐닝의 소설의 후반부에서 그러는 것처럼 절대로 승리를 거두지 못했다. 따라서 캐닝의 소설 후반부는 간단하게 잘려나갔다. 사기꾼과 그녀의 별난 남자친구는 더욱 코믹한 캐릭터가 됐다. 블랑시의 영적인 발견은 사기행각이 됐다. 소설에서는 중요한 요소였던 경찰의 탐지는 철저히 무시당했다. 경력의 막바지에 선 히치콕은 경찰에, 심지어는 악당을 벌하는 데에 신경을 쓰지 않았다. 소설에서 블랑시, 룸리, 레인버드 부인, 트레이더와 그의 아내는 모두 잔인하게 죽음을 맞는다. 영화의 마지막에서 그들은 모두 건강하게 살아남는다.(조연 캐릭터 1명만 죽는다.) 〈메리로즈〉를 위한 발상조차도 점차 희미해져서 결국에는 거의 무관한 요소가 돼버렸다. 조지프 맥브라이드는 이렇게 썼다. "히치콕은 오컬티즘을 〈메리로즈〉의 예술성을 입증하는 소재라기보다는 영혼을 데리고 괴상한 장난을 치는 소재로 다루는 것에 큰 만족감을 느꼈다."

어쨌거나 오랜 세월 동안 히치콕이 공들여서 작업하는 대상이었던 리얼리티는 원작에서 몽땅 내버려졌다. 영국식 억양과 '촌락 목사' 같은 별스러운 구절들이 히피시대의 연기자들과 함께 영화에 공존했다. 결국 감독은 언덕 많은 도시에서 〈블리트〉 타입의 카 체이스를 찍는 것이 지겹다고 말하면서 샌프란시스코에서도 뒷걸음질을 쳤다. 따라서 〈가족음모〉의 미국화된 배경은 순수한 캘리포니아—부분적으로는 샌프란시스코이고 부분적으로는 로스앤젤레스—의 풍경이 됐다.

1975년 5월 12일에 촬영을 시작할 때에도 영화의 제목은 여전히 "앨프레드 히치콕의 기만"이었다. 촬영 첫날에는 그리 많은 촬영은 이뤄지지 않았다. 스튜디오가 출연진과 감독을 소개하는 오찬을 베풀었기 때문이었다. 수십 명의 저널리스트와 평론가가 참석했다. 오찬은 스튜디오에 세워진 공동묘지에서 연출됐다. 손님 각자는 묘지에 새겨진 묘비에서 자신들의 이름을 발견할 수 있었다. 다음은 『로스앤젤레스 타임스』의 기사다. "기자들은 히치콕이 케케묵은 대답들로 반응할 수 있게끔 모두 케케묵은 질문들을 던졌다."

히치콕의 53번째 작품은 〈바람과 함께 사라지다〉 이후로 가장 홍보를 많이 하는 영화처럼 느껴졌다. 중요매체에서부터 소규모 엘리트 영화저널에 이르기까지 온갖 매체를 대표하는 통신원들이 미국과 세계 각지로부터 촬영장으로 찾아왔다. 첫 주의 스케줄에는 —그리고 일주일에 한번씩은— UCLA로 심장박동조절장치를 확인하는 통화가 잡혀 있었다. 저널리스트들은 인터뷰를 하는 데서 그치지 않았다. 히치콕은 그들 앞에서 셔츠를 걷어 올리고는, 프랑수아 트뤼포가 기적적인 '의료장치'라고 부른 흉터를 보여줬다.

인터뷰어들은 흉터 앞에서 입을 쩍 벌리면서, 평소처럼 언론을 태연하게 다루는 전설적인 인물에게 경의를 표했다. 스튜디오의 홍보담당자 찰스 리핀코트는 이렇게 회상했다. "그는 모든 대답이 먹혀들면서, 신선한 기사거리처럼 보이게 만들었습니다. 그는 빼어난 연기자였습니다."

때때로 히치콕 여사가 촬영장에 모습을 나타냈다. 몇 차례의 인터뷰에는 남편과 같이 응하기도 했다. "나는 제작진이 많아봐야 8명에서 9명밖에 되지 않는 무성영화 시절이 내 진정한 경력이라고 생각해요. 60명이 돌아다니는 촬영장은 그리 즐겁지가 않답니다." 알마가 어느 저널리스트에게 한 말이다. "나는 항상 그이가 촬영을 시작하기 전에 시나리오를 바탕으로 스스로 완성된 영화를 머릿속에 그려봅니다. 그런 다음에 러프 컷을 보면서 내가 상상하던 것과 실제 촬영된 영화가 얼마나 차이가 나는지를 확인할 때까지 기다리는 것을 좋아해요."

의사와 스튜디오 임원들, 그리고 언론에 의해 일거수일투족을 감시당하던 히치콕은 술도 준수한 양만, 그것도 일과가 끝날 무렵에만 마시면서 최선의 행동을 보여줬다. 촬영의 대부분은 유니버설 스튜디오에서 이뤄졌다. 촬영과 촬영 사이에 —때로는 인터뷰를 하기 위해, 때로는 선잠을 자기 위해— 트레일러에 들어갔을 때를 제외하면, 히치콕은 항상 사람들 앞에 모습을 드러냈다.

촬영을 시작하는 그 순간부터 히치콕은 로이 신네스에게 공개적으로 짜증을 냈다. 그는 첫 기자간담회에서 신네스를 로이 샤이더라고 소개하는 실수를 저질렀다.(히치콕이 탐낸 배우가 그였을 것이다!) 신네스는 자신의 캐릭터에 대한 소소한 아이디어를 적은 편지를 히치콕에게 보냈다.(그중 하나는 트레이더가 얼굴에 있는 흉터를 끊임없이 쓰다듬어야만 한다는 것이었다.) 그 이후, 히치콕은 신네스의 연기에서 잘못된 점을 찾아냈다. 6월 초순에 샌프란시스코에서 주교를 납치하는 장면을 로케이션으로 촬영한 후, 그는 배우가 그 역할을 맡기에는 강렬함이 부족하다고 결정했다. 그는 신네스를 해고하고, 서둘러서 다른 배우를 그 역할에 데려와서는 신네스가 완료한 장면들의 대부분을 다시 촬영했다.(그런데 첫날부터 이런 상황에 대비한 것인지, 히치콕은 일부 장면을 신네스의 등 뒤에서 찍게끔 연출했다.)[36]

그는 새로운 트레이더로 윌리엄 디베인을 선택했다. 텔레비전 미니시리즈 〈10월의 미사일들〉에서 존 F. 케네디 대통령을 연기하면서 유명배우로 발돋움한 디베인은 히치콕의 마지막 카운터캐스팅 시도로 간주할 수도 있다. 디베인은 —닉슨의 미소를 짓는 케네디처럼— 사기꾼의 능글맞은 웃음을 꾸준히 지으면서 트레이더를 연기했다.(그런데 아이러니하게도, 디베인도 짜증나는 면에서는 신네스에 못지않았다. 새로운 트레이더는 자신의 행동 동기에 대해 끝도 없이 질문을 퍼붓는 또 다른 메소드 연기자였다.)

사람들이 히치콕에게 경고를 했던 배우는 바버라 해리스였지만, 히치콕은 오히려 카렌 블랙 때문에 고생을 더 많이 했다. 히치콕은 분장에 신경쓰면서 매력적인 모습을 보여주고 싶어하는, 그래서 자신의 역할을 더욱 호감가게 만들려는 여배우의 유혹에 맞서 싸웠다. 홍보담당자 리핀코트는 이렇게 회상했다. "히치는 그녀를 호되게 꾸짖었습니다. 그는 이렇게 말했습니다. '미스 블랙, 자네는 이 영화에서 악당이야. 지금부터 그 점을 계속 기억해야 해. 나는 자네가 자네 캐릭터를 바꾸려고 노력하는 것을 바라지 않네.' 간결하게 요점을 집어낸 그 말

36 불행을 겪은 신네스가 어느 날 밤 체이슨에서 따지고 드는 것에 깜짝 놀란 히치콕은 배우에게 뭔가 그럴듯한 설명을 내놔야만 했다. 감독은 이렇게 주장했다. "자네는 그 역할을 맡기에는 너무 훌륭했네, 너무 훌륭했어."

브루스 던과 바버라 해리스는 〈가족음모〉(1976)를 촬영하는 동안 감독을 즐겁게 해줬고, 감독은 영화의 초점을 그들의 캐릭터 쪽으로 조금씩 옮겨 갔다. 히치콕의 53번째 작품은 그의 유작이 됐다.

이 전부였습니다."

제작과정을 취재하던 『런던타임스』의 존 러셀 테일러는 1년 전에 〈부서진 세월〉에서 만난 블랙과는 아주 다른 여배우처럼 보였다고 보도했다. "그 당시 제작진의 전체적인 분위기에 조화된 그녀는 쾌활하고 사교적이고 괴팍했으며 때로는 변덕스러웠다. 여기서 그녀는 침착하고 공손하며 연출된 연기에 적응하고 순수하게 기술적인 문제에만 전력을 쏟으면서, 선생님이 칭찬의 의미로 머리를 토닥거려주기를 바라는 착한 소녀와 비슷한 어조로 히치콕의 이름을 언급했다."

이따금 블랙은 배역 이상의 것을 받았다. 여배우는 이후 가진 인터뷰에서, 히치콕이 그녀를 너무나 좋아한 나머지 어느 날 그녀에게 충동적으로 키스를 하면서 그녀의 입에 혀를 들이밀었다고 주장했다. "그는 원기 넘치는 사람이었어요." 그녀가 말했다. "나는 아마도 그가 원기 넘치는 사람으로 태어났을 거라고 생각해요. 그가 나한테 프렌치 키스를 한 이유가 그거겠죠. 그는 그러고 싶었던 거예요."

그런데 히치콕이 제일 좋아한 두 연기자는 그가 가장 좋아하는 캐릭터를 연기한 배우들이었다. 촬영 첫날에 주요 연기자 모두와 악수를 한 후, 그는 —겁먹은 표정을 지은— 바버라 해리스의 뺨에도 뽀뽀를 했다. 그런 다음 그는 낮은 목소리로 말했다. “바바라, 나는 겁이 나. 이제는 가서 연기를 하게. 많은 사람이 지시를 받지만 얼어붙는 사람은 드물다네.” 여배우가 여전히 떨고 있는 모습을 본 히치콕은 그녀에게 브랜디를 한 잔 갖다주라고 지시했다.

해리스는 장면을 찍으면서 고민이 될 때마다 감독의 조언을 구했다. “그가 하는 제안은 아주 훌륭했고, 딱 들어맞으면서 혼란스럽지 않았어요.” 그녀가 어느 인터뷰에서 한 회상이다. “나는 그걸 브레히트 타입의 연출이라고 불렀어요. 배우의 주관적인 정서에는 그다지 관심을 보이지 않고, 장면 전체만을 바라봤으니까요. 택시 장면에서 나는 내가 남자친구와 섹스를 하려고 갈망하는 여자로 비춰져야 하는지 또는 다른 식으로 연기해야 하는지를 몰랐어요. 그는 그 장면을 비즈니스 장면이라고 말하더군요. 그래서 나는 비즈니스우먼이 됐어요. 그런 것은 브레히트적인 아이디어죠. 브레히트는 이런 말을 했거든요. ‘그런데 말이야, 햄릿은 하인들이랑 주방에 있을 때 어땠을까?’”

히치콕이 좋아한 또 다른 배우는 브루스 던이었다. 『롤링스톤』에 따르면, “두 사람이 함께 어울리는 몇 시간 동안 히치콕은 그에게 이야기를 들려줬다.” 던은 감독의 농담에 웃음을 터트릴 줄을 알았고, 그도 우스갯소리를 던져서 감독을 즐겁게 해줄 줄도 알았다. “나는 그의 기분을 조금은 좋게 만들어줘야만 했습니다.” 던의 회상이다. “그가 하루를 준비할 수 있게 해줬죠. 그는 망할 놈의 일 전부에 지루해했습니다.”

던은 히치콕의 “기분이 나아지면, 촬영장에서 그보다 더 기분 좋은 사람은 없었다”고 밝혔다. “그는 모든 것을 감지했습니다. 연기자의 얼굴에 드리워진 그림자와 소품을 찍기에 좋지 않은 앵글에다 몇 초 길게 가져간 테이크 같은 것을요. 그가 무슨 일이 벌어지는지를 전혀 모르고 있다고 우리가 생각하는 순간, 그는 스크린에 오르기 전까지는 어느 누구도 감지하지 못할 사소하지만 끔찍한 디테일들을 파악하는 믿기 힘든 집중력으로 우리에게 한 방을 먹였습니다. 그는 그런 다음에 다시 따분해했습니다.”

그런데 히치콕이 얘기가 잘 통하지 않는다는 기분을 느끼거나 뭔가를 해야겠다고 마음을 먹을 때면, 그가 총애하는 연기자들조차도 그의 고집을 꺾지 못했다. "때로는 실망스러웠습니다." 던이 어느 인터뷰에서 토로한 불만이다." 내가 '테이크를 한 번 더 가게 해주세요. 충분히 깊이 있는 연기를 하지 못했어요'라고 말하면 그가 이렇게 면박을 줬기 때문이죠. '브루스, 촌동네 사람들은 절대로 알지 못할 거야.'"

히치콕의 53번째 작품은 촬영기간 내내 어둠보다 빛을 선호했다. 하이라이트로 계획된 장면 중 하나는 블랑시(해리스)와 룸리(던)가 트레이더의 심복을 만나러 산길에 있는 식당차에 도착하는 것으로 시작된다. 그들은 맥주와 햄버거를 주문한다. 식당차에는 신부와 그가 이끄는 작은 교리문답학급 외에는 사람이 없다. 심복은 모습을 보이지 않는데, 블랑시와 룸리는 심복이 바깥에서 그들의 차를 망가뜨리고 있다는 것을 알지 못한다.

이후 높고 구불구불한 산길을 내려오던 그들은 브레이크가 말을 듣지 않는다는 것을 알게 된다. 차를 운전하는 룸리가 운전대를 놓치지 않으려고 미친 듯이 애를 쓸 때, 히스테리를 일으킨 블랑시는 그를 붙들고는 그의 위에 올라탄다. 커브를 돌 때 귀에 거슬리는 소리가 나고 차가 앞뒤로 뒤뚱거리자 맥주를 너무 많이 마신 두 사람의 상황은 더욱 악화되어 블랑시는 구토를 할 것 같은 기분이 든다. 배우들은 유머를 이끌어내기 위해 과장된 연기를 펼치라는 요구를 받았다. 히치콕의 경력에서 —〈나는 결백하다〉의 절벽가 도로 추격전을 재현한— 가장 멍청한 코미디였다. 그런데 그는 영화 속에서 계속해서 그렇게…… 그렇게 하라고 허용했다.

그날 그렉 킬데이는 로케이션 현장—앤젤레스 크레스트 하이웨이의 산굽이에 있는 먼지 나는 간선도로—에 있으면서, 히치콕이 이 장면의 일부를 촬영하는 모습을 지켜봤다. 히치콕은 더 나아가 해리스에게 던의 얼굴에 발을 올리라면서 이렇게 말했다. "우리가 보여줘야 할 것은 입이 비뚤어진 모습이야." 킬데이가 『로스앤젤레스 타임스』에 쓴 기사처럼, 이 장면은 사전에 스토리보드가 작성돼 있었지만, 히치콕은 배우들을 부추기면서 그들이 내놓는 아이디어를 받아들였다.

차가 완전히 부서진 후 히치콕은 레너드 사우스에게, "나는 그들이 자동차 꼭대기로 기어올라서 주르르 미끄러져 내려가기를 원해"라고 말하면서 카메라가 자리잡을 곳을 가리켰다.

던은 "난 자동차 아래에서 버러지처럼 기어나올 줄 알아요"라고 자원했고, 히치콕은 그 이미지를 좋아했다. "좋았어, 브루스. 아주 좋았어." 그는 카메라맨에게 숏을 바꾸라고 지시하면서 흡족해했다.

킬데이는 이렇게 썼다. "시퀀스가 계속 작업되면서 히치콕은 던이 내놓은 몇 가지 아이디어를 허용하기까지 했다. 자동차가 없는 배우들은 황량한 길을 거꾸로 걸어 올라간다. 험난한 지대가 가까워지자 던은 해리스를 안아 들고는 나머지 길을 그렇게 걸어갔다."

킬데이는 기사에서 이렇게 숙고했다. "이 장면을 보는 사람들은 그런 사소한 제스처조차도 결국에는 수용될 것이라는 분석을 쉽게 상상할 수 있다. 히치콕이 한창 물이 올랐을 때, 그의 영화에는 영화와 관계없는 움직임은 극히 적었다. 모든 카메라 앵글, 모든 행위가 특별한 의미를 담고 있었다. '각각의 숏은 소설의 문장과 같다. 그것은 무엇인가를 말한다'고 히치콕은 주장했다. 감독이 바버라 해리스에게 브루스 던의 얼굴에 발을 올리라고 지시한 데는 나름의 이유가 있는 게 분명하다. 그렇다면 던이 해리스를 안고 가는 것도 그런 의미에 기여하는 걸까?" "거장은 그런 추론을 부추기려고 하지 않았다."

결국, 영화는 모든 면에서 해리스와 던의 영화였다. 히치콕은 블랑시와 룸리가 지하실에서 문을 쾅 하고 닫은 후에 트레이더 부부가 보여주는 반응을 카메라에 담지조차 않았다—이것은 문이 쾅 하고 닫히는 것으로 끝나는 마지막 히치콕 영화다—. 트뤼포는 히치콕의 사후에 "허약한 영화에 대한 책임은 허약한 악당이 져야 한다"고 적었다. 그런데 감독을 낄낄거리게 만든 커플에 대한 책임은 허약한 감독도 져야 한다.

영화의 종결부에서 룸리는 실종된 다이아몬드의 소재지를 궁금해하고 블랑시는 그녀의 뮤즈에게 자문을 구한다. 그녀가 아틀리에로 사르르 걸어가서 계단을 절반 정도 오른 다음, 샹들리에 안의 반짝거리는 보석들을 향해 천천히 손가락을 넣는 것을 보고 룸리는 깜짝 놀란다. 블랑시는 카메라를 향해 얼굴을 돌리고는 그녀의 심령술 솜씨를 입증하는 눈에 띄는 행위를 한다. 그녀는 카메라를 향해 윙크를 한다.

존 러셀 테일러에 따르면, 히치콕 최후의 작품의 최후의 숏에 대한 감독과 어니스트 레먼 사이의 "의견은 첨예하게 달랐다." 모든 단계마다 그 문제에 대한 논쟁을 벌인 후, 히치콕은 결정적인 버전을 직접 집필했다. "그런 다음 그것을 레먼에게 들려준 후, (영화 내내 영매노릇은 완전한 사기였고, 그래서 그녀에게 영매 능력이 있다는 것을 마지막에서 보여주는 것은 혼란스러운 모순을 야기한다는 이유에서 비롯된) 레먼의 반대 의견에 귀를 기울이고는 대안으로 제시된 해결책을 논의한 다음, 곧장 나가서 그가 직접 쓴 버전을 활용했다." 히치콕은 관객을 향해 윙크하는 것을 멈출 수가 없었다. 50년 동안이나 그래왔던 것처럼.

존 러셀 테일러는, 후반작업의 특징은 블랑시가 윙크하는 바로 그 최후의 숏에 대한 히치콕의 '거듭된 수정과 거듭된 염려'였다고 썼다.

한때 히치콕은 음악을 최고로 여겼지만, 이제는 나중의 일이었다. 테일러에 따르면, "〈가족음모〉나 〈프렌지〉에서 영화음악과 관련돼서 사전에 계획된 것은 아무것도 없었던 게 분명하다. 영화음악은 히치콕의 관심에서 상대적으로 좁고 한정된 공간을 차지했고, 영화의 나머지 부분의 작업이 거의 완료될 즈음에야 영화음악이 제공됐다." 〈조스〉의 태풍을 타고 유니버설에서 정상으로 도약하던 존 윌리엄스가 영화음악 작곡가로 고용됐다.

히치콕의 정신은 언론이 쏟는 관심 덕에 힘을 얻었고, 그와 알마는 크리스마스에 생모리츠로 여행을 가기에 충분할 정도의 건강을 유지했다. 〈가족음모〉의 개봉 전에 히치콕은 신작의 전망에 대해 낙관적이라고 기자들에게 밝혔다. 그는 아내가 더 이상 스키를 타지 않는다고 말했다. "우리는 팰리스 호텔에 편안하게 앉아서 창문 뒤에서 바깥을 내다보며 대부분의 시간을 보냈습니다." 그들은 이것이 마지막 생모리츠 방문이 될 것이라는 사실을, 게다가 그들이 유럽에서 보내는 마지막 시간이라는 것을 알 수 없었다.

영화의 전국 개봉을 앞두고 유니버설은 불꽃놀이, 춤추는 곰, 영구차로 운반된 필름들을 선보인, 로스앤젤레스 국제영화제인 FILMEX의 호사스러운 시사회를 후원했다. 극장에서는 히치콕이 극장에 도착해서 문으로 다가오는 클립이 상영됐다. 클립이 끝나자 조금 전에 클립에 등장했던 바로 그 사람이 어슬렁거리며 무대에 올라왔다. 제임스 스튜어트가 그에게 평생 공로상을 수여하기 위해 나타났다. 정장 차림으로 참석해야 하는 이벤트였음에도, 팝콘과 청량음료가 참석자들에게 건네졌다.

1976년 부활절 전에 열린 기자시사회에 로스앤젤레스, 뉴욕, 시카고, 댈러스에서 100여 명의 저널리스트와 영화평론가들이 모여들었다. 조지프 맥브라이드는 『버라이어티』에 이렇게 썼다. "전반적으로 대단히 존경을 표하는 질문들이 쏟아졌다." 그러나 히치콕은 '평론가들이 던지는 그의 작품에 등장하는 상징들에 대한 반복되는, 때로는 멍청한 질문들에' 시달려야 했다. 예를 들어, 〈가족음모〉에 나오는 전등스위치 주위의 더러워진 벽이 무슨 의미를 내포하고 있느냐는 질문에 히치콕은 이렇게 답했다. "스위치는 빛의 상징이죠." 그렇지만 〈북북서로 진로를 돌려라〉의 기차 터널 엔딩은 의식적으로 집어넣은 섹스에 대한 상징이었다. "그 엔딩은 포르노의 진로를 시대에 앞서 보여줬다고 나는 생각합니다." 히치콕은 수십 년 동안 여러 인터뷰에서 사용했던 문장을 언론을 향해 용감하게 털어놨다. 〈가족음모〉가 그의 마지막 영화냐는 질문에 히치콕은 아니라고 말했다. 아닙니다. 그는 '분명히' 54번째 장편영화를 작업하고 있었다.

〈가족음모〉에 대한 리뷰는 크게 3가지로 갈라졌다. 나이 많고 더욱 예의바른 (그리고 품위 있는) 비평가들은 히치콕의 신작이 온화하고 재미있다고 느꼈다. 예를 들어, 『뉴욕타임스』의 빈센트 캔비는 영화를 "분위기 면에서 사려 깊고 신중하며 너무나 기품이 있어서, 우리는 그가 훌륭한 유머로 우리를 얼마나 즐겁게 해주는지를 깨닫기도 전에 연기에 빠져들게 된다"고 묘사했다.

젊고 더욱 공격적인 평론가들은 보통 〈가족음모〉를, 『타임』의 제이 콕스의 표현대로, "통속적이고 활기가 없으며 서투르다"고 봤다. 또는 잡지 『뉴욕』의 존 사이먼에 따르면, '〈찢어진 커튼〉과 〈토파즈〉보다 덜 건방지고 모순도 덜하며, 〈마니〉보다 덜 우스꽝스럽고 〈프렌지〉보다 덜 불쾌한' 반면 "히치콕의 신작은 아주 좋은 영화는 아니다." 사이먼은 어니스트 레먼도 '실제 이상으로 미화된 작가'로 몰아붙였다.

감독을 숭배하면서 자란, 그리고 그의 작품들에서 (아무런 의도가 없었더라도) 뉘앙스와 상징을 발견한 작가주의자와 시네아스트들은 〈가족음모〉를 순수한 히치콕의 영화로 봤다. 조너선 로젠바움이 『사이트 앤 사운드』에 쓴 표현에 따르면, 〈가족음모〉는 '지루한 순간이라고는 찾아보기 힘든 믿기 어려울 정도로 부드럽고 경쾌한 코미디'였다.[37]

히치콕의 팬들과 학자들에게 영화의 가치가 시간이 흐르면서 높아져가고 있기는 하지만, 오늘날 대부분의 사람들은 〈가족음모〉를 시시한 영화로 본다. 빌 크론은 저서에서 〈가족음모〉를 정확한 히치콕 스타일의 영화로 기술했다. 감독이 평소의 리얼리즘과 꼬리표를 벗겨내면서 그의 영화에 대한 모든 기대를 무시해버렸기 때문이다. 크론은 '처음부터 끝까지 미장센을 상쾌하게 실험한 영화'라고 열광적으로 썼다. "새로운 타입의 연기자들이 연기한 캐릭터들은 카메라 앞에서 이리저리 옮겨다녀도 좋으며 미디엄 숏과 미디엄 클로즈업으로 이뤄진 비주얼의 세계에서 자신들의 삶을 창안해내도 좋다는 허락을 받으면서, 히치콕이 빼곡하게 구도를 잡은 프레임의 종종은 질식할 듯한 제약에서 해방됐다.(히치콕은 제대로 된 클로즈업이 이토록 적은 영화를 한 번도 만든 적이 없었다.)" 크론은 히치콕이 유작에서 '영화에 관해 그가 품고 있던 원칙들을 뒤집고,' 존 포드와 찰리 채플린, 장 르누아르가 만든 최근의 영화들인 "〈7명의 여자〉(1966), 〈뉴욕의 왕〉(1957), 〈장 르누아르의 작은

37 프랑수아 트뤼포는 영화를 간접적으로 옹호한 글에 이렇게 썼다. "히치콕이 특별히 매력을 느낀 것은 특정 기하학적 도형에서 다른 도형으로 이어진 경로였다. 우선, 두 개의 평행적인 이야기들이 소개된다. 그다음에 그들 사이의 간격이 점차로 좁아지다가 마침내는 서로 맞물리면서 단일한 이야기로 끝을 맺는다."

극장〉(1971)과 더불어 영원한 젊음을 누릴 작품에 속할 영화를 만들었다"고 썼다.

〈가족음모〉가 개봉한 직후, 알마 레빌은 심각한 뇌졸중을 일으켜 신체에 심한 손상을 입게 되면서, 24시간 내내 상태를 확인하는 간호사들과 여러 종류의 치료전문가의 도움 아래 집에만 묶여 있어야 하는 처지가 됐다. 처음 몇 달 동안 히치콕은 그녀를 체이슨 레스토랑에 일주일에 한 번은 데려가려고 노력했지만, 그녀는 힘센 이의 부축 없이는 걸을 수가 없었고, 히치콕 역시 더 이상은 걸음걸이가 쉽지 않았고 멀리 걸을 수도 없었다. 친한 친구들에게 쓴 편지에서, 히치콕은 자신의 상황에 대해서는 불평을 늘어놓지 않으면서 알마의 상태를 솔직하게 밝혔다. 집에는 간호사들과 요리사 한 명이 묵을 수 있는 방이 없었다. 그래서 체이슨에서 음식배달이 시작됐고, 히치콕 자신이 일주일에 3번씩 요리를 맡았다. 그는 마이클 밸컨에게 보낸 편지에 이렇게 썼다. "그 오랜 세월 동안 약간의 부를 축적했는데도 78살이 돼가는 내가 결국에는 주방의 요리사가 됐다는 사실이 거의 믿어지지가 않습니다!"

1976년 후반부의 대부분을 히치콕은 사무실의 일과를 대폭 줄이고 알마를 치료하는 일에 전념했다. 1977년 초엽에 히치콕은 그녀가 영구적으로 집을 벗어날 수 없는 신세라는 사실을 받아들여야만 했다. 그는 54번째 장편영화에 착수하는 문제를 심각하게 밝히기 시작했다.

특별한 의도가 없었던 〈가족음모〉의 주된 관객이 작가주의자와 시네아스트들이었다는 사실이 그로서는 특히 불쾌했다. 히치콕은 박스오피스에서 거둔 성적을 늘 자랑스러워했는데, 〈가족음모〉는 히치콕의 53번째 영화와 유사점을 지닌 또 다른 괴상한 코미디인 〈해리의 소동〉 이래 가장 덜 성공한 영화였다. 박스오피스 랭킹 26위는 당혹스러웠다. 정상—관객을 동원하는 승자의 자리—에서 내려와야 한다는 것은 그가 새 영화를 만들어야겠다는 겉보기에는 굳은 결심을 하는 남모를 이유 중 하나였다.

그는 한동안 디트로이트를 배경으로 한 엘모어 레너드의 하드보일

드 범죄소설 『미지의 남자 89번』을 염두에 두었다. 그러나 그 문제를 고민해본 후, 히치콕은 과거의 실패가 남긴 흔적을 씻어버리기 위해 리얼리스틱한 제임스 본드를 찍어야겠다는 강박관념에 다시 매달렸다. 그는 유니버설이 10년쯤 전에 그를 위해 구입했던 또 다른 냉전소설을 집어들었다. 〈찢어진 커튼〉, 〈토파즈〉와 마찬가지로 갈등을 느끼는 아내를 둔 이중간첩과 관련된 이야기였다. 1968년에 출판된 로널드 커크브라이드의 소설 "짧은 밤"은 영국외무부를 위해 일하는 한편으로 영국요원들을 배신한 이중간첩 조지 블레이크의 실화를 토대로 한 작품이었다. 체포돼서 유죄판결을 받은 블레이크는 1966년에 웜우드스크럽스 교도소를 과감히 탈출해서 소련으로 도망쳤다.

소설에서 도망자는 모스크바로 가는 길에 아내와 자식들이 기다리고 있는 핀란드의 외딴 섬에 들른다. 형(이중간첩의 희생자 중 한 명)의 복수를 꾀하는 미국 요원이 그보다 먼저 와서 기다리다가 변절자의 아내와 사랑에 빠진다.

히치콕은 실제 블레이크 사건에 매료됐다. 영화의 사실성을 높이기 위해 감독은 같이 탈옥했던 숀 버크가 탈옥에 대해 쓴 논픽션 『조지 블레이크의 도약운동』의 권리도 사들였다.

1977년 5월 첫 주에 히치콕은 유니버설이 추천한 작가와 함께 시나리오 작업에 착수했다. 제임스 코스티건은 캘리포니아 토박이로, 에미상을 수상한 텔레비전용 영화 〈폐허 속의 사랑〉(1975)과 〈엘리노어와 프랭클린〉(1976)의 각본을 쓴 작가였다.(히치콕은 로렌스 올리비에와 캐서린 헵번이 출연하고 조지 쿠커가 연출한 〈폐허 속의 사랑〉에 특히 흥미를 느꼈다.) 코스티건은 장황한 수다, 스테이크와 커피가 나오는 점심, 히치콕 영화들의 시사회로 이루어진 통상적인 대접을 받았다. 벨라지오로드가 사실상 병동이나 다름없었기 때문에 이 모든 일은 유니버설에서 행해졌다.

6월에, 히치콕은 영국의 왕립예술칼리지에서 수여하는 명예박사학위를 거절하는 내용의 편지를 밸컨에게 썼다. 편지에서 그는 자신의 건강문제는 언급하지 않으면서, 알마와 결정이 안 된 프로젝트와 까다로운 작가 등 그가 해외여행을 할 수 없도록 막는 이유들을 모조리 설명했다. 히치콕은 코스티건이 평판이 좋기는 하지만, 계약체결시 선금으로 15만 달러를 주기로 합의했다고 설명했다. 그렇기 때문에 두 사람은 뜻이 맞지 않는 경우에도 억지로라도 어울려야만 했다. 감독은 코스티건이 "영화적이지 않은 데다가 지독히도 고집이 세기 때문에, 글을 대단히 강조하는 경향에서 멀어지도록 그를 지도하려는 시도를 하고 있다"고 불만을 토로했다. 한술 더 떠 그들의 '난점'은 복수를 추구하는 미국인과 탈출한 스파이의 아내 사이의 로맨스라는 '이야기의 가장 흥미로운 부분'과 관련이 있었다. 히치콕은 푸념하듯 적었다. "그녀가 블레이크랑 결혼했고, 그의 아이까지 둘 두고 있다는 이유에서랍니다. 필비는 어땠습니까? 버제스와 맥클린은 어땠고요? 그들에게는 아내가 없었습니까?"

(백지로 시작해서 일련의 작가와 원고를 거치면서 아이디어를 공들여 짜내는) 히치콕이 선호하는 영화제작방식은 항상 이용 가능한 시간과 돈의 함수였다. 그런데 이제 감독은 힘든 질문에 직면하고 있었다. 그는 새 작가와 일을 시작할 정도로 시간이 충분한가? 그에게는 코스티건에게 급료를 주고 간단히 해고하는 것으로 스튜디오를 따돌릴 정도의 경제적 여유가 있는가?

편지에서 개인적인 딜레마를 검토한 히치콕은 업계의 딜레마도 검토했다. 그는 MCA가 은행에 1억 5,000만 달러를 예치해두고 있고, 주가는 '그 어느 회사보다도 높은' 40달러라고 적었다. 〈조스〉는 유니버설의 주가를 올렸고, 〈스타워즈〉는 20세기폭스의 주가를 띄우고 있었다. 그는 "영화를 만드는 것은 룰렛을 하면서 공이 0 대신 35번에 떨어지기를 바라는 것과 비슷하게 보입니다. 영화계 전체가 운에 의존하게 됐기 때문입니다"라고 논평했다. 그는 침울하게 밝혔다. "내가 그린 그림을 통해 그들이 어디에 몰두하고 있는지를 알 수 있을 겁니다."

그와 코스티건은 히치콕이 두 손을 들고 작가에게 급료를 지불하고 해고하기 전까지 짧은 동안만 같이 일했다. 기침감기와 요통, (이제는 무릎에 직접 놓는) 코티존 주사로 점철된 여름이 그 뒤를 이었다. 히치콕은 안타까운 모습이 된 알마도 챙기고 있었다. 8월 중순에 어니스트 레먼이 "짧은 밤"을 이어받았다. 히치콕은 그래도 나를 잘 아는 악마가 더 낫다고 결정하고, 〈가족음모〉를 집필하면서 생겼던 과거의 의견불일치는 일단 제쳐놓기로 했다.

레먼은 히치콕의 54번째 영화에 필요한 희망과 원기라는 주사를 놨다. 이제 힐턴 그린, 로버트 보일, 앨버트 휘틀록, 노먼 로이드가 프리프로덕션 회의에 모습을 나타냈다. 보일과 로이드, 다른 사람들이 배경을 촬영하기 위해 핀란드로 날아갔다. 히치콕은 "짧은 밤"의 일부를 로케이션으로 촬영하겠다고 말했지만, 사람들은 그가 그것을 해낼 수 있을지, 그리고 그가 알마 없이도 외국으로 나갈 수 있을지 궁금해했다. 사람들은 로이드가 보조촬영진을 연출하면서 그 공백을 메울 것이라고 예상했다.

계속해서 히치콕에게 충실했던 그레이스 왕자비가 11월에, 그리고 2월에 다시 히치콕 부부를 보러 왔다. 그러나 일 때문에 사무실에서 방문객을 맞는 일은 거의 없었고, 대부분의 날의 일정표에는 지극히 간단한 내용만 적히게 되었다. '오전 11시, 어니; 12시 30분, 점심.' 복수를 꾀하는 요원이 스파이가 탄 기차를 쫓아가는 내용으로 영화의 끝 부분에 등장하는 복잡한 크레셴도를 묘사한 첫 스토리보드가 작성됐다. 촬영하기 힘든 장면이라는 전망이 결국 히치콕이 핀란드에 가지 못하도록 만들었다. 그래서 로이드는 열차 장면들도 연출하기로 합의했다.

논의의 주제가 캐스팅으로 옮겨졌다. 워너브러더스와 계약을 맺기 위해 유니버설을 떠난 클린트 이스트우드는 스튜디오가 다시 데려오고 싶어 하는 스타였다. 히치콕은 이스트우드와 점심을 먹었고, 배우는 복수의 임무를 수행하는 미국인이라는 클린트 타입의 주인공이 등장하는 히치콕 영화에 관심을 보였으나, 자신의 프로젝트에 관여하고 있던 그는 시간을 낼 수가 없었다. 미국인 정보요원이 스코틀랜드인으로 바뀐다면 일단 숀 코너리를 주인공으로 예정하고, 아마도 리브 울만이 변절자의 아내를 연기하면 좋을 것이다.

히치콕과 레먼은 낙관론이 사그라지기 전까지는 한동안 잘 어울렸다. 블레이크 캐릭터가 여자를 강간하고 살해하는 소설 속의 한 장면을 놓고 감독과 레먼의 의견이 첨예하게 대립했다. 히치콕은 그 장면을 남겨놓기를 바랐고, 레먼은 그 장면을 쓰는 것을 거부했다.(나중에 데이비드 프리먼이 히치콕의 명령에 따라 그 장면을 넣게 된다.)

그러자 히치콕은 시나리오에 또 다른 작가가 필요하다고 결정했다. 그것은 핑계에 불과한 것인지도 모른다. "그는 줄거리를 이해할 수가 없었습니다"라고 로이드는 말했다. "아무도 줄거리를 이해하지 못했어요. 그게 진부한 이야기라는 것을 히치보다 잘 아는 사람도 아무도 없었습니다. 그는 그 작품을 11년 동안이나 보류해왔습니다. 흥미롭게도 그것을 영화로 만드는 이야기를 하는 동안, 우리는 계속 다른 무엇인가를 찾고 있었습니다."

1978년 7월에 로이드가 책임을 맡았다. 그는 히치콕과 날마다 만나서 레먼의 시나리오를 수정하고 신선한 콘티를 짜냈으며, 참신한 연구조사와 로케이션 아이디어들을 섞어넣었다. 그런데 폐 울혈, 발작적인 현기증, 거듭된 낙상으로 인해 히치콕의 병세는 꾸준히 악화됐다. 히치콕은 한동안 통증으로 몸을 비틀거리면서 벽을 붙잡고 간신히 사무실 현관을 내려왔다고 로이드는 회상했다. 그런데도 그는 여전히 지팡이 사용을 거부했다. 어느 날 로이드와 조지프 코튼은 감독을 모시고 오래간만에 스튜디오 밖에서 점심을 먹었는데, 두 사람은 먹는 것이 예전 같지 않은 감독의 모습에 충격을 받았다. 그의 식욕은 사라졌고 심지어 시가를 피우는 취미조차 잃었다. 그는 시가를 내려놓기 전에 2번 빼끔거리기만 했다.

어느 날 감독은 "있잖아, 노먼, 우리는 이 영화를 만들지 못하게 될 거야"라고 말해서 로이드를 깜짝 놀래켰다. "왜 그런 말을 하세요, 히치?" 로이드가 항변했다. "감독님은 방갈로도 있고, 운전사도 있고, 편집기사도 있고, 스태프도 있어요. 밥 보일이 스케치 작업을 진행 중이고요…… 왜 그런 말을 하시는 거예요?" 히치콕은 맥없이 대답했다. "왜냐하면, 필요하지 않기 때문이지." "그는 현실을 직시하는 삶의 시기에 도달했던 겁니다." 로이드의 회상이다.

그렇기는 해도 시나리오 논의는 계속됐다. 그런데 기다란 콘티를 3분의 2 정도 작업하던 9월 말에, 히치콕은 그들이 실제 시나리오에 착수해야 한다고 발표해서 로이드를 놀래켰다. 그날 히치콕은 이렇게 느린 작업속도로는 사실상 "짧은 밤"을 결코 만들 수 없다는 것을 갑자기 깨달은 듯했다.

패닉 상태에 빠진 로이드가 재빨리 말했다. "저는 아닙니다. 저는 우리가 그럴 준비가 됐다고는 생각하지 않아요." 그는 히치콕의 얼굴에 비친 배신감을 놓칠 수가 없었다. "그는 나를 알지도 못했던 것처럼 그 자리에서 나와 의절했습니다." 로이드의 회고다. "그에게는 그럴 권리가 있었습니다."

이튿날 로이드는 사무실을 찾아왔지만, 히치콕의 문은 그에게는 닫혀 있었다. 사흘에서 나흘 동안은 감독에게 로이드를 만나라고 설득할 수 있는 사람이 아무도 없었다. 마지막 날에야 히치콕의 문이 열렸고, 로이드는 안으로 들어갔다. 그는 사과하면서 자신이 마음을 고쳐먹었다고 말했다. 히치콕은 손에 시나리오를 들고 연필을 붙잡고 앉아 있었다. "히치." 로이드가 입을 열었다. "저는 정말로 이 영화를 감독님과 작업하고 싶습니다." 그는 퉁명스럽게 말했다. "신경쓰지 말게. 나 혼자 해낼 수 있으니까." "나는 결코 나 자신을 용서하지 않았습니다." 로이드의 회고다.

그런데 사실 히치콕은 영화를 혼자서 만들기를 원치 않았다. 히치콕 여사가 개입하지 않는 영화를 말이다. 알마는 몸이 괜찮은 날에는 휠체어에 앉거나, 거실에 있는 창문 앞 장의자에 몸을 기댔다. 히치콕이 친구에게 보낸 어느 편지에서 쓴 내용대로, 그녀는 『타임』과 『뉴스위크』, '그리고 때로는 책'을 읽는 것을 즐겼다. "물론 책을 읽는 것은 끔찍하게 지루해질 수도 있죠. 그런데 그녀는 8인치짜리 소니 컬러텔레비전을 가지고 있어요. 작동이 아주 잘 되기 때문에, 그녀는 프라임타임에 그걸 켜놓습니다."

슬픈 현실을 명랑하게 해석한 문장이었다. 히치콕은 1978년 10월에 그를 보러 들른 배우 배리 포스터에게 유니버설에 있는 사무실로 출근할 때마다 알마는 혼자 남겨진 것에 상처를 입고 화가 난다는 듯 행동한다고 말했다. 포스터에 따르면, 히치콕이 벨라지오로드에서 아내에게 작별인사를 하면 알마는 남편을 향해 '욕설과 상스러운 말을 계속' 쏘아댔는데, "가여운 영혼인 그녀는 자신이 무슨 짓을 하는지를 몰랐고, 히치콕은 어쩔 줄을 몰라했습니다."

히치콕은 영국에 있는 친척에게 쓴 편지에서 이렇게 인정했다. "나는 영화를 준비하고 있습니다. 그런데 상상할 수 있겠지만, 78살 먹은 알마의 상태는 만사를 우울하게 만듭니다." 그런데 그는 자신의 '상태'에 대해서는 농담을 하는 것이 보통이었다. 85살의 누나 넬리 잉그럼에게 1978년 11월 말에 보낸 편지에서, 그는 최근에 욕실에서 낙상한 사실을 히치콕 특유의 디테일과 코미디를 덧붙여 묘사했다. 그는 장면을 이렇게 설정했다. 하얀 대리석 바닥. 그가 밟고 미끄러진 카펫. 큰 휘청거림. 그로 인해 그는 샤워실 문을 향해 뒤로 넘어짐. 머리와 어깨는 벽에 부딪히고 나머지 몸뚱어리는 강하게 바닥으로 떨어짐. 야간간호사('아주 단정하게 머리를 깎은 작은 여자')가 의료보조자들을 부르는 전화를 걸었고, 그들은 소방용 헬멧을 쓴 젊은이와 함께 도착했음.("그래서 나는 혼잣말을 할 수 있었습니다. '저 사람은 여기 왜 온 거지? 나는 화재현장에 있는 게 아닌데.'")

앰뷸런스는 감독을 병원으로 급히 이송했고, 병원에서 "나는 곧바로 발가벗겨졌어요. 병원 가운을 입고는 X-레이실로 옮겨졌죠. X-레이 검사를 받았는데 모두 괜찮은 듯 보였어요. 목이 부러지거나 하지는 않았지만, 머리와 어깨와 등이 굉장히 아팠다는 얘기를 누나에게 꼭 해야 되겠네요."

이제는 집과 사무실의 그가 다니는 모든 곳에 난간이 설치됐고, 그는 지팡이를 사용하기 시작했다. 편지의 나머지 부분은 그런 상황에서도 가급적 명랑하고 다정한 내용으로 채워졌다. 그의 개(이름이 새러인 웨스트 하일랜드 테리어)와 손녀에 대한 뉴스, 그리고 성직자 체통에 어울리지 않는 논평을 한 성직자에 대한 장황하고 긴 일화가 그 내용이었다. 히치콕은 현재의 끔찍한 사건들과 '우리가 신문에서 읽는 모든 일들'에 대해서는 언급하지 않겠다고 맹세하면서, 넬리에게 조만간에 '용돈'을 보내겠다고 말했다.

노먼 로이드가 떠나고 그다음 작가인 데이비드 프리먼이 도착하는 사이에 석 달이 흘렀다. 프리먼은 1978년 12월 7일에 점심을 먹으러 히치콕의 사무실을 찾아왔다.

감독은 유니버설에 이렇게 말했다. "젊은 사람을 찾아주게." 시나리오를 혼자 쓰려고 노력도 했지만, 혼자서 떠들어대거나 젊은 비서에게 구술하는 것은 외롭고 재미없는 일이었다. 아무리 예쁜 비서라고 하더라도 그가 하는 여담이나 언급하는 작품들을 다 알아듣지는 못하니까.

클리블랜드 출신인 프리먼은 30대 후반이었다. 그는 희곡과 시나리오 집필로 돌아서기 전까지는 잡지 기자로 일했다. 그가 쓴 〈제시와 밴디트 퀸〉은 1975~1976년 시즌의 오프브로드웨이 히트작이었다. 게다가 그는 스튜디오영화들의 시나리오를 수정하는 일도 상당히 많이 했다. "내가 작업했지만 크레디트에는 오르지 못한 유니버설 영화는 최근에 떼돈을 벌었습니다." 프리먼의 회상이다. "파라마운트에서 작업한 〈첫사랑〉은 최근에 극장에 걸렸죠."

프리먼은 그가 도착하자 비서들이 "정신없어 했다"고 기억했다. "히치콕 감독님이 나만 기다리고 있었던 게 아닌 것 같았습니다. 스튜디오의 제작책임자인 톰 마운트도 기다리고 있었나 봐요. 마운트는 그 얘기를 듣지 못했던 겁니다. 스튜디오 곳곳에 미친 듯이 연락을 해댄 후에야 마운트의 소재가 파악이 됐고, 그는 막판에 계획을 바꿀 수 있었습니다." 마운트를 기다리는 동안, 프리먼은 히치콕에게 소개됐다. 그가 받은 첫인상은 '아주 뚱뚱하고' '피부에 주름이 거의 없는' 땅딸막한 남자였다. "텔레비전에서는 잘 드러나지 않았기 때문에 우스꽝스럽게만 여겨졌던 유명한 무표정한 눈은 흐릿한 눈빛으로 나를 쳐다봤는데, 이제는 약간 더 느슨해지고 경계심이 덜하며 꾸며낸 티가 덜했습니다. 희망적인 징조였죠. 우리는 악수를 했고, 그는 탈옥과 남미에 대한 독백을 즉시 시작했습니다. 거의 앞뒤가 맞지 않는 이야기였습니다."

마운트가 도착한 후, 세 사람은 몇 계단 아래에 있는 전용식당으로 향했다. "히치콕은 며칠 전에 이 계단에서 넘어졌다고 말했습니다. 이제 거기에는 난간이 있었는데, 그는 그게 필요했습니다." 테이블에는 스테이크와 커피가 놓여졌다. "우리가 먹는 동안, 그는 계속해서 여러 가지 독백을 쏟아냈습니다. 모두 흥미로운 얘기였지만, 할리우드에서 시간을 좀 보내다 보면 읽거나 들을 수 있는 종류의 이야기였습니다. 진실은 내가 불편하다고 느끼기 시작했다는 겁니다. 나는 내가 왜 여기 있는지를 그가 모르는 걸까? 하고 생각하기 시작했습니다. 그는 내가 그를 인터뷰하러 왔다고 생각하는 걸까?"

마운트는('영국의 돼지푸주한들에 대한 얘기와, 돼지가죽살을 가장 잘 준비할 수 있는 방법에 대한 애기'에 돌입한) 히치콕의 화제를 영화 프로젝트 쪽으로 매끄럽게 이끌었다. 대화의 폭이 좁아졌다. "그도 아이디어가 있었고, 나도 아이디어가 있었습니다." 프리먼의 회상이다. "우리는 이 점에는 합의하고 저 점에는 동의하지 않았습니다. 그의 표정이 밝아졌고, 목소리도 놀랄 정도로 나아졌습니다. 경이적인 일이었습니다. 1분 전만 해도 나는 이 프로젝트가 제대로 돼가지 않을 거라고 확신하고 있었는데, 이제는 시나리오가 형태를 갖춰가고 있다고 느낄 수 있었습니다."

그들은 다음 월요일에 다시 만나서 회의를 하기로 합의했다. 그날부터 그들은 54번째 히치콕 영화를 놓고 5달에 걸친 협동작업을 시작했고, 프리먼은 저서 『앨프레드 히치콕의 마지막 나날들』로 그 기간을 기록에 남겼다. 프리먼은 자신이 그런 책을 쓸지도 모르며, 그가 일지를 작성하고 있다고 히치콕에게 솔직히 털어놨다. 상상해보라. 나날이 망가져가는 자신의 모습이 후대를 위해 기록되고 있다는 것을 히치콕이 알았다는 것을. 감독은 프리먼의 의견을 승인하거나 하지는 않았지만, 프리먼은 "그가 내 애기를 들었다고 생각한다"고 말했다. 프리먼은 나중에 그들 사이에 벌어진 일들 중 일부는 후대를 위해 의도된 것이 아닌지 의심했다.

프리먼에 따르면, 어니스트 레먼의 시나리오와 프리먼의 시나리오의 커다란 차이점은 레먼은 탈옥 이후부터 영화를 시작해서 '블레이크를 추적하는 미국인인 영화의 주인공에 초점을 맞춘' 반면에 프리먼은 영국에서 변절자가 감옥을 탈출하는 것부터 시작했다는 점이었다. "주인공의 적수가 얼마나 의지가 굳은 인물인지를 보여주겠다는 아이디어였습니다." 프리먼이 한 말이다. "특정 방식으로 이야기를 시작했다가 주된 이야기를 시작할 수 있게 갑자기 그 이야기를 멈추는, 히치콕이 과거에 써서 좋은 결과를 얻은 내러티브 장치를 따르겠다는 아이디어이기도 했죠."

히치콕은 프리먼의 표현에 따르면, '벽은 얼마나 높은가, 교도소 안뜰의 형태는 어떤가, 죄수들은 어떤 종류의 유니폼을 입는가' 같은 구체적인 디테일들을 조사하려 드는 오랜 세월 동안 이어온 욕구를 내보였다.(예를 들어, 블레이크 캐릭터가 탈옥에 줄사다리를 사용했다면 그 줄은 어떤 종류여야 하는가? 황마로 만든 줄?) 더 이상은 런던을 방문할 수 없게 된 히치콕은 확대지도를 주문한 다음 지도를 배에 올려놓고 돋보기로 지도를 연구했다.

프리먼이 보기에, 히치콕은 그런 자잘한 일들에 집착하는 듯 보였다. "영화 전부를 스튜디오에서 찍을 건데도 말입니다. 스타니슬라브스키가 무대세트에 대해 했던 격언이 떠오르더군요. 거실은 관객 모두에게 보일 것이다. 그러나 연출가와 배우들은 린넨이 쳐진 벽장 안에 무엇이 있는지에 이르기까지 무대 뒤쪽에 있는 가상의 공간에 대해 반드시 알고 있어야 한다." 프리먼에 따르면, "그는 훌륭한 연기를 자아낼 지엽적인 것들을 빼곡하게 창조해 나가면서 작업에 빠져들어 갔습니다. 히치콕은 그의 영화들에 나오는 유명한 시퀀스들을 작업하는 것과 같은 방식으로, 시나리오를 준비할 때도 일반적인 것에서 시작해서 특별한 것으로 파고들었습니다." 그는 "우선은 (특이한 곳일 경우에는) 장소를, 그런 다음에는 사람을 규정한 다음 —논의의 대부분은 포괄적이고 사변적이었다— 우리의 이야기를 끌고나가게 될 사람들에 관한 디테일을 규정했습니다. 일반적인 것에서 특별한 것으로, 가장 멀리 있는 것에서 가장 가까이 있는 것으로 진행한 게 확실합니다."

디테일의 추구는 '강박관념에서 비롯된 약간은 엉뚱한 일'이기도 했지만, 프리먼은 그런 작업을 한 이유가 부분적으로는 '실제 시나리오 집필을 피하기 위한 것'이라고 판단했다. 히치콕은 지루하거나 힘겨운 날이 되면 '연애의 본질'에 대한 논의로 화제를 바꿨는데, 보통 그런 화제는 그의 좋지 않은 기분을 완화시켜줬다. 복수를 추구하는 인물이 변절자의 아내와 사랑을 나눈다. 히치콕은 이 아이디어에 흥분했다. 프리먼이 '히치콕의 과거 작품에 등장했던 그 어떤 장면보다도 노골적인, 강박적이고 인생을 바꿔놓고 영혼을 변화시키는 섹스'에 대한 비전을 제시하자 히치콕은 반응을 보였다. "그래, 그래. 그건 먹힐 거야. 아주 짜릿해."(프리먼은 "내가 받았던 찬사 중에서 가장 뛰어난 찬사였다"고 회상했다.)

어느 날, 핀란드의 섬에 있는 오두막에서 두 연인이 함께하는 장면에 대해 논의하던 중에, 히치콕은 X등급을 받을 만한 행동을 시각화했다. "연인들은 각기 방 반대편에서 서로를 마주보며 앉아 있어." 그는 읊어나갔다. 그러면서 그들은 가운을 열어놓고 있다고 덧붙였다.(프리먼: "그는 말을 멈추고는 그 장면을 음미한 다음, 가운을 열어놓고 있다고 반복해서 말했다.") "그들은 가운을 열어놓고는 서로를 쳐다보네." 히치콕은 음탕한 미소를 지으면서 말을 계속했다. "바깥에 있는 만으로 작은 보트가 다가오고 있네. 수평선에서 이쪽으로 오고 있는 거지. 연인들은 남편이 다가오고 있다는 것을 알아. 그들은 남편이 탄 보트의 모터소리를 들을 수 있어. 수평선에서 가까워질수록 소리는 더 요란해지네. 그들은 서로를 바라보다가 각자 자위를 시작해. 카메라는 그들의 눈 가까이로 움직이네. 그들의 눈이 스크린을 채우는 동안 모터소리는 커져가네."[38]

프리먼에 따르면, 히치콕은 말을 하는 동안 다리를 벌렸고, 그러면서 지팡이가 바닥에 쓰러졌다. 주연 여배우의 헤어스타일에 늘 신경을 썼던 감독은 XXX급의 화려한 연출로 이 장면의 묘사를 끝마쳤다. "오르가즘을 느낀 후, 남자는 상아로 된 빗을 들고 여자의 음모를 빗질해줘야 하네." 프리먼에 따르면, 실제로는 "짧은 밤"을 위해 의도된 것이 아닌 이 장면은 "개인적인 비전이었고, 진심에서 우러난 명랑하고 진실하며 진정한 홈 무비였습니다. 논의는 포르노에 대한 일반적인 수다로 이어졌습니다. 나는 그에게 섹스 도구를 파는 할리우드 가게인 플레저 체스트에 대해 얘기해줬습니다. 산 페르난도 밸리에 사는 주부들은 장바구니를 들고 복도를 걸어 내려가서는 바이브레이터와 딜도를 산다는 얘기도 해줬죠. 그게 사실인지는 아무도 모르는 일이지만, 그는 그 얘기에 깜짝 놀라했습니다. 그리고 그는 그런 놀라움을 즐겼습니다."

다른 사건들과 더불어 이런 폭로적인 사건을 겪은 작가는 히치콕이 '최소한 인생의 말년에 얻으려고 기를 쓰는' 디오니소스적인 쾌락을 키우고 있다고 믿게 됐다. 프리먼은 히치콕이 그들 부부는 '관계'를 '오랜 세월 동안' 맺지 않았다고 고백하는 것을 들으면서 당황한 아마도 마지막 지인이었을 것이다. 프리먼은 나중에 이렇게 회고했다. "그는 자기 작품의 절대적인 기초였던 섹스와 정욕이 그의 결혼생활의 일부가 아니었다는 것을 후세가 알아주기를 바랐던 것이 분명했습니다. 그는 분명히 이렇게 말하려고 노력하고 있었습니다. '나는 내 영화이고, 내 영화는 나다. 당신들이 그중 어느 쪽이건 알고 싶다면, 내 영혼의 유산인 그것들을 보라. 내 괴상하고 보기 흉한 몸뚱어리가 아니라. 내 영화들은 나와 조금도 다르지 않다.'"

두 사람이 임시로 벨라지오로드로 장소를 옮겨 논의를 하고 그 자리에 알마가 합석하겠다고 동의한 어느 날, 히치콕은 기운이 넘치는 듯 보였다. 허약하고 구부정한 히치콕 여사는 간호사의 도움을 받아 서재로 들어왔다. 프리먼은 알마가 '허약해졌다는 사실에 정말로 분노하는 듯' 보였다고 회상했다. 그리고 그날, 감독은 이전에 했던 시나리

38 히치콕은 그의 특징대로 이 장면을 오랜 세월 동안 꿈꿔왔다. 사실은 15년 전쯤에 트뤼포에게 이 장면에 대한 변형을 들려주기도 했다. "러브신을 놓고 할 수 있는 작업이 대단히 많습니다. 내가 할 수 있기를 바라는 러브신은 두 사람이 방 맞은편에 앉아 있는 러브신입니다. 이 장면은 불가능하다고 나는 생각하는데, 그들이 서로에게 사랑을 표현할 수 있는 방법은 상대방에게 자신의 몸을 보여주는 것밖에는 없기 때문입니다. 남자는 지퍼를 열어놓고 여자는 스커트를 들어올려서요. 그리고 장면과 대조적인 대사로 장면을 강조하는 거죠."

오 논의 때에는 한 번도 보여준 적이 없는 활기를 보였다. 프리먼은 이렇게 회상했다. "그는 그녀를 위해 자랑스러운 모습을 보여주고 있었습니다. 그의 작업을 으스댔습니다. 그는 이런 말을 하는 듯했습니다. '봐요, 나는 아직도 이 일을 할 수 있소. 우리에게는 미래가 있어요. 또 다른 영화를 작업할 거란 말이오. 작업을 할 만한 가치가 있어요.'"

그러나 히치콕과 프리먼은 대부분의 날을 스튜디오에서 작업했다. 어여쁜 젊은 비서가 때때로 자리에 앉아서 그들의 말을 노트에 기록하고, 가끔은 페기 로버트슨도 합석했지만, 두 사람만 작업하는 것이 보통이었다. 힐턴 그린, 로버트 보일, 앨버트 휘틀록이 미팅에 왔지만 다른 손님은 드물었다. 그는 스태프들과 친했지만, 가까운 친구로 지내지는 않았다. 보일은 히치콕을 위해 일하는 동안 벨라지오로드에서 많은 시간을 보낸 적이 없었다. 휘틀록은 이렇게 밝혔다. "여러 사람들이 나를 히치콕의 친구로 알고 있지만, 나는 그 때문에 항상 '친구 수수께끼' 같은 기분을 느꼈습니다. 존 러셀 테일러가 쓴 전기는 나를 오랜 친구이자 동료라고 언급했는데, 이건 나에 대한 다른 언급들과 마찬가지로 히치콕 감독이 한 얘기가 분명하겠지요. 나는 그에 대해서는 별다른 주장을 하지는 않겠습니다. 히치는 내게 그 내용이 담긴 페이지에 표시를 해놓은 헌정본을 (책 앞의 백지에 그의 캐리커처를 그려넣어서) 보냈습니다."

사실, 그의 오랜 진정한 친구들은 업계에서 은퇴하거나 멀리로 떠났다. "그의 이름을 부르려는 사람도 없었고, 그도 옛 친구들이 그럴 때 기뻐할 일도 없었다"고 프리먼은 썼다.

히치콕은 자택의 침실 선반에 놓인 약병 50여 병을 프리먼에게 보여주면서, 욕실에 절반 정도의 약병이 더 놓여 있다고 말했다. 관절염(그는 관절염을 '내 친구 아서'라고 불렀다)은 계속 악화됐고, 이제 감독은 휠체어나 자동차에 오를 때 부축을 받아야만 했다. 사무실에도 약이 놓여 있었다. 그리고 사방 천지에 술이 있었다.

프리먼의 표현에 따르면, 그의 음주는 '심각하게 악화됐다.' 점심에는 와인이 등장했고, 오후 휴식을 취할 때에는 항상 보드카와 오렌지

주스가 나타났다. 그 사이 시간에 히치콕은 '길거리의 술꾼이나 되는 것처럼' 사무실 화장실에 종이봉지에 담긴 브랜디 병을 놔뒀다고 프리먼은 기억했다." 그는 항상 술 한 모금 마시기 위해 핑계를 대곤 했습니다. 그는 자신의 행동을 창피스러운 일로 생각하는 것 같았는데, 그런 모습 자체가 슬픈 일이었습니다."

1979년 봄 무렵에, 히치콕은 너무 자주 '노망기와 우울증 사이를 헤매고 다니는' 듯 보였고, 그가 정신을 놓을 때마다 어색한 분위기에서 제작 회의를 짧게 중단해야 하는 경우도 잦아졌다. 히치콕은 당혹감과 공포심에 시달렸으나 그의 머릿속에서 "짧은 밤"의 포기와 죽음은 동의어였다. 어느 날 아침에 그는 통증 때문에 눈물을 흘리면서 자신이 죽어간다고 생각했다. "내가 언제쯤 저세상에 갈 거라고 생각하나?" 그는 페기 로버트슨에게 물었다. "언제야?"

마지막 영예 두 가지를 누리기 전까지는 아니었다. 먼저, 1978년 10월에 미국영화협회는 서스펜스의 거장이 정평이 난 평생공로상을 수상할 것이라고 발표했다. 1973년에 제정된 후 존 포드, 제임스 캐그니, 오손 웰스, 헨리 폰다, 베티 데이비스, 윌리엄 와일러가 그 상을 받았다.

히치콕은 AFI의 영예를 수락하겠다는 뜻을 밝히기는 했지만, 그의 입장에서 1979년 3월 7일로 잡힌 헌정만찬은 피하지 않고 막아서야 할 칼날처럼 다가왔다. 그는 곧 있을 행사가 두려웠다. 그 행사는 공개적인 매장작업에 활용될 도구들을 모두 갖추고 있었다. 프리먼에 따르면, "그는 마지막 주가 되기 전까지는 행사를 깡그리 무시했습니다." AFI 행사일이 다가오자, 통증과 음주는 "계속해서 그를 찾아온 듯했다"고 프리먼은 썼다. 감독은 "젊은 비서를 상대로 터무니없이 시시덕거리면서 오랜 시간을 보냈습니다. 그녀가 지나쳐 걸으면, 그는 코를 찡그리면서 그녀에게 추파를 던졌습니다. 그녀는 항상 홍당무가 됐고요."

그는 AFI가 수락연설을 대필할 작가로 파견한 재치 있는 베테랑 작가 핼캔터를 피했다. "그는 캔터와 잡은 약속을 계속해서 취소했습니다." 프리먼의 회상이다. "그러면서 연설을 하는 데 필요한 정보를 거부했습니다."

조지프 맥브라이드에 따르면, 그의 주치의는 이벤트가 있기 전날에 그에게 행사에 참석하지 말라고 만류해서 AFI 담당자들을 '패닉' 상태로 몰아넣었다. 맥 브라이드는 이렇게 썼다. "예비 수단으로 그의 수락 연설은 이벤트가 있던 날 오후에 사전 녹화됐다." 히치콕은 의사에게 반항할 정도의 용기를 내기는 했지만, 녹화된 버전은 나중에 라이브 버전과 교차 편집되어 텔레비전 시청자들에게 '실수 없는 연설이라는 환상'을 주었다. 그러나 꼼꼼히 시청해보면, 그는 녹화된 버전에서는 서 있는 반면 라이브 버전에서는 앉아 있다.

헌정행사가 있던 바로 그날, 팜스프링스에서 프랭크 캐프라가 초대를 거절하는 전보를 보내왔다. "나이 먹은 거물이 다른 거물에게 보내는 메시지였다." 프리먼이 쓴 글이다. "히치는 전보를 손에 쥐고 읽고 또 읽고는 눈물을 흘렸다. 나는 그 눈물이 감상에서 비롯된 것이 아니었다고는 생각지 않는다. 그 눈물은 진심에서 비롯된 것이 분명했다. 그는 그것을 그 자신의 죽음을 입증하는 증거로 보았기 때문이다."

유니버설은 히치콕을 위해 이벤트가 열리는 비벌리 힐튼의 스위트를 예약했다. 그러고는 만찬이 시작되기 전까지 그의 손에서 술잔을 떼어놓기 위해 정신 사나운 핑곗거리들을 만들어내야 했다.

그날 저녁의 공동사회자는 잉그리드 버그먼과 프랑수아 트뤼포였다. 주디스 앤더슨 부인, 테레사 라이트, 제인 와이먼, 존 포사이스, 베라 마일스, 재닛 리, 앤서니 퍼킨스, 로드 테일러, 숀 코너리, 카렌 블랙, 티피 헤드런 등 히치콕 영화에 출연했던 많은 베테랑들을 포함한 눈부신 사람들이 모였다. 바브라 스트라이샌드, 로빈 윌리엄스, 스티브 마틴을 비롯한 할리우드 젊은 세대도 드문드문 있었다.

감독이 행사장에 들어서서 —그가 고집을 부렸던 것처럼— 부축을 받지 않고 테이블로 걸어갔을 때 모두가 기립해서 박수를 쳤다.("그는 장대높이뛰기로 손쉽게 그의 길을 갈 수도 있었을 것이다"라고 프리먼은 회상했다.) '고통스러운 걸음걸이, 벌개져서 헐떡거리는 얼굴, 정면을 바라보는 그의 눈'을 스포트라이트가 커버했다고 프리먼은 말했다.

『로스앤젤레스 타임스』에 따르면, 영예의 수상자가 그의 테이블에 도착하기 전에 딸 팻 히치콕 오코넬의 손에 정중하게 키스하기 위해 잠시 멈췄을 때, 버그먼, 캐리 그랜트, 제임스 스튜어트, 루 와서먼, 번스타인 경 부부, 그리고 사전에 병환으로 인해 참석하지 못할 것이라고 발표됐던 —'용감하게 모습을 나타낸'— 히치콕 여사가 주위를 에워쌌다.(그녀의 남편처럼 알마도 그런 상태로 대중 앞에 나타난다는 사실을 싫어했으나 마지막 순간에 참석하기로 결심했다.)

찰스 챔플린은 AFI 헌정행사들은 제각기 다른 '풍미'가 있었다고 『로스앤젤레스 타임스』에 썼다. "제임스 캐그니의 헌정행사는 너무 멀리 돌아다니다 온 사랑스럽고 야비한 삼촌의 귀가를 반기는 가족지간의 소풍이었다. 오슨 웰스의 헌정행사는 〈시민 케인〉의 경이적인 개가 이후로 그가 한 번도 어깨를 겨룰 만한 작품을 내놓지 못했다는, 존경과 슬픔이 뒤범벅된 분위기였다. 헨리 폰다와 베티 데이비스를 위한 행사는 그들이 쌓은 업적과 한껏 살아온 인생에 대한 존경심으로 훈훈했다. 윌리엄 와일러의 밤에는 함부로 등을 도닥거릴 수 없는, 꼼꼼하고 요구하는 것 많은 장인에 대한 엄숙한 존경심이 묻어났다."

그런데 히치콕을 위한 행사는 의심의 여지없이 "그중에서도 가장 영화 같았다"고, 또한 "가장 구슬픈 행사 중 하나였다"고 챔플린은 썼다. 미소를 띠지 않는 서스펜스의 거장이 개인적인 지옥의 진창에 깊숙이 빠져 있다는 것을 모든 참석자들—그리고 일주일 후에 전국으로 방영된 행사를 본 TV 시청자들—이 확연히 알 수 있었기 때문이었다. 히치콕의 공허하고 낙담한 얼굴에 표정을 부여하기 위해 클립과 리허설된 연설을 나중에 교차 편집하는 자비로운 작업도 소용이 없었다. 그는 캔터가 온갖 재능을 다 짜내서 엮어낸 전복적인 연설을 하는 순간에 짧은 동안 자리에서 일어났다. 그는 '바보' 같은 카드들을 참아내지 못하고 곤란을 겪기는 했지만, 대체로 침착하게 연설을 했다. 『로스앤젤레스 타임스』에 따르면 청중은 "그가 평생 공로상(Life Achievement Award) 대신 평생오락상(Life Amusement Award)이라고 부른 것이 실수였는지, 아니면 일부러 그런 것인지를 확실히 알 수가 없었다." "그는 인간에게 필요한 것은 애정과 승인, 격려와 정성 어린 음식인데, 이날 밤 그 네 가지 중 세 가지를 받게 된 것에 감사드린다고 말했다."[39]

그런 다음, 히치콕이 '내 곁을 지킨 여인'을 최고의 아내, 어머니, 작가, 편집자, 그리고 요리사라고 부르면서 열광적으로 칭찬한 것은 불륜과 이혼이라는 죄악의 소굴인 할리우드에서는 좀처럼 듣기 힘든 일이었다. 그가 최후로 대중 앞에 모습을 드러낸 자리에서, 그는 아직도 그 자리에 그와 함께 있는 평생에 걸친 동반자에게 감동적인 찬사를 보냈다.

AFI 회장 조지 스티븐스 주니어가 상을 건네기 위해 테이블로 오자, 히치콕은 일어서려고 노력했지만 의자로 쓰러지고 말았다. 이 순간은 방송에 잠깐 잡혔다. 그런 후, 그날 밤 행사의 마지막에 특히나 감동적인 순간이 있었다. 잉그리드 버그먼이 그에게로 다가와 감사를 표하면서, 〈오명〉의 유명한 숏에서 그녀가 손에 쥐었던 와인저장소의 소품용 열쇠를 히치콕에게 선사했다. 그녀와 캐리 그랜트는 그 열쇠를 행운의 상징으로 30년 동안 공동으로 보관해왔다. 이제 그녀는 그 열쇠—그리고 그에 따른 행운—를 감독에게 돌려줬다.

히치콕은 그답지 않게 몸을 떨면서 여배우를 포옹했다. 『로스앤젤레스 타임스』는 이렇게 보도했다. "그것은 대중 앞에서 애정을 가장하는 그런 것이 아니었다. 그것은 다시 만나리라는 것을 확신하지 못하는 다정한 오랜 친구들이 플랫폼에서 갈라서는 것이었다." 연단에서 리허설을 하거나 뭔가 긴 연설을 하는 일에는 꽁무니를 빼오던 그랜트가 자발적으로 뛰어나와서는 포옹에 합류했다. 『로스앤젤레스 타임스』에 따르면, 그랜트의 포옹은 행사장 안에 자리잡은 사람들이 눈을 적시게 만들면서, '진실성 면에서 기금모금행사의 분위기를 초월하는 고양되고 순수한 감정의 순간'으로 그날 밤을 마무리했다.

39 메뉴로 바닷가재가 나왔는데, "히치콕은 50년 넘게 갑각류는 먹지 않았다"고 데이비드 프리먼은 저서에 적었다. "그는 갑각류를 보면 자신이 흥해진다고 주장했다. 바닷가재는 치워지고, 그가 먹을만하다고 생각되는 스테이크가 나왔다."

데이비드 프리먼에 따르면, 히치콕이 어여쁜 젊은 비서에게 시시덕거리는 일은 더 심해졌고, "얼마 안 있어 그녀는 그의 사무실에서 그와 단둘이서 시간을 보내기에 이르렀다." "두 사람을 제외하면, 무슨 일이 벌어지는지 말할 수 있는 사람은 없었다. 그렇지만 나는 히치가 그녀에게 포즈를 취하게 하고는 그녀가 단추를 끄르는 동안 그녀를 지켜보고 있는 광경을 상상한다. 관찰은 그의 특출한 특기였다. 히치콕이 그보다 더한 일을 할 수 있었을 법하지는 않다."

사무실에 떠도는 루머는 히치콕이 —그녀를 자신의 54번째 영화의 일부로 간주한다는 핑계로— 포즈를 취하는 대가로 그녀에게 약간의 돈을 주었다는 것이었다. "이런 글을 쓰는 것은 그 사건을 실제보다도 더 너저분하게 들리게 만든다"고 프리먼은 말했다. "그 사건 전체에는 애처로운 순수함이 깃들어 있다." 그러던 어느 날 비서가 자취를 감췄다. 사건에 대해 알게 된 루 와서먼이 그 문제에 종지부를 찍었다는 소문이 돌았다. "루 와서먼이 그녀에게 떠나는 대가로 돈을 지불했다고 하더라도 나는 놀라지 않을 것"이라고 프리먼은 말했다. "그는 히치콕의 명예가 위험에 처했다고 판단했을 것이다. 그는 히치의 친구였다. 그리고 그와 비슷하게 중요한 사실은 히치의 명성은 스튜디오의 중요 자산이었다."

감독과 작가는 1979년 5월까지 작업을 계속했다. 그들이 손을 뗄 때, "짧은 밤"은 히치콕의 사후 프리먼의 회고록과 더불어 출판을 하기에도 충분할 정도로 다듬어져 있었다. 그런데 히치콕은 시나리오가 전달된 지 얼마 후에 힐턴 그린을 불러서, 그의 54번째 영화는 결코 만들어지지 않을 것이라고 루 와서먼에게 통보해달라고 요청했다. 마지막까지 친구였던 와서먼은 그것을 일시적인 결정인 양 받아들였다. 히치콕의 사무실은 계속 열려 있었다. 히치콕은 기분 내킬 때면 언제든지 일을 하러 와서는 책상에 앉아 편지를 구술하거나, "짧은 밤"을 위한 신선한 메모를 적었다. 오후에 사무실에 있을 때면, 그는 전용 영사실에서 —종종 혼자서— 영화를 감상했다.

자신을 가톨릭으로 간주한 그였지만 성당에 가는 것은 오래전에 중단한 상태였다. 1947년부터 히치콕과 친분을 유지하던 예수회 신부인 토머스 설리번이 이제는 그와 알마를 위한 미사를 집전하러 일주일에 한 번씩 벨라지오로드로 오겠다고 주장했다.

그는 월터 플릭 박사의 사무실에 가는 일도 중단한 지 오래였다. 그는 사과하는 목소리로 집에서 검진을 받으면 안 되겠는지 물었고, 박사는 이제 그의 집을 가장 자주 찾는 손님이 됐다. 히치콕은 플릭 박사 일행을 좋아했다. 그들이 자신의 건강이 아니라 영화에 대한 얘기를 하는 경향이 있다는 것도 이유 중 하나였다. 플릭 박사는 히치콕이 얘기하는 일화나 회상을 듣는 것을 좋아했다. 검진은 판에 박힌 절차로 짧게 이뤄졌고 대화와 칵테일을 즐기는 시간이 더 길었다. 히치콕은 말년의 몇 달의 대부분의 시간 동안 훌륭한 유머감각을 간직하고 있었다고 플릭 박사는 회상했다. 그런데 괴로움과 우울함의 시간도 더욱 길어졌고 상태도 나빠졌다.

도널드 스포토의 책에 따르면, 히치콕의 80회 생일을 앞둔 1979년 8월에 잉그리드 버그먼이 히치콕을 마지막으로 방문했다. "그는 내 양손을 잡았어요." 버그먼이 스포토에게 밝힌 내용이다. "얼굴 위로 눈물을 흘리면서 말하더군요. '잉그리드, 나는 죽을 거야.' 내가 말했어요. '물론 감독님은 언젠가 죽을 거예요, 히치. 우리는 모두 죽을 거예요.' 그런 다음 그에게 나 역시도 최근에 아주 아팠다고, 그래서 나도 그런 생각을 했었다고 말했죠. 그 순간 그런 논리가 그를 더 평온하게 만든 것처럼 보였어요."

죽음이 그를 포위했다. 죽음은 신문으로 찾아왔다. 죽음은 편지와 전화로 찾아왔다. 마이클 밸컨, 1977년 10월 17일. 넬리 누나, 1979년 1월 30일. 불과 한 달 전에 히치콕의 AFI 헌정행사에 모습을 나타냈던 빅터 사빌, 1979년 5월 8일. 페기 로버트슨이 히치콕에게 뉴스를 전하는 슬픈 임무를 매번 수행했다. 알마를 제외하면, 이들은 그가 젊은 신동이었던 시절부터 가장 오래 알고 지내온 친척들이고 친구들이었다. 죽음은 그때마다 새로운 눈물보를 가져왔다.

흄 크로닌이 찾아와서 명랑한 분위기를 조성하려고 노력했다. 그들 중 어느 쪽이 다른 사람보다 오래 살 것인지를 아는 히치콕은 그의 손을 잡고 눈물을 흘렸다. 그리고 이것이 그들의 마지막 만남이 됐다.

생애 마지막 해인 1979년 연말에 두 번째 영예가 찾아왔다. 엘리자베스 여왕이 주재하는 연례 신년의례에 대영제국 훈위의 명예기사로 그의 이름이 올랐다.

데이비드 프리먼은 "기사작위에 대한 기대감이 히치콕의 내적인 삶에서 그가 인정하는 것보다 훨씬 큰 역할을 담당했다고 나는 생각한다"고 썼다. 히치콕은 공식적으로는 1955년 이후 미국 시민이었지만, 내면적으로는 여전히 영국인이었다. 그리고 삶의 마지막 기간에 기사작위를 받으면서 그는 앨프레드 경으로 알려질 수 있었다. 과거의 히치콕의 기지를 발휘한 그는 불손하게도 자신을 '땅딸보 기사(the short knight)'라고 불렀고, 스튜디오 홍보담당자와 사무실 직원들은 히치콕의 54번째 영화인 "짧은 밤"을 되살려내느라 잠시나마 부산하게 움직였다. 그러나 영화를 되살릴 가능성은 감독이 버킹엄궁전에서 열리는 공식행사를 위해 영국으로 여행을 갈지도 모른다는 덧없는 생각만큼이나 착각이었다.

대신, 루 와서먼과 유니버설—히치콕의 마지막 20년을 보호해준 존재들, 스튜디오를 그를 위한 안전한 안식처인 동시에 황금빛 새장으로 만들었던 존재들, 감독이 완성하지 못할 것이라는 내부의 불신에도 불구하고 54번째 히치콕 영화의 프리프로덕션을 계속 진행하는 척했던 존재들—은 기사 작위를 수여하는 오찬모임을 위해 옛 친구들과 지인들을 급하게 불러모으는 것으로 회사의 노블리스 오블리제를 다하는 마지막 조치를 취했다.

캐리 그랜트와 재닛 리가 스튜디오 담당자 무리와 함께 히치콕을 축하하러 왔다. 사람들은 기력이 다한 것으로 보이는 그의 사진을 찍었다. 영국 총영사 토머스 W. 애스턴이 작위를 수여했다. 기자로부터 여왕께서 왜 그리 오래 걸리신 것이냐는 물음을 받은 히치콕은 재치있는 대답을 내놨다. "잊으셨던 게 아닐까 추측합니다."

이즈음에 감독에게 인사나 하려고 사무실에 들렀던 데이비드 프리먼은 스태프들이 눈물을 흘리고, 이삿짐센터 직원들이 들락거리면서 상자들, 파일들, 책들과 옛날 영화들—프리먼의 표현에 따르면, '그의 사업폐기물들'—을 운반하는 모습을 보게 됐다. 히치콕은 스튜디오 수뇌부에게 자신은 또 다른 영화를 만들 수 없다고 —만들지 않겠다고— 단호하게 알렸다. 프리먼에 따르면, "스튜디오는 값나가는 그의 사무실을 폐쇄하거나 최소한 규모를 줄일 수 있는 기회에 쾌히 응했다."

"스태프는 그들에게 직접 그 사실을 발표하지 않은 히치콕에게 분노했다"고 프리먼은 썼다. "더 중요한 것은 그가 그들의 미래를 돌보려고 하지 않았다는 점이었다. 그의 생각은 자신이 영화감독이라는 사실에만 너무 열중해 있는 탓에, 자신이 더 이상 영화감독이 아니게 되자 즉시 사무실을 폐쇄하고는 스태프들을 방출해버렸다. 주변사람들은 그가 최근에 보인 잔인함과 음주행각을 보느라 힘들었다. 그들은 인간적인 약점밖에 없는 곳에서 경제논리를 발견했으며 상처를 입고 분노한 채로 사무실을 떠났다. 그리고 그들이 사라지자 그가 돌아왔다."

히치콕은 사무실 한복판에 앉았다. 일꾼들이 계속해서 사무실을 치우는 동안, 스튜디오 이발사가 그의 구레나룻을 다듬었다. 그날 이후로도 히치콕은 사무실을 멀리할 수가 없었다. 감독은 임시로 고용한 조수의 도움을 받아, 황량한 사무실에 잠깐씩 모습을 나타냈다. 프리먼에 따르면, 히치콕은 "자신이 영화감독이라는 허위의식이나, 권력과 권한이라는 장신구에 구애받지 않고 그의 의식을 다시 시작했다. 전화선이 딱 하나 남아 있었다. 전화기가 울릴 때면, 그 소리가 벽들을 때리면서 기이한 메아리를 낳았다."

그는 오후가 되면 여전히 시사를 지시했다. 일지가 더 이상 기록되지 않았기 때문에 그가 마지막으로 본 영화들에 대한 기록은 없다. 어렸을 때부터 개를 좋아했던 감독은 〈벤지〉를 좋아해서, 개가 납치범들을 물리친다는 그 영화를 거듭해서 감상했다. 누벨바그는 쇠퇴했다. 그리고 그는 젊음이 넘치는 사조를 더 이상 따라잡으려 들지 않았다. 아마도 그는 그를 항상 기쁘게 해준 월트 디즈니의 최신작이나 제임스 본드 시리즈의 최신작을 봤을 것이다. 스튜디오에 충성스러웠고, 주요 주주이기도 했던 그는 유니버설 영화들을 억지로라도 감상했다. 과거에는 작가를 가르칠 때면 언제든 그가 만든 영화들이 스케줄에 잡혀 있었는데, 이때도 여전히 그랬을 것이다. 아마도 히치콕은 그가 좋아하던 영화들—그가 자신이 좋아하는 영화들을 자세히 설명한 적은 한 번도 없었지만—을 봤을 것이다. 그가 평생 만든 작품들의 위력과 불멸을 스스로 떠올리면서.

그러나 늦겨울 무렵, 그는 유니버설에 출근하는 것을 그만뒀다. 의무와 우정에서 비롯된 마지막 행위(제임스 스튜어트에게 수여될 AFI 평생공로상을 소개하는 방송의 녹화)를 한 후, 그는 3월에 세다스 시나이에서 검진을 받기 위해 딱 한 번만 더 벨라지오로드를 나섰다. 마지막 몇 주 동안 그는 침대에 누워 있었다. 알마는 거동을 하지 못했다. 그의 아내는 현실에서 벗어난 삶을 살았다. 그리고 그는 그의 마지막 영화를 연출하면서 지켜봤다. 히치콕에게 있어 영화는 그를 잡아먹는 직업일 뿐 아니라 우정이고 사회였다. 성인이 된 이후 영화는 그의 세계 그 자체였다. 이제 그답지 않게 히치콕은 신문에, 텔레비전에, 영화업계나 할리우드의 가십에 흥미를 잃었다.

플릭 박사에 따르면, 히치콕은 통증과 약간의 고혈압, 심장질환, 신장질환, 그리고 전반적인 기력 저하에 시달렸지만, 그의 체질은 강건했고 죽어가고 있지 않았다. 보살핌과 조력만 있으면 몇 달도, 심지어는 몇 해도 살 수 있을 것이라고 플릭 박사는 말했다. 그런데 엄청난 정신력의 소유자인 감독은 이제는 스스로 죽겠다는 의지를 세웠다. 음식과 술을 좋아했던 남자는 이제는 양쪽 모두를 거절하면서 물만 몇 모금 마셨다. 그는 침대를 벗어나지 않았고, 친구들을 만나거나 얘기하는 것을 거절했다. 용감하게 찾아온 몇 안 되는 사람들을 차갑게 바라봤고, 터무니없는 분노와 욕설로 그들을 대한 적도 여러 번 있었다.

플릭 박사가 들르면, 히치콕은 주치의를 향해 계속해서 욕설을 뱉었다. 더 이상은 청구되는 진료비를 지불하지 않겠다고, 그러니 의사선생은 떠나는 게 나을 것이라고 히치콕은 말했다. 플릭 박사는 대답했다. "당신을 사랑합니다, 히치. 그렇기 때문에 내가 돈을 받건 말건 나는 신경쓰지 않아요. 나는 계속 당신을 보러 올 거예요."

최후의 나날에 히치콕은 꼼짝도 하지 않고 침대에 누워 지내면서 사실상 말라 죽어가다가 81번째 생일을 3달 앞둔 1980년 4월 29일 오전 9시 17분에 이승을 떠났다. 『뉴욕타임스』에 따르면, 앨프레드 조지프 히치콕의 추모미사는 '햇볕이 따사로운 날'에 비벌리힐스의 굿 셰퍼드 성당에서 거행됐다. 토머스 설리번 신부가 예배를 집전했고, 루 와서먼이 추도사를 했다. 설리번 신부는 히치콕의 영화들은 그가 개인적으로 죽음을 두려워하지 않는다고 알고 있는 사람, '우리 모두는 딱 두 번 살게 되는데, 이제는 더 나은 삶이 오고 있다는 것을 아는' 사람이 만든 작품이라고 말하는 것으로 조객들을 위로했다. 『뉴욕타임스』에 따르면, 성당에 모인 600명의 조문객 중에는 멜브룩스 감독(그가 만든 히치콕 풍자영화 〈고소공포증〉을 히치콕은 무척이나 좋아했다), 루이 주르당, 칼 말덴, 티피 헤드런, 재닛 리, 프랑수아 트뤼포와 '감독이 스튜디오 시절부터 같이 일했던 노동자들'이 있었다.

맨 앞에는 육체적으로 무력하고 정신적으로 쇠약해진 알마가 휠체어에 앉아 있었다. 그녀는 자신이 어디에 있는지, 여기서 무엇을 하고 있는지에 대해 희미하게만 알고 있었다고 전해진다. 딸의 표현에 따르면, 알마 레빌 히치콕은 이후 2년간 24시간 간호를 받아야 하기는 했지만, 전반적으로 '매우 기쁜 삶을 살았고' 남편이 죽었다는 사실은 알지 못했다. "히치는 옆방에 있어요." 알마는 손님들에게 낮게 말하곤 했다. 아니면, "그이는 스튜디오에 있어요. 걱정 말아요. 조금 있으면 집에 올 테니까요." 히치콕 여사는 1982년 7월 6일까지 살면서 모두를 놀라게 했다.

코다,
그가 떠난 후

앨프레드 조지프 히치콕이 그의 작품에 코미디와 엔터테인먼트를 얼마나 많이 집어넣었건, 그의 작품은 광기와 공포를 향해 움직여가는 세계를 그려냈다. 그의 영화들은 어둠과 빛의 균형을 맞추려고 노력했고, 그의 인생은 자신의 영화들과 유사하게 어둠과 빛 사이에서 균형을 잡는 행위였다. "히치는 기쁨과 승리감으로 점철된 순간들을 겪었습니다." 흄 크로닌이 한 말이다. "혼란과 절망, 실패의 순간들도 물론 겪었죠."

일부 영화감독들은 그들의 가장 깊고 어두운 판타지를 상상하는 것으로 예술을 완성한다. 다른 감독들은 간단하거나 수월하게 분석할 수 없는 수단으로 그런 업적을 세운다.

존 러셀 테일러가 쓴 공인된 전기 『히치: 앨프레드 히치콕의 인생과 시대』는 1978년에 출판됐다. 그러나 히치콕의 사후 2년 뒤에 나온 도널드 스포토의 『앨프레드 히치콕: 천재의 어두운 면』은 히치콕에 호의적인 테일러의 묘사에 도전했다. 스포토는 감독을 음울한 몽상가, '소름끼치는 익살꾼, 공포에 질린 어린아이, 포학한 예술가'의 극단적인 사례로 봤다. 스포토는 감독이 강박관념으로 인해, 덫에 걸린 금발 미녀들이 그의 손아귀에서 몸부림치는 냉혹한 범죄영화들을 평생토록 추구하게 됐다고 봤다.

히치콕을 아는 사람 중 일부는 스포토의 증거를 바탕으로 그의 의견에 동조하는 경향이 있다. 그런데 이들 중 상당수가 감독을 아주 잘 알지는 못하는 사람, 또는 감독이 가장 힘든 세월을 보냈던 생의 막바지에 감독을 만난 사람이라는 사실은 반드시 언급해야겠다. 감독의 친구이자 〈현기증〉과 〈토파즈〉의 시나리오작가인 샘 테일러는 스포토의 책 중에서 그와 히치콕이 만나는 내용이 나오는 페이지들만 읽었다고 스포토에게 밝히기는 했지만, 히치콕 동아리의 일부가 스포토의 책을 칭찬하는 것을 불쾌하게 여겼다.

책이 출판되고 『뉴욕타임스』로부터 호평을 받자 히치콕을 가까이서 겪은 사람들은 신문사에 항의서한을 보냈는데, 그중 일부만이 신문에 실렸다. 이들 중 일부는 감독을 음침하게 묘사하는 것에 반대했기 때문에 스포토의 조사활동에서 배제된 사람들이었다.

낙담한 흄 크로닌은 스포토가 그린 히치콕은 그가 알던 히치콕이 아니며, '그의 관대함, 상냥함, 전문가다운 용기, 인간적인 면과 내가 그에게 빚지고 있는 후원과 기회'를 강조하는 편지를 『뉴욕타임스』에 보냈다. ('그의 언론 에이전트로 일했던 20년과 그의 친구로 지낸 40년을 바탕으로 그에 대한 지식을 쌓은') 홍보담당자 앨버트 마골리스도 크로닌과 의견을 같이했다. 휫필드 쿡도 편지를 써 크로닌의 의견에 이렇게 덧붙였다. "저자의 짐작은 우스꽝스러운 면이 많습니다. 히치콕은 때로는 까다로운 사람이었지만, 괴물 같았던 적은 결코 없습니다."

존 하우스먼은 스포토가 쓴 전기가 부분적으로는 신파조이고 단순하며 외설적이지만, 그럼에도 불구하고 '결국에는 중요한 책—학자들과 영화광들의 관심을 끄는 책—이 될 것'이라고 말했다. (스포토에 협조하지 않은) 노먼 로이드와 (협조했지만 자신의 말이 잘못 인용됐다고 주장한) 허버트 콜먼은 책을 혐오하면서 그릇된 책이라고 불렀다. 감독의 이미지와 유산을 빈틈없이 관리한다는 점에서 아버지를 쏙 빼닮은 팻 히치콕 오코넬도 책을 비난하면서, "스포토는 사실을 취해서는 그것들을 왜곡시켰다"는 견해를 거듭 밝혔다. 그러나 책은 세계 각지에서 판매에 호조를 보였고, 독자수의 면에서 의심의 여지없이 프랑수아 트뤼포의 책을 앞질렀다. 그리고 스포토의 히치콕 묘사는 사람들의 마음에 깊은 인상을 심어줬다. 수완 좋은 이기주의자와 괴물, 지독히도 뚱뚱한 남자의 내면에 움츠러들어 있는 영혼을 상상하는 것이, 자신의 삶을 영화에 바친 솜씨 좋은 예술가를 이해하는 것보다 쉬운 일이라서 그랬을 것이다.

어떤 감독은 무일푼으로 세상을 떠난다. 몇 안 되는 감독은 부자로 숨을 거둔다. 그런데 자신이 만든 작품을 소유한 채로 타계하는 감독은 거의 없다. 히치콕 세대의 감독 대부분은 잊혀졌다. 열렬한 영화광으로 이뤄진 소규모 관객만이 그들의 이름과 영화를 소중히 여긴다. 히치콕은 최고의 영화감독에서 그치지 않는다. 영국과 미국에서 그를 끝없이 따라다니며 귀찮게 한 스튜디오 영화제작의 함정과 정치에도 능통했던 그는 업계의 유능한 전문가로 발돋움했다.

히치콕이 사망했을 당시 히치콕의 순자산을 2,000만 달러로 추정한 점에서, 스포토는 사실 '보수적'이었다. 히치콕이 보유한 시 채권과 주 채권, 석유회사지분과(그가 사랑한 가축들을 포함한) 다른 주식들, 그리고 가장 중요한 셀즈닉 시절 이후의 영화들과 관련한 권리와 수익비율은 차치하고라도, 히치콕이 보유한 MCA 주식 15만 주의 가치도 그보다는 더 나갔다. 1983년에 히치콕의 유족이 〈로프〉, 〈이창〉, 〈나는 비밀을 안다〉, 〈해리의 소동〉, 〈현기증〉을 (〈파괴공작원〉, 〈의혹의 그림자〉와 〈사이코〉부터 시작해서 그 이후의 작품 모두를 이미 소유한) 유니버설에 팔았을 때 구체적인 가격이 공표되지는 않았지만, 영화로 벌어들인 수입만도 시간이 흐르면서 2,000만 달러를 상회할 것이다.

히치콕의 유명한 미국영화들을 복원해서 개봉하는 흔치 않은 운동과, 비디오, 레이저디스크, DVD 재발매 등 지속적인 홍보활동을 통해 히치콕 영화의 가치를 추측할 수 있다. 복원비용을 들이면서 극장 개봉이라는 도박을 감행한 고전영화들은 극히 일부에 불과하다. 비용 자체가 과도할 뿐더러, 그런 투자로 수익을 남기는 것이 불가능한 경우가 너무 많기 때문이다. 로버트 해리스와 제임스 카츠가 유니버설을 위해 〈현기증〉을 복원하는 데 든 비용은 150만 달러였고, 〈이창〉은 60만 달러였다는 보도가 있었다. 복원되기 전인 1983년에 개봉된 〈이창〉은 910만 달러를 벌어들였다.(『뉴욕타임스』의 빈센트 캔비는 이 영화를 '지금 극장에 걸려 있는 영화들 중에서 가장 격조 높은 미국 오락영화'라고 불렀다.) 〈현기증〉은 1996년에 제한 개봉했으나 수익은 그다지 짭짤하지 않았다. 그러나 유니버설의 마케팅은 히치콕의 명성이 불러온 다른 효과를 확보했다.

『로스앤젤레스 타임스』의 케네스 튜란은 〈현기증〉을 다시 관람하면서 이 작품이 '선댄스영화제의 그 어떤 출품작만큼이나 강렬하게 개인적인 영화'이며 '천재성과 광기의 손길이 버무려낸, 대담하고 뛰어난 반전이 있는 영화'임을 다시 확인했다고 썼다. 영국영화협회가 발행하는 영화저널 『사이트 앤 사운드』는 2002년에 영화역사상 가장 위대한 영화 중 톱10을 선정하기 위해 두 가지 국제적인 여론조사를 했다. 하나는 평론가들을 대상으로, 다른 하나는 영화감독을 대상으로 한 조사였다. 평론가 144명은 (직전에 여론조사를 했던 1992년에는 4위였던) 〈현기증〉을 역사상 가장 위대한 영화 2위로 지명했다. 그리고 감독 108명은 공동 6위로 지명했다.(두 여론조사 모두 〈시민 케인〉이 1위를 차지했다.)

영국영화협회가 행하는 여론조사와 비슷한 미국의 여론조사는 없다. 그런데 1998년에 미국영화협회는 '영화 커뮤니티 전반에서 선정된 지도자급 특별배심원'을 상대로 미국영화역사상 톱100을 뽑기 위한 정밀조사를 행했다. 히치콕은 톱100 안에 4편이 선정됐다. 빌리 와일더도 똑같이 4편이 들어 있으며, 5편이 선정된 스티븐 스필버그만이 이들을 앞질렀다. 18위에 오른 〈사이코〉는 히치콕의 영화 중 가장 높은 순위에 올랐다. 〈북북서로 진로를 돌려라〉(40위), 〈이창〉(42위), 〈현기증〉(61위)도 목록에 올랐다.(AFI 톱100 여론조사에서도 〈시민 케인〉이 1위를 차지했다.) 대부분이 평론가였던 이들은 위대함의 정도가 반드시 그 순서대로인 것은 아니지만, 이들 작품이 히치콕의 4편의 걸작이라는 사실에는, 그리고 AFI의 대단히 논란 많은 명단에 실린 다른 영화들보다 그리 열등하지 않은 영화들이라는 사실에는 뜻을 같이했다. 3년 후 AFI가 톱100 스릴러를 다시 선정했을 때, 1위는 〈사이코〉였다. 히치콕은 9편을 명단에 올려놓았는데, 그중 3편이 7위권 안이었다.(〈북북서로 진로를 돌려라〉가 4위, 〈새〉가 7위) 이에 근접한 감독은 아무도 없었다.

한편, 자카트협회[40]가 '역사상 보고 나면 기분이 좋아지는 영화 50편'을 결정하기 위해 '열성적인 영화관객 1,000명'을 대상으로 행한 서베이에서, 자신의 영화가 1편도 선정되지 않았다는 것을 알았다면 히치콕은 미소를 지었을 것이다. 히치콕의 목표는 항상 그의 관객들이 느끼게 만드는 것이었지, 그들을 기분이 좋아지게 만드는 것이었던 적은 거의 없다.

인터넷에서 '앨프레드 히치콕'이라고 쳐보라. 정통한 논문, 웹 사이트, 채팅 룸, 팬클럽, 개인 홈페이지를 포함한 수천 건의 검색결과를 얻을 수 있을 것이다. 히치콕강좌는 대학가의 인기강좌이고, 학계는 그의 영화를 분석하는 일에 특히 미친 듯이 매달린다. 1958년도의 수수한 샤브롤-로메르 저서를 시작으로 히치콕 관련저서들이 사태처럼 쏟아져나왔다. 그에 관한 저서는 그 어떤 영화감독에 대한 저서보다 많으며, 대부분의 언어로 출판됐다.(페르시아어나 세르비아-크로아티아어 저서도 있다.) 이 책을 쓰는 현재 영어권에서는 『히치콕: 포스터 아트』와 『앨프레드 히치콕: 사소한 궁금증과 퀴즈책』부터 『국가 안보의 이름으로: 히치콕, 전후 미국의 동성애 공포증과 성정치학 구축』과 『히치콕과 동성애: 잭 더 리퍼와 최악의 매춘부에 대한 50년에 걸친 그의 강박관념: 정신분석적 관점에서』에 이르기까지, 히치콕과 관련한 서적이 200여 종이나 출간되어 서점에서 구입할 수 있다.

미국을 비롯한 여러 나라에서 그의 얼굴이 그려진 우표를 살 수 있고, 세계 어느 곳에서나 그(또는 '베이츠 모텔')의 캐리커처가 그려진 T셔츠를 구입할 수 있는데, 그런 옷을 입으면 체 게바라나 지미 헨드릭스가 그려진 옷을 입는 것처럼 유행에 밝은 사람 취급을 받을 수 있다.

히치콕의 이름은 계속해서 구매욕을 자극하고, 그의 영화들은 계속 돈을 벌고 있다. 현대적이고 무감각한 요즘 시대에는 그의 영화들이 더 이상 충격적이지 않을지는 모르지만, 그의 영화들은 여전히 관객에게 믿음직한 기쁨을 선사하고 있다. 그리고 그가 천국에 있다면

40 식당을 평가하는 미국 단체. — 옮긴이

—그는 천국의 존재를 확실히 믿었다— 그도 역시 이 뉴스에 기뻐할 것이 분명하다.

히치콕 탄생 100주년이었던 1999년은 심포지엄, 박물관의 회고전, 고전영화들의 쉴 새 없는 TV 방영, 신작 다큐멘터리 발표, 그리고 생전에 때때로 평론가들의 존중을 받기 위해 분투했던 인물의 재평가가 세계적인 규모로 진행됐다. 그즈음 필립 프렌치가 『옵서버』에 쓴 표현처럼, 히치콕을 '셰익스피어와 디킨스에 비교할 만한 복잡한 인물'로 자리매김하는 것은 흔한 일이 됐다.(프랑스인들이 "모든 위대한 감독들 중에서 히치콕의 명성은 가장 큰 논쟁의 대상이다"라고 히치콕을 평가하기는 하지만.) "나는 그를 피카소, 스트라빈스키, 조이스, 프루스트와 같은 반열로 평가한다." 가공할 필력의 소유자 카미유 파글리아가 외친 말이다.

미국 평론가 로저 에버트는 "영화의 첫 반세기 동안 아마도 가장 두드러진 인물"이라고 말했다. 미국 감독 마틴 스콜세지는 『사이트 앤 사운드』에 기고한 감동적인 헌정문에 이렇게 썼다. "히치콕의 영화는 감상하고 또 감상할 수 있으며, 매번 새로운 무엇인가를 발견할 수 있다. 그의 영화에는 항상 더 배울 만한 게 있다. 그리고 여러분이 나이를 먹을수록, 영화도 여러분과 함께 달라질 것이다. 얼마 있으면 여러분은 그 영화를 몇 번째 보는 것인지 꼽는 것을 중단하게 될 것이다. 나는 히치콕의 영화들을 부분별로 쪼개서 봐왔다. 위대한 음악이나 미술과 똑같이 여러분은 그의 영화들과 함께, 또는 그의 영화들로 인해 삶을 살아갈 수 있을 것이다."

정말로 그의 영화들은 2000년에 몬트리올 미술박물관에서 '히치콕과 미술: 숙명적인 일치'라는 제목으로 개관한 전시회에서 위대한 미술품들과 동등하게 분류됐다. 이 전시회는 2001년 파리의 퐁피두센터로 순회여행을 떠났다. 이 전시회를 기획한 사람은 몬트리올 박물관의 기 코즈발과, 어느 누구보다도 앞서 히치콕을 옹호했던 기관인 시네마테크 프랑세즈의 도미니크 파시니였다. 그가 받은 영감의 근원을 밝히겠다는 목표로 이뤄진 전시회는 다양한 미술가들이 매체를 가리지 않고 이뤄낸 도발적인 작품들을 보여주면서, 그 작품들이 히치콕 영화의 스토리보드, 홍보용 스틸, 의상 디자인, 기념품, 발췌 이미지에 메아리친다는 것을 보여줬다. 박물관을 찾은 관람객들은 히치콕의 영화경력에서 뽑아낸 이미지들이 오귀스트 로댕, 에드바르트 뭉크, 막스 에른스트, 에드워드 호퍼를 비롯한 다른 중요한 미술가들의 작품들과 나란히 전시된 공간으로 안내됐다.

피터 콘래드는 『옵서버』에 쓴 글에서 히치콕이 거실에서만큼이나 미술관에서도 편하게 보인다는 것을 보여준 전시회에 대한 찬사에 동참하면서, "그의 위업은 반박할 수 없을 정도로 안정적이다"라고 단언했다.

리메이크작품들에 대해서는, 그 작품들 모두가 수익을 더 뽑아내고 히치콕의 명성에 빛을 더해줬다는 것을 제외하고는 가급적 언급하지 않는 편이 나을 듯싶다. 〈퍼펙트 머더〉(〈다이얼 M을 돌려라〉를 느슨하게 리메이크한 1998년작)와 〈이창〉(크리스토퍼 리브가 휠체어를 벗어나지 못하는 텔레비전용 영화)은 히치콕적이라고는 할 수 없더라도, 실망스러운 서스펜스 영화들이 등장할 때면 언제든 비교대상으로 내놓을 수 있는 그런대로 탄탄한 작품들이다. 지금부터는 정신을 바짝 차려야 한다. 〈39계단〉부터 〈나는 결백하다〉에 이르는 모든 작품의 리메이크를 계획중이라는 소문이 있다. 그런데 조지프 스테파노의 오리지널 시나리오를 바탕으로 —이번에는 컬러로 촬영해서— 만들어진 구스 반 산트가 연출한 〈사이코〉(1998년)의 '충실한' 리메이크는 시나리오와 스타일, 심지어는 숏까지 정확하게 복제해낼 수는 있겠지만, 히치콕 영화의 정수에는 근접도 못한다는 것을 보여줬다.

할리우드가 계속해서 만들어내는 리메이크와 '히치콕 스타일'의 영화들이 가장 많이 행하는 역할은, 아마도 그가 가고 없으며 그가 최선의 의도를 가지고 만든 필생의 작품은 절대로 복제할 수 없다는 사실을 우리에게 상기시켜주려는 것 같다. 영화를 만든 명인의 솜씨는 별개로 하더라도, 우리는 두드러진 삶을 살려고 끊임없는 분투를 벌인 인물에게, 청과상의 아들인 키 작고 토실토실한 소년에서 영화의 진정한 기사로 스스로 탈바꿈하며 날아오른 거물에게 그런 영화들을 빚지고 있다.

부록

TORN CURTAIN
MARNIE
THE BIRDS
PSYCHO
NORTH BY NORTHWEST
VERTIGO
THE WRONG MAN
THE MAN WHO KNEW TOO MUCH
THE TROUBLE WITH HARRY
TO CATCH A THIEF
REAR WINDOW
DIAL M FOR MURDER
I CONFESS
STRANGERS ON A TRAIN
STAGE FRIGHT
UNDER CAPRICORN
ROPE
THE PARADINE CASE
NOTORIOUS
SPELLBOUND
LIFEBOAT
SHADOW OF A DOUBT
SABOTEUR
SUSPICION
MR. AND MRS. SMITH
FOREIGN CORRESPONDENT
REBECCA
JAMAICA INN
THE LADY VANISHES
YOUNG AND INNOCENT
SABOTAGE
THE SECRET AGENT
THE THIRTY-NINE STEPS
THE MAN WHO KNEW TOO MUCH
WALTZES FROM VIENNA
NUMBER SEVENTEEN
RICH AND STRANGE
THE SKIN GAME
MURDER
JUNO AND THE PAYCOCK
BLACKMAIL
THE MANXMAN
CHAMPAGNE
THE FARMER'S WIFE
THE RING
EASY VIRTUE
DOWNHILL
THE LODGER
THE MOUNTAIN EAGLE

필모그래피

출연진과 스태프는 영화의 최초 개봉 당시 스크린에 등장한 이름으로, 오리지널 크레디트의 순서대로 확인하고 기재했다. '크레디트가 달리지 않은' 연기자와 스태프는 누락했다. 공식적으로 크레디트를 한 번도 받은 적이 없는 히치콕 자신의 카메오 출연을 포함한 일부 예외는 있다. 다양한 웹 사이트—인터넷무비데이터베이스(www.imdb.com)를 포함하는—들을 방문하면 조금씩 다른 인명 표기와 추가적인 제작진을 포함한 좀더 완벽한 출연진과 스태프 명단을 볼 수 있다.

(한글 제목은 국내 개봉제목 및 출시된 비디오·DVD 등을 바탕으로, 옮긴이가 보기에 일반적으로 가장 잘 알려진 제목이라 판단한 제목을 사용했다.)

○ 1920

최후의 심판날*The Great Day*
자막 디자이너로 참여. 감독: 휴 포드. 시나리오: 이브 운셀. 루이스 N. 파커와 조지 R. 심스의 희곡을 각색. 촬영: 핼 영.
출연: 아서 보르쉬어, 메이 팔프리, 베르트람 벌리, 마조리 흄, 애들린 헤이든-코핀, 메기 앨바네시, 퍼시 스탠딩, 지오프리 커, 루이스 데이턴, L. 토머스, L. C. 카렐리.
(무성, 흑백, 페이머스 플레이어스-래스키 브리티시 제작, 프로듀서 휴 포드)

젊은이의 사명*The Call of Youth*
자막 디자이너로 참여. 감독: 휴 포드. 시나리오: 이브 운셀. 헨리 아서 존스의 희곡을 각색. 촬영: 핼 영.
출연: 메리 글린, 벤 웹스터, 잭 홉스, 맬컴 체리, 마조리 흄, 거트루드 스테롤.
(무성, 흑백, 페이머스 플레이어스-래스키 브리티시 제작, 프로듀서 휴 포드)

○ 1921

상황*Appearances*
자막 디자이너로 참여. 감독: 도널드 크리스프. 시나리오: 마거릿 턴불. 에드워드 노블록의 희곡을 각색. 촬영: 핼 영.
출연: 메리 글린, 데이비드 파웰, 랭혼 버턴, 마조리 흄, 메리 디블리, 퍼시 스탠딩, 제인 웨스트.
(무성, 흑백, 페이머스 플레이어스-래스키 브리티시 제작, 프로듀서 도널드 크리스프)

뉴욕의 공주*The Princess of New York*
자막 디자이너로 참여. 감독: 도널드 크리스프. 시나리오: 마거릿 턴불. 코스모 해밀턴의 소설을 각색. 촬영: 조지프 로젠탈.
출연: 메리 글린, 데이비드 파웰, 아이버 도슨, 조지 벨라미, 사바 랠리, 도로시 페인, 필립 휼랜드, 윈드햄 가이즈, R. 히턴 그레이.
(무성, 흑백, 페이머스 플레이어스-래스키 브리티시 제작, 프로듀서 도널드 크리스프)

위험한 거짓말*Dangerous Lies*
자막 디자이너로 참여. 감독: 폴파웰. 시나리오: 메리 오코너. E. 필립스 오펜하임의 소설을 각색.
출연: 메리 글린, 데이비드 파웰, 민나 그레이, 워버턴 갬블, 해리 햄, 클리포드 그레이, 아서 컬린, 어니스트A. 더글러스, 데이지 슬론, 필립 휼랜드.
(무성, 흑백, 페이머스 플레이어스-래스키브리티시 제작, 프로듀서 폴 파웰)

미스터리 로드*The Mystery Road*
자막 디자이너로 참여. 감독: 폴 파웰. 시나리오: 마거릿 턴불과 메리 오코너. E. 필립스 오펜하임의 소설을 각색. 촬영: 클로드 맥도넬.
출연: 메리 글린, 데이비드 파웰, 루비 밀러, 나쟈 오스트로브스카, 아이린 트라이포드, 퍼시 스탠딩, 루이스 길버트, 파도 우드먼, 아서 컬린, 라이오넬 다라곤, 랠프 포스터, R. 저드 그린, F. 시거.
(무성, 흑백, 페이머스 플레이어스-래스키브리티시 제작, 프로듀서 폴 파웰)

보니 브리어 부시 옆에서*Beside the Bonnie Brier Bush*
(미국 개봉제목: 보니 브리어 부시)
자막 디자이너로 참여. 감독: 도널드 크리스프. 시나리오: 마거릿 턴불. 이안 맥클라렌의 소설과 제임스 맥아더와 오거스터스 토머스의 희곡을 각색. 촬영: 클로드 L. 맥도넬.
출연: 도널드 크리스프, 메리 글린, 알렉 프레이저, 도로시 페인, 랭혼 버턴, 제럴드 로버트쇼, 험버트슨 라이트, 애들린 헤이든-커핀, 존 M. 이스트.
(무성, 흑백, 페이머스 플레이어스-래스키 브리티시 제작, 프로듀서 도널드 크리스프)

○ 1922

살아 있는 세 유령들*Three Live Ghosts*
자막 디자이너와 미술감독으로 참여. 감독: 조지 피츠모리스. 시나리오: 마거릿 턴불과 오우이다 버제르. 프레데릭 S. 아이샴과 맥스 마신의 희곡을 각색. 촬영: 아서 C. 밀러.

출연: 안나 Q. 닐슨, 노먼 케리, 시릴 채드윅, 에드먼드 굴딩, 존 밀턴, 클레어 그릿, 아넷 벤슨, 도로시 페인, 윈드햄 가이즈.
(무성, 흑백, 페이머스 플레이어스-래스키 브리티시 제작, 프로듀서 조지 피츠모리스)

퍼피츄아*Perpetua*
(미국 개봉제목: 사랑의 부메랑*Love's Boomerang*)
자막 디자이너와 미술감독으로 참여. 감독: 존 S. 로버트슨. 시나리오: 조세핀 로벳. 디온 클레이턴 캘스롭의 소설을 각색. 촬영: 로이 오버보.
출연: 앤 포레스트, 데이비드 파웰, 지오프리 커, 번티 포시, 존 밀턴, 플로렌스 우드, 로이 바이포드, 릴리언 워커, 라이오넬 다라곤, 폴리 에머리, 에이미 윌라드, 톰 볼베크, 프랭크 스탠모어, 아이다 페인, 새러 샘플.
(무성, 흑백, 페이머스 플레이어스-래스키브리티시 제작, 프로듀서 존 S. 로버트슨)

고향에서 온 남자*The Man from Home*
자막 디자이너와 미술감독으로 참여. 감독: 조지 피츠모리스. 시나리오: 오우이다 버제르. 부스타킹턴과 해리 레온 윌슨의 희곡을 각색. 촬영: 아서 C. 밀러.
출연: 제임스 커크우드, 안나 Q. 닐슨, 지오프리 커, 노먼 케리, 도로시 커밍, 호세 루벤, 아넷 벤슨, 에드워드 대그널, 존 밀턴, 클리포드 그레이.
(무성, 흑백, 페이머스 플레이어스-래스키 브리티시 제작, 프로듀서 조지 피츠모리스)

스페인의 비취*The Spanish Jade*
자막 디자이너와 미술감독으로 참여. 감독: 존 S. 로버트슨. 시나리오: 조세핀 로벳. 루이스 조지프 밴스의 희곡과 모리스 휼렛의 소설을 각색. 촬영: 로이 오버보.
출연: 데이비드 파웰, 이블린 브렌트, 찰스 드 로체포트, 마크 맥더모트, 해리 햄, 로이 바이포드, 프랭크 스탠모어, 라이오넬 다라곤.
(무성, 흑백, 페이머스 플레이어스-래스키브리티시 제작, 프로듀서 존 S. 로버트슨)

자식들에게 말하라*Tell Your Children*
자막 디자이너와 미술감독으로 참여. 감독: 도널드 크리스프. 시나리오: 레슬리 하워드 고든. 레이첼 맥나마라의 소설을 각색.
출연: 월터 테니슨, 도리스 이튼, 마거릿 헬스턴, 거트루드 맥코이, 메리 로크, 애들린 헤이든 -커핀, 워윅 워드, 세실 모턴 요크, A. 하딩 스티어맨.
(무성, 흑백, 인터내셔널 아티스츠 필름 제작, 프로듀서 도널드 크리스프)

13호*Number Thirteen*
(미완성: 피바디 여사*Mrs. Peabody*로도 불림)
감독 및 프로듀서로 참여. 시나리오: 아니타 로스. 촬영: 조지프 로젠탈.
출연: 클레어 그릿, 어니스트 테시거.
"영화는 런던의 하류층을 다룬다. 〈13호〉라는 제목은 피바디 빌딩(빈민층 거주지)의 플랫 호수를 가리킨다. 문헌에 보면…… 어니스트 테시거는 클레어 그릿이 영화제작에 약간의 돈을 투자하라는 설득을 받았다는 사실을 지적하는데, 결국 영화는 상영되지 않았다. 그런데 에이드리언 브루넬은 히치콕이 1922년에 미완성상태인 영화를 자신에게 보여준 것을 기억한다."
Peter Noble, "An Index to the Work of Alfred Hitchcock," Special Supplement to Sight and Sound, May 1949

○ 1923

항상 부인에게 말하세요*Always Tell Your Wife*
프로덕션 매니저와 (휴 크로이즈와) 공동감독으로 참여. 시나리오: 세이무어 힉스와 휴 크로이즈. 힉스의 1막 희곡을 각색. 촬영: 클로드 L. 맥도넬.
출연: 세이무어 힉스, 일레인 테리스, 스탠리 로건, 거트루드 맥코이, 이안 윌슨.
(무성, 흑백, 코미디-드-룩스, 세이무어 힉스 프로덕션 제작, 프로듀서 세이무어 힉스)
"2개의 릴 중 첫 릴만 남아 있다. 첫 릴이 끝난 이후로 영화가 어떻게 전개돼 나가는지 알고 싶어질 정도로 내러티브를 잘 다뤘다."
David Robinson, 18th Pordenone Silent Film Festival Catalogue, 1999

여자 대 여자*Woman to Woman*
공동 시나리오작가, 미술감독, 조감독으로 참여. 감독: 그레이엄 커츠. 시나리오: 히치콕과 마이클 모턴. 모턴의 희곡을 각색. 촬영: 클로드 L. 맥도넬. 편집 및 제2조감독: 알마 레빌.
출연: 베티 콤슨, 클라이브 브룩, 조세핀 얼, 마리 올트, 미어틀 피터, A. 하딩 스티어맨, 헨리 비바트, 도널드 시얼.
(무성, 흑백, 밸컨-사빌-프리드먼 제작, 프로듀서 마이클 밸컨)
"『데일리 익스프레스』의 영화평론가는 이 작품을…… '영국에서 만들어진 최고의 미국영화'라고 말했습니다…… 〈여자 대 여자〉에 대해 나는 객관적인 사실만 생각합니다. 나는 시나리오를 썼습니다. 나는 세트를 디자인했습니다. 나는 제작을 관리했습니다. 이것은 내 손으로 직접 작업한 진정한 첫 영화였습니다."
Alfred Hitchcock, Stage, July 1936

○ 1924

하얀 그림자*The White Shadow*

공동 시나리오작가, 미술감독, 조감독으로 참여. 감독: 그레이엄 커츠. 시나리오: 히치콕과 마이클 모턴. 모턴의 원안을 각색. 촬영: 클로드 L. 맥도넬. 편집 및 제2조감독: 알마 레빌.

출연: 베티 콤슨, 클라이브 브룩, 헨리 빅터, 데이지 캠벨, 올라프 히텐, A. B. 이메슨.

(무성, 흑백, 밸컨-사빌-프리드먼 제작, 프로듀서 마이클 밸컨)

"우리는 첫 영화의 제작에 몰두하느라 두 번째 영화에 대한 준비를 하나도 하지 못했다. 우리는 숨 돌릴 틈도 없이 제목이 〈하얀 그림자〉인 이야기의 제작을 서둘렀다. 〈여자 대 여자〉가 성공한 만큼이나 대실패한 영화였다."

Michael Balcon, Michael Balcon Presents...... a Lifetime of Films, 1969

열정적 모험*The Passionate Adventure*

공동 시나리오작가, 미술감독, 조감독으로 참여. 감독: 그레이엄 커츠. 시나리오: 히치콕과 마이클 모턴. 프랭크 스테이턴의 소설이 원작. 촬영: 클로드 L. 맥도넬. 편집 및 제2조감독: 알마 레빌.

출연: 앨리스 조이스, 클라이브 브룩, 마조리 도, 릴리언 홀-데이비스, 빅터 맥러글런, 메리 브로, 존 해밀턴, 조지프 R. 토저.

(무성, 흑백, 게인스버러 제작, 프로듀서 마이클 밸컨)

"〈열정적 모험〉에 나오는 일부 세트는 독특하다. 줄거리가 전개되는 과정에 너무나 많이 등장하고, 너무나 상이한 앵글로 포착되는 거대한 홀은 특히 그렇다. 이 세트는 최소한 200개의 카메라앵글을 소화할 수 있게 특별히 디자인됐다고 그레이엄 커츠는 내게 밝혔다. 연기도 잘하고 의상도 아름다우며 연출도 잘 돼 있기 때문에, 영화는 의심의 여지없이 인기를 끌게 될 것이다."

Pictures and Picturegoer, October 1924

○ 1925

불량배*The Blackguard*

(독일 제목: *Die Prinzessin und der Geiger*)

시나리오작가, 미술감독, 조감독으로 참여. 감독: 그레이엄 커츠. 시나리오: 히치콕. 레이먼드 페이턴의 소설이 원작. 촬영: 테오도레 슈파쿨. 편집 및 제2조감독: 알마 레빌.

출연: 제인 노박, 발터 릴라, 베른하르트 괴츠케, 프랭크 스탠모어, 로자 발레티, 마틴 허츠버그, 도라 버그너, 프리츠 알베르티.

(무성, 흑백, 게인스버러의 마이클 밸컨과 우파의 에리히 포머 제작)

"지금까지는 평범한 미국식 장편영화의 제작을 고수하던 프로듀서가 이제는 거대한, 몇몇 경우에는 인공적인 분위기가 가득한 세팅을 갖춘 독일식 리얼리즘 아이디어로 접어들었다. 그 결과로 그가 얻게 된 영화는, 그 영화가 흥행사의 계획에 부합했느냐 여부는 차치하더라도, 평균적인 영화를 훨씬 상회하는 영화다."
Variety, May 27, 1925

숙녀의 타락*The Prude's Fall*
(미국 제목: 위험한 정조*Dangerous Virtue*)
시나리오작가, 미술감독, 조감독으로 참여. 감독: 그레이엄 커츠. 시나리오: 히치콕. 루돌프 베시어와 메이 에드긴턴의 희곡이 원작. 촬영: 헬 영. 편집 및 제2조감독: 알마 레빌.
출연: 제인 노박, 줄레인 존스턴, 워익 워드, 마일스 맨더, 휴 밀러, 글래디스 제닝스, 헨리 비바트, 마리 올트.
(무성, 흑백, 게인스버러 제작. 프로듀서 마이클 밸컨)
미국 버전에 대한 『버라이어티』의 리뷰는 크레디트에 프로듀서나 감독의 이름은 등장하지 않고, 앨프레드 J. 히치콕만 편집과 자막 크레디트로 등장한다는 것을 지적한다. 리뷰는 이렇게 이어진다: "〈위험한 정조〉는 쓰레기 같은 영화로, 그 이상도 그 이하도 아니다. 프로듀서도 감독도 크레디트에 등장하지 않는 이유는 명백하다. 미국식으로 편집하고 자막을 달아서 영화의 형체를 갖춰보려고 노력하지만, 이 영화를 살려낼 수 있는 방법은 세상 어디에도 없다. 뉴욕의 극장에서 관람한 관객들은 영화에 실소를 터뜨리면서 스크린을 향해 야유를 퍼부었다."
Variety, November 3, 1926

○ 1926

쾌락의 정원*The Pleasure Garden*
(독일 제목: *Irrgarten der Leiden-schaft*)
감독으로 참여. 시나리오: 엘리엇 스태너드. 올리버 샌디스의 소설이 원작. 촬영: (가에타노 디) 벤티미글리아 남작. 미술감독: 루드비히 라이베르. 조감독: 알마 레빌.
출연: 버지니아 발리, 카멜리타 게라티, 마일스 맨더, 존 스튜어트, 게오르그 H. 슈넬, 칼 팔켄베르크, 페르디낭 마티니, 플로렌스 헬밍거.[1]

1 거의 모든 필모그래피에 나타 날디가 잘못 올라 있는데, 원주민 소녀를 연기한 여배우의 신분은 알려져 있지 않다. 예정된 독일 여배우가 생리 때문에 물에 들어갈 수 없게 되자, 인상적인 서비스를 했던 알라시오 호텔의 웨이트리스가 그 역할을 연기했다고 언젠가 히치콕은 설명했다.

(무성, 흑백, 게인스버러의 마이클 밸컨과 에멜카 제작. 오리지널 영국버전 러닝타임: 7,508피트.)[2]

"히치콕 감독이 이 경박한 이야기를 자발적으로 골랐을 법하지는 않다. 그러나 중요한 점은 그가 인상적인 연출력과 상상력 넘치는 자원을 가지고 이 영화를 만들어냈다는 것이다. 이 영화에 등장하는 기술적 솜씨는 빼어나다. 독일 스튜디오라는 상이한 환경에서 만들어진 영화이기는 하지만, 내 생각에는 지금까지 영국 프로듀서가 만든 영화에서 보여준 그 어떤 것보다도 훌륭하다."

G. A. Atkinson, Daily Express, February 14, 1926

산 독수리*The Mountain Eagle*

(독일 제목: *Der Bergadler*)

감독으로 참여. 시나리오: 엘리엇 스태너드. 찰스 랩워스의 오리지널 스토리가 원작(독일 버전: 막스페르너). 촬영: 벤티미글리아 남작. 미술감독: 빌리와 루드비히 라이베르트. 조감독: 알마 레빌.

출연: 베른하르트 괴츠케, 니타 날디, 맬컴 킨, 존 해밀턴, 페리디낭 마티니.

(무성, 흑백, 게인스버러-에멜카 제작, 프로듀서 마이클 밸컨, 7,503피트)

"말이 난 김에 얘기하자면, 5월 개봉예정인 〈산 독수리〉는 올해 가장 우수한 영화 중 한 편이다."

"Lolita" for "Film of the Week," Modern, February 19, 1927

하숙인: 런던 안개의 이야기*The Lodger : A Story of the London Fog*

(미국 제목: 조너선 드류 사건*The Case of Jonathan Drew*)

감독으로 참여. 시나리오: 엘리엇 스태너드. 마리 벨록 론즈 여사의 소설이 원작. 촬영: 벤티미글리아 남작. 미술감독: C. 윌프레드 아널드, 베르트람 에번스. 조감독: 알마 레빌. 편집 및 자막: 아이버 몬터규. 자막 디자인: E. 맥나이트 카우퍼.

출연: 아이버 노벨로, 준(하워드-트립), 마리 올트, 아서 체스니, 맬컴 킨, 그리고 앨프레드 히치콕(전화를 하는 기자, 그리고 아마도 영화 말미에 하숙인의 피를 보고 울부짖는 군중 속의 인물).

(무성, 흑백, 게인스버러 제작, 프로듀서 마이클 밸컨과 칼라일 블랙웰, 7,503

2 무성영화의 러닝타임을 주목하라. 유성영화와 달리 무성영화의 러닝타임은 의미 있는 수치가 아니다. 필름 자체의 길이에 따라 정해지는 본질적 수치가 아니라, 상영조건에 따라 달라지기 때문이다. 영사속도(초당 프레임 수)는 영사기사의 변덕에 따라 달랐다. 이 필모그래피에 등장하는 무성영화는 피트 길이로 러닝타임을 소개했다. 속도, 시간, 길이 사이의 관계는 35mm 프린트의 경우 1피트당 16프레임이다. 간단한 예를 들자면, 〈행실 나쁜 여자〉의 똑같은 프린트를 바탕으로 제작된 두 비디오의 러닝타임은 판이하게 다르다. 발렌시아에서 나온 비디오는 러닝타임이 60분인데, 비디오 에스터이어에서 나온 비디오는 러닝타임이 87분이다.

피트)

"〈하숙인〉은 초심자의 작품이 아니다. 히치콕이 아티스트임을 확실히 보여준 원숙한 작품이다. 주제 면에서나 스타일 면에서나, 이 영화는 그가 필름으로 집필한 글의 형태를 완전히 갖추고 있다. 나는 '집필'이라는 말을 우리가 평소 생각하는 시나리오가 아니라, 계속 이어지는 이미지로 영화를 구축한다는 뜻으로 썼다. 기술적 용어로는 그것을 '콘티'라고 부르고 프랑스어로는 '데쿠파주'라고 부른다. 이런 의미에서 〈하숙인〉의 집필은 놀랄 정도로 상상력이 넘치고 복잡하다. 모든 숏과 구도, 구성, 편집이 의미심장하다."

William Rothman, Hitchcock — The Murderous Gaze

몰락*Downhill*

(미국 제목: 소년들이 집을 떠날 때*When Boys Leave Home*)

감독으로 참여. 시나리오: 엘리엇 스태너드. 다비드 레스트랑주(아이버 노벨로와 콘스탄스 콜리어의 필명)의 희곡이 원작. 촬영: 클로드 L. 맥도넬. 미술감독: 베르트람 에번스. 조감독: 프랭크 밀스. 편집: 아이버 몬터규.

출연: 아이버 노벨로, 로빈 어빈, 이사벨 진스, 이안 헌터, 노먼 맥키넬, 아넷 벤슨, 시빌 로다, 릴리언 브레이스웨이트, 바이올렛 페어브라더, 벤 웹스터, 한나 존스, 제럴드 로버트쇼, 바버라 고트, 앨프레드 고더드, J. 넬슨.

(무성, 흑백, 게인스버러 제작. 프로듀서 C. M. 울프와 마이클 밸컨, 7,803피트)

"〈몰락〉은 매끄럽고 촬영이 잘됐으며 깔끔하다. 근사하게 촬영된 작품이다…… 우리나라 감독들 중에서 솜씨가 좋은 축에 드는 히치콕 감독은 생기가 없는 피사체가 갖는 중요성과, 그 모든 예술형식 중에서도 스크린만이 해낼 수 있는, 피사체에 활력을 넣어줄 엄청난 효과를 이해한다."

Beatrice Gurtis Brown, Graphic(London), October 22, 1927

행실 나쁜 여자*Easy Virtue*

감독으로 참여. 시나리오: 엘리엇 스태너드. 노엘 카워드의 희곡이 원작. 촬영: 클로드 L. 맥도넬. 미술감독: 클리포드 펨버. 편집: 아이버 몬터규. 조감독: 프랭크 밀스.

출연: 이사벨 진스, 프랭클린 디알, 에릭 브랜스비 윌리엄스, 이안 헌터, 로빈 어빈, 바이올렛 페어브라더, 프랭크 엘리엇, 데이사아 딘, 도로시 보이드, 에니드 스탬프 테일러, 베니타 흄, 그리고 앨프레드 히치콕(옆문으로 테니스코트를 떠나는 모습이 보임).

(무성, 흑백, 게인스버러 제작, 프로듀서 C. M. 울프와 마이클 밸컨, 7,300피트)

"현재 평균적인 영국영화의 맥락에서 보면, 〈행실 나쁜 여자〉는 현저한 발전을 대표하는 작품이다. 이 영화는 독창적이고 영화적인 작품일 뿐 아니라, 자신이 다루는 매체를 사랑하고 그것으로 뭔가 짜릿한 일을 하고 싶어 하는 사람의 작품인 게 분명하다."

William K. Everson, "Rediscovery," Films in Review 26, no. 5(9175)

링*The Ring*

시나리오작가와 감독으로 참여. 촬영: 존 J. 콕스. 미술감독: C. 윌프레드 아널드. 조감독: 프랭크 밀스.

출연: 카를 브리송, 릴리언 홀-데이비스, 이안 헌터, 포레스터 하비, 해리 테리, 고든 하커, 클레어그릿, 유진 코리.

(무성, 흑백, 브리티시 인터내셔널 픽처스 제작, 프로듀서 존 맥스웰, 8,400피트)

"비평적 관점에서 대단한 성공작. 언론으로부터 더할 나위 없이 좋은 리뷰를 받았고, '이 나라에서 지금까지 만들어진 최상급의 영화'라는 찬사를 받았다. '영국영화의 가능성을 불신하는 이들을 향한 통렬한 대답'; '영국영화산업의 개가'; '미국이 제작할 수 있는 최고작에 비교될 만한 도전작.' 신문들의 코멘트가 너무나 우호적이었기 때문에, 『바이오스코프』는 사전홍보의 일환으로 2페이지짜리 스프레드 광고를 내면서 15개 신문 리뷰에서 발췌한 내용들만 죽 나열하고는, 『데일리메일』이 내린 '이 나라에서 지금까지 만들어진 가장 위대한 작품'이라는 평가를 맨 위에 헤드라인으로 달기만 했다."

Tom Ryall, Alfred Hitchcock and the British Cinema

○ 1928

농부의 아내*The Farmer's Wife*

감독으로 참여. 시나리오: 엘리엇 스태너드. 에덴 필포츠의 희곡이 원작. 촬영: 존 J. 콕스. 미술감독: C. 윌프레드 아널드. 편집: 앨프레드 부스. 조감독: 프랭크 밀스.

출연: 제임슨 토머스, 릴리언 홀-데이비스, 고든 하커, 모드 길, 루이제 파운즈, 올가 슬레이드, 루스 메이트랜드, 안토니아 브로, 깁 맥롤린, 하워드 와츠, 몰리 엘리스.

(무성, 흑백, 브리티시 인터내셔널 픽처스 제작, 프로듀서 존 맥스웰, 8,775피트)

"출연진은 앙상블로 연기하는데, 히치콕은 그들을 완벽하게 컨트롤한다. 영화는 정말로 재미있으며, 약간 감동적이기까지 하다. 히치콕이 드물게 만든 철저한 코미디 중 한 편인 이 영화는 그가 코미디를 하려고 선택했을 때 코미디에 얼마나 대단한 재능을 보여주는지를 상기시킨다."

John Russell Taylor, 18th Pordenone Silent Film Festival Catalogue, 1999

샴페인*Champagne*

각색자와 감독으로 참여. 시나리오: 엘리엇 스태너드. 월터 C. 마이크로프트의 오리지널 스토리를 바탕으로 함. 촬영: 존 J. 콕스. 미술감독: C. 윌프레드 아널드. 조감독: 프랭크 밀스. 자막: 아서윔페리스.

출연: 베티 밸푸어, 장 브라댕, 테오 폰 알텐, 고든 하커, 클리포드 헤설리, 한나 존스, 클로드 헐버트.

(무성, 흑백, 브리티시 인터내셔널 픽처스 제작, 프로듀서 존 맥스웰, 8,038피트)
히치콕: "……내가 만든 영화 중에서 아마도 가장 못한 영화일 겁니다." 트뤼포: "그건 공정치가 못합니다. 나는 이 영화가 재미있었습니다. 몇 장면은 그리피스의 코미디들처럼 활기찼습니다."
FranCois Truffaut, Hitchcock

○ 1929

맨 섬의 사나이*The Manxman*
감독으로 참여. 시나리오: 엘리엇 스태너드. 홀 케인 경의 소설이 원작. 촬영: 존 J. 콕스. 미술감독: C. 윌프레드 아널드. 조감독: 프랭크 밀스. 편집: 에밀 드 루엘.
출연: 카를 브리송, 맬컴 킨, 애니 온드라, 랜들 에이어턴, 클레어 그릿.
(무성, 흑백, 브리티시 인터내셔널 픽처스 제작, 프로듀서 존 맥스웰, 8,163피트)
"전제 자체가 멜로드라마인 이런 영화의 플롯은 영화감독이 앞에 놓인 난제들에 과감히 도전할 경우에만 위대한 영화로 만들어질 수 있다. 히치콕은 그에게 매력적인 영역이 돼가던 현기증의 영역에 처음으로 침투해 들어갔다. 〈맨 섬의 사나이〉의 상황은 설명이 불가능하면서도 모든 기교를 거부한다는 점에서 탁월하다. 영화가 설명이 불가능한 것은 영화가 캐릭터들의 사악함이나 운명의 냉혹함에 의존하지 않기 때문이다. 히치콕은 현실적으로 비난의 차원을 넘어서는 행동을 하는 세 사람 사이의 윤리적 갈등을 세밀하고 완전하며 단호한 방식으로 묘사했다."
Eric Rohmer and Claude Chabrol, Hitchcock—The First Forty-four Films

블랙메일*Blackmail*(무성영화 버전)
시나리오작가와 감독으로 참여. 찰스 베넷의 희곡이 원작. 촬영: 존 J. 콕스. 미술감독: C. 윌프레드 아널드. 조감독: 프랭크 밀스. 편집: 에밀 드 루엘.
출연: 필리스 콘스탐(수다 떠는 이웃)과 샘 리브시(형사반장)를 제외하면 사운드 버전과 동일.
(무성, 흑백, 브리티시 인터내셔널 픽처스 제작, 프로듀서 존 맥스웰, 6,750피트)
"이 훌륭한 드라마의 무성영화 버전은 앨프레드 히치콕의 연출솜씨를 빼어나고 탁월한 수준으로 끌어올리며…… 그가 스크린이라는 매체의 이점을 대사가 딸린 드라마의 이점과 결합시키는 최상급의 솜씨를 구현하는 데 성공했음을 입증한다."
The Bioscope, August 21, 1929

블랙메일(사운드 버전)
각색자와 감독으로 참여. 각색: 히치콕. 찰스 베넷의 희곡이 원작. 대사: 벤 W. 레비. 촬영: 존 J. 콕스. 미술감독: C. 윌프레드 아널드. 조감독: 프랭크 밀스.

편집: 에밀 드 루엘. 음악: 캠벨과 코넬리. 작곡: 헨리 스태포드. 편곡: 허버트 배스. 음악감독: 존 레인더스.
출연: 애니 온드라(온드라의 목소리 대역은 조앤 배리), 시릴 리처드, 존 롱든, 도널드 캘스럽, 새러 올굿, 찰스 페이턴, 필리스 몬크먼, 하비 브라반, 한나 존스, 그리고 앨프레드 히치콕(열차에서 꼬마에게 괴롭힘을 당함).
(사운드, 흑백, 브리티시 인터내셔널 픽처스 제작, 프로듀서 존 맥스웰, 86분)[3]
"그저 토커가 아니라 말을 하는 활동사진이다. 앨프레드 J. 히치콕은 영화기법을 하나도 잃지 않으면서, 대사를 통한 효과를 얻어낸 영화를 만드는 문제를 해결해냈다. 무성영화였을 때, 이 작품은 비범하게 훌륭한 영화였다. 소리가 딸린 이 영화는 획기적인 사건에 근접한다."
Variety(London Correspondent), July 1, 1929

주노와 공작*Juno and the Paycock*
(미국 제목: 메리 보일의 수치심*The Shame of Mary Boyle*)
각색자와 감독으로 참여. 시나리오: 알마 레빌. 숀 오케이시의 희곡이 원작. 촬영: 존 J. 콕스. 미술감독: J. 머천트. 조감독: 프랭크 밀스. 음향: 세실 V. 손턴. 편집: 에밀 드 루엘.
출연: 새러 올굿, 에드워드 채프먼, 존 로리, 마리 오닐, 시드니 모건, 존 롱든, 데니스 윈드햄, 캐슬린 오리건, 배리 피츠제럴드, 데이브 모리스, 프레스 슈와르츠, 도널스 캘스럽.
(흑백, 브리티시 인터내셔널 픽처스 제작, 프로듀서 존 맥스웰, 99분)
"초창기 사운드 시절에 조악하게 만들어지기는 했지만, 또 다른 오케이시 희곡을 존 포드가 각색한 〈쟁기와 별들〉보다 훨씬 뛰어나고 참된 영화다. 아일랜드 봉기와 박해받는 가톨릭이라는 주제에 대해 모호한 태도를 취하는, 윤리적으로 한계에 달한 메시지를 가진 희곡을 히치콕은 사랑했다."
Kevin Lewis, Irish America Magazine, August-September 1999

○ 1930

융통성 있는 일*An Elastic Affair*(단편)
감독으로 참여. 『필름 위클리』의 연기경연대회 입상자들을 출연시킨 10분짜리 흑백영화.
출연: 에일린 데스파드, 시릴 부처.

엘스트리 콜링*Elstree Calling*
"스케치와 다른 가필된 물건들*Sketches and other interpolated items*"의 감

3 이후로 명단에 나오는 영화는 모두 유성영화이며, 모든 유성영화의 러닝타임은 분 단위 근사치이다.

독으로 참여. 감독: 에이드리언 브루넬. 시나리오: 에이드리언 브루넬, 월터 C. 마이크로프트, 발 발렌타인. 촬영: 클로드 프리제-그린. 음향녹음: 알렉 머레이. 제작 매니저: J. 슬론. 편집: (에밀 드 루엘의 감독 아래) A. C. 해먼드. 음악: 렉 케이슨, 비비언 엘리스, 칙 엔도, 아이버 노벨로, 잭 스트레이치. 가사: 더글러스 퍼버, 로울랜드 리, 도노반 파슨스, 잭 헐버트, 폴 머레이, 앙드레 샬롯. 작곡: 테디 브라운, 시드니 베인스, 존 레인더스.
출연: 시슬리 코트니지, 잭 헐버트, 토미 핸들리, 릴리 모리스, 헬렌 버넬, 베코프스, 바비 콤버, 로렌스 그린, 아이버 맥라렌, 안나 메이 웡, 제임슨 토머스, 존 롱든, 도널드 캘스럽, 윌 파이페, 고든 하커, 한나 존스, 테디 브라운, 스리 에디스, 아델피 걸스와 샬롯 걸스의 도움을 받은 발랄라이카 코럴 오케스트라.
(흑백, 브리티시 인터내셔널 픽처스 제작, 프로듀서 존 맥스웰, 86분)
〈엘스트리 콜링〉은 —플랑드르어를 포함한— 10개국어로 제작됐다. 컬러 버전도 있다. 히치콕이 영화에 정확히 어떻게 참여했는지는 상당한 흥밋거리다. 이 문제에 대해 가장 권위 있는 분석을 한 제임스 M. 베스트는 이렇게 썼다. "감독, 감독의 전기작가, 그리고 감독의 일부 논평자 입장에서 〈엘스트리 콜링〉은 감독이 간단히 무시해버린 영화로 보인다. 그러나 히치콕이 이 영화에서 한 역할은 일반적으로 인정하는 것보다 상당히 컸을 가능성이 높다."
James M. Vest, "Alfred Hitchcock's Role in Elstree Calling," Hitchcock Annual, 2000~2001

살인*Murder!*
공동 각색자와 감독으로 참여. 시나리오: 알마 레빌. 공동 각색: 월터 마이크로프트. 클레멘스 데인과 헬렌 심슨이 쓴 『존 경이 착수하다』가 원작. 촬영: 존 J. 콕스. 미술감독: 존 F. 미드, 피터 프라우드. 조감독: 프랭크 밀스. 음향녹음: 세실V. 손턴. 음악감독: 존 레인더스. 편집: 에밀 드 루엘의 감독 아래 르네 매리슨.
출연: 허버트 마셜, 노라 베어링, 에드워드 채프먼, 필리스 콘스탐, 마일스 맨더, 에즈메 퍼시, 도널드 캘스럽, 에즈메 V. 채플린, 에이미 브랜든 토머스, 조인슨 파웰, S. J. 워밍턴, 마리 라이트, 한나 존스, 우나 오코너, R. E. 제프리. 배심원: 앨런 스테이너, 케네스 코브, 가이 펄햄 불턴, 바이올렛 페어브라더, 클레어 그릿, 드루실라 윌스, 로버트 이스턴, 윌리엄 페이챈, 조지 스미스슨, 로스 제퍼슨, 픽턴 록스보로, 그리고 앨프레드 히치콕(범죄현장을 걸어서 지나침).
(흑백, 브리티시 인터내셔널 픽처스 제작, 프로듀서 존 맥스웰, 108분)
"스릴러로 보면, 이 영화는 〈완벽한 알리바이*Perfect Alibi*〉보다 스릴이 덜하다. 분석적 작품으로 보면, 가치가 떨어지는 많은 독일 영화의 특징인 참된 심리적인 측면도 결여돼 있다. 그런데 이 영화는 이런 것들을 보여주지 않는다. 이 영화를 여러 차례 보고 나면, 여러분은 강렬하고 날카로운 사운드와 쐐기 같은 비주얼 콘티를 갖춘 이 영화를 어마어마하고 진정으로 현대적인 스케일로 담아낸 추상적 영화로 생각하게 될 것이다."

Robert Herring, London Mercury, November 1930

메리*Mary!*(〈〈살인〉의 독일 버전)
감독으로 참여. 촬영: 존 J. 콕스. 독일어 각색: 헤르베르트 유트케와 게오르그 C. 클라렌.
출연: 알프레드 아벨, 올가 체초바, 폴 그래츠, 로테 슈타인, 에케하르트 아렌트, 잭 마이롱-뮌츠, 루이스 랄프, 헤르미네 스털러, 프리츠 알베르티, 마일스 맨더(오리지널 배역을 다시 맡음).
(흑백, 브리티시 인터내셔널 픽처스가 독일-영국 합작으로 제작. 80분)
"〈메리〉는 약간 저속한 작품으로, 효과적이지만 상당히 공허한 작품이다. 모든 '재미있는' 요소들, 〈살인〉을 그토록 볼만하게 만들었던 스펙터클과 변장, 가장의 연극이 사라져버렸기 때문이다."
Richard Combs, "Murder II/Hitchcock's German Double," Sight and Sound, Autumn 1990

○ 1931

스킨게임*Skin Game*
각색자, 감독으로 참여. 시나리오: 알마 레빌. 존 골즈워디의 희곡이 원작. 촬영: 존 J. 콕스. 미술감독: J. B. 맥스웰. 조감독: 프랭크 밀스. 음향녹음: 알렉 머레이. 편집: 르네 매리슨, A. R. 코벳.
출연: 에드먼드 그웬, 헬렌 헤이, C. V. 프랑스, 질 에스먼드, 존 롱든, 필리스 콘스탐. 프랭크 로턴, 허버트 로스, 도라 그레고리, 에드워드 채프먼, R. E. 제프리, 조지 뱅크로프트, 로널드 프랭코.
(무성, 브리티시 인터내셔널 픽처스 제작, 프로듀서 존 맥스웰, 88분)
"오리지널 무대 버전보다 훨씬 더 숙달되고 섬세하다."
John Grierson, Everyman, November 5, 1931(Grierson on the Movies)

리치 앤 스트레인지*Rich and Strange*
(미국 제목: 상해의 동쪽*East of Shanghai*)
공동 시나리오작가와 감독으로 참여. 시나리오: 알마 레빌, 발 발렌타인. 데일 콜린스가 내놓은 테마를 바탕으로 함. 촬영: 존 J. 콕스, 찰스 마틴. 미술감독: C. 윌프레드 아널드. 조감독: 프랭크 밀스. 음악: 앨 돌프. 음악연출: 존 레인더스. 음향녹음: 알렉 머레이. 편집: 위니프레드 쿠퍼, 르네 매리슨.
출연: 헨리 켄달, 조앤 배리, 퍼시 마몬트, 베티 에이먼, 엘지 랜돌프, 오브리 덱스터, 한나 존스.
(흑백, 브리티시 인터내셔널 픽처스 제작, 프로듀서 존 맥스웰, 87분)
"어떤 점에서 이 영화는 히치콕의 (초기 시절의) 가장 미묘하고 가장 원대한 영화다. 초창기 사운드영화이기 때문에, 진정한 위대함을 부여할 만한 결정적인 스타일은 보여주지 못한다. 그러나 상당한 수준에 오른 작품이며, 아주 인상적인 영화로 남아 있다."
Kirk Bond, "The Other Alfred Hitchcock," Film Culture, Summer 1966

○ 1932

17번지*Number Seventeen*
공동 시나리오작가와 감독으로 참여. 시나리오: 알마 레빌과 로드니 애클랜드. J. 제퍼슨 파전의 희곡이 원작. 촬영: 존 J. 콕스, 브라이언 랭글리. 미술감독: C. 윌프레드 아널드. 조감독: 프랭크 밀스. 음악: A. 핼리스. 음악연출: 존 레인더스. 음향녹음: A. D. 발렌타인. 편집: A. C. 해먼드.
출연: 레온M. 라이언, 앤 그레이, 존 스튜어트, 도널드 캘스럽, 배리 존스, 앤 케이슨, 헨리 케인, 허버트 랭글리, 개리 마시.
(흑백, 브리티시 인터내셔널 픽처스 제작, 프로듀서 존 맥스웰, 64분)
"영화는 과장된 컬트의 반열에 오를 만한 요소를 모두 가지고 있다. 그리고 그보다 더한 무엇인가가, 기이하게도 귀중한 무엇인가가 아동용 펄프소설의 정수라 할 요소들을 걸러낸다."
Raymond Durgnat, The Strange Case of Alfred Hitchcock

캠버 경의 여인들*Lord Camber's Ladies*
프로듀서로 참여. 감독: 벤 W. 레비. 시나리오: 에드윈 그린우드와 길버트 웨이크필드. H. A. 바셀이 쓴 희곡 〈캠버 부인 사건*The Case of Lady Camber*〉이 원작. 추가대사: 벤 W. 레비. 촬영: 제임스 윌슨. 조감독: 프랭크 밀스. 미술감독: 데이비드 론슬리. 음향녹음: 알렉 머레이.
출연: 제럴드 뒤모리에, 거트루드 로렌스, 베니타 흄, 나이젤 브루스, 클레어 그릿, A. 브롬리 데이븐포트, 헬 고든, 몰리 레이몬트, 베티 노턴, 휴 E. 라이트, 해럴드 미드.
(흑백, 브리티시 인터내셔널 픽처스 제작, 프로듀서 히치콕, 80분)
"근본적으로 범죄드라마이기는 하지만, 이 영화에는 코미디적인 요소가 대단히 강하다. 코믹한 요소들이 때로는 너무 강하기 때문에 드라마적인 순간들이 나가떨어지고 만다."
Picturegoer Weekly, March 18, 1933

○ 1934

비엔나의 왈츠*Waltzes from Vienna*(미국 제목: 슈트라우스의 위대한 왈츠*Strauss' Great Waltz*/슈트라우스 왈츠*The Strauss Waltz*)
감독으로 참여. 시나리오: 가이 볼턴과 알마 레빌. 하인츠 라이헤르츠, A. M.

빌네르 박사, 에른스트 마리슈카의 희곡 〈Wlazerkrieg〉을 원작으로 함. 음악: 줄리우스 비트너와 E. W. 콘골드. 허버트 배스가 스크린을 위해 편곡한 요한 슈트라우스 1세와 요한 슈트라우스의 작품들이 삽입됨. 음악연출: 루이스 레비. 촬영: 글렌 맥윌리엄스. 미술감독: 알프레드 융에, 오스카 베른 도르프. 세트장식: 피터 프라우드. 조감독: 리처드 베빌. 편집: 찰스 프렌드. 음향녹음: 앨프레드 버치.

출연: 제시 매튜스, 에드먼드 그웬. 페이 콤튼, 에즈먼드 나이트, 프랭크 보스퍼, 로버트 헤일, 찰스 헤슬롭, 힌들 에드가, 마커스 바론, 베티 헌틀리 라이트, 시빌 그로브, 빌 샤인, 베트르람 덴치, B. M. 루이스, 시릴 스미스.

(흑백, 톰 아널드 프로덕션/고몽-브리티시 제작, 프로듀서 톰 아널드, 81분)

"루비치의 무성영화 〈학생 왕자〉와 별반 다르지 않은 리듬이 있다. 히치콕은 음악트랙을 연기의 풍자적인 대조점으로 자주 활용한다…… 그 스스로 영화를 깎아내리고는 있지만, 영화에는 빼어난 히치콕적인 요소가 상당히 많기 때문에, 혼란스럽기만 한 이 영화에 자신은 관심이 없다는 그의 주장은 너무 이치에 맞지 않는다."

W. K. Everson, "Jessie Mattews," Films in Review, December 1975

나는 비밀을 안다*The Man Who Knew Too Much*

감독으로 참여. 시나리오: A. R. 롤린슨과 에드윈 그린우드. 찰스 베넷과 D. B. 윈드햄-루이스의 스토리를 바탕으로 함. 추가대사: 에믈린 윌리엄스. 촬영: 쿠르트 코우란트. 미술감독: 알프레드 융에. 세트장식: 피터 프라우드. 편집: H. (휴) St. C. 스튜어트. 음향녹음: F. 맥낼리. 음악: 아서 벤저민. 음악연출: 루이스 레비. 제작매니저: 리처드 베빌.

출연: 레슬리 뱅크스, 에드나 베스트, 피터 로르, 프랭크 보스퍼, 휴 웨이크필드, 노바 필빔, 피에르 프레네, 시슬리 오츠, D. A. 클라크 스미스, 조지 커존, 헨리 오스카, 클레어 그릿.

(흑백, 고몽-브리티시 제작, 프로듀서 마이클 밸컨과 아이버 몬터규, 75분)

"50년대에 할리우드에서 만든 〈나는 비밀을 안다〉를 원기 넘치고 활기차며 원하는 바를 정확하게 달성하는 오리지널보다 높이 평가하는 평론가들은 소박한 열정보다는 테크닉을, 유머보다는 감상을, 빠른 스토리텔링보다는 스타 어필(제임스 스튜어트와 도리스 데이)의 활용을, 그리고 황폐하고 조그만 예배당이나 악당들의 지저분한 은신처 같은 설득력 떨어지는 세트보다는 미국인이 즐기는 관광풍경을 더 선호하는 듯 보인다…… 리메이크에는 위험도 덜하고 놀라움도 덜하다…… 리메이크를 좋아하는 평론가는 스릴러에 대해 요구하는 요건들을 낮추는 쪽을 선호하는 것은 아닌가 하고 의심하게 된다. 그런데 그들이 히치콕에게 요구하는 것은 항상 그런 것을 초월해달라는 것이었다."

Penelope Houston, Cinema: A Critical Dictionary, Volume One

○ 1935

39계단*The 39 Steps*
감독으로 참여. 시나리오: 찰스 베넷. 존 버컨의 소설이 원작임. 대사: 이안 헤이. 콘티: 알마 레빌. 촬영: 버나드 놀스. 미술감독: 오스카 베른도르프. 편집: 데렉 N. 트위스트. 음향녹음: A. 버치. 음악연출: 루이스 레비. 의상: 마리안느. 의상디자이너: J. 스트라스너.
출연: 로버트 도나트, 매들린 캐럴, 루시 만하임, 고프리 티얼, 페기 애슈크로프트, 존 로리, 헬렌 헤이, 프랭크 셀리어, 윌리 왓슨, 거스 맥노턴, 제리 베르노, 페기 심슨, 그리고 앨프레드 히치콕(도나트와 만하임이 뮤직홀을 떠날 때 쓰레기를 버리는 사람.)
(흑백, 고몽-브리티시 제작, 프로듀서 마이클 밸컨과 아이버 몬터규, 87분)
"이 작품은 히치콕의 영국 시절에서 가장 뛰어나고 가장 유명한 작품이다. 영화의 추격전은 걸출한 기술적 솜씨와, 무시무시한 유머와 농담이 가미된 경이적인 손길로 연출됐다. 주인공은 기차에서 내려 다리를 뛰어내리고, 스코틀랜드 들판을 가로질러 대저택(집주인은 스파이조직의 우두머리로 밝혀진다)의 파티장에 들어섰다가 정치 회합으로, 구세군 행진으로 옮겨 다닌다. 그러고는 아가씨와 수갑을 차고 또 다른 들판으로 도주를 떠났다가 결국에는 런던의 뮤직홀에 도착한다. 영화의 플롯은 믿기 힘들지만, 끊임없는 서스펜스를 조장하는 히치콕의 숙달된 연출력은 영화를 계속 살아 숨쉬게 만든다."
Georges Sadoul, Dictionary of Films

○ 1936

비밀첩보원*Secret Agent*
감독으로 참여. 시나리오: 찰스 베넷. 캠벨 딕슨의 희곡과, W. 서머싯 몸의 아센덴 소설을 원작으로 함. 대사: 이안 헤이. 콘티: 알마 레빌. 추가대사: 제시 래스키 주니어. 촬영: 버나드 놀스. 미술감독: 오스카 베른도르프. 세트장식: 앨버트 줄리안. 편집: 찰스 프렌드. 녹음: 필립 도르테. 드레스: J. 스트라스너. 음악연출: 루이스 레비.
출연: 존 길구드, 매들린 캐럴, 피터 로르, 로버트 영, 퍼시 마몬트, 플로렌스 칸, 릴리 파머, 찰스 카슨.
(흑백, 고몽-브리티시 제작, 프로듀서 마이클 밸컨과 아이버 몬터규, 86분)
"초콜릿상자, 조립라인에 오른 비밀 메시지, 교회 오르간의 무시무시한 음표를 누르는 죽은 자의 머리, 적극적인 죄인을 그리 순수하지는 않은 방관자들로부터 구분해내기 위한 편리한 기차 사고 등 특별히 허가된 순간들은 모두 결정적인 음모에는 부차적인 것이다. 두 주인공이 상대적으로 괴팍함에도 불구하고, 〈비밀첩보원〉은 히치콕이 영국 시절에 만든 가장 매력적인 영화 중 하나로 남아 있다."
Andrew Sarris, You Ain't Heard Nothin, Yet: The American Talking Film: History and Memory, 1927~1949

사보타주*Sabotage*
(미국 제목: 홀로된 여인*The Woman Alone*)
감독으로 참여. 시나리오: 찰스 베넷. 조지프 콘래드의 소설 『비밀첩보원』이 원작. 대사: 이안 헤이, 헬렌 심슨. 콘티: 알마 레빌. 추가대사: E. V. H. (테드) 에밋. 촬영: 버나드 놀스. 편집: 찰스 프렌드. 미술감독: 오스카 베른도르프. 세트장식: 앨버트 줄리안. 음향: A. 캐머런. 드레스: J. 스트라스너. 의상: 마리안느. 음악연출: 루이스 레비. 애니메이션시퀀스: 월트 디즈니의 협조를 받음.
출연: 실비아 시드니, 오스카 호몰카, 데스몬드 테스터, 존 로더, 조이스 바보우어, 매튜 보울턴, S. J. 워밍턴, 윌리엄 듀허스트, 피터 불, 토린 대처, 오스틴 트레버, 클레어 그릿.
(흑백, 고몽-브리티시 제작, 프로듀서 마이클 밸컨과 아이버 몬터규, 76분)
"히치콕 감독은 영화예술의 영역 내에 완벽하게 자리잡고 있다. 그는 영화가 어떤 것이며 어떻게 해야 하는지를 정확하게 안다. 너무나 정확히 알고 있기 때문에, 이 활동적인 감독은 자신의 연출작으로부터 사람들이 기억할 수 있는 가장 우수한 영화들로 거꾸로 달려가는 듯 보인다. 그러고는 두 영역을 음모와 한데 엮어서, 영화예술을 감상하는 우리들이 특별한 의식상태에 빠지도록 충격을 가한다."
Mark Van Doren, The Nation, March 13, 1937

○ 1937

영 앤 이노센트*Young and Innocent*
(미국 제목: 아가씨는 젊었다*The Girl Was Young*)
감독으로 참여. 시나리오: 찰스 베넷, 에드윈 그린우드, 앤서니 암스트롱. 조세핀 테이의 소설 『양초를 살 1실링』이 원작. 콘티: 알마 레빌. 대사: 제럴드 사보리. 촬영: 버나드 놀스. 음향: A. 오도노휴. 편집: 찰스 프렌드. 미술감독: 알프레드 융에. 음악연출: 루이스 레비. 의상: 마리안느. 주제가: 러너, 굿하트, 호프먼.
출연: 노바 필빔, 데릭 드 마니, 퍼시 마몬트, 에드워드 릭비, 메리 클레어, 존 롱든, 조지 커존, 베이실 래드포드, 파멜라 카르메, 조지 메릿, J. H. 로버츠, 제리 베르노, H. F. 몰트비, 존 밀러, 그리고 앨프레드 히치콕(드 마니가 법정에서 탈출할 때 보이는 작은 카메라를 든 사진기자).
(흑백, 고몽-브리티시 제작, 프로듀서 에드워드 블랙, 84분)
"나는 그의 모든 영화 중에서 이 영화를 가장 좋아한다. 학구적으로 말하자면, 이 영화는 아주 영리한 영화는 아닐지도 모른다. 몽타주를 열심히 연구하고 싶어서 히치콕 영화를 보러가는 신봉자는 실망할지도 모른다…… 영화의 진정한 매력은 인간의 가치를 바라보는 영화의 시선이다. 히치콕은 특정한 상황에 처한 사람에게 무엇이 중요하지 않은지를, 인간의 감정이 인간의 행동에 얼마나 많은 영향을 줄 수 있는지를 아는 듯 보인다."

C. A. Lejeune, Observer, January 3, 1938(The C. A. Lejeune Film Reader)

○ 1938

사라진 여인*The Lady Vanishes*
감독으로 참여. 시나리오: 시드니 질리엇과 프랭크 론더. 에델 리나 화이트의 소설 『바퀴가 구른다』가 원작. 콘티: 알마 레빌. 촬영: 존 J. 콕스. 편집: R. E. 디어링. 커팅: 앨프레드 루메. 음향: S. 와일스. 세팅: 알렉스 베친스키. 음악연출: 루이스 레비.
출연: 마거릿 록우드, 마이클 레드그레이브, 폴 루카스, 메이 휘티 부인, 세실 파커, 린덴 트래버스, 논턴 웨인, 베이실 래드포드, 메리 클레어, 에밀리 보레오, 구기 위더스, 샐리 스튜어트, 필립 리버, 젤마 바스 디아스, 캐서린 레이시, 조세핀 윌슨, 찰스 올리버, 캐슬린 트레메인, 그리고 앨프레드 히치콕(영화 끝 무렵에 빅토리아 역에서 담배를 피우며 스크린을 가로지른다).
(흑백, 게인스버러 제작, 프로듀서 에드워드 블랙, 97분)
"히치콕은 카드 52장으로 트릭을 쓰는 마에스트로처럼 서스펜스 위에 서스펜스를, 폭로 위에 기만을 구축한다. 우리는 여주인공이 목격한 증거를 믿을 수가 없다. 미스 프로이의 존재를 확인시켜주는 유일한 증거인 그녀가 창문에 손으로 쓴 글씨는 발견된 순간 불확실성의 원칙처럼 사라져버린다. 붕대를 감은 환자는 사라진 여인이나 시체, 또는 그 외의 아무것이나 될 수 있다. 하이힐을 신은 수녀의 경우, 그녀는 꿈으로 만들어진 실체일 뿐 아니라 기만덩어리이기도 하다. 좁은 스튜디오에서 촬영됐음에도, 움직이는 열차의 환상은 우리를 흥분과 대단원, 서스펜스에서 풀어주는 폭소의 분출로 격하게 몰아간다. 〈사라진 여인〉은 히치콕의 가장 세속적이고 가장 확신에 찬 영화다. 그럼에도 오락의 수준을 뛰어넘는 이 영화는 전쟁의 공포로 막 빠져 들어가려는 유럽의 골칫거리도 다룬다."
Andrew Sinclair, Masterworks of the British Cinema

○ 1939

자마이카 인*Jamaica Inn*
감독으로 참여. 시나리오: 시드니 질리엇과 조앤 해리슨. 다프네 뒤모리에의 소설이 원작. 대사: 시드니 질리엇. 추가대사: J. B. 프리스틀리. 콘티: 알마 레빌. 촬영: 해리 스트래들링, 버나드 놀스. 세팅: 톰 모라한. 의상: 몰리 맥아더. 편집: 로버트 해머. 음악: 에릭 펜비. 음악연출: 프레데릭 루이스. 특수효과: 해리 와트. 음향: 잭 로저슨. 분장: 에른 웨스트모어. 제작매니저: 휴 퍼시벌.
출연: 찰스 로턴, 모린 오하라, 레슬리 뱅크스, 로버트 뉴턴, 마리 네이, 에믈린 윌리엄스, 와일리 왓슨, 호레이스 호지스, 헤이 페트리, 프레데릭 파이퍼, 허버트 로마스, 클레어 그릿, 윌리엄 데블린, 진 드 카살리스, 브롬리 데이븐포트,

메이벨 테리-루이스, 조지 커존, 베이실 래드포드, 몰랜드 그레이엄, 에드윈 그린우드, 머빈 존스, 스티븐 해거드.
(흑백, 메이플라워 픽처스 제작, 프로듀서 에리히 포머와 찰스 로턴, 98분)
"서스펜스도 있고 액션연출도 우수하다. 미묘한 분위기가 있다. 여인숙과 그 곳에서 벌어지는 일들, 마차와 밤길, 영국식 분위기는 히치콕이 생생하고 믿음직스럽게 작업할 수 있을 만큼 정통한 것들이다…… 그 모든 것보다 우수한 것은 영화가 가식이나 알랑거림 없이 영화의 형식에 충실하다는 것이다. 일반적으로 더 나은 영화를 만드는 방법들이 있는데, 이 영화는 그런 방식으로 만들어졌다. 정직한 영화적 기법의 절반가량이 없이도, 결과적으로 관객의 만족감 절반을 얻지 못하더라도 허식을 버린 더욱 야심 찬 영화들이 세계 어디에서건 만들어지고 있다."
Otis Ferguson, The New Republic, September 6, 1939

○ 1940

레베카*Rebecca*
감독으로 참여. 시나리오: 로버트 E. 셔우드, 조앤 해리슨. 각색: 필립 맥도널드와 마이클 호건. 다프네 뒤모리에의 소설이 원작. 촬영: 조지 반스. 음악: 프란츠 왁스먼. 음악협조: 루 포브스. 미술감독: 라일 휠러. 인테리어: 조지프 B. 플랫. 특수효과: 잭 코스그로브. 실내장식: 하워드 브리스톨. 편집감독: 핼 컨. 보조편집: 제임스 E. 뉴컴. 시나리오보조: 바버라 케온. 음향: 잭 노이스. 조감독: 에드먼드 버노우디.
출연: 로렌스 올리비에, 조앤 폰테인, 조지 샌더스, 주디스 앤더슨, 글래디스 쿠퍼, 나이젤 브루스, 레지널드 데니, C. 오브리 스미스, 플로렌스 베이츠, 레오 G. 캐럴, 멜빌 쿠퍼, 레너드 캐리, 에드워드 필딩, 룸스덴 헤어, 포레스터 하비, 필립 윈터, 그리고 앨프레드 히치콕(영화 끝 무렵에 전화 부스 바깥에 있는 행인).
(흑백, 셀즈닉 인터내셔널 픽처스 제작, 프로듀서 데이비드 O. 셀즈닉, 130분)
"〈레베카〉를 보면 진정한 오싹함을 느끼게 된다."
Peter Cowie, Fifty Major Filmmakers

해외특파원*Foreign Correspondent*
감독으로 참여. 시나리오: 찰스 베넷, 조앤 해리슨. 대사: 제임스 힐턴, 로버트 벤틀리. 음악: 앨프레드 뉴먼. 미술감독: 알렉산더 골리첸. 미술감독 협조: 리처드 어빈. 촬영: 루돌프 마테. 특수촬영효과: 폴 이글러. 편집 감독: 오토 로버링. 편집: 도로시 스펜서. 실내장식: 줄리아 헤론. 의상: I. 매그닌 & Co. 조감독: 에드먼드 버노우디. 음향: 프랭크 메이허. 특수제작효과: 윌리엄 캐머런 멘지스.
출연: 조엘 맥크리, 라레인 데이, 허버트 마셜, 조지 샌더스, 알베르트 바서만,

로버트 벤틀리, 에드먼드 그웬, 에두아르도 치아넬리, 해리 데이븐포트, 마틴 코슬렉, 프란세스 카슨, 이안 울프, 찰스 웨건하임, 에드워드 콘래드, 찰스 헬턴, 바버라 페퍼, 에모리 파넬, 로이 고든, 거트루드 호프먼, 마틴 라몬트, 배리 버나드, 홈스 허버트, 레너드 무디, 존 버턴, 제인 노박, 그리고 앨프레드 히치콕(영화 앞부분에서 맥크리의 호텔을 지나가면서 신문을 읽는 행인).
(흑백, 월터 웨인저 프로덕션 제작, 프로듀서 월터 웨인저, 119분)
"너무나 뛰어난 것—격추되는 비행기의 리얼리즘, 돌아가는 바퀴 사이에서 풍차의 어둠을 아름답게 찍어낸 장면, 아크등 아래에서 희생자가 바라보는 고문자의 얼굴들을 멜로드라마처럼 빼어나게 촬영한 것—들을 갖췄기 때문에 나는 결함을 거의 찾아낼 수가 없다. 이 영화는 〈레베카〉 50편의 값어치가 있다."
Dilys Powell, Sunday Times, October 10, 1940

○ 1941

스미스 부부*Mr. and Mrs. Smith*
감독으로 참여. 시나리오: 노먼 크래스나. 자신의 오리지널 스토리가 원작. 음악: 에드워드 워드. 촬영: 해리 스트래들링. 미술감독: 반 네스트 폴글라세. 미술감독 협조: L. P. 윌리엄스. 가운: 아이린. 세트장식: 다렐 실베라. 음향: 존 E. 트리비. 특수효과: 버논 L. 워커. 편집: 윌리엄 해밀턴. 조감독: 듀이 스타키.
출연: 캐럴 롬바드, 로버트 몽고메리, 진 레이먼드, 잭 카슨, 필립 메리베일, 루실 왓슨, 윌리엄 트레이시, 찰스 헬턴, 에스터 데일, 에마 던, 베티 콤슨, 패트리샤 파, 윌리엄 에드먼즈, 아델 피어스, 그리고 앨프레드 히치콕(건물 앞에서 로버트 몽고메리를 지나침).
(흑백, RKO-라디오 픽처스 제작, 프로듀서 해리E. 에딩턴, 95분)
"결혼생활과 관련한 많은 불꽃놀이와 대부분의 부부에게 친숙한 책략들을 제공하면서, 영화는 아둔한 에피소드들을 겉핥기로만 핥으며 유쾌한 길을 쾌활하게 걸어간다. 결혼을 소재로 한 소극들처럼, 줄거리는 지나치게 탄탄하게 설정돼 있지는 않다. 그러나 이런 부족한 부분들은 영화의 유머러스한 다툼에 의해 쉽사리 간과될 것이다."
Variety, January 22, 1941

서스피션*Suspicion*
감독으로 참여. 시나리오: 샘슨 라파엘슨, 조앤 해리슨과 알마 레빌. 프랜시스 아일스의 소설 『범행 전』이 원작. 음악: 프란츠 왁스먼, 촬영: 해리 스트래들링. 특수효과: 버논 L. 워커. 미술감독: 반 네스트 폴글라세. 미술감독협조: 캐럴 클라크. 가운: 에드워드 스티븐슨. 세트장식: 다렐 실베라. 음향: 존 E. 트리비. 편집: 윌리엄 해밀턴. 조감독: 듀이 스타키.
출연: 캐리 그랜트, 조앤 폰테인, 세드릭 하드윅, 나이젤 브루스, 메이 휘티 부인, 이사벨 진스, 헤더 앤젤, 오리올 리, 레지널드 셰필드, 레오 G. 캐럴, 그리

고 앨프레드 히치콕(마을 우체통에 편지를 부치고 있음).
(흑백, RKO-라디오 픽처스 제작, 프로듀서 해리 E. 에딩턴, 99분)
"〈서스피션〉은 로맨틱 스릴러를 향한 보편적인 욕망을 충족시키려는 듯 보인다. 그런 동시에, 영화를 가까이 들여다보면서 자각적인 관객이 된다면 우리를 즐겁게 해줄 수 있는 상업적이고 화려한 영화가 관객을 함정에 빠뜨릴 수도 있음을 관객들에게 보여준다. 히치콕의 가장 성공적이었던 영화들 모두가 그랬던 것처럼, 〈서스피션〉은 영화의 껍질을 파고 들어오라고, 현실 도피적으로 영화를 보는 것을 그만두고 (일찍이 들어본 적이 없는) 비판적 관람태도를 단호하게 시도해보라고 우리를 초대한다. 속아 넘어가기 잘하는 관객일지라도 비판적 관람태도를 취하면, 〈서스피션〉보다도 더 멋지고 장대한 스펙터클을 보여주는 영화에 대해서도 제대로 된 본질을 파악할 수 있게 될 것이다. 즉, 〈서스피션〉은 영화를 만들어내는 바로 그 산업에 의해 일상화된 조작에 대해 깨달을 것을 우리에게 요청한다."
Mark Crispin Miller, "Hitchcock's Suspicions and Suspicion," Boxed In: The Culture for TV

○ 1942

파괴공작원*Saboteur*
감독으로 참여. 시나리오: 피터 비어텔, 조앤 해리슨, 도로시 파커. 촬영: 조지프 발렌타인. 미술감독: 잭 오터슨. 미술감독협조: 로버트 보일. 편집: 오토 루드빅. 조감독: 프레드 프랭크. 세트장식: R. A. 고스먼. 세트 콘티: 아델 캐논. 음악연출: 찰스 프레빈. 음악: 프랭크 스키너. 음향: 버나드 B. 브라운. 음향테크니션: 윌리엄 헤지콕. 특수효과: 존 P. 풀턴.
출연: 프리실라 레인, 로버트 커밍스, 오토 크루거, 앨런 백스터, 클렘 비번스, 노먼 로이드, 알마 크루거, 본 글레이저, 도로시 피터슨, 이안 울프, 프란세스 카슨, 머레이 알퍼, 캐스린 애덤스, 페드로 드 코르도바, 빌리 커티스, 마리 르도, 아니타 볼스터, 진 로머, 린 로머, 그리고 앨프레드 히치콕(뉴욕의 Cut-Rate Drugs 앞에 서 있음).
(흑백, 프랭크 로이드 프로덕션-유니버설제작, 프로듀서 잭 H. 스커볼, 108분)
"조심스럽게 말하자면, 히치콕 감독과 그의 작가들은 정말로 자유분방하다. 멜로드라마틱한 액션이 그들의 장기인데, 이번 여행에서 그들은 스피드의 한계를 비웃는다. 나이 든 거장은 스릴을 끌어내기 위한 기법을 총동원했다. 그 결과로 —그리고 히치콕의 관례에 따라— 〈파괴공작원〉은 앞으로만 거세게 달려나가는 바람에 뒤를 돌아볼 기회를 거의 허용하지 않는 긴장감 넘치고 매끄러운 영화다. 그래서 영화를 괴롭히는 울퉁불퉁한 길을 스피드로 억지로 은폐하려 든다."
Bosley Crowther, New York Times, May 8, 1942

○ 1943

의혹의 그림자*Shadow of a Doubt*

감독으로 참여. 시나리오: 손턴 와일더, 샐리 벤슨과 알마 레빌. 고든 맥도넬의 스토리를 바탕으로 함. 촬영: 조지프 발렌타인. 음악: 디미트리 티옴킨. 미술감독: 존 B. 굿맨. 미술감독협조: 로버트 보일. 음향: 버나드 B. 브라운. 음향테크니션: 로버트 프리처드. 세트장식: R. A. 고스먼. 세트장식협조: E. R. 로빈슨. 음악연출: 찰스 프레빈. 세트콘티: 아델 캐논. 편집: 밀턴 캐루스. 조감독: 윌리엄 텀멜. 테레사 라이트의 가운: 에이드리언. 의상: 베라 웨스트.

출연: 테레사 라이트, 조지프 코튼, 맥도널드 캐리, 헨리 트래버스, 패트리샤 콜린지, 휴 크로닌, 월러스 포드, 에드나 메이 워너콧, 찰스 베이츠, 어빙 베이컨, 클라렌스 뮤즈, 재닛 쇼, 에스텔 쥬얼, 그리고 앨프레드 히치콕(산타로사행 기차에 탄 승객들이 하는 브리지게임에서 스페이드 13장을 쥐고 있음).

(흑백, 유니버설-스커볼 프로덕션 제작, 프로듀서 잭 H. 스커볼, 108분)

"극장에 앉아서 영화를 보던 중에 영화를 감상하는 일이 중단되더니, 자신도 깨닫지 못한 사이에 스크린에 펼쳐진 삶 속으로 완전히 옮겨가 버리는 흔치 않은 일을 경험했습니다. 살인을 다룬 영화를 보다가 그런 일을 경험한 적은 한 번도 없었습니다. 감독님이 만들어낸 영화는 걸작이라고 생각합니다."

고든 맥도넬이 〈의혹의 그림자〉를 보고 1943년 1월 10일에 히치콕에게 보낸 편지에서.

○ 1944

구명선*Lifeboat*

감독으로 참여. 시나리오: 조 스월링. 존 스타인벡의 스토리를 바탕으로 함. 촬영: 글렌 맥윌리엄스. 미술감독: 제임스 바세비, 모리스 랜스포드. 세트장식: 토머스 리틀. 세트장식협조: 프랭크 E. 휴즈. 편집: 도로시 스펜서. 의상: 르네 휴버트. 분장: 가이 피어스. 특수촬영효과: 프레드 세르센. 기술자문: 토머스 피츠시몬스. 음향: 버나드 프리릭스, 로저 허먼. 음악: 휴고 W. 프리드호퍼. 음악연출: 에밀 뉴먼.

출연: 탈룰라 뱅크헤드, 윌리엄 벤딕스, 발터 슬레작, 메리 앤더슨, 존 호디악, 헨리 헐, 헤더 앤젤, 휴 크로닌, 캐나다 리, 그리고 앨프레드 히치콕(신문에 실린 광고에 보임).

(흑백, 20세기폭스 제작, 프로듀서 케네스 맥고완, 96분)

"〈구명선〉은 비범한 영화일 뿐 아니라, 비범한 히치콕 영화이기도 하다. 이 영화에서 그는 결코 매력적이거나 요령 좋게 보이지 않을 지점까지 페이소스를 한껏 활용하면서, 그가 보유한 서스펜스의 수학공식을 확장했다. 9명뿐인 캐릭터들이 구명선이라는 완전히 제한된 공간에서만 연기를 펼친다는 사실에도 불구하고, 줄거리의 전개에는 억지스러운 면이 없고, 사건들을 탄탄하고 감동적으로 붙들어두는 데 필요한 기계적인 플롯 장치들에 대한 느낌도 들지 않는다. 캐릭터들은 다차원적이고 참신하며 인간적이다. 할리우드가 집단 드라마에 갈등을 빚어내기 위해 부여하는 플롯 공식에서 완전히 자유로운 영화다."
Herb Sterne, Rob Wagner's Script, January 22, 1944

행복한 여행*Bon Voyage*
감독으로 참여. 시나리오: J. O. C. 오턴과 앵거스 맥페일. 아서 콜더-마셜의 스토리를 바탕으로 함. 촬영: 귄터 크람프. 프로덕션 디자인: 찰스 길버트. 음악: 벤저민 프랑켈. 기술고문: 클로드 도핀.
출연: 존 블리스, 몰리에르 플레이어스.
(흑백, 피닉스 필름 제작, 프로듀서 영국정보부, 26분)
"……파시스트의 비겁한 이중성을 진지하고 약간은 멜로드라마틱하게 폭로한다."
Sidney Gottlieb, "Bon Voyage and Aventure Malgache," Hitchcock Annual, 1994

마다가스카르의 모험*Aventure Malgache*
감독으로 참여. 시나리오: J. O. C. 오턴과 앵거스 맥페일. 촬영: 귄터 크람프. 프로덕션 디자인: 찰스 길버트.
출연: 몰리에르 플레이어스.
(흑백, 피닉스 필름 제작, 프로듀서 영국정보부, 31분)
"…… 레지스탕스 투사들의 날카롭고 재치 있으며 사랑스러운 연극적 요소에 초점을 맞췄다."
Sidney Gottlieb, "Bon Voyage and Aventure Malgache," Hitchcock Annual, 1994

○ 1945

스펠바운드*Spellbound*
감독으로 참여. 시나리오: 벤 헤크트. 각색: 앵거스 맥페일. 프랜시스 비딩의 소설 『에드워즈 박사의 집』을 바탕으로 함. 촬영: 조지 반스. 음악: 미클로스 로자. 미술감독: 제임스 바세비. 미술감독협조: 존 유잉. 편집감독: 핼 C. 컨. 편집협조: 윌리엄 H. 지글러. 제작보조: 바버라 케온. 특수효과: 잭 코스그로브. 실내장식: 에밀 쿠리. 조감독: 로웰 J. 파렐. 음향: 리처드 드위즈. 꿈시퀀스 디자인: 살바도르 달리. 정신의학자문: 메이 E. 롬.
출연: 잉그리드 버그먼, 그레고리 펙, 미카엘 체호프, 레오 G. 캐럴, 존 에머리, 노먼 로이드, 스티븐 게레이, 월러스 포드, 레지스 투메이, 빌 굿윈, 도널드 커티스, 아트 베이커, 론다 플레밍, 그리고 앨프레드 히치콕(엠파이어 호텔 엘리베이터에서 내릴 때 바이올린 케이스를 들고 담배를 피움).

(흑백, 셀즈닉 인터내셔널 픽처스 제작, 프로듀서 데이비드 O. 셀즈닉, 111분)
"병원, 호텔, 역, 기차와 상담실, 최고조에 달한 스키장을 관통하는 미친 듯한 추격전이 벤 헤크트의 프로이트 경향의 시나리오로 무장한 앨프레드 히치콕이 택한 경로다. 확실히 이 영화는 아주 단순화된 프로이트다. 내용에 대해 생각할 만큼 영화에 대한 몰입을 길게 멈출 수만 있다면 상당히 믿기 힘들 정도로 단순하다. 그런데 히치콕은 페이스와 무드, 카메라와 디테일을 현란하게 사용하면서 관객이 고민할 정도로 많은 시간을 허용하지 않는다."
Arthur Beach, New Movies, November 1945

수용소의 기억*Memory of the Camps*(미완성)
트리트먼트 자문과 감독으로 참여. 시나리오: 리처드 크로스먼과 콜린 윌스. 촬영: 영국군, 미군, 러시아군 소속 카메라맨들. 편집: 스튜어트 매컬리스터, 피터 태너.
(연합국 원정군 최고사령부 제작, 프로듀서 시드니 번스타인과 세르게이 놀반도프, 55분)
"나는 누군가 그것을 한데 편집하기를 원했기 때문에 히치콕을 택했습니다. 그는 내 친한 친구였죠. (피터) 태너라고 아주 괜찮은 사람도 있었고, 좋은 편집기사도 여러 명 있었습니다. 그러나 나는 히치콕 같은 사람만이 발휘할 수 있는 상상력 있는 솜씨를 원했습니다."
Lord Bernstein to Elizabeth Sussex, "The Fate of F3080,"[4] Sight and Sound, Spring 1984

○ 1946

오명*Notorious*
감독과 프로듀서로 참여. 시나리오: 벤 헤크트. 제작보조: 바버라 케온. 촬영: 테드 테츨라프. 특수효과: 버논 L 워커, 폴 이글러. 미술감독: 캐럴 클라크, 앨버트 S. 다고스티노. 세트장식: 다렐 실베라, 클로드 카펜터. 음악: 로이 웹. 음악연출: C. 바칼레이니코프. 오케스트라지휘: 길 그라우. 편집: 세론 워스. 음향: 존 E. 트리비, 테리 켈럼. 버그먼의 가운: 에디스 헤드. 조감독: 윌리엄 도르프먼.
출연: 캐리 그랜트, 잉그리드 버그먼, 클로드 레인스, 루이스 캘헌, 레오폴딘 콘스탄틴, 라인홀트 쉰첼, 모로니 올센, 이반 트리에솔트, 알렉스 미노티스, 레스터 도르, 에베르하르트 크룸슈미트, 찰스 멘들, 그리고 앨프레드 히치콕(저택의 파티에서 샴페인을 마시고 있음).

4 제국 전쟁박물관이 편집된 필름에 부여한 제목은 1945년에는 공개되지 않았다. 이 작품은 1985년 5월 7일에 PBS의 Frontline 시리즈의 일부로 미국에서 처음 방영됐다. 트레버 하워드가 오리지널 시나리오에 적힌 대로 내레이션을 읽었다.

(흑백, RKO 라디오 제작, 프로듀서 앨프레드 히치콕, 101분)
"〈오명〉은 앨프레드 히치콕의 최고작들을 너무나 훌륭하게 만들어준 장점들이 많이 부족하다. 그러나 영화는 그 나름의 훌륭한 장점을 충분히 많이 가지고 있다. 히치콕은 가족의 심리에 대해 스릴러만큼이나 정통한 솜씨를 보여왔다. 그리고 이 영화에서 그는 파티에서, 연인들의 말다툼에서, 아니면 단순한 실내장면에서 대단히 짜릿한 순간을 이끌어내는데, 영화 안에 자리잡은 사람들은 그때 사용된 방식을 이해하기가 쉽지 않다. 〈스펠바운드〉에서 압도적이었던 그의 빼어난 여성연출솜씨는 다시 한 번 보기 좋게 발휘되고 있다. 이 영화에서 보여준 잉그리드 버그먼의 연기는 내가 봤던 그녀의 연기 중에서 최고라고 생각한다. 여러 해 동안 사람들은 카메라를 주관적으로 —즉, 한 사람의 캐릭터로— 활용하는 것이 클로즈업과 같은 기본적인 영화장치가 될 것이라고 생각해왔지만, 현존하는 감독 중에 그것을 정확히 언제 어떻게 활용해야 하는지를 아는 사람은 히치콕이 거의 유일할 것이라고 나는 생각한다."
James Agee, The Nation, August 17, 1946

○ 1947

패러다인 부인의 재판*The Paradine Case*
감독으로 참여. 시나리오: 데이비드 O. 셀즈닉. 각색: 알마 레빌. 로버트 히첸스의 소설이 원작. 촬영: 리 가메스. 음악: 프란츠 왁스먼, 프로덕션 디자인: J. 맥밀런 존슨. 미술감독: 토머스 모라한. 의상: 트래비스 밴턴. 편집감독: 핼 C. 컨. 편집협조: 존 파우어. 시나리오보조: 리디아 쉴러. 음향감독: 제임스 G. 스튜어트. 음향녹음: 리처드 반 헤센. 인테리어: 조지프 B. 플랫. 세트장식: 에밀 쿠리. 조감독: 로웰 J. 파렐. 유닛매니저: 프레드 아헤른. 특수효과: 클라렌스 슬리퍼. 헤어스타일: 래리 저메인.
출연: 그레고리 펙, 앤 토드, 찰스 로턴, 찰스 코번, 에델 배리모어, 루이 주르당, 알리다 발리, 레오 G. 캐럴, 조앤 테첼, 이소벨 엘솜, 그리고 앨프레드 히치콕(컴벌랜드 역에서 첼로를 들고 열차에서 내림).
(흑백, 셀즈닉 인터내셔널 픽처스 제작, 프로듀서 데이비드 O. 셀즈닉, 116분)
"이 영화는 성적 강박관념에 대한 연구다. 타협(히치콕은 궁상맞은 하류계급 타입인 로버트 뉴턴이 애인을 연기하기를 원했다)으로 인해 결점이 분명 생겼지만, 그럼에도 불구하고 히치콕의 시각적 대담함의 귀감인 이 작품의 빼어난 아름다움은 과소평가됐다. 리 가메스의 카메라워크는 아마도 히치콕 영화에서 봐온 것 중에 최고일 것이다. 영화 도입부에 패러다인 부인이 체포될 때 그녀를 둘러싸며 도는 카메라의 움직임, 그림자가 드리워진 감옥 인터뷰는 비교의 대상을 찾기 힘들며, 편집, 조명, 연출의 관점에서 초월적인 빼어남을 보여주는 올드베일리 시퀀스는 거의 믿기 힘들 정도다."
Charles Higham, "Program Notes: Vintage Hitchcock," August 14-15, 1972

○ 1948

로프*Rope*

감독과 공동 프로듀서로 참여. 시나리오: 아서 로렌츠. 각색: 흄 크로닌. 패트릭 해밀턴의 희곡 〈로프〉가 원작. 촬영: 조지프 발렌타인, 윌리엄 V. 스컬. 테크니컬러연출: 나탈리 칼마스. 테크니컬러협조: 로버트 브라워. 미술감독: 페리 퍼거슨. 세트장식: 에밀 쿠리, 하워드 브리스톨. 제작매니저: 프레드 아헤른. 편집: 윌리엄 H. 지글러. 조감독: 로웰 J. 파렐. 분장: 퍼크 웨스트모어. 음향: 앨 릭스. 카메라작동기사: 에드워드 피츠제럴드, 리처드 에먼스, 폴 G. 힐, 모리스 로젠. 조명 테크니션: 짐 포테빈. 음악연출: 레오 F. 포브스타인. 미스 챈들러의 드레스: 에이드리언. 라디오시퀀스: 스리 선스.
출연: 제임스 스튜어트, 존 댈, 팔리 그레인저, 세드릭 하드윅, 콘스탄스 콜리어, 더글러스 딕, 에디스 에반슨, 딕 호건, 조앤 챈들러, 그리고 앨프레드 히치콕(네온사인에서 보임).
(컬러, 트랜스아틀랜틱 제작, 프로듀서 히치콕과 시드니 번스타인, 80분)
"……히치콕 스릴러의 본질적인 작품. 플롯에 내재된 서스펜스(니체에 심취한 멋쟁이 한 쌍이 자신들의 지적 우월성을 보여주겠다는 이유로 친한 친구를 살해한다)와 별개로, 히치콕이 사용하고자 채택한 바로 그 테크닉을 통해 영화가 강력한 메타-서스펜스까지도 창출하고 있기 때문이다. 이 숏은 얼마나 오래 지속될까? 우리는 손톱을 깨물면서 스스로에게 묻는다. 이제 몇 초 있으면 컷이 등장할까? (완성된 영화에서 그런 종류의 일이 일어날 수 없다는 것은 상식에 속함에도) 연기자 중 한 사람이 연기를 하다 실수를 하려는 참인가? 영화의 상징적인 10분짜리 테이크라는 숏의 패러독스는 이 숏이 궁극적으로 모방하려는 것이 진짜 긴장감, 살아 움직이는 체험인 긴장감이라는 점이다."
Gilbert Adair, Flickers: An Illustrated Celebration of 100 Years of Cinema

○ 1949

염소좌 아래서*Under Capricorn*

감독과 공동 프로듀서로 참여. 시나리오: 제임스 브라이디와 흄 크로닌. 헬렌 심슨의 소설이 원작. 촬영: 잭 카디프. 테크니컬러자문: 나탈리 칼머스, 조앤 브리지. 프로덕션 디자인: 토머스 모라한. 편집: A. S. 베이츠. 의상: 로저 퍼스. 조감독: E. 포스터 켐프. 시나리오슈퍼바이저: 페기 싱어. 음향: 피터 핸드포드. 분장: 찰스 E. 파커. 세트장식: 필립 스톡포드. 음악: 리처드 애딘셀. 제작매니저: 프레드 아헤른. 음악연출: 루이스 레비.
출연: 잉그리드 버그먼, 조지프 코튼, 마이클 윌딩, 마거릿 리턴, 세실 파커, 데니스 오디, 잭 워틀링, 하코트 윌리엄스, 존 루독, 빌 샤인, 빅터 루카스, 로널드 애덤, 프랜시스 드 울프, G. H. 멀 캐스터, 올리브 슬론, 모린 딜레이니, 줄

리아 랭, 베티 맥더모트, 그리고 앨프레드 히치콕(2번 나온다. 영화 초반에 시드니 읍내 광장에서 코트와 모자를 쓴 차림으로, 나중에 총독관저의 계단에 있는 사람들 가운데).
(흑백, 트랜스아틀랜틱 픽처스 제작, 프로듀서 히치콕과 시드니 번스타인, 117분)
"히치콕의 경이적인 업적 중 한 편으로 꼽는다…… 정서적 자기희생을 풍성하게 묘사한다."
David Thomson, A Biographical Dictionary of Film

○ 1950

무대공포증*Stage Fright*
감독과 프로듀서로 참여. 시나리오: 휫필드 쿡. 각색: 알마 레빌. 셀윈 젭슨의 소설 『경찰을 피해 달아나라』가 원작. 촬영: 윌키 쿠퍼. 미술감독: 테렌스 베리티. 편집: E. B. 자비스. 음향: 해럴드 킹. 분장: 콜린 가드. 제작슈퍼바이저: 프레드 아헤른. 음악: 리턴 루카스. 음악연출: 루이스 레비.
출연: 제인 와이먼, 마를린 디트리히, 마이클 윌딩, 리처드 토드, 앨러스테어 심, 시빌 손다이크, 케이 월시, 마일스 맬러슨, 헥토 맥그리거, 조이스 그렌펠, 앙드레 모렐, 패트리샤 히치콕, 발라드 버클리, 그리고 앨프레드 히치콕(와이먼이 디트리히의 아파트에 들어가기 전에 해야 할 역할을 리허설하는 동안 와이먼의 옆을 지나다가 그녀를 쳐다본 다음 의아해하며 걸어감).
(흑백, 워너브러더스 제작, 프로듀서 히치콕, 110분)
"스스로에게 쉬운 일을 시키는 법이 결코 없는 인물인 히치콕 감독은 교묘한 줄거리 속임수의 원칙 내에서 〈무대공포증〉을 작업하려고 노력했다. 여주인공(제인 와이먼)은 살인용의자(리처드 토드)와, 그를 쫓고 있는 스코틀랜드야드 사람(마이클 윌딩)과 동시에 막상막하의 로맨스를 벌인다. 히치콕은 이 상황을 굉장히 코믹하면서도 오싹하게 활용한다. 그 결과는 런던을 배경으로 인상적인 장면들로 반짝거리며 빼어난 출연진에 의해 활력을 얻은 깔끔하게 제작된 오락물이다."
Time, March 13, 1950

○ 1951

스트레인저*Strangers on a Train*
감독과 프로듀서로 참여. 시나리오: 레이먼드 챈들러, 첸지 오먼드. 각색: 휫필드 쿡. 패트리샤 하이스미스의 소설이 원작. 촬영: 로버트 벅스. 미술감독: 에드워드 S. 해워스. 편집: 윌리엄 지글러. 음향: 돌프 토머스. 세트장식: 조지 제임스 홉킨스. 의상: 리 로데스. 분장: 고든 바우. 특수효과: H. F. 쾨네캄프. 공동프로듀서: 바버라 케온. 음악연출: 레이 헤인도르프. 음악: 디미트리 티옴킨.

출연: 팔리 그레인저, 로버트 워커, 루스 로먼, 레오 G. 캐럴, 패트리샤 히치콕, 로라 엘리엇, 마리언 론, 조너선 헤일, 하워드 세인트 존, 존 브라운, 노마 바덴, 로버트 기스트, 그리고 앨프레드 히치콕(더블베이스를 들고 기차에 오르는 남자).
(흑백, 워너브러더스 제작, 프로듀서 히치콕, 101분)
"다시 등장한 한 쌍의 인물. 테니스시합이 교환에 대한 명확한 메타포인 무시무시한 꿈의 맥락 안에서, 욕망과 억압의 언어로 전달되는 살인을 교환하자는 기발한 아이디어."
Jean-André Fieschi, "Alfred Hitchcock," Cinema: A Critical Dictionary

○ 1953

나는 고백한다*I Confess*
감독과 프로듀서로 참여. 시나리오: 조지 타보리와 윌리엄 아치발드, 폴 앙텔름의 희곡을 각색. 촬영: 로버트 벅스. 미술감독: 에드워드 S. 해워스. 편집: 루디 퍼. 음향: 올리버 S. 개릿슨. 세트장식: 조지 제임스 홉킨스. 의상: 오리-켈리. 제작슈퍼바이저: 셰리 쇼우즈. 공동프로듀서: 바버라 케온. 분장: 고든 바우. 조감독: 돈 페이지. 기술자문: 폴 라쿨린 신부. 음악연출: 레이 헤인도르프. 음악: 디미트리 티옴킨.
출연: 몽고메리 클리프트, 앤 백스터, 칼 말덴, 브라이언 아헤르네, O. E. 하세, 로저 댄, 돌리 하스, 찰스 앙드레, 주드슨 프랫, 오빌라 레가레, 질레스 펠레티어, 그리고 앨프레드 히치콕(오프닝 크레디트가 나오는 동안 계단 위를 가로지르는 남자).
(흑백, 워너브러더스 제작, 프로듀서 히치콕, 95분)
"진짜 스타는 히치콕 자신이다. 카메라를 이토록 대담하게 움직이고, 배우들의 연기 구도를 이토록 전문적으로 잡아내며, 액션과 리액션을 이토록 정확한 순간에 편집해 들어갈 수 있는 감독은 몇 안 된다. 리얼리티를 우연히 포착한 뉴스릴에 근접하는 품격으로 빈틈없이 신을 연출할 수 있는 감독은 몇 안 된다."
Arthur Knight, Saturday Review, February 21, 1953

○ 1954

다이얼 M을 돌려라*Dial M for Murder*
감독과 프로듀서로 참여. 시나리오: 프레데릭 노트. 자신의 희곡을 각색. 촬영: 로버트 벅스. 미술감독: 에드워드 카레레. 편집: 루디 퍼. 음향: 올리버 S. 개릿슨. 세트장식: 조지 제임스 홉킨스. 의상: 모스 메이브리. 분장: 고든 바우. 조감독: 멜 델라르. 음악: 디미트리 티옴킨.
출연: 레이 밀런드, 그레이스 켈리, 로버트 커밍스, 존 윌리엄스, 앤서니 도슨, 레오 브릿, 패트릭 앨런, 조지 리, 조지 앨더슨, 로빈 휴스, 그리고 앨프레드

히치콕(대학 동창회 사진).
(컬러, 워너브러더스 제작, 프로듀서 히치콕, 105분)
“이 영화는 내가 보고 또 보고 한 영화 중 하나라는 사실을 언급해야만 하겠다. 나는 볼 때마다 이 영화를 즐긴다. 기본적으로 이 영화는 대사로 이뤄진 영화다. 그런데 편집, 리듬, 그리고 연기자들의 연출이 너무나 잘 돼 있어서, 영화를 보는 사람은 대사 한 문장 한 문장을 종교적으로 귀담아 듣게 된다. 관객의 집중력이 끊어지지 않게 연속적인 대사에 몰두하도록 만드는 일은 결코 쉬운 작업이 아니다. 나는 이 영화의 진정한 성취는 뭔가 굉장히 어려운 것을 아주 쉬워보이는 방식으로 해낸 것이 아닐까 다시 한 번 의심하게 된다.”
FranCois Truffaut, Hitchcock

이창*Rear Window*
감독과 프로듀서로 참여. 시나리오: 존 마이클 헤이스. 코넬 울리치의 단편소설이 원작. 촬영: 로버트 벅스. 테크니컬러자문: 리처드 무엘러. 미술감독: 헬 페레이라, 조지프 맥밀런 존슨. 특수촬영효과: 존 P. 풀턴. 세트장식: 샘 코머, 레이 모이어. 조감독: 허버트 콜먼. 편집: 조지 토마시니. 의상: 에디스 헤드. 기술자문: 밥 랜드리. 분장: 월리 웨스트모어. 음향감독: 로렌 L. 라이더. 음향녹음: 해리 린드그렌, 존 코프. 음악: 프란츠 왁스먼.
출연: 제임스 스튜어트, 그레이스 켈리, 웬델 코리, 델마 리터, 레이먼드 버, 주디스 이블린, 로스 바그다사리안, 조진 다시, 새러 베르너, 프랭크 캐디, 제슬린 팩스, 랜드 하퍼, 아이린 윈스턴, 헤이비스 데이븐포트, 그리고 앨프레드 히치콕(작곡가의 아파트에서 시계를 감는 사람).
(컬러, 파라마운트 제작, 프로듀서 히치콕, 112분)
“이론의 여지는 있지만, 〈이창〉은 인상적인 히치콕의 작품세계에서 가장 정교하게 작업된 영화다…… 이 영화는 종종 히치콕의 신앙고백으로 묘사된다. 관음증에 대한 매혹, (〈구명선〉과 〈로프〉를 만든 동기였던) 기술적 제약에 대한 사랑, 특정 스타들을 육성하는 것 등 영화연출에 대한 그의 많은 아이디어를 종합한 작품이기 때문이다. 이 영화는 그가 스튜어트(〈로프〉)와 켈리(〈다이얼 M을 돌려라〉)를 두 번째로 활용한 영화다. 또한 편집, 특히 관객들을 배우들의 연기에 몰입시키는 수단으로서의 편집에 관한 그의 아이디어를 종합한 영화이기도 하다.”
Jonathan Rosenbaum, Chicago Reader, February 25, 2000

○ 1955

나는 결백하다*To Catch a Thief*
감독과 프로듀서로 참여. 시나리오: 존 마이클 헤이스. 데이비드 닷지의 소설이 원작. 촬영: 로버트 벅스. 테크니컬러자문: 리처드 무엘러. 미술감독: 헬 페레이라, 조지프 맥밀런 존슨. 보조촬영진 촬영감독: 월러스 켈리. 특수촬영효

과: 존 P. 풀턴. 프로세스촬영: 파시옷 에도우아트. 세트장식: 샘 코머, 아서 크람스. 편집: 조지 토마시니. 조감독: 다니엘 J. 맥콜리. 분장: 월리 웨스트모어. 음향: 해럴드 루이스, 존 코프. 음악: 린 머레이. 보조촬영진 감독: 허버트 콜먼. 의상: 에디스 헤드. 대사코치: 엘지 풀스톤.
출연: 캐리 그랜트, 그레이스 켈리, 제시 로이스 랜디스, 존 윌리엄스, 샤를 바넬, 브리짓 어버, 장 마르티네유, 조르주 아니스, 그리고 앨프레드 히치콕(버스에서 캐리 그랜트 옆에 앉은 남자).
(컬러, 파라마운트 제작, 프로듀서 히치콕, 106분)
"뛰어난 영화. 앨프레드 히치콕은 이 영화로 자기 자신을 능가하기까지 한다. 히치콕과 혹스를 추앙하는 젊은 프랑스 평론가들이 그에게 밝혔던, 히치콕이 좋아하는 테마들을 이 영화에서 아주 많이 찾아볼 수 있다. 이 영화에는 심오하게 받아들일 것이 아무것도 없다는 그의 주장에도 불구하고, 상대적으로 형식적이고 외향적인 방식으로 취급된 히치콕의 테마는 명확하게 드러난다. 프랑수아 트뤼포가 반박할 길이 없는 방식으로 밝혀낸 한 가지 테마는 특히 그렇다. 한 캐릭터가 다른 캐릭터로 오해받는 것인데, 이것은 액션의 내재적인 동기로 작용하는, 일종의 존재론적인 정체성의 오해다."
André Bazin: L'Observateur, December 29, 1955, The Cinema of Cruelty

해리의 소동*The Trouble with Harry*
감독과 프로듀서로 참여. 시나리오: 존 마이클 헤이스. 잭 트레버 스토리의 소설이 원작. 촬영: 로버트 벅스. 테크니컬러자문: 리처드 무엘러. 미술감독: 헬 페레이라, 존 굿맨. 편집: 알마 마크로리. 특수촬영효과: 존 P. 풀턴. 세트장식: 샘 코머, 에밀 쿠리. 조감독: 하워드 조슬린. 의상: 에디스 헤드. 분장: 월리 웨스트모어. 음향: 해럴드 루이스, 윈스턴 레버릿. 음악: 버나드 허먼. 주제가: "Flaggin' the Train to Tuscaloosa", 맥 데이비드(작사), 레이먼드 스콧(작곡). 공동프로듀서: 허버트 콜먼.
출연: 에드먼드 그웬, 존 포사이스, 밀드레드 내트윅, 밀드레드 더녹, 제리 매더스, 로열 데이노, 파커 페넬리, 배리 맥컬럼, 드와이트 마필드, 셜리 맥클레인, 그리고 앨프레드 히치콕(미술품 수집가의 리무진을 지나쳐 걸어감).
(컬러, 파라마운트 제작, 프로듀서 히치콕, 99분)
"—사람들이 『펀치』나 『뉴요커』의 전성기에 실리던 만화에서 공감할 수 있었던 비딱하고 번득이는 재치로 살아 움직이는— 이 블랙코미디의 자그마한 보석은 1956년에 미국에서는 실패작이었지만, 유럽에서는 대히트를 쳤다. 샹젤리제의 극장들에는 6개월 넘게 관객이 넘쳤다. 히치콕이 개인적으로 아주 좋아한 작품 중 하나로, 그의 특별하고 세련되며 재미있는 유머가 담겨 있는 광산이다."
Michael Wilmington, L.A. Weekly, April 20-26, 1984

○ 1956

나는 비밀을 안다*The Man Who Knew Too Much*

감독과 프로듀서로 참여. 시나리오: 존 마이클 헤이스. 찰스 베넷과 D. B. 윈드햄-루이스의 스토리를 바탕으로 함. 촬영: 로버트 벅스. 테크니컬러 자문: 리처드 무엘러. 미술감독: 헬 페레이라, 헨리 범스테드. 특수촬영효과: 존 P. 풀턴. 프로세스 촬영: 파시옷 에도우아트. 세트장식: 샘 코머, 아서 크램스. 기술자문: 콘스탄스 윌리스, 압델하크 크라이비. 편집: 조지 토마시니. 조감독: 하워드 조슬린. 의상: 에디스 헤드. 분장: 월리 웨스트모어. 음향: 폴 프란츠, 진 가빈. 음악: "Storm Cloud Cantata", 아서 벤저민과 D. B. 윈드햄-루이스 작곡, 런던 심포니 오케스트라 연주, 버나드 허먼 지휘, 코벤트가든 코러스와 솔로이스트 바버라 호윗. 작곡: 버나드 허먼. 주제가: "Whatever Will Be"와 "We'll Love Again", 제이 리빙스턴과 레이 에번스. 공동 프로듀서: 허버트 콜먼.

출연: 제임스 스튜어트, 도리스 데이, 브렌다 드 반지, 버나드 마일스, 랠프 트루먼, 다니엘 겔린, 모겐스 위스, 앨런 모우브레이, 힐러리 브룩, 크리스토퍼 올센, 레지 날더, 리처드 와티스, 노엘 윌먼, 알릭스 탤턴, 이브스 브레인빌, 캐롤린 존스, 버나드 허먼(지휘자), 그리고 앨프레드 히치콕(모로코 시장에서 아크로바트를 보며 카메라를 등진 사람).

(컬러, 파라마운트 제작, 프로듀서 히치콕, 120분)

"여자를 싫어하는 게 분명한 감독이 만든 이 영화의 유일한 주요 행동 동기는 —형이상학을 단호히 거절하는— 여자의 직감이다. 그의 전작들처럼 이 영화는 제멋대로 구는 법이 없지만, 우아하고 자유분방한 순간들을 더 잘 드러낸다. 인질로 잡혀 있는 대사관의 살롱에서 노래하는 어머니의 노랫소리를 듣는 어린 꼬마처럼, 때때로 우리는 멀리서 순식간에 우리를 낚아채며 다가오는 우아함으로 인해, 그렇지만 그리 고상을 떨지 않고도 즉각적으로 시적인 분위기를 풍겨낼 수 있는 이 신랄하고 영민한 인물의 작품에 감동한다. 긴장을 자아내는 스타일의 거장을 향한 그리움이 그토록 커지는 순간에 그가 우리를 저 먼 길로 데려갈 때, 우리 히치콕을 사랑하도록 하자."

Jean-Luc Godard, Godard on Godard

누명쓴 사나이*The Wrong Man*

감독과 프로듀서로 참여. 시나리오: 맥스웰 앤더슨과 앵거스 맥페일. 스토리: 맥스웰 앤더슨. 누명을 쓴 실제사건을 바탕으로 함. 촬영: 로버트 벅스. 미술감독: 폴 실버트. 편집: 조지 토마시니. 조감독: 다니엘 J. 맥콜리. 음향: 얼 크레인 시니어. 세트장식: 윌리엄 L. 쿠엘. 분장: 고든 바우. 음악: 버나드 허먼. 기술자문: 프랭크 D. 오코너, 조지 그로브스. 공동프로듀서: 허버트 콜먼.

출연: 헨리 폰다, 베라 마일스, 앤서니 퀘일, 해럴드 J. 스톤. 찰스 쿠퍼, 존 헬다브랜드, 에스터 민치오티, 도린 랭, 로린다 배릿, 노마 코널리, 네헤미아 페

르소프, 롤라 다눈치오, 키피 캠벨, 로버트 에센, 리처드 로빈스, 데이턴 루미스, 페기 웨버, 그리고 앨프레드 히치콕(프롤로그 내레이션).
(흑백, 워너브러더스 제작, 프로듀서 히치콕, 105분)
"폰다가 집 밖에서 체포돼서 심문받고 지문을 찍고 목격자 앞에 도열하고 감옥으로 넘겨지는 영화의 전반부는 히치콕의 평소 기준조차도 상회하는 엄밀한 수준으로 빼어나게 연출됐다. 자신이 조금도 알지 못하는 범죄로 인해 체포될 것이라는 히치콕의 평생에 걸친 공포를 완벽하게 그려낸다. 이런 카프카적인 시퀀스가 너무나 무시무시하기 때문에, 이후에 나오는 모든 것은 시시해 보인다…… 나는 이 영화가 특별한 의미가 있다고 생각한다. 1분 1초가 사전에 계획된 인물이고 그의 인생이 하루하루 조금도 변하지 않는다는 점에서, 폰다가 애초부터 단조로운 히치콕적 주인공의 극단적인 사례이기 때문이다. 그는 유머감각이라고는 없는 주인공이다."
Danny Peary, Guide for the Film Fanatic

○ 1958

현기증*Vertigo*

감독과 프로듀서로 참여. 시나리오: 알렉 코펠과 새뮤얼 테일러. 피에르 부알로와 토마 나르스작의 소설 『죽은 자들로부터』가 원작. 촬영: 로버트 벅스. 미술감독: 핼 페레이라, 헨리 범스테드. 테크니컬러자문: 리처드 무엘러. 특수촬영효과: 존 P. 풀턴. 프로세스 촬영: 파시옷 에도우아트, 월러스 켈리. 세트장식: 샘 코머, 프랭크 맥켈비. 타이틀디자인: 솔 바스. 편집: 조지 토마시니. 조감독: 다니엘 J. 맥콜리. 분장: 월리 웨스트모어. 헤어스타일감독: 넬리 맨리. 음향: 해럴드 루이스, 윈스턴 레버릿. 의상: 에디스 헤드. 특수시퀀스: 존 페렌. 음악: 버나드 허먼, 지휘 뮤어 매디슨. 제작매니저: C. O. (닥) 에릭센. 공동프로듀서: 허버트 콜먼.
출연: 제임스 스튜어트, 킴 노박, 바버라 벨 게디스, 톰 헬모어, 헨리 존스, 레이먼드 베일리, 엘렌 코비, 콘스탄틴 셰인, 리 패트릭, 그리고 앨프레드 히치콕(조선소 앞을 지나감).
(컬러, 파라마운트 제작, 프로듀서 히치콕, 128분)
"〈현기증〉과 〈사이코〉에 대해 진지하게 고민해보면, 여러분은 심오하고 보편적인 중요성을 가진 테마를 발견하게 될 것이다. 다시 고민해보라. 그러면 여러분은 발췌해낼 수 있는 어떤 '내용물'에 표명된 만큼이나 많이 영화의 형식과 스타일에 표명된 주제를 찾아낼 수 있을 것이다. 히치콕의 〈현기증〉의 소재는 (부알로와 나르스작의 것과는 달리) 더 이상 단순한 미스터리 스릴러의 소재가 아니다. 이 소재는 한편으로는 미조구치의 『우게츠 이야기』와, 다른 한편으로는 키츠의 『라미아』와 굉장히 유사하다. 보편적으로 용인되는 이런 작품들을 예로 드는 것은 그 작품들과 〈현기증〉을 비교하려고 노력하는 것이 아니다. 'A는 B와 유사하니까 A는 B만큼이나 좋다'는 식의 속임수 따위는 없다. 어느 쪽 작품과 비교해도 조금도 두려움을 느끼지 않을 〈현기증〉은 그런 불성실한 변명 따위는 필요로 하지 않는다."
Robin Wood, Hitchcock's Films, Introduction to 1965 edition

○ 1959

북북서로 진로를 돌려라*North by Northwest*
감독과 프로듀서로 참여. 시나리오: 어니스트 레먼. 촬영: 로버트 벅스. 음악: 버나드 허먼. 프로덕션디자인: 로버트 보일. 미술감독: 윌리엄 A. 호닝, 메릴 파이. 세트장식: 헨리 그레이스, 프랭크 맥켈비. 특수효과: A. 아널드 질레스피, 리 르블랑. 타이틀디자인: 솔 바스. 편집: 조지 토마시니. 컬러자문: 찰스 K. 해거돈. 녹음슈퍼바이저: 프랭클린 밀턴. 헤어스타일: 시드니 길라로프. 분장: 윌리엄 터틀. 조감독: 로버트 손더스. 공동프로듀서: 허버트 콜먼.
출연: 캐리 그랜트, 에바 마리 세인트, 제임스 메이슨, 제시 로이스 랜디스, 레오 G. 캐럴, 조세핀 허친슨, 필립 오버, 마틴 랜도, 애덤 윌리엄스, 에드워드 플랫, 로버트 엘렌스타인, 레스 트레메인, 필립 쿨리지, 패트릭 맥비, 에드워드 빈스, 켄 린치, 그리고 앨프레드 히치콕(오프닝 타이틀 중에 버스를 놓치는 사람).
(컬러, MGM 제작, 프로듀서 히치콕, 136분)
"진지하게 받아들이자면, 아무튼 플롯은 조리에 맞지 않는다. 이 영화는 운이 좋다. 진지하게 받아들이면 여주인공의 윤리관이나 미국 정보조직이 구사하는 수법과 잡다한 다른 요소들의 함의에 대해 놀랄 정도로 할 말이 적기 때문이다. 그럼에도 불구하고 영화가 전개되는 동안 영화가 굉장히 재미있다는 사실은 경이적이다."
Moira Walsh, America, August 22, 1959

○ 1960

사이코*Psycho*
감독과 프로듀서로 참여. 시나리오: 조지프 스테파노. 로버트 블로흐의 소설이 원작. 촬영: 존 L. 러셀. 미술감독: 조지프 헐리, 로버트 클랫워시. 세트장식: 조지 마일로. 유닛매니저: 루 리어리. 타이틀디자인: 솔 바스. 편집: 조지 토마시니. 의상슈퍼바이저: 헬렌 콜빅. 의상: 리타 릭스. 분장: 잭 바론, 로버트 돈. 헤어스타일리스트: 플로렌스 부시. 특수효과: 클라렌스 샴페인. 음향: 월든 O. 왓슨, 윌리엄 러셀. 조감독: 힐턴 A. 그린. 화면컨설턴트: 솔 바스. 음악: 버나드 허먼.
출연: 앤서니 퍼킨스, 베라 마일스, 존 개빈, 마틴 밸섬, 존 맥킨타이어, 사이먼 오클랜드, 프랭크 앨버트슨, 패트리샤 히치콕, 본 테일러, 루린 터틀, 존 앤더슨, 모트 밀스, 재닛 리, 그리고 앨프레드 히치콕(부동산 사무실 밖에 카우보이모자를 쓴 남자).

(흑백, 파라마운트-샘리 프로덕션 제작, 프로듀서 히치콕, 109분)

리처드 코를리스는 1972년에 『사이트 앤 사운드』가 평론가 89명을 대상으로 실시한 영화역사상 '톱10'을 뽑는 설문에서 자신이 〈사이코〉를 순위에 집어넣은 '고독한 4명의 영혼' 중 한 사람이었다고 고백한 후, 이 영화에 대한 그의 애정의 뿌리에 대해 회상했다. "16살 때 사우스 저지 해안에 있는 아발론 극장에서 〈사이코〉를 처음 봤을 때부터, 영화는 토요일 오후에 보는 공포영화가 해야 할 바를 훌륭하게 해냈다. 나는 이 영화가 정말 무서웠다. 지금도 마찬가지다. 이 에세이를 쓰기 위해 〈사이코〉의 샤워 시퀀스를 편집기에 걸어놓고 거기에서 어떤 학문적인 즐거움을 도출해내건 상관없이, 이 영화를 체험하고서 다시 느끼는 순전히 육체적인 불편함은 그런 즐거움을 뒤엎고도 남는다. 나는 지금도 영화를 보고 낯선 샤워장에 발을 내딛을 때마다 속이 울렁거린다."

Richard Corliss, "Psycho Therapy," Favorite Movies: Critic's Choices

○ 1963

새*The Birds*

감독과 프로듀서로 참여. 시나리오: 에반 헌터. 다프네 뒤모리에의 소설이 원작. 촬영: 로버트 벅스. 프로덕션 디자인: 로버트 보일. 편집: 조지 토마시니. 티피 헤드런의 의상: 에디스 헤드. 제작매니저: 노먼 데밍. 특수촬영자문: 어브 이웍스. 특수효과: 로렌스 A. 햄턴. 화면 디자인: 앨버트 휘틀록. 음향: 월든 O. 왓슨, 윌리엄 러셀. 분장: 하워드 스밋. 헤어스타일리스트: 버지니아 다시. 히치콕감독보조: 페기 로버트슨. 조감독: 제임스 H. 브라운. 세트장식: 조지 마일로. 시나리오슈퍼바이저: 로이스 서먼. 의상슈퍼바이저: 리타 릭스. 새 조련사: 레이 버윅. 타이틀: 제임스 S. 폴락. 전자음향 제작 및 작곡: 레미 가스만, 오스카 살라. 음향자문: 버나드 허먼.

출연: 로드 테일러, 제시카 탠디, 수전 플리쉬트, 티피 헤드런, 베로니카 카트라이트, 에델 그리피스, 찰스 맥그로, 루스 맥데빗, 로니 채프먼, 조 만텔, 두들스 위버, 맬컴 애터버리, 존 맥거번, 칼스웬슨, 리처드 디콘, 엘리자베스 윌슨, 윌리엄 퀸, 도린 랭, 그리고 앨프레드 히치콕(그가 기르는 개 지오프리와 스탠리를 데리고 애완동물가게를 떠나는 모습).

(컬러, 유니버설 제작, 프로듀서 히치콕, 120분)

"한때 대부분의 평론가들이 히치콕의 일반적 경향에서 놀랄 정도로 벗어난 영화로 봤던 〈새〉의 묵시론적 뉘앙스는 그가 작업한 모든 영화에 존재했던 파괴적인 경향을 강화한 것일 뿐이다. 산란한 혼돈적인 상황은 항상 그의 주특기였다. 히치콕은 기계적 격변으로 인한 사고를, 사람과 사물을 심연이나 소용돌이 속으로 밀어넣는 것을 즐겼다. 운송수단들은 폭격을 당하고, 폭발하고, 침몰하고, 서로에게 달려든다. 비행기는 바다로 추락하고, 자동차는 광산이나 늪에 삼켜진다. 또는 브레이크가 고장 난 채 질주하거나 술에 취한 운전자가 운전대를 잡는다. 움직임 그 자체가 위험이기는 하지만, 움직이는 모든 것은 파괴될 운명인 듯 보인다. 히치콕에게는 안전한 것은 하나도 없다. 고정된 채 놓여 있는 것은 아무것도 없기 때문이다."
Jean-Pierre Coursodon, American Directors

○ 1964

마니*Marnie*
감독과 프로듀서로 참여. 시나리오: 제이 프레슨 앨런. 윈스턴 그레이엄의 소설이 원작. 촬영: 로버트 벅스. 프로덕션디자인: 로버트 보일. 조감독: 제임스 H. 브라운. 유닛매니저: 힐턴 A. 그린. 티피 헤드런과 다이앤 베이커의 의상: 에디스 헤드. 티피 헤드런의 헤어스타일: 알렉산드르 오브 파리. 편집: 조지 토마시니. 화면디자인: 앨버트 휘틀록. 음향: 월든 O. 왓슨, 윌리엄 러셀. 분장: 잭 바론, 하워드 스밋, 로버트 돈. 헤어스타일리스트: 버지니아 다시. 히치콕 감독보조: 페기 로버트슨. 세트장식: 조지 마일로. 시나리오슈퍼바이저: 로이스 서먼. 카메라오퍼레이터: 레너드 사우스. 의상슈퍼바이저: 빈센트 디. 여성의상: 리타 릭스. 남성의상: 제임스 린. 음악: 버나드 허먼.
출연: 티피 헤드런, 숀 코너리, 다이앤 베이커, 마틴 게이블, 루이제 레이섬, 밥 스위니, 밀턴 셀저, 메리엣 하틀리, 앨런 네이피어, 브루스 던, 헨리 벡맨, S. 존 로너, 에디스 에반슨, 멕 윌리, 그리고 앨프레드 히치콕(호텔 복도에 있는 능글맞은 남자).
(컬러, 유니버설 제작, 프로듀서 히치콕, 129분)
"〈마니〉는 관람을 거듭할수록 더 나은 영화가 된다는 것을 발견한다…… 보기에 따라서 이 영화는 세월이 흐름에 따라 더욱 인상적이 돼가는 〈새〉보다 —영화적으로, 철학적으로, 신화적으로— 덜한 작품이다. 그러나 이 영화는 〈새〉와 더불어 히치콕의 후기를 대표하는 작품이라고 볼 수도 있다. 티피 헤드런이 두 영화 모두에 출연하는 것은 여성과, 세상에서 여성이 차지하는 자리에 대한 히치콕의 가장 보수적인 사고가 구현된 작품이기 때문이다."
David Sterritt, The Films of Alfred Hitchcock

○ 1966

찢어진 커튼*Torn Curtain*
감독과 프로듀서로 참여. 시나리오: 브라이언 무어. 촬영: 존 F. 워렌. 프로덕션디자인: 헤인 헤크로스. 미술감독: 프랭크 아리고. 제작매니저: 잭 코릭. 화면디자인: 앨버트 휘틀록. 음향: 월든 O. 왓슨, 윌리엄 러셀. 편집: 버드 호프먼. 조감독: 도널드 베어. 세트장식: 조지 마일로. 분장: 잭 바론. 의상: 그레이디 헌트. 히치콕감독보조: 페기 로버트슨. 카메라오퍼레이터: 레너드 사우스. 시나리오슈퍼바이저: 로이스 서먼. 줄리 앤드루스의 헤어스타일리스트: 핼 손더스. 헤어스타일리스트: 로레인 로버슨. 줄리 앤드루스의 의상: 에디스 헤드.

음악: 존 애디슨.
출연: 폴 뉴먼, 줄리 앤드루스, 릴라 케드로바, 핸죄르그 펠미, 타마라 투마노바, 볼프강 킬링, 루드비히 도나스, 귄터 스트랙, 데이비드 오파토슈, 기젤라 피셔, 모트 밀스, 캐롤린 콘웰, 아서 굴드-포터, 글로리아 고르빈, 그리고 앨프레드 히치콕(호텔 로비에서 아기를 안은 남자).
(컬러, 유니버설 제작, 프로듀서 히치콕, 128분)
"위대한 결과가 없는 아라베스크? 〈새〉의 납빛 하늘이나 〈마니〉의 역부족의 그릇된 희망이 우리를 사뭇 다른 방식으로 곤란하게 만들었다는 데는 의심의 여지가 없다. 그런데 히치콕이 〈사라진 여인〉에서부터 〈나는 비밀을 안다〉에 이르는 그의 진실한 작품들에 뒤지지 않는 환상적인 일주여행이나 모험 가득한 여행을 보여주는 영화들을 통해 그가 했던 약속을 오늘날에 갱신하고자 하는 것은 정말로 그의 야망이 한계에 달했거나 피폐해진 것인가?"
Jean Narboni, "Defense of Torn Curtain," Cahiers du Cinéma in English, no. 10(1966)

○ 1969

토파즈*Topaz*
감독과 프로듀서로 참여. 시나리오: 새뮤얼 테일러. 레온 유리스의 소설이 원작. 촬영: 잭 힐드야드. 프로덕션디자인: 헨리 범스테드. 편집: 윌리엄 H. 지글러. 촬영자문: 헬 모어. 음향: 월든 O. 왓슨, 로버트 A. 버트런드. 제작매니저: 윌러스 워슬리. 조연출: 더글러스 그린, 제임스 웨스트먼. 특수촬영효과: 앨버트 휘틀록. 세트장식: 존 오스틴. 시나리오슈퍼바이저: 트루디 폰 트로다. 분장: 버드 웨스트모어, 레너드 엔젤먼. 헤어스타일: 래리 저메인, 넬리 맨리. 히치콕감독보조: 페기 로버트슨. 카메라오퍼레이터: 윌리엄 도즈. 남성의상: 피터 살두티. 쿠바기술자문: J. P. 매튜. 프랑스기술자문: 오데트 페리. 의상: 에디스 헤드. 의상(파리): 피에르 발만. 음악: 모리스 자르. 공동프로듀서: 허버트 콜먼.
출연: 프레데릭 스태포드, 대니 로빈, 존 버논, 카린 도르, 미셸 피콜리, 필립 느와레, 클로드 제이드, 미셸 수보르, 퍼-악셀 아로세니우스, 로스코 리 브라운, 에드몽 리안, 소냐 콜소프, 티나 헤드스트롬, 존 반 드릴렌, 돈 랜돌프, 로베르토 콘트레라스, 카를로스 리바스, 로저 틸, 루이스 찰스, 산도르 자보, 안나 나바로, 루 브라운, 존 로퍼, 조지 스카프, 존 포사이스, 그리고 앨프레드 히치콕(공항에서 휠체어에 앉은 남자).
(컬러, 유니버설 제작, 프로듀서 히치콕, 127분)
"영화에는 현대의 영화적 클리셰가 없다. 영화가 선택한 친숙한 첩보장비들(원격조종 카메라, 방사능 측정기)은 너무나 믿음직스러워서, 정치적으로는 극단적으로 보수적인 것처럼 보이는 경향이 있다. 그런데 〈토파즈〉는 정말로 그런 영화를 상회하는 영화다. 영화는 히치콕이 배우들을 활용하는 것처럼 정치를 활용한다. 영화 자체의 목표를 위해 정치에 실제로 개입하려는 의도는 전혀 없이. 〈토파즈〉는 대단히 재미있는 데에서 그치지 않는다. 많은 히치콕 영화처럼 영화는 우리 시대에 도덕적으로 가장 냉소적인 인물이 지은 훈계조의 우화다."
Vincent Canby, "Alfred Hitchcock at His Best," New York Times, December 20, 1969

○ 1972

프렌지*Frenzy*
감독과 프로듀서로 참여. 시나리오: 앤서니 샤퍼. 아서 라 번의 소설 『안녕 피카딜리, 잘 있거라 레스터 스퀘어』가 원작. 촬영: 길 테일러. 프로덕션디자인: 시드 케인. 미술감독: 밥 랭. 제작매니저: 브라이언 버제스. 카메라오퍼레이터: 폴 윌슨. 콘티: 안젤라 마르텔리. 음향믹서: 피터 핸드포드. 음향녹음: 고든 K. 맥컬럼. 음향편집: 러스티 코펠먼. 의상슈퍼바이저: 둘시 미드윈터. 히치콕감독보조: 페기 로버트슨. 캐스팅: 샐리 니콜. 특수촬영효과: 앨버트 휘틀록. 분장: 해리 프램턴. 헤어드레서: 팻 맥더모트. 세트 드레서: 사이먼 웨이크필드. 조감독: 콜린 M. 브루어. 공동프로듀서: 윌리엄 힐. 편집: 존 짐슨. 음악: 론 굿윈.
출연: 존 핀치, 알렉 맥코웬, 배리 포스터, 빌리 화이틀로, 안나 메이시, 바버라 리-헌트, 버나드 크리빈스, 비비언 머천트, 마이클 베이츠, 존 마시, 클라이브 스위프트, 존 박서, 매지 라이언, 조지 토베어, 엘지 랜돌프, 지미 가드너, 제럴드 심, 노엘 존슨, 그리고 앨프레드 히치콕(템스 제방에 모인 군중 속의 남자).
(컬러, 유니버설 제작, 프로듀서 히치콕, 116분)
"이 영화는 히치콕이 1940년대에 만들었던 스릴러의 일종으로, 영화에는 소름끼치는 디테일, 부조리한 유머, 저지르지 않은 죄로 기소된 남자의 절망감이 가득하다. 1970년대의 디테일이라면 폭력과 누드가 유일하다(불쾌할 정도로 자유분방하게 둘 다에 접근하면서, 샤워커튼 없는 〈사이코〉를 연상시킨다). 서스펜스와 지역색("크리스티 살인이 있고 나서 너무 오랜 시간이 흘렀어. 다채롭고 훌륭한 범죄사건은 좋은 관광상품이야")이 있다. 그리고 늘 그렇듯 히치콕은 입맛을 다시고 손을 비비면서 자신의 버릇없음을 즐거워한다."
Roger Ebert, Roger Ebert's Video Companion

○ 1976

가족음모*Family Plot*
감독과 프로듀서로 참여. 시나리오: 어니스트 레먼. 빅터 캐닝의 『레인버드 패턴』이 원작. 촬영: 레너드 J. 사우스. 프로덕션디자인: 헨리 범스테드. 의상: 에디스 헤드. 편집: J. 테리 윌리엄스. 음향: 제임스 R. 알렉산더, 로버트 L. 호이트. 분장: 잭 바론. 세트장식: 제임스 W. 페인. 조감독: 하워드 G. 카잔지언.

제2조감독: 웨인 A. 팔로우. 히치콕감독보조: 페기 로버트슨. 음향편집: 로저 스워드. 시나리오슈퍼바이저: 로이스 서먼. 제작매니저: 어니스트 B. 웨마이어. 특수효과: 앨버트 휘틀록. 제작일러스트레이터: 토머스 J. 라이트. 음악: 존 윌리엄스.

출연: 카렌 블랙, 브루스 던, 바버라 해리스, 윌리엄 디베인, 에드 로터, 캐슬린 네스비트, 캐서린 헬먼드, 워렌 J. 케멀링, 에디스 앳워터, 윌리엄 프린스, 니콜러스 콜라산토, 마지 레드먼드, 존 레네, 찰스 타이너, 알렉산더 록우드, 마틴 웨스트, 그리고 앨프레드 히치콕(등기소의 실루엣).

(컬러, 유니버설 제작, 프로듀서 히치콕, 120분)

"히치콕은 유작을 통해 코믹 스릴러의 형식으로 의기양양하게 귀환했다. 〈북북서로 진로를 돌려라〉(역시 어니스트 레먼이 시나리오를 쓴 작품이다) 이후 가장 편안하고 재치 있으며 세련된 이 영화는 촘촘하지만 대칭적인 패턴과 이중적인 존재, 라임이 극도로 흥미롭게 모아져 있다…… 그 모든 재미의 밑바닥에는, 히치콕이 보내는 도덕과는 극도로 무관한 윙크로 표현되고, 빼어난 출연진이 펼치는 연기로 제시되는 인간의 탐욕과 부정에 대한 비전이 자리잡고 있다."

Geoff Andrew, Time Out Film Guide

텔레비전 크레디트

히치콕이 연출한 에피소드만 실었다.

○ 1955~1956년 시즌

복수*Revenge*
감독과 프로듀서로 참여. 방영일자: 1955년 10월 2일. 시나리오: 프랜시스 코크렐. 새뮤얼 블라스의 스토리를 바탕으로 함. 촬영: 존 L. 러셀 주니어.
출연: 랠프 미커, 베라 마일스, 프랜시스 바비어.
(샘리 프로덕션 제작, 〈앨프레드 히치콕 극장〉을 위해 조앤 해리슨과 프로듀서로 참여. 25분)

마비*Breakdown*
감독과 프로듀서로 참여. 방영일자: 1955년 11월 13일. 시나리오: 프랜시스 코크렐과 루이스 폴락. 루이스 폴락의 스토리를 바탕으로 함. 촬영: 존 L. 러셀 주니어.
출연: 조지프 코튼, 레이먼드 베일리, 포레스트 스탠리, 해리 섀넌, 레인 챈들러, 제임스 에드워즈, 머레이 알퍼, 아론 스펠링.
(샘리 프로덕션 제작, 〈앨프레드 히치콕 극장〉을 위해 조앤 해리슨과 프로듀서로 참여. 25분)

펠햄 씨 사건*The Case of Mr. Pelham*
감독과 프로듀서로 참여. 방영일자: 1955년 12월 4일. 시나리오: 프랜시스 코크렐. 앤서니 암스트롱의 이야기를 바탕으로 함. 촬영: 존 L. 러셀 주니어.
출연: 톰 이웰, 레이먼드 베일리, 저스티스 왓슨.
(샘리 프로덕션 제작, 〈앨프레드 히치콕 극장〉을 위해 조앤 해리슨과 프로듀서로 참여. 25분)

크리스마스를 위한 귀환*Back for Christmas*
감독과 프로듀서로 참여. 방영일자: 1956년 3월 4일. 시나리오: 프랜시스 코크렐. 존 콜리어의 이야기를 바탕으로 함. 촬영: 존 L. 러셀 주니어.
출연: 존 윌리엄스, 이소벨 엘솜, A. E. 굴드-포터, 릴리 켐블-쿠퍼.
(샘리 프로덕션 제작, 〈앨프레드 히치콕 극장〉을 위해 조앤 해리슨과 프로듀서로 참여. 25분)

○ 1956~1957년 시즌

비 내리는 토요일*Wet Saturday*
감독과 프로듀서로 참여. 방영일자: 1956년 9월 30일. 시나리오: 마리안 코크렐. 존 콜리어의 이야기를 바탕으로 함. 촬영: 존 L. 러셀 주니어.
출연: 세드릭 하드윅, 존 윌리엄스, 타이타 퍼돔, 캐스린 긴비, 제리 바클리.
(샘리 프로덕션 제작, 〈앨프레드 히치콕 극장〉을 위해 조앤 해리슨과 프로듀서로 참여. 25분)

블랜차드 씨의 비밀*Mr Blanchard's Secret*
감독과 프로듀서로 참여. 방영일자: 1956년 12월 23일. 시나리오: 새릿 러들리. 에밀리 네프의 이야기를 바탕으로 함. 촬영: 존 L. 러셀 주니어.
출연: 메리 스콧, 로버트 호턴, 메그 먼디, 데이턴 루미스.
(샘리 프로덕션 제작, 〈앨프레드 히치콕 극장〉을 위해 조앤 해리슨과 프로듀서로 참여. 25분)

앞으로 남은 길 1마일*One More Mile to Go*
감독과 프로듀서로 참여. 방영일자: 1957년 4월 7일. 시나리오: 제임스 P. 카바나. 조지 F. J. 스미스의 이야기를 바탕으로 함. 촬영: 존 L. 러셀주니어.
출연: 데이비드 웨인, 루이제 라라비, 스티브 브로디, 노먼 리빗.
(샘리 프로덕션 제작, 〈앨프레드 히치콕 극장〉을 위해 조앤 해리슨과 프로듀서로 참여. 25분)

○ 1957~1958년 시즌

4시*Four O'Clock*
감독과 프로듀서로 참여. 방영일자: 1957년 9월 30일. 시나리오: 프랜시스 코크렐. 코넬 울리치의 이야기를 바탕으로 함. 촬영: 존 L. 러셀 주니어.
출연: E. G. 마셜, 낸시 켈리, 리처드 롱.
(샘리 프로덕션 제작, 〈서스피션〉을 위해 조앤 해리슨과 프로듀서로 참여. 50분)

완전 범죄*The Perfect Crime*
감독과 프로듀서로 참여. 방영일자: 1957년 10월 20일. 시나리오: 스털링 실리펀트. 벤 레이 레드먼의 이야기를 바탕으로 함. 촬영: 존 L. 러셀 주니어.
출연: 빈센트 프라이스, 제임스 그레고리.
(샘리 프로덕션 제작, 〈앨프레드 히치콕 극장〉을 위해 조앤 해리슨과 노먼 로이드가 프로듀서로 참여. 25분)

도살자에게 양고기를*Lamb to the Slaughter*
감독과 프로듀서로 참여. 방영일자: 1958년 4월 13일. 시나리오: 로알드 달. 자신이 내놓은 이야기를 바탕으로 함. 촬영: 존 L. 러셀 주니어.

출연: 바버라 벨 게디스, 앨런 레인, 해럴드 J. 스톤.
(샘리 프로덕션 제작, 〈앨프레드 히치콕 극장〉을 위해 조앤 해리슨과 노먼 로이드가 프로듀서로 참여. 25분)

수영장에 뛰어들다*A Dip in the Pool*
감독과 프로듀서로 참여. 방영일자: 1958년 6월 1일. 시나리오: 로버트 데니스와 프랜시스 코크렐. 로알드 달의 이야기를 바탕으로 함. 촬영: 존 F. 워렌.
출연: 키넌 윈, 루이제 플랫, 필립 보뇌프, 페이 레이, 도린 랭.
(샘리 프로덕션 제작, 〈앨프레드 히치콕 극장〉을 위해 조앤 해리슨과 노먼 로이드가 프로듀서로 참여. 25분)

○ 1958~1959년 시즌

독*Poison*
감독과 프로듀서로 참여. 방영일자: 1958년 10월 5일. 시나리오: 케이시 로빈슨. 로알드 달의 이야기를 바탕으로 함. 촬영: 존 L. 러셀 주니어.
출연: 웬델 코리, 제임스 도널드, 아널드 모스.
(샘리 프로덕션 제작, 〈앨프레드 히치콕 극장〉을 위해 조앤 해리슨과 노먼 로이드가 프로듀서로 참여. 25분)

뱅쿼의 의자*Banquo's Chair*
감독과 프로듀서로 참여. 방영일자: 1959년 5월 3일. 시나리오: 프랜시스 코크렐. 루퍼트 크로프트-쿡의 이야기를 바탕으로 함. 촬영: 존 L. 러셀 주니어.
출연: 존 윌리엄스, 레지널드 가디너, 케네스 헤이.
(샘리 프로덕션 제작, 〈앨프레드 히치콕 극장〉을 위해 조앤 해리슨과 노먼 로이드가 프로듀서로 참여. 25분)

○ 1959~1960년 시즌

아서*Arthur*
감독과 프로듀서로 참여. 방영일자: 1959년 9월 27일. 시나리오: 제임스 P. 카바나. 아서 윌리엄스의 이야기를 바탕으로 함. 촬영: 존 L. 러셀 주니어.
출연: 로렌스 하비, 헤이젤 코트, 로버트 더글러스, 패트릭 맥니.
(샘리 프로덕션 제작, 〈앨프레드 히치콕 극장〉을 위해 조앤 해리슨과 노먼 로이드가 프로듀서로 참여. 25분)

크리스털 해협*The Crystal Trench*
감독과 프로듀서로 참여. 방영일자: 1959년 10월 4일. 시나리오: 스털링 실리펀트. A. E. 메이슨의 이야기를 바탕으로 함. 촬영: 존 F. 워렌.

출연: 제임스 도널드, 패트리샤 오웬스, 워너 클렘페러, 패트릭 맥니.
(샘리 프로덕션 제작, 〈앨프레드 히치콕 극장〉을 위해 조앤 해리슨과 노먼 로이드가 프로듀서로 참여. 25분)

모퉁이에서 생긴 사고*Incident at a Corner*[5]
감독과 프로듀서로 참여. 방영일자: 1960년 4월 5일. 시나리오: 샬롯 암스트롱. 자신의 소설을 원작으로 함. 촬영: 존 L. 러셀 주니어.
출연: 베라 마일스, 조지 페퍼드, 폴 하트먼, 밥 스위니, 레오라 데이나, 필립 오버.
(샘리 프로덕션 제작, 〈포드-스타타임〉을 위해 조앤 해리슨이 프로듀서로 참여. 50분)

○ 1960~1961년 시즌

빅스비 부인과 대령의 코트*Mrs. Bixby and the Colonel's Coat*
감독과 프로듀서로 참여. 방영일자: 1960년 9월 27일. 시나리오: 헬스테드 웰스. 로알드 달의 이야기를 바탕으로 함. 촬영: 존 L. 러셀 주니어.
출연: 오드리 매도우스, 레스 트레메인, 샐리 휴스, 스티븐 체이스.
(샘리 프로덕션 제작, 〈앨프레드 히치콕 극장〉을 위해 조앤 해리슨과 노먼 로이드가 프로듀서로 참여. 25분)

경마광*The Horseplayer*
감독과 프로듀서로 참여. 방영일자: 1961년 3월 14일. 시나리오: 헨리 슬레저. 자신의 이야기를 바탕으로 함. 촬영: 존 L. 러셀 주니어.
출연: 클로드 레인스, 에드 가드너, 케네스 맥켄나.
(샘리 프로덕션 제작, 〈앨프레드 히치콕 극장〉을 위해 조앤 해리슨과 노먼 로이드가 프로듀서로 참여. 25분)

○ 1961~1962년 시즌

빵! 넌 죽었어*Bang! You're Dead*
감독과 프로듀서로 참여. 방영일자: 1961년 10월 17일. 시나리오: 해럴드 스원턴. 마저리 보스퍼의 이야기를 바탕으로 함. 촬영: 존 L. 러셀 주니어.
출연: 스티브던, 비프엘리엇, 루시 프렌티스, 빌리 머미, 후아니타 무어.
(샘리 프로덕션 제작, 〈앨프레드 히치콕 극장〉을 위해 조앤 해리슨과 노먼 로이드가 프로듀서로 참여. 25분)

5 "모퉁이에서 생긴 사고"는 히치콕이 연출한 텔레비전 드라마 중 컬러로 찍은 유일한 작품이다.

○ 1962~1963년 시즌

나는 전부 봤다*I Saw the Whole Thing*

감독과 프로듀서로 참여. 방영일자: 1962년 10월 11일. 시나리오: 헨리 슬레저. 헨리 세실의 이야기를 바탕으로 함. 촬영: 벤저민 H. 클라인.

출연: 존 포사이스, 켄트 스미스, 에번스 에번스, 빌리 웰스, 클레어 그리스월드, 필립 오버, 윌리엄 뉴웰.

(샘리 프로덕션 제작, 〈앨프레드 히치콕 시간〉을 위해 조앤 해리슨이 프로듀서로 참여. 50분)

출처와 감사의 글

질의와 서신: 조너선 밸컨(마이클 밸컨의 아들), 데이비드 번스타인(시드니 번스타인의 아들), 오린 보르스텐, 콜린 M. 브루어, 아만다 코크렐(프랜시스와 마리언 코크렐의 딸), 앰브로즈 킹 박사, 허버트 콜먼, 크리스 코펠(알렉 코펠의 아들), 휴 크로닌, 콘스탄스 커밍스, 데이비드 프리먼, 윈스턴 그레이엄, 바버라 T. 그레이(휴 그레이의 부인), 리타 랜덜, 아서 로렌츠, 제이 리빙스턴, 제임스 메이버(제임스 브라이디의 손자), 진 무어, 이블린 멈(알렉스 아드레이의 딸), 팻 히치콕 오코넬, 첸지 오먼드, 버나드 파킨, S. J., 노바 필빔, 존 E. 포머(에리히 포머의 아들), 올리버 프리첏(V. F. 프리첏의 아들), 제시카 레인스(클로드 레인스의 딸), 에즈메 서먼, 조지 타보리, 피터 태너, 샘 테일러, 피터 비어텔, 키스 워터하우스, 앨버트 휘틀록, 페이 레이.

인터뷰: 제이 프레슨 앨런, 로이 워드 베이커, 레이 브래드버리, 잭 카디프, 허버트 콜먼, 횟필드 쿡, 라레인 데이, 밥 던바, C. O. '닥' 에릭센, 루디 퍼, 월터 플릭박사, 오티스 C. 건지 주니어, 발 게스트, 존 마이클 헤이스, 브라이언 랭글리, 윌리엄 링크, 노먼 로이드, 론 밀러, 로널드 님, 첸지 오먼드, 앨프레드 루메, 제레미 M. 손더스, 줄리안 스피로, 조지 스티븐스 주니어, 휴 스튜어트, 리처드 토드, 레온 유리스, 피터 비어텔.

영국과 남아프리카에 거주하는 히치콕 친척들: 지넷과 크리스 앨버트, 존 앨버트, 로드니 쿠퍼(남아프리카), 위니 커티스, 존 '잭' 리, E. J. (베티) 스팍스 여사(남아프리카).

메리 트로스는 영국에서 지넷과 크리스 앨버트, 존 앨버트, 위니 커티스, 앰브로즈 킹 박사(딸 메리 테일러와 함께), 잭 닐, 제니아 라이서를 인터뷰했다. 피오나 이아킨스는 로마에서 푸리오 스카펠리를 인터뷰했다. 존 백스터는 로스앤젤레스에서 찰스 리핀콧, 파리에서 브리짓 어버를 인터뷰했다.

텍사스 소재 서던 메소디스트 대학은 친절하게도 DeGolyer Library에 소장된 다양한 주제의 구술자료 중에서 히치콕과 그의 작품들과 관련된 인터뷰 녹취록을 내게 제공해주었다(나는 도리스 데이, 조앤 폰테인, 티피 헤드런, 그레고리 펙의 인터뷰에서 특히 많은 것을 참조했다). 팀 커비는 1999년에 BBC의 Reputations 시리즈의 일부였던 2부작 다큐멘터리 Hitch(*"Alfred the Great"*와 *"Alfred the Auteur"*)를 만들 때 얻은, 히치콕 영화의 핵심 출연진과 스태프를 40여 차례 이상 인터뷰해서 얻은 녹취록을 제공했다. 다른 BBC 스태프들은 히치콕과 관련한 초창기 라디오와 텔레비전 프로그램의 테이프와 녹취록을 다수 보내줬다(나는 BBC 인터뷰를 통해 소중한 디테일과 배경에 대한 일반적인 정보를 얻은 것 외에도, 그 인터뷰에서 횟필드 쿡, 팔리 그레인저, 존 러셀 테일러, 조지프 스테파노, 허브 스타인버그를 인용했다). 나는 로이 A. 파울러와 협의를 통해, 방송, 연예, 영화와 무대 조합(*Broadcasting, Entertainment, Cinematograph&Theatre Union,*

BECTU)의 구술역사 프로젝트를 위해 행해진 인터뷰 중에서 히치콕과 관련한 많은 자료를 접할 수 있었다.(특히 시드니 질리엇과 앨프레드 루메에 대해서는 구술역사를 참조했다.) 바버라 홀은 영화예술과학아카데미와 Margaret Herrick Library가 행한 많은 구술역사에 대한 연구를 지도해줬다.(나는 로버트 보일과 페기 로버트슨 녹취록을 인용했다.)

밀워키의 웬디 다니엘은 프랑스와 이탈리아 기사를 번역해줬고, 파리의 크리스티 자스는 미셸 피콜리의 Dialogues egoistes에서 〈토파즈〉와 관련한 부분을 발췌 번역해줬다.

미국 외의 지역에서 얻은 학문적 조언과 지원: 오스트레일리아: 하워드 겔먼과 켄 모그. 영국: 지오프 브라운, 케빈 브라운로, 월터 도노휴, 데이비드 엘드리지, 로렌스 기어리, 게리 기블린, 마크 글랜시, 버니 골로글리, 필립 켐프, 케빈 맥도널드, 토니 리 모럴, 지오프리 파리, 피터 그레이엄 스콧, 오토 R. 스넬, 특히 로이 A. 파울러와 버나드 루이스(일명 콜린 벨프리지). 캐나다: 이브스 라버르제. 독일: 토마스 데이비스, 조지프 가른카르츠. 특히 베르너 수덴도르프. 이탈리아: 로렌초 코델리와 길리아나 무스치오. 스웨덴: 마이클 태퍼. 유고슬라비아: 데잔 코사노빅.

미국 내에서 얻은 학문적 조언과 지원: 리처드 앨런, 매튜 번스타인, 코니 브룩, 폴 불레. 로버트 L. 캐린저, 윌리엄 G. 콘텐토, 스콧 커티스, 제임스 V. 다크, 로널드 L. 데이비스, 짐 드레이크, 스콧 에이먼, 데이비드 판틀, 볼니 P. 게이, 헬 게프스키, 데이비드 굿리치, 시드니 고틀리브, 찰스 하이엄, 앤 홀리데이, 헬렌 임부르기아, 데이비드 칼라트, 레너드 레프, 비니 로브루토, 글렌 로벨, 레너드 말틴, 데이브 마틴, 조지프 맥브라이드, 데니스 맥두걸, 폴 그레고리 네이글, 제임스 로버트 패리시, 제럴드 피어리, 진 D. 필립스, S. J., 아니 레이스먼, 크리스티나 로펠라, 냇 세갈로프, 마이클스라고, 찰스 스테시, 톰 스템펠, 리니사 스토크스, 배리 스트루가츠, 데이비드 톰슨, 듀언 라이트, 애니 양.

영화 시사: 〈메리〉를 위해 찰스 바와 메리 샌드라 린드너; 〈비엔나의 왈츠〉와 〈수용소의 기억〉을 위해 태그 갤러허와 빌 크론; 라디오 녹음을 위해 빌 크론과 레너드 말틴; 〈앨프레드 히치콕 극장〉의 에피소드들을 위해 데이비드 밀러; 다양한 텔레비전 프로그램을 위해 시카고의 방송박물관과 뉴욕의 텔레비전 및 방송박물관.

이탈리아 사칠에서 1999년 10월 9일에서 16일까지 열린 제18회 포르데논무성영화제에 나를 초대해준 로렌초 코델리에게 특히 감사드린다. 그곳에서 나는 히치콕의 희귀한 무성영화를 즐길 수 있었다. 1999년 10월 13일부터 17일까지 뉴욕에서 열린 '히치콕 탄생 100주년 기념전'에 초대해준 리처드 앨런에게도 특히 감사드린다. 내 작업을 도와줄 많은 학자와 열광적 팬들을 그 자리에서 만날 수 있었다.

미국 외의 지역의 아카이브와 단체: 영국: Army Medical Services Museum; Tower Hamlets의 Bancroft Library의 크리스 로이드; Bank of England의 Sanctions Emergency Unit의A. J. 개먼; 영국영화협회

(BFI) Library와 특별 컬렉션; British Library(Colindale); BECTU의 로이 A. 파울러, 릭 할리, 앨런 로슨, 스티븐 피트; South Kensington의 Brompton Oratory Registrar의 F. H. 트리머; Cartoon Art Trust; Wills & Probate Centre of the Court Service; Cirpplegate Institute; Curtis Brown Literary Agency; Sister Mary Rose McCabe of Sisters, Faithful Companions of Jesus; Goldsmiths'College Library; W. T. Henley, Ltd.의 데이비드 올리버; (AEI Cables Limited) Imperial War Museum; Lincolns Inn Library;MCA(London)의 로렌스 에번스; Edinburgh의 National Library의 James Bridie Papers의 콜린 맥로린; Peabody Trust; Kew의 Public Records Office; Richmond upon Thames Local Studies Library; Royal London Hospital Archives; Harrow 소재 Our Lady of St. Thomas of Canterbury의 교구지 편집장 콜린 힌턴; 옥스퍼드 소재 St. Hugh's College; Enfield의 St. Ignatius College의 교장 마이클 블룬델과 Old Ignatian Association의 짐 가비; Stratford의 St. Francis Roman Catholic Church; Surrey Advertiser의 그레이엄 콜리어; 런던의 Theatre Museum; University of Manchester의 John Rlyands University Library; Walthamstow의 Vestry House Museum.

캐나다: 온타리오 소재 Toronto Reference Library의 헤더 윌슨; Alberta 소재 University of Calgary의 the Brian Moore Collection.

독일: 베를린의 Stiftung Archiv der Akademie der Künste의 토르스텐 뮤지알 박사; 베를린의 Stiftung Deutsche Kinemathek의 베르너 수덴도르프.

남아프리카: Grahamstown 소재 National English Literary Museum의 일레인 피어슨; Cape Town Division 소재 the National Library of South Africa의 시부세 믐쿠바.

미국 내 아카이브와 단체: 로스앤젤레스 소재 영화예술과학아카데미의 Margaret Herrick Library의 히치콕 컬렉션; the American Cancer Society; American Society of Newspaper Editors의 케빈 윌콕스; Boston University의 (로버트 벤틀리, 휫필드 쿡, 아서 로렌츠, 클로드 레인스, 베이실 래스본, 오우이다 버제르 서류들을 포함한) 특별 컬렉션의 숀 D. 노엘; California Institute of Technology의 Caltech Archives에 포함된 로버트 A. 밀리컨 서류의 열람을 도와준 주디스 굿스타인과 보니 루트; Columbia University의 Butler Library가 소장한 샘슨 라파엘슨 서류; Diocese de Quebec의 아만드 개그니; 국회도서관 Manuscript Division의 흄 크로닌 서류; 로스앤젤레스 Loyola Marymount University의 Department of Archives and Special Collection의 에롤 스티븐스 박사와, 기록보관인 브라더 다니엘 피터슨과 S. J.; 뉴욕의 Museum of Television and Radio의 제임 클레인; 플로리다 Napels의 Collier County Public Library; 워싱턴 D.C. 소재 National Archives and Records Administration(Ship Passenger Arrival Records); Pacific Southwest Region의 National

Archives(Immigration Records); 시카고 Newberry Library의 마거릿 쿨리스; Newton Center(Mass.)의 Newton Free Library의 S. 플래너리; Rapid City Public Library(S. D.)의 샤리 웨스트 트위터로; San Jose State University Library(Calif.)의 특별 컬렉션의 스티브 그로스; Santa Cruz Public Library(Calif.)의 도나 스웨드버그; Sonoma County Public Library(Calif.)의 Local History 담당 록산 윌슨과 오드리 허먼; 텍사스 소재 Southern Methodist University의 DeGolyer Library의 구술역사 프로젝트의 케이 보스트와 로널드 L. 데이비스; 스탠포드대학의 특별 컬렉션(the John Galsworthy Papers)의 새러 팀비; 20세기폭스의 세실리 힐스데일, 에리카 영, 베치 버나드, 엘렌 M. 개머럴; UCLA 소장 Special Collections의 케네스 맥고완 서류와 20세기폭스 컬렉션; UCLA Emeriti Service Center; University of California at Santa Cruz의 University Library 소장 Special Collections의 짐 번스와 폴 스텝스; University of Chicago의 Regenstein Library Reference의 폴라 콘트레라스; University of Illinois, Urbana-Champaign의 University Library의 샘슨 라파엘슨 컬렉션의 윌리엄 J. 메이허; 로스앤젤레스 소재 University of Southern California 소장 the Cinema-Television Archives의 the Universal and Warner Bros. Studio Collections; University of Texas, Austin의 the Harry Ransom Humanities Research Center의 아카이브에 들어 있는 맥스웰 앤더슨, 어니스트 레먼, 브라이언 무어, 데이비드 O. 셀즈닉과 마이런 셀즈닉 컬렉션; 샬롯스빌 소재 University of Virginia의 Alderman Library가 소장한 에드워드 R. 스테티니우스 서류와 앨버트 H. 스몰 특별 컬렉션; University of Wyoming의 the American Heritage Center에 있는 Leo Mishkin Collection; Vanderbilt University의 Jean and Alexander Heard Library 소장 Special Collections(the Delbert Mann Papers)의 몰리 도어만; 버몬트 주의 Department of Libraries의 폴 도노반; Watertown(Mass.) 소재 Watertown Free Library의 지역문헌; Yale University의 the Beinecke Rare Book and Manuscript Library의 Yale Collection of American Literature의 손턴 와일더 컬렉션.

University of Southern California Archives의 네드 콤스톡과, 위스콘신 밀워키의 Marquette University의 the Memorial Library Reference Department의 대단히 많은 도움을 준 사서들에게 특별히 감사를 드린다.

본문에서 인용한 주요 히치콕 인터뷰: 밥 토머스가 Action(May-June 1968)에 쓴 "*A Talk with Alfred Hitchcock*"; 밥 토머스가 Action(Feb. 1973)에 쓴 "*Alfred Hitchcock: The German Years*"; The Celluloid Muse: Hollywood Directors Speak(Henry Regnery, 1969)에 실린 찰스 하이엄과 조엘 그린버그가 했던 인터뷰; Cinema(Aug.-Sept. 1962)에 실린 "*Hitchcock On Style*"; The Egotists(Henry Regnery, 1968)에 실린 오리아나 팔라치의 인터뷰; Encountering Directors(G. P. Putnam's, 1972)에

실린 찰스 토머스 새뮤얼스가 한 인터뷰 *"Alfred Hitchcock"*; Film(summer 1966)에 실린 *"Hitchcock and the Dying Art"*; Film Heritage(spring 1976)에 실린 F. 앤서니 매클린의 글 *"It's the Manner of Telling: An Interview with Alfred Hitchcock"*; Holiday(Sept. 1964)에 실린 존 D. 위버의 글 *"The Man Behind the Body"*; Los Angeles Times(West magazine, June 25, 1972)에 실린 딕비 딜의 *"Q. & A.: Alfred Hitchcock"*; The Men Who Made the Movies(Atheneum, 1975)에 실린 리처드 쉬켈의 인터뷰; Movie(Jan. 1963)에 실린 이안 캐머런과 V. F. 퍼킨스의 인터뷰; New York Times Magazine(Oct. 29, 1950)에 실린 데이비드 브래디의 인터뷰 *"Core of the Movie-The Chase"*; Oui(Feb. 1973)에 실린 *"Conversation with Alfred Hitchcock"*; Performing Arts(Feb. 1973)에 실린 존 C. 마호니의 *"The Americanisation of Alfred Hitchcock...... and Vice Versa"*; Saturday Evening Post(July 27, 1957)에 실린 피트 마틴의 글 *"I Call on Alfred Hitchcock"*; Sight and Sound(summer 1977)에 존 러셀 테일러가 쓴 *"Surviving: Alfred Hitchcock"*; Who the Devil Made It(Knopf, 1997)에 실린 피터 보그다노비치의 인터뷰.

핵심 서적: Dan Auiler, Hitchcock's Notebooks(Avon Books, 1999); David Freeman, The Last Days of Alfred Hitchcock(Overlook Press, 1999); Sidney Gottlieb, ed., Alfred Hitchcock: Interviews(University Press of Mississippi, 2003); Sidney Gottlieb, ed., Hitchcock on Hitchcock: Selected Writings and Interviews(University of California Press, 1995); Robert E. Kaspis, Hitchcock: The Making of a Reputation(University of Chicago Press, 1992); Bill Krohn, Hitchcock at Work(Phaidon, 2000); Albert J. LaValley, ed., Focus on Hitchcock(Prentice-Hall, 1972); Leonard J. Leff, Hitchcock and Selznick: The Rich and Strange Collaboration of Alfred Hitchcock and David O. Selznick in Hollywood(Weidenfeld & Nicholson, 1987); Dennis McDougal, The Last Mogul: Lew Wasserman, MCA, and the Hidden History of Hollywood(Crown, 1998); Jane E. Sloan, Alfred Hitchcock: The Definitive Filmography(University of California Press, 1993); David Thomson, Showman: The Life of David O. Selznick(Knopf, 1992).

특히 중요한 책: 도널드 스포토의 The Dark Side of Genius: The Life of Alfred Hitchcock(Little, Brown, 1983), 존 러셀 테일러의 Hitch (Pantheon, 1978), 그리고 프랑수아 트뤼포의 Hitchcock(Simon & Schuster, 1967). 이 책은 지난 20년 동안 히치콕과 관련해서 새롭게 발견된 것들을 정리하려는 노력의 일환으로 집필이 시작됐다. 그런데 모든 히치콕 전문가—팬, 학자, 전기작가—는 이 3권의 선구적인 저작에서 출발해야만 하고, 이 저작들을 참조해야만 하며, 거듭해서 인용해야만 한다. 트뤼포 인터뷰

는 본문에서 자주 인용했다. 사망했거나 더 이상은 인터뷰를 허용하지 않는 배우나 작가들에 대한 내용의 경우에는 특히 그랬다. 나는 테일러와 스포토의 저작에서도 인용했다.

책을 쓰는 데는 격려와 통찰력을 계속 제공한 특별한 천사들의 도움을 받았다. 빌 퍼겔슨은 방대한 Harry Ransom Humanities Research Library뿐 아니라 마찬가지로 방대한 로스앤젤레스의 Margaret Herrick Library를 연구할 때 신뢰할 만한 연구자라는 것을 알게 됐다. 없어서는 안 될 저작 English Hitchcock(Cameron & Hollis, 1999)을 쓴 찰스 바는 초고를 읽어줬고, 우리는 견해를 교환했다. 앤서니 슬라이드와 데이비드 톰슨은 미국에서 같은 정도의 수고를 하며 비슷한 일을 해줬다. 빌 크론은 히치콕과 관련한 중요한 서적을 집필하고 히치콕 영화들에 대해 집필을 계속 해오고 있는 주도적인 히치콕 학자 중 한 명이면서도 나를 라이벌로 간주하지 않았다. J. 래리 쿤스는 필모그래피의 정리에 많은 도움을 주었으며, 모든 영화에 대한 정보와 견해를 계속 쏟아냈다. 런던의 메리 트로스는 책을 쓰는 사람이라면 누구나 꿈꿀 만한 박식한 사람이며 지치지 않는 연구자다. 메리에게 고맙다는 인사를 전한다. 그녀는 자금이 바닥났을 때에는 대신 돈 계산을 하기까지 했다. 파리의 존 백스터는 거듭해서 나를 도와주러 왔다. 내 오랜 에이전트인 글로리아 루미스의 지원에 고마움을 느낀다. 캘버트 모건 주니어는 이 책을 St. Martin Press에서 Harper Collins의 Regan Books로 옮겨 출판할 수 있게 해줬다. 감사드린다. 그는 또한 이 주제를 가슴 깊이 받아들이고 뛰어난 편집 솜씨로 원고가 더 나은 전기가 될 수 있도록 다듬고 틀을 잡아줬다.

참고자료

"출처"에 실리지 않은 핵심 자료들만 기록했다.

1. 청과상집 아들의 어린 시절, 1899~1913

허치콕은 Guardian(Aug. 23, 1969)에 실린 "*The Master of the Macabre, Who Is 70 Today, Talks to Fred Jones……*"와 Sunday Express(April 24, 1966)에 실린 "*Alfred Hitchcock: 'This Age of Violence is Nothing New'*"에서 프레드 존스와, 그리고 휴 웰런이 Listener(Aug. 6, 1964)를 위해 쓴 "*Alfred Hitchcock on His Films*"에서 그의 소년시절에 대해 이야기했다. "말쑥하게 차려입은……"은 로렌트 부저로가 쓴 The Alfred Hitchcock Quote Book(Citadel, 1993)에 인용된 친척의 기억이다. 그는 마조리 애덤스가 Boston Globe(Sept. 16, 1953)에 쓴 "*Tourists in Quebec Throng to See Hitchcock Make Movie*"에서 복사로 일했을 때를 회상했다. 그는 (1972년에 방영된) The Dick Cavett Show에서 딕 캐빗과, (1973년에 방영된) Tomorrow 쇼에서 톰 슈나이더와 성장시절을 회고했다. 예수님의 충실한 벗들의 팸플릿 "*Good Example Does Much Good*"은 교단의 종교적 규율과 호우라하우스를 소개하는 반면, 나이젤 새들러와 빅토리아 콕슨이 쓴 Vestry House Museum의 팸플릿 "*Alfred Hitchcock: From Leytonstone to Hollywood*"는 지역의 특색을 보여준다. 나는 Smithsonian Journal of History(winter 1968~69)에 실린 레이먼드 필딩의 "*Hale's Tours: Ultrarealism in the Pre-1910 Motion Picture*"와 찰스 무세(캐럴 넬슨 공저)의 High-Class Moving Pictures: Lyman H. Howe and the Forgotten Era of Traveling Exhibition, 1880~1920(Princeton University Press, 1991)도 인용했다. 히치콕이 Westcliff Cine Club을 상대로 한 연설을 위한 서신과 원고는 Margaret Herrick Library에 있다.

세인트 이그나티우스 중등학교에 대한 연구는 학교를 방문해서 학적부와 기록을 검토하고, Ignatian Record(교구 주보)의 옛날 발행물들을 읽는 것으로 뒷받침됐다. St. Ignatius Silver Jubilee Magazine(1894~1919)에는 레지널드 던이 쓴 "*Reminiscences, 1909~1915*"와 학교의 다른 배경에 관한 글이 실려 있다. 버나드 파킨스 목사가 쓴 St. Ignatius College, 1894~1994(St. Ignatius College, 1994)는 중요한 출처로, 파킨스 목사는 다른 자료들과 함께 이 자료를 저자에게 제공했다. 존 오리오던은 Ignatian(summer 1973)을 위해 히치콕을 인터뷰했다. 닐 헐리의 Souls in Suspense: Hitchcock's Fright and Delight(Scarecrow, 1983)는 히치콕의 예수회 교육을 깊이 있게 다루면서, 그런 배경을 영화에 담긴 가톨릭 모티프들과 관련짓는다. 존 C. 히넌 대주교는 Not the Whole Truth(Hodder &

Stoughton, 1971)에서 인용했다. 앰브로즈 킹 박사와 한 인터뷰 외에도, 나는 A. C. King과 A. J. King이 집필한 저서 Strong Medicine: Brothers at Home and Abroad(Churchman, 1990)도 참고했다.
팀 커비는 로버트 굴드가 BBC에 보낸 편지를 보여줬다.
이 책 전반에 인용된 로버트 보일의 이야기는 Margaret Herrick Library에 보관된 그의 구술기록에서뿐 아니라 다른 출판물과 자료에서 인용한 것이다.
다른 책들은 다음과 같다. Peter Ackroyd, London: The Biography(Chatto & Windus, 2000); Grace Goakes, My Part of the River(Shepheard-Walwyn, 1974); Harry Grant-Whyte, Between Life and Death(Shuter & Shooter, 1976); George Orwell, "*Decline of the English Murder,*" in Shooting an Elephant, and Other Essays(Secker & Warburg, 1970); Roy Plomley, Desert Island Discs(William Kimber, 1975); W. H. Weston, The Story of Leyton and Leytonstone(Exeter, 1921).

2. 유쾌한 직장인, 1913~1921

헨리스 시절에 대해서는 어니스트 슬레이터의 One Hundred Years: The Story of Henley's(Henley's, 1937)와 W. T. Henley의 현재 담당자인 데이비드 올리버가 제공한 팸플릿과 배경자료로부터 상당한 정보를 얻었다. 올리버는 Henley Telegraph의 오리지널 과월호들을 구해줬는데, 그의 기여는 여태까지 알려졌던 "가스" 이외의 추가적인 히치콕 소설들을 발견하는 중요한 작업으로 이어졌다. W. A. 무어는 Henley Telegraph에서 인용했다.
"가장 싫은 과목은 화학……"은 페넬로페 질리엇이 Observer(Aug. 8, 1976)에 쓴 "*With Family Plot……*"에서 인용했다. 앤드류 새리스는 The American Cinema: Directors and Directions, 1929~1968(Dutton, 1968)에서 인용했다. 갑판장 의자 일화는 찰스 하이엄에게 신세를 졌다.

3. 영화계 입문과 감독 데뷔, 1921~1925

이즐링턴과 히치콕의 초창기 무성영화 작업에 대한 나의 연구는 위스콘신-밀워키대학의 Golda Meir Library의 마이크로필름 자료실에 소장된 Bioscope와 Kinematograph Weekly의 도움을 받았다. J. 래리 쿤스는 개인적으로 수집한 1920년대 초기의 다양한 영국영화 출판물의 스크랩을 다량 제공했다.
"날아다니는 새들, 부서진 하트들……"과 "기묘하게 생긴 조그만 출입구를……"은 Dialogue on Film(American Film Institute publication, no.1, 1972)에서 인용한 문장이다.
아서 C. 밀러는 One Reel a Week(University of California Press, 1967)에서 인용했다. 세이무어 힉스는 Hail Fellow Well Met(Staples Press, 1949)에서 인용했다. 마이클 밸컨은 Michael Balcon Presents……a Lifetime of Films(Hutchinson, 1969)에서 인용했는데, 나는 영국영화협회(BFI)에 소장된 그의 서류들도 검토했고, 히치콕과 밸컨이 주고받은 서신도 인용했

다. 빅터 사빌은 로이 모슬리와 같이 펴낸 Evergreen: Victor Saville in His Own Words(Southern Illinois University Press, 2000)를 인용했지만, BFI에 소장된 그의 서류에서도 따왔다.

알마 레빌의 경력에 대한 내 연구는 다수의 홍보자료와 인터뷰 자료, 레빌이 쓴 기사들과 출처가 불분명한 일부 신문스크랩 자료를 발췌한 것이다. 이들 자료에는 P. L. 매녹이 Kinematograph Weekly(Oct. 8, 1925)에 쓴 "*Two New British Production Units*"; W. Michelfelder가 New York World Telegram(Aug. 9, 1954)에 쓴 "*Hitchcock's Wife a Bit Player, Too*"; 일레인 레인이 New York Post(June 21, 1959)에 쓴 "*Effects by Hitchcock*"; 리타 그로스버너가 Sunday Express(Jan. 30, 1972)에 쓴 "*I Don't Scare Easily, Says Mrs. Hitchcock*"; 아이버 데이비스가 Daily Express(Aug. 4, 1976)에 쓴 "*One Woman Who Has Never Been Frightened by Mr. Hitchcock*"; 조지프 맥브라이드가 Sight and Sound(autumn 1975)에 쓴 "*Mr. and Mrs. Hitchcock*" 등이 포함돼 있다.

"내가 그이를 처음 만나던 시절에……"는 게재날짜가 분명치 않은 TV Times 스크랩 기사에 알마 레빌이 쓴 "*My Horrifying Husband*" 1부와 2부에서 따왔다. "무표정한 얼굴로 세트를……"은 앨프레드 히치콕 여사가 마틴 에브럼스에게 해준 얘기를 실은 Coronet(Aug. 1964)의 "*My Husband Alfred Hitchcock Hates Suspense*"에서 인용했는데, 여기에는 히치콕이 청혼하던 밤에 대한 그녀의 설명도 들어 있다. 앨프레드 히치콕이 McCall's(March 1956)에 쓴 "*The Woman Who Knows Too Much*"에는 청혼에 대한 감독의 설명이 담겨 있다. "내가 그녀와 결혼한 것은……"은 The Egotists에서 인용했다. "알마를 만나지 않았다면……"은 히치콕에 관한 다큐멘터리 E! Hollywood True Story(1999년에 최초 방영)에서 존 러셀 테일러가 한 말이다.

팻 히치콕 오코넬이 로렌트 부저로와 같이 쓴 Alma Hitchcock: The Woman Behind the Man(Berkley Books, 2003)은 최근에 나온 히치콕 문헌으로, 팻 히치콕이 어머니의 삶과 경력을 부각시킨 중요한 책이다.

히치콕이 조이스-셀즈닉 에이전시와 나중의 셀즈닉 에이전시와 맺은 관계에 대한 —해리 햄, 놀 거니, 댄 윙클러, 시그 마커스, 칼 래믈 주니어, 샘 골드윈, 데이비드 O. 셀즈닉, 마이런 셀즈닉과 주고받은 서신 및 사업비망록을 포함하는— 모든 자료는 텍사스대학 오스틴 분교에 있는 Harry Ransom Research Center가 소장한 마이런 셀즈닉 컬렉션에서 인용한 것이다. 7장~10장에서 특히 이 자료를 많이 활용했다.

다른 논문과 책은 다음과 같다. Charles Barr, ed., All Our Yesterday: 90 Years of British Cinema(BFI, 1986); Colin Belfrage(pseudonym for Bernard Lewis), All Is Grist(Parallax Press, 1988); Eighteenth Pordenone Silent Film Festival Catalogue; Clive Brook, The Eightyfour Ages(unpublished manuscript, BFI); M. Danischewsky, ed., Michael Balcon's Twentyfive Years in Films(World Film Publications, 1947); Joseph Garncarz, "*The German Hitchcock,*" Hitchcock Annual(2000~2001); Michael Balcon: The Pursuit of British Cinema(Museum of Modern Art, 1984); Peter Noble, "Index to the Work of Alfred Hitchcock," Sight and Sound(May 1949)의 특별부록; Duncan Petrie, The British Cinematographer(BFI, 1996); John Stuart, Caught in the Act(Silent Picture, 1971); Patricia Warren, British Film Studios: An Illustrated History(B. T. Batsford, 1995); Herbert Wilcox, Twenty-five Thousand Sunsets(Bodley Head, 1967).

4. 성공 가도에 오르다, 1925~1929

"콩깍지 안의 콩들처럼……"은 Films in Review(April 1950)에 실린 "*On Suspense and Other Film Matters*"에서, "섹슈얼리티에 대한 내 생각은……"은 Oui(Feb. 1973)에서 인용했다.

준은 The Glass Ladder(Heinemann, 1960)에서 인용했다. 아이버 몬터규는 BFI가 소장한 그의 글 The Youngest Son: Autobiographical Sketches(Lawrence & Wishart, 1970)와, Sight and Sound(summer 1980)에 실린 "*Working with Hitchcock*"에서 인용했다. 앵거스 맥페일은 BFI가 소장한 시드니 번스타인에게 보낸 편지, 그리고 히치콕 컬렉션에 있는 히치콕에게 보낸 편지에서 인용했다. 세드릭 벨프리지는 미완성된 자서전과, 뉴욕대학의 Tamiment Library가 소장한 벨프리지 문서철에 들어 있는, 그가 1920년대에 기고한 『뉴욕 헤럴드트리뷴』 칼럼들에서 인용했다.

"최상급의 급여이기는 해도……"는 시드니 질리엇의 BECTU 녹취록에서 인용했다.

앨프레드 루메는 내가 직접 한 인터뷰에서 인용했지만, 그의 BECTU 녹취록도 참조했다.

다른 책들은 다음과 같다. Adrian Brunel, Nice Work(Forbes Robertson, 1949); Pam Cook, Gainsborough Pictures(Cassell, 1997); James Hardin, Ivor Novello(W. H. Allen, 1987); Mark Haworth-Booth, E. McKnight Kauffer: A Designer and His Public(G. Fraser, 1979); Ivor Montagu, Film World(Pelican, 1964); Tom Ryall, Alfred Hitchcock and the British Cinema(Croom Helm, 1986).

5. 사운드, 히치콕의 새 장난감, 1929~1933

조지 피어슨은 Flashback: The Autobiography of a British Filmmaker(Allen & Unwin, 1957)에서 인용했다. 〈링〉과 관련한 엘리엇 스태너드의 일화는 개빈 램버트가 쓴 Mainly About Lindsay Anderson: A Memoir(Knopf, 2000)를 옮겼다. 마이클 파웰은 A Life in Movies(Knopf, 1987)와 Million Dollar Movie(Random House, 1992)에서 인용했다. 프레

디 영은 Seventy Light Years(Faber & Faber, 1999)에서 인용했다.
"거의 불경죄를 범하는……"은 조지 앤젤이 BBC 홈서비스를 위해 히치콕을 인터뷰했던 "*The Time of My Life*"(1966년 7월 30일 방영)에서 인용했다.
찰스 랜드스톤은 I Gate-Crashed(Stainer & Bell, 1976)에서 인용했다.
배우들에 대한 히치콕의 견해인 "*Actors Aren't REALLY Cattle*"은 히치콕 컬렉션에 있는 대필된 홍보기사 파일에 담긴 타자된 녹취록을 옮겼다.
숀 오케이시는 Rose and Crown(Macmillan, 1952)에 실린 "*A Long Ashwednesday*"에서 인용했다. Picturegoer(Jan. 1930)에는 히치콕이 〈주노와 공작〉에서 바텐더 일을 하는 사진이 실렸다.
헨리 켄달은 I Remember Romano's(Macdonald, 1960)에서 인용했다. 에즈먼드 나이트는 Seeking the Bubble(Hutchinson, 1943)에서 인용했다. 로드니 애클랜드는 엘스페스 그랜트와 같이 쓴 The Celluloid Mistress(Allan Wingate, 1954)에서 인용했다.
다른 논문과 저서는 다음과 같다. Charles Barr, "*Blackmail: Silent and Sound,*" Sight and Sound(spring 1983); Daphne du Maurier, Gerald: A Portrait(Victor Gollancz, 1934); Maud Gill, See the Players(Hutchinson, 1938); James Hardin, Gerald du Maurier: The Last Actor-Manager(Hodder & Stoughton, 1989); David Krause, The Letters of Sean O'Casey, vol. 3, 1955~1958(Catholic University of America Press, 1989); Jessie Matthews, Over My Shoulder(W. H. Allen, 1974); Sheridan Morley, Gertrude Lawrence(McGraw-Hill, 1981): Sean O'Casey, The Green Crow(George Braziller, 1956); Garry O'Connor, Sean O'Casey: A Life(Hodder & Stoughton, 1988); Tom Ryall, Blackmail(BFI Film Classics, 1993); Michael Thornton, Jessie Matthews(Hart-Davis, 1974), Asher Boldon Wilson, John Galsworthy's Letters to Leon Lion(Mouton, 1968).

6. 영화 연출의 비밀을 아는 사나이, 1933~1937

히치콕의 "소유권 크레디트" 증언은 In Their Own Words: The Battle over the Possessory Credit, 1966~1968(Directors Guild of America booklet)을 옮겼다.
히치콕과 찰스 베넷의 관계는 베넷의 출판되지 않은 회고록과, 베넷이 했던 여러 인터뷰들을 재구성했다. 그 인터뷰는 다음과 같다. 내가 베넷과 했던 인터뷰를 출판한 Backstory: Interviews with Screenwriters of Hollywood's Golden Age(University of California Press, 1986); 리 서버가 한 인터뷰인 Screenwriter: Words Become Pictures(Main Street Press, 1987); 매튜 번스타인이 저서 Walter Wanger: Hollywood Independent(University of California Press, 1994)를 위해 베넷과 한 출판되지 않은 인터뷰.
조앤 해리슨에 대한 내 묘사는 BFI와 Southern California대학, Margaret

Herrick Library에 소장된, 상당수가 출처나 게재일자가 확인되지 않은 자료들인 다양한 신문 스크랩에서 정보를 얻었다. 더 폭넓은 논문들은 다음과 같다. 플로라벨 뮤어가 쓴 "*Joan Harrison Worrying About Butter,*" 앤 다제트가 쓴 "*It's a Woman's World Too,*"(날짜와 작성자가 없는) "*Specialty: Murder,*" 제리 루이스가 Collier's(Aug. 14, 1943)를 위해 쓴 "*Murder, She Says.*"

"그는 사전에 꼼꼼하게 계획했던……"은 Robert Emmet Long이 편집한 George Cukor: Interviews(University Press of Mississippi, 2001)에 실린 리처드 오베스트리트가 한 인터뷰를 옮겼다.

이 책 여기저기에 있는 페기 로버트슨의 인용은 Margaret Herrick Library에 소장된 그녀의 구술자료를 인용한 것이다.

데이터스는 Datas: The Memory Man(Wright & Brown, 1932)에서 인용했다.

스티븐 D. 영킨의 The Lost One: A Biography of Peter Lorre(출판예정, University of California Press)는 〈나는 비밀을 안다〉와 〈비밀첩보원〉의 연대기를 작성하는 데 정보를 줬다.

로버트 도나트가 히치콕과 주고받은 서신은 맨체스터대학의 John Rylands University Library와 케네스 배로가 쓴 Mr. Chips: The Life of Robert Donat(Methuen, 1985)에서 인용했다. 실비아 시드니는 FILMFAX(Nov. 1990)에 실린 그레고리 J. M. 카스토스의 인터뷰와, Films in Review(Sept.-Oct. 1994)에 실린 제프 라펠의 인터뷰를 인용했다. 브라이언 맥팔레인의 빼어난 구술자료 Sixty Voices(BFI Publishing, 1992)는 The Autobiography of British Cinema(Methuen, 1997)로 확장 발간됐다. 그가 노바 필빔과 데스먼드 테스터와 한 인터뷰에서 특히 많은 도움을 받았다.

다른 논문과 저서는 다음과 같다. John Belton, "*Charles Bennett and the Typical Hitchcock Scenario,*" Film History 9, no. 3(1998); T. E. B. Clarke, This is Where I Came In(Michael Joseph, 1974); Jonathan Croall, Geilgud: A Theatrical Life, 1902~2000(Continuum, 2001); John Gielgud(존 밀러와 존 파웰 공저), An Actor and His Time(Applause, 1979); Graham Greene, The Pleasure Dome: The Collected Film Criticism, 1935~1940(Martin Secker & Warburg, 1972); Val Guest, So You Want to Be in Pictures(Reynolds & Hearn, 2001); James Hardin, Emlyn Williams, A Life(Weidenfeld & Nicolson, 1993); Ronald Hayman, John Gielgud(Heinemann, 1971); Louis Levy, Music for the Movies(Sampson Low, Marston, 1948); Sheridan Morley, John Gielgud: The Authorized Biography(Simon & Schuster, 2002); Garry O'Connor, The Secret Woman: A Life of Peggy Ashcroft(Weidenfeld & Nicolson, 1997); C. T. Penrose Tennyson(A. S. Atkinson, 1943); J. C. Trewin, Robert Donat: A Biography(Heinemann, 1968); Emlyn Williams,

Emlyn: An Early Autobiography, 1927~1935(Bodley Head, 1973).

7. 할리우드로 가는 험한 길, 1937~1939

히치콕이 쓴 글 "*Search for the Sun*"은 New York Times(Feb. 7, 1937)에 실려 있지만, 사실 이 글은 Film Pictorial(Dec. 5, 1936)에 실린 "*Why Britain's Countryside Is Not Filmed*"를 다시 쓴 글이다. "하늘은 늘 잿빛……"은 히치콕에 대한 BBC의 2부작 다큐멘터리 Omnibus(1986년 방영)의 1부("그건 영화일 뿐……")에서 옮겨 적었다.

히치콕의 첫 미국 방문에 대한 나의 설명은 New York Times(Sept. 5, 1937)에 실린 "*Falstaff in Manhattan*," New York Times(Feb. 13, 1938)에 실린 "*The Hitchcock Formula*," 윌리엄 보넬이 New York World-Telegram(Sept. 1, 1937)에 쓴 "*39 Steps Jolly Good, Hitchcock Discovers*," H. Allen Smith가 New York World-Telegram(날짜 미상)에 쓴 "*Hitchcock Likes to Smash Cups*," 재닛 화이트가 쓴 "*Picture Parade*"(출처미상 스크랩), Hollywood Reporter(Oct. 2, 1937)에 실린 "*London Talk*"를 취합한 것이다.

시드니 질리엇과 프랭크 론더는 조프 브라운이 쓴 Launder and Gilliat(BFI, 1977)을 인용했지만, 질리엇의 출판되지 않은 회고록(찰스 바는 이중 일부를 필자에게 제공했다)과, 질리엇의 BECTU 인터뷰 녹취록, 그리고 케빈 맥도널드가 Projections 2(Faber, 1997)를 위해 한 방대한 인터뷰 "*The Early Life of a Screenwriter II*"도 인용했다.

마이클 레드그레이브는 In My Mind's I: An Actor's Autobiography(Viking, 1983)에서 인용했다. 마거릿 록우드는 Lucky Star(Odhams Press, 1955)에서 인용했다.

히치콕의 첫 할리우드 방문에 관한 내 설명은 마이런 셀즈닉 컬렉션에서 주로 옮겨 적었으며, 그 외에도 허버트 톰프슨이 Film Weekly(July 16, 1938)에 쓴 "*Hitchcock for Hollywood and the Experience Will Probably Do Him Good*," 지오프리 T. 헬먼이 Life(Nov. 29, 1940)에 쓴 "*Alfred Hitchcock: England's Best and Biggest Director Goes to Hollywood*," 에일린 크릴먼이 New York Sun(June 15, 1938)에 쓴 "*Picture Plays and Players: Alfred Hitchcock, English Direcor, to Take a Look at Hollywood*," 러셀 말로니가 New Yorker(Sept. 10, 1938)에 실은 감독의 프로필 "*What Happens After That*"에서도 정보를 모았다. 미국 기차에 대한 히치콕의 견해는 아트 부흐왈드가 New York Herald Tribune(Jan. 16, 1955)에 쓴 "*Hitchcock Steps Off Deadly Trains*"에 담겨 있다. "오랜 욕망……"과 "언젠가 영화를 여는 생각으로……"는 New York Times(Feb. 13, 1938)에서 옮겨 적었다.

"할리우드에 간다면……"은 레슬리 퍼코프가 World Film News(March 1938)에 쓴 "*The Censors and Sydney Street*"에서 옮겨 적었다. 찰스 바가 Hitchcock Annual(2000~2001)에 쓴 "*'A Marvelously Dramatic Subject':*

Hitchcock's Titanic Project"에서 보여준 연구결과와 통찰력에 감사한다. 찰스 로턴 일화는 앤디 워홀이 히치콕을 인터뷰한 *Interview(Sept. 1974)*와, "*The Illustrated Hitchcock*"으로 알려진 2부작 Camera Three 에피소드의 1편(1972년 방영)에서 감독이 피아 린드스트롬과 한 얘기에서 인용했다.
참고한 서적들은 다음과 같다. Simon Callow, Charles Laughton: A Difficult Actor(Methuen, 1987); Charles Higham, Charles Laughton: An Intimate Biography(W. H. Allen, 1976); Paul Macnamara, Those Were the Days, My Friend: My Life in Hollywood with David O. Selznick and Others(Scarecrow Press, 1993); Leo Rosten, Hollywood: The Movie Colony, the Movie Makers(Harcourt, Brace, 1941); Kurt Singer, The Laughton Story(John C. Winston, 1954); Hilton Tims, Once a Wicked Lady: A Biography of Margaret Lockwood(Virgin, 1989).

8. 새로운 출발, 1939~1941

"좋아하는 영화 10편"은 New York Sun(March 15, 1939)에서 인용했다.
"당연히 셀즈닉은 모임을……"은 London Times(June 23, 1969)에 실린 "*Hitchcock: In the Hall of Mogul Kings*"에 실린 내용이다.
조앤 폰테인은 No Bed of Roses(William Morrow, 1978)에서 인용했지만, Southern Methodist University에 보관된 그녀의 구술기록과, Cinema Papers(Australia, June 1982)에 실린 브라이언 맥팔레인과 한 인터뷰, Hollywood Studio Magazine, no. 3(1990)에 실린 로버트 켄달과 한 인터뷰, Interview(Feb. 1987)에 실린 그레고리 스펙과 한 인터뷰를 포함한 출판된 인쇄물에서도 인용했다. 스펙의 인터뷰는 Hollywood Royalty: Hepburn, Davis, Stewart and Friends at the Dinner Party of the Century(Birch Lane Press, 1992)에 다시 실렸다. "우리는 그가 촬영하고 싶어 하는 것이……"는 BBC 다큐멘터리 "그건 영화일 뿐……"에서 인용했다.
H. 마크 글랜시가 쓴 When Hollywood Loved Britain: The Hollywood 'British' Film, 1939~1945(Manchester University Press, 1999)는 히치콕의 전시 영화연출과 관련한 내 이해에 커다란 도움이 됐으며, 저자가 보내준 서신은 내 생각의 빈틈을 메워줬다.
매튜 번스타인이 쓴 Walter Wanger: Hollywood Independent는 내가 프로듀서에 대한 자료로 주로 활용한 책이다. 나는 조지 터너가 빼어난 연구를 바탕으로 American Cinematographer(Aug. 1995)에 쓴 "*Foreign Correspondent—The Best Spy Thriller of All*"의 도움을 받았다. 조엘 맥크리가 히치콕에 대해 한 말은 내가 Film Crazy(St. Martin's Press, 2000)를 위해 그와 했던 인터뷰에서 인용한 것이다. 히치콕을 향한 마이클 밸컨의 비난은 London Sunday Dispatch(Aug. 24, 1940)에 실렸고, 히치콕의 반론은 New York World-Telegram(Aug. 27, 1940)에 실렸다. 〈해외특파원〉에

반대하는 영국 내의 맹공은 Documentary News Letter(Dec. 1940)에 게재됐다.
히치콕은 Margaret Herrick Library가 소장한 〈서스피션〉 관련 마이크로필름에 수록된, 버지니아 라이트가 쓴 날짜 미상의 Hollywood Citizen-News 기사 "*Cinema Matters*"에서 컬러의 가능성을 논의했다.
빌 크론은 〈서스피션〉에 대한 빛나는 논문 "*Ambivalence*"를 내게 제공했는데, 이 논문은 Trafic(Spring. 2002)에 프랑스어로, Hitchcock Annual(2003~2004)에 영어로 실렸다.
각성제 만찬파티에 관한 샘슨 라파엘슨의 일화는 Margaret Herrick Library가 소장한 〈스펠바운드〉 홍보자료 파일에서 옮겨 적었다.
캐리 그랜트가 한 중요한 인터뷰는 경력을 통틀어 얼마 되지 않는다. 나는 이 책을 위해 루스 워터베리가 Photoplay(Jan. 1947)에 쓴 "*Notorious Gentleman*," 리처드 G. 호블러가 Coronet(Aug. 1957)에 쓴 "*Cary Grant—Indestructible Pro*," 엘리노어 해리스가 McCall's(Sept. 1958)에 쓴 "*The Riddle of Cary Gran*t" 그랜트 자신이 Films and Filming(July. 1961)에 쓴 "*What It Means to Be a Star*," 켄트 슈엘크가 Interview(Jan. 1987)에 실은 인터뷰를 참조했다. 모린 도널드슨과 윌리엄 로이스가 쓴 An Affair to Remember: My Life with Cary Grant(G. K. Hall, 1990), 찰스 하이엄과 로이 모슬리가 쓴 Cary Grant: The Lonely Heart(Harcourt Brace, 1989), 낸시 넬슨이 쓴 Evenings with Cary Grant(William Morrow, 1991)도 역시 인용했다.
산타크루스 거주와 관련한 세부사항에 대해, 나는 다음 2편의 걸출한 기사에 의존했다. 로스 에릭 깁슨이 San Jose Mercury News(Nov. 19, 1994)에 쓴 "*Hitchcock Had Link to Santa Cruz*"와 캐서린 그레이엄이 Santa Cruz County Sentinel(Aug. 13, 1999)에 쓴 "*Hitch's Retreat*."
포드를 위한 히치콕의 헌정문은 갤린 스튜들러와 매튜 번스타인이 편역한 John Ford Made Westerns: Filming the Legend in the Sound Era(Indiana University Press, 2001)에 다시 실렸다.
히치콕이 영국의 영화검열국과 할리우드의 제작규범과 맺은 관계에 대한 나의 설명은 다음의 글들로부터 도움을 받았다. 제럴드 가드너가 쓴 The Censorship Papers: Movie Censorship Letters from the Hays Office, 1934~1968(Dodd, Mead., 1987); 레이먼드 몰리가 쓴 The Hays Office(Bobbs-Merrill, 1945); 제프리 리처드가 Historical Journal of Film, Radio and Television 1, no. 2(1981)에 쓴 "*The British Board of Film Censors and Content Control in the 1930s: Images of Britain*"; 머레이 슈마흐가 쓴 The Face on the Cutting Room Floor(William Morrow, 1964); 앤서니 슬라이드가 쓴 'Banned in the U.S.A.': British Films in the United States and Their Censorship, 1933~1960(I. B. Tauris, 1998); 프랭크 월스가 쓴 Sin and Censorship: The Catholic Church and

the Motion Picture Industry(Yale University Press, 1996).
다른 논문과 책은 다음과 같다. Billy Altman, Laughter's Gentle Soul: The Life of Robert Benchley(W. W. Norton, 1997); Osmond Borradaile(with Anita Borradaile Hadley), Life Through a Lens: Memoirs of a Cinematographer(McGill-Queen's University Press, 2001): Roland Flamini, Scarlett, Rhett, and a Cast of Thousands: The Filming of Gone With the Wind(Macmillan, 1975); Susan Lowndes, ed., Diaries and Letters of Marie Belloc Lowndes, 1911~1947(Chatto & Windus, 1971); Miklo/s Ro/zsa, Double Life: The Autobiography of Miklos Rozsa(Midas Books, 1982); Donald Spoto, Laurence Olivier: A Biography(Harper Collins, 1992); Donald Spoto, Notorious: The Life of Ingrid Bergman(Harper Collins, 1997); Bob Thomas, Selznick(Doubleday, 1970).

9. 셀즈닉, 친애하는 원수, 1941~1944

존 하우스먼은 Unfinished Business: Memoirs, 1902~1988: Run-Through, Front and Center, and Final Dress(Applause, 1989)에서 인용했다. 딸기 로마노프 일화는 제임스 몽고메리 플래그가 Hollywood Citizen-News(Nov. 6, 1941)에 쓴 "*'Hitch' Tops, Flagg Says*"에서 인용했다. 프리실라 레인은 더그 맥클러랜드가 쓴 Forties Film Talk(McFarland, 1992)에서 인용했다. 노먼 로이드는 내가 그와 한 인터뷰뿐 아니라, Stages of Life in Theatre, Film, and Television(Limelight, 1993), 그리고 톰 위버가 Classic Images(April 2000)에 쓴 "*Norman Lloyd: Working with Hitch*"와 아이라 샌들러가 FILMFAX(April-May, 2003)에 쓴 "*The Man on the Statue of Liberty*"를 포함한 출판된 인터뷰들을 인용했다.
〈의혹의 그림자〉 제작과 관련한 내 설명은 USC 아카이브가 소장한 유니버설 스튜디오 컬렉션과 잭 스커볼의 서류, 그리고 예일이 소장한 손턴 와일더 서류에서 끌어왔다. 나는 길버트 A. 해리슨이 쓴 The Enthusiast: A Life of Thornton Wilder(Ticknor & Fields, 1983)를 인용했으며, 비아트리체 코프먼과 조지프 헤네시가 편집한 The Letters of Alexander Wollcott(Viking, 1944)에서 와일더를 인용했다. 히치콕은 와일더가 헤밍웨이를 차용한 것과 관련한 일화를 New Yorker(March 30, 1963)에 실린 "*In Charge*"에서 회상했다. 오리지널 스토리에 대한 고든 맥도넬의 배경은 Hitchcock's Notebooks에 설명돼 있다. 조지프 코튼은 Vanity Will Get You Somewhere(Mercury House, 1987)에서 인용했다. 테레사 라이트는 Projections 7(Faber, 1997)에 실린 "*Teresa Wright on Shadow of a Doubt*"에서 인용했다.
〈구명선〉의 모든 트리트먼트와 시나리오, 스튜디오 비망록, 시드니 이스턴 대 20세기폭스 영화사 사건과 관련한 법정증언 및 서류는 20세기폭스가 제공했다. UCLA가 소장하고 있는 케네스 맥고완의 서류는 추가적인 문서를 제공했다.

휴 크로닌은 그가 나에게 보낸 편지, 국회도서관이 소장한 그의 서류, 크로닌이 Maclean's(Nov. 1, 1944)에 쓴 "*Melodrama Maestro*"와 A Terrible Liar(William Morrow, 1991)에서 인용했다. 발터 슬레작은 What Time's the Next Swan?(Doubleday, 1962)에서 인용했다.

필립 켐프는 Sight and Sound(Nov. 1993)에 〈마다가스카르의 모험〉과 〈행복한 여행〉에 대한 글을 썼다.

다른 논문과 서적은 다음과 같다. Jackson J. Benson, The True Adventures of John Steinbeck, Writer(Viking Press, 1984); Dennis Brian, Tallulah, Darling(Macmillan, 1980); MacDonald Carey, The Days of My Life(St. Martin's Press, 1991); Martin Grams Jr., Suspense: Twenty Years of Thrills and Chills(Morris Publishing, 1993); Robert E. Morseberger, "*Adrift in Steinbeck's Lifeboat*," Literature/Film Quarterly(fall 1976); Roy Simmonds, John Steinbeck: The War Years, 1939~1945(Bucknell University Press, 1996); George Turner, "*Saboteur: Hitchcock Set Free*," American Cinematographer(Nov.-Dec. 1993); George Turner, "*Hitchcock's Mastery Is Beyond Doubt in Shadow*," American Cinematographer(May 1993); Bret Wood, "*Foreign Correspondence: The Rediscovered War Films of Alfred Hitchcock*," Film Comment(July-Aug. 1993).

10. 버그먼과 그랜트 그리고 〈오명〉, 1944~1947

헤크트와 히치콕이 캐리 그랜트와 잉그리드 버그먼을 연기했다는 앨런 오스비스턴의 일화는 All Is Grist의 출판되지 않은 버전에서 옮겨 적었다. 나는 시드니 고틀리브가 Hitchcock Annual(1996~1997)에 쓴 "*The Unknown Hitchcock: Watchtower over Tomorrow*"에 의존했지만, 내가 조사한 에드워드 S. 스테티니우스 서류들에 대한 연구로 고틀리브의 연구를 확장시켰다. 벤 헤크트는 그가 남긴 서류와 A Child of the Century(Simon & Schuster, 1954)에서 인용했다. 히치콕은 "칼텍에서 핵폭탄과 관련한 자료를 구하려고 애쓰면서 보낸 환상적인 날"을 손턴 델레한티가 New York Herald Tribune(April 22, 1945)에 쓴 "*A Liberated Hitchcock Dreams Gaudy Dreams of Technicolor*"에서 언급했다. 프랭크 누전트는 밀리컨 박사 방문을 Good Housekeeping(Nov. 1945)에 실린 "*Assignment in Hollywood*"에서 언급했다.

잉그리드 버그먼은 My Story(Delacorte Press, 1980)와 로렌스 리머가 쓴 As Time Goes By(Harper & Row, 1986)에서 인용했다. 그레고리 펙은 Hollywood Royalty와, 크론, 스포토, 테일러의 서적들에서 인용했다. 나는 또한 Southern Methodist University가 소장한 그의 구술기록도 참고했다. 살바도르 달리는 메레디스 에서링턴-스미스가 쓴 The Persistence of

Memory: A Biography of DalI⁄(Random House, 1992)에서 인용했다. 히치콕-살바도르 달리의 협동작업을 재창조한 제임스 빅우드의 결정적인 논문 "*Solving a Spellbound Puzzle*"은 American Cinematographer(June 1991)에 게재됐다.

에디스 헤드는 패디 칼리스트로와 같이 쓴 Edith Head's Hollywood(E. P. Dutton, 1983)과, 제인 크레스너 아드모어와 같이 쓴The Dress Doctor (Little, Brown, 1959)에서 인용했다.

나는 전쟁박물관(War Museum, 전시 정보부에서 만든 영화들과 관련한 자료를 소장하고 있다)에 있는 시드니 번스타인의 서류를 폭넓게 활용했다. 뿐만 아니라 (트랜스아틀랜틱과 다른 프로젝트들과 관련해서) BFI가 소장한 번스타인의 서류도 활용했다. 나는 USC 아카이브에 보관된 광범위한 워너브러더스 컬렉션에서 도움을 받았다. 이들 아카이브는 뒷이야기, 관련 정보, 재정적 사항, 홍보자료, 번스타인과 히치콕 사이에 오간 비망록과 서신, 상호간의 노력과 관련된 다른 자료들이 포함돼 있다. 나는 캐럴라인 무어헤드의 빼어난 저작 Sidney Bernstein(Jonathan Cape, 1984)도 역시 인용했다.

"*F3080*" 또는 〈수용소의 기억〉의 제작과정은 노먼 레브레흐트가 Sunday Times(Feb. 17, 1984)에 쓴 "*Out of the Archives: The Horror Film that Hitchcock Couldn't Bear to Watch*"에 소개됐다.

베스 타펠은 내가 그녀를 인터뷰해서 Tender Comrades(St. Martin's Press, 1997)에 실은 인터뷰에서 인용했다.

"나는 내가 어떤 렌즈를……"은 존 바버가 Leader Magazine(May 25, 1946)에 쓴 "*Hitchcockney from Hollywood*"에서 옮겨 적었다.

〈염소좌 아래서〉와 관련한 히치콕의 인용은 Hollywood Talks Turkey에 있는 내용이다. 잭 카디프는 내가 그와 한 인터뷰와, Magic Hour(Faber, 1996)에서 인용했다. 앤 토드는 The Eighth Veil(William Kimber, 1980)에서 인용했다.

다른 논문과 서적은 다음과 같다. Jack Cardiff, "*The Problems of Lighting and Photographing Under Capricorn*," American Cinemato-grapher(Oct. 1949); Doug Fetherling, The Five Lives of Ben Hecht (Lester and Orpen, 1977); Leonard Leff, "*Cutting Notorious*," Film Comment(Mar-Apr. 1999); Herb A. Lightman, "*Cameraman's Director*," American Cinematographer(April 1947); William MacAdams, Ben Hecht: The Man Behind the Legend(Scribner's, 1990); Ronald Mavor, Dr. Mavor and Mr. Bridie(Canongate and the National Library of Scotland, 1988).

11. 도전과 시련의 나날, 1947~1950

아서 로렌츠는 Original Story By(Knopf, 2000)에서 인용했다. 로렌츠는 이 책을 위한 인터뷰는 거절했지만, 나는 내가 직접 인터뷰해서 쓴 Backstory 2(University of California Press, 1991)를 포함한 다른 인터뷰들의 도움을 받았다. 로렌츠는 이메일로 몇 가지 질문에 대답했다. 팔리 그레인저는 그의 BBC 녹취록, 고든 고우가 Films and Filming(Oct. 1973)에 쓴 "*Out into the World*," 제시 릴리가 인터뷰한 Scarlet Street(winter 1996)의 "*Granger on a Train*"에서 인용했다.

나는 제임스 '지미' 스튜어트에 대한 많은 인터뷰와 논문을 참고했다. 다음의 자료들이 그에 해당한다. 닐 P. 헐리가 New Orleans Review(spring 1983)에 쓴 "*The Many Splendored Actor: An Interview with Jimmy Stewart*," 레이 코민스키가 Cinema Papers(Jan. 1986)에 쓴 "*James Stewart: It's a Wonderful Life*," 마이크 윌밍턴이 Film Comment(Mar. -Apr. 1990)에 쓴 "*Small-Town Guy*," 그레고리 솔먼이 Projections 5(Faber, 1996)에 게재한 인터뷰 등. 게리 피시걸이 쓴 전기 Pieces of Time: The Life of James Stewart(Scribner's, 1997)도 참조했다.

휫필드 쿡은 그의 일지, 그가 나와 한 인터뷰, BBC 녹취록을 인용했다.

마이클 윌딩은 The Wilding Way(St. Martin's Press, 1982)에서 인용했다.

베를린에 있는 마를린 디트리히 서류들로부터 받은 서신, 여배우의 자서전 Marlene(Weidenfeld & Nicholson, 1989), 스티븐 바흐가 쓴 전기 Marlene Dietrich: Life and Legend(Morrow, 1992)와 그녀의 딸 마리아 리바가 쓴 Marlene Dietrich(Knopf, 1993)을 인용했다. "여주인공의 어머니는 우리 어머니……"는 Films in Review(Apr. 1950)에서 옮겨 적었다.

다른 책들은 다음과 같다. Sean French, Patrick Hamilton: A Life(Faber, 1993); Bruce Hamilton, The Light Went Out: The Life of Patrick Hamilton(Constable, 1972); Margaret Case Harriman, Take Them Up Tenderly(Knopf, 1944); Joe Morella and Edward Z. Epstein, Jane Wyman(Delacorte Press, 1985); Graham Payn and Sheridan Morley, The Noel Coward Diaries(Weidenfeld and Nicholson, 1982); Dimitri Tiomkin and Prosper Buranelli, Please Don't Hate Me(Doubleday, 1959); Virginia Yates, "*Rope Sets a Precedent*," American Cinematographer(July 1948).

12. 도약의 발판을 다지다, 1950~1953

"시나리오를 집필한 여성들"에 알마가 참여하기를 거부하는 내용의 히치콕의 1974년 2월 20일자 편지는 히치콕 컬렉션에 있다. 윌리엄 K. 에버슨의 인터뷰는 Camera Three의 "*Illustrated Hitchcock*" 에피소드 중 하나다.

히치콕과 레이먼드 챈들러의 공동작업과 〈스트레인저〉의 시나리오 발전의 과정을 쫓기 위해, 나는 내가 휫필드 쿡과 첸지 오먼드와 한 인터뷰를 참조했다. 그리고 도로시 가디너와 캐스린 솔리 워커가 편집한 Raymond Chandler Speaking(Houghton Mifflin, 1970)과, 프랭크 맥셰인이 편집한 Selected Letters of Raymond Chandler(Delta, 1987)에 실린 챈들러의 서신을 인용했다. 〈스트레인저〉의 정치적 서브텍스트를 다룬 로버트 C. 캐린저의 논문 "*Collaboration and Concepts of Authorship*"은 PMLA(Mar. 2001)에 실려 있다. 앨 클라크가 쓴 Raymond Chandler in Hollywood(Proteus, 1983), 진 D. 필립스가 쓴 Creatures of Darkness: Raymond Chandler, Detective Fiction and Film Noir(University Press of Kentucky, 2000), 존 투스카가 쓴 In Manors and Alleys: A Casebook on the American Detective Film(Greenwood Press, 1988)도 참조했다.

"법에 저촉되는 것은 무엇이건……"은 히치콕 컬렉션의 〈서스피션〉 홍보파일에 들어 있는 알마 레빌의 노트에서 옮겨 적었다.

로라 엘리엇(일명 케이시 로저스) 일화는 톰 위버가 여배우를 인터뷰해서 쓴 글 Science Fiction Confidential: Interviews with Twenty-three Monster Stars and Filmmakers(McFarland, 2002)에서 인용했다.

브라이언 아헤르네는 A Proper Job(Houghton Mifflin, 1969)에서 인용했다. 칼 말덴은 When Do I Start?(Simon & Schuster, 1997)에서 인용했다.

빌 크론은 그 자신이 USC 파일들 영화에 대한 통찰력을 발휘해서 연구한 "*Paul Anthelme*"에 관한 배경지식으로 〈나는 고백한다〉에 대한 내 설명을 강화시켜줬다.

〈나는 고백한다〉의 캐나다 시사회와 관련한 히치콕의 일화는 질레스 펠레티어의 인터뷰 Le Soleil(Quebec, Aug. 14, 1999)에서 옮겨 적었고, 다른 배경은 장 클로드 마리노가 Cinéma Canada(Mar. 1985)에 쓴 "*Hitchcock's Quebec Shoot*"에서 가져왔다.

〈다이얼 M을 돌려라〉에 관한 피터 보르다나로의 뛰어난 논문 "*A Play by Frederick Knott/A Film by Alfred Hitchcock*"은 Sight and Sound (summer 1976)에 실려 있다.

그레이스 켈리는 테일러와 스포토의 책뿐 아니라, 다음에 소개하는 그녀를 다룬 전기들로부터 인용했다. Steven England, Grace of Monaco (Doubleday, 1984); Robert Lacey, Grace(G. P. Putnam's, 1994); Joshua Logan, Movie Stars, Real People and Me(Delarcorte Press, 1978); James Spada, Grace: The Secret Lives of a Princess(Doubleday, 1987).

다른 책들은 다음과 같다. Patricia Bosworth, Montgomery Clift (Harcourt, 1978); Merv Griffin, Merv: An Autobiography(Simon & Schuster, 1980).

13. 관음증 환자의 전성시대, 1953~1955

"우리는 모두 백만장자가……"는 히치콕 컬렉션에 있는, 히치콕이 로렌스 리드에게 1978년 12월 7일에 보낸 편지에서 인용했다. 빌 크론은 Cahiers du Cinéma, no 559(July-Aug. 2001)에 실린 "*Le musée secret de M. Hitchcock*"에서 히치콕의 미술품 컬렉션에 대해 썼다.

히치콕의 파라마운트 시절에 대한 나의 이해는 허버트 콜먼이 쓴 The Hollywood I Knew, A Memoir: 1916~1988(Scarecrow Press, 2003)에서

도움을 받았는데, 나는 이 책의 일부를 원고 상태로 읽었다. 나는 콜먼을 여러 차례 인터뷰했고, 그는 우편으로 짤막한 답변을 하기도 했다. 돈 하트먼과 Y. 프랭크 프리먼에 대해서는 『버라이어티』에 1958년 3월 26일자에 실린 하트먼의 부고를 인용했다.

나는 그 동안 폭넓은 인터뷰를 해온 존 마이클 헤이스와 이 전기를 위해 인터뷰했다. 내가 참조한 다른 헤이스 인터뷰들에는 다음과 같은 자료들이 있다. 수전 그린이 Backstory에 실은 인터뷰; 스티브 코헨이 Columbia Film View(winter/spring 1990)에 실은 "*Setting the Record Straight*"; 리처드 발리가 Scarlet Street, nos. 21 and 22(winter 1996)에 실은 "*The Hayes Office.*" 스티븐 데로사의 Writing with Hitchcock: The Collaboration of Alfred Hitchcock and John Michael Hayes(Faber, 2001)는 두 사람 사이의 복잡한 관계에 초점을 맞춘다.

〈이창〉의 제작과정은 아서 E. 개빈이 American Cinematographer(Feb. 1954)에 쓴 "*Rear Window*"와, 데이비드 앳킨슨이 American Cinematographer(Jan. 1990)에 쓴 "*Hitchcock's Techniques Tell Rear Window Story*"에 잘 소개돼 있다. 나는 스티브 코헨이 Columbia Film View(winter/spring 1990)에 쓴 "*Rear Window: The Untold Story*"; 마이클 R. 딜베르토가 Loyola of Los Angeles Entertainment Law Journal 12, no. 2(1992)에 쓴 "*Looking Through Rear Window: A Review of the United States Supreme Court Decision in Stewart vs. Abend*"; 존 벨턴이 쓴 Alfred Hitchcock's Rear Window(Cambridge University Press, 2000)—그중에서도 특히 스콧 커티스가 쓴 논문 "*The Making of Rear Window*"—를 옮겨 적었다. 프랜시스 M. 네빈스 주니어의 Cornell Woolrich: First You Dream, Then You Die(Mysterious Press, 1988)는 울리치의 중요한 출신배경을 제공하고, 소설을 영화로 각색하는 과정을 기민하게 분석했다.

존 M. 우드콕은 〈나는 결백하다〉의 편집과 관련한 글 "*The Name Dropper*"를 American Cinemeditor(summer 1990)에 썼다. 린 머레이는 Musician: A Hollywood Journal(Lyle Stuart, 1987)에서 인용했다.

"감독들이 영화업계의 안정성과……"는 캐서린 드 라 로체가 Sight and Sound (winter 1955)에 쓴 "*Conversations with Hitchcock*"에서 옮겨 적었다.

셜리 맥클레인은 "*Don't Fall Off the Mountain*"(W. W. Norton, 1970)에서 인용했다.

히치콕과 버나드 허먼 사이의 관계에 대한 나의 묘사는 그레이엄 브루스가 쓴 Bernard Herrmann: Film Music and Narrative(UMI Research Press, 1985)와, 스티븐 C. 스미스가 쓴 A Heart at Fire's Center: The Life and Music of Bernard Herrmann(Unversity of California Press, 1991)에서 대단히 많은 정보를 얻었다. 나는 로열 S. 브라운이 Cinema Journal(spring 1982)에 쓴 "*Herrmann, Hitchcock, and the Music of the Irrational*"과, 스티븐 C. 스미스가 Schwann Opus(summer 1996)에 쓴 "*Herrmann and the Politics of Film Music*"을 인용했다. 또한 나는 High Fidelity(Sept. 1976)에 실린 로열 S. 브라운이 허먼과 한 인터뷰와, 테드 길링이 Sight and Sound(winter 1971~1972)에 실은 "*The Colour of the Music*"도 참조했다.

앙드레 바쟁은 〈나는 결백하다〉의 니스 촬영장 방문에 대해 Cahiers du Cinéma(Oct. 1954)에 "*Hitchcocks versus Hitchcock*"이라는 글을 썼는데, 이 글은 바쟁의 전집 The Cinema of Cruelty: From Buñuel to Hitchcock(Seaver Books, 1982)에 번역돼서 다시 실렸다.

도리스 데이는 A. E. 호크너가 쓴 Doris Day, Her Own Story(William Morrow, 1975)에서 인용했는데, 나는 Southern Methodist University가 소장한 그녀의 구술기록도 참조했다.

히치콕이 그의 텔레비전 시리즈에 대해 처음 한 얘기는 세실 스미스가 Los Angeles Times(Sept. 11, 1955)에 쓴 "*Hitchcock, Master of Suspense, Turns to TV*"에 실렸다. 히치콕이 연출한 모든 텔레비전 에피소드를 감상한 것 외에도, 나는 다른 작가들의 연구논문과 학위논문도 참조했다. 핵심 출처는 다음과 같다. 스티브 맴버가 Cinema(fall 1971)에 쓴 "*The Television Films of Alfred Hitchcock*," 잭 에드먼드 놀런이 Film Fan Monthly(June 1968)에 쓴 "*Hitchcock's TV Films*," 진 D. 필립스가 Journal of Popular Film and Television(summer 1983)에 쓴 "*Hitchcock's Forgotten Films: The Twenty Teleplays*", 특히 존 매카티와 브라이언 켈러가 쓴 Alfred Hitchcock Presents(St. Martin's Press, 1985)와, 켄 모그가 편집한 The Alfred Hitchcock Story(Titan Books, 1999)에 실린 J. L. 쿤스의 "*Hitchcock's Television Work*."

1956년도부터 시작한 연대기적인 세부사항은 대부분 히치콕 컬렉션에 있는 감독의 일정표와 업무일지를 옮겨 적은 것이다.

다른 서적들은 다음과 같다. David Dodge, The Rich Man's Guide to the Riviera(Little, Brown, 1962); Oleg Cassini, In My Own Fashion(Simon & Schuster, 1987); FranCois Truffaut, Correspondence: 1945~1984(Farrar, Straus, and Giroux, 1989); Paul Henreid(with Julius Fast), Ladies Man: An Autobiography(St Martin's Press, 1984).

14. 아찔한 걸작 〈현기증〉, 1956~1958

〈플라밍고 깃털〉에 대한 히치콕의 언급은 남아프리카의 Cape Times(July 5, 1956)에서 인용했다.

〈현기증〉 부분과 관련해서, 나는 댄 오일러가 쓴 필수불가결한 연대기 Vertigo: The Making of a Hitchcock Classic(St. Martin's Press, 1998)을 거듭해서 언급하고 참조했다.

베라 마일스는 이 책을 위한 인터뷰를 요청하는 서신에 답장을 보내지 않았다. 여배우의 출신배경에 대해서는 로버트 W. 마크스가 McCall's(May 1957)에 쓴 "*Hitchcock's New Star*," Mademoiselle(Dec. 1959)에 실린 "*The New*

Grace Kellys," 칼 클레멘트가 Photoplay(Sept. 1957)에 쓴 "*I Walked Away from Fear*"의 일부를 참조했다. 헨리 폰다는 로렌스 그로벨이 Playboy(Dec. 1981)를 위해 한 인터뷰를 인용했다. 해럴드 J. 스톤은 FILMFAX(Apr.-May 2002)에 실린 하비 F. 차트랜드가 한 인터뷰를 인용했다.

샘 테일러는 오일러, 크론, 스포토, 테일러 서적들뿐 아니라, 출판된 다른 인터뷰들과 내가 그와 개인적으로 한 통화를 인용했다.

밸컨-히치콕 서신은 BFI의 밸컨 서류에서 찾을 수 있다. 감독이 아니타 콜비에게 1957년 5월 1일에 보낸 편지는 히치콕 컬렉션에 있다.

킴 노박과 히치콕 사이의 관계를 그려내기 위해 다양한 논문과 킴 노박이 한 인터뷰들을 참조했다. 핵심 출처는 다음과 같다. Peter Harry Brown, Kim Novak, Reluctant Goddess(St. Martin's Press, 1986), 존 칼렌도가 Interview(Mar. 1981)에 쓴 "*Dream Date: Kim Novak,*" 로저 에버트가 Chicago Sun-Times(Oct. 17, 1996)에 쓴 "*Looking Back at Vertigo,*" 보어가드 휴스턴-몽고메리가 여배우와 인터뷰한 후 Interview(Dec. 1986)에 쓴 글.

다른 서적으로는 Charles Barr, Vertigo monograph(BFI, 2002)가 있다.

15. 창조력의 절정 〈사이코〉, 1958~1960

〈북북서로 진로를 돌려라〉의 개발과정, 히치콕과 어니스트 레먼의 관계에 관한 나의 설명은 Harry Ransom Library가 소장한 레먼 서류와, 레먼이 몇 차례 한 인터뷰에서 옮겨 적었다. 레먼의 인터뷰에는 스포토와 테일러의 책에 실린 인터뷰, "*Ernest Lehman: An American Film Institute Seminar on His Work*"(1977), The Craft of the Screenwriter(Simon & Schuster, 1981)에 실린 존 브래디의 인터뷰, Screen Writers on Screen Writing(Hyperion, 1995)에 실린 조엘 엔젤이 한 인터뷰, 수전 불링턴 카츠가 Journal(of Writers Guild-West)(June 1995)에 쓴 "*The View From Here: A Conversation with Ernest Lehman*"이 포함된다. North Dakota Quarterly(spring 1993)에 실린 그렉 개릿의 "*The Men Who Knew Too Much: The Unmade Films of Hitchcock and Lehman*"은 히치콕-레먼의 〈북북서로 진로를 돌려라〉의 후속 프로젝트였지만 "제작되지 않은" 영화에 대한 흥미로운 정보를 제공한다.

〈현기증〉 이후 스튜어트가 히치콕 영화의 "주연을 연기하기에는 너무 늙었다"는 트뤼포의 글은 American Film(Jan.-Feb. 1985)의 "*Slow Fade: The Declining Years of Alfred Hitchcock*"에 들어 있다.

제임스 메이슨은 Before I Forget(Hamish Hamilton, 1981)에서 인용했다.

히치콕은 에바 마리 세인트의 의상을 Films and Filming(July 1959)에 실린 "*Alfred Hitchcock Talking*"에서 묘사했다. "히치콕은 내게 3가지 지시……"는 로버트 블랑코가 Pittsburgh Post-Gazette(1997 syndicated article)에 쓴 "*Five of Hitchcock's Leading Ladies Speak Up for the Great Director*"

에서 옮겨 적었다. 스티로폼 컵 일화는 데이비드 판텔과 토머스 존슨이 에바 마리 세인트와 인터뷰를 한 후 Senior Highlights(Nov. 1996)에 쓴 "*Reel to Real*"에서 옮겨 적었다.

뉴욕 로케이션 촬영 중의 캐리 그랜트와 히치콕에 대한 내용은 리처드 C. 월드가 New York Herald Tribune(Sept. 7, 1958)에 쓴 "*Excitement at the Plaza: Hitchcock, Cary Grant*"를 인용했다. 토드 데이비드 엡이 South Dakota History(fall 1993)에 쓴 "*Alfred Hitchcock's 'Expedient Exaggerations' and the Filming of North by Northwest at Mount Rushmore*"는 러시모어산에서 일어난 일들을 설명한다.

나는 스티븐 레벨로의 귀중한 Alfred Hitchcock and the Making of Psycho(Dembner Books, 1990)를 거듭해서 참조하고 인용했다. 15장을 쓰는 데 도움이 된 다른 핵심서적들은 다음과 같다. 로버트 블로흐의 Once Around the Bloch: An Unauthorized Autobiography(Tor, 1993)와 제임스 나레모어가 쓴 Filmguide to Psycho(Indiana University Press, 1973). 레벨로가 Cinefantastique(Oct. 1986)에 쓴 "*Psycho: The Making of Alfred Hitchcock's Masterpiece*"도 참조했다. 이 Cinefantastique 특별호는 레벨로의 나중 저작과는 약간 내용이 다르고, 샤워 시퀀스를 자신이 연출했다고 주장하는 솔 바스의 인터뷰가 들어 있다.

조지프 스테파노는 레벨로의 저작 외에도 그의 BBC 녹취록과, 실비아 캐미너와 존 앤드류 갤러허가 Films in Review(Jan.-Feb. 1996)에 실은 "*An Interview with Joseph Stefano*"도 인용했다. 재닛 리는 레벨로 책을 인용했는데, 다양한 인터뷰들도 참조했고, 여배우의 회고록 There Really Was a Hollywood(Doubleday, 1984)와 그녀가 크리스토퍼 니큰스와 같이 쓴 Behind the Scenes of Psycho(Harmony, 1995)도 인용했다.

제작규범 검열관들이 〈사이코〉를 어떻게 다뤘는지를 확인하기 위해, 나는 제리 드러커가 LosAngeles Times(Oct. 28, 1979) 캘린더 섹션에 쓴 "*Hays Code: Out-Psyched by Hitch*"를 옮겨 적었다.

16. 성공의 씁쓸한 뒷맛, 1960~1964

텔아비브와 코펜하겐 일화는 Camera Three에 설명돼 있다.

필립 K. 슈어는 Los Angeles Times(Apr. 16, 1961)에 실린 "*Sheuer's Forecast of Oscar Winners*"에서 히치콕의 오스카 수상 가능성이 적다고 예상했다. "우리는 지금 위험한 곳에……"는 조지 앤젤과 한 BBC 인터뷰에서 옮겨 적었다. "그런 것들을 주관하는……"과, 일본에서 포르노와 성적인 행위를 본 것에 대한 히치콕의 회상은 Interview(Sept. 1974)에서 옮겨 적었다. "오스카는 우리 업계의……"는 John Ford Made Westerns: Filming the Legend in the Sound Era에 있는 "*The Old Wrangler Rides Again*"에서 옮겨 적었다.

론 밀러가 앨프레드 히치콕과 한 인터뷰는 San Jose State College의 교지

Lyke(spring 1960)에 실려 있다. 밀러는 이메일로 답변을 보내오기도 했다.

〈새〉와 관련된 부분에서, 나는 카일 B. 카운츠가 Cinefantastique(fall 1980)에 쓴 결정적인 글 "*The Making of Alfred Hitchcock's The Birds*"를 폭넓게 참조했다.

에반 헌터는 인터뷰를 많이 했다. 그의 말은 그의 책 Me and Hitch(Faber, 1997)에서 주로 인용했지만, Cinefantastique와 BBC 녹취록에서도 인용했다. 작가협회 동부지부의 간행물인 On Writing(Mar. 24, 1993)에 실린 "*Jay Presson Allen and Evan Hunter*," Scenario 5, no. 2에 실린 "*Writing The Birds: An Interview with Evan Hunter*," 찰스 L. P. 사일렛이 Hitchcock Annual(1994~95)에 쓴 "*Writing for Hitch: An Interview with Evan Hunter*," Independent(June 14, 1997)에 실린(헌터가 런던의 국립영화극장에서 행한 발언인) "*Words of the Week*"도 참조했다.

티피 헤드런은 출판 및 미출판된 다양한 인터뷰를 인용했다. Cinefantastique 기사, 토니 리 모럴이 쓴 Hitchcock and the Making of Marnie (Screcrow Press, 2002), Southern Methodist University가 소장한 그녀의 구술기록, BBC 녹취록, 필자가 확보한 그녀가 2000년에 스콧 에이먼과 했던 인터뷰의 사본이 그에 해당한다. "진주가 박힌 황금 새 3마리" 일화는 마리언 그레이가 Photoplay(May 1982)에 쓴 "*Tippi Hedren—From The Birds to the Roar of the Lions*"에서 인용했다.

"처음부터 그것들을……" "그녀는 스스로를 정화하고……"는 플레처 마클이 CBC Telescope 시리즈(1964년 방영)를 위해 히치콕을 인터뷰한 "*Art Is Immersion*"에서 인용했다.

"선생의 편지에 나는 눈물을……"은 1962년 6월 11일에 히치콕이 트뤼포에게 보낸 전보에서 옮겨 적었다. 책에 인용된 히치콕-트뤼포 서신, 오리지널 녹음테이프, 인터뷰의 완벽한 녹취록은 모두 히치콕 컬렉션에 들어 있다. 나는 앙투완 드 배크와 세르주 투비안나가 쓴 전기 Truffaut(Knopf, 1999)에도 의존했다.

〈마니〉에 관련된 부분에서, 나는 권위 있는 책인 Hitchcock and the Making of Marnie를 거듭해서 언급했다. 저자 토니 리 모럴은 여러 가지 발견과 해석에 대해 내게 관대한 조언을 해줬다.

그레이스 켈리의 〈마니〉 캐스팅에 대해 히치콕이 그레이스와 한 논의는 피터 에번스가 Daily Express(Mar. 24, 1962)에 쓴 "*Grace Kelly...... Ice That Burns Your Hands*"에 있다. 매리엇 하틀리는 앤 코마이어가 쓴 Breaking the Silence(Putnam's 1988)와 Playboy(Aug. 1982)에 실린 "*20 Questions*"에서 인용했다. 숀 코너리는 앤드류 율이 쓴 Sean Connery: From 007 to Hollywood Icon(Donald I. Fine, 1992)에서 인용했다. 티피 헤드런에 대한 조앤 폰테인의 언급은 Hollywood Royalty에서 옮겨 적었다. "내가 채플린영화에……"는 스콧 에이먼의 인터뷰에서 인용했다.

다른 논문과 서적은 다음과 같다. 앨프레드 히치콕이 Take One 1, no.

10(1968)에 쓴 *"It's a Bird, It's a Plane, It's......The Birds!"*; Camille Paglia, The Birds(BFI Film Classics, 1998).

17. 거장, 비틀거리다, 1964~1970

조지프 맥브라이드는 그가 소장한 히치콕 파일에 담긴 스크랩들을 관대하게 제공했을 뿐 아니라, 히치콕 영화에 대한 개인적 연구를 통해 얻은 많은 통찰력도 보여줬다. 그의 결정적인 논문 *"Alfred Hitchcock's Mary Rose: An Old Master's Unheard Cri de Coeur"*는 Cineaste 26, no.2(2001)에 실려 있다.

"히치콕 감독과 작가 로버트 블로흐가 1964년 11월 20일 금요일에 한 대화 녹음"의 녹취록과, 히치콕-나보코프 서신은 히치콕 컬렉션에 들어 있다.

"자네는 내가 연설을……"은 히치콕 컬렉션에 들어 있는, 히치콕이 1966년 10월 20일에 토머스 J. 설리번 신부에게 보낸 편지에서 옮겨 적었다. "그때는 재미있었어요……"는 마거릿 힝크스먼이 Daily Telegraph(Oct. 5, 1969)에 쓴 *"Hitch His Own Star"*에서 옮겨 적었다.

"나는 결코 줄리 앤드루스를……"은 조이스 하버가 Los Angeles Times(Feb. 7, 1973)에 쓴 *"Hitchcock Still Fighting Hard to Avoid the Conventional"*에서 인용했다. "사방이 회색……"은 Take One 1, no. 1(1966)에 실린 *"Hitch: I Wish I Didn't Have to Shoot the Picture"*에서 옮겨 적었다. 키스 워터하우스는 그가 나에게 보낸 서신과 Streets Ahead(Hodder & Stoughton, 1995)에서 인용했다.

허브 가드너 일화는 Dialogue on Film(American Film Institute, Feb.-Mar. 1974)에 실린 윌리엄 프리드킨 인터뷰가 출처다. 히치콕은 Daily Telegraph(Oct. 5, 1969)에서 안토니오니를 험담했다: "잘난 체하는 영화를 만들기는 쉽습니다. 꽤나 불필요한 이미지를 갑자기 들여와서 사람들을 당황하게 만들면 되니까요. 이탈리아 친구 안토니오니처럼요." 페넬로페 휴스턴이 쓴 *"Hitch on Topaz"*는 Sight and Sound(winter 1969)에 실려 있다. 〈토파즈〉에 관한 빌 크론의 논문 *"A Venomous Flower"*는 Video Watchdog(Aug. 2001)에 실려 있다.

다른 논문과 책은 다음과 같다. Anatoly Dobrynin, In Confidence: Moscow's Ambassador to America's Six Cold War Presidents, 1962~1986(Times Books, 1995); Frances FitzGerald, Way Out There in the Blue: Reagan, Star Wars and the End of the Cold War(Simon & Schuster, 2000); Herb A. Lightman, *" Hitchcock Talks About Lights, Camera, Action,"* American Cinematographer(May 1967); Charles Loring, *"Filming Torn Curtain by Reflected Light,"* American Cinematographer(Oct. 1966); Vladimir Nabokov: Selected Letters, 1940~1977, eds. Dimitri Nabokov and Matthew J. Bruccoli(Harcourt, 1989); Bob Rains, Beneath the Tinsel: The Human Side of Hollywood Stars(Three Lions, 1999); Robert Windeler, Julie Andrews: A Life on Stage and Screen(Birch Lane Press, 1997); Norman Zierold, The Moguls(Coward-McCann, 1969).

18. 지지 않는 열정, 1970~1980

앤서니 샤퍼는 스포토의 책과, Sight and Sound(Aug. 1995)에 실린 "*The Wicker Man and Others,*" 그리고 그의 사후에 출판된 So What Did You Expect?(Picador, 2001)에서 인용했다. "나는 그들의 사이키델릭한……"은 Evening Standard(Jan. 12, 1971)에 실린 "*Chilling Chevalier*"에서 옮겨 적었다. "우리는 줄거리를 깔끔하게……"는 오린 보르스텐이 Birmingham News(Aug. 25, 1973)에 쓴 "*Hitchcock Turns 73, Basks in Praise for Latest Thriller*"에서 옮겨 적었다. 헨리 맨시니는 미국영화협회가 발간한 Dialogue on Film(Jan. 1974)에서 인용했다.

〈프렌지〉 제작과 관련한 설명에 참조한 핵심자료는 다음과 같다. 샤운 어셔가 Daily Sketch(Jan. 13, 1971)에 쓴 "*Hitch...... But That's Not Head in His Pocket*"; 지오프리 매튜스가 Evening News(Sept. 30, 1971)에 쓴 "*A Dream—Is It the Vital Clue to Hitchcock?*"; 클라이브 허쉬혼이 Sunday Express(March 7, 1971)에 쓴 "*Why Hitchcock Treats His Women Rough*"; 폴 사전트 클락이 Today's Filmmaker(Nove. 1972)에 쓴 "*Hitchcock's Finest Hour.*" "사람은 자기 일에 몰두해야만……"과 "아니에요, 우리 아버님은……"은 피터 레논이 Sunday Times(Aug. 1. 1971)에 쓴 "*Thrillers by Innocent*"에서 인용했다. 조너선 존스의 예리한 글 "*He Travelled Every Tram Route*"는 Guardian(Aug. 14, 1991)에 실렸다.

알렉 맥코웬은 Sunday Times(Dec. 5, 1985)에 실린 "*Shooting Stars: Alec McCowen Remembers......*"에서 인용했다. 나는 존 핀치의 여러 인터뷰를 참조했는데, Interview(Apr. 31, 1973)에 실린 기사, Morning Star(June 1, 1973)에 실린 "*On Film Violence and Mrs. Mary Ding-a-Ling,*" Films Illustrated 1, no. 3(1971)에 실린 "*Technical Hitch*" 등이 그런 자료들이다. 〈프렌지〉의 칸 상영에 대한 트뤼포의 글은 American Film(Nov. 1984)에 실렸다. 허브 스타인버그는 BBC 녹취록에서 인용했다. 부뉴엘 일화는 My Last Sigh: The Autobiography of Luis Buñuel(Knopf, 1983)과 부뉴엘의 전기작가 존 백스터의 설명을 옮겨 적었다. 히치콕이 1975년 2월 20일에 마이클 밸컨에게 보낸 편지는 밸컨 서류에 들어 있다.

〈가족음모〉의 시나리오회의의 녹취록은 텍사스대학이 소장한 어니스트 레먼 서류에 들어 있다. 〈가족음모〉의 작업에 대한 "전형적인 하루" 부분은 American Film(May 1978)에 실린 "*He Who Gets Hitched*" 에 있는 "*Lehman at Large*"의 허가를 받아 인용했다.

내가 1975년에 〈가족음모〉의 촬영장에서 히치콕, 브루스 던, 카렌 블랙, 윌리엄 디베인을 인터뷰하면서 며칠을 보내기는 했지만, 나는 제작과 관련한 여러 논문들을 참조했다. 다음은 그중 일부다. 앤드류메이어가 Film Comment

(Sept.-Oct. 1975)에 쓴 "*The 'Plot' Thickens,*"로저 그린스펀이 Film Comment(May-June 1976)에 쓴 "*Plots and Patterns,*" 래리 살바토가 Millimeter(Jan. 1976)에 쓴 "*Alfred Hitchcock on the Set of Family Plot.*" "그 엔딩은 포르노의……"는 조지프 맥브라이드가 Variety(Mar. 31, 1976)에 쓴 "*Alf Hitchcock Fields Critics' Questions, Some Pretty Silly*"에서 옮겨 적었다. 카렌 블랙에 대한 존 러셀 테일러의 글은 London Times(July 19, 1975)에 "*Hitchcock's Fifty Years in Films*"로 실렸다. 브루스 던은 크리스 혼필드가 Rolling Stone(July 29, 1976)에 쓴 "*Muuuurder by the Babbling Brook*"에서 인용했다. "바버라, 나는 겁이나……"와 〈내슈빌〉에 대한 언급은 페넬로페 질리엇이 Observer(Aug. 8, 1976)에 쓴 "*With Family Plot……*"에 실렸다. 그렉 킬데이의 "*Steel-Belted Playfulness at Work*"는 Los Angeles Times(July 27, 1975)에 실렸다.

데이비드 프리먼은 그가 이메일과 편지로 내게 보낸 관대한 서신에서 인용했다. 그의 소중한 책 The Last Days of Alfred Hitchcock(Overlook Press, 1984)도 인용했다.

찰스 챔플린은 Los Angeles Times(Mar. 12, 1979)에 "*A Big Hollywood Turnout for Alfred Hitchcock*"을 보도했다. 나는 AFI 이벤트와 관련한 다른 다양한 기사를 검토했다. 그중 일부는 다음과 같다. 챔플린이 Los Angeles Times(Mar. 7, 1979)에 쓴 "*An Homage to' King Alfred,'*" 글렌 로벨이 Fort Lauderdale Sun-Sentinel(Mar. 12, 1979)에 쓴 "*'Half of Hollywood'Salutes Filmmaker Hitchcock,*" 조지프 맥브라이드가 Film Comment(May-June 1979)에 기고한 "*Buts and Rebuts—Hitchcock: A Defense and an Update.*"

나는 히치콕에 대한 다큐멘터리인 E! Hollywood True Story에서 카렌 블랙, 월터 플릭 박사, 존 포사이스, 배리 포스터, 데이비드 프리먼, 안나 메이시를 짤막하게 인용했다. 포스터가 BBC와 한 인터뷰도 인용했다.

히치콕이 마이클 밸컨에게 1977년 6월 10일에 보낸 편지는 BFI에 소장돼 있는데, 이 편지는 알마의 병환을 묘사하고, 작가 제임스 코스티건으로 인한 히치콕의 '어려움'을 설명한다. 히치콕이 글래디스 히칭 부인에게 보낸 1978년 6월 15일자 편지; 누나 넬리 잉그럼 부인에게 보낸 1978년 11월 29일자 편지, 엘지 랜돌프에게 보낸 1978년 12월 6일자 편지; 알마의 건강이 나빠지고 있다고 묘사하면서 아이린 셀즈닉과 흄 크로닌 부부에게 보낸 1978년 12월 20일자 편지는 히치콕 컬렉션에 있다.

다른 서적은 다음과 같다. Hal Kanter, So Far, So Funny: My Life in Show Business(McFarland, 1995); Kenneth Williams, The Kenneth Williams Diaries(Harper-Collins, 1993).

코다, 그가 떠난 후

앨버트 마골리스, 휫필드 쿡, 흄 크로닌은 국회도서관에 있는 크로닌 서류에서 인용했다. "도널드 스포토는 사실을 취해서는 그것들을……"은 톰 채리티가 팻 히치콕을 인터뷰해서 Time Out(Apr. 16~23, 1997)에 실은 "*Dizzy Heights*"에서 옮겨 적었다. 스포토의 책에 대한 존 하우스먼의 반응은 그의 컬렉션 Entertainers and the Entertained(Simon & Schuster, 1986)에서 인용했다.

다음의 자료를 게재할 수 있게 허락해주신 분들에게 진정 감사드린다.

미출판 서적

세드릭 벨프리지, A Gent in Hollywood, courtesy of Mary Belfrage, from the Cedric Belfrage papers, Tamiment Library, New York University; 찰스 베넷, The Man Who Knew Too Much: The Memoirs of Screenwriter-Laureate Charles Bennett ed. John Charles Bennet, courtesy of John Charles Bennett; 콜린 벨프리지, All is Grist(unpublished version), courtesy of Bernard Lewis.

발췌록

데이비드 프리먼, The Last Days of Hitchcock, copyright©1984, 저자의 허락과 함께 인용; 에반 헌터, Me and Hitch, copyright©1997, 저자와 협의 아래 발췌; 어니스트 레먼, 전문적 문헌과 〈북북서로 진로를 돌려라〉.

구술자료

시드니 질리엇, courtesy of Caroline Brown(née Gilliat) and Edward Russell, BECTU Collection, London; 샘슨 라파엘슨, courtesy of Joel Raphaelson, from the Samson Raphaelson Collection, University of Illinois, Champaign-Urbana; 로버트 보일과 페기 로버트슨, courtesy of Margaret Herrick Library, Academy of Motion Picture Arts and Sciences.

서신과 저널

로버트 벤틀리, 보스턴대학이 소장한 스페셜 컬렉션에 있는 로버트 벤틀리 서류를 유산관리인 나다니엘 로버트 벤틀리의 허락 아래 사용; 제임스 브라이디, 제임스 메이버의 허락을 받음; 휫필드 쿡(1945~1949년까지 5년간 일지), 보스턴대학 특별 컬렉션; 마를린 디트리히, 베를린 키네마테크의 허락을 받음; 벤 헤크트 서류, 시카고의 Newberry Library의 허락을 받음; 브라이언 무어, 브라이언 무어의 유산관리인의 허락과 브라이언 무어 재단의 허락을 받음; V. S. 프리쳇 서신, 올리버 프리쳇의 허락을 받음; 마이런 셀즈닉 서류, 다니엘 셀즈닉과 텍사스대학 오스틴분교의 Harry Ransom Humanities Research Center의 허락을 받음; 에드워드 R. 스테티니우스 서류, 월러스 스테티니우스와 버지니아대학의 허락을 받음; 손턴 와일더, A. 테이펀 와일더와 예일대학의 허락을 받음.

사진

개인: 존 백스터; 클레어 브란트(에디 브란트의 Saturday Matinee); 네드 콤스톡(Cinema-Television Library, University of Southern California); 시드니 고틀리브; 마이클 로즈(가족사진); 데이비드 올리버(헨리스); 에즈메 서먼(미국 스크랩북); 베티와 루이자 웨어(쇼어햄 사진들).

단체: 에디 브란트의 Saturday Matinee; 보스턴대학 스페셜 컬렉션; 게티 이미지; 타임-라이프; 포토페스트; 베스트리 하우스 박물관; 히치콕 애뉴얼; 저자의 개인적 소장품. 면지: 게티 이미지.

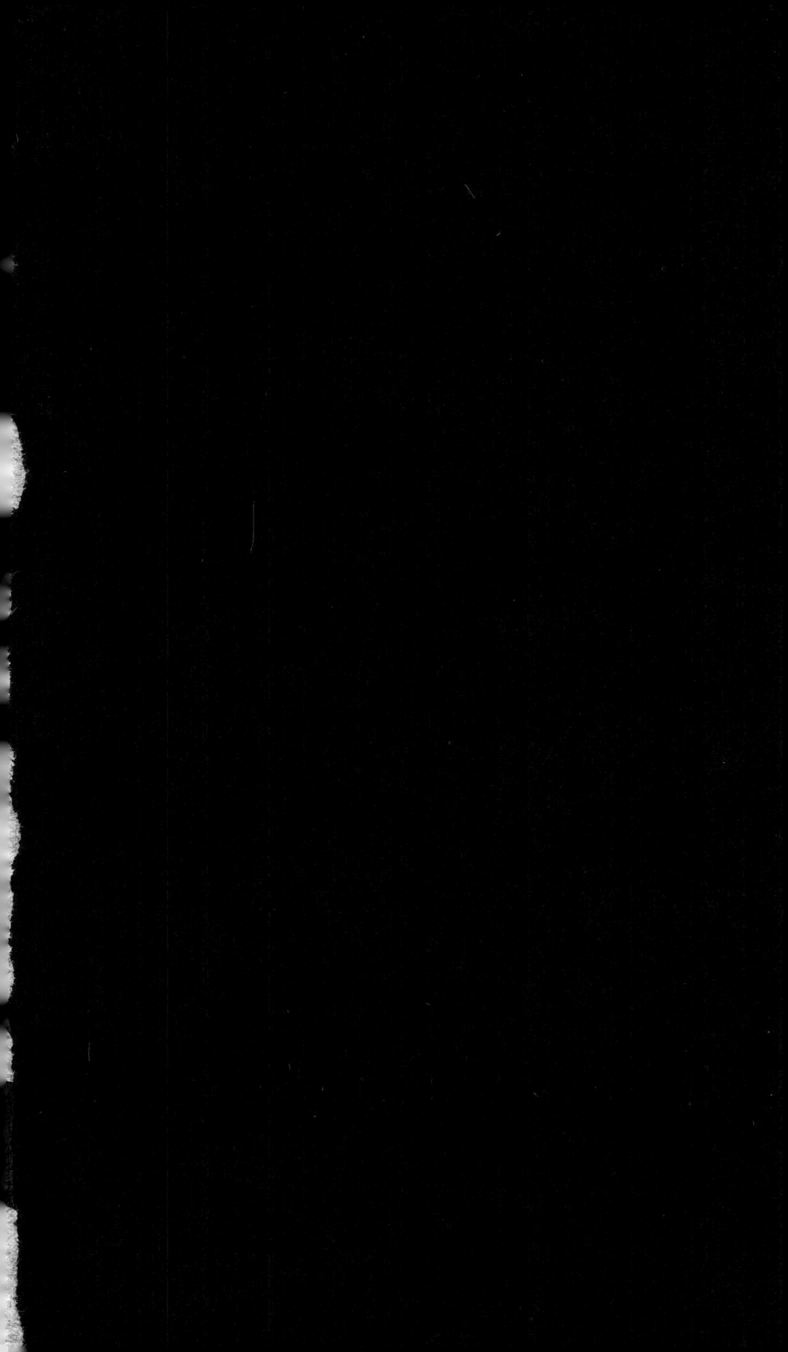